앨버트 허시먼

제러미 애덜먼Jeremy Adelman

프린스턴대학교 역사학 교수이자 같은 대학교 글로벌역사연구소Global History Lab 소장이다. 프린스턴대학교의 역사학 학과장, 국제교육연구협의회Council for International Teaching and Research 의장, 라틴아메리카연구프로그램Program in Latin American Studies 책임자를 역임했다. 전문 연구 분야는 라틴아메리카사와 세계사다.

토론토대학교를 졸업하고 런던정경대학교에서 경제사로 석사 학위를, 옥스퍼드대학교에서 현대사로 박사 학위를 받았다. 이후 아르헨티나의 토르콰토 디텔라 연구소Instituto Torcuato di Tella, 영국의 에식스대학교 등을 거쳐 1992년부터 프린스턴대학교에 재직 중이다. 프린스턴 고등연구소Institute for Advanced Study, 파리정치대학Institut d'études politiques de Paris, 프랑스 사회과학고등연구원École des hautes études en sciences sociales 방문연구원 및 방문교수를 지냈다.

저서로 《변경 개발: 아르헨티나와 캐나다 밀 생산지의 토지, 노동, 자본Frontier Development: Land, Labour, and Capital on the Wheatlands of Argentina and Canada》《자본의 공화국: 부에노스아이레스와 대서양 세계의 법적 변화Republic of Capital: Buenos Aires and the Legal Transformation of the Atlantic World》《이베리아-대서양 시기의 주권과 혁명Sovereignty and Revolution in the Iberian Atlantic》《함께하는 세계, 분열하는 세계Worlds Together, Worlds Apart》(공저) 등이 있다. 존 사이먼 구겐하임 메모리얼 펠로십John Simon Guggenheim Memorial Fellowship과 미국학술단체협의회American Council for Learned Societies의 프레더릭 버크하트 펠로십Frederick Burkhardt Fellowship을 수상했다.

반동에 저항하되
혁명을 의심한 경제사상가

앨버트
허시먼

WORLDLY
PHILOSOPHER

제러미 애덜먼 지음
김승진 옮김

THE ODYSSEY OF ALBERT O. HIRSCHMAN

부·키

이 책에 대한 찬사

비범한 책이다. 허시먼의 지적·정치적 여정이 예리하고 통찰력 있게 묘사된다. 가족생활, 문화적 조우, 그리고 평생의 족적이 20세기 가장 독창적인 지식인 중 한 사람의 중요성과 의의를 환히 밝힌다. 나를 포함해 전 세계의 수많은 사람들이 허시먼에게 심오한 영향을 받았다. _페르난두 엔히케 카르도주Fernando Henrique Cardoso(사회학자, 전 브라질 대통령)

바이마르공화국 몰락기부터 베를린 장벽 붕괴까지 앨버트 허시먼은 20세기 정치적 소용돌이의 목격자였다. 그 굽이굽이마다 학계의 인습과 지배적인 이론들에 저항하면서 허시먼은 자신의 지적 궤적을 형성해 갔다. 이 책은 그 시대의 가장 생산적인 지성에 대한 평전이자 그 시대의 정치와 학문을 모두 아우르는 역사서이다. _대니 로드릭Dani Rodrik(하버드대학교 케네디스쿨 국제정치외교학 교수)

오늘날의 세계를 낳은 정치적 사건들을 온몸으로 경험하고, 우리를 여기까지 데려온 결함 있는 이데올로기들을 낱낱이 목격하고 명확히 이해한 인물, 그리고 미래에 우리를 타락으로 이끌 수 있는 이데올로기들을 식별하고 피하는 방법을 가장 비판적으로 파악해낸 인물에 대한 대단히 소중하고 훌륭한 전기다. _윌리엄 번스타인William J. Bernstein(금융사상가, 뇌과학자),《엔터프라이징 인베스터 Enterprising Investor》

우뚝한 인물로 쉽게 손꼽히는 밀턴 프리드먼과 폴 새뮤얼스 같은 동시대 경제학자들에 비해 허시먼의 이름은 그다지 자주 언급되지 않는다. 하지만 그들 중에서 제러미 애덜먼이 쓴 이 전기처럼 엄청난 분량의 너무나 매력적인 서사시 속 주인공이 된 사람은 지금까지 아무도 없다. 후세가 어떤 평가와 선택을 내릴지 싸움은 아직 끝나지 않았다. _저스틴 폭스Justin Fox(경제 저널리스트, 전 《하버드 비즈니스 리뷰》 편집장),《뉴욕타임스 북 리뷰The New York Times Book Review》

제러미 애덜먼의 이 놀라운 평전 덕분에, 우리는 이제 허시먼이라는 인물과 그의 작품에 대한 종합적인 관점을 처음으로 가지게 되었다. 애덜먼은 애정과 존경심으로 이 책을 썼다. 그리고 고된 기록 수집 작업, 광범위한 인터뷰, 개인 문헌 및 전문 논문 조사를 통해 허시먼의 삶을 생생히 복원해낸다. 그는 우여곡절 많은 삶 속에서 허시먼이 일구어낸 업적의 기원을 탐구함으로써 작품에 생기를 불어넣는다. 애덜먼은 이것을 "20세기의 이력서"라고 말한다. 이 권위 있는 전기 덕분에, 우리는 허시먼의 사회과학이 어떻게 그의 대단히 윤리적이고 원칙적인 정치적 견해에 영향받고 강화되었는지 알 수 있게 되었다. _셰일러 벤허비브Seyla Benhabib(예일대학교 철학 교수),《디마크러시Democracy

놀랍고 감동적인 전기이다. 허시먼의 사상만 하더라도 한 권의 책에(아니 두 권, 열 권의 책에도) 모두 담아내지 못할 만큼 흥미롭고 풍성하지만, 애덜먼은 허시먼의 인생 또한 수많은 갈림길과 믿을 수 없이 놀라운 전환으로 가득한 여정이었음을 상세한 내러티브로 보여준다. _캐스 선스타인Cass Sunstein(하버드대학교 로스쿨 교수, 《넛지》 저자), 《뉴욕 리뷰 오브 북스New York Review of Books》

비상한 시대를 살아간 위대한 지식인의 삶을 탐구함으로써 제러미 애덜먼은 특별한 전기를 창조해냈다. 애덜먼은 이 책에서 허시먼의 지적 기질을 멋지게 포착해낸다. 허시먼의 삶 중 일부만을 아는 사람에게 이 책은 그의 전모를 열어 준다. 허시먼의 수수께끼 같은 논문들에 골몰하는 사람에게는 그 전반을 꿰뚫는 혜안을 제시한다. 약속대로 이 책은 세계의 포괄적인 역사인 동시에 매우 개인적인 역사이다. _에이미 오프너Amy C. Offner(펜실베이니아대학교 역사학 조교수), 《퍼블릭북스Public Books》

제러미 애덜먼이 다룬 앨버트 허시먼의 인생 이야기는 대단하고, 그의 젊은 시절은 눈길을 사로잡기에 충분하다. 내가 특히 즐기며 눈여겨본 점은 자신이 연구한 국가들의 현실이라는 맥락, 즉 그들의 역사와 정치와 문화라는 맥락에 근거해서 그리고 철학을 비롯한 여러 주제에 대한 폭넓은 독서에 근거해서 자신의 학문을 구축해 간 한 경제학자의 초상이다. _다이앤 코일Diane Coyle(케임브리지대학교 공공정책 교수), 《인라이튼드 이코노미스트Enlightened Economist》

제러미 애덜먼은 역사적으로나 사회적으로나 허시먼이 그의 시대에서 차지한 위상이 얼마나 중요한지 규명한다. 나아가 허시먼의 사상을 탄생시킨 실제 경험을 이해하고, 허시먼의 저술과 삶 사이의 관계를 파악하는 일이 얼마나 중요한지 설명한다. 이 책의 아름다움은 앨버트 허시먼이 한 인간으로서 그리고 한 사상가로서 생생히 살아나 우리에게 다가온다는 점이다. _크레이그 캘훈Craig Calhoun(애리조나주립대학교 사회학 교수), 《현대 사회학Contemporary Sociology》

이 책은 여러 모로 훌륭하다. 이 책이 너무 길다고 느낄 독자가 많을 것이다. 어떤 부분을 더 줄였어야 할지에 대해서는, 아마도 주된 관심사가 허시먼 사상의 개요인지, 그의 흥미진진한 개인사인지, 현대의 지적·정치적·경제적 변화상에 대한 논의인지에 따라 달라지겠지만. 이 책은 그 전부를 담고 있으며, 어떤 내용이든 읽을 가치가 차고 넘친다. _우드러프 스미스Woodruff D. Smith(매사추세츠대학교 역사학 명예교수), 《아메리칸 히스토리컬 리뷰American Historical Review》

허시먼이 지닌 무게와 가치에 걸맞은, 허시먼을 멋지고 탁월하게 되살려낸 이 평전에서 애덜먼은 20세기 가장 비범한 지식인의 잊을 수 없는 초상을 우리에게 선사한다. 참으로 훌륭하다. _말콤 글래드웰Malcolm Gladwell(경영사상가, 《타인의 해석》《아웃라이어》 저자), 《뉴요커New Yorker》

내가 1년 내내 기다렸던, 내 기대에 부응하는 바로 그 책이다. _타일러 카우언Tyler Cowen(조지메이슨대학교 경제학 교수), 《거대한 분기점》 저자)

빛나는 책이다. 스릴 넘치는 이야기, 영감과 멜랑콜리가 넘쳐나는 지적 평전이자, 20세기 공적인 삶과 사회과학 사이의 변화무쌍한 관계를 다룬 역사서이기도 하다. _에마 로스차일드Emma Rothschild(하버드대학교 경제사 교수)

옮긴이 김승진 서울대학교 경제학과를 졸업하고《동아일보》경제부와 국제부 기자로 일했다. 미국
시카고대학교에서 사회학 박사 학위를 받았다. 옮긴 책으로《힘든 시대를 위한 좋은 경제학》《정치적
부족주의》《20 VS 80의 사회》《계몽주의 2.0》《기울어진 교육》《건강 격차》《친절한 파시즘》《물건 이
야기》《하찮은 인간, 호모 라피엔스》등이 있다.

앨버트 허시먼

2020년 11월 20일 초판 1쇄 인쇄 | 2020년 11월 30일 초판 1쇄 발행

지은이 제러미 애덜먼 | 옮긴이 김승진 | 펴낸곳 부키(주) | 펴낸이 박윤우 | 등록일 2012년 9월 27일 |
등록번호 제312-2012-000045호 | 주소 03785 서울 서대문구 신촌로3길 15 산성빌딩 6층 | 전화 02)
325-0846 | 팩스 02) 3141-4066 | 홈페이지 www.bookie.co.kr | 이메일 webmaster@bookie.co.kr |
제작대행 올인피앤비 bobys1@nate.com
ISBN 978-89-6051-817-9 93320

나의 아이들
새미, 조조, 새디에게

일러두기

- 한글 전용을 원칙으로 하되, 일부 단체·기관명은 가독성을 위해 로마자 약자로 줄여 표기한 경우도 있으며 내용 이해에 필요한 경우 한자나 원어 또는 약자 표기 등을 병기했다. 다만 인명, 단체·기관명, 도서·논문·강연 등의 제목은 원문을 본문에 병기하지 않고 '찾아보기'의 해당 헤딩 항목에 병기하는 것을 원칙으로 하되, '찾아보기'에 수록하지 않은 경우에 한해 본문에 병기했으며 비영어권의 작품명으로 원서에 원작명이 아닌 영어로만 표기된 경우는 '찾아보기'에서도 영문 병기를 생략했다.

- 표기와 띄어쓰기는 〈한글 맞춤법〉〈외래어 표기법〉 등 국립국어원의 규정과 《표준국어대사전》을 따르는 것을 원칙으로 하되 문맥에 따라 《고려대 한국어사전》에 수록된 합성어를 반영한 경우도 있으며, 일부 학술용어 등은 〈한글 맞춤법〉의 예외 규정에 따라 사전에 등재되지 않은 합성어라도 가독성과 이해의 편의를 위해 붙여 쓰기도 했다.

- 인명, 지명 등 고유명사 표기는 〈외래어 표기법〉의 해당 외국어 표기 규정과 국립국어원의 용례를 따르는 것을 원칙으로 했다. 주인공 앨버트 허시먼의 이름은 원서의 표기에 따라 미국 이주 이전에는 독일식으로 '오토 알베르트 히르슈만'으로 표기했다.

- 본문의 강조(고딕체로 표현)는 모두 저자가 한 것이다. 또한 ( ) 안은 원서의 내용을 옮긴 것이며, [ ]의 내용은 옮긴이의 부언 또는 첨언이다. 원서의 주석은 권말에 '미주'로 따로 수록했으며, 본문 하단의 각주는 모두 옮긴이의 주석이다. 미주는 숫자로, 각주는 *로 표시했다.

- 도서 및 신문, 잡지 등 간행물의 제호는 《 》 안에, 논문과 강연 및 악곡, 미술품, 공연, 영상물 등의 제목은 〈 〉 안에 표기했다.

- 한국어판 독자의 편의를 위해 원서에 없는 '앨버트 허시먼 연보'를 따로 정리해 권말에 붙였다.

우리가 이성과 교육의 힘을 아무리 강하게 믿고 있을 때라도,

그것이 우리를 행동에 나서게 할 만큼 강력하지는 못하다.

이성과 교육에 더해 체험과 경험으로도 정신을 훈련시켜야 한다.

그렇지 않으면 행동해야 할 순간이 왔을 때 우리의 정신은

미적대고만 있게 될 것이다.

—미셸 드 몽테뉴

차례

시작하기 전에

청소년기 이후 내 인생은 내내 앨버트 O. 허시먼과 함께였다고 해도 과언이 아니다. 캐나다 토론토에 살던 십대 시절의 어느 날, 아버지의 커다란 나무 책상 뒤 책꽂이에서 초록색 표지의 얇은 책 한 권이 눈에 들어왔다. 《정념과 이해관계》[한국어판: 《열정과 이해관계》, 나남출판, 1994]라는 제목에 왠지 끌려서, 아버지와 이야기를 나눌 때면 아버지 등 뒤로 그 책을 흘끔흘끔 쳐다보곤 했다. 청소년 자녀들이 다 그렇듯이 나는 아버지에게 그 책을 빌렸고, 돌려드리지 않았다. 이제 그 책은 내 책상 뒤 책꽂이에 꽂혀 있다. 나의 아이들도 허시먼과 함께 자라게 될 것이다. 하지만 내 경우와 달리 아이들에게는 이것이 선택이 아니라 주어진 것이다. 선택의 권리가 주어지지 않았던 사람들, 특히 어린아이들은 남들이 묻지도 않고 그들 앞에 벌여 놓는 일들을 참아주는 데 대해 인정과 감사를 받아야 마땅하다. 그런 의미에서 이 책 허시먼의 전기를 나의 아이들에게 헌정한다.

누군가의 인생사를 집필한다는 것은 그 사람과 함께 살아간다는 의미라는 것을 이 책을 쓰면서 알게 되었다. 그뿐 아니라, 강렬하고 밀도 있는 순간들에는 전기작가가 주인공의 눈으로 세상을 보아야 한다. 그러면서 전기작가는 주인공에 대해 알지 못하는 것, 그리고 아마 결코 알 수 없을 것들이 존재함을 점점 더 분명히 깨닫게 된다. 한 사람의 일생에 세워진 암묵적인 장벽들 또한 그가 겪은 세상을 반영하기 때문이다. 지난 10여 년 간 나는 미로의 조각을 하나라도 더 잘 맞추기 위해 수많은 사람을 만나 허시먼에 대한 이야기를 들었다. 이들 각자가 기억하는 다양한 허시먼은 나에게 또다른 고민거리를 안겨 주었다. 어떻게 해야 '다른 이들에게 비춰진 허시먼'을 그의 전기에 유의미하게 결합시킬 수 있을까? 한 사람의 인생사는 다른 이들에게 그가 어떻게 기억되고 있는지도 잘 담아내야 마땅할 것이다. 전부 다 책에 인용하지는 못했지만 이들이 전해 준 이야기 모두 허시먼이라는 인물과 그가 경험한 순간들을 재구성하는 데 큰 도움이 되었다. 취재에 응해 준 분들에게 감사의 인사를 전한다(성의 알파벳순). 미켈레 알라체비치Michele Alacevich, 마르탱 안들러, 다니엘 안들러, 셸던 애니스, 케네스 애로, 폴 아우디Paul Audi, 호르헤 발란, 카를로스 바스드레시, 스콧 버그Scott Berg, 새뮤얼 볼스, 피터 벨, 리처드 버드, 글렌 바우어삭Glen Bowersock, 콜린 브래드퍼드, 데이비드 캐너다인, 페르난두 엔히크 카르도주, 미겔 센테노Miguel Centeno, 더글러스 차머스, 아니 코, 로버트 단턴, 앵거스 디턴Angus Deaton, 미첼 덴버그, 존 엘리엇, 마리아 페이호, 오스발도 파인스타인Osvaldo Feinstein, 알레한드로 폭슬리, 앨런 퍼스트Alan Furst, 캐럴 길리건, 허버트 긴티스, 루이스 굿맨, 피터 구르비치, 프란시스코 구티에레스 Francisco Gutiérrez, 피터 하킴, 스탠리 호프만, 토마스 호어스트Thomas Horst, 셰일라 아이젠버그, 피터 케넌, 스티븐 크래스너, 수전 제임스, 엘리자베스 헬린, 고故 마이클 히메네스Michael Jiménez, 살로몬 칼마노비츠Salomón Kalmanovitz, 로버트 코프먼Robert Kaufman, 제임스 커스 James Kurth, 볼프 레페니스, 키르스턴 폰 링겐Kirsten von Lingen, 에이브러햄 로언솔, 에마뉘엘 르와예Emmanuelle Loyer, 에릭 매스킨, 앤서니 막스Anthony Marx, 마이클 맥퍼슨, 파트리시오 멜러, 메리 모건, 필립 노드Philip Nord, 자비네 오페, 클라우스 오페, 질 페쿠Gilles Pecout, 제프리 퍼이어Jeffrey Puryear, 헨리 로소브스키, 에마 로스차일드, 마이클 로스차일드, 제프리 루빈Jeffrey Rubin, 찰스 세이블, 알랭 살로몽, 토머스 셸링, 필립 슈미터, 호베르투 슈바르스, 조앤 스콧, 리베카 스콧, 아마르티아 센, 주제 세하, 라지브 세티Rajiv Sethi, 윌리엄 슈얼, 퀜틴 스키너, 마크 스나이더, 크리스틴 스탠셀Christine Stansell, 폴 스트리튼, 프랭크 서턴Frank Sutton, 주디스 텐들러, 미겔 우루티아Miguel Urrutia, 마우리치오 비롤리Maurizio Viroli, 이그나시오 워커Ignacio Walker, 도널드 윈치, 필립 짐바르도.

감사하게도 칼 케이슨과 알렉산더 스티븐슨은 생전에 직접 만나 이야기를 들을 수 있었다. 하지만 기예르모 오도넬과 클리퍼드 기어츠는 고인이 되기 전에 만날 기회를 갖지 못했다. 볼로냐에서는 안

드레아 긴츠부르그Andrea Ginzburg와 카를로 긴츠부르그Carlo Ginzburg가 긴 점심 시간을 내어 이탈리아가 허시먼에게 미친 다양한 영향을 설명해 주었고, 로마에서는 허시먼의 여동생 에바 몬테포르테가 일주일이나 나와 함께 시간을 보내면서 편지와 사진과 추억을 전해 주었다. 프랑스에 살고 있는 앨버트의 딸 카티아 살로몽은 부모님을 만나러 미국에 올 때면 기꺼이 시간을 내어 아버지의 편지들을 보여 주면서 아버지 이야기를 들려주었다. 카티아의 신뢰와 우정에 감사를 전한다.

누구보다도 앨버트의 아내 고故 새러 허시먼에게 깊은 감사를 전한다. 새러는 뛰어나고 놀라우며 복잡하고 알기 어려운 한 남자와 함께 보낸 삶을 되짚어 전해 주면서 귀중한 길잡이 역할을 해 주었고, 사적인 편지와 일기까지 보여주었다. 많은 면에서 내가 새러의 눈을 통해 허시먼을 보게 되었다고 해도 과언이 아니다. 이 또한 전기작가로서 고민해 보아야 할 문제이기는 했지만 어쨌든 이런 우정과 동료애를 경험할 수 있었다는 것은 꿈에서나 가능할 행운이었다. 앨버트는 말년에 건강이 악화되어 명료한 정신을 계속 유지하거나 대화를 나누기 어려운 상태였다. 그러한 때 새러에게 이 작업이 잊혔던 소중한 추억들을 떠올리는 작은 계기나마 될 수 있었다면 나로서는 더없이 기쁘겠다. 나는 새러가 세상을 떠나기 전에 책을 완성하겠다고 약속했다. 하지만 우리의 약속은 새러 쪽에서만 충실히 지킨 셈이 되고 말았다. 새러는 암 투병 와중에도 초고뿐 아니라 재고까지 꼼꼼히 읽어 주었다. 하지만 최종 원고가 나오기 전인 2012년

1월 세상을 떠났다. 새러의 노고가 곳곳에 담겨 있는 이 책의 완성본을 보여주지 못해서 너무나 마음이 아프다. 하지만 그렇다고 이 모든 과정이 비극이 되는 것은 아니다. 여러 면에서 우리는 서로에게 소중한 존재였다. 물론 그 다양한 역할이 쉽지는 않았지만, 나에게 새러는 귀한 정보원이자 사려 깊은 독자였으며 소중하고도 소중한 친구였다.

여러 대륙에 걸쳐 있는 기록보관소와 다양한 언어로 된 수많은 저술을 아우를 수 있게 도와준 분들에게도 고마움을 전한다. 알렉산더 베빌라콰Alexander Bevilacqua, 그레천 보거Gretchen Boger, 프란치스카 엑셀러Franziska Exeler, 마르가리타 파하르도Margarita Fajardo, 브룩 피츠제럴드Brooke Fitzgerald, 제프리 곤다Jeffrey Gonda, 주디 핸슨Judy Hanson, 데비 임프레사Debbie Impresa, 샤론 쿨릭Sharon Kulik, 조지프 크롤Joseph Kroll, 앨리슨 리Allison Lee, 어윈 레볼드Erwin Levold, 대니얼 링크Daniel Linke, 몰리 로버그Molly Loberg, 앨리슨 맥도널드Alison MacDonald, 데비 메이시Debbie Macy, 앤서니 멀로니Anthony Maloney, 마르탱 마리몽Martín Marimon, 올가 네그리니Olga Negrini, 예후디 펠로시Yehudi Pelosi, 엘리자베스 슈월Elizabeth Schwall, 앤드루 투오졸로Andrew Tuozzolo, 버사 윌슨Bertha Wilson.

집필은 대부분 파리에서 했다. 장소를 제공해 주고 따뜻한 우정을 베풀어 준 파리정치대학Institut d'études politiques에 감사를 전한다. 또 처음부터 지원을 아끼지 않았던 프린스턴대학과 내가 학과장 직무에서 한숨을 돌릴 수 있게 해 준 구겐하임재단에도 고마움을 전한다.

이 책은 허시먼에 대한 여러 사람의 연구가 모인 집단 작품으로 보아야 한다. 나는 영국과 미국의 케임브리지[영국 케임브리지대학과 미국 케임브리지 시에 있는 하버드대학], 파리, 상파울루, 부에노스아이레스, 보고타, 뉴욕, 그리고 물론 [허시먼이 재직했던 고등연구소가 있는] 프린스턴에서 이 책의 일부 내용들을 발표할 기회를 가질 수 있었고, 동료 연구자들이 내어 준 의견과 제안이 크게 도움이 되었다. 이 지면을 빌려 감사를 전한다. 또한 대니얼 로저스Daniel Rodgers, 아르카디오 디아스 키뇨네스, 에마 로스차일드, 찰스 마이어는 이 긴 원고를 처음부터 끝까지 모두 읽어 주었다. 디아스 키뇨네스는 내가 허시먼을 만날 수 있게 해 주었고, '생애사'라는 장르에 대해 그와 여러 차례 나눈 대화도 너무나 소중했다. 이들 모두 각자의 관점과 방식으로 내가 허시먼을 새롭게 볼 수 있게 도와주었고, 그 덕분에 큰 줄기는 물론이고 (아마 더 중요하게) 작은 측면들에서도 허시먼의 삶을 다양하게 조명해 볼 수 있었다.

더할 나위 없이 훌륭한 편집자 브리기타 반 라인버그Brigitta van Rheinberg에게도 고마움을 전한다. 브리기타가 빨간 펜으로 수정해 준 800페이지 분량의 원고를 나는 아직도 가지고 있다. 브리기타의 헌신에 대한 기념으로 이 원고를 계속 간직할 것이다.

'일러두기'를 길게 덧붙여 내용의 빈틈을 메우고 싶다는 유혹이 드는 게 사실이지만 그러지 않으려고 한다. 빈틈들, 추측만 가능할 뿐인 불확실한 부분들도 그 자체로 허시먼의 인생 이야기를 구성하는 중요한 요소이며, 나는 이 책의 내용 자체가 그것들을 말해 줄 수 있기를 바란다. 다만 한 가지, 삶의 전반기에 허시먼의 이름이 여러 차례 바뀌었기 때문에 시기와 장소에 따라 그때 쓰이던 대로 이름을 달리 표기했다. 우리가 너무나 당연하게 쓰고 있는 '이름'마저도 허시먼에게는 20세기 역사의 반전과 전환을 담고 있는 흔적임을 드러내기 위해서다.

제목[이 책의 원제《세속의 철학자Worldly Philosopher》]을 보면 로버트 하일브로너의 베스트셀러《세속의 철학자들: 위대한 경제사상가들의 생애, 시대와 아이디어The Worldly Philosophers: The Lives, Times, and Ideas of the Great Economic Thinkers》(1953)[한국어판: 이마고, 2008]가 떠오를 것이다. 하일브로너의 책은 애덤 스미스부터 대공황과 세계대전 시기의 존 메이너드 케인스, 조지프 슘페터에 이르기까지 세상 속의 문제들과 씨름한 경제학자들의 사상을 다루고 있다. 이 제목을 통해 나는 세상과 밀접하게 소통한, 즉 '세속의worldly' 경제학자로서의 허시먼을 세 가지 측면에서 나타내고자 했다.

첫째, 허시먼은 독특할 정도로 **세계를 아우르는**of the world 인물이었다. 그는 유럽, 미국, 남미를 넘나들며 생활하고 연구했고 전 지구적인 사건들을 직접 겪고 관찰했다.

둘째, 허시먼은 **세상에 대한**about the world 사상을 만들어내고자 했다. 경제, 철학, 문학, 정치 분야에서 허시먼이 제시한 통찰은 그저 상아탑에서 나온 것이 아니었다. 허시먼은 미국 학계가 점점 [배타적으로] 전문화되어 가는 추세를 우려했다. 복잡한 행운과 그 자신의 노력 둘 다의 덕분으로, 허시먼은 결코 학계에 완전히 속하지는 않으면서도 학문적으로 저명한 학자의 위치에 오를 수 있었다. 이런 면에서 허시먼은 오늘날 점점 사라지고 있는 유형의 지식인상을 보여준다고 볼 수 있다.

셋째, 허시먼은 **세계 속으로**to the world 들어가 변화에 기여하는 학문을 하고자 했다. 카를 마르크스는 〈포이어바흐에 관한 테제〉에서 다음과 같은 유명한 말을 한 바 있다. "이제까지 철학자들은 온갖 방식으로 세상을 해석하기만 했다. 하지만 중요한 것은 세상을 변혁하는 것이다." 여기에서 마르크스는 독일 관념론idealism을 비판하면서 실용적이고 실증적이며 정치적인 지식 생산 모델을 제시하고자 했다. 이론이란 역사가 실제로 전개되는 과정에서 도출되어야 한다는 것이 그의 주장이었다. 허시먼도 대체로 이와 같은 태도를 견지했다(허시먼은 마르크스와 독일 관념론 모두 베를린에서의 학창 시절에 접했다). 사실 허시먼은 스스로를 마르크스주의자라고 생각하지 않았다. 오히려 자신이 마르크스와 마르크스주의자들에 대한 변증법적 '반反명제'라고 생각했고 [대표적인 독일 관념론 철학자] 헤겔의 영향도 그에게 지속적으로 남아 있었다. 특히 세계의 역사가 모호하고 분절적인 요인들과 "이성의 교지巧智"가 펼치는 작동들의 산물이며, 인간은 역사의 법칙과 기제를 불완전하게밖에 파악할 수 없다고 본 헤겔의 견해는 생애 내내 허시먼의 사상에 영향을 미쳤다. 하지만 허시먼은 마르크스와 헤겔의 영향을 받았으되 이들 모두와 대비되는 독자적인 사상을 발전시켜 나갔다. 그 사상을 우리는 '실천적 관념론pragmatic idealism' 혹은 '실용적 이상주의'라고 부를 수 있을 것이다.

이 책은 이러한 실용적 이상주의자가 어떤 과정을 거쳐 탄생하게 되었는지를 탐색한 책이다. 하지만 책이란 그것을 배태한 아이디어로부터 시작되는 그 자체의 삶과 이야기를 갖기 마련이며, 이 책도 그렇다. 이 책의 집필은 아내의 아이디어였다. 내가 이 여정을 시작할 수 있게 해 주고, 여정 내내 함께 해 준 아내에게 고마움을 전한다.

앨버트 허시먼

"모 쥐스트"
: 가장 적확한 단 하나의 표현을 찾아서

1933년 4월 초, 유대인에 대한 폭력 사태가 베를린을 휩쓸었다. 폭도들이 거리 곳곳에서 유대인을 마구 구타했다. 유대인이 소유한 가게는 약탈당하고 불에 탔다. 히틀러는 칙령을 내려 유대인 의사, 상인, 변호사의 영업을 막무가내로 제한했다. 하지만 베를린의 중상류층 유대인인 히르슈만 집안 사람들은 당장의 더 큰 충격에 빠져 있었다. 암으로 투병하던 가장 카를 히르슈만이 숨진 것이다. 식구들이 지켜보는 가운데 카를의 관이 묘지에 안장되었다. 아내와 아이들은 흐느껴 울었다. 그런데 울지 않는 아이가 한 명 있었다. 오늘날 앨버트 O. 허시먼이라는 이름으로 우리에게 알려진 오토 알베르트Otto Albert였다. 엄마와 누이들이 남편과 아버지에게 마지막 작별 인사를 하는 동안, 알베르트는 슬픔을 꾹꾹 눌러 참고 있었다.

이날의 작별은 이것만이 아니었다. 베를린대학 법학부 학생으로 강성 반나치 운동에 가담하고 있던 오토 알베르트는 신변이 위험했다. 친구들이 속속 체포되고 있었고 대학은 급속히 배척과 불관용의 공간으로 변하고 있었다. 오토 알베르트는 일단 지하로 몸을 숨겼고, 독일을 벗어나 프랑스로 가기로 결심했다. 장례식이 끝난 뒤, 그는 비통에 빠져 있는 식구들에게 독일을 떠나겠다는 폭탄 선언을 했다. 히틀러의 득세와 함께 몰아치던 폭풍이 가라앉으면 바로 돌아오겠다고 약속했지만, 17세의 알베르트는 수십 년이 지나서야 베를린 땅을 다시 밟게 된다. 이렇게 해서 '실용적 이상주의자'를 탄생시킬 장대한 오디세이가 시작되었다. 이 여정에서 우리의 주인공은 여러 대륙과 여러 언어를 넘나들며 20세기 사회과학의 새로운 영역들을 개척하게 된다.

앨버트 O. 허시먼은 가족과 고향에서 떨어져 나왔지만 가족과 고향을 부인하거나 적대시하는 방식으로 정체성을 세우지는 않았다. 허시먼은 망명자들이 흔히 그러듯이 상실을 한탄하거나 고향을 떠나야 했다는 사실을 휘장처럼 달고 다니지 않았다. 자신의 기원을 부인하지도 않았고, 자신의 기원에 집착하지도 않았다. 허시먼의 삶에서는 '물려받은 것'과 '획득한 것'이 균형을 이루고 있었다. 새로운 환경에 적응했지만 과거의 유산도 잊지 않았다. 과거를 망각하지도 않았지만 귀환을 갈망하지도 않았다. 귀환에 대해 말하자면, 10년 아니라 더 오랫동안 그에게는 선택의 여지가 없었다. 돌아갈 이타카도, 아내도, 아이도, 직위도 있을 수 없었으니 말이다.* 그의 세대가 그토록 힘겹게 싸우며 지키려고 했던 코즈모폴리턴적 세계는 박해와 불관용, 그리고 전쟁으로 완전히 파괴되어 없어져 있었다.

독일을 떠나 파리로 간 것은 허시먼이 앞으로 맞게 될 수많은 '떠남' 중 첫 번째였다. 허시먼의 인생은 떠남의 연속이었다. 중부 유럽에서 벌어진 대격동의 와중에 수많은 지식인과 예술인이 그곳을 탈출했고, 허시먼도 마찬가지였다. 독일을 떠난 허시먼은 프랑스, 에스파냐, 이탈리아에서 파시즘에 맞서 싸웠고 그곳들도 너무 위험해지자 유럽을 떠나 미국으로 탈출했다. 이렇게 해서, 허시먼은 미국의 학계와 문화계의 약진을 이끌 유럽 출신 망명자의 일원이 된다. 하지만 의심분자를 추적하는 활동으로 규모를 키워 가던 연방수사국 FBI 요원들이 볼 때 허시먼의 정치 경력은 의심을 사기에 충분했고, 매카시 시절의 공산주의자 색출 열풍 속에서 허시먼은 다시 한 번 떠나야 했다. 이번에는 남미였다. 이곳에서 허시먼은 경제개발과 사회 발전을 연구하는 저명한 학자로 거듭나게 된다.

허시먼이 '떠남'에 대처한 방식은 깔끔하다기보다는 주름져 있었다. 떠나는 것, 맞서 싸우는 것, 받아들이는 것(허시먼이 훗날 저서에서 쓴 표현으로는 '이탈exit' '발언voice' '충성심loyalty') 사이의 미묘한 긴장과 갈등을 평생에 걸쳐 연구한 사람이니만큼 그 자신의 '이탈'이 단순명쾌하게 설명될 수 있는 종류가 아니었음은 당연해 보인다. 허시먼의 '떠남'은 상황에 몰려 이루어진 일이기도 했지만 자신의 선택

＊ 그리스 신화에서 이타카의 왕 오디세우스는 트로이 전쟁에 출전했다가 온갖 기이한 모험이 이어지는 10년 간의 여정을 거쳐 이타카로 돌아온다.

이기도 했다. 말하자면 그는 기꺼이 떠나는 추방자였고, 매우 독특한 망명자였다. 상황이 부여한 우연과 자신의 선택 모두에 의해, 허시먼은 굉장히 코즈모폴리턴적인 면모를 갖게 되었다. 내부자이자 외부자로서, 저명한 기성학자이자 저항하는 이단자로서, 허시먼은 중간적 영역에 자리를 잡았고 그러한 영역을 창출했으며 선언문과 연구서의 경계를 가로지르는 저술들을 남겼다. 한곳에 오래 정착하지 못하고 옮겨다녀야 했던 허시먼은 어느 하나의 문화나 국가, 사조에 온전히 속할 수 없었다. '글로벌 지식인'의 전조였다고도 말할 수 있을 것이다. 허시먼 자신은 이 표현을 그리 마음에 들어 하지 않았을 것 같지만 그는 최초의 진정한 '글로벌 지식인'이라고 하기에 손색이 없다. 하지만 허시먼식의 글로벌 지식인은 뿌리로부터 단절된 사람을 의미하지 않는다. 허시먼은 뿌리에서 떨어져 나와 그 위에 존재했다는 의미에서 글로벌했던 것이 아니라 자신의 다양한 뿌리들을 훌륭하게 엮어내고 조합해냈다는 의미에서 글로벌했다.

선택이었는가, 우연이었는가? 아니면 선택이 수반된 우연이었는가? 한 사람의 일생, 그것도 숱한 단절과 동요로 점철된 사람의 일생을 구성하는 복잡한 요인들을 짚어가는 과정에서, 나는 너무나 많은 것이 전기작가인 나의 해석에 달려 있게 되는 상황에 계속해서 부딪쳤다. 그럴 때 전기작가가 취하곤 하는 손쉬운 해결책은 주인공 자신이 사용한 어휘에 기대는 것이다. 알고 보니 '선택'과 '우연'이 인간사에서 수행하는 역할은 허시먼이 즐겨 사용한 '비르투'와 '포르투나'라는 말로 표현할 수 있었다. 허시먼은 이 개념을 《군주론》의 저자이자 16세기 공화주의자인 마키아벨리에게서 따왔다. 허시먼은 마키아벨리의 저술을 여러 차례 탐독했고, 마키아벨리의 어떤 면모는 자신과 동일시하기도 했다. 훗날 허시먼은, 1940년에 프랑스 경찰의 추적을 피해 마르세유를 무사히 탈출한 것이라든지 1957년에 예일대학에서 뜻밖의 방문 교수직 제의를 받은 것처럼 자신의 삶에 '행운'(즉 '포르투나')이 작용하고 있었다는 이야기를 자주 했다. 하지만 이것이 예정된 '신의 섭리'였다는 식으로는 해석하지 않았다. 허시먼은 자신의 운명을 만들어 나가는 손 또한 가지고 있었다. 그 손이 늘 '보이는 손'은 아니었다고 해도 말이다. 어쨌든 비르투와 포르투나가 상호작용을 하면서, '선택'과 '우연'이 인간의 삶과 역사에서 수행하는 역할을 평생에 걸쳐 연구한 20세기의 걸출한 지식인이 탄생했다.

선택을 통해 우연을 최대로 활용하는 것의 핵심은 '가능성들'에 대해 열린 자세를 갖는 것이었다. 더 나아가 이는 가능성들을 창출하는 것이기도 했다. 그래서 허시먼은 에드워드 사이드가 말한 것과 달리 망명을 고향과 분리되고 과거로부터 자신을 단절하는 것으로 경험하지 않을 수 있었다.[1] 허시먼에게 '분리'란 '새로운 조합'의 가능성을 창출하는 것이었다. 그는 **가능주의**possibilism라는 말을 만들기도 했다. 더 정확하게 말하면, 이 단어는 "쾌락은 실망을 주지만 가능성은 절대로 실망을 주지 않는다"는 쇠렌 키르케고르의 유명한 경구를 차용해 자신의 기질을 드러낸 것이었다. 파시즘, 전쟁, 그리고 배척과 불관용의 그늘에서 어린 시절과 청년기를 보낸 사람이 이토록 긍정적이고 낙관적인 태도를 갖게 되었다니 의외로 보일 수도 있을 것이다. 사실 그 세대 지식인 대부분이(일례로 허시먼보다 몇 살 많은 한나 아렌트만 보더라도) 희망보다는 우려, 기회보다는 재앙의 이유를 먼저 발견했다. 그러나 가능주의는 허시먼의 개인적 기질에 불과한 것이 아니었다. 가능주의는 허시먼식 사회과학이 추구한 학문적 입장이기도 했다. 대체로 사회과학은 주어진 조건들을 변수로 놓고 거기에서 확률적으로 어떤 결과가 나올지 알아보는 데 치중하고 있었는데, 이런 식의 연구는 대부분의 국가가 빈곤, 저개발, 독재 등의 당면 문제를 그 국가 스스로의 힘으로는 해결하지 못할 것이라는 암울한 결론으로 이어지기 일쑤였다. 무엇보다 이런 접근방법은 '상상력'에 많은 여지를 남겨 주지 않았고, 학자가 된다는 것이 학문적으로나 윤리적으로 무슨 의미가 있는지 고민에 빠지게 만들었다. 허시먼은 사건이 변칙적이거나 일탈적이거나 뒤집힌 순서로 전개될 가능성들을 생각해 보고 그것을 잠재적 경로로서 그려 볼 수 있도록 연구자의 상상력을 재설정해 줄 사회과학을 만들고 싶었다. 미래의 역사가 나아갈 수 있는 대안적 경로에 여지를 열어 줄 다양한 조합들을 탐색해 볼 수 있도록 말이다.

삶에서 봉착하는 난관이 삶 자체를 비극으로 끌고가 버리지 않게 하는 방법 중 하나는 유머와 해학으로 거리를 두는 것이었다. 그리고 허시먼에게 이러한 거리두기는 현실에의 공감과 실천을 가로막는 장애물이 결코 아니었다. 나치가 유럽을 휩쓸던 시기에 허시먼은 마르세유에서 유대인 예술가와 지식인을 탈출시키는 지하활동을 펼쳤다(한나 아렌트도 이때 탈출한 사람에 속한다). 동료였던 배리언 프라이가 훗날 회상하기를, 결국에는 허시먼이 프랑스 경찰의 의심을 받게 되었는데 가짜 서류를 가지고 있어서가 아니라 멀쩡해 보이는 서류를 너무 많이 가지고 있어서였다고 한다. 물론 그 멀쩡해 보이는 서류들은 다 가짜였는데, '알베르 에르망 씨'가 필라델피아에서 태어난 프랑스인임을 증명하는 서류도 있었고 오만 가지 모임과 클럽의 회원 카드도 있었다. 심지어 '클럽이 없는 사람들을 위한 클럽'이라는 여행 단체의 가짜 회원증까지 가지고 있었다. 허시먼은 완벽하게 프랑스어를 구사할 수 있었던 덕분에 독일 출신이라는 점과 반파시스트 운동에 가담했던 이력을 들키지 않을 수 있었다. 독일 사회학자 볼프 레페니스는 허시먼이 "알리바이가 너무 많은 범죄자 같았다"고 표현했다.[2]

수십 년 뒤 베를린 장벽이 무너지던 무렵에는 베를린을 방문했다가 급작스럽게 혈관 수술을 받게 되었다. 마취에서 깨어나 얼떨떨한 상태에서 허시먼은 독일어로 의사에게 이렇게 물었다. "바나나가 왜 구부러져 있는지 아세요?" 의사가 웃으면서 어깨를 들썩해 보이자 허시먼이 말했다. "정글에 들어가서 그게 곧아지게끔 조정한 사람이 아무도 없어서 그래요."[3]

바나나 유머는 이것말고도 또 있다. 1950년대에 콜롬비아 수도 보고타에 살고 있던 허시먼 가족은 연말이면 세계 각지의 지인들에게 크리스마스 카드를 보냈는데, 1952년 페테르 알도르가 카드에 쓸 그림을 하나 그려 주었다. 알도르는 헝가리 출신 만평가로, 콜롬비

An excellent food is tHE BANANA
Let's eat it today and plan it mañana

■ 허시먼 가족이 보고타에서 지인들에게 보낸 크리스마스 카드(페테르 알도르 그림, 1955년).

아로 이주한 뒤 정치 만평으로 이름을 떨치고 있었다. 그가 그려 준 그림을 보면, 경제학자 앨버트가 도표와 그래프가 잔뜩 그려진 종이를 들고 바나나나무 꼭대기에 앉아 있고 나무 아래에서는 아내와 딸이 바나나를 따고 있다. 앨버트는 바나나 생산 계획을 짜고 있는 듯하다. 그림 아래에는 다음과 같은 글귀가 씌어 있다. "바나나는 훌륭한 식품이다. 오늘은 바나나를 먹고 바나나 계획은 마냐나mañana['내일'이라는 뜻]에 세우자." '경제개발 계획'의 거창한 약속을 신봉하는 경제학자들에 대한 풍자가 담긴, 다층적인 의미의 농담이었다.

'저술가'로서의 허시먼에게도 유머는 빼놓을 수 없는 요소였다. 허시먼이 개진한 주장의 '형태'는 '실질'에서 쉽게 분리될 수 없었다. 이 점은 허시먼이 말년에 관심을 가진 연구 주제이기도 하다. 그는 현대사회에서 공공 사안에 대한 주장들이 '어떤 형태로' 개진되고 있는지를 연구해 마지막 주요 저서인 《반동의 화법》(1991)[한국어판:《보수는 어떻게 지배하는가》, 웅진지식하우스, 2010]을 펴냈다. 이 책에서 허시먼은 경직적이고 비타협적인 형태의 주장들이 선택지와 대안의 범위를 좁혀버림으로써 민주주의를 약화시킨다고 주장했다. 이는 사회과학자들이 사용하는 '언어'가 정치와 경제에 '실질적인' 영향을 미친다는 점을 포착한 주장이었다.

허시먼 자신이 언어 다루기의 달인이었으니 누구보다도 잘 알고 있었을 것이다. 그는 단어의 소리나 의미를 가지고 장난치는 것을 좋아했다. 독일어, 프랑스어, 에스파냐어, 이탈리아어, 영어 등 여러 언어로 능란하게 언어유희를 구사할 수 있었던 그는 면밀히 주의를 기울여야만 의미가 파악되는 고급 언어유희를 특히 즐겼다. 외과의 사였던 아버지 카를에게 수술용 메스가 중요했다면, 허시먼에게는 언어가 그만큼 중요했다. 언어를 가지고 놀다 보면 아무리 암울한 시기라 해도 언어의 자유를 통해서 빛을 찾을 수 있음을 다시금 상기할 수 있었다. 나치가 증오의 욕설을 퍼붓던 1932년 6월 알베르트는 누나에게 진작 써야 했을 편지를 아직도 쓰지 못하고 있는 데 대해 이렇게 적어 보냈다. "누나가 왜 아직까지 내 편지를 받지 못했냐면 말이야, 생각이 교통편을 기다리고 있어서 그래. 아 가여운 것. 가끔 밤에 그게 차편을 목이 빠져라 기다리면서 징징대는 소리가 들린다니까?"[4]

뭐니뭐니해도 허시먼의 유머는 단어를 다루는 데서 진가를 발휘했다. 그는 우아하게 표현된 어구를 좋아했고, 익숙한 구절을 자조적으로 비트는 것을 즐겼다. 그가 끄적여 놓은 메모에는 "막다른 길 dead end*은 수단means을 정당화한다! 하지만 그 목적end이 비열함 meanness을 정당화하는가?"라든가 "내가 세미놀Seminole하다**는 점만 인정하신다면야 당신의 비판은 대환영이랍니다"와 같은 말들이 적혀 있다. 또 나이지리아의 개발 프로젝트 현장을 둘러보고서 화물

---

* '막다른 길'이라는 의미지만 문자 그대로는 '죽은 목적'이라는 뜻이 된다.
** 독창적이라는 뜻의 'seminal'과 발음이 비슷하다. 세미놀은 북미 원주민 부족의 이름이기도 하다. 이 메모는 1982년 출간된 《참여의 시계추 운동》에 대해 정치학자 로버트 레인이 "허시먼의 이전 저술은 독창적seminal이지만 이 책은 기대에 못 미친다"며 혹평한 것을 읽고 허시먼이 일기에 적어 놓은 것이다.

철도 운임 문제에 대해 적어둔 메모에는 "현실을 찾고 있는 은유"라고 썼다가 금방 이 표현이 미심쩍어졌는지 "지시 대상을 찾고 있는 은유"라고 고쳐 써 놓기도 했다.

언어유희는 그저 한가한 놀이가 아니었다. 허시먼이 좋아한 경구에는 역설적이고 반전이 있으며 뒤바뀐 순서로 전개되는 양상을 표현한 것이 많은데, 이는 그의 세계관을 반영한다. 오래될수록 딱딱해지는 것이 아니라 물컹해지는 바게트 빵처럼, 허시먼은 역사가 '일반 법칙'들을 거부하면서 전개되는 다양한 방식에서 의미를 발견하고자 했다(그건 그렇고, 프랑스로 탈출해 바게트 빵으로 끼니를 때우던 시절 허시먼은 자신이 '빵 샌드위치' 만들기의 세계적인 대가라고 농담하곤 했다). 사건들이 뒤집혔거나 '엉뚱한' 순서로 전개되는 와중에서 완전히 다른 방향으로 펼쳐질 수 있는 가능성들이 생겨났다. 매년 봄이 오면 겨우내 죽은 듯 보였던 나뭇가지에서 새 생명이 나오듯이 말이다(이 비유도 허시먼이 프린스턴에서 부엌 창문으로 밖을 내다보던 중에 우연히 떠오른 것이다). 또 훗날 허시먼은 클리퍼드 기어츠에게 반쯤 농담으로 사회과학자 대부분이 "사회과학의 제1법칙"에 희생되고 있다고 말했다. "어떤 사회현상이 완벽하게 설명된 순간 그 현상은 작동이 멈춰 버린다는 법칙."[5]

무엇보다 허시먼의 언어 재능은 회문[거꾸로 읽어도 동일한 의미가 되는 단어나 구절]에서 빛을 발했다. 또한 1960년대 이후에 나온 허시먼의 저술들을 보면 가장 정확한 단어만을 쓰려는 노력이 확연히 드러난다. '이탈, 발언, 충성심' '터널 효과' '정념과 이해관계'와 같은 표현들은 플로베르가 말한 "모 쥐스트Mots Justes", 즉 해당 대상에 대해 단 하나뿐인 가장 적확한 표현들이었다. 아마도 그가 제일 좋아했을 회문은 1971년경에 쓴 〈노망난 글귀들Senile Lines〉[철자를 거꾸로 해도 senile lines이 된다]일 것이다. 여러 언어를 섞어서 지은 이 시는 다음과 같이 시작한다.

I

Revolt lover

Foe of

Party trap

Evil igniting I live

Naomi, moan!

Maori, roam!

Harass selfless Sarah!

Die, id!

Nein sein!

Rêve: Nada, never*

나는,

저항을 사랑하는 사람,

나는 이것의 적이지

_____

* 각 행이 모두 철자를 거꾸로 써도 정확히 같은 구절이 나온다.

정당의 함정

악에 불을 지피며 나는 살아가네.

나오미, 애도하렴!

마오리, 부르짖으렴!

자기 생각은 하지 않는 새러를 괴롭히자!

죽어라, 이드!

존재하지 않는다!

꿈: 없다, 결코.

주도면밀하게 선택된 단어로 섬세하게 포장된 개념들의 세계.

허시먼의 위대한 저작들 뒤에는 숨겨진 삶이 하나 있었다. 은밀한 연애나 두 집 살림, 혹은 스파이 활동 같은 것을 말하는 건 아니다(짧은 기간 동안 반파시스트 지하활동을 했고 미국 중앙정보국CIA의 전신인 전략사무국OSS에서 일한 적도 있기는 하지만 스파이는 아니었다). 1972년, 세계적인 사회과학자 반열에 오른 허시먼은 곁가지 일을 하나 벌였다. 회문 애호가 모임을 만든 것이다. "우리는 대체 어디부터 잘못되었을까Where We Went Wrong"의 머릿글자를 따서 '4W클럽'이라고 이름 붙인 이 모임에서는 가상의 인물 '어색한 박사Dr. Awkward'를 서신으로 공격했다. 이 모임은 허시먼이 정말로 즐기면서 회장직을 맡았던 몇 안 되는 국제 모임 중 하나였다. 이 분야에서 그의 호적수는 과테말라의 저명한 시인 아우구스토 몬테로소였다. 허시먼은 그와 몇몇 '테소로tesoros'[에스파냐어로 '보물'이라는 뜻]를 나눴으

며, 그에게 '최고의 언어AMO IDIOMA!'*라는 찬사를 보내기도 했다.[6]

다른 경제학자들에게 숫자와 공식이 있었다면 허시먼에게는 단어와 언어가 있었다. 경제학계의 기준으로 보면 허시먼은 숫자보다 말에 훨씬 치우친 경제학자였다. 그래서 허시먼을 경제학자로 인정하지 않는 경제학자들도 있었다(사실 허시먼도 한때는 통계에 능했고, 통계 기법이 갖는 다양한 가능성을 실제로 연구에 활용하기도 했지만 이 사실은 경제학계에 잘 알려져 있지 않았다). 허시먼이 저명한 학자가 된 뒤에도 수학적인 모델을 세우거나 이론을 엄정하게 검증할 수 있는 방법론을 사용하지 않은 채 사회과학 연구를 한다는 비판은 계속 제기되었다. 노년의 허시먼은 이에 대해 설명해야 한다는 압박을 느꼈는지 하버드대학 재직 시절 동료였던 대니얼 벨에게 다음과 같이 말했다. "수리적 모델을 만드는 사람들은 내가 내 생각을 그런 모델로 만들지 않는다고 비판하곤 합니다. 그에 대한 내 대답은 수학이 언어나 은유에 미치지 못한다는 것입니다. 언어와 은유가 더 창의적이니까요."[7] 아전인수식 변명이라고 생각할 사람도 있을 것이다. 그렇든 아니든, 경제학이 숫자의 능란함을 추구하면서 언어의 능란함을 내버리고 있던 시기에, 숫자보다 언어를 훨씬 더 능란하게 다룰 수 있었던 허시먼이 경제학계와 잘 조화되지 못했으리라는 점만큼은 분명하다.

왜 그렇게 언어에 치중했을까? 허시먼에게 언어가 안식처였다는

---

* AMO IDIOMA도 회문이다.

점이 하나의 이유일 것이다. 나라 없는 사람에게 언어는 피난처이자 성소였다. 제2차 세계대전[이하 '2차대전'] 중이던 1944년 여름에 허시먼은 미군으로 참전해 북아프리카에 주둔하면서 유럽 작전에 투입되기를 초조하게 기다리고 있었다. 고대하던 임무가 주어지지 않아 점점 더 우울해지던 허시먼은 언어에서 위안을 찾았다. 전쟁 때문에 고통받은 사람들, 더 심하게는 '수용소에서' 고통받은 사람들의 숫자를 생각하니 절망이 걷잡을 수 없이 엄습해 왔다. 괴로워하던 허시먼은 어느 날 장 발의 시구를 접하게 되었다. "나의 육신아, 고맙구나. 그저 육신의 할 일을 잘 해주어서Merci mon corps, tu fais bien ton métier de corps." 허시먼은 임신 중인 아내 새러에게 뉴욕으로 편지를 보냈다. "정말 잘 지어지지 않았어? 참 간결하기도 하고 말이야! 좋은 시는 위대한 발명품과 비슷한 효과를 내는 것 같아. 매우 단순하지만 읽는 사람이 그것에 대해 생각하지 않을 수 없게 만들잖아." 무척 허시먼답게도, 편지의 내용은 여기에서 영감을 받은 또다른 내용들로 꼬리를 물었다. "더 탐구해서 발전시켜 볼 만한 주제들"이라면서 말이다. 허시먼은 일기와 편지 그리고 책의 여백 등에 '아이디어' '주제' '질문' 등을 수없이 많이 적어 놓았다. 생각이 지나간 길, 마음의 눈이 지나간 언어적 경로를 표시해 두는 그만의 방식이었다.[8]

언어, 특히 글은 마음과 영혼이 머무는 장소였다. 여러 언어를 구사할 수 있었던 사람이 언어를 '고향'으로 삼았다는 것이 의아하게 여겨질 수도 있겠다. 하지만 이것이야말로 오디세이적 삶이 가진 특징이었다. 오랫동안 정착 생활을 하지 못한 허시먼에게 물리적인 터전은 임시적인 것일 수밖에 없었고, 그 때문에 언어의 중요성이 한층 더 커졌다. 그리고 무엇보다 허시먼은 저술가였다. 조지프 브로드스키가 "작가의 애국심은 단 한 가지 형태로만, 오직 언어에 대한 태도로서만 존재하는 법"이라고 하지 않았던가.

허시먼에게 글이 위안을 주었다면, 우리에게는 글이 허시먼의 지적 상상력을 엿볼 수 있는 실마리를 준다. 단어, 문장, 산문, 운문, 곧 그의 '문학'은 기존의 사회과학 범주에 덧붙은 장식물이 아니었다. 허시먼의 저술에는 사회과학을 **문학으로서** 풀어내고자 한 노력이 드러나 있다. 그 결과, 문학과 사회과학이 점점 단절되던 추세 속에서 허시먼은 매우 독창적인 문체와 내용을 선보이는 저자로 자리매김될 수 있었다. 또한 허시먼이 어린 시절을 보낸 베를린의 '동화된 assimilated 유대인'[유대인으로서의 정체성을 고수하기보다 독일 사회의 일원으로서 흡수되고자 한 중산층 유대인] 문화는 현대 작가 카프카부터 고대 문학《오디세이아》에 이르기까지 광범위한 문학에 깊이 뿌리를 내리고 있었다(허시먼은 어려서부터《오디세이아》의 상당 부분을 암송할 수 있었다). 그 덕분에 허시먼은 플로베르의 내면 묘사에서 심리학적 통찰을 얻을 수 있었고 라로슈푸코의 글에서 이기심의 작동에 대한 아이디어를 얻을 수 있었다.

문학작품을 통해서 허시먼은 작은 세부사항과 이례적인 변칙 현상들이 전체에 대해 새로운 면을 드러내 줄 수 있음을 알게 되었다. 허시먼의 친한 친구이자 협업자였고 훗날 브라질 대통령이 되는 페르난두 엔히크 카르도주가 언젠가 나에게 말했듯이, 허시먼은 마치 네덜란드 화가처럼 전체를 볼 수 있는 작은 방법들을 새로이 드러냈다. 그는 경제학자였지만 인문학의 여러 장르, 문체, 분야를 늘 활용했다. 20세기와 함께 삶이 저물어 가던 말년에는 자신의 문체를 망루 삼아 우리에게 경고를 보내려고 한 것 같기도 하다. 과도하게 세분화되고 전문화되는 것, 시야를 좁혀 버리는 것, 방법론적 기교와 전문용어에 통달한 자신의 모습에 도취되어 연구[엄정하게 증명하기]와 담론[말로 설파하기] 사이를 가로지르며 얻을 수 있는 활력을 잊어버리는 것과 같은 20세기의 추세에 대해, 유머를 잃지 않으면서 우리에게 경고를 보내려 한 것이다. 이런 면을 알지 못하면, 우리는 허시먼이 실증근거evidence와 주장전개argumentation에 대해 어떤 태도를 가졌는지, 또 그가 왜 화법rhetoric을 그렇게 중시했는지 이해할 수 없을 것이다. 허시먼은 오늘날의 사회과학이 포괄하는 범위보다 훨씬 넓은 범위에 걸친 학자였다. 이 점에서 허시먼은 이제 서서히 사라져 가고 있는 '사회과학의 휴머니즘'을 대표한다고도 볼 수 있다.

하지만 이렇게만 본다면 허시먼을 너무 우울한 방식으로 독해하는 격이 될 것이다. 이런 독해에 가장 먼저 반대할 사람은 아마 허시먼이지 않을까? 허시먼이라면, 포르투나에게는 아주 많은 책략이 있다고 자신 있게 말할 것이다.

뭐니뭐니해도 우리가 허시먼에게 관심을 갖게 되는 것은 그의 글을 통해서이다. 그가 쓴 책과 논문은 몇 세대에 걸쳐 독자들을 사로잡았고 그를 '인문학적인 사회과학자'라는 매우 독특한 위치에 서게 했다. 하지만 이 전기는 허시먼의 저술에 대한 책이 아니다. 그보다는 허시먼 저술의 '배경'에 관한 책이다. 그의 저술이 다른 이의 해설을 매개로 하지 않고 반드시 독자를 직접 만나야만 한다는 의미에서가 아니다. 물론 허시먼의 글은 너무나 명료해서 그의 저술에 대해 이야기를 하려다 보면 원저자가 훨씬 더 잘 표현한 것을 내가 괜히 다시 설명하고 있는 것이 아닌가 싶기는 하다. 언젠가 저명한 사상사학자 퀜틴 스키너도 허시먼에게 편지를 보내 이렇게 털어놓을 수밖에 없었다고 한다. 대학원 수업 시간에 허시먼의 논문 하나를 다루면서 요점을 엄청나게 강조해 설명했는데, 다시 읽어 보니 "내가 강조하려던 점들을 [허시먼의] 논문 자체가 너무나 잘 설명하고 있었다"는 것이다. "일종의 부정직한 꼼수가 무의식중에 발현된 것이라고 볼 수 있지요. 제 생각에 이런 부정직은 가르치는 사람, 특히 성격이 급한 사람이 흔히 저지르게 되는 것 같아요."[9] 내 생각도 그렇다. 이 책은 원저자가 이미 잘 설명한 주장들을 다시 설명하려는 책이 아니다. 이 책은 사건, 복잡성, 긴장, 갈등, 그리고 지적인 작업이 요구하는 고된 노동 등 그의 삶이 품었던 사상들의 배경 이야기를 들려줌으로써 독자 스스로 허시먼을 읽는 경험을 하도록 초대하는 책이다.

하지만 '어떤' 배경 이야기를 들려줄 것인가? 오늘날 전기라는 장르는 주인공의 내밀한 감정과 가장 사적인 생활을 드러내는 장르로 여겨지곤 한다. 대중적인 전기는 더욱 그렇다. 은밀히 주고받은 서신이나 감춰 놓았던 일기, 숨겨 왔다가 털어놓은 고백이나 폭로 등이 드러나 있으리라고 기대하는 것이다. 여기에는 누군가를 가장 잘 알게 해 주는 것은 그의 가장 내밀한 점들이라는 전제가 깔려 있다. 진정한 진실은 이렇게 가장 깊이 숨겨진, 가장 덜 알려져 있는 것이라는 전제를 루이스 메난드는 '꽃봉오리 가정Rosebud assumption'이라고 불렀다.[10] 하지만 이 가정은 우리가 쓰는 편지에 아무 거짓이 없고 일기에 아무 왜곡이 없으며 고백에 아무 꾸밈이 없다는 순진한 생각에 기초하고 있다.

허시먼도 중요한 순간들을 더 극적으로 묘사하는 일이 없지 않았다. 그뿐 아니라 한 사람의 일생을 재구성할 때면 피할 수 없이 맞닥뜨리게 되는 '빈틈'의 문제가 있다. 나는 허시먼의 '본 모습'을 생생하게 끌어내기 위해 여러 나라를 돌아다니며 편지, 일기, 노트, 원고, 서류 등을 모았고, 주인공 허시먼을 포함해 수많은 사람을 만나 이야기를 들었다. 그러나 증폭되는 간극들, 입증이 불가능한 이야기들, 너무나 답답하고 아쉽도록 부족한 자료 등의 문제에 계속해서 부딪혔다. 어떤 빈틈은 아주 명백하다. 이를테면 나는 허시먼이 친애하던 동료이자 절친한 친구였던 클리퍼드 기어츠를 그의 생전에 만나지 못했다. 기어츠가 들려줄 수도 있었을 내용이 담기지 못한 것은 이 책의 커다란 결함이며 독자들은 그 빈틈을 확연히 느낄 수 있을 것이다. 한편 어떤 빈틈은 우연이나 사고라기보다는 허시먼의 의지로 생긴 것이다. 예를 들면 허시먼은 여러 차례 질문을 받았음에도 에스파냐내전 때 파시즘에 맞서 공화국군 편에서 싸웠던 기억을 다시 떠올리려 하지 않았다. 허시먼 특유의 낙관적인 태도와 개혁 가능성에 대한 믿음, 그리고 '가능주의'는 끔찍한 기억의 흔적들을 덮어 버리고서야 나올 수 있는 것이 아니었을까 하는 생각이 든다. 만약 그렇다면, 어떤 점들은 이 책에 등장하지 않는다는 사실 자체가 더 크고 슬픈 의미를 지닌다. 그러한 빈틈은 '이유 있는 빈틈'일 테니 말이다.

전기작가인 나에게는 매우 다행스럽게도, 한 사람의 일생에는 전기작가가 모두 파악할 수 없는 불확실성이 존재한다는 것이 오늘날에는 어느 정도 인정되고 있다. 이를테면 허마이오니 리는, "전기는 알려진 것과 알려지지 않은 것, 존재하는 것과 부재하는 것을 혼합하는 것이며, 한 사람의 인생에 있을 수 있었던 '가지 않은 길', 우연히 생긴 일, 어쩌면 생길 수도 있었을 일, 그러니까 한마디로 말하면 **가능성들** 중에서 극히 일부분만 재구성할 수 있다"고 언급했다.[11] 허시먼도 동의했을 것이다. 허시먼은 자신의 삶에서뿐 아니라 역사가 진행되는 과정에서도 가능성들을 강조했으며, 가치 있는 사회이론이라면 마땅히 그런 가능성들을 진지하게 고려해야 한다고 생각했다. 허시먼이 개진한 가능주의의 핵심에는, 우리에게는 '미리 투사되어 있지 않은 미래'를 가질 권리가 있다는 생각이 놓여 있었다. 전기작가의 입장에서 보면 미래뿐 아니라 과거에 대해서도 그렇게 말할 수 있을 것이다. 특히 허시먼처럼 복잡한 인물의 과거를 추적하는 경우에는 더욱 그렇다. 허시먼은 혼란을 헤쳐 나가는 놀라운 수완과 도저히 희망이 없어 보이는 상황에서도 개혁에 대한 믿음을 놓지 않는 역량을 가지고 있었다. 허시먼이 '데브루야르débrouillard'라는 단어를 매우 좋아했다는 것은 우연이 아닐 것이다. 이 단어는 '뒤

앨버트 허시먼

죽박죽 섞다'라는 의미의 프랑스어 '브루예brouiller'가 어원으로, 도저히 다룰 수 없을 것 같아 보이는 복잡한 곤경을 교묘하고 능수능란하게 헤쳐 나가는 사람을 의미한다.

단어가 아이디어를 만났고, 아이디어는 그의 탐구에서 표현처를 찾았다. 희미하게만 보이는 가능성들을 어떻게든 포착하고 만들어 내려 했다는 점에서 허시먼은 현대판 돈키호테 같기도 하다. 실제로 허시먼은 세르반테스를 좋아했고 그의 글을 즐겨 인용했다.《돈키호테》에 나오는 '기억의 책Librillo de memoria'은 허시먼이 세상을 관찰하고 기록하는 방식에 영감을 주기도 했다. 허시먼이 그렇게 작성한 수많은 기록이 이 전기의 뼈대이다. 허시먼 연구를 시작하고 한참이 지난 뒤 드디어 나는 허시먼의 일기장을 볼 수 있었다(당연하게도 허시먼의 아내이자 영감의 원천이고 결정적인 순간들에 지적인 파트너이기도 했던 새러가 남편의 전기를 집필한다는 사람을 신뢰할 수 있게 되기까지는 시간이 걸렸다). 작고 누런 공책들에 허시먼의 가장 개인적인 이야기들이 담겨 있었다. 이런 사료들은 흔히 현실과 동떨어졌다고 여겨지는 방랑기사의 삶을 그려 보는 데 도움이 된다. 하지만 '현실과 동떨어졌다'는 해석은 이 인물을 읽어내는 수많은 방식 중 하나일 뿐이다. 영국 내전 시기[1642~51년]에 일반화된 이 이미지는 '꿈꾸는 자'의 의미를 특정하게 고정시켜 버렸다. 물론 허시먼은 꿈꾸는 자였다. 하지만 현실세계에 깊이 발을 딛고서 자신이 지키고자 하는 대의를 위해 목숨을 걸고 실천에 나섰던 꿈꾸는 자였다(꿈꾸는 자 이야기가 나와서 말인데, 대화 도중에 멍하니 있곤 하는 습관 때문에 마르세유 시절에 배리언 프라이는 허시먼이 너무 자주 "달나라에 간다"며 불만스러워하기도 했다).

그러한 탐구의 여정이 70년에 걸쳐 생산된 허시먼의 저술에 분명하게 드러나 있다. 허시먼의 저술들이 하나의 소재나 아이디어에 집중되어 있지는 않다. 그의 관심사가 시대의 변화에 따라 계속 달라졌기 때문에 그가 다룬 주제는 제국주의와 전쟁의 경제적 원인(잘 알려지지 않은 첫 번째 책 《국가권력과 교역 구조》(1945)의 주제이다)부터 현대 정치 담론이 구사하는 화법에 대한 혹독한 비판(《반동의 화법》(1991)의 주제이다)까지 다양하다. 우리는 각각의 저술을 그 책이 나온 시대를 보여주는 창으로 읽을 수도 있고, 저술들을 모두 합해서 20세기 전체를 보여주는 기록으로 읽을 수도 있다. 허시먼의 책은 상당수가 사회과학의 고전 반열에 올라 있다. 《이탈, 발언, 충성심: 기업, 조직, 국가의 쇠퇴》(1970)[한국어판: 《떠날 것인가 남을 것인가: 퇴보하는 기업, 조직, 국가에 대한 반응》, 나무연필, 2016], 《정념과 이해관계: 자본주의가 승리하기 전에 자본주의를 옹호했던 정치적 주장들》(1977) 등이 대표적이다. 허시먼의 저술을 그것이 탄생한 시대와 장소의 산물이자 증언으로 보면서, 그것에 자체의 역사와 이야기를 부여하는 것이 이 책의 목적 중 하나이다.

주제는 다양했지만 허시먼의 저술에는 공통점도 있었다. 하나는 문체이다. 허시먼의 책은 문학작품으로 읽기에도 손색이 없다. 사회과학계는 '글쓰기'를 내세울 만한 분야가 아니지만, 허시먼은 사회과학계에서 위대한 **작가**로 명성을 날렸다. 허시먼의 생생한 은유와 인상적인 이미지, 시적인 반전과 전환은 많은 사람들을 매료했다. 하지만 이는 단지 '유려한' 문체이기만 한 것이 아니었다. 거대 주장과 거대 이론, 그리고 모든 것을 포괄하려는 '계획'과 그것이 요구하는 '확실성'을 경계하고자 한 허시먼의 목표에 부합하는 문체이기도 했다. 사회과학자들이 점점 더 시대와 역사를 초월해 적용가능한 모델이나 이론 또는 법칙을 추구하게 되면서 확실성에 대한 요구도 높아지던 상황에서, 허시먼은 이에 대해 경계하는 목소리를 내고자 했고 그것을 가장 적합한 문체로 하고자 했다. 확실성을 의심하는 회의주의자로서, 허시먼은 이례적인 현상이나 예기치 못했던 일, 의도하지 않았던 결과와 같이 학술 논문보다는 문학작품에서 더 쉽게 발견되는 요소들을 선호했다. 전후 유럽에서 '달러 갭'[달러 부족]의 해결책으로 제시된 긴축 정책, 1950년대에 널리 퍼졌던 '경제개발 계획'에 대한 신념, 1960년대의 해외 원조 열풍, 1970년대 남미를 휩쓴 패배주의, 1980년대 자유시장 이데올로기의 승리, 또 그 밖에 당대의 사회과학에서 정설이 무엇이었든 간에 허시먼은 그것에 대해 의심하고 문제제기하는 입장을 취했다. 정통과 확실성만 추구하다 보면 의심과 회의가 가져다줄 수 있는 창조적인 가능성들과 예기치 못했던 경로에서 배울 수 있는 교훈들을 배제하게 될 수 있다고 우려했기 때문이다.

허시먼의 글을 읽다 보면 역사가 정말로 주어진 길을 따라서만 펼쳐져야 하는지 의문을 갖게 된다. 청소년기에 허시먼은 마르크스주의가 가장 뜨겁게 논의되던 베를린에서 마르스크주의를 접했지만 목적론적 이론과 '역사의 보편법칙'을 상정하는 것은 어느 것도 받아들이지 않게 되었다. 학문의 세계를 처음으로 접했던 청소년기에 공산주의의 정통 사상에 맞섰던 지적 경험은 평생에 걸쳐 허시먼에게 영향을 미쳤다. 어떤 때는 역경에서 빠져나오려면 조심스럽고 겸손한 태도가 필요했다. 한계를 인정하고서 당장에 취할 수 있는 전략들부터 추구해 나가는 것이다. 이는 클수록 좋고 거대할수록 위대하다는 생각에 유혹되지 않아야 가능한 일이었다. 또한 어떤 때는 야망과 과장이 필요했다. 다양한 가능성들에 대해 열린 태도를 갖는다는 말은, 불확실성을 받아들이고 '모든 것을 알 수 있다'는 가정을 버림으로써 세상 속에서의 경험과 시도를 통해 새로이 알아 갈 수 있는 가능성을 믿는 것을 의미했다. 그러다 보면 전혀 있을 법하지 않아 보였거나 대단히 엉뚱해 보였던 것들도 선택지에 들어올 수 있었다. 허시먼이 《경제발전 전략》(1958)에서 언급했듯이, 가장 많은 저항이 있는 지점이 가장 세게 눌러 보아야 하는 지점이었다. 이런 관점 때문에 허시먼의 사회과학은 예측력을 추구하기보다 복잡성을 이해하려는 쪽에만 치중했다는 비판을 받기도 했다. 틀린 말은 아니다. 허시먼이 딱 떨어지는 수학 공식보다 인상적인 이미지를 더 좋아한 것도 사실이다. 하지만 허시먼이 이러한 것을 선호하게 된 데는 이유가 있으며, 나는 이 전기가 그 이유를 잘 밝힐 수 있기를 바란다.

허시먼의 독특한 문체는 그가 개진한 사상의 내용과 관련이 있었다. 그리고 그 관련은 현실과 동떨어지지 않고 '세상 속에' 존재하고

자 한 태도에 뿌리를 두고 있었다. 허시먼이 살아간 20세기는 힘겨운 시대였다. 우연으로, 또 그의 선택으로, 허시먼의 삶은 20세기의 세계사적 비극에 계속해서 맞닥뜨렸다. 20세기는 혁명, 전쟁, 인종학살의 세기라고 일컬어지곤 한다. 많은 이들에게 이 세기는, 인류가 이제껏 스스로를 전혀 존엄한 존재로 만들지 못했으며 끔찍하게 공포스러운 일을 대규모로 저지를 능력이 있는 존재라는 사실만 드러낸 시기였다. 그래서 에릭 홉스봄은 이 짧은 세기의 긴 역사를 "극단들의 시대"라고 칭했다. 각 극단에는 그것을 지지하는 지식인들이 있었다. 그것도 아주 많이. 그리고 이들 중 많은 수가 극단을 더 강화하는 데 기여했다. 우리 역시 20세기를 극단의 시대로 보는 견해에 너무 익숙해진 나머지, 혁명 쪽이든 반동 쪽이든 가장 극단적인 사상과 사상가들에게만 관심을 갖는 경향이 생겼다.

하지만 허시먼은 혁명과 반혁명 사이, 제국주의와 민족주의 사이, 공산주의와 자본주의 사이에 또 다른 영역이 있다고 생각했다. 바로 '개혁'의 영역이었다. 유토피아적인 거대 담론들의 틈바구니에서 공격받고 부서지고 숨겨지곤 했던 '개혁의 영역'은, 목적과 지향이 있기는 하지만 확실히 합의되어 있지는 않으며, 따라서 무성한 논쟁과 갈등 속에서 변화해 나가는 영역이었다. 이 변화를 추동하는 동력은 완벽한 인류를 만들겠다는 열망이 아니라 인류를 조금 더 낫게 만들겠다는 열망이었다. 결함 없는 완벽의 추구는 끔찍한 공포로 귀결되는 경우가 너무 많았다. 허시먼의 가족, 친지, 친구들은 완전무결한 이데올로기를 추구한 사람들이 벌인 한 세기 간의 살육에 희생되었다. 인간을 '완벽해질 수 있는 존재'로 보지 않고 '지금보다 조금 더 나아질 수 있는 존재'로 보았다면 어땠을까? 허시먼은 우리의 상상력이 전자에만 치중한 나머지 후자는 부차적인 것으로 여기거나 기껏해야 '생각해 볼 수 있는 것' 정도로 치부하는 것을 애석해했다. 얼마나 바람직하지 못하고 지루한 일인가! 이런 생각을 바탕으로, 허시먼은 미국 버클리에서 독일 베를린에 이르기까지 전 세계에서 유토피아주의와 숙명주의 둘 다에 맞섰다. 허시먼은 유토피아주의자와 숙명주의자 모두 양자택일식 주장을 펴면서 사회가 달성 불가능한 유토피아적 기대와 그것의 실패가 초래하는 극심한 절망 사이를 미친 듯이 오가게 만든다고 우려했다.

이 책은 혁명의 낭만과 반동의 우울 사이에서 파괴되거나 간과된 영역을 진지하게 숙고하고 그 영역 안에 존재하고자 분투했던 한 지식인에 대한 이야기이다. 세상 속에 발을 딛고서 그 영역을 지켜내기 위해 헌신한 인물의 개인적이고 또 학문적인 '중도'의 이야기이다. 특히 허시먼은 대대적인 유토피아 실험을 촉발시킨 거대 이론에 경도되지 않게 해 줄 균형추로서 중도의 영역을 지켜내고자 했다. 하지만 허시먼의 연구와 저술이 거대 이론에 대한 반작용이기만 했던 것은 아니다. 허시먼은 예기치 않은 전환으로 가득한 구불구불한 경로로 사회변화와 사회변동에 대해 나름의 통합성과 복잡성, 그리고 '이론'을 갖는('이론'이라는 단어가 연상시키는 것들을 우려하긴 했지만) 개념들을 발전시켜 나갔다. 허시먼의 삶은 20세기를 살아간 한 사람의 개인사이며, 가장 끔찍하고 가장 희망적인 순간들을 경험하면서 더 나은 삶을 상상할 힘을 결코 포기하지 않았던 한 사람을 통해 보여주는 20세기의 서사이다. 실제로 허시먼은 이 세계가 처한 문제들의 해법은 기술적인 발견보다는 상상력의 힘에 있다고 여러 저술에서 거듭 강조했다.

이 책에서 펼쳐질 이야기는 세계에 대한 개인사이자 한 지식인에 대한 세계사이다.

앨버트 O. 허시먼의 삶을 읽으면 개혁의 영역이 20세기 지식인들을 지배했던 숭고한 유토피아의 부차적 공간에 불과한 것이 아님을 알게 된다. 단적으로, 개혁의 영역은 그 자신도 걸출한 20세기 지식인이었던 허시먼이 평생을 바쳐 연구한 핵심 주제였다. 2차대전 후 전쟁으로 찢긴 유럽의 재건을 연구했을 때도, 제3세계의 경제발전을 연구했을 때도, 개혁에 대해 열려 있는 자본주의가 되어야만 한다는 것을 전제로 더 인간적인 자본주의의 가능성을 연구했을 때도, 허시먼은 늘 개혁의 영역에 집중했다.

개혁이라고 하면 흔히 우리는 부서진 부분을 고치는 것을 떠올리지만, 허시먼에게 개혁은 기술적인 수리나 수선 이상의 것을 의미했다. 개혁은 우리의 상상력이 최선에 닿지 못해서 어쩔 수 없이 취하는 차선책이 아니었다. 허시먼의 삶을 되짚어 보면서 우리는 '개혁' 자체의 이야기 또한 새로이 구성해 볼 수 있을 것이다. 앨버트 O. 허시먼의 이야기는 개인사의 형태를 취한 한 시대의 기억이고, 실망에서 희망을, 긴장에서 해법을, 불확실성에서 자유를 발견하는 새로운 사회과학의 이야기이며, 지식인들이 겸손하면서도 대담한 태도로 관찰할 때 더 잘 포착할 수 있는 다양한 가능성들의 원천으로서 사회 세계를 바라보는 [문학적] 스타일의 이야기이다.

앨버트 허시먼

1장

교양 있고 낙천적인 유대인 소년
'오토 알베르트'

(1915~32)

당신이 풀어야 할 숙제이다. 어디에도 학생은 없다.

—프란츠 카프카

1914년 8월, 독일 수도 베를린은 축제 분위기였다. 영예로운 전쟁이 시작되었다! 열띤 연설과 징집을 독려하는 퍼레이드, 신속한 승리를 기원하는 포스터와 배너 모두가 6주 안에 전쟁이 끝나리라 예상하면서 전쟁 발발을 축하하고 있었다. 사람들은 이 전쟁이 끝나면 군주, 귀족, 자본가가 지배하는 유럽의 신사적인 세계가 재건될 것이라고 기대했다. 이것은 환영받는 전쟁이었지 두려움을 일으키는 전쟁이 아니었다. 베를린의 젊은 외과의사 카를 히르슈만도 환호했다. 카를은 독일에 대한 애국심이 넘치는 사람이었다. 베토벤과 괴테를 좋아했고 독일 계몽주의의 가치를 높이 샀으며 독일 국가를 사랑했다. 1916년 5월 31일~6월 1일에 벌어진 영국과의 스카게라크 해전(영국에서는 유틀란트 해전이라고 부른다)이 막을 내리자 카를은 신이 나서 아내에게 이렇게 말했다. "해전에서 우리가 승리한 거 어떻게 생각해? 나도 거기 있었더라면 얼마나 좋았을까!"[1]

카를은 들떴지만 바다로 가거나 전선에 나서지는 않았다. 외과의사인 그는 후방에서 할 일이 있었다. 야망 있는 독일 유대인들에게 외과의사는 선망받는 직업이었다. 카를은 베를린 자선병원에서 환자와 전쟁 부상자를 치료했다.

또 다른 경사도 있었다. 스카게라크 해전 1년 전인 1915년에 아들이 태어난 것이다. 독일 국가에 대한 충성심이 충만했던 카를은 아기 이름을 오토 알베르트라고 지었다. 오토는 독일제국을 탄생시킨 오토 폰 비스마르크에게서, 알베르트는 은행가로서 집안의 부를 일으킨 외할아버지 알베르트 마르쿠제에게서 따온 것이었다. 카를은 아들을 원하기도 했지만 아들이 비스마르크 탄생 100주년 기념일[비스마르크는 1815년 4월 1일에 태어났다]에 맞춰 태어나기를 원하기도 했는데 아기는 며칠 늦은 4월 7일에 태어났다. 오토 알베르트 히르슈만(가족과 친구들 사이에서는 'OA'로 불렸다)은 전쟁의 아기였고, 전쟁이 고취시킨 애국심의 아기였으며, 전쟁이 독일과 전 세계에 몰고 올 비극의 아기였다.

독일의 앞날에는 오로지 위대함만이 놓여 있다고 모두가 믿던 세계에서 오토 알베르트는 환영받는 아기였다. 하지만 아기의 부모는 전쟁이 불러온 예기치 못한 곤란과 씨름해야 했다. 기대와 달리 전쟁이 신속한 승리로 끝나지 않을 것이 확실해지고 군대가 장기간 싸워야 할 상황이 되자, 베를린 시민들의 고통이 시작되었다. 200만 인구의 거대 도시 베를린은 식품의 수입 의존도가 컸다. 그런데 전쟁 첫해 겨울에 연합국이 독일을 봉쇄했다. 이는 독일이 스카게라크 해전에 사활을 건 이유이기도 했다. 사실 독일 해군은 [표면상으로는 승리했는지 몰라도] 봉쇄를 뚫지는 못했다. 식품은 바닥이 나기 시작했다. 오토 알베르트가 태어나기 몇 달 전에 베를린은 독일 도시 중 처음으로 빵 배급을 실시했다. 1916년 겨울은 먹을 게 순무밖에 없어서 '순무의 겨울'이라고 불렸다. 그해에는 달걀 배급량이 가족당 한 달에 두 알로 줄었고 다음해에는 주식인 감자 농사에 흉작이 들었다. 여름에는 베를린에서 식품 폭동이 일어났고, 겨울에는 혹한이 닥쳤는데 난방에 사용할 석탄이 없었다. 사람들은 얼어 죽거나 극심한 영양실조에 시달렸다. 병원은 전에 없이 바빠졌다. 카를이 일하던 자선병원도 마찬가지였다. 아내 헤트비히('헤다'라고도 불렸다)도 두 아이[오토 알베르트와 누나 우르줄라]를 유모에게 맡기고 병원에 나가 간호사로 일했다. 전쟁 전의 화려함, 그리고 전쟁이 막 시작됐던 1914년 8월의 축제 분위기에 이어 베를린에 닥친 것은 죽음, 결핍, 암울함 그리고 끝없이 늘어선 줄이었다. 절박해진 정부는 1918년 봄에 남은 자원을 두 차례의 대대적인 공격에 모두 쏟아부었으나 승리하지 못했고 수만 명이 목숨을 잃었다.

독일 정부가 결국 정전협정에 서명한 뒤 베를린에는 혼란과 동요의 파도가 덮쳐 왔고 오토 폰 비스마르크가 세운 제국적 군주국은 무너졌다. 급진적인 노동자들은 러시아[1917년에 소비에트혁명이 일어났다]의 영향을 받아 '붉은 베를린'을 선포했고 레닌은 베를린이 이제 독일의 수도가 아니라 세계 혁명의 수도라고 찬사를 보냈지만, 독일 경제는 멈춰 버렸다. 전쟁 물자를 만들던 공장들은 문을 닫았고, 1919년 2월경에는 25만 명이 넘는 베를린 사람들이 실업 상태였다. 또한 폐허가 된 동프로이센에서 난민이 쏟아져 들어오면서 노숙자가 넘쳐났다. 질병도 창궐해, 1918년 12월 한 달 동안에만도 베를린에서 거의 5000명이 독감으로 숨졌다. 도시 전역에 전염병이 돌면서 시신 안치소가 가득찼다. 다음달에 벌어진 [급진 사회주의 혁명단체] 스파르타쿠스단의 봉기는 야만적인 탄압으로 끝을 맺었다. [스파르타쿠스단 지도자] 로자 룩셈부르크는 살해된 뒤 시신이 란트베어 운하에 버려졌고, 카를 리프크네히트는 티어가르텐 공원에서 암살되었다. 극우 도당이 떼지어 베를린 곳곳을 순찰하며 독일에 소비에트의 영향이 들어오는 것을 막으려 했다.

이런 아수라장에서 바이마르공화국이 탄생했다. 이 바이마르공화국이 초년 시절 오토 알베르트의 정치적·문화적 배경을 이루게 된다.

바이마르공화국이 수립되면서 독일제국은 막을 내렸지만, 많은 독일인이 이를 [멸망으로 여기기보다는] 독일의 위대함이라는 더 오랜 꿈이 실현된 것으로 여겼다. 드디어 '계몽주의의 모델 국가', 즉 독일 국경 안에 사는 다양한 사람들을 포용하는 관용적인 정치 공동체가 세워졌다고 본 것이다. 그 다양한 '독일인'에는 (전에는 독일인으로 인정받지 못한) 가톨릭 신자도, 동유럽인도, 러시아 난민도, 그리고 통합을 통한 해방이라는 개념[유대 종교 정체성을 버리고 독일 국가 공동체에 통합됨으로써 유대인 탄압으로부터 해방될 수 있다는 개념]에 운명을 가장 많이 건 비종교적 유대인도 포함될 수 있었다. 바이마르공화국은 독일 계몽주의가 약속한 세상으로 가는 길에 방해가 될 잔재들을 쓸어없애 줄 것처럼 보였고, 공화주의를 믿는 사람들에게 회의와 의심을 버리고 희망을 가지라고 말하는 듯했다. 카를 히르슈만과 헤트비히 히르슈만 부부는 이러한 신념에 운명과 재산을 건 세대였고, 세 자녀 우르줄라, 오토 알베르트, 에바는 공화주의적 꿈의 최정점에서 어린 시절을 보낸 세대였다. 오토 알베르트는 이 시기에 학창 시절을 보냈고, 처음으로 사랑에 빠졌으며, 처음으로 글쓰기를 했고, 처음으로 정치 활동에 참여했다.

하지만 바이마르공화국이 붕괴되고 [히틀러의] 제3제국이 떠오르면서 히르슈만의 베를린은 무너졌다. 그 영향은 허시먼의 인생사에서 가장 근본적인 기저를 형성하게 된다. 그의 세대는 독일의 위대한 꿈을 공유한 마지막 세대이자 그 꿈이 맞닥뜨린 공포스러운 운명에 짓밟힌 첫 세대였다. 허시먼은 어린 시절과 학창 시절에 코즈모폴리턴적이고 시민적이며 부르주아적이고 공화주의적인 환경 속에서 갖게 된 가치들을 평생 간직했다. 이런 가치들은, 지금보다 나은 상황이 가능하며 옛 세계의 잿더미에서 새로운 세계가 생겨날 수 있다는 허시먼의 믿음에 깊이 뿌리를 내렸다. 하지만 허시먼은 이 세계가 얼마나 위태로울 수 있는지 또한 평생에 걸쳐 잘 알고 있었다.

14년간의 바이마르공화국 시기는 전통을 뒤흔드는 모더니즘과 대중 민주주의가 대담하게 실험된 시기였다. 제1차 세계대전[이하 '1차대전']의 먼지가 가라앉았을 무렵, 바이마르공화국은 자유와 안정 사이에 새로운 균형을 만들어내겠다는 약속을 지키고 있는 것처럼 보였다. 짧은 시기 동안에나마 서구 문화의 중심이 파리에서 베를린으로 이동했다. 런던이나 파리와 달리 베를린이 신생 수도였다는 점이 이를 가능케 한 요인 중 하나였을 것이다. 이 시기에 베를린에서 청년 시절을 보낸 피터 게이의 말을 빌리면, 베를린은 "벼락출세한 신생 수도"였다.[2] 베를린은 1871년에야 수도가 되었고 그때도 지방 요새 마을의 이미지를 가지고 있었기 때문에, 오래 이어져 온 도시 신화나 도시 전통의 제약이 비교적 적었다. 그 덕분에 베를린에서는 구질서가 다른 유럽 도시에서보다 더 완전하게 해체될 수 있었고, 시민들도 새로움을 추구하는 방향으로 무게중심을 더 쉽게 옮길 수 있었다. 사실 베를린 시민 상당수가 '새로 온 사람들'이었다. 러시아 이민자만 해도 20만 명이나 되었다. W. H. 오든, 크리스토퍼 이셔우드 같은 영국 작가들도 한동안 베를린에서 활동했으며, 빈에서 활동하던 막스 라인하르트와 같은 연출가들도 옛 합스부르크제국의 수도[빈]를 버리고 베를린을 새로운 터전으로 삼았다. '베를린 스타일'의 상당 부분은 베를린 토박이가 아닌 사람들이 만든 것이었다.

이제 베를린 사람들은 문화로 눈을 돌렸다. 물론 베를린은 1920년의 카프 반란*부터 히틀러가 1923년에 일으켰다가 실패한 폭동**에 이르기까지 굵직한 정치 사건들의 무대이기도 했다. 하지만 한동안은 정치적인 분위기가 뒤로 밀려나고 다다이즘 예술, 바우하우스 건

---

* 군부의 발터 폰 뤼트비츠 장군이 극우파 동료 볼프강 카프를 앞세워 반란을 일으켰다.
** 1923년 히틀러가 뮌헨에서 일으킨 비어홀 폭동을 일컫는다. 폭동은 뮌헨에서 일어났지만 베를린에서도 반향이 컸다.

축, 베를린 표현주의, 아방가르드 영화 등이 베를린에서 번성했다. 가장 유명한 것으로는 극, 영화, 비평 분야에서 두드러졌던 베를린 특유의 사조를 꼽을 수 있을 것이다. 쿠르트 바일과 베르톨트 브레히트의 협업이 특히 유명했는데, 산업화된 영국을 소재로 당대의 베를린을 풍자한 〈서푼짜리 오페라〉가 이들의 작품이다. 또 베를린 최초의 유성영화 〈푸른 천사〉(1930)는 마를레네 디트리히를 세계적으로 유명한 배우로 만들었다. 디트리히는 유명한 턱시도와 중절모 차림으로 세계적인 스타[미국으로 건너가 할리우드 스타가 된다]가 되기 전에도 독일에서 이미 스타였다. 1927년 여름에 히르슈만 가족은 질트 섬에서 휴가를 보냈다. 새로 건설한 힌덴부르크 댐이 독일 본토와 북해 해변을 연결해 준 덕분에 이 댐을 통해 질트 섬으로 갈 수 있었다. 호화로운 해변 휴양지 베스터란트의 한 레스토랑에 들어가니 바로 근처 테이블에 디트리히가 있었다. 디트리히가 웨이터에게 코트를 가져다 달라고 하자 카를이 벌떡 일어나 웨이터에게 코트를 받아서 디트리히의 어깨에 걸쳐 주면서, 디트리히가 소매에 팔을 끼우는 동안 귀에 속삭였다. "마이네 베스테 프로인딘Meine beste Freundin!"* 디트리히는 웃으며 감사하다고 인사했다.[3]

1920년대 초의 하이퍼인플레이션이 누그러지면서 베를린은 호황을 맞았다. 베를린은 파리만큼 아름답지는 않았고 거대 도로나 역사적인 기념물도 많지 않았으며 19세기 고전주의 건축도 프랑스만큼

---

* 디트리히의 히트 음반 제목으로, '나의 가장 좋은 친구'라는 뜻이다.

웅장하지 않았다. 또한 런던의 제국적 장대함이나 과시적인 화려함도 없었다. 하지만 베를린은 모더니티를 뿜어내고 있었다. 에릭 바이츠는 이를 '베를린 모더니즘'이라고 칭했다.[4] 베를린에는 주말을 즐길 수 있는 마르크 브란덴부르크 숲과 호수가 있었고 도로에는 밤나무와 보리수나무가 아름답게 늘어서 있었다. 운하와 공원도 많았고 공공 문화도 활발했다. 카페마다 사람들이 가득했고, 커다란 오페라하우스가 세 개나 있었는데 하나는 현대 실험극만 공연했다. 무엇보다 독일에는 극장이 있었다. 국영 극장 세 개에 막스 라인하르트가 운영하는 극장 네 개가 더 있었다. 바이마르공화국 이전부터도 베를린은 전통과 우상을 타파하려는 표현주의가 번성한 곳이었지만, 이제 베를린의 문화 활동은 귀족들의 저속하고 허세스러운 짓거리를 풍자하고 창조의 자유를 가로막는 검열이나 제약을 맹렬히 공격하는 사회 비판의 장으로 더욱 확고히 자리잡았다.

전위적인 문화가 그 밖의 삶의 방식을 모두 압도했다는 말은 아니다. 바이마르 시절 전위 문화가 보여준 풍자와 우상 타파, 통념에 대한 공격 등은 베를린 문화의 일부일 뿐이었다. 전쟁으로 제국과 군주제가 종말을 고하고 귀족 사회의 허세가 초라해지기는 했지만, 그렇다고 고전 문화가 밀려나 없어진 것은 아니었다. 오히려 전쟁은 고전적인 고급문화 시장에 참여하고 싶었던 사람들에게 제약을 풀어 주는 효과를 냈고 그 덕에 고급문화도 활황을 구가했다. 세 명의 저명한 지휘자 빌헬름 푸르트뱅글러, 브루노 발터, 오토 클렘퍼러는 베를린에서 자신의 오케스트라를 운영했다. 조정 같은 고급 스포츠

앨비트 허시민

도 전쟁 이후 새로운 애호가층을 갖게 되었다. 또 상류층의 전용 공간이었던 우아한 공원들이 다른 계층에게도 문을 활짝 열었다. 바이마르공화국에서는 옛것과 새것, 과거와 현재, 급진과 보수가 불안정한 타협을 이루며 공존했다. 그러나 이 공존은 사람들이 믿었던 것보다 훨씬 더 취약하고 불안정했음이 이내 판명나고 만다.[5]

그러니까 베를린은 완전히 새 옷으로 갈아입으면서 다시 태어난 것은 아니었다. 과거부터 이어져 온 것들이 있었고, 공화주의적 가치는 그러한 전통 위에 지어졌으며, 사람들은 그렇게 지어진 가치를 믿었다. 베를린은, 아니 프로이센은 외부인에 대해 (양면적인 감정은 있었겠지만) 오랜 관용의 역사를 가지고 있었다. 그리고 많은 유대인이 해방의 약속을 붙잡기 위해 [유대인으로서의 종교적 정체성을 버리고] 동화와 통합의 요구에 화답했다. 히르슈만 일가와 마르쿠제 일가(오토 알베르트의 친가와 외가)도 마찬가지였다. '동화된 유대인'들은 헤르더, 칸트, 괴테, 실러 같은 독일 계몽주의 철학자들을 '우리 철학자'로 삼을 수 있었다. 또 '독일의 소크라테스'라 불리는 유대인 철학자 모제스 멘델스존은 베를린에서 '하스칼라'라고 불리는 유대 계몽주의의 기틀을 다졌고, 유대인들이 독일의 시민적 규범을 받아들이는 대신 유대인들에게 자유를 확장해 달라고 요구했다. 히틀러가 권력을 잡았을 무렵 독일 내 공식적인 유대인 수는 50만 명이었고, 유대인 출신이되 기독교로 개종했거나 아무 종교를 가지고 있지 않은 사람도 그만큼 많이 존재했다. 히르슈만 가족도 이런 경우였다. 유대인의 경제력과 사회적 영향력이 상승하면서, 젊은 세대들은 이제 과학과 철학 분야에서도 기회를 찾아 나가고 있었다. 그 결과, 유대인 정체성을 매우 강하게 유지하고 있는 유대인부터 독일 사회에 거의 완전히 동화된 유대인까지 매우 폭넓고 복잡한 스펙트럼이 형성되었다.

독일 국가 자체가 외부인에게 점점 더 관용적인 모습을 보이고 있었다. 18세기 말에 독일의 각 주는 하나씩 유대인 해방 칙령을 내렸다. 프로이센의 경우에는 1812년에 유대인 해방 칙령이 반포되었다. 이동의 자유를 얻은 유대인들은 주 안에서 또는 주 경계를 넘어서 기회를 찾아 이동했고, 베를린의 문이 열리자 이곳이 가장 선호하는 목적지가 되었다. 1871년에는 드디어 유대인이 투표권을 갖게 되면서 시민권에 대한 공식적인 제한이 모두 사라졌다. 베를린이 수도가 된 1871년에 5만 명이던 유대인 수는 1910년에 17만 명으로 증가했다. 베를린 인구의 8퍼센트였다. 처음에는 대부분 오라니엔부르거의 시나고그 주변에 모여 살았지만(오라니엔부르거는 1938년 11월 9일 크리스탈나흐트 때 나치의 폭력을 가장 극심하게 겪게 되는 지역 중 하나이다), 인구가 증가하면서 거주지가 퍼져 나가기 시작해 점점 많은 이들이 비유대인 동네에서 다른 독일인들과 섞여 살게 되었다. 이렇게 유대인들이 계층 상승, 부의 축적, 상류층 주거지 진입 등을 이루어 가는 한편으로, '성공한 유대인(부유하고 교육 수준이 높은 동화된 유대인)'과 '게토 유대인(독일 주류 사회에서 소외된 낮은 계층의 유대인)' 사이의 분열이 생겨났다. 성공적으로 동화된 유대인에게 게토 유대인은 잊고 싶은 불운한 기원을 상기시키는 존재였다.[6]

이러한 변화를 거치면서, '유대인적 정체성'을 가질 것이냐의 여부는 대체로 개인적인 선택의 문제가 되었다. 공민적이고 시민적인 것들이 모두 비종교적인 색조를 띠었기 때문이다. 그 선택이 간단한 문제였다는 말은 아니다. 그리고 가정이라는 사적 영역에서 진행된 일이었으므로 각 가정이 유대인 정체성과 독일 시민적 정체성을 어떻게 선택하고 조화시켰는지 알기는 매우 어렵다. 하지만 분명한 사실은, 유대교에서 기독교로의 개종이 종교적이거나 영적인 변화를 나타내는 행동이었다기보다는 국가 공동체에 참여한다는 의미를 나타내는 행동이었다는 점이다. 많은 유대인들이 개종을 더 나은 미래로 갈 수 있는 통행증으로 여겼다. 1945년 이후에는 [시온주의자] 게르숌 숄렘을 비롯한 많은 이들이 이 시기에 불었던 개종과 동화의 바람을 두고 당시에 얼마나 많은 독일 유대인들이 상황을 심하게 낙관적으로 오판하고 있었는지 보여주는 현상이라고 판단하게 되지만, 1933년 이전에는 시민적 해방을 위해 종교적 자율성을 버리는 것이 많은 유대인들에게 점점 더 매력적인 전략으로 여겨지고 있었다.

히르슈만 집안에서는 분명히 그랬다. 1800년대 어느 시점에 이 집안의 선조 중 누군가가 유대인 공동체를 벗어나 '무종파' 선언을 했다. 이는 세금 문제와도 관련이 있었다. 유대교인은 시나고그에 헌금('공동체 세'라고 불렸다)을 내야 했던 것이다. 히르슈만 일가 사람들이 정확히 언제 무종파 선언을 했는지는 사람마다 동화와 통합의 과정과 정도가 들쭉날쭉했기 때문에 분명치 않다. 일가 모두 대체로는 동화의 과정을 밟았지만, 그래도 친척 중 어떤 사람들은

1920년대 말까지도 종교만큼은 유대교를 유지하면서 시나고그에 헌금을 냈다. 1930년에 카를이 아내 헤다에게 쓴 편지를 보면 드디어 장모[헤다의 어머니] 오틸리에 마르쿠제가 시나고그 헌금 의무를 면제받는 청원이 통과되었다는 내용이 나온다. 이때는 [대공황으로] 집안의 경제 사정이 어려워져 카를이 절약할 방도를 찾으려고 애쓸 때였다.[7]

　유대인의 정체성을 유지할 것이냐 아니냐가 개인적인 선택의 문제가 되었을 뿐 아니라 유대인의 정체성을 완전히 버렸을 때 감수해야 할 (유대인 공동체에서의) 제약이나 눈총도 점차 약해졌다. 그래서 '독일 거주 유대인'에서 '유대 배경의 독일인'이 되었다가 수식어를 뗀 그냥 '독일인'으로 넘어가는 것이 더 쉬워졌다. 어린 시절 오토 알베르트도 스스로를 그냥 '독일인'이라고 생각했다. 이 과정은 계몽주의 기치하에 흐르던 더 큰 조류의 일부였다. 훗날 한나 아렌트는 이 과정에 대한 논쟁적인 글에서 "유대인 개개인을 학살하는 끔찍하고 폭력적인 과정에 앞서 유대 민족에 대한 무혈 파괴가 일어났다"고 한탄했다. 또 게르숌 숄렘은 유대인들이 나중에 겪게 된 비극이 시민적 공동체에 속하기 위해 신앙을 포기할 때 불가피하게 발생하게 되는 결과라고 보았다. 숄렘도 어린 시절을 베를린에서 보냈고, 유대인들이 독일인으로 정체성을 바꾸는 과정을 목격했다. 그도 어린 시절의 베를린을 좋아했지만 성인이 된 후에 숄렘이 보게 된 것은 '관용'에 대해 유대인보다 훨씬 덜 긍정적인 태도를 가지고 있었던 독일 사회에 필사적으로 동화되고자 노력한 유대인들이 그 대가로 겪게 된 끔찍한 비극이었다. 1916년 카를 히르슈만이 그의 가족과 동족을 집어삼키게 될 독일 민족주의에 그토록 벅차했던 모습을 숄렘이 보았다면 슬프긴 했을지언정 놀라지는 않았을 것이다. 그 무렵이면 히르슈만 집안 같은 [동화된] 유대인들 사이에서는 이전 세대의 유대인들 사이에서 치열한 대립을 일으켰던 '통합과 동화를 통한 해방이냐, 아니면 독자적인 [유대] 문화 공동체의 유지냐'의 논쟁은 이미 결론이 난 상태였다. 그리고 전자의 선택이 불러오게 될 고통이 무엇일지는 아직 명확하지 않았다. 아니 그때까지만 해도 동화주의의 이상은 유대인들에게 해방의 약속을 실현시켜 주는 것으로 보였다. 이렇게 해서, 히르슈만 가족을 포함한 많은 베를린 유대인들은 '혼합적'인 상태를 갖게 되었다. 독일 사회에 동화되었지만, 다른 한편으로는 분명한 유대계 성씨를 가지고 있었고 유대인적 특성을 굳이 벗어 버리려는 강박을 느끼지도 않았다. 허시먼의 친척들은 바이센제에 있는 유대인 묘지에 안장되었고, '유대인 신문'이라고도 불린 《포시셰 차이퉁》(약간 좌파 성향의 비종교적인 일간지였다)을 읽었다.[8]

이렇듯 유대인들은 유대적 특성들을 벗고 그것을 점점 더 비종교적인 면들로 채워 가고 있었다. 유대인의 정체성에서 탈피했음을 보여주는 표식 중 하나가 개종이었다. 구체적인 개종의 과정에 대해서는 알려진 바가 거의 없지만 유대인들 사이에 기독교로 개종하는 바람이 불었던 것만큼은 분명하다. 19세기 동안 2만 5000명이, 그리고 20세기 들어 1900년에서 1933년 사이의 짧은 기간 동안 다시 1만 명이 개종했다. 1813년 이후 프로이센은 유대인이 시민권을 획득할 수 있는 길을 더 열어 주는 정책을 폈는데, 그러려면 개신교로 개종해야 했다.[9] 이렇게 문화적이고 종교적인 측면을 정치적인 시민권과 연결시킨 것은 유대인들이 겉으로만 독일적 특성을 내보이고 속으로는 유대인 정체성을 유지하는 경우를 막기 위해서였다. 이는 독일에 대한 애국심과 비종교적인 공민적·시민적 개념을 강조하는 유대 계몽주의를 독일인들이 상당히 미심쩍어하고 있었음을 보여준다. 겉으로는 동화되었다고 하지만 겉멋 든 상류층 유대인들을 **정말로** 프로이센과 독일 국가를 수호할 일원으로서 신뢰할 수 있을 것인가? 독일인들은 이를 의심스러워했다.

그래도 점점 더 많은 유대인이 이 통행증을 받았다. 오토 알베르트의 친가와 외가 사람들이 언제 개종을 했는지는 알려져 있지 않고, 개종을 한 것인지 단지 무종파 선언을 한 것인지도 확실하지 않다. 하지만 어느 쪽이든 이 문제는 이미 그렇게 그리 심각한 고민거리나 논란거리가 아니었다. 카를과 헤다는 한 발 더 나가 자녀들을 루터파 개신교로 개종시키기로 했다. 헤다 지인의 권유였던 것으로 보인다. 나중에 앨버트 허시먼은 이렇게 회상했다. "부모님은 이미 유대인 전통과 종교에서 멀리 떨어져 있었습니다. 또 어느 정도는 기회의 여지를 넓히고자 한 면도 있었을 거예요. 자녀들에게 더 좋은 여건을 만들어 주시려고 했던 것이지요." 덕분에 에바는 종교 수업 시간에 유대인 소녀들이 유대인 선생님과 다른 교실로 갈 때 자신은 유대인이 아닌 아이들과 함께 남아 있었고, 그래서 유대인 학생들에게 드리워져 있던 의심의 눈초리를 피할 수 있었다고 회상했다. "저 아이들은 진짜 독일인이지는 않다"는 낙인이 찍히지 않을 수 있었다는 것이다. 그러다가 에바가 종교 수업을 너무 지루해하자 이미 완전히 탈종교적이 된 부모는 개신교 수업도 듣지 않아도 된다고 허락했다.

오토 알베르트에게도 개종이 종교적으로는 아무 의미가 없었다. 교회에 대해 그가 가진 기억이라곤 스테인드글라스뿐이었다. 학교에서 종교 수업을 듣기는 했지만 그 수업 교사는 학생들에게 톨스토이를 가르쳤다(허시먼은 톨스토이의 영적인 글에 평생 팬이 된다). 나중에 독일 언론과의 인터뷰에서 개종에 대한 질문이 나오자 허시먼은 이렇게 대답했다. "내가 기억하는 것은 견진성사를 받지 않겠다고 말한 것입니다. 받고 싶지 않았거든요. 확고한 기독교인이 될 준비가 되지 않았다고 느꼈습니다. 견진을 받기 위한 교리 수업도 받고 있었는데도 말이에요. 왠지 모르지만 목사에게 별 감화를 받지 못했고 그래서 부모님에게 그만두겠다고 했어요." 그게 다였다. 개종과 세례는 종교적이라기보다는 시민적인 의례였다. 사실 '의례'도 아니었고 그저 공적인 문화를 받아들인다는 제스처였다. 기독교인이 굳이 되지 않고서도 유대교의 과거로부터 거리를 둘 수 있게 해 주었던 [비종교적 계몽주의] 신념을 한 번 더 표현한 것에 불과했다. 그들은 종교에 상관없이 근대 독일의 시민이자 베를린 사람이 될 수 있었다. 이미 동화가 다 이루어진, 즉 '유대계 독일인'이 아니라 그냥 '독일인'이 되어 있었던 오토 알베르트에게 개종은 불필요했다.[10]

어린 오토 알베르트에게 이것이 어떤 의미였을지를 정확히 알기는 어렵다. 초년 시절에 쓴 글과 편지에는 '유대인 정체성 문제'가 그리 두드러지게 드러나 있지 않다. 회상은 왜곡을 수반하게 마련이지만, 훗날의 기록을 보면 오토 알베르트에게는 동화가 하나의 문화에 속하기 위해 다른 문화를 희생한 것이었다기보다는 다양한 문화에 접근할 수 있는 가능성을 열어 준 것이었다고 보아야 할 듯하다. 먼 훗날인 1982년 크리스마스에 허시먼은 바흐의 〈마태수난곡〉을 들었다. 그러자 어린 시절 베를린의 공연장에서 이 곡을 들었던 것이 생각나 유대인 정체성에 관심이 많았던 딸 카티아에게 편지를 썼다. 허시먼은 '유대인적 특성'과 '그런 것을 내가 가지고 있다고 **상정할** 것인가'에 대한 자신의 견해를 편지에 이렇게 담았다. "이제까지 한두 번은 시도해 보았지만… 내게는 늘 그것 외에도 너무나 많은 뿌리와 믿음과 열망들이 있었고 그러한 '다른 세계들'로부터 나 자신을 잘라내고 싶지 않았던 것 같구나." 몇 달 뒤 카티아가 자신의 신념에 대해 쓴 답장을 보내오자 허시먼은 이렇게 답했다. "유대인적 전통에 대해서는 너의 말에 동조하지 못하겠다." 허시먼은 자신도 유대인적 전통 중 **일부**는 가지고 있다고 생각했다. 특히 "종교가 **아닌** 면에서의 유대인적 특성, 즉 비판적인 정신, 억압받는 사람들에 대한 공감, 교구에 속하는 것에 집착하지 않는 점, 그리고 유머감각"이 자신에게 있다고 보았다. 하지만 허시먼에게는 기독교적 전통 중에서도 소중한 것이 많았다. "〈마태수난곡〉이나 대성당을 온전히 즐기려면 그 순간만큼은 예수의 죽음을 진심으로 애도하는 사람이 되어야 한단다."[11]

한 가지 점에서만큼은 동화된 유대인과 동화되지 않은 유대인의 견해가 일치했다. 게토 유대인을 수치스러워했다는 점이었다. 그리고 게토 유대인은 점점 더 '오스트유던Ostjuden(동유럽 유대인)'을 의미하게 되었다. 오스트유던은 확산되던 유대인 학살을 피해 러시아, 우크라이나, 폴란드 등지에서 이주해 온 사람들이었다. 독일 유대인 대다수가 '하찮은' 오스트유던과 자신이 동일한 인종으로 취급받는 것을 싫어했고 오스트유던이 대거 독일로 넘어오는 바람에 독일에서 반유대주의가 촉발될까 봐 걱정했다. 카를과 헤다가 결혼식을 올린 해인 1912년에 베를린의 유대인 지도자들은 오스트유던이 제기하는 위협에 대처하기 위한 심포지엄을 열었다. 이 심포지엄에서 오스트유던이 밀려 들어오면서 동화와 통합의 계몽주의적 원칙이 손상을 입고 있다고 비판하는 선언문이 나왔다. 훗날 허시먼은 부모가 "동유럽 유대인을 비난했다"고 회상했다. 하지만 부모가 "모피 코트와 부유함을 과시하는 유대인"도 그만큼이나 강하게 조소했다고 덧붙였다. 일반적으로 말해서 유대인들은 너무 튀지 않는 것이 좋았다.[12]

동화주의적 이상을 주장하는 것은 밖으로는 독일 사회에 대한 존중의 표시였고, 안으로는 이것이 미래를 향한 더 나은 길임을 스스로에게 상기시키는 의례였다. 밖으로 존중을 드러낸다는 것은, 독일의 국가 문화를 받아들였다는 표시였으며 그렇게 하면 시민적·정치적 권리를 요구하기가 더 쉬워질 것이라는 기대가 담겨 있었다. 동화된 유대인들은 게토 유대인이 쓰는 이디시어를 비천하고 상스러운 언어로 여겼다. 유대교를 버리지 못한다면 적어도 기도는 [이디시어가 아닌] 히브리어로 해야 했다. 한번은 에바가 아버지 앞에서 '네비시nebbich'['뭐, 별 수 없지'라는 뜻]라는 말을 한 적이 있었다. 카를은 계몽주의와 동화주의의 이상을 완전히 체득한 집안 출신이 아니었기 때문에(나중에 밝혀지지만 카를은 오스트유던 출신이다) 자칫 그 이상에 맞지 않게 보일지도 모르는 행실에 매우 예민했다. 카를은 에바를 철썩 때렸다. 그 말이 이디시어인 줄도 모르고 그저 길에서 들었을 뿐인 어린 에바는 충격을 받았다.[13]

하지만 내부 세계의 규범이 억압적이거나 경직적이지는 않았다. 이를테면 크리스마스는 [유대교가 아닌] 기독교의 모든 상징을 담고 있는 명절이지만 사실 그 상징 중 어느 것도 정말로 내용을 담고 있지는 않았다. 따라서 크리스마스는 [종교적 정체성과 관련해] 아무런 낙인이나 고민 없이 그저 즐길 수 있는 날이었다. 무엇보다 크리스마스는 친척들(특히 헤다 쪽의 '비유대인적인 유대인' 친척들)이 모여서 함께 저녁을 먹으며 아이들에게 후하게 선물을 주는 날이었다. 크리스마스 준비는 12월의 상당 기간이 들어가는 커다란 행사였다. 과자를 구우려면 향료와 말린 과일을 넣은 반죽을 세심하게 준비해서 몇 주나 숙성시켜야 했다. 반죽을 오븐에 넣고 구우면 온 집 안에 계절의 냄새가 가득 풍겼고, 다 구워지면 아이들이 보물찾기를 할 수 있도록 여기저기 숨겨 놓았다. 12월 23일에는 카를이 커다란 잉어를 사와서 욕조의 찬물에 24시간 동안 넣어 두었다. 아이들은 수염 난 커다란 물고기가 징그러우면서도 신이 나서 소리를 질렀고, 24일에 아버지가 물고기를 꺼내 베를린 부자들이 즐겨 먹던 폴란드식 잉어 요리를 만드는 것을 지켜보았다. 그날 밤에는 모두 배불리 먹고 향초, 과자, 사과, 보석으로 트리를 장식했으며, 헤다의 피아노에 맞춰 크리스마스 노래를 불렀다.[14]

히르슈만 가족이 살던 집과 동네도 크리스마스만큼이나 가족의 추억에서 특별한 위치를 차지했다. 그들이 살던 동네는, 스스로에게는 성공적인 동화와 계층 상승을 이루었다는 징표였고 외부적으로는 존중받을 만한 독일 사회의 일원임을 나타내는 표시였다. 전쟁[1차대전] 직후 히르슈만 가족은 커다란 티어가르텐 공원(뉴욕 센트럴파크보다도 크다) 바로 남쪽에 있는 부유한 동네인 티어가르텐 구역에 집을 구했다. 카를의 새 직장인 모아비트 병원까지 걸어서 가기에도 좋았지만, 정치적 성향은 약간 좌파이면서 도시 부르주아 생활의 안전과 안락은 누리고 싶어하는 중상류층에게 딱 맞는 곳이기도 했다. 18세기에는 이 주위가 베를린 부유층의 여름별장이 있는 곳이었고, 티어가르텐 공원은 프로이센 왕의 개인 사냥터였다. 그러다가 프리드리히 대제가 베를린에 이 땅을 하사했고 이후 주변 지역이 부동산 개발자들에게 차츰 매각되었다. 19세기의 특징적인 도시 빌라 스타일(화려한 정면 장식을 가진 똑같은 주택들이 줄지어 들어선 단지)이 이곳에서 큰 인기를 끌며 성공을 구가했다. 히르슈만 가족도 이곳의 널찍한 타운하우스로 이사했다.

티어가르텐은 동화와 통합, 계층 상승의 단계를 거의 정점까지 밟고 올라온 유대인들이 매우 선호하는 동네였다. 유대인이 꽤 많아서 사실상 이곳은 동화된 유대인과 비유대인이 공존하는 완전히 통합된 동네였다. 1910년에는 이곳 인구 중 5분의 1이 유대인이었다. 법조, 의료, 교육 등의 분야에 종사하는 자유전문직 사람들이 고위 관료 및 상류층 거부들과 자연스럽게 접할 수 있는 곳이라는 점이 이곳으로 모이게 된 한 요인이었을 것이다. 티어가르텐 거리(히르슈만 가족이 살던 호엔촐레른 거리와 교차하는 거리)는 백만장자의 거리로 통했고, 한 블록 아래 동네에는 인기 영화배우 등 부자는 아니어도 유명한 사람들이 많이 살고 있었다. 그중 한 명이 틸라 뒤리에였다. 본명은 오틸리에 고드프로이로, 화려한 스캔들로도 유명한 배우였다. [짧았던 첫 결혼 이후] 헤다의 사촌인 유명 미술상 파울 카시러와 결혼했다. 근처에 있던 카시러의 살롱은 베를린의 미술품 애호가들에게 베를린 분리파Berlin Secession 미술과 포스트 인상주의를 처음 소개한 곳이었다. 뒤리에는 1913년에 위대한 상징주의 화가 프란츠 폰 슈투크가 그린 그리스 신화 속 등장인물 키르케의 모델이었던 것으로도 유명하다. 뒤리에와 카시러의 결혼은 좋지 않게 끝났다. 뒤리에 부부는 싸움 끝에 이혼을 하기로 했다. 뒤리에의 변호사 사무실에서 이혼을 마무리하고 몇 시간 뒤, 카시러는 권총으로 자살했다.

눈에 띄는 스캔들의 주인공 외에 좀더 밋밋하고 격식 있는 사람들도 있었다. 티어가르텐은 영사관과 대사관이 모여 있는 곳이기도 했다. 히르슈만의 집 바로 옆은 그리스 영사관이었는데, 오토 알베르트는 그곳 뒤뜰로 잘못 날아간 공을 주우러 달려가곤 했다. 히르슈만의 집은 호엔촐레른 거리 21번지의 2층짜리 빌라 스타일 건물이었다. 호엔촐레른 거리는 란트베어 운하와 티어가르텐 공원 사이

앨버트 허시먼

로 나 있었고, 위쪽으로는 헤다의 어머니 집이 있었다. 헤다의 어머니 오틸리에는 외손주들에게 공원에 갈 때면 꼭 들르라고 강요하다시피 당부하곤 했다.

헤트비히 쪽 집안은 수세대 전부터 외부세계에 존중을 표하고 또 외부세계로부터 존중받는 일원으로 인정받기 위해 노력하는 것이 깊이 체화된 집안이었다. 헤트비히의 부모 오틸리에 아론과 알베르트 마르쿠제는 각각 프랑크푸르트의 성공한 금융인 집안(아론 쪽)과 베를린의 재계 거물 집안(마르쿠제 쪽) 출신이었다. 금융계와 재계에서의 성공은 다음 세대가 전문직 분야로 나아갈 수 있는 기반이 되었다.

헤다의 큰오빠 요제프 마르쿠제는 집안에서 전설적인 인물이었다. 1차대전 때 소령으로 무공을 세운 그는 1931년 이른 나이로 세상을 떠날 때까지 지위가 매우 높은 최상류층에 속해 있었다. 루터파로 개종했고, 황제와 친구가 되었으며, 티어가르텐의 좋은 동네에서 마구간이 있는 집에 살았고, 훈장을 단 군복 차림으로 다니기를 좋아했다. 그는 몇 년간 염문을 뿌린 끝에 아름답고 키가 큰 금발의 가수와 결혼했다. 아마도 헤다는 매우 못마땅해하며 아이들에게 외삼촌처럼 행동하면 안 된다고 잔소리를 했겠지만, 어쨌든 요제프의 돈과 활력, 스타일은 많은 사람들의 부러움을 샀다. 헤다의 둘째오빠 하리 마르쿠제에 대해서는 별로 알려진 바가 없다. 성공한 신경학자였지만 1927년에 너무 젊은 나이로 세상을 떠났다. 오토 알베르트 남매들은 둘째외삼촌을 잘 기억하지 못했다. 헤다의 남동생이

자 4남매의 막내인 프란츠 마르쿠제는 성공했다고 볼 만한 면이 전혀 없는, 좀 덜떨어진 인물이었다. 직업도 없었고 어머니 오틸리에가 숨질 때까지 어머니에게 빌붙어 살았다. 빌붙는 것은 그의 천성 같기도 했다. 초콜릿을 가지고 어린 조카들에게 와서 카드 게임을 하다가 갑자기 돈 내기를 하자고 하기도 하고 아이들의 푼돈을 빌려 가기도 했다. 1933년 이후 집안 사람들이 유대인 박해를 피해 하나둘씩 독일을 떠났지만 프란츠는 떠나지 않았고 1940년에 수용소에서 숨졌다. 프란츠는, 유대인을 세상에서 사라지게 하겠다며 이미 유대인 정체성을 버리고 동화된 사람들을 다시 다 유대인으로 되돌려 놓은 조치에 희생되었다.

외부세계로부터 존중을 받기 위한 노력은 실수를 낳기도 했다. 헤트비히의 경우는 재앙이 될 수도 있었을 실수였다. 헤트비히는 1880년 베를린에서 태어났고 중산층 동네이자 계층 상승을 지향하는 유대인이 발판을 마련할 수 있는 곳이던 마가진 거리에 살았다. 헤트비히는 무종파여서 출생신고서 종교란이 "＿＿"라고 빈칸으로 되어 있었다(하지만 시대가 달라지는 바람에 1939년 4월 나치 치하에서 발급받은 여권에는 종교란에 유대인Juden임을 나타내는 'J'가 눈에 띄게 찍히게 된다). 부유한 집이었기 때문에 헤트비히의 부모는 아들뿐 아니라 헤트비히도 교육을 시킬 수 있었고, 그 덕분에 헤트비히는 대학에 잠깐 다니기도 했다. 앞에서 말한 실수는 헤트비히의 첫 번째 결혼이었다. 중매로 만난 남편은 히르슈만이라는 뉘른베르크의 변호사였다(카를과 성이 같은 것은 순전히 우연이다). 이들의 결혼생활이 정확히 왜 잘못되었는지는 알려져 있지 않다. 그가 성불능이었다는 소문이 있었지만 재혼한 뒤에 아이들을 가진 것을 보면 그렇지도 않았던 것 같다. 정신질환이 있었다는 말도 있었다. 좌우간 그가 '좀 이상하다'는 데는 사람들의 의견이 일치했다. 어느 경우였든 헤트비히는 그와 헤어지기로 했고 무사히 이혼 수속을 밟았다. 하지만 딸의 이혼은 헤트비히의 어머니에게 큰 수치였다. 헤트비히는 베를린을 떠나 뮌헨에서, 그 다음에는 스트라스부르에서 공부를 계속하면서 (처음에는 의학, 나중에는 예술사였다) 뒷이야기를 일삼는 사람들의 레이다에서 벗어날 수 있었고, 이혼 스캔들도 차츰 가라앉았다.

그래도 이혼은 큰 낙인이어서 헤트비히는 이 낙인을 숨기려고 애썼다. 별로 존경받을 만하지 못한 첫 결혼의 흔적을 두 번째 결혼으로 지우고자 했고, 이 두 번째 결혼이 카를과의 결혼이었다. 결혼 후 헤트비히와 카를은 외적으로 어떻게 보일지에 매우 신경을 썼다. 이는 그들 자신과 자녀들을 위한 야망을 반영하는 것이기도 했고, 그들 사이의 복잡한 내부적 문제들을 덮을 수 있는 방편이기도 했다. 물론 내부의 문제를 완벽히 덮지는 못해서, 틀어진 솔기 사이로 묵은 갈등이 비어져 나오곤 했다.

카를은 베를린으로 온 지 얼마 안 되었을 때 필하모닉 공연장에서 헤트비히를 보고 한눈에 반해 구애를 하기 시작했다. 카를은 야심 있는 의사였지만 베를린 출신이 아니었고, 헤트비히는 교육을 잘 받은 여성이었지만 이제 그리 젊지 않은 데다 이혼녀라는 낙인이 찍힌 상태였다. 부유한 이모와 함께 온 헤트비히는 사회 계층이 카를

보다 몇 단계나 위로 보였을 것이다. 하지만 그들은 우연히도 성이 같았고 그 덕에 어색하게나마 대화를 나눌 수 있었다. 곧 헤트비히의 두 번째 약혼이 진행되었다. 헤트비히가 자신의 낙인을 숨기려 애쓰는 동안 카를도 자신의 단점을 가리기 위해 애썼다. 카를과 헤트비히는 사랑하는 사이이기도 했지만 그만큼이나 서로를 필요로 하는 관계이기도 했다. 카를은 합당한 사회 계층에 진입하기 위해, 헤트비히는 여성으로서 자신의 사회 계층에 계속 속할 수 있게 되는 데 필요한 '합당한 가족'을 갖기 위해.

카를 히르슈만과 헤트비히 마르쿠제의 결혼은 희망과 보상, 타협과 마찰을 담고 있었으며, 이는 성공한 동화 유대인 계층에 뿌리내리고자 하는 강한 열망과 관련되어 있었다. 그들의 결혼은 사랑의 결합이기도 했지만 공통의 야망과 가치관의 결합이기도 했다. 한번은 헤트비히와 아이들은 휴가를 가고 카를은 일 때문에 베를린에 남아 있어야 했던 때가 있었다. 한 달 정도 지난 뒤에 카를은 휴가지의 아내에게 편지를 썼다. "모두를 다시 볼 날을 날마다 점점 더 고대하고 있어. 하지만 무엇보다 당신을 만나고 싶고 당신과 이야기를 나누고 싶어 죽겠어. 그에 비하면 아이들을 만나는 기쁨은 미미하게 느껴질 정도야. 무슨 말인지 알지?"[15] 니체와 바그너는 둘 사이의 열정의 원천이었다. 또 클래식 음악, 특히 오페라는 첫 만남에서부터 공통의 관심사였고 그들은 한창 활황을 누리고 있던 베를린 공연장의 단골 고객이었다.

모든 부부가 그렇겠지만 카를과 헤다에게도 극복해야 할 차이점들이 있었다. 미래에 대한 희망은 다르지 않았다. 둘의 차이는 과거와 관련이 있었다. 우리가 헤트비히 쪽 집안에 대해 더 많이 알고 있는 데는 이유가 있다. 헤트비히는 상류층인 친정 집안을 매우 자랑스러워했다. 이는 헤트비히가 첫 결혼의 기억을 지우기 위해 의지할 수 있는 치료제이기도 했다. 하지만 카를의 집안은 그렇지 못했다. 카를은 자신의 과거에 대해 침묵하고 싶어했고 그에 대해 아내의 불평과 분노가 쌓여도 외면하는 편을 택했다. 크리스마스가 되면 헤트비히는 바흐의 아리아와 코러스가 나오는 동안(연말연시에는 꼭 이 음악을 들었다) 대성통곡을 하곤 했다. 커가면서 아이들은 이런 상황을 몹시 불편해했을 것이다.

헤트비히는 옷차림도 최신 유행을 따르고자 애썼다. 1920년대에는 여성의 몸매를 드러내는 스타일이 유행했다. 세련된 고상함과 첨단 패션이 주는 당당함으로 '신여성'의 표준이라 할 만했던 올케 미미(하리 마르쿠제의 아내)가 패션의 지침이었다. 미미가 짧은 머리를 하면 헤트비히도 그렇게 했다. 헤트비히의 패션 취향은 그 세대와 계층의 여성들이 (가정 영역이 아닌) 공적 영역에서 전보다 두드러지게 활동할 수 있게 된 것과 관련 있는 '모던'한 취향이었다.[16]

바이마르 독일에서 여성들이 공적 영역에서 더 많이 활동하게 된 것은 헤트비히의 스트레스를 한층 더 가중시켰다. 새로운 유행이나 현대적인 소비생활의 문제만이 아니었다. 집안이 따르던 오랜 규범과 기준도 큰 스트레스 요인이었다. 마르쿠제 집안은 사회적 기준이 높았고 헤트비히는 그 기준에 부합하기 위해 고전했다. 사촌 레오니와 에스텔라는 매우 부유한 집안의 막스 카체넬렌보겐, 루트비히 카체넬렌보겐과 각각 결혼했다. 막스와 루트비히도 사촌지간이었다. 사교적이지만 굉장히 신경 쓰이는, 매우 좁은 세계였다. 레오니와 에스텔라는 아들이 하나씩 있었는데(이름은 슈테판과 콘라트였다) 이들은 오토 알베르트와 같은 학교에 다녔다. 오토 알베르트는 비교적 수수하고 책을 좋아하는 자신과 굉장히 부유하고 놀기 좋아하는 사촌들 사이에 보이지 않는 계층 격차와 가치관의 차이가 있다는 사실을 늘 인식하고 있었다. 사회적 지위에 대한 헤트비히의 불안은 오토 알베르트에게도 영향을 미쳤다. 하루는 학교에서 돌아온 오토 알베르트가 선생님이 뺨을 때렸다고 말했다. 불같이 화가 난 헤트비히는 학교로 달려가 따졌다. 그러자 뺨을 때린 교사가 이렇게 말했다. "어머님, 오토 알베르트는 훌륭한 경마용 말이에요. 더더욱 잘하려면 가끔씩 때려 주어야 합니다." 이 말을 듣고 헤트비히는 기뻐하며 집으로 돌아와 "내 아들이 순종 경마용 말이래"라며 의기양양해했다. 오토 알베르트는 어머니가 자신의 아픈 뺨을 잊어버려 서운했다.[17]

사회적 지위를 추구하려는 성향 탓에 헤트비히는 다소 억압적인 엄마가 된 듯하다. 어머니와의 관계가 어땠는지 물어보면 다른 때는 늘 조심스럽고 신중하던 앨버트도 "쉽지 않았다"고 대뜸 털어놓았다. "어머니와의 관계는 아버지와의 관계만큼 좋지는 않았습니다. 우리는 늘 어려움이 있었어요."[18] 앨버트는 헤트비히를 '강압적 overbearing'인 엄마로 기억했다. 하지만 이 강압이 집중되는 상대는 아들이 아니라 큰딸 우르줄라였다. 나중에 우르줄라가 출간한 회고록에는 엄마에 대한 분노가 고스란히 드러나 있다. 우르줄라가 보기에 오토 알베르트는 곤란한 문제를 피하는 수완, 좋은 성적 그리고 모나지 않은 성격 덕분에 엄마의 편애를 받았다.[19] 허시먼이 편애 때문에 버릇이 없어졌다는 말은 아니다. 아이들은 헤트비히를 '무티 Mutti'['엄마'라는 뜻]라고 불렀는데, 헤트비히는 아들에게만은 더 친근하고 부드러운 호칭인 '무물라Mumula'라고 부르라고 했다. 하지만 오토 알베르트는 누나와 여동생처럼 '무티'라고 불렀다. 오토 알베르트는 엄마에게 맞선 적도 있었다. 잠잘 시간이 지났는데도 아이들이 자지 않고 법석을 떨자 헤트비히는 방으로 들어와 에바의 이불을 걷어치우고 잠옷을 들어올리고서 엉덩이를 때렸다. 그런 뒤 아들에게로 다가가자, 아들은 일어서더니 맞서겠다는 듯한 눈으로 엄마를 바라보았다. 엄마는 아들을 때리는 대신 한바탕 잔소리를 하고 방에서 나갔고 누이들은 그런 모습을 부러워하면서 바라보았다. 엄마가 아들을 편애했다고 본 우르줄라의 생각은 사실이었을 것이다. 오토 알베르트가 열두 살 때 헤트비히는 화가를 불러 아들의 초상화를 그리게 한 뒤 거실의 잘 보이는 곳에 걸어 두었다. 그 초상화 앞에 서 있는 헤트비히의 사진이 지금도 남아 있다. 사진 속에서 헤트비히는 유행의 첨단을 걷는 사람답게 보브컷 스타일의 단발을 하고 당시 유럽의 도시 부유층에서 유행하던 기모노를 입고서, 고개를 한쪽으로 살짝 기울이고 팔은 자기희생적인 제스처를 취하고 있다. 뒤에 걸린 초상화 속 오토 알베르트는 멀리 허공을 응시하고 있다.[20]

누나인 우르줄라와 오토 알베르트의 차이는 가치관의 차이는 아

■ 1924년의 헤트비히 히르슈만.

니었다. 예를 들면 둘 다 무티의 허례와 가식을 너무나 싫어했다. 둘의 차이는 그 혐오를 다루는 방법에 있었다. 아들인 오토 알베르트는 어느 정도 재량을 누릴 수 있었다. 학교 친구들과 돌아다니거나 여행을 가거나 해서 충돌을 피할 수 있었던 것이다. 또 남자아이로서 그는 상황이 과열되는 것을 피하고 냉정을 유지하는 기술을 터득했다. 그래서 식구들 사이에서 오토 알베르트는 늘 평정심을 유지하는 아이로 통했다. 하지만 우르줄라는 냉정을 잘 유지하지 못했고 그러려고 하지도 않았다. 그렇다 보니 때때로 갈등이 화산처럼 폭발했다. 특히 [대공황과 반유대주의 폭동 등] 외부에서 불행한 사건들이 덮쳐 와 아슬아슬 유지되던 식구들 사이의 균형을 깨뜨리면서 갈등은 더욱 첨예해졌다.[21]

카를 쪽 집안에 대한 정보는 헤트비히 쪽만큼 많지 않다. 그나마도 앨버트는 아주 나중에서야, 그것도 조각조각으로만 알게 된다. 여기에는 이유가 있다. 출생증명서에 따르면 카를은 1880년 쾰른에서 파니 히르슈만(결혼 전 이름은 파니 카스파리였다)과 자무엘 히르슈만 사이에서 태어났고, 종교는 '혼합'이었다. '혼합' 종교라는 모호한 표현은 의도적인 것이었다. 쾰른은 1차대전 이후 정전협정 때 독일에서 폴란드로 양도되었고(그래서 지금은 '키엘노'라고 불린다), 리투아니아와의 국경 근처 도시인 단치히-그단스크*에서 멀지 않은 '오스트' 지역이었다. 카를의 아버지는 코브노(나중에 '카우나스'로 바뀐다)

---

* 같은 도시를 독일어로는 단치히, 폴란드어로는 그단스크라고 한다.

에서 태어났는데 이곳은 리투아니아이다. 즉 카를은 오스트유던 출신이었다. 카를은 이 사실을 숨기느라 엄청난 노력을 기울였고 아이들에게는 아예 알리지 않았다(앨버트 허시먼이 이를 알게 된 것은 아주 오래 뒤 미국에서 시민권 신청을 준비하면서 서류 내용들 사이에 맞지 않는 부분이 있을까 봐 걱정하고 있을 때였다. 그때 허시먼은 헤다로부터 카를의 출생지 이야기를 들었다). 카를 부모의 직업은 알려져 있지 않다. 농민이었다는 말도 있고 상인이었다는 말도 있다. 한때 카를은 친척이 사는 뉴욕에 머문 적이 있었다. 당시 뉴욕에는 미국에서 떼돈을 번 친척에게 초청장을 받아 이주하려는 독일 및 동부 유럽 출신의 가난한 유대인이 많았다. 카를은 영어를 유창하게 할 수 있게는 되었지만 미국 생활에는 영 적응하지 못했다. 그리고 뉴욕에 살던 카를의 일가가 다소 불법적이거나 수상쩍은 일을 하고 있었던 것으로 보인다.[22] 카를의 미국 이민 시도는 실패했고 카를은 독일로 돌아왔다.

카를은 야심 있는 사람이었다. 독일로 돌아온 뒤 함부르크에서 의학을 공부하고 1911년 베를린으로 옮겨왔다. 의료계는 유대인이 선호하는 분야였다. 법조계나 학계에 비해 제약이 덜하면서도 명문가 사람이 하는 일이라는 분위기가 풍기는 직종이었기 때문이다. 또 유대인과 비유대인이 함께 일하는 직종이기도 했다. 유대인이 아닌 환자도 유대인 의사의 치료를 받았다. 역시 동화된 유대인이자 브레슬라우[지금은 폴란드 브로츠와프]에서 성공한 의사의 아들이었던 프리츠 슈테른은 "독일제국에서 의사의 흰 가운은 유대인이 열망할 수 있는 위엄의 상징이었고, 그것을 입고 있으면 권위와 인정과 감사의 느낌을 받을 수 있었다"고 말했다.[23] 게다가 카를은 외과의사에게 딱 맞는 크지만 섬세한 손을 가지고 있었다. 그 손을 보면서 오토 알베르트는 플로베르가 역시 의사였던 자신의 아버지 손에 대해 쓴 구절을 떠올리곤 했다. "건장한 손, 매우 아름다운 손, 그리고 고통에 담글 준비가 되어 있다는 듯이 장갑을 모르는 손."[24]

카를이 성공한 외과의사가 되기까지의 길은 쉽지 않았을 것이다. 카를이 직업 세계를 어떻게 헤쳐 나갔는지는 잘 알려져 있지 않다. 카를은 자신의 과거 이야기는 하고 싶지 않다는 점을 분명히 했고, 따라서 식구들끼리의 대화는 현재에 대한 것, 이를테면 프란츠 카프카에 대한 이야기라든지 환자의 어려운 상태 이야기 같은 것 중심으로 이루어졌다. 아이들은 아버지의 과거에 대해 질문하지 않아야 한다는 것을 금세 알아차렸다. 헤다도 카를이 아이들과 친척들에게 자신의 과거를 숨기는 일에 전적으로 협조했다. 하지만 카를의 과거를 더 적극적으로 숨기려고 한 쪽은 헤트비히보다는 카를이었다. 단지 처갓집 수준에 맞추고자 하는 정도가 아니었다. 간혹 그가 과거 이야기를 할 때면 말과 마차를 가진 집에서 자란 이야기를 하곤 했는데, 영지를 소유한 가문처럼 들리도록 지어낸 이야기였다.

카를은 아이들에게뿐 아니라 헤다에게도 꽤 오랫동안 자신의 과거를 말하지 않았다. 헤다는 도저히 더이상 숨길 수 없는 상황이 되어서야 카를의 집안에 대해 알 수 있었는데, 남편이 과거를 숨긴 것에 대해 그 이후 내내 깊은 분노와 유감을 갖고 있었다. 하루는 어린 우르줄라가 거짓말을 해서 헤다가 야단을 치고 있는데 카를이 방으로 들어왔다. 카를은 얼른 방을 둘러보고 서둘러 나갔다. 화가 나 있던 헤다는 딸에게 언성을 높이면서 거짓말은 "집안 내림"이라고 소리쳤다. 연애 시절에 카를이 헤다의 마음을 얻으려고 집안 이야기를 제대로 하지 않았던 것을 비난하는 말이었다(우르줄라는 한참 나중에야 이 말의 의미를 알게 된다). 카를은 헤다에게도 마차와 말 이야기를 했고 헤다가 카를의 집안 이야기를 캐묻지 못하게 했다. '동쪽'의 시골 마을 출신이라는 초라한 뿌리가 상류층 여성인 헤다의 기대에 부응하지 못할 것이라고 생각해서였는지, 그의 이야기에는 지어낸 부분이 많았다. 카를이 헤다의 어머니 오틸리에에게 허락을 받으러 갔을 때 그가 한 어린 시절 이야기에는 가족이 소유한 영지 이야기까지 보태져 있었다. 오틸리에는 카를을 점심에 초대해 비둘기구이를 대접하며 그의 상류층 매너를 테스트하기도 했다. 다행히 외과의사인 카를은 칼질에 익숙해서 무사히 통과하는 데 아무 문제가 없었다. 반면 헤트비히는 미래의 시댁 식구들을 만난 적이 없었고, 그러려고 하지도 않았던 것 같다. 예비 신랑의 과거사를 지어내는 데에 헤트비히가 얼마나 적극적으로 공모했는지는 알 수 없지만 어쨌든 이야기는 점점 더 정교해졌다. 카를은 결혼식을 앞두고 쾰른에 있는 사람에게 부탁해서 오틸리에 앞으로 축하와 안부 인사를 보내도록 했다. 결혼식 당일에는 쾰른에서 카를의 자랑스러운 부모가 부득이 결혼식에 참석할 수 없다고 사죄를 구하는 전신이 도착했다. 모두가 여기에 속았다. 아니 모두가 그것이 사실이기를 바랐다. 헤트비히는 결혼생활 중에 스트레스가 심해질 때면 이를 두고 "그 거짓말"이라고 비난했고, '그 거짓말'은 부부간 갈등의 토대가 되었다.

이런 거짓이 오래 지속되기는 어려운 법이다. 헤트비히가 외면하고 싶은 진실을 직면해야만 했던 때가 언제였는지는 확실치 않다. 결혼식에 카를의 부모가 불참했으니 당연히 그에 대한 질문이 나왔을 것이고, 1927년 무렵이면 사실이 알려져 있었던 것이 분명하다. 그 당시 뉴욕에 살던 카를의 누이 베티가 남편 허먼 루리와 함께 독일을 방문했다. 그들은 선물을 가지고 와서 '미국 사는 친척'이 할 법한 행동들을 했다. 하지만 이들의 방문은 그리 좋지 않은 인상을 남겼다. 베를린의 히르슈만 집안과는 어딘가 걸맞지 않았던 것이다. 신분이 낮은 뉴욕의 친척, 이디시어를 쓰는 오스트유던 조상 등 카를이 숨겨 왔던 사실은 곧 모두 드러나게 된다.[25]

'그 거짓말'을 둘러싼 긴장은 히르슈만 집안에 먹구름처럼 드리워져 있었다. 이는 식구들 각자의 기억에서 매우 중요한 부분이기도 했다. 식구들의 기억에는 서로 일치하는 부분도 있고 그렇지 않은 부분도 있다. 이런 점들을 보면 앨버트 O. 허시먼이 나중에 반복적으로 하게 되는 말 중 하나가 떠오른다. 우리가 상황을 '어떻게 관찰하는가'는 우리가 우리를 둘러싸고 있는 기회와 제약의 세계를 어떻게 헤쳐 나갈 것인가를 결정하는 데 큰 영향을 미치며, 적어도 어느 정도까지는 우리가 우리 자신을 구성하는 내러티브를 선택할 수 있다는 것이다. 훗날 우르줄라는 회고록(프랑스어와 이탈리아어로 출간되었다)에서 '그 거짓말'을 둘러싼 긴장이 부모의 결혼생활을 복잡하고 힘들게 만드는 근원이었으며, 이것이 오페라에 가고 모피 코트를 입는 베를린 상류층에 속하고 싶어했던 엄마의 허영을 잘 설명해 준다고 언급했다. 반면 앨버트는 누이의 회고록을 영어로 번역하면서 (출간되지는 않았다) '그 거짓말'에 대한 부분을 조금 부드럽게 손보았다. 누나가 묘사한 내용이 그가 상기하고 싶은 과거가 아니기 때문이었을 수도 있고, 아버지의 동유럽 유대인 혈통이 부모의 결혼생활에 미친 영향을 누나가 사실보다 과장하고 있다고 생각해서였을 수도 있다. 즉 부모를 어떻게 기억할 것인가에 대해 우르줄라와 앨버트는 의견이 일치하지 않았다. 우르줄라는 자신의 저항적인 성향을 설명해 줄 수 있는 긴장을 드러내고 싶어했고, 앨버트는 단지 집안의 좋지 않은 일을 신중하게 표현하고자 했던 것을 넘어 이 긴장에 대한 이야기가 조금 덜 고통스럽고 조금 더 희망적인 이야기가 될 수 있는 가능성을 열어 두고 싶어했다.

카를의 일이 잘 풀려서 헤다에게 그의 오스트유던 뿌리를 상기시키지 않을 수 있었던 동안에는 '그 거짓말'이 그리 문제되지 않았다. 따라서 성공의 징표이자 더 많은 소득의 원천이 될(그래서 더 밝은 앞날에 대한 약속을 실현시켜 줄) 카를의 직업적 성취에 많은 것이 달려 있었다. 카를은 성공에 대한 야심이 컸고, 외과의사의 출세 가도를 빠르게 달려 1920년경에는 시립 모아비트 병원의 외과 과장으로 일하고 있었다. 모아비트 병원은 노동자 계급이 사는 동네에 있는 병원으로, 늘 환자가 많아 북적댔다(병원 위치는 티어가르텐의 다른 쪽 끝이었는데, 독일제국의 마지막 시절에 정치 선동이 많이 벌어진 곳이다). 1920년에 카를은 베를린-부흐 병원의 저명한 의사 오토 마스를 도와 재발 뇌종양 수술을 성공적으로 해내면서 지역의 의료 연보에 이름을 올렸다. 또 카를은 신경학자 A. 시몬스와 함께 뇌하수체에 접근하는 새로운 방법을 개발한 것으로도 유명했다. 뇌하수체에 문제가 생기면 말단비대증(손, 발, 코 등 말단 부위가 비대해지는 증상)을 일으키게 되어 수술을 해야 하는데, 카를과 시몬스는 머리뼈를 통해서가 아니라 코를 통해서 뇌하수체에 접근하는 방법을 알아냈다. 카를은 연구 과정에서 신체에 대한 스케치를 많이 해야 했는데, 몇 장을 집에 가져와 아들에게 뿌듯하게 보여주곤 했다. 오토 알베르트는 놀라고 감탄했지만, 나중에 회상하기를 그 그림을 보았을 때 토할 것 같았다고 한다.[26] 카를은 새벽부터 장시간 병원에서 일했고 저녁에 돌아와 가족과 함께 '아벤트브로트'[찬 음식으로 간단히 먹는 저녁식사]를 먹고 나면 다시 집에 있는 진료소에서 환자들을 돌보며 전화를 받았다. 전화는 성인이 된 허시먼이 아버지에 대해 기억하는 것 중에서 큰 비중을 차지한다. 저녁이면 집에 전화벨이 자주 울렸다. 또 카를은 콘서트를 보다 말고 나와서 전화를 걸기도 했고, 급한 환자 때문에 2부 공연은 보지 못한다는 메모를 남기고 진료소로 가는 경우도 있었다. 가족 휴가를 함께 가지 못하고 베를린에 남아 환자들을 돌봐야 하는 경우도 많았다.[27]

헤다의 외향성과 카를의 조용하고 학구적이며 약간 서글퍼 보이는 듯한 태도는 대조적이었다. 1930년경에 유명한 사진가 게르트루드 시몬이 찍은 카를의 사진이 지금도 남아 있다. 짙은 색 양복 차림의 카를은 골격이 큰 머리와 사려깊으면서도 구슬퍼 보이는 눈을

■ 카를 히르슈만, 1928년경.

하고 있다. 집에 있는 카를의 진료실에는 〈죽음의 섬〉 시리즈로 유명한 19세기 상징주의 화가 아르놀트 뵈클린 작품의 프린트가 걸려 있었다. 1872년에 그린 유명한 자화상으로, 죽음을 상징하는 해골이 그의 어깨 위에서 바이올린을 켜고 있는 그림이었다(원작은 베를린 국립미술관에 소장되어 있다). 나중에 허시먼은 그 그림을 보고 소름이 끼쳤으며 죽음을 표현하는 그림에 아버지가 왜 관심을 갖는지 이해할 수 없었다고 말했다. 그 그림을 보면 우울해져서 아버지가 더 활기 있는 다른 그림으로 바꿔 걸었으면 좋겠다고 생각했다는 것이다. 또 앨버트와 에바는 아버지가 오랜 시간 일을 하고 집에 돌아오면 진료실로 들어가 두 손으로 머리를 감싸고 아래를 보면서 한동안 조용히 있곤 했으며, 이런 일은 1929년 이후 점점 더 잦아졌다고 회상했다. 에바도 "아버지가 쉽게 우울해했다"고 기억했다. 에바는 또 오빠[오토 알베르트]가 아버지가 걱정되어 함께 체스를 두거나 책 이야기, 그 밖의 가벼운 이야기들을 나누면서 아버지의 기운을 북돋우려 했다고도 말했다. 카를은 집안끼리 아는 지인은 많았지만(특히 헤다 쪽 지인이 많았다) 개인적인 친구는 거의 없었다. 가장 가까운 친구는 소아과 의사이자 역시 동화된 유대인이었던 울리히 프리데만이었고 집에도 자주 놀러 왔다.[28]

병원 일이 고되어서 카를의 힘겨움을 가중시키기도 했다. 1930년 여름에도 카를은 장모와 틸라 뒤리에를 챙기느라(루트비히 카체넬렌보겐은 에스텔라와 이혼하고 바로 얼마 전에 틸라 뒤리에와 재혼한 상태였다) 가족 휴가에 함께 가지 못했다. 그리고 뢰벤부르크라는 환자의 상태 때문에 마음이 너무 아팠다. 카를은 이 환자를 자선병원 의사들에게 넘길 마음의 준비가 되어 있지 않았다. "다시 끔찍하게 더운 날씨야. 그리고 천 가지 걱정거리가 있는 하루는 정말 지쳐. 하지만 나는 잘 견디고 있고, 꿋꿋이 해 나가기로 마음먹었으니 그리 나쁘지 않아." 자기희생으로 인한 피로감은 명백했다. "다른 이들에 대한 걱정이 너무 많아. 다른 사람 걱정 때문에 나를 나 자신 속에 숨게 만드는 일은 더이상 하지 않으려고 해. 그보다는 당신과 아이들을 위해서 바쁘고 활발하게 살고 싶어." 휴가 중인 가족에게 카를은 이렇게 편지를 보냈다. 하지만 카를은 곧 한계에 다다른 것 같다. 되도록 신경을 덜 쓰려고 했지만 틸라 뒤리에와 루트비히 카체넬렌보겐의 갈등에 지쳤고, 뢰벤부르크의 상태가 악화되어 괴로움이 심해졌다. 앞의 편지를 보낸 지 이틀 뒤에 카를은 다시 이렇게 편지를 보냈다. "노력했지만 지쳤어."[29]

허시먼이 기억하는 아버지 모습은 주로 다정하고 진지한 이미지였다. 재밌는 시간을 보낸 적도 많았다. 카를과 오토 알베르트는 집 앞에서 철봉, 그네, 공중그네를 타며 놀곤 했다. 카를은 자녀들에게 '없는 것이나 마찬가지인 아버지'가 아니었다. 아침 일찍 병원으로 출근했지만 저녁은 언제나 가족과 함께 먹었다. 카를은 세 아이 모두에게 골고루 관심을 쏟았고, 또 헤트비히 쪽 일가의 (때로는 아주 골치아픈) 일들을 챙기는 것도 소홀히 하지 않았다. 그는 장모의 건강을 늘 돌보았는데, 가족 휴가에 함께 가지 않고 베를린에 남아 연로한 장모를 챙겼다. 또한 사촌동서 루트비히 카체넬렌보겐이 이집

트로 크루즈 여행을 갈 때 동행하기도 했다. 이는 부유한 사촌의 여행 동무 노릇을 하기 위해서이기도 했지만 루트비히가 아내[에스텔라]와 이혼하지 않도록 설득하기 위해서이기도 했다. 집안이 스캔들에 오르내리는 것을 막으려는 것이었지만 이 임무는 실패했다. 루트비히는 에스텔라와 이혼했고 이는 큰 스캔들을 일으켰다. 그러다가 루트비히가 스캔들이라면 뒤지지 않던 틸라 뒤리에와 염문을 뿌리다 결혼하자 집안을 둘러싼 소문은 더 악화되었다.[30]

이집트 여행에서 얻은 소득이 한 가지 있기는 했다. 카를은 돌아오는 길에 헤트비히와 오토 알베르트를 파리로 오게 해 일주일을 함께 보냈다. 열두 살 소년 오토 알베르트는 외국이 처음은 아니었지만 파리는 처음이었다. 이때 본 파리의 아름다움은 그의 뇌리에 영원히 각인되었다. 널찍한 길, 공원, 루브르, 루브르부터 에투알 광장까지의 큰길, 거대한 페르라셰즈 묘지, 파리 코뮌의 벽에 이르기까지 역사와 아름다움이 어우러진 풍광이 오토 알베르트를 매혹시켰다. 또 그는 생트샤펠 성당의 스테인드글라스와 고딕 예술을 처음 본 순간을 평생 잊지 못했다. 카를은 아들에게 세계를 보여주고자 했고, 더 나아가 아들이 스스로 세계를 보도록 독려했다.[31]

카를과 오토 알베르트는 서로를 존중하면서 지적인 세계를 공유했다. 아버지는 아들의 교육에 관심이 많았다. 그는 아들에게 체스(허시먼은 평생 체스를 좋아했고, 나중에는 출장 때 체스판을 가지고 다니면서 수를 연구하곤 했다)를 가르쳤다. 또 카프카의 단편을 읽어 주고 니체에 대해 설명해 주었다. 둘은 니체와 마르크스의 불합치성에 대해 긴 토론을 하기도 했다. 카프카의 유작 단편 〈어느 개의 연구〉는 아버지와 아들 모두가 좋아한 작품이었다. 개가 자신의 존재에 대해 유사합리적인 방법으로 불합리한 설명들에 도달하는 이야기인데, 그 설명들은 닫힌 확실성이 수반하는 기이한 문제점들을 드러낸다. 이러한 스타일은 허시먼에게 평생에 걸쳐 영향을 미치게 된다. 또 카를은 자신이 몰랐던 저자를 아들이 발굴해 오는 것도 좋아했다. 어느 해 여름, 주데텐란트에 산행을 간 십대의 오토 알베르트는 막스 아들러의 책을 한 권 구입하게 되었고 아버지에게 그 책에 대해 이야기했다. 아들러는 오스트리아 마르크스주의 창시자 중 한 명이다. 카를은 원래 정치 쪽 책을 잘 읽지 않았지만 아들러의 혼합적 사상을 높이 평가했고, 좌파적이면서도 단호히 반레닌주의적인 견해에 공감했다. 훗날 허시먼은 이 대화를 카를이 따뜻하고 사려깊은 아버지였음을 잘 나타내 주는 사례로 기억했다. 이러한 카를의 특성은 책을 별로 좋아하지 않고 급진적인 정치 견해를 미심쩍어하는 헤다의 태도에 대해 알베르트에게 심리적인 완충지대가 되어 주었다. 급진적인 정치 견해에 대한 부모의 우려는 오토 알베르트와 우르줄라가 정치 활동에 관여하게 된 뒤로는 집안의 갈등 요인이 되지만, 이때까지만 해도 문학에 대한 사랑과 부자간의 유대는 더없이 견고했다.

1925년 카를은 가족들이 북해 해변으로 휴가를 갈 때 환자들 때문에 함께 갈 수 없었다. 카를은 아들과 시간을 보내지 못하게 된 것이 너무나 아쉬웠다. "함께 갈 수 있었으면 좋았을 텐데. 같이 목욕

하고 운동하고 공놀이하고 술래잡기하고 연을 날리고 소리를 지르면서 돌아다니고, 딱 내 전문 분야였을 텐데 말이야. 물론 이 모든 것에 너도 참여할 때만 말이지만. 그러면 사람들이 말하겠지. 아버지와 아들이 북해로 왔군!" 카를이 아들에게 보낸 편지에는 애정뿐 아니라 조언도 빠지지 않는다. "너무 기운을 빼지는 말렴. 너처럼 재능이 많은 학생은 휴일에 공부를 할 필요가 없어." 그리고 이 편지는 하인리히 하이네가 《노래의 책》에 쓴 〈북해〉 연작시 중 하나로 마무리된다.

이제 폭풍이 몰아쳐
파도를 때린다.
성난 바닷물이 들끓으면서
흰 포말의 산이 솟아오른다.
그 산 위로 힘겹고 고통스럽게
배가 오르다가
갑자기 떨어져 내린다.
시커멓게 입을 벌린 파도의 낭떠러지 속으로.
오 바다여!
거품에서 태어난 비너스의 어머니여.

카를은 편지를 이렇게 맺었다. "거품에서 누가 태어났는지 너는 알 거야."[32]

카를은 온건 진보 성향이었고(헤트비히도 온건 진보 성향이었지만 정치적 견해를 잘 드러내지는 않았다), 선거에서는 사회민주당에 투표했다. 하지만 이념적 성향을 강하게 표출하는 편은 아니었다. 오히려 그 반대였다. 카를은 판단을 삼갔고, 선언적인 말을 피했으며, 아이들의 치기어린 자만을 볼 때면 조심스레 의구심을 제기하는 질문을 던졌고, 카프카나 괴테에 대해 대화할 때면 **아이들의** 생각을 물었다. 하루는 오토 알베르트가 단도직입적으로 아버지에게 아버지 자신의 신념은 무엇이냐고 물었다. 그러자 카를은 특별히 원칙으로 삼는 신념은 없다고 대답했다. 놀란 오토 알베르트는 누이에게 달려 내려오며 소리쳤다. "누나 그거 알아? 아빠는 벨트안샤웅Weltanschauung[세계관]이 없으시대!"[33]

카를은 '열린 마음'에 대해서라면 본보기라 할 만했지만 유머감각은 별로 없었다. 아들 허시먼이 유머와 해학을 통한 거리두기에 능해진 것은 아버지에 대한 반작용에서 기인한 것이 아니었을까 싶기도 하다. 어쨌든 카를은 외과의사로서 성공적으로 경력을 쌓아 갔고 아내 쪽 식구들을 잘 챙겼으며 아이들이 스스로 생각하고 탐구하도록 독려하는 좋은 아버지이긴 했지만, 바이마르 말기에 베를린의 상황이 악화일로를 가는 동안 그 충격을 충분히 견뎌낼 만큼의 역량은 갖추고 있지 못했다. 우선, 반유대주의 폭력이 수그러들 기미가 보이지 않는 와중에서 동화와 통합의 이상을 아무 의구심 없이 옹호하기란 불가능했다. 반유대주의의 증거는 사방에서 넘쳐났다. 카를은 이마에 학창 시절에 생긴 칼자국 흉터가 있었는데, 한 동급생이 반유대주의적인 욕을 하자 그에 맞서 싸우다 난 상처였다. 카를은 그 흉터를 영예의 훈장으로 여겼다. 이 '슈미스'[독일 학생들이 결투를 하다가 얼굴에 생기는 흉터]는 카를에게 자존심의 상징이었다. 전쟁[1차 대전] 이후에도 유대인에 대한 모욕은 사라지지 않았다. 하지만 카를은 관심을 접기로 했다. 자신이 믿었던 꿈이 위험에 처했다는 사실과 인종적·민족적 갈등이 격화되고 있다는 현실을 회피하고자 했던 것이다. 많은 유대인이 그랬듯이 카를도 불관용의 징후들을 애써 외면하거나 숨기려 했다. 아이들이 그런 징후에 노출되지 않도록 보호하기 위해서이기도 했지만 시간이 이 모든 것을 해결해 줄 것이라는 믿음을 부여잡고 싶어서이기도 했을 것이다. 여름에 북해로 휴가를 가면 카를과 아이들은 모래성을 쌓았다. 휴가객들은 모래성을 쌓은 뒤 자신이 지지하는 정당의 깃발을 만들어 가벼운 마음으로 꽂아 놓곤 했다. 깃발은 바이마르에 존재하던 정당 수만큼이나 다양했다. 히르슈만 가족의 깃발은 검은색·붉은색·금색으로 된 깃발로, 바이마르공화국을 상징했다. 그런데 1930년대 초 어느 날, 아이들이 아침에 일어나 바닷가에 가 보니 누군가가 모래성을 죄다 무너뜨리고 깃발들을 뽑아 내던지고는 나치의 만卍자 무늬 깃발을 꽂아둔 것이 보였다. 카를은 다른 쪽 해변으로 자리를 옮기고 아이들이 이 일에 대해 이야기하지 않도록 했다. 카를은 1931년 여름까지만 독일 해변에서 휴가를 보내고 그 이후는 네덜란드, 스위스, 돌로미티 산맥 등 해외로 휴가를 떠났다.[34]

히르슈만 가족은 풍족하게 산 편이었다. 최고급으로 살지는 못했어도 베를린의 중상류층에 속해 있었으며, 하녀와 유모를 둘 만한 돈이 있었다. 하녀들은 아파트 뒤쪽의 화장실 딸린 작은 방에 살았다. 유모 볼프 양(아이들은 '헤테 이모'라고 불렀다)이 아이들의 잠자리를 돌보아 주었는데, 훗날 앨버트는 "매일 밤 유모가 '보스포루스 해협이 닫힐 시간'이라고 말하는 것이 무진장 짜증났다"고 회상했다.[35] 오토 알베르트가 열 살이 되었을 때는 프랑스어 가정교사가 몇 년간 상주했고, 그 다음은 파리에서 온 또다른 입주 가정교사가 십대 시절 아이들에게 프랑스어를 가르쳤다. 이 교사는 대공황으로 히르슈만 집안이 허리띠를 졸라매야 할 때까지 이곳에 살았다.[36] 그때도 비즈니스 분야에서는 영어가 유용한 언어였고 카를은 영어가 열어 줄 수 있을 기회를 모르지 않았겠지만, 상류 문화의 언어는 단연 프랑스어였다. 여러 모로 의견이 달랐던 헤다와 카를도 아이들에게 어떤 언어를 가르칠 것인가에 대해서는 이견이 없었다.

호엔촐레른 거리의 집은 '잘 갖추어진' 집이기도 했다. 예를 들면 축음기와 오페라 음반들이 있었는데, 히르슈만 부부가 그 시대의 유행을 잘 따라가고 있었음을 알 수 있다(증폭기가 달린 축음기가 1925년에 나왔지만 너무 비싸서 구입할 수 없었고, 그들이 가진 것은 손으로 돌리는 모델이었다). 아이들은 의무적으로 음악을 배웠다. 에바와 우르줄라는 피아노를 배웠고 오토 알베르트는 멋들어진 첼로를 자랑스레 들고 다녔다. 또 히르슈만 가족은 고급 갤러리에서 미술품을 구입할 수 있는 여력도 있었다. 그들은 탄호이저 집안으로부터 폴 시냐크의 작품을 하나 구입했다. 탄호이저 집안은 고급 레스토랑,

와인 숍, 갤러리들이 모여 있는 화려한 벨부 거리에 갤러리를 가지고 있었다(호엔촐레른 거리에서 걸어서 10분 거리였다). 히르슈만 가족은 화가를 불러 가족의 초상화를 그리기도 했다. 가장 중요하고 가장 눈에 잘 띄게 걸려 있던 초상화는 물론 오토 알베르트의 초상화였다. 또 겨울이면 히르슈만 가족은 스위스 폰트레지나에서 스키를 탔고, 여름에는 북해나 네덜란드의 해변으로 휴가를 떠났다. 하지만 이 중 그 어느 것도 최상류는 아니었다. 폰트레지나에는 생모리츠의 눈이 없었고 캄펜에는 베스터란트의 화려한 해변이 없었다.

이런 상황 하에서, 오토 알베르트는 많은 격려와 사랑을 받으면서 안락한 어린 시절을 보냈다. 카를과 헤다는 아들이 방학 때 친구들과 긴 여행을 가도록 허락할 만큼 아들을 신뢰했다. 그런 여행 중에는 학교에서 가는 것도 있었다.

1930년 6월 헤다는 우르줄라와 에바를 데리고 스위스로 휴가를 떠났고, 카를은 베를린에 남아서 일을 했다. 그리고 오토 알베르트는 하녀 두 명의 도움으로 짐을 꾸려 배낭을 메고 친구들과 일주일간 캠핑을 떠났다. 카를은 아내에게 "짐이 무거워서 먹을 것이 든 커다란 깡통 하나를 꺼내야 했지만 오토 알베르트가 속옷을 제대로 챙겨 갔으니 염려하지 말라"고 편지를 보냈다.[37]

6개월 전에는 다른 친구들과 스위스로 스키를 타러 갔다. 그곳에서 오토 알베르트는 부모에게 이렇게 전했다. "걱정 마세요. 오늘 우리는 더 높이 갔어요. 아주 많이 높지는 않았지만요. 그리고 햇빛에 많이 그을려서 이제 저는 빈혈에 걸린 것처럼 보이지 않아요." 전날 밤에 눈이 새로 깔린 스키장은 대단했다. 하지만 오토 알베르트의 주된 관심사는 새해 파티였다. 오토 알베르트와 친구들은 몸에 붙는 여성용 상의, 가짜 드레스, 스타킹으로 여장을 하고 머리에 리본을 달고서 가장무도회에 가서 새벽 2시까지 춤을 추었다. "샴페인과 펀치를 마시고 좀 취했어요." 또 소녀들과 농담을 하고 가벼운 키스가 벌칙인 게임을 하기도 했다. 오토 알베르트는 누가 누구와 파트너가 되었는지를 편지로 전하면서, 어쩌다 보니 프라우 D와 파트너가 되었지만 "사실은 롤로와 파트너가 되고 싶었다"고 털어놓았다. 다음 날 그들 모두는 스키를 하루 쉬고 잠을 잤다. 이후의 편지에서 오토 알베르트는 수학을 가르쳐 주겠다고 자처해서 롤로에게 작업을 거는 데 성공했다는 이야기를 전했다.[38]

오토 알베르트는 여성에 대해 갖기 시작한 호기심을 식구들이 알게 되는 것을 꺼려하지 않았다. 일탈적이거나 열렬한 연애는 아니었고, 휴가 때 춤을 추거나 농담을 주고받는 정도의 순진하고 건전한 종류의 관심이었다. 여자에게 관심이 있었다고 해도 자신의 남성성을 증명하기 위해서나 호기심을 견디지 못해서는 아니었다. 여자에 대한 관심으로 말하자면 그는 카체넬렌보겐 집안의 사촌들에게 적수가 되지 못했다. 카체넬렌보겐 아이들은 아버지 못지않은 여성 편력으로 이미 유명했다.

오토 알베르트의 첫사랑은 같은 학교 친구인 페터 프랑크를 통해서 찾아왔다. 프랑크의 가족은 히르슈만 가족처럼 유복한 동화 유대인이었고(어머니는 유대인이고 아버지는 아니었다), 조금 덜 화려한 외

앨버트 허시먼

곽 지역인 헤어 거리에 살았다. 오토 알베르트는 그 집에 가서 페터와 놀곤 했는데, 점차 오토 알베르트가 그곳에 가는 진짜 이유가 분명해졌다. 페터는 오토 알베르트가 자신의 여동생 잉게에게 관심이 있다는 것을 알아차리고 둘이서 숲으로 산책을 갈 수 있게 자리를 피해 주었다. 오토 알베르트는 누나에게 잉게에 대한 마음을 털어놓으면서 누나가 미친 듯이 사랑에 빠진 프랑스인 선생님에 대한 감정만큼이나 강렬하다고 말했다. 하지만 잉게와의 연애는 그리 오래가지 못했다. 잉게 이후 두 번째 연애는 1932년 청년 사회주의자 모임에 들어간 다음에야 하게 되는데, 이때는 정치적 문제가 너무 큰 영향을 미쳐서(1933년 초 독일이 점점 더 격동으로 빠져들면서 더욱 그렇게 되었다) 젊은 연인은 정치 활동에 헌신하느라 로맨스에 집중할 시간을 별로 내지 못했다.[39]

이 시기 오토 알베르트의 '여자들'은 누이들이었다. 오토 알베르트는 누나, 여동생 모두와 친밀한 관계였다. 다섯 살 아래인 에바는 '꼬마 여동생'이었다. 오빠를 존경했고, 늘 재미있게 놀아 주고 돌보아 주는 오빠를 좋아했다. 그들이 방을 같이 쓰던 시절에 불만 꺼지면 오토 알베르트는 에바와 다리 레슬링을 하며 놀거나 동생에게 역사 이야기를 들려주곤 했다. 에바는 오빠가 들려주는 알렉산드로스 대왕 이야기를 열심히 들었고 오빠의 농담에 낄낄대기도 했다. "샤를마뉴 대제가 바지에 오줌을 싸고 난쟁이 피핀이 그것을 치웠대"(이것이 오토 알베르트 최초의 언어유희일 것이다. 독일어 '피피pipi'와 난쟁이 이름 피핀Pipin을 가지고 언어유희를 만들었다). 때로 오빠는 어젯 밤에 해 준 이야기를 기억하냐고 물어보며 여동생을 들들 볶기도 했다. 또 함께 자전거도 자주 타러 갔다. 복잡한 티어가르텐을 건널 때는 자전거에서 내려서 끌고 가야 한다는 규칙이 있었지만 거의 지키지 않았다. 에바는 오빠를 따라 공원에 가서 오빠가 앞바퀴를 들고 자전거 타는 것을 구경했고, 경사면에 임시로 만들어진 도로에서 자전거 경주도 했다.

오토 알베르트는 동생에게 짓궂게 약을 올리기도 했다. 한번은 친구들과 여행을 가서 동생에게 엽서를 보냈다. "방 청소하는 시간을 5분만 줄여서 나한테 편지 좀 써. 그리고 내 책들 잘 다루어 주어야 해! 참, 우리는 네 이야기를 많이 했어. 특히 흉을 봤지. 해도 해도 끝이 없는 대화 소재이던걸? 지난번에는 춤을 다섯 번 출 동안 계속 이야기를 할 수 있었다니까? 너의 장점 이야기는 춤을 한 번 출 동안이면 금세 끝나던데 말이야." 약을 올리며 장난치는 것은 허시먼의 천성이었다. 몇 십 년 뒤 앨버트는 아내에게도 장난치는 것을 좋아했다. 그는 새러 몰래 쇼트 시트[발이 뻗어지지 않도록 시트를 접어놓는 장난]를 만들고서 새러가 시트를 가지고 낑낑대는 동안 낄낄 웃곤 했다.[40]

우르줄라와의 관계는 에바와의 관계보다 더 친밀했지만 걱정거리도 더 많았다. 1년 반 터울인 우르줄라는 너무 뛰어난 동생 때문에 부담을 느꼈을 것이다. 나이가 비슷해서 비교되기 좋았던 데다 우르줄라가 둘 사이에 약간의 틈을 원했을 법한 때조차도 그러기가 쉽지 않았다. 이를테면 우르줄라가 학교에 갈 나이가 되었을 때 부모는

앨버트 허시먼

우르줄라가 하는 것이라면 알베르트도 모두 할 수 있다며 그도 학교에 보냈다. 그리고 둘은 계속 비교가 되었다. 알베르트는 명문 학교인 '프란취지셔스 김나지움'(프랑스어로는 '콜레주 프랑세')*에 다녔고, 우르줄라는 더 실용적인 영어 위주의 학교에 다녔다. 우르줄라는 음악과 미술을 잘했고(여자아이라서 그렇게 교육받은 면도 있었다) 알베르트는 공부를 잘했다. 어느 쪽이 더 찬사를 받는 분야인지는 너무나 분명했다. 그리고 비난과 갈등을 잘 피해 가는 알베르트의 능력은 우르줄라에게 부러움의 대상이었다. 알베르트는 부모와 직접적으로 부딪치는 문제가 없었고 엄마에게 맞서는 것도 어느 정도 용인되었지만, 우르줄라와 엄마의 관계는 때때로 엄청나게 악화되곤 했다. 친구들과 여행을 가고 먼 동네에 가서 친구들과 시간을 보내는 등 동생이 당연하게 누리는 자유를 누나는 가질 수 없었다. 알베르트가 친구들과 여행을 간 동안 우르줄라는 엄마와 스위스에 가야 했다. 회고록에서 우르줄라는 둘의 차이를 매우 대조적으로 표현했다. 알베르트는 사랑스럽고, 공부를 잘하고, 적극적이고, 운동을 잘하고, 상냥하고, 잘생기고, 양친 모두 자랑스러워한 아들이었던 반면, 자신은 성격도 나쁘고, 호전적이며, 자주 아프고(감기, 탈진 등에 자주 걸려서 엄마는 오만 가지 검사를 받도록 강요했다. 그랬다가 알고 보니 생리전증후군이었던 적도 많았다), 공부도 동생만큼 잘하지는 못했다고 말이다. 부모도 우르줄라와 알베르트를 대할 때 이 차이를 굳이 드러내

---

* 이하 이 책에서는 '프랑스 김나지움'이라고 옮겼다.

■ 오토 알베르트와 우르줄라, 1919년.

지 않으려 조심하지는 않았던 것 같다.[41]

동기간의 경쟁 관계가 둘 사이의 근본적인 친밀함에 장애가 되지는 않았다. 알베르트와 우르줄라는 서로 비밀이 없었다. 우르줄라가 은밀하지만 강렬한 연애를 하기 시작했을 때(열일곱 살 무렵 우르줄라는 많은 남자를 만나 연애했다) 남동생은 모든 고민을 털어놓을 수 있는 상대였다. 알베르트는 속상해서 제정신이 아닌 누나를 위로하면서 누나의 괴로움을 달래 주는 안식처 역할을 했다. 우르줄라가 이루어질 수 없는 남자와 연애에 빠졌을 때 그는 이렇게 위로했다. "우르젤 누나. 내가 정말 정말 사랑하는 우르젤 누나. 누나가 그와 사랑에 빠진 것은 잘못된 게 아니야. 막말을 해대는 고루한 사람들이 멍청한 거지! 이게 훨씬 소중하다는 것을 그들은 모르는 거야!" 하지만 그는 누나가 이성적으로 생각할 수 있도록 애쓰기도 했다. 상대는 나이도 많고 멀리 사는 데다 독실한 가톨릭이었다. "길게 보면 누나는 그 사람을 견딜 수 없을 거야. 그리고 나는 누나에게 '작은 소녀'가 되고자 하는 욕망이 별로 없다고 생각해(이때 우르줄라는 열일곱 살이었다—저자 주). 그리고 이 말도 해야겠는데, 편지 주고받는 거 시작하지 마. 그가 다시 그 괴로운 일을 시작하게 두지 말라고. 체면 때문에가 아니라 그가 편지 쓰는 데 취해서 **정직하지 못하게** 될 거라서 그래."[42]

히르슈만 가족은 상류층의 생활을 많이 누렸지만 성공을 결정적으로 증명해 줄 굵직한 것들을 누릴 만큼 돈이 많지는 않았다. 그들은 상류층의 '내부'가 아니라 '언저리'에 속해 있었다. 아마도 이것이 헤트비히가 친척들과 끊임없이 비교하면서 불안을 떨치지 못한 이유였을 것이다. 이를테면 상류층 사람들이 자동차를 소유하기 시작했을 때 히르슈만 가족은 자동차가 없었다. 자동차는 상류층 부르주아 계급에 속하길 원하는 모든 사람에게 상징적인 의미가 컸다. 히르슈만 가족은 좋은 동네에 살았지만 헤트비히 쪽 친척들을 만나러 갈 때는 전차를 타야 했다. 친척집에서 생일잔치가 열리면 히르슈만 집 아이들은 대중교통을 타고 오는 사람으로 분류되었다. 아이들이 전차에서 내리는 것을 친척들이 본다는 생각에 헤다는 무척 속이 상했을 것이다.[43]

더 중요한 문제는 호엔촐레른 거리의 집이 그들 소유가 아니었다는 점이다. 그들은 세를 들어 살고 있었다. 카를의 앞날이 창창하던 1920년대 말에 헤다와 카를은 집을 보러 다녔다. 하지만 호엔촐레른 거리의 집들은 너무 비쌌고, 그렇다고 그곳을 떠나 작은 집으로 가고 싶지는 않았다. 그러던 중 대공황이 닥치면서, 집을 소유하겠다는 꿈은 영영 물거품이 되고 말았다.

훗날 오토 알베르트는 1929년 말 가족과 폰테레지나의 스키장에서 보낸 겨울을 이렇게 회상했다. 호텔 손님들이 저녁식사를 하다 말고 수시로 베를린에 전화를 걸어서 주식시장 붕괴로 망한 회사들의 소식을 확인하느라 분주했다는 것이다. 오토 알베르트는 잘 몰랐지만 아버지 카를도 그런 사람들 중 하나였다.[44] 카를은 저축 대부분을 오스트베르케라는 회사 주식에 투자해 둔 상태였다. 오스트베르케는 헤다의 사촌 루트비히 카체넬렌보겐이 경영을 맡았던 거대 지

앨버트 허시먼

주회사였는데, 1920년대에 공격적이고 과감한(혹은 문제적인) 기업 매수와 인수합병을 여러 건 진행하다가 [대공황으로] 금융시스템이 무너지면서 1931년에 파산했다. 이 일로 루트비히 카체넬렌보겐은 감옥에 갔고 그 시대 투기 광풍의 상징이 되었다. 이 사건은 충성스럽고 애국적인 독일인의 길을 가고 있노라 떠벌리던 유대인들이 사실은 투기와 부정에 공모하고 있었다는 인식에 불을 지폈고, 유대인에 대한 독일인들의 불신은 더욱 높아졌다. 법원은 루트비히가 부채를 청산하지 않은 채 여러 은행에서 대출을 받은 것에 대해 유죄를 선고했다. 큰 인수합병 중 하나에서 투자자들에게 예상 수익을 잘못 기재한 서류를 보낸 사실도 드러났다. 아내 틸라 뒤리에는 남편이 자살할 수 있도록 약을 몰래 들여보냈지만 자살 기도는 실패했다.[45]

아름다운 알프스에서 등산을 하던 1931년의 낭만적인 여름에 알베르트는 독일에서 무슨 일이 벌어지고 있는지 알 수 있을 만큼은 충분히 철이 들어 있었다. 라이히스마르크화[당시 독일 화폐] 가치가 폭락했고 독일 정부는 1924년 이래 경제적 안정성의 근간이던 금본위제를 포기했다. 7월의 제네바호湖는 아름다웠고 사용성城은 장관이었지만 알베르트는 아버지에게 보낸 편지에 이렇게 적었다. "무엇보다 파쇼화가 전반적으로 진행되는 분위기가 느껴집니다(아버지가 알려주신 소식에서도 그렇고요). 갑작스레 도처에서 민족주의가 나타나고 있어서 놀랍습니다." 일주일 뒤에 쓴 편지는 이렇게 남의 일을 전하듯 차분하지 않았다. 알베르트는 은행 계좌에서 한꺼번에 많은 돈을 인출하지 못하게 하는 법이 통과되었다는 이야기를 듣고 놀라서 편지를 썼다. "돈이 충분히 있으신가요? 지금 상황이 어떤지, 그리고 특히 아버지는 괜찮으신지 바로 알려 주시면 좋겠어요. 너무 궁금하니까요."[46] 일주일 뒤에 두려움은 더욱 커졌다. "독일에서 온통 어두운 뉴스만 들려오고 있어요." 그리고 알베르트는 여행 경비를 아껴쓰기 시작했다. 카체넬렌보겐적인 귀족 놀이는 이제 별로 매력적이지 않았다.[47]

아직 청소년인 알베르트가 보기에도 경제적인 어려움이 명백했다. 집도 비좁아졌다. 어렸을 때는 아이들이 한 방에서 지내도 문제가 없었다. 우르줄라는 방이 따로 있었지만 알베르트와 꼬마 에바는 같은 방을 썼다. 하지만 알베르트는 자기 방이 필요하게 되었고, (아마도 열다섯 번째 생일 즈음에) 카를의 진료실 옆 대기실로 옮겨 밤에는 그곳 소파를 침대삼아 지냈다. 피할 수 없는 일은 즐기는 법을 늘 잘 알고 있던 알베르트는 대기실 공간이라 프라이버시가 부족하다는 단점보다 책꽂이로 둘러싸인 공간에서 잘 수 있다는 장점을 생각하며 기뻐했다. 하지만 곧 재정 문제가 친척들을 덮쳤고 헤다의 어머니 오틸리에가 이 집으로 들어오게 되었다. 오틸리에의 재산은 모두 없어졌고(일부는 미심쩍은 벤처에 투자를 했다가 날렸다), 아들 셋 중 둘은 숨지고 막내 프란츠만 남아 있었는데 프란츠는 오틸리에에게 빌붙어 있는 처지여서 재정적으로 도움이 되지 못했다. 그전까지 카를은 장모의 건강만 돌보면 되었지만 이제는 주거지까지 제공해야 하는 상황이 되었다. 1932년 말 무렵 한때는 상류층 부르주아의 고상한 생활 방식을 따르던 호엔촐레른 거리의 집은 아주 복닥거리는

공간으로 바뀌었다. 하지만 두 가지만큼은 비용을 줄이지 않았는데, 아이들 교육과 여행이었다.[48]

이런 상황에서, 1931년 히르슈만 가족에게 드리워져 있던 긴장이 결국 터지고 말았다. 외부적으로는 동화주의의 이상이 가졌던 한계와 잔혹성이 드러났고, 내부적으로는 히르슈만 가족이 언제라도 균열이 생길 수 있는 아슬아슬한 상황이었음이 드러났다. 그전에도 집을 구하는 일이 잘 풀리지 않은 것이나 카를이 휴가를 함께 가지 못하고 일을 해야 했던 것처럼 문제의 징후들은 있었지만, 이런 일들을 제외하면 카를과 헤다 둘 다 그들이 원하는 모습에 잘 맞춰 가고 있었다. 그러나 이러한 겉모습의 이면에서 결혼생활은 삐걱대고 있었다. 카를은 어느 때보다 맹렬히 일에 몰두했고 집에서는 점점 더 서재에 틀어박혔다. 1930년 여름 헤다는 우르줄라와 에바를 데리고 아로사로 휴가를 떠났다. 카를도 분명 함께 가고 싶었던 것 같다. 그래서 뒤따라가겠다고 전화를 했는데, 통화가 순조롭게 이루어지지 않았다. 이는 둘 사이가 이미 한참 전부터 멀어져 있었고 그 사실을 두 사람이 이미 알고 있었음을 말해 주는 대목이다. 다음 날 카를은 화해를 하려고 다시 전화를 했다. "이번에는 옛날처럼 당신에게 갈 거야. 새로운 정신과 나쁘지 않은 몸으로 말이야. 끊지 말아 봐. 할 말 있어. 내 방을 따로 잡는 데 문제가 있거나 너무 비싸다면, 그리고 무엇보다 우리가 한 방을 쓰는 게 당신한테 더 괜찮다면, 그렇게 방을 잡아 줘. 어제 전화할 때 방을 따로 쓰고 싶다고 말한 건 전에 화가 난 게 생각나서 그랬어."[49]

하지만 카를의 문제는 더 좋지 않은 쪽으로 흘러갔다. 카를은 베를린에 있는 어느 큰 병원의 신경외과 과장직에 지원했다. 많은 것이 여기에 걸려 있었다. 이제 50대가 된 경력 면에서도 중요한 자리였을 뿐 아니라 의과대학에서 가르칠 수 있으려면 꼭 필요한 일이기도 했다. 대학에서 강의를 한다면 의료계의 경력 면에서 대단한 성취가 될 터였다. 하지만 카를은 더 젊고 기독교 신자인 후보에게 밀렸다. 설상가상으로 여기에서 떨어진 뒤 공석이던 유대인 병원의 외과 과장 자리에 지원했는데 이 자리도 얻지 못했다. 유대인 병원에서 거절당한 이유는 카를의 아이들이 개신교 세례를 받았기 때문이었다. 동화주의의 이상에 헌신했다가, 유대인에 대한 적대감과 유대인의 자기방어적 태도가 둘 다 고조된 상황에서 양쪽 모두에 밀려 옴짝달싹 못 하게 되어버린 것이다.[50]

카를이 외과 과장이 되지 못한 것은 좋지 않은 결과를 줄줄이 초래했다. 집안의 재정이 어려운 마당에 소득을 더 높일 수 없다는 의미이기도 했고, 가족의 사회적 지위에 큰 타격을 주는 것이기도 했다. 에바는 당시 너무 어려서 왜 집안 분위기가 안 좋아지고 있는지 정확히 몰랐지만, 좌우간 엄마가 그 소식에 '매우 화를 냈다'고 회상했다. "엄마는 아빠가 야심이 충분치 않거나 실력이 충분치 않다고 말했어요." 친척들도 쑥덕대기 시작했다. 카를은 오스트유던이었기 때문에 친척들이 카를을 두고 뒷말을 할 여지는 전에도 늘 있었다. 하지만 이제 카를은 성공하지 못한 유대인이기도 했다. 외과 과장 자리를 얻지 못한 것은 그의 무능함을 증명하는 근거로 여겨져

앨버트 허시먼

서, 외과의사로서의 실력에 대해 의심하는 사람들이 생겼다. "왜 카를은 상류층 환자가 아니라 일반 환자를 받지? 수술을 망친 적이 있었던 거 아니야?"[51] 동생들보다는 상황을 잘 알고 있던 우르줄라는 아버지에 대한 편견이 심해지는 것에도 크게 놀랐지만 "아버지가 자신을 방어할 능력이 전혀 없고 삶에 닥친 타격들에 너무 취약하다는 것"에도 그만큼이나 크게 놀랐다고 회상했다.[52]

엄마의 치맛바람과 부르주아적 자의식, 그리고 아버지의 취약한 상황은 강인하고 목소리를 내는 편이며 호전적이기도 하던 맏딸 우르줄라에게 그리 좋게 보이지 않았다. 십대 시절에 우르줄라는 부모(특히 엄마)가 카체넬렌보겐 집안 사람들에게 필적하고자 애쓰는 것을 비웃었다. 허례와 가식, 파티, 자녀들을 위한 사교 모임(부유한 사촌들은 다른 부유한 사촌들과 춤을 추었고, 은근히 그러나 일부러 히르슈만 집안 같은 덜 부유한 집 아이들을 소외시켰다) 등은 우르줄라가 엄마에게 맞서게 하는 계기가 되었고 집안의 긴장을 고조시켰다. 카를은 더 말이 없어졌고 우르줄라와 엄마는 사이가 더 나빠졌으며, 막내 에바는 어쩔 줄 모르고 보고만 있었고, 아들 오토 알베르트는 책과 학교, 그리고 조금 더 뒤에는 정치 활동에 빠져듦으로써 단단한 껍질을 만들었다.[53]

히르슈만 가족의 역사는 사회 계층의 사다리를 잘 올라온, 그리고 그 계층 상승을 가능케 한 '동화된 부르주아 유대인 세계'에서 안팎으로 성공의 징표를 드러내고자 했던 한 가족의 역사였다. 물론 드러내지 않으려고 했던 어려운 점들도 있었다. 가족 사이에 치유되지 않은 갈등과 상처도 있었고, 일반적인 결혼생활의 스트레스를 훨씬 넘어서는 부담이 있었으며, 반유대주의적 폭력과 혼란은 티어가르텐의 코즈모폴리턴적 환경에서도 결코 완전히 떨궈지지 않았다. 1930년대 초가 되면 히르슈만 가족 위를 때때로 지나가던 먹구름이 한층 더 두껍고 어두워졌다. 마치 히르슈만 가족의 운명이 그들 모두가 굳게 믿었던 바이마르공화국의 운명과 나란한 길을 가고 있었던 듯하다. 계몽주의와 동화주의적 삶의 이상적인 사례로서, 오토 알베르트의 어린 시절은 바이마르공화국의 낙관주의, 교양 있는 가정생활, 열심히 일하면 더 좋은 미래가 펼쳐질 것이라는 믿음으로 이루어져 있었다. 지금 되돌아보면 그 믿음의 이유가 생각보다 얼마나 깨지기가 쉬운 것이었던지가 너무나 명백하지만, 1930년대에 접어들던 시기에는 청소년 오토 알베르트를 포함해 히르슈만 가족 중 어느 누구도 그들 앞에 펼쳐질 날들이 정말로 얼마나 암울할지 미처 알지 못했다.

2장

나치 집권을 막으려 분투한
청년 사회주의자
(1930~33)

세계가 네 앞에 가면을 벗고 자신을 드러낼 것이다.
도리 없이 세계가 환희에 차 네 발치에서 몸부림칠 것이다.

―프란츠 카프카

오토 알베르트가 아홉 살 때 찍은 사진이 있다. 마르고 섬세한 모습에 부드럽고 감성적인 갈색 눈, 작지만 야무진 입매에 베를린의 전문직 상류층 자제다운 옷차림을 하고 있다. 커 가면서 조금 헝클어진 머리칼과 개구진 미소가 더해지고, 눈은 날카롭게 꿰뚫는 눈으로 성숙해 간다. 외과의사인 아버지에게 손이 중요한 도구였다면 세상을 관찰하는 사람인 오토 알베르트에게는 눈이 중요한 도구였다. 아홉 살 때 모습에서도 허시먼의 기본적인 특징을 엿볼 수 있다. 중상류층의 동화된 유대인 집안 아이로서, 또 관용의 상징인 도시의 시민으로서, 히르슈만은 자신감에 차 있었고 자랑할 만하게 공부를 잘했으며(정말로 자랑을 하지는 않았다) 왠지 모르게 주변 사람들에게 호감을 주는 매력을 가지고 있었다. 이 매력과 함께 개인적인 어려움을 피해 가고 곤란한 문제들을 비껴가는 놀라운 재주도 갖게 되었다. 이런 특성이 어우러져서 오토

■ 아홉 살 때의 오토 알베르트.

알베르트는 부모, 교사, 선배들에게 총애와 신뢰를 받았다. 또 여러 개의 언어를 구사할 줄 알았고 외모도 수려했으며 매우 똑똑하기까지 해서, 알파보이로서의 탄탄대로는 따 놓은 당상으로 보였다.

하지만 일은 그렇게 잘 풀려가지 않았다. 히르슈만 가족이 번성할 수 있었던 세계인 바이마르공화국이 무너졌기 때문이다. 그것도 그냥 무너진 것이 아니라 아주 대대적으로 무너져서, 호엔촐레른 거리에서 히르슈만 가족이 누리던 안락함과 사회적 지위는 완전히 뒤흔들려 버렸다.

하지만 1920년대 중반에는 아무도 이런 일을 예견하지 못했다. 예견은커녕 베를린의 앞날에 번영만 있을 것처럼 보였듯이 히르슈만 가족의 앞날에도 번영만 있을 것처럼 보였다. 자녀에게 헌신적인 부모였던 카를과 헤트비히는 교육, 휴가, 음악 레슨, 주말 여행, 생일 파티 등 아이들에게 들어가는 돈이라면 아끼지 않았다. 알베르트가 학교에 갈 때가 되자 부모는 인문계 학교와 실업계 학교 중 어느 곳으로 보낼지 결정해야 했다. 알베르트의 부모는 '학문' 위주의 학교에 보내고 싶었고(그래서 아이에게도 최대한 그쪽으로 독려했다), 또한 아들이 세계에서 활동하는 인물이 되게 하고 싶었다. 그래서 프랑스 김나지움에 보내기로 했다. 오토 알베르트는 이곳을 9년간 다니고 1932년 봄에 졸업한다.

포츠담 칙령(1685년)으로 설립된 프랑스 김나지움은 [종교 박해를 피해] 프랑스에서 도망친 위그노교도들에게 문을 활짝 열어 주었다. 프로이센의 관용과 포용의 상징으로서, 프랑스 김나지움은 학생들에게 코즈모폴리턴적인 정신을 불어넣어 주는 것으로 유명했다. 19세기 후반에는 유대인 학생도 점점 많아져서 1834년에서 1933년 사이의 졸업생 1000명 중 3분의 1 이상이 유대인이었다. 반유대주의자들은 조롱조로 '프랑스-유대인 김나지움'이라고 부르기도 했다. 어쨌든, 프랑스 김나지움은 교육 수준이 높은 부모들, 또 자녀가 고도로 지적인 분위기에서 교육받기를 원하는 부모들이 선망하는 명문 학교였다. 이 학교는 학문적 엄정성이 높은 것을 자랑스러워했고 수업은 소수의 학생들로만 진행되었으며(오토 알베르트의 동기생은 18명이었다), 교사는 학생들에게 매우 높은 기준을 요구했다. 오토 알베르트는 많은 상과 표창을 받아서 부모의 어깨를 으쓱하게 했다(아마도 이는 우르줄라를 주눅들게 했을 것이다). 수업은 프랑스어로 이뤄졌지만 교과 과목 중에는 고전이 많았고 여러 언어를 강도 높게 가르쳤다(알베르트는 그리스어와 라틴어에 능했고 어린 여동생에게 《일리아스》를 읽어 주기도 했다). 과학기술 쪽에는 그리 치중하지 않았지만 과학이 완전히 무시되지는 않았다. 예를 들어 수학자 오토 닉스는 아인슈타인의 상대성 원리를 학생들에게 소개했다. 그래도 학업의 대부분을 차지한 것은 언어, 인문학, 수학이었다.

많이 배운 젊은이, 특히 글쓰기에 관심이 많은 젊은이라면 당연히 전통적인 암기식 교육으로 시작해야 한다고 여겨지던 시절이었지만, 프랑스 김나지움을 다닌 알베르트는 그런 경직성에서 벗어날 수 있었다. 바이마르공화국 자체도 그랬듯이 프랑스 김나지움도 자칫 억압적이고 딱딱한 고전 교육이 될 수도 있었을 수업을 교사와

앨버트 허시먼

■ 1926년 프랑스 김나지움의 급우들. 윗줄 맨 왼쪽이 오토 알베르트이다.

학생이 현대적으로 바꾸어 갈 수 있도록 허용했다. 학문적 엄정성은 대단히 높았지만 정통을 벗어날 수 있는 여지도 있었다. 알베르트에게 가장 기억에 남는 선생님은 종교와 윤리를 담당한 린덴보른 교수였다. 그는 톨스토이를 통해 기독교를 가르쳤다. 괴테를 가르쳐 준 레빈슈타인 교수도 깊은 인상을 남겼다. 그는 수업 시간에 피아노를 치며 바그너의 곡을 노래하곤 했는데, 그러느라 《파우스트》진도를 제대로 나가지 못해 알베르트와 급우들은 밤에 레빈슈타인 교수 집에 모여 밀린 진도를 나가야 하기도 했다. 훗날 허시먼은 신혼의 아내와 어린 딸들에게 괴테의 《파우스트》를 종종 읽어 주었다. 독일 문화에 대한 기억이 꼭 파시즘의 망령 속에 계속 갇혀 있어야만 하는 것은 아니라고 말하고 싶었을 것이다.

오토 알베르트는 1932년 1월 29일 졸업시험인 '아비투어'를 치렀다. 스피노자의 구절 하나를 해석하라는 문제가 나왔다. "우리는 세상에 대해 울거나 웃을 게 아니라 세상을 파악해야 한다." 훗날 허시먼이 어떤 주제를 연구하게 되는지 알고 있는 우리가 보기에 이 구절은 그의 졸업시험 출제문으로 더없이 적절해 보인다. 한나절 안에 써야 하는 이 시험에서 오토 알베르트는 헤겔, 독일 관념론, 그리스 문학 등 배운 것을 총동원해 스피노자의 구절을 현재에 대한 도덕적 명령으로 해석했다. 코즈모폴리턴적 공화국의 시민이 될 사려깊은 젊은이들을 양성한다는 목표에 부합하게, 시험관들은 학생들이 스피노자의 구절 자체를 얼마나 정확하게 이해하고 있는지보다는(히르슈만은 스피노자를 읽었지만 헤겔만큼 작심하고 읽지는 않았다) 곧 졸업을 할 젊은이들이 어떤 가치관을 가지고 세상에 나가게 될지에 집중했다. 열여섯 살 소년 히르슈만의 답안지는 '열린 마음'을 호소하는 것으로 끝을 맺는다. "결국 이 명령은 무언가를 첫 인상에 조롱하거나 적대시하지 말고 그것을 탐구하고 파악하고 고려하라고 요구한다. 그럼으로써 이 명령은 우리가 선전 구호만 넘쳐나는 상황에 맞서도록 이끈다. 스피노자의 가르침은 바로 그런 상황, 괴테의 말을 빌리면 개념의 빈틈을 말로 때우는 상황에 맞서 우리가 지켜내야 할 이상으로서 옹호되어야 한다."[1]

히르슈만의 학업에서는 정규 수업보다 부대 수업이 더 중요했다. 프랑스 김나지움에는 '아르바이츠게마인샤프트'라고 불리던 반半공식적 독서모임이 있었다. 예술사부터 고전 철학까지의 방대한 주제 중에서 학생이 원하는 것을 선택하고 그 내용을 지도해 줄 교사나 졸업생 선배를 섭외해 함께 공부하는 프로그램이었다. 정규 수업에서 필수로 배우는 언어, 인문학, 수학, 자연과학과 병행해서 학생들이 자신의 관심사에 맞게 스스로 짠 커리큘럼을 가지고도 공부하게 한다는 개념이었다. 1931-32학년도에 히르슈만과 친구들은 학교 선배 베른트 크노프를 찾아가 모임을 지도해 달라고 청했다. 크노프와 함께 학생들은 일주일에 한 번씩 모여 헤겔의 대작 《정신현상학》을 읽었다. 1년 동안의 심화 독서 과정을 마친 뒤 1932년 여름에는 헤겔이 '이성'과 '의식'을 논한 부분에 대해 논문을 써야 했다. 오토 알베르트는 국립도서관의 커다란 책상에 몇 주 동안이나 틀어박혀 헤겔을 파고들면서 논문을 작성했다. 밀도 있게 씌어진 이 28쪽짜리 글은 그가 독립적으로 쓴 첫 연구 논문이라고 할 수 있을 것이다. 당시에 헤겔은 독일 근현대 철학과 사회 이론을 진지하게 공부하려는 학생이라면 누구나 출발점으로 삼는 책이었고, 특히《정신현상학》은 야심찬 학생이라면 반드시 정복해야 할(적어도 정복하고 있는 중이라고 믿어야 할) '바로 그 책'이었다. '정신'에서 '의식'으로, 다시 '자기의식'으로 변증법적 고양이 이루어져 간다는 개념은 너무나 많은 것을 설명해 줄 수 있었다. 하지만 이 책은 아주 난해했다. 히르슈만의 친구 헬무트 뮈잠(유명한 무정부주의자 에리히 뮈잠의 조카이다)은 이렇게 말했다. "모르는 단어는 하나도 없는데 무슨 말인지 하나도 모르겠네!"[2]

그래도 히르슈만은 기백을 보여주겠노라 다짐하면서 '이성[절대정신]'과 '역사'의 관계와 그것들의 놀라운 반전에 대한 논의틀 붙들고 씨름했다. 특히 '윤리'와 '의식'에 대한 헤겔의 개념을 꼼꼼히 읽으면서 이것들이 어떻게 국가와 가족의 토대를 이루게 되는지, 그리고 그것으로부터 어떻게 인간의 이성을 위한 '윤리적 질서'가 생겨나게 되는지 탐색했다. 헤겔의 해설서들이 으레 그렇듯이 어린 히르슈만의 글도 그것이 해독하고자 하는 대상[헤겔의 글]만큼이나 모호하고 어려웠다. 헤겔의 글보다 히르슈만의 글이 덜 난해하다고 보기 어려울 정도이다. 헤겔의 난해함에 자신의 난해함으로 대처하려던 것이 아닌가 싶을 만큼 말이다. 훗날에는 글을 쓰는 스타일이 정반대로 바뀌어서 허시먼의 저술은 '명료'하기로 유명해지지만, 철학에, 그것도 헤겔에 첫발을 내디딘 열일곱 살 소년이 명료한 거리감을 유

앨버트 허시먼

지하며 글을 쓰길 바라는 것은 무리한 기대일 것이다. 사실 헤겔로 논문을 쓰라는 것 자체도 무리한 요구였다.

그렇지만 히르슈만은 어느 면에서 헤겔의 저술을 이해했을 뿐 아니라 독창적인 해석까지 해냈다. 그가 천착한 부분은 가족에 대한 개념이었다. 가족의 '윤리적 토대'는 무엇일까? 남편과 아내의 관계는 '명백히 자연적인 관계'이므로 가족의 윤리적 토대가 될 수 없다. 부모-자식의 관계도 가족의 윤리적 토대가 아니다. "윤리적 관계에 필히 존재해야 할 주체와 객체가 규정되지 않기 때문"이다. 히르슈만은 윤리적 관계가 성립하려면 자유의지의 행사가 전제되어야 한다고 보았으며, 그러려면 "자유로운 개인성이 상호간에 작용하는 것"이 필수적이라고 생각했다. 따라서 '진정으로 윤리적인 관계'에 가장 잘 부합하는 것은 혈연으로는 묶여 있으되 성별로는 분리되어 있는 남매 관계였다. 먼저 히르슈만은 헤겔이 남매 중에서 남자와 여자를 어떻게 규정했는지를 개괄했다. 남자는 '신성의 법칙'의 주체에서 '인간의 법칙'의 주체로 이동하면서 세상 속을 헤치고 나아가며, 이 과정에서 '정신이 개인화'된다. 여자는 아내이자 가정을 지키는 사람이 되어 가면서 '신성의 법칙'의 영역을 수호하는 사람이 된다. 이러한 남매 사이의 복잡한 관계가 히르슈만의 관심을 사로잡았고 히르슈만은 이에 대해 열심히 숙고했다. 헤겔의 논의를 면밀하게 따라가면서 히르슈만은 이렇게 결론 내렸다. "이런 방식으로 두 성별은 각각 자연적인 존재로만 그치는 것을 극복하고 윤리적으로 유의미한 존재가 된다. 윤리적 실질이 담지해야 하는 상이한 측면들을 그들 사이에서 분화시켜내는 다양한 형태로서 존재하는 것이다."

이런 논의에 히르슈만이 실제로 얼마나 몰입했는지는 알 수 없다. 훗날 그는 "그때는 모든 것이 난해하고 모호했다"고 회상했다. 이 논문에서 그는 단지 《정신현상학》만이 아니라 누나 우르줄라와의 변증법적 관계도 이야기하고 있는 듯하다. 이제 젊은 청년기에 접어든 우르줄라와 알베르트는 다시 매우 가까워져 있었고, 바이마르공화국이 해체되는 격동의 도가니 속에서 남매의 우애와 유대는 더욱 단단해졌다.[3]

히르슈만은 논문을 써낸 것, 그것도 헤겔에 대한 논문을 써낸 것을 몹시 자랑스러워했다. "말할 가치가 있는 무언가"를 가지고 있다는 생각이 성취감을 한층 더 높여 주었다. 후세의 우리는 헤겔에 대한 이 첫 논문이 훗날 허시먼의 저술에서 활짝 꽃피게 될 씨앗을 담고 있다고 해석하고 싶은 유혹이 생긴다. 예를 들어, 인간은 개인의 삶을 살아가지만 '이성에 각인되어 역사에서 실현되는 더 크고 합당하며 윤리적인 목적들'을 그 개인의 삶 속에 지니고 간다는 개념이 훗날 허시먼의 저술에서 드러나게 될 사상의 기원이라는 식으로 해석해 보고 싶은 것이다. 하지만 이는 타당한 해석이 아닐 듯하다. 당시에 히르슈만이 자신이 독일 관념론의 전통을 따르고 있다고 생각한 것은 맞지만 철학 자체가 그를 크게 매료했다고 볼 근거는 없다. 사실 이 논문 이후 그는 수십 년 동안 헤겔을 읽지 않았다. 그가 헤겔을 다시 읽게 되는 것은 1970년대가 되어서였는데, 이때 허시먼은 우연한 계기로 헤겔의 《법철학》을 읽고서 마르크스가 자본주의의 역사가 발휘하는 교지狡智를 정말 제대로 드러낸 것인지 의문을 품게 된다. 사회과학이 표방하는 '확실성'에 대해 늘 의구심을 가지고 있었던 허시먼은 과도하게 추상적인 이론화의 경향을 비판하고 뒤집기 위해 헤겔을 사용했다. "현실을 '이론적으로' 파악하려고 할 때 특징적으로 나타나게 되는 게으름"(이 구절은 허시먼이 1981년에 출간하는 논문집에 나오는데, 이 표현 뒤에 "미네르바의 부엉이는 황혼녘에야 날개를 편다"는 헤겔의 유명한 언명이 이어진다)[4]을 경계한 허시먼에게 헤겔은 기준점 역할을 했다.

하지만 1930년대에 청소년 히르슈만은 다른 관심사들을 찾아나서기 위한 학문적 정박지를 찾고 있었고 헤겔을 학문의 과정에서 꼭 거쳐야 하는 출발점으로 여기고 있었다. 마르크스를 읽으면서 변증법에 관심을 갖게 된 것도 허시먼이 헤겔을 읽게 되는 데 영향을 미쳤을 것이다. 진지한 변증법 연구자라면 마땅히 변증법의 원조를 공부해야 하지 않겠는가?(《정신현상학》의 저자 헤겔 말이다). 그리고 무엇보다 여기는 베를린이었고 헤겔은 베를린 철학계의 우상이었다. '벨트안샤웅'을 갖추려는 노력은 무조건 헤겔에서 시작해야 했다. 청소년 히르슈만은 아직 '보편 이성la raison universelle'의 신비를 알아나갈 수 있는 길이 다양하다는 것을 알지 못했고, 헤겔로 되돌아와 '생각 없는 이론화'를 비판하는 데 활용할 수 있을 만한 점들을 [헤겔의] 독일 관념론에서 발견하게 되는 것은 수십 년이 지나서였다.

헤겔에 많은 관심을 쏟아붓기는 했지만 히르슈만이 참여한 독서모임은 그것말고도 또 있었다. 요하네스 슈트렐리츠는 마르크스 모임을 이끌어 주었고, 인기 있는 선배였던 하인리히 에르만은 당대에 벌어지던 사회주의 논쟁으로 학생들을 안내했다. 에르만의 모임에서는 레닌, 카우츠키, 그리고 오스트리아 마르크스주의자인 오토 바우어와 막스 아들러 등의 저술을 읽었다. 에르만은 1908년생으로 프랑스 김나지움 몇 년 선배였으며, 베를린대학에서 법학과 정치학을 공부한(1929년에 베를린대학 졸업) 촉망받는 사회주의자였다(훗날 콜로라도대학, 다트머스대학, 맥길대학 등 북미 학계에서 저명한 정치학자가 된다. 북미에서는 '헨리'라는 이름을 사용했다).

청소년 시기 히르슈만의 일상을 채운 것은 단연 책이었다. 이때의 독서 습관과 취향은 그의 인생 전체에 걸쳐 중요한 배경이 된다. 그는 집에서 돌아다닐 때도 늘 손에 책을 들고 있었고, 누이나 아버지를 세워 두고 자신이 발견한 구절을 읽어 주면서 우아하게 표현된 문장과 함축적이고 간결한 통찰이 주는 즐거움을 나누고 싶어했다. 고전을 강조하는 학교와 너그러운 아버지 덕분에 히르슈만은 고전뿐 아니라 토마스 만의 《부덴브로크 가의 사람들》 같은 현대 소설도 탐닉할 수 있었다. 토마스 만은 노벨문학상 수상자였다. 당시에는 노벨문학상이 요즘만큼 화제가 되지는 않았지만 히르슈만의 관심을 끌기에는 충분했다. 한 부르주아 가문의 자기희생, 기만, 환상, 쇠락의 서사를 담은 《부덴브로크 가의 사람들》은 독일 역사에 대한 은유로도 해석되곤 했다. 또한 히르슈만은 종교와 철학을 결혼, 전통, 가족의 삼각축으로 풀어낸 도스토옙스키도 좋아했다. 그리고 니체는 히르슈만의 친구들 사이에서 거의 컬트적인 위치를 차지하고 있었다. 아버지 카를도 니체의 팬이었다.

그러나 히르슈만이 무엇보다 관심을 가진 것은 역사였다. 특히 인물에 대한 서사를 좋아했다. 그가 가장 좋아한 저자는 독일 저널리스트인 에밀 루트비히로, 1920년에 베스트셀러인 괴테 전기를 처음 출간한 이후 비스마르크, 나폴레옹, 예수의 전기를 펴냈다. 루트비히의 전기는 역사적 사실에 허구로 스토리를 가미하고 주인공의 심리 묘사를 결합한 것이 특징이었다. 그의 서사에서는 드라마가 단지 외부세계에서만 펼쳐지지 않았다. 역사는 위대한 인물들이 내적으로 경험하는 것이기도 했다. 프로이트와 융, 그리고 초창기 실존주의가 유행하던 시절이었던 만큼, 인물의 내면으로 눈을 돌려서 승리, 비극, 영웅의 이야기를 개인의 심리를 통해 풀어내려는 시도가 나온 것은 어쩌면 당연했을 것이다. 이 시기의 젊은 독자들에게는 '무자아성'이라든가 '외부세계의 구조에 의해 위대함이 이미 새겨져 있는 과정으로서의 역사'와 같은 개념이 더이상 흥미를 끌지 못했다. 음악, 사진, 미술, 건축 등의 분야에서 이런 움직임은 '신즉물주의' 운동으로 꽃피고 있었다. 히르슈만의 친구들인 고등학생들이 이러한 최신 조류를 잘 알고 있지는 못했겠지만, 크게 보아 그들 또한 외적으로 문체의 화려함을 과시하는 낭만주의와 표현주의에서 멀어지던 경향의 일부였다고 볼 수 있다. 내면의 삶에 관심을 갖는 추세를 히르슈만은 알고 있었을 뿐 아니라 그것에 매료되었다.[5]

오토 알베르트가 청소년 시절에 받은 교육을 우리는 어떻게 볼 수 있을까? 첫째, 어려서부터도 그에게 독일어는 모어이기는 했지만 제1언어는 아니었다. 가족이나 친구들과는 독일어로 이야기했지만 일찍부터 여러 나라 언어를 구사할 수 있었고 여러 나라 문학에 관심이 많았다. 그는 프랑스어는 물론이고 영어와 이탈리아어를 잘했고, 나중에는 에스파냐어에도 능통해지며 포르투갈어도 어느 정도 할 수 있게 된다.

둘째, 오토 알베르트는 십대 시절부터 부모가 열어 준 여러 문들을 기꺼이 지나갔다. 그 문을 지나 발견하게 될 견해에 부모가 꼭 동의할 수 있는 것은 아니었지만, 부모는 그런 상황을 감수하더라도 아들에게 최대한 많은 문을 열어 주려고 노력했다. 오토 알베르트가 새로이 발견하게 된 것들에 부모가 동의하지 못한 것은 인류 역사 내내 존재하는 세대 차이였다고도 볼 수 있을 것이다. 하지만 대부분의 경우와 달리 오토 알베르트와 부모의 세대 차이는 갈등과 마찰을 일으키는 종류가 아니었다. 그가 핵심 가치에 대한 견해 차이로 부모와 대립했다는 증거는 없다. 여기에는 부모의 공이 컸다. 특히 카를은 아들이 새로운 것을 탐구하고 탐색하도록 독려했다. 그렇게 함으로써 카를은 아들이 부모와 단절하는 방식으로 독립하고자 하는 상황에 직면하지 않을 수 있었다. 갈등이 없지는 않았지만 심각하거나 충격적인 것은 아니었으며 아들이 부모에게서 물려받은 가치를 부정하게 만드는 종류의 것도 아니었다. 오토 알베르트는 앞으로 나아가기 위해 과거를 부정할 필요가 없었다. 이는 수십 년 뒤에 그의 글에서 계속 드러나게 될 주제의 큰 부분을 구성하게 된다. 물론 부모 세대와는 차이뿐 아니라 연속성도 있었다. 이를테면 두 세대 모두 기저에는 '빌둥Bildung'[교양을 갖춘 인성]을 강조하는 독일 전통이 흐르고 있었다. 이 개념은 특히 도시 중상류층에게 호소력이 컸다. 삶에서 이룬 성취와 성공을 물려받은 것으로서가 아니라 스스로의 노력과 교육의 결과로서 설명하고 싶어했기 때문이다. 자만과 교만의 원천이라고 비판하는 사람들도 있었지만, 빌둥은 바이마르 공화국의 시민정신에 잘 부합하는 개념이었다.[6]

코즈모폴리턴주의, 신즉물주의 그리고 전통적인 빌둥의 가치 등이 얽히고설키고 충돌하고 타협하며 '바이마르공화국 정신' 안에 뒤섞여 존재했다. 일관성은 없었지만, 어쨌든 도시 엘리트 자제인 젊은이들이 추구한 것이 일관성은 아니었을 것이다. 이 세대는 산업적 규모로 벌어진 폭력과 급속히 확산된 대중 민주주의의 격랑이 야기한 후유증 속에서도 개인이 수완을 발휘할 여지가 존재하며 주위의 혼란을 능란하게 다루어 나감으로써 성취와 발전을 이룰 수 있다는 생각을 여전히 간직한 세대였다. 알베르트의 세대는 브레히트나 토마스 만처럼 1차대전을 직접 겪었다고 보기에는 어린 세대였고, 급속히 대중화된 사회가 인간 심리에 미치는 영향을 숙고하기에도(이것은 나중에 프랑크푸르트학파의 주요 관심사가 된다) 아직 어린 세대였다. 하지만 자신들이 번성했던 세계가 무너지고 있다는 것을 알 정도로는 충분히 성장해 있었다.

프랑스 김나지움은 학문적인 면에서도 활발한 공간이었지만 친교의 면에서도 활발한 공간이었다. 또 히르슈만에게는 가족으로부터 어느 정도 거리를 둘 수 있게 해 주는 공간이기도 했다. 그는 헤겔 독서모임에서 볼프강 로젠베르크를 알게 되었고 이내 친해졌다. 조정부에서도 한 팀이었다. 열다섯 살쯤에 찍은 것으로 보이는 사진을 보면 히르슈만과 로젠베르크가 수학여행에서 암벽등반을 하고 있다. 학생들의 친교생활에서의 핵심은 가을과 부활절 시기에 있었던 조정 전지훈련과 여름의 수학여행이었다. 여행이 일주일 넘게 이어지는 경우도 있었다.

뜨겁던 1930년 6월 식구들은 30도가 넘는 더위를 피해 스위스 아로사(히르슈만 가족은 점점 더 독일 해변보다 해외를 선호하게 되었다)로 휴가를 떠났지만, 히르슈만은 조정팀의 페터 프랑크, 볼프강 로젠베르크, 헬무트 뮈잠과 함께 독일 전역의 팀이 참여하는 조정 경기에 출전했다. 경기가 없는 동안에는 인근의 농장에 가거나 등산을 하러 갔다. 해아 힐 공부도 있었다. 히르슈만은 레빈슈타인 교수님이 "프랑스어 에세이 숙제를 방학 끝날 때까지 미뤄 주셨다"고 부모님을 안심시키는 편지를 썼다. 하지만 독일 에세이인 〈코리올란(베토벤이 코리올라누스의 비극을 바탕으로 작곡한 곡)은 왜 그의 조국의 적이 되었는가〉를 읽으라고 하셔서 "공부할 게 여전히 있기는 하다"고 전했다.[7] 조정팀은 학생들의 사교생활에서 점점 더 중요한 위치를 차지했고, 팀원들이 경기용 배를 공동으로 소유했기 때문에 시간뿐 아니라 돈도 들었다(몇 척을 소유할지는 그들의 야망에 따라 달랐다). 또 가을에는 하급반이 상급반으로 올라가는 진급식을 했는데, '물로 나가서' 남자답게 노를 저을 수 있게 된 것을 축하하는 행사였다. 이러한 '남자들의 세계'에는 하이킹과 자전거 여행도 포함되었다. 물론 교

■ 라이터벨라인 조정팀(1929). 가운뎃줄 맨 오른쪽이 오토 알베르트이다.

사들이 학생들을 인솔하면서 도중에 보게 되는 성당이나 성에 대해 설명하며 중세 역사를 가르치는 것도 빠지지 않았다.[8]

1930년 여름은 맹렬한 선거 정국으로도 뜨거웠다. 나중에 허시먼은 '정치를 이야기하는 것'이 되돌릴 수 없는 과정이 되었고, 이런 상황은 온 나라가 충격에 빠진 9월 14일 선거로 정점에 이르렀다고 회상했다.[9] 대공황으로 실업률은 치솟았고, 가뜩이나 휘청대던 정부는 위기에 대처할 역량이 없었으며, 여당인 사회민주당은 연달아 타격을 입고 있었다. 여전히 최대 정당이기는 했지만 득표가 4분의 1 정도로 떨어졌다. 그러는 동안 나치당은 연방의회 의석이 14석에서 107석까지 늘었고 18퍼센트를 득표해 제2정당이 되었다. 히르슈만은 아직 어려서 선거에 직접 관여하지는 않았지만 이 선거는 그가 지대한 관심을 가지고 녹석하고 토본한 첫 선서였다. 특히 친한 친구들인 프랑크, 로젠베르크, 뮈잠과 함께 선거에 대해 많은 이야기를 나눴다. 경제위기가 악화되고 자신의 정당 내에서도 [유력 후보를 흔들 만한] 반대 세력이 확산되고 있는데도 정부 여당이 대중의 지지를 다시 획득할 수 있다고 낙관하면서 무리수를 두는 바람에 경악스러운 선거 결과가 나왔고, 이는 재앙적인 일들을 몰고 오게 된다.

학생들이 선거에 관심이 많았던 이유 중 하나는 학교 안에서도 나치의 세가 눈에 띌 정도로 확산된 것이었다. 오토 알베르트의 체육 교사(동성애자로, 나중에 파시스트 학생 한 명과 활개를 치고 다니다가 쫓겨났다)는 히틀러에 대한 충성을 감추지 않았고 만자 표시를 달고 다녔다(그런데 그는 오토 알베르트를 좋아했다. 유대인이긴 했지만 운동을 잘했기 때문이다). 오토 알베르트는 처음에는 만자 표시가 그리 대수롭지 않다고 생각했다. 만자 표시가 드러내는 상징의 끔찍함을 온전히 깨닫게 된 것은 정치적인 각성이 이루어진 다음이었다. 나치가 그의 적이기만 한 것이 아니라 그도 나치의 적이었던 것이다.[10] 물론 이러한 깨달음이 한순간에 온 것은 아니었다. 여전히 학교는 학생들이 권위를 조롱하는 것이 허용되는 성소였다. 예를 들면 알프레트 블루멘펠트는 아비투어상 수여식을 엉망으로 만들 장난을 계획했다. 학생들은 쉬는 시간에 몰래 모여 계획을 짜고 선생님들의 흉을 보거나 농담을 했다. 그래도 도를 넘지는 않았다. 아비투어상 수여식에서 진행자가 괴테의 시 〈마왕〉의 첫 구절을 다음과 같이 낭송하면,

이 늦은 밤, 바람 부는 어둠 속 누가 말 달려
그들은 아비와 그의 아들

학생들이 원래의 시구절을 제창하는 대신 "이번에도 물론 유대인이지!"라고 말하는 것이 계획이었다.[11] 학교에서는 이런 장난이 청소년다운 웃음으로 마무리되었겠지만 학교가 아닌 곳에서였다면 극한 대치 상황으로 치달았을지도 모른다. 베를린의 노동자 계급 거주지역(새벽부터 밤까지 노동하며 힘겹게 살아가는 사람들이 빽빽하게 모여사는 임대주택 동네)에서는 공산주의 도당과 나치 도당이 영역 싸움을 벌이는 통에 폭력이 끊이지 않았고, 바이마르공화국이 무너져 가

면서 이는 더욱 심해졌다. 부유한 동네에서는 '싸움'이라고 하면 아직은 예의바른 언쟁을 의미했지만, 이마저도 곧 달라지게 된다.

먼 훗날 아내와 딸을 데리고 독일을 방문한 허시먼은 바이제로제 박물관에서 히틀러 암살을 공모했던 클라우스 폰 슈타우펜베르크 대령 관련 전시를 관람했다. 전시된 옛 문서를 구경하고 안내 문구를 서로에게 읽어 주기도 하다가, 앨버트는 새러와 카티아에게 그 당시에 목격한 것들을 이야기했다. 어린 학생들을 인솔해 온 교사가 옆에서 우연히 앨버트의 말을 듣고서 이야기를 청했다. "아이들에게 이야기를 해 주지 않으시겠습니까? 그 당시를 기억하시는 분께서 말씀을 해 주시면 너무 좋을 것 같아서요." 앨버트는 옛날처럼 독일어를 잘하지는 못했지만 아이들 앞에 앉아서 학창 시절, 그때의 선생님들, 당시의 정치 등에 대해 몇 가지 이야기를 들려주었다. 그러자 질문이 쏟아졌다. "나치 중에 아는 사람 있으세요?" 앨버트는 약간 놀란 채로 대답했다. "물론이지. 우리 반에도 나치가 많았는걸?" 학생들은 충격을 받았다. "나치하고 이야기해 보신 적도 있으세요?" "그럼. 우리는 서로를 설득하려고 늘 토론을 했단다." 반세기 후의 독일 아이들은 나치가 승리하기 이전의 어느 시절과 어느 장소에서는 지금은 사회적 말종이라고 여겨지는 사람들과 일상적인 대화와 운동 시합을 할 수 있었다는 사실을 도무지 이해하지 못했다.[12]

교내에서의 갈등은 말싸움과 가벼운 힘겨루기 정도였지만, 이는 학교라는 성소 밖에서 벌어지고 있던 더 큰 위험을 반영하고 있었다. 학교 담 너머에서 젊은이들의 사상은 급진화되었고 그에 따라

앨버트 허시먼

그들의 세계관도 재구성되었다. 여전히 부모의 영향권 안에 있기는 했지만 부모에게 더 비판적이 되어 가고 있었고, 적어도 부모로부터 거리를 두려 하고 있었다. 이런 면을 가장 잘 보여주는 것은 젊은이들 사이에서 마르크스주의가 크게 확산되었다는 점일 것이다. 물론 베를린 지식인들이 노동자 계급의 대의를 외치는 마르크스주의 철학을 받아들인 것은 드문 일이 아니었다. 하지만 이 세대 젊은이들에게 마르크스주의가 가졌던 중요성을 이해하려면 구체적인 시대적 상황을 알아야 한다. 대공황이 막 시작되었고 정부는 권위주의적인 방식으로 이에 대처하려 하고 있었으며, 1차대전 후에 아슬아슬하게 유지되던 질서는 크게 휘청대고 있었다. 그전까지는 '위기'라는 말이 요즘처럼 많이 쓰이는 말이 아니었지만, 1930년대 초에 이 말은 특히나 시의성을 갖는 말이 되었다.

알베르트가 열네 살이던 1930년 여름에 하인리히 에르만이 여름 독서 모임에서 마르크스의 《자본론》을 권한 것은 우연이 아니었다. 이때는 《자본론》이 알베르트의 흥미를 끌 만한 책이 아니어서 그는 이듬해가 되어서야 이 책을 읽기 시작한다(그 무렵이면 《공산당 선언》과 두 권짜리 《역사적 유물론》 등 마르크스의 다른 저작도 그의 책꽂이에 꽂혀 있었다).[13] 그렇더라도 이것은 그에게 전환점이 되었다. 마르크스주의는 알베르트와 친구들에게 주위에서 벌어지고 있던 대립을 분석하고 파악할 수 있는 '흥미로운' 새 방법을 제시해 주었다. 마르크스주의는, 알베르트는 추구했지만 아버지는 갖지 않겠다고 거부했던 '벨트안샤웅[세계관]', 즉 지적인 나침반을 제공했다. 독일 관념론과 그것의 공화주의적 후손[바이마르공화국]의 운명을 탐구하고자한 젊은이에게 이것은 매우 중요했다.

세계관이 정치 활동과 직접 연결된다는 점도 마르크스주의의 매력이었다. 마르크스주의는 탄탄한 이론과 저술뿐 아니라 정당도 가지고 있었다. 마르크스주의 정당은 한 개도 아니고 여러 개였고, 이중 일부는 열성적인 교사나 졸업생을 통해 프랑스 김나지움에서도 조직화 활동을 벌이고 있었다. 바이마르공화국 자체도 그랬듯이 프랑스 김나지움도 상충되어 보이는 다양한 조류들을 허용했고, 그 덕분에 오토 알베르트는 고전을 공부하기 위해 마르크스주의를 버려야 한다거나 그 반대라거나 하는 식의 양자택일의 부담을 느낄 필요가 없었다. 집과 학교는 '지적인 혼합주의'라고 부를 만한 분위기를 제공하는 성소였다. 베를린의 정치가 급격히 양극화되고 있던 시기에 이런 공간은 너무나 소중했다.

1931년 오토 알베르트와 우르줄라는 차례로 정치 활동을 시작하게 된다. 이 무렵 좌파와 우파의 대립은 매우 격화되어 있었다. 그런데 좌파와 우파만이 아니라 사회주의자와 공산주의자 사이의 싸움도 격렬했다. 공산당KPD은 사회민주당SPD을 사회파시스트Sozialfaschismus라고 부르며 비난했다. 공산당이 보기에 부르주아와 함께 바이마르 지배 연정에 참여한 사회민주당은 부르주아만큼이나 혐오스러운 존재였다. 오토 알베르트는 에르만을 통해 '사회주의 노동자 청년단SAJ'에 가입했다. SAJ는 베를린 전역에 지부를 두고 있었고, 곳곳을 누비며 좌파의 집권을 위해 투쟁하고 있었다. 적지 않은

앨버트 허시먼

SAJ 단원들이 당 지도부의 현실주의적인 온건 노선에 실망하고 있었지만 '의회를 통한 혁명'이라는 신념을 버리지는 않았다. 티어가르텐에도 SAJ 지부가 있었다. 티어가르텐 지부에는 노동자 계급에 속하는 단원이 많지 않았지만, SAJ 상부 조직이 슈포르트팔라스트 Sportpalast에서 개최하는 대규모 집회에는 베를린 사회 각 계층의 좌파들이 모였다. 슈포르트팔라스트는 쇠네베르크의 노동자 계급 지역에 위치한 베를린 최대 회의장으로, 베를린 정치의 중심 무대로 떠오르고 있었다. 히틀러가 1930년 9월 열광하는 군중 앞에서 첫 연설을 한 곳도 여기이다.

오토 알베르트가 정치 활동에 참여한 것이 꼭 선배의 권유 때문만은 아니었다. 그 자신도 바이마르공화국의 존립에 대해 점점 더 우려가 커지고 있었다. 1930년 선거에서 나타난 경악스런 결과들은 바이마르공화국의 근본적인 취약점들을 여지없이 드러냈다. 이렇게 해서 오토 알베르트는 급진 정치운동의 일원이 되었다. 그가 속한 SAJ는 사회민주당을 따르는 조직이었고, 청년들 사이에서 사회민주당 지지자를 조직화하는 것이 목표였다. 특히 선거 열기가 달아오르면서는 더욱 그랬다. 하지만 정치 조직화 활동이 으레 그렇듯이 사람이 많아지면서 내부의 분열과 논쟁도 심해졌다. 모든 모임과 집회는 격렬한 논쟁으로 치달았다. 파시스트의 부상을 어떻게 볼 것인가뿐 아니라 사회주의와 바이마르공화국의 관계를 어떻게 볼 것인가도 논쟁의 핵심 주제였다.[14]

오토 알베르트는 숙제를 마치고 저녁식사를 하고 나면 집에서 나와 슈포르트팔라스트에서 열리는 집회에 참석하곤 했다. 하루는 오스트리아 마르크스주의자인 오토 바우어의 강연이 열려 오토 알베르트와 우르줄라는 이 강연을 들으러 갔다. 오토 알베르트는 김나지움 독서모임에서 바우어의 글을 읽은 적이 있었고 경제학이라는 학문에 매력을 발견해 가는 중이었다. 그날 바우어는 콘드라티예프 장기파동에 대해 강의했다. 경제 시스템의 장기적 불안정성에 대한 이론으로, 경제가 기술 혁신의 분출과 쇠퇴에 따라 약 40년 주기로 호황과 불황의 주기적 변동을 겪는다는 내용이었다. 많은 사람들이 콘드라티예프의 장기파동론이 당시의 불황을 설명하는 이론으로 매우 설득력 있다고 생각했지만, 정작 니콜라이 콘드라티예프 본인은 스탈린의 [국가가 경제를 완전하게 통제할 것을 주장하는] 계획경제 이론에 근본적인 회의를 불러일으켰다는 이유로 제포되어 굴락[집단수용소]에 보내졌다.

어쨌든 그날 베를린에서 바우어는 콘드라티예프 장기파동을 설명했다. 19세기 중반의 호황은 이미 오래전에 꺾이기 시작했으며, 지금은 [장기 순환의 수축기에 해당하는] 위기의 시기였다. 이는 새로운 경제 모델의 도래가 임박했다는 의미였으며, 따라서 사회주의자들은 곧 다가올 상승의 주기에 올라타야 했다. 풍부한 통계와 자료를 예로 들어가며 경제 이론을 설명한 바우어의 강연은 히르슈만에게 정치적 자극제가 되었을 뿐만 아니라 지적인 자극제가 되기도 했다. 여기에, 이론, 경제 패턴, 정치적 시사점을 이야기하는 오스트리아 사회주의 정당 지도자가 있었다. 여기에, 그것들을 모두 결합한 이론적 분석이 있었고, 그 분석을 너무나 흡입력 있게 설명하는 사람이 있었다. 히르슈만이 이제껏 자신의 정당 지도자들에게서도 학교 선생님들에게서도 보지 못한 것이었다. 그가 경제학을 공부해야겠다고 마음먹게 된 계기를 하나만 꼽으라면 단연 이날 바우어의 강연일 것이다. 허시먼은 50년 뒤에도 눈을 감으면 바우어의 강연을 생생히 떠올릴 수 있었다.

매력적인 지식인들을 만나고 위기를 이론적으로 분석한 책들을 읽으면서, 그리고 위기감이 점점 더 절박하게 느껴지면서, 오토 알베르트는 '생각'과 '행동'의 관계를 곰곰이 생각하게 되었고 김나지움을 넘어 SAJ 쪽으로 활동 반경이 넓어졌다. 여기에 1930년 늦여름의 선거 결과(신문마다 "나치당 승!"이라고 대서특필되었다)는 이론에 드라마를 보탠 격이 되었다. 오토 알베르트가 마르크스주의 저술들을 처음으로 읽기 시작한 무렵 그와 그의 부모가 지지하던 사회민주당은 전에 없던 마비 상태에 빠져 있었다. 점점 높아지는 정치적 불안이 이제 모든 대화와 논쟁의 소재가 되었다. 나라 전체가 그랬지만 베를린은 특히 더했다. 아방가르드 모더니즘의 세계적 중심지이던 베를린은 이제 위기의 중심지이자 대안을 찾기 위한 절박한 노력의 중심지가 되었다.

정치적 불안이 고조되면서 사회주의자들 내부에서 격렬한 논쟁이 촉발되었고 새로운 비전과 전술을 요구하는 목소리가 높아졌다. 주말이면 급진주의자 학생들은 중요 문건에 대한 토론, 정치 전술에 대한 워크숍, 향후 모임 계획 수립 등을 논의하는 회합에 참석했다. 알베르트도 일요일이면 푸른 셔츠 차림에 붉은 손수건을 두르고 기차에 올라 지방에서 열리는 회합에 참가하곤 했다(우르줄라도 때로 동행했다. 우르줄라는 나중에 공산당에 가입한다). 베를린 전역의 유스호스텔은 좌파 학생과 젊은 노동자들의 집회장이 되었다. SAJ 베를린 지부의 카리스마 있는 지도자 에리히 슈미트는 사회민주주의자들 중에서도 조직을 더 좌파 쪽으로 기울였고 사회민주주의자와 공산주의자가 연대해야 한다고 주장했다. 이는 사회민주당의 기성 노선과 대치되는 주장이었다.

기성 노선은 [중도 우파 정당인] '중앙당' 소속 하인리히 브뤼닝 총리가 구성한 이른바 '브뤼닝 블록'[의회에 기반이 없었던 브뤼닝은 나치당의 부상에 맞서 중도 우파와 중도 좌파를 묶어 기반을 유지하려고 했다]에 참여하는 노선이있는데, 사회민주당 지도부는 점점 높아지는 위기에 대처하기 위해 안간힘을 쓰면서 이 노선을 유지하려 하고 있었다. 에리히 올렌하우어와 루돌프 힐퍼딩 같은 사람들은 부르주아 정당들을 '용인'하는 전술을 택하면서 브뤼닝에 대한 신뢰를 유지하고 있었지만, 곧 브뤼닝이 연정에 남아 있던 사회주의자들을 몰아내고 나치를 끌여들여 선거를 치르려는 도박을 하면서 이 신뢰는 끝나게 된다. 그러는 동안, 사회민주당 지도부는 디플레이션을 유발하고 반노동자적이고 친군부적이고 친종교적이고 점점 더 반유대주의적인 입장으로 치우치는 정부에 발이 묶여 있었다. 이런 분위기에서 바이마르공화국의 개혁주의자들과 온건한 사회주의자들의 생각은 내용을 불문하고 물거품이 될 수밖에 없었다. 루돌프 힐퍼딩은 12월 1일에 사회민주당의 원로 지도자이자 이론가인 카를 카우츠키에게 보낸 편지에서 이렇게 언급했다. "상황은 분명히 매우 좋지 않습니다. 파시스트의 위협이 여전한 가운데, 공산주의 지지 세력이 커지면서 우리 쪽 사람들을 더 심각하게 위협하고 있습니다. 이런 방향으로 상황이 진전되면 공산주의자들은 우리를 수적으로 능가하자마자 호소력이 엄청나게 커질 것입니다. 이것은 좋은 상황이 아니지만 모험심 강한 멍청이들은 상황을 더 나쁘게만 만들 것입니다." 힐퍼딩의 신중한 진단을 비웃기라도 하듯 두 달 뒤에 힌덴부르크 대통령은 히틀러를 총리로 임명했다.[15]

젊은 급진주의자들은 임박한 위험을 지도부가 심각하게 외면하는 것을 보면서 크게 실망했다. 슈미트가 보기에 1930년의 선거 결과는 좌파가 내부 경쟁을 접고 일단 공동의 적에 맞서야 할 때라는 신호였다. 의회 자체를 지키는 것이 급선무였고 그러려면 무언가 다른 전략이 필요했다. 그런데 좌든 우든 극단주의자들은 (특히 우파 극단주의자들은) 의회를 구하는 데 관심이 없었고 중도파는 의회를 구할 능력이 없다는 것이 분명했다. 슈미트는 발터 뢰벤하임(나중에 '우편향'을 이유로 독일 공산당에서 축출된다)과 함께 새로운 전략을 모색하기 위한 운동을 펼치면서 이 운동을 '서클'이라고 불렀다. 나중에 ORG, LO('레닌주의 조직'이라는 의미이다) 또는 그냥 O라고도 불리게 되는 이 운동은 1933년에 시작되는 '노이 베긴넨(새로운 시작)' 운동의 모태가 된다. 노이 베긴넨은 사회주의 진영 내에서 레닌주의적 전위를 자처한 운동으로, 경제위기를 이론적으로 철저하게 분석할 것과 범좌파 연합을 구성할 것을 주장했다.

이들은 사회주의만이 바이마르공화국을 구할 수 있다고 생각했다. 큰 틀에서는 이러한 지향을 갖되, 당장 당면한 과제는 나치의 위협이 일시적이고 이례적인 정치적 일탈이 아니라는 사실을 직시하면서 전략을 짜는 것이었다. 사회민주당의 지도부는 나치의 위협이 일시적인 정치적 일탈에 불과하다고 보면서 그 위협의 정도를 과소평가하고 있었다. 하지만 슈미트는 나치가 독일 자본주의의 구조적 전환 국면에서 발생한 현상이며 독일 정치에 결정적인 재조정을 일으키게 될 것이라고 보았고, 이를 회피하지 말고 직시해야 한다고 주장했다. 또 슈미트는 사회민주당이 레닌의 조직론에서 시사점을 이끌어내 새로운 길을 가야 한다고 촉구했다. 나중에 허시먼은 슈미트의 언설이 정치적으로 각성되고 있던 젊은이들에게 매우 강렬한 인상을 남겼다고 회상했다. 소년 히르슈만은 자신이 이제 겨우 인식하기 시작한 것들을 슈미트가 능란한 언어로 구사하는 것에 매료되었고, SAJ 활동 중에 슈미트를 몇 차례 만나면서 학식에 기반한 행동주의에 깊은 감화를 받았다. 히르슈만이 보기에 슈미트는 '말을 하면서 동시에 생각하는 사람'이었다.

1932년 봄 슈미트와 ORG는 몇 개월에 걸쳐 집중 워크숍을 개최해 마르크스 수정주의, 독일 노동운동사 등을 공부하고 전술을 논의했으며 레닌의 소책자《무엇을 할 것인가》에 대해 토론했다. 레닌은 너무나 매혹적이었다. 다른 마르크스주의자들은 역사 발전 단계론에 매몰되어서 자본주의가 불가피하게 위기에 봉착할 것이라는 생각을 부여잡고 있었던 반면, 레닌은 자본주의의 역사를 완전히 다르게 읽어냈다. 사실 러시아혁명 이전에 씌어진 레닌의 글들을 보면 자본주의가 발휘하는 놀랍도록 창조적인 수완을 이야기하고 있다. 숨겨져 있던 요인들이 역사의 전개에서 실제로 어떤 역할을 수행해내는지에 대한 내용이라면 무엇이든지 히르슈만의 관심을 끌었지만, 그중에서도 레닌의 정치 저술은 특히나 그를 강하게 매혹했다. 히르슈만은 레닌의 〈4월 테제〉〈전술에 대한 편지들〉 그리고 나중에 《국가와 혁명》에서 개진될 메모들을 탐독했다. 레닌은 새로운 행동 양태를 일굴 수 있는 창조적인 가능성들을 분석하면서 "전술의 위대한 절묘함"(히르슈만의 표현이다)을 강조했다. 변화가 미리 예정되어 있거나 자동적으로 진행된다고 보지 않고, 변화가 **어떻게** 추동되느냐에 집중하는 히르슈만의 관심은 여기에서 시작되었다고 볼 수 있다(히르슈만은 나중에 마키아벨리를 읽으면서도 이와 비슷한 내용을 발견하게 된다. 마키아벨리 역시 '가능성의 정치'와 [변화가 자동적으로 일어난다고 보지 않고] '실천'을 강조하는 정치 이론을 전개했다).

레닌의 글 중 히르슈만이 특히 좋아한 부분은 1920년 제2차 코민테른 대회에서 레닌이 주장한 내용이었다. 이 대회에서 레닌은 공산당이 "생각없는 이론화"(허시먼의 표현이다)에서 나온 "좌익소아병"(레닌의 표현이다)에 빠져 있다며, 역사가 전개되는 복잡한 양상을 간과하는 이론을 비판했다. 레닌은 역사의 변화를 교조주의적으로 해석하는 사람들이 자신의 이론을 고수하기 위해 무한한 갈래가 있는 실제의 역사 진행 과정을 무시한다고 지적했다. 레닌에 따르면,

공산주의자들은 전통적으로 "위기는 스스로, 그리고 단 한 가지 방식으로만 해결되며 그 해결 방식은 혁명이 승리하는 것"이라는 개념을 신봉해 왔지만 이 신념은 좋게 봐도 순진한 생각일 뿐이었다. 위기가 극복되는 방식은 무한히 다양할 수 있기 때문이었다. 레닌은 이렇게 언급했다. "혁명가들은 (지배 계급이) 위기에서 벗어날 수 있는 길이 절대 존재하지 않는다는 것을 증명하려고 한다. 하지만 그들이 틀렸다. 위기에서 벗어날 가능성이 절대적으로 존재하지 않는 상황이란 없기 때문이다." 히르슈만은 이런 말을 깊이 숙고했고, 우리는 그 메아리를 반세기 후 허시먼의 저술에서 보게 된다.[16]

야간과 주말의 정치 활동은 레닌의 글과 사회주의 전술에 대한 토론뿐 아니라 연애의 기회도 제공했다. 정치 활동에 참여하면서 오토 알베르트의 활동 반경은 자신과 누나의 학교 친구들 범위를 넘어서 확장되었다. 오토 알베르트는 SAJ에서 라파엘 라인 가족을 알게 되었다. 라파엘 라인은 예전의 멘셰비키 저명인사로, '분트(러시아 유대인 노동자 총연합)'의 지도자였다. 1917년 취리히에서 두 번째 '밀봉 열차'[스위스에 망명해 있던 레닌과 혁명가들은 혁명 이후 독일이 제공한 밀봉 열차를 타고 귀국했다]를 타고 페트로그라드에 입성한 인물이기도 하다. 그는 차르 체제를 붕괴시키는 데 중요한 역할을 했으며, 두마[러시아 의회]에서 멘셰비키 정당을 이끌었다. 베를린으로 온 뒤에는 러시아어 지하신문 《베스트니크》의 저명한 필자로 활동했다. 이 신문은 폴란드를 통해 소련으로 들어가 유통되었다. 자녀인 마르크와 리아는 우르줄라, 오토 알베르트와 나이가 비슷했고 이들도

SAJ에 참여하고 있었다. 이들의 만남은 곧 연애로 발전해, 오토 알베르트는 리아와, 우르줄라는 마르크와 커플이 되었다.

리아가 다니던 김나지움은 긴장과 갈등이 첨예했다. 그래서 학생들이 지지 정당을 나타내는 색의 옷을 교복 속에 입고 다니는 것이 규칙처럼 되었다. 방과 후 겉옷만 벗으면 정당의 옷이 나타나도록 말이다. 전투적인 학생들은 이렇게 옷의 색으로 소속을 표시해 동지와 적을 쉽게 알아볼 수 있게 했다. 리아는 자신이 남자아이들과 마찬가지로 정치 활동에 적극적으로 참여하고 있다고 생각했다. 정치가 이렇게 강하게 지배하는 분위기 속에서 '순수한' 연애 감정이 활짝 꽃피기는 어려웠을 것이다. 리아와 오토 알베르트는 함께 춤추러 가는 대신 시위에 참가했다. 허시먼은 그 덕에 지루한 행진이 즐거워졌다고 회상했다. 키스는 걸어서 집에 돌아오는 길에 할 수 있었는데, 집회에 다녀오느라 둘 다 너무 지쳐 있기 일쑤였다.[17]

지적인 자극도 있었고 로맨스도 있었지만, 히르슈만이 정치에 점점 더 관심을 갖게 된 데는 사회민주당 내에서 적대적인 논쟁이 과열되던 상황도 영향을 미쳤다. 사회민주당은 분열되고 있었다. 일부 급진파는 사회민주당이 브뤼닝 블록을 지지하는 데 반대하며 탈당해 '사회주의노동자당'을 만들었다. 급진파 중 다른 일부는 잔류하기로 했는데 히르슈만도 잔류하기로 했다. 그는 운동을 더 분열시키는 것은 의미가 없다고 보았다. 이론적 순수성이나 정치적 '올바름'을 고수하며 자기만족을 하는 것보다는 실질적인 문제들에 맞서는 것이 더 중요하다고 여겼기 때문이다. 급진주의 사상 속에서도 그의 실용주의적인 태도가 이미 드러나고 있었음을 알게 해 주는 대목이다. 함께 SAJ에서 활동하던 빌리 브란트도 같은 입장이었다(히르슈만과 나이도 같았다). 히르슈만과 브란트는 조직에서 떨어져 나오기보다는 조직 내부에서 싸우는 쪽이 대의를 더 잘 실현할 수 있을 것이라고 주장했다.[18]

큰 쟁점 중 하나는 공산주의자와 어느 정도까지 연대할 것이냐였다. 모스크바 다음으로 베를린은 세계 최대의 공산주의 도시였다. 25만 명의 당원이 있었고, 25개의 신문이 있었다. 1928년 코민테른은 좌편향으로 기울면서 비타협 노선을 택했다. 많은 공산주의자들이 로자 룩셈부르크와 카를 리프크네히트가 암살되었을 때부터(독일 공산당KPD 지도자이자 스파르타쿠스단 지도자로, 무장 도당에 의해 암살되었나) 이미 바이마르공화국을 혐오하고 있었다. 가뜩이나 입지가 좁아지고 있던 사회민주당은 공산당으로부터 사회파시스트라고 맹비난을 받았다. 자본주의의 기본 구조를 지탱하려고 한다는 점에서 나치나 [사회민주당이 참여한 연합] 정부나 매한가지라는 것이었다. 아니 차라리 나치는 억압적인 정치를 점잖은 부르주아적 선거의 유혹으로 뒤덮어 헷갈리게 만드는 수고조차 하지 않는다는 점에서 맞서기가 더 쉽다며, 사회민주당의 가식을 공격했다.

하지만 히르슈만은 절차나 의회적 규범을 극도로 경멸한다는 점에서 오히려 공산주의자와 나치가 거울처럼 닮았다고 생각했다. 둘다 세상에 대해 근본적인 '진리'를 알고 있다고 자처하면서, 신중함을 주장하고 복잡성을 이야기하는 사람들 혹은 절차를 통한 개혁

앨버트 허시먼

을 원하는 사람들을 경멸하고 있었다. 그가 이런 결론에 이르기까지는 멀리 갈 필요도 없었다. '붉은 연대'라든지 '반파시스트 투쟁' 같은 슬로건을 내걸고 공산당이 펴는 군사적 전술이 파시스트와 동일하다는 점만 보아도 명확했다. 군대식 행진, 호전적인 수사법, 숙고보다는 행동aktion을 우선시하는 태도 등이 모두 그랬다. 극단주의자들[나치와 공산주의자]은 바이마르공화국의 다원주의와 개혁주의적인 가치를 너무 혐오스러워했기 때문에 그것이 무너질 수밖에 없는 운명이라는 데서 의견의 일치를 볼 수 있었다. 여기에서 히르슈만은 개혁에 대한 희망을 모두 부수기 위해 편리하게 동원되는 순환논리를 읽을 수 있었다.

급기야 1932년 11월 교통노동자 파업 때는 공산당과 나치당이 함께 참여하는 기현상이 벌어졌다. 나치의 괴벨스(그는 공산주의의 조직적 체계를 부러워했다)와 코민테른의 기획가 발터 울브리히트가 나란히 모습을 드러냈다. 파업에 참가한 노동자들은 나치-공산당 연합 행진을 보고 경악해 파업을 중단했다. 그런 뒤 밤에는 공산당과 나치가 다시 서로를 물어뜯으며 정파간 싸움의 순교자 목록을 더 길게 만들었다. 칼로 얼굴을 베고, 맥주잔으로 두개골을 깨고, 건물 위에서 총을 쏘았다. 다음 날 아침 폭력과 피의 흔적이 가득한 가운데에서 동료들이 사망자와 부상자를 수습했다.[19]

허시먼은 이런 장면을 목격했지만 이에 대해 평생 동안 언급하기를 극히 꺼려했다. 그래도 이 흔적은 그가 쓴 모든 글에 드러나 있다. 이를테면 '중도'와 '열린 마음'의 가치를 역설한《반동의 화법》에서 우리는 그가 공산당과 나치당이 '확실성'에 대한 신념으로 혐오의 주장을 펼치는 것을 보면서 경악했던 수십 년 전의 기억을 읽을 수 있다. 이렇듯 당시에 공산당이 바이마르공화국의 원칙과 정치 모두를 매우 혐오한다는 것은 분명했지만, 그래도 사회주의자들 중에는 공산당과의 연대가 필요하다고 생각하는 사람이 많았다. 오토 알베르트도 그렇게 생각했다. 중도파와 우파가 나치와 연합하려는 움직임을 보이고 있는 상황에서 사회주의로 가는 유일한 희망, 바이마르공화국의 유일한 희망은 좌파가 새로운 연대를 구성하는 것뿐이었다. 공화국이 현재의 난관에서 벗어나려면 어느 정도 유연한 통합을 통해 진보적인 연정을 구성하는 것 외에는 다른 희망이 없었다.

하지만 이 희망은 너무나 낙관적인 꿈이었다. '좌파 연대' 같은 것은 존재하지 않았다. 급진 공산주의자들은 나치에게만큼이나 사회주의자들에게도 많은 폭력을 행사했다. 선거의 열기가 달아오르는 동안 거리에서는 영역 싸움이 끊이지 않았고, 의회 권력이 무너지면서 거리 폭력은 한층 더 가중되었다. 1931년 사회민주당은 '철의 전선Iron Front'이라는 자위단을 조직했다. 선거운동과 노선 논쟁을 하던 활동가들이 이제는 준군사조직의 일원이 되었고, 이들 '슈츠분트'들은 "힘에는 힘으로 맞서야 한다"고 주장했다. 이들은 주로 노조와 노동자 계급이 자주 가는 스포츠클럽 등지에서 활동했다.

사회민주당이 총파업이나 무력시위로 정부에 맞서는 것을 싫어했기 때문에 대부분의 폭력 행위는 주로 정치 갱단끼리의 싸움이었다. 그러나 이런 싸움이 극적으로 증가하면서 시민적 행동과 폭력적 행동의 경계가 흐려졌다. 기성 지도부는 기를 쓰고 시민적 방식을 옹호하려고 했지만, 몇몇 회의에서는 상황이 험악해지기도 했다. 그리고 회의장을 나설 때는 건수를 찾아 돌아다니는 공산주의 갱단과 나치 갱단을 신경쓰지 않을 수 없었다. 그래서 여성 참가자들은 누군가 집에 데려다 주어야 했다. 오토 알베르트의 경우, 혼자 다닐 때는 자전거 타는 실력이 크게 도움이 되었다. 한번은 공산주의자들에게 원한과 교조적 순수성에의 집착을 누그러뜨리라고 촉구하는 회합이 열렸는데 이곳에 리아, 마르크, 오토 알베르트, 우르줄라가 참석했다. 그러나 분위기가 거칠어지더니 논쟁은 난투극으로 바뀌었다. 마르크(히르슈만은 점점 더 그가 참여적 이상주의자의 전형 같다고 생각하게 되었다)는 두들겨맞고 멍투성이가 되었다. 다행히 나머지 사람들은 다치지 않고 빠져나와 모두 안전하게 집으로 돌아왔다. 다음 날 이들은 또 회합에 참석했다.[20]

아이들이 정치 활동에 뛰어들면서 부모와 갈등이 생겼다. 처음에는 불온한 책을 읽지는 않는지, 안 좋은 무리와 어울리는 것은 아닌지 등을 의심하는 정도였다. 카를과 헤다 모두 에르만이 영향을 미치는 것을 싫어했다. 1930년 중반 무렵 카를은 헤다에게 보낸 편지에서 이렇게 언급했다. "아이들의 영혼을 성숙시키기란 정말 얼마나 어려운지 몰라! 그래서 말인데, 에르만이 우르줄라와 OA의 삶에 관여하지 못하게 해야 할 것 같아. 아이들이 에르만과 어울리느니 유도 챔피언과 어울리게 하는 게 낫겠어."

하루는 유모가 우르줄라의 방에서 애그니스 스메들리의 《대지의 딸》독일어 번역본을 발견했다. 에르만이 준 것이었다. 카를은 격노했다. "그냥 넘어갈 수 없는 일이야. 더 엄한 조치가 필요해."[21] 미국 작가인 스메들리는 급진주의자였으며 산아제한을 지지했다. 중국 공산당과도 관련이 있었고, 소련의 스파이이기도 했던 것으로 유명하다. 반쯤 자전적인 소설《대지의 딸》은 스스로 삶을 개척해 가는 영웅적이고 독립적인 여성의 이야기로, 이 책의 주인공도 급진주의자가 된다. 딸을 보호하려는 부모에게 스메들리가 개진한 대의 중 정확히 어느 부분이 거슬렸던 것인지는 알 수 없다. 에리히 케스트너의 시와 브레히트의 〈서푼짜리 오페라〉도 금지되었다(하지만 케스트너가 쓴 에세이는 히르슈만 가족이 보던 신문인《포시셰 차이퉁》에 종종 게재되었다). 또한 카를과 헤다가 보기에는 신즉물주의 운동도 너무 어둡고 너무 신랄했다. 그들은 아이들이 기성세대의 가식에 대해 너무 심각하게 생각하지 않기를 바랐다.

부모-자녀의 갈등은 헤다와 우르줄라 사이에서 두드러졌다. 엄마와 아이들과의 관계는 완전히 조화로웠던 적이 한 번도 없었지만, 우르줄라와의 갈등은 특히 더 악화되기만 했다. 또한 그때까지 엄마와의 갈등에서 어느 정도 비껴 있던 오토 알베르트도 갈등이 심해졌다. 아이들은 어려운 결정에 직면해 있었다. 어머니의 자랑스러운 자녀로 순응할 것인가, 맞서서 거리의 정치를 택할 것인가? 우르줄라는 이런 갈등을 슬기롭게 피할 수 있는 재주가 없었던 반면 오토 알베르트는 이런 재주가 아주 많았다. 원래부터도 엄마로부터 어느 정도 자율성을 보장받았지만, 이제는 그 재주를 한층 더 발전시켜 갈등의 원천을 아예 피해 버렸다. 1933년 1월경 오토 알베르트는 며칠이고 눈에 띄지 않고 밖에 나다닐 수 있었다. 그의 방은 집 내부를 통하지 않고도 건물 앞 문으로 직접 들어갈 수 있었고 공부로 어느 정도 연막을 칠 수 있었기 때문이다.

헤다가 두 아이들로부터 소원해지는 위험을 무릅쓰면서까지 자신의 우려를 강하게 투사하는 스타일이었다면, 카를은 자신의 내면으로 들어가서 전보다 더 거리를 두는 아버지가 되었다. 직장 문제가 잘 풀리지 않아 집안의 재정 상황이 어려워지고 바이마르공화국은 날로 불안정해지는 상황에서, 알베르트와 우르줄라의 정치 활동을 두고 집안에 긴장이 고조되자 카를은 자신의 공간에 틀어박히려고 하는 성향이 더욱 강해졌다. 우르줄라는 이때의 아버지를 마치 세상이 끝나고 있음을 예견한 사람 같았다고 기억했다. 이는 다소 과장일지도 모르지만 공화주의의 꿈이 멀어져 가면서 카를의 개인적인 야심도 함께 사그라지고 있었다는 것만큼은 틀리지 않을 것이다. 이 둘은 분리될 수 없었다. 체념과 우울에 빠진 카를은 내향적인 허무주의자 고트프리트 벤의 시를 읽으며 시간을 보냈다(벤은 1912년에 매우 적절한 제목을 가진 첫 시집 《시체 공시소》를 펴냈고 카를은 그것을 읽었다). 카프카도 다시 읽었다. 무언가가 잘못 돌아가고는 있지만 그게 무엇인지를 도무지 알 수 없는 관료제에 직면해 주인공이 겪는 미칠 듯이 갑갑한 고통을 보며 동병상련의 위안을 찾고 싶었는지도 모른다. 훗날 우르줄라도 아버지의 책상 위에 걸려 있던 죽음의 그림이 히르슈만 가족과 바이마르공화국에 드리운 어두운

그림자를 보여주는 것 같았다고 회상했다.[22]

1932년 오토 알베르트 히르슈만은 매우 우수한 성적으로 프랑스 김나지움을 졸업했다. 이런 명문 학교에서 우수한 성적을 받았다는 것은 굉장히 인정받을 만한 일이었다. 이 성적이면 대학에 갈 수 있었다. 문제는, 어디에서 무엇을 공부할 것인가였다. 의학은 일찌감치 제외되었다. 카를은 아들이 자신의 길을 가길 원했을지 모르지만 김나지움에서 공부한 것들을 보면 의학에는 관심이 없음이 분명했다. 히르슈만이 진로를 결정하는 데는 에르만이 간접적으로 영향을 미쳤던 것 같다. 법학과 경제학을 공부한 에르만이 히르슈만에게 일종의 본보기가 된 듯하다. 태어나서 처음으로 히르슈만은 부모의 지지를 받지 못한 결정을 내렸다. 부모는 경제학이 '빵 벌기 어려운' 공부라며 반대했다. 이에 대해 아들은 (여기에서도 언어유희의 성향이 나타난다) 경제학이야말로 빵의 부족과 풍부를 설명할 수 있기 때문에 중요한 학문이라고 맞섰다. 그래도 베를린대학에서는 경제학이 법학부에 속해 있었기 때문에 이 갈등은 일단 잠잠해질 수 있었다. 카를과 헤트비히는 아들이 유능하고 성공한 변호사가 되기를 원했다.[23]

대공황이 덮친 상황이었다는 것도 히르슈만의 선택에 영향을 미쳤을 것이다. 그는 이미 명민한 관찰자로서의 눈을 가지고 있었다. 김나지움을 졸업할 무렵에는 실업률이 3분의 1에 달했을 뿐 아니라 집안의 재정도 (아주 망한 것은 아니었어도) 크게 휘청거리고 있었다. 미국 달러의 유입과 은행 대출에 의해 부양되었던 1920년대의 호황이 무너지고 깊은 불황이 뒤를 이으면서 바이마르공화국의 정당성이 파괴되고 있었다. 히르슈만은 자신이 목격하고 있는 위기를 정치 활동으로부터 분석적인 거리를 두면서 설명해 줄 수 있다는 데서 경제학에 매력을 느꼈다. 정치 활동에 직접 나서는 것은 SAJ 활동으로만 한정하고 싶었다(그것만으로도 상당히 많은 일이 요구되는 활동이었다). 경제학을 공부하기로 결정하고 나니 어디에서 공부할지는 명확했다. 베를린대학(1949년 제3제국에 협력한 과거를 잊기 위해 베를린 훔볼트대학으로 이름이 바뀐다)이었다. 이곳은 헤겔, 실러부터 아인슈타인과 막스 플랑크에 이르기까지 계몽주의적 지식과 학문의 산실이었다. 커다란 건물들과 열린 광장, 책이 가득한 도서관 등은 젊은 히르슈만을 유혹했다. 독보적인 명문 대학이었기 때문에 부모의 아쉬움을 달래기에도 충분했다. 한때 헤겔이 지그시 내다보던 창문 옆을 돌아다닐 수 있다는 점은 전통 있는 명문 대학의 분위기를 한층 더해 주었다.

하지만 히르슈만이 대학에서 새로운 학문에 발을 내디딘 시기에 대학에서는 갈등이 첨예해지고 있었다. 독일 대학들은 이미 히틀러 지지자들의 온상이 되어 가고 있었다. 파시스트 학생들은 자유주의적이거나 좌파적인 교수들을 괴롭혔고, 적지 않은 교수들이 이를 지지했다. '독일학생연맹'은 '비非독일 정신'을 보여주는 모든 징후를 일소하겠다고 날뛰었고, 나치 연사들을 집회에 초청하기도 했다. 이들이 1933년 5월 베를린대학 분서 사건을 일으킨 장본인이었다. 그날 헤겔의 옛 연구실에서 멀지 않은 오페라 광장[베벨 광장]에서 수만 권의 책이 불에 탔다. 히르슈만이 베를린대학에 있는 동안 '공부'

를 얼마나 했는지는 분명치 않다. 그가 있었던 기간은 매우 짧았는데, 1932년에서 1933년 사이 겨울의 한 학기 동안 법학부 산하 '정치학 및 통계학과'를 다닌 게 전부였다. 베를린대학이 법학, 인문학, 자연과학으로 더 유명했던 것으로 볼 때 잘 알려진 학과는 아니었을 것이다. 그래도 히르슈만이 공부를 하지 않은 것은 아니었다. 그가 수강한 과목은 '정치학 개론' 과정에 속한 것들로, 고전 정치경제학 위주였다. 그의 발표와 논문은 좋은 평가를 받았다. 논문으로 다룬 주제는 〈마르크스를 통한 스미스의 화폐와 자본 이론 비판〉 〈리카도 노동가치설의 범위와 한계〉 등이었다. 이외에는 베를린대학 시절 히르슈만의 학업에 대해서 알려진 것이 별로 없다. 아마도 고전 정치경제학 책들을 읽었을 것이고 SAJ 공부모임에서 소책자들도 읽었을 것이다.[24]

그가 대학에서 어떤 공부를 시작했든 간에 그 공부는 바이마르공화국의 몰락으로 중단되었다. 바이마르공화국을 묶어 놓았던 기저의 타협은 그냥 무너진 것이 아니었다. 그것은 사람들에 의해 파괴되었다. 바이마르공화국을 애초부터 믿지 않았던 사람들, 그리고 믿었다가 그 믿음을 잃게 된 사람들이 바이마르공화국을 무너뜨렸다. 그리고 히르슈만 가족은 둘 중 어느 쪽에도 속할 수 없었다.

또한 히르슈만 가족은 다가오는 파국을 예견하지도 못했다. 당시 사람들에게 제3제국(나치 제국)의 등장이 얼마나 예측가능한 일이었는가에 대해서는 역사학계에 논란이 있다. 히틀러가 승리한 데는 임박한 위험을 무시하면서 속수무책으로 있었던 민주 정치 세력들의 무능도 한 요인이었지만, 히틀러 자신의 정치적 수완도 큰 역할을 했다고 보는 것이 오늘날 역사학계의 정설이다. 어쨌든 분명한 것은 당시에 정치와 경제의 위기를 설명하는 이론은 많이 있었지만 그 이후에 겪게 될 잔혹성을 예견한 이론은 거의 없었다는 사실이다. 극단적인 세력들이 선거에서 점점 더 많은 표를 획득했고 공산당이 사회민주당 지지층을 잠식했다. 선거는 점점 더 정치적 동원으로 치러지는 혼란스러운 일이 되었다. 선거를 통해 당면한 문제들을 해결할 수 있는 가능성은 점차 약해졌고 옛 질서가 고쳐서는 해결될 수 없을 지경으로 손상되었다는 인식이 점점 강해졌다. 히르슈만이 김나지움 졸업반이던 1932년에 독일에는 두 번의 의원선거, 대통령선거와 대통령 결선투표, 그리고 수없이 많은 지방선거가 있었고, 세 명의 총리가 집권했다 물러났다. 히르슈만이 김나지움을 졸업하고 급진운동과 좌파 이론 공부에 시간을 더 많이 낼 수 있게 되었던 그해 7월에 나치는 37퍼센트를 득표하고 230명의 의원을 당선시켜 다수당이 되었다. 민주주의를 지키려던 사람들에게 이는 믿기 어려운 타격이었다. 이 선거는 사회주의자들 사이에서 분열을 심화시켰고 계엄 통치에 대한 저항을 위축시켰다.

오토 알베르트를 정치 활동에 나서게 만든 일련의 상황들 속에서, 히르슈만 가족은 점점 심해지는 극우 세력의 불관용적 태도를 헤쳐나가야 했다. 동화된 유대인으로서 바이마르공화국의 다원주의에 대해 가지고 있던 신념을 어떻게든 지키려고 노력하지 않은 것은 아니었다. 히틀러의 반동적 이데올로기는 그가 새로이 만들어낸 것이 아니라 사실 그 이전부터도 뿌리가 깊었지만, 신문을 읽고 지인들과 정치 이야기를 나누면서 히르슈만 가족은 나치의 선거 승리가 일시적인 현상일 것이라고 생각했다. 모든 일이 너무 빠르게 벌어지고 있었다. 가정이라는 성소에서 보면 나치는 조롱거리로 삼기에 딱 좋았다. 뚱뚱한 헤르만 괴링이 훈장을 주렁주렁 달고 있는 모습은 '땅딸보'라고 놀림을 받았다. 구린 데가 있어 보이고 성생활이 난잡한 내반족 요제프 괴벨스는 단골 조롱거리였다. 모든 것이 곧 지나갈 것이라는 희망은 1933년 1월 이후로 더욱 간절해졌다.[25]

한편 막후에서 벌어지고 있던 우파 세력의 정치 정략과 가식이 드러나면서 독일이 개혁적인 공화국에 대한 증오를 억누르고 관용적이고 차별 없는 사회가 될 수 있을 것인가에 대해 끊임없이 일었던 의구심이 전면으로 떠올랐다. 사회주의자들은 사건이 진행되는 속도와 보수주의자들이 바이마르의 가치를 냅다 내다버리는 것에 놀라 속수무책의 마비 상태가 되었다. 공산주의자들은 이런 일들이 자본주의가 구조적으로 가진 독재적 속성을 보여주는 것일 뿐이라며 필요한 것은 노동자 혁명이라고 주장했다.

1월 30일, 파울 폰 힌덴부르크(1차대전의 전쟁 영웅으로, 대통령이었지만 바이마르 헌법에 대한 그의 헌신은 거의 명목상의 헌신일 뿐이었다)는 히틀러와 함께 새로운 보수 내각을 구성하고 히틀러를 총리로 임명했다. 이 연정에 속한 정파들은 서로를 경멸했지만 바이마르를 무너뜨리겠다는 목표만큼은 완전히 일치했다. 히틀러는 본부로 돌아와서 눈물이 그렁그렁한 채로 괴벨스에게 이렇게 말했다고 한다. "우리의 길이 열렸어." 바이마르의 붕괴가 가속화되자 젊은 급진주의자로서 할 일을 찾으려던 오토 알베르트의 노력에는 혼란만 더해졌다. 히틀러가 총리가 된다는 소식에 깜짝 놀란 오토 알베르트는 외삼촌의 낡은 초록색 양복을 입고 자전거에 올라 비가 오는 베를린 밤길을 달려 나갔다. 그는 바이마르공화국을 지키기 위해 무엇을 해야 할지 좌파 정당들이 알려주기를 절박하게 기대하면서 사회민주당과 공산당의 당사가 있는 건물까지 내달렸다. 총파업이 있을까? 사회민주당이 '용인' 전술을 포기할까?

오토 알베르트는 공산당 당사 건물인 카를 리프크네히트 하우스에서 우르줄라를 만났다. 그리고 자전거에 기댄 채 불이 환하게 밝혀진 건물 꼭대기층을 바라보았다. 그곳에서 중앙위원회가 열리는 중이었다. 훗날 우르줄라는 동생의 표정을 이렇게 회상했다. "무엇을 해야 할지 알 수 있기를 바라는 간절한 마음으로 그는 육중한 건물을 올려다보았다. 나도 거기 있었다. 그 순간 나는 세상 누구보다도 OA를 사랑했다. 나는 OA가 나보다 상황의 심각성을 훨씬 깊이 느끼고 있다는 것을, 그리고 그가 고통스러워하고 있다는 것을 알 수 있었다."[26]

다음에 무엇을 해야 할지 알 수 있게 되기는커녕 이들이 본 것은 충격과 마비였다. 그렇게 으스대던 '붉은 베를린'은 종이호랑이에 불과했다. 그날 밤 돌이킬 수 없는 역사의 한 장이 넘어갔다. 횃불을 든 사람들의 거대한 무리가 베를린 거리를 누비며 승리를 기념하는 파시스트 집회를 열었고, 나치 구호가 여기저기서 터져나왔다. 갈색 제복을 입은 '슈투름압타일룽SA(돌격대)'과 검은 제복을 입은 '슈츠슈타펠SS(친위대)'이 티어가르텐 공원 중심을 관통해 '브란덴부르크 문'을 거쳐 라이히스타크[의사당]에 도착했고, 라이히스타크 발코니에서 히틀러가 환호하는 지지자들에게 화답했다.

힌덴부르크가 히틀러에게 연정을 제안했을 때 많은 사람들이 이들의 집권이 1년을 넘기지 못할 것이라고 생각했다. 하지만 역사의 전개라는 것이 그렇듯이 현실은 그들의 바람대로 흘러가지 않았다. 히틀러의 정치적 수완은 이 연정이 일반적인 경로[즉 연합 세력이 다시 분열되어 연정이 깨지는 경로]를 가지 않게 만들었다. 나치당은 그저 권력을 나눠먹기 위해 여기에 붙은 무능한 보수 세력들과는 완전히 종류가 달랐다(오늘날 되돌아보는 입장에서야 너무나 분명해 보이지만, 당시 사람들은 잘 알 수 없었을 것이다). 나치는 신문 지면을 도배했고, 나치 도당은 거리를 활보하며 반대 집회를 폭력적으로 해산시켰다. 카를과 헤트비히는 밤마다 오토 알베르트와 우르줄라의 안전을 걱정하며 마음을 졸였다.

사회주의자들은 2월 27일 슈포르트팔라스트에서 대규모 집회를 열기로 했다. 최대 규모의 집회였지만 마지막 집회이기도 했다. 오토 알베르트와 우르줄라는 그 집회에 참석해 사회주의 운동 진영의 분열만 목격했다. 기다릴 것이냐, 지금 맞설 것이냐? 새 정부가 저절로 내파하기를 기다릴 것이냐, 정부를 무너뜨릴 것이냐? 위협이 지나가기를 기다릴 것이냐, 무장 봉기를 할 것이냐? 사회민주당 지도부는 이전의 입장을 고수하면서 히틀러는 선동꾼에 불과하고 곧 실패할 수밖에 없을 것이라고 주장했다. 급진파들은 이런 견해가 말이 안 된다고 비판하면서 자리를 박차고 일어났다. 그들은 행동에 나서야 할 때라고 주장했다. 낙담한 채로 회의장에서 나온 사람들은 수많은 경찰과 나치 친위대에 맞닥뜨렸다. 이미 시간은 저녁 때였다. 오토 알베르트와 우르줄라, 그리고 친구들은 집으로 발길을 돌렸다.

그런데 거리에서 큰 외침이 들려오더니 군중이 밀치고 소리를 질렀다. 베를린의 지붕 위 밤하늘로 알 수 없는 불길이 치솟았다. 오토 알베르트는 진홍색 지평선 위로 연기가 피어오르는 것을 보았다. 화염이 솟아올라 말을 탄 경찰관들의 어두운 실루엣을 만들고 있었다.[27] 이어서 소문이 들려왔다. 의사당이 불타고 있다! 훗날 허시먼은 "의사당에 불이 난 뒤 모든 것이 완전히 바뀌었다"며 "그 화재는 완전히 새로운 정치적 공포의 시작이었다"고 회상했다.[28] 다음 날 히틀러는 공산당이 저지른 방화와 소요 사태 운운하며 긴급조치를 내리고 제국의 안정을 위협하는 자는 누구든 기본권을 제한당하고 엄중한 처벌을 받을 것이라고 공표했다. 4000명의 돌격대가 도시 곳곳에 퍼져서 사람들을 체포했다. 곧 모든 반대 정당의 활동과 집회가 금지되었고 좌파 신문사는 문을 닫았다. 하룻밤 사이에 오토 알베르트의 세계이던 정치 문화와 정치 제도를 모조리 파괴하는 쪽으로 모든 것이 재정비되었다. 정치판의 규칙이 이토록 급격히 달라지자 오토 알베르트와 친구들은 큰 혼란에 빠졌다. '이론적으로' 무엇을 얼마나 많이 읽고 공부했든 간에 상황은 혼란스럽기만 했다.

사회주의자들은 마지막 저항을 준비했다. [의사당 방화 이후] 공산당은 탄압을 받아 의회에서 쫓겨나 있었고 가톨릭 정당은 히틀러에게 잘 보이려 하고 있었으므로, 나치 독재를 막는 일은 사회민주당에 달려 있었다. 히틀러는 4년간 아무런 헌법적 제약 없이 통치할 수 있는 법안을 발의했다. 의원의 3분의 2가 찬성하면 통과였다. 사회민주당 활동가들은 집에서, 노조 회관에서, 대학에서 모임을 열고서 언론과 집회가 금지된 상황에서 어떻게 해야 더 많은 사람들에게 메시지를 전할 수 있을지 고민했다. 전단지를 복사해서 뿌리는 것이 가장 좋은 방법 같았는데, 문제는 복사기를 어디에 둘 것이냐였다. 히르슈만이 속해 있던 SAJ는 베를린에 와 있던 이탈리아 철학도 에우제니오 콜로르니에게서 해결책을 찾았다. 그는 저명한 라이프니츠 연구가 에리히 아우어바흐의 지도하에 마르부르크대학에서 라이프니츠에 대한 논문을 준비하고 있었고 그 연구차 베를린에 머물고 있었다. 그는 전에 베를린대학 도서관에서 우르줄라를 본 적이 있었는데, 매력적인 우르줄라를 기억하고 있었다. 우르줄라와 알베르트는 용기를 내어 콜로르니를 찾아가 그가 묵고 있는 샬로텐부르크 호스텔 객실에 복사기를 놓게 해 달라고 부탁했다. 외국인이므로 나치의 의심을 피할 수 있을 것이라고 생각한 것이다. 이렇게 해서, 허시먼의 사상과 연구에 결정적인 영향을 미치게 되는 콜로르니와의 만남이 시작되었다. 하지만 그것은 조금 더 나중의 일이고, 지금 히틀러의 새 정권이 정치제도를 재정비하던 마지막 몇 주 동안 콜로르니의 객실은 "반파시스트 활동과 인쇄물 제작의 중추" 노릇을 했다.[29]

급진파 사회주의 활동가들은 새 법안에 반대하기 위해 나서자고

앨버트 허시먼

촉구하는 전단지를 가방 가득 넣고 거리로 나가 뿌렸다. 오토 알베르트도 가담했다. 안전을 위해 소규모로 팀을 이루어 아파트 꼭대기부터 한 층 한 층 내려오면서 집집마다 전단지를 돌리고 중간에 만나는 사람들에게도 나눠 주었다. 위에서부터 내려오는 것이 경찰이나 나치 돌격대에게 들켰을 때 도망치기가 더 쉬웠다. 첩자가 있을지도 모르고 급습을 당할지도 모른다는 생각에 극심한 두려움을 느끼면서도 히르슈만과 동료들은 의회에서 사회민주당 의원들이 용기있게 반대표를 던져 법안을 무산시킬 수 있도록 열심히 돌아다녔다. 3월 23일 크롤 오페라극장에서 의회가 열렸다. 나치 돌격대원들이 밖에서 진을 치고 사회주의자 의원들이 들어가지 못하게 협박했다. 경찰이 일부 의원을 체포하기까지 했다. 한 명은 두들겨맞았고 다른 의원들은 여차하면 도망칠 수 있게 소지품을 챙겼다. 그날 밤 448명이 히틀러의 법안에 찬성했다. 나치 돌격대가 위협적으로 돌아다니는 상황이었다고는 하지만, 일어서서 반대표를 던진 사회주의자 의원은 겨우 94명이었다.[30]

불과 몇 주 사이에 혼란은 공포로 바뀌었다. 이제 법안의 통과로 '합법성'까지 손에 넣은 나치는 반대파를 대대적으로 숙청했다. 체포가 줄을 이었다. 구금된 사람이 너무 많아서 정부는 베를린에서 35킬로미터 떨어진 오라니엔부르크에 첫 수용소를 지었다. 나치는 베르톨트 브레히트의 주소록을 압수해서 체포망을 넓히는 데 사용했다. 오토 알베르트의 조정팀 동료이자 급우이며 첫사랑의 오빠였던 페터 프랑크도 체포되었다. 그의 주소록도 압수되었고 이어서 페터의 친구와 지인들도 한 명씩 체포되었다. 오토 알베르트 주변의 모든 것이 달라지고 있었다.

한편 카를은 상황이 훨씬 더 나빠질 것이라고 느꼈다. 그의 친구들 중에 절박한 위험에 처한 사람들이 있었던 것이다. 그중 한 명이 르네 쿠친스키였다. 인구통계학자인 그는 열렬한 평화주의자였는데, 그의 이름이 나치 돌격대 목록에 올라 돌격대가 그의 집을 급습했다. 붙잡은 사람들과 압류한 재산을 누가 챙길 것이냐를 놓고 경찰과 돌격대가 싸우다가 그냥 돌아간 덕분에 그날은 무사했다. 그러나 쿠친스키는 공포에 질렸다. 3월 초에 카를은 그에게 숨을 곳을 마련해 주었다. 정신병원이라서 경찰이나 나치 돌격대가 의심스러운 사람을 찾으러 들이닥칠 만한 곳은 아니었다. 카를은 쿠친스키가 그곳에 숨어 있다가 영국으로 탈출할 수 있게 주선했다. 쿠친스키는 성공적으로 탈출해 런던정경대학에서 인구통계학을 가르치게 된다.[31] 카를은 이 사실을 아무에게도 알리지 않았다. 허시먼은 50년이 지난 뒤에야 베를린을 방문해 쿠친스키의 아들 위르겐에게 이 이야기를 듣게 된다. 이때 위르겐은 게르트루드 시몬이 찍은 카를의 사진 원본을 허시먼에게 돌려주었다. 반세기 동안 이 사진은 은인에 대한 감사의 표시로 쿠친스키의 집 거실에 걸려 있었다.[32]

카를에게는 비밀이 하나 더 있었다. 암에 걸린 것이다. 1월에 그의 건강이 눈에 띄게 나빠지자 아이들에게 종양이 있다고 알려주었다. 카를은 자신의 엑스레이 사진을 가지고 와서 아이들에게 상황을 설명했다. 아이들은 잠시 어리둥절해하다가 슬픔에 빠졌다. 쿠친스키

를 숨겨 주고 얼마 뒤인 3월 20일경에 카를은 종양 제거 수술을 받
았다. 하지만 이미 전이가 많이 된 상태였다. 카를은 그 뒤로 열흘밖
에 더 살지 못했다. 헤다는 아이들이 아버지 모습을 보지 못하게 했
다. 부패가 너무 빠르게 진행되어서 아이들이 아버지를 그런 모습으
로 기억하게 하고 싶지 않았다. 헤다는 "내가 그를 기억해야 해, 내
가 기억해야 해"라고 중얼거리며 호엔촐레른 거리의 집을 망연히 돌
아다녔다.[33] 카를의 친구와 지인(대부분 의사였다)이 번갈아 병상을
지켰다. 카를은 1933년 3월 31일 샬로텐부르크 병원에서 숨을 거두
었다. 다음 날, 정부가 승인한 폭력이 처음으로 베를린을 휩쓸어 유
대인이 소유한 매장들이 약탈당하고 불에 탔다.

친척, 친구, 동료 의사들이 장례식에 참석해 모두 그를 기억하는
추도사를 낭독했다. 가장 친한 친구 울리히 프리데만의 추도사가 가
장 길었다. 열세 살 에바는 관에 화환이 놓이자 슬픔을 이기지 못했
다. 카를의 시신은 헤어슈트라세 묘지에 안장되었다. 종교색이 없는
묘지인데, 나중에 나치는 이곳에 유대인이 많이 안장되었다는 것을
알고 1936년 베를린 올림픽 전에 이곳을 쓸어버린다. 장례식을 마치
고 식구들은 호엔촐레른 거리의 집으로 돌아왔다. 이제 가까운 친척
과 친구만 남아 있었다. 헤트비히는 슬픔이 복받쳐 흐느꼈고 사람들
은 위로를 건넸다. 대조적으로 오토 알베르트는 차분했다. 아이들 세
명은 복도 아래쪽 뒷방에 들어가 함께 울고 몇 마디 이야기를 나누었
다. 저녁이 되자 오토 알베르트가 방에서 나오더니 파리로 가겠다고
했다. 가뜩이나 슬픔에 빠져 있던 식구들은 오토 알베르트의 조용하

면서도 단호한 선언에 망연자실했다. 그래도 다들 그가 곧 돌아올 것이라고 생각했다. 열여덟 살 생일을 닷새 앞둔 4월 2일, 오토 알베르트는 베를린을 떠났다. 그의 베를린 생활은 이것이 마지막이었다. 허시먼은 1979년에야 여행자로서 베를린 땅을 다시 밟게 된다.[34]

오토 알베르트는 선택을 놓고 고민을 많이 했을 것이다. 아버지의 죽음이 임박한 상황에서 페터 프랑크가 체포되자 그도 지하로 숨어야 했다. 그때쯤에는 체포된 사람의 주소록이 의심분자 목록으로 사용된다는 것을 다들 알고 있었다. 정부가 대학에서 유대인 학생을 쫓아내려 한다는 소문이 돌더니 4월 1일 정말로 이것이 법으로 공포되었다. 유대인은 법조계에 진출할 수 없다는 소문이 돌더니 일주일 뒤에 정말로 그 같은 조치가 내려졌다. 법학과 교수들은 유대인 학생들을 내보내야 했다. 훗날 허시민은 베를린에서의 마지믹 나닐들을 회상하면서 반파시스트 운동이 '칙령에 의해' 모두 멈추게 되었다며 고개를 절레절레 흔들었다. 나치가 이겼다. 체제 안에서 싸우는 것('발언')은 적어도 그때는 무용했을 뿐 아니라 죽음을 자초하는 일이었다. 새로운 전망을 향해 문을 여는 것('이탈')이 필요한 시점이었다.[35] "우리 중 떠나기로 선택한 사람들은 나치 정권이 곧 스스로의 목을 부러뜨리게 될 것이라는 희망을 가지고 베를린을 떠났습니다. … 어찌어찌해서든 독일 사회의 어떤 분파가 나치 정권이 뿌리내리는 것을 막아 줄 것이라고 기대했어요."[36] 먼 훗날 허시먼은 미국의 다큐멘터리 감독에게 이렇게 말했다.

베를린에서 도망치기로 한 것은 또다른 고통의 원천을 피하기 위한 방법이었는지도 모른다. 허시먼은 거의 평생 동안 베를린에서의 마지막 몇 개월에 대해 이야기하지 않으려 했고 상처와 상실의 경험을 침묵 속에 묻어 두고자 했기 때문에 우리로서는 확실히 알 수 없다. 하지만 그의 슬픔, 그리고 그 슬픔에서 의미를 끌어내 보고자 한 그의 노력을 엿볼 수 있는 드문 흔적을 아버지의 장례식 1년 뒤 파리에서 어머니에게 보낸 편지에서 볼 수 있다. "달력을 보니 1년이 지났네요. 안 그랬으면 한 달인지 3년인지 몰랐을 거예요. 여기에서 새로운 것을 많이 배우며 잘 지내고 있어요. 하지만 다른 한편으로는 우리가 고통스럽게 겪은 모든 일이 저항할 수 없이 가깝고 생생하게 느껴집니다." 어딘가 다른 곳에서 서둘러 새로움을 받아들이려던 결정은 과거의 슬픔을 지우는 데 그리 성공적이지 못했다. 젊은 망명자는 새로운 도전들로 과거의 슬픔을 밀어냈지만, 그렇다고 그 슬픔이 사라지지는 않았다. "[아버지의 죽음은] 제 삶에서 처음 겪어 본 커다란 고통이었어요. 하지만 이 고통을 깊이 생각해 볼 시간이 없었어요. 사흘 뒤에는 파리에 적응하는 일이 제 머릿속을 가득 채웠기 때문이에요. 하지만 조용히 있는 시간이면 그 고통은 어김없이 다시 찾아옵니다."[37] 이후로도 평생 동안 [아버지의 기일이 가까운] 부활절 무렵의 조용한 시간이면 아버지를 잃은 슬픔이 떠올랐다. 아버지의 죽음은 1930년대에 대한 허시먼의 기억을 채우게 될 일련의 상실의 시작이었다.

한편 이렇게 거리를 두고 회상을 하면서, 이제 자신의 길을 가기 시작한 청년 오토 알베르트는 아버지의 삶에서 유의미한 부분을 새로이 발견할 수 있었다. 1933년 9월 8일, 살아 있었다면 카를의 쉰 네 번째 생일이 되기 하루 전날 열여덟 살의 아들은 그답지 않게 슬픔이 가득 담긴 편지를 어머니에게 보냈다. 그러나 어머니의 기운을 북돋기 위해 좋았던 기억을 상기시키는 내용도 잊지 않았다. "아버지를 떠올릴 때면 책상에서 동료와 과학 토론에 열중하시던 모습이 자동으로 떠올라요. 하얀 수술복 차림으로 진료실에 계시던 모습도요. 이런 아버지를 저는 가장 존경하고 존중하고 사랑합니다." 단지 직업적으로 성공한 것에 대한 존중이 아니었다. "아버지의 태도에서 정말로 훌륭한 점은 언제나 아버지 자신보다 일을 우선시하셨다는 거예요. 이것은 정말로 너무나 소중하고 아버지만의 고유한 점이라고 생각합니다." 카를과 카를이 속한 계층에게 바이마르 체제가 정당성을 가진 것은 '빌둥'의 가치 때문이었고, 이들은 자녀에게도 빌둥의 가치를 불어넣어 주려고 했다. 십대의 히르슈만은 그 가치를 지키면서 진보적 개혁주의자들 사이에 전염병처럼 퍼지던 절망을 꺾기 위해 노력했다.

하지만 좋은 기억으로 기운을 북돋우려는 노력은 또다른 기억으로 수그러들었다. 카를이 외과 과장이 되지 못한 것은 여전히 고통스러운 기억이었다. "아버지가 외과 과장에 지원한 것은 그 일을 누구보다 잘 하리라는 걸 아셨기 때문일 거예요. 모든 면에서 아버지도 다른 사람들도 그렇게 판단할 수밖에 없었을 테니까요." 오토 알베르트는 편지 여백에 이렇게 덧붙여 썼다. "누군가가 자신의 성취로 평가되지 못하고 사회적 낙인으로 평가된다는 것이 일으키는 스트레스를 그때 이미 심하게 느끼고 계셨을 텐데, 지금의 체제에 계셨더라면 얼마나 더 힘드셨을까요?" 자신을 위해 일을 하는 것이 아니라 일[소명]을 위해 살아가는 '인간적인 이상'을 추구한 것이야말로 카를이 아들에게 가장 깊이 남겨 준 의미였다. "[아버지에게] 일은 그 자체로 목적이었어요. 그렇게 일을 통해 자아를 창조하는 것은 옳고, 보람 있고, 합리적이고, 고상한 정신이라고 생각합니다. 그것에서부터 모든 인간 행동이 뿜어져 나오지요. 이러한 '에고$_{ego}$'의 저항이 제가 기억하는 아버지이고, 아버지는 이런 식으로 제게 살아 있어요."

향수병과 나르시시스트적인 퇴행을 막아 주는 방법이 여기에 있었다. 일을 통해, 자아 향상을 통해, 그리고 절망에 저항하는 것을 통해. 응답하지 않는 신과 무너진 희망과 자포자기의 시대에서도 젊은 오토 알베르트는 아버지의 죽음을 아버지와 강제로 분리되는 상실로 경험하지 않았고, 본보기로서의 아버지와 계속해서 유대를 느낄 수 있었다. 카를은 햄릿을 괴롭힌 아버지의 유령과 달리 자신의 죽음에 대해 복수심을 일으키는 아버지가 아니었다. 그러나 햄릿에게 그랬던 것처럼, '산 자에게 계속 살아남아 있는 카를의 영혼'은 산 자인 아들이 창조한 것이었고. 우리는 허시먼의 인생에서 비극의 기억을 떨치지 못하는 아들의 모습을 때때로 보게 된다. 하지만 지금 이 편지에서 우리는 뒤가 아니라 앞을 보고 슬픔이 아니라 위안을 발견하는 사람을 볼 수 있다. 처참하게 망가진 베를린을 넘어 새로운 세계로 발을 내딛는 이 젊은이에게서 말이다.[38]

3장

'프티 이데'
: 추상적 이론에서 관찰적 실천으로
(1933~35)

이 세계로 도망쳐 들어와 은신처를 찾지 않는다면
어떻게 이 세계에서 즐거움을 얻을 수 있겠는가?
—프란츠 카프카

히틀러가 총리가 되고 며칠 뒤, 히르슈만의 옛 프랑스어 가정교사가 파리에서 편지를 보내왔다. "프랑스로 오고 싶으면 주저 말고 연락해. 우리와 지내면 되니까." 기차가 파리역으로 들어갈 때, 히르슈만은 잘 찾아갈 수 있을까 긴장한 채로 그 주소를 가지고 있었다. 도착해 보니 놀랍게도 이 집 사람들은 프랑스어를 쓰는 사람들이 아니었다. 그들도 망명자였던 것이다. 그들은 [그리스 동북부] 살로니카 출신으로, 라디노어[발칸반도, 북아프리카, 지중해 등지의 세파르디 유대인이 사용하던 언어]를 쓰는 유대인이었고, 발칸반도의 불관용적인 분위기를 너무나 잘 알고 있는 사람들이었다. 파리는 유럽 각지에서 압제를 피해 온 망명자들의 은신처였고, 이들도 그렇게 파리로 오게 된 사람들이었다. 라디노어를 쓰는 사람들의 집에 도착하면서 히르슈만은 국가 없는 사람들의 세계로 들어서게 되었다.[1]

아무런 대책도 없이 파리에 온 것은 아니었다. 다른 망명자들도 그랬듯이 히르슈만도 파리에 연락해 볼 만한 사람들이 있었다. 그는 전에 베를린 '프랑스 메종 아카데미' 소장 앙리 주르당을 프랑스 김나지움에서 만난 적이 있었는데, 주르당이 옛 친구인 파스칼 뒤퓌와 모니크 뒤퓌 부부의 연락처를 알려 주었다. 뒤퓌 부부는 프랑스 제3공화국의 혈통 좋은 가문 출신이었다. 모니크의 아버지는 상원의원과 모로코 총독을 지낸 고위 공직자였고, 파스칼의 아버지는 석탄업계 거부이며 고등사범학교École normale superieur 이사였다. 파리에 도착한 히르슈만은 뒤퓌 부부의 집에 메시지를 남겼고, 뒤퓌 부부는 이 독일 젊은이를 메디치 거리에 있는 자신들의 집으로 초대했다. 뤽상부르 공원이 내려다보이는 화려한 아파트였다. 뒤퓌 부부가 두 아들에게 독일어를 가르치는 가정교사 일을 제안한 것을 보면 히르슈만이 이들에게 좋은 인상을 주었음이 틀림없다. 히르슈만은 열한 살 미셸과 열세 살 자크에게 독일어를 가르치고 앞으로 어떻게 해야할지 생각하면서, 그리고 나치의 폭풍이 지나가기를 바라면서 그해 봄을 보냈다.

뒤퓌 부부는 히르슈만이 마음에 쏙 들었던지 노르망디 생토뱅 쉬르메르 해변의 별장에서 여름 휴가를 같이 보내자고 했다. 달리 갈 곳이 없던 히르슈만은 기꺼이 따라갔다. 해변에서의 여름은 어린 시절의 가족 여행을 떠올리게 했을 것이다. 이곳에서 만난 다른 사람들과도 친해졌는데, 특히 뒤퓌 가족의 별장 옆집의 카부아 씨 가족과 잘 지냈다. 님Nimes에서 온 사람들로, 그들 역시 개신교였다. 카부아 씨네 아들 장피에르도 함께 어울렸다. 아이들에게 독일어를 가르치고, 테니스를 치고, 바다 수영을 하고, 노르망디 해변을 걸으며 시간을 보내다 보니, 베를린의 위험은 아주 멀게 느껴졌다.[2]

하지만 머릿속에서 떨칠 수는 없었다. 7월 중순경 베를린에서 전보가 하나 왔다. 누나도 베를린을 떠나 파리로 오고 있다는 내용이었다. 뒤퀴 가족에게 상황을 설명했더니 그들은 우르줄라도 함께 있어도 좋다고 했다. 우르줄라는 남자친구 에른스트 야블론스키와 함께 베를린을 탈출했지만 며칠간 그를 파리에 두고 남동생을 만나러 혼자 노르망디로 왔다. 오토 알베르트는 베를린 소식이 궁금해 죽을 지경이었다. 폭풍은 지나갔나? 돌아가도 될까? 우르줄라가 전하는 소식은 좋지 않았다. 페터 프랑크가 체포된 뒤 사람들이 더 잡혀 갔다. 좌파 활동을 하던 많은 친구들이 잠적하거나 도망을 가거나 체포되었다. 경찰이 호엔촐레른 거리의 집에 들이닥쳐 헤트비히에게 오토 알베르트와 우르줄라가 있는 곳을 대라고 몰아세운 적도 있었다. 헤트비히는 우르줄라와 알베르트에게 다른 말이 없으면 둘 다 절대로 베를린으로 돌아오지 말라고 신신당부했다.[3] 오토 알베르트와 우르줄라는 사흘 내내 이야기를 하고 또 하면서, 몇 달간의 근황을 주고받고 미래의 선택지에 대해 고민했다. 노르망디에서 이때 찍은 남매의 사진을 보면 이 두 망명자의 너무나 젊은 모습에 새삼 놀라게 된다.

히르슈만의 미래는 히틀러의 '좌파' 탄압에만 관련된 것이 아니었다. 그전까지 유대교나 그 밖의 유대적 전통과 딱히 관련이 없던 히

■ 노르망디에서의 오토 알베르트와 우르줄라. 1933년 초여름.

르슈만은 히틀러의 칙령으로 갑자기 '유대인'이 되었고, 그 때문에 베를린대학으로는 돌아가고 싶어도 갈 수가 없었다. 60년 뒤 이른바 '정체성 정치identity politics'가 유행했을 때 허시먼은 자비네 오페에게 이렇게 농담했다. "내가 젊었을 때는 정체성identity[신분]은 문제가 아니었어. 신분증identity paper이 문제였지."

여름이 지나고 노르망디에서 파리로 돌아온 오토 알베르트는 우르줄라, 에른스트와 함께 파리 15구역에 있는 아파트에 거처를 마련했다. 많은 독일 망명자들이 첫 정착지로 삼는 곳이었다. 이 '집단숙소'에는 늘 새로 온 손님들이 있었는데, 대개 독일인이었고 이들이 독일의 정치 상황과 관련된 최근 소식을 전해 주었다. 환영받지 못한 손님도 있었으니 바퀴벌레와 빈대였다. 오토 알베르트는 벌레가 너무 끔찍해서 침대 다리를 경유를 담은 그릇에 담가두는 방식을 고안했다. 화재의 위험이 있었지만 벌레는 어느 정도 막을 수 있었다.

많은 망명자들과 마찬가지로 에른스트는 급진 공산주의자였고, 독일에서 봉기가 일어나기를 날마다 고대했다. 봉기가 일어나면 곧바로 돌아가서 용맹한 투쟁에 합류할 작정이었다. 하지만 [공산당원인] 우르줄라마저 남자친구가 빠져 있는 공산주의 도그마에서 한계와 헛된 희망을 볼 수 있었다. 사랑과 역사적 유물론의 결합이 발휘한 희한한 매력은 곧 사라졌고 둘은 헤어졌다. 오토 알베르트는 에른스트의 강성 노선 때문에 그와 대화하는 것이 안 그래도 꺼려졌던 터라 둘이 헤어진 것이 기뻤다. 이렇게 해서 누추한 아파트에 오토 알베르트와 우르줄라 남매만 남게 되었고 그들은 더 가까워졌다.

남매는 활동가로서의 유대감뿐 아니라 부모에 대한 실망도 공유하고 있었다. 물론 차이점도 있었다. 우르줄라는 공산당원이었지만 오토 알베르트는 공산당을 "파시즘에 맞서기 위해 마지못해 연대할 필요가 있는 상대" 이상으로는 생각하지 않았다. 우르줄라가 공산당에 가입했다고 해서 둘의 '아름다운 우애'에 금이 가지는 않았다. 허시먼은 나중에 이렇게 회상했다. "누나와는 비밀이 없었습니다. 있었다 해도 거의 없었어요. 내 여자 문제이든 누나가 마음을 둔 남자 이야기이든 우리는 걱정거리를 모두 이야기했습니다."[4]

한편 히르슈만은 모호하게나마 앞날에 대한 계획이 있었다. 처음 몇 달은 언제쯤 베를린으로 돌아갈 수 있을까 고대하며 보냈지만, 파리에서 다음 단계를 찾기로 결심하는 데는 그리 오래 걸리지 않았다. 꽤 일찍부터 히르슈만은 프랑스에 제법 오래 미물 직징을 하고 있었던 것 같다. 암울한 겨울이 또 한 번 지나고 이듬해 초에 히르슈만은 전 여자친구 잉게 프랑크(페터의 여동생)에게 작별 인사도 없이 베를린을 떠난 것과 아직까지 편지를 보내지 못한 것을 사과하는 편지를 썼다. 그러자 잉게가 답장을 보내왔다. "내 생각에는 앞으로도 네가 늘 시간에 쫓기듯이 살 것 같아."[5] 마치 예언처럼, 정말로 이후 몇 년 동안 히르슈만의 선택에는 초조하고 불안해하는 면이 있었다. 베를린으로 돌아가고 싶은 생각은 옅어지고 있었지만 그렇다고 딱히 가고 싶은 곳이 분명하게 있는 것도 아니었다. 히르슈만은 고향으로 돌아가기 위해 분투하는 오디세우스도 아니었지만 모든 것을 아예 새로 시작하고 싶어하는 이주자도 아니었다. '떠돌아다니는' 성향이 있었다고 보는 것이 가장 적절할 것이다. 이런 성향은 그가 전에 물려받은 사고방식들에서 점차 거리를 두게 하는 효과를 낳았다.

1933년에 히르슈만이 본 파리는 몇 년 전의 베를린과 비슷한 면이 있었다. 1920년대에 구가했던 호황은 대공황이 쓸어갔다. 프랑스는 독일보다 불황이 좀 덜 가팔랐지만 좀더 늦게 왔기 때문에 독일, 영국, 미국이 회복의 징후를 보이기 시작한 1933년에서야 심각하게 불황을 겪기 시작했다. 기업이 파산하고 공장이 문을 닫았으며, 보호무역을 주장하는 목소리가 높아졌다. 1935년경에는 노동자 6명중 1명이 실업자였고, 임금은 크게 낮아졌다. 모든 곳에서 사람들이 허리띠를 졸라맸고 전보다 더 적은 소비를 하며 살아갔다. 더 적은 식품, 더 적은 석탄, 더 적은 모든 것. 1934년 초에 미쇼디에르 극장에서 에두아르 부르데의 〈어려운 시절〉이 상연되었는데, 무대만큼이나 공장 폐쇄가 중요한 배경이었다. 이런 상황이었으니 히르슈만이 안정적이고 전망 있는 일자리를 구할 수 있는 가능성은 없었다. 뒤퓌 집안 아이들에게 독일어를 가르치는 것 외에 무언가 다른 할일을 찾아야 했다.[6]

당장 일자리를 찾을 수 없는 것이 히르슈만에게 크게 문제가 되지는 않았다. 하고 싶은 것이 따로 있었기 때문이다. 짧게나마 베를린대학에 다니던 시절 그는 경제학에 크게 흥미를 느꼈다. 문제는, 파리에서 어떻게 경제학을 공부할 것이냐였다. 베를린의 대학들이라면 훤히 알고 있었지만 파리 학교에 대해서는 정보가 없었다. 그래서 파리에 도착하자마자 생미셸 거리에 있는 지베르죈 서점에 가서《대학 편람》을 한 권 샀다. 편람을 샅샅이 읽은 히르슈만은 마음에 딱 드는 학교를 하나 찾아냈다. 줄여서 '시앙스포Sciences Po'라고도 불리는 파리정치대학이었다. 히르슈만은 이곳에서 공부하고 싶었다.

그런데 이 지점에서 프랑스의 또다른 지인이 그의 인생 경로에 영향을 미치게 된다. 아버지 카를의 가장 친한 친구였던 울리히 프리데만이 히르슈만에게 프랑스의 저명한 소아과 의사 로베르 드브레의 연락처를 알려 준 적이 있었다. 히르슈만은 용기를 내어 연락을 해 보았고, 드브레는 자세한 이야기를 들어 보자며 파리 좌안에 있는 커다란 그의 집으로 히르슈만을 초대했다. 히르슈만이 편람에서 본 시앙스포라는 대학에서 경제학을 공부하고 싶다고 하자 드브레는 마침 시잉스포를 다니고 있던 아들 미셸 드브레(나중에 저명한 드골주의자가 된다)를 불렀다. 히르슈만보다 한두 살 많았던 그는 이야기를 듣더니 시앙스포를 권하지 않는다고 말했다. 시앙스포는 외교관이나 공직자 쪽으로 진출할 사람들을 위한 교육만 제공하는데 히르슈만은 "난민이어서 파리에서 절대로 외교관이나 공직자가 될 수 없을 것이기 때문"이라는 이유에서였다.

미셸은 그랑제콜grande école 중 다른 곳은 어떠냐면서 파리경영대학HEC도 한번 생각해 보라고 제안했다. 상업 경력을 추구하는 사람들이 가는 곳이지만, 적어도 이름상으로는 명문 대학으로 취급받는 곳이었다. 합리적인 조언 같았다. 나라 없는 히르슈만이 프랑스에서 전문직에 종사하기는 어려울 테니 말이다. 로베르 드브레는 히르슈만이 원하는 길을 추구할 수 있게 되기를 간절히 바랐고, 아들의 제안에 일리가 있다고 생각했다. 이들의 조언에 어느 정도라도 반유대주의가 작용한 것인지, 즉 유대인은 경제학이나 국정 운영보다는 상업이나 회계와 더 어울린다는 편견이 작용한 것인지 어떤지는 알 수 없다. 어쨌든 시앙스포가 유대인을 그리 환대하는 곳이 아니기는 했다.[7]

HEC에도 장점이 없는 것은 아니었지만 히르슈만은 상업에는 관심이 없었기 때문에 편람을 처음 읽었을 때 그의 눈에 들어오지 않았다. 상업은 그가 학창 시절에 가치를 두었던 자유교양과는 거리가 멀었다. 그래서 시앙스포를 좀더 시도해 보지 않은 것이 계속 후회로 남았다. 시앙스포에 갔더라면 학문적인 호기심을 훨씬 더 잘 채울 수 있었을 것이라는 생각이 들었고, HEC의 수업이 형편없어서 이런 마음은 한층 더 심해졌다. 시앙스포 본관이 있는 생기욤 거리를 지날 때면 속상해서 견딜 수가 없었다. 후회를 오래 품지 않는 성격인 히르슈만에게도 쉽게 털어버리기 어려운 일이었다. HEC에 다니게 되어 좋은 점이라면 주르당 거리에 있는 외지인 학생 기숙사촌 '시테 인테르나시오날 위니베르시테(줄여서 '시테'라고 부른다)'에 묵을 수 있게 되었다는 점이었다. 다행히 히르슈만은 그곳의 아르메니아 학생 기숙사에 방을 구할 수 있었다.

기운 빠지는 HEC의 일상을 어떻게 헤쳐 나갔는지를 보면 주어진 한계에서도 상황을 최대한 활용하려고 하는 그의 태도를 엿볼 수 있다. HEC가 가진 장점 중 하나는 '이른바' 명문 학교라는 것이었다. 이 학교는 1880년대에 프랑스를 이끌 엘리트를 교육하기 위해 세워진 그랑제콜 중 하나이다. 하지만 먼저 생긴 다른 그랑제콜들만큼 명문 학교가 되지는 못해서 '작은 그랑제콜'이라고 불리거나 더 신랄하게는 '큰 고등학교'라고 불렸다. 부유한 집안의 젊은이가 군복무 기간을 3년에서 1년으로 줄이기 위한 방편으로 입학하기도 했다(군 복무를 회계와 은행 실무 강의를 듣는 것으로 대체한 셈이다). 1차대전이 끝나고 1923년경 HEC 교수진은 하버드 경영대학원의 사례를 벤치마킹해 교육 내용을 개선하려는 시도를 했지만 별 효과가 없었고, HEC는 여전히 학생들이 선망하는 학교가 되지 못하고 있었다. 1930년대 내내 '학생이 없어 텅 빈 교실, 그리고 그나마 있는 학생은 상업과 비즈니스에 관심이 없는 학생들'이라는 상황은 HEC의 만성적인 문제였다. 입학 기준은 곤두박질쳤고 명문 학교가 아니라는 이미지는 더욱 상해졌다. 학생 수가 줄어들면서 재정 문제도 심각해졌다. 수업료가 충분히 들어오지 않아서 교수들의 보수가 형편없어지자 많은 교수들이 그만두거나 성의 없이 가르쳤다.[8]

하지만 히르슈만의 불만은 더 근본적인 데 있었다. HEC가 경제학을 가르치지 않는다는 점이었다. 베를린에서부터도 히르슈만은 경제학이 단지 비즈니스 활동으로만 환원되는 것이 아님을 잘 알고 있었다. 수요와 공급의 법칙이 회계장부 작성과 기초공학 교육으로 환원될 수는 없는 일이었다. 그런데 HEC의 교육은 회계장부 작성과 기초공학 위주였다. 히르슈만이 수강한 과목 중에 '테크놀로지'라는 것이 있었는데, 산업 공정을 가르치는 과목이었고 '파쇄' 공정을 특히 강조하고 있었다. 이런 내용은 데이비드 리카도, 애덤 스미스 등의 고전 경제학이나 대공황에 대한 이론적 분석 등 베를린에서 접했던 것과는 달라도 너무 달랐다. 히르슈만은 정신이 마비되는 것 같았다.

예외적으로 좋은 수업도 있기는 했다('예외적'이었다는 말은 다른 수업은 대체로 그렇지 못했음을 의미한다). 알베르 드망종은 경제지리학 수업에서 커다란 지도를 가지고 HEC에서는 매우 드물게도 생생하고 '놀라운 강의'를 선보였다. 그의 전문 분야는 경제의 각 영역이 어떻게 특정한 장소에 입지하는지, 또 자연자원이 산업 발달에 어떤 영향을 미치는지와 같은 내용이었다. 드망종을 통해 히르슈만은 전 지구적인 거래의 기초가 되는 지역간 교역의 개념을 접하게 되었다. 또 안트베르펜과 로테르담의 경쟁에 대한 강의에서는 경제적 경쟁 관계를 낳는 구조적인 요인에 대해 배웠고, 또 다른 강의에서는 1차 대전 이전 러시아의 무역의존도에 대해 공부할 수 있었다. 우크라이나 흑토지대는 전 유럽의 식량원이었고 러시아의 소득원이었다. 러시아가 전쟁에 돌입하자 러시아의 대외무역장관은 이렇게 외쳤다고 한다. "굶어죽더라도 수출을 하자!" 드망종은 이렇게 덧붙였다. "물론 대외무역장관은 굶어죽지 않았겠지요."

히르슈만은 이 수업에 홀딱 반했다. 드망종은 러시아제국의 무역장관을 조롱하는 것을 넘어 국가들이 직면하는 **진짜** 딜레마에 대해 이야기하고 있었다. 이제까지 노동가치설에 기반한 정치경제학만 공부한 히르슈만은 갈등을 계급 갈등의 틀로만 보는 것을 넘어 고용주와 노동자 사이의 긴장 밖에 놓여 있는 전 지구적인 불균형의 요인들로도 시각을 넓힐 수 있었다. 드망종은 훗날 허시먼이 발전시키게 되는 무역과 경제발전에 대한 사상에 첫 토대가 되었다고 볼 수 있다. 또한 드망종의 강의는 매우 실증적이고 구체적이어서 히르슈만은 고도로 추상적이던 1930년대의 마르크스주의에서 벗어날 수 있었다. 이는 훗날 역시 고도로 추상적이던 1950년대 케인스주의적 경제계획이나 중앙 계획 경제 개념에서 그가 거리를 두게 되는 데 영향을 미쳤을 것이다. 추상적인 이론이 갖는 우아하지만 과도하게 거대한 메커니즘은 현실 천착적인 허시먼에게 그리 매력적이지 않았다.[9]

HEC에서 수업을 들으려면 '외국인 학생 아카데미' 과정을 먼저 수료해야 했는데, 이곳에서 히르슈만은 기운이 많이 빠졌던 것 같다. 친구도 없었고 주로 들어야 했던 회계 수업은 오토 바우어나 헤겔 등 예전에 배웠던 것과 너무나 달랐다. 그해 말 히르슈만은 종합 시험을 치렀다. 이 점수가 HEC의 주요 과목을 수강할 수 있을지 여부를 결정하게 되어 있었다. 그는 좋은 점수를 받았고 HEC의 주요 과목을 들을 수 있게 되었지만, '주요 과목'도 앞서 들었던 수업 수준에서 약간 높아진 정도에 불과했다. 과목은 회계학이나 비즈니스 실무, 법률 실무 등이었고 수업은 단순 암기였다. 토론도 없었고 기본 교재 외에 별다른 읽을거리도 없었다. 또 대부분의 학생은 "매우 민족주의적"이었다. 훗날 허시먼은 "교수가 말하는 것을 받아적고 암기해야 했다"며 "끔찍했다"고 회상했다. 설립 목적이 무색하게도 HEC는 경제학을 가르치지 않았다. 1934년 4월 히르슈만은 과장되게 활발한 어조로 엄마에게 편지를 썼다. "오늘 HEC가 다시 시작돼요. 오순절 사흘간 휴일이 있는 것을 빼고는 7월까지 쉬지 않고 계속되는데, 통계학만 배워요." 다행히 그는 만병통치약이 되어 줄 만한 것을 찾아냈다. "요즘은 통계청 건물에 있는 도서관(작고 아담해요)에서 시간을 자주 보내요. 최근에 그곳 관장님과 이야기를 나누었는데 친절하게도 저에게 시험 정보도 알려주시고 그분 강의 때 알아듣지 못한 부분 몇 가지도 설명해 주셨어요."[10]

히르슈만의 삶을 보면 실망에 대처하는 방식과 게으름에 대처하는 방식이 대조적이다. 실망은 견딜 수 있었지만 게으름은 견디지 못했다. HEC의 허드렛일 같은 일상에 직면하자 그는 진정한 경제학이라고 생각했던 로자 룩셈부르크와 루돌프 힐퍼딩의 저작들을 혼자 읽었다. 하지만 이때는 그가 마르크스주의 저술에 흥미를 잃고 있을 때였다. 그렇다고 달리 읽을 만한 것을 조언해 줄 사람도 없었기 때문에 히르슈만은 러시아와 프랑스의 장편소설에서 위안을 찾았다. 이렇게 해서 위대한 문학작품과 냉철한 정치경제 이론을 오가면서 이 둘 사이에서 관련성을 찾아내는 허시먼의 독특한 저술 스타일이 시작되었다. HEC의 최종 시험이 다가오자 암기에 지친 히르슈만은 도스토옙스키를 다시 읽었다. 그는 엄마에게 《죄와 벌》을 보내 달라고 했다(그는 "다른 책들도 보내 주시면 좋겠어요"라고 여러 차례더 부탁했다). 물론 시험 공부를 해야 했지만 '지금은 도스토옙스키를더 잘 알아야 할 때'라고 생각했다. 그래서 공부는 제쳐놓고 《카라마조프 가의 형제들》을 탐독하면서 가족, 배신, 종교에 대한 회의, 광기 등이 얽히고설킨 거대 드라마에 몰입했다. 그러느라 수석으로 졸업하지는 못했다. 히르슈만은 수석을 놓친 이유를 음울한 분위기의 러시아 소설가[도스토옙스키] 탓으로 돌렸다. "그리고 졸업증을 받았어요. 유일하게 가치 있는 것이죠. 파리경영대학 졸업장."[11]

파리에서 학교에 다니는 동안 생계는 어떻게 유지했을까? 처음 몇 달은 집에서 보내 주는 돈에 의지했다. 엄마에게 보낸 첫해의 편지에는 돈을 보내 주어서 고맙다는 내용이 나온다. 그 이후, 특히 나치의 탄압으로 베를린 집이 소득과 재산을 잃게 된 뒤에 어떻게 생계를 유지했는지는 분명치 않다. 하지만 국제학생지원위원회에 남아 있는 히르슈만 관련 서류에서 실마리를 찾을 수 있다. 이곳은 프랑스 대학에 다니는 외국인 학생들에게 장학금을 지급하는 기관인데, 소장 R. 아라스가 쓴 추천서는 O. A. 히르슈만이 "우수한 시험 성적과 학위로 즉각 우리의 관심을 끈 학생"이라고 극찬하고 있다. 명문 프랑스 김나지움에서 받은 좋은 성적이 도움이 된 것이 틀림없다. 또 이 추천서에는 "히르슈만 군"이 헤겔 철학에 대해 논문을 쓴 "저자"라는 사실이 언급되어 있고, 그의 교사 중 한 명(베른트 크노프로 추정된다)에게 알아본 결과 히르슈만에 대한 평이 매우 좋았다는 내용도 나온다. 히르슈만이 베를린대학 정치통계학과에서 보여준 학업 성적도 우수했다며 그가 쓴 고전 정치경제학 논문 두 편도 언급하고 있다.

그리고 추천서는 이렇게 이어진다. "따라서 본 위원회는 히르슈만 군이 프랑스에서 공부하는 동안 지원을 하기로 결정한 바 있습니

앨버트 허시먼

다. 그리고 그는 우리를 실망시키지 않고 통계연구소 과정을 무사히 수료한 뒤 [HEC에] 진급했습니다." 이 추천서에는 날짜가 나와 있지 않지만 히르슈만이 220명 학생 중 5등을 했다는 내용과 이전 2년 동안의 성적 및 부활절 주간 시험의 예비 결과를 언급하고 있는 것으로 볼 때 HEC를 졸업하기 전에 씌어진 것으로 보인다. 히르슈만이 어떻게 생계를 유지했는지도 여기에서 엿볼 수 있다. 추천서에는 그가 "여러 가정교사 일"을 했으며, "매번 [학생들로부터] 찬사로 가득한 평판des cerificats élogieux을 받는다"는 언급이 있다. 이 추천서의 용도가 정확히 무엇이었는지는 불분명하지만 아마 다른 장학금에 지원하기 위해 받은 것 같다. 시기상으로 볼 때 런던에 가서 공부할 수 있는 장학금을 신청하기 위해 받은 추천서일 가능성이 크다. 어쨌든 그가 장학금과 가정교사 일로 생계를 유지했다는 점만큼은 분명하다.[12]

히르슈만은 집에서 엄마가 보내 주는 셔츠나 과자 등이 담긴 소포와 처음에 가져온 돈, 독일어 가정교사 일, 장학금 외에도 닥치는 대로 돈을 벌어 생계를 꾸려야 했다. 힘겨운 나날들이었다. 끼니는 주로 바게트 빵과 버터였다. 나중에 그는 자신이 독특한 조합으로 바게트 먹는 법을 발견해 '빵 샌드위치'라는 것을 개발했다고 농담하기도 했다. 그는 많은 것을 누리며 유복한 어린 시절을 보냈지만 그러한 특권을 누릴 수 없게 되었다고 해서 의기소침해지지는 않았다. 오히려 새로운 환경은 그에게 잠재되어 있던 생활력과 희망을 끌어냈다. 이는 기회가 생겼을 때는 기회를 붙잡고, 기회가 없을 때는 기회를 만들어낼 수 있는 힘이 되었다.

하지만 베를린에서 들려오는 소식은 점점 나빠졌고 히르슈만은 엄마와 동생이 너무나 걱정이 되었다. "요즘 엄마에게는 '잘 지낸다'는 말이 '무탈하다'는 말을 의미하게 된 것 같아요. 지난 몇 년간, 특히 지난해에 너무나 많았던 외부의 큰 사건들 없이 지내는 것 말이에요." 그는 엄마가 새로 시작한 일을 즐기도록 격려했다. "[잘 지낸다는 것은] 지루하다는 의미가 아니에요. 그 반대예요. 엄마가 사회에서 여전히 유용하다고 느낄 수 있는 일을 찾으시면 좋겠어요." 카를의 소득이 없어지고 집안 재정이 파탄나면서 헤트비히 히르슈만은 호엔촐레른 거리의 아파트를 떠나야 했다. 헤다에게 매우 힘든 결정이었을 것이다. 그래서 아마도 아들에게 하소연하는 편지를 보냈을 것이고, 아들은 엄마의 기운을 북돋우기 위해 이런 답장을 보냈을 것이다. 헤다는 가지고 있던 가구들과 좋은 식기를 이용해 하숙을 치기 시작했다. 그러고 보면, 가진 것을 최대한 융통해 버티는 수완이 헤다에게도 없지 않았다. 헤다는 새 집에서 하숙을 쳐서 유대인 탄압 속에서 직업과 가게를 잃은 사람들에게 방을 제공했다. 미국의 유대인 여성 자선단체의 도움을 받아서 조리사와 도우미를 고용했고, 곧 하숙생뿐 아니라 핍박받는 다른 사람들에게도 음식을 제공했다. 어찌어찌 헤다는 간식거리와 쌀 푸딩 같은 디저트도 포함해 썩 괜찮은 식사를 식탁에 올릴 수 있었다.[13]

파리에서 새로운 세계로 나아가고는 있었지만 베를린에서 보낸 마지막 해의 기억은 기저에 늘 남아 있었다. 엄마에게 보낸 편지들을 보면 가족 간에 있었던 과거의 갈등을 잘 풀어 가고자 한 노력이

앨버트 허시먼

가득하다. "엄마가 저에게 화를 내서는 안 되고 화내실 수 없다는 것을 아셨으면 합니다. 자녀의 삶과 노력에 대해 조금 더 잘 아셨으면 해요. 부모가 원하는 이상적인 길로 가지 않는다고 자녀를 '실망'이라고 부르지 마시고요." 급진 정치운동을 한 것, 전망이 없어 보이는 경제학을 선택한 것, 그 밖에도 헤다가 보기에 성공의 길이 아닌 길을 선택해서 인정받지 못한 것 등은 오토 알베르트에게 큰 갈등과 상처의 원인이었다. 또한 오토 알베르트 자신도 스스로의 선택을 밀고 나가는 것이 쉽지만은 않았다. 자신이 내린 선택에 대한 불안감도 있었을 것이다. 어떻든 그는 이제 엄마가 그의 말을 들어야 한다고 주장했다. "상호적인 사랑에서 가장 중요한 것은 서로를 이해하고 인정하는 것입니다. 성경을 보면 신이 그의 이미지를 본떠 인간을 만들었다고 하지요. 신은 그럴 수 있었을지 모르죠. 하지만 인간은 절대로 자기 이미지대로 남을 만들 수 없습니다."

멀리 떨어져 있었어도 옛 상처는 치유되지 않은 듯하다. 베를린을 떠난 지 2년이나 지난 뒤에도 집으로 돌아간다는 상상을 할 때면 아직 풀리지 않은, 그리고 결코 풀리지 않을 과거의 갈등이 생각나 먹구름이 끼었다. 4월은 늘 힘든 달이었다. 본인의 생일, 엄마의 생일, 아버지의 기일, 그리고 갑작스럽게 베를린을 떠난 날이 모두 4월이었고, 집에 가고 싶은 갈망에도 시달렸다. "돌아간다는 생각만 해도 가슴이 뛰었다." 이러한 심경은 (김나지움 시절에 논문을 쓰면서 읽었던) 헤겔의 《정신현상학》에 나오는 부모-자식 변증법을 다시 떠올리게 했다. 1935년에 쓴 한 편지에는 "착하고 예쁜 노르웨이 소녀"

를 만나도 우울한 기분이 사라지지 않는다고 씌어 있다. 그리고 그는 헤겔적인 표현으로 이렇게 언급했다. "부모로서는 실망감이라는 감정으로 겪을 수밖에 없을 잔혹함이 있습니다. 자녀로서는 그것을 막을 수도 없고 막아서도 안 되며, 자녀가 할 수 있는 최선이라곤 그것을 최대한 덜 공격적인 형태가 되게 만드는 것뿐인 잔혹함이 있습니다. 이것은 부모가 부모의 소망, 부모의 발전, 부모의 상상에 의해 자녀에게 무언가를 요구하는데(자연스런 일이고 충분히 이해할 만한 일이기는 합니다) 그것이 자녀의 사상, 자녀의 발달, 자녀의 소망에 비추어서는 정당화되지 않을 때 반드시 발생하게 되는 잔혹함입니다."

그는 엄마에게 자신의 생각을 분명히 전달하기 위해 애썼다. "합당하게 독립적인 생각을 가진 자녀를 둔 부모라면, 특히 자녀에게 기본적인 빌둥이 형성되는 시기에는 더더욱, 자녀에 대해 실망감을 느끼게 될 수밖에 없다고 생각합니다. 자녀 입장에서는 더 가치 있는 일에 써야 할 시간을 부모가 함께 보내자고 요구하니까요." 그는 베를린에 있었을 때도 주인-노예 변증법에 대한 헤겔의 글을 오래 숙고한 바 있었다(주인은 자신의 온전한 의식을 발전시켜 가는 조건 중 하나로 노예의 인정을 필요로 하지만, 노예에게는 이것을 거부하는 것 외에는 다른 여지가 존재하지 않는다). 하지만 이제는 그 숙고에 더해, 자신이 현재 겪는 고통에 대한 설명과 가족을 두고 떠나온 것에 대해 속죄할 수 있는 길을 주인-노예 변증법에서 찾을 수 있었다. "이 모든 이야기를 갑자기 왜 쓰는지 궁금하실 거예요. (왜 떠났는지에 대해) 오랫동안 생각은 해 왔지만 글은 한 페이지도 쓸 수 없었어요. 그런

앨버트 허시먼

데 저도 모르는 사이에, 혹은 제가 원하지 않는 사이에, 단어들이 갑자기 모두 쏟아져 나왔어요. 그리고 그것을 엄마가 아셔야 한다고 생각했어요."[14]

히르슈만이 내린 결정 중에 HEC 수업과 관련된 것이 하나 있었다. 그는 HEC에서 들은 수업들이 그에게 대체로 쓸모가 없다고 결론 내렸다. HEC 수업들은 상업 분야에 진출하려는 학생들을 위한 것이었는데 히르슈만은 상업의 세계로 가고 싶지 않았다. 그는 이 결정이 어머니를 또 실망시키게 될까 봐 걱정이 되었다. "저는 '훌륭한 부르주아'에 대한 생각이 없습니다. 다른 사람들은 그런 것을 가지고 있는 것 같지만 저는 잘 모르겠고, 제게 있다 해도 흉내일 것입니다. … 이것이 실질적으로 어떤 파급 효과들을 낼 수 있지요? 확실하지는 않지만 현재로서는 하고 싶지 않은 것 한두 가지는 분명하게 알 것 같아요. 은행이나 회사의 견습 일자리는 얻을 수 있다 해도 얻지 않을 것입니다. 저 자신을 더 발전시켜 높이 올라가도록 할 수가 없을 것 같아요."[15] 마음만 먹었다면 히르슈만은 프랑스 은행의 해외 지사에 들어갈 수 있었다. 파리에는 일자리가 거의 없었고 베를린 상황은 더 안 좋았지만, 브라질과 아르헨티나가 산업화되면서 유럽 은행들이 관심을 보이고 있었기 때문에 남미에서는 일자리 기회가 열리고 있었다. 실제로 이탈로-프랑스은행이 히르슈만의 채용을 고려하고 있기도 했다. 하지만 히르슈만은 이 길을 선택하지 않기로 했다.

파리에서의 생활은 외로운 생활이기도 했다. HEC에서는 친구를 사귈 수 없었고 망명자 모임에서는 진력난다는 느낌을 받고 있었던 터라 히르슈만은 점점 많은 시간을 혼자 보내게 되었다. 혼자서 여행도 했다. 이러한 고립은 연애에도 영향을 미쳤다. 처음에는 리아 라인을 다시 만났다(라인의 가족도 파리로 망명 와 있었다). 하지만 이 연애는 오래 가지 못했다. 리아는 의학을 공부하고자 했는데 히르슈만은 불안정한 생활에 맞을 만한 동반자를 원했다. 많이 떠돌아다니게 될지도 모를 삶에 적응할 수 있는 사람을 원했던 것이다. 리아와의 연애가 끝나자 누구도 이 간극을 메우지 못했다. 이 문제를 어머니의 마음에서 종식시키기라도 하듯, 그는 간결하게 다음과 같이 알렸다. "장기적인 여자친구는 아직 만들지 못했어요." 그는 대신 파리의 체스 카페들에서 은신처를 찾았다. 카페 드 라레장스Café de la Régence처럼 18세기부터 세계의 체스 챔피언들이 모이던 살롱들이 있었다. 팔레 루아얄 근처에도 그런 카페가 하나 있어서, 오토 알베르트는 그곳에서 체스를 두기도 하고 구경하기도 했다.[16]

그러는 동안 파리는 점점 더 많은 난민들로 가득 찼다. 처음에는 러시아인, 그 다음에는 이탈리아인이 몰려왔고, 1933년 이후에는 독일인이 몰려왔다. 이들은 절박하게 싼 숙소와 일자리를 찾으려고 했지만, 나라가 없다는 사실은 가뜩이나 절박한 처지를 더 어렵게 만들었다. 적절한 신분증이나 증명서가 없어서 좋은 일자리를 가질 수 없었고, 일자리가 없어서 좋은 증명서를 만들 돈을 구할 수 없었다. 또 배타적인 민족주의 분위기가 짙게 드리워져 있었던 데다 설상가상으로 1933년 말에는 스캔들까지 터졌다. 러시아-헝가리-루마니아계 기업인인 세르주 알렉산드르 스타비스키가 여당 고위층 구석 구석까지 뇌물을 준 사실이 밝혀진 것이다. 이 일로 프랑스 사회에 외국인들이 들어와 악영향을 미치고 있다는 비난이 격렬하게 일었다. 게다가 프랑스 사회 자체가 점점 더 불안정해졌다. 이듬해 2월에는 폭동이 일어나 경찰이 이를 가혹하게 진압하면서 파리는 만신창이가 되었다. 2월 6일에는 파시스트 극우단체 '크루아 드푀'가 샹젤리제 거리에서 의회까지 행진하며 시위를 벌였다. 그때 의회에서는 공산주의자들이 집회를 하고 있었다. 두 집단이 콩코르드 광장에서 마주쳤고 긴장해 대기 중이던 경찰의 발포로 15명이 숨지고 수백명이 다쳤다. 새 총리 달라디에는 불명예스럽게 퇴진했다.

　프랑스 제3공화국은 한순간도 안정적이던 때가 없었다. 1924년에서 1931년 사이에 각료가 15명이나 바뀌었고, 이에 더해 대공황이 닥치면서 케도르세Quai d'Orsay[파리 센 강변의 프랑스 외무부 소재지] 건물의 회전문은 더 빠르게 돌아갔다. 그런 와중에 난민들이 상황을 악화시키고 있다는 불만과 편견은 계속해서 높아져 갔다. 히르슈만은 마치 데자뷔를 보는 것 같았다. 그래도 나이가 젊은 편이었던 그는 다른 망명자들에 비해 그나마 상황이 나았다. 열일곱 살이고 학생 비자가 있었기 때문에 학교에서 공부를 하면 되었던 것이다. 그래서 나이가 더 많은 망명자들이 겪어야 했던 악순환을 피할 수 있었다.[17]

　나라 없는 상황은 히르슈만의 지적·학문적 성장에도 여러 면으로 영향을 미쳤다. 때로는 무국가 상태가 사람들을 **더 정치적으로** 만든다. 한나 아렌트 등이 그런 경우였는데, 이들에게는 독일에서 유대인에 대한 편견과 불관용이 극심해져서 떠돌이 생활을 하게 된 것이 유대인 정체성, 특히 종교적인 시온주의로 더 강하게 쏠리게 만드는 요인이 되었다. 하지만 [히르슈만과 달리] 이들은 어린 시절부터 유대 문화와 공동체에 뿌리를 두고 살아온 사람들이었고, 새로운 정치적 신념과 헌신도 그러한 뿌리에 기반해서 지어진 사람들이었다. 아주 오래 뒤에 허시먼은 바르미츠바[유대인 소년 성년식]를 맞은 손자 그레구아르에게 이렇게 설명했다. "유대주의로 '돌아갈 것이냐'의 문제는, 내게는 전혀 떠오르지 않은 문제였단다. 내가 자랄 때는 유대 문화에 뿌리를 두지 않았었으니까 말이야. 그리고 무엇보다 그때의 나였다면 유대주의를 받아들이는 것이 **반동**이라고 생각했을 거야. 역사가 억지로 나에게 부과해 그에 따라 살노록 강요하는 것(박해)이라고 말이야. 내가 관심을 가진 문제는 '역사의 법칙'이 창조한 비참한 역사에 복종하지 않는 방법은 무엇일까였단다. '역사의 법칙'이란 것은 존재하지 않으니까."[18]

물론 종교색이 없는 대안도 있었다. 바로 공산주의였다. 공산주의는 인터내셔널리즘을 표방하고 있었으므로, 전 세계의 주요 도시에서 전투적 공산주의자들이 활동하고 있었다. 하지만 히르슈만에게 공산주의는 유대주의보다 더 매력이 없었다. 히르슈만은 어떤 '이즘'도 지침으로 삼지 않은 채 스스로의 길을 모색하기로 했다. 그리고 그런 '이즘'이 없는 것이 특별히 문제라고 느껴지지 않았다. 사실 많은 면에서 그는 자신을 망명자라기보다 '외국인 학생'이라고 생각했고, 그래서 '파리 거주 망명자'라고 할 때 대번 떠올리게 되는 이미지와는 매우 달랐다. 다른 망명자들은 과거에서 물려받은 지적 전통을 명예로운 배지처럼 달고 있었다. 아니 꽉 부여잡고 있었다. 그것말고는 부여잡을 만한 다른 것이 없었기 때문일 것이다.

한나 아렌트나 발터 벤야민처럼 히르슈만보다 나이가 조금 더 많은 세대에게 파리는 '옛 문제를 풀어낼 새로운 장소'였다. 그들은 이미 세계관이 다 형성된 채로 파리에 온 사람들이었다. 그들은 지적·학문적으로 탐색할 프로젝트를 이미 가지고 있었고, 망명은 여기에 통렬함을 더해 주었을 뿐이었다. 반면 더 젊은 세대인 히르슈만은 독일의 대학에서 교육을 받지 않았고, 여러 나라 언어를 할 줄 알았으며, 독일 철학에 완전히 빠져 본 적이 없었다. 이런 점에서 다른 망명자들은 히르슈만보다 과거에 더 깊이 연결되어 있었고 더 많이 절망했다. 훗날 독일의 한 기자가 허시먼에게 프랑스에 살던 독일계 망명자들이 겪은 '희망의 상실'에 대해 질문하자 허시먼은 이렇게 반박했다. "내게는 희망이 상실된 적이 없습니다."[19]

이것이 그가 망명자가 아니었다는 의미였을까? 그렇지는 않다. 그에게 망명은 '상황'이라기보다는 '단계'였다고 보아야 할 것이다. 처음에는 베를린으로 돌아갈 수 있을 것이라는 기대가 있었다. "아마 브레히트의 시에 나온 말 같은데, 모든 사람이 짐 가방을 늘 꾸려놓고 있었습니다. 돌아갈 날이 곧 올 것이라는 생각에서요." 1934년에 에른스트 룀이 반란을 일으켜 나치에 내분이 일자 히르슈만을 포함해 많은 사람들이 드디어 돌아갈 때가 왔다고 환호했다. 하지만 반란 시도는 무산되었고 히틀러는 오히려 이를 더 거침없이 내부의 반대 세력을 숙청할 계기로 삼았다. "알고 보니 그것은 히틀러 정권 몰락의 시작이 아니라 히틀러 정권 강화와 통합의 과정이었다." 역사란 역사를 너무 확신하는 사람들, 역사의 거짓 법칙을 너무 확신하는 사람들을 배신하기 마련이라는 점을 잘 보여준 사례였다. 그런데 히틀러가 경쟁자들을 가차없이 쓸어내면서 권력을 강화하고 있음을 간파한 사람은 히르슈만뿐이 아니었다. 소련의 스탈린도, 나치가 내부의 위험 세력을 숙청하고 친위대가 돌격대를 처단하는 것을 눈여겨보았고 아예 그것을 본받기로 한 듯했다. 한두 달 뒤 레닌그라드에서 세르게이 키로프가 저격수에 의해 살해당했고, 볼셰비키에 숙청 바람이 불었다. 곧 히틀러와 스탈린은 사이좋게 비슷한 경로를 밟았고, 이들의 이중창은 폴란드를 6년간 분할하기로 한 협상에서 정점에 올랐다.[20]

난민, 즉 기본권을 박탈당한 외국인으로 파리 생활을 시작한 히르슈만은 신분을 전환하기 위한 길을 모색했다. 그 다른 신분이 무엇이 될지는 아직 불확실했지만 말이다. 그런 노력을 보여주는 한 가지 징표는 출신이 겉으로 드러나지 않도록 말투를 고친 것이었다. 그의 조상들이 겉으로 아무런 흔적도 보이지 않게 '유대인'에서 '독일인'으로 전환할 수 있었듯이, 그 역시 표면적으로 드러나는 외국인의 흔적을 지우고자 했다. 히르슈만은 독일어 억양을 없애 프랑스 사람으로 보일 만큼 유창한 프랑스어를 구사하려고 노력했다. 전차를 탈 때면 수많은 역 이름과 광고를 읽고 읽고 또 읽으면서 발음에서 독일어 억양을 모두 지웠다. 또 불어의 r발음을 연습하고 자음을 부드럽게 말하는 법을 훈련했으며, u, eu, ou의 차이를 연습했다. 노력이 빛을 발해 그는 곧 프랑스 사람으로 보일 만큼 완벽하게 프랑스어를 구사할 수 있게 되었다. 프랑스에서 이민자들에 대한 적대가 높아만 가고 있었던 상황이라, 이민자처럼 말하는 한 결코 프랑스인으로 받아들여질 수 없을 터였다. 히르슈만은 경찰에게 다가가 말을 걸어 보면서 [프랑스인으로 여겨지는] '패싱' 기술을 자랑스레 시험해 보곤 했다.[21]

놀라운 언어 재능 이외에 이 시기 그가 새로운 전환을 준비하는 데 도움이 된 요인이 또 있었다. '나라 없는 상황'이 그에게 새로운 지적 좌표를 열어 준 것이다. 이는 그가 바라던 바이기도 했다. 아이러니하게도 새 좌표를 얻는 데 결정적으로 영향을 미친 사람은 베를린의 옛 지인 라파엘 라인이었다. 우르줄라는 포르트 도를레앙 근처 파리 14구에 있는 라파엘 라인의 아파트에서 하인들이 사는 공간에 방을 하나 얻었다. 라인 가족은 한두 달 전인 2월에 베를린을 탈출해 파리로 망명해 있었다. 오토 알베르트가 SAJ에서 만나 사랑에 빠졌던 리아 라인은 세비녜 고등학교에 다니고 있었고 고등학교를 마치면 소르본 의대에 갈 예정이었다. 우르줄라는 엔지니어 공부를 막 마친 마르크 라인과 연애를 했다. 리아와 오토 알베르트의 로맨스보다 훨씬 강렬한 연애였다. 여기에 파리에서 난민으로 살아간다는 공통점까지 더해져 이들 네 명은 우정, 고향 상실, 사랑 등으로 매우 가까운 사이가 되었고, 덕분에 오토 알베르트는 리아의 엄한 아버지

라파엘 라인과도 가까워졌다.

　라파엘 아브라모비치라는 이름으로 더 잘 알려진 라인은 매력적인 우르줄라와 사려깊은 오토 알베르트가 집에 오는 것을 환영했다. 오토 알베르트에게 라파엘 라인은 아버지를 대신하는 인물이었다기보다는 베를린에서의 마지막 시절에 공부했던 마르크스주의적 사상이 흐릿해지던 시기에 마침 그의 앞에 나타난 인물이었다고 보아야 할 것이다. 라인은 행동지향적인 태도를 계속 가지고 있었고, 소련 당국으로부터는 점점 더 이단으로 여겨지고 있었다. 러시아 노동자 사회민주당 망명 정당의 지도자이자 '사회주의 노동자 인터내셔널'의 명사이며 미국에서 유통된 《주이시 데일리 포워드》를 포함해 몇몇 신문의 필자이기도 했던 그는 1931년의 '멘셰비키 재판'에 반대해 스탈린의 숙청 대상 목록 상위에 이름이 올라 있었고 결국 나중에 끔찍한 일을 겪게 된다.

　안 그래도 공산주의에 대해 의구심이 커지고 있던 오토 알베르트는 라파엘과 주파수가 잘 맞았다. 라인의 집은 러시아적 환대의 분위기가 가득했고 늘 방문자로 북적였으며 논쟁과 토론이 활발했다. 라파엘의 아내 로자는 찻주전자에 차가 떨어지지 않게 준비해 두고서 끊임없이 찾아오는 방문자들에게 다과를 대접했다. 외로움을 탔던 오토 알베르트도 이곳에서라면 늘 이야기 상대를 찾을 수 있었다. 라인의 집은 HEC의 반지성적이고 우익적인 환경을 피할 수 있는 은신처이기도 했다. 또 라인 가족이 이제껏 겪고 목격해 온 것들을 생각하면, 분명 관대함과 애정이 넘치는 곳이었을 것이다. 오토 알베르트는 점차 라파엘의 정치적인 판단을 존중하게 되었고 점점 더 그를 현자라고 생각하게 되었다. 라파엘 입장에서는, 러시아혁명의 혼란과 히틀러의 집권을 보면서 알게 된 바가 있었을 뿐 아니라 아이들과 그 또래 세대가 가진 정치적 순진함을 부모의 심정으로 우려했다.

에른스트 룀 사건 이후 독일 망명자들이 히틀러의 붕괴가 임박했다며 기대에 부풀었을 때 라파엘은 이 사건이 히틀러의 붕괴가 아니라 상승을 보여주는 사건이라고 예언적으로 진단하기도 했다. 그는 볼셰비키도 그랬다는 것을 잘 알고 있었다. 마르크는 아버지가 공산주의를 맹비난하는 것을 누그러뜨리려고 노력했다. 마르크는 방 벽에 사회주의 투쟁 도중 살해된 오스트리아 빈의 노동자들 사진을 붙여 놓았을 정도로 열성적이었고 공동 전선에 여전히 희망을 가지고 있었으며 베를린으로 돌아가서 투쟁에 합류하고 싶어했다. 이는 당연히 아버지를 몹시 걱정시켰다. 아버지와 아들의 갈등을 보면서 오토 알베르트는 자신이 아들 마르크의 이상주의보다 아버지 라파엘의 현실주의 쪽에 더 가깝다고 느꼈다. 이를 인정하기가 쉽지만은 않았다. 훗날 허시먼은 이렇게 말했다. "늘 옳기만 한 사람을 보면 화가 날 때도 있는 법이죠."[22]

오토 알베르트, 우르줄라, 마르크, 리아의 분위기도 부드럽게 흘러가지만은 않았다. 마르크는 아버지만큼 공산주의에 비판적이지는 않았지만 공산당원도 아니었다. 그런데 우르줄라는 공산당원이었다. 한번은 '골치아픈 망명자들'(라파엘 라인도 물론 이 중 한 명이었다)을 감시하던 코민테른 요원이 우르줄라에게 접근해서 '반혁명적인 [라파엘 라인의] 가족'을 염탐하라고 요구했다. 그러더니 라인의 집에서 《베스트니크》와 관련된 문서를 빼돌리면 돈을 준다고 했다. 공산당이 사랑을 배신해야만 하는 요구를 한 것, 그리고 [공산당원이 아닌] 마르크와의 격렬한 논쟁은 우르줄라에게 많은 영향을 미쳐서, 마르크의 집으로 이사 온 지 몇 달 뒤 우르줄라는 공산당과 관계를 끊기 시작한다. 힘겨운 과정이었지만 마르크가 상처를 달래는 데 도움을 주었다. 우르줄라가 코민테른의 제안을 거절하자 코멘테른은 프티부르주아적 편견을 가지고 있다며 우르줄라를 맹비난했다. 이것이 우르줄라가 공산당에 대해 가졌던 애정과 헌신을 끝내는 시작이었다. 비슷한 일을 겪은 많은 급진 공산주의자들에게 이 과정은 심연의 나락으로 떨어지는 힘겨운 경험이었지만, 다행히 우르줄라는 라인 집안 사람들이 가족처럼 아껴준 덕에 잘 극복할 수 있었다. 한편 오토 알베르트는 공산당에 가입한 적이 없었으므로 이런 일을 겪을 필요가 없었다. 그는 마르크스주의의 교조적 확실성에 대한 집착을 스스로 모두 버렸다.[23]

외로움과 고향을 잃은 상실감은 오토 알베르트가 가졌던 과거의 신념을 일부 무너뜨렸지만, 결코 다 무너뜨린 것도, 완전히 무너뜨린 것도 아니었다. 히틀러에 저항하던 좌파 활동가들은 혁명에 성공하지 못해 도망쳐야 했고 그에 따라 '이론'의 무결함을 설파하던 주장들은 허위로 판명났지만, 그렇다고 마르크스주의가 갖는 호소력이 사라진 것은 아니었다. 실제로 유럽 전역에 흩어진 망명자들을

앨버트 허시먼

모아 저항운동을 다시 일으키고 급진적 사고를 되살리려는 디아스 포라 운동이 일고 있었다. 엄마에게 보낸 편지를 보면 젊은 히르슈만이 여전히 자신이 독일 관념론의 좌표에 있다고 생각하고 있었음을 알 수 있다. 그리고 정치적 소명의 면에서 그는 여전히 마르크스주의적 사회민주주의를 지지했다. 수업을 마치고 저녁이 되면 히르슈만은 누나 및 친구들과 함께 토론모임에 참가해 이론, 원칙, 그리고 베를린으로 돌아갈 전망 등에 대해 토론했다.

1933년 8월 말 파리에서 열린 사회주의 노동자 인터내셔널 회의에서는 '독일 문제'가 집중적으로 논의되었다. 또 1934년 초에 파리에 와 있던 오스트리아 마르크스주의의 대가 쿠르트 란다우(트로츠키주의자라는 비난을 받았으며 결국 바르셀로나에서 스탈린의 암살단에 목숨을 잃는다)는 독일 공산당의 교조적 근본주의 조류를 맹공격하면서 좌파에 새로운 패러다임이 필요하다고 주장했다. 훗날 허시먼은 란다우가 "매우 인상적인 논쟁방식을 가지고 있었다"고 회상했다. "그는 우리가 무엇을 해야 하는지와 어느 단계에 있는지에 대해 매우 정확하고 분명하게 추론해내는 능력이 있었다." 허시먼은 이 점을 높이 평가했다. "란다우는 상황을 분석하고, 작동하는 요인들을 파악하며, 그로부터 결론을 내리는 전형적인 정치 혁명가의 역량을 보여주었다. 매우 인상적이었다."[24]

히르슈만이 이런 인물을 만난 것은 처음이 아니었다. 1933년의 탄압으로 독일 내 SAJ 조직은 궤멸되었고 남은 사람들은 지하로 들어가거나 국외로 망명해 준지하활동을 펼쳤다. 히르슈만은 이러한 망명자들의 모임에서 정치적 상황에 지적인 용맹함을 적용해 창조적인 가능성을 탐색하는 사람들을 만났고, 그들을 매우 좋아하게 되었다. 현재의 위기에 대해 명료한 역사적 분석을 내리는 란다우의 능력은 독일 출신 망명자들이 일반적으로 가진 특성이기도 했다. 히르슈만과 빌리 브란트의 [SAJ] 선배였던 에리히 슈미트 등 파시즘에 맞서 범좌파 연합을 구성하자고 주장하던 사람들도 그랬고, ORG를 만든 발터 뢰벤하임('마일스'라고도 불렸다)도 그랬다. 뢰벤하임은 히틀러가 집권한 뒤 베를린에 머물 수 없게 되자 프라하로 망명했고 그곳에서 작은 책자 하나를 집필했다. 그는 이 책에서 1933년의 파괴적인 사건들로 뒤흔들린 세계를 이론적으로 파악함으로써 좌파 연합의 정치적 전략과 마르크스주의의 역사 이론을 결합하고자 했고, 레닌의 《무엇을 할 것인가》에서 영향을 많이 받았다. 《노이 베긴넨[새로운 시작]: 파시즘이냐 사회주의냐》라는 제목으로 출간된 이 책은 독일 망명자들 사이에서 널리 읽혔다. 히르슈만에게 뢰벤하임은 '국가사회주의[나치즘]에 대해 처음으로 진지한 분석을 수행한 사람'이었다. "특히 나치즘을 후기 자본주의의 한 형태로만 본 정통 마르크스주의와 결별함으로써 그만의 독특한 견해를 제시했다."[25] 당시의 위기가 자본주의 발달 과정에서 불가피하게 발생한 현상이 아니라고 본 점에서 《노이 베긴넨》은 교조적인 이론적 도식과 결별한 글이었다. 이 책은 사회주의자들 사이에서 커다란 논쟁을 촉발시켰고, 1935년 시작된 인민전선이 끝나고 모스크바에서 '전시 재판 show trial'이 시작되면서 이론의 영역을 넘어 현실 정치와 관련된 맹

앨버트 허시먼

럴한 논쟁으로 이어졌다. 곧 에스파냐공화국의 운명이 보여주게 되듯이, 여기에는 매우 정치적인 문제가 얽혀 있었다.

히르슈만은 표준적인 공산주의 이론이 너무 일차원적이고 교조적이라고 생각했다. 그가 레닌이 1917년에 쓴 글들을 좋아했던 이유는 레닌이 실제의 정치적 사건들을 다루면서 기회를 포착했기 때문이다.《노이 베긴넨》도 그와 동일한 매력을 가지고 있었고, 망명자들 사이에서 격렬해져 가던 논쟁에서 시금석이 되었다. 오토 알베르트, 우르줄라, 리아, 마르크는 이 책에 대해 토론했고 책에 담긴 선언적 문체를 따라했다. 그래서 이 책은 라인 집안에서 원래부터 활활 타던 논쟁에 기름을 부었다. 라파엘은 그 책의 의지론적 메시지에 그리 큰 인상을 받은 것 같지 않았다. 의도가 아무리 좋더라도 사회민주주의자들과 공산주의자들이 과거의 적대를 덮고 함께 갈 수 있으리라는 생각은 스탈린의 주술에 의해 깨질 수밖에 없다고 보았기 때문이다. 마르크와 라파엘 부자에게 이 책은 많은 토론거리를 제공하는 원천이었다.

한편 히르슈만에게《노이 베긴넨》은 전술적 선언문으로만 그친 것이 아니었다. 이 책은 훗날 허시먼의 저술에서 드러나게 될 분석 방식의 표준을 제공했다고 해도 과언이 아니다.《노이 베긴넨》은 독일 파시즘의 기원에 대한 분석부터 1970년대 남미 권위주의 정권의 발흥에 대한 분석, 또 1980년대 복지국가의 위기에 대한 분석에 이르기까지 허시먼의 저술 전체에 걸쳐 그가 '위기'를 설명하는 방식에 영향을 미쳤다. 그러므로 여기에서 이 책의 내용을 조금 더 자세히 살펴볼 필요가 있을 것이다.

《노이 베긴넨》은 당대의 위기를 놀랍도록 명민하게 분석한 저술임과 동시에 좌파 이론을 통렬하고 솔직하게 비판한 저술이기도 하다. 정통 마르크스주의와는 달랐지만 결코 마르크스주의적 성향이 덜하지는 않았던 이 책은 좌파의 논의가 나치즘이 자본주의 진행 과정에서 일시적으로 나타난 파열음에 불과하며 이 경로는 결국 [공산주의] 혁명으로 이어질 것이라고 보는 몽상에서 깨어나야 한다고 주장했다. 마일스는 파시즘의 일종인 나치즘이 대공황이 만천하에 드러낸 자본주의의 근본 모순을 해소하려 하는 '완전히 발달된 체제'라고 보았다. 따라서 독일에서 '자생적으로' 노동자 계급의 봉기가 일어날 것이고 그때 망명자들이 독일로 돌아가 봉기에 합류하면 된다고 생각하는 정통 마르크스주의자들의 희망은 허황된 것이었다. 마일스는 전략을 제대로 수립하려면 현실을 직시해야 한다고 촉구했다. 히틀러 정권은 자본주의를 위기에서 구하고 있었고, 이는 바이마르공화국이 해내지 못한 일이었다. 그뿐 아니라 헝가리, 에스파냐, 영국, 그리고 활동가들이 망명해 있는 프랑스까지도 민주적 형태의 국가가 파시즘적 형태의 국가로 바뀌려 하는 더 일반적인 '경향'을 드러내고 있었다. 이 파도를 멈추려면 그 현상 자체를 심각한 것으로 직시하고 진지하게 고려 대상에 넣어야 했다. 즉 저항은 역사가 결국은 사회주의의 편이리라고 믿는 근본주의적 확신에서 벗어나야 가능했다. 그리고 민주주의를 지키기 위해 싸우고 사회주의 노동자 계급의 의제를 복원해야 했다. '파시즘적 자본주의'가 '민주적 자본주의'를 몰아냈을 때도 그랬듯이, 파시즘적 자본주의 또한 싸워서 무너뜨려야 하는 것이지 저절로 무너지는 것은 아닐 터였다.[26]

히틀러가 권력을 잡은 지 한두 달밖에 안 된 시점에서, 마일스의 분석은 잠시 멈춰 다음에 할 일을 구상해 보는 정도를 훌쩍 넘어서는 노력이었다. 이것은 위기가 진보 진영에 유리하게 작용하기는커녕 오히려 위기 이전보다 진보 진영을 훨씬 더 안 좋은 상황에 처하게 만든 데 대해 책임을 지려는 노력이었다. 진보 진영은 '역사'가 그들 편이라고 말하면서 위안을 삼고만 있어서는 안 되었다.

히르슈만에게 《노이 베긴넨》은 정치적 실천의 로드맵으로서보다는 현상을 분석하는 이론적 모델로서 더 중요했다. ORG는 독일 주요 도시 대부분에 지부가 있기는 했지만 한 번도 그리 큰 조직이었던 적은 없었으며(규모가 300명을 넘지 않았다), 1935년 독일 내 조직이 궤멸되면서 프라하, 암스테르담, 런던, 파리 등지의 망명자들 사이에서 명맥이 유지되고 있었다. 독일 내 정박지가 없어진 뒤에 이 운동은 토대를 제공한 마일스의 책 제목을 따 '노이 베긴넨' 운동이라고 불리게 되었다. 젊은 혁명가들이 맹렬한 열정에 불타고는 있었지만 정치는 그들에게 여전히 추상적인 영역이었다. 정당도 없었고 충성을 바칠 대상도 없었으며 새로운 이론을 실천으로 바꿔낼 방법도 없었다. 1936년 여름에 에스파냐내전이 발발하면서 상황은 완전히 달라지게 되지만 아직까지 정치는 다음에 무엇을 할 것인가와 그것을 누구와 할 것인가를 '논쟁'하는 것에 한정되어 있었고, 히르슈만이 보기에 이런 '논쟁'은 HEC 수업만큼이나 무의미했다.

사회주의 모임, 특히 공산주의자들이 참석하는 모임은 늘 충성심을 고백하는 의례적인 절차로 시작되었다. "동지들, 먼저 객관적으로, 그 다음에 주관적으로 이야기해 봅시다." 그리고 모든 토론은 "공산주의자들과 연대할 것인가, 한다면 어떻게 연대할 것인가"라는 주제로 이어졌고, 한 쪽이 다른 쪽을 '부르주아' '이탈자' '트로츠키주의자' '반혁명분자'와 같은 인신공격적 언어로 비난하면서 논의는 뱅뱅 맴돌기만 했다.[27] 이런 논쟁은 일방적이고 끝이 없었다. 어느 면에서는 히르슈만에게 잘 맞는다고도 볼 수 있었다. 비난받는 것이 좋아서가 아니라 이미 그가 새로운 지적 원천을 갈망하고 있었기 때문이다. 그는 망명자들 사이의 논쟁에서 드러나는 순환논리와 집착에 지쳐 있었다. 한때는 정신을 번쩍 들게 하는 계몽적인 언어로 보였던 말들이 이제 감옥같이 느껴지기 시작했다. 열여덟 살 생일 무렵[4월], 파리 겨울의 유명한 잿빛 구름이 갈라지고 그 사이로 햇빛이 새어 나오는 계절이 되자 히르슈만은 혼자 그 햇빛을 즐기곤 했다. 뤽상부르 공원에서 좋은 자리를 하나 찾았고, 그곳에 앉아 아버지의 기일을 기리고 엄마의 편지를 읽고 도스토옙스키를 읽으며 "평화롭게" 시간을 보냈다. 그러고는 생미셸에 있는 학생 식당에서 혼자 점심을 먹고 공원으로 돌아와 저녁까지 있다가 우르줄라를 만나서 샹젤리제에 있는 식당으로 저녁을 먹으러 갔다.[28]

히르슈만이 옛 사고방식의 미몽에서 깨어나는 데는 공산주의자들이 그저 불편한 동반자가 아니라 나쁜 동반자라는 생각이 강해진 것이 무엇보다 큰 영향을 미쳤다. 히르슈만은 표리부동을 볼 만큼

앨버트 허시먼

보았고 교조적인 도그마도 참을 만큼 참았다고 생각했으며, 라파엘라인의 견해에 점점 더 공감하게 되었다. 게다가 공산주의자들이 혁명적 순수성을 목청 높여 주장하면서도 실제로 저항을 하는 데는 너무나 무능하다는 데 대해 별 문제의식을 느끼지 못하는 것도 이해하기 어려웠다. 훗날 우르줄라는 회고록에서 이 무렵에 동생이 정당의 강성 노선에 대해 인내심이 없어졌다고 회상했다. 게다가 우르줄라가 참여하던 파리의 지하조직에는 '위고'라는 이름의 스탈린 추종자가 있었는데, 온갖 인신공격적인 말로 다른 이들을 비난하고 "진정한 신념을 가진 동지들이 독일에서 벌인 영웅적 행동"에 대한 의례적인 이야기들을 늘어놓으면서 모든 사람의 인내심을 바닥냈다.

그러던 어느 날, 조금 더 나이가 든 누군가가(그도 독일 망명자였다) 지하조직 모임에 나타났다. 그는 여느 때처럼 위고가 인신공격과 의례적인 이야기를 늘어놓는 것과 그에 대해 알베르트와 우르줄라가 회의적으로 질문과 비판을 하는 것을 지켜보았다. 회의가 끝나자 그 남자는 남매에게 자신을 '하인리히'라고 소개하더니 '배앓이 bellyache'에 대해 물었다. 정당 노선에 대한 회의감을 말하는 은어였다. 오토 알베르트는 이 표현을 알고 있었지만 대화를 이어가고 싶은 마음이 없었기 때문에 모르는 체했다. 그러자 하인리히는 정당에 대해 문제를 느끼고 있느냐고 단도직입적으로 물었다. 오토 알베르트와 우르줄라가 그렇다고 대답하자 하인리히는 적선하듯 고개를 끄덕이고는, 긴 토론을 통해서 "동지들이 당에 대한 신념을 회복하도록" 자신이 "도울 수 있다"고 말했다. 그는 사상적인 문제를 해결하기 위해 정당에서 파견한 해결사였다. 우르줄라는 그의 잘난 체하는 태도에 그리 거부감을 느끼지 않았고 실제로 자신의 신념이 흔들리고 있는 것에 대해 걱정하고 있었다. 하지만 동생은 이미 정당에 대해 느낀 회의감을 돌이킬 수 없었고 하인리히라는 사람에게 자신이 어리고 순진하게 보였다는 것에 모욕을 느꼈다. 그 이후로 오토 알베르트는 하인리히를 경멸조로 '그자'라고 불렀다.

'그자'가 하도 끈질기게 권유하는 바람에 남매는 긴 산책을 하면서 러시아혁명, 레닌, 전투주의적 망명자들의 성과 등에 대해 그가 설교하는 것을 꾹 참고 들었다. 하지만 오토 알베르트의 인내심은 곧 바닥이 났고 그 자리에 더이상 나가지 않는 것으로 의사를 표시했다. 알고 보니 이것은 '그자'에게도 좋은 일이었다. 그는 우르줄라에게 더 관심이 있었던 것이다. 우르줄라와 단 둘이 있게 되자 하인리히는 정당에 대한 신념뿐 아니라 우르줄라에 대한 사랑도 고백했다. 다시 한 번 우르줄라는 사랑과 이데올로기가 뒤섞인 이상한 연애에 빠져들었다. 그리고 이전처럼 이번 연애도 상대가 상처 입고 날뛰게 하면서 끝나게 된다. 훗날 하인리히는 뉴욕에서 이들 앞에 다시 등장하는데, 이번에는 한나 아렌트의 남편 하인리히 블뤼허로서였다. 세월이 지났지만 확실성을 설교하려 드는 성향은 달라진 것 같지 않았다. 1930년대에 파리에서 블뤼허는 오토 알베르트가 공산주의에 대해 이미 가지고 있던 회의감을 다시금 확인시켜 주었다. 그리고 30년 뒤에 허시먼은 블뤼허와 아렌트가 여전히 '확신'의 분위기를 가지고 있으며 수많은 미국인이 답을 구하고자 그들에게 몰

려드는 것을 보고 놀라게 된다.[29]

한편, 이 무렵 오토 알베르트는 앞으로 그의 인생에 결정적인 영향을 미치게 될 사람을 만난다. 그때 오토 알베르트는 사람들을 더욱 피하게 되어서 거의 누나하고만 이야기를 나누고 있었다. 그리고 1935년 봄 우르줄라의 삶은 여러 면에서 근본적인 갈림길에 처해 있었다. 마르크 라인과는 곧 연인 관계를 정리하고 친구 사이로 돌아갔다. 그러나 마르크가 연애에 다시 불을 지필 수 있을 것이라는 희망을 놓지 않고 있었기 때문에 우르줄라로서는 같은 집에서 지내는 것이 매우 난처했다. 그 다음 블뤼허와의 연애는 순조롭지 못했고 금방 끝났다. 우르줄라는 친구들을 통해 이탈리아 토리노 출신의 패기만만하고 대담한 좌파 렌초 기아를 알게 되었고 오토 알베르트도 곧 그를 알게 되었다. 기아는 그들에게 이탈리아어를 가르쳐 주었다. 하지만 그가 알려준 것은 언어만이 아니었다. 기아는 유머와 약간 불경스러운 듯한 언행으로 우르줄라를 즉시 무장해제시켰다. 그는 공산주의에 대한 우르줄라의 신념을 놀리면서 웃음을 터뜨렸다. 이러한 태도는 우르줄라에게도 전염되어 그 이후 우르줄라는 조직 모임에서 진지함과 확실성, 그리고 의례적인 절차들을 볼 때면 웃으면서 고개를 절레절레 흔들게 되었다. 기아는 자신이 속한 [이탈리아 망명자] 정치 집단을 우르줄라에게 소개해 주었고 곧 오토 알베르트도 이 모임을 알게 되었다. 오토 알베르트는 이 모임이 그가 막 벗어버리고 있던 옛 독일의 옷보다 더 매력적이라고 생각했다.

우르줄라가 기아에게서 받은 첫인상은 놀랄 정도로 진지하지 않아 보인다는 것이었다. 하지만 오토 알베르트는 기아에게서 유머를 발견했다. 그것은 엄격한 도덕주의적 좌파 전통과 '거짓 행동주의', 그리고 무용할 뿐인 극단적 토론을 모두 거부하는 유머였고 오토 알베르트는 이런 태도에서 해방감을 느꼈다. 한번은 우르줄라가 개인적인 저항 행동은 "전체 운동에 유용해야 한다"는 규범에 부합하지 않으며 '객관적 조건'이 성숙하기를 기다려야 한다고 말하자 기아가 웃으며 대답했다. "너에게는 너의 언어가 어느 정도나 중요성을 갖는 거야? 자기 말을 하지는 못하고 어디서 들은 이야기나 귓속말로 우물우물 전할 뿐인 너의 그 똑똑한 불법체류자[망명자]들 모임보다는 스스로 일어나서 말하는 사람이 더 가치 있다고." 또 우르줄라가 노동자 계급이 혁명적 행동의 전제들을 마련해 가고 있다고 말하자, 기아는 좌파가 이론에 꽁꽁 싸매져서 수동적이고 무력하기만 했던 과거를 상기시키며 최후의 일격을 날렸다. "너의 그 노동자 계급은 지옥에나 가라고 해! 내가 보기에는 신념을 버려야 할 때야. … 독일에는 1200만 명의 조직된 사회주의자와 공산주의자가 있었고 유럽에서 가장 강력한 노동자 계급 운동이 있었는데 히틀러가 부상할 때 왜 모두들 가만히 있었지? 그게 네가 말하는 이론적 원칙이야? 그게 무슨 가치가 있지?"[30]

오토 알베르트는 이렇게 직접적인 도발 없이도 기아가 말하는 행동지향적 철학에 동조할 수 있었다(이후 기아는 이러한 '의지론'적 태도에 걸맞게 에스파냐내전에 참전하지만, 안타깝게도 팔랑헤 당원의 폭탄에 사망한다). 그런데 이는 렌초 기아 개인만의 사상이 아니었다. 그

앨버트 허시먼

의 견해 뒤에는 '주스티치아 에 리베르타(정의와 자유)'라고 불리던 운동과 철학이 있었다. '정의와 자유'는 1929년 파리에 거주하던 이탈리아 망명자들이 만든 운동으로, 곧 오토 알베르트에게서 독일 관념론이 차지했던 자리를 밀어내고 그 자리를 차지하게 된다. 그런데 여기에 결정적인 영향을 미친 사람은 기아가 아니었다.

되짚어 보면 애초에 오토 알베르트가 이탈리아에 관심을 갖게 된 계기는 우르줄라였다. 연애와 이데올로기 모두에서 난관에 빠져 있던 우르줄라는 독일 망명자 모임에서 점점 멀어지고 있었다. 그리고 베를린으로 돌아갈 수 있는 가능성은 거의 다 사라진 상태였다. 동생은 적어도 도스토옙스키와 학업에 몰두할 수 있었지만 우르줄라는 그럴 수도 없었다. 1935년 봄에 우르줄라는 에우제니오 콜로르니에게 편지를 보내 이런 이야기를 털어놓았다. 1933년에 베를린에서 히틀러의 집권을 막기 위해 벌였던 마지막 저항에서 오토 알베르트와 우르줄라의 부탁을 받고 전단지를 만들 복사기를 자신의 객실에 두게 해 주었던 사람 말이다. 이 무렵 콜로르니는 트리에스테로 돌아와 한 여학교에서 교사로 일하고 있었다. 그는 교사로 일을 하면서 라이프니츠에 대한 논문을 쓰고 트리에스테의 카페에서 브루노 핀케를레, 지노 핀케를레, 조르조 라데티 등 반파시스트 동료들과 토론을 하며 이탈리아 사회당 활동도 활발히 하고 있었다(이탈리아 사회당도 독일 사회민주당과 비슷한 논쟁에 빠져 있었다).

그리고 트리에스테의 부유한 유대인 집안 여성과 결혼할 예정이었다. 그런데 우르줄라의 편지는(편지를 쓰게 된 구체적인 동기는 불분명하다) 이를 깨기에 충분할 정도로 강력했다. 콜로르니는 답장을 보내 우르줄라에게 트리에스테로 오라고 했고 우르줄라는 4월에 그를 만나러 갔다. 둘은 사랑에 빠졌고 예정되어 있던 그의 결혼은 무산되었다. 우르줄라가 파리로 돌아온 뒤에는 격정적인 편지가 오갔다. 또 콜로르니는 파리로 우르줄라를 만나러 와서 파리에 망명해 있는 이탈리아 친구들을 히르슈만 남매에게 소개시켜 주었다. 머리가 점점 마비되는 것 같다고 느끼고 있던 오토 알베르트는 그의 따뜻함과 활기와 새로움에 반했다. 우르줄라는 에우제니오에게 보낸 편지에서 이렇게 언급했다. "OA가 얼마나 당신과 같이 있고 싶어하는지 몰라요. 당신과 같이 있고 싶다는 말을 내가 아니라 그 아이가 했다니 우습네요."[31]

곧 에우제니오는 히르슈만 남매(우르줄라, 오토 알베르트 그리고 어린 에바까지) 모두에게 영향을 미치는 중요한 존재가 된다. 매력적이고 쾌활하며 기운을 북돋아 주고 긍정적인 조언을 해 주는 콜로르니는 독일 망명자 모임의 우울한 분위기와 대조적이었다. 에바의 말을 빌리면 그는 히르슈만 남매가 의존한 '바로 그 사람'이었다.[32] 우르줄라와 오토 알베르트는 토스카나 해변의 포르테데이마르미에 있는 콜로르니 가족의 휴양지에서 여름 휴가를 함께 보냈다. 커다란 정원과 테니스장, 큰 무화과나무가 있는 2층짜리 저택이었다. 무화과나무 그늘에서 가족과 친지들이 음식을 먹으며 이야기를 나누곤 했다. 모임도 많았다. 밀라노에서 친구들과 동지들이 와서 합류했고, 나무 그늘이 아니라 실내에서 비밀리에 열리는 심각한 회의도 가졌

앨버트 허시먼

■ 포르테데이마르미에서 에바가 오토 알베르트를 목말 태운 모습.

다. 에바도 잠깐 방문해 몇 년 만에 언니, 오빠를 만나 여름을 함께 즐겼다. 이때 토스카나 해변에서 십대의 에바가 활짝 웃고 있는 오빠를 목말 태우는 모습이 담긴 사진이 남아 있다. 이렇게 여름 휴가를 보내면서 오토 알베르트와 에우제니오는 작은 카페에서 아주 많은 대화를 나눴다. 이 무렵 에우제니오는 우르줄라에게 청혼했고 둘은 12월에 밀라노에서 결혼식을 올렸다. 이제 히르슈만 가족은 새로운 구심점을 갖게 되었고, 곧 에우제니오는 히르슈만 남매에게 완전히 새로운 개인적·정치적 좌표, 그리고 오토 알베르트에게는 지적 좌표를 제공하게 된다.[33]

에우제니오는 여섯 살 아래인 처남의 지적인 지평을 막대하게 넓혀 주었다. 오토 알베르트에게 지적으로 가장 큰 영향을 미친 사람을 한 명만 꼽으라면 단연 에우제니오이다. 그 영향의 시작은 에우제니오의 독특한 정치적 신념에서 찾아볼 수 있다. 에우제니오 콜로르니는 1909년 밀라노의 동화된 중상류층 유대인 집안에서 태어났다. 명문 학교에 다녔고, 자유주의 철학자이자 역사학자인 베네데토 크로체에게 크게 감화를 받았다. 크로체는 '자유의 세기'이던 19세기와 그 세기가 남긴 영향에 대한 저술로 유명한 학자였다. 이어 콜로르니는 밀라노대학 철학문학부에 들어가 미학, 윤리학, 심리분석, 과학철학 등 방대한 소재에 대해 글을 쓰기 시작했다. 그리고 라이프니츠에게 관심을 갖게 되면서 마르부르크대학으로 가서 에리히 아우어바흐의 지도를 받았다.

아우어바흐는 뛰어난 언어학자로, 지암바티스타 비코의 《새로운 과학》(1725)을 독일어로 번역했으며 단테에 대한 연구로도 유명했다. 마르부르크대학에서 아우어바흐는 17세기에서 19세기 사이의 프랑스 저자들에게 관심을 갖게 되었는데, 이 관심사는 젊은 콜로르니에게도 전염되었을 것이다. 나중에 콜로르니가 즐겨 읽은 책들을 보면 글과 현실 경험을 연결시키고 사람들과 작가들을 역사적 산물로 여긴 아우어바흐의 특징을 엿볼 수 있다. 나치에 몰려 이스탄불로 망명한 아우어바흐는 마르부르크에서 시작했던 대작《미메시스: 서양 문학에서의 현실 묘사》를 그곳에서 마무리했고, 미국으로 건너가 예일대학의 문학 교수가 되었다. 수십 년 뒤[1950년대] 아우어바흐가 사망하기 얼마 전에 허시먼은 예일대학에서 드디어 그를 만났다. 허시먼은 우르줄라에게 이렇게 알렸다. "오늘 오후에 여기에서 프랑스어를 가르치는 폴란드 친구를 만났어. 그리고 아우어바흐 교수가 그곳에 있는 것을 알게 되었어. 이야기를 나누다 보니 에우제니오를 마르부르크로 오게 한 사람이 그분이었더라고. 그분은 로망어 교수였고 나중에는 이스탄불로 갔다고 해. 그리고 1937년에 아내와 함께 트리에스테를 지나가다가 그곳에서 누나를 만났대. 매우 친절하고 활기차고 지적인 분 같았어. 아내분은 분명히 좀 덜 그런 것 같았고(그리고 청력이 안 좋으시더라고)."[34]

허시먼이 아우어바흐가 자신에게 간접적으로 미친 막대한 영향을 잘 모르고 있었다는 사실은 20세기에 대대적으로 벌어졌던 비자발적 이주와 단절이 야기한 아이러니의 한 단면이라고 할 수 있다. 훗날[1970년대] 우르줄라가 회고록을 쓰면서 에우제니오의 옛 스승이었던 아우어바흐 교수에 대해 무언가 더 알 수 있는 것이 없는지 동생에게 물어보았을 때 허시먼은 그의 책이 "매우 수려하고 유명한 책"이라고만 언급했을 뿐 더 알고 있는 것은 없었다.[35]

《미메시스》를 읽으면서 자신의 지적 계보가 콜로르니를 거쳐 그 이전의 아우어바흐로까지 거슬러 올라간다는 사실을 허시먼이 알아차렸을까? 확실히는 알 수 없다. 허시먼이 이에 대해 직접 남긴 기록은 없으며, 우리로서는 강한 유사점을 보이는 메아리들만 볼 수 있기 때문이다. 결정적인 연결고리인 에우제니오는 이와 관련해 어떤 기록이나 언급도 남기지 못한 채 파시스트 도당에게 살해당했다. 그렇긴 해도 아우어바흐와 허시먼을 연결지어 보는 것은 지나친 일이 아닐 것이다. 이를테면 고전에서 현재의 기원을 발견하려고 한 아우어바흐의 성향이 허시먼에게서도 분명히 나타난다. 아우어바흐는 구약성서와 호메로스의 차이가 현대 리얼리즘 문학에 나타나는 여러 갈래의 기원이라고 보았다. 또 콜로르니가 매우 좋아했고 받아들이기도 했던 아우어바흐의 비판적 문체와 인용문을 사용하는 습관도 허시먼에게서 볼 수 있다(허시먼의《정념과 이해관계》가 이런 점을 가장 발달된 형태로 보여준다). 플로베르, 발자크, 스탕달 등 19세기 프랑스 소설가에 대한 애정도 이들의 공통점이다. 허시먼은 리얼리즘 문학의 최고봉인 이 작가들을 20세기 내내 시금석으로 삼았다.

무엇보다, 고전을 읽으면서 형성된 '고요한 학식'도 이들의 공통점이었다. 고전을 읽는 것도, '고요한 학식'도 오늘날에는 너무나 흔치 않은 특성이다. 이런 특성은 특정한 학문적 관점과 관련이 있었

앨버트 허시먼

다. 1953년 아우어바흐는 이렇게 언급한 바 있다. "우리는 정밀과학을 우리의 모델로 삼아야 한다. 우리의 정밀성은 구체적인 것들과 관련이 있다. 역사라는 예술에서 위대한 도약은 판단의 관점을 정교화하는 데서 나온다. 그렇게 해야만 다양한 시대와 문화를 그것들 자신의 전제와 견해들에 비추어 파악할 수 있고, 그것들을 최대한 발견해낼 수 있으며, 현상을 외부적 요인으로만 설명하는 모든 절대주의적 분석을 게으르고 몰역사적인 것으로서 기각할 수 있다."[36] 특수하고 구체적인 것에 주목하는 것은 허시먼에게도 큰 의미가 있었다. 허시먼은 이미 역사의 '법칙'을 의심스러워하고 있었으며, '법칙'을 도출하려 하기보다는 서사적인 관점을 추구하려 했다. 그런 관점만이 기회와 우연에 가능성을 열어 줄 수 있었기 때문이다.

물론 이러한 지적 유산이 허시먼에게서 효과를 나타내는 것은 오랜 시간이 흐른 뒤이다. 고전 문학들을 읽고 소화하려면 시간이 필요하기 마련인데, 아우어바흐는 책, 독서, 저술에 집중할 수 있었지만 더 젊은 세대인 에우제니오와 오트 알베르트는 집중해야 할 또 하나의 현실이 있었다. 바로 정치적 실천이었다. 콜로르니는 정치에 대해서는 글을 많이 쓰지 않았지만 정치에 관심이 매우 많았고 지하활동에도 적극적으로 관여했다. 밀라노에서의 지하활동은 그의 결혼식조차 그냥 내버려두지 않았다. 결혼식 전날 밤 예행연습을 겸해 열린 만찬 중에 에우제니오는 오토 알베르트를 따로 불러내더니 이렇게 말했다. "중앙역으로 나랑 같이 좀 가자. 들키면 총각파티를 하는 중이라 둘러대고." 만찬장을 빠져나와 기차역에 도착하자 에우제니오는 오토 알베르트에게 여기서 잠시 기다리라면서 만약 자신이 돌아오지 않으면 "이러이러한 사람에게 알리라"고 했다. 미래의 처남은 당황한 채로 에우제니오가 사라지는 것을 바라보았다. 에우제니오는 사촌인 에밀리오 세레니('밈모'라고도 불렸다)가 파리로 가는 기차에 무사히 탔는지 보러 온 것이었다. 공산주의자인 세레니는 영민하고 많은 저술을 남긴 저자로, 무솔리니의 강력한 비판자이기도 했다. 그래서 그는 파리로 망명해야 했는데, 에우제니오의 결혼을 축하하러 밀라노에 몰래 왔다가 다시 파리로 가려는 참이었다. 곧 에우제니오가 무사히 다시 나타났고, 에우제니오와 오토 알베르트는 만찬장으로 돌아왔다.[37]

파리는 이탈리아 망명자들에게도 그들의 적들에게도 활발한 전초 기지였다. 그래서 프랑스 당국은 골머리를 앓았다. 수천 명의 이탈리아 공산주의자가 파리로 들어왔으며 많은 수가 코민테른 프랑스지부에서 활동했다. 이 때문에 파리는 외국인들 사이에서 벌어지는 정치적 결투의 장이 되었다. 1923년에서 1933년 사이에 28명의 이탈리아 파시스트가 파리에서 살해되었다.[38] 이탈리아인들은 파시즘이 얼마나 질긴지 너무나 잘 알고 있었기 때문에 독일 망명자들이 히틀러가 곧 무너질 것이라고 기대하는 모습이 어이없어 보였다. 이탈리아 망명자 중에는 일찍이 1920년대 중반부터 망명 생활을 한 사람들도 많았다. 레오네 긴츠부르그 같은 학자들, 작가이자 화가인 카를로 레비, 정치이론가 노르베르토 보비오 등은 이탈리아에 남아 토리노, 밀라노, 트리에스테 등지에서 지하활동을 하면서 저항운동의 중추가 되었고, 훗날 무솔리니가 무너진 뒤에는 이탈리아 행동당 PA 창당의 주역이 된다(긴츠부르그는 1944년 초 나치에 의해 고문당하고 숨져 행동당 창당에는 합류하지 못했다). 한편 로셀리 형제(그들은 리파리섬의 감옥에서 탈출해 화제가 되기도 했다) 등은 이탈리아를 떠나 망명지인 파리를 근거지로 삼아 활동했다. 이들이 무솔리니를 몰아내려는 모든 진보주의자를 포괄해 만든 범저항운동이 바로 '정의와 자유' 운동이었고, 이것이 렌초 기아, 콜로르니 등이 참여한 모임이었다.

카를로 로셀리는 불굴의 의지로 자유주의자, 사회주의자, 공화주의자, 그리고 주세페 마치니를 잇는 민족주의자 등을 모두 모아 무솔리니를 무너뜨리고 파시즘 이후의 이탈리아를 건설할 운동을 펼치고자 했다. 폭파, 전단지 살포, 무솔리니 암살 계획, 불법 신문(《정의와 자유》 등) 제작 등 자유를 실천하기 위한 지하활동의 목록에는 끝이 없었다. 그리고 매우 다양한 정치적 스펙트럼을 포괄하고 있었지만 '행동'에 목표를 두는 한 이론적 내분이 생길 여지는 크지 않았다. 독일 좌파가 서로에게 핏대를 세우던 것과는 대조적이었다. 콜로르니는 1930년에 밀라노에서 '정의와 자유'에 가담했으며 이후에는 레오네 긴츠부르그가 이끄는 토리노 모임에서도 활발히 활동했다(독일로 공부를 하러 가느라 활동이 중단되기도 했지만). 그러다 1935년 봄 이탈리아 국내 모임이 정부의 탄압으로 와해되자 콜로르니는 로돌포 모란디가 밀라노에서 이끌던 '내부 사회주의자 센터CIS'라는 모임에 가담했다. 이 무렵은 사회주의자들과 공산주의자들이 더 폭넓게 연대하는 문제를 놓고 열띤 논쟁을 벌이던 시기였으며,

이러한 움직임은 '인민전선' 구성으로 정점에 오르게 된다. 1936년 콜로르니는 CIS의 회장이 되어 CIS가 파리를 기반으로 펴내던《민중의 외침》의 편집을 담당하게 되었다. 그리고 얼마 후에는 파리에서 열린 제9차 세계철학자대회에서 로셀리를 만나 '정의와 자유'와 이탈리아 사회당의 연대를 긴밀히 논의하게 된다.[39]

콜로르니의 행동지향적인 정신은 독특한 사고방식과 관련이 있었다. 이탈리아 망명자들이 '이론'(혹은 '위력이 있는 사상un'idea forza') 자체에 적대적인 것은 아니었다. 그들도 개념과 이론적 분석을 통해 반파쇼 운동을 설명하고 정당화하고 동기를 부여하는 것이 나쁘다고 보지 않았다. 실제로 처음에 오토 알베르트가 받은 영향은 지적이고 학술적인 영향이었다. 우르줄라에 따르면, 에우제니오는 마치 아픈 사람에게 그러듯 히르슈만 남매를 기어코 '치유'하고자 했다. 렌초 기아도 전에 그랬듯이 에우제니오의 친절하면서도 지칠 줄 모르는 설득은 우르줄라가 교조적 마르스크주의의 궤변을 깨뜨리고 변증법적 유물론에 대한 믿음을 버리게 했다. 하지만 불행히도 정치적인 치유가 사랑에는 그리 도움이 되지 않았고 이들의 결혼생활은 곧 삐걱대기 시작했다.[40] 오토 알베르트는 누나가 남편의 재능을 온전히 평가하지 않는 것이 마음에 걸렸다. 나중에 허시먼은 누나가 에우제니오의 사상에 대해 잘못 알고 있는 것[혹은 그렇다고 허시먼이 생각한 것]을 바로잡고자 애쓴다. 우르줄라가 쓴 회고록에서 에우제니오는 '책상물림'으로 묘사되어 있었는데 허시먼이 보기에 이는 잘못된 것이었다. "사르트르, 레비스트로스, 푸코는 책상물림이지만 에우제니오는 그 반대였어. 지속적으로 비판을 하고 문제를 제기하고 자극을 주는 사람이었다고. 그는 행동파였고 그와 동시에 비판적 사고자였어. 그게 바로 에우제니오의 특별한 재능이었는걸? 그 장 제목을 '생각하는 비판자이자 행동하는 사람Pensatore critico e uomo d'azione'으로 바꾸거나 아니면 더 간단하게 '생각하는 비판자 겸 행동가pensamiento critic e azione'로 바꾸면 어떻겠어?" 하지만 우르줄라는 동생의 제안을 따르지 않았다.[41]

허시먼이 본 에우제니오의 '특별한 재능'이 우르줄라에게는 그리 큰 의미를 갖지 못했다. 우르줄라는 생각과 행동의 저울에서 행동 쪽으로 치우쳐 있었다. 하지만 오토 알베르트에게는 에우제니오의 '특별한 재능'이 너무나 매력적이었다. 끊임없이 움직이면서 다양한 것들을 혼합하는 스타일과 일상의 관찰을 통해 세계관을 형성하는 방식은 허시먼에게 영구적인, 그리고 결정적인 흔적을 남기게 된다. 하지만 이런 성향 때문에 에우제니오는 다소 일관성 없는 사상가이기도 했다. 호기심에 압도되는 경우가 너무 많아서 정신분석에 관심이 생겨 프로이트를 탐독하다가 아인슈타인에게 끌려서 물리학을 공부하는 식이었다. 그래서 라이프니츠에 대한 논문은 계속 미루어졌다.

하지만 그의 잡식성적인 호기심이 오토 알베르트에게는 새로운 지평으로 문을 열어 주는 역할을 했다. 독일 마르크스주의의 이론적인 경직성으로부터 자유로웠던 에우제니오는 모호하고 순환논리적이기 일쑤인 추상적 이론을 피했다. 에우제니오의 이러한 세계관은 이탈리아 자유주의의 거두인 베네데토 크로체 같은 학자와 접하면서 일찌감치 형성되었다. 그는 자유의 미학적인 차원에, 그리고 현실에서의 경험과 관찰이 진정한 지식의 기초가 될 수 있다는 믿음에 기반한 실증주의의 풍성함에 매료되었다. 에우제니오는 "주위를 보라"고 조언했다. 세계의 현상들을 먼저 포착한 뒤 거기에서 아이디어가 나오게 만들라는 것이었다. 이는 금기를 설파한 것이나 마찬가지였다. 에우제니오는 일종의 '의지론'을 지지했고, 역사의 가차 없는 진전 같은 것은 믿지 않았다. 사회 발전의 '필연적'인 경로에 사람들이 반드시 순응해야만 하는 것은 아니었다. 즉 행동을 취하기 전에 '객관적 조건들'이 성숙하기를 꼭 기다릴 필요는 없었다. 렌초 기아가 우르줄라의 경직된 언어에 웃음을 터뜨렸을 때 의미한 것도 바로 이것이었다.

에우제니오와 대화를 나누면서 오토 알베르트는 지식의 작은 조각들에 관심을 갖게 되었다. 그들은 이것을 '작은 생각들'이라고 불렀다. "이것들은 어떤 이데올로기나 세계관에도 연결되어 있지 않고, 세계에 대해 전체적인 지식을 제공한다고 주장하지도 않는다. 하지만 그러면서도 이것들은 이전의 모든 이데올로기가 했던 주장을 뒤흔들 것이다." 이러한 '프티 이데petit idée['작은 생각'이라는 의미의 프랑스어]'는 허시먼에게 큰 영향을 미쳤다. 이후로 그는 평생 동안 공책과 메모지에 그가 관찰한 것들을 사소한 내용까지 기록했다. 그리고 그것들이 나중에 모종의 사상으로 발전할 통찰을 일깨워 줄 수 있기를 기대했다. "프티 이데는 아포리즘과 같다. 생각지 못한 놀라움을 주며 역설적인 속성도 가지고 있다. 그리고 바로 그 점 때문에, 그것들은 아마도 진실일 것이다." 이러한 작은 아이디어들은 잎사귀처럼 세상에 퍼져 있기 때문에 그것들을 "모으는" 법과 그것들로부터 "위대한 사상"을 끌어내는 법을 알아내는 것이 중요했다. 이것은 추상적인 분석 체계를 먼저 수립한 뒤 그것을 적용해서 일상의 경험들이 갖는 의미를 해석하는 방식과는 정반대였다.[42]

추상적인 이론에서 관찰적인 실천으로의 전환이 싹을 틔우기까지는 많은 시간이 필요했다. 베를린이라는 특정한 장소에 뿌리를 두고 꽤 일관되게 응집되어 있었던 지적 양식이 다른 장소로 옮겨갔다고 한순간에 새로이 재조합될 수는 없는 일이었다. 그래도 평생에 걸쳐 허시먼은 탐험적인 지적 감수성과 의지론적 정치 성향을 결합한 연금술을 육성하고 정교화해 나가게 된다. 많은 면에서 이것은 그의 삶에 녹아 있던 '떠돌이적' 속성 덕분에 가능했다. 이러한 지적 성향은 그의 동요하고 불안해하는 정신을 잘 보완해 주었다.

훗날 새러는 프티 이데가 "앨버트의 삶에서 정말로 핵심적인 것이었다"고 회상했다. "우리가 처음 만난 날, 그는 에우제니오에 대해 이야기하면서 프티 이데 이야기를 했어요." 그때는 6년의 세월과 몇 번의 전쟁이 지나간 뒤인 1941년 초였다. 하지만 허시먼에게는 바로 어제 매형과 대화를 나누었던 것같이 생생했다. 미래의 아내와 나눈 그날의 첫 대화에서 앨버트는 새러에게 "거대 이론이나 거창한 것들을 생각하지 말고 작은 아이디어들을 소중히 여기라"고 말했다. 그 이후로 콜로르니에게서 기원한 프티 이데에 대한 애정은 앨버트와 새러의 유대에도 영향을 미쳤다. "살다 보면 어느 부부나 그들만 아는 말들을 갖게 되잖아요? 우리에게는 그게 '프티 이데'였어요. '와, 이것 멋진데? 작지만 멋진걸?' 이렇게 말하곤 했죠. 그리고 그의 편지에도 프티 이데들이 많이 담겨 있었어요. 그는 하나의 그림, 하나의 사진을 보고서도 프티 이데를 발견했죠. 또 거리에서 무언가가 벌어지고 있는 것을 보고서도 프티 이데를 발견했어요." 작은 것들은 큰 통찰을 주면서도 그 통찰로 환원되어 버리지 않았다. 반면 거대 개념은 "세계를 완전히 파악하고 있다"고 주장하면서 "여러 원인이 있는 사회적 과정들을 단 하나의 원칙으로 설명하려" 했다. 이를 피하려면 "현실을 부분 부분으로 이해하고자 노력해야 하고 자신의 관점이 주관적일 수 있음을 인정해야" 했다.[43]

전기작가는, 그리고 전기의 주인공이 되는 인물 자신도, '결정적인 순간'에 의존하려고 한다. 그 이후로 그에게 모든 것이 달라지는 순간, 미래의 모든 일이 그것으로부터 직접적인 영향을 받게 되는 사건 같은 것 말이다. 그것은 어떤 트라우마일 수도 있고, 한 권의 책일 수도 있으며, 외부적인 사건일 수도 있다. 하지만 이런 것에 의존하면 이야기를 과도하게 단순화하게 된다. 물론 히르슈만과 콜로르니의 만남은 '결정적인 순간'이었다. 하지만 '이 만남이 허시먼이라는 인간을 형성했다'라는 식으로 해석해도 된다는 말은 아니다. 그가 전통적인 학계의 경계를 초월하기까지는, 즉 망명 덕분에 접하게 된 다양한 지적 조류와 노트에 적어 놓은 프티 이데들이 쌓이고 결합되어 그만의 독특한 스타일이 되기까지는 콜로르니와의 만남

이후로도 오랜 시간이 필요했다.

망명자들 중에는 심리적인 안전망으로서 마르크스주의에 더 강하게 의지한 사람도 있지만, 콜로르니는 마르크스주의가 그러한 안전망을 제공해 줄 수 없다는 생각을 히르슈만에게 다시금 확신시켜 주었다. 그렇다고 콜로르니가 히르슈만을 또다른 체계로 개종시키려고 한 것은 아니었다. 그와 반대로 콜로르니는 목적의식적인 행동이나 사고를 하는 데 '확실성'이 꼭 전제조건이 되어야 하는 것은 아니라는 생각을 불어넣어 주었다. 콜로르니는 어느 것도 당연하게 여기지 않는 지적 태도를 가지고 있었다. 그가 확실성을 인정한 예외가 하나 있었다면, 회의주의의 가치였다. 그는 '회의'야말로 '유일하게 확실한 것'이라고 생각했다. '회의'는 종종 '불확실성'과 같은 의미로 쓰이지만 콜로르니는 이 둘을 다른 의미로 보았다. 불확실성은 내가 틀렸을지도 모른다고 생각하는 것이고, 회의는 무언가를 내가 알고 있다고 확신하지 않는 것이다. 전자는 자신감을 약화시키지만 후자는 그렇지 않다. 콜로르니는 의심과 회의가 창조성을 갖는다고 여겼다. 세상을 보는 대안적인 방식을 허용하기 때문이었다. 대안을 보게 되면 자가발전적인 의기소침과 순환논리로부터 벗어날 수 있을 터였다. 즉 의심은 동기부여의 힘을 가지고 있었다. 이데올로기적 제약으로부터 자유로워지면 다양한 정치 전략에 가능성이 열리고, 알 수 있는 것들의 한계를 인정하면 행동하기 전에 모든 것을 알아야만 한다는 강박에서 해방될 수 있었다. 행동의 전제조건으로 '확신'이 선행되어야 한다는 강박에서 벗어날 수 있는 것이다.

이탈리아 좌파의 내분을 겪을 만큼 겪은 콜로르니와 교조적인 가식을 참을 만큼 참은 히르슈만이 보기에 가장 좌절스러운 것은 냉소를 이론적으로 포장하는 주장들이었다. 훗날 허시먼은 이탈리아 저널리스트 프랑코 페라레시에게 콜로르니와 그의 동료들이 자신에게 남긴 유산에 대해 이렇게 이야기했다. "그 사람들은 자신의 활동을 엄청나게 위험한 정치 행동이라고 보지 않았어요. 사상의 자유를 위해 치러야 할 비용이라는 식으로 비장하게 생각하지 않았어요. 그보다는 단순하고 자연스럽고 자생적이고 거의 유쾌하기까지 한 반응이라고 보았죠." 그들의 위험한 정치 행동을 추동한 것은 사상의 자유였다. 허시먼은 기자에게 이렇게 말했다. "나에게는 그게 정치적 행동을 생각하는, 그리고 공적인 삶과 사적인 삶을 결합하는 매우 존경스러운 방식이라고 느껴졌습니다."[44]

콜로르니와 히르슈만 사이에 통하던 말이 하나 있었다. "햄릿이 틀렸다는 것을 증명하자"는 말이었다. 셰익스피어의 희곡에서 햄릿이 아무런 동기부여도 일으키지 못하는 종류의 회의주의를 보여주었다면, 콜로르니는 회의주의가 행동을 추동하는 힘을 가지고 있음을 보여주고자 했다.[45]

콜로르니의 영향은 각별했다. 하지만 그의 개인적인 사상이 준 영향이었다기보다 콜로르니 역시 더 광범위한 이탈리아의 사상적 조류에 속해 있었다고 보아야 할 것이다. 히르슈만과 긴 대화를 나누던 무렵 콜로르니는 두 개의 강력한 지적 조류의 어깨 위에 서 있고자 한 세대에 속해 있었다. 하나는 베네데토 크로체와 피에로 고베티(개인주의를 사회적 관심과 결합해 정치 이론을 전개한 저서 《자유주의 혁명》을 남겼다)로 이어지는 자유주의였고, 다른 하나는 마르크스 철학을 이어받은 안토니오 그람시였다. 카를로 로셀리는 《사회주의적 자유주의》에서 이 두 조류가 재결합되어야 한다고 주장했다(이 책은 1930년 파리에서 프랑스어로 출간되었으며, 이탈리아어판은 전쟁 이후에야 나온다). 제목이 잘 보여주듯이 로셀리는 자유주의가 말하는 자유의지에 대한 강조를 마르크스주의가 말하는 사회정의에 대한 강조와 결합해서 민주주의를 위한 하나의 사상으로 통합하고자 했다. 그러려면 확실성의 추구, 즉 불가피한 역사의 법칙에 대한 주술적인 추구를 버리고 과거의 논쟁들을 지배했던 무용한 추상 개념들을 뒤로 해야 했다. 이런 태도는 '역사의 법칙'을 근본적으로 회의하고 의심하는 것, 그리고 우리가 자유와 정의 그 자체를 위해서 행동할 수 있고, 행동을 통해 배우고 고치고 재평가해 나갈 수 있으며, 이를 토대로 다시 행동할 수 있음을 인정하는 것에 달려 있었다.[46]

이러한 영향들이 허시먼의 정신에 섞여 새로운 화학적 균형을 내기까지는 앞으로도 오랜 세월이 걸린다. 현재로서는, 에우제니오와의 대화에서 영감을 얻고 렌초와 함께 '지엘리스티'*들의 모임에 참여해 '사회주의적 자유주의'를 주창하는 로셀리주의자들을 만나기도 하면서, HEC에서의 공부를 거의 마쳐 가고 있었다. 우르줄라가

---

* '정의와 자유Giustizia e Libertà' 운동 활동가. 머리글자 G와 L을 따서 '지엘리스티giellisti' 라고 불렀다.

에우제니오에게 연락을 시도한 1935년 봄 무렵에 오토 알베르트는 다음 번의 이동을 계획하고 있었다. 4월 초에 그는 어머니에게 프랑스 김나지움 졸업증명서와 어머니의 국적에 대한 공증 서류를 보내 달라고 부탁했다. 런던정경대학LSE 장학금에 지원하려는 것이었다. HEC가 실망스러웠기 때문에 다음에는 꼭 제대로 된 곳에서 공부하겠다고 마음먹고 있었다. 파리는 경제학에 대한 호기심을 채워 주지 못했지만 런던은 채워 줄 수 있을 것이라고 기대했다. 국제학생지원위원회에서 받은 추천장도 그가 새로운 지적 전망을 여는 데 도움이 되었을 것이다. 그는 LSE에 합격했고 1년짜리 장학금을 받았다. 초여름에 오토 알베르트는 HEC의 마지막 시험을 치렀고, 《카라마조프 가의 형제들》을 다 읽었으며, 포르테데이마르미에서 우르줄라, 에우제니오와 함께 휴가를 보냈다. 그리고 파리로 돌아와 가방을 꾸려 런던으로 떠났다.

4장

유럽의 국경을 넘나든
지적·실천적 여정
(1935~38)

진정한 적수를 만나면 무한한 용기가 흘러나온다.

―프란츠 카프카

이후 3년 사이에 히르슈만은 네 개 나라를 거치고 한 번의 내전에서 싸우며 지하조직에서 활동하고 박사 학위를 땄다. 언어도 프랑스어에서 영어로, 에스파냐어로, 이탈리아어로, 다시 프랑스어로 계속 바뀌었다. 그러나 어느 나라에서 어느 언어를 사용하며 살든 파시즘에 맞서 싸우겠다는 결의만큼은 한결같았다. 고국은 떠나야 했지만 대의에는 언제나 충성하면서, 히르슈만은 망명의 시기가 자신에게 학문적·지적으로 비옥한 토양이 되게 만들었다. HEC에서 학문적으로 크게 실망한 뒤임을 생각하면, 이는 특히 의미 있는 일이었을 것이다. 이 3년의 앞부분에서는 LSE에서 경제학을 제대로 접할 수 있었다. 그가 너무나 오랫동안 간절히 원했던 일이었다. 이 3년의 뒷부분에서는 트리에스테에서 에우제니오에게 받은 지적 영향이 풍성하게 꽃피었다. 그리고 이 두 종류의 학문적 경험 사이, 즉 런던에서의 학문적 경험과 트리에스테에

서의 학문적 경험 사이의 기간에 혹독한 정치군사적인 활동을 경험하게 되는데, 바로 에스파냐내전이었다.[1]

시계추 같은 시기였다. 여러 나라와 여러 언어 사이를, 방에 틀어박혀 책을 읽는 서생에서 죽음을 무릅쓰고 투쟁하는 활동가 사이를 왔다갔다했다. 이렇게 변화무쌍한 행로를 보면 그에게 이런 일들이 [예정되어 있었거나 그가 계획해서가 아니라] 상황에 대한 반응으로서 예기치 못하게 벌어진 것이었음을 알 수 있다. 명백히 그의 선택에는 1935년에서 1938년 사이에 유럽 각국이 처했던 매우 불안정한 상황이 큰 영향을 미쳤다. 전 여자친구 잉게 프랑크가 언급했듯이 히르슈만의 결정에는 동요하고 초조해하는 흔적이 많았고, 유럽의 인민전선과 이들의 적인 우익 세력 사이의 갈등은 새로운 좌표를 찾고자 한 히르슈만이 유럽 전역을 돌아다니게 만든 중요한 요인이었다.

하지만 외부적 상황에 반응만 한 것은 아니었다. 히르슈만 자신의 의지도 크게 작용했다. 문제는 그가 계속해서 갈림길을 만나며 의사결정을 해 나가는 과정에서 무엇을 생각하고 어떻게 느꼈을지를 우리가 알기 어렵다는 점이다. 두 명의 히르슈만, 즉 전투적인 활동가 히르슈만과 지적인 사상가 히르슈만을 동일한 프레임에서 그리기에는 자료가 너무 부족하다. 그는 편지, 일기, 논문, 메모 등을 많이 남겼지만 유독 이 시기에 대해서는 남긴 것이 별로 없다. 어떤 사람들은 계속해서 선택의 기로에 처할 때 그 상황과 심경을 서신이나 일기로 풀어내기도 하지만 허시먼은 자신의 생각을 그 어디에도 드러내지 않고 평생 혼자 간직했다. 이 시기의 탐색, 희망, 상실에 대해 그가 놀라울 정도로 말을 아꼈다는 것 자체가 무언가 시사하는 바가 있을 것이다. 아마도 이때 겪은 일을 회상하면 그에게 가장 좋은 기억들과 가장 나쁜 기억들이 떠올랐을 것이고, 이는 스스로에게 어떤 영웅적인 이미지도 투사하지 않으려고 하는 그의 태도에 영향을 미쳤을 것이다. 햄릿이 틀렸음을 증명한다는 말은 사고와 행동 사이, 이론과 실천 사이에 열린 흐름이 있음을 의미한다. 자기의심은 위험한 정치 활동에 나서도록 동기를 부여한다. 영웅으로서가 아니라 세상에 대한 반反영웅적 입장 표명으로서 말이다. 그렇더라도, 우리는 행동가이자 동시에 사상가이고자 한 그의 노력에서 타인의 투쟁에 영웅적으로 참여하고자 했던 사람들의 긴 전통을 볼 수 있다. 분열되었으되 찢기지는 않은 그의 자아에 너무나 잘 어울리게도, 그는 둘 다 추구했고 둘 다 행했다.

이 시기의 명백한 분열을 분열로서가 아니라 하나의 전체를 구성하는 부분들로서 읽어내는 또 하나의 방법은, 이때의 경험을 히르슈만이 정신적인 독립을 추구해 간 과정으로 보는 것이다. 그는 베를린의 영향을 끊어내면서 청소년기에 가졌던 신념과 거리를 두게 되었고, 여러 나라를 돌아다니면서 많은 조류 속에서 유럽을 접하게 되었다. 그러면서 이 다양하고 복잡한 영향들을 자신만의 스타일로 결합하고자 하는 의지가 점점 강해졌다. 여기에는 어떤 내면의 충동이 작용하고 있었고, 그 충동은 여러 영향 중에서 그가 어떤 것을 받아들이고 어떤 것을 거부할지 결정하는 데 지침이 되었다. 이 충동은 그가 이 시기에 남긴 얼마 안 되는 글에서보다는 그의 행동에서 더 잘 찾아볼 수 있다. 그가 학자이자 저술가로서의 야심을 깨닫게 되는 것은 훨씬 나중이며, 그 야심을 이 이른 시기까지 소급해 해석한다면 너무 성급한 일일 것이다. 1936년 시점에서는 그의 삶에서 지적인 열정이 중심을 차지하게 될 것인지, 또 그렇다면 그것이 어떤 종류의 지적 활동이 될 것인지 아직 확실하지 않았다.

그렇긴 하지만 런던에 머물렀던 매우 초기부터도 한 가지 충동만큼은 분명하게 작용하고 있었다. 그가 받은 장학금 수여 조건에 따르면 그는 이미 학위가 있었기 때문에 필수과목을 들을 필요가 없었다. 수업을 더 듣든지, 학위 과정에 등록하든지, 연구팀에 합류하든지 어느 것이건 원하는 대로 할 수 있었다. 그런데 히르슈만은 이 가운데 어느 것도 선택하지 않고 "혼자 공부하기로" 했다.[2] 지금 보면 다소 의아해 보이는 결정이다. 특히 그가 HEC에서 제대로 공부하지 못한 것을 그렇게나 한탄했던 것을 생각하면 말이다. 분명 더 엄정한 교육을 통해 많은 것을 배울 수 있었을 테지만 나중에도 그는 몇 차례 '학계에서의 훈련' 기회를 거부한다.

하지만 그가 일부러 찾아가서 들은 수업도 있었다. 우선, 러시아 출신으로 이스트엔드[전통적으로 노동자 계층이 살던 런던 동부 지역]에 살던 젊은 교수 아바 러너가 있었다. 그는 랍비를 양성하는 성직자 학교를 다니다 LSE로 와서 엄하기로 유명한 라이어널 로빈스의 지도를 받았다. 러너는 명민하고 독창적인 사상가였고, 국제무역과 요소 가격 균등화 이론에 대해 획기적인 논문들을 낸 바 있었다. 그는 또 케임브리지대학에서 6개월을 보낸 적이 있었는데, 존 메이너드 케인스 주변 사람이 아닌 사람 중 경제학계에서 벌어지고 있는 변화의 시사점을 파악한 몇 안 되는 학자 중 하나였다. 히르슈만은 좋은 기회가 될 것임을 포착하고 러너의 경제 이론 수업을 들었다. 이 수업을 통해 경제학의 기본 원칙들을 익힐 수 있었다. 히르슈만은 실증적인 면에도 관심이 많았기 때문에 P. 배럿 웨일 교수의 국제경제 수업도 들었다. 웨일은 나중에 히르슈만의 지도교수가 된다. LSE에서 공부하는 동안 그가 내린 가장 두드러진 선택은 당시 경제학계에서 열띠게 벌어지고 있던 논쟁에서 거리를 둔 것이었다. 그는 자신의 지적 기반이 분위기에 휩쓸려 형성되기를 바라지 않았다. 다시 말하면 당대에 가장 지배적인 조류가 꼭 그에게 가장 큰 영향을 미친 조류가 되지는 않았다. 그는 야단스럽게 벌어지고 있던 케인스주의-반케인스주의 논쟁에 가려진 다른 사안들에 관심이 있었다. 케인스주의 경제학이 대대적으로 유행하던 1930년대에 그 세대 대부분의 경제학도와 달리 케인스주의 경제학이 아닌 곳에서 관심사를 찾았다는 것은 매우 놀라운 일이다.

오토 알베르트 히르슈만이 앨드위치 서클에 위치한 LSE의 복닥거리는 건물에 도착한 무렵의 런던은 현대의 사회 문제들에 대해 사회공학적 접근을 하는 사람들이나 페이비언 사회주의자들을 키워내는 산실의 역할에서 벗어난 지 오래였다. 런던은 이미 세계에서 가장 위대한 학문적 수도의 길을 가고 있었고, 다양한 분야의 저명한 학자들이 가득했다. 인류학을 창시한 브로니슬라브 말리노프스키, 사회학자 T. H. 마셜과 카를 만하임, 정치학자 해럴드 래스키, 경제사학자 R. H. 토니 등이 자신의 분야에서 탄탄히 자리를 잡고 있었으며, 그들의 강의를 듣기 위해 학생들이 몰려들었다.

당시 LSE는 케인스가 있던 케임브리지대학의 학문적 대척점이었다. LSE 경제학과는 라이어널 로빈스와 프리드리히 폰 하이에크의 영향 하에서 더 자유시장 중심적인 접근을 하고 있었다. 로빈스는 모든 경제학과 학생이 들어야 하는 필수과목 '경제 분석의 일반 원리'를 강의했다. 그는 오스트리아학파가 강조하는 정확한 가정과 엄정한 검증을 경제학('희소한 수단과 그것이 쓰일 수 있는 여러 사용처들 사이의 관계라는 측면에서 인간의 행동을 파악하는 학문') 안에서 영국의 고전 [정치경제학] 전통에 결합하고자 했다.[3] 이런 면에서 로빈스와 하이에크는 경제 이론을 강조했고, 경제학과 학생은 2년차 말에 시험을 보려면 이들의 경제 이론 수업을 꼭 들어야 했다. 대학원생들에게도 강력하게 추천되는 과목들이었다. 히르슈만이 이 수업들을 들었는지는 알 수 없지만 LSE에서 으레 이 두 과목을 듣는 분위기였던 것은 분명하다. 한편 LSE에서는 존 힉스, 니콜라스 칼도어, 티보르 스키토프스키, 로널드 코즈, 아바 러너 등 비정통적인 젊은 경제학자들도 바짝 부상하고 있었다. '대륙파' 경제학('케임브리지학파 경제학'과 구분하기 위해 붙여진 이름이다)을 구성하게 되는 이들은 모두 경제학계에 각자의 족적을 남기게 될 독창적인 사상가들이었다.

1936년 2월 초 런던정경대학 서점 밖으로 줄이 길게 늘어섰다. 히르슈만도 줄을 섰다. 케인스의 《고용, 이자, 화폐의 일반이론》(이하 《일반이론》으로 표기)이 나온 날이었다. 책을 사려는 사람은 대부분 학생들이었다. 덥석 책을 사긴 했어도 '너무 어려워서' 잘 이해하지는 못하는 것 같았지만 말이다.[4] 《일반이론》은 케임브리지학파의 케인스주의자들과 LSE의 자유시장주의자들 사이에 논쟁을 더욱 격화시켰다. LSE의 로빈스와 하이에크는 이미 케인스의 화폐 이론과 국가의 경제 개입 옹호 논리를 반박한 바 있었다. LSE의 젊은 교수진과 학생들 중에는 케인스 옹호자들이 일부 있었는데, 어떤 사람들은 자신의 입장을 그리 강하게 고수하려 하지 않았고 러너 같은 몇몇 사람들은 케인스의 혁명을 더 잘 받아들였다. 이 모든 상황이 히르슈만의 눈을 번쩍 띄워 주었다. 프랑스에서는 케인스가 잘 알려져 있지 않았다. 몇몇 좌파 경제학자들(샤를 스피나스나 레옹 블룸 총리의 경제 자문이었던 조르주 보리스 등)은 케인스를 존경했지만, 의도적으로 재정 적자를 일으켜 경기순환 국면을 뒤집는다는 개념은 파리의 어느 누구에게도 영향을 미치지 못했다. 프랑스에서 《일반이론》은 나치 점령기인 1942년에야 출간된다.[5]

경제학자들이 무언가에 대해 '논쟁'을 할 뿐 아니라 그 논쟁의 대상이 '사상과 이론들'이라는 것이 히르슈만에게는 굉장히 놀라운 일이었다. 일견 이상해 보일지도 모른다. 과거에 접했던 마르크스주의 정치경제학 전통에서 보면 자유방임 경제학은 반동적인 이론이었다. 게다가 전에는 책이란 마치 성경처럼 읽어야 하는 것으로 여겨졌었다. 책에 개진된 논리는 온전히 받아들이고 교조적으로 암송해야 하는 '진리'였지 현실세계에서 실증 자료로 검증되어야 하는 '가설'이라고 여겨지지는 않았던 것이다. 즉 고려해 보거나 씨름해 볼 다른 대안 같은 것은 있을 수 없었다. 히르슈만에게 과거의 논쟁은 경제학적 개념이나 이론에 대한 것이었다기보다는 정치적 입장에 대한 것이었다. 그런데 런던의 새로운 용광로에서는 모든 측면의 이야기를 두루 들을 수 있었다.

그에게는 모든 것이 새로웠고, 그래서 로빈스-하이에크의 입장도 다른 학생들이 생각하듯이 '구닥다리'로 여겨지지 않았다. 사실 히르슈만은 하이에크의 엄정한 개인주의를 높이 샀다. 과거 베를린에서 모든 것을 뭉뚱그리는 집단적 범주(이를테면 '사회 계급')를 지나치게 받아들였던 터라, 개인주의적 접근법은 매우 신선했다. 훗날 '방법론적 개인주의'(오스트리아 경제학자 조지프 슘페터가 붙인 이름이다)로 알려지게 되는 이 접근법은 히르슈만이 이전에 가졌던 지식을 뒤흔들었다. 로빈스와 하이에크는 방법론적 개인주의가 경제학적 접근의 핵심이라고 보았고, 사회적 선택은 개인들 선택의 총합이라고 보았다. 이에 따르면 사회는 단지 개인들이 모인 집합이며 부분들의 합이었다. 제대로 된 이론이라면 개인의 선호와 그 선호에 영향을 주는 심리적 요인을 설명의 기초로 삼아야 했다. 사회나 계급(그리고 거기에서 나오는 사회의식이나 계급의식)과 같은 집합적인 단위는 하나의 실체로서의 의사결정 단위가 아니었다.

히르슈만은 여러 사상과 이론을 두루 접하면서 그중에서 고르고 선택할 수 있었다. 그는 이 기회를 다양한 부분을 새로운 방식으로 혼합할 수 있는 기회로 삼고자 했다. 그의 혼합주의가 매우 일찌감치 시작되었음을 보여주는 대목이다. 하지만 이는 이후로 계속될 긴

앨버트 허시먼

장과 갈등의 씨앗이기도 했다. 개인의 심리와 선호에 집중하라는 언명은 그에게 크게 영향을 미쳤지만, 그렇더라도 그는 사회가 단순히 부분의 합에 불과하지는 않다고 보았고 사회도 그 자체로 존재론적인 무게를 가진다고 생각했다. 어쨌든 런던의 활기찬 분위기에서 히르슈만은 물을 만난 고기와 같았다. 경제학은 논쟁의 대상이 되는 무언가였고, 실증연구의 방법을 두고 이견들이 경쟁하는 장이었으며, 지적인 흥분과 자극을 주는 아이디어들의 보고였다. "영국에 왔을 때 내 눈에서 비늘이 떨어져 나갔다. … 그곳에서야 비로소 나는 경제학이 정말로 무엇인지를 발견할 수 있었다."[6]

LSE는 민족주의와 토착주의가 횡행하던 베를린이나 HEC와 달리 국제적이고 코즈모폴리턴적이었다. 3000명의 학생 중에 721명이 외국인이었고, 이 중 353명이 '일시 학생'(학위 과정이 아닌 학생)이었다. 히르슈만도 여기에 해당했다. 외국인 학생 중에 독일인은 84명으로 중국, 인도, 미국에 이어 큰 규모에 해당했다. LSE는 히르슈만이 친구를 사귀기에도 HEC보다 더 좋은 환경이었다. 그는 곧 경제학과 학생 두 명과 친해졌다. 한 명은 한스 란츠베르크로, 베를린에서도 안면이 있었다. 다른 한 명은 [헝가리 역사가] 오스카 야시의 아들이자 유명한 헝가리계 망명자 화가 집안의 자손인 죄르지 야시로, 나중에 허시먼의 가장 친한 친구가 된다. 둘 다 히르슈만과 달리 학위 과정 학생이었지만 그들 셋은 함께 어울려 다녔다. 케인스 혁명으로 열띤 논쟁이 벌어지던 분위기 속에서 이들은 함께 케임브리지에 가서 케인스의 강의를 듣곤 했다. 야시와 란츠베르크는 케인스에 흠뻑 빠졌고 히르슈만은 다소 회의적이었는데, 이는 거대 이론에 대한 그의 불신이 점점 커지고 있었던 것과도 무관하지 않을 것이다.[7]

히르슈만은 단순히 과거의 사상을 버리고 새로운 사상을 받아들이는 방식으로 지적 궤적을 밟아 간 것이 아니었다. 그의 전환은 더 복잡하고 혼란스러웠다. 마르크스주의를 버리고 하이에크를 택한 것이 아니었고 계급 분석을 버리고 케인스를 택한 것이 아니었다. 여기에는 통상적인 '전환'이나 '개종' 이야기에서보다 훨씬 많은 숙고와 선택과 적응의 과정이 있었다. 그는 케인스학파와 오스트리아학파 사이의 논쟁을 읽으면서도 이전의 정치경제학 전통을 버리지 않았다. 실제로 베를린에서 데이비드 리카도를 읽은 이래 처음으로 영국에서 경제사상사를 다시 들여다볼 기회를 가질 수 있었고, 노동가치설만으로 환원되지 않는 지적 조류를 접한 것도 바로 런던에서였다. 그중에서도 특히 존 스튜어트 밀의《정치경제학 원리》와 앨프리드 마셜의《경제학 원리》가 인상적이었다. 물론 리카도도 잊지 않았다. 히르슈만은 리카도에 대한 관심을 되살리는 자신만의 방법을 찾아냈는데, 혼자 케임브리지에 가서 (케인스를 보는 것이 아니라) 콜로르니의 사촌 피에로 스라파를 만나 리카도에 대해 이야기하는 것이었다. 스라파는 이탈리아를 탈출해 런던으로 온 뒤 과거의 마르크스주의 경제학을 뒤로 하고 새로운 연구를 하고 있었다. 히르슈만은 에우제니오가 써 준 편지를 가지고 리버풀스트리트 역에서 기차를 타고 스라파를 만나러 갔다.

이 무렵 스라파는 리카도 전집 편찬을 마무리하느라 애쓰고 있었

앨버트 허시먼

다. 스라파는 당대의 경제 논쟁에 뛰어들어서 하이에크의 오스트리아학파 경제학의 냉혹하고 비관적인 논리를 강력하게 비판하기도 했지만, 고전 정치경제학 원전에 대한 연구도 소홀히 하지 않았다. 히르슈만은 트리니티칼리지에 있는 스라파의 연구실에서 이 수줍고 학구적인 이탈리아 경제학자와 리카도의 지대 이론 등에 대해 "길고 아름다운 대화"를 나누었다. 대화 내용은 기록으로 남겨져 있지 않지만 우리는 어떤 대화가 오갔을지 상상해 볼 수 있다. 가족들 이야기, 케인스 경제학과 그에 대한 비판 등이 화제에 올랐을 것이다. 또 이탈리아의 정치 상황에 대해서도 이야기했을 것이다. 스라파는 수감된 안토니오 그람시를 위해 종이와 펜을 공급해 준 사람이었고(그람시의 친한 친구였다), 잘 알려지지는 않았지만 1차대전 당시의 이탈리아 인플레이션에 대해 논문을 쓴 적도 있으며 무솔리니 정권의 은행 정책에 대해 맹렬히 비판하기도 한 사람이니 말이다. 이런 주제들은 히르슈만을 매료했다. 그는 스라파를 본받아 경제에 대한 정교한 분석을 정치적 실천과 연결시키고 싶었다. 훗날 허시먼은 런던 시절(1935~36년)의 지적 여정을 되돌아보면서 자신에게는 스라파와 나누었던 사적인 대화가 당시 케인스의 《일반이론》에 대해 벌어지던 공적인 논쟁만큼이나 열띠고 활발한 대화였다고 회상했다.[8]

경제 이론과 경제사상사에 대해서도 공부할 게 많았지만, 히르슈만의 관심을 가장 많이 끈 것은 국제경제에 대한 실증연구였다. 그래서 히르슈만은 배럿 웨일의 지도를 받게 되었다. 그는 웨일에게서 국제경제에 대한 기본 개념과 실증적인 감각을 익혔다. 이 짧은 기간 동안 그가 얼마나 많은 것을 흡수했는지는 놀라울 정도이다. 이 때 웨일에게 배운 것은 이후 오랫동안 허시먼의 연구와 분석을 지탱하는 역할을 하게 된다. 웨일의 수업이었던 '국제무역과 외환'은 비교우위, 요소 이동, 금본위제 등에 대한 기초를 가르쳤고, 그의 수업은 늘 당대의 실제 문제을 고찰하는 것으로 끝을 맺었다. 그의 수업은 고전 경제학자인 데이비드 리카도부터 존 스튜어트 밀, 그리고 국제무역에 관한 베르틸 올린과 고트프리트 하벌러의 최근 저술까지 두루 교재로 다뤘다.[9] 은행 시스템을 주로 연구한 웨일은《국제무역론》(이후에 여러 쇄가 나온 베스트셀러였다)의 저자로도 유명했으며, 2차대전 이후에는 리버풀대학에서 경제학의 기반을 다지는 데 기여하게 된다. 히르슈만이 런던에서 공부하던 당시 웨일은 전쟁 전의 금본위제에 대한 논문을 쓰고 있었다(이 논문은 1937년 저널《이코노미카》에 게재된다). 국제무역과 금융, 또 중앙은행에 대한 웨일의 관심은 제자인 히르슈만에게 분명히 지대한 영향을 미쳤을 것이다.

웨일은 또다른 방향으로도 큰 영향을 미쳤다. 그는 독일 출신인 히르슈만이 새로 배운 지식을 고향과 더 관련된 주제를 다루는 데 적용해 보도록 독려했고 그것을 논문으로 쓰도록 권유했다. 그가 준 연구 과제 중 하나가 푸앵카레 프랑이었다. 푸앵카레 프랑은 1920년대에 금태환을 위해 만들어진 화폐 단위로, 프랑스 제3공화국이 겪은 경제 빈혈증의 상징이었다. 프랑화의 교환 기준 역할을 한 푸앵카레 프랑은 전후의 혼란스러운 상황에서 프랑스 경제를 안정시키기 위해 도입됐는데, 경제적 불안정이 폭동을 초래할까 우려한 프랑스 정부는 정권이 바뀌는 와중에도 계속해서 푸앵카레 프랑을 지키려고 했다. 대부분의 서구 국가가 적자 재정을 편성해 경기순환 사이클을 뒤집으려는 정책을 펴던 시기에, 유독 프랑스만 불황이 심해지는 비용을 감수하면서까지 디플레이션을 유발해 가며 균형재정 정책을 편 것이었다. 1936년 9월에서야 인민전선 정부가 뒤늦게 가치 절하를 단행했다. 과도하게 높이 평가된 프랑화의 가치를 내려야 할 것이냐, 그리고 금본위제를 포기해야 할 것이냐는 히르슈만이 파리에서 HEC에 다니던 시절에 열띤 논쟁거리였는데, 그 당시 히르슈만은 그런 내용을 잘 이해하지 못했다(HEC의 학문적 분위기를 알 수 있는 또 하나의 단면이다). 하지만 웨일의 지도하에서는 달랐다. 웨일과 토론을 하면서 논문 아이디어가 구체화되었고, 히르슈만은 드디어 이 주제로 첫 번째 논문을 쓰게 되었다.

이때 쓴 글은 남아 있지 않지만(이 주제를 더 정교하게 다듬은 논문이 몇 년 뒤에 저널에 게재된다), 1936년 5월에 웨일이 히르슈만의 지도교수로서 쓴 추천서를 보면 이 글이 웨일에게 깊은 인상을 남겼음을 알 수 있다. 웨일은 추천서에서 히르슈만이 LSE에 있었던 동안의 성취('일시 학생'이어서 LSE는 히르슈만에게 성적증명서를 발급하지 않았기 때문에 이 시절의 학업 성취를 알 수 있는 기록은 이것이 유일하다)를 다음과 같이 극찬했다. "프랑스 화폐 문제에 대한 글에서 성실한 연구, 데이터를 모으는 역량, 건전하고 독립적으로 판단하는 능력을 보여주었습니다. 종합적으로 볼 때 히르슈만은 매우 지적이고 역량 있는 학생으로서 나에게 깊은 인상을 주었습니다." 웨일은 히르슈만이 연구자로서의 소질이 있음을 알아보았다. 이 편지는 "히르슈만의 고용을 추천한다"며 "어떤 자리라도 잘 해내겠지만 '경제학적으로 지적인' 일에 특히 더 잘 어울릴 것으로 생각한다"고 맺고 있다. 히르슈만이 웨일에게 이 분야에 관심이 있다고 이야기한 것이었는지, 아니면 웨일이 이 분야를 히르슈만에게 권한 것이었는지는 알 수 없지만 경제학 분야에서 히르슈만이 처음으로 자신의 흔적을 남기기 시작했다는 점만큼은 분명하다.[10]

웨일이 스물한 살의 독일 학생을 위해 추천서를 쓰고 있었을 때 영국 해협 건너편에서 들려오는 소식은 날마다 나빠지고 있었다. 1935년 말에는 무솔리니의 에티오피아(당시에는 아비시니아로 불렸다) 침공이 대대적으로 보도되었다. 무솔리니가 아비시니아 군단에 폭탄과 화염을 퍼붓는데도 국제연맹의 제재는 무력했고 지지부진했으며, 그러느라 실기하는 바람에 결국 5월에 에티오피아는 이탈리아에 점령되었다. 그러는 동안 히틀러의 군대는 라인란트로 진격했다. 흑인 육상선수 제시 오언스가 베를린 올림픽에서 육상 4종목 금메달을 따며 아리아 인종이 우월하다는 히틀러의 견해를 무색하게 하는 성과를 보여주었지만, 히틀러의 기세는 수그러들지 않았다. 플리트 거리[언론사가 몰려 있는 영국의 거리]는 이런 소식들을 전하느라 분주했다. 한편 프랑스에서 1936년 4월과 5월에 치러진 선거도 결과가 좋지 않았다. 우익 세력이 눈에 띄게 중도파 정당들에 진출한 것이다. 그나마 다행히도 사회주의자, 급진주의자, 공산주의자가 연대한 인민전선이 프랑스의 정치적 불안정성이 1932~33년의 독일과 같은 경로로 치닫는 것은 가까스로 막아냈다. 2차 투표에서 드레퓌스파인 [사회당] 레옹 블룸이 총리로 당선되어 인민전선 내각을 이끌게 되었다. 하지만 반유대주의 극우단체 '악시옹 프랑세즈'와 프랑스의 친나치 파시스트 단체 '라카굴'은 승복하지 않고 전쟁을 선포했다. 블룸 정부 시절의 프랑스는 파업, 반동적 폭력 활동, 총리 암살 시도 등의 끔찍한 기억을 히르슈만에게 불러일으켰다.

가만히 있을 수는 없었다. 히르슈만은 연구와 학업이 매력적인 만큼이나 그에 따른 딜레마도 겪고 있었다. 나중에 허시먼은 프랑스 번역가에게 이 시절에 자신이 안절부절못했고 어쩔 줄 몰라 했다고 털어놓았다. "공부가 하고 싶었던 것은 맞았지만 파시즘이 전진하고 있다는 것도 알고 있었어요. 물러서서 아무것도 하지 않으면서 바라만 보고 있을 수는 없었습니다."[11]

1936년 6월 그의 장학금 기간이 끝났다. 히르슈만은 다시 한 번 가방을 꾸려 파리로 돌아왔다. 여전히 '학계에서의 훈련'을 완전하게 받지는 못한 상황이었지만, 런던에서 보낸 1년은 좋은 시간이었고, 스스로를 경제학자라고 생각하게 되었으며, 구체적이지는 않지만 머릿속에 몇 가지 연구 주제도 생각하고 있었다. 문제는, 어떻게 해야 그 연구를 진행할 수 있을지를 알 수가 없다는 점이었다. 일자리도, 소득도, 전망도 없었다. 나중에 그는 LSE에서 공부를 마친 직후가 "개인적으로 매우 어려운 시기"였다고 회상했다. "심리적으로 안정되지 못했고 꽤 안절부절못했다." 그는 파리로 망명해 '노이 베긴넨' 운동에 열성적으로 참여하고 있던 옛 선배 하인리히 에르만

에게 편지를 썼다. 무언가에 참여하고 싶었는데 그 무언가가 무엇인지를 알 수 없었다.[12]

'무엇을 할 것인가'에 대한 답은 피레네산맥 건너편[에스파냐]에서 나왔다. 1936년 프랑스에서처럼 에스파냐에서도 인민전선이 집권했다. 하지만 프랑스와 달리 에스파냐는 더 빠르고 극적으로 사회가 양극화되었다. 가톨릭 교회 등 인민전선에 반대하는 세력들도 프랑스보다 강력했고, 봉건 잔재를 뿌리뽑으려는 아래로부터의 압력도 프랑스보다 강력했다. 인민전선 정부는 노조와 농민의 압력을 바탕으로 옛 교회와 지주와의 관계를 끊기 위한 개혁에 착수했다. 하지만 우려했던 반동이 닥쳤다. 1936년 7월 17일 공화국 정부에 맞서 프란시스코 프랑코가 이끄는 군부 쿠데타가 일어난 것이다. 처음에는 농잠하는 군인이 많지 않아 쿠데타가 실패하는 듯했다. 그러니까 어쩌면 이 쿠데타는 그냥 그렇게 수그러들 수 있었을지도 모른다. 하지만 히틀러와 무솔리니가 군부 편에서 개입해 상황이 반전됐다. 독일과 이탈리아가 무기와 보급품, 그리고 무엇보다 비행기를 제공함으로써 프랑코는 [에스파냐의 식민지였던] 모로코에서 물자를 공수해 올 수 있었고, 이 덕분에 '국민 진영Nationalists'[프랑코군]이 세력을 크게 확장할 수 있었다[에스파냐는 이후 프랑코의 장기 독재 체제에 들어가게 된다].

영국의 보수당 정부는 불개입을 정책 기조로 삼았고 블룸 정부를 설득해 프랑스도 불개입 입장을 취하도록 했다.(블룸은 에스파냐 공화국군을 간접적으로 지원하기는 했다). 영국과 프랑스가 에스파냐 공화국군을 지원하지 않기로 결정하면서 에스파냐 공화국군은 소련의 영향권에 들어가게 되었다. 스탈린이 히틀러만큼이나 명민하게 파악했듯이, 에스파냐 공산당의 규모는 크지 않았지만 이 전쟁은 소련의 영향력을 확대해 줄 대리 전쟁이 될 수 있을 터였다. 이렇게 해서, 실패한 줄 알았던 쿠데타는 내전으로 번졌다.

에스파냐내전은 빠르게 국제전으로 비화하면서 전 세계 언론의 관심을 끌었다. 히르슈만이 파리로 돌아와 있던 7월 중순에는 전 세계 모든 신문에 에스파냐 소식이 대서특필되고 있었다. 블룸 정부가 불개입으로 입장을 정한 상황에서 어떻게 에스파냐 공화국군을 지원할 것인가가 파리에서 열띤 토론의 주제가 되었다. 내전이 프랑스로 번질 수도 있다는 우려도 적지 않았다. 극우주의자들은 '블랙가드 전선'을 결성해 무력시위를 벌이려 했고, 이를 기회로 공산주의자들이 '자위 조직'이 필요하다는 이유를 대며 무장을 선언할 가능성도 있었다. 에스파냐 전선은 범유럽적인 갈등의 상징이 되었고, 에스파냐는 파시즘에 대항하는 싸움의 '주요 무대'가 되었다.[13]

히르슈만은 늘 귀감이자 조언자였던 마르크 라인을 만나러 갔다. 마르크는 에스파냐로 가서 정부군에 합류할 생각이라고 말했다. 마르크는 독일 사회주의로부터 거리를 둔 적이 없었고 '노이 베긴넨' 동료들과 계속 연락을 하고 있어서 이들의 소식을 잘 알고 있었다. 마르크는 '노이 베긴넨' 동료들이 바르셀로나로 가려 한다고 알베르트에게 알려 주었다. 에스파냐내전은 독일 출신 사회주의자들에게 즉각 중대한 대의를 제공했다. 히틀러가 프랑코를 지원했기 때문에 에스파냐는 [독일 밖에서] 히틀러의 파시즘에 맞설 수 있는 기회이기도 했다. 1933년의 패배를 되풀이하지 말아야 한다는 생각이 간절했던 독일인들에게 에스파냐내전은 1933년 이후 사그라들었던 전투 정신에 불을 지폈다. '노이 베긴넨'의 프라하, 암스테르담, 파리 지부는 활동을 재개하고 자원자를 모집하기 시작했다. 마르크는 히르슈만에게 이런 움직임을 알려 주었다. 좌절했던 좌파 급진주의자들에게 드디어 기회가 온 것 같았다.

마찬가지 이유에서 이탈리아 망명자들도 에스파냐내전에 뛰어들었다. 파리에서 '정의와 자유'를 이끌고 있던 카를로 로셀리는 "오늘의 에스파냐가 내일의 이탈리아"라고 말했다. 1935년 무렵에 로셀리는 계획가보다는 대중조직가로서 더 영향력을 발휘하고 있었다. 1930년대 들어 '성의와 자유'는 좌파 성향이 더 강해졌다. 사회주의자들이 더 많이 들어왔기 때문이기도 했고, 무솔리니가 에티오피아에서 저지른 '모험'을 지켜보며 더 강력한 저항이 필요하다는 인식이 높아졌기 때문이기도 했다. 망명 시기가 길어지면서 로셀리는 무솔리니를 직접 공격하고 싶어 안달이 나 있었다. 무솔리니가 에티오피아를 점령하고 몇 달 뒤에 벌어진 에스파냐내전은 로셀리에게 바로 그 싸움의 기회를 제공했다. 마키아벨리를 연상시키면서 로셀리는 이렇게 선언했다. "예언자는 이제 더이상 비무장 상태가 아니다."

프랑코가 에스파냐령 모로코의 정규군과 외인부대를 이끌고 1936년 7월 17일에 쿠데타를 일으킨 지 불과 며칠 뒤에, 발드그라스 거리의 사무실에서 G-L('정의와 자유') 간부 회의가 열렸다. 로셀리는 에스파냐내전에 참전할 자원부대를 조직하자고 주장했다. 모두가 동의한 것은 아니었지만 로셀리를 막지는 못했다. 로셀리는 8월 초 바르셀로나에 도착해 '아스카소 부대'를 꾸리기로 현지 노조 및 무정부주의자들과 협상했다. 부대 이름은 바르셀로나에서 군부에 맞서는 싸움이 벌어진 첫날 전사한 아나키스트 활동가 프란시스코 아스카소에게서 따온 것이었다. 이 부대는 이탈리아 아나키스트와 지엘리스티들로 구성되어 있었다. 로셀리는 여기에 속한 130명의 자원병을 지휘했고 파리로 돌아와 자원자를 더 모집했다. 이 자원자들 중 한 명이 전에 히르슈만에게 이탈리아어를 가르쳐 준 렌초 기아였다. 그는 에스파냐에서 팔랑헤 당원이 터뜨린 폭탄에 사망한다.

로셀리는 에스파냐내전이 [단지 한 국가의 내전이 아니라] 전체주의에 맞서는 범유럽적인 전선이라며, "그곳에서 추동을 받은 혁명 세력은 이탈리아의 무솔리니에 대항하는 투쟁도 준비할 수 있을 것"이라고 주장했다. 로셀리는 '바로 이 전쟁'에서 군인들이 입게 될 군복의 의미에 대해 다음과 같이 유장한 연설을 했다. "이 군복을 처음 입은 지식인은 설명할 수 없는 기쁨을 느끼게 될 것이다. 여기에서 우리는 과거를 벗어 버린다. 부르주아적 습관과 열망을 벗어 버린다. 그리고 자신을 노동자의 대의에 바친다. 그렇게 피와 영혼만을 가지고 우리는 혁명으로 들어간다. 우리는 이 군복 안에서 형제가 되고 동지가 될 것이다."[14] 다양한 전선에서 영속 투쟁을 벌이자고 선포한 것은 로셀리의 운명에 결정적인 영향을 미치게 된다. 무솔리니는 로셀리 형제를 제거 대상으로 지목했고 이들은 1937년 6월 파시스트 암살자의 칼에 살해당했다. 이 일로 파리는 충격에 빠졌다. 그의 장례식에는 20만 명이 몰렸고 이틀 뒤인 21일 레옹 블룸은 프랑스 총리 직을 사임했다. 이렇게 해서 프랑스의 인민전선 정부는 종말을 고했다.

이것이 히르슈만이 에스파냐내전에 자원했을 때의 상황이었다. 그는 완전히 이해할 수는 없지만 어쨌든 해야만 한다고 느껴진 일에 나섰다. 정확히 몇 월 며칠이었는지는 알려져 있지 않지만 히르슈만이 독일과 이탈리아 출신 자원자들 중 거의 초창기 팀에 속해 바르셀로나행 기차에 몸을 실었다는 것은 분명해 보인다. 2009년이면 그 당시의 구체적인 상황은 그의 기억에서 거의 사라진 상태였다. 하지만 그것이 어떤 종류의 반사작용이었는지는 기억하고 있었다. 에우제니오는 언젠가 히르슈만에게 '용기의 순간'에 대해 말한 적이 있었다. 이는 그에게 매우 중요한 주제였는데, 무솔리니의 세력이 점점 커지고 있던 것과 무관하지 않았을 것이다. 처남[히르슈만]이 카탈루냐로 떠난 뒤 에우제니오는 부도덕한 목적에 권력을 행사하는 사람들에 맞서 글을 쓰고 행동해야 할 필요성을 강하게 느꼈다. 하지만 매우 그답게도 에우제니오는 누군가가 하는 말이 용기를 품을 수 있는 것은 그것의 진정성과 "스스로에 대해 늘 경계하는" 자기비판의 태도를 수반할 때만 가능하다고 생각했다.[15] 그러나 에스파냐가 알베르트에게 의미한 바는 '말'이 아니었다. 그는 아서 케스틀러처럼 '취재하고 보도하러' 간 것이 아니라 '행동하러' 간 것이었다. 틀림없이 그에게는 이것이 '용기의 순간'이었다. 허시먼은 훗날 다음과 같이 간단하게 설명했다. "무엇이라도 할 수 있는 작은 기회가 있다는 소식을 듣고서, 그리로 갔습니다."[16]

히르슈만은 1936년 7월부터 10월까지 3개월간 카탈루냐에 있었다. 우리는 그가 가장 초창기 자원병에 속했다는 점을 염두에 둘 필요가 있다. 초창기에는 프랑코에 맞서는 싸움을 에스파냐 정부가 주도하지 않았기 때문이다. 군부에 제대로 맞서기에 정부는 너무나 허약했고, 주도적으로 군부에 맞서 싸운 것은 노조와 농민연맹이었다. 이들은 총파업을 벌이고 자생적인 민병대를 조직해 쿠데타 세력에 맞섰다. 히르슈만이 바르셀로나에 도착했을 때 그곳은 노동자들이 접수한 상태였고, 담론은 사회주의자들과 아나키스트들의 논의가 지배적이었다. 10월 말부터는 소련이 군대와 스파이를 보내 공화국군의 주도권을 획득하기 시작하지만, 그전까지 카탈루냐의 분위기는 민중에 의한, 민중을 위한 혁명의 열기가 지배하고 있었다. 스물한 살의 독일 출신 사회주의자 청년이 이곳에 와서, 뇌물이나 웃돈이 금지되고, '돈Don' 또는 '세뇨르Senor'와 같은 호칭이 '동지'로 바뀌고, 반동의 성채로 여겨져 온 가톨릭 성당이 불에 타면서 신성의 이미지를 벗고, 붉고 검은 커다란 현수막이 공장에 걸려서 어느 노조 소유인지를 드러내고 있는 해방구를 목격했다고 상상해 보라. 짧은 시간 동안 이곳은, 독일에서는 일으키지 못했던 (그래서 바이마르공화국을 지켜내지 못했던) 사회주의 혁명이 실현된 장소였다.

이와 더불어 처음 몇 달 동안에는 군이 거의 조직화되어 있지 못했고 지휘도 대체로 임기응변이었다. 이런 상황도 가을에 공산주의자들이 들어오면서 달라지게 되지만, 그때까지 이탈리아와 독일 망명 자들로 구성된 부대들은 (로셀리의 아스카소 부대도 포함해서) 대체로 '마르크스주의 통일노동자당POUM'의 지휘를 받았다. 이들은 약간의 행군 훈련과 기초적인 사격 훈련을 받은 뒤에 전선으로 보내졌다.[17]

자원병 조직은 POUM 외에도 많았다(조지 오웰은 당시 수많은 조직 이 우후죽순 생겨나는 것을 두고 "알파벳 이니셜의 창궐"이라고 언급한 바 있다. 오웰도 에스파냐내전에 참전했는데, 그가 도착한 시기는 히르슈만이 떠났을 무렵이었고 둘이 만났다는 증거는 없다). 히르슈만이 참전했던 초창기 몇 달 동안의 바르셀로나 분위기에 대해서는 꽤 많이 알려 져 있지만, 히르슈만이 정확히 어디에서 무엇을 했는지는 분명치 않 다. POUM은 다양한 스펙트럼을 포괄하고 있었다. 에스파냐 공산주 의자들이 결성하고 안드레우 닌이 이끌던 POUM은 트로츠키의 영 구혁명론에서 강하게 영향을 받았으며(이는 '노이 베긴넨'에도 큰 영향 을 주었다) 소련의 지휘에 따르기를 거부했다. POUM은 1935년 설 립 초기부터 소련 당국과는 관계가 좋지 않았고 인민전선 하에서 자 율성을 포기하려 하지 않았다. 또 POUM은 에스파냐 공산당이 받아 들이지 않았던 아나키스트들과 비非마르크스주의적 급진주의자들도 모두 받아들였기 때문에 에스파냐 공산당보다 규모가 컸다. 오웰은 히르슈만보다 6개월 정도 늦게 POUM에 도착했는데, [훗날 회고록에 서] 7월에서 12월 사이에 POUM 참가자가 1만 명에서 7만 명으로 늘어난 상태였다고 전했다. 그 기간이 히르슈만이 있었던 기간으로, 급진주의의 희망이 꽃피던 시기였다. 하지만 POUM의 시대는 내분으로 금세 막을 내리고 만다. 공산주의자들이 통제하게 된 에스파냐 공화국군이 1937년 7월에 닌과 POUM 지도부를 체포했고, 이 중 많은 이들이 소련 비밀경찰인 '내무인민위원회NKVD'[KGB의 전신]의 지휘 하에 고문당하고 처형되었다. 이것이 오웰이 《카탈루냐 찬가》에서 기록한 살육과 배신의 이야기이다.

하지만 히르슈만이 경험한 에스파냐내전은 오웰이 경험한 것과 달랐다. POUM 본부가 있던 람블라의 팔콘 호텔은 공화주의를 수호하고 노동자 대중의 통제력을 지키기 위해 몰려든 사람들의 구심점 역할을 하고 있었다. 그리고 '국민 진영'[프랑코군]이 전진해 오는 것에 맞서기 위해 서둘러 민병대를 조직했다. 공산주의자들이 들어와 주도권을 주장하기 전까지, 외국에서 온 자원병들은 대부분 에스파냐 사회주의자들과 아나키스트들의 지휘를 받았고 그들과 함께 싸우며 위험을 감수했다. 그런데 에스파냐 사회주의자들과 아나키스트들은 외국인들이 그들보다 전쟁을 더 잘 알고 있다고 생각해서 조직 면에서는 매우 혼란스러웠다. 군복도 없어서 기껏 코듀로이로 된 반바지가 군복 비슷한, 아니 '체계적인 조직' 비슷한 느낌을 주는 유일한 것이었다. 사람들은 검거나 붉은 손수건을 목에 둘러서 아나키스트 또는 사회주의자임을 나타냈다. 훈련은 행군과 기본적인 명령, 발포 정도였으며, 총은 먼지와 습기에 엉켜버리기 일쑤였다. 대부분의 민병대원들은 전선에 도착할 때까지도 무기를 받지 못했고 전선에서 물러나는 병사들로부터 총을 넘겨받았다. 7월 24일 아라곤 전선에 투입된 카탈루냐의 주요 아나키스트 부대도 같은 상황이었다.

그들은 기차를 타고 몇 시간을 가다가 탄약을 가져오지 않은 사실을 알게 되었다. 지휘관은(지휘관이라고 부를 수나 있으면 말이지만) 완전히 혼란에 빠졌다. 훈련도 무기도 부족한 자원병들은 열정으로 그 부족을 메꿨다. 열정만이 그들이 여름의 뙤약볕과 먼지, 벼룩과 빈대, 더럽고 혼란스러운 병영 생활의 지루함을 견디게 해 주는 힘이었다.[18]

이것이 히르슈만이 POUM 깃발 아래 전쟁터로 갔을 때의 상황이었다. 이탈리아와 독일에서 온 자원병들은 몬테펠라토에서 첫 전투를 벌였다. 1936년 8월 28일, 몇 주간 어물쩡거리며 재조정을 한 뒤 겨우 열흘 전에 구성된 아스카소 부대는 아라곤 전선을 따라 전투에 나섰고, 인원도 장비도 부족한 채로 프랑코군의 진격에 맞서 전선을 지켜냈다. 낮에는 너무 더워서 발포는 상대적으로 시원한 새벽에 이루어졌고 10시 전에 끝났다. 그래야 양측 모두 물과 음식을 먹을 수 있었다. 연기가 가라앉은 뒤에 보니 프리메이슨 지휘관인 마리오 안젤로니와 몇몇 지엘리스티 자원병들이 숨져 있었다. 로셀리도 총에 맞았지만 목숨은 건졌다. 히르슈만도 몬테펠라토 전투 때 그곳에 있었을까? 확실치는 않지만 가능성은 높다. 이곳은 그가 카탈루냐에 있던 동안 이탈리아인들로 구성된 유일한 부대였다. 그리고 히르슈만이 동조할 수 있었던 정치 분파가 지휘한 부대이기도 했다.

1943년 허시먼이 미국에 귀화 신청을 했을 때 익명의 미국 당국자가 작성한 문서가 그나마 가장 상세한 내용을 담고 있다. 이 문서에 따르면 허시먼은 1936년 8월에서 10월까지 아라곤의 사라고사에 있었고, 그 부대가 '막대한 인명 피해'를 겪으면서 '격렬한 전투'를 벌였으며, 생존자들은 곧 바르셀로나로 돌아왔다고 되어 있다.[19] 훗날 허시먼이 당시의 적과 전투 상황에 대해 이야기한 내용도 몬테펠라토에서 벌어진 일들과 일치한다. 허시먼은 그 당시 맞서 싸운 상대가 모로코 부대에서 온 흑인 프랑코군이었으며 아라곤의 먼지가 끝도 없이 피어올랐다고 회상했다. 비명과 총알이 쏟아지는 가운데 참호 안에서 이리 구르고 저리 구르는 혼란스러운 교전이 벌어진 뒤 바지를 본 그는 바지가 젖어 있는 것을 발견했다. 처음에는 총에 맞았다고 생각했으나 알고 보니 술병이 깨진 것이었다. 겁이 나서 술병을 놓쳤는지도 모른다. 아니 술일 수도 있고 소변일 수도 있으며, 둘 다일 수도 있다. 어느 쪽이건 상관없었다. 그는 살아남았다. 조금 다치기는 했지만, 그래도 살아남았다.[20]

그 부대는 병사의 10퍼센트를 잃었지만 명성을 얻었다. 파리의 망명자들 사이에서 이 전투는 파시즘에 대한 승리라고 열렬한 찬사를 받았고, 바르셀로나에서는 이탈리아 지휘관이 전쟁위원회에 참여할 수 있게 되었다. 이 결정을 에스파냐 정부군은 후회했을 수도 있다. 로셀리는 부상을 당하긴 했지만 리더의 역할을 하고자 의욕에 넘쳐 있었고, 곧 에스파냐와 이탈리아의 무정부주의자들과 함께 전쟁위원회의 주도권을 놓고 세력 싸움을 벌이게 되기 때문이다. 오랜 망명 생활 끝에 파시스트와의 싸움에 참여하게 된 흥분만이 로셀리를 추동한 것은 아니었다. 카탈루냐의 지휘 구조에는 공백이 있었고 이는 9월에 공산주의자들이 들어오면서 더 악화되었다. 하지만 어쨌든 이 당시 양편 모두 전열을 가다듬지 못해 여전히 저강도 전쟁 중이던 상황에서, 몬테펠라토 전투는 단연 돋보이는 전투였다.[21]

　에스파냐에서 히르슈만이 실제 겪은 전투 경험에 대해 알려진 것은 이 정도가 전부이다. 카탈루냐에서 돌아온 이후 그는 에스파냐내전에 대해 이야기하는 것을 싫어했다. 그로부터 몇 년 뒤 허시먼을 만나게 되는 아내 새러는 허시먼이 에스파냐내전에 대한 이야기를 불편해하고 그에 대해 침묵을 지키려 한다는 것을 알아차렸다. 그래서 이야기해 달라고 조르거나 다그치지 않았다. 한번은 에스파냐내전에 대한 영화를 함께 보고서 새러가 허시먼에게 "저랬어?"라고 묻자, 앨버트는 회피하듯이 "응, 잘 만든 영화네"라고 대답했다. 상호 간의 이러한 조심스러움(허시먼은 말을 하지 않고 새러는 묻지 않는 것)에 대해 내가 이유를 물었더니 새러는 다소 철학적으로 이렇게 대답했다. "글쎄요. 나는 오랫동안 그게 **나의** 비밀이라고 느낀 것 같아요. 한 사람과 그렇게 오랜 시간을 보내면서도 어떻게 내가 알지 못했을 수 있는가 하는 점 말이에요. 나는 모든 사람이 자신의 기억을 자신이 원하는 방식으로 다룰 권리를 가져야 한다고 생각합니다." 기억을 남에게 알리지 않는 것은 나쁜 기억을 다루는 방법 중 하나였다. 그는 좋지 않은 기억을 자신에게만으로 한정하려고 했다. "그에게는 그런 영역이 꽤 여럿 있었고, 그런 영역에 대해 나는 말하라고 다그친 적이 없어요." 그렇더라도 새러는 허시먼의 목과 다리에 난 흉터를 잊을 수 없었다.[22]

　허시먼이 이 시기에 대해 침묵한 이유 중 하나는 그것이 슬픔의 원천이자 환상을 여지없이 깨뜨린 경험이었기 때문일 것이다. 기대에 어차피 못 미칠 유토피아를 두고 안달복달하는 것은 허시먼의 성향이 아니었고 해결책이 없어 보이는 비참한 상황에 계속 빠져 있는 것도 그의 성향이 아니었다. 그는 무의미한 노력을 볼 때면 "라시아 페르데레lascia perdere[까먹고 지내다, 내버려두다]"라고 말하곤 했다. 하지만 에스파냐만은 달랐다. 에스파냐내전 이전에 베를린과 파리의 좌파 진영에서 끝없이 벌어졌던 전술 논쟁은 익살극을 넘어 엄청난 비극으로 현실화되었고 히르슈만은 말문을 닫았다. 그는 공산주의가 내분으로 치달으면서 이데올로기의 경직성만 높아지는 모습을 지켜보았고, 초창기의 내분과 보복에 대한 공포를 목격했다. 또 스탈린에 대한 그의 판단이 분명해지면서, 카탈루냐 연합이 공산주의자들의 통제에서 벗어나 자율적으로 존재할 수 없게 될 것이라는 두려움이 점점 커졌다. 그가 에스파냐에 갔을 때는 상황을 분명하게 파악할 수 있었던 것도 아니었고 더 이후에 오웰이 갔을 때만큼 잔혹함과 정치 정략이 완전히 드러난 것도 아니었지만, 분위기만큼은 분명히 느낄 수 있었다. POUM 내부에서는 공산주의자들이 주도권을 쥐고 지휘하는 연합전선에 얼마나 깊이 참여할 것인가를 두고 열띤 토론이 벌어졌다. 일부 지도자들은 스탈린의 의도에 대해 미심쩍어하던 라파엘 아브라모비치의 견해에 동조했고 히르슈만도 점점 그렇게 생각하게 되었다.[23]

스탈린을 멈추기는 어려웠다. 특히 전쟁이 장기화될 것이 확실해지고 에스파냐 공화국군이 절박하게 스탈린의 지원과 무기를 필요로 하게 되면서는 더욱 그랬다. 그 대가로 에스파냐 공화국군은 자율성을 포기해야 했다. 9월에 공화국군은 공산주의자들이 지휘하는 자원병 부대로 재편되었다. 몇 달 안에 소련의 NKVD는 공화국군이 장악한 지역 전역에 요원을 파견하고 통제권을 주장하기 시작했다. 유럽 전역과 남북미에서 공산주의자들이 자원해 오면서 공산주의자들의 주도권 장악은 더욱 심화되었다. 9월에 프랑스의 공산주의자 모리스 토레즈와 독일의 빌리 뮌첸베르크는 외국인 자원병들이 코민테른의 지휘를 받는 국제여단International Brigade으로 편성되어야 한다고 주장했다. 그달 말 이탈리아와 프랑스 공산주의자들이 하나의 부대로 통합되어 국제여단을 결성했고, 다른 좌파들도 훈련과 장비가 더 우수한 국제여단으로 들어가라는 압력을 받았다. 히르슈만도 마드리드로 가서 국제여단에 합류하라는 결정이 내려졌다. 하지만 히르슈만은 이면의 정치 정략을 의심했고 공산주의자들이 가진 통제력이 이미 매우 강한 것에 너무나 놀랐다.

그는 국제여단이 스탈린의 또다른 발톱이 될 것이라고 생각해서 여단에 합류하지 않기로 했다. 말 그대로 결정적인 선택이었다. 그는 좌파 연대의 필요성을 여전히 믿고 있었지만 공산주의자들의 권위에 항복하면서 자율성을 포기하고 싶지는 않았다. 마침 바르셀로나에 있던 이탈리아 친구들로부터 이탈리아에서 진행되고 있는 반파시스트 운동이 상승세를 타고 있으며 에우제니오가 트리에스테에서 지도부 역할을 하고 있다는 이야기를 들었다. 로셀리가 예언처럼 이야기했듯이 파시즘에 대항하는 새로운 전선이 여기저기에서 생겨나고 있었고 '지엘리스티'도 더 탄탄한 조직이 되어가고 있었다. 따라서 에스파냐를 떠나는 것은 공산주의자들의 통제를 받아야 하는 전선을 벗어나 또다른 반파시즘 전선에 나서는 것이라고 볼 수 있었다.[24] 히르슈만은 에스파냐를 떠나기로 했다. 10월 말에는 부상도 다 나았다. 그는 기차를 타고 바르셀로나에서 지중해 해안을 따라 새로운 투쟁을 향해 이동했다.

히르슈만이 에스파냐를 떠난 시기는 새로운 국제 자원병이 몰려들어오던 시기였다. 이때 들어온 사람들은 좌파 내 여러 노선 사이의 관계가 극심히 악화된 상황을 목격하게 된다. 예를 들면 국제여단은 마드리드를 지키기 위해 영웅적으로 싸웠지만 POUM이 우세했던 바르셀로나의 분위기는 앙심에 차 있었다. 이 무렵에 도착한 자원병 중 한 명이 조지 오웰이었는데, 그는 이 내분을 목격하고 영웅주의와 배신의 기억만 간직한 채 그곳을 떠나게 된다. 오웰보다는 훨씬 덜 유명하지만 이 시기 에스파냐에 온 사람 중에 마르크 라인도 있었다. 애초에 히르슈만에게 '노이 베긴넨'에서 자원병을 모집하고 있다고 알려 준 사람이 마르크였고, 알베르트는 카탈루냐에서 마르크를 만날 수 있기를 바랐지만 만나지 못했다. 마르크의 여정은 자기 극화가 가미된 오웰의 여정만큼 잘 알려져 있지는 않다. 마르크는 [알베르트가 온 이듬해인] 1937년 3월 4일 에스파냐에 도착해 라디오 공장에서 전기 기술자로 일을 시작했다. 그리고 아버지의 길을 따라 활동가이자 기자가 되어 스웨덴 신문《사회민주주의》와 아브로모비치가 펴내고 뉴욕에서 유통되던《주이시 데일리 포워드》에 기사를 썼다. 몇몇 기사에서는 공산주의자들이 과도하게 주도권을 가지고 통제력을 행사하려 하는 것을 비판하기도 했다. 그는 전투에 참여하지는 않았고 저널리스트와 기술자로 일했다. 하지만 글이 언론에 게재되는 바람에 의심분자라는 증거를 남긴 셈이 되었다.

에스파냐에 도착한 지 한 달쯤 지났을 무렵 그는 마드리드에 취재를 갔다가 콘티넨탈 호텔에서 실종되었다. 공산주의자 내부 정보를 제보하겠다는 한 여성에게 속은 것으로 보인다. 아버지가 사회주의 인터내셔널의 저명인사였던 데다 레옹 블룸 정부와도 긴밀한 관계였기 때문에 마르크의 실종은 국제적인 뉴스가 되었다. 프랑스 경찰이 수사에 착수했고, 저널리스트이자 히르슈만과 베를린의 SAJ에서 함께 활동했던 빌리 브란트, 리하르트 뢰벤탈, 그리고 '노이 베긴넨'의 급진주의자들이 수소문에 나섰으며, 아버지 라파엘도 곧바로 바르셀로나로 달려와 백방으로 아들을 찾으려고 노력했지만, 뜬소문만 들을 수 있을 뿐이었다. 여러 정황들을 살펴볼 때, 마르크는 아버지 라파엘이 소련에서 벌어지던 공포정치를 공개적으로 비판한 것에 대한 보복으로 스탈린 쪽 사람들에게 납치된 것으로 보인다. 같이 수감되었던 사람이 전한 바에 따르면 마르크가 5월 22일까지는 살아 있었다고 한다. 아마 한두 주 뒤에 처형당했을 것이다. 혹은 5월경에 NKVD가 마드리드와 카탈루냐에서 경계 태세를 높이면서 공산주의자들 중 NKVD의 입맛에 맞지 않는 사람들과 원래부터 NKVD가 신뢰하지 않았던 아나키스트 및 사회주의자들을 붙잡아 훈련 없이 사라고사와 우에스카 전선으로 보내 총알받이로 썼다는 사실도 알려져 있는데, 마르크가 여기에 희생되었을 수도 있다.

마르크의 실종 소식을 들었을 때 우르줄라와 오토 알베르트는 트리에스테에 있었다. 우니타디탈리아 광장에 앉아서 신문을 읽으며 아침을 먹던 오토 알베르트는 작은 알림란에서 마르크 라인이 실종되었으며 사망했을 가능성이 있다는 소식을 보고 깜짝 놀라서 우르줄라에게 그 내용을 읽어 주었다. 그들은 충격을 받았고 마음이 무너졌다. 어머니나 다름없던 파리의 로자 라인(마르크의 어머니)에게 생각이 미친 우르줄라는 위로의 꽃을 보내고 싶었다. 하지만 이 애도의 행위마저 좌파 진영의 내분에 휘말리게 된다. 우르줄라는 파리와 트리에스테를 오가며 활동하던 급진 공산주의자 에우제니오 쿠리엘에게 파리에 있는 로자에게 꽃을 전해 달라고 부탁했다. 말하자면 쿠리엘은 스탈린에게 '혁명의 적'이라고 찍힌 사람의 집에 꽃을 전해 달라는 부탁을 받은 것이었다. 스탈린이 아브라모비치를 어떻게 여기고 있는지 잘 몰랐던 그는 기꺼이 부탁을 들어주기로 했다. 하지만 파리에서 활동하는 공산주의자들에 대해 내부의 의심과 감시가 심해지던 와중이었던 데다 쿠리엘처럼 노선이 불명확한 이탈리아 공산주의자들에 대해서는 감시가 더 심했던 터라 쿠리엘은 이 일로 붙잡히고 말았다.

쿠리엘은 아브라모비치의 집 근처에서 체포되었고 코민테른은 1939년 말 그가 '위장한 트로츠키주의자'라며 비밀 심문을 지시했다. 이 파일(지금은 기밀 등급에서 해제되었다)은 코민테른 내에 존재했던 편집증을 보여주는 한 단면이다. 쿠리엘의 주요 '죄목' 중에는 오토 알베르트 히르슈만과 친한 사이라는 것도 있었는데, 이 파일에서 히르슈만은 트로츠키주의자보다 더한 악당이라며 다음과 같이 묘사되어 있다. "히르슈만은 유럽 전역을 독일 여권을 가지고 돌아다닌다. 아브라모비치와 '그의 비열한 악당 아들'과 친구이며, 아브라모비치 딸의 '남자친구'이다!" 요컨대, 히르슈만이 매우 해로운 악당이며 쿠리엘이 히르슈만의 독성에 물이 들었다는 것이었다.[25]

히르슈만에게 마르크 라인 사건이 준 충격은 정치적인 것이라기보다는 개인적인 것이었다. 정치적인 면에서야 코민테른이 통제력을 더욱 강화하려 한다는 것을 이미 잘 알고 있었고 모스크바에서는 [숙청의 일환으로] '전시 재판'이 전격적으로 행해지고 있었다. 나중에 파리로 돌아온 히르슈만은 곧바로 라파엘의 집에 찾아갔다. 그들은 저녁을 먹으면서 조각 정보들을 이리저리 맞춰 보았다. 어떻게 보아도 스탈린의 숙청 기계에 희생된 것으로 보였다. 소포클레스는 부모가 자녀를 묻어야 하는 것이 최악의 비극이라고 했지만, 라인 부부는 그 이후 평생을 마르크가 죽었는지 소련의 집단수용소에서라도 살아 있는지 모르는 채로 살아야만 했다. 히르슈만은 공산주의에 대해 아직 남아 있었을지 모르는 일말의 믿음마저 이 사건으로 모두 사라지게 되었다. "나치가 끔찍한 것은 놀랍지 않았다. 하지만 나의 투쟁에 기여해 줄 것이라고 믿었던 사람들이 적으로 돌아서는 것을 보는 것은 훨씬 더 끔찍했다." 히르슈만은 사랑하는 사람의 죽음이 고통스럽게 출몰하는 유령으로서가 아니라 본보기가 되는 영혼으로 그에게 남게 하기 위해 안간힘을 써야 했다.[26]

상처는 깊었지만 회복할 시간을 얼마간 가질 수 있었다. 발칸반도와의 국경에 위치해 있는 인구 25만 명 정도의 항구도시 트리에스테는 한때 오스트리아-헝가리 제국에 속해 있었으나 1차대전 이후 이탈리아 영토가 되었다. 언덕이 굽이굽이 늘어선 사이로 아름다운 아드리아해 항구가 보였다. 맑은 날에는 활기찬 노천 시장이 열려 신선한 야채를 팔았고 모퉁이마다 빵가게가 있었다. 트리에스테는 물자가 부족한 카탈루냐와는 딴판이었다. 중앙 광장 양편에는 우아한 베르디 극장과 로이드 은행이 들어서 있었고 커피하우스들이 줄지어 바다를 내려다보고 있었다. 트리에스테는 파리의 침울함과도 대조적이었다. 물론 또다른 커다란 차이는 이곳이 파시스트 도시라는 점이었다. 이탈리아와 발칸 국가들 사이의 인종적 경계에 위치해 있던 이 도시에는 무솔리니 지지자가 많았다. 히르슈만이 탄 기차가 베네치아를 출발해 트리에스테에 도착했을 때 트리에스테는 이탈리아군이 에티오피아 침공에서 승리한 기쁨에 들떠 있었다. 무솔리니는 에티오피아에서 하일레 셀라시에 황제를 무너뜨리고 '새로운 로마제국'을 선포한 참이었다.

하지만 히르슈만은 일단 이 모든 것을 뒤로 하고 누나 집으로 향했다. 제일 처음 한 일은 엄마에게 편지를 쓰는 것이었다. "에스파냐에서 돌아왔어요." 하지만 더 자세히는 설명하지 않고 모호하게 다음과 같이 전했다. "방금 건강하게 누나와 매형 집에 도착했어요. 에스파냐에 갔던 것은 제가 겪어 본 어느 여행보다 흥미로운 경험이었어요." 여기에 우르줄라가 끼어들어서 덧붙였다. "오토 알베르트는 방금 뭘 먹으러 갔어요. 달콤한 빵과 차 그리고 애프리콧 마멀레이드예요. 그 애는 괜찮아 보여요. 여독으로 조금 피곤한 것 같기는 하지만요. 우선 잘 먹여서 살을 좀 찌워야겠어요." 그리고 오토 알베르트는 잠을 잤다. 일하러 갔다 돌아온 에우제니오는 잠자고 있는 처남을 보았다. 오토 알베르트가 깨어 보니 에우제니오가 내려다보고 있었다. "심장이 멎는 것 같았다." 오토 알베르트는 벌떡 일어나 그를 포옹했다.[27]

오토 알베르트가 도착했을 무렵 우르줄라와 에우제니오의 결혼 생활은 이미 삐걱대고 있었다. 우르줄라가 남긴 회고록을 보면 이들의 결혼은 매우 지적이고 정치적인 결합이기는 했지만 로맨스나 애정은 부족했고 성적으로도 문제가 있었던 것으로 보인다. 에우제니오는 결혼생활에 대해 별다른 기록을 남기지 않았다. 1936년 여름 우르줄라가 첫 아이를 임신하면서 문제는 더욱 악화되었다. 출산에 대한 공포, 우울증, 친구들과 떨어져 낯선 도시에 고립되어 있다는 느낌은 우르줄라가 에우제니오에게서 더 멀어지게 만들었다. 게다가 아기 실비아는 자주 아파서 부모의 스트레스를 가중시켰다.[28] 그래도 에우제니오는 상황을 다루는 데 수완이 없지 않았고, 그 덕에 결혼생활은 아슬아슬하게나마 유지되었다.

에우제니오는 우르줄라를 위로했고 실비아를 너무나 예뻐했다. 에우제니오는 정치 활동으로 점점 바빠지고 물리학과 과학, 철학 공부에 몰두하는 와중에도 아이를 돌보기 위해 최대한 그가 할 수 있는 일들을 했으며, 아기가 커 가는 모든 과정에 매료되었다. 매우 에우제니오답게도 어린 딸에 대한 관찰은 더 큰 질문으로 이어졌다. "자연은 인간의 필요에 맞도록 법칙을 만들었을까? 아니면 인간이 자신의 욕구와 필요에 유리한 대로 몇 가지를 가져다가 자기 편의대로 배열했을까? 그러고 나서 이렇게 말하는 것이 아닐까? '여기 가장 완벽한 자연의 법칙이 있다. 나에게 유용하도록 자연의 섭리가 만들어낸 법칙이.' 자신이 만든 이 법칙을 가지고 인간은 자연에 대한 개념을 만들었을 것이다." 그리고 이 생각의 흐름은 아포리즘으로 마무리된다(훗날 허시먼의 글에도 이런 특징이 나타난다). "자연은 그것을 탐구하는 사람의 이미지를 반영하는 거울과 같다. 그리고 모든 동물 중 가장 지적인 동물인 인간은 그 거울 대신 자기 이미지를 갖다 놓는다."[29] 우르줄라 부부의 결혼생활이 바닥을 치던 1937년 겨울 무렵에는 오토 알베르트도 이 사실을 잘 알고 있었다. 우루줄라와 오토 알베르트는 모든 것을 공유하는 사이였고 오토 알베르트에게 에우제니오는 그가 전에 가져 본 적이 없었던 큰형이나 마찬가지였으므로, 이들의 결혼생활이 파경을 맞는 것을 지켜보기가 그로서는 매우 괴로웠을 것이다.

한편 트리에스테는 반파시스트 저항운동의 중심지였다. 이는 가정불화를 덮는 데 조금이나마 도움이 되었다. 하지만 오토 알베르트에게 트리에스테는 압제자에게 맞서는 새로운 전선의 역할만 한 것이 아니었다. 그는 프랑스 경제 상황을 연구해 보고 싶다는 생각을 계속 하고 있었다. 배럿 웨일의 지도를 받으며 연구하던 시절 가지고 있던 자료들을 그가 트리에스테에 가지고 왔는지, 또 케인스의

■ 1937년 트리에스테에서 우르줄라, 실비아, 에우제니오.

《일반이론》을 가지고 왔는지는 알 수 없지만, [에우제니오가 속한 조직의] 비밀 '수송원' 역할을 하며 파리를 오갈 때 책과 자료를 챙겨왔을 가능성이 있다. 어떻든 간에 에우제니오의 도움으로 히르슈만은 피에르파올로 루차토페지즈가 이끌던 트리에스테대학 통계학과 사람들을 만났고, HEC에서 배운 유일한 지식인 통계와 회계 기법을 활용할 수 있게 되었다. 수리적 분석이 필요한 연구프로젝트에 참여하게 된 것이다. 루차토페지즈는 영향력 있는 사회과학자였지만 수학 실력은 그리 뛰어나지 않았는데, 히르슈만이 그것을 보완해 줄 수 있었다.

히르슈만은 이곳에서 이탈리아 인구학을 연구했고, 이후로도 이 분야에 지속적으로 관심을 갖게 된다. 센서스 자료에서 출산율과 아동 사망률을 계산하고 이를 통해 더 정확한 인구 증가율을 도출하는 데에 그가 크게 참고한 것은 영국의 인구학자 조지 니브스의 선구적인 연구였다. 니브스는 동일한 자료에서도 잘못된 의미가 도출될 수 있다며, 인구 증가를 분석할 때 당시 일반적이던 '중성적' 접근법에서 벗어나 연령과 성별 구성을 고려해야 한다고 주장한 바 있었다. 그래서 히르슈만은 이탈리아 여성의 출산율을 결혼 유무와 자녀 수에 따라 분석해 보았다. 그랬더니 역설적인 사실이 드러났다. 파시스트 정부의 모성 정책[출산 장려 정책]은 여성이 출산을 하면 보상을 했는데, 이 정책을 시행한 후 출산율만 높아진 것이 아니라 아동 사망률도 높아진 것이었다. 웨일의 지도를 받던 시절에도 그랬듯이 히르슈만은 이 연구를 하면서 앞으로 그에게 오래 남게 될 몇 가지 근본적인 통찰을 이끌어냈다. 히르슈만은 니브스의 대작《인구에 대한 수학 이론》을 지침으로 삼아 이탈리아 인구 분석 모델을 더 정교화했는데, 히르슈만이 이미 이때부터도 인간의 행동이 산출해내는 역설들에 관심이 많았다는 점을 보여준다.[30]

트리에스테대학 통계연구소는 연구의 자율성을 상당히 많이 보장해 주었다. 히르슈만은 이곳에서의 연구를 통해《경제학 저널》에 첫 논문을 게재했다. 이 논문은 결혼생활, 사망률, 출산율이 어떻게 성관계 패턴(남성과 여성이, 특히 여성이, 언제 누구와 어떻게 성관계를 하기로 결정하는지에 대한 패턴)과 관련되는지 살펴본 것으로, 니브스의 영향을 많이 받은 논문이었다.[31] 또 히르슈만은 이탈리아 경제에 전문가가 되었다. 런던에서 웨일의 지도를 받으며 프랑스 경제를 공부했던 것의 확장이라 할 만했다. 파시스트 당국이 언론을 통제하고 있었기 때문에 경제가 정말로 어떻게 돌아가는지 알기는 매우 어려웠다. 이런 상황에서 히르슈만은 공식 자료의 행간을 읽어낼 수 있는 드문 사람 중 한 명이었다. 그는 분기별 보고서와 경제신문(《일 솔레Il Sole》《벤티콰트로 오레Ventiquattro Ore》 등)을 쌓아 놓고 산업산출, 실질임금, 무역수지표를 직접 만들면서 "탐정 같은 일에서 즐거움을 느꼈다." 특히 그런 자료들이 "파시스트 당국이 숨기려고 하는 패턴을 밝혀 줄 때"면 더욱 즐거웠다.[32]

그가 발견한 내용은 몇몇 프랑스 경제학자의 관심을 끌었고, 히르슈만은 프랑스 경제학회에 두 번째 논문을 게재했다. 이탈리아의 공공재정, 화폐정책, 가격, 무역수지 등을 기술한 것으로, 에티오피아 전쟁, 재무장, 폐쇄주의 경제정책으로의 전환, 교역 단절 등이 파시스트 정권의 경제에 막대한 부담을 주고 있다는 내용이었다. 이미 1938년경에 히르슈만은 적자의 징후, 치솟는 인플레이션, [정부 재정 충당을 위한] 민간 은행으로부터의 대출, 물가 안정을 위한 가격통제 등을 파악하고 있었다. 또 그는 이탈리아 당국이 "숨넘어갈 지경"임을 숨기기 위해 사용하는 "엄청난 기법들"도 밝혀냈다. 이탈리아 파시스트 정권은 보유고 통계를 조작하고 민간은행 대출을 자의적으로 사용하면서 경제를 가까스로 유지해 왔다. "하지만 지속될지에 대해서는 [우리 입장에서 볼 때] 낙관적이다." 히르슈만은 이렇게 결론 내렸다. 이것은 히르슈만이 (웨일이 일찌감치 간파했듯이) "경제학적으로 지적인" 일에 소질이 있음을 나타낸 첫 시도였다. 히르슈만은 이 경제학적 소질을 로마 황제[이탈리아 독재자]의 경제적 가면을 벗기는 데 사용했다.[33]

또 트리에스테에서 히르슈만은 프랑스의 재정 균형과 푸앵카레 프랑에 대해 가졌던 옛 관심사도 다시 파고들어 볼 수 있었다. 그는 트리에스테대학에서 '라우레아 과정'(공식적인 박사 과정은 무솔리니 붕괴 이후 생기게 된다)을 밟았고 몇 건의 논문(필리핀의 무역수지 문제에 대한 분석, 이탈리아 금융정책에 대한 짧은 분석, 프랑스 프랑화 가치절하에 대한 분석 등)이 그의 학술 업적 목록에 이름을 올렸다. 무솔리니의 군용 철도는 정시에 기차를 움직이게 하는 데는 강력했을지 모르지만 트리에스테대학 박사과정생의 연구까지는 엄격하게 통제하지 못했다. 우리에게 알려져 있는 것은 히르슈만이 단독으로 이 논문들을 썼으며 곧 박사 논문도 썼다는 사실이다. 박사 논문은 160쪽으로 당시의 일반적인 분량이었다. 논문 내용은 푸앵카레 프랑의 말로에 대한 연구를 확장한 것이었는데, 프랑스의 공공재정, 화폐 통제의 효과와 역효과, 금본위제의 종말 등을 다루면서도 케인스를 인용하지 않았고 국제경제 분야에서 벌어지고 있던 당대의 논쟁들도 언급하지 않았다. 그보다 히르슈만은 경제의 상호의존도가 증가하고 있는 상황에서 국가가 경제를 통제하던 기존의 방식이 무용해지고 있다는 데에 더 관심을 가졌다. 이 관심사는 트리에스테에서 라우레아 학위를 받기에 충분했다. 오토 알베르트 히르슈만은 1938년 6월에 학위를 받았고 이것이 나중에 그의 박사 학위가 된다.[34]

경제학과 인구학 연구는 자신의 '정치적 입장'을 밝혀야 한다는 만성적인 압력에 짓눌리지 않으면서도 사회의 향상에 헌신할 수 있는 길을 열어 주는 것 같았다. 좌파 진영의 논쟁에서 핵심이었던 '이데올로기적 일관성'에 대한 환상을 포기하고 나니 무언가 다른 것을 추구할 자유를 얻을 수 있었다. '분석적 일관성'과 '관찰에서 나오는 통찰'을 추구할 수 있게 된 것이다. 히르슈만은 이탈리아 경제 자료들의 행간을 읽으면서 이러한 역량을 연마할 수 있었고, 이를 독려해 주는 에우제니오가 있었다. 1993년 10월 프랑코 페라레시가 《코리에레 델라 세라Corriere della Sera》에 기사를 싣기 위해 앨버트 허시먼을 인터뷰하면서 콜로르니를 "엄정한 이데올로기적 일관성"을 가진 사람이었다고 묘사하자 허시먼은 이렇게 반박했다. "일관성, 맞아요. 하지만 이데올로기적인 것은 아니었어요."[35]

베를린을 떠난 이후로 히르슈만은 내내 책이 몹시 그리웠다. 그런데 콜로르니에게는 책이 아주 많았고 히르슈만은 그 책들을 마음껏 빌려 볼 수 있었다. 게다가 산니콜로 거리에는 유대인 시인 움베르토 사바가 운영하는 중고 서점이 있었다. 트리에스테의 자유주의자들은 이곳에 모여 안심할 수 있는 분위기에서 책을 사고 읽으며 토론하고 친교를 나누었다. 사바의 서점은 비공식 문화생활의 비공식 중심지였다. 에스파냐에서 혹독한 혼란을 겪은 알베르트에게 새로운 지적 좌표가 필요하다는 것을 깨달은 콜로르니는 사회과학 이외의 책들을 지속적으로 소개해 주었다(사회과학 책은 히르슈만이 알아서 찾아 읽을 수 있었다). 에우제니오가 소개한 책들은 문학작품이었다. 트리에스테에서 콜로르니는 히르슈만에게 문학의 영향력을 확실하게 각인시키게 된다. 히르슈만이 플로베르의《서간집》《마담 보바리》《감정 교육》, 생시몽의《회상록》, 라클로의《위험한 관계》, 벵자맹 콩스탕의《아돌프》 등을 처음 접한 것은 에스파냐내전에서 돌아온 이후였다. 헤겔이 '의례'였다면 플로베르는 '흥분제'였다. 히르슈만은 플로베르가 산문과 서신에서 쓴 모든 단어가 각각 특수하고 고유한 의미를 갖는다는 데 관심이 끌렸다. '모 쥐스트'. 단 하나뿐인 적확한 단어를 찾는 일이 정치적 대의만큼이나 값진 일이라고 느껴졌다.[36]

에우제니오는 허시먼에게 베네데토 크로체와 자코모 레오파르디의 시도 알려주었다. 이 긴 도서 목록을 한데 묶어 주는 공통점은 심리적인 동기가 연애와 가족 관계를 맺었다 풀었다 하면서 드러내는 섬세하고 미시적인 관점이었다. 히르슈만은 주인공과 저자의 내면세계, 그들이 마음의 눈으로 직조하는 세계와 인간관계에 빠져들었다. 훗날 새러는 허시먼이 문학작품을 읽으면서 주인공이 특정한 환경에서 어떻게 인지적·감정적 과정을 거쳐 의사결정을 내리고 행동하게 되는지에 매력을 느꼈다고 회상했다. 인간 행동(개인과 집단 모두)의 이면에 존재하는 심리적인 과정에 대한 관심이 여기에서, 특히 프랑스 문학작품들을 통해서 시작되었다. 그 영향을 새러는 이렇게 설명했다. "앨버트는 작가가 주인공의 심리에서 상황적 결과들을 도출하는 것이 아니라 반대로 상황에서 심리적인 결과들을 도출하는 것에 놀라워했어요."[37]

히르슈만의 상상력을 사로잡은 작가를 한 명만 꼽으라면 단연 미셸 드 몽테뉴일 것이다. 지극히 개인적인 심경, 명상, 도덕적 성찰 등이 담긴 몽테뉴의 글은 히르슈만을 근본적으로 흔들었다. 그는 수필의 힘에 곧바로 매료되었다. 몽테뉴는 모든 것을 관찰자의 탐색 대상이 되게 함으로써 지식의 '절대적'인 형태라는 것에 의문을 제기했다. 그의 관찰은 자기 자신에 대한 관찰로 시작했는데, 자아를 끊임없이 이리저리 돌려보면서 자아가 갖는 다양한 형태와 관점을 포착했다. "우리는 절대로 '고향에' 존재할 수 없다. 우리는 언제나 우리 자신의 외부에 존재한다." 몽테뉴는 이렇게 말했다. "해야 할 일을 하는 사람이라면 누구든지 가장 먼저 그 자신이 무엇인지를 알아야 한다." 그의 서재 천장 아래에는 노老 플리니우스의 글귀가 씌어 있었다.

확실한 것은 이것뿐이다.

어느 것도 확실하지 않다는 것, 그리고 인간보다 오만하고 형편없는 존재도 없다는 것.

경구와 인용문을 모으는 몽테뉴의 습관은 히르슈만에게도 영향을 미쳤다. 히르슈만도 좋아하는 경구를 모았는데, 그 시작은 물론 몽테뉴의 경구였다. "관찰하라, 쉼없이 관찰하라."

겸손함을 찬미하는 몽테뉴의 태도와 그러한 태도가 형성하는 정신은 젊은 오토 알베르트에게 너무나 진실되게 다가왔다. 바이마르 공화국을 망각 속에 사라지게 만들고 이제는 에스파냐공화국을 분열시키고 있는 이데올로기적 확실성과 맹목성에 대해 오토 알베르트는 이미 오래전에 참을성이 없어진 상태였다. 회의와 의심이야말로 에우제니오가 오토 알베르트에게 몽테뉴의 《수상록》을 권한 이유였다. 히르슈만이 20세기에 이데올로기적 확실성의 이름으로 자행된 폭력을 목격했듯이 몽테뉴는 16세기에 종교적 확신이 몰고 온 잔혹성을 목격했다. 몽테뉴의 '버려진 프랑스'는 히르슈만의 '버려진 유럽'과 비슷했다. 몽테뉴의 《수상록》을 채우고 있는 개인적인 경험들은 주관적 세계와 객관적 세계를 가르는 절대적인 이분법에 대해 복잡하고도 유쾌한 방식으로 도전하고 있었다. 오토 알베르트는 몽테뉴의 《수상록》만큼은 소장하고 싶어 한 권 구입했다. 움베르토 사바의 서점에서 샀거나 아니면 파리에서 구했을 것이다. 몽테뉴가 보여준 '해학을 통한 거리두기'는 외적 진리와 외적 실재를 추구해야 한다는 집착을 없애 주었다. "신이 말하길, 인간이여, 인간 외의 모든 피조물은 자기 자신을 연구하고 자신의 필요에 맞게 자신의 노동과 욕망에 한계를 가지고 살아간다. 우주를 품으려는 너희 인간처럼 공허한 존재도 없다. 지식 없이 진리를 추구하는 자이며 관할권 없이 판결을 내리려 하는 판사이니, 익살극의 광대라 하지 않을 수 없구나."[38]

몽테뉴는 세상의 어떤 것도 고려의 가치가 없을 만큼 사소하지는 않다고 보았다. 확실성을 포기할 때 잃게 되는 것을 더 명료하게 다시 얻을 수 있기 때문이다. 히르슈만은 몽테뉴와 마키아벨리에 대해 대화를 나누면서 단상, 경구 등을 공책(몽테뉴라면 이 공책을 '일상의 책들'이라고 불렀을 것이다)에 적어 놓았다. 이러한 작은 생각을 콜로르니는 "피콜레 이데piccole idee['작은 생각'의 이탈리아어]"라고 불렀다. 곧 히르슈만은 자신의 '프티 이데'를 만들어 나가게 된다. 프티 이데는 관찰하고 통찰한 것들을 모아두는 기억 창고에 담긴, 세상을 성찰하는 재료들이었다. 그는 '내가 좋아하는 인용문'이라는 파일을 하나 마련했고 30년 뒤에도 이 습관은 계속 이어졌다. 허시먼은 훗날 세계은행이 제3세계에서 진행한 개발 프로젝트에 대해 책을 쓰면서 우르줄라에게 프티 이데를 활용하는 것이 자신의 스타일이며 언제든지 프티 이데를 시금석으로 삼을 수 있다고 말했다. "다들 서기 2000년을 생각하면서 거창한 계획들을 세우고 있어서 나는 완전히 마비될 지경이야."

허시먼이 생각한 것은 '현재'의 문제와 '일상'의 문제였으며 "[고

앨버트 허시먼

등학교 때] 린덴보른 선생님과 레빈슈타인 선생님께서 내가 제출한 숙제 가장자리에 적어 주셨듯이 '진정한 히르슈만'의 글을 쓰는 것"이었다. "마키아벨리가 편지 중 하나에서 자신의 집필 스타일을 이야기하며 '카스텔루치'라는 표현을 쓴 적이 있는데, 나는 이 말이 참 좋아. 풍부한 상상력으로 지은, 짓기도 쉽지만 현실에 무너지기도 쉬운 작은 성城들. 아마 이게 에우제니오가 '피콜레 이데'라고 부른 것일 거야. 그리고 내가 정말로 할 수 있는 유일한 것이고."[39] 훗날 허시먼은 프티 이데를 기록하고 활용하는 습관에 대해 이렇게 설명했다. "우리는 작은 것들에 의해 정신이 분산되고 다른 길로 빠지며 분절된다. 작은 것들이 우리의 관심을 부여잡기 때문이다. 우리는 거대한 사물을 그것 자체로 볼 수 없다. 작은 환경들, 표면의 이미지들이 먼저 우리에게 강한 인상을 주기 때문이다. 사물들이 벗어버리는 무용한 가죽들이 먼저 인상을 주게 되는 것이다."

이러한 종류의 사고방식은 여러 함의를 가지고 있었다. 첫째, 유쾌한 상상을 설명의 핵심으로 삼는다는 개념은 허시먼의 문체에 영향을 주었다. 둘째, 상상력이 사람들의 믿음을 구성하고 믿음이 행동을 구성함으로써 세계사의 사건들에 영향을 미친다는 개념은 심리학과 사적 동기에 대한 관심으로 이어졌다. 셋째, 회의와 의심은 도덕적 성찰과 행동에 대한 개념을 꺾기는커녕 오히려 더 강하게 만들었고 그 덕분에 허시먼은 모든 실천은 그에 앞서 역사의 전체성을 파악해야만 가능하다는 강박에서 벗어날 수 있었다. 몽테뉴는 과학적 확실성을 그리려고 한 것이 아니었다. 하지만 그가 보여준 상상력의 힘과 작문 스타일은 허시먼의 연구방법론과 접근법에 결정적인 영향을 미쳤다. 트리에스테에서의 히르슈만은 몽테뉴의 《수상록》과 떼어 놓고 이야기할 수 없다.[40]

'일 두체'[영도자 또는 지도자를 의미하는 단어로, 무솔리니의 칭호로 쓰였다] 치하라는 그늘이 있기는 했지만, 트리에스테에 머물면서 히르슈만은 여기저기에서 획득한 학문적·지적 조각들을 한데 모을 수 있었다. 인간 내면의 심리를 이해하게 해 준 문학작품들, 국제경제학의 발견, 독재 정권이 발표하는 것과 다른 내용을 말해 주는 데이터를 찾아내려는 노력 등이 그러한 지적 요소들이었다. 그리고 물론 여기에 개인적인 경험이 더해져 있었다. 히르슈만에게 이러한 '사고의 재조정'은 이론과 실천 사이를 왔다갔다하는 시계추가 아니었다. 이를테면 움베르토 사바의 서점에서 책을 읽는 것은 그 자체로 저항의 활동이기도 했다. 무솔리니의 비밀경찰이 좌파 지식인과 저항 활동을 적발하려고 온 도시를 쿵쿵대며 탐색하던 시기였으니 더욱 그랬다.

1935년 콜로르니가 속해 있던 지엘리스티 토리노 지부가 와해되면서 콜로르니는 지하운동을 일으키는 일에 나섰다. 또한 이 당시 민주주의 지지자들과 사회주의자들 사이에서 공산주의자와 함께 포괄적인 '인민전선'을 구성하자는 논의가 전보다 더 활발하게 이루어지고 있었다. 해외에 지엘리스티가 있었다면(파리에서 출판물을 펴냈고 에스파냐내전에 수많은 자원병을 모집하는 등의 일을 했다), 이탈리아 안에서는 콜로르니가 저항세력의 핵심 인물 중 한 명이었다. 지엘리

앨버트 허시먼

스티 토리노 지부가 와해된 후 콜로르니는 '내부 사회주의자 센터 CIS'에서 활동했다. 반정부적 출판물을 파리로부터 몰래 들여와 유통시키는 배포망이었다. 콜로르니에게 특히 중요한 두 명의 협력자가 있었는데, 사회주의자 안젤로 타스카('로시' 또는 '르루'라고도 불렸다)이고, 다른 한 명은 콜로르니의 사촌으로 공산당원이자 공산당 해외 조직 책임자인 에밀리오 세레니(파리에 망명 중이다가 에우제니오의 결혼식을 축하하러 밀라노에 몰래 왔던 사람)였다.

히르슈만의 '용기의 순간'은 에스파냐에서 끝나지 않았다. 파쇼 정권끼리 연합해 독재가 더 확산되는 것을 막으려면 저항운동이 한층 더 활성화되어야 했다. 그래서 히르슈만은 에스파냐에 이어 그 다음의 대의에 자원했다. 그는 멀쩡한 독일 여권에 이제 학생증까지 가지고 있어서 이탈리아인들보다 쉽게 국경을 오갈 수 있었다. 이탈리아인들은 무솔리니의 비밀경찰인 '반파시스트 진압단OVRA'의 의심을 살 위험이 있었다. 오토 알베르트는 지하배포망으로 유통시킬 문건들을 들여오기 위해 특수제작한 여행 가방을 하나 마련했다. 바닥 쪽에 숨기는 구조가 경찰에 알려지자 파리에서 세레니가 고안해 알려준 대로 덮개 쪽에 숨길 수 있도록 가방 구조를 바꾸었다. 히르슈만이 파리와 이탈리아를 오가며 문서 밀반입을 몇 차례나 했는지는 분명치 않지만 1937년과 1938년 사이에 상당히 많이 했던 것으로 보인다. 기차가 주된 소통 수단이자 탈출 수단이었기 때문에 당국은 기차 검문을 강화해 저항세력의 활동을 막으려고 했다. 정치 집회 일정에 맞게 기차 시간을 편성하거나 [1차대전 이후에] 파업으로 철도를 마비시키던 철도 노동자들을 탄압하려던 것이 무솔리니가 비밀경찰 OVRA를 두게 된 계기 중 하나였다. OVRA 요원들은 이탈리아와 유럽 각국 사이를 오가는 기차를 은밀히 돌아다니며 수색을 벌였다. 히르슈만의 가방은 시민들에게 새소식과 정세 분석을 제대로 전하기 위해 파시스트 당국과 벌이던 고양이와 쥐 싸움의 작은 일부분이었다.

밤기차를 타고 불법 인쇄물을 숨긴 가방에 몽테스키외의 책과 양말을 넣어 들고 가는 히르슈만의 이미지에는 뭔가 그다운 면이 있었다. 나이 든 독일 학생(이 임무에서 그가 맡은 역할이 실제로 이것이었다)이 오래된 습관대로 행동하고 있는 것이다. 동시에 이것은 히르슈만이 겪은 전쟁은 무엇이었는지를 보여주는 것이기도 하다. 이번에는 언어가 무기였기 때문이다. 그리고 이제 그의 동기는 한층 더 복잡해졌다. 물론 비밀문서를 밀반입하는 일은 베를린 시절 이후 지속해 왔던 정치적 실천 중 하나였고 파리의 지인들과 계속해서 연락할 수 있는 일이기도 했다. 하지만 새로운 동기가 하나 더 생겼으니, 바로 에우제니오와 더 가까워지고 싶다는 열망이었다.

이때쯤 에우제니오의 놀라운 학문적 에너지는 프로이트에게로, 이어 이론물리학으로 넘어가고 있었다. 오토 알베르트는 여전히 플로베르와 몽테스키외를 읽느라 고전하고 있었는데 말이다. 어린 동생이 형을 따라잡으려고 애쓰는 심정이었다. 또 에우제니오의 정치활동도 점점 화려해지고 있었는데 히르슈만으로서는 알지 못할 부분이 많아서 안달이 났다. 그는 에우제니오가 속한 비밀집단의 '내

앨버트 허시먼

부자'가 되고 싶었다. 역시 트리에스테 출신인 젊은 물리학도 에우제니오 쿠리엘이 1937년 고향으로 돌아와 콜로르니의 조직에 합류했다. 콜로르니가 막 물리학에 관심을 갖기 시작한 시기여서 쿠리엘은 콜로르니에게 매우 중요한 사람이 되었다. 쿠리엘은 파리, 트리에스테, 로마를 오가며 정치 활동도 활발히 펼치고 있었다. 마르크 라인의 실종 소식을 들은 우르줄라와 오토 알베르트가 로자 라인에게 위로의 꽃을 전해 달라고 부탁한 사람이 바로 쿠리엘이다(이 일로 쿠리엘은 1939년 6월 코민테른에 붙잡힌다). 쿠리엘은 정치 활동을 통해 [콜로르니의 사촌] 에밀리오 세레니와 가까워졌고 그래서 이들의 지하운동은 대가족 같은 분위기를 띠었다. 그 바람에 오토 알베르트는 콜로르니의 처남이자 아끼는 후배로서 차지하고 있던 위치를 쿠리엘에게 빼앗긴 것 같았다. 쿠리엘은 정확히 오토 알베르트가 되고 싶었던 '참여적 지식인'이었다. 쿠리엘과 오토 알베르트는 사이가 싸늘했고 에우제니오의 관심을 끌기 위해 경쟁했다. 먼 훗날 허시먼은 이렇게 회상했다. "사실을 말하자면, 나는 쿠리엘을 질투했던 것 같다. 내가 그토록 원했고 한때는 성취했다고도 생각했던 것, 즉 콜로르니와 지적으로나 정서적으로 친밀한 관계가 되는 것을 그가 가져갔기 때문이다." 게다가 눈치 없는 콜로르니는 "그 물리학도"[쿠리엘]가 얼마나 놀랍고 흥미로운 인물인지를 오토 알베르트에게 수도 없이 이야기했다.[41]

　이 시기 히르슈만의 사상과 행동은 베를린에서 형성되었던 것과 결정적으로 단절하는 더 큰 과정의 일부로 보아야 할 것이다. 견고한 이데올로기가 행동의 기초가 되어야 한다는 생각은 이미 오래전에 버린 터였다. 하지만 경제학을 공부하고 문학작품을 읽으면서, 또 에우제니오처럼 '실천'의 조건으로 '분석'이 반드시 선행되어야 한다는 경직된 관념 없이도 '지식에 기반한 참여주의'의 길을 가는 사람들을 보면서, 히르슈만은 사상과 행동을 더 자유롭고 더 열린 방식으로 결합할 수 있었다. 물론 이것이 쉽고 자연스럽게 이루어진 개종은 아니었고, 1937년과 1938년에 히르슈만은 힘겹게 이길을 개척해 나가야 했다. 50년 뒤에 그는 이렇게 회상했다. "스물두 살이던 1937년경에 나는 옛날의 확실성은 버린 상태였지만 그래도 독일에서 자란 영향이 있었기 때문에 완전히 성숙한 빌둥을 갖고 있지 못하다는 것이 여전히 결함으로 여겨졌다." 그렇긴 해도, 어떤 이데올로기로부터도 자유롭되 반파시스트로서 강력한 정치적 실천을 한다는 것은 너무나 매력적인 생각이었다. '경직된 이데올로기적 헌신을 갖지 말 것을 강조하는 이론적 입장'과 '위험한 정치 활동에 헌신하는 것' 사이에는 밀접한 연관성이 있었다. 햄릿이 틀렸음을 증명하고자 한 동기만이 그의 행동을 촉발한 요인은 아니었다. 일련의 외부적 사건이 파시즘에 맞서 민주주의를 지키려는 저항운동의 필요성을 한층 더 절박하게 만들었다.[42]

1937년경 에바가 오빠와 언니를 보러 트리에스테에 왔다. 그 이후 오랫동안 이들은 다시 만나지 못한다. 훗날 에바는 그때 오빠가 전에 본 적이 없는 결연한 의지로 연구에 푹 빠져 있었다고 회상했다. 그래도 알베르트는 며칠간 휴가를 내어 에바를 데리고 트리에스테에서 기차로 몇 시간 떨어진 베니스를 구경하러 갔다. 알베르트는 에바에게 유럽 역사를 이야기해 주고 도로, 운하 등을 안내해 주면서 함께 시간을 보냈다. 알베르트는 점점 더 '학자'가 되어 여동생에게 이런저런 조언과 잔소리, 격려의 말을 했다. 에바가 베를린으로 떠날 때 알베르트는 기차역까지 배웅을 했다. 오빠와 포옹을 한 뒤 기차에 오른 에바가 창문으로 보고 있으려니 오빠가 가다 말고 되돌아왔다. 에바가 "왜?" 하고 묻자, 알베르트는 "밤에 이 닦는 거 잊지 말라고!"라고 말하더니 웃으면서 군중 속으로 사라졌다.[43]

이후 거의 10년 동안 알베르트는 에바를 만나지 못한다. 1937년 말경까지 이탈리아, 독일, 일본의 동맹은 점점 더 강고해지고 있었다. 세 나라 모두 팽창주의를 지향하고 있었고 국제연맹에서 탈퇴했다. 그해 4월 설립자인 모란디 등 콜로르니가 속한 CIS의 밀라노 지부 지도부가 체포되었고, 이에 따라 콜로르니의 활동은 더 지하로 들어가야 했다. 공산주의자들이 에스파냐 공화국군을 점점 더 강하게 통제하면서 로셀리는 지엘리스티를 '더 포괄적인 행동을 위한 연대'로 만들어야 할 필요성을 느꼈다. 그는 이를 위해 투쟁하지만 곧 살해당한다. 이듬해 3월 오토 알베르트는 트리에스테로 소환되어 내무부 치안국의 명령에 따라 시민권 서류를 추가로 제출하라는 요구를 받았다. 2개월 뒤에는 히틀러가 이탈리아를 방문해 일련의 정상회담을 가진 뒤 몇몇 갤러리를 탐방했다. 5월 3일에는 총통[히틀러]에게 경의를 표하는 의미로 휴일이 선포되었고 이날의 행사가 전국에 라디오로 방송되었다. 7월에는 이탈리아인과 유대인의 '민족적 특성'을 분리하려는 조치의 일환으로 일군의 트리에스테 과학자들이 '인종과학자 선언'을 했다. 이들은 '이탈리아 인종'에 아리아인의 혈통이 있음이 '증명'되었다고 주장했다. 대학들도 국가의 순수성과 안보를 위한다는 이름하에 암울한 주장들을 펼쳤다. '검은 셔츠단'이 유대교 회당을 공격했고 슬라브인들을 괴롭혔다.

그해 여름, 히르슈만을 데리고 있던 경제학자 중 한 명인 조르조 모르타라(《경제학 저널》을 펴내고 있었다)는 이탈리아 상황이 훨씬 더 나빠질 것이고 '이 콜레라'가 지나가려면 시간이 오래 걸릴 것이라며, 히르슈만이 이탈리아에 있는 동안에는 파시스트 정부의 공식 자료에 의문을 제기하는 글을 더이상 출판하지 않는 것이 좋겠다고 조언했다. 그리고 파리로 가면 어떻겠느냐며 파리에 있는 동료들의 연락처를 알려 주었다. 모르타라 자신도 곧 브라질로 망명해 브라질의 인구통계 시스템을 현대화하는 데 이바지하게 된다.[44]

이어서 일련의 칙령이 내려졌다. 히르슈만에게는 너무나 익숙한 내용들이었다. 유대인에게는 학교와 대학에 갈 권리, 일할 수 있는 권리, 비유대인과 결혼할 수 있는 권리가 제한되었다. 7월에 우르줄라, 오토 알베르트, 에우제니오 그리고 아기 실비아는 돌로미티로 짧은 휴가를 떠났다. 우르줄라는 둘째를 임신한 상태였다. 당연하게도 대화는 "무엇을 할 것인가"로 이어졌다. 이 무렵 에우제니오는 지하활동에 깊이 관여하고 있었다. 그리고 오토 알베르트가 트리에스테에 머무는 것보다 프랑스에 있는 편이 할 일이 더 많을 것이라는 데 모두의 의견이 일치했다. 돌로미티에서 돌아온 오토 알베르트는 일단 하던 대로 [문서 밀반입 일을 하러] 비밀활동의 동반자인 가방을 들고 파리로 갔고, 일자리를 알아보기 시작했다. 트리에스테로 돌아갈 수 있을지는 불확실했다. 9월 3일 에우제니오는 히르슈만이 안전하게 파리에 도착했다니 기쁘다고 편지를 보냈다. 검열을 염두에 둔 터라 모호하게 씌어 있었지만, 트리에스테로 돌아오지 말라는 암시가 담겨 있었다. "나는 절망하지 않아. 우리가 언젠가 만날 수 있을 거라고 믿어. 우리 사이에는 친밀함도 있고 조용한 공감도 있지. 그런 것은 쉽게 찾을 수 있는 게 아니야." 그리고 큰형다운 조언도 잊지 않았다. "그동안 그 러시아 아가씨[리아 라인]를 다시 만나 보면 어때? 그 아가씨하고 결혼하면 좋겠다. … 무엇보다 최선을 다하고 안정적인 일자리를 얻도록 해. 돈도 많이 벌고. 그래야 내가 다니러 가지."[45]

이것이 콜로르니가 자유인 신분으로 처남에게 전한 마지막 말이었다. 1938년 9월 9일 에우제니오는 '파시스트 국가에 대한 적대 행위'를 한 죄로 체포되어 OVRA 요원에게 심문을 받고 밀라노의 감옥으로 이송되었다. 파리의 반파시스트 지하활동과 관련되어 있다는 증거가 많아서, 벤토테네 섬의 정치범 수용소에서 5년을 지내야 하는 유배형이 내려졌다. 1938년 파리박람회와 시기가 맞물렸던 세계철학학회에 참석한 것도 증거로 제출되었고 검사는 그가 쓴 수학 노트들이 반파시스트 일당이 쓰는 암호라고 주장했다. 콜로르니가 유대인이라는 점은 혐의를 더욱 가중시켰다. 유배형이 감옥에 수감된 것보다는 나았지만 가족들이 보내 주는 돈이 있어야 했다. 그리고 전쟁이 터지자 굶는 것이나 마찬가지 수준의 배급으로 살아가야 했다. 에우제니오는 벤토테네 섬에 수용된 초창기 유형수에 속한다. 이어서 공산주의자 루이기 롱고, 이탈리아 행동당의 사회주의자 알티에로 스피넬리, 산드로 페르티니, 에르네스토 로시 등도 이곳으로 유형을 오며, 1940년에는 쿠리엘도 이곳에 수감되었다. 1938년 말경에는 반유대인 칙령이 내려져 움베르토 사바가 서점을 닫게 되면서 트리에스테의 비공식 문화 중심지가 사라졌다. 사바는 수천 명의 다른 난민과 함께 파리로 망명했다.

콜로르니가 체포된 지 열흘 뒤, 히르슈만이 트리에스테 생활을 완전히 정리해야 할 이유가 분명해졌다. 극적인 연출을 좋아하는 무솔리니가 전함 '카미치아 네라Camicia Nera'* 호를 타고 트리에스테 항구에 내려 시청 앞에 동원된 10만 명의 군중 앞에서 연설을 했다. 무솔리니의 트리에스테 방문은 이번이 처음이었다. 그는 히틀러가 유럽에서 전쟁을 할 경우 이탈리아는 체코슬로바키아에 대한 독일 영유권을 지지할 것이라고 선언했다. 독일의 팽창정책을 지지한다는 이 선언과 함께, 무솔리니는 이날 또 하나의 매우 중요한 선언을 했다. 이탈리아의 유대인 정책을 발표한 것이다. 그는 "지난 16년간 '히브리즘의 세계'가 절대 화합이 불가능한 파시즘의 적임이 분명해졌다"며 이탈리아에 거주하고 있는 유대인 중 "군 복무와 시민적 복무를

---

* '검은 셔츠'라는 뜻으로. 이탈리아 파시스트당의 전위 활동대 '검은 셔츠단'을 의미하기도 한다.

했음이 증명된 사람들"은 특별히 "양해"를 받겠지만 그렇지 않은 사람들에게는 "분리정책"이 적용될 것이라고 발표했다. 공동체의 일원으로 인정하고 싶지 않은 사람들을 제거해 버리려는 쪽으로 유럽의 문명이 이동하는 추세 속에서, 이탈리아도 그쪽으로 입장을 완전히 정한 것이었다.[46]

히르슈만도 분리정책의 대상이었다. 다시 한 번 그는 인종 칙령 때문에 파리에 머물러야 했다. 하지만 첫 번째 파리행과 달리 이번에는 '탈출'의 느낌이 덜했다. 이탈리아도 좋았고 트리에스테의 가족들도 좋았지만, 그에게 '사는 곳'이 어디냐고 묻는다면 그곳은 파리였다. "이탈리아 시기는 파리를 잠시 떠나 이탈리아에 머물렀던 것처럼 느껴졌다." 이제 문제는, '사는 곳'을 어떻게 그의 '집'으로 만들 것인가였다.

5장

유대인 구출 활동의 수완꾼 '비미시'

(1938~40)

인류를 놓고 자신을 시험해 보라.

의심하는 사람은 더 의심하게 될 것이고 신뢰하는 사람은 더 신뢰하게 될 것이다.

—프란츠 카프카

오토 알베르트 히르슈만이 다시 돌아온 1938년 늦여름의 파리는 1933년 4월에 왔을 때의 파리와는 달랐다. 불황이 이어지고 있었고, 인민전선은 무너졌으며, 전쟁이 임박했다는 징후가 만연한 데다, 난민이 몰려들면서 배타적인 민족주의가 확산되고 있었다. 파리는 더이상 5년 전과 같은 열린 도시가 아니었다. 히르슈만도 5년 전과 같은 사람이 아니었다. 이제 그는 사회과학의 도구들을 연마하고 "경제학적으로 지적인" 일에서 소질을 발휘할 준비를 갖춘, 경제학 박사였다. 7월 《경제학회지》에 실린 이탈리아 경제에 대한 논문은 파시즘의 경제학을 더 자세히 알고자 하는 영향력 있는 학자들에게 그의 이름을 알리는 기회가 되기도 했다. 히르슈만은 탄탄하게 경력을 쌓아가고 싶은 생각이 간절했다. 바로 이 시기, 두 번째 파리 체류 시절에 히르슈만은 자신을 연구자이자 저술가라고 생각하기 시작한다. 연구자로서의 길을 갈 가능성은 배럿 웨일 교수의 지도에 의해 일찌감치 싹튼 상태였다. 여기에 더해, 몽테뉴를 읽고 에우제니오와 대화를 나누면서 작가와 세계 사이에 존재하는 창조적인 공간을 발견할 수 있었고, 이제 그 공간을 탐험하고 싶었다. 압제에 맞서 세 나라에서 투쟁한 알베르트는 스물세 살이라는 나이에 비해 많은 경험을 한 셈이었다.

1938년부터 프랑스가 나치에 점령되는 1940년까지 히르슈만의 두 번째 프랑스 체류는 '중간 상태'에 처한 젊은이가 학자로서의 길을 개척해 나가는 과정이었다고 볼 수 있다. 이 시기에 그는 반쯤은 거리를 두고 반쯤은 엮여 있는 상태, 자신이 기원한 곳으로부터 완전히 단절되지는 않았으면서 그 기원이 아닌 새로운 장소에 있는 상태에 있었다. 파리에 뿌리를 내리고 정착하기 위해 노력하는 한편 파리를 떠날 가능성도 모색했다. 극단적인 민족주의가 횡행하고 전쟁이 언제 터질지 모르는 상황이라 파리에 얼마나 오래 머물 수 있을지는 불확실했다. 그의 학문적 열망이 파리에서 결실을 맺을 수 있을지도 불분명했다. 전쟁, 혁명, 독재는 이미 세계에서 수많은 사람들을 터전에서 몰아낸 터였다. 그래서 히르슈만이 만들어 가게 되는 해결책은 숱한 교차로와 기로를 연달아 건너는 '잠정적인' 것일 수밖에 없었다. 이런 상황에서도 세상에 대한 '관점'을 끌어낼 수 있음을 발견했다는 점이야말로 히르슈만의 놀라운 독창성이라고 할 만하다.[1]

숱한 교차로와 기로를 건너는 사람이 많기로는 파리만 한 도시가 없었을 것이다. 1938년의 파리는 망명자가 '은신하는' 곳이기보다는

'거쳐 가는' 곳이 되어 있었다. 파리는 모든 유럽 문제들이 교차하는 곳이었다. 1937년 가을 무렵이면 불법 난민이 파리에 한 차례 쏟아져 들어온 상태였다. 대부분이 동부 유럽의 유대인, 특히 폴란드 출신 유대인이었고 세계박람회를 본다는 명목으로 관광 비자를 받아 들어온 사람들이 많았다. 국방장관 에두아르 달라디에는 난민 때문에 주거비와 식비가 크게 상승하고 실업이 증가해 프랑스가 파산에 몰리고 있다며 그들을 비난했다.[2] 1938년경에 프랑스에는 난민이 거의 20만 명이나 있었다. 달라디에가 총리가 된 1938년 4월 10일 무렵에는 독일이 오스트리아를 합병하면서 오스트리아에서도 난민이 쏟아져 들어오고 있었다. 5월 2일에는 새로운 법이 공포되어 불법 이민을 도운 사람에게 무거운 벌금이 부과되었고, 경찰은 난민을 본국으로 송환시킬 수 있는 추가적인 권한을 갖게 되었다. 다음달에는 외국인의 상업 활동을 제한하는 칙령이 내려졌고, 그해 여름 에비앙 회담(6월 6일~15일)에서 프랑스는 더이상 세계의 박해받는 사람들을 위한 피난처 역할을 할 수 없다고 선언했다. 이어서 체코슬로바키아가 나치에 할양되면서 프라하 등지에서도 난민이 들어왔다. 여름과 가을 내내 가택 침입, 혹독한 국경 심문, 그리고 난민을 내쫓거나 들어오지 못하게 하는 조치 등이 대대적으로 증가했다.

1939년 1월에는 에스파냐가 파시스트의 수중으로 완전히 넘어가면서 이번에는 [그에 맞서] 공화국군 편에 섰던 에스파냐 사람들이 피레네산맥을 넘어 프랑스로 들어왔다. 1월 21일 이들 "반갑지 않은 사람들"을 수용하기 위한 첫 번째 수용소('어셈블리 센터'라고도 불렸다)가 프랑스 남부에 세워졌다. 프랑스 경찰은 가시 철망을 두르고 순찰을 돌면서 이들을 '인간 쓰레기scum of the earth'라고 불렀다.[3]

파리는 독재를 피해 유럽 각국에서 탈출한 난민들의 도시가 되었을 뿐 아니라 모략과 첩보의 도시가 되어 가고 있었다. 프랑스 경찰은 영국 비밀정보부SIS, 이탈리아 OVRA, 독일 SS 내 정보부대인 SD, 스탈린의 NKVD 등 각국 비밀정보기구의 활동을 예의주시하느라 골머리를 앓았다. 이런 기구들의 활동 수단으로 암살과 납치가 횡행했다. 난민이 많아 비교적 자유롭게 활동할 수 있는 파리에서 암살자와 납치자들이 성업을 이루었다.

파리로 쏟아져 들어온 외국인들을 적대시하는 분위기는 명백했지만, 히르슈만은 그랑제콜 졸업장이 있었고 완벽한 프랑스어를 구사했으며 수년 간 파리에서 쌓아온 인맥도 있었기 때문에 들키지 않고 합법적으로 머물기가 크게 어렵지 않았다. 그는 파리 제4구 튀렌 거리에 있는 작은 호텔에 안락한 방을 하나 구했다. 중세 시절부터 있던 마을인 마레 지구 한가운데에 위치한 이곳에는 유대인이 많이 살고 있었다. 히르슈만은 마레에 살면서 처음으로 유대인들과 아주 가까이서 지내게 되었고 독일에서 유대인들이 직면한 위험을 더 크게 실감할 수 있었다.

히르슈만은 베를린의 식구들을 어떻게 할지 결정해야 했다. 베를린에서는 히틀러의 반유대주의 조치로 유대인들이 점점 더 핍박에 몰리고 있었다. 헤다는 (너무나 헤다답게도) 에바가 아비투어[고등학교 졸업시험]를 꼭 마쳐야 한다며, 안 그러면 좋은 신랑감을 구하지 못할 거라고 주장했다. 아비투어를 치르고 열여덟 살이 된 에바는 때마침 독일 여성이 영국에서 간호사로 4년간 일하는 조건으로 비자를 발급받을 수 있게 한 영국-독일간 협정의 수혜자가 되었다. 1938년 7월에 에바는 런던에 도착해 도버에 있는 한 병원에 배치되었다. 너무나 운이 좋은 타이밍이었다. 바로 얼마 뒤에 영국과 프랑스 등 유럽 국가들이 입국 장벽을 강화하고 독일은 독일대로 유대인에 대한 여권 통제를 강화하면서 유대인이 독일을 떠나기가 매우 어려워졌기 때문이다. 1938년 11월 7일에는 폴란드계 유대인 청년이 파리의 독일 대사관에서 독일 외교관을 암살하는 사건이 벌어졌다. 나치 정부가 유대계 폴란드인들을 폴란드로 추방했는데 폴란드가 입국을 거부하면서 이들이 국경 지역에서 방랑자 신세가 되자, 그 사람들 중 한 명의 아들이 독일 외교관을 살해한 것이었다. 괴벨스와 히틀러는 이를 핑계삼아 조직적인 폭력을 자행했는데, 이것이 11월 9일에 벌어진 크리스탈나흐트이다. 수많은 유대인이 외교관 살해에 대한 '배상'으로 귀중품을 강제로 내놓아야 했고 헤다도 그중 한 명이었다. 또 그해 3월에는 유대인 여권이 몰수되거나 '국내에서만 유효'하다는 도장이 찍혔고, 나중에는 유대인을 표시하는 'J' 도장이 찍혔다.

다행히 에바는 간호사여서 합법적으로 어머니를 영국으로 오게 할 수 있었다. 오빠[오토 알베르트]가 돈을 모아 경비를 댔다. 어머니는 귀한 식기, 도자기, 가구들을 보면서 마지막 순간까지 망설였지만 7월에 베를린을 떠났다. 그러고 났더니, 이번에는 에바가 달라진 상황을 체감하게 될 일이 벌어졌다. 됭케르크 철수 작전에서 살아 돌아온 영국 부상병들이 에바가 있는 병원으로도 들어왔다. 그러니까, 영국 군인들을 독일인 간호사가 치료하는 상황이 된 것이다. 바로 얼마 후 영국 정부는 독일인 난민들(대부분 유대인이었다)을 수용소로 보내기로 결정했다. 남자들은 맨 섬의 수용소로 보내졌고, 간호사들은 마취된 영국 군인에게서 군사 정보를 빼낼지 모른다는 이유로 간호사 자격을 박탈당했다. 다행히 에바 모녀는 유대계 미국인 자선단체로부터 도움을 받을 수 있었고, 베를린에서처럼 급식소를 열었다. 이번에는 런던에서 일자리를 잃은 독일계 유대인 간호사들을 위한 것이었다.[4]

동생과 엄마가 베를린을 벗어나자 히르슈만은 한숨 돌릴 수 있었다. 하지만 이탈리아에서 들려오는 누나네 소식이 점점 안 좋아졌다. 1939년 1월 [벤토테네 섬에 유배 중인] 에우제니오에게서 편지가 왔다. 이탈리아 당국의 검열을 피하기 위해 독일어로 씌어 있었다(이탈리아는 벤토테네 섬에서 밖으로 나가는 모든 서신을 검열했다). "요 몇 년 동안 얼마나 너와 함께 있고 싶었는지 말로 표현할 수 없을 정도야." 좋은 소식도 있었는데, 오토 알베르트의 둘째조카가 벤토테네 섬에서 태어난 것이었다. 상황은 열악했지만 에우제니오는 어떻게든 우울함을 극복할 방법을 찾으려고 했다. "고난이 있긴 하지만 이곳 생활은 우리에게 더 친밀감을 느끼게 해 주기도 해. 때때로 우리는 매우 행복한 순간들을 보내고 있어. 완전한 조화에 부족한 것이라고는 너와 함께 있지 않다는 것뿐이지." 이 말은 과장이었다. 우르

앨버트 허시먼

줄라와 에우제니오의 결혼생활은 더 나빠지고 있었고 에우제니오의 건강도 좋지 않았다. 그는 오랫동안 심각한 신경질환에 시달려서 책을 오래 읽을 수 없었고 기력도 고갈되었다. 하지만 다행히 점차 회복되어 수학에 대한 열정에도 다시 불이 붙었고 이제는 '반철학적인 사고들'에 대한 글을 쓰기 위해 심리학도 공부하고 있다고 했다. 처남에게 새 책을 소개하는 즐거움도 빼놓지 않았다. "너도 당장 읽기 시작해야 해. 로빈스의《경제과학의 속성과 중요성》말이야. 그 책을 읽고 아이디어가 많이 떠올랐는데, 너와 이야기하고 싶어."[5]

에바와 어머니가 베를린에서 탈출하고 우르줄라와 에우제니오가 유배지로 쫓겨나는 것을 보면서, 오토 알베르트는 프랑스도 외국인이 영구적으로 안전하게 있을 수 있는 곳은 아닐지 모른다고 생각했을 것이다. 유대인에게는 더 그랬다. 다들 느끼고 있었듯이 히르슈만도 전쟁이 임박했음을 느끼고 있었고 탈출 가능성을 알아보기 시작했다. 한 가지 가능성은 남미였다. 유럽의 은행들은 산업화가 진행되고 있는 아르헨티나와 브라질에 투자를 늘리려 하고 있었는데, 그런 은행 중 하나에서 콜로르니의 사촌이 일하고 있었다. 히르슈만은 리우데자네이루[브라질]라는 새로운 변경에 흥미가 당겨졌고, 그 은행에 지원해 합격했으며, 브라질 대사관에 취업 비자를 받는 데 필요한 서류도 제출했다. 그런데 브라질행이 진행되는 한편으로 또 하나의 가능성이 나타났다. 파리에서 "경제학적으로 지적인" 일을 할 수 있는 기회였다. 히르슈만은 프랑스의 기회를 잡기로 했다.[6]

미국도 히르슈만이 염두에 둔 곳 중 하나였다. 1938년 가을의 어느 날 히르슈만은 막스 아스콜리에게 편지를 보냈다. 아스콜리는 이 탈리아의 유대인 작가로, 로마대학에서 1931년까지 철학과 법철학을 가르치다가 미국으로 건너가 반파시스트 활동을 하면서 '망명자의 대학'이라고도 불리던 '사회과학을 위한 뉴스쿨'에서 강의를 하고 있었다. 아스콜리가 히르슈만을 어떻게 알게 되었는지는 분명치 않다. 콜로르니의 소개였을 수도 있고 히르슈만의 논문을 읽고 알게 되었을 수도 있다. 어쨌든 이탈리아 저항운동가들을 무솔리니 치하에서 가능한 한 많이 탈출시키고자 애쓰던 아스콜리는 에우제니오가 체포되었다는 소식에 큰 관심을 가졌다. 오토 알베르트는 에우제니오에게 불리한 증거는 매우 조잡한 것들뿐이라고 일단 아스콜리를 안심시켰다. "그를 기소할 수 있는 유일한 증거는 경찰이 체제전복석인 문서들이라고 우기는 수학 원고와 서신 몇 개뿐입니다."[7] 우르줄라가 자칫 일을 더 그르칠 수 있다며 "에우제니오에 대해 어떤 것도 공개적으로 말하지 말라"고 당부했기 때문이다.

히르슈만은 아스콜리에게 에우제니오가 뉴스쿨에 갈 수 있는지 물어보았다. 하지만 가족을 데리고 이탈리아를 탈출해 뉴욕에 정착하는 데는 돈이 많이 들 터였다. 당시 아스콜리는 다른 유대인 가족들을 지원하기 위한 자금을 모으는 중이었고 히르슈만도 어머니를 독일에서 탈출시키느라 돈을 썼기 때문에 여유가 없었다. 히르슈만은 아스콜리에게 페터 프랑크[히르슈만의 옛 친구]가 돈을 구할 수 있을지도 모른다고 전하면서 페터에게 연락해 보기를 청했다. 독일을 탈출한 페터는 이 무렵 뉴욕에 있었고, 언젠가 히르슈만에게 보낸 편지에서 "아마도 약간의 돈을 마련할 수 있을 것"이라고 언급한 적이 있었다. 그러던 중 우르줄라가 벤토테네 섬으로 가 에우제니오와 다시 만나게 되면서 상황의 긴박함이 다소 완화되었다. 오토 알베르트와 아스콜리는 "1년쯤 더 지켜보면서 사정을 파악하기로" 했다.[8]

히르슈만은 자신의 뉴욕행도 타진해 보았다. 히르슈만이 직접 이야기하지는 않았지만 아스콜리는 히르슈만의 사촌인 오스카에게 들어서 그의 생각을 알고 있었다. 오스카는 카를의 여동생인 베티의 아들이다. 오토 알베르트는 오스카에게 편지를 써서 파리에서 하고 있는 연구 일이 1939년 8월경이면 끝날 것 같다고 전한 적이 있었다. 오스카가 아스콜리에게 보낸 편지에는 "[그 편지로 볼 때] 알베르트는 미국으로 이주하는 것에 매우 기대를 가지고 있으며 그가 어머니보다 먼저 와서 준비를 할 동안 어머니는 동생이 있는 영국으로 가 계시게 하는 방안을 생각하고 있다"고 언급되어 있다. 늦겨울과 초봄에 오스카와 막스 아스콜리는 오토 알베르트를 뉴스쿨로 데려올 방법을 강구했다. 하지만 미국의 유대인 난민 수용정책이 엄격해져서 히르슈만은 비자를 발급받지 못했다.[9]

이런 일들이 벌어지는 한편으로, 히르슈만은 파리에 정착해 가고 있었다. 연구에서 몇 가지 성취를 즐기기 시작했고 이는 뉴욕이나 브라질로 가려던 이주 바람을 잠재웠다. 여자친구도 생겼다. 리아 라인 이후로는 만나는 사람이 없었는데, 1938년 가을 멋진 프랑스 여성 프랑수아즈를 만났고 가벼운 만남을 넘어서는 관계로까지 발전했다. 프랑수아즈는 퐁뇌프에 아파트가 있어서 히르슈만과 프랑수아즈는 둘 만의 사생활을 가질 수 있었다. 히르슈만이 전에 가져 보지 못했던 개인적인 생활이었다. 둘의 관계는 결혼까지 생각할 정도로 깊어졌다. 적어도 히르슈만 쪽의 기록에 따르면 그렇다. 히르슈만은 우르줄라에게 이렇게 털어놓았다. "내 기분은 말이야, 아마도 내 첫사랑이라고 부를 수 있을 예기치 못한 희열에 푹 빠져 있는 것 같아. 이런 희망을 다 포기한 상태였는데 갑자기 모든 게 터져 나와서 둑을 무너뜨렸어." 하지만 프랑수아즈에게 다른 남자가 생기는 바람에 이 연애는 끝나고 말았다. 그는 누나에게 이렇게 한탄했다. "편지로는 도저히 다 설명할 수 없어." 하지만 안 좋은 상황에서도 무언가 좋은 점을 발견해내는 버릇은 여전해서 약간의 위안거리를 찾아냈다. "어쨌든 나는 여자들과 성공적인 관계를 맺기 시작했어." 그리고 이 사건을 통해 "여성의 심리를 해독하는" 경험을 할 수 있었으니 무언가를 배우는 기회가 되었다고도 했다.[10] 한편 이 무렵 그는 프랑스 시민권을 신청했는데,[11] 이 역시 그가 파리에 정착할 생각이 있었음을 보여주는 대목이다.

생활은 힘들었고 외국인에 대한 제약도 심해지고 있었지만, 히르슈만은 연구와 관련된 일거리를 찾기 시작했다. 처음에는 프랑스 경제학과 학생들의 교사 자격 시험인 아그레가시옹aggregation(문제를 받은 뒤 24시간 동안 준비해서 구두시험을 치러야 했다) 준비를 도와주는 과외 교사로 임시 일자리를 구했다.[12] 이어서 더 좋은 기회가 찾아왔다. 그는 이탈리아 경제에 대한 전문성을 활용할 수 있는 일을 찾고 싶었다. 전쟁이 임박하면서 이탈리아 경제 전문가에 대한 수요가 늘고 있었다. 그러던 참에, 파시스트 정부의 장막 뒤에서 무슨 일이 벌어지고 있는지를 밝힌 히르슈만의 연구가 샤를 리스트와 로베르 마르졸랭의 관심을 끌었다. 이들은 록펠러재단이 지원하는 소르본대학의 경제사회연구소에서 분기별로 펴내는 경제회보의 편집자였다. 둘 중 연장자인 리스트는 보수적인 경제학자로, 라이어널 로빈스 및 반케인스주의 학파와 관련이 있었다. 마르졸랭은 히르슈만보다 네 살 위로, 록펠러재단의 장학금으로 예일대학에서 사회학과 경제학을 공부한 사람이었다. 전후에 마르졸랭은 저명한 학자로 이름을 날리며 허시먼에게 중요한 멘토 역할을 하게 된다.

히르슈만은 경제회보에 글 쓰는 일을 하게 되어서 매우 신이 났다. 처음으로 자신이 준비가 되어 있고 즐길 수 있는 일을 하면서 돈을 벌 수 있게 된 것이다. 그는 무솔리니의 고립주의적 산업정책과 군사주의 정책 뒤에 숨겨진 불균형에 주목하면서 이탈리아 경제를 다룬 일련의 논문을 작성했다. 예전의 연구들을 이어가면서, 그는 국가 지출이 어떻게 인플레이션과 재정 적자로 이어졌는지 설명했다. "지난해에는 특별예산에 재정 적자를 숨겼던 정부가 올해는 왜 일반예산에 상당한 재정 적자를 드러냈는지 생각해 보아야 한다. 아마 대중을 미래의 희생에 대비시키기 위해서일 것이다." 마르졸랭은 히르슈만이 이런 식으로 이탈리아 당국의 기만적 경제정책을 날카롭게 분석하는 것에 특히 관심을 보였다. 또한 히르슈만은 이탈리아를 더 개방경제적인 맥락에서 분석하면서, 쇄국주의적 재정정책과 보호무역주의가 재정 균형을 악화시키고 있으며 에너지, 기계 등 핵심 원자재에 대한 수입의존도를 높이고 있다고 지적했다. 히르슈만은 이탈리아의 에티오피아 침공이 정치적인 포석이기만 한 것이 아니라 원자재와 원유의 수입의존도가 높아지는 것을 상쇄하기 위해 식민지를 확보해야 할 경제적인 필요성에 따라 자행한 일이기도 하다고 보았다. "이러한 조치들로, 이탈리아 경제 전체가 전쟁의 기반을 더욱 강화했다."[13]

경제회보에 게재된 글에서 히르슈만의 특징을 몇 가지 찾아볼 수 있다. 우선 자료를 사용하는 독창성이 눈에 띈다. 히르슈만은 미심쩍은 공식 통계의 이면을 드러내고 경제활동 수준을 제대로 측정하기 위해 월별 이탈리아 열차화물 통계를 살펴보았다. 또한 정부가 뭉뚱그려 제공하는 총계 숫자 대신 면화나 올리브유 같은 특정 상품의 수출입 통계를 살펴보았다. 펠리체 과르네리(파시스트 관료로 나중에 무역장관이 된다)가 이탈리아 경제와 무역이 양호한 상태라고 주장한 것에 대해서는 이탈리아 호텔들의 공실을 조사해 관광산업이 위기임을 보임으로써 공식 발표의 신뢰성에 의문을 제기했다. 이런 식으로 그는 공식 발표된 내용의 이면에 숨겨진 실제 이야기들을 끌어냈다. 훗날 허시먼은 저술의 세계에 첫 발을 내디딘 이 시기의 일을 '프리랜서 경제 저널리스트' 같은 일이었다고 표현했다.[14]

앞으로 히르슈만이 발달시켜 가게 될 더 중요한 특징도 여기에서 볼 수 있다. 이 무렵이면 그는 케인스의 《일반이론》을 국제경제에 대한 자신의 관심사에 맞게 재해석할 수 있는 역량을 갖추고 있었다. 프랑스와 이탈리아를 오가며 이 책을 여러 번 읽은 터였고, 이제 경제 분석이 직업이 되었으니 집중적으로 자신의 입장을 정리할 시간도 가질 수 있었다. 히르슈만은 케인스주의자들이 흔히 간과하는 부분(케인스 자신이 간과한 것은 아니었더라도)에 점점 더 관심을 갖게 되었다. 많은 케인스주의자들이 국가경제를 '닫힌 경제'로 생각한 반면 히르슈만은 '열린 경제'로 생각했고 국가 정책과 대외무역의 관계를 눈여겨보았다. 이 관심사는 푸앵카레 프랑을 연구했을 때 처음 생겼는데, 히르슈만은 이것이 더 발전시켜 볼 가치가 있는 연구 주제라고 생각하게 되었다. 그가 하고자 한 분석의 종류로 보나 그에게 지침을 주는 선배 경제학자들의 성향으로 보나, 그는 이제 '케인스가 옳으냐 그르냐'(즉 케인스가 모든 문제에 대해 정답을 가지고 있느냐 아니냐)를 판단해야 한다는 압박에서 자유로울 수 있었다.

히르슈만은 무솔리니가 추진한 고립주의적 경제 모델이 다른 곳 (특히 식민지)에서 잉여를 만들도록 강제한 뒤 그것을 가져다가 수입의존도를 해소해야만 유지되는 모델임을 지적하면서, 경제를 정치체제라는 배경과 관련지어 생각해야 한다고 주장했다. '거시경제' 정책은 정권의 이데올로기적 지향(우익 독재냐, 사회주의 정부냐, 다원적 자유주의 정부냐 등)과 뗄 수 없이 연결되어 있었다. 처음부터 그의 경제학은 기저의 정치적 문제들과 분리되지 않았다. 그가 특정한 정치 이데올로기를 가지고 있어서가 아니라, (경제 분석에서는 흔히 간과되곤 하지만) 정치 이데올로기가 경제정책 결정에 큰 영향을 미친다고 보았기 때문이다.

소르본 경제사회연구소에서 히르슈만은 처음으로 성취의 맛을 느낄 수 있었다. 또 이 일은 더 많은 기회의 문을 열어 주었다. 프랑스의 저명한 통계학자 앙리 피아티에는 히르슈만의 글을 읽고 히르슈만을 만나 보았으며 존 벨 콘들리프('잭'이라고도 불렸다)에게 히르슈만 이야기를 하기도 했다.[15] 록펠러재단이 소르본 경제사회연구소를 후원하고 있었다는 점도 작용했을 것이다. 콘들리프도 록펠러재단에서 연구지원금을 받았기 때문이다. 뉴질랜드 출신인 콘들리프는 케임브리지대학에서 공부하고 호놀룰루에 있는 '태평양연구소'에서 일하다가 1931년 국제연맹 경제이사회에 참여해 최초의《세계 경제 서베이World Economic Survey》를 펴냈다. 그는 전 지구적 평화를 지키기 위해서는 자유주의적이고 다자적인 무역 시스템이 반드시 필요하다고 공공연히 역설했다. 그에 따르면 대공황에 보호무역주의로 대응하는 것은 암흑시대로 되돌아가는 것이나 마찬가지였다. 다자적 자유무역 시스템을 가로막는 재앙적인 방해물 중 하나는 국가들이 당사국끼리만 최혜국 대우를 명시화한 '양자적 거래'를 하려는 경향이었다. 금본위제가 무너지고 각국이 경쟁적으로 통화가치를 절하하면서 점점 더 많은 국가들이 양자적 청산 체계와 배타적인 무역협정 쪽으로 떠밀려 가고 있었다.

자유주의 경제학자들은 이를 매우 우려했고 이 위험성을 학계에 알리기 위한 운동에 나섰다. 이는 히르슈만에게 처음으로 공식적인 의뢰를 받아 연구하고 집필할 기회를 제공했다. 실무에 능하고 사람 좋으며 두루두루 아는 사람도 많은 콘들리프 덕분에 얻게 된 기회였다. 콘들리프는 학계 네트워크인 '학문적 협력을 위한 국제위원회'

의 핵심 인물이었다. 이 위원회는 전 지구적 갈등을 해결하는 일에 국가 경계를 초월해 헌신하는 것이 목표인 학술 모임이자 국제연맹의 학술 분과이기도 했다. 글로벌한 문제를 해결하기 위해 전 세계 학자들을 참여하게 한다는 취지에는 많이 미치지 못했고 자금도 많이 부족했지만, 어쨌든 이곳은 학술회의와 연구들을 후원했고 이런 학술회의와 연구가 나중에 협업으로 발전하기도 했다.

　여기서 준비하던 콘퍼런스 중 하나가 '평화를 위한 경제정책'을 주제로 1939년 노르웨이 베르겐에서 열릴 예정이던 '국제 연구 콘퍼런스'였다. 록펠러재단은 콘들리프가 우려한 경제정책을 더 상세히 연구할 수 있도록 자금을 지원했다. 콘들리프는 개별 국가들의 경제정책이 평화적인 국제경제 관계를 일구는 데 장애가 되고 있다고 생각했고, 그러한 장애 중 하나가 외환 통제였다. 금본위제 붕괴 이후 많은 국가들이 외환 통제에 점점 더 의존하고 있었고, 특히 무솔리니는 1934년 통화 통제 시스템을 만든 이래 이런 정책을 적극적이고 가히 선도적으로 개발하고 있었다. 콘들리프는 히르슈만에게 이탈리아의 경제정책과 그 영향을 분석하고 양자주의의 경향성을 보여주는 통계 현황을 정리해 베르겐 콘퍼런스에서 발표하도록 요청했다. 히르슈만은 기꺼이 연구에 몰두해 초고를 작성했다. 또한 그는 처음으로 상당한 수입을 고정적으로 받게 되었다.

　히르슈만은 신이 나서 아스콜리에게 편지를 썼다. "국제 연구 콘퍼런스에 발표할 논문을 준비하는 일자리를 얻었어요. 그리고 기대를 접고 있었는데 아비시니아에 대한 제 논문이 《유럽 누벨》에 실렸어요.《네이션》에 실렸다면 열 배는 더 큰 반향을 일으켰으리라는 점은 안타깝지만요." 좀 지나친 자랑이었지만 어쨌든 젊은 경제학자 히르슈만이 학계와 저술계에서 자신의 기준을 이미 매우 높이 두고 있었음을 보여준다. 자부심의 원천은 이것만이 아니었다. 콘들리프가 지시한 것이 국제무역에 대한 통계 현황을 작성하라는 것이었으므로 히르슈만은 처음으로 통계를 활용해 국제무역을 시뮬레이션해 볼 수 있었다. 파리와 트리에스테에서 받은 통계 교육을 국제경제에 적용한 것이다. 이 보고서 〈국제무역 수지와 양자주의의 경향성에 대한 통계적 연구〉는 훗날 그의 첫 저서로 발전하게 된다. 배럿 웨일이 일찌기 간파했듯이 히르슈만은 "경제학적으로 지적인" 일에 소질이 있었다.[16]

베르겐 콘퍼런스는 임박한 전쟁에 대한 우려로 취소되었지만, 히르슈만의 논문은 콘들리프에게 그의 역량을 보여주고 파시스트 국가의 형성에 무역과 경제정책이 어떻게 연결되는지 연구할 수 있는 기회가 되었다. 외환 통제는 일부 상품의 수입에만 유리했고 민간의 국내 지출이 국고로 흡수되는 결과를 낳았다. 이 시스템이 효과가 있기는 했다. 리라화 가치는 급전직하를 멈추었고, 바닥나던 보유고는 군산 프로젝트로 흘러들어갔다. 하지만 대가를 치러야 했다. 이 모델은 수출이 그것을 지탱할 만큼 강하지 않을 때 방대한 군사 지출과 공공 지출을 어떻게 유지할 것인가의 문제를 해결할 수 없었다. 그뿐 아니라 물가도 오르고 있었다. 인플레이션이 심해지고 소비재 부족이 악화되었다. 이탈리아는 막대한 국제수지 불균형을 점점 더 '청산 시스템'(무역 대금을 지불하는 용도로만 쓰일 수 있는 특별 화폐 '볼레토'를 발행하는 것 등이 이런 제도이다)에 의존해 해결하려 했고, 이는 다른 나라의 참여를 막는 배타적 무역블록을 강화했다. 히르슈만이 진행한 분석의 기저에는 기본적인 통찰이 하나 있었다. 환율 통제는 단지 경제적인 문제에 대해 기술적인 해결 수단을 찾는데서 나온 중립적인 반응이 아니라는 것이었다. 환율 통제는 "파시스트 정부가 경제의 전 측면을 국가와 방대한 준정부 기관들에 복속시키려고 하는 국가주의적 통제"의 일환이었다.[17]

히르슈만의 결론은 콘들리프가 베르겐 콘퍼런스를 개최하고자 했던 이유와도 일맥상통했다. 콘들리프는 이탈리아의 경제 모델이 이탈리아의 무역 상대국들, 특히 식민지들을 희생시킴으로써만 지탱된다는 사실을 증명하고자 했다. 이런 경제정책은 이탈리아를 점점 더 팽창주의적인 정책으로 몰아갈 뿐이었다. 히르슈만은 "폐쇄주의 경제정책은 처음부터 정부가 군사행동을 적극적으로 고려하도록 만든다"고 결론 내렸다. 즉 경제정책상의 결정이 제국주의적 행위의 토대를 만들었다는 것이었다.

히르슈만의 논문은 이탈리아 독재 정권이 추진하던 경제정책과 아프리카에서 벌이던 팽창정책 사이에 직접적인 관련이 있음을 시사했다. 이전의 글에서도 다룬 주제이기는 하지만 이번에는 분석을 한 발 더 밀고 나가서 이탈리아가 예외가 아니라고 주장했다. 이탈리아의 에티오피아 침공은 산업적 독재국가가 자신의 경제 문제를 무역 상대국을 억압함으로써 해결하려고 하는 더 큰 경향의 일부였다. 이런 면에서 한 국가의 경제정책은 단순히 "무역 통제를 향한 내생적 경향성에서 발생하는 기술적이거나 실무적인 반응"에 불과한 것이 아니라 "그 경제정책의 '밖에서, 그리고 위에서en dehors et au-dessus de lui' 결정된 [정치적] 정책을 실현시키기 위한 도구"로 보아야 했다.[18] 이탈리아의 외환 통제정책에 대한 이 분석에는 훗날 허시먼이 국제무역 독점, 국내 민주주의, 세계 평화와 같은 주제를 가지고 발전시키게 될 사상의 핵심이 담겨 있다. 이것은 경제 이론과 정치 실천을 학문적으로 연결하는 "지적 연결고리"의 일부였다. 또한 이 논문에서 그의 글쓰기 스타일의 맹아도 찾아볼 수 있다. 그는 작지만 의미심장한 지표들을 따라가면서, 또 정치적이고 윤리적인 핵심에서 벗어나지 않으면서, 현실 경제를 경험적이고 실증적으로 분석했다.

이 중 어느 것도 진공에서 나오지 않았다. 식구들이 유럽 여기저기에 흩어져 살게 되고 점점 더 만나기 어려워지면서 히르슈만은 정치적인 사건들을 그저 흘려 지나칠 수 없었다. 1938년 9월 뮌헨협정에서 결정된 '양보'(독일이 체코슬로바키아로부터 수데테란트를 양도받았다)가 알려지면서 파리에 공포가 엄습했다. 히르슈만은 '카네기 국제평화재단'이 마련해 준 사무실에서 일하고 있었는데, 건물이 뱅센의 군 막사 근처에 있었다. 히르슈만은 지직거리는 라디오에서 달라디에 총리가 뮌헨협정 내용에 대해 발표하는 것을 들었다. 밖에서는 프랑스 군대가 히르슈만의 사무실 건물을 접수하고 직원들을 내보냈다. 히르슈만은 장교에게 부탁해 옷과 가방, 서류를 챙겨 나올 수 있었다. 군인 한 명이 그가 건물 밖으로 나갈 때까지 따라왔다. 히르슈만은 기차에 올라 창밖을 내다보면서, 유럽의 앞날에 놓인 운명은 무엇일까 골똘히 생각에 잠긴 채 파리 시내로 돌아왔다.[19]

임박한 전쟁 위험이 개인적 성취가 주는 기쁨에 재를 뿌렸지만, 국제 정세의 전개는 히르슈만의 관심을 끌었고 그가 '독재 정권의 경제학'을 더욱 폭넓게 관찰할 수 있게 했다. 1939년 봄, 파리의 라디오와 신문은 온통 파시즘의 확산과 관련된 뉴스였다. 인터마리움('바다와 바다 사이'라는 의미로, 발트해와 아드리아해 사이의 국가들을 의미한다) 국가들은 파시즘의 확산에 맞설 균형추를 만들고자 시도했다. 폴란드, 루마니아, 그리고 아마도 유고슬라비아가 연대하면 발트해와 아드리아해를 연결하는 경제와 무역 지대를 구성할 수 있으리라고 기대한 것이다. 폴란드의 군대, 루마니아의 밀 산지와 유전, 체코와 유고의 애국심을 묶어서 히틀러가 독일어권 지역을 넘어서지 못하게 막자는 개념이었다. 하지만 이는 헝가리 팽창주의자들의 배신으로 무산되었다. 2월 말에 헝가리는 독일, 이탈리아, 일본과 함께 방공협정을 맺었고 3월 15일에는 헝가리 육군이 루테니아[우크라이나 서부에 해당]를 침공했다. 한편 독일 기갑부대는 프라하를 침공하더니 슬로바키아 국경까지 진격했다.

제3제국[독일] 침공자들이 눈을 맞으며 진격하는 동안 히르슈만은 비를 맞으며 파리 거리로 나가 신문을 샀다. 그는 평화도 간절히 바랐지만 유럽 각국이 무역과 상업 권력을 놓고 벌이는 투쟁이 어떻게 전개되는지도 주의깊게 지켜보았다. 인터마리움이 제공하던 경제적 완충이 파시스트 국가들의 제국주의적 팽창에 의해 무너지면서 상업적·무역적·영토적 분쟁이 더욱 격화되었다. 다음 목표는 폴란드였다. 제3제국 총통 히틀러는 발트해의 항구 도시 단치히를 독일에 다시 합병하고 비독일 영토에 레벤스라움Lebensraum[게르만 민족의 생활권. 독일 국민의 후생을 지원할 독일 이외의 영토]을 확보하고자 하면서 "단치히가 아니면 전쟁이다!"라고 선포했다. 한편 소련에서는 5월에 스탈린이 오랫동안 외무장관을 지낸 막심 리트비노프를 퇴임시키고 뱌체슬라프 몰로토프를 임명하더니 8월 24일에 히틀러와 독-소 불가침 조약을 체결해 세계를 놀라게 했다. 이 조약은 두 나라가 북유럽과 동유럽을 나눠갖는다는 내용을 골자로 하고 있었다. 전체적인 내용은 전쟁이 시작된 이후에야 나왔지만 폴란드를 독일과 소련이 나눠갖는 것을 보면서 히르슈만은 무역, 외교, 제국, 독재의 관계를 더 면밀히 고찰해야겠다고 생각했다. 또한 이 사건은 소련에 대해 갖고 있던 그의 불신을 한층 강화시켰다.

프랑스는 경계 태세에 돌입했다. 4월 12일에 18세에서 40세의 외국인 중 프랑스에 2개월 이상 거주한 사람은 외인부대가 아니라 프랑스 군대에 들어갈 수 있다는 법령이 나왔다. 또한 이 법령은 '국가 없는' 외국인 중 20~48세인 사람은 프랑스인과 동일한 2년간의 군 복무 의무를 갖도록 했다. 독일의 호전성에 놀란 히르슈만은 프랑스 군(이제 외인부대가 아니라 프랑스군에 입대할 수 있었으므로)에 입대했다. 9월에 독일과 소련이 폴란드를 침공했고, 같은 달 3일에는 영국과 프랑스가 선전포고를 했다. 이때 히르슈만은 훈련소에 있었다.[20] 이렇게 해서 히르슈만은 그의 두 번째 전쟁에 나섰다.

앨비트 허시민

이 전쟁은 어느 정도, 그리고 어느 정도까지만, 아라곤 전선에서의 경험과 달랐다. 9월 18일에 히르슈만은 어머니에게 이렇게 전했다. "모든 것이 좋아요. 몸도 건강하고 마음도 좋아요. 훈련도 진전되어서 우리는 군인다워지고 있어요." 이틀 뒤 프랑스 정부는 군대에 있는 사람들을 제외한 모든 독일 남성 난민은 수용소로 가야 한다고 명령했다. 훈련소냐 수용소냐 둘 중 하나였다. 히르슈만은 독일 및 이탈리아 출신 이민자 부대에 배속되어 파리 동부에 주둔했다. 어머니에게 보낸 편지에는 "친구들을 사귀었으며" 상관이 "매우 친절하고 지적인 사람"이라는 내용이 나온다. 일요일에는 훈련소를 벗어날 수 있었다. 엄마는 런던에서 《라 스테이츠맨》을 보내 주었고, 군인들은 그것을 돌려가며 읽었다. 20명의 동료 훈련병과 찍은 이 시절의 사진이 남아 있다. 독일과 이탈리아 출신인 동료 훈련병들은 주로 유대인이고 지식인이었으며, 파시즘을 피해 도망나와 파시즘과 싸우기 위해 준비하고 있었다. 사진을 보면 군복은 제각각이고 군복을 입지 않은 사람도 있다. 느긋하고 친밀해 보이며 얼핏 보면 젊은 교수진 모임처럼 보인다. 오토 알베르트는 엄마에게 욤 키푸르[유대인 명절]를 쇨 거라며 이렇게 전했다. "콜레주 프랑세에서의 좋은 시절을 다시 보내는 것 같아요!"[21]

전쟁에 돌입했을 때 프랑스군 전략가들은 독일의 기습 공격을 강박적으로 우려하고 있었다. 그래서 막대한 비용을 들여 '난공불락'의 요새를 지었으니, 이것이 그 유명한 '마지노선'이다. 당시 육군장관이던 앙드레 마지노의 이름을 딴 것인데, 그는 1932년에 굴을 먹

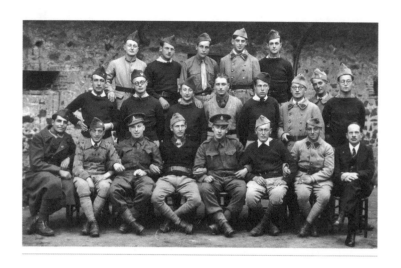

■ 프랑스군 동료들과 오토 알베르트.

다가 티푸스에 걸려 사망하고 마지노선은 독일의 우회작전으로 간단하게 돌파된다. 어쨌든 히르슈만이 속한 포병부대는 기초훈련을 받은 다음 루아르 계곡에 있는 탄약 공장으로 이어지는 기찻길을 유지·보수하는 업무에 투입되었다. '단순노동'이 주 업무였고 히르슈만은 "이런 일에는 정말 소질이 없음을 다시금 깊이 확인했다." 훗날 허시먼은 당시 프랑스군 장교들이 독일군의 전쟁 준비 상태나 전략을 전혀 모르고 있었다고 회상했다. 그가 받은 훈련은 바르셀로나에서 받은 것과 크게 다르지 않았다. 총알은 발사되지 않았고 군화는 맞지 않았으며 군복은 제각각이었다.[22] 그래도 약간의 위안은 있었다. 겨울이라 낮이 짧아서 저녁이면 스탕달의 《적과 흑》을 읽을 시간이 있었고 "앞으로 해 보고 싶은 온갖 문학 프로그램들에 대해 계획을 짤" 수 있었다. 그가 가장 좋아했던 일은 몽테뉴의 《수상록》을 다시 읽는 것이었다. 우르줄라에게 보낸 편지에 그는 이렇게 적었다. "몽테뉴의 《수상록》은 침대 머리맡 책으로 최고야. 책을 딱 한 권만 가져가라고 하면 이 책을 고르겠어."[23] 그리고 나중에 정말로 그렇게 된다.

프랑스군 지도부는 새로운 유형의 전쟁에 전혀 준비가 되어 있지 못했다. 특히 거대 규모의 병력을 빠르게 편성하는 것과 공습에 대해서는 속수무책이었다. 독일군은 마지노선을 완전히 우회해서 절대 뚫을 수 없다고 여겨지던 고지대 삼림 아르덴을 관통해 프랑스로 진격했다. 저명한 역사학자 마르크 블로크는 이때 육군 정보부의 장교였는데 "5월 10일, 폭풍이 우리 머리로 떨어졌을 때" 여전히 소르본대학에서의 강의를 생각하고 있었다. 독일군 85개 보병사단과 10개 기갑사단이 벨기에와 네덜란드를 침공했고, 5월 13일에는 프랑스 국경을 넘었다.[24] 2주 뒤 독일군은 빠르게 파리로 진격해 오고 있었다. 프랑스 정부는 파리에서 수도를 철수하기로 했고 불과 나흘 뒤에는 파리 샹젤리제 거리를 독일 군인들이 활보하고 다녔다. 6월 10일에는 전리품을 챙길 요량으로 무솔리니가 프랑스에 대해 선전 포고를 했다. 다음 날 히르슈만은 전황이 얼마나 악화되었는지 잘 모른 채 가족들이 적국의 영토에 갈라져 살게 된 것을 슬퍼했다. "내가 사랑하고, 사랑하고, 또 사랑하는 사람들êtres que j'aime que j'adore이 각기 적국의 땅에 있어서 완전히 단절된 것을 생각하니 말할 수 없이 마음이 아픕니다." 전선에서 무슨 일이 벌어지고 있는지 알지 못한 채 이렇게 편지를 끝맺었다. "저는 여기서 잘 지내고 있어요. 그리고 한동안 여기 있게 될 것 같아요."[25]

일주일 후 또다른 충격이 닥쳤다. 6월 17일, 새로이 국가원수가 된 필리프 페탱이 라디오 발표를 통해 전쟁이 끝났다고 선언했다. 나치에 붙잡힌 프랑스군 포로는 160만 명에 달했다. 사람들은 휴전의 조건이 무엇인지 초조하게 기다리며 영원과도 같은 일주일을 보냈다. 휴전은 6월 25일부터 유효했다. 프랑스는 나치 점령하의 북부와 점령되지 않은 남부로 나뉠 것이었고, 남부는 비시를 새 수도로 삼을 예정이었다.

프랑스의 방어선이 갑작스럽게 뚫리면서 800만 명이 피난길에 나서는 대혼란이 일어났다. 처음에는 네덜란드, 벨기에, 룩셈부르크 시민들이 독일의 공격을 피해 프랑스로 넘어왔고, 독일군이 점령하면 강간과 약탈이 벌어진다는 소문이 퍼졌다. 독일군이 프랑스 국경을 넘기 시작하자 프랑스 사람들도 짐을 꾸려 피난길에 나섰다. 히르슈만과 동료 군인들은 길가에 서서 공포에 질려 떠나는 사람들의 물결을 보았다. "난민 행렬이 우리 옆을 지나갔고, 우리는 그들을 돕기 위해 할 수 있는 일들을 했다. 슬픈 광경이었다." 일부 독일 출신 군인의 가족이 수용소로 보내졌다는 소식도 들려왔다. 히르슈만의 동료 중에도 그런 사람들이 있었고, 그들은 가족을 구하기 위해 필사적으로 노력했다.[26] 당시 한 목격자는 이렇게 말했다. "수많은 사람이 북적대는 통에 어느 누구도 다른 누구를 찾지 못했다. 아무도 자신이 어디로 가는지 몰랐다. 사람들은 그저 움직이고 있었다. 남쪽으로, '저들'에게서 먼 곳으로, 그저 움직일 뿐이었다. 그들은 그렇게 도망쳤다."[27] 6월 17일 페탱의 휴전 발표는 아직도 제대로 조직화되지 않아 질서정연한 퇴각은 요원하기만 하던 프랑스군에 일대 혼란을 일으켰다. 전쟁은 끝났다. 그런데 다른 명령은 없었다. 해산하나? 재집결하나? 집에 가나? 가면 어느 집으로 가나? 이어서 프랑스의 분할이 확실해지자 군인들도 남쪽으로 피난가는 사람들의 무리에 합류했다.

페탱은 비시에 망명정부인 '국민혁명Revolution Nationale' 정부를 세우고서, 국가의 망가진 자존심을 회복하기 위해 '노동' '가족' '주권' 등과 같은 말을 방송으로 연일 설파했다. 하지만 국민혁명 정부가 나치의 꼭두각시 정부라는 점은 너무나 명백했다. 그래서 나치 점령 지역이 아닌 비시 정부 지역에 있어도 안전하지 않았고, 유대인은 더욱 그랬다. 페탱은 프랑스 제3공화국 전임자들의 일을 이어받기라도 한 듯 1939년 에스파냐에서 프랑스로 넘어온 공화국군 쪽 사람들을 수용하기 위해 세웠던 수용소에 외국인들을 수용하기 시작했다. '비시 라디오'는 유대인과 배신자들에 대해 강도높은 비난 방송을 내보냈다. 1940년 9월에는 남부 지역에 31개의 수용소가 운영되고 있었다. 그러던 중 휴전협정 19조의 내용이 알려졌다. 페탱이 소리높여 외친 프랑스의 '주권'을 조롱하기라도 하듯, 독일이 요청하면 프랑스는 수용소의 독일인들을 무조건 넘겨주어야 했다. 나치는 적을 색출하기 위해 '쿤트위원회'를 보내 프랑스 수용소를 샅샅이 뒤졌다.[28]

이런 상황에서, 프랑스군에 입대해 싸운 독일인과 이탈리아인의 위험은 더욱 컸다. 다행히도 히르슈만과 동료들은 상관을 설득해 가짜 군대통행증과 가짜 이름을 하나씩 만들었다. 히르슈만이 정한 이름은 '알베르 에르망'이었다. '오토'가 풍기는 독일어 분위기를 없애되 철자 H-r과 man은 살려두었다(나중에 그는 자신이 잘 알려지지 않은 프랑스 낭만주의 시인이라고 꾸며대기도 한다). 본명과 비슷해서, 긴장한 채로 서명해도 가짜 티를 내지 않을 수 있다는 장점이 있었다. "제군들이 지켜야 할 삶을 위해, 떠나라Sauve qui peut, il faut se débrouiller." 상관의 말과 함께 모두 흩어져 남쪽으로 향하는 수백만 명의 인파에 합류했다. 르망에서 히르슈만은 입고 있던 군복을 파묻고 농민에게 옷을 사서 입고는 자전거를 하나 구한 뒤 보르도 방향으로 시골길을 내달렸다. 중간의 니오르에서 어느 집 뒤뜰로 가 양철 깡통에 독일 신분증들을 넣어 파묻었다. 이제 그에게는 가짜 군대통행증말고는 다른 신분증이 없었다. 하지만 이 통행증으로는 멀리 갈 수 없었다. 비시 구역으로 가려면 독일 검문소를 통과해야 했는데, 독일인 장교가 에르망을 불러 세우더니 가장 가까운 포로수용소로 가라고 했다. 에르망은 알겠다고 경례를 한 후 수용소 방향으로 가다가 군중 틈에 얼른 섞였다. 가까스로 비시 구역에 도착한 그는 이곳의 유일한 지인인 의사 카부아 씨에게 연락을 취했다. 그는 뒤퓌 집안 아이들에게 독일어를 가르치던 여름에 노르망디 해변에서 만난 사람이었다. 카부아는 도망자 신세가 된 히르슈만을 지중해 연안의 작은 마을 님에 있는 그의 집에 묵게 해 주었다.[29]

뒤퓌 가족과 마찬가지로 위그노교도인 카부아 가족은 박해받는다는 것이 무엇인지 잘 알고 있었다. 히르슈만의 베를린 모교인 프랑스 김나지움을 세운 사람들도 위그노교도였으며, 이 학교는 종교박해를 피해 온 사람들에게 문을 열어 준 곳이었다. 프랑스에서 위그노교도는 관용과 윤리적 실천으로 잘 알려져 있었고, 많은 이들이 난민에게 거처를 제공했다. 카부아는 히르슈만이 조금이라도 더 편하게 지낼 수 있도록 최선을 다해 배려했다. 히르슈만이 위그노 정신에 대해 평생 가지고 있던 존경심이 더욱 확고해졌다. 카부아는 지인이 운영하는 자연사박물관에 일자리도 주선해 주었다. 히르슈만은 박물관에서 찾은 고생물학 교과서를 열심히 읽었다. 하지만 이 일은 지루했고, 자신을 도와주는 사람들까지 위험에 빠뜨리지 않으면서 오래 머물 수는 없으리라는 사실도 깨달았다. 문제는 어떻게 빠져나갈 것인가였다. "몇 가지 법은 따라야 할 것 같았다." 그래서 히르슈만은 비시 당국으로부터 탈영병 혐의를 받지 않도록 전역 서류를 받기 위해 대담하게도 가장 가까운 군대 막사를 찾아갔고, 어찌어찌 공식적인 전역증서를 받아냈다.

하지만 검문을 통과할 수 있는 신분증이 아직 없었다. 이에 대해서는 카부아 가족이 나서서 히르슈만이 가짜 신분증을 만들 수 있게 도와주었다. 나치의 저인망을 뚫고 탈출하고자 하는 난민에게 이보다 소중한 것은 없었을 것이다. 1940년 7월 6일 카부아의 아내가 님 당국에 출석해 증언과 서명을 함으로써 오토 알베르트 히르슈만은 공식적으로 알베르 에르망이 되었다. 직업은 통역사이고 필라델피아에서 태어난 프랑스인이라고 둘러댔다. 필라델피아 운운한 이유는 조사자가 꼬치꼬치 캐물으면서 프랑스 출생증명서를 요구할 경우에 대비한 것이었다.[30]

님에서의 짧은 체류 기간 동안 히르슈만은 새로운 이름을 얻었다. 히르슈만, 아니 알베르는 이때부터 '오토'를 이니셜 O로만 줄인 이름 '앨버트 O. 허시먼'을 평생 사용하게 된다. 새 이름을 가지고서, 그는 다음 단계를 준비했다. 우연히도 알베르는 역시 파리에서 도망온 독일 난민 한 명을 통해 하인리히 에르만(베를린에서 급진 학생운동을 하던 시절의 선배)의 소식을 듣게 되었다. 에르만이 마르세유로 가고 있으며 그곳을 거쳐 유럽을 빠져나갈 계획이라는 것이었다. 알베르는 위험을 무릅쓰고 환대해 준 카부아 가족에게 감사 인사를 하고 마르세유로 향했다. 항구 도시 마르세유는 난민으로 바글거렸다. 프랑스 피난민들뿐 아니라 독일, 오스트리아, 이탈리아, 네덜란드에서 온 사람들, 그리고 2차대전 중에 파병되었던 '영국 해외파견군'의 불운한 낙오자들도 있었다. 6월 중순 이후로는 에스파냐 국경을 넘지 못하고 되돌아오는 사람도 많았다. 그곳에서 일부는 수용소로 잡혀갔고 대다수는 다시 마르세유로 와서 다른 탈출 경로를 모색했다. 마르세유의 카페와 바는 그런 사람들로 가득했다. 알베르는 혼잡한 난민 지역을 지나 마르세유 구항구가 보이는 그랑비아 카네비에르에 위치한 뤽스 호텔에 방을 잡았다. 그리고 곧바로 에르만을 찾으러 갔다. 비자를 막 받은 에르만은 미국으로 떠나려는 참이었다. 또 알베르는 마르세유에서 마르크의 실종으로 여전히 슬픔에 빠져 있는 라인 씨 가족도 만났다. 이들도 떠나려는 참이었다. 슬픈 만남이었지만 서로의 생사를 확인해 안도할 수 있었다. 아들을 잃은 라파엘은 아들의 가장 친한 친구마저 잃고 싶지는 않았을 것이다.

알베르는 에르만과 라인 가족, 그리고 칼 프랭크('노이 베긴넨' 활동가로, 이때는 뉴욕으로 이주해 '유대인 노동위원회'에 있는 미국 사회주의자들과의 연락책을 맡고 있었다)로부터 미국인 한 명이 에스파냐를 출발해 8월 14일에 마르세유 생샤를 역에 도착할 것이라는 이야기를 들었다. 그의 이름은 배리언 프라이이고 미국 비자들을 가지고 올 것이라고 했다. 생샤를 역 플랫폼에 내린 프라이는 미소를 띤 젊은 프랑스 통역사가 마중 나온 것을 보았다. 통역사는 스플렌디드 호텔까지 데려다 주겠다고 했다. 호텔에 도착한 뒤 프라이와 통역사 알베르 에르망은 서로의 이야기를 나누었다. 프라이는 알베르 에르망이 대번에 마음에 들었다. 여러 나라의 언어를 구사할 줄 아는 데다 가짜 신분증 이야기는 매우 인상적이었다. 또 프라이는 에르망이 독일 사회민주당에 대해 아는 것이 많다는 점에도 주목했다. 그는 에르망의 미소와 매력에 빠져들었고 '비미시'라는 별명을 지어 주었다. 에르망의 '개구진 미소impish grin'를 보고 만든 별명이었다. 프라이는 자신의 일에 비미시가 크게 도움이 될 것이라고 생각했다. 이후 5개월 동안 비미시는 프라이와 함께 프랑스에서 유대인을 탈출시키는 일을 하게 된다.[31]

하버드에서 고전을 전공한 31세의 프라이는 전쟁이 발발했을 때 뉴욕에서 편집자로 일하고 있었다. 몇 년 전 독일 특파원이기도 했던 그는 유대인 박해를 직접 목격했고 경악했다. 저명한 문인과 예술가들이 프랑스를 빠져나오지 못해 병목을 이루고 있다는 이야기를 듣고서 사회주의자, 유대인, 퀘이커교도 자원자, 뉴욕의 저명인사, 일부 노동조합 등을 모아 프랑스 남부에서 붙잡힐 위기에 처한 유대인을 구출하는 데 사용할 3000달러의 기금을 마련했다. 이 조직은 '긴급구조위원회'라고 불렸다. 마르세유에 도착한 프라이는 생각했던 것보다 문제가 훨씬 더 어렵고 복잡하다는 것을 알게 되었다. 일단 난민이 너무 많았다. 그리고 얼마 전에 독일 철학자 발터 벤야민이 프랑스에서 탈출하려다 사망했다는 소식은 마르세유에 침울한 공포를 드리웠다. 또 포르투갈과 에스파냐 정부가 피레네산맥을 넘어 자국에 들어오는 모든 사람에게 비자를 요구하면서 마르세유는 심한 병목현상을 보이고 있었다. 프라이에게 부족하지 않은 것이 있다면 배짱뿐이었다. 에르망도 그랬다. 또 프라이는 아직 중립국인 미국인이라는 장점이 있었고, 에르망은 프랑스인에 독일어를 완벽하게 구사했으며 이탈리아어와 영어도 할 줄 알았다. 이들 둘 다 햄릿이 틀렸음을 증명할 수 있을 터였다. 훗날 허시먼은 "근거 없이 자신만만하고 신중하지 못하다는 점에서 프라이가 나보다 한 수 위였다"고 회상했다. 신중하지 못한 정도가 아니라 무모했다. 하지만 그렇게 위험을 무릅쓴 결과 수많은 사람을 구할 수 있었다.[32]

배리언 프라이와 알베르 에르망은 1940년 여름, 가을 그리고 유난히 추웠던 겨울을 '파시즘의 적들'을 탈출시키는 작전을 준비하면서 보냈다. 이들이 구출한 탈출자 명단은 마치 유명인들의 인명사전 같다. 한나 아렌트, 앙드레 브르통, 마르크 샤갈, 마르셀 뒤샹, 막스 에른스트, 지크프리트 크라카우어, 위프레도 람, 자크 립시츠, 알마 말러 그로피우스 베르펠(구스타프 말러, 건축가 발터 그로피우스, 소설가 프란츠 베르펠과 차례로 결혼해서 기다란 성을 갖게 되었다), 하인리히 만, 발터 메링 등 2000명이 넘는 망명자가 긴급구조위원회 네트워크를 통해 프랑스를 탈출했다. 매력적인 미소와 어떤 어려움도 풀 수 있다는 낙천적인 태도 덕분에 에르망은 곧 이 일에 관여된 모든 사람에게 비미시라는 별명으로 불리게 되었다. 프라이는 그의 오른팔이 된 비미시를 매우 신뢰하고 좋아했다. 하지만 비미시의 버릇 중에 딱 하나 짜증스러운 것이 있었는데, 가끔 멍하니 있는 버릇이었다. "그에게서 단 한 가지 결점을 발견했다. 그 자신도 인정하듯이 가끔 정신이 좀 달나라에 간 듯un peu dans la lune 멍하니 있는 것이었다. 이야기를 하다가 5초나 10초가 지나면 그가 내 말을 듣지 않고 있다는 것이 확연히 보일 때가 있었다. 나처럼 참을성 없는 사람에게는 매우 짜증스러운 일이었다."

그 점만 빼면 프라이는 친절하지만 알쏭달쏭한 젊은 통역사 비미시에게 많은 것을 의존했다. 지하활동을 한 경험, 돈을 다루는 수완, 언어, 그리고 규칙을 어기거나 편법을 쓰는 것을 즐기는 성향 등 모든 것에 대해서 말이다. 이 작전에 가담했던 한 동료는 "그는 가짜 서류 뭉치를 조심스럽게 포장해서 가지고 있었는데 그것을 매우 자랑스러워했다"라고 회상했다.[33] 비미시는 자신이 진짜라고 믿기에는 너무나 많은 가짜 신분증과 서류를 가지고 있다고 프라이에게 농담하며 웃곤 했다. 님에서 만드는 가짜 신분증말고도 프랑스 유스호스텔 회원증, 여행클럽인 '클럽이 없는 사람들을 위한 클럽' 회원증, 그리고 이외에도 대여섯 개의 회원증이 있었다. 이런 것들을 그는 매우 좋아했다. 너무 멋들어진 가짜였기 때문이다. "뒷받침하는 서류가 너무 탄탄해서 문제인 경우가 있지요. 알리바이가 너무 많은 범죄자처럼 말이에요."[34]

구출작전이 해결해야 할 난제는 한두 가지가 아니었다. 에스파냐와 포르투갈을 거쳐 빠져나갈 때 필요한 경유 비자, 제3국[가령 미국]으로 들어가기 위한 입국 비자, 프랑스에서의 출국 허가 모두 얻는 게 쉽지 않았다. 첫번째 것은 두번째 것이 있으면 얻을 수 있었다. 세번째 것은 비시 정부가 '독일의 요청이 있으면' 난민을 무조건 독일에 송환하게 되어 있었기 때문에 얻는 것이 불가능했다. 그래서 프랑스를 몰래 불법으로 빠져나간 뒤(나치가 비시 정부에 더 많은 포로를 송환하도록 요구해서 프랑스 경찰이 검문과 경계를 점점 더 강화하고 있었기 때문에 쉬운 일이 아니었다), 에스파냐에서 제3국 비자[가령 미국 비자]를 활용해 경유 허가를 받는 방법을 써야 했다. 프라이가 맡은 역할은 미국 비자를 가져오는 것이었다. 미국 비자가 있으면 비시 정부의 통제하에 있지 않은 지역에서는 나머지 허가증들을 조금 더 쉽게 받을 수 있었다(비시 정부 지역에서는 비시 당국이 나치가 정해준 할당량을 채우기 위해 혈안이 되어 있는 통에 허가증을 얻을 수 없었다). 프라이에게 필요한 것은 프랑스를 불법으로 빠져나갈 비밀 경로, 가짜 서류를 만들 방법, 그리고 망명자에게 생활비를 주고 서류 위조꾼에게 대금을 지불하기 위해 암시장에서 환전을 할 수 있는 네트워크였다. 처음에는 비미시 자신이 1936년에 에스파냐를 떠나면서 넘었던 세르베르 경로를 이용했다. 훗날(1983년) 프라이의 지하작전을 뒤늦게나마 세상에 알린 기사에서 《아메리칸 헤리티지》의 도널드 캐롤은 비미시가 연필로 종이에 그린 지도가 "우리 시대 문화사의 한 단면을 보여주는 귀중한 문서"라고 언급했다.[35]

프랑스 경찰이 세르베르 경로를 압박해 오자 프라이와 비미시는 다른 경로를 찾기 위해 국경 지역을 샅샅이 돌아다녔다. 프랑스 초소와 에스파냐 초소 모두에서 충분히 멀리 떨어져 있어 탈출자가 국경을 넘어 프랑스를 완전히 벗어날 때까지 에스파냐 보초가 볼 수 없는 길이어야 했다. 이런 경로를 찾기란 건초에서 바늘 찾기보다 어려웠다. 그러던 차에 비미시는 마르세유의 어느 카페에서 리자 피트코와 한스 피트코를 우연히 만났다. 베를린의 사회주의자들로, 비미시보다 나이가 조금 더 많지만 동일한 시기에 '노이 베긴넨' 운동에 속해 있었다. 피트코는 어촌 도시인 바니울스의 사회주의자 시장인 뱅상 아제마의 도움으로 사람들이 피레네산맥을 넘도록 도운 경험이 있어서 탈출의 기술을 알고 있었다. 그때 뱅상 아제마는 '리스터 경로'로 사람들을 빼돌릴 수 있게 해 주었다. '리스터'라는 이름은 프랑코와 싸우던 시절에 이 길을 이용한 에스파냐 공화국군 장교 이름을 딴 것이었다.

비미시는 바니울스에서 피트코와 프라이가 만날 수 있게 주선했다. 그런데 이야기가 잘 풀리지 않았다. 프라이는 독일어 대화를 따라가는 데 어려움을 겪었다. 대화 도중 한번은 프라이가 피트코에게 그의 서비스에 대해 돈을 지불하겠다고 말하자 피트코가 차갑게 대답했다. "위버초이궁Überzeugung[정치적 신념]이라는 말을 아십니까?" 비미시는 이 말의 의미도 알고 있었고 프라이의 취지도 알고 있어서 서둘러 오해를 풀었다. 프라이의 말은 피트코가 난민들이 비밀 경로를 통해 탈출할 수 있게 도와주면 긴급구제위원회에서 피트코의 활동을 지원해 줄 수 있을 것이라는 의미였다. 이 피난 경로는 'F 경로'라고 불리게 된다.[36]

피트코와 프라이가 오해를 빚었던 것은 언어 문제만은 아니었다. 프라이는 때로 경솔했으며 지하활동의 위험을 잘 몰라서 조심성이 부족했다. 그는 사람이 많은 카페에서 비미시가 당혹스러워할 정도로 조심성 없이 말하기도 했다. 게다가 "독일 망명자들의 정치적인 뉘앙스"를 잘 파악하지 못했다.[37] 프라이 자신도 이런 문제를 잘 알고 있었기 때문에 스플렌디드 호텔로 몰려오는 난민을 '면담'하는 일은 직접 맡지 않고 비미시에게 전적으로 의존했다. 난민을 면담해 배경을 조사해서 대상자를 선별하는 작업은 이들의 비밀 네트워크에 침투하려는 사기꾼이나 첩자를 걸러내기 위해 꼭 필요하고 아주 중요한 일이었다. 특히 독일, 빈, 프라하, 그리고 이제는 파리에서 쫓겨나 마르세유로 온 좌파 난민들('노이 베긴넨' 급진주의자들 포함)을 잘 파악해야 했는데, 비미시는 이쪽 상황에 정통해서 진짜와 가짜를 잘 구별할 수 있었다. 1940년 가을 프라이가 찍은, 불빛 아래에서 한 망명자와 서류를 보며 이야기를 나누는 비미시의 사진이 남아 있다. 일대일로 사람들과 면담하는 일에는 시간이 많이 들었지만 구출작전 자체와 난민들의 안전을 위해 꼭 필요한 일이었다.

스플렌디드 호텔 307호에는 작은 책상 하나와 프라이가 사용하던 화장대 스타일의 책상 한 개가 있었다. 프라이와 비미시 팀에 곧 프란츠 폰 힐데브란트가 합류했다. 오스트리아의 보수적인 가톨릭교도로, 좌파가 아닌 난민들을 면담하는 역할을 맡았다. 그들의 작업은 오전 8시부터 자정까지 이어졌다. 긴 하루가 끝나면 한곳에 모여서 노트를 비교했다. 도청을 우려한 비미시는 베를린 주재 폴란드 대사관이 화장실에서 회의를 했었다는 이야기를 떠올리고는 그대로 따라하기로 했다. 도청 마이크가 있더라도 물 내려가는 소리 때문에 대화 내용이 들리지 않으리라고 생각한 것이다. 이러한 과정을 통해

■ 비미시가 한 망명자와 마르세유를 빠져나갈 계획을 의논하고 있다. (1940)

미국 비자를 신청할 사람들의 명단이 나왔다. 이것을 뉴욕에 전신으로 보내면 뉴욕의 긴급구제위원회가 마르세유 주재 미국 부영사에게 속행 비자 신청서를 보냈다. 그 부영사는 하이럼 빙엄 4세였는데, 미 국무부가 반유대주의적이고 불개입주의적인 정책을 펴는 것에 실망하면서 프라이의 노력에 고마워하고 있었다. 빙엄 부영사는 합법적·불법적으로 수천 개의 미국 비자를 발급했고, 이것 때문에 본국인 미국 정부와는 계속 마찰을 빚었다.

스플렌디드 호텔의 객실 하나로는 감당이 안 되게 작전 규모가 커지고 호텔 측이 자기 건물에 난민들이 들어오는 것을 점점 더 꺼리게 되자 프라이와 비미시는 유대인 상인이 소유한 낡은 가죽 제품 상점으로 본부를 옮겼다. 그들은 이곳을 '미국구출센터Centre américain de secours'라고 불렀다. 그리고 자원봉사자를 추가로 고용했다. 한 명은 레나 피시먼으로, 비미시와 맞먹는 언어 능력을 가지고 있어서 프라이의 비서 업무를 하면서 비미시의 선별 작업도 도왔다. 하지만 선별 업무를 할 사람이 더 필요해서 미국 여성 두 명이 더 가담했다. 아름답고 매우 부유한 미국인 메리 제인 골드('부유한 미국 아가씨 la riche americaine'로 통했다)와 활달한 미리엄 데븐포트였다. 미리엄과 비미시는 약간의 연애 감정도 느끼고 있었다. 골드는 프라이와 비미시를 처음 보았을 때를 회상하면서, 이야기는 프라이가 혼자 다 했고 그 동안 "잘생긴 남자는 사려깊은 눈을 하고 뒤에 서서 머리를 한쪽으로 약간 기울인 채 이 모든 것을 담아두려는 듯이 지켜보았다"고 언급했다. 골드는 그를 보면서 '늘 모든 것을 파악하려고 하는,

예의 그 독일 지식인 중 한 명이군'이라고 생각했다고 한다.[38]

작전 규모를 키운다는 말은 비미시가 마르세유의 바, 거리, 사창가 등에서 불법적인 촉수를 더 많이 가동해야 한다는 의미였다. 비미시는 법망을 피해야 하는 문제들에 대해 해결사 노릇을 했고 그 역할을 좋아했다. 전쟁이 끝난 뒤 프라이는 비미시가 "내게 '불법 문제 특별 담당관'이나 마찬가지였다"고 회상했다. 비미시가 맡은 일은 세 가지였다. 가짜 여권을 만들 수 있는 원천을 찾아내는 것, 가짜 신분증을 공급해 줄 믿을 만한 공급원들과 끈을 유지하는 것, 많은 액수의 돈을 당국 모르게 프랑스로 들여오는 것. 이탈리아 당국의 외환 통제를 연구했던 것이 이렇게 도움이 될 줄은 몰랐다. 신분증과 관련해서는, 처음에는 체코 여권을 활용했다. 하지만 체코 여권으로 들어오는 난민이 많아지자 전체 작전이 발각될지 모른다는 우려가 커졌다. 그래서 비미시는 폴란드영사관에 접촉해 여권을 받기로 했고, 리투아니아 명예영사로부터도 여권을 받기로 했다. 아직 중립국이어서 리투아니아 여권은 특히 유용했다. 비미시도 리투아니아 여권을 하나 만들어 오토 알베르트 히르슈만이라는 이름의 리투아니아 시민이 되었다. 전에 만든 프랑스 신분증만으로는 프랑스 여권을 받지 못할 수도 있었기 때문에 만약을 대비한 것이었다. 그리고 비미시는 신분증을 여러 개 가지고 있는 것을 좋아했다.

구출작전은 고양이와 쥐 게임 같았다. 의심스러운 여권을 가진 사람들에게 경유 허가를 발급하지 않으려고 이런저런 조치들을 잇달아 내놓는 포르투갈과 에스파냐 당국보다 계속해서 한 발씩 앞서 나가야 했다. 포르투갈이 중국 여권과 벨기에령 콩고 여권을 가진 사람들에게 비자 발급을 중단하자 긴급구조위원회는 네덜란드와 파나마 여권으로 방향을 돌렸다. 여권을 얻지 못한 사람들을 위해서는 비미시가 또다른 계략을 고안했다. 프랑스 군인들의 전역허가증을 하나당 200프랑에 구매하는 것이었다. 이 허가증이 있으면 카사블랑카로 갈 수 있었는데, 카사블랑카는 리스본으로 들어가려는 난민들의 중간 기착지였다. 난민들은 자신이 받은 전역허가증의 주인공 행세를 할 수 있도록 그 군인의 신분과 군대 경력을 암기하고 암시장에서 군복을 구매했다(군복 구매도 비미시가 주선했다). 이 시스템은 잘 진행되다가 10월에 비미시와 거래하던 장교가 발각되어 군법에 넘겨지는 바람에 중단되었다.

돈 문제는 마르세유의 지하갱단을 통해 해결했다. 메리 제인 골드의 회상에 의하면 "매력적인 미소와 악마적인 독창성이 있는 에르망은 이미 암시장 환전상들과 좋은 관계를 가지고 있었다."[39] 큰 항구가 으레 그렇듯이 마르세유에도 갱단이 많았지만 그들에게 접근하기란 여간 어려운 일이 아니었다. 한 가지 방법은 여자를 통하는 것이었다. 프라이는 "비미시는 여자들을 좋아했으며 여자들과 거리를 두지 않았다"라고 회상했다. 비미시는 미국 영사의 애인이던 밝은 금발머리의 여성을 알게 되었고, 이 여성을 통해 말란드리라는 코르시카 사업가를 알게 되었다. 그는 국적을 불문하고 경찰이라면 매우 경멸했고 비시 정부는 더더욱 혐오했다. 말란드리는 인맥이 꽤 넓었는데 그의 인맥 중에 '자크'라는 사람이 있었다. 그는 '레 세 프티 페슈어[일곱 명의 작은 어부라는 뜻]'라는 이름의 식당과 마르세유 최대 폭력조직을 가지고 있었으며 매우 부유했다. 그를 통해 비미시는 1917년 혁명 때 러시아를 탈출한 키 작은 러시아 망명자 '디미트루'를 알게 되었다. 디미트루 역시 인맥이 넓었다.

비미시, 자크, 디미트루는 다음과 같이 거래를 하기로 합의했다. 관심을 보이는 고객에게 디미트루가 비미시를 소개하면 비미시가 그들의 프랑화를 받았고 뉴욕의 구제위원회 에이전트가 달러를 지불했다. 그리고 디미트루와 자크는 고객 한 명당 일정 금액의 커미션을 받았다. 이 방식은 몇 달 동안 잘 굴러갔다. 뉴욕에서 보내는 돈 덕분이기도 했지만, 영국 정부가 마르세유에서 발이 묶인 영국 군인들을 탈출시키기 위해 프라이의 도움을 받으면서 은밀히 보내 주던 자금이 있었기 때문이기도 했다. 이 일을 해 주는 대가로 구제위원회는 영국 정부가 보낸 돈 중 일부를 구제위원회 자체의 구출 활동 용도로 챙길 수 있었다.[40]

비미시의 동료들은 젊은 나이치고 너무나 노련한 비미시의 수완과 많이 겪어 본 사람 같은 지혜에 깜짝 놀랐다. 어느 날 비미시가 밖에서 일을 처리하고 돌아오자 메리 제인 골드가 그에게 나치가 유대인 재산을 어떤 방식으로 몰수했는지 물어보았다. 비미시는 먼저 '유대인 소유'라는 팻말을 가게 앞에 붙인 다음 영업을 중단시키지 않는 대가로 뇌물을 받다가 [팻말 때문에] 손님이 없어 파산을 하면 가게를 인수한다고 설명했다. 골드는 '반유대주의 응용편 특강'을 해 주어서 고맙다고 농담을 하면서 고향 시카고의 갱단과 비슷하

앨버트 허시민

다고 말했다. 그러자 비미시는 무슨 말인지 알겠다는 듯이 웃으면서 대답했다. "독일에서는 갱단과 정부가 같은 사람들이에요." 이런 작은 통찰들은 순진한 미국 아가씨를 놀라게 했다.[41]

그러는 동안 구출작전을 종료해야 할 시간이 다가오고 있었다. 10월 내내 라디오에서는 영국 도시들을 쑥대밭으로 만든 독일 공습 소식이 들려왔다. 프랑스 경찰의 단속은 더욱 심해졌다. 에스파냐의 프랑코는 국경 전체를 아예 닫아 버리곤 했다. 비미시는 프라이의 놀라운 외교적 수완에도 불구하고 상황이 더 나빠질 것이라 예상했고, 최대한 많은 사람을 신속히 탈출시켜야 한다는 생각에 점점 더 조바심이 났다. 비미시가 면담을 맡은 난민 중에는 오스트리아와 독일 출신 사회주의자들(특히 '노이 베긴넨' 활동가들)이 있었는데, 이들 중 많은 사람이 항구에 숨어 있었다. 이런 사람들은 돕기가 쉽지 않았다. 저명한 예술가나 작가가 아니었고 돈이 한 푼도 없었으며 많은 경우 유대인이면서 급진적인 반파시스트였다. 즉 프랑스 경찰이 게슈타포가 요청하면 무조건 독일로 넘겨 줘야 하는 난민 명단에서 상위에 있을 가능성이 높은 사람들이었다. 실제로 프랑스 경찰에 잡혀서 독일로 송환될 위기에 처한 사람들도 있었다. 미국 쪽에서 이들을 돕는 사람은 칼 프랭크(폴 헤이겐이라고도 불렸다)였다. 그는 미국의 '유대인 노동위원회'와 함께 사회주의자들과 노동계 인사들을 유럽에서 탈출시키는 일을 하고 있었다.

하루는 비미시가 단골 술집 '바소'로 미리엄 대븐포트와 메리 제인 골드를 불러냈다. 그는 스카치위스키를 더이상 구할 수 없어 미안하다며 코냑 세 잔을 주문하고는 페탱이 난민을 돕는 사람들에게 가혹하게 나올 것이라고 말했다. 이어서 그는 '노이 베긴넨' 활동을 초기부터 했던 네 명(프란츠 뵈글러, 지그프리트 페퍼, 한스 티틀, 프리츠 람)이 베르네 수용소에 갇혀 있어서 미국 비자를 전달받지 못하고 있다고 상황을 설명했다. 이들은 송환될 위기였고 뉴욕의 폴 헤이겐이 마르세유에 전보를 보내 도움을 청해 왔다는 것이다. 비미시는 평소와 달리 지나칠 만큼 상세하게 이들의 사정과 수용소 상황을 설명했다.

골드가 그런 이야기를 왜 자기에게 이렇게 자세히 하느냐고 묻자 비미시가 대답했다. "베르네에 가서 지휘관을 설득해 그들이 마르세유로 올 수 있게 하는 임무를 맡아 주었으면 해서요." 붙잡힌 사람들이 일단 마르세유로 와서 미리 준비한 비자를 건네받을 수만 있으면 에스파냐로 가서 탈출할 수 있을 것이라는 계획이었다. 여기에서 비미시가 골드에게 부탁한 것은 베르네 수용소로 가서 "수감된 이들의 아내들과 친구인데 아내들이 단지 그날 밤 하루만 남편과 같이 보내고 싶어한다"고 장교에게 통사정을 하는 것이었다. 메리 제인 골드는 거절하고 싶었다. "왜 나죠?" 비미시는 몸을 앞으로 숙이고 메리 제인 골드를 똑바로 보면서 말했다. "누구라도 당신의 얼굴을 보면 무슨 말이든 믿을 테니까요. 메리 제인, 당신은 누구보다도 순수한 얼굴을 하고 있으니 누구든 당신이 하는 말은 다 믿을 수밖에 없을 거예요." 그래도 메리 제인이 주저하자 비미시가 다시 사정했다. "당신밖에 없어요. 그들의 목숨이 걸려 있어요." 결국 메리 제인은 그

일을 하기로 했다. "휴, 좋아요, 에르망. 해 보지요."[42]

계획은 성공했다. 골드는 그날 밤 '노이 베긴넨 4인'을 빼내 왔고, 그들이 마르세유에 도착하자 비미시는 탈출 계획을 이야기하기 위해 뒤마레스트의 사창가로 그들을 데리고 갔다. 프라이와 비미시, 그리고 이들 4인은 옹송그려 모여 앉았다. 그들이 목소리를 낮춰 독일어로 이야기하는 동안 손님을 끌려고 돌아다니던 술집 여성들은 점점 참을성이 없어졌다. 계속 그대로 있다가는 의심을 살지 몰랐다. 비미시가 일어서서 말했다. "내가 희생할게요." 그러고는 한 여성을 데리고 위층으로 올라가서 그들이 이곳에서 술을 마시는 진짜 이유에 대한 의심을 불식시켰다. 프라이는 비미시가 말이 무색하게 냉큼 그 방을 떠났다고 회상했다. 나중에 메리 제인 골드는 비미시가 데리고 올라간 여성이 포주에게 이 이상한 독일인 고객은 사도마조히즘을 원하지 않더라고 말했다는 이야기를 전해들었다.[43]

이들의 탈출 경로가 알음알음 알려지고 사람들이 이리로 몰리면서 경로가 노출될 위험이 커졌다. 작전 전체가 발각될지 몰랐다. 페탱은 비시 정부의 '주권'을 그가 아는 유일한 권력인 공권력의 남용을 통해 드러내고자 결심한 것 같았다. 마르세유가 점점 더 골칫거리가 되자 페탱은 마르세유 방문 계획을 발표하더니 경찰에게 남부를 일소하라는 지침을 내렸다.

한편 비미시는 피레네산맥을 넘는 다른 경로를 탐색하기 위해 작은 국경 마을 툴루즈로 향했다. 그가 탄 기차가 툴루즈 역으로 들어설 때 살펴보니 보초가 내리는 사람들에게 신분증을 요구하고 있었다. 비미시는 빠져나갈 수 있기를 바라면서 뒤쪽으로 물러섰다. 하지만 그가 맨 마지막으로 내리게 되는 바람에 벗어날 수가 없었다. 그의 신분증에는 문제가 없었지만 보초는 마을로 같이 가야겠다고 말했다. 에르망은 매력을 있는 대로 발휘해서 그와 수다를 떨었다. 그런데 이것이 지나치게 효과가 있어서 그 보초는 금세 에르망과 무릎이 약한 이탈리아 군인들에 대한 농담을 하며 시시덕거리다가 동료 보초들과 한잔 하는 자리에 초대하기까지 했다. 거절할 수가 없어서 할 수 없이 그의 초대에 응했다. 이 부적절한 술친구들에게서 벗어났을 때는 애초에 만나기로 했던 구제위원회 사람과의 약속 시간을 한참 넘긴 뒤였다. 툴루즈로 온 일은 허탕을 치고서 다음 날 아침 비미시는 다시 기차에 올라 마르세유로 돌아왔고 곧바로 프라이의 호텔로 갔다. 프라이는 안절부절못하고 있다가 비미시를 보더니 안도의 한숨을 쉬었다. 그는 재빨리 비미시를 안전한 곳으로 데리고 간 뒤 비미시가 툴루즈에 간 동안 프랑스 경찰이 '에르망이라고 불리는 자'를 찾으러 들이닥쳤다고 말했다. 프라이가 경찰에게 에르망은 해고되었는데 왜 그러냐고 물었더니 경찰은 에르망이 심각한 혐의를 받고 있다며 "아마도 더러운 드골주의자인 것 같다"고 말했다는 것이다. 프라이는 페탱이 마르세유에 오기 전에 비미시가 이곳을 떠나야 할 것 같다고 말했고, 비미시도 같은 생각이었다.[44]

그 무렵이면 비미시의 탈출 경로도 마련되어 있었다. 하루는 빙엄 부영사와 이야기를 나누는데, 부영사가 오토 알베르트 히르슈만이라는 이름의 젊은 독일인을 찾고 있는데 혹시 그를 아느냐고 물었

앨버트 허시먼

다. 비미시는 기쁘고 놀라서 웃으며 대답했다. "비밀인데요, 제가 바로 그 사람입니다." 빙엄은 에르망과 히르슈만이 동일인이라는 것에 크게 놀라지는 않았다. 비미시의 미소 뒤에 알 수 없는 과거가 있음을 그도 느끼고 있었기 때문이다. 그렇더라도 정말로 그가 오토 알베르트인지 확인할 증거가 필요했다. 희망은 하나뿐이었다. 비미시는 인편으로 파리 튀렌 거리에 있는 작은 호텔에 편지를 보내 자신의 소지품 가방을 아직도 가지고 있는지, 그리고 가지고 있다면 그 안에서 독일 출생증명서를 찾아서 보내 줄 수 있는지 물어보았다. 놀랍게도 호텔 주인은 가방을 가지고 있었다(허시먼은 전쟁이 끝난 뒤 그 가방을 찾으러 갔고 프린스턴에서도 내내 간직하고 있었다). 호텔 주인은 이 귀한 증명서를 곧바로 보내주었고 비미시는 그것을 빙엄에게 전달했다. 빙엄은 미국 비자를 발급해 주면서 에르망이자 히르슈만인 젊은이와 악수를 하고 행운을 빌어 주었다.[45]

이 놀라운 일은 어떻게 된 것이었을까? 히르슈만은 님에 잠시 머물고 있었을 때 미국에 있는 사촌 오스카에게 편지를 보낸 적이 있었다. 그러고는 까맣게 잊고 있었는데 이 편지가 여러 경로를 거쳐 그를 유럽에서 빼내오는 계획으로 이어졌다. 그 편지로 오스카는 사촌 알베르트가 프랑스의 미점령 지역에 머물고 있으며 미국으로 오고 싶어한다는 것을 알게 되었다. 그 무렵이면 비시 정부가 독일 유대인들을 게슈타포에 넘기고 있다는 사실이 널리 알려져 있었다. 하지만 관광 비자로는 오스카가 히르슈만을 도울 수 없었다. 또 미국에 들어온다고 해도 관광 비자로는 일자리를 얻을 수 없을 터였다.

오스카는 뉴욕의 록펠러재단을 찾아가 "아무나 붙잡고 오토에 대해 이야기했다." 그러자 재단 사람은 오스카를 교육위원회로 안내해 주었다. "그것이 내가 잡으려던 지푸라기였다." 하지만 오스카는 록펠러재단의 장학금은 학위, 학력, 논문출판 등을 증명할 서류들을 완벽하게 구비해야 지원할 수 있다는 말만 들었다. 그러는 동안 알베르트로부터 소식이 끊어졌다.

오스카는 록펠러재단이 적극적으로 나서 줄 생각이 없어 의례적인 대답만 하고 있다는 것을 깨닫고 사촌을 잃게 될까 봐 조바심이 났다. 도움을 구하려는 그의 노력은 점점 더 다급해졌다.[46] 그는 막스 아스콜리에게도 도움을 청했는데, 아스콜리는 매리언 스턴이 히르슈만의 재정증명서를 써 주도록 주선했다. 매리언 스턴은 줄리어스 로젠월드(시어스로벅의 창립자)의 막내딸로, '줄리어스 로젠월드 재단'을 통해 활발한 자선 활동을 펼치고 있었다(매리언은 얼마 후 아스콜리의 아내가 된다). 스턴이 써 준 재정증명서는 마르세유 주재 미국 영사관에 전해졌다.[47] 줄리어스 로젠월드 재단은 난민이 된 독일 지식인들을 위해 기금을 마련하고 '특별 비자'를 받는 방안을 준비하고 있었다. 아스콜리는 이것이 '대통령의 관대함 덕에 가능한 일'이라고 오스카에게 설명했다.[48]

아스콜리와 오스카가 루스벨트 대통령에게 가진 희망은 허황된 희망이었다. 루스벨트 대통령이 유럽에서 미국으로 오려는 난민들을 잘 받아 주지 않으려 한다는 것은 널리 알려진 사실이었다. 1940년 선거가 다가오고 고립주의적 정서가 팽배해지면서 백악관은 어느 편인 것처럼도 보이지 않으려고 애썼다. 로젠월드 재단을 통한 탈출 계획이 성공했을지 아닐지는 알 수 없다. 그 대신 히르슈만에게는 다른 경로가 열렸다.

오스카는 전에 히르슈만의 말을 듣고 잭 콘들리프에게 연락해서 록펠러재단 장학금을 지원하는 데 필요한 서류가 무엇인지 알아봐달라고 부탁한 적이 있었다. 그렇지 않아도 콘들리프는 프랑스가 점령된 뒤에 뛰어난 연구자였던 히르슈만이 어떻게 되었는지 안위가 너무나 궁금하던 참이어서 곧바로 행동에 나섰다. 콘들리프는 워싱턴을 자주 오갔는데 그러면서 워싱턴에서 레오 파스볼스키와 저녁을 먹게 되었다. 그는 루스벨트 정부의 국무장관 코델 헐의 핵심 보좌관이었다. 콘들리프는 파스볼스키에게 유럽에서 난민을 데려오는 일을 상의했다. 파스볼스키(그 역시 러시아 출신 망명자의 아들로, 나중에 유엔헌장을 만든 사람 중 한 명이다)는 공감을 표했지만 분위기가 난민에게 적대적이라며 히르슈만에게는 아마도 다른 해법이 있을지 모른다고 말했다. 콘들리프는 즉시 록펠러재단에 있는 파스볼스키의 지인에게 편지를 보냈다. 10월 초 오스카가 록펠러재단을 다시 찾았을 때는 전과 분위기가 180도 달라져서 재단의 자원과 인맥이 그를 위해 움직이고 있었다. 록펠러재단의 프로그램 담당자 중 한 명인 루스 피터슨은 서류들을 모아 트레이시 B. 키트리지에게 전달했다. 키트리지는 파리 사무소 소장이었을 때 그 젊은 경제학자[히르슈만]의 연구를 잘 알고 있었고 박해받는 독일과 프랑스 사회과학자들을 지원하는 데도 중요한 역할을 한 바 있었다. 그 무렵에는 뉴욕 사무실로 돌아와 있었는데 여전히 록펠러재단이 지원한 학자들을 구출하는 일에 많은 관심을 가지고 있었다.

키트리지는 히르슈만이 매우 뛰어난 재능을 가지고 있다는 데에 콘들리프와 의견이 같았다. 그들은 히르슈만이 캘리포니아대학 버클리캠퍼스에서 공부할 수 있는 장학금을 마련했다. 바로 이것이 히르슈만의 탈출 계획이었다. 학생 신분이면 비자를 거부당하지 않을 수 있었던 것이다. 11월 1일, 포르투갈 리스본에서 난민 관련 업무를 맡고 있던 록펠러재단 프로그램 담당자 알렉산더 마킨스키의 책상에 뉴욕으로부터 전보가 한 통 도착했다. 오토 알베르트에게 장학금을 지급한다는 증명서와 미국 비자 발급을 속행 처리하는 데 필요한 서류들이었다. 마킨스키는 곧바로 프랑스 주재 미국 외교관에게 전신을 보내 비자를 신청했다.[49]

이제 비미시가 떠나야 할 때였다. 뤽스 호텔로 돌아가는 것은 너무 위험해서 한 친구가 뤽스 호텔의 그의 방에서 옷을 챙겨 오면서 방값을 계산했다. 비미시는 메리 제인 골드에게 작별 인사를 하면서 자신이 파시스트가 도착하기 전에 도시를 떠나는 데에 도가 트였다고 농담을 건넸다. 잠시 뒤 프라이가 와서 비미시를 기차역까지 배웅했다. 비미시는 역에서 바니울스로 가는 기차표를 받았다. 기차가 역을 떠나기 시작하자 프라이는 몹시 우울해졌다. "그가 떠나자 너무나 외로웠다. 내가 그에게 전적으로 의존하고 있었다는 것을 갑자기 깨달았다. 어려운 문제들을 해결하는 것에서뿐 아니라 우정까지 말이다. 프랑스에서 내가 무엇을 하고 있는지, 또 왜 그것을 하고 있는지를 정확히 아는 사람은 그밖에 없었고, 내가 언제나 편하게 느낄 수 있는 사람도 그밖에 없었다."[50]

바니울스에 도착한 비미시는 피트코 형제와 함께 상황을 살폈다. 한스는 비미시가 마르세유에서 산 배낭을 버리는 게 좋겠다고 했다. 피트코 형제는 비미시가 약초를 구하러 산을 돌아다니는 일꾼같이 보이도록 옷과 에스파드리유[밑창은 로프 같은 것을 꼬아 만들고, 발등 부분은 천으로 된 가벼운 신발] 등을 살 수 있게 도왔다. 비미시는 작은 가방 하나에 들어갈 여분의 양말 한 켤레와 몽테뉴의 《수상록》만 남기고 소지품을 모두 버렸다. 바니울스에서 하루를 보내고 다음 날인 12월 22일 아침에 역시 미국으로 가려고 하는 독일인 두 명과 일행이 되었다. 알고 보니 한 명은 베를린에서 의사로 일했으며 오토 알베르트의 아버지를 알고 있었다. 이들 세 명은 함께 피레네산맥을 넘었다. 도중에 한 명이 너무 지쳐 오르막을 걷지 못하자 오토 알베르트가 거의 메다시피 그를 데리고 갔다. 일곱 시간을 걷고 나서 농가 몇 채와 소들을 돌보고 있는 농부 한 명을 만났다. 히르슈만은 그에게 여기가 에스파냐냐고 물었다. 농부는 '시sí'['예'라는 뜻의 에스파냐어]라고 대답하더니 포르부라는 작은 마을 쪽을 손가락으로 가리켰다. 국경 검문 초소가 그곳에 있었다. 오토 알베르트가 약간의 돈을 건넸지만 농부는 사양했다. 그는 자신이 국경을 넘는 사람들을 돈 때문에 돕는 것이 아니라며 행운을 빌어 주었다.

히르슈만 일행은 긴장한 채 초소로 향했다. 에스파냐내전의 기억이 아직도 생생했고, 국경에서 검문을 통과하지 못해 되돌아온 사람들 이야기도 숱하게 들은 터였다. 다행히 일이 잘 풀려서 마지막에는 초소의 경비원이 오토 알베르트에게 왜 '좋은 길'을 놔두고 소들이 다니는 산길을 왔느냐고 농담도 건넸다. 경비원은 히르슈만의 리투아니아 여권에 도장을 찍어주고 히르슈만이 에스파냐로 들어갈 때 손까지 흔들었다. 바르셀로나에 도착하니 히르슈만이 예전에 보았던 도시의 모습은 껍데기로만 남아 있었다. 그는 일행 두 명에게 작별 인사를 하고 한두 해 전에 자신이 지키러 왔던 도시를 잠시 돌아다녔다. 그리고 만원 기차에 올라타 마드리드로 향했다. 크리스마스 직전이었고, 프랑코 치하에서 체포되어 감옥에 있는 가족을 만나러 마드리드로 가는 사람들이 많았다. 승객 중에는 공포에 질린 채로 웅크리고 있거나 의자 아래에 들어가 있는 사람들도 있었다. 승무원이나 경찰이 돌아다닐 때면 다른 승객들이 그들을 짐가방으로 가려 주었다. 에스파냐는 프랑스보다 더 공포스러웠다. 다음 날 히르슈만은 리스본으로 가기 위해 마드리드에서 기차를 갈아탔다. 국경을 넘어 포르투갈로 들어가고 나서야 두려움이 누그러지기 시작했다.[51]

리스본은 난민들이 유럽을 떠나는 배편을 기다리는 중간 기착지였다. 리스본에는 피레네산맥에서 육로로 온 사람들, 카사블랑카나 탕헤르에서 비행기나 배로 온 사람들 등 수만 명의 난민이 있었으며, 수많은 스파이와 비밀요원들도 리스본에 들어와서 사람들과 서로서로를 감시했다. 1940년과 1941년 리스본에는 화폐가 두 종류 있다는 말이 있었다. 하나는 포르투갈 화폐 에스쿠도화이고, 다른 하나는 정보였다. 요령이 있는 사람은 후자를 가지고 전자를 마련할 수 있었다. 현금은 난민이 무엇보다도 소중히 여기는 것, 즉 유럽을 벗어나는 배표를 얻기 위해 꼭 필요했다. 리스본은 루머와 첩보의 도시이기는 했지만 유럽의 다른 도시들과 달리 밤에도 불이 꺼지지 않는 환한 도시였다. 전쟁으로 상처 입은 다른 도시들은 밤에 소등을 해야 했지만 중립국에다 밤이 활발한 리스본은 건물마다 불빛이 밝았고 거리마다 카페들이 가득했다. 히르슈만은 이곳에서 5주를 머물면서 난민들과 장사꾼들 틈에서 출발을 기다렸다.

히르슈만은 리스본에서 별다른 할 일 없이 지내는 동안 록펠러재단의 마킨스키와 많은 시간을 보냈다. 마킨스키는 파리에 있다가 1940년 8월에 리스본으로 와서 예술가와 지식인들의 탈출을 돕고 있었다. 히르슈만은 크리스마스이브에 마드리드에서 리스본을 향해 출발하기 전에 마킨스키에게 전보를 보내 "바로 그리로 가고 있다"고 알렸다. 그리고 이틀 뒤 마킨스키의 사무실에 도착했고 둘은 점심을 먹으러 갔다. 마킨스키는 그에게 SS엑스칼리버 호 탑승권과 캘리포니아주 버클리까지 가는 데 필요한 선금을 건네주었다. 버클리에 도착하면 장학금을 받고 잭 콘들리프의 지도하에 연구를 하기로 되어 있었다. 한편 히르슈만은 단지 대서양을 건널 표를 받기 위해서만 마킨스키를 만난 것이 아니었다. 그의 마음속에는 탈출을 도와야 할 사람이 아직 더 있었다. 그중 한 명이 조르주 위스망이었다. 루브르박물관의 전 관장으로, 비시로 피난을 와 있었다. 히르슈만이 위스망 이야기를 하자 마킨스키는 관심을 보였고, 히르슈만은 정보를 더 가져오겠다고 했다. 일주일 안에 히르슈만은 위스망을 찾아냈고, 록펠러재단에 제출할 그의 이력서와 서류들을 만들었다. 마킨스키는 일기에 "H는 매우 매력적이고 똑똑하며 유머감각이 뛰어나다"고 적었다. 리스본을, 그리고 리스본에 있는 사람들을 내리누르던 절망감에 대한 글이 가득한 그의 일기장에서 유독 눈에 띄는 대목이었다.[52]

'중간 상태'의 새로운 장을 열기 위해 유럽을 뒤로 하고 떠나면서, 히르슈만은 그에게 벌어졌던 일들을 찬찬히 반추해 볼 시간을 가질 수 있었다. 드디어 그는 유럽을 탈출할 수 있게 되었다.

하지만 고통이 없지 않았다. "나는 떠나고 싶지 않았어요. 망명자가 되고 싶지 않았고 이기고 싶었죠."[53] 그는 나중에 리자 피트코에게 이렇게 말했다. 그와 동시에 더 복잡한 개인적인 감정이 내면에서 얽히고 있었다. 그는 어머니와 에바에게 쓴 편지에서 한두 페이지에 최근의 일을 요약했다. 히르슈만은 "내 이야기는 물론 끝이 없다"며 언젠가는 모든 이야기를 하겠지만 지금으로서는 "이제까지 놀라운 행운이 있었다고밖에 말할 수 없을 것 같다"고 적었다. 그리고 이렇게 농담을 하기도 했다. "그래서, 세상에나, 제가 미신을 다 믿게 됐다니까요!" 이어서 그는 프랑스군에 자원해서 독일인 수용소에 수감되는 일을 피할 수 있었던 것부터 보르도를 자전거로 달려 도망친 일, 님에서의 행운(그는 알베르 에르망이라는 이름이 "원래 이름보다 더 마음에 들었다"고 했다. 이는 '오토 알베르트'라는 이름을 바꿀 생각이 이미 있었음을 암시한다), 프라이와 함께 했던 일과 "일반적인 대의를 위해" 했던 일들을 간략히 전했다. 또한 그는 이 편지에서 매우 그답 지 않게 긴장과 스트레스가 심한 상황에서 겪었던 내면의 심경도 내 비쳤다. "전체 기간 내내 끔찍하게 외로웠어요. 여러 활동을 하고 수 많은 사람들을, 그것도 흥미롭고 멋진 사람들을 만났는데도 말이에 요." 편지 말미에서는 유머감각에 숨어 잘 보이지 않았던 내면의 동 요도 엿볼 수 있다. "물에 가라앉는 사람처럼, 나는 적어도 내 삶의 모든 기간을 대표할 수 있는 한 사람을 보았습니다."

리스본에서 보낸 시간은 격동적이고 힘겨웠던 날들을 돌아볼 수 있는 시간이기도 했지만, 다른 한편으로는 불확실하지만 새로운 미 래를 약속해 주는 시간이기도 했다. "전에 제가 미국을 얼마나 꺼렸 는지 아시지요? 저는 유럽을 좋아하고 미국을 무서워했어요. 하지만 현실적으로 다른 방법이 없다는 것을 금방 깨달았어요. 무엇보다, 살아서 가족들에게 다시 편지를 쓸 수 있게 되려면요."[54]

SS엑스칼리버 호는 해운회사 '아메리칸 엑스포트 라인스'가 소유 한 네 척의 화물선 겸용 여객선으로, 8일 만에 대서양을 건널 수 있었 다. 윈저 공과 윈저 공 부인, 미국 대사, 유진 드 로스차일드 등 고위층 들을 실어나르다가, 프랑스가 점령된 뒤 그해 여름부터는 2등칸과 3등 칸을 늘려 사치품 대신 슬픔과 안도를 나르며 운항하고 있었다.

히르슈만은 배 위에서 별다른 할 일이 없었기 때문에 '중간 상태' 를 조금 더 숙고해 보게 되었다. 험한 항해여서 180명의 승객들과 함께 그는 대부분의 시간을 뱃멀미를 하면서 보냈다. 배가 뉴욕에 도착할 무렵에는 자신이 "별로 훌륭한 뱃사람은 못 된다"는 것을 확실히 깨달았다. 그래도 역시 그는 기회를 단 하나도 허투루 보내지 않았다. 배에는 작은 도서관, 체스판, 탁구대가 있었다. 또 젊은 체코 여인과도 친구가 되었다. "체스나 탁구를 하지 않을 때면 그 여인과 대부분의 시간을 보냈다." 히르슈만은 항해가 끝나 갈 즈음 몽테뉴처럼 스스로를 객관적으로 관찰하는 태도로 편지를 썼다. "어제 제 감정들을 생각해 보니 이미 제 마음은 미국화된 것 같아요. 이제 저는 [도망쳐 간다기보다] 무언가를 획득하기 위해 미국에 간다는 생각이 듭니다. 이곳까지 나를 데리고 온 행운들의 도움으로 말이에요. 프랑스를 여전히 사랑하지만 많은 면에서 프랑스에 실망을 한 것도 사실이에요. 그런 실망이 이번의 네 번째(다섯 번째던가요?) 이주를 더 잘 견딜 수 있게 해 줍니다."[55]

6장

팽창주의를 제어할
무역 질서를 찾아서
(1941~42)

세상의 비대칭이 수학적으로만 그런 것 같다고 생각하면 안심이 된다.

—프란츠 카프카

SS엑스칼리버 호는 1941년 1월 13일 월요일에 저지시티에 도착할 예정이었지만, 폭풍이 미국 동부를 강타해 마지막 정박지인 버뮤다에서 일정이 지체되는 바람에 화요일 아침에야 허드슨강 어귀에 도착할 수 있었다. 영하 10도의 추운 날이었다. 하늘은 잔뜩 찌푸렸고 금방이라도 눈이 올 것 같았다. 난민들은 추위에 떨면서 뉴저지주 엘리자베스의 이민국을 차례로 통과해 각기 목적지로 흩어졌다. 입국 서류(리투아니아 여권과 미국 비자)를 제시할 무렵 오토 알베르트 히르슈만은 앨버트라는 이름에 익숙해져 있었고, 새로운 땅에서 새로이 일구어 갈 삶을 고대하고 있었다. 그는 입국 기록에 자신의 이름을 '앨버트 오토'라고 써달라고 했는데, 이민국 직원이 여기에 나름의 수정을 가했다. 이민자들의 이름을 영어로 표기할 때 으레 있는 일로, 성에 있는 n 두 개 중 하나를 없앴다. 이민국 직원은 더 간단하게 c도 없애는 것이 어떻겠느냐고 제안했지만 이것까지는 받아들이기 어려웠다. 이렇게 해서 오토 알베르트 히르슈만은 앨버트 O. 허시먼이 되었다.

새로운 이름을 가진 스물네 살의 독일 난민은 미국에서의 모험을 시작했다. 다시 나라 없는 신세가 된 그는 최대한 지인들과 친지들을 찾아 연락을 취했다. 그는 자신도 모르는 사이에 사촌 오스카에게 많은 신세를 지고 있었다. 오스카는 뉴욕에서 백방으로 뛰어서 록펠러재단이 허시먼을 최우선 순위에 올리게 한 일등공신이었다. 허시먼은 엘리자베스에서 기차를 타고 펜실베이니아 역으로 가서 다시 지하철을 타고 맨해튼 끝단 파크테라스에 있는 사촌의 집으로 갔다. 서둘러 처리해야 할 일들도 있었다. 허시먼은 마르세유의 프라이에게 뉴욕에 잘 도착했으며 곧 긴급구조위원회 사무실에 가서 본부와 프라이 사이에 있었던 의견충돌을 해결하겠다고 전보를 보냈다. 프라이가 본부에 자금과 비자를 계속해서 더 요청하는 것 때문에 갈등이 있었는데, 프랑스 상황을 허시먼보다 더 잘 설명할 수 있는 사람은 없었다. 허시먼은 이 일을 해결한 뒤 프라이에게 다시 전보를 보냈다. "위원회는 당신을 전적으로 신뢰하며 갈등을 피하고자 함. 사랑을 담아. 오토 알베르트."[1]

사촌 오스카가 너무나 고마웠고 유럽에 있는 친지들의 소식도 아는 대로 그에게 전해주며 좋은 시간을 보내기는 했지만, 새로운 세계에서의 삶을 뉴욕의 친척에 얹혀 시작하고 싶지는 않았다. 훗날 허시먼은 미국의 문화·과학·음악·철학에 결정적인 영향을 미치는 독일계 지식인 중 한 명이 되지만, '독일인으로서' 그리고 싶지는 않았다. 파리에 처음 갔을 때도 그랬듯이 허시먼은 뒤를 돌아보고 '독일 문제'에 집착함으로써 과거의 상처를 치유하려고 하지 않았다. 뉴욕에는 이런 집착을 가지고 있는 사람이 많았다. 하지만 허시먼은 이번에도 망명을 스스로를 재발명할 기회로 삼았다. 그는 두고 온 상처를 되짚어 생각하지 않았고 남들에게 그것에 대해 이야기하지도 않았다. 그러기보다는 새로운 기회를 찾고자 했다. 유럽에 있을 때 꿈꾸었던 학자로서의 길이 미국에서는 가능할 것 같았다. 미국은 복합적인 결과를 낳게 된다. 그리고 적지 않은 좌절도 함께.

어쨌든 그건 나중 이야기이고, 일단 허시먼은 기적같이 주어진 장학금의 구체적인 조건을 빨리 알고 싶었다. 뉴욕에 도착하고 며칠 뒤 록펠러재단에서 키트리지를 만난 허시먼은 기쁘게도 그달 말에 첫 장학금이 바로 지급될 것이라는 말을 들었다. 허시먼은 2년간 매월 120달러의 생활비, 캘리포니아대학 학비 전액, 그리고 뉴욕에서 캘리포니아까지 가는 여비를 지급받게 되어 있었다. 한 달 뒤에는 매월 받는 생활비가 50달러 올라서 런던의 어머니에게 부양자 자격으로 돈을 보낼 수 있게 되었다.[2]

허시먼은 이런 행운에 기뻐하는 한편 재단이 제공한 것 이외의 다른 기회들도 찾아나서기 시작했다. 키트리지를 필두로 그는 수많은 사람들에게 연락을 취했다. 이는 제2의 본능까지는 아니라고 해도 분명 제2의 적성이 되어 가고 있었다. 새로운 사람들을 만나고 지평을 넓히며 나중에 도움이 될 수도 있을 관계들을 만들어 두면서 고향을 상실한 이 상황을 헤쳐 나가는 것, 간단히 말하면 나중에 유용하게 쓰일 수도 있을 기회들을 창출해 가는 것 말이다. 허시먼은 뉴욕에서 3주를 보낸 뒤 워싱턴을 구경하러 가서 그곳에 와 있던 독일인 몇 명도 연락해 만났다. 그러고는 잠깐 뉴욕으로 돌아왔다가 캘리포니아주 버클리를 향해 출발했다.

'기회주의적opportunistic'이라는 말이 가진 부정적인 어감을 생각할 때, 이 단어로 허시먼을 설명한다면 부당한 일일 것이다. 그는 유리한 조건을 잡기 위해 약삭빠르게 상황을 살펴보고 있는 것이 아니었다. 하지만 '기회주의적'이라는 말이 많은 기회들을 창출해내고 행운을 지어 나간다는 것을 의미한다면 허시먼을 묘사하기에 매우 적절한 말일 것이다. 그저 포르투나가 그의 편이었던 것이 아니냐고 말하는 사람도 있겠지만, 허시먼은 행운은 거저 오는 것이 아니라 노력으로 만들어내야 한다는 것을 알 만큼은 마키아벨리를 잘 알고 있었다. 허시먼은 자신이 누구인지에 대한 생각뿐 아니라 자신이 무엇을 하고 싶은지에 대한 생각도 가지고 있었다. 둘 다 거저 생겨난 것이 아니라 오랜 세월에 걸쳐 움튼 것이었다. 또한 앞으로도 둘 다 저절로 결실을 맺게 되지는 않을 터였다.

서부 해안을 향해 갈 무렵, 그는 귀중한 2년 동안 무엇을 할지에 대해 꽤 분명한 생각을 가지고 있었다. 록펠러재단은 캘리포니아행 기차의 2등석 운임을 지급했지만 허시먼은 3등석을 타고 그 차액을 아꼈다. 또 재단은 허시먼의 요청에 따라 [추가 운임 없이] 중간에 원하는 곳에서 내렸다가 다시 탈 수 있는 표를 제공했다. 그래서 허시먼은 중간중간 사람들을 더 만났고 미국도 좀더 잘 알 수 있었다. 첫 기착지는 시카고였다. 그곳에는 허시먼이 LSE에서 수업을 들었던 아바 러너가 있었다. 독특한 배경을 가지고 있으며 정통 경제학에 얽매이지 않는 사상가인 러너에게 허시먼은 무언가 끌리는 면이 있었고, 공부에 대한 조언도 얻고 싶었다. 무엇보다, 혼자서 발전시켜 오던 연구 주제에 대해 학문적으로 존경할 만한 사람의 의견을 듣고 싶었다. 러너는 허시먼의 연락에 매우 기뻐하며 만나자고 했다.

허시먼이 생각한 연구 주제는 무엇이었을까? 허시먼은 트리에스 테에서 이탈리아의 국제수지에 대해 연구했고, 독일과 유고슬라비아의 교역도 관찰했다. 유고슬라비아는 독일 무역에서 차지하는 비중이 작았던 반면, 독일은 유고슬라비아의 무역에서 차지하는 비중이 컸다. 그리고 파리에서는 인터마리움 국가들이 독일의 경제적 야심을 저지하기 위해 구성하려고 했던 연합이 깨지는 것을 지켜보았다. 국가 간의 이러한 비대칭은 국제경제에 어떤 영향을 미치는가? 큰 국가는 작은 국가와 무역하기를 선호하는가, 아니면 교역 상대국의 규모는 상관하지 않는가? 이것은 분쟁과 전쟁의 요인이 되는가? 전쟁 전에 콘들리프의 요청으로 쓴 논문에서 허시먼은 무역정책과 전쟁의 관련성을 이야기한 적이 있었다. 아바 러너와 만났을 때는 이런 문제에 대한 관심이 더 커져 있었다. 국제 교역과 국가의 정치 권력은 관련이 있는가? 허시먼이 이런 생각들을 이야기하자 러너는 고개를 끄덕이면서 이 주제를 탐구해 보라고 격려해 주었다.[3]

아바 러너의 격려는 승인으로 삼기에 충분했다. 허시먼은 캘리포니아행 기차에 몸을 실었다. 록펠러재단이 마련해 준 숙소는 외국인 학생 기숙사인 '인터내셔널하우스'로, "남성·여성 학생들이 집처럼 편히 지낼 수 있는 곳"이라고 소개되어 있었다. 허시먼은 베이에어리어Bay Area의 아름다움과 언덕, 커다란 다리, 그리고 환한 빛에 놀랐다. 유럽의 어둠에서 막 떠나온 그에게 샌프란시스코 만에 모인 세 도시의 반짝임은 끝없는 매혹의 원천이었다. 하지만 무엇보다 그를 놀라게 한 것은 도서관이었다. 특히 거대한 석조 건물에 커다란 창문, 기다란 책상, 밝은 독서등이 있는 도Doe 도서관은 허시먼이 몇 년 동안 가지고 있던 갈증을 풀어 주었다. 이곳에 소장된 도서들은 "정신이 멍해질 만큼 훌륭하고 완전"했으며, 서가가 개가식이어서 책 등을 손으로 쓸면서 책장 사이를 몇 시간이고 돌아다닐 수 있었다. 흥미롭게도, 그는 최근의 서적부터 읽지 않고 애덤 스미스, 베르너 좀바르트, 마기아벨리와 같은 고선부터 읽었다. 허시먼은 가지고 있는 책이 '플레이아드판 몽테뉴 딱 한 권밖에 없었지만'⁴ 버클리의 도서관은 이 유일하고 소중한 한 권이 채우지 못한 나머지 부분을 보상해 주고도 남았다.

허시먼은 버클리 사람들에게 신기한 인물이었다. 이는 그를 매우 당혹스럽게 했다. 인터내셔널하우스에는 일요일 저녁이면 식탁보와 촛불로 격식을 차리고 식사를 하는 관례가 있었다. 여기에서는 모두가 대화에 참여해 지적인 자극을 주고받도록 기대되었다. 한번은 누군가가 허시먼에게 유럽의 상황을 물어보았다. 그러고 나자 곧 '개인적인 경험을 이야기해 달라'는 요청이 쏟아졌다. 새로 온 젊은 청년은 손가락으로 손수건을 배배 꼬면서 얼른 시간이 지나가기를 기다렸다. 1985년의 한 인터뷰에서 허시먼은 이렇게 말했다. "모두가 나에게 내 이야기를 해 달라고 했습니다. … 노트를 꺼내서 받아 적기까지 했어요. 나는 인터내셔널하우스에서 금방 나왔습니다. 신기한 인물로 여겨지고 싶지 않았어요. 나는 나 자신이고 싶었죠. … 지나치게 많은 사람들과 접촉하고 싶지 않았어요." 유럽의 비극과는 아주 멀리 떨어져 있는 캘리포니아에 그 비극의 목격자이자 주인공이 나타났으니 그럴 만도 했다. "그런 일이 어떻게 있을 수 있었는지 눈을 동그랗게 뜨고 놀라워하는 사람들이 너무나, 정말 너무나 많았습니다." 새로 온 신기한 학생을 둘러싼 소문도 무성했다. 그는 모략과 계략, 첩보가 넘쳐나는 세계를 떠나 학문의 낙원에 도착했다. 그는 이제 책을 읽고 싶었는데 다른 이들은 그가 말을 하게 하고 싶어 했다.[5]

인터내셔널하우스에 온 지 얼마 지나지 않은 어느 날 점심 시간, 앨버트는 구내식당에서 속을 채운 피망을 접시에 담아 친구가 앉아 있는 자리로 갔다. 그 옆에는 철학과 문학을 공부한다는 여학생이 있었다. 이름은 새러 샤피로였다. 아담하고 아름답고 똑똑하고 밝으며 미소가 매력적인 사람이었다. 앨버트는 한눈에 반했다. 새러의 매력과 지성만으로도 그를 매혹하기에 충분했지만, 이외에도 새러는 프랑스인이자 러시아인이었고, 두드러지진 않았지만 분명히 유대인이었으며, 그처럼 고향을 떠나야 했던 사람이었다. 그날부터 둘은 친해졌고 새로운 땅에서 유대를 쌓아 갔다.

허시먼처럼 새러 샤피로도 1차대전 이후 유럽을 찢어 놓은 충돌

■ 1941년 버클리 인터내셔널하우스에서 앨버트와 새러.

을 피해 망명한 뒤 캘리포니아에서 새로운 삶을 시작하고 있었다. 새러는 1940년 가을에 버클리에 도착했다. 버클리로 온 경로는 허시먼이 지나온 것만큼 구불구불하지는 않았지만 전혀 미국적이지도 않았다. 새러는 코넬대학을 한 학기 다니고서 편입생으로 버클리에 와서 영어를 배우고 있었다. 코넬대학에서는 프랑스 문학과 철학을 공부했는데, 그곳에 있는 동안 파리가 나치에 점령되었다는 소식을 들었다. 새러가 흐느끼자 영문을 모르는 학생들은 왜 그러냐고 묻더니 "도시 하나일 뿐"이라며 새러를 위로했다. 하지만 새러는 급우의 절반이(상당수가 코넬대학 미식축구팀이었다) 수업을 따라가지 못해 고전하는 것을 보면서 여기에서 잘 지내지 못할 것 같다는 생각이 들었다. 그래서 눈 내리는 뉴욕주를 떠나 캘리포니아주로 옮겨왔다. 로스앤젤레스에 정착해 있던 가족과 가까이 있기 위해서이기도 했지만 더 폭넓고 다양한 사람들이 있는 환경에서 지내고 싶기 때문이기도 했다.

부유한 상인 가문인 새러의 집안은 새러가 네 살이던 1925년에 리투아니아의 코브노[카우나스의 러시아명]를 떠나 파리 제16구에 정착했다. 허시먼 집안처럼 샤피로 집안도 완전히 동화된 중상류층 유대인이었고, 러시아혁명을 피해 떠나온 부유한 러시아 가문 중 하나였다. 외동딸인 새러는 부족한 것 없이 풍족하게 살았다. 여름이면 발트해나 벨기에의 해변으로 휴가를 떠났고 겨울이면 알프스로 스키를 타러 갔다. 새러의 부모는 딸의 교육에 특히 신경을 썼다. 처음에는 유모들이 있었다. 그리고 새러가 성홍열에 걸리자 부모는 간호사를 고용했는데, 예카테리나 리우비모브나라는 백계 러시아인으로, 교육을 많이 받은 사람이었다. 예카테리나는 새러의 어린 시절에 말벗이 되어 주고 여러 활동과 공부도 돌봐 주었다. 과목별 가정교사도 있었다. 특히 러시아 문학평론가 선생님은 러시아의 고전문학을 알려주었고 이는 어린 새러에게 큰 영향을 미쳤다. 학교도 중요했다. 새러는 집에서 멀지 않은 몰리에르 고등학교에 다녔는데, 시몬 드 보부아르가 재직한 것으로 유명하다. 이때는 아직 유명한 작가가 되기 전인 시몬 드 보부아르가 그곳에서 철학을 가르치고 있었고 새러는 보부아르의 몇 안 되는 애제자가 되는 행운을 누렸다. 흥미진진하고 카리스마 있는 보부아르의 영향으로 새러는 평생 철학과 실존주의에 관심을 갖게 되었고 이는 훗날 허시먼에게도 영향을 미치게 된다. 새러는 보부아르의 복잡한 인간관계의 미로 속에 휘말리지는 않았다. 그러나 새러가 받은 복잡다단한 영향은 탐구적인 딸 새러와 보수적인 부모 사이에 세대 차이를 넓히는 결과를 낳았다.

새러의 부모는 눈에 띄는 외모의 소유자였다. 어머니는 미인대회에 나갈 정도로 미인이었고, 아버지는 멋쟁이 신사였다. 새러의 아버지와 삼촌(아버지의 사업 파트너이자 둘도 없이 가까운 친구였다)은 파리로 이주해 집안의 부를 다시 일구었고, 불로뉴 숲의 그늘진 길과 라탱 지구의 골목길을 너무나 좋아했다. 하지만 전쟁이 임박하자 새러의 아버지는 불길함을 느꼈다. 러시아 변경에서 유대인 대학살과 전쟁을 경험한 그는 그런 일에 또다시 직면하고 싶지 않았다.

1939년에 그는 가족들과 함께 짐을 챙겨서 뉴욕으로 가는 배에 올랐다. 하지만 처음부터 그는 뉴욕이 너무 싫었다. 소음과 불결함, 그리고 사람들! 그들이 살던 파리의 우아함과는 딴판이었다. 그래서 새러의 아버지와 삼촌은 다시 짐을 챙겨 캘리포니아의 태양 아래로 이사했다. 그들은 베벌리힐스에 두 가족이 살기에 충분할 만큼 큰 집을 구했다. 이 집에는 수영장도 있었는데, 훗날 사위[허시먼]가 그 옆에서 물구나무서기를 연습하게 된다. 그들은 이 조용한 교외의 낙원에 정착했다.

앨버트는 새러에게서 동류의식을 느꼈다. 그들은 프랑스어로 이야기했다. 진입은 했지만 아직 동화되지는 않은 문화 속에서, 프랑스어는 그들에게 은신처였다. 또 둘 다 프랑스 문학과 러시아 문학을 좋아했다. 더불어 앨버트는 새러에게 카프카나 괴테 같은 독일 문학도 열심히 알려주었다. 그들 사이에서는 미국에서 유럽인으로 살아야 한다는 데서 오는 분열의 느낌이 치유될 수 있었다. 한편 둘은 대조적인 성격도 지니고 있었다. 앨버트가 내성적이라면 새러는 외향적이었고, 앨버트에게 멍하니 있는 습관이 있었다면 새러는 매우 몰입하는 편이었다. 곧 둘은 연인이 되었고, 한 친구가 말했듯이 "그들은 처음부터 '허시먼 커플'이었다."[6]

허시먼은 새러를 만난 지 8주 만에 청혼했고 새러는 이를 승낙했다. 그리고 4월에 로스앤젤레스로 새러의 부모를 만나러 가기로 했다. 그 사이에 몇 가지 처리할 일이 있었다. 허시먼은 록펠러재단에 결혼을 하게 되었다는 소식을 알리고 추가적인 가족수당을 받을 수 있는지 문의했다. 그 결과 매달 생활비를 30달러 더 받을 수 있게 되었다.[7] 또 허시먼은 우르줄라에게 새러의 사진과 함께 편지를 보내 결혼 허락을 구했다. 우르줄라는 처음에 반대했다. 허시먼이 이렇게 빠르게 미국에서 가정을 꾸리는 것에 충격을 받았고, 배경이 어떤지도 모르는 아가씨가 의심스러웠다. 하지만 확고하게 결심이 선 앨버트는 누나를 설득했다. 그리고 꾀를 내어 이렇게 말했다. "누나는 나더러 미국 여자랑 결혼하지 말랬지? 방점은 결혼이 아니라 미국 여자 아니었어?"[8] 다행히 새러는 미국인이 아니었고 앨버트는 이 점을 강조했다. 이 설득에 우르줄라도 기꺼이 넘어갔다. "아기같이 사랑스럽고 친절한 얼굴이구나. 놀라울 정도로 우아하기도 하고. 보자마자 친구가 된 것 같아. 그 애와 항상 행복하길 바라고 네가 그 애의 속을 썩이는 일이 없길 바란다."[9]

1941년 6월 22일에 소박하지만 우아한 결혼식이 열렸다. 신랑 들러리는 베를린의 옛 친구 페터 프랑크가 맡아 주었다(그 무렵 그도 베이에어리어에 정착해 있었다). 새러의 부모, 삼촌, 이모도 참석했다. 몇 대의 차에 나눠 타고 모두 버클리 시청으로 향했다. 가는 길에 신문 가판대가 보였는데 큰 글씨로 "독일, 소련 침공!"이라고 씌어 있었다. 앨버트는 신문을 사야겠다며 차를 세워 달라고 사정했다. 그 순간에는 결혼식보다는 "그저 차에서 내려 뉴스를 읽고 싶었다!" 새러는 화가 났다기보다는 혼란스러워 보였고 새러의 부모는 앨버트에게 결혼식에 집중하라고 설득했다. 결혼식이 끝난 뒤에는 모두 오클랜드의 오래된 여관으로 가서 저녁을 먹었다. 다음 날에야 앨버트는

전날의 유럽 소식을 따라잡을 수 있었다.[10]

둘 다 미국에서 미국인이 아니라는 점은 유대감의 원천이었다. 유럽에서 떨어져나와야 했지만 그들은 스스로를 망명자나 버려진 사람으로가 아니라 세계 속에서 어쩌다 보니 미국에 와서 짝이 된 두 사람으로 여겼다. 앨버트와 새러는 서로에게 위안과 안정을 주었지만 세계의 어디에 그들이 속하는지는 여전히 열린 질문이었고 이는 이후로도 그들의 삶에 계속해서 영향을 미쳤다.

그보다 일단 결혼은 그들이 당장 버클리의 환경에 적응하는 방식에 영향을 미쳤다. 고향을 잃은 두 사람, 그리고 어쩌다 버클리에 오게 된 두 사람의 결합은 허시먼의 자발적인 고립을 더 강화시켰다. 훗날 허시먼은 한 인터뷰에서 이렇게 말했다. "나는 유럽인과 결혼함으로써 미국 세계와의 직접적인 접촉을 차단했습니다. 주로 유럽인하고만 어울렸고요."[11] 우르줄라에게도 이렇게 전했다. "결혼생활 초기에 우리는 대체로 굉장히 근사하게 고립되어 지냈어. 자연과 새러와 책과 함께. 나에게는 그것이면 충분했어."[12]

결혼생활에서 앨버트가 절대로 하지 않은 일이 하나 있었으니, 그는 결혼을 과거의 기억을 쏟아내는 장으로 삼지 않았다. 거의 둘만의 생활을 하면서도 앨버트는 새러에게 과거 이야기를 많이 하지 않았다. 새러는 앨버트가 과거에 대해 이야기하기를 매우 꺼려한다는 것을 눈치채고서 그에게 이야기하라고 다그치지 말아야겠다고 일찌감치 결심했다. 다른 사람들과는 거의 교류하지 않았고 둘 사이가 매우 친밀했던 만큼 앨버트가 마음놓고 속을 털어놓았을 법도 하지만, 사실 그는 과거 이야기를 털어놓고 싶다는 생각이 그리 절실하지 않았다. 물론 새러는 궁금한 것이 많았지만, 그는 과거 중 어두운 부분을 털어놓고 싶어하지 않았고 설령 털어놓는다 해도 그것은 함께 오랜 시간을 지내고 난 뒤에나 가능할 터였다.

실제로, 살아가면서 유럽을 떠올리게 하는 것들과 마주칠 때 그가 몇 가지 이야기를 하기는 했다. 가령 1941년 5월에 에우제니오가 체포된 뒤 처음으로 그에게서 편지를 받았을 때(에우제니오는 1938년 9월에 체포되었다) 앨버트는 너무나 기쁘면서도 슬픈 심정을 새러에게 편지로 전했다(새러는 가족을 만나러 가 있었다). "세상에, 어떤 편지가 왔는지 좀 봐!" 그는 새러에게 에우제니오와 다시 대화를 나누게 될 날을 얼마나 고대하고 있는지 절절히 설명했다. "에우제니오는 지적 역량이 완전히 회복된 것 같아. 그는 물리학에 대한 개념들을 구성하고 있는데 성과를 낼 수 있을 것 같대. 편지에는 니체, 카프카, 헉슬리에 대한 이야기도 있고, 경제학 책(라이어널 로빈스의 책)에 관한 이야기도 있어. 그 경제학 책에 대해서 나와 논의하고 싶대! 이게 나에게 얼마나 위안이 되는지, 얼마나 나의 걱정을 덜어 주는지, 그러면서도 그와 헤어져 있다는 점을 상기시켜서 나를 얼마나 괴롭게 하는지, 당신은 잘 모를 거야." 허시먼은 새러에게 [에우제니오를 만나지 못해서] "감정적으로 화가 나고 지적으로 좌절한 상태"라고도 털어놓았다.[13]

자신의 과거 이야기를 하기는 꺼려했지만 책에 대한 애정을 이야기하는 것은 결코 꺼려하지 않았다. 철학도인 새러는 학교에서 공부한 내용을 집으로 가지고 와서 그들의 대화를 풍성하게 만들었다. 앨버트는 학교에서는 정치경제를 공부했지만 새러에게는 시로 화답했다. 그는 괴테를 독일어로 낭송하고 프랑스어로 해석해 주었다. 새러는 이것이 그의 아내가 되는 과정 중 하나라고 생각했다. 신붓감을 도저히 찾을 수 없어서 여러 여자들을 만나면서도 결혼은 하지 않았다는 한 러시아 의사 이야기도 있지 않던가? 그 의사는 간호사들과 연애만 하고 결혼은 하지 않는 이유를 사람들이 묻자 《전쟁과 평화》를 읽은 간호사가 없어서라고 대답했다고 한다. "그러니 《파우스트》를 읽지 않은 나와 결혼한 앨버트는 어땠겠어요!" 새러는 이렇게 말하면서 웃곤 했다. 앨버트가 괴테에 대한 흠모와 애정을 이야기하는 것을 들으면서 새러는 어쩌면 이것이 그가 자신의 과거 경험을 이야기하는 것보다 그의 마음을 더 깊이 드러내는 순간 같다고 느꼈다.

또 새러 역시 앨버트의 단어 사랑에 흠뻑 빠졌다. 아무 단어가 아니라 가장 적확한 단어, '모 쥐스트'에 대한 애정이었다.[14] 귀스타브 플로베르가 에마의 신체 굴곡을 묘사한 것에서든, 피에르 쇼데를로 드 라클로가 《위험한 관계》에서 서간문체로 풀어낸 심리 묘사에서든, 그들은 정확한 단어 사용에 매료되었다. 특히 플로베르는 그들 사이에서 단연 특별한 위치를 차지해서, 그들에게 플로베르는 '우리의 작가'로 통했다. 플로베르의 《서간집》과 소설에 나타나는 심리학적 현실주의와 모 쥐스트에 대한 세련된 옹호는, 떠돌아다니는 사람으로서의 유대를 더 강하게 해 주었다. 플로베르를 자신의 삶에 다시 불러와 준 것에 대해 앨버트는 새러에게 고마워했다. 결혼식 전날 앨버트는 새러에게 편지를 썼다. "내 안에서 합리주의자로서의 요소를 강화해 준 것에 대해 고맙게 생각해. 당신 책은 플로베르만 빼고 다 반납했어. 플로베르는 한 번 더 보고 싶어서 반납하지 않았어." 이어서 허시먼은 플로베르가 자신이 힘든 과거를 극복하는 데 도움을 주었다고 다음과 같이 설명했다. "[플로베르는] 회의주의적인 합리주의자로 키워진 한 젊은 남성에게서 비이성적인 요소들이 (미신의 형태로) 분출한다는 주제를 담고 있는데, 여기에서 합리주의는 해결책도, 만병통치약도 아니고 방향을 잡기에 그나마 가장 효과적인 방법을 의미하지. 위기를 겪고 난 뒤에 우리는 어떻게든 그 입장으로 돌아가게 되는 것 같아." 수십 년 뒤에 이 편지를 읽는 우리가 볼 때, 여기에는 정말 많은 이야기가 담겨 있는 것 같다.

그들은 고립된 생활을 했지만, 그래도 "집"이라는 공간이 있었다. 인터내셔널하우스에서 기겁을 하기도 했거니와 이제는 결혼을 했기 때문에, 허시먼은 차터힐 기슭의 하일랜드플레이스에 작은 집을 구했다. 뒷문에서는 들판이 보였고 언덕 위쪽에는 물리학자 어니스트 로런스의 집이 있었다(그곳에서 로런스는 그 유명한 가속장치 사이클로트론을 만들고 있었을 것이다). 허시먼 부부의 집은 모서리가 대나무로 된 수공예풍 단층집으로, 방 하나에 작은 부엌이 있었다. 캘리포니아대학 버클리캠퍼스의 가장 끝, 언덕으로 가는 오솔길들에 면한 집이었다. 한편 새러는 집안일에 조금씩 더 관심을 기울이기 시작했다. 하인과 도우미가 많은 집에서 자라 집안일을 배워 본 적이 없는 새러에게는 자연스러운 일이 아니었다. 앨버트는 새러의 부엌일을 '실험적'이고 '독창적'이라고 표현했다. 앨버트는 우르줄라에게 보낸 편지에 "새러는 아내로서의 임무를 흠 없이 완수하고 있어"라고 적었다. 그리고 장인장모를 만나러 갔을 때는 새러가 자두잼을 직접 만들었다고 아내 자랑을 했다.[16]

미국적인 아내는 아니었을지 몰라도 새러는 매우 미국적인 필수 기능 하나를 앨버트에게 가르쳐 주었다. 바로 운전이었다. 앨버트는 운전을 잘하지 못해서 새러의 인내심을 몹시도 시험에 들게 했다. 설상가상으로 잘하지도 못하면서 운전하는 것을 좋아했다. 배리언 프라이가 유일하게 짜증스러워했던 그의 습관, 즉 정신이 달나라에 가곤 하는 습관이 운전을 방해했다. "내가 운전을 너무 잘해서 말야. 혼자 운전해서 목적지에 도착하면 꼭 새러에게 전화를 해야 해. 길가에 한 줄로 서 있는 차 두 대 사이에 내 차를 어떻게 넣어야 하는지 알 수가 없어서." 실험적인 요리를 하는 아내와 멍하니 운전을 하는 남편은 이렇게 함께 삶을 꾸려 나갔다.[17]

차터힐의 집은 새로운 사교생활의 중심지이기도 했다. 앨버트도 새러도 버클리에 다른 연고가 없었기 때문이다. 하지만 친구를 사귀는 것을 대부분 서로에게 의지했기 때문에 이들의 사교생활은 범위가 좁고 촘촘했다. 친한 친구들로는 근처에 살던 윌리엄 스타인호프와 앤 스타인호프 부부가 있었다. 그들은 함께 밀스칼리지에 공연을 보러 가거나 저녁을 먹곤 했다. 밀스칼리지에는 부다페스트 사중주단이 상주 연주단으로 머물고 있었는데, 그해 시즌에는 베토벤 사중

주곡 전곡을 연주했다. 스타인호프 부부는 허시먼 부부를 녹음된 고전음악의 세계로도 안내해 주었다. 저녁이면 그들은 78회전 음반을 쌓아놓고 들었다. 앨버트는 라디오로 듣는 녹음 음악의 세계를 발견했고 곧 중독이 되었다. "라디오로 날마다 8시부터 밤 10시까지 가장 좋은 콘서트 녹음 음악을 들을 수 있어. 정말 좋은 프로그램들이야. 그래서 우리는 축음기를 장만하려던 계획을 포기했어." 앨버트는 우르줄라에게 보낸 편지에서 이렇게 감탄했다. 라디오는 사실상 앨버트를 음악의 세계 자체로 안내한 셈이기도 했다. 베를린 시절에는 그의 문화생활에서 음악이 큰 비중을 차지하지 않았기 때문이다. 버클리의 조용한 분위기에서 앨버트는 "차이콥스키의 후기 음악과 특히 브람스의 음악을 발견"했다며 우르줄라에게 이렇게 전했다. "그들의 음악은 매우 성숙해 있고 각성된 의식이 있는 듯해."

하지만 자신이 선호하는 것은 역시 음악보다는 문학임을 강조하기라도 하듯, 이렇게 덧붙이는 것도 잊지 않았다. "말하자면 그들은 문학에서의 플로베르와 비슷한 것 같아. 나는 플로베르를 매우 좋아하고 말야." 허시먼 부부는 많지는 않으나마 생활비를 아껴서 집 안에 "도서관으로 발달해 가고 있는 무언가"를 만들었다. 이 도서관 만들기는 앨버트가 새로이 갖게 된 '가정의 안정'을 구성하는 중요한 부분이었다. "영어로 쓰이지 않은 좋은 책은 찾기가 어려워. 그래서 찾아나서는 게 매우 재미있기도 하고." 어렵지만 불가능하지는 않았다. 샌프란시스코의 초창기 백화점 중에 프랑스인이 소유한 것들이 있었는데, 프랑스 도서관들이 소장했다가 정리한 것을 판매하는 경우가 있었다. 또 앨버트와 새러는 토요일이면 샌프란시스코의 중고 시장에 가서 고전문학, 특히 19세기 프랑스문학과 괴테, 카프카 등을 구매했다. 베를린, 파리, 트리에스테에서 읽었던 책들의 혼합 목록이라 할 만했다.[18]

함께 가정을 꾸리고 음악과 시를 나누고 그들만의 도서관을 만들어 가면서, 앨버트와 새러는 고향에서 아주 멀리 떨어진 곳에서도 안정된 삶을 꾸려 갈 수 있었다. 독일의 철학자 테오도어 아도르노는 "고향이 없어진 사람에게 글쓰기는 그가 살아갈 수 있는 장소가 된다"고 이야기한 바 있다. 이런 의미에서 버클리는 단순히 장소로서의 집이 아니라 허시먼이 글을 쓸 수 있는 곳, 그럼으로써 새러와 함께 고향으로 만들어 갈 수 있는 곳으로서의 집이었다. 언어의 집, 그리고 언어로 만들어진 집.

둘 사이의 밀착된 삶, 그리고 문학에 대한 공통된 애정은 앨버트가 에우제니오와 지냈던 시절 이후로 가져보지 못한 지적인 공간을 열어 주었다. 가령 새러는 이렇게 이야기할 수 있는 상대였다. "쥘리앵 방다의 《지식인의 배반》을 꼭 읽어야 해." 《지식인의 배반》은 프랑스와 독일 지성인들이 (방다가 보기에) 객관적 거리감을 가지고 성찰하던 전통을 버리고 민족주의, 징고이즘, 전쟁의 옹호자가 된 것을 비판하는 책이었다. 앨버트는 이 책이 "가장 중요한 현대 서적이며, 편향성 때문에 **사랑스러운** 책"이라고 말했다. 잃어버린 세계에 대한 방다의 한탄을 읽으면서 앨버트는 자신이 (학문과 지식의 면에서) 뒤에 남겨 놓고 온 것이 무엇인지에 대해 생각하게 되었다. 방다가 유럽의 지식인들이 저버렸다고 말한 것을 앨버트는 집에서 작게나마 되살릴 수 있었다.

이러한 상태에서 앨버트는 '프티 이데'들을 써 내려가기 시작했다. "어제 우리가 이야기한 것과 관련해 한 가지 생각이 떠올랐다. 물론 작은 생각이다. 나는 오늘날의 학문에서 서로 다른 학과들이 어떤 공통된 추세를 보인다는 사실을 문득 깨닫고 놀랐다." 사람들은 흔히 미학, 정치경제학, 윤리학, 철학 등을 각각 "개인의 행동이나 인간 행위의 특정한 면들"이라고 본다. 그렇다 보니 "인간 행위의 **목적**으로부터 완전히 분리되어 버린 학문들이 생겨난다." 허시먼이 보기에 가장 대표적인 예가 정치경제학이었는데, "[정치경제학은] 더 이상 **효용**이나 **후생**을 목적으로 하지 않고, 자신의 외부에서 상상된 désignés du dehors 목적을 위해 최적의 수단을 적용하는 데만 치중하는 학문이 되어 버렸다." 그 결과 "몹시 불합리하게도" 우리는 "수단에 대한 학문인 정치학에 목적을 알려 달라고 요구하고 있으며, 그에 따라 정치경제학이나 윤리학은 그 목적에 기술적으로 복무하는 하인으로 전락하게 되었다."

여기에서 앨버트의 생각은 다시 방다에게로 돌아간다. "여기에 지식인이 저버린 것이 있다. 새로운 의미에서의 지식인의 배반이 있다. 나는 이것이 현대세계에서 지식인들이 갖게 된 어정쩡한 위치와 무관하지 않다고 본다. 현대사회에서 지식인은 주인도 아니고 박해받는 사람도 아니며, 그저 기술자일 뿐이다." 허시먼은 이러한 배반, 즉 지식인들이 정치를 그 밖의 인간사와 나란히 놓기를 거부하고 정치학이 다른 학문들과 통합되어 있음을 부인하는 경향 때문에 권력과 지배에 대한 욕망이 그 자체로 목적이 될 수 있는 것인지를 묻는 근본적인 질문을 회피하게 된다고 보았다. "파시즘은 거대한 규모의 정치 책동politicaillerie이다." 파시즘은 "우리가 여유loisir를 가지고 '왜 지배하는가?'라는 질문을 곰곰이 생각해 볼 수만 있었다면 결코 발생할 수 없었을 것이다." 이것이 바로 허시먼이 '글쓰기를 위한 집'을 만들어 가면서 결혼생활 초기에 가졌던 '여유' 동안에 고민한 문제였다.[19]

도 도서관의 서가, 집이라는 은신처, 그리고 미국에서 스스로 역량을 입증하겠다는 결심은 허시먼과 버클리의 급진주의자 모임과의 관계에 (관계를 맺지 않는 방식으로) 영향을 미쳤다. 1941년 무렵 버클리는 온갖 마르크스주의자들의 허브였다. 베이에어리어에는 공산당 당원으로 활동하고 있는 급진주의자들이 많았다. 일부는 항구의 노조원이었고, 일부는 캘리포니아대학의 교수였다. 물리학자 J. 로버트 오펜하이머와 약혼자 진 태틀록을 포함해 교수와 대학원생이 많았다. 1939년 8월 독-소 불가침 조약에 충격을 받아 많은 이들이 떠났지만 그래도 여전히 많은 사람이 남아 있었다. 허시먼은 가능한 한 거리를 두려고 했지만 완전히 거리를 두기는 어려웠다. 그가 파시즘과 정말로 싸움을 했던 몇 안 되는 사람 중 하나였다는 점 때문에 더욱 그랬다. 허시먼의 옛 친구이자 결혼식 때 신랑 들러리였던 페터 프랑크는 여전히 공산당원이었다. 앨버트는 개인적인 것과 정치적인 것을 분리하려고 애썼지만 프랑크는 그것을 불가능하게 만들었고, 결국 그들의 우정은 끝나게 된다.

페터는 앨버트에게 자신의 동지인 하콘 슈발리에를 만나보라고 했다. 슈발리에는 버클리의 프랑스문학 교수로, 새러와 앨버트 둘 다 그의 이름은 들어서 알고 있었다. 그는 베이에어리어에서 공산당 조직책으로 활발히 활동하고 있었다. 앨버트는 베를린, 파리, 바르셀로나, 트리에스테에서의 경험을 통해 사회주의자와 공산주의자가 '공동의 대의'를 위해 연대한다는 개념을 이미 버렸고 마르크 라인의 실종 사건은 그 개념에 아예 종지부를 찍은 상태였다. 공산당의 도그마는 더이상 그의 마음을 끌지 못했고, 앨버트는 이미 오래전에 에우제니오의 자유주의적 사회주의를 받아들인 터였다. 하지만 페터의 채근에 못 이겨 슈발리에를 만나 보기로 했다. 그날 앨버트가 집에 돌아오자 새러는 모임이 어땠냐고 물었는데, 앨버트의 표정이 대답을 대신하고 있었다. 그는 썩은 고기 냄새를 억지로 맡은 사람의 표정을 하고 있었다.

슈발리에를 만난 것이 미국 연방수사국이 앨버트의 뒷조사를 시작하게 된 계기가 된 것으로 보인다. 비슷한 시기에 슈발리에는 오펜하이머에게도 접근해 로스앨러모스연구소에서 [핵무기 개발 관련] 정보를 소련으로 빼돌릴 수 있는지 물어본 적이 있었다. 확실히는 알 수 없지만 앨버트를 사찰 대상 목록에 올린 사람이 베이에어리어를 담당하던 연방수사국 요원이었다는 점은 분명해 보인다. 그리고 이 일로 앨버트와 페터 프랑크의 우정은 끝이 났다. 앨버트는 우르줄라에게 이렇게 전했다. "페터는 너무 자주 근본적으로 나쁜 성격을 드러내. 그렇게 똑똑하지도 않고(사실 그렇게 똑똑한 적은 한 번도 없었지). 그런데 '절친한 친구'로서 그는 나에게 일종의 '관습'이 되었어. 하지만 나는 진정한 친구를 아직 찾지 못했어. 뉴욕에서는 찾을 수 있었을지도 모르지만 여기에서는 아니야."[20]

고립된 생활이기는 했어도 외롭지는 않았다. 새러가 있었고, 책을 꾸준히 읽을 수 있었으며, 도 도서관 사무실에 마련된 연구실 동료들로부터 딱 알맞은 정도의 관심과 지원도 받을 수 있었다. 사실 허시먼은 자신의 프로젝트를 위해 외로움을 자초한 것이나 다름없었다. 그 프로젝트는 책을 쓰는 일이었다. 버클리에 도착해 도 도서관에 있는 콘들리프의 연구실에서 회색 책상을 하나 배정받자마자 그는 지체없이 책을 쓰는 일에 착수했다. 버클리는 경계심을 모두 풀고 느긋해지게 만드는 놀라운 매력이 있는 곳이었다. 미국 학계는 허시먼에게 매우 신선했다. 베를린, 런던, 트리에스테의 대학 생활은 외부에서 벌어지는 사건과 관련이 많았고, 때로 이는 대학에 혼란과 동요를 일으켰다. 빠르게 양극화되는 정치 분위기에서 대학은 격렬한 논쟁의 장이 될 수밖에 없었다. 이와 대조적으로 버클리는 "어느 면에서 현실세계와 완전히 동떨어져 있었다."[21]

허시먼에게 이런 분리는 이상하기는 했지만 해방감을 주기도 했다. 버클리는 여유롭고 평화로웠다. 세미나와 토론에서 학생들은 이데올로기적 파급 효과에 직면하거나 정치적인 입장을 드러내야 한다는 부담을 느끼지 않으면서 ('순진하게'이기는 해도) '열심히' 토론했다. 그 당시 버클리 경제학자들 사이에서는 케인스가 '옳으냐 그르냐'의 논쟁이 한창이었다. 허시먼은 그 논쟁의 양상이 사회적·정치적 위기라는 더 직접적인 (그리고 덜 학문적인) 필요에는 덜 긴밀하게 관련되어 있고, 그러면서도 꽤 편협해 보여서 놀랐다.

허시먼은 마치 《일반이론》의 중요성이 케인스주의자와 케인스 비판자들 중 누가 이기느냐에 달려 있다는 듯이 벌어지던 잘못된 논쟁에 질려 있었다.[22] 그의 관심은 마르크스주의 전통으로부터 이어져 온 주제와 더 관련이 있었다. 조직된 이해관계들 사이의 갈등, 그리고 (경직된 '계급 구조'와 별개로) '협상력'이 시스템을 구성하는 데 실질적으로 미치는 영향 등이 그의 관심사였다. 무엇보다 그는 분석의 틀을 '계급'에 두기보다는, 지역(파리에서 경제지리학을 공부하면서 생긴 관심사)과 국제경제 체제에서의 국가(런던에서 경제학을 공부하면서 생긴 관심사)가 어떻게 자본주의의 전리품을 놓고 갈등하고 두생하는지를 고찰하고 싶었다. 푸앵카레 프랑에서부터 이탈리아 제국주의 경제정책에 이르기까지 그의 이전 관심사들 모두가 국제 교역과 그것이 국가경제에 미치는 영향을 가리키고 있었다. 이 주제는 시장이 자기교정적이냐 아니냐에 대한 케인스주의 찬반 논쟁에서는 간과되고 있었다. 그와 동시에 허시먼은 그 반대 방향으로의 과정, 즉 국가경제의 구성이 국제경제에 어떻게 영향을 미치는지에 대해서도 관심이 있었다. 가령 파시스트 국가들은 이웃 교역국들에게 가장 상대하기 어렵고 막무가내인 협상가였다.

허시먼의 후원자이자 지도교수인 잭 콘들리프는 원하는 연구를 할 수 있도록 충분한 재량권을 보장해 주었다. 콘들리프는 허시먼의

앨버트 허시먼

과거 연구를 어느 정도 알고 있었기 때문에 록펠러재단이 진행하던 '무역 규제 프로젝트'라는 더 큰 프로젝트의 산하에서 연구하도록 허락했다. 콘들리프는《세계무역 재건: 국제경제 관계 조사》를 갓 출판했는데, 이 책의 환율 통제 부분에 앨버트의 분석이 기여한 바 있었다. 1차대전 이후의 실패한 대응에서 얻은 교훈에 비추어 2차대전 이후에는 어떤 질서가 필요할지 제안한 장이었다. 콘들리프는 1차대전 이후에 전쟁 전의 도금 시대를 복원하려고 했던 것이 너무 순진한 생각이었다고 보았다. 현대 국가의 유권자들은 국가에 "국익을 보호할 의무"를 지웠으며, 그 국익은 "민족주의와 산업주의의 갈등"에 에워싸여 있었다. 콘들리프는 이 현실을 인정해야 한다고 촉구했다. 국제무역에 대한 규제는 이러한 갈등의 결과였으며, 이 갈등은 경제학자들이 규제 없는 다자간 자유무역 모델을 되살리겠다며 현실을 부인하는 한 해결될 수 없었다. 경제학자들은 규제냐 아니냐가 아니라 '어떤 종류의 규제냐'라는 문제를 다루어야 했다. 양자적 협상과 경제 열강으로 이루어진 배타적 거대 블록의 형성이냐, 아니면 국제적인 규제 질서가 있어서 모든 무역 참가국이 공정성과 비편파성을 보장받을 수 있는 체제냐? 후자는 안정적인 평화를 가져올 수 있는 조건이었고, 전자는 갈등과 분쟁의 씨앗이었다.[23]

앨버트는 '무역 규제 프로젝트'에 합류하기 전부터 이러한 긴장에 대해 생각하고 있었다.《세계무역 재건》4장에서는 경제적 폐쇄주의의 부상을 다루고 있는데, 앨버트가 예전에 쓴 미출판 논문〈국제무역 균형과 양자주의적 경향에 대한 통계적 논고〉가 뼈대였다. 파리에서 콘들리프의 요청으로 작성한 논문이었고, 따라서 콘들리프는 허시먼이 자신이 추구하는 방향성에 잘 부합한다는 것을 일찍부터 알고 있었다. 콘들리프가 런던을 떠나 버클리로 올 때 록펠러재단은 새로운 프로젝트를 하나 시작했다. 1939년에 콘들리프가 추진하다 무산된 베르겐 콘퍼런스의 주제를 확장한 것으로, 국가들이 어떻게 정부간 협력을 강화하거나 무산시키는 방식으로 교역 관계를 사용하는지, 또 그럼으로써 어떻게 평화를 유지하는 데 기여하거나 분쟁에 불을 지피는지 연구하는 프로젝트였다. 이렇게 해서, 금속제 회색 책상과 책장들이 갖춰진 도 도서관의 큰 연구실에서 일군의 교수와 유럽 경제 담당 조교들이 세계무역의 위기에 대해 연구하게 되었다. 이 연구팀의 수장인 콘들리프는 옛 제자를 두 팔 벌려 환영했다. 콘늘리프의 프로젝트에는 몇몇 연구 부서가 있었는데, 그중 하나가 중부 유럽에서의 무역 변천과 환율 통제를 연구하는 부서였다.

허시먼이 받은 장학금에는 연구 주제에 대한 제약 조건이 따로 없었다. 이론상으로는 이탈리아 환율 통제를 연구해야 했고 콘들리프의 프로젝트에서 연구 조교로도 일해야 했지만, 실질적으로는 자신이 원하는 주제를 연구할 수 있었다. 콘들리프는 허시먼이 〈통계적 논고〉에서 폐쇄주의 경제정책, 양자주의, 무역 블록 등에 대해 논의한 내용이 1918년[1차대전 종전] 이후 전반적으로 무엇이 잘못되었는지를 밝히는 프로젝트에서 중요한 부분이 될 것이라고 생각했다. 허시먼은 무언가 혁신적인 것을 쓰고 있었고, 콘들리프는 폭넓게 자율성을 보장해 주었다.

허시먼은 록펠러 장학금 기회를 통해 학위를 다시 따는 것도 생각해 보았다. 명시적인 조건은 아니었지만 록펠러재단은 미국 학위를 받은 뒤 미국에서 경제학자로서의 경력을 쌓아 가기를 은근히 제안했다. 물론 허시먼은 미국에서 경제학자로서의 일을 시작하고 싶었지만 그러기 위해 남들이 마련해 준 길을 가고 싶지는 않았다. 그래서 학위 과정에 필요한 필수과목들을 수강하지 않았다. 트리에스테에서 받은 학위만 가지고 있는 것이 너무 모험일지 모른다는 생각은 하고 있었지만, 원하는 주제로 연구를 하고 독창적인 책을 쓸 기회가 생겼으니만큼 가능한 한 방해받고 싶지 않았다.

수업을 몇 개 듣기는 했다. 하나는 헝가리 출신의 경기변동론 전문가 윌리엄 펠너가 진행하는 경제 이론 세미나 수업이었고, 또 하나는 하워드 엘리스의 국제경제 수업이었다. 엘리스는 '상업과 경제 연구소'의 코디네이터였는데, 이곳은 전에 콘들리프의 연구에 지원금을 제공한 적이 있었다. 하지만 버클리는 경제사상사 분야로는 그리 유명한 대학이 아니었기 때문에 허시먼이 수업에서 그리 인상적이거나 설득력 있는 논의를 접했을 것 같지는 않다. 게다가 빠르게 변화하는 학계의 기준에 비추어 볼 때 콘들리프 자신도 학문적으로 매우 정교한 경제학자라고는 할 수 없었다. 그가 조교들에게 준 영향은 실용적인 너그러움과 열린 태도였다. 또한 펠너와 엘리스는 케인스주의 혁명에 회의적이었고 그것을 유행이라고 치부했기 때문에, 허시먼은 주류에 들어가기 위해 미국 학위를 받아야겠다거나 당대의 핵심 논쟁에 참여해야겠다는 식의 생각에서 더욱 자유로울 수 있었다.

'당대의 경제학'과 관련해 허시먼이 정작 신경쓴 것은, 경제학은 점점 더 수학적이 되어 가는데 자신이 배운 것은 수학보다는 회계 쪽이고 이론보다는 응용 쪽이라는 점이었다. 훗날에도 계속 따라다니는 이 우려를 그는 버클리에 도착했을 때부터도 가지고 있었다. 그래서 허시먼은 1941년 여름에 경제학자를 위한 수학 수업에 등록했고, 다음 가을 학기에는 '확률 미적분' 수업에 등록했다. 이 수업이 끝났을 무렵에는 연구에 활용할 수 있을 정도로 탄탄한 실력을 갖추게 되었다. 앞으로의 경력에서 수학이 자신의 강점이 되지는 않으리라는 점은 그도 알고 있었을 것이다. 그래도 통계 기법을 이용해서 국제무역의 집중도, 그리고 어느 국가가 더 큰 교역상대에 끌리는지 더 작은 교역상대에 쏠리는지를 가늠할 수 있는 지표를 개발했고, 이는 그가 영어로 출판한 초기 논문들로 이어졌다. 하나는《경제학 저널》에, 다른 하나는《미국 통계학회 저널》에 게재되었다. 1943년 늦여름에 게재된 이 논문들은 콘들리프가 기쁜 마음으로 록펠러재단에 자랑한 쾌거였다.

무역집중도를 측정하는 수리적 지표를 제시한 것은 두번째 논문에서였다. 지니계수[소득불평등을 나타내는 대표적 지표] 등 분포상의 불평등에 치중한 기존 지표들과 달리, 허시먼은 분포뿐 아니라 시장에서 행사할 수 있는 권력의 측정치로서 구매자와 판매자 수가 얼마나 '적은가fewness'까지 포함하는 지표를 개발하고자 했다. 하나의 시장에 존재하는 기업의 수와 집중도를 함께 본 것이었다. 해당 시장에서 가장 큰 기업들의 점유율을 제곱해서 더하면 0에서 1 사이의 지표를 얻을 수 있었다(0이면 그 산업에 작은 기업들이 많이 존재하는 것이고, 1이면 그 산업을 한 기업이 독점하고 있는 것이다). 이 계산으로 한 산업에 존재하는 기업의 크기를 가늠해 볼 수 있으며, 실제로 훗날 이 지표는 경쟁의 정도를 측정해 반독점법 적용 여부를 판단할 때 사용하는 표준 지표가 된다. 하지만 앨버트가 이 지표를 개발했을 때는 기업의 시장점유율보다는 국가간 무역 관계를 보려는 것이 더 큰 목표였다. 어쨌든 이 논문은 콘들리프만 자랑스러워한 것이 아니었다. 앨버트는 우르줄라에게 이렇게 전했다. "몇몇 경제 현상을 측정하는 새 지표를 만들었고 그 결과가 나왔어. 조교 한 명이 계산을 했는데 결과가 깔끔해. 아주 흥미로워!"[24]

콘들리프와 엘리스는 이 프로젝트의 교수였고, 함께 일하는 조교들이 있었다. 사실 조교들이 더 중요한 역할을 했다. 스코틀랜드 출신인 알렉산더 스티븐슨('샌디'라고 불렸다)은 곧 연구실에서 허시먼과 가장 친한 동료가 되는 사람으로, 전쟁이 나기 얼마 전 버클리 경제학과에 지원해서 그레이하운드 버스를 타고 미국을 가로질러 이곳에 왔다. '파이 델타 세타' 기숙사에 들어가 미국 대학 생활의 한 측면에 대한 호된 신고식을 치렀지만 다행히도 대안을 찾을 수 있었다. 런던에서 온 콘들리프가 장학금이 바닥나고 있던 스티븐슨을 조교로 고용한 것이었다. 스티븐슨은 《세계무역 재건》의 인덱스를 담당했다. 그는 콘들리프가 록펠러재단을 통해 허시먼을 찾아서 데리고 오는 일을 도왔기 때문에, 허시먼이 도착하기 전부터 이 신기하고 뛰어난 독일인을 너무 만나고 싶었다.

또다른 조교는 알렉산더 거셴크론이었다. 그의 배경은 허시먼과 비슷했다. 그리고 이 둘은 앞으로 놀랍도록 많은 교차점에서 서로 얽히게 되며, 허시먼 인생의 몇몇 중요한 기로에서 거셴크론이 직간접적으로 결정적인 역할을 하게 된다. 거셴크론은 허시먼보다 몇 살이 많았고, 그의 가족은 러시아혁명 이후 러시아를 떠나 오스트리아 빈에 정착한 사람들이었다. 한때는 빈대학이 [오스트리아학파를 배출하며] 경제학에서 최고봉을 차지했었지만 그때는 이전의 영예를 잃은 상태였고, 허시먼처럼 거셴크론도 대부분 독학으로 공부했다. 버클리와 관련을 맺게 된 것은 찰스 굴릭을 통해서였다. 굴릭은 《오스트리아: 합스부르크부터 히틀러까지》를 집필할 때 거셴크론을 연구조교로 고용했다. 거셴크론이 사실상 대필을 한 것이라고 보는 사람도 있으며, 이 일은 사람 좋은 거셴크론마저 계속해서 불평한 일이기도 했다.

거셴크론은 독일의 오스트리아 병합 이후 영국으로 피신했고, 그다음 역시 콘들리프가 마련한 록펠러재단의 지원금으로 버클리로 오게 되었다. 콘들리프의 '무역 규제 프로젝트'에서 거셴크론이 맡은 부분은 '국가 교역'이었다. 하지만 허시먼처럼 그도 이미 자신의 연구 주제를 가진 상태로 버클리에 왔고, 이는 그의 첫(그리고 단행본으로서는 유일한) 저서 《독일의 빵과 민주주의》(1943)로 이어진다. 거셴크론도 보호무역주의에 대해 우려하고 있었다. 그는 프로이센의 대토지 소유 계급인 융커들이 농업 보호무역으로 '철과 호밀' 연대

앨버트 허시먼

를 구성해 독일제국을 떠받쳤다고 주장했다. 융커 권력의 결집이 독일의 근대화와 민주주의를 가로막은 주된 장애였고 이것이 결국 바이마르공화국의 위기로도 이어졌다는 설명이었다. 이런 면에서 그의 연구는 국제 교역에서의 자유와 국내 정치에서의 자유가 어떤 관계인지를 보려는 콘들리프의 관심사에 부합했다.[25]

외국인 조교 세 명이 매우 친했을 것이라 생각하기 쉬울 것이다. 친하기는 했는데, 어느 선까지만 그랬다. 스티븐슨과 거셴크론은 동네식당에서 '아침 메뉴 4번'을 시켜먹으며 미국의 속어 표현에 대해 이야기를 나눌 정도로 친해졌지만 허시먼은 혼자 지내는 것을 더 좋아했다. 첫날부터 그는 내성적인 성격으로 사람들을 놀라게 했다. 일부러 은둔생활을 하려는 사람 같았다. 연구실 사람 모두가 허시먼이 독일에서 이탈리아로, 에스파냐로, 그리고 나치 점령하의 프랑스로 다니며 숱한 모험을 했음을 알고 있었다. 허시먼은 연구실 사람들이 멀리서 관찰하고 있는 나라들에 실제로 머물면서 경제학을 공부한 사람이었다. 하지만 누구도 감히 물어보지 못했다. 허시먼은 자신의 과거를 대화 소재로 삼고 싶지 않다는 신호를 미세하지만 분명하게 보냈다. 과거뿐 아니라 현재에 대해서도 그랬다. 스티븐슨은 허시먼이 새러 샤피로를 약혼자라고 소개했을 때 연구실 사람들이 모두 놀랐다고 회상했다. 다들 여자친구가 있는 줄조차 몰랐던 것이다.

한편 허시먼과 거셴크론의 관계를 말하자면, 그들이 커다란 회색 책상에 나란히 앉아서 일했으며 '함께 생각했다'기보다는 '병렬적으로 생각했다'고 표현하는 것이 가장 정확할 것이다. 그래도 그들 각자의 첫 저서를 보면 서로가 남긴 영향을 볼 수 있다. 어쨌든 이 둘은 서로를 깊이 존경하기는 했지만 친한 친구가 되거나 학문적인 동반자가 되지는 못했다.[26] 팀을 이끄는 콘들리프의 입장에서 보면, 각자 독자적으로 연구하면서도 서로를 돕는 이 연구팀은 드림팀이라고 할 수 있었다. 그는 키트리지에게 연구팀이 "서로를 도우면서" 중요하고 독창적인 연구를 잘 해 나가고 있다고 전했다.[27]

허시먼은 버클리에 올 때 염두에 둔 연구 주제가 이미 있었다. 왜 다른 나라를 지배하는가? 이것이 그가 처음에 가진 질문이었다. 생각을 더 다듬기 위해 허시먼은 고전으로 돌아갔다(고전에서 영감을 얻는 습관을 허시먼은 앞으로도 평생 동안 이어간다). 허시먼은 버클리 도서관 서가를 돌아다니다가(그가 발견한 미국 학계의 큰 즐거움 중 하나였다) 마키아벨리의 전집을 발견했다. 마키아벨리는 트리에스테에 있을 때 허시먼이 주식처럼 탐독한 책이었고, 그 이후로는 여러 저자들(특히 플로베르)의 서간문에도 관심을 갖게 되었다. 허시먼은 마키아벨리 전집에서 서간문들을 찾아보았다. 마키아벨리와 프란체스코 베토리 사이에서 평생에 걸쳐 오간 편지들이 허시먼을 사로잡았고, 허시먼은 여기에서 인상적인 경구와 인용문들을 적어 두었다. 그가 적어 놓은 것 중 마키아벨리가 《군주론》을 쓴 이유에 대해 베토리에게 털어놓은 부분이 특히 주목할 만하다. "제가 실크의 기술과 양모의 기술, 이윤이나 손실에 대해서 어떻게 논해야 할지 모르고 있으려니, 포르투나가 이르기를 그것보다는 국가에 대해 논하는 것이 더 적절할 것이라 하였습니다."

마키아벨리에게는 너무나 골치아픈 문제였던 것[경제와 교역]이 허시먼에게는 너무나 중요한 문제로 보였다. 허시먼은 무역과 권력이 어떻게 연결되어 있는지, 즉 경제와 정치가 어떻게 관련되어 있는지를 보아야 한다고 생각했다. 허시먼은 마키아벨리가 간과한 이 부분을 히틀러가 너무나 잘 알고 있었다는 사실을 깨닫고 놀라지 않을 수 없었다. 이 통찰을 염두에 두고서, 또 괴링이 했다는 유명한 말 "총은 우리를 더 강력하게 해 주지만 버터는 우리를 더 뚱뚱하게만 할 뿐이다"에 자극을 받아서, 앨버트는 첫 번째 책을 쓰는 일에 몰두했다. 원고는 1941년 봄부터 쓰기 시작했고 영어로 썼다. 언어 습득이 빠른 그는 이 무렵이면 이미 영어를 유창하게 구사하고 있었다. 그래도 영어 문장을 유려하게 썼는지가 끝까지 너무 걱정이 되었다. 사실 나중의 저작들에 비하면 이 책에는 어색한 표현이 더러 눈에 띈다.

허시먼은 집필에 모든 것을 쏟아부었다. 신혼여행도 가지 못했다. 가끔 네바다로 스키를 타러 가고 새러의 부모를 보러 베벌리힐스에 가는 정도였다. 이 시기에 허시먼을 지배한 것은 (어머니에게 보낸 편지에서 드러나듯이) 미국에서 존재를 증명하고자 하는 열망이었다.[28] 연구와 자료 수집은 콘들리프, 거셴크론, 스티븐슨과 함께 쓰는 연구실에서 했지만 집필은 집에서 혼자 했다. 새러는 자기 공부에 바빠서 허시먼의 글에 직접적으로 도움을 주지는 않았다(이후의 저술들에서는 새러가 연구와 집필에 크게 도움을 준다). 1942년 초에 초고를 읽고 의견을 준 사람은 세 명뿐이었다. 콘들리프, 거셴크론, 스티븐슨. 이들의 격려와 제안을 듣고 허시먼은 다시 책상으로 돌아가 퇴고를 했다. 마지막 원고를 읽어 줄 사람으로 허시먼이 의지한 사람은 두 명이었다. 한 명은 스티븐슨이고, 다른 한 명은 프레드 블룸이었다. 신기하고 알듯말듯한 인물인 블룸은 허시먼과 같은 독일 출신으로, 전에 허시먼의 초기 논문들과 각주에 도움을 준 적이 있었다.

한편 허시먼이 집필에 매진하는 동안 라디오는 진주만 공격과 미국의 참전 소식을 전하고 있었다. 허시먼은 작업에 속도를 냈다. 파시즘과의 전쟁에 그가 참여하지 않는다는 것은 있을 수 없는 일이었기 때문이다. 1942년 말 집필이 모두 끝났고 원고는 콘들리프의 추천에 따라 캘리포니아대학 출판부로 보내졌다. 허시먼은 세계경제를 분석하는 데 사용할 수 있는 양적 조사 기법을 개발했고, 새로운 데이터를 모았으며, 설득력 있는 주장을 제시했다. 그리고 세번째로 배운 언어로 불과 2년 만에 책을 써냈다.[29]

놀라운 성취였다. 하지만 손으로 쓴 원고 상태는 엉망이었다. 마키아벨리 인용문으로 시작되는 《국가권력과 교역 구조》의 최종 원고에는 영어 문장이 맞는지 끊임없이 불안해한 허시먼이 가능한 한 정확한 표현을 찾기 위해 수정에 수정을 가하며 휘갈겨 써 놓은 메모들이 가득했다. 악필인 데다 급하게 쓴 글이라 새러만 알아볼 수 있었다. "그의 첫 책은 나의 위대한 사랑이 만든 결실이죠." 새러는 웃으면서 이렇게 회상했다. 새러는 텔레그래프 거리에 있는 타이피스트 사무실에서 타자된 원고를 말 그대로 한 단어 한 단어 점검했다.[30]

《국가권력》은 현대사회에서 떠오른 두 가지 핵심 문제에 대해 새로운 분석적 시각을 제시하고자 했다. 나치의 팽창 욕구를 어떻게 설명할 것인가? 그리고 세계무역 시스템의 기저에 있는 경향성을 어떻게 볼 것인가? 허시먼은 이 둘을 연결시키고 싶었다. 당대의 사회과학으로서는 흔치 않은 생각이었다. 대공황기 경제학자들은 케인스주의적 거시경제학, 아니면 다자간 무역 및 금융 시스템의 실패를 논하는 데 치우쳐 있었고, 경제정책과 정치체제를 연결시키는 논의에는 그리 관심이 없었다. 독일과 중부 유럽이 권위주의 정권으로 변해 간 것은 순전히 그 국가의 특성에서 비롯된 국내 요인의 문제로 치부되었다. 거셴크론의 설명방식도 이와 같았다. 하지만 허시먼은 이런 관점이 실증 자료와도 간극이 있을뿐더러 개념적으로도 문제가 있다고 보았다. 괴링이 국가의 사회적 목적들 사이에, 즉 전쟁과 후생 사이에 상충관계가 있다고 보았다면, 선한 의도를 가진 민주주의자들과 개혁가들은 전쟁과 후생의 관련성을 부인하고 있었다. 마키아벨리가 그랬듯이 이들은 '국가권력'을 '경제적 부'와 분리해 사고한 나머지 파시즘의 속성과 파시스트 국가가 타국을 지배하려는 욕망을 갖는 원인에 대해 파악하지 못했고, 따라서 세계경제가 처한 실제 문제를 간과했다. 허시먼이 추구한 것은 '새로운 (국가) 마키아벨리즘'과 '국제 교역체계'를 서로에게 도입해서 국내 정치와 국제 교역을 연결하는 "중개적 연결고리intermediate links"(허시먼의 표현이다)를 파악하려는 것이었다.[31] 대담하고 야심찬 의제였다.

경제학 분야에서 이 책은 머리부터 발끝까지 매우 특이하고 독창적인 책이었다. 또한 당대의 주된 논쟁들과 완전히 동떨어져 있었다. 가령 케인스가 옳으냐 그르냐의 논쟁도 다루지 않았고, 전후에 외환체계를 어떻게 재건하고 안정화할 것인가를 두고 국제경제학자들 사이에서 벌어지던 논쟁도 거의 다루지 않았다. 허시먼의 논의는 완전히 다른 관심사에서 출발해 있었다. 허시먼은 독일과 이탈리아의 경제적인 공격성(독일의 중부 유럽과 동유럽 진출, 이탈리아의 아프리카 진출 등)을 생각하고 여기에 보호주의, 국가 개입, 독점 등의 일반적인 경향성을 결합하면서, 어느 국가가 폐쇄적인 경제정책을 편다고 해서 그것이 곧 그 국가가 경제 문제에 대해 국가 내부만 바라본다는 의미는 아니라는 점을 드러내려고 했다. 폐쇄적인 경제정책은 오히려 외부를 향한 무역 전략을 촉진했다. 문제는, 이것이 자유로운 교역을 통해서가 아니라 상대국을 괴롭히는 '깡패적' 교역 전략을 통해서 이루어진다는 점이었다. 허시먼은 국가주권과 국제 교역의 교차점을 관찰하면서 강한 국가들이 약한 국가들을 희생시켜 자국의 권력을 강화하기 위해 국제 교역에 영향력을 행사한다는 점을 밝혀냈다. 세계경제 시스템의 붕괴와 거대 블록 간의 충돌은 불합리한 것도 아니었고 민족주의적인 병리현상도 아니었다. 그것은 체제의 기본적인 모순에 대해 각국이 합리적으로 취할 수 있는 반응이었다.

이렇듯 경제 관계란 본질적으로 조화롭지 않으며 불균형을 향하고 있다고 본 점에서 허시먼은 여전히 마르크스주의적 감수성을 가지고 있었다. 하지만 착취의 양상을 계급관계로만 분석하지 않고 국제관계를 이야기함으로써 마르크스주의적 뿌리와 거리를 두었다. 마르크스주의 경제학자들이 주장해 온 것과 달리, 제국은 자본주의의 주기적 위기가 초래한 결과가 아니라 교역에 내재된 상호의존성에서 기인하는 결과였다. 그는 슘페터처럼 팽창정책을 불합리하다고 보거나 반동적인 지배층의 의사결정 때문이라고 보는 이론(자유주의와 마르크스주의 모두 이런 이론적 경향성을 가지고 있었다)에 반박했고, 경제 연구에는 [국제관계에서의] '현실주의'를, 현실정치 연구에는 경제 분석을 도입하고자 했다.

마키아벨리는 잘 모르고 있었는지 모르지만, 중상주의자들은 대외무역이 국가권력을 강화하는 수단이 될 수 있음을 알고 있었다. 후대 학자들과 달리 그들은 버터와 총이 서로에게 의존할 수 있음을 간과하지 않았다. 후생과 전쟁은 화합 불가능한 것이 아니라 오히려 뗄 수 없이 연결되어 있는 것이었다. 《국가권력과 교역 구조》는 책의 일부를 할애해 마키아벨리부터 19세기 자유주의 정치경제학까지 경제사상사를 일별하면서, 각 이론이 스코틀랜드 철학자 데이비드 흄이 말한 '국가의 위대함'과 '신민들의 행복' 사이의 조화를 얼마나 잘 설명할 수 있는지 분석했다.

흄보다 한 세기 뒤의 영국 경제학자들은 무역으로 국가간 상호의존이 커지면 이는 국가들을 평화적인 협력관계로 이끌게 될 것이라고 믿었다. 무역에서의 상호의존성이 국가간의 갈등을 해소시켜서 각국이 전쟁이 아니라 후생 쪽에 역량을 쏟을 수 있게 될 것이라고 말이다. 하지만 허시먼이 지적했듯이 그들이 그런 예측을 내놓는 동안 유럽의 제국들은 식민지 약탈로 눈을 돌렸고 1900년경이 되자 제국들 사이에서도 첨예하게 갈등이 고조되었다. 이것이 바로 '자유주의 시대'라고 불리는 시기이다. 하지만 이것은 역사의 더 큰 진행 과정 중의 한 시대일 뿐이었다. 마르크스주의 이론이건 자유주의 이론이건 그 특정한 시기에서 경제학의 보편법칙이나 역사의 보편법칙을 도출하려 한다면, 이는 적합한 일이 될 수 없었다. 이후의 저술에서처럼 명시적으로 언급되어 있지는 않지만, 우리는 《국가권력과 교역 구조》에서도 그가 단 하나의 시대만을 관찰한 뒤 그로부터 시대를 초월하는 이론을 도출하고자 하는 사회과학자들의 욕구를 경계하고 있음을 볼 수 있다.

그렇다면 무역에서의 '의존'과 타국에 대한 '지배'는 어떤 관계가 있는가? 허시먼은 이것을 현대 무역 이론의 용어로 표현하고 싶었다. 이와 관련해 그는 시카고대학의 제이컵 바이너가 1937년에 출간한 논문집 《국제무역론》에서 많은 영감을 얻었다. 바이너는 이 책에서 부와 권력이 결합하는 여러 방식을 다루었다. 바이너는 자유무역주의자이지만 '교역의 이득'이라는 고전 경제학적 개념과 무역의 존성에 수반되는 '권력'이라는 개념 사이의 관련성을 분명하게 포착하고 있었으며, 각국이 교역의 이득은 희생하지 않으면서 무역의존도는 감소시키는 방향으로 무역 시스템을 조작하려는 유혹을 불가피하게 갖게 된다고 설명했다. 바이너는 특히 이런 유혹이 대공황과 같은 위기 시기에 더 강해진다고 보았다. 허시먼은 '교역의 이득'과 무역의존도 심화에 따른 '권력 상실' 사이의 연결 관계를 검증 가능한 가설로 세우고서 제2장의 주석에서 일련의 수학적 공식으로 그것을 표현했다.

이 책에서 허시먼의 저술이 갖는 다른 특징들도 볼 수 있다. 먼저 통찰력 있는 은유와 신조어 구사하기를 좋아한다는 점이 잘 드러난다. 허시먼은 시스템을 묶고 있는 '중개적 연결고리'를 설명해야 했는데, 이를 위해 두 개의 용어를 만들었다. 하나는 '공급 효과'이고, 다른 하나는 '영향력 효과'이다. 전자는 한 국가가 서로 경쟁하는 여러 상대국으로부터 수입할 수 있는 역량을 말한다. 공급원이 더 많이 퍼져 있을수록 그 국가는 더 큰 협상력을 갖게 된다. 후자는 한 나라의 정부가 수출입에 개입할 수 있는 역량을 말한다. 무역 위기 시에 국내 공급에 의존할 수 있는 국가는 주요 상품의 수출이나 필수 재화의 수입에 많이 의존하는 나라보다 더 큰 협상력을 가질 수 있다. 영향력 효과가 클수록 유리한 거래를 강요하기 위해 군사적 장치를 사용할 수 있는 여지도 많아진다. 따라서 자유무역을 포기하는 것은 불합리한 일이 아니다. 강한 나라들은 무역 상대나 무역 상품을 선택할 여지가 적은 나라들을 복속시키고 싶어한다. 이런 방식으로 교역은 타국에 강요를 행사하는 수단으로서 전쟁의 대체재가 된다. 약한 무역 상대국을 군이 물리적으로 '정복'하지 않고도 지배할 수 있는, 20세기식 제국주의 모델인 것이다.

이 책이 보여주는 허시먼 저술의 또다른 특징은 시스템의 기저에 있는 '인간의 동기'에 대한 관심이다. 허시먼이 제기한 문제의 핵심에는 '유혹'이 있었다. 허시먼은 행동 뒤에 숨어 있는 인간의 동기에 지대한 관심을 가지고 있었고, 심리적 요인을 중요시했다. 국제무역과 국가권력의 관계라는 주제와 관련해서 이야기하자면, 전후의 질서는 지배 유혹이라는 인간의 동기를 꺾을 수 있는 수단을 만들어야만 작동할 수 있을 터였다. "국가의 선택지 중에 '전쟁'이 남아 있는 한, 그리고 한 국가가 다른 국가와의 무역을 임의로 교란할 수 있는 한, 더 큰 권력을 갖기 위한 경쟁이 무역 관계에 영향을 미칠 것이고, 무역이 권력에 기회를 제공하게 될 것이며, 권력은 그 기회를 잡을 것이다."(78~79쪽) 독일이 국내총생산GDP이 자국과 비슷하거나 더 큰 국가들과의 교역은 피하고 국내총생산이 더 작은 동유럽 및 남부 유럽 국가들 쪽으로 눈을 돌린 것은 병리적인 접근이 아니라 "놀라운 일관성"을 보여주는 접근이었다. 독일이 극단적이었을지는 몰라도 예외적이지는 않았다. 불가리아, 헝가리, 루마니아에 대한 '무혈 침공'은 나치가 국제무역에 '내재적'으로 존재하는 기회들을 완진하게 활용하고 있었음을 보여주는 것이었다. 이것의 전례는 1890년대부터도 '수출 덤핑'의 형태로 이미 분명하게 드러났으며, 이는 바이너의 책에서도 상세히 다루어진 바 있었다. 허시먼은 공급 효과와 영향력 효과의 관계를 정교화하면서 오랜 경구 하나를 현대적으로 재해석했다. "행운은 그 주인공을 노예로 만든다."(12쪽)*

무역이라는 수단을 잘 활용하면 무역 상대국들을 복종시키고 '경제적 공격'에 불을 지필 수 있었다. 이것은 나쁜 문화나 탐욕의 영향으로도, 지주 계급(거센크론이 말한 '융커')의 이해관계로도, 과다축적

---

* 허시먼은 어느 나라가 '교역의 이득'을 얻게 되면 그 이득을 제공하는 쪽에 의존도가 커짐으로써 영향력을 상실하게 될 수 있다고 지적했고, 이런 의미에서 "행운은 그 주인공을 노예로 만든다"는 경구를 인용했다.

된 자본의 투자처를 찾고자 혈안이 된 은행자본의 속성(마르크스주의의 설명)으로도 온전히 설명되지 않았다. 이 문제는 무역 상대국들 사이에 기본적으로 비대칭이 존재하는 경우의 국제 교역 시스템이 갖게 되는 내재적인 특성으로 보아야 했다. 그렇다면 해결하기 위해서는 무엇을 해야 하는가?

허시먼은 독일의 전쟁 도발이 부분적으로는 1차대전 이후 베르사유조약이 부과한 징벌적 부담에서 기인했음을 알고 있었다. 하지만 이는 더 오랜 기원을 가진 문제였고, 베르사유조약을 통해서는 단지 그 문제가 전면으로 표출되었을 뿐이었다. 여기에는 더 큰 문제가 있었다. 제4장 '재건의 문제'에서 허시먼은 독일을 무역의 일반 법칙에서 벗어난 변칙 사례로 치부하면 안 된다고 주장했다. 이웃 국가를 경제적으로 공격하는 정책을 그 국가의 정치적 논리에 내재된 경향으로 설명할 수 있는 체계적인 접근이 필요했다. 그렇게 보면, 진정으로 평화적인 질서를 만들기 위해 필요한 일은 다자간 시스템을 완전히 개조하는 것이었다. 새로운 질서를 만들려면 문제의 원천을 회피하지 말고 직시해야 했다. 자유민주주의 국가의 정부라고 예외는 아니었다. 무역을 '국가권력의 수단'으로 활용하고자 하는 '자연적인 유혹'은 모든 국가가 가지는 것이기 때문에, 국가권력을 가진 의사결정자들이 교역이라는 무기에 접근할 수 있는 수단을 아예 제거하는 것만이 유일한 해결책이었다. 허시먼은 '경제적 주권에 대한 강력한 제약'만이 평화로운 세계에서 각국이 교역의 이득을 취할 수 있게 해줄 수 있을 것이라고 주장했다. 한쪽(독일)만 제약하면 국가적 적대를 키우게 되어 전보다 더 위험하고 심각한 종류의 민족주의를 초래하게 된다는 것이 1919년의 교훈이었다.

허시먼은 거물들과 겨루고 있었다. 하지만 개념적인 야심을 충분히 정교하게 확장하지 않고 성급하게 최종 원고를 제출하는 바람에 이 도전의 범위가 불분명해지고 말았다. 어쩌면 그가 하고 있는 도전의 완전한 범위를 그 자신도 몰랐을 것이다. 일찍이 18세기에 애덤 스미스는 국부國富의 새로운 개념을 제시하고자 했다. 정부가 가지고 있는 부가 아니라 사회 전체의 생산물을 국부로 보자는 것이 스미스의 주장이었다. 그는 국부에 대한 옛 개념을 버리면 세계가 "권력 유혹"에서 자유로워질 수 있을 것이라고 보았다. 어느 면에서 허시먼은 스미스의 견해를 현대의 데이터를 가지고, 또 국제 평화 문제를 염두에 두고 다시 이야기한 셈이라고도 볼 수 있었다. 국가 권력이 무역 통제에 의존하는 한 경제학은 독재자에게 복무하는 학문이 될 터였다.

하지만 허시먼은 작은 국가와 큰 국가, 부유한 국가와 가난한 국가라는 비대칭이 존재하는 한 유혹은 사라지지 않을 것이라는 점을 스미스가 간과했다고 보았다. 허시먼은 도서관에서 《국부론》을 빌려 스미스의 논의에 대해 파고들었다. 스미스는 사람들이 부의 개념을 다르게 생각하지 못하는 것이 문제라고 보았다. 즉 스미스는 사람들을 움직이는 근본적인 유인과 동기는 문제시하지 않았다. 하지만 허시먼은 여기에서 그치지 않고 규모와 소득 면에서 비대칭이 존재하는 한 모든 국가(중상주의적이건 자본주의적이건 공산주의적이건 간에)는 약탈적 행동의 '유혹'을 받을 수밖에 없으며, 이는 전쟁으로 이어질 수 있다고 보았다. 대안적인 개념을 받아들이라고 외치는 것만으로는(가령 국부에 대해 새로운 개념을 받아들이라고 외치는 것만으로는) 이 문제를 해결할 수 없었다. 그것이 아무리 더 좋고 유용한 개념이라 해도 말이다. 허시먼의 논의에 따르면, 기본적으로 세계경제에는 '권력의 불균형'이 발생할 위험이 늘 존재한다고 보아야 했다.

허시먼의 주장은 여기에서도 한 발 더 나아갔다. 그는 전 지구적인 통합이 더 진행된다고 해서 반드시 국가들이 더 협력적인 방식으로 상호의존적이 되는 것은 아니라고 보았다. 즉 그것만으로는 약탈적 행위를 막기에는 충분하지 않았다. 제대로 관리되지 않는다면 국가간의 상호의존성은 오히려 국가 사이의 관계를 악화시키고 강하고 부유한 국가들이 보복적 조치를 시행하게 만들 위험이 있었다. 허시먼이 제시한 수많은 도표들은 각국이 특화를 통해 교역의 이득을 취하면서 바로 그 때문에 하나 혹은 소수의 시장과 하나 혹은 소수의 상품에 대해 의존성이 커지고 있는 경향성을 보여주었다. 무역의존성이 권력 유혹을 막아주기는커녕 국가들의 권력 유혹은 무역의존성과 **함께 진행되고** 있었다.

이러한 경향에서 벗어날 수 있는 유일한 방법, 후생과 평화를 함께 달성할 수 있는 유일한 방법은 마키아벨리 이래 국제무역을 지배해 온 공식과 완전히 단절하는 것이었다. "이 문제의 해결은 국제경제를 국가권력을 위한 수단으로 사용할 수 있게 하는 제도, 즉 '국가의 경제 주권'이라는 제도를 정면 공격함으로써만 가능하다." 매우 대담한 주장이었다. 그런데 허시먼은 여기에서 한 발 더 나아가 "국가에는 다른 국가를 희생시켜서 권력을 강화하려는 유혹이 내재적으로 존재"하기 때문에 "무역을 간섭·규제·조직하는 권력은 개별 국가들과 연결되어서는 안 되며 그런 기능들은 '자문기구' '상업위원회' '수출입은행', 국제 운송회사들, 그리고 국제 사업에 관여하는 민간기구들이 맡도록 해서 국가 단위로부터 분리해야 한다"고 주장했다. 그는 '국가의 경제 주권'이라는 모델을 완전히 해체하고 '권력의 국제화'를 이루자고 주장했다. 국가의 무역정책을 국제연맹이 직접적으로 통제할 수 있게 한 국제연맹 규약 제16조에 실질적인 권한을 주자는 것이었다. 허시먼이 보기에 프랭클린 루스벨트 대통령이 말한 '공포로부터의 자유'[평화]와 '결핍으로부터의 자유'[후생]는 국제 정치경제에 대한 사고방식을 근본적으로 바꾸어야만 융합될 수 있었다(8쪽). 뒷부분으로 갈수록 허시먼의 처방은 '분석'을 점점 벗어나 유토피아의 영역으로 넘어간다. 이 점은 여러 서평에서 비판을 받았고, 실제로 이 부분은 작은 것들에 대해 세부적이고 현실 밀착적인 분석을 하는 것이 특징인 허시먼의 저술에서 예외적이다.

책의 마지막 부분에서 허시먼은 "정책 결정자들이 역사에서 자신의 위치를 어떻게 생각해야 하는가"에 대해 그가 믿는 모든 신념을 한곳에 담아내려 애쓰고 있었다. 그는 정책 결정자들이 어떠한 전지구적 분업 양상과 무역 양상도 '신의 섭리'로서 예정된 것이라 여기지 말아야 한다고 주장했다. 국제 분업과 무역의 양상은 좋게든 나쁘게든 수많은 형태로 나타날 수 있었다. 하나로 아우르는 보편

법칙을 찾으려고 한다는 말은 현상을 구체적인 시간과 장소에서 떼어내 일반화해 버린다는 의미였다. 여기에서 우리는 허시먼이 과거에 공부한 헤겔의 영향을 볼 수 있다. 경제 문제 분석을 통해 [헤겔이 말한] '이성의 교지'에 경의를 표하고 있는 것이다. "국제 분업의 어느 특정한 양상이 영원히 유지될 가능성은 없다."

허시먼은 우리가 역사의 흐름 중에서 단지 하나의 순간만을 살고 있을 뿐임을 잊지 말아야 한다고 주장했다. 그렇다고 더 많은 메타 법칙들을 제시하려는 것은 아니었다. 그보다 허시먼의 주장은 에우제니오 콜로르니를 떠올리게 한다. 허시먼은 사람들의 선택에 지침을 주는 것은 그들이 세계를 어떻게 '인식'하기로 마음먹느냐라고 주장했다. 그 인식이 그들의 선택지를 결정하는 것은 아니라고 해도 말이다. 역사의 전환기에는 해결해야 할 문제들이 반드시 생기게 마련인데, 허시먼은 사람들이 그런 문제들을 영구적인 여건이라고 착각하기 때문에 그것이 더 악화된다고 보았다. 이 책의 마지막 부분은 비관주의자를 염두에 두고 쓴 듯하다. 19세기 '자유무역'의 순간이 지나갔고 그것을 설명하기 위해 제시되었던 고전 정치경제학이 낡은 것이 되었다고 해서, 우리가 "진정한 상상력의 결여에서 시작되었을 뿐인 허황된 상상들"에 굴복해야 하는 것은 아니었다(151쪽). 허시먼이 개혁주의의 핵심인 실용적이고 낙관적인 전환을 강조했을 때, 역사에서 상상력의 역할을 강조했을 때, 미래의 정책을 구성하기 위해 현재에서 벗어나 더 멀리 시선을 돌렸을 때, 콜로르니의 목소리가 멀리 있지 않았을 것이다. 상상력의 결여는 "우리가 지금 익숙해져 있는 상태와 크게 다른 상태를 생각조차 하지 못하는 무능함"에 불과한 것이었다(151쪽).

마지막의 감동적인 구절들은 허시먼이 이후의 저술에서 보여주게 될 내용들의 전조라고 할 만하다. 하지만 이 마지막 부분은 문제가 되기도 했다. 우선 허시먼이 누구와 논쟁을 하고 있는지가 불분명했다. 그 당시에는 국제 교역에 대한 비관주의가 쇠퇴하고 있었고 전 지구적인 규제 프레임을 만드는 쪽으로 분위기가 이미 달라져 있었다. 허시먼도 콘들리프와의 연구와 논의를 통해 이를 분명히 알고 있었을 것이다. 그리고 이상적인 정도에는 미치지 못했더라도 기본적인 무역 규범이 완전히 달라져 있었다. 특히 다자간 무역 시스템을 회복시키는 데 주도적인 역할을 하게 될 미국에서는 더욱 그랬다. 허시먼이 비관주의를 논하며 인용한 학자들은 산업화가 폐쇄적이고 자급자족적인 국가경제로 이어질 것이라고 본 베르너 좀바르트나 1차대전에 대해 논한 학자들 등 대부분 독일 학자들이었다. 1960년대에 나올 반제국주의적 무역 비판론과 1990년대에 나올 세계화 회의론 등 훨씬 훗날에 나오게 될 글로벌 교역 시스템 비판의 전조를 보인 면이 있기는 하지만, 당시에는 다소 이상한 주장이었고 오래전에 사라진 적을 상대로 가상의 싸움을 벌이고 있는 것 같은 주장이었다. 그래서 '권력의 국제화'라는 처방은 지나치게 이상주의적으로 보이거나 이미 시작된 새로운 글로벌 질서를 모르고 하는 주장으로 보였다.

허시먼이 열광적인 서평을 기대했다면 매우 실망했을 것이다. 책이 출간되었을 무렵 허시먼의 주장은 시대에 뒤떨어진 것으로 여겨지고 있었다. 추축국의 패배가 임박했다고 여겨진 시점이었기 때문에 경제학자들은 제국이나 독재와 같은 주제에 대해서는 그리 관심이 많지 않았고, 글로벌 무역 규제를 정교화하는 것에 더 많은 관심이 있었다. 연합국의 금융 당국자들이 뉴햄프셔주 브레턴우즈에 모였을 때도 이것이 주된 쟁점이었고, 실제로 브레턴우즈에서 전후의 국제경제 질서가 합의되어 나왔다. 그래서 《국가권력과 교역 구조》는 출간 즉시 잊히는 신세가 되었다. 스탠퍼드대학의 필립 벅은 "새로운 분석 방법론의 독창성"을 인정했고, 20세기의 핵심 문제를 설명해낸 것에 대해서도 찬사를 보냈으며, 세계무역이 주권국가들의 통제에서 벗어나야 한다는 주장에도 원칙적으로 동의했다. 또다른 서평도 허시먼이 개발한 지표의 기술적인 측면을 높이 샀다. 하지만 일반적으로 서평들은 허시먼의 방법론은 칭찬했지만 주장에 대해서는 그렇지 않았다. 컬럼비아대학의 마이클 플로린스키는 이 "간결한 연구"의 "도발적인" 성격을 높이 산다며 "지식, 상상력, 철저함"이 담긴 책이라고 평했지만, 이 책의 핵심인 국제무역이 국가권력의 수단이라는 주장에 대해서는 "날카롭지만 다소 난해하다"고 언급했다.[32]

더 근본적인 문제도 있었다. 많은 이들에게 허시먼의 주제는 이미 한물간 것으로 보였다. 또한 깊은 성찰이 담긴 마지막 부분은 지나치게 모호해 보였다. 허시먼이 세계무역을 관리하는 새로운 국제체제를 마련해 "국가의 경제적 주권에 기반하는 제도들을 정면 공격"하자고 주장한 데 대해 한 서평은 다음과 같이 신랄한 비평을 가했다. "말할 필요도 없이 이 제안은 예상 가능한 어느 미래에도 적용될 가능성이 없다." 먼 훗날 허시먼 자신도 이 책이 "너무 순진한 제안들"로 가득차 있었다고 인정했다. '새로운 질서'라는 데우스엑스마키나Deux ex machina[극 중에서 도저히 해결 가능성이 없어 보이는 상황에서 뜬금없이 나타나 모든 것을 일거에 해결하는 존재]가 갑자기 나타나서 '유쾌하지 않은 현실'을 일거에 해결해 주리라는 개념에 의지하는 제안들이었기 때문이다. 개혁의 가치와 작용을 평생 연구한 훗날의 성숙한 허시먼이었다면, '유쾌하지 않은 현실'에 대한 탐구를 더 밀어붙여서 "그 내부에서 문제를 수정하고 수선해 나가는 작은 요인들을 면밀히 조사"했겠지만, 청년 허시먼의 책에는 이것이 빠져 있었다. 아직 허시먼은 유머나 해학을 활용할 여유를 갖기에는 너무 젊고 조급하고 이상주의적이었으며, "확실성보다는 가능성의 토대를 산출해내는" 변증법적 정과 반의 요소들을 포착할 안테나도 아직 갖지 못한 상태였다.[33]

몇몇 서평에서 언급했듯이 이 책이 제안한 바는 기껏해야 모호한 논의이거나 일반론이었으며, 전후의 교역 질서를 실제로 어떻게 관리할 것인가에 대해서는 "아무것도 제시한 것이 없었다." 게다가 '전후의 경제 문제'라는 새로운 관심사가 경제학자들의 초점을 이미 전쟁의 원인에서 전쟁의 결과로 옮겨 놓은 터였다. 이 책은 경제학자들 사이에서 외면받았고 서고의 '국제관계' 코너 구석에 처박히는 신세가 되었다. 이렇게 현재적 적합성은 이미 사라진 전쟁 전 시대의 '옛날 책' 취급을 받게 되면서, 이 책은 곧 절판되었다.

콘들리프는 이 책이 젊은 독일인 경제학자의 경력에 기반이 되어 줄 것으로 기대했지만 그만 한 반응을 전혀 얻지 못했다. 내재적인 긴장, 불균형, 상충의 역학이 기저에 깔려 있다고 보는 관점은 세계에 닥쳤던 문제들이 일시적인 것이었으며 잘못된 관리와 나쁜 지도자, 사악한 독재의 문제일 뿐이었다고 믿어지던 희망의 시대에 부합하지 않았다. 허시먼은 정치경제의 기저에서 작동하는 더 근본적인 요인들을 드러내기 위해 마르크스주의적 개념을 활용했지만 마르크스주의의 좌표는 자유주의적인 전후의 새 합의에 맞추기가 쉽지 않았다.

책 자체가 뜨뜻미지근한 평을 받으면서 그가 열심히 개발한 지표도 함께 묻혀 버리고 말았다. 묻히기만 했더라면 별 문제가 되지 않았을지 모르지만, 다른 사람이 그 지표를 찾아내서 자신의 인덱스로 발표한 것을 보자 속이 상했다. 1950년 O. C. 허핀달이 미국 철강산업에 대한 연구에서 허시먼의 인덱스를 약간 수정해서 활용했다(각주에서 언급하긴 했다). 여기에서는 철강산업에만 초점을 맞추어 활용되었지만 이후의 통계학자들과 당국자들이 시장집중도와 독점력을 판정하는 지표로 삼게 되면서 이 지표는 '허핀달 인덱스'라고 불리게 되었다. 이 이름이 잘못 붙은 것인 줄은 아무도 몰랐다. 허시먼은 속이 상했고 1964년《미국 경제학 리뷰》에 〈어느 인덱스의 족보〉라는 짧은 글을 써서 바로잡으려는 시도를 하기까지 했다. 이 글에서 허시먼은 이 인덱스 개발의 기술적인 과정를 밝히면서, 이것을 발명하지 않은 코라도 지니나 단지 재발명했을 뿐인 허핀달의 이름이 잘

못 붙었다고 주장했다. 하지만 개인적인 감정이 실린 표현보다는 잊힌 인물로서 지냈던 세월에 대한 심정이 묻어나는 생략적인 표현으로 글을 맺었다. "험한 세상이다."³⁴

1964년까지 가기 전에 우리는 허시먼에 대해 알아보아야 할 이야기가 많다. 허시먼이 첫 책을 서둘러 써 내려가던 때 이런 문제들(나중에 서평에서 지적받은 문제들)을 알고 있었는지 아닌지 우리는 알 수 없다. 우리가 알고 있는 것은 이 책이 그에게 소명과도 같은 것이었다는 점이다. 이 책은 오랜 세월의 숙고, 그리고 새로운 환경에서 스스로 설 수 있음을 입증하겠다는 단호한 결심이 만든 결과였다.

그가 최종 원고를 손질하고 있었을 때 그보다 더 오랜 소명이 수면 위로 다시 떠올랐다. 그는 이 책에서 히틀러제국의 구조적 기원을 설명하고자 했다. 그런데 히틀러제국의 정치적인 현실이 캘리포니아의 베이에어리어에 드리우고 있었다. 1942년 초, 허시먼이 초고를 동료들에게 보여주고 있었을 때 프랭클린 루스벨트와 히틀러는 공식적으로 적이 되었다. 이후 몇 달 동안 전쟁은 도 도서관에 꾸려진 콘들리프의 팀을 해체시켰다. 장학금이 하나씩 바닥나면서, 거셴크론은 조선소에서 노동자로 일하게 되었고, 스티븐슨은 뉴욕으로 콘들리프를 따라가 '카네기 국제평화재단'에서 일하게 되었다. 엘리스는 워싱턴의 연방준비제도이사회에서 일자리를 구했다.

앨버트 O. 허시먼은 미국 육군에 자원했다.

7장

다시 총을 잡은
'행동하는 지식인'
(1943~45)

계단의 관점에서 보면, 발자국으로 깊게 패지 않은 계단은
나뭇가지들을 음산하게 얽어 놓은 무언가에 불과하다.
　　　　　　　　　　　　－프란츠 카프카

유럽을 탈출해 미국에 온 지 1년도
되지 않았지만, 일본이 진주만을 폭격하자 허시먼은《국가권력과 교
역 구조》집필에 더욱 속도를 냈다. 책을 쓰는 것말고도 관심을 쏟아
야 할 일이 생긴 것이다. 그의 앞에 다시 한 번 갈림길이 놓였다. 한
쪽 길은 숙고하는 삶vita contemplativa을 가리키고 있었다. 유럽에서 투
쟁하고 떠돌아다니며 살던 동안 열망하던 길이었다. 또다른 길은 행
동하는 삶vita activa을 가리키고 있었다. 파시즘에 맞서 투쟁하는 삶으
로, 1931년 이래 그가 언제나 거의 반사적으로 뛰어들었던 대의였
다. 이 대의에 뛰어들 상황이 다시 한 번 발생했고 그는 지체하지 않
고 자원했다. 진주만 공격 이후 2개월도 되지 않아서였다. 폐렴에 걸
리고 편도선 수술까지 하느라 몇 주를 누워 있는 바람에 출발이 늦
어졌다. 햄릿이 틀렸음을 증명하려는 것, 그리고 투쟁하는 자아와
생각하는 자아를 통합하려는 것이 여전히 입대 이유이기는 했지만

또다른 이유도 있었다. 허시먼은 오랫동안 법적으로 불안정한 신분으로 지낸 데다 캘리포니아의 '적국 외국인' 수용소에 끌려가는 사람이 많아지는 것을 보면서 시민권 문제를 해결하고 싶었다. 대의를 향한 신념과 현실적인 필요성에서 그는 세 번째 전쟁에 자원했다. 에스파냐, 프랑스에 이어 이번에는 미국 국기 아래서, 그러나 동일한 대의를 위해서.

시계추는 행동 쪽으로 움직였던 것으로 보인다. 하지만 '어떻게' 행동할 것이냐에 대해서는 기왕이면 더 하고 싶은 일이 있었다. 군에서도 '이론'과 '실천'을 통합할 수 있는 방법이 있었다. 적에 대해 그가 알고 있는 지식을 활용해 "경제학적으로 지적인" 일, 즉 경제첩보 분야의 일을 하는 것이었다. 그럴 수만 있다면 오랜 개인적인 이상을 실현시킬 수 있는 기회가 될 터였다. 허시먼은 병이 낫자마자 뉴욕 록펠러재단의 키트리지에게 편지를 써서 조언과 지원을 구했다. 키트리지가 남긴 기록에 의하면 허시먼은 "세 번째 입대를 또 일병으로 해서는 그리 효과적이지 않을 것"이라고 생각했다.[1] 키트리지는 허시먼의 이야기를 상세히 듣고서 미 육군 부관감에게 허시먼의 배경과 역량을 증언하는 추천장을 써 주겠다고 했다. 키트리지는 추천장에서 "허시먼은 자신이 공산주의자가 **아님**을 분명히 밝혔다"고 강조했다. 에스파냐내전에 참전한 일로 의심받게 되는 것을 막기 위해서였다.[2]

키트리지가 추천장을 보낸 뒤에 허시먼도 부관감에게 자신이 리투아니아인이지만(여전히 그는 리투아니아 여권을 가지고 있었고, 그래서 불안정한 신분 때문에 걱정하고 있었다) 독일에서 태어났으며, 자신의 "언어적 지식과 통계학 및 경제학에 대한 전문성이 유용하게 쓰이길 바란다"는 내용의 편지를 보냈다. 그는 자신이 프랑스와 이탈리아의 경제에 전문성이 있으며 마르세유에 있던 동안 연합군을 위해 일한 적이 있다는 점도 언급했다. 그는 "마르세유에서 영국 및 연합군 군인들이 프랑스에서 탈출하는 것을 도왔으며, 당시 나의 활동에 대한 기록을 워싱턴 주재 영국대사관이 가지고 있다"고 설명했다. 그리고 다음과 같이 신조를 밝히며 편지를 마무리했다. "귀하께서 제 기록을 통해 전체주의 국가들에 맞서 제가 적극적으로 저항해왔음을 봐주시기 바라며, 이 점이 제가 미국 시민이 아닌 것을 어느 정도 상쇄할 수 있도록 고려해 주시기를 앙망합니다." 그는 2월 중순이면 신체검사를 받을 수 있을 것이라고 생각해서 록펠러재단에 장학금 연기 신청을 했다. 4월이나 5월에는 입대할 수 있으리라 기대했다.[3]

하지만 허시먼이 바라던 대로 이루어지기까지는 1년이 걸렸다. 지연 이유는 분명치 않다(1973년에 국가 인사기록본부 화재로 해당 기록이 소실되어 자료를 찾을 수 없다). 지역 모병위원회에서 자원병들의 분류 체계를 몇 차례 바꾼 것이 한 이유일 것이다. 처음에는 결혼한 남성이 재분류되었고, 그 다음에는 '직업적인 이유'로 허시먼이 다시 한 번 재분류되었다. 록펠러재단은 깜짝 놀랐다. 재단 쪽에서는 허시먼의 신분이 [가령 학생에서 직업인으로] 달라졌다는 정보를 제공한 사람이 아무도 없었기 때문이다. 지연된 덕분에 책 집필을 끝낼 수 있었던 것은 다행이었다. 허시먼은 부관감에게 보낸 추천장이 아무 소용이 없자 "완성된 원고를 저명한 학자들과 토론하기 위해" 록펠러재단에 동부 쪽으로(시카고대학, 하버드대학, 프린스턴대학으로) 가는 경비를 요청했다. 무엇보다 허시먼은 제이컵 바이너가 너무나 만나고 싶었다. 또한 그의 재능을 가장 잘 활용할 수 있을 법한 사람들을 직접 찾아가 보고 싶었다.[4]

미국 정부는 아이비리그 교수와 대학원생 출신 인맥을 통해 한창 정보기구를 구성하고 있었지만, 허시먼은 키트리지를 제외하면 이쪽으로 인맥이 전혀 없는 아웃사이더였다. 그래서 무턱대고 워싱턴의 전략사무국oss과 경제전략국으로 가서 여기저기 전화를 걸어 보았다. 하지만 아무 성과도 없었고, 할 수 없이 스스로 입대하기로 마음먹은 허시먼은 보병부대에 일병으로 지원했다.

1943년 4월 30일 드디어 육군 샌프란시스코 입소 센터에서 소집 명령을 받았다. 시민권 걱정을 떨칠 수가 없어서 마지막 순간까지 법무부 외국인등록부에 서류 수정사항들을 보내느라 바빴다. 하지만 중요한 세부사항 몇 가지는 여전히 분명히 밝히지 않았다. 하나는 독일 시민임을 밝히지 않고 자신이 리투아니아인이라고 한 것인데, 정확한 이유는 알려져 있지 않다. 오스트유던 출신임을 숨기려고 했던 아버지에 대한 반발이라고 보는 사람도 있지만, 당시 독일이 적국이었으므로 적국 외국인 수용소에 억류되는 사태를 피하기 위해서였으리라는 것이 가장 가능성 높은 설명이다. 이유야 어찌 되었든 그 사실이 그가 군에 들어가는 데 문제가 되지는 않았다. 허시

앨버트 허시먼

먼은 버클리 외곽에서 3개월간 기초훈련을 받았다. 이곳의 행군 훈련과 사격 훈련은 에스파냐 공화국군 민병대와 프랑스 군대에서 제대로 훈련받지 못한 부분을 충분히 보충해 주었다. 그러고 나서 허시먼은 샌루이스오비스포 바로 북쪽인 캠프로버츠로 보내졌다.

막사 분위기는 버클리와 딴판이었다. 미국인들로 가득했던 것이다. 이전에 버클리의 콘들리프 연구팀은 외국인 연구원들로 구성되어 있었다. 허시먼의 아내는 프랑스에서 자란 러시아 여성이었고 허시먼은 미국인이 초대할까 봐 강의실이나 기숙사 복도를 되도록 피해 다녔다. 그러던 허시먼에게 군 막사 생활은 이전의 고립 생활을 상쇄해 주고도 남음이 있었다. 군인들은 주로 캘리포니아 출신의 '평범한 미국인들'이었다. 허시먼은 그들을 좋아했다. 하지만 음식만큼은 적응이 되지 않았다. 허시먼이 여기에서 진짜 군인으로 거듭나야 했다면, 아쉽게도 훈련에서 그가 도무지 습득하지 못한 것이 하나 있었다. 허시먼은 군화끈 매는 법을 계속 잊어버렸다. 그 때문에 새러를 보러 갈 외박증을 받지 못해서 새러가 그를 보러 캠프로버츠로 와야 했다.

당시 상황을 잘 보여주는 캠프로버츠 사진이 두 장 있다. 하나는 동료들과 함께 찍은 사진인데, 몇 년 전에 있었던 프랑스 군대와의 차이가 극명하게 드러난다. 사진 속 미군들은 모두 동일한 군복을 입고 깔끔하게 정렬해 있으며 전장에서 당장이라도 행군할 준비가 된 듯해 보인다. 르와르 계곡에서 기찻길 수리를 하던 프랑스 부대와는 전혀 다른 모습이다. 또다른 사진은 앨버트 허시먼의 독사진이다. 캘리포니아 태양 아래에서 훈련을 받아 검게 그을린 채 배낭과 총을 메고 철모를 쓴 모습은 어느 모로 보나 군인다워 보인다. 그는 키트리지에게 이렇게 전했다. "음식, 옷, 장비, 처우 등 프랑스 군대와 모든 것을 비교하지 않을 수가 없네요. 모든 면에서 미국 군대 쪽이 압도적으로 나아요. 나는 사기가 충천해 있어요."[5]

군화끈을 제대로 매지 못해서였을까? 배리언 프라이가 이야기했듯이 종종 정신이 딴나라에 간 듯 멍하니 있어서였을까? 사격 실력이 별로여서였을까? 우리가 알 수 없는 무언가 다른 이유였을까? 정확한 이유는 알 수 없지만 허시먼은 전투부대에서 제외되었다. 장교가 일병 허시먼에게서 귀한 재능을 발견했기 때문이었을 수도 있다. 캠프로버츠에서 허시먼은 언어 테스트와 통역능력 테스트를 받았는데, 곧바로 육군의 특수훈련 프로그램으로 보내진 것을 보면 중요한 사람의 눈에 띈 것이 틀림없다. 그를 스탠퍼드로 보내 일본어를 가르치자는 이야기도 나왔다. 하지만 허시먼을 태평양 전선으로 보내려던 계획은 다른 계획으로 바뀌었다. 연합군은 유럽에서 추축국에 대한 첫 공격을 준비하고 있었고 첫 대상지는 이탈리아였다. 허시먼은 일본에서보다는 이탈리아에서, 그리고 전투보다는 정보 분야에서 쓰임새가 더 많을 터였다. 돌고 돌아 허시먼은 OSS에 배속되었다.

1943년 가을에 허시먼은 다시 기차를 타고 워싱턴으로 가 임무가 할당되기를 기다리며 OSS 본부에서 몇 달을 보냈다. 1942년 6월에 설립된 OSS는 첩보 수집 및 분석, 그리고 다른 정부 기관들이 하지 않는 특수 작전을 수행하는 곳으로, 허시먼이 그곳에 도착했을 때

■ 1943년 캠프로버츠에서의 허시먼.

국장 윌리엄 J. 도너번은 인원을 계속 충원하는 중이었다. 바로 이곳이 허시먼이 들어가고 싶어한 곳이었다(이곳을 거쳐 간 사람 중에서 전미역사학회장 여덟 명과 전미경제학회장 다섯 명이 배출된다). 허시먼은 자신이 두 가지 면에서 쓰임새가 있을 것이라고 생각했다. 하나는 독일 및 오스트리아 출신 사회주의자·공산주의자·노동운동가로 구성된 작전팀이 독일 적진으로 침투할 때 쓸 전략을 짜는 것이고, 다른 하나는 연구분석부RAB에 들어가는 것이었다. 하버드의 윌리엄 L. 랭어가 이끄는 RAB는 미국 명문 대학에서 최고의 인재들을 영입하려 하고 있었다. 허시먼이 들어갈 수 있었을 법하기도 했다. 1943년 봄에 도너번이 허버트 마르쿠제, 오토 키르크하이머, 프란츠 노이만 등 독일 출신 망명자들을 받기 시작했기 때문이다. 노이만은 독일의 서녕한 사회수의자로, 나치 연구서 《괴물: 국가사회주의의 구조와 실천》으로 유명했다. 이 "고향 잃은 사람들의 공동체"에는 허시먼 또래도 많이 있었고, 외국인들이 옛 학교 선후배들을 다시 만날 수 있다는 장점도 있었다.[6]

이렇게 희망적인 생각을 하다 보니 개인적인 생활 면에서의 기대도 커졌다. 허시먼은 워싱턴에 더 머물게 될 줄 알고, 게다가 마침 여행 장학금도 받았던 터라, 1943년 늦가을에 캘리포니아에 있던 새러를 워싱턴으로 오게 했다. 동물원 근처에 작은 아파트도 구했다. 전쟁과 관련해 행정 인력이 급증하던 터라 워싱턴에서 집 구하기가 쉽지는 않았다. 어쨌든 여유로운 일상 덕분에 부부는 박물관을 구경하고 긴 산책을 하고 미래에 대한 이야기를 나누며 시간을 보낼 수 있었다. 하지만 경제첩보 쪽에서 일하게 되리라는 꿈과 워싱턴에 서의 생활은 그들 앞에 놓인 미래가 아닌 것으로 판명되었다. 새러 가 워싱턴에 도착하고 10주 뒤 앨버트는 2월 초에 군함을 타고 해외 로 파병될 것이라는 이야기를 들었다.

그들은 깜짝 놀랐다. 허시먼 부부가 맞게 된 일련의 타격 중 첫 번 째였다. 하지만 당장은 임박한 이별에 대처해야 했다. 그들은 아기 를 갖기로 했다. 새러는 앨버트가 유럽에서 전사할 수도 있어 그의 아이를 갖고 싶었다. 부부는 남은 날들을 워싱턴을 돌아다니면서 함 께 시간을 보냈다. 1월 말, 앨버트가 버지니아의 해군기지로 소집되 기 얼마 전에 그들은 마지막으로 국립미술관에 갔다. 좋아하는 그림 앞에서 앨버트는 새러의 어깨에 팔을 두르고 미술 이야기를 나누면 서 전쟁에 대한 생각을 애써 물리쳤다. 미술관 관람이 거의 끝났을 무렵 새러는 화장실에 갔다. 그런데 생리를 하고 있었다. 임신이 아 닌 것을 알고는 눈물이 쏟아졌다. 하지만 앨버트가 입구에서 기다리 고 있었고 새러는 분위기를 망치고 싶지 않았기 때문에 얼른 눈물을 닦고 감정을 추스린 뒤 화장실에서 나왔다. 앨버트가 눈치챘는지는 알 수 없었다. 함께 있는 마지막 순간에 그들은 불행한 일에 대해서 는 이야기하지 않기로 암묵적으로 의기투합하고 있었다.[7]

새러는 짐을 챙겨 베벌리힐스의 친정으로 왔지만 그곳에서 지내 는 것이 불편했다. 그래서 뉴욕으로 가서 컬럼비아대학에서 프랑스 문학 공부를 계속하면서 전쟁이 끝나 남편이 돌아오기를 기다리기 로 했다. 새러는 인터내셔널하우스로 들어갔고, 곧바로 드니 디드로

■ 워싱턴DC에서의 앨버트와 새러.

의 소설《운명론자 자크와 그의 주인》을 공부하기 시작했다.

그런데 새로운 소식이 하나 더 있었다. 워싱턴에서 앨버트와 보낸 마지막 날들 동안 사실은 결실이 있었던 것이다. 알고 보니 새러는 임신 중이었다. 그런데 기숙사에서는 여학생의 임신이나 [기숙사 내에서] 육아를 금지하고 있었다. 다른 여학생들에게 좋지 않은 영향을 미칠 수 있다는 이유 때문이었던 것 같다. 처음에는 임신 사실을 감추고 인터내셔널하우스에서 지냈다. 새러는 금세 기숙사 여학생 중 몇몇과 친구가 되었고, 너무 힘들 때는 친구에게 우유와 과자를 사다 달라고 부탁했다. 하루는 친구가 말했다. "있잖아, 새러. 너는 정말 예쁘지만 요즘 살이 너무 찌는 거 아니니? 이렇게 밤마다 우유와 과자를 먹는 건 좋은 생각이 아닌 것 같아." 더이상 숨기는 것이 불가능해지자 새러는 친구 두 명과 그라머시파크 근처에 아파트를 하나 얻었다. 새러의 부모는 출산일이 다가오자 어떤 상태인지 보러 뉴욕에 왔는데, 첫 손주를, 그리고 어쩌면 유일할지도 모르는 손주를 이런 곳에서 낳게 하고 싶지는 않았다. 그래서 새러는 공부를 접고 짐을 꾸려서 로스앤젤레스의 친정집으로 갔다. 1944년 10월에 샌타모니카에서 카티아가 태어났다. 카티아는 샤피로 집안 사람들에게 귀여움을 받으면서 베벌리힐스의 스페인풍 저택에서 무럭무럭 자랐다. 하지만 앞으로 2년 동안 아버지를 보지 못한다.[8]

앨버트에게 할당된 업무는 실망을 가중시켰다. RAB도 아니었을 뿐더러 독일에 대한 첩보 업무도 아니었다. 그는 일군의 이탈리아인과 함께 리버티 호에 실려 알제[알제리의 수도]로 파병되었다. 그 무렵에는, 윈스턴 처칠의 유감스러운 표현을 빌리자면, 유럽의 '취약한 아랫배soft underbelly'에 대한 공격이 이미 시작된 상태였다. 일병 허시먼은 통역사로 일하면서 끔찍하게 지루한 일과를 보내게 되었다. 조마조마한 일은 전혀 없었고 그의 손에는 총이 아니라 책이 들려 있었다. 허시먼은 전쟁 기간 중에 전투보다 독서를 더 많이 했다. 그는 워싱턴을 급히 떠나는 와중에도 마키아벨리의 《군주론》을 챙겼는데, 그가 가지고 온 유일한 책이었다. 이탈리아의 위대한 공화주의 사상가[마키아벨리]의 책을 읽으면서 이탈리아에 공화주의가 회복되는 것을 볼 수 있다면 더없이 적절할 것 같았다. 그런데 일병 허시먼이 그 책을 선창에 들어가는 'B' 가방에 넣는 바람에 항해 내내 배에 마련된 도서관에서 시시껄렁한 탐정소설을 읽어야 했다. 또 항해 중에 그는 책의 서문과 감사의 글도 마무리해야 했다. 가장 어려운 일은 "콘들리프가 내 연구 자체에 영감을 주지 않았다는 것을 드러내면서도" 그에게 적절한 감사를 표하는 것이었다. 그리고 페터 프랑크도 감사의 글에 포함시켰다. 완전히 내키지는 않지만 "그래야 공정할 것 같았다."⁹

허시먼은 미 육군이 이탈리아로 진격하기를 기다리면서 알제에서 7개월을 보냈다. 북아프리카에서 독일군과 이탈리아군을 무찌를 계책을 세우는 것이 주는 흥분이 무엇이었건 간에, 허시먼이 상륙했을 때 그런 흥분은 이미 사라진 상태였다. 알제는 연합군이 서부전선에서의 첫 공격을 준비하는 기지였다. 이탈리아 공격작전은 OSS가 짠 계획을 현장에서 증명하는 시험대였고, 비밀정보부SI가 핵심적으로

앨버트 허시먼

관여하고 있었다. 하지만 전투에서 첩보가 어떤 역할을 할 것인지에 대해서는 만성적인 혼란과 갈등이 있었고, 군대가 SI에서 제공한 첩보와 분석을 실제로 사용하기까지는 시간이 걸렸다. 이는 적진에서 격렬한 전투가 있고 나서야, 그리고 맥스 코르보가 현장 작전지휘관으로 파견된 후에야 가능해졌다. 시칠리아에서 태어나 미들타운에서 자란 코르보는 이탈리아계 미국인을 채용하고자 했다. 적진을 오가며 효과적으로 일하려면 현장 요원은 이탈리아아인이어야 한다는 것이 그의 지론이었다. 코르보가 사병 중에서 SI에 데려간 사람은 별로 없었다.[10]

그 무렵이면 OSS가 허시먼을 통역사로 염두에 두고 있다는 것이 분명해 보였다. 대서양을 건너는 동안 그에게 프랑스어를 가르치는 특별 임무가 주어졌고, 그래서 허시먼은 상관들이 눈여겨보는 것이 자신의 언어 능력임을 알게 되었다. 허시먼은 알제를 조망할 수 있는 곳에 위치한 OSS 기지에서 이탈리아어와 프랑스어 신문을 읽으면서 상관에게 구두로 보고할 내용을 준비했다. 도착한 지 한 달 뒤에 그는 새러에게 이렇게 편지를 보냈다. "나는 일을 꽤 주도적으로 잘하고 있어. 잘하면 이 일을 계속하게 해 줄 것 같아. 더 원하는 것은 없어. 지금도 내가 여기에서 원하는 대로 할 만큼은 자유로우니까." 여유 있는 생활은 '프티 이데'를 생각할 시간도 갖게 해 주었다. 기지에서 알제의 지붕들과 빨랫줄에 널린 옷들을 바라보면서 허시먼은 생각했다. "우리는 빨래를 널기 위해 집을 지었을까?"[11] 하지만 재미있는 소식은 드물었고, 한가함을 즐기기에는 기다림이 너무 초조했다.

"진짜 작전"은 다른 곳에서 진행되고 있었다. RAB는 연합군이 접수한 지역으로 요원들을 파견해 놓은 상태였고 이들이 '현장 첩보 보고'를 OSS 기지로 보내왔다. OSS 기지는 루돌프 위내커, 도널드 매케이, H. 스튜어트 휴스와 일군의 '응용 역사학자'들이 이끌고 있었다.[12] 알고 보니 전략을 세우는 '두뇌 업무'는 이들 OSS 핵심 내부 자들만 하는 일이었고, 알제의 전반적인 분위기는 금세 전쟁의 괴저 壞疽인 지루함이 지배했다. "하루이틀 지나니 내가 하는 일이 너무 단순하고 내 역량이 충분히 발휘될 수 없는 일인 것 같아. 좀 바보가 된 기분이야."[13] 그리고 OSS의 핵심 인력들은 그를 짜증나게 했다. "젊은 하버드 출신 미국인이 있는데, 워싱턴에서 본 적이 있는 사람이야. 그가 얼마 전에 여기에 왔거든? 어쩌면 그와 함께 일해야 할지도 몰라. 자신이 대단한 줄 알지만 사실 정말 별볼일없는 사람이야. 듣는 사람이 죽고 싶을 만큼 멍청한 질문(멍청한 질문=지적인 답변을 하는 것이 불가능한 질문)을 하고서는 갑자기 권위적인 어조로 모든 것에 대해 판단을 내리는 거야. 이 나라의 역사나 언어 같은 맥락은 싹 무시하고서 말이야."[14]

처음에는 오스트리아 출신 병장과 체스를 두면서 지루함을 어느 정도 해소할 수 있었다. 하지만 3월 말에는 "체스에서 졌어. 왜 졌는지 도무지 알 수가 없어"[15]라며 새러에게 불평을 했다. 허시먼은 지루함에서 벗어날 방법을 찾으려고 계속해서 애를 썼다. 장교들에게 의미 있는 업무를 맡고 싶다고 호소도 해 보았지만 다음 날이면 기다려야 할 것 같다는 말만 돌아왔다. 한번은 LSE 시절의 옛 친구이자 역시 나치를 피해 탈출한 독일인 한스 란츠베르크를 만났다. 그는 경제연구국에 있다가 OSS로 옮겨 이탈리아작전 준비에 투입되어 있었다. 그들은 함께 저녁을 먹었다. 앨버트는 자신의 비참한 상황을 이야기했고 란츠베르크는 자신이 할 수 있는 일을 해 보겠다고 했지만 소용없었다. 앨버트는 새러에게 이렇게 전했다. "처음에는 화가 났어. 이 말도 안 되는 상황에서 내가 빠져나올 수 있도록 그가 도울 수 있는 일을 하나도 안 했다고 생각했거든. 그런데 알고 보니 그가 할 수 있는 일이 없었어. 나는 인내심으로 무장할 필요가 있을 것 같아. 하지만 그게 쉽지는 않지." 허시먼은 몽테스키외의 경험주의를 연상시키는 문체로 편지를 끝맺었다. "나를 일종의 '사례 연구' 하듯이 객관적으로 살펴보았더니 이 경험이 나에게 얼마나 끔찍한지 잘 알겠지 뭐야."[16]

조급하고 짜증스러웠지만 허시먼은 비참한 상황 속에서도 최대한 누릴 만한 것을 찾아내려고 애썼다. 한 가지 방법은 사람들을 만나는 것이었다. 허시먼은 란츠베르크 외에도 가능한 한 많은 지인들을 찾아서 만났다. 현재의 상황에서 벗어날 방도를 찾기 위해서이기도 했고 친교를 위해서이기도 했다. 먼저 프랑스 재무부 재정감사관장 드 라장테예를 이곳에서 만났다. 라장테예는 존 메이너드 케인스의 《일반이론》을 스스로 발견하고서 프랑스어로 번역한 사람이었다("영어를 그리 잘하지는 못했지만 그가 직접 번역했어"). 그 책은 얼마 전에 파요 출판사에서 출간되어 있었다. 앨버트는 라장테예와 "호화로운 점심"을 먹으면서("아랍 소년이 서빙을 하더라고!") 공공 재정에 관한 아바 러너의 최근 연구들을 알려주었다("라장테예는 경제학 분야의 최근 소식을 너무나 듣고 싶어해서 내가 점심 잘 먹었다는 인사도 할 겨를이 없었어").[17] 알제에서 허시먼이 만난 경제학자로는 로베르 마르졸랭의 조교도 있었다. 허시먼은 그가 "매우 지적이고 공감해 주는" 사람이었다며 5시간이나 이야기를 나눴다고 새러에게 전했다.[18] 그리고 프랑스의 가장 유명한 알제리 사람인 알베르 카뮈도 있었다(카뮈는 알제리로 이주한 프랑스인의 후손이다). 1942년 그의 책 《이방인》과 《시지프의 신화》가 나왔을 때 허시먼은 곧바로 그 책들을 구입했다. 카뮈 본인은 프랑스에 있어서 만날 수 없었지만, 허시먼은 대담하게도 카뮈의 현명하고 격정적인 아내 프랑신 포르를 찾아갔다. 포르는 남편과 떨어져 지내는 것을 매우 힘들어하면서 카뮈를 그리워하고 있었다. 포르는 두 알베르(카뮈와 허시먼)가 닮았다고 했는데, 허시먼으로서는 으쓱할 만한 말이었다(허시먼은 나중에도 다른 사람들에게서 이 이야기를 듣는다).

하지만 뭐니뭐니해도 그가 가장 가깝게 지낸 사람들은 알제에 와 있는 이탈리아 망명자들이었다. 그들은 움베르토 테라치니의 집에 모이곤 했다. 앨버트는 그곳에서 무솔리니를 몰아내고 난 이후에 이탈리아가 어떻게 되어야 할 것인가에 대해 이야기하며 많은 저녁 시간을 보냈다. 테라치니는 안토니오 그람시의 친구였으며 공산주의자로 활동했다. 그는 콜로르니와 함께 벤토테네에 억류되었다가 1943년에 풀려나서 북아프리카로 온 터였다.

허시먼은 테라치니에게서 에우제니오 소식을 몇 가지 들을 수 있었다. 벤토테네 섬에 유배 중이던 에우제니오, 알티에로 스피넬리, 에르네스토 로시는 전후의 유럽 질서를 그리는 선언문을 작성했다. 이 선언문은 민족주의와 국가주의의 파괴적인 영향을 줄일 수 있도록 모든 유럽 국가를 아우르는 연방제 구조를 만들어야 한다는 주장을 담고 있었다. 논의에는 모두가 참여했지만 〈유럽 연방주의〉 원고를 최종 작성한 사람은 로시였다. 그가 담배 종이에 쓴 글을 그의 아내 아다가 몰래 양철통 바닥에 숨겨 가지고 나왔다. 하지만 이 글은 한참 뒤에 에우제니오가 상당 부분 수정을 가하고 나서야 유통된다.[19] 이 선언문에서는 국가가 공동체의 삶을 조직하기에 더이상 효과적인 방법이 아니라고 주장했다. 국가는 "지배하고자 하는 열망"이 있기 때문에 이 열망이 연방제의 관리하에 놓여야만 "최고 수준의 자유와 자율성"이 보장되리라는 것이었다. 1941년 늦여름에 작성된 이 문서의 놀라운 점은 파시스트가 승리할 것처럼 보이는 상황 속에서도, 특히 6월에 독일 기갑사단이 소련으로 진격한 상황 속에서도, 그에 맞서 싸우다 잡혀 유배 중이던 사람들이 평화롭고 민주적인 유럽을 상상해낼 힘을 낼 수 있었다는 점이다. 가장 어두운 시기에 처해서도 빛의 원천을 찾으려고 했던 정신을 실로 잘 보여준다.[20]

에우제니오는 벤토테네 섬에 유배되었다가 본토의 외진 마을 멜피로 이송되었다. 만리오 로시도리아와 프랑코 벤투리 등이 그와 함께 이송되었다. 이곳은 벤토테네 섬보다 더 열악했다. 우르줄라는 이렇게 갇혀 지내는 것을 견디지 못했고, 에우제니오에 대한 사랑은 이미 고갈된 지 오래였다. 그래서 1943년 4월에 세 딸을 데리고 북쪽으로 가서 스피넬리와 로시도리아가 있는 곳에 합류했다. 그 무렵 이탈리아 지하조직은 규모도 커졌고 정치정당을 결성하는 쪽으로 조직화되고 있었다. 1942년 여름에 이탈리아 행동당PA이 로마에서 창당되었다. 이들 '행동당원'들은 '정의와 자유'가 주창하던 '제3의 길terza via' 노선을 이어받아 사회주의와 자유주의의 결합을 시도했다. 독일 경찰의 지하활동 탄압이 심해지자 스피넬리는 스위스로 가서 그곳의 이탈리아 망명자들과 함께 활동했고, 우르줄라도 곧 스위스로 가서 이들과 합류했다. 1944년 초 우르줄라는 또 임신을 하게 되는데, 이번에는 아버지가 스피넬리였다. 앨버트는 누이의 새 애인과 임신 소식을 어머니에게 전해 듣고는 너무나 낙담한 나머지 새러에게 이렇게 편지를 썼다. "[누나 부부의] 옛 문제들은 전혀 해결되지 않았지 뭐야. 그래서 우울해." 어머니에게서 온 소식은 그의 기분을 "암울하게" 만들었다. "이제 알겠는데, 무의식중에 내가 명백한 사실들을 애써 지우면서 우르줄라와 에우제니오의 재결합을 바라고 있었던 모양이야. 그리고 어머니가 전한 소식은 그 희망을 다 앗아가 버렸어."21

테라치니는 그 이후의 이야기도 전해 주었다. 1943년 봄 콜로르니는 의료허가증을 가지고 로마로 탈출해 지하로 잠적했다. 그리고 '프롤레타리아 연합 사회주의당PSUI'의 유럽 프로그램을 검토하고 수정했다. 이제 우르줄라와 딸들은 알티에로와 함께 있었기 때문에 콜로르니는 로마에서 사회주의 지하활동을 하는 데 온 정신을 쏟을 수 있었다. 그는 '벤토테네 선언문'을 수정하고 서문을 썼으며,《아반티!》[전진]를 인수해 여기에 게재했다. 에우제니오는《아반티!》를 통해 전후의 이탈리아가 유럽의 평화를 위한 사회주의적 균형추 역할을 수행할 수 있도록 대중 투쟁을 조직하자고 호소했다. 잠적 중에 그가 집필한 글 중 하나(1943년 8월에 나온 글)는 "연방주의가 국가들의 연맹이 아니라 모든 유럽인의 공화국이 되어야 한다"며 "유럽 시민들은 자국 정부의 중개를 통해서가 아니라 직접적인 대표자를 통해 유럽 연방의 정치와 행정에 참여해야 한다"고 주장했다.[22]

이 소식을 들으니 현장으로 가고 싶은 마음이 더욱 간절해졌다. 허시먼은 진격하고 있는 연합군 군대를 따라가고 싶었다. 이탈리아는 서부전선 중 가장 치열한 싸움이 벌어지는 곳이었다. 알베르트 케셀링이 이끄는 독일군은 아펜니노산맥 능선에 참호를 파고 연합군의 진격을 막았다. '구스타프 라인'[독일군 방어선]을 무너뜨리기까지 연합군은 1944년 1월에서 5월 사이에 네 차례나 대대적인 공격을 감행해야 했다. 이로써 6월 4일에 겨우 미군은 로마를 해방시킬 수 있었다. 피렌체는 여름이 끝날 무렵에야 해방되었고, 이탈리아의 독일군이 완전히 항복하는 데는 거의 1년이 더 걸렸다.

이탈리아로 미군이 진격하면서 날마다의 전황이 알제로 전해졌다. 앨버트는 미군이 로마에 가까워질수록 에우제니오의 소식이 궁금해서 점점 더 안달이 났다. 6월 22일 앨버트는 결혼기념일을 맞아 테라치니의 집에서 열린 모임에 참석했다. 그런데 그가 도착하자 테라치니는 옆으로 그를 불러내더니 끔찍한 소식을 전해 주었다. 그가 말하길, 연합군이 이탈리아를 해방시키기 시작하자 아직 점령 상태에 있던 도시들에서도 레시스텐차resistenza 운동에 불이 붙었다고 한다. 독일군을 지원하던 파시스트 도당(1944년 여름에 구성된 '검은 여단' 등)에 맞서 게릴라들이 일어섰다. 전투원과 민간인의 구분이 따로 없는 싸움이 벌어졌고, 에우제니오는 이러한 싸움의 희생자가 되었다. 1944년 5월 28일 에우제니오는 프롤레타리아 연합 사회주의 당의 군사 담당을 만나러 가던 중 볼로냐 광장의 리보르노 거리에서 신나치 도당(카루소-코흐 도당)과 맞닥뜨렸다. 두 명이 그에게 다가와 신분증을 보자고 했고, 에우제니오가 경멸조로 어깨를 으쓱하자 그들은 총을 쏘았다. 이틀 뒤 에우제니오는 산조반니 병원에서 숨을 거두었다. 미군이 로마로 들어오기 일주일 전이었다.[23]

앨버트는 가슴이 무너졌다. 휘청휘청 방으로 돌아와 도시를 내려다보며 새러에게 결혼기념일 편지를 쓰려니 비통함이 몰려왔다. "내가 어떤 느낌인지 묘사하는 것은 의미가 없을 거야. 너무나 큰 고통이고 너무나 큰 상실이야." 며칠 뒤에는 이렇게 편지를 썼다. "다른 것은 아무것도 생각할 수가 없어. 이 일이 나에게 낸 상처가 점점 커질 것 같아. 그가 나에게 얼마나 큰 희망의 원천이었는지 이제야 깨달았어. 그는 내가 따르고 싶은 표상이었고 또 나의 우상이었으니까." 이어 자기비판과 죄책감, 그리고 자신을 뒷전에 묶어둔 군대에 대한 분노가 쏟아져 나왔다. "그를 돕기 위한 방법을 뭐라도 생각해냈어야 했는데 내 상상력이 부족했어. 그가 노출되지 않게 하거나, 아니면 적어도 그를 만날 방도를 찾아낼 수 있었을 텐데."[24]

앨버트 허시먼

아버지, 가장 친한 친구(마르크 라인), 이제는 매형…. 그가 잃은 소중한 사람들의 목록이 길어지고 있었다. 에우제니오를 잃은 것은 그 자신의 일부를 잃은 것 같았다. 6월 23일 일기에 허시먼은 이렇게 적었다. "에우제니오의 사망 소식에 나는 완전히 부서졌다. 인생이 나에게 앞으로 어떤 흥미와 관심사를 가져다주게 되더라도, 큰 부분이 이제 사라졌다. 내가 그를 얼마나 많이 신뢰했는지 지금에서야 깨닫는다."[25]

누나한테도 화가 났다. 앨버트는 감정을 억누르지 않고서 새러에게 이렇게 털어놨다. "누나에 대해 쓰디쓴 감정이 드는 건 어쩔 수가 없어." 그의 일기에는 누나에 대한 비난과 동정심 사이에서 괴로워하는 동생의 모습이 보인다. "생각해 본다. 누나가 알면 어떤 심정일까? 누나에게 책임이 있을까? 누나가 책임을 느끼는 만큼까지만 그렇겠지?" 조금 더 나중에는 (여러 의미로 해석이 가능하긴 하지만) 어조가 이보다 격앙된다. "이 일에는 비극의 모든 요소가 있다. 다 해결되는 대단원이 오리라는 기대는 하지 않는다. 불행히도 이제 누나와 나 사이에는 좋지 않은 기운이 있는 것 같다." 그 이후로는 감정을 더이상 드러내지 않고 침묵 속으로 다시 밀어넣었다. 누나를 먼저 마음속으로 용서하지 못하면 누나와의 관계를 회복할 수 없을 터였다. 이탈리아가 해방되고 나서야 허시먼은 스위스에 있는 누나에게 조카들과 알티에로[새 매형] 소식을 전해 달라고 편지를 쓸 수 있게 된다. "누나가 얼마나 보고 싶은지 몰라. 그리고 만나는 것을 방해하는 물리적인 장애가 점점 사라지니까 우리가 헤어져 있다는 것이 더 견디기 힘들어." 이제 에우제니오는 허시먼 혼자만의 기억 속에 조용히 자리를 잡았다. 앨버트는 수십 년이 지나서야 에우제니오 이야기를 누나와 다시 나누게 된다.[26]

에우제니오 소식을 들은 뒤 허시먼에게는 새로운 목적이 하나 생겼다. 그는 에우제니오가 살해될 때 《아반티!》 교정지를 들고 있었으며 여기에 그가 쓴 마지막 사설의 제목이 〈독일의 혁명을 믿는다〉였다는 이야기를 들었다. 앨버트는 감탄해서 새러에게 이렇게 편지를 썼다. "악질 민족주의가 유행하고 있는 지금의 세태와 얼마나 대조적인지!"[27] 앨버트는 이제 자신이 읽을 책을 찾던 것에 더해 에우제니오의 마지막 원고를 찾고자 했다. 이 생각을 하니 더욱 알제를 벗어나고 싶어 몸이 달았다. 뜨거운 열기와 개인적인 무기력 속에서 앨버트는 점점 더 우울해졌다. "하루하루가 만날 똑같아. 조금씩 아프리카의 무기력에 잠식당하고 있는 것 같아."[28] "이것은 내 경력의 큰 '실패'이고 나를 완전한 불확실성 속으로 몰아넣고 있어. … 내가 돌아갔을 때 당신이 나를 여전히 사랑하고 있어야 할 텐데."[29] 7월 말에 파리가 해방되었다는 소식이 알제에 전해졌다. 거리는 기쁨으로 가득했다. 앨버트는 동정을 살피러 광장으로 나가 기쁨에 넘친 사람들을 보았다. 하지만 그는 기쁘지 않았다. "나는 카프카의 《소송》을 읽고 있는데 매우 감명 깊어. 내 경험이랑 주인공의 경험이 말 그대로 겹치는 데가 많거든."[30]

《소송》을 다 읽었을 무렵 앨버트는 드디어 기다리던 명령을 받았다. 연합군의 대對이탈리아작전이 독일군과의 직접 교전으로 바뀜에 따라 OSS는 그에게 새로운 임무를 맡겼다. "이제 나는 군인이 되는 법을 다시 배워야 해. 사랑스러운 호텔 방과 현대적인 안락함이여, 안녕." 그는 미군에 자원한 후 겪은 좌절에 대해 새러에게 이렇게 농담했다. "징집을 세 번 당한 듯한 느낌이야. 1943년 5월, 1944년 1월, 그리고 지금. 앞의 두 번은 징집되고서 곧바로 '징집 해제'를 당한 격이었지. 이번에도 그러면 삼세번이 되겠네?"[31] 9월 초 그는 DC-3[쌍발 프로펠러기]를 타고 몬테카세르타로 이동했다. 그는 착륙 후 새러에게 이렇게 전했다. "첫 비행은 밋밋했어. 당신하고 베이브리지를 건너는 것보다 훨씬 재미없었어." 허시먼은 드디어 작전에 참가하게 되어서 기뻤다. 그는 시에나로 보내졌다. 이 "너무나 아름다운 도시"에 포로가 된 독일 장교들이 있는 '데비키 저택'이 있었다. 연합군이 피렌체를 접수하고 SI가 이동하자 허시먼도 함께 이동했다. 그가 맡은 일은 전진하는 군대를 따라 북쪽으로 독일군을 쫓으면서, 전선을 넘어오는 이탈리아 사람들이 지형과 독일군 위치를 알려 주면 통역을 해서 상부에 전달하는 것이었다. 때로는 포로가 된 독일 장교의 통역을 맡기도 했다. 드디어 그에게 할 일이 생겼다. "흥미롭고 유용한 일을 하게 되어서 나는 사기가 상당히 올라 있어. 아프리카에서 느꼈던 장애물들이 완전히 없어지지는 않았겠지만 적어도 전환점을 넘긴 한 것 같아."[32]

하지만 오래지 않아 지루함은 다시 고개를 들었다. 여건도 열악했다. 1944년 겨울은 혹독하게 추웠고 먹을거리도 알제의 시장에서 구할 수 있었던 것에 비하면 끔찍했다. 하지만 허시먼은 새러에게 "이런 상황에서도 일은 흥미로울 수 있다"고 전했다. 허시먼은 이 탈리아에 와서 한스 란츠베르크를 다시 만나게 되었는데 지난번과는 분위기가 사뭇 달랐다. 허시먼은 신이 나서 새러에게 편지를 보냈다. "그렇게 숱하게, 숱하게, 시도하고도 안 되다가 드디어 그와 일을 좀 같이 할 수 있었어. 이런 식으로 그 한심한 방해물들 없이 더 흥미로운 일을 찾아낼 수 있을 것 같아."[33] 이 시점이면 허시먼은 무언가 보이지 않는 장애물이 미군에서 중요한 정보를 다루는 일을 하기에 필요한 신뢰를 그가 얻지 못하도록 방해하고 있다고 어렴풋이 느끼고 있었던 것 같다. 하지만 그는 더 깊이 의심하지 않았고 단지 군대의 관료제적 비효율 탓이라고만 생각했다.[34] "고위층에 있는 사람이 그러는데, 지금 내가 하고 있는 일은 임시로 하는 일이고 곧 더 흥미로운 일을 맡게 될 거래. 그 말을 들으니 기분이 너무 좋아졌고 지금 하고 있는 일도 그렇게 재미없게 느껴지지는 않게 되었어."[35]

하지만 이번에도 '더 흥미로운 일'은 주어지지 않았고 앨버트의 기대는 다시 한 번 좌절되었다. 좌절과 지루함은 아무리 여러 번 겪어도 면역이 되지 않았다. 특히 OSS의 다른 요원들이 무슨 일을 하고 있는지 알고 난 다음이라 더욱 그랬다. 때로는 그에게서 빈정거림이 튀어나왔다. "내 일에서 조금이나마 만족스런 점이 있다면 내 역량 중 겨우 90퍼센트만 낭비하고 있다는 점이야. 군대를 위해 이 정도면 괜찮지 뭐."[36] 때로는 그에게서 깊은 분노가 튀어나왔다. 1945년 10월 바티칸을 방문한 그는 예술품들을 보고서 경이로움을 느꼈지만 "[이 모두가] 참담하도록 거대해 보이고 권력과 세력의 견고함을 보여주는 것 같이" 느껴졌다. "바티칸을 돌아다니다가 주교를 만나게 되면 그에게 친절하게 대하고 싶다는 생각과 이 장소 전체를 날려 버리고 싶다는 생각이 동시에 들 것 같아."[37]

그나마 지루함 때문에 우울증에 걸리지 않게 막아 준 것은 주변 환경이었다. 낮에는 한가하고 밤에는 자유로운 상황을 활용해 허시먼은 어디에 배치되든 그곳에 있는 지식인과 예술가들을 찾아가 만났다. 알제에서는 긴장이 되었지만 이탈리아의 거리를 돌아다니는 것은 편안하게 느껴졌다. 그리고 그는 프랑스가 드러내는 자기만족보다는 이탈리아가 20년간의 독재 이후 자유가 된 것을 기뻐하는 분위기가 더 좋았다(물론 과거의 피해를 메우고 회복하려면 이탈리아 사람들에 의해, 그리고 이탈리아 사람들을 위해 더 많은 일이 이루어져야 한다는 것은 잘 알고 있었다). 편지 내용도 더위, 부족한 서점, 프랑스의 민족주의 등을 불평하던 것에서 자신의 이동과 생활에 대한 이야기로 바뀌었다. 검열 때문에 띄엄띄엄 적느라 장소는 구체적으로 밝힐 수 없었지만, 토스카나에 있었던 것은 분명하다.

허시먼은 시에나의 좁은 길들을 돌아다니면서 역사와 골동품으로 가득한 상점들에 깜짝 놀랐다. 그의 편지에는 시에나를 이토록 아름답게 해 주는 '귀중하고 작은 것들'이 세세하게 묘사되어 있다. 새러와 함께 보았던 워싱턴 국립미술관도 생각났다. 시에나의 미술관은 "미술사의 결정적인 기로에서 균형을 잘 잡고 있는, 즉 중세와 비잔틴의 전통과 형태를 존중하면서도 현대의 새로운 개념으로도 충만해 있는 훌륭한 예술 사조의" 작품들을 전시하고 있었다. 허시먼은 데비키 저택에서 통역 일을 마치고 나면 이탈리아에서 새롭게 부상하고 있는 추상표현주의 화가인 피에로 사둔이나 토티 시알로야의 집으로 차를 몰고 갔다. 이들은 생 수틴[리투아니아 화가]과 아실 고키[미국 화가]의 영향을 받은 화가들로, 둘 다 레시스텐차 활동을 했지만 허시먼이 그들을 만났을 무렵에는 정치에 피로감을 느끼고 있었다. 그들은 짓밟힌 미술계와 문화계를 회복하고 싶어했다. 허시먼은 군 부대에서 담배, 초콜릿, 정어리 통조림 등을 가지고 와서 전쟁 동안 배급품으로 살아가던 사람들 사이에서 환영받는 명사가 되었다. 크리스마스에는 허시먼의 이탈리아 친구들이 허시먼을 위해 17세기 이탈리아 음악들로 작은 공연을 열어 주었고, 사둔의 그림 두 점과 파스텔화 한 점도 선물로 주었다.[38]

피렌체에 있으려니 에우제니오의 기억이 다시 떠올랐다. '위대한 르네상스의 성'에서 일하면서 앨버트는 "매우 매력적인 농민들"이 사는 곳에서 좋은 숙소를 발견했다. 군용 간이침대가 아니라 매트리스에서 잘 수 있는 것이 너무 좋았다. 농민들은 잉걸불이 가득 든 채 천정에 매달려 있는 화로 근처에 허시먼의 침대를 놓아 주었고, 특별히 잘 차린 식사를 대접하면서 귀빈 대우를 해 주었다.

아르노 강변에서 옛 친구 움베르토 사바도 우연히 만났다. 독일군은 퇴각하면서 연합군의 진격을 막으려고 르네상스 시대의 유명한 다리들을 폭파했다. 사바는 애석해하면서 미국 엔지니어들이 임시 교량을 짓고 있는 모습을 바라보았다. 트리에스테에서 비공식 문화의 중심지 역할을 한 서점 주인이자 유명한 시인이기도 했던 사바는 심한 우울증에 빠져 있었다. 전에도 우울증이 발작적으로 일어난 적이 있기는 했지만, 전쟁과 독재의 영향으로 이제 그의 우울증은 자살 직전 상태로까지 심해졌다. "그는 끔찍한 시기를 겪으면서 나이가 많이 들었어. … 이곳에서 일어난 끔찍한 일들을 피부에 각인된 듯이 느끼고 있는 드문 사람 중 한 명이야." 사바는 허시먼을 만나서 너무나 반가워했다. 그날 저녁을 함께 먹으면서 사바는 "그가 좋아하는 옛 시들을 암송해 주었다." 허시먼은 새러에게 이렇게 전했다. "이제는 영원히 불가능하고 존재하지 않을 모든 것을 나에게 얼마나 이야기하고 싶은지 여실히 드러내 주는, 지극히 순수하고 아름다운 언어로 된 시들이었어."[39] 사바와 허시먼은 에우제니오를 잃은 슬픔을 함께 나누었다. 그들이 느낀 고통은 사바의 시에서도 볼 수 있다. 그가 지은 시 중에 다음과 같이 시작하는 것이 있다.

In quel momento ch'ero giá felice
(Dio me perdoni la parola grande e tremenda…)
내가 여전히 행복했을 때
(신이시여, 이 위대하고 놀라운 단어를 쓰는 저를 용서하소서)

50년 뒤에 허시먼이 쓴 책 중 하나에 이 글이 다시 나온다. 그 책에서 허시먼은 미국인들이 '행복'에 대해 가진 과도한 강박이 행복과 불행의 관계를 흐릿하게 뭉개버림으로써 이 단어가 과거 [영어가 아닌] 다른 언어들에서 가지고 있었던 강렬함을 제거해 버리는 결과

를 낳았다고 언급했다.[40]

사바는 허시먼에게 피렌체에 피난와 있는 친구들을 소개시켜 주었다. 특히 작가 카를로 레비를 만날 수 있었는데, 전에 피에로 고베티, 로셀리 형제와 함께 활동했고 '정의와 자유' 운동의 창립자 중 한 명이며 레오네 긴츠부르그, 콜로르니와 함께 이탈리아 지하조직의 일원이기도 했다. 이렇게 허시먼은 옛 친구들과 함께 지내게 되었고, 때로는 중추신경 기능을 하던 피티 광장의 한 아파트에서 묵기도 했다. 낮에는 군에서 통역 일을 하고, 저녁에는 이탈리아 작가들과 민주주의를 어떻게 되살릴 것인가, 이탈리아에 만연한 빈곤을 어떻게 해소할 것인가 등 이탈리아의 미래에 대해 논의했다.[41] "이 지식인들은 실질적으로는 공산당원이고 일부는 행동당원이야. 공감을 잘하고, 지적이고, 우애가 있고, 버릇이 그렇게 되어서인지 다들 반쯤 음모론자야(불행한 일이지만 그런 버릇을 과장해야 할 필요도 분명 있었고 말이야)."[42] 저녁에 벌어지던 이러한 토론에서 앨버트는 특히 카를로 레비의 유려함에 놀랐다. 그는 거의 완성 단계인 원고 《그리스도는 에볼리에 머물렀다》를 보여주었는데, 무솔리니 시절 수감 생활을 회상한 자전적인 글이었다. 프랭클린 루스벨트가 사망한 4월 12일, 앨버트는 레비의 원고에서 전쟁으로 가난해진 이탈리아 농민이 자신의 집에 두 개의 초상화를 걸어둔 이야기를 읽고 있었다. 하나는 예수, 다른 하나는 프랭클린 델라노 루스벨트였다. 피렌체는 미국 대통령 루스벨트의 사망을 깊이 애도했다.[43]

북아프리카에 주둔해 있었을 때는 책 구하는 게 쉽지 않았지만 전쟁이 끝나가면서 책을 구하기가 점점 수월해졌다. 허시먼은 한가한 시간에(한가한 시간은 많았다) 읽곤 하던 키르케고르에서 '가능한 것들에 대한 열정'이라는 표현을 발견했고 이 표현은 허시먼의 상상력을 곧바로 사로잡았다. 나중에 이 말은 허시먼의 사상을 실처럼 엮어내는 경구가 된다. 가능한 것들의 범위를 인식하는 것, 그 인식의 범위를 넓히는 것, 때로는 '있을 법한probable' 것을 포기하면서까지 '가능한possible' 것들을 추구하는 것.* 이것은 그가 이후 수십 년간 계속해서 되살리게 되는 '프티 이데'의 기초가 된다. 북아프리카를 떠나 이탈리아에 주둔하게 되면서 이탈리아의 서점들을 돌아다닐 수 있게 되었다. 허시먼은 알렉시스 드 토크빌의 《앙시앵레짐과 프랑스혁명》의 이탈리아어 번역본을 발견하고서 새러에게 이렇게 전했다. "매우 흥미로워. 이 책 꼭 읽고 싶었거든!"[44] 알베르 카뮈도 여러 차례 읽은 것 같다. 허시먼은 카뮈가 "가장 명민하고 전투적인 저널리스트"라며 이렇게 자문했다. "모든 것이 궁극적으로는 공허하다고 깊이 믿는 것이, 정직이나 정의와 같은 기본적인 원칙들을, 그러니까 논쟁에서는 기초이지만 현실에서 실현되는 것과는 거리가 먼 원칙들을 전투적으로 방어할 수 있도록 우리의 역량을 강화시켜 줄 수 있을까? 그렇게 믿지 않는 경우보다 더 거리를 둘 수 있게 함으로써 말이야. 나는 그렇다고 생각해."[45]

---

* possible과 probable은 구별 없이 쓰이기도 하지만 엄밀히 구분하자면 possible은 잠재적인 것으로서의 가능성을, probable은 현실적으로 있을 법한 것으로서의 가능성을 말한다.

아무거나 닥치는 대로 읽은 것은 아니었다. 그의 선택에는 나름의 일관성이 있었다. 예를 들면 허시먼은 사르트르의 책도 발견했지만(그가 '지적으로 빛나는 사람'이라고 생각하기는 했다) 그보다는 카뮈의 문학 스타일과 정치에 더 관심이 끌렸다. 또 프란츠 카프카는 군대에서 허시먼이 느낀 깊은 소외감과 공명되는 점이 있었다. 개인의 창조력과 주도성을 억압하는 군대 조직의 속성, 그리고 어떻게든 자신의 일을 유의미하게 만들려던 노력이 무위로 돌아가면서 겪게된 통렬함은《소송》의 주인공 요제프 K가 도무지 알 수 없는 법원의 재판 과정에, 그리고 도저히 빠져나갈 수 없는 운명에 어떻게든 협력해 보려고 기를 쓰면서 겪은 좌절과 비슷했다. 물론 허시먼은 왜 OSS가 자신을 별 쓸모도 없어 보이는 이탈리아로 보냈는지 알지 못했다. 그래도 이 상황은 그가 독일 관념론에서 밀어져 이탈리아의 자유주의적 사회주의가 인정하는 개인주의로 확실하게 옮겨가는 계기가 되었다. 허시먼은 이미 파시스트와 급진 공산주의가 드러냈던 거대 이론과 모든 것을 아우르려고 하는 설명을 의심스러워하고 있었는데, 전쟁이 끝나 가면서 이는 개인을 집단에 희생시키는 어떤 것에 대해서도 문제를 제기하는 더 회의적인 입장으로 발전했다.

물론 한 일병의 무기력과 지루함을 그의 학문적 입장 변화의 결정적 계기로 확대해석하지는 말아야 한다. 하지만 그즈음에 출간된 (런던에서 1944년 3월에 출간) 프리드리히 폰 하이에크의《예속의 길》 [한국어판:《노예의 길》, 나남, 2006]을 로마의 서점에서 발견했을 때 무언가가 그를 관통했다. "나처럼 집단주의적인 분위기에서 자란 사람에게 이 책은 매우 유용해. 많은 것을 다시 생각하게 해 주고, 내가 얼마나 많은 중요한 지점들에서 열여덟 살 때 가졌던 신념으로부터 멀어졌는지 알려주거든. 군대에서의 경험은 익명의 화폐 중심 사회, 적어도 개인이 사적 주도권의 영역을 어느 정도 가질 수 있는 사회의 장점을 확인시켜 주고 강력하게 입증해 주는 것 같아."[46] 강압적이고 종속적인 군대 생활 속에서 사생활과 개인 선택의 중요성을 이야기했다는 것 자체는 그리 놀라운 일이 아닐지도 모른다. 하지만 이 구절은 더 큰 것을 의미하고 있었다. 이 구절은 허시먼의 군대 경험이 개인의 독창성을 무시하는 거대하고 집단주의적인 계획의 미몽에서 그가 더 확실하게 깰 수 있게 해 주고 그가 가지고 있었던 지적 신념들을 다시금 강화해 주는 계기가 되었음을 보여준다.

그런데 국가주의와 거대 계획에 대한 회의감보다 허시먼의 뇌리를 더 강하게 때린 하이에크의 메시지는 따로 있었다. 세상은 복잡하며 우리가 세상을 파악하는 데는 근본적인 한계가 있음을 인정해야 한다는 주장이었다. 지도자들은 실제로는 알지 못하면서 모두 안다고 생각한다. 그래서 개인들이 변화에 적응하고 조정해 나갈 수 있는 역량을 짓밟는다. 그 변화의 이유와 속성을 자신이 다 안다고 생각하기 때문이다.[47] 하이에크는 어떤 계획이나 지침을 따르지 않고 자생적으로 작동하는 숨겨진 요인들의 힘을 강조했는데, 이는 우리가 삶과 세상을 모두 아는 것은 불가능하다는 사실을 전제로 하고 있었고, 허시먼도 같은 생각이었다. 그 알 수 없는 삶과 세상의 기저에서 아이러니, 역설, 의도치 않은 가능성들이 변화의 동력을 제공하고 있었다. 허시먼이 자유방임 자본주의에 대한 향수를 가지고 있었다는 의미는 아니다. 《국가권력과 교역 구조》에서 권력의지와 집중화가 체제에 내재적인 것임을 분명히 밝히고 있는 점만 보더라도 허시먼이 자유방임 자본주의에 향수를 가지고 있지 않았음은 명백하다. 그보다 허시먼이 주목한 부분은 하이에크의 책이 카프카의 요제프 K나 카뮈의 뫼르소가 (그리고 허시먼 자신도) 개인으로서는 도저히 파악할 수 없고 개인들의 삶에는 관심도 없는 시스템에 사로잡혀 있는 처지임을, 즉 알 수 없는 시스템에 파괴되면서도 그 시스템의 추상적인 의미에 헌신할 것을 요구받고 있는 처지임을 상기시켜준 데 있었다. 이런 점에서 하이에크의 비관적인 책은 허시먼이 전보다 더 확고하게 '개인의 자유'에 우선순위를 부여하고 '완벽한 지식'을 의심하도록 만들었다. 하이에크가 토크빌의 《미국의 민주주의》(이것도 허시먼이 열심히 읽은 책 중 하나이다)에서 따온 문장으로 자신의 책 서두를 시작한 것은 우연이 아니었다. 허시먼은 전쟁으로 피폐해진 로마에서 토크빌의 책을 읽으며 이 구절에 깊이 공감했다. [토크빌의 책] 2권 4부 7장에 나오는 그 구절은 다음과 같다. "우리는 언제나 자유를 사랑해야 한다. 하지만 오늘날 같은 시대에 나는 자유를 숭배할 준비가 되어 있다."

허시먼은 암담한 이탈리아 주둔 기간 동안에도 책과 친구들에게서 위로를 받을 수 있었다. 그는 책과 친구들을 통해 거대하고 익명적이며 억압적인 시스템의 요구와 압력을 헤쳐가는 개인들, 그러한 개인들의 용기와 선택, 그리고 약점과 두려움을 다시금 믿을 수 있게 되었다. 개인적인 슬픔과 좌절이 있었지만 그렇다고 꼭 절망에 빠져야 하는 것은 아니었다. 허시먼은 집단주의에 대한 하이에크의 우려에 공감했지만 가 버린 지난날을 한탄하지는 않았다. 오히려 그 반대였다. 허시먼은 사람들이 (그리고 그 자신도) 힘겹고 열악한 상황에 처해서도 최선을 다해 무언가를 이루어내는 용감한 방식들에, 그리고 그러한 행동이 개혁의 기초를 창출해내는 방식들에 주목했다. 허시먼은 이탈리아에서 이것을 직접 목격했고, 또 그에 직접 참여하기도 했다. 그는 가는 도시마다 서점들을 돌아다니며 책을 구했다. 달러화, 군 배급품, 담배 등은 책을 구하는 데 매우 좋은 수단이었다. 이것들은 희소한 것들을 함께 나누며 도덕 경제를 재건하는 윤활유이기도 했다. 허시먼은 이탈리아의 화폐 통제정책을 연구한 이래로 인간 생활이 보이는 이러한 측면들에 계속 관심을 가지고 있었다. 말하자면 그는 개인의 눈으로 시스템을 관찰하고 있었으며(물론 여기서 관찰자인 개인은 박사 학위가 있고 세계무역과 제국에 대한 책을 집필하기도 한 사람이지만), 관찰한 내용을 꼼꼼히 기록했다.

허시먼은 이탈리아 암시장에 대한 짧고 사랑스러운 찬가 하나를 번역했다. 이탈리아 작가 만리오 칸코니가 쓴 에세이로, 허시먼은 여기에 크게 공감했다. 이탈리아에서 권위주의 정부는 사람들의 자유를 억압했고, "소화만 시킬 수 있어도 대단한 일이라 할 만한" 곰팡이 피고 냄새 나는 빵을 먹게 했다. 하지만 암시장이 있었다. 사람들은 인간의 독창성을 제거하려는 조치들에 직면해서도 암시장에서 필요한 것들을 구하고 원하는 것들을 찾아내는 방법들을 발견해냈다. 국가는 빈약하고, 개인에게 무관심하며, 화석화된 삶을 상징했다. 반면 암시장은 창조성, 독창성, 주도권, 독립성이 살아 있는 곳이었다. '비관주의를 걷어낸 버전의 하이에크'를 보여준다 할 만했다.[48]

허시먼은 집단주의에 대한 우려를 떨치기 어려웠다. 그는 프랑스에서 애국주의가 부흥하는 것을 보면서 프랑스가 과거의 교훈을 잊고 가짜 승리의 영광스러운 탈을 쓴 채 잘못을 반복할까 봐 걱정이되었다. 그런 면에서 이탈리아에서 볼 수 있었던 자기비판적인 정신은 그의 기운을 북돋아 주는 것 같았다. 좀더 일반적으로 말하면, 허시먼은 각국이 "가능한 한 빨리 '정상 상태'로 돌아가기 위해 전쟁을 가급적 서둘러 잊어야 할 유쾌하지 않은 무언가로만 여기는 것"을 우려하고 있었다. "우리의 의식, 그리고 다가올 세대들의 의식에 이전쟁의 공포를 새겨넣을 수 있는 모든 것, 사람들이 이 전쟁의 공포를 부인하거나 망각하지 않게 하는 모든 것, 또 사람들이 겁을 먹고거짓으로 스스로를 위안하지 않게 해 주는 모든 것을 우리가 받아들이고 중요하게 여겨야 한다고 생각해."[49]

집단주의와 관련해 그가 가장 크게 걱정한 곳은 독일이었다. 허시먼은 독일이 항복하기 1개월 전쯤 드레스덴 폭격에 대한 기사를 읽으면서 히틀러에게 너무 많은 비난이 쏠리게 되는 상황을 우려했다. "독일 전체주의가 이렇게 싹쓸이당하는 식으로 패배한다면, 이것이야말로 히틀러의 정책이 남긴 가장 재앙적인 결과일 거야." 물론 히틀러를 봐주지는 말아야 하지만, 허시먼은 그보다 더 중요한 문제가있다고 생각했다. "독일이 이 전쟁을 수행한 방식은 아주 오랫동안 독일이 회복될 가능성이 희박해지게 만들었어. 제3제국이 늘 떠벌렸듯이 정말 1000년은 걸릴 거야[히틀러의 제3제국은 "천년제국"이라고 불렸다]. 그렇게 되면 남는 것은, 집단주의 하에서 재앙적인 경험을 한 결과 반사회적이거나 비사회적인 개인주의가 극단적인 형태로 나타나는 것이 되고 말 거야. 히틀러는 역사를 난센스로 만들고자 했지만 독일 역사만 난센스로 만들게 될 거야. … 완전한 공허가 도래할지도 모른다는 생각, 모든 것이 가능하다는 생각에 오늘 밤 내 기분이 너무 가라앉고 있어." 그는 새러에게 이렇게 전했다.[50]

과거에 대한 집단적인 책임을 숙고하는 한편으로, 미래에 대한 개인적인 계획도 생각해야 했다. 워싱턴 미술관에서 실망했었지만 새러가 사실 임신 중이었다는 소식이 허시먼의 기분을 북돋아 주었다. 1944년 3월 10일에 허시먼은 새러로부터 임신 3개월이라는 소식을 들었다. "너무 기뻐서 어쩔 줄을 모르겠어. 그날 하루 종일 눈을 뜬 채로 꿈을 꾸면서 보냈어." 우연히도 그 소식은 허시먼이 '자신의 일에 대해 결정을 내린 시점에 딱 맞게' 도착했다. 그는 "여전히 몇 가지 불안한 점들"이 있었지만 "당신이 보낸 전보를 보고 나니 내가 내린 결정이 옳다는 확신이 생겼다"고 전했다.[51] "불안한 점들"이 무엇을 말한 것이었는지는 분명치 않지만 미국으로 돌아간 다음의 경력을 말한 것일 가능성이 크다. 좋은 아빠가 되지 못할까 봐 걱정한 것은 아닌 것 같다.

오히려 그는 아빠가 되는 것을 굉장히 고대했던 것으로 보인다. 허시먼은 아기의 이름을 어떻게 지을지에 대해 상세한 기준을 가지고 있었다. 여러 나라 언어로 발음하기 좋아야 하고, 너무 '유행을 타거나' 미국인이 듣기에 너무 외국인 같지 않아야 했다. "우리는 미국에서는 늘 유럽인일 테고 유럽인들 사이에서는 늘 미국인일 테니까. 아이들(복수형임에 주목할 것―저자 주)이 다인종적인 배경을 가진 부모를 둔 것에 너무 영향 받지 않았으면 해." 그는 딸의 이름을 '캐서린'을 줄인 '카티아'로 정했다. [미군으로] 이탈리아 땅을 다시 밟았을 때의 도시가 시에나였음을 기념해서, 시에나의 철학자 카타리나 성녀의 이름을 딴 것이었다. 또 앨버트는 아이들이 러시아정교, 독일 루터파 개신교, 그리고 유대교를 모두 자신의 종교로 받아들이기를 원했다. 즉 앨버트는 아이들이 되도록 많은 선택의 자유를 누릴 수 있기를 바랐다. 또 (자신의 경우와 달리) 유아 세례를 받지 않고, 사내아이일 경우 [종교직인 힐레가 아닌] 일반적인 포경 수술을 받게 할 생각이었다.[52]

1944년 10월 카티아의 출생은 (시에나에 있던) 허시먼이 잠시나마 자기의심에서 벗어나게 해 주었다. 물론 기쁨은 그가 새러 곁에 있어 주지 못했다는 사실로 다소 반감되었다. 그는 새러가 혼자서 고통을 겪었을 것을 생각하니 너무 걱정이 되었다.[53] 앨버트는 카티아가 태어나면서, 그리고 이탈리아에 주둔해 지내면서, 미래에 대한 생각을 더 많이 하게 되었다. 카티아가 태어났다는 소식을 듣고 일주일 뒤에 쓴 허시먼의 편지에는 행복한 여운이 드러나 있으며, 그의 눈이 새로운 지평으로 향하고 있음도 볼 수 있다. 그는 영어로 이렇게 편지를 썼다. "이런저런 상상을 마구 하게 돼. 행복하게도 (이 부분은 다시 프랑스어로—저자 주) 나는 이제 할 일이 많아졌고 지난 이틀은 밤늦게까지 타자기 앞에서 일했어. 내 타자 치는 속도가 매우 빨라졌어. 당신에게는 아주 좋은 소식이지? 전쟁이 끝나면 편지나 원고를 당신이 치는 게 시간이 덜 걸리네 아니네 하면서 우리가 싸울 일이 없어질 테니 말이야."[54]

확실한 것이 또 하나 있었다. 학계에는 자신의 미래가 없을 것이라는 점이었다. 그리고 "경제학적으로 지적인" 분야에서 일하게 될 법해 보이지도 않았다. 전쟁은 끝나 가고 있었지만 허시먼은 "학계에서 유수한 경력을 쌓겠다는 생각은 포기"했다. 콘들리프로부터 《국가권력과 교역 구조》가 곧 출간될 것이라는 소식을 듣고서 허시먼은 새러에게 이렇게 농담했다. "신분증처럼 책이 한 권 있으면 유용하긴 할 거야."[55]

미국에 자리를 잡는 것은 포기하고 새러와 카티아를 로마로 데리고 와서 사는 것이 어떨까 하는 생각이 들기 시작했다. "나는 이탈리아에서 너무 잘 지내는 것 같아. 지금은 끔찍하게 폐허가 되어 버렸지만 나는 이탈리아에 큰 신뢰를 갖게 되었거든. 당신이 이탈리아어를 배우는 게 좋을 것 같아."[56] 이때는 1945년 초였다. 그리고 8월에 일본이 항복한 뒤에는 새러에게 이렇게 편지를 보냈다. "미래의 활동을 생각하다 보니 이탈리아 쪽으로 마음이 점점 기울어. 무슨 일을 하게 될지는 아직 분명치 않지만 말이야. 아마 파트타임으로 너덧 개의 일을 할 수 있을 거고 온전히 나 자신에게만 의존해야 할 거야. 어쨌든 당신이 이탈리아어를 배우기 시작하는 게 좋을 것 같은 데, 어떻게 생각해?" OSS 일은 꿈꾸던 대로 풀리지 않았지만 그래도 그는 여전히 이런저런 프로젝트를 꿈꿨다. "유럽국가소득결정연구소를 만들고 그것을 다른 데도 아니고 로마에 두는 거지. 그리고 내가 소장이 되고! 각 나라에서 사용되는 통계 방법론을 통합한 다음 그것을 진정한 유럽의 경제계획을 세우는 데 기초로 삼는 거야." 이런 생각들이 그의 머리를 가득 채웠다. 그러다가 유럽에 정착하기 전에 먼저 미국에서 신뢰와 인정을 받는 게 좋을 수 있다며 미국에서 자리잡을 생각으로 돌아오기도 했다. "워싱턴에서 얼마간 지내면서 미국의 방법론에 익숙해질 필요가 있을 것 같아. 그리고 록펠러 같은 곳에서 자금 지원을 받는다면 너무 좋을 거야! 나는 삶에 더 나은 목적들이 있을 거라고 믿지만 지금은 아직 때가 아닌 것 같아."[57]

독일이 항복했을 때 허시먼은 우디네에 있었다. 이탈리아 동북부, 오스트리아와의 국경 근처에 있는 도시였다. 독일이 항복하면서 그의 임무가 바뀌었다. 적진에 대한 정보는 더이상 필요하지 않았다. 이제 해야 할 일은 독일군 장교인 포로들을 다루는 일이었다. 허시먼은 독일 고위 장교들이 잡혀 있는 로마로 보내졌다.

마침 허시먼은 에우제니오의 죽음에 대해 더 알고 싶어서 로마로 너무 가고 싶던 참이었다. 피렌체에 있는 동안 에우제니오가 쓴 글과 서류를 일부 구할 수 있었지만 "다 구하지는 못했기" 때문이었다. 그는 《탈무드》를 연구하는 신학자처럼 에우제니오의 글들을 꼼꼼히 읽었다. "그의 생각의 전환을 보여주는 짧은 글과 미완성 글들이 있는데 너무나 참신하고 독창적이야. 새로운 문제들을 예상치 못한 방

앨버트 허시먼

식으로 제기하고 있어."[58] 이 글들을 보니 나머지 글들도 너무나 찾고 싶어졌다. "로마로 가서 친구들을 만나 에우제니오의 원고들을 구하고 싶어."[59] 에우제니오의 마지막 말은 무엇이었을까? 허시먼은 가는 곳마다, 또 이탈리아인을 만날 때마다 에우제니오의 소식을 알아내려고 애썼다. 5월에는 콜로르니 집안의 여름별장이 있던 포르테데이마르미에 가 보았다. 마음이 아팠다. 몇 달 동안 전투가 치열하게 벌어져 쑥대밭이 되어 있었다. 옛날에 휴가를 보냈던 집도 폭격으로 무너져 일층과 이층으로 올라가는 계단 일부만 남아 있었다. 그 집에서 일하던 가정부 한 명(남편은 독일군에 끌려갔다)이 대충 수습을 하고 가구들을 챙겨두었다고 했다. 앨버트는 가진 돈을 털어 3000리라를 그 가정부에게 주었다. 그날 밤 앨버트는 새러에게 "가장 아름답고 열정과 희망으로 가득찼던 시기에 보았던 집이 무너져 있고 마을은 쑥대밭이 된 것을 보고 느낀 절망"을 편지로 전했다.[60]

로마에 와서야 옛 친구 브루노 핀케를레를 만나 에우제니오의 상황을 더 자세히, 그리고 더 마음아프게, 알 수 있었다. 브루노는 행동당원이며 트리에스테 출신 유대인으로, 그의 형은 의사였는데 에우제니오와 친한 친구였다. 브루노는 형이 병원에 실려 온 에우제니오를 살리기 위해 노력했으나 소용이 없었다고 했다. 그래도 숨지기 전에 에우제니오로부터 한 가지 이야기를 들을 수 있었다. 총에 맞던 날 에우제니오가 가방에 문서들을 담아 비밀 장소로 운반하던 중이었다는 것이었다. 핀케를레는 콜로르니가 지하활동을 할 때 함께 숨어 있던 사람을 허시먼에게 알려 주었다. 루이사 우셀리니라는 사람으로, 에우제니오가 총에 맞던 날 들고 있던 원고들을 보관하고 있었다. 과학 논문 몇 편과 문학·철학에 관련된 글들이었다. 그중 하나가 앨버트의 눈길을 끌었다. 죽기 불과 며칠 전에 쓴 〈죽음의 두려움〉이라는 글이었다. 그 자리에서 읽기에는 분량이 너무 많아서 허시먼은 타이피스트에게 2000리라를 주고 복사본을 만들었다. 그리고 유고집의 출간 가능성을 타진해 보기 시작했다. 한편 에우제니오와 우르줄라가 헤어진 경위에 대해서도 더 자세히 들을 수 있었다. 에우제니오는 무솔리니가 무너지기 전에 멜피를 탈출했다. 우르줄라와는 이미 그 전에 헤어진 상태였고, 에우제니오는 로마에 있는 동안 우르줄라가 스피넬리의 아이를 가졌다는 소식을 들었다. 이로써 이들의 결별은 기정사실이 되었다. 이런 이야기를 듣다 보니 허시먼은 누나와의 재회가 조금 불편해졌다.[61]

어쨌거나 우르줄라는 계속 스위스에 있었고 남매의 상봉은 전쟁의 혼란과 우르줄라의 연이은 임신, 그리고 이탈리아의 불확실한 미래 등으로 계속 미루어지고 있었다. 1945년 5월 말 시에나로 돌아와 있던 앨버트는 우르줄라에게 밀라노에서 만나거나(그가 군대에서 외박 허가를 받을 수 있을 경우) 아니면 시에나에서 만나자고 했다. "누나가 움직이는 게 나을 것 같아서… 우리 헤어진 지 7년까지는 가지 않게 하자."[62] 로마에서 [이제 매형이 된] 알티에로 스피넬리를 먼저 만날 수 있었다. 스피넬리와 허시먼은 공유할 수 있는 견해가 많았다. 하지만 앨버트는 그가 지식인이라기보다는 활동가라고 느껴졌다. 허시먼은 〈유럽 연방주의〉에서 스피넬리 등이 개진한 견해, 즉 국가주권을 제약해야 한다는 주장에 공감했다. 하지만 스피넬리와의 만남은 다소 실망스러웠다. 허시먼은 새러에게 이렇게 전했다. "그의 사고는 약간 자유주의적이야. 마르크스주의를 중화시킬 해독제로 자유주의를 흡수한 것 같아. 그런데 그는 미국이나 영국에서 자유주의가 '자유'와 '계획'의 공존 가능성을 염두에 두면서 어떻게 발전해 왔는지(만하임, 랭어, 러너 등)에 대해서는 잘 모르는 것 같아."[63] 그는 알티에로에게 무언가 부족한 점이 있다고 느꼈다. 하지만 이 이야기는 새러에게만 했다. 앨버트는 알티에로가 정치적 카리스마가 있는 사람이라는 점은 존경했지만, 알티에로는 에우제니오에게서 느낄 수 있었던 애정과 지적인 친밀성에 결코 미칠 수 없었다. 사실 그럴 수 있는 사람은 아무도 없었다.

전쟁이 끝난 지 몇 개월이 지난 10월 초, 한 장교가 허시먼에게 한두 주 안에 허시먼이 전역하게 될 것 같다고 알려 주었다. 그래서 허시먼은 떠날 준비를 했다. 하지만 아직은 아니었다. 허시먼의 전쟁은 은유적으로도, 또 문자 그대로도 큰 사건과 함께 끝을 맺게 된다.

전쟁이 끝나기 전에 연합군이 진격하지 못한 지역들에서는 학살이 숱하게 벌어지고 있었다. 콜로르니의 죽음은 이탈리아에서 민간인에게 자행된 약 9000건의 살해 사건 중 하나였다. 하지만 독일군이 이탈리아에서 '깨끗한 전쟁'을 했다는 이미지를 만들기 위해 그런 이야기들은 종전 후에도 알려지지 않고 계속 감춰지게 된다. 냉전 시기에 독일을 포함해 서구가 [2차대전 중 자행되었던] 전쟁범죄라는 껄끄러운 문제를 피해 가면서 공산권에 맞서 연합하기 쉽도록 말이다.[64] 전쟁이 끝나기 전인 1943년 3월 SI의 한 작전팀이 라스페치아 인근의 적진에 침투해 철로를 폭파하고 프라무라 역의 교통을 교란하는 임무를 맡았다. 장교 두 명과 병사 열세 명이 수륙복합작전으로 전개할 예정이었다. 그런데 상륙하기 전에 독일 경비정이 그들을 발견했다. 서치라이트가 쏟아졌고 전원이 체포되어 고문을 당했다. 독일군 제75군단장 안톤 도슈틀러는 히틀러가 1942년에 내린 명령에 따라 포로들을 처형하라고 지시했다. 히틀러는 누구라도 사보타주[주요 시설, 기계 등의 고의적 파괴 행위]를 하다 잡히면 즉결 처형하라는 명령을 내린 바 있었다. 도슈틀러의 부하 장교들은 군인 포로를 즉결 처형하는 것이 전쟁협정 위반임을 알고 있었기 때문에 망설였다. 그래서 도슈틀러는 명령을 여러 차례 하달해야 했고 결국 부하들이 명령에 따라 3월 26일 열다섯 명의 SI 대원을 처형했다. 명령에 따르기를 거부한 독일 장교 알렉산더 추 도나슐로비텐은 불복종죄로 독일군에서 쫓겨났다.

이 사건은 유명한 재판으로 이어진다. "유명한" 이유는 예외적인 사건이어서가 아니라 연합군의 전범 재판 중 첫 사례여서 향후 독일 장교 포로들을 어떻게 처리할지 가늠할 수 있는 시험대였기 때문이었다. 허시먼 개인으로서는 이 재판에서 도슈틀러의 통역을 맡게 되었기 때문에 중요한 재판이기도 했다. 나중에는 이 통역으로 너무나 마음이 지치게 되지만, 임무를 받자마자 그는 새러에게 이렇게 편지를 썼다. "나는 원래 통역 일을 싫어하지만 이 경우는 흥미로울 것 같아. 독일 고위 장교에 대한 재판 중 첫 사례이기 때문에 앞으로 언론에서 이와 관련된 기사들을 보게 될 거야."[65] 언론이 보도할 것이라는 예상은 맞았지만 앨버트는 신문에 자신도 등장하게 될 줄은 몰랐다.

도슈틀러는 1907년에 체결된 헤이그협정을 어긴 죄로 기소되었다. 헤이그협정은 전쟁의 규칙을 정한 오랜 법이자 관습이었다. 도슈틀러 재판은 1945년 10월 8일부터 12일까지 진행되었다. 도슈틀러 측 변호사는 연합군 측 검사에 맞서 최선을 다했다. 양측 모두 알고 있었듯이 시범케이스의 요소가 큰 재판이어서, 날마다 법정은 기자들과 참관인들로 장사진을 이루었고 피고가 들어오고 나갈 때면 여기저기서 카메라 플래시가 터졌다. 앨버트는 새러에게 보낸 편지에서 자신이 "로마에서 사진에 가장 많이 찍힌 사람일 것"이라며 학계와 경제첩보 부대의 눈에 띄는 데는 실패했지만 "잘 하면 캐스팅도 될 수 있을 판"이라고 농담하기도 했다.[66]

막상 해 보니 "흥미롭지만 진이 빠지는" 일이었다. 그는 변호인과 검사의 말을 한 단어 한 단어 신중하게 옮겨야 했다. 도슈틀러의 변호인은 "몹시 화를 내면서" 1929년에 발효된 '전쟁포로 대우에 관한 제네바 조약'에 의거할 때 로마에 주둔한 미 군사위원회가 이 재판의 타당한 사법관할권을 가지고 있지 않다고 주장했다. 이 조약은 포로들이 법적으로 승인된 법정에서 재판받을 수 있는 권리를 기본권으로 보장하고 있으며 이 경우의 '타당한' 법정은 군사법원이어야 한다는 것이었다. 이 변론은 곧 기각되었다.

그러자 도슈틀러의 변호사는 도슈틀러가 히틀러의 명령에 따르기만 했을 뿐이라고 주장했다. 하지만 검사 측은 도슈틀러가 여러 차례 반복해 명령을 내렸음을 입증할 증인과 진술을 많이 확보하고 있었다. 그가 명령을 여러 차례 내려야 했던 이유는 [명령에 따르지 않는 것이 불가능했다는 도슈틀러 변호사의 주장과는 달리] 도슈틀러의 부하 장교 중에 그 명령에 따르기를 거부한 사람들이 있었기 때문이었다. 또한 검사 측은 [현재 재판 절차를 밟고 있는] 도슈틀러와 달리 당시 미국 SI 요원들은 재판과 청문 절차를 갖지 못한 채 즉결처형되었다는 사실도 지적했다(도슈틀러는 판사석 앞의 의자에 말없이 앉아서 변호사와 통역자의 말을 듣고 있었다). SI 요원들은 군복을 입고 있었고, 군 신분증을 가지고 있었으므로 누구라도 그들이 미군임을 명확히 알아볼 수 있었을 것이고, 따라서 그들은 헤이그협정의 조항에 따라 보호받아야 마땅했다. 설령 도슈틀러기 히틀러의 명령에 따른 것이었다고 해도 히틀러의 명령이 군인 포로에게는 적용될 수 없었다. 이에 대해 도슈틀러의 변호사는 당시 그들이 입고 있던 옷이 군복인지 잘 알아볼 수 없었으며 열다섯 명 모두 이탈리아어를 하는 사람들이었다고 주장했다(이들은 맥스 코르보가 채용한 사람들이었다). 또한 도슈틀러는 그들을 처형할 당시 그들이 미군인지 알 수 없었다고 주장했다. 이러한 시소게임이 벌어지는 과정에서 SI의 군복이 증거로 제출되었고, 여러 증인들이 당시에 잡혀온 사람들이 미군임을 알고 있었다고 증언했다. 도슈틀러가 유죄를 선고받을 것이 거의 분명해졌다.

재판 막바지에 도슈틀러는 스스로에 대해 변론을 했다. 증인석에

선 그는 1933년에 모든 독일 장교가 총통의 명령에 따르겠다는 맹세를 해야 했으며 명령을 어기고 포로를 처형하지 않을 경우 자신이 처형될 위험에 처해 있었다고 주장했다. 옆에서 통역사[허시먼]가 그의 말을 중개했다. 검사가 그 명령을 지키지 않아 처형된 장교를 한 명이라도 알고 있느냐고 다그치자 도슈틀러는 알지 못한다고 대답했다. 깜짝 놀랄 증언도 나왔다. 이를테면 도슈틀러 측의 증인인 한 독일 장교가 "피고[도슈틀러]는 겉보기와 달리 심장이 있는 군인"이라고 말해서 허시먼은 매우 놀랐다. 하지만 "자신의 상관에 대한 몹시도 카프카적인 이 인식"이 재판관의 마음을 돌리지는 못했다. 도슈틀러는 '전쟁범죄'에 대해 유죄를 선고받았다.[67]

닷새 동안의 재판에 통역사로 참여하면서 허시먼이 무슨 생각을 했을지 우리는 알 수 없다. 그는 재판에 참여한 다른 장교와 군인들처럼 말없이 앉아서 발화된 단어들에 집중했다. 새러에게 보내는 편지에서는 검열 때문에 이 일을 자세히 쓰지 못했다. 물론 그는 피고가 공정하게 재판을 받을 수 있도록 정확한 통역을 해야 했으므로 변호사, 판사, 검사, 증인들 사이에서 오가는 말들에 모든 신경을 집중했다. 속기록에 허시먼은 등장하지 않지만 당시 법정을 찍은 사진 중에는 두 사람(도슈틀러 장군과 허시먼 상병)이 나란히 앉아 마치 공모자처럼 이야기하는 모습이 있다. 한 마디도 그 자신이 한 말은 아니었지만 법정에서 가장 말을 많이 한 사람은 바로 허시먼이었다. 여기 성인이 된 이래 인생 전체를 이 냉혈한 같은 독일인 장교가 상징한 것과 맞서 싸운 청년이 있었다. 그리고 이제 그는 파시즘을 상징하는 인물 옆에 앉아 그 인물의 권리를 언어로 지켜 주고 있었다. 사진 속에 보이는 허시먼의 차분한 표정 뒤로 어떤 생각이 지나가고 있었을까? 베를린을 생각했을까? 아직 보지 못한 어린 딸을 생각했을까? 멀지 않은 곳에서 파시스트 도당에게 살해당한 에우제니오를 생각했을까?

선고 순간에 허시먼이 어떤 심정이었을지 엿볼 수 있는 기록이 하나 있기는 하다. 《뉴욕타임스》 기사다. 도슈틀러와 허시먼은 재판관들 앞에 섰다. 허시먼은 짙은 초록색 군복과 카키색 타이를 매고 있었고 도슈틀러는 진홍색 휘장을 포함해 완벽하게 갖춰 입은 독일 장교 복장을 하고 양손을 꽉 마주잡고 있었다. 기사에 따르면 육군 소장 로렌스 C. 제임스가 "끔찍하게 천천히" 판결을 읽었다. "미군 통역자가 [도슈틀러에게] 각 구절을 독일어로 통역해야 했기 때문이다. 사형임을 전할 때 통역사의 얼굴이 창백해졌다." 스포트라이트가 쏟아지는 가운데 기자, 연합군 군인, 수백 명의 이탈리아 참관인 등 법정에 모인 사람들은 총살형을 선고받는 순간 도슈틀러가 전율하는 것을 지켜보았다. 캘리포니아 버클리 출신 상병 앨버트 허시먼은 눈에 띄게 충격을 받은 모습으로 조용히 그 자리를 떠났다.[68]

다음 날 《뉴욕타임스》 1면에 판결 기사와 함께 도슈틀러가 변호사와 의논하는 모습이 담긴 사진이 실렸다. 도슈틀러와 변호사 사이에 통역사가 있었다. 남편이 어떤 일을 하고 있는지 전혀 모르고 있던 새러는 캘리포니아에서 신문을 무심코 펼쳤다가 남편이 나치 장교 옆에 있는 사진을 보고 기겁했다. 이 재판과 판결이 국제적으로

■ 허시먼과 도슈틀러.

일으킨 센세이션만큼이나 새러의 개인적인 놀라움도 이만저만이 아니었다. 새러는 기사에서 통역사의 얼굴이 창백해졌다는 내용을 읽으면서 전쟁이 남편의 인간적인 감수성을 모조리 파괴하지는 않았다는 데 안도의 한숨을 쉬었다.

12월 1일 아침 도슈틀러는 아베르사의 방책에서 미군에 의해 처형되었다. 그는 연합군이 전범으로 기소·재판·처형한 첫 독일 장교였다.

허시먼의 임무는 끝났다. 그는 12월 나폴리에서 미국으로 가는 수송선에 탑승할 예정이었고, 그때까지 6주간 휴가를 얻었다. 허시먼은 유럽 곳곳에 흩어져 있는 과거의 기억들을 되찾기 위해 짐을 싸서 떠났다. 하지만 베를린은 찾아갈 엄두가 나지 않았다. 아직까지는 그곳에서의 기억이 너무 고통스러웠다. 처음 찾아간 곳은 파리였다. 전에 묵었던 튀렌 거리의 호텔에 가 보니 놀랍게도 호텔 주인이 그의 가방을 아직 보관하고 있었다. 앨버트는 옛날에 가지고 있던 고골과 카프카를 다시 찾아서 너무 기뻤다. "그리고 내가 플레이아드판으로 가지고 있던 디드로, 볼테르, 루소 세 권도 찾았어." 또 그가 아주 좋아했던 코트도 찾았다! 옛 시절을 회상하기 위해 앨버트는 이 호텔에 열흘 동안 묵었다.[69] 주인은 직원들을 모두 불러 큰 파티를 열어 주었다. 허시먼은 새러도 너무나 사랑하는 도시에 혼자 있게 된 '죄책감'을 담아 새러에게 편지를 썼다. "우리가 떨어진 이후로 당신과 같이 걷고, 같이 이야기하고 싶다는 생각이 이렇게 간절했던 적은 처음이야. 파리에 당신이 없다니 정말 불공평하지 뭐야."

그는 대부분의 시간을 전쟁 전에 알고 지내던 사람들을 다시 만나는 데 썼다. 새러와 함께 유럽에 와서 살게 될 가능성에 대해 준비해 둘 필요가 있었던 것이다. 허시먼은 파리 '경제사회연구소'에서 일하던 시절 상사였던 로베르 마르졸랭을 찾아갔다. 그는 프랑스 드골 망명정부의 특사로 워싱턴에서 일하다가 파리로 돌아와 있었고, 이제는 프랑스 재정경제부의 국제무역 담당 부서에서 큰 영향력을 행사하는 존재였다. 파리에 머문 짧은 기간 동안 마르졸랭 부부와 여러 차례 식사를 함께 했다. 마르졸랭의 아내는 미국인 화가였다. 그들은 전후의 경제와 재건, 그리고 유럽의 무역에 대해 열띤 대화를 나누었다. 그와 대화하다 보니 마르졸랭의 미국 쪽 파트너로서 워싱턴에서 전후 유럽 재건 프로젝트에 참여하고 싶다는 생각이 들었다. 허시먼의 시선은 다시 미래를 향하고 있었다. 그는 은행에 보관해 두었던 어머니의 패물을 찾고 뒤퓌 집안 사람들도 만났다. 전에 허시먼이 독일어를 가르쳤던 뒤퓌 집안 아이들은 이제 다 커서 각자의 경력을 쌓아가고 있었다. 생미셸의 서점들도 돌아다녔다("별소득은 없어"). 사르트르와 시몬 드 보부아르의 책, 특히 사르트르의 책은 구하는 것이 "불가능"했는데, 이에 대해 허시먼은 새러에게 이렇게 농담했다. "파리에는 사르트르의 열성 팬들이 있어. 미국에 시나트라의 열성 팬들이 있는 것처럼 말이야. 두 나라의 차이를 잘 보여주는 것 같지 않아?" 또 제철을 만난 늦가을 굴도 먹었다. "이렇게 맛있게 먹었던 적은 처음인 것 같아."[70]

그는 가지고 있는 책 대부분을 1933년《대학 편람》을 샀던 지베르쾽 중고서점에 팔고 가지고 갈 소중한 책들은 미국으로 갈 짐에 넣었다. 그리고 파리에 작별 인사를 하고서 어머니를 만나러 런던으로 갔다. 나치가 독일을 장악한 지 13년 만에 처음으로 어머니를 만나는 것이었다. 아마도 걱정이 많이 되었을 것이다. 허시먼은 어머니를 염려해 정기적으로 돈을 보내긴 했지만 편지를 자주 쓰지는 않았다. 그리고 어머니가 앞으로 어디에서 지낼지도 정해야 했다. 에바는 남편 해럴드 로디티와 뉴욕에 살고 있었고 우르줄라는 로마로 이사할 예정이었으며 앨버트는 어디에서 살게 될지 아직 확실치 않았다.

런던에 머문 시간은 하루이틀 정도밖에 되지 않았다. 어머니에 대해 생각했던 최악의 걱정이 현실로 나타났다. 대화는 곧 갈등으로 이어졌고 점점 악화되었다. "간단히 말해서 엄마는 도저히 참을 수 없는 사람이 되셨지 뭐야. 정말 여러 가지 이유로 엄마의 목이라도 조르고 싶은 심정이었다니까?" 결국 어머니는 우르줄라와 로마에서 함께 지내는 것으로 결론이 났다. 우르줄라도 엄마와 사이가 좋은 것은 아니었기 때문에 쉬운 결정은 아니었지만, 우르줄라는 이제 딸이 넷이나 있어서 도움이 필요했다. 이렇게 결정하고 난 뒤, 허시먼은 엄마에게 작별 인사를 하고 로마로 와서 배가 떠날 날을 기다렸다.[71]

11월 중순에 우르줄라가 로마로 왔고 드디어 남매가 상봉했다. 기쁨, 안도, 끝없는 대화, 그리고 누나다운 조언이 쉴새없이 이어졌다. 깜짝 놀랄 소식도 있었다. 우르줄라가 또 아이를 가진 것이다. 앨버트는 새러에게 이렇게 전했다. "미친 것 같지만 그렇게 되었어."

■ 1945년 말 로마에서 조카들과 함께 시간을 보내고 있는 앨버트.

앨버트는 새러 덕분에 새로이 발견한 운전 솜씨도 마음껏 선보였다. 지프에 세 조카 실비아, 레나타, 에바를 태우고 로마를 돌아다니다가 담배 상자 여러 개에 초콜릿과 과자를 가득 사서 돌아오곤 했다. 그는 이 전쟁을 나쁜 기억으로 끝내고 싶지 않았다. 이 무렵에 찍은 사진은 민간인 복장을 한 병장 허시먼이 조카들 손을 잡고 거리를 걸어가는 모습을 담고 있다. 독일계 망명 지식인이자 프랑스 경제학자이며 이탈리아 레시스텐차 활동가의 모습이라기보다는 조카들과 놀아주고 있는 미국인 삼촌의 모습이다.[72]

걱정도 많았다. 미국으로 돌아가면 무엇을 해야 할까? 우르줄라의 조언대로 가족들과 함께 이탈리아로 오는 것이 좋을까? 무엇으로 가족을 부양해야 할까? 하지만 어쨌든 그는 하루빨리 식구들을 만나고 싶었다. 로마를 떠나기 직전에 허시먼은 새러에게 편지를 썼다. "요 며칠 부쩍 카티아를 보지 못하는 것을 더이상 견디지 못하겠다는 생각이 들어. 하루빨리 미국에 돌아가고 싶어."[73] 1932년에 시작된 허시먼의 전쟁은 1945년 겨울에 끝났다. 유럽을 탈출해 미국으로 간 지 거의 정확히 4년 뒤에 허시먼은 나폴리에서 군 수송선에 올랐다. 미국에 도착한 허시먼은 메릴랜드주의 포트조지미드에서 명예롭게 전역했고, '제2차 세계대전 전승 기념 메달World War II Victory Medal'과 '제2차 세계대전 명예 복무 견장Honorable Service Lapel Button for World War II'을 받았다. 허시먼은 아이들에게 보여주기 위해 이것들을 잘 간직했다.

드디어 워싱턴으로 돌아온 허시먼은 로저스미스 호텔에 투숙한 뒤 방에 비치된 메모지에 새러에게 보내는 짧은 편지를 썼다. 미국으로 돌아왔으며 새러가 워싱턴으로 오기를 기다리고 있다는 내용이었다. 홀로 지내는 시간은 이제 곧 끝날 터였다.

8장

유럽부흥계획의
막후에서
(1946~52)

영혼은 버팀대 역할을 그만둘 때에야 자유로워진다.

―프란츠 카프카

흩어진 삶의 조각을 모아서 전쟁 이후의 일상으로 돌아가는 사회과학자에게, 평화란 전쟁 전의 직장으로 복귀하는 것을 의미했다. 미국 대학에는 전쟁에서 돌아온 군인 학생들이 넘쳐났고 워싱턴에서 전쟁 업무를 수행했던 학자들도 학교로 돌아왔다. OSS에서 일했던 사람들 상당수가 학계에서 저명한 유럽 전문가가 되었다. 하지만 허시먼의 미래는 너무나 불확실했다. 그리고 이제 그에게는 새로이 생활을 함께 꾸려가야 할 가족이 있었다. 오랫동안 앨버트가 돌아오기를 노심초사 기다리던 새러는 1945년 크리스마스 무렵에 드디어 앨버트의 편지를 받았다. 이들은 전쟁으로 2년이나 떨어져 있었다. 부부 사이가 멀어진 것은 아니었지만 그들의 삶은 아주 많이 달라져 있었다. 그들의 '고향'인 유럽은 폐허가 되었다. 카티아는 이제 걸음마를 할 만큼 컸지만 아직 아버지를 보지 못했다. 새러는 앨버트가 로저스미스 호텔에서 보낸 편지를 보자마자 곧바로 짐을 꾸린 뒤 카티아를 베벌리힐스의 친정에 맡기고 워싱턴으로 갔다.

다른 수백만의 가족들처럼, 전쟁 이후 재회한 앨버트와 새러는 생활을 다시 시작해야 하는 도전에 직면해 있었다. 둘의 결혼생활에는 아무 의심이 없었지만 나머지 모든 것은 완전히 불확실했다. 어디에서 살지, 어떤 종류의 일을 할지, 어떻게 가족을 부양할지, 어느 것도 확실하지 않았다. 떠돌아다니는 생활을 많이 한 앨버트로서는 많이 겪어 본 상황이었지만 이제 그는 혼자가 아니었고, 이 사실을 너무나 잘 알고 있었다. 게다가 오래 미뤄져 온 경제학자로서의 직업 경력을 어떻게 다시 시작할 것인가의 문제도 있었다. 이것은 유럽에 주둔해 있으면서 또다른 전쟁의 그늘 속에서 유의미한 임무를 부여받지 못해 초조해하던 동안 허시먼이 오래 고민하던 문제였다.

당장은 가족의 생활을 다시 책임지는 데 집중하기로 하고 살 집과 생계 방편을 구하는 일에 나섰다. 새러가 로저스미스 호텔의 음침한 방에서 기다리는 동안, 앨버트는 유능하고 여러 언어에 능통한 경제학자에게 누군가가 관심을 가져 주길 바라면서 새로 생긴 연방정부 기관들의 인사 담당 부서에 입사 서류를 밀어넣었다. 그러는 한편 집도 구하러 다녔다. 일자리를 구하는 사람만큼이나 집을 구하는 사람도 많아서 워싱턴의 주택 시장은 엄청난 수요 초과 상태였다. 알아보는 집마다 너무 비싸거나, 마음에 들지 않거나, 아니면 이미 다른 사람이 계약한 뒤였다. 허시먼은 누나에게 이렇게 전했다. "도착한 지 한 달이 지났는데도 아직 딸을 못 봤어. 지난 며칠 동안 우리가 한 일이라곤 그저 자리가 나기를 기다리는 것뿐이었기 때문에 이런 상황이 길어질 것 같아."[1] 워싱턴에서 돌아다닌 지 3주가 지난 뒤 허시면 부부는 일단 캘리포니아로 돌아가서 소식이 오기를 기다리기로 했다. 2월 중순에 허시면은 베벌리힐스의 처가에서 딸 카티아를 만났다. 허시면은 카티아를 꼭 안아 주었고, 곧 부녀는 뒤뜰 연못의 금붕어에 대한 대화를 시작했다.

베벌리힐스에서 앨버트는 전쟁 후유증에서 회복될 시간을 가질 수 있었다. 그는 빈둥거리거나 수영장 옆에서 물구나무서기를 연습했으며, 방문자들과 체스를 두었다. 도우미들도 있고 식구들도 많아서 일상의 자질구레한 일들은 신경쓰지 않아도 되었다. 러시아 사람들로 가득한 이 집에는 오락거리도 풍성했다. 음악가와 연주자들이 로스앤젤레스로 가는 길에 들러서 공연을 하기도 했다. 새해 첫날에는 하이페츠, 루빈스타인, 퍄티고르스키 등이 새해맞이 4중주 공연을 하러 왔다. 한편 카티아의 말과 걸음마 솜씨도 끝없는 놀라움의 원천이었다. "카티아는 놀랍도록 사랑스럽고 정말 귀여워. 그리고 전혀 뚱뚱하지 않아." 허시면은 누나에게 이렇게 자랑했다. 그래도 부모가 되는 데는 적응이 필요했다. 카티아는 "혼자서도 울지 않고 몇 시간이고 잘 노는" 착한 아기였지만, 귀찮은 일이 생길 때면 허시면은 새러에게 떠넘기곤 했다. "미국은 아이 키우는 기계만큼은 아직 발명하지 못했어. 다시 말해서 모든 어머니들이 완전히 노예 상태야." 한 세대 전 베를린에서는 모든 가정에 당연히 유모가 있었지만 이곳에서는 거의 없거나 비용이 너무 비쌌다. "유명한 영화배우

■ 1946년, 카티아를 만난 앨버트.

나 성공한 기업인 정도 되어야 유모를 둘 수 있어."[2]

워싱턴에서 지원서를 냈던 곳들에서는 아무 소식이 없었다. 허시면은 전에도 워싱턴에서 퇴짜를 맞은 적이 있었고 그 경험을 또 하고 싶지 않았다. 캘리포니아의 태양 아래서 한 달을 보낸 뒤, 허시면은 다시 워싱턴에 가 보기로 했다. 이번에는 직장과 집을 꼭 구하겠다고 새러에게 약속했다. 사실 이 무렵이면 다급했다. 새러가 둘째를 임신했기 때문이다(가을에 둘째딸 리사가 태어난다).

국제적인 학위와 지식을 갖춘 경제학자에게 워싱턴은 기회의 땅이었다. 허시면은 이력서,《국가권력과 교역 구조》초판, 그리고 큰 기대를 가지고 워싱턴으로 갔다. 옛 해외경제관리국Foreign Economic Administration 복도를 기웃거려 보기도 하고(그곳에 경제전략국BEW 사무실이 옮겨와 있었다), 새로운 수출입 은행, 상무부, 재무부도 찾아다녔다. 특히 재무부는 유럽의 부채 문제를 다루는 데 주도적인 역할을 하고 있었고, 그가 제일 처음 간 곳도 여기였다. 허시면은 한 부서장과 면담 약속이 잡혀 있었다. 그 부서장을 만나고 난 뒤 낙관적인 마음으로 우르줄라에게 이렇게 전했다. "그 사람은 국제통화기금과 은행(브레턴우즈협정)에 관련된 꽤 흥미로운 일을 제안했어. 그것 때문에 공무원 자격을 요청했고 답을 기다리는 중이야."[3] 하지만 침묵만 이어졌다. 전화를 걸어 물어보면 긍정적인 소식이 곧 올 것이라는 말뿐이었고 그 말은 이루어지지 않았다. 4월 중순 허시면은 우르줄라에게 이렇게 불평하는 편지를 보냈다. "안타깝게도 나에게 거의 올 뻔했던 자리가 물건너갔어. 정부 예산이 줄어서 그렇대."[4]

언제나처럼 허시먼은 인맥에 의존했다. 경제전략국에는 페터 프랑크와 리아 라인의 새 남편 등 허시먼의 지인 몇 명이 일하고 있었고, OSS의 경제부에는 한스 란츠베르크가 있었다. 경제전략국의 적군 잠재력 분석 부서가 가장 확실하게 승부를 걸어 볼 만한 곳으로 보였다. 여러 차례의 면담을 마친 후, 그리고 프랑스와 이탈리아 경제에 대해 열렸던 버클리의 세미나를 연상시키는 대화를 나눈 후, 앨버트는 일자리를 얻을 수 있을 것이라고 확신하면서 리아 내외와 저녁 시간을 보냈다. 그곳의 높은 사람 중에 독일인이며 최근《국제무역의 통제》라는 책을 쓴 하인리히 호이저라는 하버드 박사가 있었는데, 허시먼을 자신의 팀에 뽑고 싶어했다. 둘은 각자의 책에 대해 이야기를 나누었다. 호이저는 허시먼에게 지원서 양식을 건넸고 초봉(첫해에 3800달러) 이야기도 했다. 나중에 한스는 앨버트에게 호이저가 매우 좋은 인상을 받은 것 같다고 귀띔해 주기까지 했다. 며칠 뒤 허시먼은 경제전략국으로부터 3시까지 오라는 연락을 받고 기대를 가득 안고 갔다가 채용이 되지 않았다는 냉정한 말만 들었다. 그곳의 담당자 중 한 명이 허시먼을 옆으로 데려가더니 프랑스어로 이렇게 말했다. "이것은 **아무에게도** 이야기하지 마세요ne parle a personne de tout çela." 허시먼이 전쟁 전에 유럽에서 한 일을 말하는 것이었다. 이제 허시먼은 조바심이 나기 시작했다. 관료제가 그로서는 도저히 뚫고 들어갈 수 없는 장벽이든지 그의 과거 행적이 발목을 잡는 것이든지 간에, 일이 꼬이고 있었다. 그가 크게 기대를 걸었던 첫 저서는 망망한 바다에 떠 있는 작은 병 같았다.[5]

직장을 구하는 한편 집도 구해야 했다. 이 역시 만만찮게 어려웠다. 연방정부는 1930년대 이래로 규모가 매우 커져서 이제 더이상 자유방임적인 작은 정부가 아니었고, 따라서 워싱턴으로 수많은 사람이 몰려들었다. 페터 프랑크는 허시먼에게 제대 군인이라는 점을 강조하는 광고를 지역 신문에 내보라고 했다(이번에도 페터 프랑크가 허시먼과 같은 시기에 같은 도시에 살고 있었다). 몇 주를 아무 소득 없이 보내고 나서, 앨버트는 프랑크의 조언대로 시도해 보기로 했다. 하지만 여기에 그만의 특성을 덧붙였다. 어느 날《데일리 이브닝 스타》에 〈멀리서Away〉라는 제목의 시로 시작하는 독특한 광고가 실렸다. 가족을 위해 집을 구하는 제대 군인이 지은 시는 효과가 있었다. 다음 날 버지니아주 알링턴에 사는 한 여성이 광고를 보고 안쓰러움을 느껴서 시를 쓴 앨버트 O. 허시먼 상병에게 연락을 해 왔다. 적당한 집을 구할 때까지 우선 자신의 단층 주택을 쓰라며, 자신은 뒤뜰의 큰 트레일러에서 지내겠다고 했다. 앨버트는 고맙게 이 제안을 받아들였다. 허시먼 가족은 알링턴에서 1년 반을 살았고, 그 이후 메릴랜드 체비체이스에 새러 부모의 도움으로 집을 마련했다. 새러의 부모가 미국의 교외에서 살려면 자동차도 꼭 필요하다고 해서 허시먼 부부는 포드 자동차도 한 대 장만했다. 그들의 첫 자동차였다.[6]

워싱턴에 정착하는 한편 유럽의 가족도 챙겨야 했다. 음식과 약품이 크게 부족해 유럽 상황은 절박했다. 앨버트는 아는 사람들을 통해 옷, 밀가루, 커피, 설탕, 기저귀, 약품 등을 닥치는 대로 구해다가 조카들(이제는 조카가 많았다)을 위해 로마로 보냈다. '유럽구제협회'

■ 1949년 매사추세츠주 노스트루로 해변에서 시간을 보내는 앨버트, 카티아, 리사.

는 49파운드 표준 무게의 소포를 가족당 15달러에 보낼 수 있게 허용하고 있었다. 1946년과 1947년의 유난히 추운 겨울을 잘 보낼 수 있도록 코트와 부츠도 보냈다. 그러는 동안 어머니는 더 대하기가 힘들어졌다. 우르줄라와 끊임없이 싸웠고 이탈리아로 이사하지 않겠다고 버텼다. 진력이 난 아들[허시먼]은 누나에게 이렇게 말했다. "엄마의 행동은 정신적으로 아픈 사람 같아. 가까운 미래에 정신과 상담을 받아보시라고 해야겠어. 진담이야."[7] 결국 1949년 어머니는 로마로 갔다. 그리고 에바도 로마에 있었다. 처음에 에바는 첫 남편 해럴드 로디티(그는 1934년 2월 파리에서 좌우파간 충돌이 일어났을 때 부상을 입고 휠체어 신세를 지고 있었다. 그가 어느 편에서 싸웠는지는 알려져 있지 않다)와 뉴욕에 살고 있었고, 허시먼이 워싱턴에서 정착해가던 초기에 그의 집에 자주 놀러 왔다. 앨버트는 해럴드를 좋아했지만 이들 사이에는 공통의 지적 분야가 많지 않았다.[8] 에바 부부의 결혼은 곧 파경을 맞았고 에바는 로마에서 우르줄라와 함께 살게 되었다. 그러던 중 어느 섣달 그믐날 에바는 루이지 몬테포르테를 만나 사랑에 빠졌다. 이들은 곧 두 아이를 갖게 된다. 이제 로마가 가족의 새 중심지가 되었고, 워싱턴에서 보내는 생필품 소포도 모두 로마로 향했다.

직장을 구하는 것은 LSE 시절의 옛 친구 죄르지 야시 덕분에 결론이 났다. 그는 애버렐 해리먼이 장관으로 있는 상무부에서 일하고 있었는데, 허시먼을 위해 잘 말해 주겠다고 약속했다. 이렇게 해서 허시먼은 존 샤이어러가 이끄는 대외거래 결산처에서 일하게 되었다. 허시먼은 안도했고 4월에는 드디어 고정적인 월급을 기대할 수 있었다. 하지만 일은 지루했다. 유럽의 현안을 분석하는 일과는 거리가 멀었고 허시먼의 역량에 비해 너무 단순했다. 상사들이 보기에도 이 점은 너무 명확했다. 그들은 허시먼이 좀더 높은 자리로 올라가게 돕고자 했지만 소용없었다.[9] 허시먼은 우르줄라에게 이렇게 털어놓았다. "예전보다 지금이 일상적인 난관들을 헤쳐나갈 용기를 끌어모으기가 더 힘들어. 모든 꿈이 다 실현된 것은 아니니까 초인적인 노력을 하게 다그치기보다는 일단 스스로를 좀 놓아 주기라도 해야 할 것 같아. 무엇을 위해? 그저 살기 위해."[10]

그러던 10월의 어느 날 우연히 알렉산더 거셴크론이 앨버트의 이름을 보게 되었다. 아마도 알렉산더 스티븐슨을 통해서였던 것 같다. 이때 스티븐슨은 허시민과 같은 곳에 있었다. 거셴크론은 샌프란시스코의 항만에서 일하다가 하워드 엘리스에게 발탁되어 연방준비제도이사회(스티븐슨은 이곳을 '올드 마피아'라고 불렀다)[이하 '연준'으로 표기]에서 연구원으로 일하고 있었다. 거셴크론은 프리츠 매클럽이나 고트프리트 하벌러 같은 뛰어난 외국인들, 그리고 미국 아이비리그 출신들과 함께 일하게 되어 기뻐했다. 그는 빠르게 승진해서 국제부 팀장이 되었고 팀원들을 직접 채용할 수 있었다. 그는 서유럽, 특히 이탈리아와 프랑스 전문가가 필요했는데 앨버트는 완벽한 후보였다. 거셴크론은 복잡한 절차는 다 건너뛰고 곧바로 허시먼에게 전화를 걸어 연준에 있는 자기 사무실로 오라고 했다. 두 옛 친구는 어떻게 지냈는지 서로의 근황 이야기를 나누었고 대화의 마지막에 거셴크론이 본론을 이야기했다. 연준으로 옮기고 싶은 생각이 있는지. 대답은 당연히 '그렇다'였다.

허시먼은 기뻤다. 이 일을 하면 허시먼이 "나의 나라들"로 출장을 갈 수 있는 기회도 생길 터였고, 무엇보다 잘 풀리지 않던 그의 경력에 전환점을 마련하는 데도 매우 중요할 것 같았다. 순진한 정도까지는 아니라 해도 과도하다고는 할 만한 기대를 품고서, 허시먼은 누나에게 이렇게 전했다. "내가 할 일은 분명히 매우 흥미로울 거야. 어쩌면 '고위급 정치'에도 영향을 좀 미칠 수 있을 거고. 외국 경제와 금융정책에 대한 문제들은 모두 이곳으로 오게 되어 있고, 그 다음에 다섯 개 위원회가 모이는 협의회로 가게 되거든? 연준은 그 다섯 곳 중 하나야(나머지는 국무부, 재무부, 상무부, 수출입은행)." 드디어 "독립적인 연구 환경과 대학 같은 분위기에서 연구할 수 있고" 중요한 일에 영향도 미칠 수 있는 기회가 그에게 주어졌다.[11] 실제로 이렇게 높은 기대치에 부응하는 일자리는 아니었을 것이다. 하지만 적어도 한동안은 그 기대치에 매우 가까웠다.

다시 한 번 허시먼과 거셴크론은 직장 동료가 되었다. 그들은 연구통계부 국제팀에서 유럽을 연구했다. 허시먼은 영국을 제외한 서유럽(영국은 경제 규모가 커서 별도 담당자가 있었다)을, 거셴크론은 동유럽과 소련을 담당했다. 그들의 상사 버크 냅은 이 두 사람이 팀에서 기둥 역할을 하는 것을 고마워했다. 하지만 모든 것이 유동적이던 전후 시기였던지라 팀의 구성원은 곧 달라지게 된다. 1948년에는 거셴크론이 하버드대학으로 갔고, 버크 냅은 국무부로 갔다가 다시 세계은행 부총재로 자리를 옮겼다. 그 무렵 로버트 솔로몬이 팀에 합류했고, 곧 허시먼과 매우 가까워졌다. 둘은 여러 편의 보고서를 함께 썼고 자주 의견을 나누었다. 허시먼에게는 거셴크론보다 솔로몬이 '동료'의 의미에 더 잘 부합했다.

연준 사무실은 대공황기에 워싱턴에 세워진 회색 건물들 중 하나에 있었다. 신고전풍 양식의 대리석 건물로, 미국 수도의 공공 건축에 걸맞은 거대한 규모의 건물이었다. 연준 본부는 박물관들이 모여 있는 내셔널몰과 컨스티튜션 가를 마주보고 있었으며, 조명 갓부터 돋을새김까지 정교하게 계획된 모든 부분들이 관습으로부터의 미묘한 단절과 제한된 장식성을 웅변하고 있었다. 경제 사안을 다룰 때 필요한 사고방식, 즉 신중함을 무엇보다도 우선적으로 고려해야 하는 사고방식에 적합한 공간이라 힐 민했다. 자유분방한 허시먼에게는 조심성 있는 태도를 갖게 하는 경고등 역할을 했을 것이다. 연준의 분위기, 아니 워싱턴 포기바텀 근처의 전체적인 분위기는 내부자 집단 같았다. 'F 스트리트 클럽'의 점심 예약 목록은 조지타운 일대의 기자, 고위 당국자, 정치인 등 세계사에 관여하는 명사의 인명록처럼 보였다. 동문 인맥도 없고 정치 경력에도 관심이 없는 허시먼은 이 풍경의 일부가 아니었다. 그와 동료들은 기꺼이 권력의 회랑에서 떨어져서, 뒤에서 보이지 않게 일했다.

냅은 팀원들이 긴요하다고 생각하는 사안을 알아서 연구하도록 자율성을 보장해 주었다. 처음 한두 달 동안에는 허시먼이 맡은 일이 이사회에 제출할 보고서를 작성하는 것이어서 그리 흥미롭지 않았다. 하지만 곧 자료에 자신의 분석과 진단을 더하기 시작했고, 전후에 유럽이 회복되고 있지 않다는 것이 분명해지면서부터는 더욱 그렇게 되었다. 1946년 말에 허시먼은 물러나는 프랑스 재무장관 로베르 쉬망[곧 재무장관 직을 떠나 총리 겸 외무장관이 된다]이 불어나는 무역적자를 통화가치 절하로 해결할 수 없었던 이유를 분석한 보고서를 작성했다. 프랑스가 처한 문제는 곤두박질치는 유럽 경제를 회복의 길로 돌려놓는 것을 점점 더 어렵게 만드는 핵심 딜레마를 보여주고 있었다. 수입에 의존하는 국가의 경우, 통화를 평가절하 하면 [수출에는 도움이 될지라도] 수입품이 비싸지기 때문에 인플레이션을 촉발해 경제 상황을 악화시킬 수 있었다.[12] 허시먼은 여기에서 '자기교정적 시장'이라는 경제학의 정통 개념을 뒤집는 분석을 제시했다. 자기교정적 시장 개념은 1946년 11월 선거 이후 점점 주류 이론으로 부상하고 있었다. 이 선거로 공화당은 1920년대 이래 처음으로 의회 다수당이 되었고, 워싱턴 정가에 공화당의 새로운 인물들, 이를테면 캘리포니아 하원의원 리처드 닉슨과 위스콘신 상원의원 조지프 매카시 같은 사람들이 등장했다.[13]

어쨌든 허시먼은 선거와 정치 판도의 변화에는 별로 관심을 기울이지 않고서 그에게 주어진 연구의 자율성을 한동안 즐겼다. 몰두해 보고 싶은 주제가 너무나 많았다. 유럽은 휘청거리고 있었다. 인플레이션은 통제 수준을 넘어섰고 물자 부족은 모든 곳에서 악화되고 있었다. 12월에는 눈보라가 유럽 대륙을 강타했고 혹독한 추위로 템스강이 얼어붙었다. 유럽 전역에서 기차와 바지선이 운행을 중단하는 바람에 석탄 등 연료가 공급되지 못했다. 혹한으로 겨울 밀이 흉작이 들어 대규모 아사자가 발생할 위험도 있었다. 앨버트와 새러는 우르줄라에게 보내는 돈의 액수를 늘렸고, 겨울에 입을 것을 닥치는 대로 찾아서 보냈다. 미국을 방문한 유럽 친구들(카를로 레비가 찾아와 허시먼 가족의 집에 꽤 오래 머물렀다)이 들려주는 유럽 소식은 암울했다.

유럽의 위기가 고조되면서 허시먼은 미국의 정책 결정자들에게 자료와 분석을 제공하는 일에 점점 더 깊이 관여하게 되었다. 허시먼이 작성한 내부 보고서들에 잘 드러나 있었듯이 프랑스와 이탈리아의 상황이 특히 좋지 않았다.[14] 버크 냅은 허시먼에게 보고서 작성에만 그치지 말고 두 나라에 대한 종합적인 분석을 해서 1947년 초 《연준 회보》에 게재할 수 있게 준비하라고 지시했다.[15] 그는 몇 달 동안 이 일에 매달렸다. 글을 쓰고 게재하는 일을 다시 할 수 있게 되어 너무 신이 났다. 허시먼은 유럽의 신문 스크랩을 계속 보내 주고 있던 우르줄라에게 드디어 지적으로 흥분되는 업무를 맡게 되었을 뿐 아니라 높은 사람들이 많이 보는 회보에 글이 실릴 예정이라서("VIP들이 볼 거야") 상사들에게 좋은 인상을 줄 수 있는 기회가 될 것 같다고 전했다.[16]

이 논문은 허시먼이 "경제학적으로 지적인" 분야에서 "영어로" 현안 분석을 시도한 첫 사례이기도 했다. 허시먼은 배급, 가격 통제, 은행 시스템 붕괴, 인플레이션 증가, 급속히 악화되는 무역수지 등 절박한 상황을 언급하면서 유럽 국가들이 왜 하나씩 쿼터, 관세, 외환 통제, 무역장벽 등 전쟁 이전에 취했던 정책들로 돌아가고 있는지를 설명했다. 유럽 지역 단위에서 통합적인 교역 시스템을 일구자는 개념은 국수주의적 경제정책과 배타적인 양자간 협상에 밀려 사라져버렸다. 허시먼이 묘사한 바에 따르면 유럽 사람들은 필수품을 생산할 수 있는 역량과 필수재를 수입할 수 있는 역량을 둘 다 잃어버린 상황에 처해 있었다. 필수품조차 구하기 어려워진 국민들을 돕겠다며 프랑스와 이탈리아의 허약한 정부가 취하는 정책은 인플레이션을 촉발시킬 뿐이었고, 이는 물자 부족을 심화시켜 배급제를 더 강화해야 하는 악순환으로 이어졌다. 물자 부족과 임금 삭감에 직면한 시민들은 파업을 단행했고, 이는 다시 경제를 더욱 마비시켰다. 서유럽은 스스로 회복할 준비가 되어 있지 못했다.

허시먼은 전쟁 이후 유럽이 겪고 있는 후유증이 "붕괴되기 시작한 개미집처럼" 전개될 우려가 크다고 보았다. 치워야 할 길이 있고, 열어야 할 광산이 있으며, 외국의 원조를 통해 제거해야 할 폐허가 있었다. 하지만 전쟁이 끝나고 2년 동안 이러한 회복 모델은 모두 소진되고 말았다. 재정, 국제수지 등 모든 것이 균형을 벗어나 있었고, 어떻게든 문제를 해결해 보고자 시도된 정책들은 모두 오히려 일을 그르쳤다. 허시먼은 이 위기가 생산의 마비가 아니라 무역의 마비이며, 특히 유럽 지역 내 무역의 마비라고 분명하게 결론 내렸다. 개미들이 일하지 않고 멈춰 있는 이유는 일의 결실을 가지고 할 게 없기 때문이라는 것이었다. 암울하지만 날카로운 분석이었다. 그렇다고 희망이 전혀 없다는 이야기는 아니었다. 이를테면 원조는 인프라 건설에 쓰일 수 있었다. 하지만 이것은 시장이 개미집을 다시 활성화시킬 수 있도록 다자간 무역을 추동해 줄 무언가가 있어야만 효과를 낼 수 있을 터였다.[17]

연준의 고위층 인사들이 여기에서 어떤 메시지를 취했는지는 분명치 않다. 어쨌든 허시먼의 글은 워싱턴 정책 결정자들이 유럽 문제를 가장 예의주시하던 시기에 《연준 회보》 1면에 비중 있게 실렸다. 그의 경력이 앞으로 나아가고 있는 것은 분명했다. 1948년 중반에 거셴크론이 하버드로 가자 허시먼은 연구통계부 서유럽-영국팀의 팀장이 되었다. 전쟁 이후에 새로운 세계를 창조하는 놀라운 실험의 핵심 조직에서 중간관리자 겸 연구자라는 지위를 갖게 되면서, 평생에 걸쳐 이어질 허시먼의 관심사가 생겨났다. 바로 '개혁'을 위한 정책 구성의 가능성과 한계였다. 전후 세계질서에서 미국이 어떤 역할을 할 것인가, 전후의 세계가 처한 문제를 다룰 패러다임과 정책 모델은 무엇인가 등과 관련해 크게 영향을 미친 인물로 '허시먼'이 딱히 떠오르지는 않을 것이다. 허시먼은 가시적으로 영향을 미친 인물이었다기보다는 뒤에서 '사고의 배경이 되는 사고'를 제공한 사람이었다. 그는 마셜 플랜이 입안될 때 뒤에서 보이지 않게 움직인 사람 중 한 명이었다. 이 무렵 허시먼이 겪게 되는 경험은 전후 미국이 정책의 틀을 새로 짜는 중요한 시기에 워싱턴의 핵심부에서 소용돌이쳤던 약속과 좌절을 보여준다. 워싱턴 역시 또 하나의 개미집이었던 것이다.

전후 세계에서 미국은 어떤 위치에 설 것인가? '슈퍼 파워'(1944년 정치학자 윌리엄 T. R. 폭스가 만든 말이다)의 지위를 이용해 평화 시기의 대외 문제에 깊숙이 개입할 것인가? 언론에서는 유럽이 미국의 영향력에서 걷잡을 수 없이 벗어나고 있음을 시사하는 보도가 연일 쏟아져 나왔다. 체코슬로바키아에서는 선거에서 공산당이 40퍼센트나 득표했다. 이는 1년간의 격렬한 권력 다툼으로 이어졌고 결국 무혈 쿠데타가 일어나 연합정부가 무너지고 공산화되었다. 1946년 6월에는 이탈리아 유권자의 40퍼센트가 공산당에 투표했고, 11월에는 프랑스 유권자의 약 30퍼센트가 공산당에 투표했다. 유럽 전역의 연립내각들은 정치적으로 큰 타격을 입을 것을 감수하면서 공산당을 연정 파트너에서 몰아내든지, 아니면 노선을 왼쪽으로 기울이든지의 선택에 직면해 있었다. 프랑스는 집권 연정에서 공산당을 몰아냈다가 거의 체제 전복을 암시하는 협박에 직면했다. 프랑스 공산당 지도자 모리스 토레즈가 소련의 침공 가능성을 내비치며 반발한 것이다.

허시먼은 프랑스가 결정적인 기로에 서 있다고 보았다. 그리고 선택할 수만 있다면 '두 개의 다른 위기보다 하나의 큰 위기'를 갖는 게 더 나을 것이라고 판단했다. 하나의 큰 위기는 분절적인 작은 위기들로는 추동해 낼 수 없는 방식으로 정부가 적폐와 장애물들을 털어버리고 재정비를 '할 수밖에 없도록' 만들 수 있기 때문이었다. 몇 년 뒤에 허시먼은 남미의 위기를 연구하면서도 이와 비슷한 '최적의 위기' 개념을 제시한다. '최적의 위기'란 변화를 강제할 수 있을 만큼은 크지만 그 변화를 끌고 나갈 수단까지 무력화시킬 만큼은 크지 않은 충격을 일컫는다. 대외정책을 입안하는 워싱턴의 정부 기관들이 심각한 우려에 휩싸인 와중에, 허시먼은 어려운 상황을 도약의 계기로 전환시킬 방법을 찾고 있었다.[18]

알고 보니 정말로 큰 도약이 이뤄지려 하고 있었다. 허시먼이 침몰하고 있는 프랑스 경제를 들여다보고 있던 동안 굵직한 외교적 노력이 진행되고 있었다. 1947년 초봄 미국, 프랑스, 영국, 소련 등의 외무장관이 전후의 상황을 어떻게 이끌어 갈지 논의하기 위해 모스크바에 모였다. 전후 세계는 동쪽과 서쪽으로 나뉘었는데, 미국 쪽[비공산권인 서쪽]이 더 위험해 보였다. 프랑스 외무장관은 미 국무장관 조지 C. 마셜에게 프랑스는 서방을 지탱할 저력이 있지만 지금 당장은 매우 아슬아슬한 상태이기 때문에 "내전을 피하려면 시간을 벌어야 한다"고 말했다. 마셜은 미국으로 돌아와서 "의사가 고민하는 동안 환자가 죽고 있다"며 미국의 개입을 촉구했다.[19]

마셜은 '원조aid'라는 단편적인 해법을 넘어서고자 했고, 국무부 경제 담당 차관 윌리엄 클레이턴도 같은 생각이었다. 공화당 지도부 일각에서는 미국이 유럽에 대해 할 만큼 했다며 자유방임의 정통 경제학 처방을 주장하고 있었지만, 마셜과 클레이턴은 그런 처방이 생산적인 결과를 낼 수 없다고 보았다. 트루먼 외교팀에서는 미국이 세계 문제에 적극적으로 개입해야 한다는 데 대체로 합의가 이루어져 있었다. 이러한 합의는 어떤 종류의 국수주의도 막아야 하며, 그래야만 각국이 새로운 협력적 정신 하에서, 그리고 필요하다면 '국가주권'이라는 신성시된 원칙을 어느 정도까지는 기꺼이 포기하면서, 민주주의를 재건할 수 있다는 것을 전제로 하고 있었다. 이는 허시먼이 《국가권력과 교역 구조》에서 열렬히 주장한 바였고, 에우제니오 콜로르니가 벤토테네 선언에서 '국가주권의 원칙'을 넘어서자고 주장한 바와도 같은 견해였다. 허시먼은 국가주권의 원칙을 초월해 대담한 정책을 구성하는 데 참여한다는 것이 너무나 기뻤다. 1947년 6월 초 마셜은 하버드대학 졸업 연설에서 유럽을 위한, 그리고 유럽과 함께 진행할 재건 계획을 발표했다. 이것이 마셜 플랜이다.

유럽의 상황이 절박해지면서 워싱턴의 분위기는 개입 쪽으로 기울었고, 유럽의 전후 위기가 폭발하지 않도록 하기 위한 범부처 노력에 연준에서는 허시먼이 속한 부서가 참여하게 되었다. 애버렐 해리먼은 대통령 직속으로 '대외원조위원회'를 조직하고 비중 있는 기업인들과 실용적인 사고를 가진 공화당 정치인들을 영입했다. 또 의회에 제출할 유럽부흥계획의 초안을 잡을 사무국장으로 MIT 경제학자이자 OSS 핵심 인사였던 리처드 비셀을 임명했다. 그리고 허시먼이 비셀의 눈에 띄었다. 어떻게 허시먼이 그의 눈에 띄게 되었는지는 비셀 관련 서류가 아직 공개되지 않았기 때문에 확실히 알 수 없다. 아마 허시먼이 작성한 연준 보고서들을 읽고서 그를 알게 되었을 것이다. 허시먼은 프랑스와 이탈리아의 교역 구조를 분석한 두 개의 굵직한 보고서를 버크 냅에게 제출한 바 있었고, 지금 미국은 바로 그 나라들에 100억 달러 이상을 쏟아부으려 하고 있었다.

허시먼은 그 보고서들에서 유럽 국가들이 문을 닫아걸고 배타적인 양자간 협상을 하기 때문에 [유럽 지역 내] 무역이 침체되고 있다고 주장했다. 전쟁 부채를 갚기 위해 외환을 확보하고자 하는 절박함은 상황을 더 악화시켰다. 유럽 지역에서 무역이 되살아나지 못한다면 유럽은 막대한 대미 무역적자를 줄일 수 없을 것이었다. 그렇게 순지출이 순유입을 계속 초과하게 되면 미국의 '원조'는 "죽은 것이나 다름없는 환자를 치료하려는aid 격"이 되고 말 것이었다. 허시먼은 해결책이 있다고 보았다. 유럽은 만성 질병을 앓고 있는 것이 아니었다. 현재의 문제는 일시적이고 위급한 종류의 문제였다. 당시에는 이것이 매우 논쟁적인 주장이었음을 기억할 필요가 있다. 적지 않은 보수주의자들이 유럽에 필요한 것은 엄격한 통화가치 절하를 통해 달러권에서 수출 경쟁력을 높이는 것이라고 주장하고 있었다. 하지만 허시먼은 이 주장에 동의하지 않았다. 프랑화의 가치를 절하하면 필수재의 수입 가격이 높아져 프랑스가 처한 문제를 더 악화시키게 될 터였다. 가치 절하가 인플레이션을 유발하고 이것은 다시 노동자들의 소요와 생산 감소로 이어질 가능성이 컸다. 이것이 바로 '달러 갭'의 덫이었다. 통상적인 치료법은 통하지 않을 상황이었다. 한 손으로는 원조를 하고 다른 손으로는 가치 절하와 같은 시장 조정을 가하라고 압력을 넣는 것은 자가당착의 결과를 가져올 수밖에 없었다. 물론 프랑스는 수출을 늘려야 했다. 하지만 달러권에 침투하는 것이 어렵다면 더 가까운 다른 시장을 찾아야 했다.[20]

이탈리아는 '정통적인' 처방이 자기파멸이라는 대가를 불러온다는 점을 잘 보여준 사례였다. 이탈리아 부통령이자 재무장관인 루

앨버트 허시먼

이지 에이나우디는 정통 처방대로 정부지출을 대대적으로 축소하고 신용을 긴축하는 방식으로 인플레이션에 대응했다. 그러자 이탈리아는 "불황의 익숙한 징후들"을 보이게 되었다. 허시먼은 《미국 경제학 리뷰》에 실린 논문에서 '정통 경제학'의 사도인 에이나우디가 파산하기 시작한 중공업을 구제하기 위해 대대적인 정부 개입을 해야만 하는 처지에 놓인 상황을 지적했다. 그렇게 해서 에이나우디의 '정통 시장 처방'은 아이러니하게도 "이탈리아 경제에 더 많은 국가 개입과 국가 통제를 초래했다." 그런 데다 생필품 부족은 전혀 해결되지 않아서 이탈리아에서 우르줄라가 보내 달라고 요청하는 소포의 물품 목록은 점점 더 길어졌고, 여기에는 생필품이 점점 더 많이 포함되었다.[21]

냅이 허시먼의 보고서를 회람시킨 지 한 달도 되지 않아서 비셀이 연준에 전화를 걸어 허시먼이 자신의 팀에 필요하다며 영입 의사를 밝혔다. 미국 상원은 압도적인 표결로 '유럽부흥계획ERP(마셜 플랜)'을 통과시키고 '도덕적 견지에서' 1948년부터 1952년 6월까지 140억 달러를 지출하기로 결정했다. 허시먼이 기다리던 기회였다. 11월 말 허시먼은 우르줄라에게 이렇게 전했다. "유럽부흥계획을 정교화하는 일을 하느라 몇 주 째 전에 없이 주말이고 밤이고 바쁘게 일하고 있어. 지금 마지막 박차를 가하고 있는 중이거든. 곧 모든 것이 의회에서 논의되어야 하니까."[22]

이렇게 해서 '경제협조처ECA'가 탄생했다. 초대 처장은 스투드베이커사社의 회장 폴 호프먼이었다(처음에는 거절하다가 겨우 마음을 바꿔서 맡기로 했다). 호프먼은 마셜 플랜을 짜는 '플래너planner[계획가, 입안가]' 뒤에서 프로그램을 면밀히 분석하며 지원하는 핵심 두뇌 집단 역할을 비셀의 팀에 의지했다. 비셀은 팀원들이 창조적이고 실용적으로 생각하도록 독려했고, 모든 문제를 단번에 파악하고 예상하고 계획하려고 하기보다는 차근차근 해결해 나가는 방식을 옹호했다. 허시먼은 이러한 태도와 접근방식을 깊이 존경하게 되었다.[23] 사실 '계획'이라는 것은 없었다. 취약한 재정 구조와 만성적인 무역 불균형으로 마비 상태인 시스템에 자금을 모아서 투입하는 '매커니즘'이 있을 뿐이었다. 허시먼과 비셀은 유럽 결제 시스템의 기저에 있는 장애들을 제거하지 못한다면 얼마를 쏟아붓는다 해도 지속가능한 회복을 이룰 수 없으리라는 데 견해를 같이했다. 그러니까 사실상 '계획'은 유럽이 활발하고 상호연관된 경제권이 되는 것이 가능하리라는 비전을 바탕으로 창조적이고 실용적으로 숙고해 가는 과정을 뜻했다.

연준 소속 허시먼은, 백악관에서 몇 블록 떨어진 H가와 17번가 코너에 위치한 신축 미아티코 건물의 경제협조처로 파견되었다. 허시먼은 마셜 플랜에 관여하게 되면서 연준과 경제협조처에 동시에 소속되어 일했다. 여전히 연준 총재에게 보고를 해야 했지만 비셀의 팀에도 속해 있었다. 비셀의 팀은 (국무부, 상무부, 재무부, 수출입은행, 연준으로 이루어진) '5개 기관 위원회'로 구성되었는데, 여기에 허시먼이 연준 대표로 참석했다. 따라서 허시먼은 이중으로 자유로울 수 있었다. 경제협조처의 일상적인 업무(유럽 중앙은행으로 이전해야 하는 돈의 액수를 계산하는 일이라든지, 어디에서 현지 화폐로 환전해 대출금을 내보낼 것인지를 결정해 처리하는 일 등)는 하지 않아도 되었고, 연준의 통화주의 지향적 분위기를 따르지 않아도 되었다. 비셀은 허시먼이 유럽 국가들이 협력을 할 것인지, 어떻게 할 것인지와 같은 큰 문제들을 자율적으로 탐구할 수 있도록 허용했다. 연준에서 허시먼이 담당한 국가인 프랑스와 이탈리아는 경제협조처의 최우선 관심사인 국가들이었고, 허시먼보다 이 두 나라를 잘 알고 있는 경제학자는 거의 없었다.[24]

허시먼은 일에 파묻혀 지냈다. 아침 일찍 집을 나서 동료와 카풀로 시내 사무실에 도착하면 하루종일 일을 하다가 밤늦게야 교외의 집으로 돌아갔다.[25] 비셀의 연구팀은 의회에서 질문에 답을 해야 할 비셀과 해리먼을 지원하기 위해 '질의응답 자료팀'을 구성했다. 이 팀에는 테오도어 가이거, 로버트 트리핀, 해럴드 반 B. 클리블랜드 등이 있었다. 또한 경제협조처는 파리 튈르리 맞은편의 리볼리 가에 파리 사무소를 열고 수완좋고 열정적인 윌리엄 톰린슨('토미'라고도 불렸다)을 영입했다.

워싱턴에서는 이렇게 도약이 이루어지고 있었지만 문제는 유럽이었다. 유럽이 준비가 되어 있지 않다면 워싱턴이 아무리 많은 돈과 뛰어난 아이디어를 제공한다고 해도 효과가 있을 수 없었다. 허시먼은 ['벤토테네 선언'에서] 유럽 연방주의를 주창했던 매형 알티에로 스피넬리에게 원조의 초기 결과들이 그리 전망 있어 보이지 않는다고 걱정했다. "투자를 '조정'하는 접근방식이 별 성과를 내지 못했기 때문에 이제는 더 자유주의적인 방법에 기초하고 있습니다. 환율 통제와 무역 통제를 없애는 것이지요. 하지만 이것도 강제력 있는 집행조직 없이는 한계가 있을 것이고 경제협조처는 그 점을 잘 알고 있습니다."[26] 유럽 각국이 한곳에 모여 조정을 이룰 수 있는 틀이 필요했다. 이를 위해 이뤄진 굵직한 진전 하나가 1948년 '유럽경제협력기구OEEC'의 설립이었다. 이로써 유럽 각국 지도자가 모여 불일치를 해소하고 서로에게 조언을 할 수 있는 장이 마련되었다. 그렇지만 중요한 매듭 하나가 여전히 풀리지 않고 있었다. 바로 다자간 무역 결제 시스템이었다. 허시먼이 이 기구의 초기 실적에 대한 '핵심 평가서'에서 지적했듯이 각국이 환율 통제, 양자간 상품교환[물물교환] 거래, 양자간 협정 등을 포기하지 않으려고 해서 갈등이 일고 있었다. 허시먼은 우르줄라에게 이렇게 털어놓았다. "유럽의 [국가간] 조정가능성에 대해 우려가 점점 커지고 있어." 주권에 대한 각국의 집착이 유럽 지역의 무역과 지속가능한 회복에 막대한 장애가 되고 있었다.[27]

새로운 개념이 필요했다. 이를 위해 비셀은 허시먼에게 만약 유럽에 결제 시스템이 여러 개 존재함으로써 생기는 복잡한 문제들이 해결되고 유럽 내 무역 결제를 효과적으로 처리할 수 있는 하나의 다자간 결제 시스템이 존재한다면, 유럽 상황이 어떻게 변할지에 대해 연구해 보라고 지시했다. 비셀은 유럽이 보호주의적 지역블록을 만들도록 승인하는 것처럼 보이지 않으면서 유럽 각국의 '국가주권' 행사[이것이 유럽 부흥의 커다란 장애이므로]에 더 깊이 개입할 수 있는 범유럽 시스템을 원했다. 그리고 프랑스는 상황이 긴급했다. 1948년 프랑스는 벼랑 끝에 서 있었다. 1948년 여름에는 무정부 상태였고, 가을에는 간헐적인 폭동이 파리를 뒤흔들었다. 워싱턴의 많은 사람들은 프랑스가 붕괴하면 경제협조처의 프로그램 전체가 무너질지 모른다고 우려했다.[28] 미국에서는 유럽부흥계획의 상원 통과가 확실시되는데 프랑스에서는 불안정성이 심각해지자, 경제협조처는 허시먼을 연구통계부 서유럽-영국팀 팀장으로 승진시켰다. 비셸은 상황을 파악하기 위해 서둘러 허시먼을 파리와 로마로 출장을 보냈다.

여기에 국가를 초월한 유럽 경제체제를 상상하고 구성할 수 있는 기회가 있었다. 또한 여기에 유럽으로 돌아갈 수 있는 기회가 있었다. 사실 허시먼은 파리 응용경제연구소에 강연을 자청하기도 하고 이탈리아에서 강연을 할 수 있게 그곳 중앙은행에 있는 파올로 바피 등에게 다리를 놔 달라고 우르줄라에게 부탁하기도 하면서, 유럽에 갈 일이 생기기를 몇 달이나 고대하고 있었다.[29] 허시먼은 프랑스부터 방문했다. 연준의 경제학자 로버트 로사가 동행했다. 로사와 허시먼은 좋은 팀이었고, 허시먼은 로사와 동행하게 된 것에 감사했다. 파리에서 허시먼은 로베르 마르졸랭을 다시 만났다. 마르졸랭은 앙리 케이유 총리가 이끄는 프랑스 제4공화국에서 경제정책 실세로 떠오르고 있었다. 아마도 그는 허시먼과의 대화를 통해 자신이 프랑스에서 구상하고 있는 정책을 미국이 지지하게 만들고자 애썼을 것이다. 허시먼과 로사는 처음 프랑스에 도착했을 때보다 희망에 차서 그곳을 떠났다. 프랑스에서 그들은 "실물경제 회복이 이루어지고 있음을 보여주는 증거"를 많이 볼 수 있었다. 철강 생산이 증가하고 있었고, 드디어 풍작도 예상되고 있었다. 정치와 금융의 불안정도 잦아드는 기미를 보이고 있었다. 부분적으로는 마셜 기금의 첫 분량이 투입되어 신뢰를 주었기 때문이었다. 인플레이션도 진정 기미를 보였다. 종말적인 기사들이 나왔지만 프랑스는 올바른 경로를 걷고 있었다. 개혁에 필요한 일들은 물론 아주 많았지만, 새 정부가 그런 일들을 처리할 능력이 없다고 판단할 시점은 분명코 아니었다.[30]

허시먼은 파리에서 케이유 정부가 안정되어 가는 것을 보고서 로마로 이동해 이탈리아 중앙은행 조사국에 마련된 사무실에서 일하며 한 달 동안 머물렀다. 허시먼은 이탈리아 당국자들의 독창성과 시민들의 수완 있는 반응에 한 번 더 놀랐다. 허시먼은 1938년에 했던 것과 비슷하게 이탈리아 은행의 대차대조표와 통계국의 예산자료를 검토했고, 가장 큰 전기회사의 자료와 연차보고서 등을 조사해 공식 통계 뒤에 숨겨진 산업의 동력을 살펴보았다. 이탈리아 당국이 환율을 관리하고 리라화 가치를 안정시킬 매우 영리한(매우 모호함을 유발하는 방식이기는 해도) 방법을 고안했다면, 이탈리아 시민들은 그에 못지않은 창조성을 가지고 암시장에서 필요한 것들을 찾아냈다. 그 결과 빈곤, 문맹, 자원 분배 불균등 등 공식 지표를 보고 예상할 수 있는 정도보다 경제가 훨씬 더 역동적으로 돌아가고 있었다. 프랑스가 [여건에 비해] 저성과를 내고 있었다면, 이탈리아는 [여건에 비해] 고성과를 내고 있었다. 프랑스와 달리 이탈리아는 은행과 신용 부문의 개혁을 시작하지 않았기 때문에 인플레이션을 풀어놓게 될 위험이 있었다. 표면적으로는 이탈리아가 프랑스만큼 위기에 처한 것 같아 보이지 않았지만 사실은 매우 위험한 상태였다. 부흥 계획은 이런 점을 예의주시해야 했고, 또 이탈리아의 병목에 긴급히 투자해야 했다.[31]

허시먼은 유럽에서 그의 기본적인 낙관주의를 재확인할 수 있었고, 유럽 당국자들이 일부 언론 보도와는 달리 복지부동하면서 미국이 구해 주기만을 마냥 기다리고 있는 것이 아니라는 점도 알 수 있었다. 또 세부사항과 미묘한 뉘앙스들, 즉 '작은 것들'에 관심을 기울이는 것의 중요성도 다시금 확인할 수 있었다. '유럽'은 하나의 덩어리가 아니었고, 따라서 워싱턴이 대담한 개혁의 성과를 극대화하려면 복잡성과 특수성을 고려해야 했다.

유럽 출장에서 조심스럽게 낙관적 전망을 품고서 미국에 돌아온 허시먼은 미국 고위층에 포진한 정통 경제학 사도들에게 크게 실망했다. 이들은 수그러들 기세를 보이지 않던 유럽의 인플레이션과 무기력한 경제를 보면서 마셜 플랜이 밑 빠진 독에 물을 붓고 있는 것이 아니냐고 비판하고 있었다. 또한 이들은 유럽 국가들의 적자가 지속되고 있다는 점을 증거로 들면서 대대적인 통화가치 절하와 정부지출 축소가 있어야만 인플레이션을 잡을 수 있다고 주장했다. 하지만 허시먼은 이런 견해가 현재가 매우 특수한 상황이라는 점을 전혀 고려하지 않아서 크게 놀랐다. 일반적인 상황에서라면 인플레이션과 적자를 관련지어 생각하는 것이 "이해할 만하지만" 지금은 일반적인 상황이 아니었다. 게다가 유럽이 회복을 이어 가려면 필수재를 반드시 수입해 와야 하므로 그러한 수입품은 가격탄력성이 낮았다. 필수재의 부족을 감수하면서 '지름길 해법'을 취하자는 주장은 유혹적일 수는 있지만('산업 구조와 무역 패턴을 근본적으로 재조정'하는 것보다는 '인플레이션을 막는 것'이 더 쉽긴 할 테니 말이다), 그렇다고 그것이 옳다는 말은 아니었다.

연준에도 정통 해법을 주장하는 사람들이 많이 있었지만, 허시먼은 복잡한 문제에 대해 단순한 정통 경제학적 해법을 취하는 것에 반대했다. 게다가 정통 해법은 대중들의 무차별적인 '리플레이션' 요구로 이어져 인플레이션을 꺾기 이전의 상황으로 되돌아가게 될 위험도 있었다. 8월에 연준에 회람된 내부 메모에서 허시먼은 경제협조처의 분석과 처방을 더 강력하게 옹호하면서, 인플레이션과 무역적자 사이에서는 **"인과관계가 양방향으로 작동한다"**고 주장했다. 인플레이션이 반드시 모든 문제의 근본 원인이라고는 볼 수 없었다. 인플레이션은 기저의 변화가 제대로 이루어지게 하려면 감내해야 하는, 즉 근본적인 경제적 전환에 수반되는 결과일 수도 있었다. 그는 "치료가 질병보다 더 해로워지는 상황을 만들지 말아야 한다"고 촉구했다.[32]

얼핏 보면 허시먼이 경제 문제에 대해 시장 해법을 폐기한 것으로 보일 수도 있다. 실제로 그의 '비정통적인' 해법은 경제사상사에서 주된 공헌으로 여겨지곤 한다. 하지만 허시먼식의 '비정통 해법'이 시장 해법을 꺼려한다고 해석하는 것은 지나치다. 통화주의적 해법의 단순성을 비판하기는 했지만 그는 여전히 시장이 유럽 부흥의 기본적인 동력이라고 보았다. 이런 점은 현지 산업을 육성하기 위해 유럽이 일시적으로 미국 상품을 '차별하는' 무역정책을 펴야 한다는 주장을 허시먼이 비판한 데서도 알 수 있다. 《이코노미스트》 등은 유럽의 무역 불균형을 해소하려면 미국 상품의 과잉을 제약해야 한다며 유럽이 차별적 무역정책을 펴야 한다고 주장했는데, 허시먼은 이것이 잘못된 경제학에 기반하고 있으며 좋은 효과를 내기 어려운 정책이라고 생각했다. 통화 평가절하나 재정 긴축과 마찬가지로 차별적 무역정책도 복잡한 문제에 단순화된 해법을 제시하는 것에 불과했다. 허시먼은 정말로 필요한 일은 "이제까지 대부분의 유럽 국가들이 보여 온 것보다 훨씬 큰 유연성과 국가간 조정에 협력하려는 각국의 의지"이며, 이는 시장을 닫는 것이 아니라 여는 것을 의미한다고 보았다.

이러한 관점은 비셀의 지시로 미래의 유럽 무역 질서를 시뮬레이션한 허시먼의 보고서에 더 명확히 드러나 있다. 허시먼은 생각을 정리하면서 가장 친한 동료인 찰리 킨들버거와 레이먼드 버트런드에게 의견을 구했다. 그리고 유럽 경제의 통합을 주장하는 자신의 견해를 다음과 같이 요약했다. "(유럽 경제의 통합은) 그 방향으로 진전하는 데 장애가 되었던 많은 문제들을 해결할 것이다." 허시먼이 보기에 유럽에는 '숨어 있는 부'가 있었지만 그것이 대부분 암시장에서 번성하고 있었다. 숨어 있는 부를 열린 시장으로 나오게 만들어야 했다. 즉 여러 시장 간의 더 자유로운 흐름이 존재해야만 정통 경제학적 처방도 효과가 있을 수 있었다.[33]

경제협조처의 상사들처럼 허시먼도 두 극단 사이에 끼여 있었다. 한쪽에는 전 세계를 아우르는 개방무역을 주장하는 사람들이 있었다. 그들은 지역블록을 장벽으로 보았으며 내부적인 불균형들을 없애는 정통 경제학적 해법을 주장했다. 그들에 따르면 엄격한 통화 처방과 시장 개방만이 달러 갭을 해결할 수 있는 방법이었다. 다른 한쪽에는 국가주의자들이 있었다. 그들은 국내 시장을 보호함으로써 생산과 일자리를 지키려고 했다. 그들에 따르면 국내 수요를 외부와 단절하고 그것을 정부지출로 증대시키면 회복을 이룰 수 있었다. 하지만 허시먼은, 이렇게 논쟁이 보편주의자와 국가주의자 간의 싸움이 되는 한 아무것도 이룰 수 없으며 미국은 끝없이 구제자금을 쏟아붓게만 될 것이라고 생각했다. 미국의 여론이 그것을 얼마나 오래 지지할 수 있을까? 1948년 가을의 신거는 잔혹했고 빈공 히스데리가 최고조에 달했다. 지치고 허약해진 마셜은 자리에서 물러났고, 뒤를 이은 딘 애치슨은 공산주의자가 국무부의 '제5열'을 이루고 있다는 주장을 과감하게 무시할 수 있는 처지가 못 되었다. 설상가상으로 미국 경제가 침체되기 시작했다. 유럽 시장이 축소되었고 무역 불균형은 더 심해졌다. 허시먼은 이런 상황에 몰려 미국 정부가 국수주의적인 방향으로 선회할까 봐 우려했다.[34]

1949년 초에는 이런 우려가 점점 더 커지고 있었다. 자칫하면 허시먼과 비셸이 공유한 큰 그림이 사라지게 될지도 몰랐다. 근시안적 대응이 장기적인 조정을 저해하고 있었다. 이전해 4월에 유럽 국가들은 '유럽경제협력기구'를 만들면서 국가간 협력과 조정의 첫걸음

앨버트 허시먼

을 뗀 바 있었다. 로베르 마르졸랭이 이곳의 첫 사무총장이었는데, 각국의 의견이 상충하는 경우가 많아서 어려움을 겪었다. 각국은 부채와 무역 결제의 복잡한 격자를 풀어낼 공동의 틀을 어떻게 만들지에 대해 좀처럼 합의에 이르지 못했다. 허시먼은 경제협조처의 상사들에게 파리의 마르졸랭을 지원해야 한다고 촉구했다. 토미 톰린슨이 경제협조처 파리사무소에서 유럽경제협력기구와 워싱턴 경제협조처 사이의 의사소통을 담당하고 있었기 때문에, 워싱턴에서 나오는 아이디어의 상당 부분이 마르졸랭에게 전해졌고 마르졸랭의 아이디어 상당 부분이 워싱턴으로 전해졌다. 마르졸랭은 그가 보고 있는 문건들이 옛 제자의 글임을 알아보았을까? 아마도 그랬을 것이다. 어쨌든 분명한 것은, 마르졸랭이 미국 쪽 파트너인 경제협조처 사람들을 수완 있게 다루어서 유럽 각국 통화가 서로 이전 가능하도록 만드는 [다자간 결제] 시스템에 대한 계획안을 내놓게 만들었다는 점이다. 이렇게 해서 양자주의에서 다자주의로 전환할 수 있는 길이 마련되었다.[35] 이는 워싱턴의 정책 결정자들도 손을 들어줄 수 있을 법한 제안이었다.

허시먼에 따르면, 현재로서 경제협조처는 마셜 기금을 받는 국가들과 개별적으로 협상을 하고 있었고 그들이 서로의 차이와 불일치를 극복하도록 강요하지는 못하고 있었다. 다소 길지만 허시먼이 작성한 보고서 중 하나의 결론을 여기에서 인용해 보자. "좁은 의미의 마키아벨리적인 관점에서 통합된 유럽이 생기는 것이 미국에 유리하지 않다는 주장이 있어 왔다. 하지만 현재의 경험이 보여주는 바,

우리[미국]가 유럽을 전체로서 본다면 우리의 이익은 유럽의 통합에 의해서만 달성될 수 있음을 알 수 있다. 그래야만 우리가 현재처럼 부차적인 참여자로서의 위치가 아니라 더 동등한 위치에서 협상에 참여할 수 있을 것이다."[36] 즉 미국은 유럽을 **하나의 지역으로** 다루어야 했다.

유럽에서 각국의 주권을 '연방화'해야 한다는 주장은 경제협조처 실무팀에서 꽤 오랫동안 논의되고 있었고 허시먼도 이 개념을 지지했다. 그리고 이제 경제협조처는 유럽 국가들이 유럽 지역 내에서 더 자유로운 무역 시스템이 구축되는 것을 전제로 해서 지속가능한 상환 계획을 제출하도록 압력을 행사할 의지가 있었다. 1949년 10월에 해럴드 반 B. 클리블랜드와 테오도어 가이거는 비셀 팀의 제안을 요약해 두 편의 보고서를 작성했다. 이들은 서유럽 경제권이 "통합의 방법"을 찾아야 하며, 그렇게 유럽이 연합된 형태가 되는 것이 "서유럽 문명을 회복시키고 안정과 성장의 새로운 시기를 준비할 수 있는" 최선의 방법이라고 주장했다. 위기를 기회로 만들어야 할 때였다. 몇 주 뒤 클리블랜드는 허시먼에게 연방화된 유럽의 통화 구조에 대해 개요를 작성해 달라고 요청했다. 2차대전이 끝난 지 2년도 되지 않아서 허시먼은 팔을 걷어붙이고 '유럽 중앙은행과 유럽 통화 프로젝트'의 초안을 잡기 시작했다. 끝내기까지는 상당한 시간을 들여야 했다. 어쨌든 이 일을 하게 되어 허시먼은 신이 났다. 그는 우르줄라에게 이렇게 전했다. "경제협조처가 드디어 진짜 압력을 행사할 준비가 된 것 같아."[37]

앨버트 허시먼

파리와 워싱턴의 관점이 일치하면서 마셜 플랜은 근본적인 도약을 이루게 되었다. 호프먼은 비셀 팀이 작성한 보고서들을 가지고 적극적인 정책 옹호 활동에 나섰다. 그는 유럽경제협력기구에 직접 가서 유럽이 달러 갭을 영구적으로 끝내려면 완전히 새로운 무역 구조가 필요하다고 강렬한 연설을 했다. 국무부는 경제협조처가 외교에 너무 깊이 관여한다고 생각했지만 호프먼은 멈추지 않았다. 이 무렵 호프먼은 관료적으로 배배 꼬여 있는 행정 세계에 진력이 나고 성질 사나운 의회에 좌절해 사기가 다소 저하된 상태였다. 그는 마지막 한 방을 위해 힘을 그러모았다. 그의 연설에서 '통합'이라는 단어가 열다섯 번이나 나왔다. 그리고 이번에는 유럽 지도자들이 화답할 준비가 되어 있었다. 마르졸랭의 지휘 아래 유럽경제협력기구는 '유럽에서 하나의 큰 시장'을 열기 위해 회원국들이 상호 수입제한을 풀도록 강력한 조치를 취하겠다는 목표를 즉시 선포했다. 유럽경제협력기구의 이러한 움직임에 힘을 얻은 호프먼은 미국 의회에서 더 많은 자금을 확보하기 위해 서둘러 워싱턴으로 돌아왔다. 그리고 자동차회사의 CEO 출신답게 유럽 시장이 통합되면 '규모의 경제'가 발생해 유럽에 지원하는 자금이 더 효율적으로 쓰이게 될 것이라고 설득력 있게 주장했다.

무대 뒤에서 허시먼은 유럽이 어떻게 양자주의의 '유혹'을 영구히 떨치고 협력할 수 있을지에 대한 세부사항을 연구했다. 양자주의의 '유혹'이 국제 교역에 내재되어 있다고 보았던(첫 번째 책의 주장) 견해가 오랜 세월 동안 숙성되어 온 셈이었다. 클리블랜드는 허시먼에게 '공동 통화 당국'이라는 개념을 생각해 보면 어떻겠느냐고 제안했다. 물론 허시먼은 각자 자국의 주권을 재건해야 할 임무를 띤 국가 지도자들이 초국가적인 기구를 설치하기란 대단히 어려울 것이라고 생각했다. 하지만 그것을 상상할 수 없다는 말은 아니었다. "경제 및 재정적인 면을 주권국가만이 다룰 수 있는 것으로 여기는 제도를 아예 폐지하지는 못하더라도, 그런 특성들을 조정해서 새로운 제도를 만드는 것은 가능할지도 모른다. 이를테면 각국의 충돌하는 이해관계 속에서도 드문드문 존재하는 '틈새'에 지어지는 제도로서 말이다." 이어서 허시먼은 통화 안정을 위해 협력하는 것부터 제도적인 혁신을 만드는 것까지 단계적 지침을 제시했다. 허시먼이 보기에 문제는 유럽이 공동 통화를 가져야 하느냐의 여부가 아니라 '각국에 불가능한 것을 요구하지 않으면서 유럽의 금융과 재정을 상호 긴밀히 연결시킬 수 있는 통화 금융 조직의 구조'를 어떻게 생각해낼 것이냐였다.

허시먼은 '공동 통화'라는 개념을 평가절하하지는 않았지만 그 자체가 목적이 아니라 더 큰 통합시장을 위한 수단임을 분명히 했다. 그는 이것이 19세기 자유교역의 원칙으로 돌아가되 당시에 시스템을 지나치게 경직적으로 만든 금본위제만은 제외한 것과 비슷하다고 생각했다. 금본위제는 각국에 너무 과도한 경직성을 강요한 나머지 국가들이 자유시장 원칙을 아예 이탈해서 국수주의와 양자주의 쪽으로 돌아서게 만든 전례가 있었다. "19세기에 각국의 경제를 상호 조정시킨 방법은 대외 경제 상황에 따라 국내 경제가 무조건 자동 조정되게 만든 것이었다. 그것이 각국의 국내 경제에 얼마나 심각한 결과를 일으키든 간에 말이다. 그런데 이것은 완전 고용을 유지하고 지속적으로 삶의 질을 높여야만 정치적으로 생존할 수 있는 현대 국가의 정부로서는 불가능한 일이다." 이제는 금본위제를 이을 새로운 조정 수단이 필요했고, 그 조정 수단은 각국 정부가 정치적 정당성을 위해 필요로 하는 것들에 대해서는 더 유연하게 여지를 허용하면서도 경제적인 면에서는 무역을 통해 이웃 국가들과 상호의존적이 되게 만들 수 있는 것이어야 했다. 허시먼은 이 글에 〈유럽통화 당국〉이라고 제목을 붙였고, 이 청사진은 경제협조처 상부에서 '내부 메모'로 회람되었다.[38]

당시로서는 아직 시기상조인 과감한 개념이었다. 그러는 동안 유럽이 자신의 계획을 내놓았다. 바로 '유럽결제동맹'이었다. 이에 대한 평가를 담은 보고서에서 허시먼은 유럽결제동맹이 다자주의로 가는 초석이라고 환영했다. "명백히 국제 교역의 가장 큰 이득은 모든 국가가 가장 저렴한 시장에서 구매할 수 있을 때 달성된다." 허시먼은 이것이 19세기 중반에 번성했던 시스템으로 돌아가는 것이라고 생각했다. "우리 앞에 놓인 선택지는 통합이냐 아니면 현 상황의 유지냐가 아니라, 적어도 1차대전 이래로 오랫동안 유럽에서 거침없이 진행되어 온 느린 **분열**의 과정을 멈추고서 그것을 되돌리려는 의지가 있느냐이다." 유럽결제동맹 같은 일반적인 합의의 틀이 없다면 "경기변동상의 것이건 그 외의 것이건 충격이 올 때마다 국가경제는 그 충격에서 벗어나기 위해 보호주의적인 정책을 계속해서 더 도입하려고 할 것"이었다. 따라서 목표로 삼아야 할 것은 무역 자체만을 위한 무역이 아니라 "평화를 위한 싸움이라는 맥락에서 튼튼한 서유럽 사회를 육성하는 것"이어야 했다.[39]

훗날 비셀은 유럽결제동맹이 "마셜 플랜의 가장 큰 성취"였다고 회상했다. 마르졸랭도 유럽결제동맹이 "협력의 습관을 만들기 위한 초석"이었다며 "마셜 플랜이 이룩한 가장 큰 정치적 성공"일 것이라고 언급했다.[40] 드디어 유럽의 무역은 1930년대에 급증한, 그리고 너무나 없애기 힘들었던 복잡한 양적 규제의 난관에서 벗어났다. 허시먼은 국무부에서 진행한 강연에서 유럽의 지역적 통합이 세계적인 통합을 방해하는 무역블록이 될지 모른다는 우려를 불식시키기 위해 노력했다. 허시먼은 다자주의를 "다중적으로 접근해야 한다"고 주장했다. 지역적인 통합이 전 세계적으로 무역장벽을 제거하려는 노력에 힘을 실어주는 쪽으로 작용할 수 있다는 것이었다. 이제까지 개별 국가들의 무역장벽을 낮추는 것은 대단히 어려웠다. 무역장벽을 없애는 가장 쉬운 방법은 [한꺼번에 세계 전체로 개방하기보다] 인근 나라들부터 먼저 개방하는 것일 터였다. 이는 유용하면서도 당장 실행 가능한 조치가 될 수 있었다. 이렇게 해서 지역적으로 장벽이 제거되면 이 과정은 자기강화적인 탄력을 받을 수 있을 것이었다. 국무부 공직자들에게 허시먼은 이렇게 말했다. "그러므로 저는 이것이 하나씩 접근할 것이냐, 전체적으로 접근할 것이냐의 양자택일 문제라고 생각하지 않습니다." 이는 허시먼이 변화를 이루는 단 하나의 최적의 길을 생각하기보다 다층적이고 다중적인 전략들을 생각

하는 '개혁가적 방식'을 취하자고 공개적으로 주장한 첫 번째 강연이었다.[41]

개혁이 순조롭게 진행되면서 역설적인 결과가 초래되었다. 경제협조처의 노력이 성과를 이루어 유럽 경제가 회복되기 시작함에 따라 경제협조처의 존재 이유가 점점 사라진 것이다. 국가경제를 개방경제적으로 생각해야 할 필요성은 이제 절박함이 줄어들었다. 아이러니하게도, 유럽이 드디어 회복되기 시작하자 허시먼의 접근방식에 대해 열렸던 문은 닫히기 시작했다. 게다가 1949년에는 중국 공산당이 국민당을 밀어내고 본토를 장악했으며, 이듬해 1월에는 마오쩌둥이 모스크바를 방문해 1개월이나 체류하면서 스탈린을 만났다. 같은 달 앨저 히스[국무부 고위 관료였으나 소련 스파이로 밝혀졌다]가 위증죄로 기소되었고, 리처드 닉슨은 국무부가 "애치슨을 필두로 한 공산주의 유화론자들의 무리"가 되었다고 비난했다. 물리학자 클라우스 푹스가 체포되고 핵 기밀이 소련에 누출되었다는 사실이 드러나면서 상황은 더 나빠졌다(이때는 소련이 원자폭탄 개발에 성공했다는 사실이 알려졌을 때였다). 조지프 매카시는 공산주의자 색출을 부르짖었다. 1950년 여름에는 북한이 남한을 침공했고 서울은 북한군에 점령되었다. 더글러스 맥아더 사령관의 지휘 하에 유엔 국가들의 파병이 결정되었다. 북한이 남한을 침공하고 사흘 뒤에 미 의회는 40억 달러의 군비 지출을 승인했고 유럽부흥계획에 책정된 예산을 2억 달러 삭감했다. '상호방위'가 '경제협력'을 밀어냈다.[42]

냉전은 허시먼식의 개방적 개혁주의를 압박했다. 그리고 베를린의 동서 분할은 그의 개인적인 심경에도 큰 영향을 미쳤다. 새로운 서독 통화 도이치마르크 발행은(소련은 이에 크게 반발해 베를린에 경제 봉쇄를 단행했다) 연준 동료들 사이에서 열띤 토론의 주제였다. 1949년 중반 우르줄라에게 보낸 편지에서 허시먼은 소련이 패배해야만 세계 평화가 가능할 것 같다고 언급했다. 그러자 화가 난 누나는 허시먼이 미국의 전쟁광이 되었다고 비난했다. 허시먼이 이에 대해 쓴 답장은(소련의 봉쇄가 풀릴 무렵에 씌었다) 그의 이념이 베를린의 사회주의자 시절에서 어떻게 변화했는지 보여주는 지표라고 할 만하다. "물론 누나의 나에 대한 판단을 내가 바꿀 수는 없겠지. 하지만 틀린 말만은, 특히 나에게 순응주의자라고 한 오해만은 바로잡고 싶어." 허시먼은 "러시아에 대해 [미국이] 선제적으로 전쟁을 일으키는 것"을 시시하지는 않았다. 그가 지지한 것은 "러시아 내에서 스탈린 체제에 반대하는 혁명적 저항이 일어나는 것"이었다.

편지의 행간에서 자신을 이해하지 못하는 누나에 대한 서운함이 읽힌다. "누나가 나를 순응주의자라고 하다니 말도 안 돼." 그의 서운함은 워싱턴에서 점점 고립되어 가는 힘겨움을 누나가 몰라준다는 점 때문이었다. "내가 가진 신념이 내가 사는 곳의 환경과 얼마나 부합하지 않는지를 누나가 안다면!" 겸손도 유머도 없고 세계 문제를 '경제에 대한 광범위한 국가 개입으로 풀려고 하는' 착한 '진보주의자'들에 둘러싸여 있는 것만도 힘든데, 단순한 설명 모델과 단순한 세계관은 그것이 어떤 것이건 간에 **모두** 반대한다는 것이 자신의 입장임을 누나가 이해하지 못해서 상처를 받았다. 바로 그 점이 독일에서의 어린 시절 이후로 그의 견해에서 달라진 점이었으니 말이다. 하지만 상처를 받기는 했어도 놀라지는 않았다. 허시먼은 누나가 전에 남편 에우제니오에 대해서도 이러한 면을 이해하지 못했다고 생각했기 때문이다. 허시먼은 어린 시절 누나와 함께 가졌던 신념의 순수성에 집착하기 위해 의심과 회의라는 더 풍성한 지적 태도를 포기하지는 않을 터였다. 또 냉전 시기 미국인들의 확신에 부합하고 주류 미국인들이 생각하는 자유 개념에 끼워맞추기 위해 의심과 회의의 태도를 포기하지도 않을 터였다.[43]

세세한 뉘앙스까지 알 수 없었던 우르줄라는 동생이 점점 고립되고 있는 줄을 잘 몰랐다. 경제협조처는 점점 더 존재 이유와 활력을 잃어 갔다. 1950년 이후로는 유럽이 스스로 재건과 통합을 지탱할 수 있는 가능성이 높아지고 있었다. 애초에 유럽부흥계획은 영구적인 것이 아니었다. 영구적이었다면 그것이 생긴 이유에 어긋나는 일이었을 것이다. 하지만 경제협조처가 힘을 잃고 있는 것은 유럽이 회복되고 있기 때문만은 아니었다. 부처간의 행정적인 알력 때문에 생기는 문제도 컸다. 국무부는 경제협조처가 영향력을 행사하는 것을 늘 싫어했다. 그리고 이때쯤에는 재무부도 경제협조처에 적대적이었다. 재무부는 전 지구적인 보편 자유시장을 옹호했기 때문에 지역블록을 경멸했다. 또 '통화정책자문위원회'도 연준 국제팀을 못마땅하게 생각하고 있었다. 이 위원회에는 전 세계적인 보편 다자주의를 주창하는 사람들이 많았고, 이들은 경제협조처의 정책이 지역블록을 만드는 것이라며 맹렬히 비난했다. 호프먼은 유럽결제동맹이 만들어지면서 자신의 역할이 끝났다고 생각했다. 의회의 공격에 더이상 버틸 수 없었던 그는 경제협조처장을 그만두고 포드재단으로 자리를 옮겼다. 1952년 초에는 비셀도 뒤를 이어 그곳을 떠났다. 허시먼의 친한 동료였던 테오도어 가이거는 '국가계획협회National Planning Association'로 자리를 옮겼다. 미아티코 건물의 경제협조처 사무실은 이제 다른 용도로 쓰이게 되었다.

외부에서 보면 허시먼은 직업적으로 성공을 거둔 것 같았다. 그리고 가정생활도 성공적으로 보였다. 허시먼 가족은 드디어 메릴랜드 체비체이스에 집을 마련해 정착했다. 안락한 교외 지역의 나무가 우거진 거리에 면한 2층 목조 주택이었다. 헬렌 야시와 죄르지 야시(LSE 시절 친구로, 허시먼이 워싱턴에서 첫 직장을 구할 수 있게 해 준 사람) 부부의 집과 가깝다는 장점도 있었다.

미국 교외에서의 생활은 즐겁기도 했지만 힘겹기도 했다. 앨버트는 아이를 더 낳아서 큰 가족을 꾸리고 싶어했지만 새러는 그렇지 않았다. 새러에게는 교외에서 가정주부로 생활하는 것이 스파르타식 훈련 같았다. 훗날 새러는 이렇게 회상했다. "허시먼은 곧바로 아이를 하나 더 갖고 싶어했지만 나는 그렇지 않았어요." 앨버트는 우르줄라에게 편지를 썼다. "아이를 하나 더 낳는 것에 반대할 수 있는 유일한 주장은 우리가 여행할 수 있게 되는 때가 미뤄진다는 것뿐이지만 찬성할 수 있는 주장은 아주 많잖아?"

1946년 10월 17일에 둘째딸 리사가 태어났다. 언니 카티아와는 두 살 터울이었다.[44] 허시먼은 카티아와 함께 병원에서 아기가 태어

앨버트 허시먼

나기를 기다렸다. 출산은 순조로웠고 허시먼 가족은 포드 자동차를 타고 아기 리사와 함께 메릴랜드로 돌아왔다. 앨버트는 직장 사람들에게 시가를 돌려야 하는지 잘 몰라서 걱정이 되었다. 그게 미국 관습이라고 들은 적이 있었기 때문이다. 결국 돌리지 않기로 했지만 동료들에게 결례를 범한 것이 아닌가 싶어 안절부절못했다. 이것이 아버지가 되는 과정에서 그가 겪은 가장 큰 스트레스였다.[45] 앨버트는 퇴근 후 집에 돌아오면 행복하고 똑똑하고 활기 넘치는 딸들이 반겨 주는 것이 너무 좋았다. 또 주말이면 딸들을 데리고 근처로 놀러 다녔다. 워싱턴의 유명한 동물원이 단골 행선지였고, 비슷한 또래의 아이들이 있던 야시의 집에도 자주 놀러 갔다. 또 '파파'[허시먼]에게 뒤뜰은 창조적인 놀이가 끊임없이 솟아나는 장소였다. 한번은 카티아가 자신의 생일에 파파가 출장을 가야 한다는 이야기를 들었다. 생일날 나뭇잎이 수북한 뒤뜰에서 쿵쾅거리며 친구들과 뛰어놀고 있는데 한 노인이 커다란 가방을 들고 집으로 들어왔다. 아이들은 멈칫거리며 낯선 침입자가 누구인지 몰라 눈치를 살폈다. 뜰 안으로 들어온 노인이 수염과 허름한 옷을 벗었다. 선물보따리를 들고 온 파파였다. 아이들은 신나서 소리를 질렀다.[46]

교외 생활의 단조로움은 허시먼보다 새러를 더 힘들게 했다. 허시먼은 적어도 날마다 워싱턴의 사무실로 탈출할 수 있었다. 파리와 비교하면 말할 것도 없고 버클리에서의 생활에 비해서도 워싱턴은 너무 지루했고, 점점 더 지루해지고 있었다. 교외에서의 삶은 우울했다. 집안일을 도와 줄 사람도 구했고 친절한 이웃도 있었지만 동네는 질식할 것 같은 분위기였다. 새러는 날씨가 좋으면 딸들을 옷을 입히지 않은 채 뜰에서 뛰어놀게 했다. 그런데 지나가던 차들이 속도를 늦추고는 찌푸린 얼굴로 쳐다보았다. 새러는 한 이웃에게 차들이 왜 집 앞에서 섰다 가냐고 물어보았다. "어휴, 당연하지! 아이들을 홀딱 벗은 채로 놀게 하잖아!" 새러는 얼굴이 빨개졌다.[47] 새러와 달리 앨버트에게는 직장과 동료가 있었다. 죄르지 야시나 한스 란츠베르크 같은 친구들, 그리고 연준 동료인 러시아 출신 경제학자 폴 배런(1949년에 스탠퍼드로 간다)이 집에 놀러 오기도 했는데 경제학을 모르는 새러는 이들의 대화를 따라갈 수 없었다. "나는 무슨 이야기를 하는 건지 하나도 알아들을 수가 없었어요." 새러의 가장 친한 친구인 헬렌 야시도 경제학자였다.

하루는 앨버트가 새러에게 카풀로 같이 출퇴근하는 사람의 아내를 소개시켜 주었다. 러시아인으로 전쟁신부[해외 파병된 미군과 결혼해 미국으로 온 외국인 아내]였으며, 워싱턴 교외 생활에 적응하지 못하고 있었다. 하루종일 집에서 시간을 보낸다고 했다. "새러, 집에서 나 혼자, 너무 외로워요. … 아, 모스크바에 있었을 때는…." 새러는 그 여성이 깊은 절망에 빠져 있는 것을 보고 함께 시간을 보내려고 노력했다. 그러던 어느 날 새러는 그 여성이 집에서 혼자 있다가 자살했다는 소식을 들었다.[48] 자신을 위해 무언가 할 일을 찾아야겠다는 생각에 새러는 해외 파견이 예정된 공무원에게 언어를 가르치는 파트타임 일자리를 구했다. 미국이 세계제국이 되어 가면서 해외 파견 예정인 공무원이 점점 많아지고 있었다. 이 일로 새러는 어느 정도 밖에서 시간을 가질 수 있었고 친구도 사귈 수 있었다. 그리고 파트타임이어서 아이들이 하교할 시간에는 집에 돌아올 수 있었다.

새러가 겪은 어려움은 워싱턴의 문제를 거울처럼 닮아 있었다. 1948년 여름 하원 비미활동위원회HUAC는 '적색 공포(공산주의에 대한 공포)'를 한 단계 더 높였다. 8월 13일 해리 덱스터 화이트(이때는 재무부를 떠나 국제통화기금에 미국 대표로 가 있었다)가 매카시가 제기한 혐의를 해명하기 위해 하원 비미활동위원회에 소환되었다. 그는 사흘 뒤 심장마비로 숨졌는데, 자살이라는 소문이 파다했다. 이듬해 중국에서 마오쩌둥이 국공내전에서 승리하자 상황은 더 악화되었다. 매카시는 오하이오 카운티 여성 공화당원 클럽에서 미국이 냉전에서 패배하고 있다며 딘 애치슨의 국무부와 워싱턴의 배반자들이 주범이라고 주장했다. 1950년 가을에는 의회가 반공법인 국내안전보장법(일명 매캐런법)을 통과시켰다. 이 법으로 인해 반역 행위가 의심되는 사람들에 대한 법무장관의 수사 권한이 대폭 확대되었다. 피의자는 출입국이 금지될 수 있었고 유죄가 인정되면 시민권을 박탈당할 수도 있었다. 자신이 의심받고 있다고 생각하는 사람들은 극도의 공포감을 느꼈다. 허시먼도 이 무렵에는 그런 두려움을 느끼고 있었다.[49]

앨버트는 교외 생활의 덫, 그리고 연준에서 급속히 악화되고 있는 상황의 덫에서 벗어나야겠다고 결심했다. 그는 늘 유럽으로 돌아갈 열망을 품고 있었고, 새러와 그에 관해 이야기를 나눈 적도 많다. 또 그들은 집에서 프랑스어를 사용했고, 파리 좌안Left Bank[센 강의 좌안. 많은 예술인과 지식인이 활동한 문화의 중심지이기도 하다]의 지적 조류를 따라잡기 위해 최선을 다했다. 하지만 허시먼은 성공한 사람이 되어 돌아가고 싶었다. 1948년 초 그는 누나에게 이렇게 편지를 썼다. "국제은행 연구원이나 유럽부흥계획의 맥락에 있는 분야에서 유럽에 정착할 수 있을 만한 선택지들을 계속 찾아보는 중이야. 중요한 건 이름을 좀 알린 뒤에 좋은 기회를 잡는 거야." 이것이 그가 미친 듯이 일을 한, 그리고 출판을 최대한 많이 하려고 한 이유 중 하나였다. 경제협조처 파리사무실을 열 때 초기 정착 업무를 맡을 사람으로 추천되기도 했고 제네바에 유럽경제위원회가 생길 때 합류를 제안받기도 했지만, 그는 아직 워싱턴이 좋은 기회를 잡을 수 있는 가장 전망 있고 보람 있는 곳이라고 생각했다.[50]

하지만 한두 해가 지나자 분위기가 현저하게 달라졌다. 적색 공포는 더 심해졌고, 여러 기관의 구성원들로 구성되었던 그의 팀은 해산되었으며, 연준의 상사는 허시먼에게 주었던 자율성을 제한했다. 1950년 6월 경제협조처는 대대적인 구조조정을 단행했고 연준은 인원을 대거 조정해 국제금융부를 신설한다고 했다. 새로운 부장은 하버드대학을 졸업한 통화이론가 아서 W. 마깃이었는데, 케인스주의를 맹렬히 비판하면서 거시경제의 '정통 이론'으로 돌아가자고 주장하는 사람이었다. 그가 보기에 연준은 건전하지 않은 비정통적 견해를 받아들이느라 본연의 업무에서 벗어나 있었다. 각 부서의 여러 인재들이 모여 통합적인 협력을 하던 시기는 끝났고, 허시먼은 좌절했다. 일을 마치고 돌아오면 새러와 딸들에게 인사를 하고는 곧바로 계단을 올라가 서재에 틀어박혔다. 새러는 걱정이 되었지만 어떻게 해야 할지 몰랐다. 새러는 허시먼의 혼자만의 시간을 존중하고자 했다. 하지만 평소 같으면 쾌활했을 남편이 혼자서 몇 시간이고 틀어박혀 있는 것을 보면서 무언가 단단히 잘못되고 있다는 것을 알 수 있었다.

허시먼이 연준에서 작성하는 보고서는 점점 더 단순하고 기술적인 것이 되었고 출간도 뜸해졌다. 유럽결제동맹이 결성되고 나서 비셀의 팀은 해체되기 시작했고 팀원들은 각자 원래 부서로 돌아갔다. 1950년 여름 이후 그가 보고서를 다시 쓰기까지는 1년이 걸렸다. 통화 평가절상의 효과에 대한 짧은 보고서였다. 한국전쟁 발발 이후 재무장의 필요성이 생긴 것을 감안해서 유럽 국가에 대한 대출 기준을 재검토한 보고서는 제출했지만 회람되지는 않았다.[51] 1951년 9월에는 유럽결제동맹과 벨기에의 흑자를 분석한 보고서를 작성했지만 경제통합을 주장하는 그의 특징적인 주장은 빠져 있었다.[52] 이것이 그가 작성한 마지막 보고서였다. 허시먼은 우르줄라에게 오랫동안 편지를 보내지 못해서 미안하다며 "누나가 짐작했듯이 안 좋은 일이 있어서 그랬다"고 설명했다. "몇 가지 일들이 잇따라 일어나서 말이야. 당장 일상적인 업무를 할 수 있는 에너지만 겨우 낼 수 있을 정도로 우울했어." 우르줄라는 뒤에 이어진 내용을 보면서 허시먼이 그들 남매가 함께 겪은 과거를 이야기하고 있음을 알아차렸을 것이다. "살아가고 창조하는 것이 아무런 중요한 것도 만들지 못하는 시기로 다시 돌아가기 시작한 걸까? 그러니까 생존만이 문제가 되는 시기로 말이야. 그 결정은 대체로 개인적인 것이라고 생각해. 하지만 나는 대응하고 적응할 시간이 필요해."

그런 와중이었지만 좋지 않은 상황에서도 늘 긍정적인 면을 찾아내는 허시먼은 안으로 눈을 돌려 위안을 찾았다. 마셜 플랜으로 바쁘던 동안 소홀했던 가족과 (카프카를 포함한) 책이었다. "내가 새러와 아이들하고 아주 잘 지내서 너무 다행이야. 적어도 그들을 행복하게 하는 것이 의미 있는 일이고, 나를 행복하게 하는 일이라는 데는 의심의 여지가 없으니까. 나는 요즘 야근을 덜하고 주말에는 가족이랑 친구들과 시간을 더 많이 보내고 있어. 심지어 책 읽을 시간도 더 많이 내고 있고."[53]

그가 편지에서 언급한 '결정'은 무엇이었을까? 허시먼은 지금의 상황에서 벗어나고 싶다는 생각이 간절했다. 파리로 돌아간다는 계획은 이제 절실해졌다. 허시먼은 토미 톰린슨에게 연락을 취했고 그는 리볼리 가에 있는 미 재무부 파리사무소로 허시먼이 파견될 수 있는지 알아보기 시작했다. 7월에 허시먼은 톰린슨에게 보낸 장문의 편지에서 경제협조처가 냉전 상황과 재무장의 압력 때문에 재조정될 것 같다고 전했다. 호프먼이 떠난 뒤 경제협조처는 붕 떠 있었으며, 허시먼과 가장 친한 동료였던 비셀이 맹장염 합병증으로 입원하는 바람에 더욱 그랬다. 그리고 이런 분위기에서 그가 경제협조처에 그리 오래 있지 못할 것이라는 소문도 돌았다. "통합된 유럽이라는 목적을 위해 커다란 모멘텀을 만들 역사적 기회를 지금 우리가 놓치고 있는 것 같아요." 허시먼은 톰린슨에게 이렇게 전했다. 허시먼은 유럽, 특히 프랑스의 상황을 조사하면서 프랑스가 유럽의 리더가 되어야 한다고 생각했다. 그는 유럽으로 자리를 옮길 기회가 생기기를 바라면서 톰린슨에게 '유럽통합군'을 만들자고 제안하기도 했다(그러니까, '거대 계획'을 통해 변화를 일으킨다는 개념을 완전히 버린 것은 아니었던 모양이다).[54]

다른 대비책도 알아보고 있었던 것을 보면 허시먼도 승산 없는 시도라는 것을 알고 있었던 것 같다. "현재로서는 모든 것이 너무 어려워 보여. 폭풍 직전의 고요 같아. 나는 내 삶을 완전히 바꾸려고 생각 중이야. 하지만 당연히 이제는 그게 더이상 그리 쉬운 일이 아니야. 모든 것을 철저히 따져보고 다 미리 준비해야 하니까." 한 가지 가능성은 이탈리아에서 프로젝트가 될 만한 아이템을 찾아보는 것이었다. 허시먼은 이탈리아에 일하러 가는 것을 상상했다. "이탈리아로 연구 출장을 간 다음 그곳에서 뭔가 영구적인 일자리를 알아보는 거야. 농촌 개혁 문제와 관련해 협업을 하면 매우 흥미로울 거야." 심지어 허시먼은 "농기계를 사서 이탈리아 농촌에 임대하는 것"도 생각하고 있었다. 오만 가지 아이디어가 떠올랐다가 사라졌는데, 그중 농기계에 대한 아이디어는 특히나 어처구니없는 생각이었다. HEC에서 공부하던 시절 그는 공학을 끔찍이도 싫어하지 않은가. 하지만 이 국면에서 허시먼은 자신이 암중모색중임을 알고 있었다. "아마 구제불능의 낭만적인 생각이겠지만, 어떤 아이디어라도 있다면 내게 알려 줘." 그는 누나에게 이렇게 부탁했다.[55] 또 그는 어머니와 에바에게 "유럽에, 특히 이탈리아로 돌아가고 싶은 욕망이 계속

강해진다"고도 적었다.[56]

그러던 중 좋지 않은 소식이 전해졌다. 앨버트가 크리스마스 이후 보스턴에서 열릴 전미경제학회 발표를 준비하고 있을 때 톰린슨이 연락을 해 왔다. 재무부 경제협조처 파리사무소로 전근을 신청한 것 때문에 허시먼이 [공무원 자격을 확인하기 위한] '신원확인 절차'를 거치게 되었다는 것이다. 그리고 곧 다른 정부기관에 있는 지인이 전화를 걸어 만나자고 했다. 허시먼은 새러와 딸들을 베벌리힐스의 외가로 보내 그곳에서 명절을 보내도록 한 뒤 얼마 전에 통화한 지인을 만났다. 재무부 중간관리자인 조지 윌리스였는데, 그는 국가인사위원회의 충성심심사위원회가 허시먼의 파리 전근을 허용하지 않았다고 전하면서, 현재 같은 분위기에서는 허시먼이 연방정부가 아닌 다른 일자리를 알아보는 것이 좋을 듯하다고 말했다. "당신을 채용하는 데 어려움이 있어요." 허시먼은 이유가 될 만한 점들을 생각해 보았다. 사회민주당 청년위원회 때문일까? 에스파냐내전 때문일까? 프라이와 일한 것 때문일까? 이어서 윌리스는 더 안 좋은 폭탄 소식을 전했다. 더이상 월급이 나오지 않을 것이라는 소식이었다.[57]

1951년의 크리스마스는 허시먼에게 매우 우울한 크리스마스였을 것이다. 그는 캘리포니아로 가지 않고 옛 친구 알렉산더 스티븐슨에게 전화를 걸어 만나자고 했다. 스티븐슨은 국제부흥개발은행(세계은행)에서 일하고 있었다. 허시먼은 스티븐슨에게 시시콜콜 모두 이야기하지는 않았지만 연준에서 나오고 싶다는 뜻을 분명히 밝혔다. 스티븐슨은 세계은행에서 유럽, 아프리카, 오스트랄라시아[오스트레일리아, 뉴질랜드, 뉴기니와 그 주변 섬들을 통칭하는 말)를 담당하고 있었고, 세계은행의 국제화를 주장하는 사람 중 한 명이었다. 그는 허시먼에게 남미에 새로운 자리가 있다고 알려 주었다. 세계은행이 콜롬비아에 "경제 전문가들"을 보내 개발계획을 수립했고 그에 따라 첫 번째 "개발 프로젝트"를 시작하려 한다는 것이었다. 그곳이라면 어떻겠는가? 스티븐슨은 콜롬비아 정부가 보고타에 있는 중앙은행에서 이 프로젝트를 이끌 사람을 구하고 있다고 전하면서 허시먼에게 콜롬비아 대사를 만나 보라고 알려 주었다.[58] 허시먼은 즉시 시프리아노 레스트레포 하라미요와 약속을 잡았다. 조금 통명스럽고 딱딱한 사람인 하라미요는 이렇게 훌륭한 경제학자가 콜롬비아에서 일하고 싶어한다는 것에 감명을 받았다. 그는 허시먼에게 즉시 일자리를 제안했고, 조건에 대한 세부사항은 나중에 이야기하자고 했다. 허시먼은 흔쾌히 수락했다.[59]

체비체이스의 집으로 돌아온 허시먼은 로스앤젤레스에 있는 새러에게 전화를 걸었다. "우리는 워싱턴을 떠날 거야. 그런데 파리가 아니라 보고타로 갈 거야." 새러는 너무 놀라서 수화기를 떨어뜨렸다. 그리고 부모님 집에 있는 브리태니커백과사전에서 지도를 펼쳐 그곳이 어디인지 찾아보았다.[60] 새러만 놀란 것이 아니었다. 로버트 트리핀(마셜 플랜에서 허시먼과 가깝게 지낸 사람 중 한 명으로 그 역시 워싱턴을 떠나 예일로 갔다)도 충격을 받았다. 허시먼은 파리로 가는 것에 대해 트리핀과 많은 이야기를 나누었기 때문에, 트리핀은 보고타 이야기를 듣고 이렇게 편지를 보내왔다. "소식 듣고 놀랐습니다. 파리로 가고 싶어하시는 줄 알았는데요. 특히 그 댁에서 흥미로운 저녁 시간을 보내며 이야기했던 것들을 생각하면 정말 뜻밖의 결정이에요." 버클리 시절 지도교수였던 하워드 엘리스도 그만큼 놀랐고, 연준이 유능한 인재를 잃게 된 것을 안타까워했다. 하지만 희망의 여지도 있어 보였다. 그와 버클리 경제학과의 동료 교수인 노먼 뷰캐넌은 이 모험을 매우 흥미로워했다. "아마도 뷰캐넌과 나는 저개발 지역의 놀라운 역동성을 직접 목격한 자네의 경험을 나중에 활용하고 싶을 거야." 엘리스는 계속 연락을 주고받자고 했다. 실제로, 새로운 발견을 하게 되리라는 전망이 허시먼의 결정에 큰 요인이 되었을 것이다. 그는 추천서를 챙겨서 미래를 향해 출발했다.[61]

3월 초 허시먼은 보고타에 2주간 머물면서 재무장관 안토니오 알바레스 레스트레포와 계약 조건을 마무리했다. 허시먼을 만난 재무장관은 매우 기뻐했고(그는 나중에 허시먼의 좋은 친구가 된다), 웃으면서 《국가권력》을 꺼내더니 사인을 부탁했다. 허시먼은 에스파냐어로 출간된 자신의 책을 바라보았다. 이렇게, 그의 남미 모험은 출발이 좋았다. 또 허시먼은 남미 사람들의 친절에 매번 놀랐고, 그것이 매번 좋았다. 워싱턴으로 돌아온 허시먼은 새러와 이사를 준비했다. 새러도 워싱턴 교외가 너무 지루해 모험을 원하던 참이어서, 허시먼이 '모든 일이 다 잘될 것'이라는 근거 없는 낙관을 흔들림 없이 유지하는 데 도움이 되었다. 마셜 플랜에서 일했던 '플래너[계획가]'치고는 매우 비계획적이고 즉흥적인 이사였다. 하지만 그가 1930년대의 경험을 감사하게 여기듯이, 그리고 앞으로 내내 주장하게 되듯이, 큰 결정을 내리기 전에 꼭 모든 것을 다 알아야 할 필요는 없었다.

날짜가 적혀 있지 않은 일기 하나를 보면(아마도 워싱턴에서 쓴 것 같다) 허시먼이 여전히 햄릿을 생각하고 있었음을 알 수 있다. 여기에서 그가 생각한 '프티 이데'는 햄릿이 고통스럽게 고민한 문제인 '어떻게 그대로 둘 것이냐to let be'였다. 프랑스어 "레세 페르laissez faire', 즉 '가게 내버려 두는 것let things go'과는 달랐다. 그보다는 이탈리아어 '라시아 페르데레lascia perdere(잊고 지내는 것)'가 더 비슷한 의미인 것 같았다. 무언가가 나에게 해를 끼칠 것 같을 때 그 일들을 그대로 놓아둔 채 그저 잊고 있는 것 말이다. 허시먼은 스스로에게 물어보았다. 이런 종류의 '그대로 두기'는 "더 실천하기 어려워서 더 매력적일까?"[62] 이에 대한 그의 대답은 말이 아니라 행동에서 볼 수 있다. 허시먼 가족은 미국을 일단 "그대로 두고서 잊고 있기로" 했다. 그들은 짐을 싸고 친구들에게 작별 인사를 한 뒤 미지를 향해 출발했다.

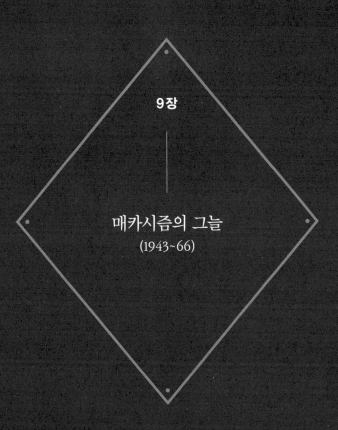

9장

매카시즘의 그늘
(1943~66)

누군가가 요제프 K에 대해 이야기한 게 틀림없다.

−프란츠 카프카

1943년부터 1966년까지 그림자 하나가 앨버트 허시먼을 따라다녔다. 그러나 그는 이 그림자를 볼 수 없었다. 보이지 않은 힘이 그를 방해하는 것 같다는 의심이 든 적이 있긴 했다. 너무나 알 수 없는 일이 벌어지곤 했던 것이다. 이를테면 그는 OSS가 왜 그가 가진 첩보 역량을 활용하지 않고 통역사로만 일하게 했는지 이해할 수 없었다. 그때는 군대나 거대 조직의 관료제적 비효율이라고만 생각하고 더이상 고민하지 않았다. 그가 군대 조직과 거대 조직을 좋아하지 않아서이기도 했다. 하지만 그 이후에도 그의 경력은 설명할 수 없는 장애에 부딪힐 때가 많았다. OSS에서도 일이 잘 풀리지 않았고 워싱턴에서 직장을 구할 때도 그랬다. 겨우 채용이 되기는 했지만 이는 거셴크론이 절차를 무시하고 그를 직접 채용해서 가능한 일이었다. 그리고 1951년 무렵, 보이지 않는 힘이 다시 나타나 그를 괴롭혔다.

게다가 그 힘은 더 알 수 없는 것이 되어 있었다. 한번은 누군가가 허시먼 주위에 의심의 눈초리로 바라보는 시선이 있다며 1940년 마르세유에서 그가 영국군 낙오자들의 탈출을 도왔기 때문이라고 알려 주었다(나중에 내가 허시먼에게 물어보았을 때 허시먼은 그 사람이 누구였으며 그 이야기를 들은 게 언제였는지 기억하지 못했다). 물론 영국군 낙오자들을 도운 것은 사실이었고, 엑스칼리버 호를 타고 리스본에서 뉴욕으로 오는 길에 중간 기착지인 버뮤다에서 잠시 내려 영국 정보기관 요원에게 이 사실을 모두 신고했다. 하지만 허시먼이 MI6('영국 비밀정보부'의 별칭)의 첩자로 일한 적은 없었다. 미 당국이 작성한 허시먼의 신원 파일에는 그가 영국 정보기관 첩보원이라는 소문이 있다고 적혀 있긴 했지만, 그의 "충성심"이 의심을 산 데는 이보다 훨씬 중요하고 복잡한 요인들이 있었다. 무엇이 '충성심'을 구성하고 갉아먹는지를 평생에 걸쳐 연구하게 되는 허시먼에게 충성심에 대한 의심이 계속 따라다녔다니 아이러니한 일이다.

앨버트 허시먼을 따라다닌 그림자가 예외적인 것이었다고 할 수는 없다. 냉전 시대, 국가기밀과 첩보의 시대에 수백만 명의 삶이 그들로서는 접근할 수 없었던(그리고 지금도 접근할 수 없는) 파일에 의해 부서지고 망가졌다. 허시먼의 사례는 그 당시를 보여주는 일반적인 현상이라는 점에서, 그리고 알 수 없는 파일이 일으키는 효과에 그가 적응하고 맞서면서 내린 의사결정들을 우리가 추적해 볼 수 있다는 점에서 특히 가치가 크다.

허시먼에 대한 사찰 파일은 그것이 묘사한다고 되어 있는 대상자

앨버트 허시먼

와 별개로 그 자체의 삶을 가지고 있다. 부정확한 내용과 억측이 많기 때문이다. 미국이 기밀문서를 해제할 때 밟는 절차에 익숙한 사람은 잘 알겠지만, 사생활을 보호하기 위해 당사자가 아닌 다른 사람의 정보와 이름은 삭제되어 있다. 그렇다고 누구인지 알아볼 수 없는 것은 아니어서 우스꽝스럽게 보이기도 한다. 이를테면 '허시먼 씨'가 '1941년 6월 22일 버클리에서' 결혼한 사람이 누구인지 이름을 지워 놓는다고 우리가 모르겠는가? 허시먼이 1945년 10월 8일 로마에서 열린 첫 전범 재판에서 누구의 통역을 담당했는지 이름을 지워 놓는다고 우리가 모르겠는가? 이런 면에서 우스꽝스럽기도 하지만, 이 파일은 부정확한 정보와 편집증의 힘이 오랜 세월 동안 사람들의 삶을 지배했음을 말해 주는 슬픈 기록이기도 하다. 새러는 168쪽에 달하는 허시먼 파일을 보여주자 깜짝 놀랐다. 그제서야 그들의 삶이 왜 그렇게 알 수 없는 전환들을 해야 했는지 알게 된 것이다.[1]

허시먼 파일은 1943년에 처음 생성되었다. 초여름 육군에서 OSS에 배속되었을 때였다. 록펠러재단의 트레이시 B. 키트리지가 추천장을 보냈던 부관감은 키트리지의 추천장과 뒤이어 도착한 허시먼의 편지를 보고 허시먼이 자유와 민주주의를 지지하며 '공산주의자가 아니라는' 점을 확신했다. 하지만 11월에 끝난 이 첫 신원조사는 허시먼의 신원을 '문제없음'으로 확증하는 데는 신중해야 한다고 결론을 내렸다. 위험인물일 가능성을 의심해 볼 만한 이유들이 있기 때문이라는 것이었다.

이 보고서는 뉴욕과 샌프란시스코를 오가는 현장요원 한 명의 보고에 전적으로 의존하고 있었다. 우리는 베이에어리어를 담당하던 연방수사국FBI 현장요원 러셀 맥트위건이 뉴욕으로 찾아와 록펠러재단에서 알렉산더 마킨스키를 만난 사실을 알고 있다. 리스본에서 허시먼을 만난 적이 있던 마킨스키는 FBI 요원에게 허시먼의 충성심을 의심할 이유는 없다고 말했다. 또 우리는 샌프란시스코 담당 FBI 요원(아마도 맥트위건일 것이다. 그는 제삼자와 "계약이 되어 있다"고 본인의 업무를 설명하며 록펠러재단을 찾아왔다고 한다)이 허시먼의 유럽 배경에 대해 놀랄 만큼 상세한 내용을 알고 있는 정보제공자를 찾아냈다는 것도 알고 있다. 맥트위건은 마킨스키의 "환심을 사려고" 하면서도 "직업적으로는 비밀을 지키려고" 했다. 그는 허시먼이 "파시스트 쪽에 관여했다는 의심을 할 만한 정보들"이 있다고 넌지시 암시했다.[2] 물론 FBI는 허시먼이 공산주의나 파시스트에 관여했다고 확증할 수 없었고, 사실 모든 증거는 그 반대를 가리키고 있었다. 그렇더라도 독일, 에스파냐, 이탈리아에서의 활동은 의심을 사기에 충분했다.

하지만 의심을 산 원인은 구체적으로 무엇이었을까? 그것들은 누가 이야기했을까? 허시먼의 유럽 시절에 대해 정보를 제공한 사람들이 누구이고 내용이 무엇인지는 파일을 더 자세히 들여다봐야만 알 수 있다. 많은 사찰 파일이 그렇듯이 허시먼의 파일은 대상자인 허시먼과 별개로 그 자신의 역사를 가지고 있기 때문이다.

허시먼 파일은 허시먼이 워싱턴에 정착한 1946년 초부터 그를 따라다녔다. 또한 이 파일은 (앞에서 언급했듯이) 그 자신의 삶도 가지고 있었다. 이것이 단순한 하나의 파일이 아니라 '파일들의 역사'에 포함된 파일이었기 때문이다. 당시 전 세계 각국의 비밀 정보기관들은 파일들을 보관하기 위해 창고 공간을 확보하느라 난리였다. 허시먼이 워싱턴으로 돌아왔을 때는 소련의 요원 이고리 구젠코가 소련을 배신하고 캐나다 오타와에서 자신이 가지고 있던 자료들을 경찰에 넘긴 사건이 화제였다. 이 사건으로 소련이 서방에서 광범위하게 첩보작전을 수행하고 있었음을 알 수 있었다. 캐나다 경찰, 영국 정보국(MI5), 그리고 미국 FBI(중앙정보국CIA은 아직 생기지 않았다)는 구젠코를 심문해서 캐나다, 영국, 미국에 있는 방대한 작전망을 알아냈다. 그리고 이 사건은 미국, 영국, 캐나다 당국자들 중에서 '충성심 없는' 사람들을 뿌리뽑기 위한 마녀사냥을 촉발했다. 이런 일이 전개되고 있는 동안, 허시먼은 캐나다에서 벌어진 사건의 영향을 전혀 모른 채 경제정보 분야에서 일하고 싶다는 희망을 가지고 워싱턴에서 일자리를 구하고 있었다. 그는 재무부, 상무부, 연준 등에 원서를 내면서 좋은 결과가 오기를 기다렸다.

OSS에서 시작된 그의 파일이 대상자와 동떨어져 그 자체의 진화 경로를 밟게 된 계기는 허시먼이 재무부에 지원한 것이었다. 재무부는 전쟁 전후 시기에 국제경제 질서를 재구축하는 과정에서 핵심 역할을 한 곳이었고, 허시먼은 이곳에서 너무나 일하고 싶었다. 그런데 하필 이때 해리 덱스터 화이트(브레턴우즈회의에서 존 메이너드 케인스와 협력해 브레턴우즈 체제를 출범시키고 국제통화기금과 세계은행 설립의 기초를 닦은 사람이다)를 포함해 재무부의 고위 인사들이 기밀을 소련에 넘겼다는 혐의를 받고 있었다. 허시먼이 재무부에 찾아갔을 때는 이미 의심의 구름이 재무부 위에 몰려들고 있었다. 이것을 모르고 허시먼은 희망에 차서 누나에게 "내 생각에 국제통화기금과 은행(브레턴우즈협정)에 관련해 꽤 흥미로운 일을 줄 것 같은 재무부 담당자를 만날 예정"이라며 "그것 때문에 인사위원회에 서류를 제출했고 답을 기다리고 있는 중"이라고 전했다.[3] 1946년 2월 재무부 감사국 직원이 허시먼의 '충성심'을 보증했다. 이 보증서에는 "여러 근거 자료들은 그가 충성스러운 미국인이며 뛰어난 역량이 있는 사람임을 보여준다"고 되어 있었다. 허시먼이 재무부로 갈 수 있는 문이 열리기 시작한 듯했다.

하지만 그때 재무부 선임감사관(이름이 지워져 있다)이 끼어들었다. 1946년 3월 6일 그는 OSS의 옛 기록에 의심스러운 점이 있다며 추가 조사를 지시했다. 이 추가 조사 과정에서 3년 전 OSS에서 진행했던 신원조사와 관련해 더 많은 단서들이 나타났고, 짧고 엉성하던 원래의 보고서가 길고 장황해졌다. 1943년 11월에 마무리되었던 첫 번째 신원확인 과정에서(아마도 맥트위건이 수행한 것으로 보이며, 베이에어리어의 정보제공자 한 명에게 들은 것을 토대로 작성되어 있다) "호의적이지 않은 결론"이 나온 바 있었다. 그리고 1946년 재무부 선임감사관이 재조사를 지시한 덕분에 우리는 그 이유를 알고 있다. 허시먼이 독일 사회민주당 청년 운동에 가담한 것이 문제였다. "사회주의적이라기보다는 공산주의적으로 여겨질 수 있는 이 조직에 [허시먼이] 상당히 깊이 관여했다"는 것이었다. 또 허시먼이 이탈리아에서 반파시스트 운동가들에게 비밀리에 문건을 나르는 전달자 역할을 했다는 점과 이탈리아 정부에 의해 체포된(따라서 '의심스럽다'고 볼 수 있는) 에우제니오 콜로르니에게 많은 영향을 받았다는 점도 드러나 있었다. 이 모든 것이 허시먼에 대한 의심을 불러일으켰다. 그래서 그때 OSS은 허시먼의 교육이나 언어적 배경이 잠재적으로 유용할 수는 있으나 "매우 높은 기밀 수준이 유지되어야 하는 직무"를 부여하는 것은 "극히 제한적으로만" 이루어져야 한다고 결론 내렸다.

간단히 말해서, OSS의 조사 과정에서 허시먼에게 "호의적이지 않은 정보"가 드러났고, 그 내용이 파일에 담겨 있었으며, 이것이 허시먼이 미국 정부의 매우 중요한 업무에 채용되는 것을 막았던 것이다. 허시먼이 [미군에 입대했을 때] OSS에 들어온 다음에 간단한 훈련을 받고서 곧바로 나라 밖으로 파병된 이유가 여기에 있었다. 허시먼이 요제프 K에게 기이한 동질감을 느낀 것도 당연했다. 카프카의 소설《소송》의 주인공 요제프 K는 자신이 범했는지조차 알 수 없는 혐의로 체포가 되어 관료제의 악몽에 내내 시달린다. 허시먼은 이탈리아 북부에서 OSS 소속으로 일하던 지루한 시기에 이 책을 읽었는데, 우연만은 아니었다.

이 잘못된 정보는 어디에서 나왔을까? 페터 프랑크일까? 그는 허시먼의 결혼식 때 신랑 들러리였고 이전에는 공산주의자였으며 베이에어리어 사람들 중 허시먼의 베를린 시절 정치 활동을 가장 잘 알고 있는 사람이었다. 허시먼은 그를 점점 더 미심쩍어하고 있었다. 아니면 프랑크의 지인인 하콘 슈발리에였을까? 그도 공산당원이었고, 허시먼은 프랑크의 소개로 슈발리에를 만난 적이 있었다. 1943년에 슈발리에는 FBI의 감시 하에 놓이게 되었는데, 그가 맨해튼프로젝트의 거물인 오펜하이머에게 샌프란시스코 주재 소련영사관 요원에게 정보를 빼돌리라고 요청했기 때문이다. 허시먼은 그를 만난 순간 그가 문제를 일으킬 것임을 직감한 듯하다. 그를 만나고 나서 썩은 고기 냄새를 억지로 맡은 사람의 표정으로 집에 돌아왔다는 것을 보면 말이다. 불행히도 허시먼이 사회주의자가 아니라 공산주의자와 관련되었다는 잘못된 주장은 그의 파일이 점점 두꺼워지면서 반복적으로 등장하게 된다.

놀라운 사실은 1943년의 FBI 보고서에는 없었던 내용이 재무부의 재조사를 거치면서 추가로 포함되었다는 점이다. 그 결과 1946년 봄 재무부 감사관의 머릿속에서는 한 명의 가상인물이 생겨나고 있었다. 게다가 감사관은 허시먼이 에스파냐에서 공화국군으로 싸운 사실도 알고 있었다. 1946년 3월 29일의 재무부 감사국 기록에는 "이 지원자의 능력과 성격은 대부분 긍정적"이지만 "이 지원자가 타국 정부와 관련 있다는 점을 생각할 때, 기본적으로 그가 미국 정부에 최우선적으로 충성심을 가지리라고 보기는 어렵다"고 되어 있다.

워싱턴은 공산주의자를 색출하려는 마녀사냥에 빠져 있었다. 특히 '금발의 스파이 퀸' 엘리자베스 벤틀리가 1948년 초 의회와 대배심에 출석해 '배신자' 목록을 제출하면서 이는 더욱 심해졌다. 이 목록에는 해리 덱스터 화이트와 그가 브레턴우즈협상에 참여했을 때 핵심 참모였던 로클린 커리도 있었는데, 훗날 커리와 허시먼의 인생 경로는 콜롬비아에서 만나게 된다. 또 벤틀리는 재무부 통화연구팀에 첩보망이 있다고도 진술했다. 이에 첩자에 대한 우려가 미국 전역에, 특히 재무부에 널리 퍼졌고 거의 히스테리가 되었다. 하필 이때 허시먼은 재무부 국제금융국에 지원했고, 그의 눈앞에서 문이 닫혀 버렸다. 감사관은 "이 지원자는 '알 수 없는' 외국 배경을 가지고 있으며, 우리가 조사를 아무리 한다고 해도 그에 대한 만족스러운 결과는 얻을 수 없을 것"이라며, "그는 고위험군 인물, 더 정확하게는 위험가능성이 큰 인물"이라고 결론 내렸다. "솔직히 더 조사를 진행해야 할 이유를 알지 못하겠고, 이런 유형의 사람이 국제금융국 같은 민감한 곳에서 일하는 것은 있을 수 없는 일이다." 여기에 재무부의 충성심심사관이 끼어들어 덧붙였다. "이 지원자의 배경은 재무부가 위험을 감수하면서 채용하기에는 너무 모호하다. 풀리지 않은 혐의들이 있고, 공산주의 관련이나 영국 정보기관(그 밖의 다른 나라 정보기관) 관련 의혹들을 해소하는 것은 불가능할 것이다. 재무부는 1946년에도 그를 채용하지 않았고, 지금은 그때보다 상황이 더 심각하다. 우리는 그를 채용하지 말아야 한다."

허시먼의 신원보증이 '충성심' 문제 때문에 거부되었다는 것을 그는 알고 있었을까? 내가 허시먼을 만나서 물어보았을 때 그는 세부적인 내용을 기억하지 못했다. 아마도 그의 과거 중 이 부분은 그가 (너무나 그답게도) 상처로 곪게 만들기보다는 잊어버리고 싶어했던 부분일 것이다.

1951년에 허시먼은 유럽부흥계획(마셜 플랜)에 직접적으로 참여하고 싶어서 한 번 더 연준을 떠나 재무부로 자리를 옮기려고 시도 했는데, 이때는 더 안 좋게도 인사위원회의 '충성심심사위원회'가 신원확인 절차를 수행했다. 이 기구는 1947년 해리 트루먼 대통령 이 정부에 공산당이 침투해 국가 안보를 손상시키고 있다는 의회 의 히스테리를 불식시키기 위해 만든 기구였다. 허시먼은 이곳의 조 사 대상이 된 300만 명 중 한 명이자, 그것 때문에 해고되거나 사임 한 200명 중 한 명이었다. '충성심'에 대한 의심은 그가 정부기관에 서 경력을 쌓는 데 치명적이었다. FBI는 배경정보를 수집하기 시작 했다. '신뢰도가 정확하지 않은"한 정보제공자는 허시먼이 1940년 프랑스에서 공산주의자였다고 이야기했으며, 또다른 정보제공자는 허시먼이 1936년 에스파냐에서 반공주의자였다고 주장했다. 증거 들은 상충되었고, 이는 허시먼의 충성심에 대해 제기되었던 의혹을 불식시켜 주지 못했다. 오히려 의심을 더 불러일으켰다. 1951년 말 경이면 허시먼은 두려움을 느끼면서 탈출할 길을 모색했다. 하지만 여전히 자신의 채용이 거부된 이유를 충성심 때문이라기보다는 미 국의 대외 경제정책이 달라진 탓으로 돌렸다. 아주 많은 시간이 지 난 뒤에 그의 번역가 피에르 에마뉘엘 도자가 허시먼에게 '비미국적 인 활동'으로 의심받고 있는 줄 알고 있었느냐고 묻자, 허시먼은 건 성으로 이렇게 대답했다. "아니, 전혀요."⁴ 그 자신의 공식 기억은 이 그림자를 포함하고 있지 않았다.

허시먼은 충성심을 의심받으면서 미국 정부에서 '이탈'했지만 파 일의 인생은 아직 끝나지 않았다. 파일이 자신이 묘사하는 대상과 분리되어 자율적으로 진화하고 있음을 일부러 보여주기라도 하듯이 말이다. 하긴 비밀리에 실시하는 뒷조사의 목적은 조사 대상자가 조사자의 일에 관여할 수 있는 가능성을 원천봉쇄하려는 것이 아니던가. 1952년 8월 연준은 인사위원회로부터 메모를 하나 전달받았다. 지목된 지원자의 충성심 문제가 해소될 때까지 미국 정부에 재고용되는 것을 막으라는 내용이었다. 이때는 허시먼이 연준을 그만둔 시점이었기 때문에 위원회는 조사를 종결했다(이 인사 기록을 보기 위해 내가 연준에 허시먼 문서의 기밀을 해제해 달라고 요청했더니 그들은 그 기록을 가지고 있지 않다고 했다).

그런데 1954년에 샌프란시스코 파일 100-25607번이 다시 열려 허시먼에 대한 조사가 또 한 차례 진행되었다. 1943년 7월 중순 허시먼이 귀화 신청을 했을 때 이루어진 조사에서 증인이었던 사람을 찾기 위해서였다. 이유는 알려져 있지 않고 그 증인의 이름은 사생활 보호 규정 때문에 삭제되어 있다. 이 증인은 당시 FBI 요원에게 허시먼이 독일 사민당 청년위원회 소속이었다고 증언했다. 기록에 따르면 "그 단체의 조직원은 대부분 공산주의자였고, 이 정보제공자는 허시먼도 공산주의자로 알려져 있다고 이야기했다"고 되어 있다. 실제로 그 정보제공자가 그렇게 이야기했는지 아니면 FBI 요원이 정보제공자의 말에서 추론해 파일에 그렇게 적은 것인지는 알 수 없다. 파일이 진화하면서 이 두 경우의 구분은 (아마도 의도적으로) 흐릿해져 있었다.

육군과 해군의 조사 파일을 보면 허시먼에 대한 의심의 그림자가 매카시 시절의 편집증이 지나간 뒤인 1960년대까지도 계속되었음을 알 수 있다. 1961년 육군대학원이 허시먼을 초청하려 한 적이 있었다. 목적은 알려져 있지 않고, 기록에는 단순히 "허시먼을 참가하게 하기 위해서"라고만 되어 있다. 이때는 비밀 정보기관들이 경계를 잔뜩 강화하고 있던 시절이었다. 피그만 침공에 CIA가 은밀히 개입했다는 사실이 폭로되면서 정보 당국은 매우 당황하고 있었다.* 이 당시 허시먼은 저명한 친親남미 연구자였는데, 그런 허시먼이 군을 상대로 그 지역 안보의 미래에 대해 강연한다는 것은 매우 아이러니한 일이었을 것이다. 허시먼은 어떻게 생각했을지 모르지만 허시먼의 그림자를 만드는 사람들은 이를 재고하기로 했고, 다시 한번 그의 신원을 조회했다. 그리고 FBI는 육군에 "허시먼이 육군대학원에 '참가하게 하기 위한' 초청을 연장하지 말도록" 결정했다. 이것이 파일의 마지막 행동이었다.

1966년 10월 12일 백악관 과학기술국이 제3세계 개발 분야로 영역을 확장하기 위해 허시먼을 컨설턴트로 채용하고자 하면서 신원조회를 요청했다(허시먼은 그 일을 맡지 않았다). 그리고 이때의 신원조회를 끝으로 허시먼 파일의 일생은 막을 내린다. 파일 두께는 훨씬 더 두꺼워졌다. 이때 FBI가 샅샅이 조사한 내용을 보면 허시먼의 과거에 대한 의혹은 이 무렵 거의 사라졌음을 알 수 있다. 적어도 이

---

*쿠바 출신 미국 망명자로 구성된 부대가 카스트로 정권을 전복하기 위해 피그만에 상륙했다가 대거 사살되거나 체포되었다. 나중에 이 사건이 미국 CIA에 의해 기획되었음이 밝혀졌다.

번에는 FBI가 예전 파일에 적혀 있는 정보들을 무턱대고 믿지 않고 신뢰도를 재점검해 보려 애쓴 것만큼은 분명하다. 아마도 예전 조사에 부정확한 부분이 많았다는 것을 알고 있었기 때문일 것이다. 그래서 FBI는 대대적으로 새로이 조사를 실시했고, 이번에는 허시먼 자신의 진술도 포함되었다. 허시먼은 FBI 요원 앞에서 자신의 충성심을 설명할 기회를 가질 수 있었다.

하지만 이번에도 허시먼은 모든 것을 다 드러내지는 않았다. 전에도 그런 적이 있었는데, 미군에 입대하면서 그는 자신이 리투아니아인이라고 말했다. 이번에는 (태어나서 현재까지 미군으로 참전했을 때를 제외하고 해외에 체류한 적이 있느냐는 질문에 답변하면서) 에스파냐내전에서 공화국군으로 싸운 3개월에 대해서는 이야기하지 않았다. 이것을 제외하고는 상당히 상세하게 이야기했다. 왜 에스파냐내전에 대해 이야기하지 않았는지는 확실치 않다. FBI가 허시먼 파일을 기밀 해제한 2006년 무렵 허시먼은 세부사항을 잘 기억하지 못했다. 아마도 알 수 없는 장벽에 수없이 부딪히면서 자신에게 무언가 숨겨야 할 것이 있으며 그것이 에스파냐내전일 것이라고 짐작했을 가능성이 있다. 피에르 도자의 질문에 그가 굳이 강조해서 '전혀'라고 말했던 것은 자신을 따라다닌 의심의 그림자를 떨쳐버리려고 한 데서 나온 과민반응이었을지도 모른다. 우리로서는 확실히 알 수 없다. 전기작가 입장에서 말하자면 이는 구두진술에 의존해 과거를 재구성하는 것이 가진 한계를 잘 보여주며, 한 인물의 인생사에 포함되는 불확실성의 중요성을 우리가 솔직하게 인정해야 한다는 점도 잘 보여준다.

　이유가 무엇이었건 간에 허시먼은 FBI 요원에게 1936년 7월부터 10월까지 자신이 [에스파냐가 아니라] 프랑스에 있었다고 말했다. 그리고 어느 조사요원도 이 말을 이전 기록과 대조해 보지 않았다(이전 기록에는 그가 이 기간에 에스파냐에서 공화국군으로 참전했다고 되어 있다). 1966년의 우려할 만한 유일한 부분은 우르줄라와 남편 알티에로 스피넬리가 독일과 이탈리아에서 공산당원으로 활동했다는 사실이었다. 이 사실은 1963년 스피넬리가 미 국무부 후원으로 리더십프로그램 차 방문하게 되었을 때 드러났다(이 무렵 스피넬리는 유럽통합 지지자로 명성을 날리고 있었다).

　FBI는 워싱턴, 보스턴, 뉴욕, 뉴헤이븐, 볼티모어, 리치먼드, 로스앤젤레스, 세인트루이스, 샌프란시스코의 요원들을 동원해 "허시먼이 유럽에서 받은 교육과 유럽 거주 친지들의 기록을 검토하고 미국에 있는 허시먼의 지인들을 만나 조사하도록" 지시했다. 여기에는 '신분을 드러낼 수 없는' 정보제공자와의 인터뷰 34건이 포함되었고, 이 중에는 "북부 캘리포니아 지역에서의 공산주의 활동 등 허시먼이 비미국적 활동에 관여한 내용을 알고 있는 사람"도 있었다. 하지만 이 보고서는 만장일치로 허시먼의 미국에 대한 충성심을 의심할 이유는 없다고 결론 내렸다.

　이때 정보를 제공한 사람들 중 일부는 누구인지 쉽게 알 수 있다. "예일대학에 근무중이며, 1956년 9월 허시먼 부부가 뉴헤이븐에 왔을 때부터 그들을 잘 알고 있었고 허시먼과 함께 일할 기회가 많았다"는 한 정보제공자는 허시먼의 평판과 신뢰가 의심할 바 없다고 증언했다. 이 사람은 저명한 정치학자 찰스 린드블롬으로 보인다. 그의 이름은 허시먼의 이전 서류에 잠재적인 인터뷰 대상자로 등장한 바 있었다. 또 보스턴 요원이 작성한 기록에는 "허시먼을 버클리 시절부터 잘 알고 있었으며, 1946년부터 자신이 하버드로 옮긴 1948년까지 연준에서 함께 일했고 지금도 이웃에 살고 있다"는 정보제공자가 나온다. 알렉산더 거셴크론일 것이다. 그도 FBI 요원에게 허시먼을 의심할 이유가 없다고 증언했다. 그는 스톡홀름대학이 정기적으로 진행하는 경제학 세미나에서 유일하게 허시먼의 저서만 리딩 목록에 올라 있다고까지 말했다! "전후에 워싱턴에서 함께 일한 동료이자 예일과 하버드(케네디스쿨)에서 허시먼과 알고 지냈다"는 정보제공자도 허시먼의 충성심에 의심할 바가 없다고 증언했다. 이 사람은 노벨상을 탄 토머스 셸링일 것이다. 비슷한 내용이 랜드 코퍼레이션에서 함께 일했다는 정보제공자에게서도 나왔다.

또 로스앤젤레스의 FBI 요원은 샌타모니카 경찰서와 《로스앤젤레스 타임스》《로스앤젤레스 헤럴드》도서관 등을 다니면서 자료를 조사했고, 샌루이스오비스포(허시먼은 이곳에서 군대 훈련을 받았고, 귀화 신청을 했다)에서 허시먼의 신용 기록과 범죄 기록을 조회했다. 뉴욕 요원인 존 D. 플레밍도 신문사의 자료실에서 "허시먼에게 불리할 만한 내용은 없음"을 확인했고, 록펠러재단 사람들로부터도 허시먼의 충성심을 의심할 이유가 없다는 증언을 받았다(그가 존 D. 플레밍이라는 사실이 알려져 있는 이유는 그가 록펠러재단을 찾아갔기 때문이다).

1966년 11월 15일 FBI는 허시먼에 대한 보고서를 법무장관 권한대행에게 제출했다.

이 조사를 끝으로 허시먼의 그림자는 그에게서 분리되어 FBI의 기록보관소로 보내졌다. 그리고 30년 뒤 내가 정보공개법에 의거해 1030518-000 문서 열람을 요청했을 때 다시 세상에 나오게 되었다.

여기에서 우리는 어떤 시사점을 도출할 수 있을까? 우선 FBI가 신뢰할 수 없는 정보제공자들과 잘못된 정보들에 의존했던 것은 그 자체로 시사하는 바가 있다. 그리고 '알려지지 않은' 과거를 가진 외국인 한 명이 일으킨 의심과 경계심의 정도도 놀랍다. 반공 히스테리와 국수주의의 결합은 매카시의 적색분자 색출이 정점이던 1950년대 초까지 허시먼에게 영향을 미쳤다.

대의를 위한 허시민의 노력은 1945년 이전에는 반파시즘 전쟁이었던 데서 1945년부터 워싱턴에서 방출되는 1952년까지는 전후 유럽 재건으로 내용이 달라졌다. 허시먼의 서류 파일은 이 변화의 궤적과 함께 또 하나의 커다란 변화의 궤적이 있었음을 보여준다. 미국에 갓 도착한 1943년에는 그에 대해 제대로 증언해 줄 지인이나 친구가 이곳에 없었다. 또 당시에는 정보기관이 한 번 의심을 하면 관성이 너무 강해서 그 의심을 강화하는 정보만 선택적으로 취하는 편향이 크게 작용했다. 하지만 20년 뒤인 1960년대 중반에는 상황이 달랐다. 아이비리그의 유명한 교수들과 저명한 연구소의 전문가, 친구, 동료들이 1940년대와 1950년대의 허시먼으로서는 기대할 수 없었던 증언들을 해 주었다. 또 정보를 수집하는 당국도 부정확한 기록에 의존하지 않고 직접 조사하고 취재해 정확한 정보를 수집하려는 의지를 가지고 있었다. 그리고 허시먼 본인도, 알 수 없는 그림자가 그를 따라다니며 절망으로 몰아넣는 와중에서도 좋지 않은 상황을 최대한 활용할 수 있는 창의적인 방법들을 찾으려는 태도를 결코 잃지 않았다.

10장

'숙고하는 활동가'를 매혹한
콜롬비아 현장

(1952~56)

당신은 세상의 고통에서 물러설 수 있다.

그것은 당신의 자유이며 본성에도 맞는 일일 것이다.

하지만 이번만큼은 물러서는 것이 고통일 것이며 당신은 이 고통을 피할 수 있다.

—프란츠 카프카

1952년 콜롬비아는 끔찍한 내전의 후유증을 겪고 있었다. 보고타는 남반구 역사상 가장 지독한 도시 소요와 파괴를 겪은 뒤 겨우 회복되는 중이었다. 살해 대상을 찾아 거리를 돌아다니는 갱단과 저격수는 더이상 없었지만, 그을린 건물과 빈 건물은 그 이후 (서로 점령 지역을 넓히기 위한 게릴라, 민병대, 군대의 싸움이 이어지면서) 안데스산맥의 골짜기와 고원으로 확산된 폭력의 메아리를 말없이 울리고 있었다. 주변부로 밀려난 경제학자가 경력상의 재도약을 하거나 어린아이들이 있는 가족이 새로운 삶을 일구기에 좋을 법해 보이지는 않는 환경이었다. 하지만 허시먼 가족의 콜롬비아 시절은 "인생에서 최고의 보상은 계획이 가장 덜 세워져 있는 곳에서 나온다"는 말을 증명해 주는 듯하다. 이들에게 콜롬비아 시절은 인생 최고의 시기였다. 콜롬비아에서 이들은 신나는 모험, 문화적 자극, 지적 각성을 누릴 수 있었다. 또 콜롬비아에서 허시먼은 스스로를 새롭게 재탄생시킬 수 있었다. 미국 정책 결정의 내실에서 밀려난 허시먼은 불운을 행운으로 만드는 일에 착수했다. 몇 년 뒤에 한 동료가 남미에 왜 갔느냐고 묻자 허시먼은 이렇게 농담했다. "나는 프로이센 출신이잖아요. 황제가 시키면 따라야죠."[1]

그가 말한 황제는 세계은행이었다. 세계은행은 1944년 전후 유럽의 재건에 자금을 대기 위해 '국제부흥개발은행'이라는 이름으로 설립되었다. 하지만 마셜 플랜의 규모가 세계은행 예산으로는 어림없게 커지면서 세계은행은 설립 목적에 제대로 부응하지 못하게 되었다. 1947년 말 세계은행 총재 존 J. 매클로이는 이사회에서 이렇게 말했다. "나는 생각보다 훨씬 빠르게 우리가 매우 다른 영역으로 가게 될 것이라고 생각합니다. 바로 국제개발 영역입니다." 세계은행은 국제기구로서 세계 정세에서 새로운 역할을 찾으려 애쓰고 있었다. 앞날을 내다보는 거물의 면모를 갖추고 있었던 매클로이(저명한 월스트리트의 변호사이자 록펠러재단의 이사이기도 했으며 전쟁시에는 국무부 고위관료였다)는 탈식민화 과정에 있는 지역들(곧 '제3세계'라고 불리게 되는 지역들)로 인해 세계가 매우 빠르게 변화하고 있음을 포착했다. 여기에, 세계은행이 자금을 지원해 식민지에서 갓 벗어난 나라들이 빈곤과 후진성에서 탈피하는 것을 도울 기회가 있었다. 개발계획을 수립하고 지원해 제3세계 국가들이 자유시장 자본주의를 지킬 수 있게 도움으로써 공산화를 막는다는 것이 기본적인 생각이었다. [중앙 계획경제가 특징인] '공산화'를 저지하기 위해 '거대 계획'을 도입하려고 했다는 점은 아이러니하다. 제3세계의 전환은 (메리

모건의 말을 빌리면) '경제 선교사economic missionary(경제 사절, 경제 전문가)'들이 만드는 '계획'을 통해 이루어질 터였다.

콜롬비아는 이러한 개념이 시도된 주요 실험장이었다. 세계은행 총재는 콜롬비아가 "세계은행이 이제까지 추진한 것 중 가장 야심찬 프로젝트 현장"이 될 것이라고 말했다. 한편 허시먼 개인에게는 이 프로젝트가 '유럽 재건'에서 '남미 개발'로 관심을 전환하는 계기이자 '미국 정부'에서 '국제기구'로 활동 무대가 바뀌는 계기가 되었다. 콜롬비아 프로젝트를 통해 허시먼은 '국제개발' 정책들이 막 형성되기 시작하던 초창기 중요한 시기에 국제개발 현장을 속속들이 관찰하는 귀한 기회를 가질 수 있었다.[2]

2차대전의 먼지가 가라앉으면서 국제기구들이 스스로의 역할을 재구성하고자 암중모색했듯이, 허시먼도 새로운 나침반을 찾고자 암중모색하고 있었다. 훗날 허시먼은, "당시에 어떤 종류의 이론적 개념도 사전에 갖지 않은 채 콜롬비아에 와서 '현실'을 관찰했으며" 5년 뒤 미국에 돌아왔을 무렵에는 "그곳에서 생긴 나름의 관점"을 갖게 되었는데 알고 보니 자신이 갖게 된 관점은 미국 경제학계의 주류 관점과 맞지 않았다고 회상했다. 깨달음의 과정을 이렇게 설명하는 것은 유쾌한 묘사이기는 하지만 오해를 불러일으킬 소지가 있다. 콜롬비아에 갔을 때 허시먼은 시장의 작동이나 사회변화의 숨겨진 요인들에 대해 잘 모르는 초심자가 아니었다. 그는 추상적인 이론의 형태로 드러나는 이데올로기적 신조에 대해 이전부터 회의적이었고, 마셜 플랜 입안자로서 겪었던 좌절이 이런 회의감을 한층

■ 1953년 콜롬비아 야노스평원에서 새러와 앨버트.

더 강화시킨 상태였다.

콜롬비아의 경험이 그에게 매우 특별한 이유는 [전에는 갖고 있지 않았던 관점이 새로이 생겨서라기보다는] '현장'을 매우 근거리에서 볼 수 있는 기회를 가질 수 있어서였다. 허시먼은 자신이 관여한 의사 결정이 실제로 실행되는 과정과 그것이 일으키는 효과를 아주 가까이에서, 그리고 충분히 오랜 시간 동안 관찰할 수 있었다. 무언가를 실행하는 과정에서 배워 나가고 현상을 면밀히 관찰하는 기술은 몽테뉴와 콜로르니의 영향으로 이미 형성되어 있었고, 여기에 '작은 것들'과 '일상의 행위'에 주목하는 허시먼의 특징이 더해졌다. 이러한 성향이 콜롬비아에서 활짝 꽃을 피워 커다란 결실로 이어지게 된다. 허시먼은 종이와 펜을 들고 콜롬비아 전역을 돌아다니면서 관개 프로젝트를 조사하고, 현지 은행가들과 농촌 대출에 대해 이야기하고, 도로 건설의 비용을 계산했다. 그는 거리를 두고 조망하는 사람이 갖는 '경험과 먼experience-distant' 개념을 잠시 접어두고 '경험과 가까운experience-near' 지식을 추구했다. 경험과 가까운 지식이란 '행동하는 사람'이 그 행동 과정에서 배우게 되는 통찰을 의미한다('경험과 먼' '경험과 가까운'이라는 표현은 훗날 허시먼의 절친한 동료가 된 클리퍼드 기어츠가 제시한 용어이다).

허시먼이 내전으로 황폐해진 나라를 본 것은 처음이 아니었지만, 콜롬비아는 내전을 겪은 나라 중 그가 가장 오래 머문 나라이다. 콜롬비아는 엄청난 혼란을 겪은 상태였다. 1940년대 정치적 긴장이 고조되다가 1948년 자유당 급진파 정치인 호르헤 엘리에세르 가이

탄이 7번가와 히메네즈가 코너의 아구스틴 니에토 건물(허시먼이 일하게 될 사무실 바로 근처)에서 나오다가 암살당하면서 10년간의 내전이 촉발되었다. 이 내전은 (마치 이것이 내전의 진수라는 듯이 '폭력'이라는 단어에 정관사만 붙여서) '라비올렌시아La Violencia'라고 불린다. 1953년 6월 군부 쿠데타로 구스타보 로하스 피니야가 정권을 잡을 때까지 20만 명이 사망했다. 집권 후에 로하스 피니야는 무장 세력들과 협상을 하면서 어느 정도 진정 국면을 이끌어냈다.*

세계은행이 콜롬비아 경제에 개입하기로 결정했을 때가 바로 이 시기였다. 특이하게도 콜롬비아는 정치적으로는 엉망이었지만 경제적으로는 탄탄했다. 콜롬비아 지도자들은 콜롬비아가 실용적으로 근대화를 이루고 있으며 외국의 사상에 열려 있다는 것을 늘 자랑스러워했다. 그리고 콜롬비아는 외국의 투자에도 열려 있었다. 콜롬비아가 정치 혼란의 늪으로 빠져들고 있던 1948년 말에 세계은행 이사회의 콜롬비아 대표 에밀리오 토로는 세계은행이 매력적으로 여길 만한 콜롬비아 프로젝트 목록을 매클로이 총재에게 제시했다. 세계은행은 분열되고 있는 콜롬비아가 종합적인 경제계획을 마련할 수 있게 할 '경제조사단'을 파견하기로 했고, 콜롬비아 대통령 마리아노 오스피나 페레즈는 이를 적극적으로 승인했다. 세계은행의 경제개발 전문가들은 콜롬비아가 다른 나라들의 모범이 될 수 있을 것

---

* 로하스 피니야 집권 이후 진정 국면에 접어들었으나 1950년대 중반 이후 내전이 다시 격화되고 시위와 파업이 이어지면서 로하스 피니야는 1957년 대통령직에서 사임한다.

이라 생각했다. '개발'이 콜롬비아의 민주주의를 구하는 길이 될 수 있을 것 같았다. 어쨌든, 당시에 그들은 그렇게 기대했다.[3]

이 조사단의 활동은 몇 년 후 허시먼의 경험과 사상에 지대한 영향을 미치게 된다. 촉박한 시간 안에 조사단장을 뽑는 일은 쉽지 않아서 매클로이는 인맥을 총동원했다. 기업 인사들에게도 문의해 보고, 런던정경대학의 반케인스주의 경제학자 라이어널 로빈스에게도 의사를 타진해 보았다. 세계은행의 정책 형성에 기여하고 "[개발도상국의] 경제개발을 지원하는 새로운 활동"을 할 수 있는 기회가 될 것이라고 설득해 보았지만, 로빈스는 주말 내내 고민한 끝에 제안을 거절했다. 그러다 매클로이는 캐나다 태생의 경제학자 로클린 커리를 찾아냈다. 저명한 뉴딜주의자이자 영향력 있는 케인스주의자여서 세계은행 주류이던 정통 경제학의 입장과는 잘 맞지 않았을지 모르지만 국제금융 분야에서 행정 경험이 풍부하다는 장점이 있었다. 커리는 1944년 뉴햄프셔에서 브레턴우즈협상이 진행될 때 해리 덱스터 화이트 재무장관의 핵심 보좌관이었고 1941년에는 중국에 경제특사로 파견되기도 했다.

무엇보다 커리는 경험 및 지식과 더불어 '경제 선교사'가 가져야 할 핵심적인 특징도 갖추고 있었다. 그는 그저 확신에 차 있는 정도가 아니라, 확신에 차 있음을 온몸으로 내뿜는 분위기의 사람이었다. 그 자신은 어떤 개종도 필요하지 않았다. 그러나 커리는 소련 스파이인 엘리자베스 벤틀리에게 기밀정보를 넘겼다는 혐의를 받았으며 제2차 세계대전 중 중국 국민당 정부에 잘못된 경제정책을 제안해 수세에 몰리게 만들었다는 비난도 받았다. 1949년에는 그의 과거 행적에 대한 조사가 본격적으로 진행되고 있었고 이 무렵이면 그는 콜롬비아로 이주를 결정한 상태였다(그리고 콜롬비아에 정착한다). '공산주의자' 혐의를 받은 사람[커리]과 확실성을 의심하는 회의주의자[허시먼]가 멀고 먼 콜롬비아 땅에서 [거대 계획으로 공산화를 저지하려는] '경제개발'의 개념과 실행 전체를 놓고 격돌하게 되다니, 냉전이 만들어낸 또 하나의 아이러니라고 할 만하다.[4]

커리는 조사단장이 되자마자 '조사'의 범위를 넓혀서 국가 전체의 경제 수준을 높이기 위한 종합 계획을 수립하기로 했다. 세계은행 당국자들은 주저했다. 이것은 애초에 토로가 제안한 것이 아니었다(토로 자신도 더 확장하고 싶어하기는 했다). 그렇지만 세계은행은 커리의 제안을 받아들였고, 이는 경제 사절의 활동에서 현지인의 지식이 어떤 역할을 해야 하는가를 놓고 앞으로 벌어지게 될 갈등의 씨앗이 된다. 조사단은 14명으로 규모가 늘었는데 콜롬비아인은 한 명도 없었다. 조사단은 농업 전문가부터 철도 전문가까지 다양한 외국인 전문가로 구성되었고 이들을 보조하기 위해 현지인들이 '스태프'로 고용되었다.

'계획'을 마련하는 것이 조사단의 목적이었다면, 그 계획이 무엇을 달성하기 위한 계획이어야 하는지에 대해 커리는 매우 분명한 생각을 가지고 있었다. 그는 "빈곤 타파를 위한 종합적이고 잘 조정된 공격 계획"을 내놓을 참이었다. 커리는 이 거대한 계획의 토대를 닦는 일에 신속히 착수했다. 조사단은 1949년 7월 10일 콜롬비아에 도착해 곳곳을 돌아다니면서 4개월간 조사를 진행했고 1950년 3월에 결과보고서의 초안이 나왔다. 조사 기간을 포함해 전체 과정에 걸린 시간은 1년에 불과했다. 이 짧은 기간 동안 팀을 구성하고, 조사와 분석을 하고, 대안을 평가하고, 피드백을 받는 절차를 거쳐, 생기 없고 딱딱한, 그러나 포함된 데이터의 양만은 인상적이라 할 만한 600쪽짜리 보고서가 완성되었다.[5] 콜롬비아 정부의 반응도 만만치 않게 빨랐다. 콜롬비아 정부는 보고서가 나온 지 불과 몇 주일 만에 '국가계획위원회'를 구성했다. 거대한 종합 계획을 이렇게 서둘러 추진하는 것에 대해 각자의 견해가 어떻게 달랐든 간에, 열정만큼은 누구도 모자라지 않았다. 연준의 전 의장이자 세계은행의 새 총재인 유진 R. 블랙은 조사단이 제시한 계획에 무게를 실어 주었다. 그는 콜롬비아 대통령 페레즈에게 그 보고서가 "독립적이고 역량 있는 전문가들이 편견 없이 수행한 분석"이라고 추켜세우면서, 콜롬비아가 "조사단의 제안에 부응해 정부 조직과 행정을 향상시키는 중차대한 일에 전문가의 도움을 받으려는 조치를 빠르고 적극적으로 취한 것"에 찬사를 보냈다.[6]

〈콜롬비아 개발 프로그램의 기초〉라는 제목의 이 보고서는 빈곤 타파를 위한 인도주의적 국제개발 시대에 나온 문서의 전형이라고 할 만하다. 경제 사절들의 과학적 수사로 암호처럼 씌어진 이 보고서의 내용을 요약하면, 콜롬비아가 처한 근본 문제는 빈곤의 '악순환'이었다. 가난한 사람들은 건강 상태가 열악하고 교육 수준이 낮아서 가난하다. 그리고 가난하기 때문에 현재의 소비에 쓰기에만도 부족해 소득과 생산을 저축할 여유가 없다. 그 때문에 국가에 자본이 축적되지 않는다. 콜롬비아는 자금을 외부에서 수혈하는 것도 필요하지만, 토지 보유권 체계 등 수많은 고질적인 문제들도 해결해야 하며, 농촌에 신용대출 기회를 확대하고 에너지와 교통수단을 확충하는 등 부족한 부분을 보완해야 한다. 즉 빈곤, 무지, 열악한 건강 상태, 낮은 생산성의 악순환을 끊기 위해 '전반적이고 종합적인 공격'을 가할 필요가 있다. 여기에서 강조점은, 왜곡·병목·지연을 피하기 위해 모든 전선에서 강력하고 종합적인 조치를 동시에 취해야 한다는 데 있었다. 이것이 미션이었다. 어느 것도 점진적이어서는 안 될 터였다.

이 보고서는 폴란드 출신 경제학자 폴 로젠스타인로단과 에스토니아 출신 경제학자 래그나 넉시 등이 주창한 '균형성장론'과 일맥상통했다. 저개발의 덫을 깨려면 모든 분야에서 '빅 푸시'를 가해야 한다고 본 균형성장론은 당시 개발경제학계의 주류로 부상하고 있었다.[7] '경험과 가까운' 쪽과 '경험과 먼' 쪽 사이의 스펙트럼에서 후자 쪽 극단에 있는 이론이라고 볼 수 있었다. 모든 분야를 아우르는 종합적인 계획은 콜롬비아 중앙은행 건물에 자리잡은 위원회의 '계획가'들에 의해 만들어지게 될 것이었다.

거대한 기대가 만만치 않은 현실과 충돌하는 것은 예견된 일이었을 것이다. 조사단이 자초한 문제도 있었다. 부풀려진 위원회 규모와 상명하달식 진행은 개인의 성향 차이에서 나오는 충돌과 맞물리며 복잡한 갈등을 야기했다. 세계은행은 전문성을 유지하고 의사결정이 내부 갈등에 휘둘리지 않도록 국가계획위원회가 외부에서 '전문가' 한 명을 영입하는 것이 좋겠다고 권고했다. 부총재 로버트 가너는 그 자리에 샌디 스티븐슨의 제안대로 "고결성과 역량이 뛰어난 경제학자" 앨버트 O. 허시먼을 추천했다.

허시먼과 세계은행 모두 국가계획위원회의 복잡한 내부 갈등을 단순화하기 위해 [콜롬비아인이 아닌] 외부 전문가'는 최소로만 유지하며 콜롬비아의 유능한 행정가 집단을 육성하는 것을 위원회 활동의 최우선순위에 두어야 한다고 생각했다. 가너는 위원장인 에밀리오 토로에게 "우리[세계은행]는 '경제 자문'은 한 명이면 충분하다는 확고한 생각을 가지고 있다"고 말했고, 국가계획위원회가 작성하게 될 제안서 내용을 승인하는 '최종 권한'은 허시먼이 가져야 한다고 주장했다. 허시먼은 위원회에서 자신이 맡을 역할에 대해 상세한 가이드라인을 작성해 토로에게 제안했다. 여기에서 허시먼은 정책 결정자들을 위해 투자 프로젝트들을 분류하고 평가하는 업무로만 자신의 역할을 한정했다. 그는 효과적인 외부 전문가 한 명과 [콜롬비아 당국자들로 구성된] 효과적인 위원회가 협업을 하면서 외부의 개입과 내부의 역량 강화 사이에 딱 맞는 균형을 찾아갈 수 있을 것이라고 생각하며 신이 났다. 허시먼은 경제개발 계획을 세우는 것은 사무실에 틀어박혀서 되는 일이 아니라고 생각했다. 그런데 토로는 생각이 달랐다. 커리와 매우 가까운 관계였던 그는 커리(콜롬비아에 돌아와 컨설턴트로 일하고 있었다)에게 국가계획위원회의 자문으로 합류해 행정개혁 분야를 담당해 달라고 요청했다. 커리는 기꺼이 수락

했고 곧바로 '행정개혁'의 의미를 확대하는 일에 나섰다.[8]

가녀는 문제가 생기리라는 것을 직감했다. 그는 커리가 야심이 매우 크며 일하는 곳에서 "불화를 일으키는" 습성이 있음을 알고 있었다. 그래서 "좋은 의도에도 불구하고 커리가 허시먼을 당황하게 만들 것"이라고 우려했다. 토로는 소극적으로 보이는 허시먼의 태도가 마음에 들지 않았지만, 가녀에게 허시먼이 이 프로젝트에서 가장 큰 권한을 갖는 '보스'가 될 것이라고 안심시켰다. 하지만 토로는 가만히 있지 못하는 사람이었고 커리도 마찬가지였다. 이들의 성격 차이는 사고방식상의 더 근본적인 차이와도 관련이 있었다. 커리는 거대 계획을 좋아했고 자신이 맡은 '행정개혁'을 다른 모든 것을 위한 조건이 되도록 만들려고 했다. 반면 허시먼은 프로젝트를 좋아했다. 큰 프로젝트도 좋지만 구체적이고 작은 프로젝트면 더 좋았다. 또 진보 쪽 인사들과 관련이 많은 커리는 위원회와 보수적인 콜롬비아 정부 사이에 적대적인 분위기를 만드는 경향이 있었지만, 허시먼은 분파 갈등에는 관심이 없었고 문제 해결에 집중하고 싶어했다.[9]

설상가상으로 역시 위원회에 자문으로 합류한 벨기에의 경제학자 자크 토르프스가 문제를 더 악화시켰다. 토르프스는 커리와도 허시먼과도 의견이 일치하지 않았다. 토르프스의 확신, 커리의 야망, 허시먼의 (점점 커져 가는) 회의 사이에서, 콜롬비아의 발전을 위해 고귀한 경제계획을 실행하려던 이 작은 팀에는 의견 차이가 끊이지 않았다. 허시먼은 워싱턴의 리처드 데무스에게 이렇게 털어놓았다. "커리의 운영방식은 일에 도움이 되지 않습니다. 불쾌할 뿐 아니라

위원회 구성원들에게 혼란을 주는 것 같습니다." 또다른 사람에게는 이렇게 말했다. "전체적으로 나폴레옹의 백일천하가 생각납니다. 다행스러운 것은 커리가 다시 돌아온 기간이 백일천하 기간의 절반 정도였다는 점입니다."[10]

콜롬비아 정부 입장에서 볼 때 허시먼이 콜롬비아 경제개발에 대한 대통령의 자문 역할을 맡기기에 이견 없이 초빙할 만한 전문가 반열이 아니었다는 점은 짚고 넘어갈 필요가 있다. 허시먼은 남미도 전혀 몰랐고 경제개발 분야도 1952년 시카고대학에서 열린 콘퍼런스에 참석해 본 것이 전부였다(이 콘퍼런스를 주관한 버트 호슬리츠는 얼마 후 '과정'에 초점을 둔 통합학제적 접근을 표방하는 개발 분야 학술저널《경제발전과 문화변동》을 만든다). 그 당시에 허시먼이 생각하고 있던 나라는 전쟁 전부터 잘 알고 있었고《국가권력》에서 다루기도 했던 남유럽과 동유럽 국가들이었고, 그에게 '개발[발전]'은 '산업화'를 의미했다.[11]

시카고대학 콘퍼런스는 더 중요한 이유에서 우리가 기억해 둘 만하다. 이 콘퍼런스에서 알렉산더 거셴크론이 경제사상사 분야의 획기적인 연구인 〈역사적 관점에서 본 경제 후진성〉을 발표했다. 거셴크론은 진보란 하나의 덩어리가 아니라고 주장했다. 국가는 다른 국가들과 동일한 경로로 발전하거나 아니면 실패하거나 둘 중 하나로만 가는 것이 아니었다. 거셴크론에 따르면 마르크스주의가 말하는 '발전의 단계'도, (마르크스주의와 대척되는) 근대화론이 말하는 '발전의 단계'도, 틀린 이론이었다. 이런 이론들은 뒤의 단계가 앞의 단계를 밀어내는 방식으로 발전이 이루어진다고 보지만 사실은 그렇지 않았다. 즉 후진성이란 어느 사회가 진보를 이루려면 선결조건으로 먼저 제거해야 할 무언가가 아니었다. 후진성이 숨겨진 장점을 가지고 있을 수도 있었다. 이를테면 성장의 속도를 앞당기고자 하는 동기를 불러일으킬 수도 있고, 변화의 이데올로기를 양성할 수도 있으며, 자원을 더 효과적으로 동원할 수 있는 제도(예를 들어 강력한 권한을 갖는 국가기구)를 가지고 있을 수도 있었다. 또한 후발 주자들은 선진사회가 기존의 공장을 '업그레이드'하는 데 치중하는 동안 그 단계를 아예 건너뛰고 나중 단계로 도약할 수도 있었다. 즉 후진성은 부채가 아니라 자산이 될 수 있었다. 당시에 이는 전적으로 새로운 주장이었고 허시먼의 눈을 번쩍 띄워 주었다. 시기적으로 늦었다고 해서 그것이 꼭 절망의 이유가 되어야 하는 것은 아니었다. 또 시기적으로 늦었다고 해서 현재 가진 것들을 완전히 뒤엎을 야심찬 계획을 도입해야만 하는 것도 아니었다. 콘퍼런스 당시에는 이런 생각이 의미하는 바가 허시먼에게 아직 명확하지 않았지만, 콜롬비아에서의 경험을 통해 허시먼은 그 의미를 명확히 깨닫게 된다.[12]

어쨌든 허시먼은 시카고대학 콘퍼런스에서 거셴크론의 논문을 읽은 것을 빼면 개발 분야에 대해 아는 것이 별로 없었다. 로젠스타인로단의 연구도 몰랐고, 국제무역이 국가 발전에 어떤 영향을 미치는지를 두고 벌어지던 열띤 논쟁도 몰랐다. 당시에는 유엔에서 '라틴아메리카 및 카리브해 지역 경제위원회ECLAC'가 꾸려지고 아르헨티나 경제학자 라울 프레비시가 1949년 그 유명한 '선언'인 〈라틴아메리카 경제발전과 그것의 주요 문제들〉을 발표하면서 국제교역과 국가경제 발전 사이의 관계에 대해 맹렬한 논쟁이 벌어지고 있었다. 여기에서 남미 경제학자들은 글로벌 무역이 남미의 성장 패턴을 왜곡하는 불균등 교역 구조를 가지고 있다고 주장했다. 하지만 허시먼은 이런 논쟁들을 몇 년이 지나서까지도 알지 못했다. 그는 경제개발이라는 분야를 콜롬비아에 온 뒤에야, 그리고 [이론이나 개념을 통해서가 아니라] 현장 지식을 통해서 접했다. 말하자면 그에게는 스타일은 있었으나 이론은 없었다.

그래서 허시먼에게 콜롬비아는 직업적·개인적·학문적으로 큰 모험이었다. 이전의 모험들도 그랬듯이 허시먼은 이 모험을 언어에서 시작했다. 1936년[에스파냐내전 당시]에 카탈루냐에 몇 개월 있으면서 접해 본 것 외에는 에스파냐어를 몰랐지만 곧 에스파냐어로 언어유희를 할 수 있을 정도로 유창하게 말할 수 있게 되었다. 그래도 독일 억양만큼은 남아 있었는데, 프랑스어만 제외하고 다른 언어에서는 독일 억양이 없어지지 않았다. 앨버트뿐 아니라 다른 식구들도 에스파냐어를 능숙하게 구사할 수 있을 만큼 공부했고 모험정신으로 충만해 있었다. 체비체이스의 집을 비우고 가져가지 않을 짐들은 창고에 맡긴 뒤, 몇 개의 여행 가방을 들고서 보고타를 향해 출발했다. 도중에 항공편에 문제가 생겨서 마이애미의 호텔에서 하루를 묵게 되었다. 앨버트가 아이들 잠옷을 꺼내려고 가방을 뒤지다 보니 낡은 드레스, 분홍색 끈, 새러 어머니의 옷장에서 발견한 잊고 있었던 이브닝가운 등이 나왔다. 꺼내도 꺼내도 이브닝가운이 계속 나오자 새러는 아이들이 옷 갈아입기 놀이를 할 수 있게 어머니의 옛날 옷들을 챙겨 왔다고 털어놓았다. 어쩐지 가볍게 꾸린 짐이 가볍지가 않더라니. 다음 날 허시먼 가족이 비행기 창문에 얼굴을 대고 에메랄드빛 평원과 그 평원을 둘러싸고 있는 안데스산맥의 가장자리를 내려다보는 동안 비행기가 콜롬비아 수도에 착륙했다. 마중 나온 중앙은행의 누군가와 한참 동안 악수를 하며 인사를 나눈 뒤 모두 차에 올라탔다. 운전사가 움푹 팬 곳들과 당나귀들을 피하는 솜씨에 모두 감탄했고 뒷좌석의 아이들은 신나서 소리를 질렀다.[13]

맡은 일의 범위가 상당히 넓었기 때문에 허시먼은 일하는 방식을 원하는 대로 정할 수 있었다. 훗날 그의 트레이드마크가 되는 연구 방식, 즉 되도록 많은 사람을 만나서 되도록 많은 이야기를 나눔으로써 실행 과정의 모든 측면에서 문제해결의 실마리를 찾아내는 연구방식은 콜롬비아의 농촌과 공장들에서 형성되었다고 볼 수 있다. 허시먼에게 어느 나라를 알게 된다는 것은 그 나라 사람들에게 가까이 다가가서 이야기를 나눈다는 의미였다. 많은 곳을 돌아다니면서 농민, 지역 은행가, 산업가, 소상공인 등을 만나 그들이 작고 일상적인 방식으로, 그리고 고고한 학자들이 도무지 파악할 수 없는 방식으로, 스스로의 처지를 개선해 나가는 과정을 보고 듣는 것이다. 허시먼은 국가적인 사안이나 정치적 맥락 같은 것보다는 경제발전의 미시적 기반들에 관심이 더 많았다. 허시먼은 커리 보고서가 간과한 '민간 영역'의 역할에 큰 관심이 생겼고 현지의 기업, 공장, 산업시설 등이 투자처로서 전망이 있는지 평가하는 데 초점을 두었다. 이를 국가계획위원회에 보고하면 위원회는 프로젝트를 투자 가치에 따라 분류했다. 하나의 목적(아무리 좋은 목적이라 해도)을 위해 고안된 계획에 개인들을 복속시키는 것의 위험성을 경고한 하이에크의 목소리가 허시먼의 귀에 여전히 생생해서였을까? 허시먼이 평가를 할 때 강조점을 둔 부분은 개인들의 활동이었다.

이런 방식의 연구조사에는 어려움이 많이 따랐다. 일단 이동이 쉽지 않았다. 도로는 위험했고 기차는 드문드문만 다녔다. 비행기는 콜롬비아에서 아직 새로운 것인 데다 값도 비쌌고 그마저도 주요 도시에만 항공편이 있었다. 게다가 안데스산맥은 능숙한 조종사에게도 치명적이기로 악명이 높았다. 그래서 허시먼이 주로 이용한 교통수단은 자동차였다. 그는 자신의 쉐보레 자동차를 아주 좋아했다. 미국을 출발하기 전에 배편으로 부친 회색 쉐보레가 콜롬비아의 항구도시 부에나벤투라에 도착하자, 새러와 앨버트는 비행기를 타고 칼리로 간 다음 다시 기차를 타고 부에나벤트라에 차를 가지러 갔다. 골치아픈 통관 절차를 무사히 마치고 차를 찾은 뒤 운전사를 한 명 고용했다. 다음 날 그 차를 타고 보고타로 돌아갈 계획이었다. 그날 밤 호텔에서는 악단이 거리까지 다 들리도록 공연을 했고 앨버트와 새러는 흔들의자에 앉아 하이볼을 마시면서 민속춤 쿰비아를 구경했다. 그런데 다음 날 아침에 운전사가 나타나지 않았다. 새러는 '술에 취한 모양'이라고 생각했다. 하는 수 없이 앨버트가 용기를 내서(용기가 그리 많이 필요하지 않았을지도 모르지만) 운전대를 잡고 태평양의 항구도시를 출발해 우거진 카우카 계곡을 지나 안데스산맥의 또다른 능선을 넘어 커피 농장이 있는 마니살레스를 거친 뒤 더 많은 안데스산맥의 능선들을 지나 보고타에 도착했다.

길고 구불구불하고 아찔할 정도로 경사진 길에서 자동차를 몰며 콜롬비아와, 그리고 남미와의 로맨스가 시작되었다. 정글과 숲길은 위험하고 강도가 나올 수도 있다는 걱정이 새러의 마음속에서 떠나지 않았지만, 쉐보레에 대한, 그리고 자신의 용맹한 운전 실력에 대한 허시먼의 신뢰는 수그러들지 않았다. 곧 새러도 길가 절벽에 피어 있는 난초들에 매혹되었다. 도중에 원주민 목동, 두 명의 죄수를 호송하는 몇 명의 경찰 등 히치하이커를 태워 주기도 했다. 안전이 걱정되기는 했지만 되도록 많은 콜롬비아 사람들을 만나려고 걱정을 애써 털어 버렸다. 집에 도착했을 무렵에는 차도 운전자도 적응이 되어 있었다. 하지만 그날 밤 앨버트는 지나온 모든 절벽에서 굴러 떨어지는 악몽을 꾸었다.[14]

큰 조직에서 일할 때면 늘 그랬듯이 허시먼은 자신만의 작은 영역과 자신만의 방식을 찾아냈다. 처음에는 성공적인 것 같았다. 그는 콜롬비아 재무부 및 중앙은행과 관계가 좋았고 특히 농업은행과 사이가 좋았다. 농업은행 직원들은 허시먼에게 농촌 투자 프로젝트의 제안서를 평가해 달라고 부탁하곤 했다. 1953년에는 새 대부기관인 서민은행과도 계약을 해서 보고타, 칼리, 메델린의 저비용 주택 프로젝트에 관여했다. 유엔에서 온 프랑스 주택 전문가 이브 살라윈과 함께 진행한 프로젝트였다. 예산과 자원이 부족한 나라에서 극심한 빈민 문제를 민간 행위자가, 그러나 집단적으로 해결하는 방

법을 볼 수 있는 좋은 경험이었다.[15]

국가계획위원회는 끝없는 매력과 가능성의 원천이었다. 어느 정도 재량권이 허용된 덕에 허시먼은 임시변통하고 적응해 가면서 원래의 종합 계획에는 포함되어 있지 않았던 시도들을 할 수 있었다. 하지만 좌절스러운 면도 있었다. 하워드 엘리스가 보낸 격려 편지에는 앞으로 발생할 문제가 모호하게나마 암시되어 있다. 엘리스와 [노먼] 뷰캐넌은 허시먼이 현장에서 평가한 바가 "훌륭하다고 찬사 받았던 커리 보고서의 내용과 많이 다른지" 궁금해했다.[16] 엘리스가 허시먼의 성향을 잘 알아서 문제가 생길 것을 직감했던 것일까? 허시먼과 커리의 충돌은 곧 표면으로 떠올랐다. 문제의 원천 중 하나는 '계획'이 가진 비전이었다. '계획'은 외국인 전문가들이 (미심쩍으나마) 인상적인 통계수치들을 가지고 만드는 것으로 상정되어 있고, 정작 그것을 실행하고 관리해야 할 콜롬비아 현지 사람들이 가진 지식은 부차적이거나 비과학적이거나 혹은 아예 그보다도 못한 것으로 치부되고 있었다. 현지인들은 변화에 기여하는 사람이라기보다는 변화시켜야 할 대상으로 여겨졌기 때문이다.

중간에 낀 허시먼은 개발경제학이 가지는 독특한 문제를 일찌감치 목격한 셈이 되었다. 허시먼은 그 자신도 '외국인 전문가'이지만 콜롬비아 사람들과 일하면서 콜롬비아의 행정가들과 민간 분야 행위자들을 점점 더 존경하게 되었고, '외국인 전문가'인 동료들 및 그들이 만든 계획에 맞서 싸움을 벌여야 했다. '외국인 전문가'들이 만든 계획은 국가의 저축 수준을 계산해 알려준다는 알고리즘과 자본-산출 비율, 성장 프로젝션, 투자 목표와 같은 용어로 이루어져 있었다. 세 명의 외국인 전문가[허시먼, 커리, 토르프스]는 일주일에 두 번씩 오후에 중앙은행에서 만나 회의를 하며 각자가 조사·연구한 내용을 공유했다. 커리와 엔리케 페냐로사(나중에 허시먼의 친구이자 농업 개혁을 추진하는 핵심 인물이 된다)는 1953년 재정 전망에 대한 보고서를 공동으로 작성했다. 이 보고서는 과도하게 낙관적인 예측치를 바탕으로 흑자재정을 예상하면서, 따라서 정부지출을 확대할 수 있을 것이라 전망하고 있었다. 이것을 보고 허시먼은 격노했다. 허시먼은 추산치가 충분히 신중하게 계산되지 못한 것도 문제지만, 더 큰 문제는 위원회가 콜롬비아 정부에 제공하는 조언이 오히려 혼란의 원천이 되고 있다는 점이라고 주장했다. 분노한 허시먼은 "어지간히 순진하지 않고서야 예산 부서에서 내놓은 기초 계산이 의도적으로 낮게 잡혀 있다는 것을 모를 수는 없는 일"이라고 지적했다.[17]

오후 회의를 마치고 나면 허시먼은 자신의 프로젝트를 원래의 거창한 계획에 끼워맞춰야 한다는 압력을 느꼈다. 허시먼의 노트와 편지에는 분노가 가득했다. 커리가 이 분위기를 눈치챘는지는 알 수 없다. 하지만 이때는 몰랐을지라도 1966년에 펴낸 자신의 저서 《발전의 가속화》에 대해 허시먼이 《미국 경제학 리뷰》에 그답지 않게 신랄한 서평을 썼을 때는 알았을 것이다. 커리는 화가 나서 저널 편집자에게 강하게 항의했고, 편집자 모지스 아브라모비츠는 저자에게 적대적인 사람에게 서평을 맡긴 것이 좋은 판단이 아니었다고 인정했다.[18]

커리하고만 갈등이 있는 것이 아니었다. 추상적인 종합 계획과 그 계획이 토대로 삼고 있는 의심스런 숫자들을 과도하게 확신해서 허시먼을 미칠 지경으로 만들기는 자크 토르프스도 마찬가지였다. 토르프스는 산출 대비 자본 비율 최소화를 목표로 하는 개발 공식을 굳게 믿고서, 자신이 1944년부터의 산업 통계와 기업 경영 자료를 기초로 콜롬비아의 국민계정을 모두 추산했다고 주장했다. "그의 기법은 마치 그만의 비전秘傳 같아서 다른 이들은 도무지 알아볼 수 없는 데다가 본질적으로 자의적인 탓에 다른 이들과 소통한다는 것이 아예 불가능하다. 언젠가 그가 후임자에게 그것을 이해시키고 업무를 인수인계한다는 것은 거의 유토피아적인 상상이나 마찬가지이다." 위원회를 '현지화'하는 일이 어려울 줄은 알고 있었지만 이제는 아예 희망이 없어 보였다. 주술을 이해할 수 있는 사람이 '외부 전문가'뿐이라면 어떻게 현지화가 가능하겠는가? 전체적인 분위기가 오염되어 버렸다. 버크 냅(세계은행에 합류하면서 허시먼과 다시 연락을 주고받고 있었다)은 허시먼에게 사과했다. "썩은 거래를 하신 셈이 되셨군요. 당신이 직면했을 어려움을 우리도 알고 있고, 그에 대해 안타깝게 생각합니다." 여기에서 우리는 개발 현장에서 흔히 발생하는 곤란한 현상 하나를 볼 수 있다. 세계은행 부총재와 그의 현장 참모가, 그들의 경쟁자인 또다른 전문가가 현지 정부와 결탁해 업무를 좌지우지하는 것을 막지 못하고 있는 것이다.[19]

하지만 냅은 문제의 절반만 알고 있었다. 그는 개인들간의 불화로 생긴 문제로만 여겼을 뿐 국제개발 자체의 속성은 보지 못했다.

마셜 플랜도 나름의 문제를 가지고 있었다. 하지만 그때는 워싱턴이 미국의 계획가들에게 유럽 현지에 '오류 없는 진리'를 제공하도록 요구하지 않았기 때문에 현지인들의 주도권이나 지식에 대해 더 포용적이었다(당시 워싱턴의 계획가들[경제 전문가들]이 받은 지침은 유럽에서 '물꼬를 틀 뿐 군림하지는 말라on tap, and not on top'는 것이었다). 그런데 콜롬비아에서는 허시먼이 '외국인 전문가'라는 높은 지위 때문에 칙령을 내리는 위치에 있게 되었고, 그는 이 위치가 매우 불편했다. 커리의 조사단은 콜롬비아의 문제는 외국인 전문가만이 제대로 파악할 수 있다고 전제했다. 그들이 '외국인'이고 '전문가'이기 때문이라는 것이었다. 콜롬비아인들은 저개발된 상황에 놓여 있으므로 콜롬비아의 문제를 파악할 수 없을 것이라고 여겨졌다. 이렇게 서로 맞물린 편견의 순환논리는 훗날 허시먼이 '외국인 전문가'들과 해외 '원조' 개념을 비판할 때도, 또 남미 지식인들이 후진성에 대해 자조적으로 냉소하는 습관에서 벗어나야 한다고 촉구할 때도 중요한 토대가 된다(남미 사람들은 "이곳 열대에서는 모든 것을 거꾸로backward[후진적으로] 합니다"라고 자주 농담하곤 했는데, 허시먼은 이를 남미 지식인들이 보이는 자조적인 냉소의 사례로 들었다). 허시먼은 하워드 엘리스에게 자신이 "개발 과정으로부터 무언가를 배우고 싶지, 개발의 모든 비밀을 다 아는 사람인 양 행세하고 싶지는 않다"고 말했다.[20]

그렇다고 포기하고 싶어한 것은 아니었다. 허시먼은 냅이 새로 생긴 서반구 부서로 옮길 생각이 있느냐고 물었을 때 거절했다. "지금 돌아간다면 실패를 인정하는 셈이 될 것입니다. 현재 이곳에도 다양한 측면들이 있으니까요." 그는 콜롬비아에 좋은 인맥이 있었고, "몇 가지 아이디어"를 발전시키는 중이었으며, "꽤 많은 일을 진행하고 있는 중"이었다. "저는 그것들을 완성하고 싶고, 그것이 위원회에 도움이 되기를 바랍니다." 또 가족도 콜롬비아에 잘 정착해서 모험을 즐기기 시작한 터였다.[21]

그가 발전시키고 있다는 아이디어는 무엇이었을까? 1954년경 허시먼은 콜롬비아가 잘하지 못하고 있는 것이 무엇인지보다는 잘하고 있는 것이 무엇인지에 집중하고 있었다. 3월 초에 허시먼은 오래 생각했던 연구프로젝트를 마지막으로 퇴고하고 있었다. 하지만 이 논문 〈콜롬비아의 성공적인 경제개발 사례 연구〉는 출판되지 못했다. 위원회가 생각한 개발이나 실천의 개념과 거의 모든 면에서 부합하지 못했기 때문이다. 우선 허시먼은 콜롬비아와 콜롬비아 사람들이 그저 전통의 관습에 빠진 채 무기력하게 원조나 기다리고 있는 것이 아니라 앞으로 나아가고 있다고 보았다. 또한 허시먼이 제안한 연구방법론도 위원회를 거슬리게 했다. 종합적이고 총계적인 국가 통계를 수집하기보다 성공한 기업들에 대해 개별적인 사례 연구를 하자고 제안했기 때문이다. 그는 성공적인 경제활동 사례들을 선정해서 "경영자와 창립자의 배경과 성격"부터 그들의 교육, 의사결정 방식, 재정조달 방법 등을 조사하자고 했다. 허시먼이 제시한 대상 사례들은 프로젝트 현장을 다니며 직접 관찰한 곳들로, 카우카 계곡의 설탕 플랜테이션 및 정제 기업 마누엘리타, 메델린의 면화 공장

콜테헤르, 양조회사 바바리아, 그리고 개인·소상공인·소기업에 소액대출을 하면서 "최신의 대출 기법과 정치적 안정성을 바탕으로 괄목한 성장을 보인" 보고타서민은행 등이었다. 허시먼은 맥스 밀리컨이 이끌고 있던 MIT 국제연구센터, 하버드대학의 기업연구소, 국립 콜롬비아대학, 전국공업협회 등 몇몇 기관에 후원 의사도 타진해 보았다.[22]

하지만 그의 아이디어는 어떤 성과로도 이어지지 못했다. 그러는 동안 콜롬비아 정부와의 협업도 매우 불편해졌다. 1953년 6월 13일 로하스 피니야 장군이 쿠데타로 정권을 잡으면서 상황이 달라졌다. 처음에는 쿠데타가 어느 정도 환영을 받았다. 많은 사람들이 그랬듯이 허시먼은 이 쿠데타에 대해 양면적인 감정을 가지고 있었다. 무엇보다 [무장 난체들과의 협상을 시도하며] 게릴라 폭력을 크게 줄이겠다고 약속했다. 또 소규모 생산자, 소상공인, 농민을 위해 서민은행이 새로 생겼고 여러 가지 사회개혁도 시도되었다. 하지만 시간이 지나면서 로하스 피니야는 본인 개인에게 권력을 더욱 집중시켰고 정책 결정을 혼자 좌지우지했다. 허시먼은 워싱턴의 냅에게 최근 콜롬비아 정부가 무리하게 기업세를 올린 것은 "비합리적일 뿐 아니라 기업이 더 발전해야 하는 나라에서 취하기에는 과도한 조치"라고 지적하면서, 로하스 피니야 정부가 위원회의 조언에 귀를 닫고 있다고 알렸다. 허시먼은 자기 뜻대로 하려고 하는 대통령, 별도로 자신들에게 도움을 주길 원하는 재무부, 그리고 자체의 의제를 가지고 있는 위원회 사이에 낀 신세가 되었다. 재무장관 카를로스 비야베세스

레스트레포는 허시먼에게 개인 자격으로 **자신과 함께** 일해 줄 것을 요청했지만 위원회는 이를 승인하지 않았다. 그래서 "[매출에 엄청난 누진세를 매기는 등] '부유한 사람들에게서 왕창 걷어들이려고sock the rich' 하는 새 정부의 경향에 맞서 정부 내부에서 경고 목소리를 낼 수 있는 가능성"이 차단되어 버렸다.[23]

그러는 동안 콜롬비아의 경제 상황은 악화되었다. 커피 가격이 폭락해서 무역수지에 악영향을 미쳤고 이는 한동안의 긴축 정책으로 이어졌다. 하지만 로하스 피니야 대통령은 뜻을 굽히지 않았고, 나중에는 세계은행마저 대출을 중단해야 하게 되었다. 그 무렵이면 커리의 원래 계획은 어그러진 지 오래였다. 진보 진영 쪽인 커리는 위원회를 사임하고 낙농목장을 운영하는 농민이 되었다. 그 밖에도 많은 사람들이 떠났다.[24]

허시먼이 바라기도 했고 어느 정도 누리기도 했던 자율성이 여러 방면에서 제약을 받고 있었다. 새러는 이렇게 회상했다. "보고타에서 허시먼은 여러 어려움 때문에 종종 매우 우울해했다." 그가 마지막으로 작성한 위원회 보고서는 혼란스러운 결과들로 가득했다. 전기 보급을 위한 프로젝트 계약, 대서양 연안 개발 계획, 주택 자금 지원 등은 좋은 징조였다. 하지만 "종합적으로는 부정적"이었다. "기관간 조정의 부족, 대통령에게 조언할 수 있는 여지의 부재, 그리고 조언을 전혀 듣지 않으려고 하는 대통령, 먼지만 뒤집어쓰고 있는 보고서들." 이 일을 왜 계속해야 할까? 처음에 했던 모험을 갈등이나 마찰 없이 할 수 있는 다른 방법도 있지 않은가? 예를 들면 콜롬비아 정부를 떠나서 민간 컨설팅회사를 차리는 방법이 있었다.[25] 그래서 허시먼은 그렇게 했다.

1954년 4월 콜롬비아 정부와의 2년 계약이 끝났다. 허시먼은 책상을 비우고 중앙은행 건물의 사무실을 나왔다. 허시먼은 그날을 너무나 그다운 방식으로 준비했다. 집에 임시사무실로 마련한 책상 옆에 편안한 안락의자를 하나 사서 가져다 놓고 책을 아주 많이 읽기로 한 것이다. 위원회를 떠나서 아쉬운 유일한 점은 뛰어난 비서 파니 두란 바르가스와 일할 수 없게 된 것이었다. 파니는 진보 성향 정치인의 딸로, 나중에 두 집안은 친한 친구가 된다. 버크 냅은 허시먼이 세계은행 일을 그만두게 되어 안타깝지만 충분히 이해한다는 내용의 편지를 보내왔다. "옳은 결정이라고 감히 생각합니다." 그리고 아마 격려 차원이었겠지만 다음과 같은 예언적인 말을 덧붙였다. "당신이 콜롬비아에서 한 일에 고통스러운 면은 있었겠지만, 훗날 다른 남미 국가들에서 비슷한 종류의 문제들을 다룰 때 매우 유용할 경험이 되었으리라고 확신합니다."[26]

그래도 돈은 벌어야 했다. 허시먼은 워싱턴에 짧게 머물면서 어떤 가능성이 있는지 알아보았다. 하지만 그는 워싱턴으로 가고 싶은 생각은 별로 없었다. 그는 우르줄라에게 이렇게 전했다. "불가능하기도 하고 말이야. 적어도 매카시즘 분위기에서는 워싱턴으로 가는 게 좋은 생각은 아닌 것 같아." 어쨌거나 생계를 유지할 돈은 필요했다. 워싱턴에서 바쁘게 돌아다니며 며칠을 보냈지만 옛 친구들(특히 죄르지 야시)을 만날 수 있었던 것을 제외하면 성과가 없었다. 보고타로 돌아온 그는 더 우울해져서 죄르지에게 이렇게 전했다. "이 곳으로 돌아와서 힘든 몇 주를 보내고 있어. 분명히 내 마음은 이 일을 더이상 원하지 않는 것 같아."[27] 무엇을 할 것인가? 한 가지 가능성은 유럽, 특히 이탈리아로 돌아가는 것이었다. 허시먼은 다시 한 번 누나에게 의견을 물었다. "[이탈리아에 가서] 대기업에 취직할까? 아니면 여러 재단 중 한 곳에서 후원하는 연구프로젝트를 할까?" 아니면 분야를 완전히 바꿔서 우림을 목장으로 바꾸는 사업 같은 것을 해 볼까?" 새러는 헬렌 야시에게 이렇게 털어놓았다. "앨버트는 몇 가지 큰 계획들을 가지고 있는 것 같아." 하지만 미래의 불확실성이 자신을 짓누르도록 두는 사람이 아닌 허시먼에게 이런 계획들은 기운을 북돋아 주는 종류의 계획이었다.

전에도 이러한 갈림길에 처했던 적이 있었고 그때도 그는 여러 '계획'을 세웠다. 심지어 농기계를 사서 농사를 짓는 상상을 하기도 했다. 공학을 싫어했던 데다 농기계는 본 적도 없었으므로 전혀 현실적이지는 않은 계획이었다. 허시먼은 실용적이면서도 회의적인 자신의 태도가 갖는 한계를 직시했다. 또 커리 같은 사람들이 세상에서 이점을 갖는 데도 이유가 있다고 생각했다. "나는 시스템을 만들어내는 사람이 아니야. 늘 작은 개선이나 비판을 하는 사람이지. 하는 동안에는 즐거운데, 끝나고 나면 내가 새로운 생각을 다시 할 수 있을까 싶은 마음이 들면서 공백과 같은 상태가 돼. 좀더 영구적으로 지성을 갈고 닦을 기반이 될 만한 무언가를 만들 필요가 있을 것 같아."[28]

새로운 시스템을 창조하거나 콜롬비아의 문제들을 일거에 해소할 마스터플랜을 만들지는 못하더라도, **적어도 몇 가지 문제만큼이라도** 해결하는 데 기여하고 싶었다. 그래서 허시먼은 컨설팅회사를 차렸다. 위원회 일에서 얻은 지식을 활용하면서도 상사나 '계획'으로부터는 자율성을 가지고 일할 수 있을 것 같았다. 컨설팅회사를 차린 것은 성공적이었다. 사실 너무 지나치게 성공적이어서 새러와 아이들이 카리브해로 휴가를 떠날 때 허시먼은 함께 가지 못하고 남아서 일을 해야 했다. 새러는, "이곳 사람들은 너무 참을성이 없고 충동적이어서 경제 문제에 대한 조언을 **바로 당장** 얻고 싶어한다"고 불평했다.[29] 너무 바쁠 때면 새러도 도왔다. 전화도 받고 칼리의 도시 하수구 문제에 대한 보고서를 타자로 치거나 수도 회사가 대출을 신청할 때 구비해야 할 자료를 취합하는 일도 했다. 얼마 뒤 앨버트는 조지 칼마노프와 팀을 이루었다. 칼마노프도 세계은행이 위원회에 파견한 사람이었는데, 11월에 계약이 끝나는 상태였다. 둘은 함께 작은 사무실을 차렸고, 허시먼은 '앨버트 허시먼. 경제 및 재정 컨설턴트'라고 쓰인 명판을 문 앞에 자랑스럽게 붙여 놓았다.

허시먼의 회사는 위원회에서 발주하는 계약들을 따면서 성업을 이루었다. 어느 면에서 허시먼은 위원회가 마땅히 해야 할 일이라고 그가 생각했던 일을 하고 있는 셈이었다. 도심의 으리으리한 유리 건물에서 보는 관점에서가 아니라 투자자가 실질적으로 의사결정을 하는 관점에서 기회를 포착하고 해결책을 발견하는 일 말이다. 허시먼 회사의 초창기 고객 중에는 민간사업자와 은행들도 있었다. 이를테면 콜롬비아 농업은행이 투자개요서를 평가해 달라고 의뢰하기도 했고, 뉴욕의 제지업체 에바스코가 남미로 사업을 확장하려고 하면서 콜롬비아에 펄프 공장과 제지 공장을 건설하는 것의 시장 전망을 평가해 달라고 의뢰하기도 했다. 이에 허시먼과 칼마노프는 남미 지역의 수요가 탄탄하며 증가하고 있는 추세라고 전망했고 파트너십을 맺을 만한 남미 기업과 기관들(산업증진연구소, 카르톤 데 콜롬비아, 마누엘 카르바할의 회사 등)을 제안했다. 에바스코가 콜롬비아에서 합작회사를 세우려는 것에 대해 허시먼은 "이러한 기업의 설립이 콜롬비아에서 빠르게 진전되고 있는 산업 발달의 다음 단계임이 분명하다"며 "우리의 보고서가 이 목적에 기여하기를 바란다"고 적었다. 고객사의 목적을 위해 일하는 것이기는 했지만, 그는 더 큰 목적을 생각하는 것도 잊지 않았다.[30]

허시먼의 회사는 세계은행 같은 국제기구에 자금 지원을 신청하기 위해 프로젝트 제안서를 쓰려는 정부기관들로부터도 계약을 따냈다. 이렇게 해서, 프로젝트 평가가 허시먼 회사의 주요 업무가 되었다. 그때는 몰랐지만 여러 프로젝트를 검토하고 평가했던 경험이 긴 경로를 돌아 수십 년 뒤에 그가 사회과학계에서 일구게 될 경력에 큰 도움을 주게 된다. 또한 이 일은 콜롬비아에서 무엇이 잘 되고 있고 무엇이 잘못되고 있는지 살펴보고 특히 강점들을 파악할 수 있는 기회를 제공했다. 허시먼은 콜롬비아 중앙은행의 의뢰를 받아 투자자들을 위한 소책자 《콜롬비아: 발전해 가는 경제에서 주목할 만한 지점들》을 작성했다. 전에 성공 사례를 연구하자고 제안했을 때

[그때는 묻혀 버렸지만] 그가 염두에 두었던 점들이 담긴 책자였다. 또 칼리의 시립사업공사 경영자 호세 카스트로 보레로가 칼리 시의 향후 5년간 자금 전망에 대해 컨설팅을 의뢰했을 때는 칼리가 재정 문제를 해결하고 사업 기회를 촉진할 수 있는 방법에 대해 긍정적인 전망을 보여주는 지표들을 상세하게 제공했다. 불가능, 무용함, 후진성과 같은 비관적 단어들은 허시먼의 사전에 없었다.[31]

칼마노프와 허시먼의 팀이 잘 돌아갈 수 있었던 이유는 그들이 '함께' 일했다기보다는 '나란히' 일했기 때문이었다. 콜롬비아에서 개발사업이 성장하면서 컨설팅을 원하는 곳들이 많아졌고, 그 덕분에 둘은 서로 신경쓰지 않고 각자 원하는 분야에 맞게 알아서 계약을 따서 일을 할 수 있었다. 허시먼보다 젊고 현장지향적 특성은 덜한 칼마노프는 자기 나름의 선호와 지향을 가지고 있었기 때문에, 허시먼은 허시먼대로 투자 프로젝트 분석에 집중할 수 있었다. 이 둘의 결합은 바쁘고 입지가 탄탄한 전문가 두 명이 한 사무실을 쓰는 결합 그 이상은 아니었다. 그 상태로 이 파트너십은 잘 돌아갔다. 허시먼의 고객은 분야도 다양했고 지역적으로도 전국에 걸쳐 있었다. 카우카 계곡의 설탕 플랜테이션 소유주 라파엘 델가도 바레네체(1950년대 초 영향력이 꽤 있던 보수주의 정치인이기도 하다), 알베르토 카르바할 등 주요 현지 기업인들도 포함되어 있었다. 카우카 계곡 프로젝트는 훗날 허시먼이 현지 기업가들이 개발에 어떻게 기여하는지에 대해 쓴 글에 비중 있는 사례로 등장한다. 허시먼은 이런 기회들을 누렸고 "콜롬비아의 현실에 더 깊이 들어가면서 더 많은 사

앨버트 허시먼

람을 만날 수 있었다." 의사결정자들과 권위적이지 않은 방식으로 더 긴밀한 대화를 나눌 수 있다는 것도 좋은 점이었다. 허시먼은 "비행기를 탈 때면 아는 고위 당국자를 언제나 한 명 이상 만나게 된다"며 이러한 인간관계를 가질 수 있게 된 것을 기뻐했다. 훗날 허시먼은 "이런 일들이 유쾌한 경험이었고 나 같은 젊은 사람에게는 놀라운 경험이기도 했다"고 회상했다.[32]

그러나 컨설팅의 일상적인 업무에 파묻힌 것에 대해 불안함과 피로감도 있었다. 허시먼은 자신이 시스템을 만들어내는 사람은 아니라고 생각했지만, 그렇더라도 더 학술적이고 지적인 일을 할 수 있는 기회를 잡고 싶었다. 문제를 해결하는 구체적인 과정을 돕고 싶기도 했지만 '문제 해결에 대해 사고하는 것'도 하고 싶었다. 1956년 보고타를 방문한 록펠러재단의 사회과학부 부팀장 몬터규 유델먼은 허시먼과 칼마노프의 팀이 오래가지 못할 것임을 알아차렸다. 각자 따로 유델먼에게 만나자고 연락을 해 온 것이다. 칼마노프는 박사학위를 마치고 싶어했기 때문에(콜롬비아에서의 일을 주제로 삼아 학위논문을 쓰려 하고 있었다) "보고타를 떠나려는 개인적인 이유가 충분히 강하게 있었다." 허시먼은 다른 것을 생각하고 있었지만 그 역시 이 일을 칼마노프와 함께 할 것이라고 생각하지는 않았다. 허시먼은 위원회의 분위기가 안 좋아지기 시작한 이후로 '라틴아메리카 사례 연구소'를 열고 싶다는 생각을 내내 하고 있었다. 1954년 초 허시먼은 죄르지 야시에게 조언을 구했고, 함께할 수 있는 파트너 후보들을 물색하기도 했다(야시에게도 혹시 올 생각이 없는지 물어보았다). 그렇다고 희망을 버린 것은 아니었다. 그때 허시먼은 지역의 가스회사 의뢰로 시장조사를 하면서 이 시장의 전망이 매우 낙관적이고 흥미롭다는 사실을 발견했다. 위원회든 연구소든 간에, 개발에 대해 오가는 이 모든 이야기에서 결국 중요한 것은 사람들이 실제로 무엇을 원하는가가 아니겠는가?

어쨌든 허시먼은 여러 가능성들을 계속해서 생각했다. 멕시코시티로 가는 것도 고려해 보았고(새러는 흥미로운 모험이 될 것이라며 이 아이디어를 좋아했다. 분명 새러도 모험에 중독되어 있었다), 카라카스에 컨설팅회사의 지사를 열어 볼까 하는 생각도 했다. 유델먼이 방문했을 무렵에는 미시건대학 서베이리서치센터와 유엔의 '라틴아메리카 및 카리브해 지역 경제위원회'와 함께 '소비자 서베이리서치센터'를 만든다는 김칫국을 마시고 있었다(미시건대학과 유엔 모두 염두에 두고 있지 않은 일이었다). 유델먼은 이 이야기를 듣고 록펠러재단은 영리기업은 지원할 수 없다고 부드럽게 거절했다. 유델먼은 [훗날 내부 보고서에서] 이렇게 언급했다. "그 문제는 거기에서 끝났다. AH[앨버트 허시먼]는 이 논의가 우리 둘만의 이야기로 남았으면 좋겠다고 했다."[33]

그래서 앨버트 허시먼은 계속 콜롬비아에 머물렀고, 계속 컨설팅 일을 했다. 그러는 동안 이들의 콜롬비아 시절은 더 '콜롬비아적'이 되었다. 허시먼이 가장 길게 간 해외 출장은 중앙아메리카였다. 1955년 3월부터 5월까지 6주간의 일정이었고, 상무부의 의뢰로 〈미국 투자자를 위한 가이드〉를 쓰기 위해서였다. 허시먼은 여러 나라 수도의 호텔 로비에서 양복을 입은 현지 기업인 및 은행가들과 칵테일을 마시고 이야기를 나누면서 기회를 넓힐 수 있었다. 하지만 수도나 대도시에만 머물지는 않았다. 허시먼은 기회만 주어지면 그의 주특기를 발휘했다. 즉 최대한 많은 공장과 주거 계획 현장 등을 방문했다. 니카라과에서는 중앙은행 직원 에두아르도 몬테알레그리가 허시먼을 수행했다. 처음에 그는 허시먼에게 좋은 인상을 받은 것 같았는데 너무 돌아다니느라 지쳐서 나중에는 생각이 달라진 모양이었다. 허시먼은 "그가 나에게 훨씬 덜 공감하게 된 것 같다"고 불만을 표했다. 그리고 이런 빈정거림도 덧붙였다. "그는 굉장한 애국자이다. 이곳의 모든 것이 가난한 온두라스는 말할 것도 없고 과테말라, 엘살바도르, 코스타리카보다도 좋다는 것이다." 허시먼은 과테말라를 좋아했다. 스위스를 연상시키는 경관도 좋았지만, 마야의 마을들이 인류학적인 매력을 내뿜고 있었다.[34]

콜롬비아에 적응하는 데는 시간이 좀 걸렸다. 특히 새러가 그랬다. 아이들은 집 근처 학교인 콜레지오 누에바 그라나다에 다녔다. 아이들이 학교에 가 있는 동안 새러는 에스파냐어를 맹렬히 공부했고 가사 도우미도 구했다. 도우미는 조당 시럽으로 핫초콜릿 만드는 법을 새러에게 가르쳐 주었다. 새러는 헬렌 야시에게 보낸 편지에서 "전체적으로, 토할 것 같아"라고 평하면서 "접시나 설거지거리를 신경쓰지 않아도 된다는 장점은 있다"고 인정했다.[35]

처음에 세를 든 집은 카예 72번가에 있는 조용하지만 어두운 집으로, 이탈리아인이 집주인이었다. 1년 뒤에는 보고타를 둘러싸고 있는 낮은 산기슭에 위치한 카예 74번가의 집으로 이사했다. 뒤쪽으로는 키가 큰 유칼립투스 나무들과 시내가 있었고 산의 경관이 보고타 북단(당시에는 이곳이 북단이었다)을 아름답게 장식해 주고 있었다. 소박한 단독주택들이 들어서 있었고 언덕 위쪽으로는 가난한 사람들이 사는 판자촌이 있었다. 허시먼의 딸들은 동네 아이들이 학교에 가지 않고 길을 쓸거나 돌을 깨는 것을 보면서 그 아이들을 불러다 집 뒤뜰에서 함께 장난감을 가지고 놀거나 책을 읽고 싶어했다. 하지만 새러와 앨버트는 결핵이나 이가 옮을까 걱정되어 되도록이면 그러지 못하게 했다. 새러는 주변의 준농촌마을 사람들을 날마다 보면서 자신이 매우 다른 세계에 와 있다는 것을 실감할 수 있었다. 정오 무렵이 되면 농부의 아내와 딸들은 긴 치마와 짙은 색 모자를 쓰고 금속 용기 가득히 너운 음식을 담아 남편과 아버지들이 일하는 곳으로 갔다. 들판 옆의 잔디에 여자들이 새참을 차리면 판초 차림으로 일하던 남자들이 잠시 쉬면서 새참을 먹었다. 허시먼 집의 뒤뜰에서는 도우미가 닭을 키웠는데, 허시먼의 딸들은 거실에 서서 뜰을 돌아다니는 닭들을 내다보는 것을 좋아했다. 다 좋았지만, 아침에 살아 있던 닭이 저녁 식탁에 올라오는 것에 적응하기까지는 시간이 좀 걸렸다.[36]

허시먼 가족은 카예 74번가 집에 정착했다. 앨버트는 바비큐 그릴을 설치했고 새러는 신중하게 가구를 골랐다. 새러는 식민지 시대 성당에서 나온 골동품 가구들을 특히 좋아했는데, 라칸델라리아의 작은 상점들에서 그런 가구들을 구매했다. 벽과 나무에는 해먹도 여

앨버트 허시먼

러 개 걸어 놓았다.[37]

콜롬비아에서 허시먼 가족은 금세 코즈모폴리턴적인 친구들을 사귀었다. 많은 면에서, 워싱턴에서는 가져 보지 못했던 사교생활을 누릴 수 있었다. 규모가 작아서 더 쉬웠던 면도 있었다. 보고타는 너무 크지도 않고, 너무 다양하지도 않고, 파고들기 너무 어렵지도 않은 도시였다. 그리고 이곳의 문화적 상류층 사람들은 새로운 사람들을 좋아했다. 헝가리 출신 이민자인 《엘티엠포El Tiempo》의 정치만평가 페테르 알도르와 그의 아내 에바 알도르는 따뜻한 파티를 열어주었고 예술가, 과학자, 작가들을 만나게 해 주었다. 서점은 이민자들이 소유하고 있는 경우가 많았으며 문학의 허브 역할을 했다. 도심에 있는 리브레리아센트랄 서점은 오스트리아 출신인 한스 웅가가 운영하고 있었고 작가와 예술가들이 즐겨 찾는 곳이었다. 특히 유럽과 남미의 예술 서적이 많아서 인기를 끌었다. 나중에 웅가는 서점을 확장해서 작은 갤러리도 운영했는데, 후안 안토니오 로다 같은 젊은 화가들과 기예르모 비데만(1939년에 베를린을 탈출한 독일인), 레오폴도 리히터 같은 이민자 화가들의 작품을 전시했다. 콜롬비아는 유쾌한 놀라움을 끊임없이 선사했다. 한번은 콜롬비아 남부의 식민지 시절 도시 포파얀으로 친구들과 여행을 갔다. 허시먼과 새러는 한밤중에 한 무리의 술 취한 남자들이 노래하고 시를 읊으면서 집으로 몰려들어오는 통에 잠에서 깼다. 다음 날 이 도시의 시장이 자동차와 운전기사를 마련해 주겠다고 했다. 운전기사는 콜롬비아의 저명한 시인 '마에스트로' 기예르모 발렌시아의 아들이었는데, 전날

밤에 술 취해 노래 부르던 사람 중 한 명이었다.[38]

새러는 새로운 환경에 적응하고, 가족들의 생활을 챙기고, 은행 측에서 지원해 주기로 약속한 운전기사가 오기 전까지 앨버트의 운전기사 역할도 하면서, 가족들이 이웃과 잘 어울릴 수 있도록 사교 생활의 구심점 역할도 했다. 앨버트가 조용하게 분위기를 관찰하는 타입이라면 새러는 활발한 타입이었다. 주로 새러 덕분에, 허시먼 가족은 금세 많은 친구를 사귀게 되었다. 우선 당연하게도 새러는 보고타에 와 있는 러시아 이민자들과 친해졌다. 또 가브리엘라 삼페르, 한카 로즈처럼 각별히 친한 사람들도 있었다. 미국인 중 친한 친구는 한 명뿐이었는데, 대사관의 문화담당관 휴 라이언이었다. 콜롬비아 사람들과 친해지기는 좀 어려웠다. 콜롬비아 사람들은 점잖고 친절했지만 그들끼리의 공동체를 꾸리고 있었다. 새리는 콜롬비아에서 미국인들이 현지인을 경멸하는 것을 보고 많이 놀랐다. 앨버트도 '외국인 전문가'들이 마치 현지인은 결코 알지 못할 지식을 자신들만 알고 있다는 듯이 구는 게 마음에 들지 않았다. 그러한 경멸 때문인지 콜롬비아 사람들은 외국인에게 거리를 두었고 콜롬비아 사람을 대할 때와는 다른 방식으로 대했다. 이 때문에 처음에는 콜롬비아 사람들과 친해지기가 쉽지 않았다.[39]

아무래도 처음에 친하게 지낸 사람들은 프리드만 가족 같은 이민자들이었다. 그 집에도 아이가 둘 있었는데 허시먼의 딸들과 비슷한 또래였다. 아내 로레 프리드만은 1937년에 남편 프리츠 프리드만과 함께 탈출한 오스트리아 유대인이었고, 콜롬비아에서 학교 선생님으로 일하고 있었다. 집이 멀지 않아서 프리드만 집 아이들은 학교 가는 길에 허시먼의 집에 들러 리사, 카티아와 함께 등교했다. 창문에서 보이는 거리를 벗어나면 아이들은 학교 신발을 벗고 더 편하고 시원한 신발로 갈아신고서 다른 친구들을 만나러 뛰어가곤 했다. 두 가족은 스테레오로 클래식 음악을 함께 듣기도 했다. 또 프리드만의 집에는 피아노가 있어서 그 지역의 실내악 음악가들이 자주 찾아왔다. 1954년 여름에 새러가 아이들과 함께 로스앤젤레스의 친정집에 가면서 프리드만 가족을 초대했다. 두 가족은(앨버트는 함께 가지 못하고 콜롬비아에 남아 일을 했다) 미국 서부 연안을 자동차로 여행했다.[40]

농촌에는 여전히 게릴라 폭력이 이어지고 있었지만 수도 보고타는 미술과 공연의 황금기를 구가하고 있었다. 북미보다 남미로 탈출하는 것이 더 쉬웠던 유럽 난민이 많았던 것도 한 이유였다. 콜론 극장에서 공연이 열리면 문화계의 저명한 인사들이 다 모였다. 청중 전체가 서로 지인이거나 친구인 듯해 보였다. 공연은 사교 모임이기도 했다.

워싱턴 생활과는 매우 대조적이었다. 차이는 집 안에서도 찾아볼 수 있었다. 아이들이 그때보다 더 많이 자라서 이제는 할 수 있는 것이 훨씬 많아졌기 때문이기도 했다. 허시먼은 아이들 화장실 앞에 지켜야 할 목록을 써서 붙여 놓았다.

아침에 할 일

1. 이 닦기

2. 세수하기

3. 머리 빗기

4. 싸우지 말기

저녁에 할 일

1. 옷 벗어서 정리하기

2. 놀이방 정돈하기

3. 이 닦기

4. 세수하기

5. 다음 날 학교 갈 준비하기

6. 장난치기

아이들이 크면서 언어놀이도 함께 할 수 있게 되었다. 카티아는 아빠가 면도를 할 때면 화장실로 들어와서 아빠와 함께 각운을 맞춰 시를 짓곤 했다. 그중 하나가 〈대양과 로션Ocean and Lotion〉이다.

I swam in the ocean

With strong swimming motion

I carried a lotion

Which spilled in the ocean

나는 대양에서 수영을 했지

아주 큰 동작으로 말이야

로션을 하나 들고 갔는데

그걸 대양에 쏟았어

And this little lotion

Must have been quite a potion

Ever since the big ocean

Smelt strangely of lotion!

이 작은 로션에

실은 꽤 많은 양이 들었었나 봐

그 뒤로 그 큰 대양에서

이상하게 로션 냄새가 나더라고!

자매간의 다툼도 시의 소재가 되었다. 1954년 1월의 어느 토요일 아침에 앨버트는 카티아가 〈리사의 자석 같은 눈Lisa's Magnetic Eye〉이라는 시를 짓는 것을 도와주었다.

In our hall

We often play ball

We have lots of fun

We play and we run

But once our ball

Had a very bad fall

Straight it went into Lisa's eye

And the poor little girl began to cry

Her father said her eye was magnetic

But her mother was much more sympathetic

And she said in a vocie that was quite energetic

"We Love our Lisa

Let nobody tease her!"

우리 집 복도에서

우리는 종종 공놀이를 하지

얼마나 재미있나 몰라

공놀이를 하면서 뛰어다니는데

한번은 우리 공이

아주 잘못 날아가서

리사의 눈에 맞았지 뭐야

가엾은 어린 소녀는 울기 시작했지

소녀의 아버지는 소녀의 눈이 자석인 모양이라고 말했어

하지만 소녀의 어머니는 훨씬 더 동정심이 많아서

큰 목소리로 이렇게 말했지

"우리는 우리 리사를 사랑해

어디 우리 리사를 놀리기만 해 봐!"

콜롬비아 시절은 아이들이 어린이에서 청소년으로 넘어가는 시

　　　　　　　　앨버트 허시먼

■ 보야카에서 승마를 즐기는 허시먼 가족.(1955년 12월)

기에 부모와 딸들이 친밀한 시간을 보낼 수 있었다는 점에서도 소중한 시기였다. 앨버트는 저녁을 먹으면서 딸들에게《일리아스》와《오디세이아》이야기를 들려주고, 학창 시절 김나지움에서 들었던 수업 이야기도 해 주었다. 아이들은 이런 이야기를 아주 재미있어했다. 주말이면 자동차를 타고 보고타 주변을 여행하면서 보야카 지역의 놀라운 경관을 구경했다. 이때 찍은 가족사진 중 하나를 보면, 허시먼 가족이 양모로 된 루아나를 입고 말에 올라 즐거운 모험을 하고 있다. 초록이 울창한 푸사가수가라는 작은 골짜기마을과 프리드만 가족의 작은 농장은 하루 만에 다녀올 수 있는 거리였다. 또 라구나데토타는 허시먼 가족이 가장 좋아하는 여행지였다. 허시먼 가족은 쉐보레를, 프리드만 가족은 지프를 타고 흙길을 달려 작은 마을들을 지나다 보면 옛 식민지 시대의 교회에 도착했다. 그곳에서 시장을 돌아다니며 구경하다가 안데스산맥을 더 올라 쌀쌀한 바람을 맞으며 커다랗고 푸른 호수를 감상하고 하이킹을 했다. 그리고 밤에는 현지 숙박시설에서 묵었다. 더 멀리 '티에라 칼리엔테'로 여행을 하기도 했다. '저지대'라는 뜻인데, 물론 안데스산맥의 고도에 익숙한 현지인들 입장에서 저지대라는 말이다.[41]

허시먼이 콜롬비아 생활을 시작했을 무렵이면 '라비올렌시아'의 최악의 시기는 지나간 뒤였지만 긴장은 여전히 남아 있었다. 사람들은 '대학살'이라는 말을 입에 담기 싫어했다. 로레 프리드만은 이때가 '쉬쉬하는 시기'였다고 회상했다. 새러는 아이들이 보고타의 길거리를 다니는 것이 안전한지 걱정이 되었다. 시골길도 위험했다.

허시먼은 친구들의 시골집이나 농장에 갈 때면 현지의 안전 문제나 내전 상황에 대해 잘 아는 사람에게 꼭 먼저 물어보았다. 부득이 여행을 취소해야 할 때도 있었다. 게릴라들이 외국인에게 폭력을 행사하는 일은 거의 없었지만 전혀 없는 것은 아니었다. 한번은 가족들과 길옆 들판으로 소풍을 나가 점심을 먹고 있었는데 마세티[큰 칼]를 든 한 무리의 남자들이 다가왔다. 새러는 아이들을 감싸안았고, 앨버트는 매력을 최대한 발산하며 여행객이라고 설명했다. 칼을 든 남자들은 인사를 하고 떠났다. 무사했지만 모든 콜롬비아인을 안심하고 믿을 수 있는 것은 아니라는 점을 상기시켜 준 경우였다.

하지만 사람이 나쁜 경우보다는 도로가 나쁜 경우가 더 흔히 마주치는 위험이었다. 불굴의 쉐보레도 산사태, 구덩이, 유실된 도로 등의 문제에 종종 봉착했다. 그러면 모두 차에서 내려 마을 사람들과 함께 차를 밀었다. 앨버트는 이런 장애에 맞서 머뭇거리지 않고 나서는 콜롬비아 사람들을 존경했다. 그들은 어마어마하기는 하지만 그렇다고 포기할 마음이 들 정도로 어마어마하지 않은 종류의 위험들에 처하면 어떻게든 헤쳐 나갈 길을 찾아냈다. 앨버트는 가장 좋아하는 말을 자동차 범퍼에 붙여 놓았다. '가진 것을 모두 쏟아부어라Échele con todo!' 자동차가 흙구덩이나 돌무더기에서 무사히 벗어나면 허시먼 가족은 도와 준 사람들과 악수를 하며 인사를 나눈 뒤 차에 올라 여행을 계속했다.

콜롬비아에 있으려니 유럽은 그 어느 때보다도 멀게 느껴졌다. 이 시기에 앨버트와 새러는 파리로 돌아가겠다는 생각을 완전히 접는다. 이제 유럽에 남아 있는 유일한 끈은 우르줄라와 에바였다. 앨버트는 유럽의 가족에게 계속해서 충실하게 필요한 역할을 다했다. 뜸할 때도 있기는 했지만 편지도 계속 주고받았다. 하지만 엄마에게는 직접 편지를 쓰지 않고 누나에게 보내는 것으로 대신했다. 엄마 쪽에서는 아들 소식을 간접적으로만 듣게 된 셈이었다. 엄마는 편지를 보냈던 것 같다. 2차대전이 끝난 뒤 엄마가 보낸 편지 중에 남아 있는 것이 있다(가난에 대해 길게 한탄하는 내용이 주를 이루고 있다). 어쨌든 앨버트는 주기적으로 돈을 보내면서 아들 노릇을 충실히 했다.[42]

유럽으로 돌아가겠다는 생각은 없어졌지만 미국은 그렇지 않았다. 그러던 어느날 갑자기 MIT에서 열리는 콘퍼런스에 참석해 달라는 요청을 받았다. 사회과학연구위원회SSRC 후원으로 열리는 콘퍼런스였으며, '현장 경험'이 있는 다섯 명의 경제학자와 '학자들'이 서로 생각을 나누는 자리라고 했다. 우리에게는 이 콘퍼런스가 결과적으로 허시먼의 경력에 놀라운 영향을 미치게 된다는 점도 중요하지만, '현장 경험'과 '학계'라는 극명한 이분법도 주목할 만하다. 당시 MIT는 경제개발 분야의 학자들이 모여드는 중심지였다. 맥스 밀리컨, 월트 W. 로스토와 같은 이 분야의 저명한 학자들이 이곳에 있었다. 1954년 초에 허시먼은 콜롬비아의 성공 사례를 연구하자는 제안서의 초안을 밀리컨에게 보여준 적이 있었다. 허시먼은 그 아이디어가 연구자금으로 이어질 수 있기를 바라면서 이 콘퍼런스에서 논문을 발표하기로 했고, 콘퍼런스에 적합하도록 내용을 일반화해 보편적인 시사점을 도출하는 일에 착수했다. 그는 마셜 플랜 시절 이래

본 적이 없는 활력을 띠며 이 일에 매달렸다. 관련 서적을 구하는 것이 쉽지 않았지만 그래도 최대한 광범위하게 기존 저술을 공부했다. 경제성장에 대한 최근의 논의 몇 가지를 읽었고, 데이비드 릴리엔탈(별명이 '미스터 TVA'이다)이 쓴 테네시강 유역 개발공사TVA의 역사도 공부했다. "자유 시간에는 대부분 MIT-SCRC 콘퍼런스에서 발표할 논문의 배경이 될 만한 문헌들을 읽고 있어." 허시먼은 죄르지 야시에게 이렇게 전했다. 점점 더 콘퍼런스에 기대가 커졌다. 그는 "정신 건강"을 위해 콘퍼런스 논문을 쓰고 있다고 말했다.[43]

콘퍼런스는 1954년 10월에 열렸다. 허시먼이 학계를 처음으로 직접 대면한 자리였고, 자신이 학계에서 얼마나 멀리 떨어져 있는지 깨달은 자리이기도 했다. 당시에 '개발'은 많은 사회과학자들이 다룬 주제이기는 했지만 허시먼만큼 현장 경험을 가진 사람은 거의 없었다. 대개의 개발 이론은 곧 '근대화론'이라고 불리게 될 이론과 그 이론이 가진 대외정책적 함의를 따르고 있었다. MIT 국제연구센터의 분위기도 마찬가지였다. 빈곤 국가들의 사회변동과 관련해 공산주의 이론에 맞설 수 있는 새로운 모델을 고안하기 위해 만들어진 곳으로(로스토는 '공산주의 병'이 개발도상국에서 갖는 호소력을 거두어들이는 일을 소명으로 삼고 있었다), 미국 국무부 및 CIA와 관련이 깊었다. 제3세계 국가들에서 빈곤을 퇴치하면 급진주의적 사상의 인기가 약화될 수 있을 것이라고 기대되었다. 1952년 로젠스타인로단이 MIT에 합류하면서 경제학적인 엄정성과 정교함이 더해졌다. 로젠슈타인로단도 자유주의적인 반공산주의 사상가였다. 그는 1943년에 발표한 유명한 논문에서 동유럽과 남유럽의 후진성과 산업화 문제를 다루면서, '빈곤의 덫'을 극복하려면 '빅 푸시'가 필요하다고 주장했다. 모든 분야를 아울러서 정교하게 조정된 공격을 총체적으로 가해야만 [전근대적] 전통의 관성이 구체적인 발전과 개선들을 삼켜버리지 않게 할 수 있다는 논리였다. 로스토는 곧 이 개념을 더 정교한 경제 이론과 정책 제안으로 발전시키게 되며, 이는 백악관의 정책 기조가 된다.[44]

개발경제학은 빠르게 부상하고 있는 분야였지만 허시먼은 이 분야의 이론들을 잘 몰랐고 그나마 접한 것들은 지루했다. 게다가 이 분야는 아직 그가 하고 있는 것과 같은 구체적인 실증연구가 부족했다. 너무 많은 부분이 그가 국가계획위원회에서 여러 번 목격했던 '이론적' 낌새를 지나치게 풍기고 있었다. 돌이켜보면 허시먼이 MIT에서 발표한 논문이 문제에 부딪히게 된 것은 불가피한 일이었다. 이는 제3세계에서 성장과 빈곤 완화를 이루는 최선의 길이 무엇인지를 두고 앞으로 벌어지게 될 광범위한 논쟁의 서곡이었다. 논쟁의 전조는 1950년대에도 이미 있었지만, 어쨌든 현재 허시먼은 혼자였고 자신이 가진 견해가 어떤 면에서 주류 견해와 다른지를 설명할 수 있는 핵심 주장을 아직 완전히 발전시키지 못한 상태였다. 이날 콘퍼런스에는 로젠스타인로단, 홀리스 체너리, 로버트 솔로 등 개발경제학 분야의 거물들이 참석했는데(로스토가 참석했는지는 분명치 않다), 허시먼의 논문이 인상적이라고 생각한 사람은 아무도 없었다. 그들이 듣기에 허시먼의 발표는 계획과 개발경제학에 대한 의구심,

구체성을 감안하지 않고 국가 단위의 총계적 분석만 하는 경향에 대해 불편한 질문을 서슴지 않는 회의주의, '외국인 전문가'에 대한 신랄한 비판 등으로 이루어져 있을 뿐이었다. 이 논문이 경력상의 도약대가 되어 줄 수 있을지도 모른다고 생각했던 허시먼의 기대는 물거품이 되었다.

허시먼이 발표한 논문 〈경제학과 투자 계획: 콜롬비아 경험을 토대로〉는 학계에서 보자면 이론적 전환점에 위치한 작품이었다. 하지만 허시먼 자신도 그때는 그런 줄을 잘 몰랐다. 학계가 아니라 현장에서 온 터라 학계의 분위기를 잘 몰랐고, 이 분야 학계에서의 주류 이론도 아직 접하지 않은 상태였기 때문이다. 또한 그 때문에 그의 견해는 학계의 주류 견해와 나란히 가지 못하고 수직으로 교차했다. 그날 모인 학계의 저명인사들에게는 허시먼의 발표가 매우 거슬리게 들렸을 것이다. 그는 이 콘퍼런스 주최측이 추구하는 거대한 결론을 도출하기에는 실제 개발 과정에 대해 알려져 있는 것이 너무 적다고 말했다. "우리가 가진 역량은 너무 작아서, 머지않아 '임금님은 아무것도 안 입고 있잖아요!'와 같은 반작용을 불러올 것입니다." 허시먼은 경제학자들이 일반적으로 '권력 야망'을 가지고 있어서 "자신의 용맹에 한계가 있다는 것을 인정하지 못한다"며, 그 결과 "과학으로서 경제학이 저개발사회 발전의 세세한 부분까지 청사진을 만들어낼 수 있다는 착각에 빠진다"고 경고했다.

허시먼이 경제학자에 대한 신뢰를 버린 것은 아니었다. 다만 과도하게 부풀려진 계획과 분석의 유혹에 대해, 그리고 '통합적인 경제

개발 계획'(그 덕분에 애초에 그가 콜롬비아로 올 수 있었던 것이기는 하지만)에 대해 경고하고자 했다. 그는 일반적인 통계수치들을 맹목적으로 신뢰하기보다 현장에서의 관찰에 기초한 내용들, 그리고 구체적 상황에 대한 정확한 이해에 관심을 갖는다면 더 좋은 성과를 낼수 있을 것이라고 제안했다.[45] 그러려면 외국인 전문가와 현지인들 사이의 관계가 달라져야 했다. 현재의 관계는 문제를 해결하기는커녕 더 복잡하게만 만들고 있었다. 결혼생활이 그렇듯이 '실천'에서 발생하는 복잡한 문제들에 '개념'이 끼어들면 오해가 생긴다. 외국인 전문가는 현지 정부가 느리고 부패했다고 비난한다. 현지인들은 '엄정한 행동 원칙'과 계획가들의 높은 기대에 부응하지 못하는 데대해 스스로를 비난한다. 양쪽 모두 이상적인 계획으로 짜인 낭만적 꿈을 가지고 들어왔기 때문에 현실은 당연히 기대에 못 미칠 수밖에 없다. 그렇다 보니 경제계획에 대한 주류 이론은 외국인의 전문성과 현지인 지식의 무용함이라는 편견을 양쪽 모두 갖게 되는 상황으로 귀결되고 만다.

이날 콘퍼런스에서 허시먼은 일종의 결투를 신청한 셈이었다. 그는 '계획'을 세우려는 성향보다 '실험과 임시변통'에 열려 있고자 하는 성향이 더 중요하다고 주장했다. 국가계획위원회는 실험과 임시변통의 성향을 가지고 있지 않았고 경험으로부터 배워 나갈 수 있는 기회를 모든 면에서 박탈했다. 계획가들이 자신들은 바뀔 필요가 없다고 생각했기 때문이다. 자신들은 [모든 것을 다 알 수 있는] '전문가'들이니 말이다.[46]

이러한 말들에 담긴 하이에크적 뉘앙스가 콘퍼런스에 모인 사람들 위로 쏟아졌으니, 학계에 진출하고자 한 허시먼의 소망이 싸늘한 인사치레밖에 끌어내지 못한 것도 당연했다. 하지만 그렇다고 이것이 비극인 것은 아니었다. 언젠가는 학계와 협력할 수 있으리라는 희망을 버리지는 않았지만, 주류 이론에 끼워맞추기 위해 자신의 견해를 버릴 생각은 없었다. 실제로 이후 몇 년은 주류 이론에 반박하는 증거들을 모으는 것으로 보람을 느끼는 시기가 된다. 새러는 가장 가까이에서 이를 개인적으로 감지했는데, 새러가 가장 친한 친구인 헬렌 야시에게 보낸 편지에서 이를 엿볼 수 있다. 새러의 아버지는 허시먼 가족이 콜롬비아를 떠나 더 '문명화된 곳'으로 가길 원했다. 그가 식구들을 리투아니아에서 파리로 데리고 나왔듯이 말이다. 이에 대해 새러는 [콜롬비아에 머물기로 한 결정을] 헬렌에게 이렇게 설명했다. "음, 글쎄… 우리도 그렇게 분명한 목적을 가질 수 있으면 좋겠다. 미래를 생각해야 한다는 건 우리도 알고 있어. 아이들을 위한 계획도 생각해야 하고 말이야. 하지만 어쩐지 우리 둘 다 무엇이 가장 좋은지 아는 것은 불가능하다는 생각을 해. 그리고 현재가 훨씬 더 중요하다고 생각해. 현재가 견고하고 좋으면, 그것이야말로 미래에 대해 어떤 계획보다도 좋은 기반이 되어 줄 테니까." 거창한 '경제계획'에 대해 앨버트가 느낀 불편함과 가족의 미래를 명확하게 준비하는 종류의 계획에 대해 새러가 느낀 불편함은 닮은 점이 있었다. 그리고 콜롬비아를 떠나지 않은 가장 중요한 이유가 있었다. "우리는 이곳에서 아주 행복하게 지내고 있어."[47]

11장

주류에 도전한
독창적 개발 이론
(1956~58)

인간이 저지르는 모든 잘못은 참을성이 없는 것이다.
체계적인 과정을 중간에 경솔히 끊어 버리면서,
명백하게 중요한 사안들을 구석으로 몰아넣는 것이다.

—프란츠 카프카

보고타로 이사한 뒤 앨버트와 새러는 세계의 뉴스를 따라잡기 위해 단파 라디오를 하나 장만했다. 1952년 8월에 그들은 지직거리는 라디오 주위에 모여앉아 애들라이 스티븐슨의 민주당 대선 후보 수락 연설을 들었다. 관용과 겸손에 기초한 애국심을 호소하는 감동적인 연설이었다. 이후의 소식들도 모두 이 라디오로 들었다. 이 선거는 미국 역사상 가장 경악스러운 사건으로 꼽기에 손색이 없었다. 앨버트와 새러는 [공화당] 부통령 후보 리처드 닉슨이 스티븐슨 후보가 공산주의에 물들었다고 비방하면서 그를 끌어내리려고 십자군전쟁을 벌이는 것을 들으며 움찔했다. 조지프 매카시 상원의원은 FBI 문서들을 들이대며 스티븐슨이 마르크스주의자에 동성애자라고 비방했다. 선거 당일에 허시먼 가족은 미국인 이웃들과 함께 라디오로 선거 결과를 처음부터 끝까지 들었다. 드와이트 아이젠하워의 압승이었다. 결과가 분명해지는 동안 앨버트는 긍정적인 생각을 하려고 무진 애를 썼다. 어쩌면 아이젠하워의 승리는 공화당 내에서 진보적인 사람들의 입지를 강화할 수도 있지 않을까? 허시먼도 이것이 너무 낙관적인 생각이라는 것은 잘 알고 있었다. 콜롬비아 생활은 흥미로웠지만 이곳에 머물러야 할 시간이 생각보다 훨씬 길어질지도 몰랐다.[1]

보고타 생활이 즐겁기는 했지만 허시먼의 마음은 불안했다. 일은 보람 있었고 일하면서 접하게 되는 현장의 문제들은 좋은 자극이 되었으며 콜롬비아는 끝없는 매력을 가진 나라였다. 새러와 아이들도 좋아했다. 하지만 컨설팅 일이라는 게 숙고할 시간을 좀처럼 허락하지 않았다. 새로운 계약 건과 실용적인 해법을 찾아내는 데만도 시간이 부족했다. 게다가 허시먼은 자신이 일하는 방식이 미국 주류 학계의 접근방식과 매우 다르다는 것을 알고 있었다. 시간이 지날수록, 저명한 학자들이 모였던 MIT 콘퍼런스에서 일을 그르치는 바람에 북미 사회과학계에 접촉할 기회가 영영 사라졌고 앞으로의 경력도 현장 실무로만 굳어지게 되었다는 생각이 점점 강하게 들었다.

그러던 1956년 7월 중순, 사무실로 편지가 하나 도착했다. 예일 대학 경제학과장 로이드 레이놀즈가 보낸 것이었다. "저희 학과에서 귀하가 1956-57학년도에 한 학기 또는 1년간 방문연구교수로 와주실 의향이 있는지 문의해 달라고 저에게 요청했습니다." 학기 시작 1개월 전이라 매우 촉박한 요청이었지만 수업에 대한 부담은 없었다. "방문교수는 현재 작업중이신 연구나 집필 어느 것이든 자유롭게 진행하실 수 있습니다." 허시먼이 얼마나 빨리 반응을 보였는지만 보아도 그의 대답이 무엇이었는지 알 수 있다. 앨버트는 베벌리힐스에 가 있는 새러에게 곧바로 전화를 걸었다. 4년 반 전 워싱턴을 떠나기 전에 새러가 받았던 전화와 묘하게 닮은 데가 있었다. 이번에는 충격을 받았다기보다 주저했다. 새러는 보고타에서 지내는 것이 좋았고 아이들도 좋아했다. 그들의 삶은 행복하고 풍요로웠다. 하지만 앨버트의 경력은 정체 상태였고 새러는 예일에서 온 제안이 허시먼이 학자로서의 재능을 되살릴 수 있는 흔치 않은 기회라는 것을 알고 있었다. 허시먼이 새러와 그리 오래 실랑이를 벌여야 했던 것 같지는 않다. 레이놀즈가 보고타로 편지를 보낸 것이 13일이었는데, 허시먼은 일주일도 안 되어 수락한다는 답신을 보냈다. 멕시코나 베네수엘라에 컨설팅회사 지부를 열겠다는 생각은 미루어졌지만 허시먼은 "정말로 신이 났다". 방문교수직의 세부 조건은 신속하게 합의되었고, 허시먼 가족은 예일에서 보낼 1년을 위해 짐을 꾸리기 시작했다. 그는 토머스 셸링에게 편지를 보내 그와 그의 아내 커린이 뉴헤이븐 근처에 임대할 만한 집을 알아봐 줄 수 있는지 물어보았다. 셸링은 기꺼이 그러겠다고 답장을 보내고 집을 알아보기 시작했다. "이곳으로 온다니 너무나 반갑습니다. 매우 유용한 기회가 될 거예요. 방문교수직을 수락해서 너무나 기뻐요."[2]

몇 훗날[1981년] 허시먼은 레이놀즈가 방문교수직을 제안해 준 것이 자신의 인생에서 얼마나 중요한 일이었는지를 회상하며, 그에게 감사의 편지를 보냈다. 허시먼은 그가 콜롬비아에서 현지의 교통 사정과 씨름하고 컨설팅 고객사들을 상대하며 "새로운 계약을 성사시키기 위해 호텔 로비들을 돌아다니던" 시기에 그 제안이 왔다며, 편지에서 이렇게 언급했다. "학과장님께서 보내신 방문교수 제안 편지가 제 삶에서 중요한 전환점이 되었습니다. 저에게는 그것이 마키아벨리가 말한 포르투나였던 것 같습니다. 비르투와 대비되는 것 말이에요. 물론 학과장님 입장에서는 일상적인 업무 중 하나였겠지요. 그러니까 학과장님께는 그것이 비르투였을 것입니다. 이렇게 말할 수 있겠네요. 누군가의 비르투는 다른 누군가의 포르투나가 된다고 말이에요."[3]

허시먼이 스스로를 새로이 만들어 간 여러 단계와 우연 중에 콜롬비아로 떠난 것은 분명 새로운 시작의 기회를 제공했다. 하지만 그가 아무리 단순한 투자개요서 작성에만 머물지 않으려고 애를 써도 콜롬비아에서의 일은 지식인의 삶을 향해 있지는 않았다. 이런 면에서 예일의 초청은 새로운 시작을 하게 해 준 또 하나의 기회였다고 볼 수 있다. 1년이라는 짧은 기간이나마 허시먼은 변방의 잊힌 신세에서 벗어나 미국 학계의 중심으로 들어갈 수 있었다. 먼 훗날 허시먼이 이런 기회들을 자신의 삶에 '좋은 행운'이 깃들어 있었음을 보여주는 증거로 이야기하곤 했던 것은 당연한 일일 것이다. 정말로 포르투나가 그에게 미소짓고 있었던 것처럼 보이기도 한다. 그리고 일반적으로 전기작가는 주인공의 인생에 존재했던 전환점과 계시적인 순간들을 포착해 그것들 중심으로 이야기를 엮어 나가려는 유혹을 느낀다. 하지만 한 사람의 인생을 보면, 수많은 기회가 오지만 그가 알지 못하는 사이에 지나가 버리기도 하고 기대했던 많은 기회들이 무르익지 못한 채 사그라지기도 한다. 또 대부분의 기회는 나중에 되돌아볼 때에야 의미를 갖는다. 당시에는 몰랐다가 나중에서야 그것이 전환점이었음을 깨닫는 것이다. 마키아벨리가 그의 군주에게 말했듯이, 기회를 성취로 만들기 위해서는 기회를 알아보고 붙잡아서 비르투와 포르투나를 내 편에 배열하는 역량도 그만큼이나 중요하다. 바로 이러한 마키아벨리적 정신을 가지고서, 허시먼은 다시 한 번 대륙을 건넜다.

허시먼 가족은 노스헤이븐으로 이사해 그곳에서 2년 동안 살았다. 쉽지만은 않은 생활이었다. 보고타에 비하면 미국 중산층 교외 지역은, 그것도 아직 사회적 각성이 이루어지려면 10년이나 더 있어야 할 1950년대의 순응주의 분위기에서는, 우울증에 걸리기 딱 좋은 환경이었다. 반면 예일대학 경제학과가 있는 뉴헤이븐은 분위기가 완전히 대조적이었다. 허시먼은 가정과 작업공간이 극명하게 다른 것에 적응해야 했다. 하지만 이것은 그의 일에 도움이 되었다. 그 일이란 책을 쓰는 것이었다. 영향력 있는 책을 쓰고자 했던 지난번의 노력(《국가권력》)이 포르투나의 환심을 사는 데 성공적이지 못했음을 너무나 잘 알고 있는 허시먼은 이번에는 무언가 달라야 한다고 생각했다. 책의 성패에 영향을 미치는 요인 중 하나는 출간의 타이밍이다. 《국가권력》이 이미 지나가 버린 세계의 문제를 다뤘다면, 이번에는 떠오르는 현안을 다룬 책을 쓸 참이었다.

허시먼은 첫 번째 책을 쓸 때만큼이나 맹렬한 속도로 집필했고, 이렇게 해서 그의 대작 《경제발전 전략》이 출간되었다. 이 책으로 허시먼은 제3세계가 격동하던 시기에 제3세계의 경제 근대화, 사회 변동, 정책 결정을 둘러싼 논의의 최전선에 서게 된다. 이 무렵 프랑스가 알제리에서 벌인 전쟁*은 심각한 재앙으로 격화되었고, 인도차이나는 공산주의 세력에 넘어가는 것이 시간문제였으며, 미국 플로리다 해안에서 불과 90마일 떨어진 쿠바에서는 폭동이 번지고 있었다. 정말로 포르투나가 밀어주기라도 한 듯, 이 책은 더없이 좋은 타이밍에 출간되었다.

타이밍이 첫 번째 책과의 차이 중 하나였다면, 또다른 차이는 첫 번째 책이 '딱히 분야가 없는' 책이었다는 점이었다. 나중에는 국제교역을 집중적으로 다루는 분야가 생기지만, 1940년대에 《국가권력》은 태어나기도 전부터 이미 고아였다. 하지만 이번에는 상황이 달랐다. 허시먼이 《경제발전 전략》 집필에 착수했을 무렵 개발경제학의 주류는 저개발국에 공산주의가 확산될지 모른다는 우려에 매몰되어 있었고, 허시먼은 여기에 전혀 동의하지 않고 있었다. 국제적인 긴장은 높아져만 가는데 개발경제학의 주류 이론은 설명력을 잃고 있는 상황에서, 대안을 찾고자 하는 북미 사회과학자들과 아프리카·인도차이나·남미에서 점점 더 미궁으로 빠져들던 정책 결정자들에게 허시먼의 책은 큰 관심을 불러일으킬 수 있었다.

아직 신생 분야인 개발경제학에서 '정통'이라는 말은 다소 강한 표현이긴 하지만, 1950년대 초반에는 저명한 경제학자들 사이에 기

---

* 알제리 민족해방전선의 무장봉기를 프랑스가 무력으로 진압하면서 격렬한 전투가 벌어졌다.

본적으로 합의된 주류 견해가 존재했다. 제국주의 시절에 유럽이 아시아와 아프리카에서 행사하던 통제력이 줄어들고 남미에서 민족주의가 성장하면서, 제3세계의 (소위) '후진성'은 더이상 과거에 식민지배를 정당화했던 요인들(열대의 기후, 인구 증가, 부적절한 자원 등)로 설명할 수 없었다. 또 세계은행, 국제통화기금 같은 브레턴우즈 기구들의 활동과 다자간 자유무역 질서만으로 저개발 상태인 신생독립국들이 발전을 이루기에 충분한 여건이 마련될 수 있을지도 불투명했다. '세계경제를 공황에 다시 빠지지 않게 하는 것'과 '저개발사회를 빈곤에서 벗어나게 하는 것'은 다른 문제였다. 저개발국의 '후진성'을 설명할 수 있는 더 나은 이론과 저개발국이 공산주의 같은 급진적 대안에 빠져들지 않게 할 수 있는 매력적인 정책이 필요했다.

이와 관련해 1950년대 초중반에 주류로 자리잡은 개발경제학 이론이 '균형성장론'이다. 균형성장론에 따르면, 가난한 나라들이 고통을 겪는 이유는 노동력 과잉과 자본 부족이다. 이 두 요인이 결합해 낮은 수준에서 균형이 이루어지는 '균형의 덫'(과도한 빈곤, 불충분한 저축, 낮은 수준의 투자, 취약한 인프라, 그리고 사라지지 않고 끈질기게 영향을 미치는 전근대적 전통)에 빠졌다는 것이다. 래그나 넉시가 1953년 저서《저개발국 자본 형성의 문제들》에서 언급했듯이, 핵심은 저개발국을 이 덫에서 구하기 위해 국제기구가 자본을 배분하고자 할 때 기준으로 삼을 좌표, 즉 '투자 기준'이 무엇이어야 하는가였다. 균형성장론은 가난한 나라들이 직면한 딜레마들이 상호 연결되어 있다고 보았다. 한 분야의 장애와 제약이 다른 분야로도 퍼져

나간다는 것이었다. 여기에는 크게 두 가지 이유가 있다. 첫째, 하나의 분야나 산업을 우대하면 그 분야나 산업의 산출이 증대되지만, 그 증가분을 흡수할 수요가 아직 존재하지 않는다. 둘째, 저개발국은 자본 자체가 부족하기 때문에 하나의 분야나 산업을 우대하면 필연적으로 다른 산업이나 분야에서 자본 부족을 일으키게 된다. 따라서 발전을 가로막는 모든 장애를 동시에 공격하면서 인플레이션이나 국제수지 불균형 같은 탈구는 최소화할 수 있는 정교한 전략을 세워, 그 장애들을 한꺼번에 타파할 필요가 있다. 이것이 '균형성장'이다. 빈곤국의 사회경제 구조를 근본적으로 변화시키는 동시에 갈등과 충돌은 정교한 전략을 통해 최대한 피한다는 목적을 가진 접근법이었다.

이 이론은 어느 한 집단의 이해관계에 딱 맞게 만들어진 각본이기도 했다. 전체를 조망할 수 있는 역량을 가진 '외국인 경제 전문가' 말이다. '외국인 경제 전문가'들은 큰 그림을 보면서 정교한 분석 도구들을 사용해, 전환 과정에서 발생할 수 있는 마찰은 최소화하면서 대대적인 변화를 일으킬 수 있는 균형점과 개입 시점들을 정교하게 계산해 낼 수 있을 것이라고 여겨졌다.

균형성장론과 관련해 주요 학자를 몇 명 꼽아 볼 수 있다. 이들의 견해가 늘 일치한 것은 아니었지만 기본적인 관점은 대체로 비슷했다. 먼저 예일대학 출신의 똑똑하고 야망 있는 경제사학자 월트 로스토가 있었다. 그는 냉전 시기가 되면서 반공주의 쪽으로 좀더 기울었고, MIT 국제연구센터를 공동으로 창립했다. 이 센터는 곧 개발

경제학과 개발정치학 분야의 핵심 연구기관으로 발전하게 된다. 또 나중에 그는 '근대화modernization'라는 말을 만들고, 미국의 남아시아 정책에 큰 영향을 미친다. 고전 반열에 오른 1960년 저서《경제성장의 단계: 반공산당 선언》에서 로스토는 각 국가가 '후진성' 단계에서 '성숙' 단계로 '발전의 사다리'를 밟아 간다고 주장했다.[4] 이 책은 해외에서 급진주의 조류가 확산되는 것을 막기 위한 워싱턴의 외교정책에 막대한 영향을 미쳤다.

다음으로는 역시 MIT 국제연구센터에 있었던 폴 로젠스타인로단을 꼽을 수 있다. 폴란드 출신 이민자로, 미국인 학자들만큼이나 공산주의의 확산을 걱정했다. 그도 저개발국의 '후진성'에 대해 우려했고, 여러 산업 분야에 동시에 투자함으로써 저개발국을 농업 위주 산업 구조의 늪에서 탈출시키는 '빅 푸시' 접근법을 주장했다. 1950년대 말 무렵에는 해외 원조와 해외 투자를 막대하게 퍼부어서 빅 푸시 과정을 촉발시켜야 한다고 주장했고, 이는 미국의 대외 경제정책이 단지 자유주의적인 무역 질서에 수동적으로 의존하기만 해서는 확산일로의 급진주의적 반식민지 이데올로기를 막을 수 없을 것이라는 우려가 높아지던 당시의 분위기에 잘 맞아떨어졌다.

1955년에 출판된 W. 아서 루이스의《경제성장론》은 이러한 견해들의 종합판이라고 할 만했다. 루이스는 허시먼과 비슷한 또래로, 식민지에서 막 벗어나고 있는 가나에서 허시먼과 비슷하게 현장 경험을 했다. 그의 저서는 저개발국에서 자본 형성을 가로막는 장애들에 초점을 맞추고 있었는데, 특히 투자 수요에 비해 국내 저축이 너무 부족하다는 점을 주된 장애로 보았다. 루이스는 저축을 늘리려면 사회의 기본적인 제도와 규범을 대대적으로 뜯어고쳐야 한다고 주장했다. 다른 균형성장론자들에 비해서는 '일반화된 계획'을 덜 주장하기는 했지만(물론 그도 가나 경제개발 5개년 계획과 같은 청사진 작업을 돕기는 했다), 불안정성 때문에 가격 시스템이 전체 경제를 무질서와 아나키에 빠뜨릴 수 있다는 우려는 그 역시 공유하고 있었다.

균형성장론자들의 공통점은 '저개발사회가 무엇무엇이 아니라는 것'을 문제의 핵심으로 꼽는다는 점이었다. 즉 저개발underdeveloped 사회는 '개발[발전]된 상태가 아닌underdeveloped 것'이 문제였다. 이러한 순환논법에 따르면, 그 사회들을 경로에서 이탈시킬지도 모를 (즉 급진주의에 휩쓸리게 만들지 모를) 불균등과 불안정을 최대한 일으키지 않는 상태로 변화를 이루어야 한다는 결론으로 이어지게 된다. 따라서 계획가들은 현재의 균형 상태[저발전 균형 상태]에서 또다른 균형 상태[발전된 균형 상태]로 그 사회를 매끄럽게 옮겨놓을 수 있는 길을 계획해야 했다. 이것이 당시의 주된 기조였음을 생각하면, 허시먼이 1954년 MIT 콘퍼런스에서 발표했을 때 반응이 좋지 않았던 것도 당연한 일이다. 허시먼은 '전체를 아우르는' 모델에 회의적이었다. 또 병리적인 후진성에 주목하기보다는 역사에서 불균형이 수행해 온 긍정적인 역할에 관심을 가지고 있었다. 그러므로 불과 2년 뒤에 미국의 유수 대학에서 그에게 방문교수직을 제안해 왔다는 것은 매우 놀라운 일이었다.

당시 예일대학 경제학과는 학과장 레이놀즈의 열정과 비전, 그리고 포드재단의 지원에 힘입어 강력하게 재부상하고 있었다. 어빙 피셔가 있던 1920년대에 매우 유명했던 예일대학 경제학과는 곧 하버드대학, 시카고대학, MIT에 밀리기 시작했다. 그러나 레이놀즈는 셸링 같은 독창적이고 똑똑한 학자들을 알아보는 안목이 있었다. 그리고 새롭게 떠오르는 분야를 알아보는 안목도 있었으니, 바로 개발경제학이었다. 레이놀즈는 포드재단에서 자금 지원을 받아 '어빙 피셔 기념 방문교수' 프로그램을 만들었다. '문제중심적 연구'를 촉진한다는 취지로 마련된 1년짜리 프로그램이었다. 그리고 허시먼이 이 지원금의 첫 수혜자가 되었다. 대학간 경쟁이 허시먼에게 기회를 준 셈이다.

또한 예일대학에는 허시먼과 친한 사람들, 특히 마셜 플랜 시절의 동료들이 있었다. 당시 독일을 담당했고, 훗날 연준 이사가 되는 헨리 월리치, 연준 동료였으며 훗날 브레턴우즈 시스템의 강력한 비판자가 되는 로버트 트리핀 등이 그곳에 있었고, 셸링도 마셜 플랜 시절의 동료였다. 월리치는 예일대학에서 '저개발의 경제학'이라는 과목을 처음으로 개설하기도 했던 터라 친구 허시먼의 현장 경험 이야기가 너무나 듣고 싶었다. 이들은 '열대에서 잊혀 가고 있는' 허시먼을 '구출'하고자 했다. 셸링은 MIT 콘퍼런스에 참석했었는데, 다른 사람들과 달리 허시먼의 발표 내용이 매우 흥미롭다고 생각했다. 둘은 오랫동안 연락을 주고받았다. 명절이면 카드도 주고받았는데, 한 번은 허시먼이 셸링에게 삽화가 그려진 카드를 보냈다. 앨버트가 바나나나무에 올라가 앉아 있고 새러와 아이들이 아래에서 그를 올려다보고 있는 그림이었다. 그림 아래에는 "바나나는 훌륭한 식품이다. 오늘은 바나나를 먹고 계획은 마냐나[내일]에 세우자!"라는 글이 씌어 있었다(28쪽 사진). 경제학의 주류 견해를 풍자하는 데서 둘은 매우 잘 통했다.

당시 셸링은 협상과 전략적 행동을 다룬 《갈등의 전략》을 집필하고 있었다. 경제학계에서 주류가 아니었던 허시먼과 셸링은 자연스럽게 동지가 되었다. 허시먼이 예일대학으로 가게 되었다는 소식을 전해 왔을 때 셸링은 "매우 유용할 기회가 될 것"이라고 짐짓 놀란 척 답장을 보내면서 속으로 미소를 지었을 것이다. 허시먼은 잘 몰랐지만 예일대학에서 방문교수직 의뢰를 받게 된 데에는 셸링의 공이 컸다. MIT 콘퍼런스에서 허시먼이 발표한 콜롬비아 성공 사례들에 깊이 인상을 받은 셸링이 포드가 지원하는 방문교수 프로그램이 생긴다는 소식을 듣고서 레이놀즈에게 허시먼을 추천했던 것이다.[5]

포르투나는 한 번도 아니고 여러 번 작용했다. 1956-57학년도가 중반쯤 되었을 때 보니 앨버트가 기간 내에 책을 완성하지 못하리라는 것이 분명했다. 그래서 3월에 앨버트는 노먼 S. 뷰캐넌에게 연락을 취했다. 앨버트가 난민 신분으로 버클리캠퍼스에 있었을 때 그곳 교수였던 뷰캐넌은 1956년에는 록펠러재단의 사회과학부 디렉터가 되어 있었다. 재단에서 뷰캐넌이 맡은 일이 제3세계와 점점 더 많이 관련되고 있었던 터라, 허시먼의 연락이 매우 반가웠다. 뷰캐넌은 허시먼이 예일대학에 1년 더 있을 수 있도록 지원금을 마련했다. 허시먼은 기뻐하면서 누나에게 이 소식을 알렸다. "하던 작업을

앨버트 허시먼

계속 진행할 수 있게 되었고 다른 종류의 연구도 할 수 있게 되었어. 2주 전에 록펠러재단이 내 연구에 자금을 지원해 주기로 했다는 연락을 받았어(포드재단 지원금은 기간이 다 끝났거든). 그리고 컨설팅 일도 하게 될 것 같아. 록펠러재단이 남미, 아시아, 유럽에 기관들을 세우는 것을 돕고 사회과학 연구 프로젝트를 진행할 때 컨설팅을 하는 거야." 허시먼은 미국 학계에서 교수가 되는 것이 자신의 적성과 잘 안 맞을지도 모른다는 생각을 이때부터도 하고 있었던 듯하다. "장래의 일자리에 대한 전망은 여전히 불확실하지만 나는 별로 신경쓰지 않아. 장기적으로 내가 대학 생활에 정말로 잘 맞는지를 잘 모르겠거든. 한두 해 전에 비해서는 그쪽 방향으로 훨씬 더 가까워지고 있긴 하지만, 그래도 내가 교수라는 직업에 적성이 맞는 사람은 아닌 것 같아. 그러기에는 충분히 자신감이 있거나 말을 잘하지 못하는 것 같아서."[6] 어쨌든 1년짜리 지원금은 2년짜리가 되었다.

허시먼은 자금 지원을 받는 대신 록펠러재단에 컨설팅을 해 주기로 했다. 그 일로 1957년 8월에 브라질 리우데자네이루에서 열린 국제경제학회International Economics Association 콘퍼런스에 참석하게 되었다. 헨리 월리치가 동행했다. 이 2주간의 출장은 더 큰 계획으로 이어졌다. 록펠러재단이 앨버트에게 재단이 자금을 지원한 프로젝트들을 둘러보고 브라질과 콜롬비아의 사회과학 분야 연구 전망이 어떤지도 알아보고 오라고 요청했기 때문이다. 이 한 달간의 출장 덕분에 허시먼은 학계와 관련 없이 일하던 보고타 시절에는 불가능했던 방식으로 남미의 학자들을 만날 수 있었다. 그의 출장 기록들을 보면 앞으로 그가 남미의 개발 프로젝트들 및 사회과학을 지원하는 북미의 재단들과 평생에 걸쳐 맺게 될 협력 관계가 예고되어 있는 듯하다.[7]

리우 콘퍼런스는 허시먼의 눈을 띄워 준 경험이었다. 허시먼은 처음으로 중남미, 특히 브라질의 사회과학자들을 만날 수 있었다. 비교적 조용했지만 "정말 탁월한" 세우수 푸르타두, 호베르투 캄푸스, "지적인 허영이 약간 있는" 알렉산드르 카프카, 그리고 이들보다 연장자이고 "귀족적"이며 보수주의적인 이우제니우 구징(이 행사를 공동주관한 제툴리우 바르가스 재단을 이끌고 있었다) 등이었다. 이날 카프카가 발표한 논문이 특히 인상적이었다. 카프카는 북미의 주류 개발 경제학 이론을 남미의 관점에서 비판했다. 카프카의 논문은 빈곤의 악순환과 자본의 부족이 아니라 남미 자본주의의 변화 과정에서 발생하는 구조적 변화와 긴장을 짚어내고 있었다. 남미 경제학자들은 남미가 빈곤하고 무기력한 것이 아니라고 주장했다. 카프카는 충격이 성장의 기회를 만들어내고 그 기회가 다시 불균등과 인플레이션을 일으키는 과정에 대해 설명했다. 즉 성장은 구조적 불균형을 해결하는 과정이라기보다는 만들어내는 과정이었다. 그는 불균형이야말로 "남미 국가들에서 성공적인 경제발전을 설명해 줄 수 있는 흥미로운 부분"이라고 주장했다. 변화 자체가 도전이었지 변화가 없는 것이 도전이 아니었다. 통찰력으로나 기술적인 분석력으로나 빠질 데가 없는 뛰어난 경제학자들이 미국 사회과학의 문제를 거침없이 짚어내고 있었다. 이날 콘퍼런스에 참가한 로젠스타인로단이 빅 푸시 이론과 종합 계획의 효용성을 주장했지만 푸르타두, 카프카 등 다른 남미 학자들로부터 맹공격을 받았다. 허시먼은 이 모든 것을 놀라움을 금치 못하며 지켜보았다. 허시먼은 이것이 "매우 주목할 만한 수렴"임을 빠르게 알아차렸다.[8]

콘퍼런스가 끝난 뒤에는 브라질의 대학과 연구소들을 다니며 많은 사람들과 이야기를 나누었다. 콘퍼런스에서 받았던 인상이 더 확실해졌다. 브라질 경제연구소에서 카프카 등과 긴 토론을 하고 난 뒤 허시먼은 이렇게 기록했다. "분명히 굉장히 뛰어난 사람들이다. 거의 불편할 정도로 그렇다. 훨씬 다수인 덜 뛰어난 사람들에게 질시를 받고 밀려날 것 같기 때문이다." 물론 이들 사이에도 차이는 있었다. 크게 나누어 세우수 푸르타두와 같은 좌파 민족주의자 진영과 호베르투 캄푸스와 같은 보수주의자 진영이 있었다. 허시먼은 양쪽 모두에게 큰 감명을 받았지만 후자 쪽에 똑똑한 젊은 경제학자들이 모이고 있다는 인상을 받았다. 상파울루대학 사회학과도 인상적이었다. 브라질에서 약 3주간의 "환상적인" 출장을 보내고 예일로 돌아온 허시먼은 초고를 대폭 수정하는 일에 매달렸다. 모험이기는 했다. 지원금을 받는 기간이 1년밖에 남지 않은 상태에서 원고를 대대적으로 뜯어고치게 되면 집필 기간이 늘어날지도 몰랐다. 하지만 브라질에서 얻은 통찰을 없는 셈 칠 수는 없었다.[9]

콜롬비아 시절에는 혼자만의 생각 같아서 불안하기만 했던 그의 통찰이 독창적이고 카리스마 있는 남미의 동료들을 만나고 난 뒤 확신으로 바뀌었다. 또한 그는 남미, 특히 브라질 사회과학자들을 매우 존경하게 되었다. 그들은 세분화된 학제적 장벽에 덜 제약되어 있었고 학제간 융합이 더 활성화되어 있었다. 그렇다고 그들의 경제학적 분석이 학문적으로 덜 엄정한 것도 결코 아니었다.

일에 파묻혀 있는 동안 어머니 소식이 들려왔다. 헤트비히가 1956년 12월 로마에서 77세로 숨을 거두었다. 어머니가 병상에 있을 때 허시먼의 마음이 그리 동요되지 않은 것을 보면 모자관계는 여전히 좋지 않았던 것 같다. 게다가 일이 바빠서 누나에게도 편지를 뜸하게 보냈던 터라, 어머니가 세상을 떠난 뒤 누나는 심하게 잔소리하는 편지를 보내왔다. 허시먼은 미안해하면서 이렇게 답장을 보냈다. "엄마의 마지막에 대해 상세히 알려줘서 고마워. 엄마가 혼자가 아니었고, 오래 고통스러워하지 않으셨다니 다행이야. 우리 에바는 어때? 엄마하고 누나 아이들하고의 관계는 결국 좋아졌더랬어?" 어머니는 손주들과의 사이도 나빠지게 만드는 재주가 있었던 모양이다. 어쨌거나 앨버트는 누나를 달래야 했다. "제발 내가 편지 안 했다고 화내지 마. 우리 관계를 엽서나 크리스마스카드로 간단히 적어 보내는 정도로 격하시킬 수는 없지 않겠어?"[10]

앨버트는 중년에 새로운 경력을 시작했지만 가족들은 매력적인 생활환경을 잃어야 했다. 새러에게는 노스헤이븐이 지루함의 수도 같았다. 이전에 워싱턴에서 견뎌야 했던 상황과 비슷했다. 아이들이 학교를 다녔기에 망정이지 그렇지 않았다면 너무나 힘겨웠을 것이다. 다행히 아이들이 학교에 간 동안 새러는 새로운 지평을 탐험할 수 있었다. 새러는 예일대학에서 수업을 몇 개 들었는데, 특히 인류학자 시드니 민츠의 수업이 새러에게, 그리고 허시먼에게 인류학이라는 세계를 열어 주었다. 민츠 자신도 푸에르토리코에서 수행한 선구적인 연구로 인류학 분야에서 경제발전과 개발에 대한 이론을 정립해 가고 있었다. 허시먼과 민츠는 매우 가까워졌고, 둘 다 경제학의 주류 이론인 근대화론에 거리감을 가지고 있었다. 또 새러는 프랑스문학 교수인 빅터 브롬버트와도 친하게 지냈다. 보고타를 떠나기 싫었던 새러의 마음도 점점 누그러졌다.

새로운 생활에 적응하는 데 정작 가장 힘들어한 사람은 아이들이었다. 앨버트는 과중한 업무에 눌려 보고타에서는 상상도 할 수 없었던 방식으로 가정생활에서 멀어졌다. 아이들과 같이 시를 쓰거나 주말에 놀러 가는 일은 엄두도 내지 못했다. 게다가 아이들은 사춘기의 나이에 갑자기 1950년대 미국 교외의 고등학교에 다녀야 했다. 보고타의 친구들과 그곳 학교의 느긋하면서도 조밀한 분위기가 훨씬 더 좋았고, 그때는 학교도 집에서 아주 가까웠다. 그러던 아이들이 이제 중학교와 고등학교에서 또래집단의 압력을 견뎌야 했는데, 문화적으로 동떨어져 있던 아이들에게는 결코 쉽지 않은 일이었다. 특히 카티아가 힘들어했다. 첫해 가을, 노스헤이븐 고등학교에서 댄스파티가 열렸다. 카티아는 분위기에 안 맞으면 어떡하나 걱정하면서 가장 예쁜 드레스를 입고 흰 양말에 가장 아끼는 가죽구두를 신었다. 하지만 파티 장소에 가 보니 너무나 부끄러운 꼴이 되고 말았다. 거대한 체육관에서는 시끄럽게 음악이 흘러나오고 있었고, 여자아이들은 모두 실크스타킹[나일론스타킹의 전조]을 신고 있었다. 어떤 남학생도 카티아에게 춤을 청하지 않았다. 카티아는 의자에 붙박혀 앉아서 부모가 데리러 와 주기만을 기다렸다.

그래도 아이들은 적응하기 위해 노력했다. 하루는 립스틱을 바르고 스타킹을 신은 채로 아이들이 학교에서 돌아왔다. 핼러윈 복장이라도 한 것 같은 아이들을 보고 새러가 놀라서 외쳤다. "아이고, 이게 무슨 일이야!" 위안이 하나 있었다면 세를 든 집 지하에 텔레비전이 있었다는 점이다. 앨버트와 새러는 아이들에게 하루에 30분씩 텔레비전 보는 것을 허용했다. 아이들은 보고타의 친구들과 그곳 생활을 그리워했지만 곧 조로, 래시, 론 레인저에 빠져들었다. 어쩔 수 없는 일이라는 것은 알았지만, 카티아와 리사는 미국으로 이사한 것을 가족의 모험이 끝난 것으로 여겼다. 앨버트가 학계에서 가고 있던 여정에 나머지 가족들은 동참할 수 없었다.

언어도 문제였다. 워싱턴과 보고타 시절에는 집에서 프랑스어를 사용했다. 문제가 처음 드러났던 것은 일찍이 워싱턴에서였다. 밖에서 쓰는 말과 집에서 쓰는 말이 달라 불편했던 아이들이 "집에서 프랑스어를 쓰지 않겠다"고 한 것이다. 이민자 가족이 흔히 겪는 문제였다. 곧 허시먼 가족은 자동차 안에 있을 때와 아침식사 시간에는 프랑스어를 쓰기로 타협점을 찾았다. 보고타에 있을 때까지만 해도 자동차에서 보내는 시간이 많았고 아무리 바빠도 아침은 함께 먹었기 때문에 아이들의 프랑스어 발음은 녹슬지 않을 수 있었다. 하지만 얼마 지나지 않아 아이들의 언어에서 영어가 프랑스어를 몰아냈다. 새러와 앨버트는 뉴욕으로 가기 전까지[예일대학 체류 2년이 지난 뒤 1958년에 허시먼은 뉴욕의 컬럼비아대학으로 가게 된다] 프랑스어를 계속 사용했다. 하지만 어느 날 컬럼비아대학에서 강의를 마치고 돌아온 앨버트가 말했다. "우리 말이야, 집에서도 영어로 말했으면 좋겠어." 그는 강의에 너무 스트레스를 받아서 [허시먼은 컬럼비아대학에서 처음으로 대학 수업을 맡았다] 불안을 완화할 방법이 필요했다. 그날로 허시먼과 새러 사이의 언어도 영어로 바뀌었다. 새러는 부부 생활을 영어로 바꾼 것이 "인생에서 가장 힘든 일"이었다고 회상했다.[11]

그래도 아이들 교육 기회 등 미국 생활이 주는 나름의 좋은 기회들이 없지는 않았다. 그리고 모두가 미국으로 이사한 목적을 알고 있었고 그것을 받아들였다. 앨버트는 저서를 펴내서 새로운 경력으로 도약해야 했다. 그는 이 일에 주저하지 않고 달려들었다. 가족의 지원과 예일대학에서 준 기회는 더없이 좋은 선물이었고, 허시먼은 이러쿵저러쿵 투정을 부릴 처지가 아니었다. 아이디어로 가득 차서, 그리고 첫 번째 책보다 관심을 끌 수 있는 무언가를 쓰고야 말겠다는 결심으로, 그는 집필에 뛰어들었다. 하지만 처음에는 책이 아니라 논문이었다. 허시먼은 경제정책에 대한 논문과 투자 결정에 대한 논문을 각각 《미국 경제학 리뷰》와 《경제발전과 문화변동》에 제출했다. 허시먼은 우르줄라에게 이렇게 털어놓았다. "나는 '창조적'이어야 한다는 윤리적 압력을 크게 받고 있어." 또 그는 자신이 경제개발 이론들을 잘 연구하기 위해 맹렬히 노력중이라고도 언급했다. "나는 나 자신의 이론을 만들려고 해. 그리고 그것으로 책을 쓸 거야."[12]

그는 책을 집필하는 계획을 한 단계씩 추진해 나갔다. 봄 무렵에는 전체를 관통하는 몇 가지 원칙이 세워졌다. 우선, 상세 사항은 짧게 하고 되도록이면 추론적이면서 개념적인 책으로 만들기로 했다. 콜롬비아의 현장 경험에서 얻은 교훈에 기초하긴 하되 그것을 명시적으로 내세우지는 않기로 한 것이다. 실증적인 현장연구의 중요성을 높게 평가하지 않아서가 아니라, 하나의 사례 연구에만 집중하면 책이 아예 그 범주로 분류될까 봐 우려해서였다. 개념적인 책을 집필하기로 결정했으니만큼, 이제 허시먼은 책에서 그가 제공할 수 있는 '통찰'이 무엇일지에 대해 깊이 생각했다.

여기에는 셸링이 큰 영향을 미쳤다. 허시먼이 가장 신뢰하는 초고 독자인 셸링은 처음부터도 콜롬비아에서의 현장 경험을 더 일반적인 통찰로 바꾸어내라고 독려했던 터였고, 그러면서 자기도 모르는 사이에 허시먼에게 큰 영향을 미쳤다. 그는 아무리 작고 지역적인 변화들을 관찰했더라도 그것이 더 큰 관점에 시사점을 줄 수 있어야 한다고 말했다. 허시먼은 누나에게 이렇게 전했다. "[셸링과 토론을 하고 나니] 셸링이 내가 아는 사람 중 가장 똑똑한 사람이라는 걸 알겠어. 무서울 정도라니까? 그는 경제학에서 조금 동떨어져서 이제는 외교정책과 평화 전략에 관심을 가지고 있어." 셸링은 사회변동의 동력을 보려면 사람들이 구사하는 **전략**들의 차이에 주목해야 하며, **이론**들의 차이에 주목하는 것은 그리 의미가 없다고 보았다. '전략'은 셸링과 허시먼 둘 모두의 키워드였다. 또 허시먼과 셸링은 '사례'와 '일반론'의 관계가 어떠해야 하는지에 대해서도 생각이 비슷했다. 여러 전략을 구사한 사례를 단 하나만 연구하더라도 그것으로부터 충분히 개념적인 혁신을 가져올 수 있다고 생각했다. 허시먼은 카를 마르크스도 《자본론》이 단 하나의 국가, 즉 영국의 경험만을 기초로 했지만, 그렇다고 해서 책 제목 옆에 '영국 사례를 중심으로' 라는 말을 추가하지는 않았음을 상기했다.[13]

현실적인 고려 사항도 있었다. 설령 전형적인 '사례 연구' 형식으로 책을 집필한다고 해도 근거를 제시하고 결론을 도출하기 위해 따라야 할 규칙들이 있었다. 그런데 너무 서둘러 오느라 자료들을 제대로 챙겨 오지 못했고 체계적으로 다시 자료를 모을 시간도 없었다. 게다가 경력의 도약대로 삼으려면 사례 연구보다는 되도록이면 일반론적이고 보편적인 내용으로 구성하는 게 더 나을 터였다. 허시먼은 주저하지 않고 그 방향으로 연구를 진행했다. 이렇게 몇 가지 사항들을 결정하고 난 뒤, 집필에 매진해 1957년 4월이면 세 절을 완성한 상태가 되었다. 하지만 허시먼은 그 이후 리우에 다녀오고서 원고를 대폭 수정했다. 그는 도서관에서 1920년대 페루의 마르크스주의 학자 호세 카를로스 마리아테기부터 1949년 유엔 '라틴아메리카 및 카리브해 지역 경제위원회'에서 그 유명한 '선언'을 작성한 아르헨티나 경제학자 라울 프레비시(이 '선언'은 남미에서 열띤 토론을 촉발했다)에 이르기까지 남미 비주류 이론가들의 책을 읽었다. 허시먼은 남미 학자들의 이론 중 더 급진적인 부류의 대안 이론들에 대해서도 비판적인 견해를 발전시켜 가고 있었다. 이른바 '구조주의' 이론이라고 불리는 이론들이었다. 구조주의 이론들에 대한 허시먼의 더 정교한 평가는 나중에 나오게 되지만, 지금으로서는 이 이론들도 균형성장론의 문제점을 분명히 드러내 준다는 점에서 그에게 유의미했다. 균형성장론은 자신이 고치겠노라 자처하는 대상[저개발국]에 대해 편견과 가치 판단이 개입된 가정들을 숱하게 하고 있었다. 개발 분야의 이론들을 두루 공부하면서, 허시먼은 뷰캐넌에게 이렇게 전했다. "경제발전 분야에서 빠르게 늘어나고 있는 연구서들을 서둘러 따라잡고 있습니다."[14]

허시먼의 연구는 단지 현장 경험에서 학술적으로 중요한 내용을 추리는 것에서만 그치지 않았다. 이 연구의 핵심은 '종합'에 있었고, 현장 경험은 그 종합의 일부였다. 그가 《경제발전 전략》을 집필한 과정을 보면 여러 갈래의 다양한 영향이 얽혀 있음을 볼 수 있다. 개발경제학은 빠르게 성장하는 분야였는지는 몰라도 적어도 허시먼이 보기에는 협소하고 농질적이며 단순한 이본적 원직이 지부하게 반복되고 있는 분야이기도 했다. 미소를 띠고 참을성 있게 앉아는 있었지만 지루하기 짝이 없는 때가 많았다. 하지만 허시먼은 더 흥미로운 질문들로 언제 어떻게 이동해야 하는지 알고 있었다. 허시먼은 현장에서 관찰한 바에 더해 경제학 이외의 다양한 학문 분야에서 통찰을 끌어내 경제학 이론을 구성했다.

그가 이 책을 집필하면서 만든 파일 중 하나인 〈전략 메모〉라는 제목의 파일에서 그에게 영향을 미친 다양한 지적 원천들을 엿볼 수 있다. 첫째, 거대 계획을 통해 세상의 문제를 바로잡겠다는 돌격대적 접근법에 저항한 사상가들이 있었다. 거대 관념론적 운동을 비판하는 회의주의적 사상들은 예전부터도 허시먼에게 영향을 미치고 있었다. 하이에크, 방다, 이탈리아의 반파시스트들 등 다양한 회의주의자들의 견해는 허시먼이 콜롬비아에서 '계획가'들에게 느꼈던 불편함과 일맥상통했다. 세계의 문제들에 대해 거대 이론으로 접근하면 그 문제들을 인식하고 파악하는 데 오히려 방해가 될 수 있었다.

이와 관련해 허시먼에게 영향을 준 회의주의자로 에드먼드 버크를 꼽을 수 있다. 허시먼은 특히 버크의《프랑스혁명에 대한 고찰》을 매우 좋아했다. 이 책에서 버크는 정치 무대에서 놀고 싶어하는 '연단 스타일' 철학자들에 대해, 그리고 철학자들이 세상을 이해할 수 있을 뿐 아니라 바꿀 수도 있다고 믿는 거창한 확신에 대해 신랄하게 비판했다. 하지만 무엇보다 허시먼이 주목한 부분은, 버크가 그러한 연단 스타일의 철학자들이 훌륭하게 짜여진 거대한 공포를 불러올 수 있다는 점을 짚어낸 것이었다. 허시먼이 관심을 가진 부분은 버크의 유명한(그리고 오해를 사기도 한) 보수주의가 아니라 버크의 회의주의였다. '행동하는 철학자'에는 아무 문제도 없었다. 허시먼은 현실참여적인 학자들을 좋아했다. '혁명'에도 아무 문제가 없었다. 허시먼은 담대한 이론들을 좋아했다. 문제는 그런 것들이 아니라, 추상에서 처방으로 건너뛰는 데 있었다. 허시먼은 예일대학에 와서 〈브리스틀 보안관에게 보내는 편지〉를 읽으면서 많은 생각을 했다. 이 글에서 버크는 "자유 정부의 원칙을 쪼개고 분해해서 마치 그것이 도덕적인 신중함이나 자연적인 감정의 문제가 아니라 형이상학적인 자유와 필연을 논하는 추상적인 주제인 양 취급하는 정치인들"을 비판했다. "진전되어 가는 것 중에 원래의 계획대로 이루어지는 것은 없습니다. 그런 것을 기대하느니 요람에서 다 자란 성인이 튀어나오기를 기대하는 게 나을 것입니다."[15]

거대 계획을 제시하려는 접근방식에 대한 허시먼의 불만은 세상을 합리화하는 기제로서 정부가 어떤 역할을 해야 하는가에 대해 신중한 입장으로 이어졌다. 이와 관련해 허시먼은 오스트리아 빈 출신의 경제학자 하이에크의 《예속의 길》을 다시 읽었다. 허시먼은 2차 대전 당시 미 육군으로 복무하던 시절에 거대 사회공학이 전제하는 확실성과 국가사회주의자들이 가진 신념에 맞서 회의주의적인 견해를 설파한 이 책을 감명 깊게 읽은 바 있었다. 이번에는 하이에크가 오귀스트 콩트에 대해 언급한 글을 포함해 그의 저술을 더 폭넓게 읽었다. 허시먼은 하이에크가 "통합과 체계화에 대한 요구"에 절망감을 나타낸 부분, 그리고 콩트에 대해 "진정한 과학적 정신에는 어떤 종류의 무질서도 매우 역겨운 것인 모양"이라고 지적한 부분을 메모하기도 했다. 허시먼은 발전이 갖는 무질서적인 속성과 발전에 수반되는 근본적인 불균형에 주목했다. 발전의 속성이 이런 것이라면, 종합적인 해법이 아니라 구체적인 전략들이 필요했다. 하이에크가 거대 계획[중앙 계획경제]에 맞서는 균형추로서 상정한 가격 체계[시장 체제]도 종합적인 해법이었으며, 따라서 그것도 버려야 했다. 허시먼의 〈전략 메모〉 파일에는 '추상의 오류'(해럴드 래스키)라든가 '미성숙하고 성급한 가짜 통찰'(카를 비트포겔을 읽고 허시먼이 써 놓은 글)과 같은 메모가 가득하다.[16]

〈전략 메모〉에는 허시먼이 좋아한 문학작품들도 등장한다. 허시먼은 도스토옙스키의 《악령》을 읽었고 프란츠 카프카도 읽었다. 이번에 읽은 카프카는 《만리장성의 축조에 대하여》라는 단편이었다. 이 단편에는 중국의 한 지식인이 등장해 '학자들'이 세계에서 가장 거대한 기념물인 만리장성을 지으려 했던 일을 회고하며 거대 계획의 어리석음을 보여준다. 만리장성 프로젝트는 너무나 거대했기 때문에 오래도록 미완성일 수밖에 없었다. 이 프로젝트를 기획한 학자들은 외세로부터 국가를 방어하려면 물샐 틈 없이 나라 전체를 성벽으로 둘러싸야 한다고 생각했기 때문에 이 계획은 애초부터 달성이 불가능했다. '완수'가 결코 가능하지 않은 이 프로젝트를 그나마 조금이라도 진전시키는 데는, 제아무리 많은 계획과 공학을 동원하더라도 그것이 불완전한 임시변통보다 나을 수는 없었다. 그리고 만리장성은 애초에 황제의 머릿속에서 나온 것일 터이므로, 그것의 오류와 약점은 황제의 뜻이었다고 보아야 했다. 이 소설은 모든 종류의 관념론자에 대한 카프카의 조롱이었다. 허시먼도 [인간이 저지르는] 가장 큰 결함은 참을성의 부족이라고 생각했다. 그는 카프카의 글을 다음과 같이 메모해 놓았다. "인간이 저지르는 모든 잘못은 참을성이 없는 것이다." 이것이 바로 대죄의 근원이었다. 그리고 다음 구절에 밑줄을 그어 놓았다. "우리는 참을성이 없어서 밀려난다. 참을성이 없어서 되돌아오지 못하기 때문이다."

급히 해결하고 서둘러 바로잡고 빠르게 고치고자 하는 충동은 사람들이 대안을 고려하는 데 도움이 되기보다는 방해가 되었다. 그러한 경향은 특정한 지식 모델에 대한 과도한 확신 탓이기도 했고

18세기 사회과학에서 태어난 '인지적 스타일' 탓이기도 했지만, 또 다른 종류의 인간 욕망 때문이기도 했다. 이와 관련해 허시먼은 심리학과 정신분석학 문헌들을 읽었다. 버크, 하이에크, 카프카 등은 예전부터 알고 있었지만, 행동과학은 허시먼에게 새로운 분야였다. 베를린 시절은 프로이트가 진지하게 논의되기 전이었고 그때는 무의식이라든지 이성이 닿지 않는 영역의 충동과 동기라든지 하는 것을 논하는 것은 미심쩍고 불편한 것으로 여겨지고 있었다. 허시먼이 어떻게 심리학 분야에 관심을 갖게 되었는지는 알려져 있지 않다. 어쨌든 관심을 갖게 되었고, 여기에서 그는 인간 행위의 변화가 자연법칙에 따라 이루어진다고 보는 접근방식과는 정반대인 이론들을 발견했다. 생물학적 지식과 기계적인 법칙이 세계를 가장 잘 이해할 수 있게 해 준다는 '과학적'인 견해는 1950년대에 쇠퇴하고 있었나. 자아(자아를 구성하는 요소들과 자아가 가지고 있는 병리적 속성들 등)를 파악하려는 노력, 즉 내면을 살펴보려는 노력에 현대사회의 소외감과 뿌리 잃은 느낌에서 나오는 불안이 결합되면서, 사회과학자들은 심리학에 관심을 갖게 되었다. 허시먼의 메모에는 "정신분석 이론을 볼 것"이라고 스스로에게 지시를 하는 내용이 나온다.

허시먼은 정신분석 이론에서 집단의 역학과 그에 대한 개인의 반응을 다룬 최신 연구들을 발견했고, 그러한 동학과 반응이 기본적으로 담고 있는 충돌과 마찰을 알게 되었다. 허시먼은 다른 어떤 분야보다 정신분석 문헌들을 많이 읽었고 방대한 양의 메모를 해 두었다. 그의 눈길을 끈 것은 좌절·공격·불안이라는 삼위일체가 갖는 중요성이었다. 그중에서도 특히 '불안'이 그의 관심을 끌었는데, 이는 (에리히 프롬을 통해 알게 되었듯이) 현대사회가 사람들의 문제를 해소해 주기는커녕 개인의 욕구들을 매우 경쟁적인 여건에서 충족시키게 만듦으로써 새로운 문제들을 만들어내고 있음을 상기시켜 주었다. 그리고 불안에 대해 지속적으로 신경을 쓰게 될 경우, 이것이 그 불안을 피하거나 극복하고자 하는 노력으로 이어질 수 있다는 점도 알게 되었다. 허시먼은 O. 호바트 모러의 《학습 이론과 성격의 역학》(1950)의 19장 '불안의 문제'를 읽고 많은 메모를 했는데, '정상적인' 불안과 '신경증적인' 불안을 구분한 것이 특히 그의 관심을 끌었다. 전자는 객관적인 위협의 정도와 비례하는 불안으로, 그 위협에 맞서는 수단이 될 수 있었다. 즉 정상적인 불안은, 개인과 집단이 문제를 극복하는 데 필요한 심리적 자원과 경험으로부터 배워 나갈 수 있는 역량을 제공할 수 있었다. 허시먼은 또다른 심리학자의 저술에 대해서도 메모를 남겼는데, 이 심리학자는 실패하는 것, 그리고 실패를 통해 배우는 것이 성공의 전략이라고 주장했다. 실패와 성취가 반드시 대척적인 개념일 필요는 없다는 것이었다.[17]

[확실성을 의심하는] 회의주의적인 접근을 취하고 인간 행동의 미시적 기반에 대해 숙고하면서, 허시먼은 경제개발이 외부에서 부과되거나 도입되는 것도 아니고 구세주가 나타나 특별하고 신비로운 힘을 내놓음으로써 이루어 주는 것도 아니라는 생각이 더욱 강해졌다. 허시먼은 "어려움을 극복해 가는 사회적 주체들"을 그가 재구성하려는 개념의 기초로 삼았다. 하지만 어떻게 이것을 하나의 과정으

로 개념화할 것인가? 어려움을 극복한다는 것은 단지 장애를 제거하는 것만을 의미하는 것이 아니라 그 극복이 '인식'에서 시작됨을 깨닫는 것도 의미했다. 즉 외부적 장애만큼이나 인간의 머릿속에 존재하는 장애도 발전을 방해할 수 있었고, 이러한 내면의 족쇄가 극복하기 더 어려운 장애일 수도 있었다.

이런 개념이 개인이 정신세계를 헤쳐 가는 방식에 적용될 수 있다면, 한 사회의 경제에도 적용될 수 있지 않을까? 심리치료사들이 환자에게 장애를 인정하고 상황에 직면하게 만들듯이, 한 사회의 경제도 그렇게 하도록 만들 수 있지 않을까? 많은 경우에 그런 조치[심리치료와 정신분석]는 실패와 좌절로 끝나지만 시간이 가면 변화를 만들어낸다. "[장애에] 반복적으로 직면하게 되면 장애를 더 잘 알게 된다." 허시먼은 개인의 정신분석과 심리지료를 사회에 적용했다. 물론 이것을 그가 제일 처음으로 생각해낸 것은 아니다. 매우 고맙게도 허시먼은 고전 저술들이 이미 이런 종류의 딜레마에 대해 깊이 숙고했다는 사실을 알게 되었다. 그는 특히 버크가 《프랑스혁명에 대한 고찰》에서 언급한 다음 구절이 중요하다고 생각했다. "우리의 적이 우리를 돕는 자이다. 우리와 씨름하는 상대는 우리의 신경을 강하게 해 주고 우리의 역량을 연마해 준다." 여기에 허시먼은 "어려움을 모면하려는 우리의 노력과 어려움에 대해 친숙하게 잘 알게 되는 것"에 대한 그의 생각을 덧붙여 놓았다."[18]

이런 생각 모두가 개발경제학의 주류 이론이 말하는 것과는 완전히 다른 "개혁의 정신"을 이야기하고 있었다. 주류 이론은 외부적인

앨버트 허시먼

장애가 전통사회가 합리적 행위자와 건전한 제도로 구성된 새 균형점에 이르지 못하게 막는 진정한 족쇄라고 보았고, 따라서 그것들을 일거에 깨부수는 방법을 찾는 데 집중하고 있었다. 하지만 허시먼이 말하는 개혁은 긴장을 인정하고 내생화하는 것을 의미했다. "우리가 잘 기능하려면 긴장이 꼭 필요한가? 아니면 단지 조정만이 필요한가?" 앞부분에 그어진 밑줄에서 알 수 있듯이 그는 긴장이 꼭 필요하다고 생각했고, 이는 다음과 같은 생각으로 이어졌다. "개인의 경우에는 그렇다. 그렇다면 한 사회의 경제에도 '최적 수준의 긴장'이라는 것이 존재하는가?"

개혁에 대한 허시먼의 접근은 기존의 이론과 근본적으로 달랐다. 기존의 이론에서는 변화를 가로막는 긴장들을 제거하는 것이 개혁의 목표였고, 여기에서 변화란 한 상태에서 다른 상태로 매끄럽게 이동하는 것을 의미했다. 하지만 허시먼은 개혁이란 변화를 강제하고 추동해낼 수 있는 긴장을 창출하는 것이라고 보았다. 변화는 긴장에 의해 동력을 얻으며, 긴장이 없으면 변화는 정체 상태에 빠지게 될 터였다. 이런 개념을 토대로, 허시먼은 여러 유형의 개혁가를 구분했다. 일단 허시먼의 노트에는 두 가지 유형의 개혁가가 나온다 (그리고 더 많은 유형이 앞으로 나오게 된다). "무언가가 **실제로 잘못되었기 때문에** 바꾸려는 사람"이 한 유형이라면, "현재의 상황이 참을 수 없고 재앙적인 미래를 가져오리라는 **인식 때문에** 현 상황을 바꾸려는 사람"이 또 한 유형이었다. 이 내용은 허시먼이 아이작 도이처가 1958년 《파르티잔 리뷰Partisan Review》에 쓴 〈비유대인으로서의 유대

인〉을 읽고 적어 놓은 것이었다.[19]

허시먼에게 영향을 미친 저술로 1952년에 시카고대학 콘퍼런스에서 거셴크론이 '후진성'의 속성에 대해 발표한 논문도 꼽을 수 있다. 명시적이지는 않았지만 그 전에도 허시먼은 거셴크론식의 관점으로 현상을 보고 있었다. 즉 그는 콜롬비아의 '후진성'이 콜롬비아 스스로가 자초한 족쇄가 아니라고 생각했다. 예일대학에 온 이후 허시먼은 거셴크론의 다른 저술도 읽었다. 러시아 사상사에 대한 것으로, 소련에서 정책 수립과 경제발전에 사상가들의 "이론"이 어떻게 영향을 미쳤는지에 대한 글이었다. 여기에서도 비슷한 주장을 볼 수 있었다. 소련 당국이 스스로가 뒤처져 있다고 '인식'한 것이 강한 동기부여 요인이 되었고, 이는 국가가 시장이 할 수 있었을 것보다 훨씬 빠르게 필요한 자원을 동원할 수 있게 만들었다. 여기에서 허시먼은 과거의 역사적인 경험들에서 전제를 도출한 성장 모델이 갖는 한계를 알게 되었다. 예를 들어 월트 로스토는 영국 산업혁명의 사례를 일반화해서 저개발국이 후진적인 상태로부터 '이륙'하는 성장단계의 모델을 만들었다. 하지만 허시먼은 훗날 이렇게 언급했다. "현대 경제학의 놀라운 위업 중 하나는 선진 산업국가들의 성장 과정을 분석해서 그것이 가장 원시적인 경제에도 그대로 적용될 수 있을 것처럼 보이게 만드는 장치들을 산출했다는 점이다. 하지만 하나의 상황에서 유용한 이론이라면 그와 완전히 다른 상황에서는 유용성이 희박해질 가능성이 크다. 그런 이론을 '적용'하려는 모든 시도는 지름길이 아니라 기다란 우회로로 우리를 끌고 가게 될 것이다."[20]

허시먼은 일필휘지로 써내려갔다. 특히 브라질 출장 이후에는 내용이 손끝에서 쏟아져 나오는 것 같았다. 그런데 경제학 논문들을 읽다 보니 기술적으로 더 정교해져야 한다는 압박이 느껴졌고, 수학 실력을 향상시켜야겠다는 생각이 들었다. 허시먼은 몇 개월 동안 그의 개념을 공식으로 만들기 위해 노력했다. 셸링과 월리치 등의 동료들은 수량적 표현을 만들어내려는 시도를 그리 독려하지 않았다. 너무 성급한 시도일 수 있으며 수학이 허시먼의 통찰을 따라가기에 적절치 않을 수도 있다고 보았기 때문이다. 결국에는 허시먼도 그렇게 마음이 기울었다.

오늘날 우리가 그들의 결정이 옳았는지의 여부를 논하는 것은 사후적인 판단일 수밖에 없다. 몇몇 경제학자들은 허시먼이 가뜩이나 비정통적인 견해를 개진하면서 그것을 정확하고 수리적인 공식으로도 만들지 않았기 때문에 [경제학계에서 충분히 주목을 받지 못했고] 경제학이 중요한 혁신을 놓치게 되었다고 보기도 한다. 머지않아 경제학이 수학적인 분석을 강조하는 쪽으로 완전히 방향이 선회했다는 점을 생각하면 타당한 지적이다. 허시먼이 경제학계에서 영향력을 더욱 갖고 싶었다면 새로운 수학적 기준에 부응해야 했을 것이다. 하지만 허시먼은 은유와 수식 사이에서, 즉 현실세계의 복잡성과 풍성함을 포착하는 것과 개념을 표현하기 위해 조밀하게 통제된 공식들을 만드는 것 사이에서 반드시 양자택일을 해야 한다고 보지 않았다. 현실을 묘사적으로 표현하는 것과 개념적으로 정교화하는 것은 서로 연결되어 있었다. 그리고 허시먼의 저술에서 드러나는 은유와 아포리즘은 단지 외부세계에 대한 묘사를 충실히 하기 위해서만 쓰인 것이 아니라 수학만큼이나 분석적으로 정교하게 핵심을 짚어내기 위해 활용된 것이었다. 그가 좋아한 인용문 중에 돈키호테의 [제정신 아닐 때의] 상상이 [제정신으로 돌아와] 현실에 얽매이게 되어서는 안 된다고 주장하며 세르반테스가 언급한 말이 있다. "맙소사! 당신이 이 가장 재미있는 바보를 제정신으로 돌려놓아서 일으킨 피해에 대해 신이 당신을 용서하시기를! 당신은 돈키호테가 제정신인 데서 나올 이득이 그가 어리석음을 통해 우리에게 줄 수 있는 즐거움에 결코 필적할 수 없음을 모르는가?"[21]

어쩌면 수학에 대한 그의 결정은 더 평범한 이유 때문이었는지도 모른다. 1950년대 말에 수학은 점점 더 경제학의 주요 언어가 되어 가고 있었지만 허시먼은 그 언어에 자신이 강점이 없다는 사실을 잘 알고 있었다. 집필 시간은 촉박했고 그는 이 책으로 경력의 토대를 다지고 싶었기 때문에 강점에 집중하기로 했다. 그래서 기술적이고 수학적인 부분은 (포함되기는 하지만) 책의 핵심이 되지는 않았다. 이런 의사결정을 내리는 과정의 어려움은 단지 이 책 한 권의 구성하고만 관련된 문제가 아니었다. 이 과정은 특유의 기준, 규범, 표준, 의례가 있는 미국의 경제학계에 자신이 맞지 않을 수도 있다는 불안감 또한 불러일으켰다. 초고가 거의 완성되어 가던 1957년 10월, 허시먼은 우르줄라에게 이렇게 털어놓았다. "이 생활이 내게는 쉽지가 않아. 나 자신을 어떻게 해야 잘 준비시킬 수 있는지 모르겠고, 그래서 계속 스트레스를 받아. 아마 처음이고 첫해라서 더 힘든 것일 테고, 모든 것이 지나가겠지. 하지만 계속되는 발표, 교수로서의 업무, 권위자를 자처해야 하는 것 등은 나의 비판적인 역량을 온통 잠재우고 결국은 사라지게 만드는 것 같아. 그리고 다른 한편으로는 학문적으로 첨단을 따라잡아야 한다는 압박감도 있어. 동료들과 대화를 나누고 지적으로 다재다능한 상태를 유지하려면 말이야. 우리 시대에는 이것을 성취하기에 편리하고 믿을 만한 수단을 하나 가지고 있으면 도움이 될 것 같아." 허시먼은 그 "믿을 만한 수단"이 자신의 역량을 넘어서 있는 것일까 봐 걱정이 되었다.[22]

원래의 표지 디자인은, 일부는 맞추어져 있고 일부는 흩어져 있는 직소 퍼즐 그림이었다. 이는 개발 과정에 대해 '통합'이나 '균형'을 이야기할 수 없다는 점을 의미하는 것이었다. 허시먼은 이 디자인을 일부러 골랐다. 그는 이 책에서 그의 퍼즐 조각들을 맞추어 보고 싶었고, 그러면서도 아직 많은 조각들이 맞추어져 있지 않음을 보여줌으로써 그가 탐구하는 주제[경제발전]가 '완성'이 불가능한 속성을 가지고 있음을 나타내고 싶었다. 또 원래 제목은 '불균형성장'이었는데, 그가 [훗날 랜드코퍼레이션의 동료가 되는] 찰스 울프와 폴 클라크에게 설명했듯이, "그 제목이 너무 도발적이고 자극적이어서 일단 《경제발전 전략》이라는 제목을 붙이기로" 했다. 셸링이 선택한 단어 ['전략']가 허시먼에게 계속 메아리로 남아 있었던 것 같다. 또 우리로서는 그 표지가 그의 개인적인 삶의 조각들 역시 흩어졌다 재조합되었다 하면서 미완성 상태로 움직이고 있었음을 보여준다고 해석하고 싶어지기도 한다.

표면적으로 이 책은 균형성장론을 맹렬히 비판하는 책으로 보였다. 하지만 기저에 깔린 내용은 추상적인 모델 만들기를 선호하는 일반적인 경향에 대한 비판, 그리고 위로부터의 개혁을 통해 근대화를 이루겠다며 종합적인 계획을 세우고자 하는 경향에 대한 비판이었다.

그러한 접근은 꽤 일반적이지만 그것이 사용하는 주요 파라미터들은 그것이 다루고자 하는 특정한 환경에서만 최대의 관련성을 갖도록 선택되어 있다. 따라서 여기에서 모델 만들기에 성공한다는 말은 이 모델이 다른 환경에서는 관련성이 극히 떨어지게 된다는 의미가 된다.(33쪽)

거대 계획을 옹호하면서 후진성을 '전면 공격'하자고 외치던 스푸트니크의 시대에 허시먼은 보수주의자들이 무용하다고 주장하는 '개혁'을 옹호하면서 개발에 대해 주류 이론과 다른 언어를 제시하고자 했다. 허시먼은 주류 이론에 공통된 문제가 하나 있다고 보았다. 개발이란 모든 장애를 일거에 제거하는 과정이며 그렇게 하고 나면 그 경제가 '발달된' 새 균형점을 향해 순조롭게 나아가리라 보는 견해였다. 허시먼은 이것이 허황된 생각이며 인과관계가 거꾸로 된 주장이라고 지적했다. 그가 보기에 '압력, 긴장, 불균형'을 만들어 내는 것이 운동을 추동하는 기본 동력이 되어야 했고, 그 다음에는 그것이 더 많은 마찰과 긴장을 내놓을 수 있어야 했다. 긴장을 만드

앨버트 허시먼

는 장애와 제약들에는 '숨겨진 합리성'이 있었다. 그러한 장애와 제약들을 만들어냄으로써 그것들을 해결하는 쪽으로 사람들에게 동기를 부여할 수 있는 것이다. "숨겨진[숨기다]"이라는 말은 허시먼이 이후의 저술에서도 주되게 사용하는 어휘가 되며, 그의 긴 저술 세월에 걸쳐 여러 가지 중요한 의미들을 점차로 더 획득해 나간다. 그는 애덤 스미스가 말한 '보이지 않는 손'이라는 표현을 변형해서, 투명하고 자명하며 모든 것을 포괄하는 계획 대신 교묘하고 교활한 작동과 계획되지 않은 결과들을 강조하고자 했다. 한두 해 뒤에 허시먼은 개인의 개별적인 이익 추구가 전체적으로 어떤 의도치 않은 효과들을 내게 되는지 숙고하기 위해 《국부론》을 다시 읽게 된다. 하지만 현재로서는, 일단 일기에 이렇게만 적어 두었다. "알 수 없는 것에 의미가 있다."

이것이 《경제발전 전략》의 기저에 있는 내용이었다면, 표면적인 내용은 긴장을 유발하고 불균형을 창출하자는 주장과 관련된 주제들로 이루어져 있었다. 그는 의사결정의 새로운 조건들을 만들어내야 한다고 주장했다. 정책 결정자와 투자자들에게 기회와 장애를 제시함으로써 그들이 어디에, 언제, 어떻게 자본을 투자할지 결정을 내리게끔 강제하고 추동할 조건들을 만들어야 한다는 것이었다. 균형성장론의 관점에서 보면, 자본이 가장 부족한 곳을 찾는 것이 답이었다. 그곳이 성장에 발목을 잡는 영역으로, 대개 항만, 도로, 전력 같은 사회간접자본이 이에 해당했다. 성장의 사이클이 시작되기 전에 예상되는 희소성을 미리 제거해야 한다는 논리였다. 하지만 허시먼은 순서가 거꾸로 되어야 한다고 보았다. 저개발국은 인프라가 부족해서 요람에서 숨질 위험이 있는 약한 아기들이 아니었다. 그가 보기에는 사회간접자본보다 공업, 농업, 무역 등의 분야에 직접 투자를 하는 것이 더 나았다. 이런 분야가 팽창해서 다른 쪽에 병목과 장애들을 만들어냄으로써 사회간접자본의 부족을 창출해야 한다는 것이었다. 이것이 바로 '압점pressure point'들을 만든다는 개념이었다.

이는 단지 기술적인 차이에 불과한 것이 아니었다. 허시먼의 논의에서 중요한 점은, 강조점을 '계획가'에서 '기업가'와 '산업가'에게로 옮긴 것이었다. 또 어떤 과정이 시작되기도 전에 전문가가 그 과정을 '순차화할 수 있다'고 보는 믿음에 대해 근본적인 회의를 드러냈다는 점도 중요하다. 허시먼은 역사의 경로를 예측함으로써 '선결조건'들을 미리 짚어낼 수 있다는 생각이 완전히 잘못된 것이리고 보았다. 후진성이나 후발성은 일반적인 순차적 단계대로 가지 않고 몇 단계를 건너뛰거나 뒤바뀐 순서로 갈 수도 있었다. 역사를 거쳐가는 길은 하나가 아니었다.

'전체적인 틀에서 문제를 예측하고 국가 주도의 투자를 해야 한다고 보는 관점'에서 '연쇄반응을 촉발할 수 있는 의사결정들을 옹호하고 민간의 행위를 중시하는 관점'으로 이동했지만, 그렇다고 해서 '경제 전문가'의 중요성을 무시한다는 말은 아니었다. 허시먼은 경제학자들을 신뢰했고 여전히 그들이 중요한 역할을 해야 한다고 생각했다. 하지만 경제 전문가는 더 섬세한 행위자여야 했다. 경제학자의 역할은 다른 경제활동과의 '연관 효과'를 고려할 때 어느 산업 분야가 가장 투자가치가 큰지 분석해 알려주는 것에서 가장 유용한 역할을 찾을 수 있을 터였다. 여기에서 허시먼이 '컨설턴트'의 견해를 일반화하고 있다고도 볼 수 있을 것 같다.

어쨌든 '연관 효과'라는 개념은 이 책이 경제학 이론에 남긴 중대한 공헌 중 하나이다. 연관 효과에는 전방 연관 효과와 후방 연관 효과가 있다. 전방 연관 효과는 제품이 소비자에게 전해지는 과정에서 제품의 정교화나 마케팅 등과 관련된 경제활동을 일으키는 것을 의미하고, 후방 연관 효과는 제품을 만들고 다루는 데 들어가는 투입 요소에서 발생하는 연관 효과를 의미한다. 어느 쪽이든, 중요한 것은 하나의 산업이나 분야를 추동하면 그것이 긴장과 희소성을 촉발시켜서 그 분야와 연관된 다른 산업이나 분야에서도 수익성 있는 사업 기회를 창출하게 된다는 것이었다. 이것이 바로 '초기의 움직임이 유발하는 불균형'이며, 이를 통해 경제가 발전할 수 있었다. 여기에서 의도적으로 불균형이나 비대칭을 만든다는 개념은, 자본을 막대하게 투입해 '빅 푸시'를 가함으로써 '계획'에 따른 균형발전을 촉진한다는 개념과 크게 다르다.

책의 끝부분쯤이 되면 허시먼이 저개발사회에서 희소한 것이 무엇이라고 보는지가 분명히 드러난다. 그가 보기에, 저개발사회에서 희소한 것은 자본도, 중산층도, '기업가 정신'도, 개인주의적 근대성의 토대를 닦을 올바른 문화도 아니었다. 그보다 더 근본적으로, 자본주의 사회에서 문제를 해결할 수 있는 의지와 기량, 즉 '개발과 관련된 의사결정을 할 수 있는 능력'이 부족했다. 균형성장론은 빈곤의 악순환이 발생하는 핵심 요인을 자본의 부족이라고 보았다. 하지만 허시먼은 사람들이 기회를 '인식'하지 못한 나머지, 있는 자본도 저사용되고 있다고 생각했다. 희소한 것은 자본이 아니라 "개발을 위한 의사결정과 행동을 협업적으로 수행할 수 있는 능력"이었다. 가뜩이나 이 능력이 부족한데, 종합적이고 광범위하게 모든 전선에서 '빅 푸시'를 가하지 않으면 경제개발이 성공할 수 없다고 설파하는 전문가들 때문에 이 상황은 더 악화되고 있었다. 빅 푸시만이 유일한 길이라고 생각하게 되면, 사람들은 다른 기회를 인식하지 못하게 되고 스스로의 힘으로 효과적인 의사결정을 할 역량이 없다고 느끼게 될 수밖에 없는 것이다.

여기에서 심리학이 허시먼에게 미친 영향을 볼 수 있다. 허시먼은 환자가 '트라우마를 겪으며 회복해 나가는 과정에서' 경험하는 좌절과 불안에 관심이 많았다. 이와 마찬가지로, 개발에서도 어느 사회가 불균형의 문제에 직면하게 되면 해결책을 모색하지 않고는 도저히 견딜 수가 없기 때문에 해결책을 찾을 수 있게 되리라고 보았다. 필요한 일은, 정책 결정자들이 "몰아가는 행위자"의 역할을 할 수밖에 없게끔 "딱 정확한 양의 긴장"을 만들어내는 것이었다. 그러면 사회가 유도된 불안정(인플레이션, 무역수지 불균형, 인구 급증 등)을 해결할 방법을 찾을 수 있도록 몰아가는 역할을 정책 결정자들이 할 수 있게 될 것이었다.

물론 사람들이 그런 불안정에 직면하고 해법을 찾는 일에 흔쾌히 나서지는 않을 터였다. 스스로에게 부담을 지우는 일일뿐 아니라, 매우 부자연스러운 일로 느껴질 것이기 때문이다. "이 방법에는 무언가 내키지 않고 정신없는 면이 있다. 사람은 자연의 손이 나서게 만들고 싶어한다. 그런데 사람은 언제나 재앙에 직면해 있고, 불러낸 자연의 손이 성공하지 못하면 반드시 재앙이 닥치게 된다." 이 구절은 허시먼이 주장하는 원칙뿐 아니라 그 원칙에 대한 자기의심도 함께 드러내고 있다. 의도적으로 일으킨 압력에는 실패의 위험도 따른다. 허시먼의 접근은 '무모한 위험들'을 옹호할 때 생길 수 있는 결과에 대한 책임까지 온전히 받아들여야만 가능한 접근이었다. 하지만 다른 한편으로, '우리는 실패할 사치를 누릴 여유가 없다'는 말은 우리가 반드시 문제를 해결하는 방향으로 몰아져 가리라는 의미이기도 했다. 이것은 압력이고 강제이지만, 적어도 실패를 환자 탓으로 돌리지는 않는다. 즉 이 접근은 실패를 전통을 털어버리지 못하고 외부 전문가들의 개입에 '저항하는' 저개발사회 탓으로 돌리지 않는다.[23]

이렇게 해서, 비관적인 주류 이론을 겨냥한 낙관적인 전망이 탄생했다. 주류 이론은 저개발국에는 개발이 이루어지기에는 너무나 많은 제약과 너무나 많은 희소성이 있으므로 한번에 모든 것을 몰아붙이는 접근을 취하지 않으면 개발은 실패할 것이라고 보았다. 하지만 허시먼은 희소한 것이 정말로 그렇게 많다면 "특정한 요소들의 객관적인 희소성"이 정말로 그렇게 핵심적인 문제인지 의문을 제기했다. 문제 해결을 위한 의지나 기량 등이 부족해서, 즉 '인간이 만든 어려움들' 때문에 보유하고 있는 자원조차 충분히 동원하지 못하고 있을 가능성은 왜 고려하지 않는가? 허시먼은, 더 면밀히 조사할수록 "더 건전하고 낙관적인 견해를 가질 수 있게 된다"고 결론 내렸다. 그 견해는 돈이 많이 들고 광범위하며 지적으로 유혹적인 '종합 계획'과 '복합적인 공격'이 아니라, 모든 변수 중에서 가장 희소한 것부터 차근차근 공격하는 점진적인 접근이었다. 이것이 '불균형성장'의 전제였다. 하지만 허시먼은 제목에 '불균형성장'이라는 말을 사용하지 않기로 했다. 자신의 이론이 주류 이론에 대한 대안으로만 자리잡는 것을 원하지 않았기 때문이다.

허시먼은 '규모'의 문제와 '알 수 있는 것이 무엇인가'의 문제에 대해서도 주류 이론과 견해가 달랐다. 그는 모든 것을 아우르는 빅 푸시냐 아니면 아무것도 아니냐라는 입장이 아닌, 더 온건하고 소박한 입장을 취했다. 허시먼은 불균형성장에 대한 자신의 견해를 다음과 같이 요약했다. "불균형성장을 본다는 것은 작은 것들이 발달해 가는 역학을 본다는 의미이다. 중요한 것은 지금이 바로 그렇게 해야 할 때라는 사실이다."[24]

허시먼은 원고를 마무리하면서 자부심이 솟아오르는 것을 굳이 누르려 하지 않았다. 자신의 통찰, 프티 이데, 다방면의 독서 등이 통합되고 진화해서 커다란 학문적 틀로 발전했다는 느낌이 들었다. 1958년 가을, 책이 나올 무렵이 되자 허시먼은 이 승리의 기쁨을 우르줄라에게 이렇게 전했다. "누나에게 이렇게 강하게 말하는 이유는 처음으로 내가 프티 이데를 넘어선 것을 포착하고 생산한 것처럼 느껴지기 때문이야. 주요 주제들은 아직 더 개발하고 적용할 여지가 있어. 나는 더 광범위한 연구의 기초가 될 만한 생각들을 이미 두어 쪽이나 메모해 두었어." 허시먼은 책이 완성되어 가면서 이 책이 단지 세계의 문제를 보는 그의 생각을 정리한 것이 아니라 '나 자신의 진리'를 발견한 것이라는 생각이 들었다. "나는 루빈슈타인 양이 언젠가 나에게 사랑에 대해 걱정할 필요가 없다고 말해 준 것이 기억이 나. 루빈슈타인 양은 팔을 양쪽으로 뻗었다가 멀리서부터 두 검지를 서서히 다가와 마주치게 하더니 이렇게 말했어. 내가 사랑할 여성을 언젠가 이렇게 확실하게 만나게 될 것이라고 말이야. 그와 비슷하게, 나는 우리 각자에게 자기만의(그럼에도 불구하고 일반적인) 진리가 존재한다고 생각해. 우리는 그것을 찾아내고, 그 다음에 부지런하고 용감하게 그것을 따라가기만 하면 되는 거지. 나는 최근 몇 달 동안 내가 나의 진리를 따라가는 데 성공했다는 멋진 기분이 들어."[25]

그러므로 이 책은 단지 경력상의 측면에서만 중요한 것이 아니었다. 어쨌든 첫 책이 그다지 주목을 받지 못하고 선반에서 사라지는 것을 본 그는 이번에는 그때처럼 익명으로 파묻히는 운명에 처하지 않겠다고 결심했다. 그는 스스로 책을 홍보할 생각이었다. 허시먼은 옥스퍼드대학 올솔스칼리지의 저명한 경제학자 J. R. 힉스의 논문을 읽고 생각이 비슷한 부분을 찾아내어 자신의 책에 해당 부분을 표시해 힉스에게 보냈다. "보시면 아시겠지만 저의 책 346쪽에서 교수님께서 말씀하신 것과 정확히 일치하는 점을 언급했습니다. 어떤 국가가 인구가 증가하는데도 1인당 소득을 유지할 수 있다면 그 단계는 누적적인 성장을 위한 기반이 된다는 점 말입니다." 허시먼은 은근 슬쩍 자신을 힉스의 반열에 올려놓았다. "교수님과 생각이 일치하는 점을 발견해서 기쁩니다. 저는 이제까지 저의 접근방식의 일관성을 지키기 위해 이 영역에서 저 혼자 이상한 나무를 오르고 있다고 생각했거든요."[26] 물론 이것은 좀 과장된 말이었다. 인구는 허시먼의 책에서 논쟁거리도 아니었고 중요한 부분도 아니었다. 하지만 저명한 경제학자에게 접근할 핑계거리로 삼기에는 충분했다.

포르투나의 영향 때문인지 이 책은 타이밍 덕에 크게 화제가 될 수 있었다. 개발은 뜨는 분야였고 사람들은 지침을 원하고 있었다. 1950년대 말 근대화론은 이미 비판을 받기 시작했지만 반대쪽 극단에 치우친 이론(마르크스주의나 급진 반식민주의적 자본주의 비판) 이외에는 다른 이론이 없었다. 이런 상황에서 허시먼은 시장의 힘을 여전히 인정하면서도 주류 이론에 도전하는 새로운 이론을 제시했다. 혁명의 첫 빛줄기들이 지평선에서 환하게 떠오르던 시점에, 허시먼의 이론은 혁명이 아닌 '개혁'을 설득력 있게 주장했다.

저명한 경제학자들로부터 관심이 쏟아졌다. 케인스의 조교이자 공식 전기작가인 옥스퍼드대학의 경제학자 로이 해러드는 리우에서 열린 국제경제학회 콘퍼런스에서 허시먼을 만난 적이 있었다. 그는 책이 나오자마자 구입해 읽은 뒤 다음과 같은 찬사를 보내왔다. "최근 몇 년 사이에 제가 읽은 경제학 책 중 가장 흥미로웠습니다. 앞으로 이 주제에 대해 제가 읽게 될 모든 책 중에서도 이것이 가장 큰 지적 자극을 주는 책일 것입니다."[27]

부정적인 평도 있었다. 가장 심한 혹평은 《미국 경제학 리뷰》에 실린 스탠퍼드대학의 경제학자 홀리스 B. 체너리의 서평이었다. 체너리는 1954년 MIT 콘퍼런스에서 허시먼이 거대한 종합 계획을 비판할 때 그 자리에 있었다. 허시먼의 책에 대한 체너리의 비판은 개발의 주요 장애가 자본 공급상의 문제라기보다는 투자 역량상의 문제라는 전제에 집중되어 있었다. 체너리는 이 기술적인 차이가 사실은 매우 중요한 문제를 드러낸다고 보았다. 그는 단도직입적으로 다음과 같이 언급했다. "허시먼은 투자 혹은 개발과 관련한 의사결정 능력에 강조점을 두면서 개발 이론을 경제학이라기보다 응용심리학이 되도록 만들었다." 허시먼에 따르면 희소한 것은 자본이 아니기 때문에 "경제학자는 '의사결정의 질'이라는 모호한 개념을 제외하면 경제학적으로 최적화할 만한 대상이 없게 된다"는 지적이었다. 체너리는 경제 이론에 "동기부여적 요인"을 추가한 것은 높이 평가했지만, "허시먼이 자신의 사례를 과장했다"고 보았다. 허시먼이 "자본의 희소성이라는 개념이 지나치게 단순하고 환원적이라고 비판하면서 그만큼이나 단순하고 환원적인 의사결정 능력 개념을 제시했다"는 것이었다. 체너리는 "하나의 과도한 강조가 다른 하나의 과도한 강조를 대체했을 뿐"이라고 지적했다.[28]

체너리의 서평을 보고 허시먼은 속이 상했다. 허시먼은 국제통화기금에 있는 친구 J. J. 폴락에게 편지를 써서 "이 다소 불쾌한 리뷰"에 대해 속내를 털어놓았다. "내 책이 호불호가 분명히 나뉘리라는 것을 예상했어야 했습니다." 체너리는 서평이 게재되기 전에 허시먼이 먼저 읽을 수 있도록 보내 주었고, 허시먼은 이에 예의바르게 자기변호를 했다. "제가 제 사례를 과장했는지 모르지만 귀하는 저의 과장을 과장하고 있습니다." 더 중요하게, 허시먼은 심리학을 사용한 것을 옹호하고 싶었다. "저의 가장 중요한 가정은 저개발된 경제에도 동원할 만한 자원이 충분히 있다는 것이고, 저의 가장 중요한 주장은 '주어진 자원을 효율적으로 사용하는 기법'을 꼭 의미하지 않고서도 자원을 동원할 수 있는 방법들이 많이 존재한다는 것입니다. 왜 후자는 심리학의 영역이고 전자는 경제학의 영역인지 저는 잘 모르겠습니다."[29]

《경제발전 전략》이 깔고 있는 가정들에 의문을 제기한 사람은 체너리만이 아니었다. 젊은 경제학자 아마르티아 센은 허시먼이 균형성장과 불균형성장 사이에 잘못된 이분법을 만들고 있다고 보았다. 오스틴 로빈슨이 《경제학 저널》에 이 책에 대한 짧은 글을 써 달라고 센에게 요청하자, 센은 개발경제학 분야의 논의는 일반적으로 지루하지만 이 책은 그런 부류가 아니라며 긴 서평을 쓸 가치가 있다고 했다. 그 서평에서 센은 순수한 균형성장론이나 순수한 불균형성장론이 있는 것이 아니라고 언급했다. 이런 개념들은 각각의 이론이 가정하는 상호의존성의 정도 차이를 말하는 것일 뿐이라는 지적이었다. 그러면서도 센은 정통적인 개념과 "상투적인 표현이 가득한 이 분야"에 공격을 가한 것에 대해서는 허시먼의 책을 높이 평가했다.[30]

허시먼에게 늘 호의적인 찰리 킨들버거도 이 책은 7장이 넘어가면서부터는 읽는 데 참을성이 없어진다고 혹평했다. 책의 대부분이 예기치 못한 반전과 성장 과정에 숨겨진 역학에 대한 내용으로만 이루어져 있다는 것이었다. "역설 위에 역설이 쌓여 있는데, 책에서 논의되는 것은 큰 질문에 역설적인 측면들이 있다는 것일 뿐, 그래서 그 역설적인 면들이 전체 과정을 압도한다는 것인지 아니면 기존의 분석을 단지 약간 수정하기만 한다는 것인지는 설명되지 않았다." 또한 킨들버거는 허시먼이 자본 부족이 문제가 아니라는 것을 정말로 '입증'했는지에 대해서도 의문을 제기했다. 그도 체너리와 비슷한 비판을 하고 있었다. "[허시먼의 논의에 따르면] 개발도상국 당국자들은 사실상 어떤 결정을 내리든 간에 그것에 대한 정당화가 가능하게 된다." 그래도 킨들버거는 분석의 독창성과 이 책이 개발경제학 분야에서 차지하는 위치에 대해서는 높이 평가했다. "이 책이 나오면서 저울은 균형성장론에서 불균형성장론 쪽으로 기울었다."[31]

이 책이 관심을 많이 받지 못했다는 불평은 할 수 없었다. 첫 책과 같은 운명을 맞지 않을 것이라는 점은 분명했다. 허시먼은 2년간 매우 생산적이고 집중적으로 집필과 연구에 매진한 결과 드디어 떠오르는 논쟁의 핵심 인물로 스스로를 자리매김시킬 수 있었다. 그는 성공했고, 그의 책은 출간 즉시 이 분야의 대표 저술이 되었다. 하지만 콜롬비아에서 곳곳을 돌아다니며 관찰하면서 했던 모험, 이 책을 구성하는 데 너무나 중요했던 모험이 삶에서 사라졌다. 책은 완성되었고, 방랑벽이 다시 그를 사로잡았다. [옥스퍼드대학] 베일리얼칼리지 학장이자 균형성장론을 비판한 짧은 글을 쓴 적도 있는 친구 폴 스트리튼에게 쓴 편지에서 허시먼은 이렇게 언급했다. "이제 가방을 비웠으니 먼 곳에서 다시 채워야 할 것 같습니다. 하지만 아이들이 곧 열두 살과 열네 살이 되니 몇 년은 여기 머물러야겠지요."[32]

하지만 새로운 모험의 기회가 생각보다 일찍 그에게 찾아온다.

앨버트 허시먼

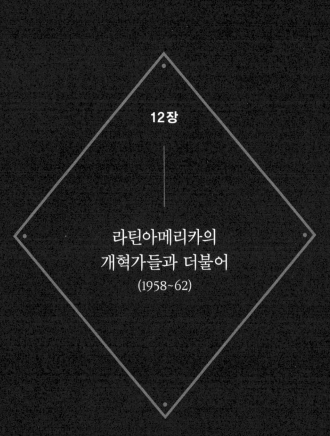

12장

라틴아메리카의
개혁가들과 더불어
(1958~62)

인류의 역사에서 결정적인 순간은 영원하다.
이전의 모든 것이 무가치하다고 주장하는 혁명적 영성 운동은 그래서 옳다.
아직 아무 일도 일어나지 않았으니 말이다.

―프란츠 카프카

《경제발전 전략》이 출간된 뒤에는 무엇을 할 것인가? 이 책은 분명한 그리고 서로 연관된 목적들을 가지고 있었다. 제3세계 발전에 대한 논쟁을 새롭게 점화하는 것, 그리고 개인적인 지적 야망을 실현하는 것. 하지만 생활과 관련해서는 기본적인 문제들이 모두 불투명한 상태였다. 보고타를 떠난 지 2년이 되었는데 이제는 어디에서 살게 될까? 미국에서 지식인으로서 성공의 맛을 보기 시작한 허시먼은 미국에 머물고 싶었다. 하지만 무직 상태였으므로 서둘러 일자리를 알아보아야 했다. 1958년 여름 십대인 두 딸을 둔 가장 허시먼은 매달 소득을 융통하며 간신히 살아가고 있었다. 허시먼은 결연한 자세로 다가오는 문제를 바라보았다. 그는 우르줄라에게 이렇게 전했다. "목표가 분명하고 확신할 만하게 눈에 보이는 경우 그것을 추구하기는 쉽지. 어려운 것은 이미 그 목표가 여러 차례 손가락 사이로 미끄러져 나갔거나 부서졌거나 썩은 것으로 판명된 상황에서도 그 목표를 이루는 것이 가능하다고 믿는 거야. 새로운 목표(혹은 오랜 목표를 다시 세우는 것)를 기꺼이 인식하고자 하는 것, 그것이 어느 순간에 나타나지 않을까 기대하면서 그런 순간을 기꺼이 기다리는 것. 그리고 필요하다면 그 목표를 기꺼이 포기하고자 하면서, 그러니까 '배신하고자' 하면서 그렇게 하는 것. 이것이 지금 나의 과제야."[1]

새러가 늘 놀라워했듯이 앨버트는 모든 일이 알아서 잘 될 것이라고 너무나 자연스럽게 믿는 사람이었다. 그는 임시변통에 능하고 난사를 수완 있게 헤쳐 나가는 '데브루야르'로서의 자기 모습을 즐겼다. 이 점에서 허시먼에 필적할 사람은 없었을 것이다. 그리고 이번에는 그의 수가 통했다. 책이 성공한 데다 그가 현장 경험이 있는 드문 사람이라는 점은 그에게 원했던 기회의 문들을 열어 주었다. 역사가 그의 편이었다. 《경제발전 전략》은 아프리카와 아시아의 탈식민화가 속도를 내던 시기, 그리고 민족주의적이고 급진적인 대안들이 세력을 키워 가던 시기에 출간되었다. 급진 마르크스주의 혁명론과 반자본주의 이론들은 남미가 서구와의 관계를 끊고 서구 경제 전문가들이 워싱턴, 런던, 파리에서 만들어 남미에 심어 놓은 거대 계획들을 거부해야 한다고 호소하고 있었다. 이런 상황에서, 허시먼은 개발에 대해 양쪽 모두와 조금 다른 이야기를 하고자 했다. 이렇게 해서 허시먼은 대안적인 이론에 대한 갈증이 심해지던 시기에 새로운 항해를 시작하게 되었고, 이 항해는 이후 새로운 혁명의 분위기가 남미를 휩쓸게 된 상황에서 '개혁'의 정신을 발견하는 것으로

앨버트 허시먼

끝을 맺게 된다.

책이 나오자 미국의 주요 재단과 연구소들이 앞다투어 연락을 해 왔다. 북미와 남미 사이에 협업은 고사하고 활발한 소통도 기대하기 어렵던 시기에, 허시먼은 재단과 연구소 활동을 통해 남미 학자들을 많이 만날 수 있었다. 허시먼은 중개자적인 역할을 해 나가면서 남미 학자들에게서 많은 영향을 받았다. 그뿐 아니라 지식인들이 어떤 관점과 방식으로 사회를 연구하느냐가 사회변화 과정에 실질적인 영향을 미친다는 사실을 더욱 분명히 깨닫게 되었다. 이 점에서 허시먼은 시대의 조류와 잘 맞아떨어졌다고 볼 수 있다. 다른 것은 몰라도, 1960년대는 '사고' '개념' '인식'이 가지는 힘이 (그리고 그것들의 한계도) 확실히 드러나는 10년이 될 것이었으니 말이다.[2]

《경제발전 전략》에 잉크가 마르기도 전에 록펠러재단의 노먼 뷰캐넌이 연락을 해 왔다. 뷰캐넌의 책상에는 유엔 '라틴아메리카 및 카리브해 지역 경제위원회'의 라울 프레비시, 빅토르 우르키디, 콜롬비아 로스안데스대학의 경제학과장 호르헤 멘데스, 그리고 이들 남미 학자들과 접촉하고 싶어하는 근대화 이론가 맥스 밀리컨, MIT의 에버렛 헤이건 등으로부터 온 프로젝트 제안서가 수북하게 쌓여 있었다. 뷰캐넌은 프로젝트를 선정할 때 지침으로 삼을 만한 것이 필요했고, 허시먼에게 북미 학자들이 '개발'이라는 주제에 대해 어떻게 접근하고 있는지를 연구해 비공개 보고서를 작성해 달라고 의뢰했다.

그래서 허시먼은 개발 분야에 대한 연구 현황을 조사했다.

1958년 초여름에 허시먼은 자료들을 읽고 세계은행, 하버드대학, MIT, 기타 여러 대학에 있는 동료들을 만나 이야기를 들은 뒤, 이 신생 분야에 대한 그의 견해를 〈비교 발전 연구에 대한 몇 가지 제안〉이라는 제목의 보고서로 작성했다. "개발경제학 분야는 정체될 위험에 처해 있다." 허시먼은 이 분야에서 많은 연구가 쏟아져 나오고는 있지만 모든 것을 다루려다 아무것도 이야기하지 못하는 결과를 낳을 우려가 있다고 지적했다. 또 개발경제학자들은 대개 분류상의 문제와 용어 정의상의 문제에 치중하고 있었는데, 허시먼이 보기에 정작 필요한 개념적 연구는 다른 곳에서 시작되어야 했다. "이론적 논의와 실증적 검증에서 초점 역할을 할, 개발에 대한 '일반이론'으로서의 분석 구조"가 필요하다는 것이었다. 이와 더불어, 훨씬 더 많은 현장 자료 수집과 실증적 검증도 필요하다고 보았다. 새로운 이론적 탐험과 실제 사례에 대한 깊은 이해, 이 둘이 결합되어야 한다는 것이었다.[3]

허시먼은 은근히 자기 자신을 그런 결합이 가능한 연구자의 예로 제시하면서, 보고서에 제안된 연구를 재단이 시행할 의사가 있다면 자신이 참여할 수 있다고 언급했다. 허시먼은 자신의 야심찬 장기 연구 주제를 (재단에 제출하는 보고서 형태로) 작성하면서 이것이 앞으로 몇 년간 그가 진행할 연구에 지침이 되어 주길 바랐다. 여기에 그가 하고 싶은 일이 있었다. 실업자인 젊은 경제학자 허시먼은 동료 경제학자 한 명과 연구 조교 두 명만 더 있으면 자신이 "2~3년 안에" 자료 수집과 분석을 할 수 있다며 다음과 같이 슬쩍 떠보았다.

"대학 교수들은 이런 종류의 장기 프로젝트를 진행할 시간을 낼 수 없을 것이다. 많은 교수들이 상당 기간 동안 저개발국에 '파묻혀' 있으면 자신의 위엄이 떨어진다고 느낄 것이기 때문이다."[4] 허시먼이 제시한 연구방법론은 '영웅적인 현장연구자'라는 허시먼의 취향에도 잘 맞아떨어졌다. 이런 인물상은 일이 전개되는 과정을 (닫힌 실험실 상태에서가 아니라) 열린 상태로 현장에서 관찰하는 '인류학자'들을 통해 활짝 꽃피게 된다.[5]

하지만 노먼 뷰캐넌이 여름에 갑자기 세상을 떠나면서 모든 일이 일단 미루어졌다. 그래도 이 분야는 (플로베르의 말을 빌리면) "결론을 내리고자 하는 열망"이라는, 학계에 널리 퍼져 있는 유혹에 저항한다는 점에서 여전히 매력적이었다.

1957-58학년도가 저물어 가면서 허시먼은 무직 상태라는 현실에 정통으로 직면하게 되었다. 짐을 싸서 다시 보고타로 가야 하나 싶었다. 하지만 허시먼 가족이 짐을 싸서 간 곳은 보고타가 아니라 캘리포니아였다. 허시먼은 예일대학에 있는 동안 명민하고 관습타파적인 젊은 정치학자 찰스 린드블롬('에드'라고 불렸다)을 알게 되었는데, 그는 허시먼이 자신과 비슷한 부류임을 직감했다. 둘째가라면 서러울 활동성과 추진력을 가진 린드블롬은 1958년 여름 기간 동안 허시먼이 랜드코퍼레이션에서 방문 거주연구원으로 지낼 수 있게 주선해 주었다. 이렇게 해서 허시먼 가족은 캘리포니아의 우울한 초록색 벽의 어두침침한 아파트에 짐을 풀었다. 그래도 여기는 샌타모니카여서, 처갓집에서 적당히 멀면서도 가깝다는 장점이 있었다. 새

러의 부모가 가정사에 간섭을 하지 않을 만큼은 멀면서도 가끔씩 베벌리힐스에 가서 해변을 구경하고 앨버트가 딸들에게 물구나무를 보여줄 수 있을 정도로는 가까웠으니 말이다.

2차대전 이후 공군에 자문을 할 연구팀으로 설립된 랜드코퍼레이션은 전쟁에 참여했던 뛰어난 학자들을 전쟁 뒤에도 정부가 계속 고용하는 데 지대한 역할을 했다. 포드재단이 지원한 100만 달러의 지원금으로, 랜드코퍼레이션은 정부 계약을 따서 연구를 수행하는 민간 비영리기구의 대표적 형태로 자리잡았다. 본부는 샌타모니카에 있었다. 정치적·경제적·사회적 현안들을 전문적으로 분석하는 일의 수요는 급증하고 있었는데, 아직 대학의 사회과학 학과들은 대규모 연구나 응용분석 쪽으로 움직이지 않은 상태였다. 대학이 충족시키지 못하고 있는 시장 수요에 부응할 수 있도록 연구자들이 직접 프로젝트를 고안하고 협업할 수 있는 분위기를 제공한다는 것이 랜드코퍼레이션의 취지였다.[6]

옆으로 넓게 퍼진 모양의 랜드코퍼레이션 건물은 종려나무들로 둘러싸여 있었고, 연구자들이 언제든지 일할 수 있도록 24시간 열려 있었다. 분야를 넘나들며 이루어지는 학제간 연구는 랜드코퍼레이션의 핵심 요소이자 자부심의 원천이었다. 내부에서만 그렇게 보는 것이 아니었다. 하버드대학의 사회과학자 데이비드 리스먼처럼 랜드코퍼레이션을 비판하는 사람들도 그곳이 '진정으로 통합학제적인 연구'를 하는 데는 성공했다고 인정했다. 냉전 시기의 랜드코퍼레이션은 군사 전략에 영향을 미치는 요인들간의 복잡한 상호작용을 연구하는 데 집중하면서 '시스템 분석' 분야를 개척해 명성을 얻게 된다. 대표적인 연구자로 허시먼의 친한 친구인 토머스 셸링을 꼽을 수 있다. 셸링은 전쟁과 평화를 다루는 국제관계 분야에 게임 이론이 광범위하게 적용되게 만든 주인공으로, 허시먼이 《경제발전 전략》 원고를 마지막으로 손보고 있었을 때 랜드코퍼레이션에서 《갈등의 전략》을 집필하고 있었다. '조직인'의 시대이던 경직된 1950년 대였지만 랜드코퍼레이션은 연구자들이 대학에 비해 훨씬 더 방대한 연구에 자유롭게 몰두할 수 있는 환경을 제공했다.[7]

세계가 두 개의 세계[제1세계와 제2세계]로 이루어진 질서를 넘어서게 되면서 랜드코퍼레이션은 빠르게 열대지방[제3세계]으로 눈을 돌렸다. 허시먼에게 거주연구원 자리를 마련해 준 찰스 울프(《경제발전 전략》의 초고를 읽고 의견을 주기도 했다)는 1949년 해리 트루먼 대통령이 신생 독립국들(나중에 '제3세계'라 불리게 되는 곳들)에 기술 원조를 제공할 목적으로 시작한 '포인트 포Point Four' 계획의 일원이었다. 랜드코퍼레이션이 나토 범위를 넘어서는 안보 분야, 그리고 경제 분야로 영역을 확장할 때 울프는 탄탄한 자금으로 무장하고 광범위하게 인재를 찾아내는 일에 나섰다.[8] 울프는 랜드코퍼레이션의 경제분과장이 되며, 1965년에는 유명한 저서 《반란과 대對반란》을 출간한다. 하지만 이 무렵이면 랜드코퍼레이션은 [베트남]전쟁 찬성파와 반대파로 분열되고 미국 정부의 군사 싱크탱크로 이미지가 굳어진다.

초창기의 짧은 기간 동안, 랜드코퍼레이션은 허시먼과 린드블롬

에게 활발한 논의의 장이 되어 주었고, 이는 (때때로 충돌도 있었지만)
풍성한 결실을 맺는 공동작업으로 이어졌다. 허시먼과 린드블롬은
뉴헤이븐[예일대학]에서 이미 공동으로 논문을 작성한 바 있었다. 이
협업의 결과, 매우 흥미로운 혼합물이 탄생했다. 먼저 허시먼은 경
제발전에 대한 자신의 접근방법을, 린드블롬은 정책 결정에 대한 자
신의 접근방법을 각각 집필했다. 그 다음 두 사람의 견해에서 수렴
하는 점과 갈리는 점이 무엇인지에 대한 글을 공동으로 작성했다.
수렴하는 부분은, 합리적이고 완전한 정보를 가진 정책 결정자들이
문제를 해결할 수 있을 것이라는 생각을 두 사람 모두 미심쩍어했다
는 점이었다. 그들은 불합리하고 "낭비적이며 대개 혐오스럽다고 여
겨져서' 간과되기 일쑤인 행동양식과 사고방식을 되살리고자 했다.
'따로 또 같이'식 협업으로 만들어진 이 논문은 1960년 봄에 랜드코
퍼레이션의 보고서로 처음 출판되었고 1962년《행동과학》저널에
게재되었다. 이 흥미로운 작업은 허시먼이 정책 결정과 경제개발에
'개념'이나 '인식'이 어떻게 영향을 미치는가에 관심을 갖도록 해 준
가교였다고 볼 수 있다.

이 가교는 학문적인 영향들로 지어진 가교였다. 샌타모니카의 랜
드코퍼레이션에서 시작된 프로젝트는 이후 몇 년 동안 중남미를 돌
아다니는 출장으로 이어졌다. 1960년 여름 린드블롬은 허시먼의 멕
시코 출장에 동행했다. 이 출장에서 조사한 내용은 나중에《진보를
향한 여정》으로 출간된다. 그 이후에도 그는 브라질 북동부, 칠레,
아르헨티나, 콜롬비아 등의 출장에 동행했으며, 분석해 볼 만한 인

상적인 부분들을 상세히 기록했다.

국가의 고고한 당국자들, 그리고 정책과 계획의 기술적 정교성에 대한 당국자들의 애정에 가차없이 권위를 무너뜨리는 것으로 이미 유명한 학자였던 린드블롬은 "문제를 해결하려면 그것의 원인을 알아야만 한다고 보는 널리 퍼진 가정"을 공격 목표로 삼았다. 이러한 가정은 정책 결정자들이 자신이 내리는 처방을 확신하게 만들기는 하지만, 그렇다고 성공 가능성을 높이는 것은 전혀 아니었다. 확보하는 것이 불가능한 수준의 정보와 지식을 확보하고 있다고 가정하기 때문이다. 의심과 회의가 [무기력이나 무용론에 빠지게 하는 것이아니라] 오히려 더 많은 학습을 위한 동기를 부여할 수 있음을 보임으로써 햄릿이 틀렸음을 증명하려고 했던 허시먼처럼, 린드블롬도세계가 처한 문제들은 너무나 복잡하기 때문에 그것들을 다루기 전에 완전한 정보를 사전에 갖추기란 불가능하며 그런 상황에서도 우리는 어쨌든 문제들을 다루어 나가야 한다고 주장했다. 칠레를 방문했을 때 허시먼과 린드블롬은 인플레이션의 근본 원인이 무엇인가를 놓고 사회과학자들과 정책 결정자들이 맹렬히 논쟁하는 것을 목격했다. 서로 견해가 얼마나 달랐든 간에, 그들 모두 인플레이션이라는 큰 문제를 해결하는 것이 '올바른' 정책을 만들기 위한 필수 선결 단계라고 여기고 있었다. 그러는 동안 경제 상황은 계속 악화되었고, 논쟁은 열띠기는 했지만 진전은 없는 교착상태에 빠져 있었다. 완전한 정보라는 성배를 찾다가 문제를 어떻게 악화시키게 되는지 보여주는 교과서적 사례라고 할 만했다.[9]

■ 1960년 콜롬비아 출장 중인 앨버트와 에드 린드블롬.

허시먼과 린드블롬은 '엉뚱한 길로 가는' 스타일을 보고 서로에게 관심을 갖게 되었다. 1958년부터 허시먼은 불균형과 비대칭에 대해 그가 가졌던 통찰들을 '인식'이 정책 결정에서 어떤 역할을 수행하는지와 연결시켜 보고자 노력하고 있었다. 린드블롬이 매우 객관적인 관찰자라는 사실이 허시먼의 연구에 크게 도움이 되었다. 린드블롬은 제3세계에 가 본 적이 없었고 에스파냐어도 할 줄 몰랐다. 그런데 궁금한 것은 지나칠 정도로 많았다. 그 덕분에, 배경지식에서 나오는 편견을 갖지 않은 상태로 진부한 것부터 심오한 것까지 무수한 질문을 해 가며 현장에서 온갖 지식과 정보를 흡수했다. 출장 내내 그는 허시먼에게 한 발 물러서서 더 분석적인 입장에서 현장을 보도록, 또 어느 정도 일반화가 가능한 가설들을 개발하고 검증하도록 촉구했다. 린드블롬은 현장에서 사람들과 면담을 하고 나면 분석적인 통찰이 담긴 긴 메모를 허시먼에게 적어 주곤 했다. 프로젝트가 중간쯤 진행되었을 때는 남미 사람들이 문제를 해결하는 방식과 관련해 열일곱 개의 '작은 가정들'을 메모해 주었다. 이 내용 중 일부는 곧 출간될 책에 담기게 된다. 이 책은 예기치 못했던 사건의 전개를 찾아내고자 하는 면밀한 관찰자[허시먼]와 날카로운 개념적 사고를 잃지 않는 분석가[린드블롬]의 협업이 낳은 결과물이었다.[10]

처음에 생각했던 것과는 다소 다른 결과물이기도 했다. 린드블롬이 남긴 메모는 두 사람의 협업이 평탄하지만은 않았음을 보여준다. "제가 리우에서 보내는 마지막 날의 오후와 저녁에 책의 전반적인 계획을 함께 이야기할 시간이 있을지 없을지 모르니 지금 제 생각을 적어 놓는 것이 좋을 것 같네요. 당신은 사례 이야기에 대한 다섯 개의 장을 쓴 다음 결론을 쓰자고 하셨지만, 그것은 분석적인 부분의 중요성을 너무 낮게 취급하는 것 같습니다." 린드블롬은 사례 이야기를 줄이고(허시먼은 각각의 사례 이야기를 더 많이 하고 싶어했다) 개념을 다루는 장으로 강하게 시작한 뒤 이어서 짧은 장들에서 그 개념을 보여줄 사례를 다루고 마지막으로 다시 체계적인 비교분석을 하는 장으로 구성하기를 원했다. 린드블롬은 칠레 출장 중에 자신의 의견을 구술한 뒤 그것을 녹음한 테이프를 타자로 풀어서 허시먼에게 전해 주었다. 그는 이론적인 부분을 강화해야 "책이 학술적이지 못하고 저널리스트적이라는 비판을 받지 않을 수 있을 것"이라며 "학술적 분석을 마지막 장까지 미루지 말고 서두에 넣어서 사회과학자들의 관심을 처음에 곧바로 끌 수 있게 하사"고 제안했다.[11] 두 사람은 결국 각자의 길을 가게 되지만, 린드블롬은 허시먼이 착각, 상상, 아이러니 등 정책 결정자를 괴롭히는 수수께끼들을 더 학문적이고 분석적으로 생각하도록 밀어붙일 수 있었다.

린드블롬과의 의견차이말고도 고민거리가 또 있었다. 그는 여전히 《경제발전 전략》에서 제시했던 원칙들을 수학 공식으로 만들려는 노력을 하고 있었다. 예일대학에 처음 왔을 때 시도하다 중단했었는데 그 걱정이 다시 들기 시작한 것이다. 허시먼은 진정한 경제학자로서 역량을 인정받아야 한다는 압박을 느끼고 있었다. 허시먼의 수학 실력은 나쁘지 않았지만 수학적으로 점점 더 정밀하고 정교해져 가는 다른 경제학자들에게는 미치지 못했고, 랜드코퍼레이션의 경제학자와 수학자들에게는 한참 미치지 못했다. 랜드코퍼레이션 연구자들은 매우 복잡한 수학을 사용해서 내용을 공식화하는 데 능란했다. 랜드코퍼레이션에서 허시먼은 사회과학이 양적·수리적 분석 쪽으로 완전히 전환된 현실을 피부로 느꼈고 자신과의 차이를 실감했다. 허시먼은 동료들과 이 문제를 오랫동안 상의했고 시도도 많이 해 보았지만, 말로 표현할 수 있는 미묘한 의미들을 숫자로는 표현할 수 없어서 늘 만족스럽지가 못했다. 이렇게 해서, 수학에 대한 도전은 이번에도 포기했다.[12]

한편 랜드코퍼레이션은 허시먼이 남미의 '안보' 사안을 좀더 직접적으로 다루기를 원했다. 1958년에 미국 부통령 리처드 닉슨은 남미로 '친선 순방'을 떠났다가 카라카스에서 성난 군중에게 폭력을 당할 뻔하고서 겨우 숨어서 미국으로 돌아왔다. 멕시코에서는 철도 노동자의 대규모 파업으로 나라가 마비되었다. 아르헨티나, 콜롬비아, 베네수엘라에서는 폭동과 소요가 일어나 포퓰리즘적이며 국수주의적인 정부들이 들어섰다. 1958년에 쿠바혁명이 성공하자 울프는 허시먼에게 예전 관심사를 다시 다루어 보면 어떻겠느냐고 제안했다. 즉 국제무역이 정치적인 의리('충성심')에 어떤 영향을 미치는지 연구해 보라는 것이었다. 특히 소련이 남미에 갖고 있는 국제교역상의 이해관계와 그것이 미국의 정책에 갖고 있는 시사점을 평가해 달라고 했다.

허시먼은 1959년 9월에 이 보고서를 제출했다. 소련의 흐루쇼프가 쿠바의 카스트로와 무역 협상을 시작하면서 쿠바와 미국의 관계는 악화일로를 걷고 있었다. 하지만 허시먼은 미국의 정책 결정자들이 긴 안목을 가져야 한다고 주장했다. 당장은 후퇴하는 것처럼 보이는 것에도 잠재적으로 이득이 될 요소가 있다는 것이었다. 왜 미국은 남미가 원하는 상대와 자유롭게 무역을 하도록 내버려두려 하지 않는가? 허시먼은 남미에서 새로 집권한 지도자들이 '자발적으로' 미국과 관계를 맺을 수 있도록 만드는 것이 미국의 정책 목표가 되어야 한다고 주장했다. 그러지 않으면 남미에서 미국은 교란을 일으키는 요인으로만 여겨지게 될 터였다. 또 그는 미국이 남미가 소련과 교역관계를 맺는 데 간섭하지 않는 입장을 취한다면 남미가 소련이 제시하는 약속의 화법을 더 잘 꿰뚫어 보게(즉 그 약속이 과장된 것임을 더 잘 간파하게) 될 것이라고 보았다. 허시먼의 주장은 위협을 무시하자는 말이 아니었다. 남미가 소비에트 블록과의 무역으로 얻게 될 이득이 남미의 발전을 추동할 수 있으며, 그러한 발전으로 남미 국가들의 소득이 높아진다면 미국을 포함해 다른 국가들의 상품에 대한 수요도 높아져 이러한 상품들의 수입이 증가하게 될 수 있다는 것이 허시먼의 주장이었다. 당장은 명백한 손실로 보이는 것이 사실은 복잡한 이득일 수 있었다. 허시먼은 '영향'이라는 말의 의미를 신중하게 파고들면서 소련이 남미에서 영향을 확대하는 것이 결과적으로 미국의 영향을 강화하는 효과를 낼 수 있다고 주장했다. "행운은 그것을 가진 자를 노예로 만든다."[13]

그의 견해를 받아들이지는 않았지만 미국 정책 결정자들의 허시먼 사랑은 계속되었다. 케네디 대통령 자문관들이 허시먼을 [남미 원조 계획인] '진보를 향한 동맹'에 영입하고자 했을 때 허시먼은 관심은 있었지만 선뜻 수락할 확신이 없었다. 그러다가 백악관에 가서 대남미관계 담당인 리처드 굿윈이 오퍼레이션 팬아메리카Operation Pan-America[1958년에 시작되었으며 1961년 '진보를 향한 동맹'으로 이어진다]를 열렬히 설파하는 것을 듣고는 그의 '단순한 낙관주의'를 우려하며 영입 제안을 거절했다. 워싱턴의 거대 계획은 불쾌한 기억을 상기시켰다. 그는 매형 알티에로 스피넬리에게 이렇게 전했다. "이 나라의 기득권으로부터 도망치는 게 쉽지 않을 것임을 인정해야겠습니다. 예를 들면, 제가 쓴 꽤 비판적인 논문이 지난해에 나왔는데도 저는 '진보를 향한 동맹'과 관련된 이런저런 일에 참여하라는 제안을 계속 받고 있습니다."[14]

2주 뒤 카스트로를 축출하기 위한 피그만 침공 사건이 벌어졌고, 여기에 미국 CIA가 개입한 사실이 밝혀졌다. 허시먼은 케네디 정부가 한편으로는 원조를 제공하려 하면서 다른 한편으로는 은밀하게 다른 일을 꾸미고 있었다는 데 충격을 받았다. 게다가 쿠바 사건의 여파로 미국이 후원하던 개혁 프로젝트들에 자금 지원을 재개하기가 한층 더 어려워졌다. 허시먼은 옛 친구 막스 아스콜리가 편집을 맡고 있던 《리포터》에 '진보를 향한 동맹'을 비판하는 글을 썼다. 허시먼은 '진보를 향한 동맹'이 신중한 생각 없이 개입주의 정책을 펴고 있으며, 이것이 "남미의 분위기를 잘못 읽고 있는 또 하나의 사례"라고 지적했다. 허시먼은 소련이 남미에 대해 이래라저래라 한 것이 소련에 대해 많은 이들이 가지고 있던 환상을 깨뜨리는 결과를 낳았듯이, 워싱턴의 고상한 미사여구도 자가당착의 위험이 있다고 지적했다. 또 미국이 약속한 '동맹'에 남미가 기꺼워하지 않더라도 놀랄 일이 아니라고 언급했다. 여기에서 허시먼은 '동맹alliance'이라는 단어가 가진 군사적인 어감을 포착했다. 허시먼은 남미에 민족주의적인 정권들이 많이 들어선 상황에서, 이제 미국은 '동맹alianza이냐 진보progreso냐' 중에 선택을 해야 할 것이라고 주장했다.[15]

이런 걱정 외에 무엇보다 허시먼은 자신의 미래에 대한 걱정이 점점 커지고 있었다. 재단 후원으로 예일대학에서 보낸 2년이 다 끝났다. 영향력 있는 책을 쓰기 위해 맹렬히 노력했고 실제로 책을 썼지만, 그 책《경제발전 전략》은 1958년 가을에야 나올 예정이었다. 랜드코퍼레이션에서의 일도 끝나 가고 있었다. 북미 대학들이 보기에 허시먼은 웬 이탈리아 대학에서 책으로 출간도 되지 않은 박사학위를 받고 미국에서 학술지에 논문 몇 편 정도를 발표한, 아직 알려지지 않은 사람이었다. 그리고 이제 막 미국에 적응한 고등학생 딸을 둘이나 둔 아버지이기도 했다. 하지만 곧 허시먼은 희망했던 것보다 훨씬 멋진 미래를 만나게 된다.[16]

예일대학은 허시먼이 모르는 사이에 그의 방문교수직을 경제학과 교수직으로 바꾸기 위해 움직이고 있었다. 그러는 와중에 컬럼비아대학에서도 기회가 왔다. 경제학자 래그나 럭시가 1958-59학년도에 안식년을 갈 예정이었는데 그 다음에 프린스턴대학으로 아예 자리를 옮기기로 했다. 그리고 1959년 5월에 심장마비로 갑자기 세상을 떠났다. 컬럼비아대학은 허시먼에게 가을학기에 국제경제학 강의를 맡아 줄 수 없겠느냐고 다급하게 부탁했다. 다른 선택의 여지가 없었던 허시먼은 제의를 수락했다. 수업을 한 번도 해 본 적이 없는 허시먼이 학계에서의 첫 일자리를 겨우 한두 주밖에 시간 여유가 없는 상태로 수락하게 된 것이다. 그해[1958년] 가을, 《경제발전 전략》이 출간되어 선풍적인 관심을 끌었다. 컬럼비아대학은 임시직으로 제안한 허시먼의 교수직을 영구직으로 변경했다.

잇따른 행운에 허시먼이 매우 기뻐했으리라고 생각하기 쉬울 것이다. 몽테뉴는 삶에서 가장 큰 기쁨은 가장 예상하지 못한 상태에서 얻게 된 기쁨이라고 말한 바 있다. 컬럼비아대학에서 교수 자리를 얻게 된 것은 떠돌이 학자이던 허시먼이 변방의 지식인 처지에서 벗어나 드디어 열정과 직업이 같은 방향을 향할 수 있는 상태가 된 것으로 보였다. 허시먼은 물론 기뻤다. 하지만 그는 '학계에 종사하는 사람'을 '지식인'과 동일한 것으로 여기지는 않았다. 허시먼은 '교수'가 된다는 것을 양면적인 심정으로 받아들였다. 그가 보기에 이 것은 '직업'일 뿐이었다. 허시먼은 컬럼비아대학에서 1년간 강의를 하기로 결정한 뒤 우르줄라에게 이렇게 편지를 보냈다. "컬럼비아대학 방문교수인데, 이번에는 강의를 해야 해. 국제경제학, 국제자본이동론 등이야. 어떻게 될지 모르겠어. 나는 그런 것을 해 본 적이 없으니까. 지금 강의 준비를 하고 있어. (막 시작했는데, 너무너무 지루한 것 같아!)" 한두 달 뒤 허시먼의 기분은 조금 나아지지만 강의 걱정은 여전했다. "이곳 생활은 꽤 재미있어. 그래도 나의 수업 능력에 대해서는 매주 걱정이 커져."[17]

컬럼비아대학에서는 친구를 거의 사귀지 못했다. 이곳에 있었던 기간이 짧았고 출장이 잦았던 것이 한 이유였다. 몇 안 되는 이 시절의 친구 중 한 명으로, 민주주의에 관심이 많았던 중동 전문가 댄크워트 러스토가 있다. 이때는 새뮤얼 헌팅턴도 컬럼비아대학에 있었고 허시먼은 헌팅턴과 함께 세미나 수업을 꾸리기도 했다. 또 허시먼은 경제학자 제임스 토빈과도 가까웠다. 토빈은 담배가 암을 유발한다는 사실을 알게 되고서 담배를 끊었고[이 무렵에 담배의 유해성을 밝힌 역학 조사 결과들이 사람들에게 알려지기 시작했다] 허시먼에게도 담배를 끊으라고 권했다. 사교적으로만 담배를 피우는 정도였지만 허시먼은 그로부터 10년이 더 지나서야 담배를 끊는다. 이러한 학자들과의 교분이 있었지만, 컬럼비아 시절의 허시먼은 주변부에 있었다. 컬럼비아대학과 허시먼은 그리 잘 맞지가 않았나. 그는 경제학계에서 주류가 아니었고 경제학과의 활동에 잘 참석하지 않았다. 친한 사람들도 경제학이 아닌 분야의 사회과학자들이었다. 심지어 학교에 있는 연구실도 좋아하지 않아서 집에서 글을 쓰기 시작했다. 그는 센트럴파크 웨스트 350번지 7층의 방 두 개짜리 아파트에서 침대 옆에 작은 서재를 만들었다. 작은 집이었지만 짐이 대부분 보고타에 있었기 때문에 공간은 넉넉했다. 또 밝고 아늑하고 긴 산책을 하기에 더 없이 좋은 센트럴파크가 가까이에 있었다. 1961년에 찍은 사진을 보면 허시먼이 안방 책상에서(뒤쪽으로 그가 읽은 문헌들이 보인다) 편안한 고독을 즐기고 있다.[18]

허시먼이 겉돈 것은 그가 수업하기를 너무 힘들어했던 것과도 관런이 있었다. 수업을 맡지 않을 수는 없었는데, 수업이 너무나 싫었다. 첫날부터 좌절이었다. "이걸 어떻게 하지?" 허시먼은 빈 강의실을 찾아서 문을 잠그고 강의 연습을 했지만 더 절망스러워졌다. 연습을 하면 도움이 되는 사람도 있지만 허시먼은 아니었다. 수업은 도저히 떨칠 수 없는 걱정거리가 되었다. 그는 미국 대학의 설교식 강의와 맞지 않았다. 미국에서 교수는 한 시간 동안 강의실이라는 좁은 공간에서 어떤 주제에 대해 학생들에게 진리들을 쏟아내는 사람이었다. 그 한 시간이 지나면 잠시 그 공간을 벗어났다가 다음 주에 다른 주제에 대해 이것을 반복했다. 프티 이데들을 가지고 그가 했듯이 학생들에게 수수께끼, 역설, 아이러니를 촉매로 제시해 스스로 생각하도록 자극을 주려는 방식과는 맞지 않았다. 대체로 독학을 했던 허시먼에게는 '가르친다'는 것이 모두 낯선 일이었고, 노력은 했지만 요령이 영 생기지 않았다. 강의 전에는 신경성으로 구토를 하는 경우가 잦았다. 허시먼의 괴로움이 강의실의 학생들에게는 산만한 강의로 보였다. 그는 횡설수설했고 말을 더듬었다. 또 중간에 뜬금없이 말을 멈추고 턱을 괸 채 허공을 응시하곤 했다. 그러면 당황한 학생들은 영원 같은 시간을 불편하게 기다려야 했다. 새러도 나름대로 이곳 생활이 우울했지만 허시먼이 얼마나 비참한지 알고 있었기 때문에 자신의 우울함은 드러내지 못했다.

허시먼의 강의 노트를 보면 강의실 광경을 상상할 수 있다. 그는 긴 단락과 문장을 타자로 쳐서 강의를 준비했다. 이렇게 강의 스크립트를 준비하면 즉흥적으로 이야기해야 하는 당혹스러움을 피할 수 있을 것이라고 생각한 것 같다. 까다로운 교수에게는 좋은 방법일 수 있었다. 하지만 그는 퇴고의 유혹을 이기지 못했다. 거의 한 줄 건너 한 줄씩 수정한 내용을 적어 넣고 계속해서 새 단어나 구절을 끼워넣고 빼고 하면서 수정에 수정을 거듭했다. 수정 내용이 너무 많아서 보충 단락을 별도의 종이에 적어야 할 때도 있었다. 그런 다음 다시 그것을 수정했다. 그래서 정작 강의 시간에는 뒷면을 보았다가 위아래 여백을 보았다가 다시 앞장을 보았다 하느라 강의가 더 두서없고 알아듣기 어려워졌다. 한 단락이 영영 끝나지 않을 것 같은 때도 있었다. 개발 현장 사례 중 그가 매우 좋아한 것으로, 콜롬비아에서 커피를 수출작물로 재배한 사례가 있었다. 콜롬비아에서 오랜 시간을 보내기도 했으니만큼 이 사례라면 수월하게 설명할 수 있어야 마땅했겠지만, 간단한 사례 하나도 쉼표 하나 없이 문장이 열 줄이나 이어졌고 수많은 수정과 삽입이 들어갔다. 그리고 마치 자기 자신과 사적인 대화를 나누듯이 옆길로 샜다가("맞긴 맞지, 하지만…") 다시 돌아와 다음 내용으로 이어졌다.[19] 설상가상으로 허시먼의 영어에는 유럽 억양이 짙었다.

매끄럽지 못한 허시먼의 강의가 학생들에게는 그저 재미없는 수업이었을까? 관심을 가지고 주의를 기울인 학생들은 무언가 다른 것이 있음을 읽어냈다. 이를테면 콜린 브래드퍼드는 허시먼이 말을 하면서 동시에 그 말을 퇴고하고 있는 것 같았다고 회상했다. 계속해서 더 정확한 구절과 더 적확한 단어, 즉 '모 쥐스트'를 찾으려고 하면서 말이다. 사실 허시먼의 '글'에 드러나는 많은 특징이 그의 강

앨버트 허시먼

의에서도 드러났다. 새로운 관점을 요구하는 것, 진리로 여겨졌던 것을 전복하는 것, '단계'가 거꾸로 진행되는 것을 발견하는 즐거움, 결핍을 장점으로 바꾸는 것(학생들은 브라질의 사례에서 이것을 배울 수 있었다) 등등. 그리고 수많은 은유와 경구가 있었다. 어느 면에서, 허시먼은 수업에서 반전과 의심을 드러내고 강조하는 실험을 하고 있었다고도 볼 수 있다. 하지만 이것은 '진리'를 구하고자 하는 학생들을 당황하게 했다. 그는 맞지 않는 환경에 던져진 학자였다.[20]

강의 스타일을 넘어서 무언가를 발견한 학생들은 허시먼을 존경했다. 노바스코샤 출신으로 빈곤의 경제학에 관심이 있던 리처드 버드는 1959년 봄에 허시먼의 강의를 들었다. 예습 삼아 《경제발전 전략》을 열심히 읽고 강의실에 들어가 보니 앞줄에 허시먼이 약간 명하게 앉아 있었다. 《경제발전 전략》을 한 권씩 들고 불균형성장론의 대가가 하는 강의를 고대하고 온 학생들은 허시먼의 카리스마가 글로는 발휘되지만 말로는 별로 발휘되지 않는다는 것을 알게 되었다. 제자 중 허시먼과 가장 가까운 사람은 주디스 텐들러였다. 텐들러는 1961년 컬럼비아대학에 입학했고, 훗날 허시먼의 친한 친구이자 협업자가 된다. 텐들러도 허시먼이 지루한 강사였다고 기억했다. 하지만 허시먼이 헌신적으로 학생들을 지원해 주고 여러 아이디어로 영감을 주는 선생님이기도 했다고 덧붙였다. 텐들러는 자신을 비롯해 많은 학생들이 어안이 벙벙한 채로 허시먼을 바라보곤 했다고 회상했다.

버드, 브래드퍼드, 텐들러 등은 자신이 신비로운 세계 경험을 가진, 그리고 플로베르나 브레히트의 암시로 자신의 생각을 설명하기를 좋아하는 독특한 학자와 마주하고 있는 줄 금세 알아차렸다. 브래드퍼드는 허시먼의 옷차림까지 따라했다. 허시먼 자신은 와이셔츠와 빳빳한 칼라를 교수의 허세라고 생각해 싫어했지만, 브래드퍼드는 그런 사실을 모른 채 브룩스브라더스에 가서 허시먼이 입는 것과 비슷한 양복을 한 벌 장만했다. 그의 친구 로버트 패케넘은 브래드퍼드가 허시먼 교수님과 점점 닮아가는 것을 보고 깜짝 놀랐다! 한편 허시먼은 교수직에 정착하면서 고리타분한 스타일을 다른 분위기의 옷차림으로 바꾸었다. 그래도 그의 맵시와 위엄은 전혀 줄어들지 않았다.

경이로움과 공경심은 거리감을 의미하기도 한다. 강의실에서 허시먼은 친절하기는 해도 거리감 있는 선생님이었다. 동료 교수였던 피터 케넌(국제무역 분야에서 떠오르는 별이었다)은 대학원 과목인 국제경제론을 허시먼과 같이 가르쳤는데, 허시먼과 나머지 사람들 사이에는 "투명하지만 분명한 커튼이 늘 드리워져 있었다"고 회상했다. 케넌은 달변이었고 허시먼은 그렇지 않았다. 그래서 수업에서는 케넌이 주로 이야기를 했고, 허시먼은 미소를 짓고 고개를 끄덕이며 학생들이 빈틈을 채우게 했다.[21]

이런 스타일은 허시먼이 학계의 방식을 습득하는 것과 그것을 전승하는 기제인 '훈련training'에 관심이 별로 없었다는 점과도 관련이 있었다. 허시먼 자신이 학계에서 '훈련' 받은 사람이 아니었으므로, 그는 자신이 쓴 책에 있는 것말고는 무엇을 학생들에게 전달해야 할지 몰랐다. 그는 지식을 불어넣는 방법, 즉 지식 전달자가 가져야 할 기술을 잘 알지 못했고, 이것은 시간이 지나도 나아지지 않았다. 허시먼은 점점 저명한 학자가 되었지만 '허시먼 접근법'의 창시자로 여겨진다든지 '허시먼 학파'를 만든다든지 하는 생각을 노골적으로 싫어했다. 아마도 그런 일에 많은 시간을 투자하고 싶지 않았던 것 같다. 수많은 연구프로젝트 제안서를 작성하고 맹렬히 글을 쓴 것을 보건대, 개인적인 연구에 쓸 시간을 조금이라도 더 내는 데 관심이 쏠려 있었던 것으로 보인다.

하지만 더 원칙적인 이유도 있었다. 허시먼은 자신의 생각이 포괄적인 설명 모델로 등극하는 것을 원하지 않았다. 그의 아이디어들은 무언가를 뒤집어 보고 숙고해 보고 다시 생각하게 해 주는 재료여야 했다. 따라서 더 나은 이해와 더 날카로운 통찰이 있다면 얼마든지 폐기될 수도 있는 것이어야 했다. 훗날 세계은행의 이사가 된 로버트 피치오토가 허시먼에게 보낸 편지에서 햇병아리 경제학자 시절이던 1964년에 거물 학자인 허시먼과 만났던 것을 회상하면서, "모든 개척자들을 통틀어 지혜, 우아함, 일관성 등에서 교수님[허시먼]의 글에 필적할 만한 사람은 없었습니다"라고 언급한 적이 있다. 그리고 그가 최근에 쓴 글 하나를 동봉했는데, "허시먼 원칙"에 맞도록 세계은행을 개혁하자고 촉구한 글이었다. 이제 70대 초반의 나이가 된 '거물' 스승 허시먼은 피치오토의 찬사에 고마워했다. 하지만 한 가지만큼은 분명하게 밝혔다. "안타깝게도(사실 나는 다행한 일이라고 생각합니다만) 개발경제학에 '허시먼 학파'라는 것은 없으며, 그런 방향으로 당신이 일하려고 할 때 함께할 만하다고 대번에 분류될 사람들, 그러니까 나의 사도라 할 만한 제자집단 같은 것도 존재하지 않습니다." 허시먼이 제자라 부를 만한 사람을 굳이 꼽으라면 주디스 텐들러 한 명뿐이었다.[22]

그러는 와중에 쿠바에서 혁명이 일어났고, 1959년 가을 피델 카스트로의 유엔총회 참석이 대대적으로 언론에 보도되었다. 유엔총회 참석차 미국을 방문한 카스트로는 프린스턴대학과 컬럼비아대학을 방문했고 수많은 학생들이 몰려들었다. 몇몇 교수들도 이 자리를 찾았고 허시먼도 가 보았다. 카스트로를 열렬히 추종하는 사람들이 많았지만, 1930년대의 이데올로기 전쟁을 경험한 허시먼에게는 카스트로가 그리 매력적으로 여겨지지 않았다. 궁극적으로 허시먼은 개혁주의자였고 카스트로는 개혁주의자가 아니었다. '카스트로 장군'이 민중영웅에 가까울 정도로 명성을 얻고 있었지만 허시먼은 쿠바혁명에 열광하지 않았고, 이는 이후 허시먼과 남미 지식인들과의 관계에도 영향을 미치게 된다.

그의 회의주의는 펠리페 파소스를 만난 뒤 더욱 굳어졌다. 민주주의자이며 영향력 있는 쿠바 경제학자이자 중앙은행 총재이던 파소스는 그 당시 카스트로의 수행단으로 미국에 함께 왔고, 허시먼과 파소스는 잠깐 따로 대화를 나누었다. 아마 허시먼의 연구실에서였을 것이다. 이때 파소스가 어떤 이야기를 했는지는 알려져 있지 않다. 알려져 있는 것은, 쿠바 방문단이 아바나로 돌아가고 나서 파소스와 카스트로 사이에 갈등이 불거졌다는 사실이다. 파소스는 사임했고 카스트로의 형 라울은 파소스를 총살에 처해야 한다고 주장했다. 총살에까지는 처해지지 않았지만 그는 망명을 해야 했다. 허시먼이 이를 몹시 안타깝게 여겼음은 물론이다. 이 일을 보면서 허시먼은 워싱턴과 아바나 모두가 빠져 있는 경직되고 결정론적인 정책 결정방식을 거부하고 개혁을 지지해야겠다는 입장이 더욱 확고해졌다.[23]

쿠바혁명 이후 남미에 혁명의 조류가 거세지자 '20세기재단'은 남미에 관심을 더 가져야 할 필요성을 느끼게 되었다. 20세기재단은 1919년에 보스턴의 성공한 사업가 에드워드 A. 파일린이 만든 재단으로, 공공 교육과 국제 문제에 특히 관심이 많았다. 1957년 말경 남미의 분위기가 심상치 않아지면서 남미에 대해서도 아시아, 서유럽, 아프리카에 대해서만큼 관심을 가져야 할 필요성이 대두되고 있었다. 이전에 20세기재단은 군나르 뮈르달, 자크 마리탱, 로버트 린드, 카를 J. 프리드리히 등 기라성 같은 학자들로 팀을 구성해 대형 연구프로젝트를 지원한 적이 있었다. 그리고 1959년경에는 "남미에서 이런 프로젝트를 진행하는 일에 매우 적극적으로" 나서고 있었다. 그러던 터라 허시먼이 컬럼비아대학에 온 것이 재단 입장에서는 너무나 큰 행운이었다.

20세기재단 이사장 아돌프 E. 버를(전에 연준의 핵심 전문가 집단으로 일하기도 했다)은 새로 온 교수 허시먼에게 당장 연락해서 만나자고 했고, 매우 기뻐하면서 허시먼을 만나는 자리에 나왔다. 허시먼은 재단이 딱 필요로 하는 사람이었다. 남미에 대한 경험이 많고 에스파냐어를 잘했으며 어느 정도 알려진 인물인 데다 좋은 연구 아이디어도 많이 가지고 있었다. 버를은 허시먼을 팀장으로 하는 팀을 구성해 남미 연구 프로젝트를 시작하자는 안건을 이사회에 제출했다. 이사회에는 프랜시스 비들, 존 케네스 갤브레이스, 데이비드 릴리엔탈, 로버트 오펜하이머 등 저명인사가 많았다. 재단 회장 어거스트 헥셔는 허시먼을 알아보고 깜짝 놀랐다. 허시먼이 1941년 버클리 인터내셔널하우스에 잠깐 살았을 때 그도 그곳에 살았는데, 거기에서 '신비로운 인물' 허시먼을 본 적이 있었던 것이다.[24]

허시먼은 자신을 찾는 곳이 갑자기 많아진 상황을 어느 정도 즐기고 있었다. 미국에는 남미를 잘 아는 사람이 별로 없었기 때문에 남미에 대해 "설명해 달라는" 요청이 쇄도했고, 허시먼은 수도 없이 뉴욕과 워싱턴을 오가면서 놀라워하는 청중늘에게 강연을 했다. 20세기재단의 한 내부 보고서에는 이렇게 기록되어 있다. "허시먼에게 일을 의뢰하려는 사람이 많다. 그의 저술도 상당한 호평을 받고 있다."[25] 오랜 무명의 세월을 지낸 허시먼은 자신에게 쏟아지기 시작한 관심을 어느 정도 즐겼다. 하지만 이 생활이 크게 만족스럽지는 않았다. 그는 연구프로젝트로 돌아가고 싶었다. 그러던 차에, 드디어 허시먼의 아이디어와 그것에 자금을 댈 재단의 관심사가 맞아떨어졌다.[26]

허시먼은 1959-60학년도 1년간의 일정으로 혼란한 상태에서 여러 기로에 놓인 남미 국가들에 대해 연구하는 작업팀을 구성하자고 제안했다. 허시먼이 재단에 보낸 메모에 적었듯이, 당시 "남미의 많은 지역이 동요하고 있고 혼란스러운 분위기"였으며 이는 마치 "30년대의 미국과 비슷"했다. 민주주의와 경제발전이 가능할지에 대한 의심과 우려가 팽배해 있었고, 정책 결정자들은 인플레이션과 농촌의 동요에 직면해 갈팡질팡하며 겨우 임시변통해 나가고 있었다. 허시먼은 '남미 특유의' 정책 결정 스타일이 존재하는지, 그런 것이 있다면 그 스타일의 특징·성과·문제점은 무엇인지 알고 싶었고, 그곳에서는 문제들이 어떤 방식으로 포착·분석되며 어떤 방식으로 다루어지는지도 알고 싶었다. 이와 함께, 허시먼은 남미의 문제를 뜯어고치겠다고 달려드는 미국의 정책에서 멀어지고 싶었다. 허시먼은 미국이 해야 할 일은 남미가 스스로의 문제를 어떻게 규정하고 어떻게 고쳐 나가는지 이해하는 일이라고 생각했다.[27]

허시먼은 작업팀에 여러 학과와 여러 분야 사람들을 두루 포함하고자 했다. 첫째, 허시먼은 학계와 정책세계를 연결했다. 참여자 중 가장 다수를 차지하는 사람들은 세계은행과 미주개발은행의 경제학자들이었다. 링컨 고든(브라질과 미국의 관계가 매우 혼란스럽던 시기에 주브라질 대사를 지냈다), 조지프 그런월드(칠레 산티아고경제연구소 소장), 데이비드 펠릭스(웨인스테이드대학의 젊은 경제학자) 등도 있었다. 초기에는 린드블롬도 적극적으로 참여했다. 둘째, 허시먼은 미국 학자들이 타인에 대해 자기들끼리 이야기하는 경향을 피하고 싶었으므로 남미 학자들도 포함시켰다. 멕시코의 빅토르 알바, 브라질의 호베르투 캄푸스(브라질 개발은행 전 총재), 멕시코대학의 빅토르 우르키디 등이 참여했다.

이 팀은 1959년 12월에 처음 모인 뒤 4월까지 매월 모임을 가졌다. 매번 몇 개의 논문 초고가 발표되었고 한두 개의 주제나 영역을 놓고 장시간 토론이 벌어졌다. 특히 인플레이션이 뜨거운 주제였다. 많은 남미 국가들이 지독한 인플레이션에 시달리고 있었고, 인플레이션의 원인을 두고 자칭 '구조주의자'와 '통화주의자' 사이에 열띤 논쟁이 벌어지고 있었다. 이는 '사상'이 문제의 인식과 해결책의 틀을 어떻게 설정하는지 보여주는 확실한 사례였다. 허시먼의 토론팀 안에서도 캄푸스, 그런월드, 펠릭스 사이에 맹렬한 논쟁이 벌어졌다. 허시먼은 이 논쟁을 지켜보면서 '환자들의 조급함impatience of the patients'에 흥미가 생겼다. 저마다 자신이 '근본적인' 설명을 하고 있다고 주장하면서 그 설명에 따라 '종합적인' 해결책을 제시했는데, 허시먼은 '해결책'의 범위가 원래의 문제[인플레이션]를 훌쩍 뛰어넘어 너무 멀리까지 나가는 것을 보고 놀랐다. 이러한 문제해결 방식은 일을 해결하기보다는 오히려 꼬이게 만들 위험이 커 보였다.

이 모임에서 논의된 내용들은 논문집 《라틴아메리카의 사안들》(20세기재단 펴냄)로 출간되었다. 많은 아이디어가 담겼지만 허시먼이 생각한 원래의 목적에 그리 부합하지는 않았다. 남미 특유의 사고방식과 정책 결정방식이 존재하는지에 정말로 관심이 있었던 사람은 허시먼뿐이었던 것이다. 허시먼이 쓴 서론 〈경제개발의 이데올로기〉는 개발이 "어떻게 상상되는지"가 개발이 어떻게 전개되는지에 영향을 미칠 수 있다는 것을 그가 처음으로 구체화시킨 글이었다. 이는 경제학과 그 밖의 사회과학 사이에 점점 강해지고 있는 분절을 깨뜨리는 생각이었다. 그리고 이 생각은 다음의 질문으로 이어졌다. '남미 사람들이 그들의 문제를 어떻게 이해하는지가 그들이 그 문제를 어떻게 다루어 나가는지에 어떤 영향을 미치는가?' 경제학자들이 '환자를 진찰하는 의사처럼 사회를 외부에서 관찰하는 사람'이라고 스스로를 규정했다면, 허시먼은 그런 의사들[경제학자들]을 관찰 대상으로 삼았다.

허시먼은 남미의 경제학자들(더 넓게는 사회과학자들)에게서 흥미로운 특징을 발견했다. 유럽과 북미의 사회과학자들이 자신이 관찰한 바를 모든 사회에 보편적으로 적용되는 주장으로 바꾸어내려고 하는 데 비해 남미 지식인들은 자신의 사회가 고유한 장점, 그리고 더 흔하게는 고유한 단점을 가진 사회라고 보고 있었다. 남미의 후진성을 스스로의 문제로 설명하는 사람들은 인종 구성, 열대의 지리적 특성, 히스패닉의 유산 등을 언급했다. 한편 더 최근에 등장한 민족주의적·급진주의적 성향을 가진 학자들은 유럽과 미국의 신식민주의정책을 비판했다. 어느 쪽이든, [점진적으로 고쳐 나가는] '개혁'을 상상하는 것은 남미 사회과학자들에게 자연스러운 일이 아니었다. 적어도 1948년 유엔 '라틴아메리카 및 카리브해 지역 경제위원회'가 생겨서 (허시먼이 보기에) 숙명주의의 사슬을 끊을 새로운 경제학자와 사회과학자들이 부상하기 전까지는 그랬다. 허시먼은 불공정한 국제 교역을 문제의 원천으로 보는 '라틴아메리카 및 카리브해 지역 경제위원회'의 분석에는 회의적이었지만, 이제까지 섭리 아니면 혁명으로만 미래를 생각했던 남미에서 사회과학을 통해 해결책을 찾는 새로운 방식을 보여주었다는 점에서 이 위원회의 분석을 높이 평가했다.

글의 마지막 부분은 미국 독자들을 염두에 두고 있었다. 유럽과 북미에서는 이데올로기가 죽었다고 선언되었고 정책 결정은 '과거의 이데올로기적 싸움에 진저리가 난 정교한 점진주의자들'의 손으로 넘어가 있었다. 하지만 남미는 달랐다. 허시먼은 "이 점에서 우리 [미국]가 남미의 지배적인 분위기와 너무 동떨어져 있다"며, 남미에서는 이데올로기가 "사람들의 생각을 사로잡고 사람들을 행동하도록 추동해 경제 성장과 관련해 좋게든 나쁘게든 모종의 결과들을 산출하는, 그 모든 익숙한 역할을 하고 있다"고 언급했다.[28]

《라틴아메리카의 사안들》은 1961년에 출간되었다. 더할 나위 없이 시의적절했다. 뉴스는 연일 국경 아래쪽 소식을 전했지만 정보를 잘 갖춘 분석은 드물었다. 이 책에 힘입어, 그리고 아돌프 버를의 은근한 옹호에 힘입어(버를은 남미 사안에 대한 범부처 태스크포스 팀을 이끌면서 정부의 외교 업무로 복귀해 있었다) 워싱턴 당국은 남·북반구의 관계를 새로운 경로에 올려놓기로 했고, 이와 관련해 허시먼에게 일을 의뢰하고자 공을 들였다. 하지만 이 무렵 허시먼은 정책을 만들기보다는 분석하고 싶었다.

《라틴아메리카의 사안들》은 또다른 기회를 가져다주었다. 처음부터 20세기재단은 이때 구성한 네트워크를 토대로 프로젝트를 '더 굵직한 연구'로 발전시킬 생각이었고, 그것을 허시먼이 맡아 주길 원했다. 당시 재단의 내부 보고서는 "이 과정을 통해 허시먼 씨의 관심사가 우리 재단의 관심사와 잘 부합하게 될 것"이며, "이에 따라 우리 재단이 진행할 더 큰 규모의 프로젝트에도 그가 합류할 수 있게 될 것"이라고 언급하고 있다. 20세기재단은 정책 결정에 유의미하게 영향을 미칠 수 있는 연구를 후원하고 싶었고, 마침 허시먼은 정책 결정을 연구하고 싶었다. 또 허시먼은 현장으로 돌아가고 싶어 몸이 근질근질하던 참이었다. 허시먼은 자신이 하고자 하는 바를 재단 이사회에 다음과 같이 설명했다. "일반적으로 사회과학자는 인플레이션이나 토지 보유제 같은 문제를 외부에서 관찰하고 분석한다. 환자와 최소한으로만 대화하려는 의사와 비슷하다." 하지만 우리가 정작 알아내야 할 것은 무언가가 애초에 어떻게 "문제로 인식되는가"와 그러한 인식이 "해결책을 구성하는 데 어떻게 영향을 미치는가"이다. 이사회는 이러한 취지에 동의하면서 허시먼을 남미 프로젝트 디렉터로 임명했고, 3년간의 현장연구비와 1961-62학년도 안식년 기간 동안의 보수를 지급하기로 했다.[29] 이 프로젝트는《진보를 향한 여정》의 출간으로 이어진다.

사회적·경제적 사안들에 대해 책을 펴내는 프로젝트는 대개 두 가지이다. 하나는 "책을 쓰는 일에 착수하기 전에 저자가 어떤 주제에 대해 자신이 유의미한 통찰을 가지고 있다고 생각하게 되었거나 어떤 문제에 대해 자신이 **답**을 가지고 있다는 확신이 있어서 그것에 대해 책을 쓰는 경우"이다. 다른 하나는 "저자가 아직 답을 알 수 없는 **문제**를 가지고 있는데, 책을 써야만 해소될 수 있을 정도로 그 문제를 밀도 있게 연구해 보고 싶어서 책을 쓰게 되는 경우"이다. 전자의 경우에는 처음에 생각한 답에 집중해서 프로젝트를 진행할 수 있다는 장점이 있지만, "그 답이 하나의 문제가 아니라 아주 많은 문제에 대해 답이 된다는 확신으로 이어지기 쉽다." 반면 질문에서 시작하는 후자의 경우에는 답을 확신하지 못하는 마음 때문에 "하나의 답이 아니라 다양한 답들을 발견하게 된다." 《진보를 향한 여정》을 마무리하던 무렵 허시먼이 적어 놓은 이런 메모를 보면, 그가 둘 중 어느 쪽이었는지는 분명하다.

이 책을 쓰면서 허시먼은 자신의 글쓰기 방식이 다양한 열쇠를 좋아하는 사람에게는 모범이 되고 흑이냐 백이냐의 명쾌한 분석을 원하는 사람에게는 실망이 될 방식임을 알게 되었다. 이는 이후에도 허시먼식 글쓰기의 중요한 특징이 된다. 모든 것을 아우르는 이론을 세우고자 하는 생각은 없어졌고, 지침을 주는 질문이나 다양한 방향으로 이끌어 주는 역설의 중요성이 더 분명하게 다가왔다. 허시먼은 《진보를 향한 여정》을 쓰고 얼마 지나지 않아서 이 책을 '한두 개의 (혹은 서너 개의) 핵심으로 요약하는 것'이 불가능하다고 털어놓았다. 그래서 나쁘다는 말은 아니었다. 자신의 개념을 수학 공식으로 만들려는 생각은 없어졌고, 자신이 내러티브적인 분석을 훨씬 더 선호한다는 사실이 더 분명하게 다가왔다. "나는 내 실증연구를 밝혀 줄 램프를 들고 세 개의 고질적이고 중요한 남미의 정책적 문제에 대해 현장 밀착적인 범위에서 그 과정을 상당히 상세하게 조사했다." 허시먼에게 이 프로젝트는 경제학자로서의 자신을 탐험하는 내면의 항해이기도 했다.[30]

제목이 말해 주듯이 실증연구를 밝혀 줄 램프를 든다는 것은 실로 엄청난 '여정', 즉 엄청나게 많은 출장을 의미했다. 허시먼 가족은 그 학기 수업이 끝나자마자 가방을 꾸려서 보고타로 날아갔다. 보고타는 앞으로 몇 년간 허시먼의 남미 근거지가 된다. 1960년 6월 무렵의 콜롬비아는 4년 전 허시먼 가족이 떠났을 때의 콜롬비아가 아니었다. 독재는 끝났고 예전의 분파간 분쟁과 내전은 쿠바식 '포코 foco(게릴라 거점)'에 자리를 넘겨주었으며 독재 뒤에 들어선 민선 정부는 분쟁과 혼란의 역사에서 벗어나기 위해 대대적으로 개혁을 시작하는 중이었다. 보고타는 지적·문화적·정치적 활동으로 활기를 띠고 있었다. 허시먼이 보고타로 돌아와서 보낸 두 번째 여름(1961)에 이곳의 정책 결정자들 사이에서는 민주주의, 국가 재건, 사회개혁 등에 대해 광범위한 논의가 이루어지고 있었다. 빠르게 진행되는 논의에서, 그리고 그 역시 중요하게 관여할 수 있을 것 같은 논의에서, 이전에 본 적이 없던 활력과 긴박성을 보는 것은 굉장히 힘이 나는 일이었을 것이다. 영향력 있는 집안 출신이자 허시먼의 친한 친구인 엔리케 페냐로사는 허시먼에게 농지개혁안 등에 대한 신문 기사와 소식을 계속해서 보내 주었고, 허시먼의 책에서 콜롬비아 부분을 읽고 의견을 주기도 했다. 1962년에는 마치 그들이 개혁의 공모자인 것처럼 허시먼에게 "대토지 소유자들이 [원래의 토지개혁법] 내용이 개정되게 하기 위해 전쟁에 나설 것이므로 경계해야 한다"고 전해 오기도 했다.[31]

허시먼도 4년 전과 같은 사람이 아니었다. 이제 그는 저명한 학자이자 여러 권의 책과 논문을 펴낸 저자이고 재단이나 정책 분야에 영향력 있는 인물이었다. 또 남미를 바라보는 시각도 전과 달랐다. 물론 여전히 익숙한 것들도 있었다. 허시먼은 어느 미국인 가족으로부터 집을 임대했는데, 카예 74번가에 있던 옛 집에서 쓰던 책상과 의자가 그 집에 있었다. 그는 현장 노트를 정리하고 원고를 쓰는 일을 옛날 책상에서 할 수 있게 되어 너무 반가웠다. 옛 친구들도 있었다. 콜롬비아에서 가장 유명한 사진가로 손꼽히는 에르난 디아스가 카티아와 리사의 사진을 찍어 주었다. 허시먼 가족은 마리아 로다와 후안 안토니오 로다 부부 그리고 엔리케 페냐로사의 가족들과도 친하게 지냈으며, 주말이면 좋아하던 곳들로 여행을 떠났다. 때로는 업무 출장과 가족 여행이 하나로 합쳐져 아이들이 현장연구를 돕기도 했다. 이렇게 일과 여행의 즐거움을 누리는 동안 그들 삶의 한 국면이 저물고 있었다. 1961년 여름이 끝나 갈 무렵 허시먼 가족은 보고타의 짐을 싸서 뉴욕으로 보내고 친구들에게 작별인사를 한 뒤 콜롬비아를 떠났다. 이제 콜롬비아는 더이상 허시먼 가족의 집이 아니게 되었다. 센트럴파크 웨스트 350번지로 돌아온 허시먼은 벽에 디아스가 찍어 준 사진을 걸어 놓았다. 나중에는 로다가 그려 준 카티아와 리사 그림과 라칸델라리아에서 산 가구와 옛 성당의 유물도 함께 허시먼의 집을 장식하게 되는데, 그들의 '또다른 집'을 떠올리게 해 주는 추억의 물건들이었다.[32]

콜롬비아는 허시먼에게 커다란 영향을 한 번도 아니고 두 번이나 미쳤다. 처음에는 개발경제학 분야의 대안적 이론을 발전시키는 데

앨버트 허시먼

원천이 되었고 이번에는 개혁주의를 벼려내는 도가니 역할을 했다. 콜롬비아는 새로운 세대의 급진주의가 발흥하면서 변화의 기운이 끓고 있던 중남미 전체의 표준 모델이나 마찬가지였다. 제3세계의 저개발 상태와 관련해 '종속' 등의 개념으로 불균등교역을 강조하는 이론이 떠오르고 있었다.

종속이론의 관점에서 보면 남미는 자유무역 체제에 맞서야만 경제개발의 희망을 가질 수 있었다. 계급화와 계층화가 심한 나라들에서는 농민들이 토지를 점거했고 슬럼 거주자들이 빈 건물을 점유했다. 반정부 저항운동도 확산되고 있었다. 허시먼은 《경제발전 전략》에서 그가 제시했던 작고 모호하고 때로는 추상적이기도 한 메시지를 수정해야 한다는 압박을 느꼈다. 갑자기 너무나 많은 의사결정들이 내려지고 있는 것으로 보였다. 이제 제3세계에서 의사결정은 더 이상 희소하지 않았다. 또 전에는 도저히 깨뜨릴 수 없는 장애로 보였던 것들, 즉 균형 잡힌 공격을 종합적으로 가해야만 극복 가능할 것 같았던 것들이 갑자기 전보다 훨씬 취약해 보이기 시작했다. 무엇보다, 쿠바혁명에 고무된 급진주의자들은 그러한 장애들을 인간의 의지로 일소할 수 있다고 믿게 되었다. 카스트로 같은 사람들은 발전에 장애가 되는 모든 구조를 한방에 날려 버림으로써 저개발을 해결하겠다고 약속했다. 중남미는 불안정, 압점, 불균형에 직면해 움찔거리면서 물러서고 있는 상황이 전혀 아니었다. 문제는, 변화에 대한 열정이 유토피아적 이론의 과장된 환상에 희생되지 않게 하면서 변화를 추동해내는 방법이 무엇인가였다.

답은 '개혁'에서 찾아야 했다. 1962년 9월 뉴욕으로 돌아온 허시먼은 20세기재단에 "콜롬비아 출장이 특히나 유용했다"며, "1961년 말에 강력한 토지개혁법이 통과되었고, 첫 번째 개혁 프로젝트가 새로 생긴 콜롬비아 토지개혁기구에 의해 막 시작되었다"고 보고했다.[33] 다른 나라에서도 비슷한 움직임이 일고 있었다. 역시 민선 정부가 들어선 브라질에서는 1959년 북동 지역에서 대대적인 빈곤 타파 프로그램을 시작했다. 허시먼은 북동지역개발기구SUDENE가 진행하는 이 프로그램의 기획자 세우수 푸르타두를 록펠러재단의 컨설팅 일을 할 때 만난 적이 있었다. SUDENE의 프로그램이 진행되면서, 헤시페는 개혁 운동의 중심지가 되었다. 푸르타두는 1962년에 SUDENE의 첫 소장이 되었고 운영을 광범위하게 확장했다. 그러나 이는 예산상의 문제를 야기했다. 또 주앙 굴라르 대통령 정부는 보수주의자들의 반대에 부딪혀 곤경에 처해 있었다. 허시먼은 20세기재단에 "효과적인 개혁의 가능성은 닫히지 않았지만 개혁의 길은 예기치 못한 전환들로 가득하다"고 보고했다. 그렇기 때문에 변화의 과정을 끊임없이 예의주시하는 것이 중요했다. 앞으로 발생하게 될 분쟁을 예상했는지, 허시먼은 "이 변화들이 부드럽고 질서 있는 움직임은 결코 아닐 것"이라며 "이 변화를 이끌고 있는 '비공산주의 좌파'는 과도하게 부풀려진 면이 있고 이 나라들에서는 다루기가 매우 어려운 분파"라고 경고했다.[34]

복잡하기 짝이 없는 다섯 개 나라에서 빠른 속도로 전개되는 개혁의 과정을 "현장밀착적"으로 "상당히 상세하게" 연구한다는 것은

■ 1960년 헤시페를 방문한 앨버트.

그저 야심차다고 말할 수 있는 정도를 넘어선, 지나치게 방대한 프로젝트였다. 사실 이것은 현장 경험이 충분치 않은 채로 열의에 불탄 한 사회과학자의 순진함을 담고 있는 기획이기도 했다. 자신이 경험한 현실에서 개념을 도출하는 것(《경제발전 전략》이 그런 작업이었다)과 현장의 증거들을 일관되게 조직해서 통찰을 끌어내는 것은 전혀 다른 일이었고, 린드블롬이 우려한 것도 바로 이 점이었다. 그래서 다섯 개 국가 중 두 개는 제외하기로 했다. 당초에는 외국 투자의 영향을 보여주는 사례로 멕시코를, 석유정책과 관련된 사례로 아르헨티나를 포함할 계획이었다. 그러나 1960년대 초의 아르헨티나는 폭동이 만연해 있었고 페론과 페론당[아르헨티나 정의당]이 없는 상태에서[페론은 1955년 군사 쿠데타로 국외 추방되었다가 1973년 대선에서 부활했다] 민주주의가 크게 흔들리고 있었으며, 식유 문제를 놓고 여러 입장들이 맹렬히 충돌하고 있었다. 아르헨티나보다는 나았지만 멕시코에서도 대규모 노동자 저항이 일고 정부의 안정성이 약화되면서, 만만치 않게 상황이 복잡했다. 사실 경제적 민족주의라는 영역 전체가 매우 격렬하고 끝없는 논쟁의 주제가 되어 가고 있었다. 허시먼은 진행이 가장 어려울 것으로 보이는 이 두 나라를 제외하고, 브라질의 SUDENE와 지역개발 정책, 칠레의 인플레이션, 콜롬비아의 농업개혁에 집중하기로 했다.

《진보를 향한 여정》은 역사적 결절점의 산물이었고, 허시먼은 그러한 결절점의 에너지가 책의 내용을 스스로 잡아가게끔 만들고자 했다. 집필과 현장조사 사이를 계속해서 왔다갔다하면서, 허시먼은 새롭게 알게 된 증거들과 진화해 가는 논의들을 반영해 원고를 계속 수정했다. 이러한 접근방법 덕분에 애초 그의 연구에 동기를 부여했던 개혁가들의 열정이 글로 정리되어 책에 담길 수 있었다. 그러므로 허시먼은 '중립적인' 전달자라고는 할 수 없었다. 초고가 완성된 뒤에는 주인공들에게 원고를 보내서 의견을 받았다. 원고는 콜롬비아, 브라질, 칠레의 순서로 완성되었다. 칠레는 가장 힘든 사례였고 지적으로도 가장 도전적인 사례였다.

농업개혁법을 맹렬히 밀어붙이던 카를로스 예라스 레스트레포는 이때 잠시 콜롬비아를 떠나 있었는데, 그가 없는 동안 이 일을 이끌고 있던 페냐로사를 통해 원고를 받아볼 수 있었다. 페냐로사는 이미 허시먼과 많은 대화를 나누고 의견을 제시하면서 허시먼의 견해에 크게 영향을 미친 상태였다. 그는 자신의 의견이 상당 부분 원고에 반영된 것을 보고 기뻐했다. 이어서 페냐로사는 예라스 레스트레포와 긴 대화를 나누었다. 예라스 레스트레포는 페냐로사에게 자신이 애쓰고 있던 일의 의미를 너무나 잘 포착해 준 것에 감명받았다고 허시먼에게 전해 달라고 했다.[35] 브라질 SUDENE의 기획자인 세우수 푸르타두는 리우에서 원고를 읽고 "좋은 해석이며 훌륭한 개괄"이라고 평하면서 몇 가지 수정 사항을 덧붙였다. 그는 이 책을 빠르게 포르투갈어로 번역하고 싶어했다(그가 이끄는 일을 이토록 빛나게 분석해 놓은 책이니 놀랄 일도 아니다).[36] 케네디 대통령이 임명한 주브라질 대사 링컨 고든(허시먼과《라틴아메리카의 사안들》프로젝트를 함께한 바 있다)도 수시로 연구와 집필의 진행 과정에 대해 소식을 들었으며 브라질 SUDENE 관련 부분의 초고를 읽었다. 그리고 허시먼에게 푸르타두가 페르남부쿠 주의 금권정치적 주지사와 충돌하고 있다는 최신 소식을 전해 주었다. 고든은 그 멍텅구리[페르남부쿠 주의 주지사]가 "많은 주지사들이 가지고 있는 속성을 보여준다"며 이러한 충돌과 긴장이 "책의 정치적 분석 부분에서 흥미로운 내용이 될 것"이라고 조언하기도 했다.[37]

이 프로젝트를 진행하면서, 허시먼은 '결론이 미리 정해져 있지 않은 채로 전개되어 가는 역사'를 드러내고 '대담한 개혁을 지지할 수 있는 분석'을 제시해야 한다고 생각하게 되었다. 《진보를 향한 여정》은 단지 관찰자와 개혁가 사이의 거리를 없애기만 한 것이 아니라 그 둘이 합쳐진 인물상을 제시하고 거기에 '개혁생성전도사reformmonger'*라는 이름을 붙였다. 그리고 허시먼은 개혁생성전도사의 정신을 상징하는 두 인물(개혁 운동의 "대가"들) 세우수 푸르타두와 카를로스 예라스 레스트레포에게 이 책을 헌정하기로 했다. 곧 콜롬비아 대통령(1966~70년)이 되는 예라스 레스트레포는 콜롬비아가 걷게 될 역사의 길을 새로운 방향으로 돌리기 위해 과감하게 안정을 깨뜨리는 개혁을 수완 있게 시도해 나가고 있었다. 위험을 감수하고 불균형을 유도하며 아래로부터 추동되는 방식의 개발을 지지한다는 점에서 예라스 레스트레포는 허시먼과 생각이 같았

---

* 문자 그대로는 '개혁상인'이라는 의미지만, 여기에서는 개혁을 전파하는 사람임과 동시에 생성해내는 사람이라는 의미를 모두 담고 있어 '개혁생성전도사'로 옮겼다.

다. 그가 설립하고 초대 소장을 맡은 콜롬비아 농업개혁연구소는 남미에서 개혁가들의 도래를 알리는 상징이었으며, '농업 집단화'라는 급진주의적 모델에 대한 대안 모델로 자리잡았다. 예라스 레스트레포는 "아직 결론이 정해져 있지 않은 역사"야말로 사회과학이 역사에 영향을 미칠 수 있는 기회라고 보았다. 그는 허시먼에게 이렇게 말했다. "농민들이 정당 이외의 영역에서도 정치적으로 더 활발해지도록 만들 필요가 있습니다. 정치 정당으로서보다는 기업 같은 이익 집단으로서 말입니다."[38]

허시먼은 남미 사회과학자들 사이에서 벌어지고 있던 광범위한 전환을 포착해냈다. 콜롬비아를 예로 들어 보자. 농촌사회학자 오를란도 팔스 보르다는 1957년 허시먼이 록펠러재단 노먼 뷰캐넌의 의뢰로 기관 평가를 수행하러 왔을 때 농업은행과 노동부에 대한 그의 연구가 매우 인상적이어서 눈여겨보았던 학자였다. 당시 그 자신도 컨설팅 업계에서 학계로 자리를 옮기는 것을 생각하고 있던 허시먼은 뷰캐넌에게 "팔스 보르다에게 깊은 인상을 받았으며 그가 컨설팅 활동에 몰두하기보다 학문적인 일을 계속하고 싶어하는 것 같다"고 보고했다.[39] 허시먼이 록펠러재단에 이 보고서를 제출하고 난 직후에 팔스 보르다의 《보야카의 인간과 토지: 농업 개혁을 위한 사회학적·역사적 기초》가 출간되었다. 극빈 지역에 대한 획기적인 민족지학적 연구서였다. 또 이 책은 토지 재분배를 추동하는 압력의 사회적 요인들이 무엇인지를 파악하려는 시도를 담고 있기도 했다. 남미는 '식민지적 특성에 여전히 갇혀 있는 사회'로부터 '어디일지 아직 알 수 없는 미래의 사회'로 이행하고 있었다. 이 '이행 중인 세계'[남미]는 17세기 유럽의 이행과 비견될 만했지만, 그때와 달리 이번에는 사회적 불의라는 '바이러스'가 사회과학자들의 관심을 끌고 있었다. 이 사회과학자들은 그 바이러스를 그저 바라보기만 하면서 비참한 고지대 농민의 목소리를 기록만 하고 있을 수는 없다고 생각하는 사람들이었다.

허시먼에게 이 책은 중대한 시금석이 되었다. 여기에서 문제는 콜롬비아의 농촌 사회가 달라질 것이냐 아니냐가 아니라 '어떻게' 달라질 것이냐였고, 그 '어떻게'를 수행하는 것이 개혁의 핵심이었다. 곧 팔스 보르다는 허시먼과 매우 친한 사이가 되어 보고타에 있는 허시먼의 집에 자주 놀러 왔다. 당시에는 팔스 보르다도 학계로 자리를 옮긴 상태였다. 그의 책이 그를 대표적인 개혁주의 사회과학자로 자리매김하게 해 준 데다가 농업 운동에 직접 관여한 경험 덕분에 사회를 관찰하는 동시에 변화를 추동해내는 '유기적 지식인'의 대표적인 인물로 여겨지고 있었다. 하루는 팔스 보르다가 그와 비슷한 생각을 가진 젊은 성직자 카밀로 토레스라는 친구를 데리고 왔다. 그는 변화의 속도가 느린 것에 조바심을 내다가 직접 활동에 뛰어들어 콜롬비아 교회에서 개혁의 물결을 일으키고 있었다. 팔스 보르다와 토레스는 공동으로 보고타 국립대학에 사회학과를 만들었고 '현실참여적 사회과학'이라는 새로운 종류의 사회과학을 만드는 일에 헌신하고 있었다. 새러와 앨버트는 팔스 보르다와 토레스를 자주 초대해 콜롬비아의 문제에 대해 토론하며 많은 시간을 보냈다. 두 사람 모두 사회에서 들끓고 있는 문제들에 대해 토론하는 것을 좋아했다. '교차로'의 의미가 무엇인지, 그리고 그것이 담고 있는 선택의 범위가 얼마나 넓은지 보여주기라도 하듯, 토레스는 변화를 너무나 갈망하다가 '체제 내에서 변화를 일으킨다'는 개념에 희망을 버리게 되었다. 분노에서라기보다는 좌절감에서, 그는 게릴라에 합류했고 정부군과의 첫 싸움에서 숨졌다.[40]

콜롬비아에서 볼 수 있었던 접근방식, 즉 선택지를 넓히고 기대를 쌓아 간다는 접근방식은 더 급진적인 사회 변화의 경로에 대한 호소력이 높아진 분위기에 의해 추동된 것이었다. 이러한 접근방식은 다른 사례들에 시사점을 제공했다. 농촌의 위기와 폭력은 비극적이었지만 기회를 보여주는 것이기도 했다. 새로운 집단들이 '해결책을 찾기 위해' 세력을 일구기 시작했고, 이는 농촌 개혁이 명시적인 정책으로 구체화되기 **전에** 농촌 개혁이라는 아이디어를 불러왔다. 이런 면에서 볼 때, 위기는 문제해결의 중요한 원천이 될 수 있었고, 정책이 실제 문제와 관련성을 잃지 않으면서 수립되도록 견인하는 요인이 될 수 있었다.

콜롬비아에서만이 아니었다. 농촌의 폭동이건, 극심한 인플레이션이건, 끔찍한 가뭄(1958년 브라질을 강타한 가뭄처럼)이건, 심각한 문제들은 사람들에게서 새로운 사고방식과 새로운 변화방식을 이끌어냈다. 이를테면 브라질 북동지역의 가뭄은 그 가뭄이 없었다면 가능하지 않았을 방식으로 '국가개발은행'을 뒤흔들어 놓았고, 쿠비체크 정부는 (막 케임브리지대학에서 돌아와 있던) 푸르타두를 보내 문제를 해결할 계획을 세우도록 했다. 푸르타두는 허시먼에게 이 계획이 "매우 훌륭했으며 [진행이] 매우 빨랐다"고 말했다. 이렇게 해서 북동지역개발기구SUDENE가 생겨났고, 푸르타두가 이 기구를 이끌게 되었다. 정부만이 아니라 교회도 위기에 반응했다. '주교 프로그램'이 곧 교구민들을 모으기 시작했고 지역 정치인들도 동참했다. 그 결과, 고질적인 저항에 맞서 개혁을 추진할 새로운 연합이 생겨났다. 푸르타두와의 대화를 기록한 허시먼의 노트를 보면 허시먼이 이 정책의 대담함과 정치적 수완을 얼마나 높이 샀는지 알 수 있다.[41]

허시먼이 제시한 이야기들이 모두 한 방향만을 가리키지는 않았다. 이 이야기들은 장애를 모두 극복해 가는 영웅적인 개혁가의 승리담을 말하고자 하는 것이 아니었다. 사실 위기는 문제를 악화시킬 수도 있었다. 예를 들면 콜롬비아에서 내전이 가라앉고 나자 기저의 문제들이 후퇴한 것처럼 보이면서 일부 개혁가들은 개혁의 압력을 낮추었다. 그 결과 농민들의 참을성이 급격히 사라지면서 불만이 폭증했고, 급진적 폭력을 지지하는 게릴라 세력들이 이런 상황을 마지막 기회로 삼아 폭력을 행사하고자 했다. 책의 마지막 부분에 언급되었듯이 페냐로사의 낙관주의에도 불구하고 콜롬비아는 이런 방식으로 미끄러지고 있는 것으로 보였다.

한편 칠레는 콜롬비아와는 또다른 방향으로 미끄러졌다. 《라틴아메리카의 사안들》에서 묘사했던 극심한 인플레이션에서 오랫동안 버둥거리던 칠레는 점점 더 인플레이션의 재앙에 빠져 옴짝달싹못하는 상황에 처했다. 정통 경제학적 해법으로 가격을 안정시키려던 이전의 노력(미국 경제학자들이 칠레에 파견되어 진행한 클라인-색스 미션Klein-Saks Mission. 이 또한 '외국인 전문가'들이 다른 나라가 처한 병목을 대대적으로 해결하겠노라며 개입한 사례이다)은 어느 누구의 문제도 완화해 주지 못했다. 클로타리오 블레스트(카를로스 이바네스 델캄포 대통령의 경제정책에 항의하며 파업을 일으켰다가 체포된 전설적인 노조 지도자)는 허시먼에게 10~15퍼센트의 인플레이션은 "좋은 것"이라고 말했다. 하지만 시카고학파 경제학자 아널드 하버거 같은 사람들은 인플레이션이 악의 근원이라고 했다. 얼핏 보기에 칠레의 인플레이션 위기는 무엇을 해도 소용없는 위기를 보여주는 듯했다. 통화주의자와 구조주의자 사이의 끝없는 논쟁은 '체제'를 뒤집는 것만이 가격 안정성을 가져올 수 있는 유일한 길이라는 주장을 강화하는 것 같았다.

하지만 좌절과 사회의 요동에 대한 허시먼의 이야기는 위와는 매우 다른 교훈을 이야기하고 있었다. 인플레이션이 해결 불가능한 고질적인 문제라는 사실 자체가 정책 결정자들이 체제가 가진 문제들을 명확히 들여다보게 만들었으며, 이것이 혁명적 변화의 길을 열 가능성이 있다는 것이었다. 허시먼은 기독교민주당 지도자 에두아르도 프레이와 가격 폭등, 식량 부족, 인프라 부실, 빈곤 등 수많은 문제에 대해 이야기를 나누었다. 인플레이션이 어떻게 이 모든 것을 야기했는지는 불분명했다. 하지만 허시먼은 프레이가 자명하다는 듯이 이 문제들을 하나로 묶고 인플레이션 때문에 그 문제들을 해결하는 것이 더더욱 절박하다고 주장하는 것이 인상 깊었다. 그 다음에 만난 인민행동전선FRAP(좌파 연합 정당) 지도자 살바도르 아옌데는 또다른 '근본 원인'에 대해 이야기했다. 그에 따르면 외국계 구리 채굴 회사들의 착취와 부의 해외 이전이 모든 문제의 원인이었다. 아옌데는 인플레이션은 기저의 문제가 드러난 증상일 뿐이며, 이는 착취적인 기업을 국가가 접수하는 등과 같은 '근본적인 해결책'을 필요로 한다고 주장했다. 프레이와 아옌데는 라이벌이었지만, 인플레이션을 해결하려면 사회의 개혁이 반드시 수반되어야 한다고 보는 점은 동일했다. 1963년경이면 이런 견해가 일반적으로 동의되는 견해로 자리를 잡으면서 이후 10년간의 극적인 시기에 기조를 설정하게 된다.[42]

《진보를 향한 여정》에 실린 이야기들을 보면, 긴장과 불균형이 수행하는 건설적인 역할, 그리고 실행 및 관찰을 통해 배워 나가는 것의 중요성이 개혁적인 정책의 핵심임이 일관되게 드러난다. 허시먼이 이 책에서 염두에 둔 첫번째 독자군은 미국의 지식인과 정책 결정자들이었다. 그는 이들에게 개혁이란 매우 복잡한 과정이라는 것, 그리고 때때로 개혁에는 높은 위험과 폭력적인 분쟁이 결부되기도 한다는 것을 보여주고자 했다. 개혁은 원조와 계획을 제공하는 외국의 전문가가 관리할 수 있는 부드럽고 직선적인 과정이 아니었다. 개혁의 과정에는 현지인들과의 불안정한 연합, 그리고 현지인들이 알고 있는 '기민하고 복잡한 전술'이 반드시 필요했다. 개혁가의 대담성이 무엇이든 효과를 낼 수 있으려면 적어도 현지인들을 잘 알기 위한 노력이라도 해야 했다.

두번째 독자군은 개혁이 무용하다고 생각하는 남미의 지식인과 정책 결정자들이었다. 이들 중 어떤 사람들은 개혁이 프티부르주아적인 위로제에 불과하다고 보았고, 어떤 사람들은 장애물이 너무 크고 많아서 개혁은 장애물에 걸려 멈추게 될 수밖에 없을 것이라고 보았다. 양쪽 모두, 모든 것이 바뀌지 않으면 아무것도 바뀌지 않는다고 보는 염세주의적 견해를 설파하고 있었다. 허시먼은 "우리는 이 책을 '개혁생성전도사를 위한 매뉴얼'이라고 부를 수 있을 것"이라며 "'혁명의 기술' '쿠데타의 기술' '게릴라전의 기술'과 같은 수많은 매뉴얼과 경쟁하기 위해 시급히 필요한 책"이라고 언급했다. 농담이 아니라, 그는 정말로 《진보를 향한 여정》이 체 게바라의 베스트셀러 《게릴라전》에 맞서는 균형추가 되길 바랐다. "혁명과 개혁을 가르는 경직된 이분법을 깨고, 실제 세계에서 일어나는 변화는 이 두 가지의 전형에서 벗어나 있다는 사실을 보이는 것"이 허시먼의 목적이었다. 미국 사람들은 혁명적인 힘이 진보에 위협적이지 않다는 것을 인정해야 했고, 남미 사람들은 혁명만이 유일한 길이 아니라는 것을 인정해야 했다.[43]

《진보를 향한 여정》은 시대의 맥동을 포착했고 즉각적인 센세이션을 불러일으켰다. 이 책은 곧 우파와 좌파의 양쪽 극단 모두가 그려내는 데 실패한 새로운 대안으로 자리를 잡았다. 허시먼은 '혁명을 용인하느니 개혁이 낫다'는 식의 국가안보 프레임으로 개혁을 이야기하는 경향을 피하면서, 참여적이고 실천적인 사회과학자들의 역할을 강조했다. 하지만 허시먼의 몇몇 팬들은 비판적인 측면을 거의 지적하지 않은 이 책의 분석이 좀 지나치다고 생각했다.

이를테면 링컨 고든은 대사로 재직하면서 브라질이 급진적인 포퓰리즘 쪽으로 기우는 것을 목격했고 이에 대해 브라질 국내 정책과 국내 요인들이 문제의 큰 원인이라고 생각했다. 그는 문제 해결과 정책 수립을 분석적으로 다룬 장에 찬사를 보냈고, 워싱턴으로 가는 비행기에서 [브라질 부분 외에] 칠레와 콜롬비아 부분을 읽을 것도 고대하고 있다며 브라질 북동지역에 대한 논의는 '도발적'이라고 평했다. 하지만 (외교적으로 부드럽게 표현하긴 했으되) 다음과 같이 이견을 표했다. "저는 교수님과 세우수 푸르타두의 학문적 친밀함에도, 또 SUDENE의 사례가 다른 경험들과는 정말로 다르다는 교수님의 확신에도 여전히 잘 설득이 되지 않습니다." 그리고 예언적으로 이렇게 덧붙였다. "10년쯤 지난 뒤에 다시 돌아보시게 된다면, 이번에 쓰신 글의 몇몇 부분을 비판적으로 돌아보는 글을 쓰시게 될 수도 있을 것이라고 생각합니다." 이때는 1963년 9월이었고, 앞으로 브라질에서(그리고 칠레에서도) 일이 얼마나 비극적으로 흘러갈지, 또 그러한 상황 변화들을 보면서 허시먼이 개혁생성전도사들이 열렬히 활동했던 10년을 얼마나 고통스럽게 되돌아보게 될지, 허시먼도 고든도 알지 못했다. 다만 고든은 브라질에서 개발 과정이 "미처 좋아지기 전에 나빠져 버릴지도 모른다"고 조심스럽게 경고했다.[44]

《진보를 향한 여정》은 개인적으로 새로운 깨달음의 계기이기도 했다. 남미의 농업 개혁부터 미국의 흑인 민권운동까지 여기저기에서 개혁이 일어나면서 이에 응당 수반되는 문제들도 나타났다. 개혁의 필요성을 밝히고 나니 개혁에 저항하는 요인들도 드러났다. 어떤 이들은 이를 두고 개혁이란 실패할 수밖에 없다며 다른 방법이 있어야 한다고 생각했고, 어떤 이들은 장애를 극복하는 비용이 너무 커서 사회질서 전체를 위협할 수 있다고 우려했다. 어떤 면에서, 《진보를 향한 여정》은 남미에서 비관적인 주장을 듣는 데 익숙해져 있던 허시먼이 그런 비관적 목소리에 맞서기 위해 쓴 것이라고도 볼 수 있다.

하지만 가까운 곳, 그러니까 컬럼비아대학에서도 반대를 제기하는 사람들이 있었다. 새뮤얼 헌팅턴은 근대화와 개혁이 제3세계를 혼란 속에 빠뜨리게 될 것이라는 우려를 점점 더 강하게 하고 있었고, 그의 견해가 오른쪽으로 더 기울면서 이는 허시먼과의 우정에까지 영향을 미쳤다. 하지만 이매뉴얼 월러스틴처럼 더 젊고 급진주의적인 학자들에게서도 비판이 제기되었다. 아프리카 탈식민주의 분야의 전문가로 떠오르고 있던 월러스틴은 급진적인 변화 없이 이루어지는 개발은 실패하게 될 것이라고 주장했다. 허시먼은 아프리카가 세계경제에서 갖게 될 위치에 대해 점점 더 우려스러운 전망을 제시하는 월러스틴에게 (그럴 만한 이유도 충분히 있다고는 생각했지만) 동의하기 어려웠다. 허시먼은 좌·우파를 막론하고 모든 종류의 '무용론 설파자들'에게 정면대응할 필요가 있다고 생각했다. 그러던 참에, 프랑스의 '경제와 사회 발전 연구소Institut d'étude du développement économique et social'와 '콜레주 드 프랑스Collége de France'의 프랑수아 페루가 개발 과정의 '장애물들'을 주제로 강연을 요청해 왔다.

이 강연에서 월러스틴과 같은 사회과학자들이 변화를 인식하는 방식에 대해 비판하고 그러한 인식이 어떻게 변화의 전망에 영향을 미치는지를 다룬 논문 3부작이 나오게 된다. 허시먼의 강연 제목은 〈개발의 장애물들: 구분법 하나와 거의 사라지고 있는 행동 하나〉였다. 허시먼은 강연 원고의 첫 페이지에 '악순환'이라는 단어를 강조해서 적고 동그라미를 쳐 놓았다. 무용론을 설파하는 사람들은 순환논리적인 사고에 빠져 있었다. 그들에 따르면 개혁은 아직 사회의 여건이 개혁을 지원할 수 있는 정도에 미치지 못하기 때문에 불가능한데, 그러한 여건의 부재야말로 개혁이 필요한 이유이다. 이것은 그리 도움이 되지 않는 사고방식이었다. 물론 허시먼은 모든 장애물이 극복 가능하다고 여길 만큼 순진하지는 않았다. 하지만 장점으로 바뀔 수 있는 장애물도 분명 존재했다. 가니 키카오 농민의 대가족제라든지, 사라지지 않고 남아 있는 유럽의 숙련 소상공인 등이 그런 사례였다. 허시먼은 이 차이를 간파해낼 수 있느냐의 여부는 관찰자의 태도에 달려 있다고 보았다. 즉 과거를 막대한 제약의 원천으로만 보지 않는 것이 중요했다. 후진성은 숙명이 아니었다. '필요한 조건들'이 성숙하기를 기다리거나, '완벽한 해결책'을 찾아야 한다는 부담에 휩싸이지만 않는다면, 충분히 대안을 마련할 여지를 찾을 수 있을 터였다. 〈개발의 장애물들〉은 《진보를 향한 여정》이 직접적인 계기가 되어 발표하게 된 첫 원고였고, 사회과학자들을 직접적인 대상으로 삼고 있었다. 사회과학자들이 분석하고 해결책을 제시하고자 하는 바로 그 문제들에 사실은 그들이 [해결책으로서가 아니라] 원인으로서 기여하고 있다는 점을 경고하기 위한 것이었다. 앞으로 허시먼은 이 새로운 환자들patients에게 점점 참을성patience이 없어진다. 하지만 일단 현재로서는, 파리의 초청을 《위험한 관계》에서 메르퇴유 부인이 한 말을 인용할 기회로 삼았다. "내가 장담하는데, 자신에게 없어도 되는 특질을 군이 애써서 얻는 사람은 거의 없어요."[45]

13장

세계의 개발 프로젝트
현장을 누비며

(1963~67)

진보를 믿는다는 것은

진보(그게 무엇이건 간에)가 이루어진 적이 있다고 믿는 것과는 다르다.

그렇게 믿는 것은 진정으로 무엇인가를 믿는 행위라고 할 수 없을 것이다.

―프란츠 카프카

책을 잇따라 펴냈고 미국 학계의 정상에 올랐지만 정착하고 싶은 생각이 들기는커녕 떠나고 싶어서 전보다 더 몸이 근질거렸다. 《진보를 향한 여정》이 출간되고 얼마 지나지 않은 1963년에 허시먼은 컨설팅 건을 타진하기 위해 포드재단에 연락을 취했다. 하지만 재단의 F. 챔피언 워드는 "의의는 좋지만 솔직히 우리는 기본적으로 위원회를 위한 컨설팅 사안에 왜 독립적인 재단의 자금 지원이 필요한지 모르겠다"고 미안해하며 거절 답장을 보냈다.[1]

허시먼의 심경에는 두 가지 요인이 영향을 미치고 있었다. 먼저 허시먼은 컬럼비아대학에서 지내는 것이 불안하고 불편했다. 그는 컬럼비아보다 콜롬비아를 더 편하게 느꼈던 것 같다. 컬럼비아대학은 연구하기에 안락한 장소였고, 제3세계에 관심 있는 동료들도 있었다. 이를테면 새뮤얼 헌팅턴(헌팅턴은 1959년 하버드대학에서 종신교수직을 받지 못해 컬럼비아대학으로 왔다가 1963년에 하버드대학으로 돌아갔다)도 제3세계 근대화의 과도한 희망에 대한 도취에 의구심을 가지고 있었다. 헌팅턴이 허시먼보다 더 비관적이어서, 허시먼이 근대화 과정에서 증가하는 무질서를 미덕으로 본 반면 헌팅턴은 그것을 해악으로 보았다. 그렇더라도 제3세계의 전환이 엘리트와 기술관료들에 의해 균형 있게 계획되고 질서 있게 조절될 수 있다고 믿는 것이 자기기만이자 다른 모든 이를 속이는 일이기도 하다는 데는 둘의 의견이 일치했다. 어쨌든 허시먼은 컬럼비아대학에서 학생이나 교수와 그다지 연결고리가 없었다. 동떨어진 느낌이 '허시먼 교수' 위에 비구름처럼 드리워져 있었다. 그는 학교에 있는 것보다 남미의 현장에서 연구를 하고 센트럴파크 웨스트의 집에 틀어박혀 글쓰는 것을 더 좋아했다.

1963년 10월 중순에 허시먼의 전화가 울렸다. 알렉산더 거셴크론이었다. 그들은 자주는 아니었지만 연락을 주고받는 사이였고 서로의 일을 알고 있었다. 갓 출간된 《진보를 향한 여정》이 거셴크론의 책상에 놓여 있었다. 책의 출간을 축하하고자 연락을 한 것이겠지만 다른 용건도 있었다. 그는 허시먼에게 케임브리지[하버드대학]로 와서 아서 스미시스가 강의하는 개발경제학 수업에서 12월 초에 특강을 맡아 줄 수 있느냐고 물었다. 학과의 실세이던 거셴크론은 사실 이때 경제학과장 칼 케이슨에게 허시먼을 교수로 영입하라고 설득하고 있었다. 이렇게 해서, 그리고 학제간 연결을 표방하며 복수의 학과에서 교차 임명을 받는 교수가 늘던 분위기(이 분위기는 그리 오래 가지는 못한다) 덕분으로, 허시먼은 행정대학원(나중에 '케네디스 쿨'이라고 불리게 된다)의 첫 정치경제학 교수이자 경제학과의 남미학 교수로 물망에 오르게 된다. 이때만 해도 경제학과가 지역학 전문가를 채용하고 있었고, 지역학 연구에 대한 수요가 있었다. 스미시스와 에드워드 메이슨이 경제학과에서 개발경제학을 담당하고 있었는데, 두 사람 모두 현장 경험은 많지 않았다. 하버드대학은 떠오르는 개발경제학 분야를 강화하고 남미 연구 분야를 따라잡고자 하는 열망을 가지고 있었고, 이럴 때면 으레 하는 일을 했다. 즉 그 분야의 저명한 새 교수를 스카우트하는 일에 나섰다. 그해 교수 채용 시즌에는 허시먼과 새뮤얼 헌팅턴이 대어였다. 이렇게 해서 컬럼비아대학은 두 사람을 모두 잃게 되었다.

그 시기의 교수 채용 면접은 지금보다 훨씬 비공식적이고 신사적이고 임의적이고 사적이었으며 진행 속도가 빨랐다. 허시먼이 두각을 나타내기 좋은 조건이기도 했다. 행정대학원 학장 도널드 프라이스와 점심을 먹고 강연을 한 뒤 칼 케이슨, 스미시스, 메이슨, 거셴크론과 저녁을 먹었다. 이후 하버드대학 교수회의에서 벌어진 '숙고'는 짧았고 논쟁적이지도 않았다. 케네스 갤브레이스도 바로 동의했다. 일주일이 채 지나지 않아서 프라이스는 허시먼과 계약 조건을 협상했다. 케이슨의 회상에 따르면 한두 달 만에 허시먼에게 교수직을 제안하기로 결정이 났고, 이제 결과는 거셴크론이 허시먼을 설득하는 일에 달려 있었다. 그리고 설득은 전혀 어렵지 않았다. 허시먼은 자신이 '경제학과 정치학을 잇는 하이픈'이라고 여기고 있었고,

이 이미지를 좋아했다. 게다가 학계에서 한 단계 위로 올라간 것처럼 느껴졌다. 하버드대학이 [컬럼비아대학보다] 더 권위 있고 더 저명한 경제학자들이 많았으며, "나[허시먼]에게 흥미로운 활동"도 더 많았다. 연봉은 2만 달러로, 당시의 일반적인 수준이었다. 뉴욕의 극장, 미술관, 외국 영화 등은 그리울 것 같았지만, 수락 여부를 묻는 편지를 받고서 허시먼은 일주일 만에 수락한다는 답신을 보냈다. 컬럼비아대학의 국제관계대학원 학장 앤드루 코디어와 부총장 자크 바르준이 잡으려고 했지만 소용없었다. 허시먼은 하버드대학으로 옮기기로 했다.[2]

하지만 허시먼이 불안감을 느낀 데는 두번째의, 더 중요한 이유가 있었다. 하버드대학으로 옮기는 문제는 브라질에서 벌어지고 있던 암울한 일늘에 비하먼 사건이라고 할 수도 없었다. 1964년 4월 1일 쿠데타가 일어나 민선 정부이던 주앙 굴라르(개혁생성전도사의 전형인 인물이었다) 정권이 무너지고 가혹한 군부가 들어섰다. 북동지역 개발기구가 추진하던 개혁은 무산되었고, 굴라르의 계획장관이자 허시먼의 친구인 세우수 푸르타두는 미국(예일대학)으로, 그 다음에는 파리로 망명해야 했다. 허시먼은 이 쿠데타가 단지 지나가는 사건이 아니라는 불길한 예감이 들었다. 개혁에 어두운 그림자가 드리우고 있었다. "브라질 때문에 요즘 몇 주간 너무 우울해. 우파의 범죄성과 어리석음을 보여주는 것 같아. 저개발국에서도 우파의 범죄성과 어리석음이 결코 선진국 못지않아서 놀랐어. 브라질에서 정말 많은 가능성들이 브라질 사람들 자신의 힘에 의해 발견되고 개발될 수 있었을 텐데 모두 망가졌어. 적어도 지금은 그런 것 같아."[3] 허시먼은 누나에게 이렇게 편지를 보냈다. 브라질의 쿠데타는 시작일 뿐이었다. 민간 주도의 개혁에 대한 희망은 사그라들기 시작했고, 포퓰리즘적인 혁명과 그 반대쪽 극단인 군부가 세계를 휩쓸었다. 베트남은 전쟁으로 쑥대밭이 되었고, 브라질에서는 상파울루 거리에 군인들이 활보하고 다녔으며, 1년 뒤에 미국의 존슨 대통령은 도미니카공화국이 '제2의 쿠바'가 되는 것을 막기 위해서라며 4만 명이 넘는 해병대를 파병했고, 인도네시아에서는 군부가 공산주의자를 소탕하는 작전을 펼치고 있었다. 곳곳에서 발전과 개혁의 솔기가 드러났고 때로는 터졌다. 1961년 유엔이 팡파레를 울리며 선포한 '개발의 10년'은 고작 한두 해 만에 조각나기 시작했다. 《진보를 향한 여정》의 희망적인 어조가 갑자기 너무나 생뚱맞아 보였다.

포드재단으로 편지를 보낸 것은 바로 이런 우려에서였다. 포드재단에서는 거절당했지만 그곳만 접촉한 것은 아니었다. 1963년 3월에 허시먼은 세계은행 부총재 버크 냅에게 편지를 보냈다. 허시먼은 냅에게 책이 나오면 한 권 보내겠다고 약속하면서(허시먼은 이 책이 "나의 매우 실험적인 모험"이라고 말했다), 하지만 지금은 '은퇴와 비슷한' 감정에 짓눌려 있다고 털어놓았다. 약간 편집증적인 면이 읽히기도 한다. 성취를 즐기는 대신 "그 뒤에 온 불편함 때문에 내 생각은 자연스럽게 질문에 휩싸이게 된다"는 것을 보면 말이다. 냅에게 보낸 편지에서 허시먼은 그 질문에 대해 이렇게 밝혔다. "'이 다음에는 무엇이지?' 이것이 이 편지의 주제입니다." 허시먼은 2년간의 안식년이 예정되어 있었다. 그는 이 기간을 활용해 개발이 수반하는 문제점들을 탐구하는 27개월간의 연구프로젝트를 진행하고 싶었다. **정책**이 어떻게 만들어지는지를 연구했으니 이제는 그 정책의 구체적인 **프로젝트**들과 그 효과들을 살펴보고 싶었다. 이론과 전략을 생각하고 난 뒤이니만큼 이제 현장에 가까이 가고 싶었다. 장려한 어조로 화제에 오르고 있는 거대한 댐, 장대한 도로, 대규모 관개 등의 현장을 직접 보고 싶었다. 그가 염두에 둔 구체적인 질문은, 개발 프로젝트들이 어떤 방식으로 수행되며 효과를 발휘하는가였다.

세계은행에도 비슷한 우려를 하는 사람들이 있었다. 그리고 세계은행에 대한 비판이 점점 높아지고 있었다. 냅은 즉시 답장을 보내서 더 자세한 이야기를 하자며 허시먼을 워싱턴으로 초대했다. 그는 자신이 "최대한 많은 것을 배울 수 있도록" 세계은행의 자금으로 진행되고 있는 개발 프로젝트들을 평가할 기준과 쟁점에 대해 개요를 작성해 달라고 요청했다. 이렇게 해서 제안서 하나가 허시먼의 옛 친구이자 지금은 세계은행의 경제팀을 이끌고 있는 알렉산더 스티븐슨의 책상에 놓이게 되었다. 스티븐슨은 세계은행의 임무가 유럽 재건에서 제3세계 개발로 이행된 이후 이 전환에 대해 아직 전반적인 평가가 진행되지 않았고 평가의 방법론도 마련되어 있지 않으며 따라서 세계은행 프로젝트들이 어떤 가치를 창출하는지가 가늠되지 못하고 있다는 점을 우려하고 있었다. 냅과 스티븐슨은 세계은행 안에서 동지를 한 명 더 발견했다. 개발지원 업무를 이끌고 있던 리처드 데무스로, 그는 허시먼이 진행하게 될 연구의 세계은행 쪽 담당자가 된다. 허시먼은 그해 여름의 몇몇 출장이 끝나고서 워싱턴을 다시 방문해 데무스의 사무실에서 상세계획을 세웠다. 이 모두가 허시먼이 하버드대학으로 옮기는 것을 고려하고 있던 시기에 벌어진 일이었다.

세계은행에 이들과 같은 내부 비판자들이 없었다면 허시먼의 아이디어는 무산되고 말았을 것이다. 스티븐슨과 데무스는 세계은행의 상황을 바로잡기 위한 노력이 필요하며 이 일은 외부 전문가의 객관적인 평가에서부터 시작해야 한다고 생각했다. 그들은 프로젝트 부서의 수석 경제학자 로버트 사도브라는 관문을 넘어야 했다. 사도브는 '안으로부터의 변화'를 굳게 믿는 사람으로, 세계은행의 대출방식을 프로그램 대출(유럽을 지원할 때 사용된 방식으로, 채무자에게 더 많은 자율성을 보장한다)에서 프로젝트 대출로 바꾼 사람이었다. 그는 외부의 참견꾼들을 멀리하고 싶어했다. 내부에서는 문제가 빙빙 돌기만 할 것이라고 생각한 스티븐슨은 독립적인 외부인이 세계은행의 프로젝트들을 평가해야 한다고 주장했고, 옛 친구이자 이제는 의심할 여지 없는 신뢰도와 지명도를 갖춘 허시먼을 추천했다.

처음부터 허시먼의 프로젝트는 세계은행 내부에서 격렬한 분노를 불러일으켰다. 매우 민감할 수 있는 제안이었고 세계은행으로서는(물론 세계은행만 이런 것은 아니지만) 내부 자료를 외부인이 뒤지도록 두는 것이 매우 드문 일이었다. 하지만 허시먼의 프로젝트를 지지하는 사람들은 서로 끈끈하게 연결된 사람들이었다. 그들이 어떻게 영향력을 발휘할 수 있었는지를 보면, 당시 워싱턴에서 일이 돌아가던 방식(비교적 단순하고 인맥에 의해 돌아가는 방식)을 단적으로 엿볼 수 있다.

스티븐슨은 논의가 내부에서 진전 없이 빙빙 돌게 두지 않고 세계은행 밖으로 눈을 돌려 마셜 플랜 시절의 오랜 친구인 로버트 E. 애셔를 찾아갔다. 애셔는 브루킹스연구소에서 국제무역과 금융 분야 연구를 관리하고 있었다. 세계은행이 허시먼의 프로젝트를 직접 발주할 수 없다면 브루킹스연구소를 통해 간접적으로는 가능할지 몰랐다. 또 브루킹스연구소의 애셔는 허시먼이 자율적으로 프로젝트를 진행한다는 아이디어와 허시먼이 가진 독립성을 높이 평가했고, 이 프로젝트가 브루킹스연구소에도 득이 될 것이라고 생각했다. 애셔는 브루킹스연구소 소장 로버트 D. 캘킨스에게 허시먼이 의심의 여지 없이 뛰어난 지명도를 가진 인물이라며 캘킨스가 브루킹스연구소 이사회 의장 유진 블랙에게 이야기를 해 준다면 도움이 될 것이라고 말했다. 얼마 전에 세계은행 총재에서 물러난 유진 블랙은 허시먼이 콜롬비아에 머물던 초기에 그에게 가졌던 공감과 안타까움을 잊지 않고 있었다. 캘킨스가 블랙을 직접 만나서 이야기를 했는지, 전화로 했는지, 또 그것이 일을 촉진하는 데 효과가 있었는지는 알 수 없다. 어쨌든 일은 잘 풀려서, 1963년 말경이면 스티븐슨은 허시먼에게 전화를 걸어 프로젝트의 가동을 알릴 수 있게 된다.[5]

브루킹스연구소의 대외정책연구부는 세 가지 목적에서 세계은행의 국제개발 프로젝트들을 조사·평가한다는 요지의 제안서를 작성해 포드재단과 카네기코퍼레이션에 제출했다. 세 가지 목적은 다음과 같았다. 첫째, 개발 프로젝트들의 선정과 평가 기법이 향상되었는지 조사한다. 둘째, 해외 원조의 잠재력과 문제점을 조사한다. 셋째, "개발 과정에 대해 우리의 지식을 향상시키는 데 기여한다." 이 제안서는 조사팀장 후보자[허시먼]가 세계에서 가장 선도적인 개발 분야 이론가로 꼽히는 사람이라고 언급하고 있다. 허시먼은 전에 프로젝트 현장을 평가해 본 경험이 있었기 때문에 이 조사를 이끌기에 이상적인 인물이었다. 평가 대상 프로젝트는 진행된 지 적어도 5년이 되었고 해당 지역에 새로운 활동이나 시설(고속도로, 철로, 수력발전 댐, 공장 등)을 도입한 경우로 한정했으며, 아시아, 아프리카, 중남미, 유럽 등지에서 고루 선정되었다. 그러는 동안 스티븐슨은 세계은행 직원들과 함께 사례 파일들을 준비했다. 그는 인도와 파키스탄의 프로젝트들을 세계은행의 '문제아'로 보고 있었기 때문에 남아시아 사례들을 특히 상세히 검토했다.[6] 6월경 카네기코퍼레이션이 선금 3만 1340달러를 보내왔고 7월에는 허시먼의 출장 일정이 잡혔다. 허시먼은 하버드대학으로 가서 임용 첫 해에 안식년을 받는 문제를 매듭지었다. 이렇게 해서 《개발 프로젝트 현장》이라는 책으로 나오게 될(1967년 10월에 출간된다) 2년짜리 세계은행 프로젝트 현장 평가 연구가 시작되었다. 평가 대상으로 선정된 프로젝트는 다음과 같았다.

엘살바도르: 전력 공장

에콰도르: 과야스 지방의 도로

페루: 산로렌소 관개 프로젝트

우루과이: 가축을 위한 목초지 향상

에티오피아: 통신과 도로

우간다: 전기 송전과 배전

수단: 관개 프로젝트

나이지리아: 철도 근대화와 보르누선 확장

인도: 다모다르 계곡 개발 공사와 마이소르 지역의 몇몇 산업

서파키스탄: 카르나풀리 제지 공장

동파키스탄: 카르나풀리 제지 공장

태국: 차오프야 관개 프로젝트

이탈리아: 남부의 관개 프로젝트

이 목록은 싱장한 우려를 불러일으켰다. 이들 사이의 유일한 일관성이라고는 프로젝트라는 점뿐이었다. 규모의 문제라든지 대상지가 "너무 많은 분야"를 아우르면서 "[지리적으로도] 지나치게 널리 퍼져 있는" 문제 등을 볼 때 피상적인 연구밖에 될 수 없을 것이라는 지적이 제기되었다. 국제금융공사(세계은행의 한 부서)의 로버트 F. 스킬링스는 이를테면 특정한 영역(도로든 에너지든 관개든)을 하나만 정해서 그것에 해당하는 모든 프로젝트를 살펴보는 식으로 "더 집중된 접근"을 하면 어떻겠느냐고 제안했다. 그렇게 하면 더 깊이 있는 연구를 할 수 있을 것이고 "표본 수가 너무 적을 때 끼어들게 마련인 무작위 요인들의 문제"도 피할 수 있을 것이며 "더 일반적으로 적용이 가능한 결론들"을 도출할 수 있을 것이라는 의견이었다. 스킬링

스 외에도 많은 이들이 이 연구에서 실질적인 교훈을 끌어낼 수 있을지 미심쩍어했다.[7] 실제로 나중에 허시먼의 연구 결과를 놓고 이런 논쟁이 맹렬히 벌어지게 된다.

어쨌든 컬럼비아대학에서 그 학기 강의가 끝나자마자 앨버트와 새러는 "조사하게 될 프로젝트들을 철저히 파악하기 위해 세계은행의 사례 파일들을 미친 듯이 읽었다."[8] 새러는 허시먼의 출장에서 '무보수 조교' 역할을 하기로 되어 있었다(경비는 제공되었다). 현장연구 일정은 세 단계로 나뉘었다. 첫 출장은 남미(7~10월), 두 번째는 인도·파키스탄·태국(11~3월)이었고, 잠시 워싱턴에 들렀다가 세 번째로 아프리카 출장을 마친 뒤 여름에 이탈리아에서 끝나는 일정이었다. 그 동안 센트럴파크의 아파트는 바너드칼리지에 다니는 딸들이 지키기로 했다(앨버트와 새러가 딸들을 너무 믿는 것이 아니냐고 우려하는 사람들도 있었다).

짐 가방, 팬암 비행기표, 영국해외항공BOAC 비행기표, 그리고 세계은행 직원들이 마련해 준 복잡한 일정표를 들고 앨버트와 새러는 경제 탐험가의 길을 나섰다. 사진기는 없었지만 여러 권의 노트가 있었다. 그리고 대부분의 장소에서 세계은행이 안내인을 제공했다. 첫 출장지가 익숙한 남미라서 다행이었다. 허시먼은 남미에서《진보를 향한 여정》을 위한 현장조사를 한 적이 있었기 때문에 관찰연구의 방법론을 어느 정도 파악하고 있었다. 하지만 그 외에는 모든 것이 새로웠다. 허시먼이 가장 깊은 인상을 받은 나라는 인도와 나이지리아였다. 허시먼은 기차와 랜드로버 자동차를 타고 가장 외지고 닿

■ 1966년 6월 카티아의 바너드칼리지 졸업식(왼쪽부터 리사, 카티아, 새러, 앨버트).

기 어려운 곳들을 다니면서 가난한 나라들에서 거대 프로젝트가 사회적 갈등을 휘몰아 일으키는 방식을 직접 관찰할 수 있었다.

허시먼은 출장 중에 엽서 한 장 사 모으지 않았지만, 엄청난 양의 현장 노트와 근본적인 혼란이 주는 강렬한 인상을 엿볼 수 있는 수많은 메모를 남겼다. 허시먼이 현장에서 만난 사람들은 주로 관리자들이었다. 대부분 농학자와 엔지니어로, 프로젝트가 돌아가게 하는 실무적인 주역들이었다. 이들은 자신이 맡은 일이 불가피하게 발생시키는 복잡한 문제들과 좌절감에 대해 이야기했다. 마땅히 가야 할 곳으로 흘러가지 않는 물, 상대적 박탈감을 느끼는 지역들, 재고만 쌓여 가는 공장들 등을 이야기하면서, 현장 관리자들은 그들의 프로젝트가 '실패했다'고 결론 내리곤 했다. '기술 관료를 통한 위로부터의 변화'라는 개념에서 시작해 야심차고 역량 있는 엔지니어들이 만들어 가던 프로젝트들이 어쩌다가 맹비난을 사는 실패작으로 귀결되고 만 것일까? 허시먼은 대중들이 쏟아내는 비판의 핵심에는 이 프로젝트들이 드러낸 막대한 오만과 심각한 순진함이라는 주제가 놓여 있음을 이내 알 수 있었다.

'거대한 희망과 엄청난 불만'의 결합을 보여주는 사례로 인도의 '다모다르 계곡 개발 공사DVC'만 한 예를 찾기 어려울 것이다. 뉴딜의 주력 상품인 미국의 '테네시 계곡 개발 공사TVA'를 본뜬 다모다르 프로젝트는 점차 서벵골과 비하르 지역의 개발 프로젝트까지 포괄하는 거대 사업으로 발달해 갔다. 사실은 이 정도에서 그치지도 않았다. 다모다르 프로젝트는 '독립국가 인도'의 상징이었다. 다모다르 계곡 개발 공사와 독립국 인도는 거의 같은 시기에 태어났다. 높은 기대와 함께 그만큼이나 큰 문제들이 발생했다. 처음에는 홍수를 조절하기 위한 계획이었는데 곧 관개가 목적에 추가되더니 수력발전이 추가되었고 마지막으로는 내륙 항로를 개발한다는 목적으로까지 확장되었다. 다모다르 계곡 개발 공사는 위로부터의 거대 계획으로 진행된 개발이 약속과 달리 어떤 농민들에게는 관개용수가 가지 않고, 전력도 어디로는 가고 어디로는 가지 않으며, 어느 지역은 개발되는데 어느 지역은 배제되어 불평이 일면서 어그러져 버린 전형적인 사례였다. 게다가 모든 곳에서 실행은 예상보다 훨씬 복잡했고 비용은 훨씬 많이 들었다.

그리고 인도의 정치 상황마저 매우 불안정하고 불확실했다. 1964년 5월 다모다르 계곡 개발 공사의 핵심 지원자이자 탈식민 인도의 정치적 상징이던 자와할랄 네루가 세상을 떠나자 잠재되어 있던 모든 균열(지역적·계급적·카스트적)이 수면으로 떠올랐다. 사람들을 홍수로부터 지켜 주고 농민에게 수원을 마련해 주고자 했던 프로젝트가 '제대로 돌아가지 않는 경제'의 모든 것을 대표하는 상징이 되었다. 그러는 동안 인도는 이웃 국가인 중국 및 파키스탄과 분쟁에 휘말렸다. 여러 모로 인도의 개발계획이 '실패'했다는 데 사람들의 의견이 일치하고 있었다.

허시먼은 거대 계획을 좋아하지 않았지만 그렇다고 반대쪽 극단도 좋아하지 않았다. 강한 확신, 특히 근거가 없거나 과도하게 과장된 확신을 늘 의심했던 허시먼은 프로젝트가 계획대로 되지 않았다고 해서 그것을 '실패'라고 판단해 버리는 것을 경계했다. 1960년대 중반의 전반적인 분위기는 1950년대를 풍미했던 과도한 낙관의 미몽에서 깨어나는 쪽으로 이동했지만 허시먼의 기질은 반대 방향으로 움직였다. 허시먼의 노트를 보면, 그가 현장을 관찰하고 기록하면서 사전에 가지고 있었던 판단에 지속적으로 의문을 제기하고 있었음이 잘 드러난다.

'인도의 미래'에 대한 맹렬한 논쟁에서 한 발 떨어져서 보니, 일단 좁은 의미에서는 다모다르 계곡 개발 공사가 실패한 것이 맞았다. 많은 엔지니어와 금융가들도 댐, 하수구, 운하, 수력발전소 등의 대형 프로젝트에 대해 부정적인 평가를 내리고 있었다. 그들이 자기 비판적으로 내리는 분석의 핵심은 프로젝트가 불러일으킬 수요를 과소평가했다는 점이었다. 하지만 허시먼은 여기에서 그치지 않고 더 일반적인 의미에서 '성공'이라고 평가할 수 있는 부분들을 발견했다. 이러한 성공은 기술관료들이 작성한 계획과 그 계획을 바탕으로 한 평가에서는 포착되지 못하는 것들이었다. 허시먼은 댐 주위에서 여러 활동이 파생되는 것을 보았다. 그리고 다모다르 계곡 개발 공사의 헤게모니가 잠식된 이유 중 하나는 활발한 현지 사업자들과의 경쟁 때문이었다. 증가한 수요에 부응하기 위해 소규모 관개업자와 전력 공급업자들이 생겨나 '동부 인도에서 캘커타에 이은 두번째 성장 지점'을 만들고 있었던 것이다. 어쩌면 좁은 의미의 실패가 넓은 의미의 효과를 달성하는 데 **필수적인** 것이 아닐까? 다모다르 계곡 개발 공사는 현지에서 경쟁자와 모방자들의 등장을 [성공적으로]

유도했기 때문에 실패한 것이라고도 볼 수 있지 않을까? 현지 경쟁 업체들 자체는 크게 효율적이지 않을지 몰라도 다른 이들의 효율성 과 기업가 정신에 자극을 주고 있었다. 이 프로젝트는 수요를 촉발 시킴으로써 더 많은 기업 활동을 야기시켰고, 그런 의미에서 건설적 인 '압점' 역할을 한 셈이었다. 허시먼이 《경제발전 전략》에서 찬사 를 보냈던 종류의 불안정화 요소가 바로 이것이었다.

다모다르 계곡 개발 공사는 사람들을 개발에 성공적으로 동원해 냈다. 다만 계획가들이 예상했거나 원했던 방식으로가 아니었을 뿐 이었다. 다모다르 계곡 개발 공사는 사전에 계획했던 대로, 즉 하나의 통합적인 프로젝트를 통해 전국적으로 자원과 사람들을 조화롭게 동 원하는 식으로 이루어지지는 않았다. 그보다 다모다르 계곡 개발 공 사는 혼란을 일으키는 원천이었다. "사공이 너무 많아서 일이 신행되 지 않고… 불가피하게 적을 만들게 되는 상황이다." 하지만 허시먼은 이렇게 기록한 뒤에 그의 익숙한 주제를 다음과 같이 적어 놓았다. "그러한 저항은 더 많은 적응과 변화의 압력을 만들어낸다."[10]

이런 점들을 보려면 예측된 것들이 아니라 예측되지 않았던 것들 을 볼 수 있는 눈이 필요했다. 또한 여기에서 우리는 허시먼이 현장 을 관찰할 때 보이는 또 하나의 특징을 발견할 수 있다. 바로 현지인 들보다 더 낙관적이었다는 점이다. 허시먼은 '좌절스러운 점들에도 불구하고 작동하는' 부분들을 찾으려 했고, 가능하다면 '좌절스러운 점들 **때문에** 작동하는' 부분들을 찾으려고 했다. 희망을 주는 부분을 짚어내는 것은 그의 직업적인 버릇이 되었다. 하지만 출장이 더 힘

■ 1964년 인도에서 앨버트와 새러.

들어지고 현지의 사회적 갈등이 격화될 때는 그런 것들을 찾기가 어려웠다.

허시먼의 낙관주의는 나이지리아에서 제대로 적수를 만났다. 이곳에서의 출장은 정신없고 힘들었다. 팜유 농민들과 공장 경영자를 만나러 자동차로 깊은 시골까지 들어가느라 녹초가 되었을 뿐 아니라, 나이지리아의 분위기가 불만과 갈등으로 끓고 있었다. 영국에서 독립한 지 채 5년도 되지 않은 나이지리아에서는 전체를 아슬아슬하게 '하나의 국가'로 묶어 주던 얇은 덮개가 동과 서로, 남과 북으로, 이보족, 요루바족, 하우사-풀라니족 등으로 갈라지고 있었다. 통합을 위한 한 방편으로 정부는 근대적인 교통 시스템을 도입하고자 했다. 이 일환으로 시도된 거대 프로젝트 중 하나가 세계은행이 진행한 보르누 철도 확장 공사였다. 철로의 지선을 북쪽과 동쪽의 차드 호까지 확장해서 벽지를 연안과 연결함으로써 벽지에 환금작물을 재배할 상업적 농업의 기회를 제공한다는 취지였다. 통합된 독립국가 건설과 자본주의적 경제성장이 함께 진행될 수 있을 것으로 기대됐다. 이론상으로는 그랬지만, 실제로 진행해 보니 확장된 보르누 철도는 깊은 갈등을 촉발했고 남동부에서 분리주의 운동을 일으켰으며, 그렇게 해서 분리·독립한 비아프라를 1967년 7월 나이지리아 군대가 침공하면서 하우사족과 이보족 사이에 3년간의 끔찍한 내전이 벌어졌다.

아프리카 대륙 개발에 대해서 장미빛 미몽이 깨지는 분위기가 퍼지고 있었지만 허시먼은 아프리카 자체가 문제라고 생각하지는 않왔다. 허시먼은 나이지리아에 가기 전에 들렀던 에티오피아에서 지난 몇 년간 '엄청난 진보'가 이루어진 것을 보고 큰 감명을 받았고,[11] 나이지리아에서도 같은 것을 발견할 수 있길 바랐다. 나이지리아의 상황을 목격하고는 멈칫할 수밖에 없었지만 그리 오래 멈칫해 있지는 않았다. 곧 허시먼은 나이지리아 사례의 특이성을 설명할 수 있는 원칙이 무엇일지 생각하기 시작했다. 어쩌면 프로젝트의 '성격'에 차이가 있기 때문은 아닐까? 이를테면 에티오피아 관개사업은 유연한 반면, [나이지리아의] 철도는 수송하는 물건이 더 많고 수송 거리가 더 길어야만 경제성이 있을 수 있었다. 즉 철도는 고정 비용이 많이 들어서 경직적이고 중앙집중화가 되는 경향이 있었으며 따라서 부정부패에도 더 취약했다. 게다가 트럭 운송업자들이 나타나서 철도와 직접적으로 경쟁했다. 철도보다 민첩하고 비공식적이며 친절하게 협상을 하는 현지 트럭업자들이 생겨나 육로 운송에 뛰어든 것이다. 처음에는 땅콩 재배농들이 땅콩을 철도가 있는 곳까지 운반하는 데만 트럭을 이용했지만 점차 전체 수확물을 항구까지 트럭에 실어 보내고 철도는 아예 이용하지 않게 되었다. 철로는 이미 땅콩 재배지까지 확장되어 있었고 마이두구리 지역에 땅콩을 가공하는 '만드리데스 기름공장'도 건설되었지만, 땅콩 재배농에게 철도는 매력을 잃었다. 철도는 손실을 보충하기 위해 운임을 대폭 인상했고, 이는 다시 불평의 악순환으로 이어졌다.

　허시먼은 우울한 결론을 내리지 않으려 필사적으로 노력했다. 어쩌면 너무 고집스럽게 그랬던 것 같다. "이 프로젝트로 어떤 이득이 산출되는지를 묻기보다 얼마나 많은 갈등이 산출되는지를 묻는 것이 더 적절할 것이다. 얼마나 많은 위기가 생겨나고 극복되었는가? 프로젝트가 유발한 갈등과 위기는 이득 면과 비용 면 **양쪽 모두에** 나타나야 한다. 물론 어느 경우에는 한 쪽에, 어느 경우에는 다른 쪽에 나타날 수도 있다. 아주 오랫동안은 정확하게 알 수 없을 것이다." 이는 허시먼의 낙관주의가 그의 눈을 가려서 나이지리아에서 끓어오르던 갈등을 보지 못하게 했든지, 아니면 갈등의 징후들이 수면 위로 아직 드러나지 않고 있었든지 둘 중 하나였어야 내릴 수 있는 결론이었다. 허시먼의 노트에 현지인들이 불평하는 내용들이 잔뜩 적혀 있었던 것을 보면 후자였을 법하지는 않다. 아마도 허시먼은, 언젠가 놀랍고 긍정적인 효과가 나타나서 그가 명백히 보고 들은 부정적인 면들을 어떻게든 압도해 주기를 간절히 바랐던 것 같다.

어느 쪽이건, 허시먼은 이 프로젝트가 재앙적인 결과를 가져오게 되고 곧 나이지리아가 끔찍한 내전으로 치닫게 될 줄 전혀 예상하지 못했다. 그가 출장을 마친 지 얼마 되지 않아서, 논쟁으로 시작된 분쟁은 곧 전면적인 내전으로 격화되었고 300만 명이 목숨을 잃었다. 허시먼은 충격을 받았고 자책했으며 적지 않게 겸손해졌다. 개인적으로 개발이 초래할 수 있는 재앙을 보지 못했다는 것, 그리고 세계은행의 의뢰로 진행한 연구에서도 이 점을 평가하지 못했다는 것은 이후 허시먼이 그의 가장 대표적인 저서인《이탈, 발언, 충성심》(1970)을 쓰는 직접적인 동기가 된다.[12]

출장이 진행되면서 프티 이데들이 현장 노트를 가득 채웠다. 관찰하고, 추론하고, 비교하고, 일반화하고, 일반화한 것을 새로운 관찰로 검증하고, 가능하면 언제나 경구화했다. 그리고 이 모든 것을 연결하는 끈이 있었다. 비용-편익 분석에서는 누락되기 마련인 의외의 숨은 효과, 때로는 놀랍도록 긍정적인 결과를 산출하는 숨은 효과들을 발견하는 것이었다. 이탈리아와 인도에서는 관개 프로젝트가 농민들이 관정鑿井을 설치해 물을 끌어다 쓰는 방법을 고안하도록 유도했다. 그런데 전력 프로젝트에서는 이런 것이 발견되지 않았다. 여기에서는 전기를 원천에서 최대한 멀리까지 누수 없이 공급하는 것에 강한 유인이 있었다. 허시먼은 공식화된 지표로는 포착하기 어려운 결과들이 있기 때문에 '편익을 평가할 때 어려움이 발생한다'는 사실을 알게 되었다. "어떤 종류의 프로젝트에서는 이득이 쉽게 계산되거나 수량화되지 않는다. 그래서 가장 생산적일 때조차도 그 이득이 파악되지 못한다." 허시먼은 특유의 귀납적인 스타일대로 새로운 변수를 찾았다. "수입과 지출 둘 다에 영향을 미치는 무지와 오류. 당신은 **환경**과 그 환경이 당신에게 제기할 문제들을 잘못 파악한 채로 어떤 일에 진입한다. 그러고서 그것에 대해 알게 되면 당신은 그 환경을 바꾸어 낸다."[13] 그의 노트에는 이런 내용이 무수히 등장한다. 뉴욕으로 돌아와 타자기로 옮겨 놓은 또다른 글은 다음과 같다.

> 관개. 홍수 같은 불운에 자연이 책임이 있는 한 그것은 신의 행동이다. 그런데 인간이 자연의 병 중 **하나**를 고치려고 할 때 이 치료법은 **모든** 병을 고칠 것으로 기대된다.[14]

원인부터 효과(의도된 것이든 의도되지 않은 것이든)까지 반전들의 경로를 짚어 가면서, 허시먼은 전체를 아우르는 한 가지 핵심을 발견할 수 있었다. 허시먼이 적어 놓은 프티 이데들은 프로젝트의 특성과 행동이 사람들로 하여금 제도들을 새로이 창출하거나 강화하도록 추동한 사례들과 관련이 있었다. 여기에서도 허시먼은 통상적인 경로를 거꾸로 뒤집어서 생각했다. 통상적으로는, 한 사회가 가진 제도들이 프로젝트의 성공 여부에 영향을 미치는 조건이라고 간주되었다. 좋은 제도는 건전한 프로젝트를 촉진하고, 나쁜 제도는 재앙을 초래한다고 보는 것이다. 이런 관점은 제3세계가 가진 제도들이 너무 후진적이어서 발전이 불가능하다는 숙명론적인 결론을 내리게 만들었다. 하지만 허시먼은 이런 식의 근본주의적인 설명이 도움이 되지 않고 오히려 해로운 경우가 많다고 보았다. 이 생각은 나중에 또다른 저술로 발전하게 된다. 어쨌든 일단 지금은 '거꾸로 된 전개 과정'을 보여주는 단서를 따라가는 데 집중했다. 즉 프로젝트가 제도들을 구성해내는 경우(그 반대 방향이 아니라)를 관찰한 것이다. 이렇게 제도들을 새로 구성해내는 일을 어떤 프로젝트는 더 잘했고 어떤 프로젝트는 더 못했다. 바로 이것이 비밀의 열쇠였고 그가 세계은행에 제출할 보고서의 기조가 될 주장이었다.

여기에 허시먼이 어떤 방식으로 이야기를 엮어냈는지 보여주는 사례가 하나 있다. 허시먼은 관개 프로젝트가 새로운 제도들을 만들어내는 촉진제 역할을 하는 것을 보고 놀랐다. 물의 분배, 연장, 하수와 파이프 관리 등을 위해 시스템을 조직해야 하기 때문이었다. 좋은 도랑 하나와 몇 개의 파이프는 "협상과 조정을 가르치는 좋은 학교"가 될 수 있었다. 대조적으로 고속도로는 제도 창출의 이점을 그리 많이 발휘하지 못했다. 여기에서는 부수적인 효과나 유용한 긴장이 별로 파생되지 않았다. 즉 어떤 프로젝트는 사람들이 그것으로부터 무언가를 배울 수 있는 충돌과 긴장을 만들어내고 어떤 프로젝트는 그렇지 않았다. "엔지니어링처럼 사람들이 협상이나 타협과 같은 정치적 기술을 개발하게 해 주는 프로젝트가 있고, 단지 긴장과 갈등을 불거지게 만들고 악화시키고 자극하기만 하는 프로젝트가 있다." 이것이 다모다르 계곡 개발 공사가 일으킨 그 모든 좌절에도 불구하고 그가 '실패 신드롬'을 받아들이지 않은 이유였다. 허시먼은 '함정에 빠뜨리는 것을 통한 개발'이라는 표현을 만들어 이를 설명했다. 그는 인도에서 ICICIIndustrial Credit and Investment Corporation of India[인도의 국책 투자기관이었으며, 1985년에 민간 은행으로 바뀌었다]가 자금을 지원한 공장들을 방문한 뒤 이렇게 메모했다. "부조화: 당신은 당신의 **성격**에 맞지 않는 무언가로 들어간다. 그 결과 당신은 당신의 성격을 바꾸게 된다."[15]

미친 듯이 몰아치는 일정이 문제를 일으키기 시작했다. 대륙과 대륙 사이를 이동할 때는 되도록 충분한 시간을 가져서 휴식도 취하고 생각도 정리할 수 있게 하려고 애를 썼지만 두 번째 출장의 중반쯤이 되자 피로가 걷잡을 수 없이 몰려왔다. 무엇보다, 계속 돌아다녀야 하는 것이 문제였다. 수도 없이 비행기를 타야 하고 호텔에 묵어야 하며 환전을 해야 하고 비자 문제를 신경써야 했다. 앨버트와 새

■ 1964년 동파키스탄에서 휴식을 취하고 있는 앨버트와 새러.

러 같은 여행광도 지쳐 버렸다. 앨버트와 새러는 인도가 놀라운 나라라고 생각했지만 그곳에서부터는 돌아갈 날짜를 세기 시작했다. 허시먼은 누나에게 이렇게 털어놓았다. "나는 출장에 약간 피곤을 느끼기 시작했어. 다음 출장지로 떠나기 전에 이번 출장이 정말 꼭 가야 하는 건지 생각하게 되더라니까? 그래도 가야지. 자료를 더 모아야 하니까." 그는 인도에서 미국으로 돌아올 때 로마를 경유할 수 있다는 생각을 위안 삼았다. "(한 달이나 남았지만) 3월 1일에는 이곳에서 출발할 수 있고, 봄베이-로마 연결편은 아주 훌륭해."[16]

하지만 너무 다양하고 너무 광범위한 사례들에서 정보를 취합해야 한다는 점에서도 문제가 있었다. 허시먼은 관찰한 내용들이 의미하는 바를 파악하기 위해 고전하면서 유용한 분류법이 무엇일지 끊임없이 고민했다. 수입을 내는 생산이냐 아니냐(전력은 돈이 되고 고속도로는 그렇지 않다)로 구분해야 하는가? 수량화가 가능한 이득이냐 불가능한 이득이냐(철도는 숫자로 측정할 수 있고 통신의 영향은 그러기가 더 어렵다)로 구분해야 하는가? 1965년 봄에 허시먼은 연구의 명료함을 유지하는 데 크게 어려움을 겪고 있었다. 너무 많은 프로젝트들이 각자의 특이성을 가지고 있었는데, 허시먼은 일반화를 위해 특수한 부분을 버리는 것을 매우 어려워하는 사람이었다. 바로 린드블롬이 경고했던 문제였다. 점점 많아지는 사례들을 내러티브적으로 분석하려고 할 때 생길 수밖에 없는 문제였던 것이다. 구체적인 측면들은 각기 특이하고 늘 생각지 못했던 놀라움을 드러내지만, 가끔씩은 그로부터 패턴이 발견되는 경우도 있었다. 이를테면 에콰도르의

도로 건설 인부들을 보고 그는 이렇게 기록했다. "이곳의 도로 건설과 유지보수 작업에는 하나의 강제 요인이 있다. 비가 오기 전에 일을 끝내야 하는 것이다. 이것은 일을 조직하는 데 대단히 도움이 된다."[17]

쉽지는 않았지만, 점차로 허시먼은 전체적인 패턴을 포착해낼 수 있었다. "하나를 포기할 때 다른 것으로 메울 수 있는가"의 교환관계와 관련된 것이었다. 허시먼은 양과 질의 교환, 유지할 것이냐 포기하고 새로 지을 것이냐의 교환, 원래의 계획에 엄격하게 따를 것이냐 유연성을 허용할 것이냐의 교환 등 여러 가지를 고려에 넣었다. 예를 들면 도로는 유연성과 (하나를 포기하고 다른 것으로 메우는) 교환에 더 큰 여지를 줄 수 있는 반면 전력은 그렇지 않았다. 전력은 큰 댐과 그리드를 지어서 전기를 공급하거나 아니면 전기를 공급하지 못하거나 둘 중 하나였다. 여기에서 볼 수 있듯이, 허시먼은 구체적인 내용들을 재료로 삼아서만 추상적인 내용이 만들어지게 하는 방식으로 정보를 조직했다. 추상은 구체적인 특성을 파악하는 데 통찰을 줄 수 있는 경우에만 살아남을 수 있었다.

《진보를 향한 여정》을 집필할 때도 그랬듯이 허시먼은 관찰을 하면서 동시에 글을 쓰고 시사점을 적어 놓았다. 그래서 집필에 일단 착수하면 매우 빠르게 책을 완성할 수 있었다. 허시먼이 아프리카 출장을 다닐 무렵 이미 그의 노트에는 책에 들어갈 문장 형태로 작성된 부분들과 나중에 집필할 때 어떻게 쓰라고 스스로에게 지시해 놓은 부분들이 있었다. 이를테면 우간다에서 그는 "마르크스가 쓴 문장을 변형해 사용할 것"이라고 메모한 뒤 마르크스의 문장을 다음과 같이 재구성해서 적어 놓았다. "인간은 자신이 해결할 수 있을 것이라고 **여겨지는** 일에만 착수한다. 그리고 한번 물리면 열심히 관여해서 그것을 풀거나 아니면 실패한다."[18]* 아프리카에서의 여름이 끝나 갈 무렵이면 허시먼은 세계은행의 경제위원회(여러 부서의 부서장들이 모인 위원회)에 보낼 보고서의 잠정본을 거의 다 준비한 상태였다.

허시먼이 보고서에서 전면에 내세운 것은 개발 프로젝트가 유발하는 '인식하기 어려운 간접적인 효과', 즉 부수효과였다. 이런 효과들은 너무 다양하고 표면 아래 내포되어 있어서 평가를 할 때 포착되지 못하는 경우가 많았다. 또 일정한 틀에 맞추기가 어려워서 동일한 평가 기준을 적용하기도 어려웠다. 그래서 허시먼은 우선 불확실성의 역할을 강조했다. 어떤 프로젝트는 그 속성상 결과의 깊이나 범위에 불확실성이 더 컸다. 이런 면들이 각 프로젝트가 갖는 '행동적 특성' 또는 '성격적 특질'을 형성했다. 예를 들면 전력은 청사진을 그리고 그에 따라 효과를 가늠하기가 상대적으로 쉬운 반면 관개는 더 어려웠다. 더 많은 용수를 확보할 수 있게 되면 농민들은 작물을

---

* 《개발 프로젝트 현장》에서 허시먼이 쓴 내용은 다음과 같다. "마르크스가 원래 한 말은 '인류는 항상 자신이 해결할 수 있는 문제만 제기한다'이지만 단어를 조금 바꾸면 의미가 근본적으로 달라진다. '인류는 항상 자신이 생각하기에 해결할 수 있을 것 같은 문제만 제기한다.' 이렇게 되면 마르크스의 원래 문장이 가지고 있던 결정론적 입장이 누그러지게 된다. 인류가 제기하는 문제는 실제로 해결할 수 있는 것보다 많기도 하고 적기도 하다."

다른 것으로 바꿀 것인가? 바꾼다면 어느 작물로 바꿀 것인가? 이런 것은 정확하게 파악하기가 매우 어렵다.

지연, 우회, 의심스러운 편익 같은 개발 프로젝트의 많은 문제점들이 "프로젝트를 기획한 사람들이 비현실적인 수준의 확실성을 전제하고서 프로젝트에 '예상 전망'이라는 옷을 입히려 하기 때문에" 비롯된다는 것을 생각하면, 이 점은 특히 중요했다. 바로 여기에 자금 대부기관인 세계은행에 전하는 커다란 메시지가 있었다. 허시먼은 세계은행은 민간기관으로서는 할 수 없는 프로젝트에 자금을 지원하는 기관이니만큼 "불확실성을 억누르지" 말아야 하며 "세계은행의 자금으로 진행되는 프로젝트 중 어떤 것은 다른 것들보다 불확실성이 더 크고 더 실험적이라는 것을 인정해야 한다"고 주장했다. 완벽한 예측가가 되려 하지 말고 자동판매기 같은 비용-편익 분석을 넘어 프로젝트의 전개를 더 잘 "그려 볼" 수 있게 되는 것, 각 프로젝트의 구체적인 행동적 특질을 염두에 두면서 각각이 밟아 가는 "발견의 항로"를 보는 것이 더 중요하다는 주장이었다.[19]

이것은 불유쾌한 현실을 비판하고 여기에 숫자와 그래프를 동원해 실용적인 제안들로 기름을 친 유형의 보고서가 전혀 아니었다. 실제로 보고서에는 숫자도, 표도, 차트도, 일정표도 등장하지 않았다(물론 그런 데이터도 검토했지만 방대한 파일 속에 남겨두고 보고서에는 넣지 않았다). 그보다 허시먼은 하나의 공통 주제 주위로 여러 이야기들을 엮어낸, [수식이나 그래프에 비해서는] 더 모호해 보이는 서사를 택했다. 그 공통 주제는 도덕적인 메시지를 담고 있었다. 예기치 못한 긍정적인 부수효과들, 특히 해당 환경에서 행동과 제도에 변화를 이끌어낸 효과들에 눈을 열고, 그런 잠재력이 있는 프로젝트들을 짚어내라는 것이었다. 이것은 세계은행을 신랄하게 비판하려는 보고서가 아니었다. 가장 신랄하다고 볼 수 있는 대목은 더 나은 모니터링이 필요하다고 촉구한 부분 정도였다. 허시먼은 장기 프로젝트들이 그 자체의 삶을 가지고 있으며 계획가들이 예견할 수 있는 범위 밖의 것들을 알려주는 신비로운 교훈의 원천이라고 보았다. 따라서 프로젝트가 진행되는 동안 그 과정을 면밀히 관찰해서 사전에 예상하지 못한 것들을 포착해야 했다. 즉 개발 프로젝트는 그 프로젝트에 대한 모니터링까지 포함해야 한다는 것이 허시먼의 주장이었다. 더 훗날 세계은행을 난타하게 될 비판들에 비하면 이 보고서는 (입에 발린 소리까지는 아니었어도) 매우 예의바른 보고서였다. 어느 모로 보아도 세계은행을 맹비난한 보고서라고는 볼 수 없었다.

그렇지만 세계은행 사람들은 지적에 너그럽지 못했고 무례했다. 여기에 외부인이 발견한 것에 대해 내부자들이 분통을 터뜨릴 기회가 있었다. 그럼으로써 그들은 '운영'과 '평가' 사이에 선을 그었다. 그들에 따르면 '운영'은 자신들이 하는 일이고 '평가'는 허시먼 같은 사람들이 하는 일인데, 보고서에서 허시먼은 '평가'가 더 많이 필요하다고 주장하고 있었다. 한스 애들러는 "그[허시먼]의 결론은 매우 제한적인 적용성만을 가진다"고 불만을 표했다. 또한 어느 정도까지는 "우리[세계은행]"가 이미 평가 기법들을 향상시켰다며, 허시먼이 직원들에게 자료를 계속해서 요구한 만큼 "우리의 최근 보고서들"을 보는 게 좋을 것이라고 은근히 비꼬았다. 그리고 프로젝트의 기획과 평가에서 분배적 효과를 고려해야 한다는 허시먼의 제안을 비웃었다. 그는 전기, 수도 등의 공공 인프라는 무엇보다도 "비용을 커버해야" 한다고 단호하게 주장했다. 분배는 재정이나 통화 정책의 영역이라는 것이었다. 또 만약 분배에 역효과가 있다면 가난한 사람들은 저축을 하지 않기 때문에 역효과가 [저축 증가를 통한 자본 축적에는] 오히려 도움이 될 것이라고 주장했다. 애들러가 유일하게 허시먼에게 동의한 부분은 프로젝트의 성공 요인에 사회적·정치적 요인들을 포함시켜야 한다는 정도였다. 하지만 여기에서도 그는 "말은 쉬워도 실행은 어렵다"며 "또한 우리가 사회적·정치적 요인들을 너무 광범위하게 허용하게 될 위험이 있다"고 비판했다.

평가 대상 프로젝트 중 두 개가 자신의 담당 분야였던 마리오 피커글리는 우간다 프로젝트가 "대표성이 있지 않기 때문에 잘못 선택된 사례"라고 지적했다(허시먼이 사례를 선정할 때 세계은행으로부터 방대한 조언을 들었는데도 말이다). 피커글리가 지적한 두번째 지점은 그의 분노를 더 잘 보여준다. "허시먼 씨가 열이면 열, 저쪽 편(비판자. 아마도 아니면 '현지인'?—저자 주)의 이야기만 듣고 세계은행 쪽 이야기는 전혀 들어 보지 않은 것 같다." 또한 그는 분배와 관련된 우려 사항들은 '왜곡된 논증'이라며 "이런 식으로 생각하는 사람이라면 실제로는 그렇지 않음을 보여주는 논리적 반박을 제시한들 그가 설득될 수 있을지 의심스럽다"고 지적했다. "이것은 종교적인 교리와도 같다. 믿거나 믿지 않거나인 것이다." 공공 유틸리티 부서를 이끌

앨버트 허시먼

고 있던 A. D. 스팟스우드는 허시먼을 '의사 선생님'이라고 신랄하게 칭했다.[20] 이에 대한 허시먼의 반응은 알려져 있지 않은데, 좋아했을 리는 없을 것 같다.

허시먼은 아픈 곳을 정통으로 건드렸다. 물론 세계은행 직원들은 무능한 사람들이 아니었고 세계은행을 새로운 업무(개발 업무)로 이끌어 가고 있었다. 하지만 자기들만의 폐쇄된 집단이기도 했다. 샌디 스티븐슨이 세계은행의 운영에 대해 우려한 것도 그럴 만했다. 외부인을 수혜자, 아니면 일이 잘못되었을 때 비난을 돌릴 대상으로만 보는 이들이 관리하는 프로젝트에 막대한 자금이 들어가고 있었다. 허시먼은 바로 이러한 확신에 찬 집단사고에 맞닥뜨렸다. 세계은행은 훗날 이 집단사고 때문에 이전의 동료들을 포함한 많은 이들로부터 비판을 받게 된다. 세계은행이 듣는 법을 좀더 잘 알았더라면 이런 비판이나 충돌 중 일부는 막을 수 있었을지도 모른다. 어쨌든 허시먼이 평가를 수행했던 당시에 더 많은 모니터링과 더 개방적인 자세를 주장한 허시먼은 혼자였다. 세계은행 직원들의 반응을 읽고 10월 중순 워싱턴으로 돌아온 허시먼은 냅, 앤드류 카마르크(경제부서 부서장), 휴 립먼(산업부서 부서장)을 만났다. 허시먼은 침착하게 내부자들의 평가를 받아들였다. 경제부서 케네스 보어(카마르크의 추천으로 임원진과 소통하는 일을 담당하고 있었다)에게 편지를 보내 "전반적인 내용에 대해 학구적이고 지적인 비판"을 해 달라고 부탁했다. 허시먼은 "[직원들의 혹평을 보면] 이런 일에는 아무리 주의를 기울여도 지나치지 않다는 것을 잘 알 수 있다"며 특히 더 논쟁적인

부분들에 대해 비판과 견해를 알려 달라고 청했다.[21]

1966년 뜨거운 여름 허시먼은 에어컨이 나오는 센트럴파크 웨스트의 안락한 서재에서 1차적인 결론들과 피드백들(이라고 부를 수 있다면)을 검토했다. 그 무렵이면 그는 자신이 무엇을 이야기하고 싶은지 분명히 알고 있었고 프로젝트의 세부사항들에 파묻혀 있지 않고 충분히 전체적인 조망을 하고 있었다. 그는 《경제발전 전략》에서처럼 일반론적인 글을 쓰고자 했다. 수학적인 표현을 버리고 내러티브로 글을 쓰기로 이미 오래전에 결정한 터였다. 그리고 《진보를 향한 여정》에서처럼 특정한 사례에 대한 이야기를 하기보다는 아포리즘 또는 통념을 뒤집는 언명들로 일반론적인 시사점들을 담고자 했다. 그는 브루킹스연구소에 원고를 보내면서 우르줄라에게 이렇게 전했다. "좀 이상한 결과물이 되었어. 프로젝트의 모든 이야기들이 하나의 꽤 '자극적인' 시스템으로 녹아들어갔거든. 프로젝트의 '행동'을 상당 부분 그것의 테크놀로지에서 끌어냈으니 마르크스적인 방법론이라고도 할 수 있을 것 같아."[22] 그는 해당 프로젝트의 테크놀로지가 그 프로젝트가 흘러가게 될 과정에 영향을 미치는 독립변수 중 하나임을 깨달았다. 기차, 댐, 관개 파이프, 도로 등이 각각 활동과 성과의 내용과 범위를 조건짓고 있었다. 허시먼은 테크놀로지에 대한 새로운 관심은 나중에 더 연구하기로 하고 따로 파일을 만들어 잘 적어 두었다.

그가 이 보고서에서 밝히고자 한 것은 경제의 변화가 보이는 역설적인 특징들이었다. 이는 이 책의 가장 유명한 은유에서 잘 드러

앨버트 허시먼

난다. 허시먼은 관리자들이 흔히 이야기하곤 하는 명제 하나로 보고서를 시작했다. "세계은행 사람들이 그들이 직면하게 될 어려움을 미리 알았더라면 분명 프로젝트를 승인하지 않았을 것이다." 하지만 그들은 프로젝트를 승인했고, 많은 프로젝트들이 성과를 냈으며, 많은 성과가 의도되거나 예견되지 않았던 것들이었다. 이 동태적인 과정을 설명하기 위해 허시먼은 1장에서 '숨기는 손'이라는 표현을 사용했다. '덜컹거리면서도 성취하는 방향으로 나아가게 만드는' 과정 뒤에서 작용하는 모호한 과정을 설명하기 위한 것이었다. 애덤 스미스가 시장의 보이지 않는 작동원리를 설명하기 위해 '보이지 않는 손'이라는 은유를 고안했다면, 허시먼은 그 손의 주체적인 측면을 더 강조하고 싶었다. 특히 제3세계의 발전과 관련해서는 더욱 그랬다. 제3세계에서는 개발을 촉진하고 변화를 유발하는 데 인간이 적극적으로 개입하기 때문이다.

'숨기는 손'이라는 개념은 태국에서 떠올랐다. 큰 관개 프로젝트가 진행되고 있었는데, 허시먼은 현장에 가 보고 사람들과 이야기를 나누면서 이 프로젝트를 지지하는 사람들이 이득을 과장하고 비용을 축소하고 있다는 것을 알게 되었다. 그들은 "사막이 옥토로 바뀌는" 경이로운 이득을 너무 주장하고 싶은 나머지 이 일이 무산되지 않고 추진되게 만들기 위해 비용을 축소해서 이야기했다. '비용축소'는 효과에 대한 '과대광고'를 대신할 수 있었다.[23] '보이지 않는 손'이 소극적인 속임수라면 '숨겨진 손'은 적극적인 속임수로, 사람들이 행동에 나서도록 자극했다. 원래의 비용 계산이 잘못되어서 프로젝트 매니저가 문제에 봉착한다고 해도 다른 이득들이 생길 수 있었다. 하지만 공적으로든 사적으로든 이런 이득 중 많은 부분이 전문가의 비용-편익 계산에서는 포착되지 않았다. 이 계산에서는 계획되고 명시화된 것들만 비교되기 때문이다. 허시먼이 태국에서 본 것과 같은 종류의 게임은 '그렇지 않았더라면 하지 않았을 일'을 사람들이 하게끔 만들었다. 개발 프로젝트를 기획하고 진행하는 사람들에게 중요한 것은 이런 종류의 움직임을 제한하려 들지 말고 여기에서 나올 수 있는 효과에 대해 열린 마음을 갖는 것이었다. [프로젝트 매니저가 이런 일들을 하는 것이 위험한 것이 아니라] 그가 "하지 않는 것이 무엇인가"가 위험한 지점을 알려주는 신호였다.[24]

허시먼이 강조하고자 한 또 하나의 지점은 개발 프로젝트의 '특질' 혹은 '성격'이었다. 이런 특질 중 상당수는 해당 프로젝트의 테크놀로지와 기법에 내재되어 있었다. 프로젝트가 숙련을 필요로 하는가? 사회적 갈등을 완화하는가? 지역적 차이를 악화시키는가? 허시먼은 제약조건들에 변화를 일으킬 역량을 가진 프로젝트는 '특질 설정자trait-maker', 그렇지 않은 프로젝트는 '특질 수용자trait-taker'가 될 것이라고 생각했다. 그는 왜 어떤 프로젝트는 행위와 제도에 변화를 유발하는 반면 어떤 프로젝트는 그렇지 않은지를 설명하기 위해 고심하다가 가격 이론에서 힌트를 얻었다. 가격 이론은 '가격 설정자price-maker'와 '가격 수용자price-taker'라는 개념으로 (담합이 이루어지는) 독과점시장의 조건과 경쟁시장적 조건을 설명함으로써 구매자와 판매자의 행동을 더 잘 파악할 수 있게 해 준다. 이를 개발 프로

앨버트 허시먼

젝트에 적용하면 특질 수용자는 기존에 존재하는 문화적·제도적 환경에 적응해 가면서 진행되는 프로젝트를 일컫는 말로, 특질 설정자는 환경을 바꾸고 제도적 여건을 더 적극적으로 변화시키면서 진행되는 프로젝트를 일컫는 말로 쓰일 수 있었다.

허시먼이 개발 프로젝트를 기획하고 진행하는 사람들에게 전하고자 한 메시지는 이러한 요인들을 고려해야 한다는 점이었다. 특히 특질 설정자인 프로젝트의 잠재력을 평가할 때는 이런 고려가 더욱 필요했다(아쉽게도 허시먼은 특질 설정자를 긍정적인 것으로만 묘사하는 경향을 보였다. 하지만 나이지리아에서 트럭은 특질 수용자였지만 인종 상호간의 복잡한 환경과 지역적 경쟁의 분위기에서 철도보다 잘 작동했다. 반면 철도는 환경을 적극적으로 변화시키는 특질 설정자였는데, 나중에 허시먼도 절실히 깨닫게 되듯이, 매우 해로운 결과를 낳았다).

이러한 관찰과 통찰을 종합해서 허시먼은 "부수적 효과들의 중심성"이라는 주장을 폈다. 프로젝트가 예기치 않게 가져오는 이득들에 관심을 기울이자는 초기의 제안을 더 강화한 것이었다. 핵심은 여전히 동일했다. 프로젝트를 평가할 때 사전에 계획되지 않았던, 그리고 수량으로 표시하기 어려운 이득까지 더욱 폭넓게 보아야 한다는 것이었다.

이 주장은 또다른 정통 견해와 정면으로 부딪쳤다. 정책 결정의 과학적 요인들('계획 수립, 프로그래밍, 예산 설정 시스템' 등 [국방장관] 로버트 맥나마라와 [첨단 기법으로 무장한 전문 연구자들] '위즈 키즈'가 그렇게도 확신에 차서 워싱턴에 도입한 것)에 대한 추구는 베트남전쟁이 격화되면서 타격을 받기 시작했지만, 여전히 개발론자들 사이에서 주류를 이루고 있었다. 예언이라도 한 듯 허시먼은 거대 프로젝트를 기획하면서 이런 기법들을 과도하게 확신하면 무수한 사각지대가 생겨나 프로젝트의 [긍정적인] 부수효과들을 보지 못하게 된다고 경고했다. 그래서 과도하게 부풀려졌던 기대에 성과가 미치지 못해 비난을 받거나, 아니면 계획되지 않은 것을 성취했는데 그것이 포착되지 않아 비난을 받게 되고 만다는 것이었다.

균형성장과 불균형성장 논쟁에서 허시먼의 호적수였던 W. 아서 루이스는 1966년에 《개발계획: 경제정책의 필수 요소들》을 펴내 '계획의 수리학'과 선형 계획의 기초들을 전개했다. 허시먼은 이 책에 대해 예의바른 서평을 썼다. 하지만 몇몇 부분에서는 맹렬한 비판을 거의 숨기지 못했다. 허시먼은 루이스의 책이 "영웅적"인 노력이라고 높이 평가했지만, "정치적 현실들"을 경제학자가 익숙해져야 하는 간섭으로만 보는 루이스의 관점은 "도움이 되지 않는" 관점이라고 지적했다. 또 허시먼은 루이스가 때때로 "지나치게 광범위한 보편법칙을 주장하려 하거나, 정확한 경험칙을 내놓으려는 경향"을 보인다고 비판했다. 1964년, 브라질에서 쿠데타가 일어난 지 8개월 뒤에 《인카운터》에 쓴 짧은 글에서 허시먼은 투입-산출 이론가들에 대해서도 맹공격을 퍼부었다. 이 글에서 허시먼은 "늘 존재하는 오해과 곡해"에 더해 이제는 "경제발전에 대한 사고의 불일치가 오해와 곡해를 더 보태고 있다"고 한탄했다. 워싱턴에 대한 이러한 비판은 세계은행 같은 초국적 기관에도 마찬가지로 적용될 수 있었다.[25]

앨버트 허시먼

하지만 허시먼의 보고서는 실용적이지 못했다. 스티븐슨은 이에 좀 실망했다. 애초부터 그는 세계은행 동료들의 사고방식뿐 아니라 실천방식도 변화시키는 것을 목표로 하고 있었다. 그래서 그는 허시먼에게 이렇게 권했다. "경제개발 분야에서 일하는 실무자들에게 더 도움이 될 장을 최종판에 넣지 않기로 결정하셨다는 소식을 들어서 유감입니다. 당신이 강조한 요인들을 실무자들이 실제 업무에서 고려할 수 있게 하는 것이 저의 가장 큰 관심사인데, 이와 관련해서 좀 이기적인 걱정이 드는 것이 사실입니다." 하지만 이 "부드러운 압력" 은 효과가 없었다.[26]

보고서에 대한 반응은 세계은행의 일반직원급으로 내려가면서 더 안 좋아졌다. 경제부서의 한 직원은 이 분야의 저명인사[허시먼] 가 너무 과장된 기대를 하고 있지 않느냐고 지적했다. "이것은 보고서에 묘사된, 과도한 요구가 야기한 좌절과 비슷합니다." 또 허먼 G. 반데르탁은 이렇게 말했다. "실무 운영과 관련해서 요약과 결론을 별도로 삽입하면 좋을 것 같습니다. 프로젝트 과정에서 실무자들이 발견해야만 한다고 당신이 주장한 그 부수효과들을 실제로 실무자들이 잘 발견할 수 있도록 지침을 줄 수 있게 말입니다."

케네스 보어는 "프로젝트 수행 과정에서 맞닥뜨리게 되는 어려움"에서 창조적인 반응들이 나올 수 있다는 점이 "개발이 성과를 내게 하는 데 특히 중요한 가치를 가질 수 있다는 주장이 매우 흥미롭다"고 인정했다. 하지만 "논증이 다소 산만하며 우리가 투자 의사결정을 할 때 실질적으로 어떤 종류의 지침을 얻을 수 있는지 모르겠다"고 덧붙였다. 타당한 지적이었다. 어쨌거나 세계은행은 여러 투자안들을 놓고 결정을 내려야 하는 곳인데, 여기에 이 보고서는 아무런 지침도 주지 않았고, 따라서 보어에게는 이 보고서가 흥미롭기는 했지만 "다소 실망스러웠다." 보어는 "프로젝트의 행위에 대한 일반론적인 가설들"이 좀더 현장에서 적용 가능하게 설명되어 구체적인 조언을 줄 수 있었으면 한다고 제안했다. 허시먼은 이것이 괜찮은 아이디어라고 생각했지만, 자신이 직접 하기에는 이 부분에 흥미를 느끼지 못했다. 그래서 프로젝트를 평가할 때 도구로 삼을 '50가지 포인트'를 작성하는 일은 용감하게 이 일을 자청한 세계은행의한 직원에게 돌아갔다. 하지만 그는 이렇게 언급했다. "나는 프로젝트 평가(세계은행이 생각하는 의미에서의 평가)와 관련해 실무 운영상의 체크리스트 작성에 초점을 맞추는 것이 불가능하다는 것을 깨달았다. 그에 맞게 비용-편익 분석을 정교화할 수 있는 방법론이 여기에 존재하지 않기 때문이다."[27]

사실이 그랬다. 이 보고서에 실무자를 위한 내용은 부족했다. 하지만 여기에는 좀더 근본적인 이유가 있었다. 프로젝트 관리자를 위한 실무 매뉴얼은 사전적인 확실성을 전제하기 마련이다. 그런데 허시먼은 사람들이 위험을 감수하고 일단 일에 착수하도록 독려하고자 했다. 《개발 프로젝트 현장》은 그의 3부작 중 세 번째 책이라고 할 만했다. 원칙(《경제발전 전략》)에서 정책(《진보를 향한 여정》)으로, 그리고 프로젝트(《개발 프로젝트 현장》)로 넘어가면서, 허시먼은 하나의 나라(콜롬비아)에서 남미라는 하나의 지역으로, 그리고 전 세계로 범위를 확장했고, 그와 동시에 이론에서 점점 더 현장으로 이동했다. 이러한 야심은 독자에게도 명시적으로 보이지 않았고, 허시면 자신도 집필을 해 나가는 과정에서야 깨닫게 된 것이었다. 하지만 바로 이 점이야말로 그가 주장하는 바의 핵심이 아닌가? 즉 허시면의 3부작이야말로 프로젝트란 예견하지 못한 방향과 계기들을 따라갈 수 있게 열려 있어야 하며 그 과정을 계속 점검해 가면서 득이 되는 것들을 촉진하고 해가 되는 것들을 버려야 한다는 주장에 딱 부합하는 방식으로 탄생한 작품이었다.

이런 맥락에서 보면 이 3부작에는 '전반적으로 관통하는 공통된 의도'가 있었다. 개발이라는 모험의 서사를 노래하는 것, '그 모험의 도전, 드라마, 위대함'을 노래하는 것이었다. 물론 이러한 서사시적 측면을 실무에 관심이 있는 사람들이 포착하고 평가하기는 쉽지 않았다. 셸링에게 한탄했듯이 허시면은 '(보고서가) 기대했던 바와 다르다'는 평가에 지쳤다. 기대와 다른 결과들을 산출하는 것이 개발 업무의 목적 중 하나 아닌가? "이 책은 탐험이자 실험입니다. **일단 이 점을 먼저 이해하고 나서, 그 다음에** 내가 무엇을 잘못했는지 평가해 줄 사람이 있으면 좋겠습니다."[28]

학계의 독자들, 특히 허시면의 저술에 익숙한 독자들 중에는(이제 허시면은 팬이 많았다) 서사시적 단서를 알아본 사람들이 있었다. 네이선 로젠버그는 "우리가 학자로서 가난한 나라들의 경제정책에 대해 제공하는 조언들이 합리적일 수 있으려면 절대로 빼놓을 수 없는, 경제사회학과 행정사회학을 발전시키는 방향으로의 큰 한 걸음"

이라고 평했다. 그는 이 책 덕분에 '분석의 차원'이 높아질 것이라며, 이와 관련해 허시먼에게 상세한 의견을 보내 주었다. 그는 자신이 맨더빌에 대해 쓴 논문을 동봉하면서 허시먼이 언급한 학자들 이외에도 '숨기는 손'을 이야기한 사람들을 18세기 정치경제학자 중에서 더 찾을 수 있을 것이라고 언급했다. 실제로 이것은 중요한 씨앗이 되어 10년 뒤 허시먼의 다른 저술에서 무르익게 된다.

한편, 브루킹스연구소의 월터 살란트는 이 글이 일방향적이어서 도발적이라고 평했다. 실제로 허시먼은 어려움들을 해결하는 역량을 과소평가하는 경향에 도전하는 데만 집중했다. 하지만 어려움은 과소평가되고 그것을 해결하는 역량은 과대평가된 재앙의 사례들은 어떻게 볼 것인가? 비교분석의 대상을 더 넓히라는 조언은 아니었다. 그보다는, 허시먼이 취한 사고의 **방식**이 성공과 실패 모두를 포함해 기대했던 바에서 벗어나서 발생하는 다양한 결과들에 통찰을 줄 수 있음을 더 명시적으로 밝히라는 조언이었다. 허시먼도 이 지적에 동의했다. 하지만 그는 위험을 회피하는 사람조차도 행동에 나서도록 동기를 부여할 수 있는 '숨기는 손'의 작동원리를 보여주고 싶다며, 그러기 위해서 예기치 못한 '성공' 사례들을 강조하는 데 집중하고자 한다고 답변했다. 위험을 회피하는 사람은 말 그대로 행동을 하지 않는 쪽을 선호하는데, 이는 프로젝트가 개발에서 더 큰 범위의 성과를 내는 것을 막는 요인이 된다. 이런 면에서 "위험을 과소평가하는 것은 위험을 회피하고자 하는 성향을 유용하게 상쇄해 줄 수" 있었다. '숨기는 손'의 존재를 인정하고 받아들이면 위험을 회피하는 자도 위험을 감수하는 자가 될 수 있을 터였다. 머리만 좋고 비현실적인 '외국인 전문가'들 없이도 말이다.[29]

허시먼은 애덤 스미스의 용어를 새롭게 사용한 것에 만족하면서 보고서의 내용을 더 광범위한 대중에게 알리고 싶어서《세계 정치》에, 또《공공의 이익》편집자인 어빙 크리스톨에게 게재 의사를 타진해 보았다.《공공의 이익》은 정치학 학계와 정책 저널리즘계에 걸쳐 있는 저널이었다. "우리가 이제까지 스스로에게 부과한 한계를 벗어나는 글이네요. 그러한 한계들을 재고해 보아야 할 시점이기도 하고요." 크리스톨은 세계은행을 언급한 부분과 '연구 과제'임을 암시하는 부분을 빼고 '경제발전과 해외 원조의 문제점'을 비판하는 것에 초점을 맞추어 글을 수정하도록 요구했고, 허시먼은 그의 의견에 따랐다.

크리스톨이 편집과 교열을 직접 꼼꼼하게 진행한 뒤《공공의 이익》에 게재했는데, 대성공이었다. 국내외에서 갈채가 쏟아졌다. 워싱턴의 공공행정연구소는 연구원들이 혁신에 대해 생각하는 데 도움이 되도록 이 글을 읽게 했다. 데이비드 리스먼은 하버드대학 학생들과 함께 이 글을 읽었다. 유엔 무역개발회의UNCTAD의 고란 올린은 이 글을 산업 투자 개념에 적용하겠다고 말했다. 심지어 세계은행 사람들 중에서도 이 작업의 핵심을 알아본 사람들이 있었다. 앤드류 카마르크는 이렇게 찬사를 보냈다. "현대적인 프로젝트 타당성 평가 기법이 사용되었다면 현재 존재하는 개발 프로젝트들은 착수되지도 못했을 것이라는 사실을 생각할 때면 늘 들곤 했던 불편함을 어느 정도 해소할 수 있었습니다. 이 글에서 연구된 것을 더 확장하면 우리는 앞으로 경제학자들이 무엇이든 안 된다는 결론을 내리면서 '금지하는 역할'로 치우치게 되는 것을 막을 수 있을 것입니다."[30]

《공공의 이익》에 글이 게재되면서 허시먼의 열망과 세계은행 내부의 우려 사이에 간극이 더 커지는 결과를 낳기도 했다. 그리고 이전의 혹평으로 인한 상처를 씻어주기도 했다. 그래도 "실무 운영 면에서 불충분하다"는 평가만큼은 사라지지 않았다. 이 프로젝트 자체가 세계은행이 세계은행을 위해 발주한 것이라는 점을 생각하면 이 비판에는 타당한 면이 있었다. 브루킹스연구소도 학술적인 연구보다는 정책적인 연구를 발주한 것이었으므로 사실 이것은 심각한 문제였다. 결국 《개발 프로젝트 현장》은 낙동강 오리알 신세가 되었다. 학계에서는 실무 매뉴얼로 분류되어 무시되었고, 실무자들 사이에서는 너무 포괄적이어서 무시되었다.

한스 싱어는 이 책이 "다소 총체적"이라며 허시먼이 "과도하게 수사적으로 정교화를 하는" 경향이 있다고 지적했다. 그렇지 않았다면 매우 독창적인 책이 되었을 것이라면서 말이다. 이 서평은 허시먼을 거슬리게 했다. 그는 싱어가 (칭찬의 맥락에서) 자신의 글을 아널드 토인비의 도전-응전 기제에 대한 이론과 동일시한 것을 보고 화를 냈다. "내 생각은 토인비와 정반대입니다. 토인비의 주요 주장은 난센스입니다. … 그리고 그의 부수적인 주장인 '어려움은 너무 크지도 너무 작지도 않아야 한다'는 것은 아리스토텔레스가 미덕은 악덕 사이에 존재한다(소심함-용기-무모함)고 말하면서 중용을 설파한 것으로까지 거슬러 올라갑니다. 누군가의 생각이 아리스토텔레스적 요소를 어느 정도 가지고 있다는 이유만으로 그를 토인비의 제자라고 하는 것은 온당치 않습니다. 그 사람이 제시한 것이 정확하게 토인비의 도전-응전 '쓰레기'[허시먼은 이 단어를 독일어 Quatsch로 적었다]와 연결되었다면 또 모르지만요. 그리고 내 연구는 분명히 그렇지 않습니다."[31]

세계은행 쪽에서의 목소리도 있었다. 나중에 세계은행은 이 연구를 되돌아보는 평가를 진행했는데, 이것이 세계은행의 프로젝트 평가 기법 중 가장 광범위한 것이었다고 언급했다. 이 평가서를 쓴 사람들(로버트 애셔도 이 평가서의 저자 중 한 명이었다. 이 평가서가 허시먼의 프로젝트에 대해 호의적인 것과 무관하지 않을 것이다)은 허시먼의 보고서가 "훗날의 프로젝트 평가자들에게 지침을 주는 매뉴얼로는 적합하지 않지만 여기 담긴 통찰을 무시한다면 평가자들에게 큰 손실일 것"이라고 언급했다. 이 글이 씌어진 1973년경은 세계은행이 맹렬한 비판에 시달리고 있던 때였지만, 애셔는 허시먼의 보고서를 이 시기에 일고 있던 세계은행 비판과 연결시키지는 않았다. 그 무렵 허시먼의 보고서는 거의 잊힌 상태였기 때문이다.[32] 아이러니하게도 허시먼의 보고서가 거의 잊힌 1973년에 소규모 팀이었던 '프로그램 및 예산 팀'이 드디어 평가를 담당하는 별도 부서로 승격되어 프로그램 운영과는 독립적으로 모니터링을 담당하게 되었다. 이 조용하지만 중요한 변화를 뒤에서 이끌었던 사람들은 허시먼의 보고서를 보면서 힘을 냈다. 그리고 1973년 무렵이면 세계은행 외부의 많은 사람들이 새로 생긴 모니터링 부서의 규모가 너무 작으며, 이 부서가 진즉 생겼어야 했다고 생각하고 있었다.[33]

어쨌거나 《개발 프로젝트 현장》이 출간된 당시에는 책에 대한 반응이 실망스러웠다. 허시먼은 개발의 신비를 일부나마 파악했다고 생각했고, 그것의 서사를 노래했다고 생각했으며, 세계은행에 대한 의구심과 비판이 높아지던 상황에서 설득력 있는 제안을 내놓았다고 생각했다. 몇 년 뒤 세계은행 총재가 된 로버트 맥나마라가 사회주의적이고 민주주의적인 칠레보다 권위주의 독재 정권이던 브라질에 더 많은 자금을 투입하면서(칠레의 프로젝트 기획안들은 대거 철회되었다) 소득 재분배 프로그램에 초점을 맞추겠다고 발표하자, 이에 분노한 젊은 정치학자 시어도어 모런이 허시먼에게 한탄하는 편지를 보내왔다. 하지만 지칠 대로 지친 허시먼은 모런에게 이렇게 답했다. "나는 현재의 세계은행 입장이 가진 내적인 모순에 대해서는 당신보다 관심이 없습니다. 전에 그 모든 것을 겪었기 때문입니다. 이것은 '진보를 향한 동맹'이 보였던 모든 허술함과 혼란스러움을 되풀이하고 있습니다(마르크스의 말대로 [그때는 비극으로] 이번에는 익살극으로 말입니다)." 이미 전에 건설적인 비판을 해 본 허시먼은 맥나마라를 공개적으로 비판해 보았자 효과가 없을 것이라고 생각했다. 허시먼은 개혁주의를 지지하는 어떤 선언도 무의미해졌으며, 특히 이제는 "맥나마라가 개혁이 이루어질 수도 있었을 국가에서 현상 유지를 원하는 세력들과 모든 면으로 연결되어 있고 혁명을 극도

로 두려워하고 있다는 것이 잘 알려져 있기 때문에"더욱 그렇게 되었다고 언급했다.[34]

이것은 허시먼의 저술이 세간의 평가와 어긋난 첫 저술도 아니었고 마지막 저술도 아니었다. 허시먼의 저술 목록은 곧 커다란 성공들과 작은 실망들을 포함하게 된다.

하지만 속상해하고 있을 시간이 없었다. 이 책이 나온 1967년에 허시먼은 말 그대로 다음 단계로 넘어가고 있었다. 1964-65학년도에는 안식년을 받아서 현장 출장을 갔기 때문에 케임브리지로 간 것은 그 다음 해였다. 하지만 여전히 뉴욕 집이 본가였고 케임브리지에서는 일단 세를 들어 살았다. 허시먼은 대부분 뉴욕 센트럴파크 웨스트의 집에서 집필 작업을 했다. 케임브리지의 홀든 가 45번지로 집을 장만해 완전히 이사한 것은 1966년 가을이었다. 이 동네는 하버드대학 교수들이 주로 사는 조밀한 공동체였다. 허시먼은 우르줄라에게 이렇게 전했다. "학교에서 매우 가까워. 그건 좋은데 비싸." 뉴욕을 떠난다는 것은 딸들과 떨어져 지내야 한다는 의미이기도 했다. 딸들이 보고 싶은 앨버트와 새러는 핑계거리만 있으면 기차를 타고 딸들을 만나러 뉴욕으로 갔다.

1966년 말 카티아는 프랑스 건축가 알랭 살로몽과 약혼했다. 새러와 앨버트는 걱정이 되었다. "똑똑하고 좋은 사람 같아 보이고 자신이 하는 일에 재능도 있어 보였지만" 아직 공부를 마치지 않은 상태였던 것이다. 알랭 자신도 걱정하고 있었다. 그는 새러와 앨버트가 장기간 뉴욕을 비울 때면 자주 센트럴파크 웨스트에 머물렀는

데, 집에서 책과 미술품 등을 보면서 이 집의 위대한 인물[허시먼]의 기운에 압도되었다. 하루는 알랭이 장래의 장인 장모를 만나기 위해 케임브리지를 방문했다. 하버드스퀘어 기차역에서 나와 허시먼의 임시 작업실인 퀸시하우스로 가고 있을 무렵에는 너무 긴장했고 벨을 누를 때에는 말도 할 수 없을 지경이었다. 앨버트는 침묵을 깨기 위해 체스를 두자고 했다. 유럽 사람이니 체스를 잘 두겠거니 생각한 것이다. 하지만 앨버트의 배려는 상황을 더 악화시켰다. 당황한 알랭이 체스를 너무 엉망으로 둔 나머지 더 주눅이 들어 버린 것이다. 그래도 앨버트가 돌파구를 찾아내는 데는 오래 걸리지 않았다. 최근에 나온 크리스토퍼 알렉산더의 《형태의 종합에 관하여》가 그 돌파구였다. 건축의 혁명화를 다룬 이 책을 보고 알랭의 눈이 휘둥그레졌다. 경제학자가 도발적인 젊은 디자이너의 책을 가지고 있다니! 알랭은 허시먼이 창조적인 상상력을 포착하는 안테나를 가지고 있음을 아직 모르고 있었던 것이다. 알랭의 걱정은 이내 사라졌고 두 사람은 금세 친해졌다.[35]

《개발 프로젝트 현장》일이 마무리되면서 허시먼은 남미를 다시 방문할 시간을 낼 수 있게 되었다. 그는 하버드대학 교수로서의 명성에 걸맞게 남미 전문가로서의 입지를 탄탄히 하고 싶다는 생각도 있었다. "나는 [남미] 스페셜리스트라고 늘 이야기된다." 하지만 또다른 동기는 남미의 동료들을 만나고 남미에서 개혁이 어떻게 진행되는지 계속 파악하고 싶다는 데 있었다. 세계은행은 규격에서 벗어난 아이디어에 그리 호의적인 곳이 아니었지만 남미는 점점 호의적으

앨버트 허시먼

로 되어 가고 있었다. 허시먼은 그러한 새로움이 만들어지는 순간에 그 현장에 있고 싶었다. "남미로 돌아갈 때가 되었어." 그는 우르줄 라에게 이렇게 전했다. 수업이 끝나고 나서 그는 다시 한 번 길을 나섰다. 브라질에서 1개월, 칠레에서 일주일, 페루에서 며칠(풀브라이트 장학금으로 리마에 가 있던 둘째딸 리사를 보기 위해서이기도 했다), 그리고 그의 오랜 고향 콜롬비아에서 3주. 콜롬비아에서는 새러도 함께 지냈다. 이 출장은 허시먼이 다른 곳에 관심을 두고 있던 5년 동안 남미에서 벌어진 변화를 따라잡기 위한 것이었다. 실로 많은 일들이 있었다. 1964년 브라질의 쿠데타 소식은 마음이 아팠다. 출장의 중반쯤이 되었을 때 그는 이미 남미의 정치경제에 대한 책을 쓸 생각을 하고 있었다. 그는 누나에게 이렇게 전했다. "남미 나라들에 있으면 늘 행복해. 여기에서는 삶이 더 강렬해지거든. 그게 인생에서 추구하기에 이상적인 것은 아닐지 모르지만, 저항하기 어렵기는 하지."[36]

특히 허시먼의 관심을 끈 나라는 칠레였다. 칠레는 남미에서 홀로 민주적 개혁을 완고하게 지탱해 나가고 있었다. 브라질과 아르헨티나에서는 민선 정부가 군사 정부에 무너졌지만 칠레는 기독교민주당 대통령 에두아르도 프레이가 대담한 개혁을 진행하고 있었다(허시먼은 그를 《진보를 향한 여정》을 연구할 때 만난 적이 있었다). 그리고 '라틴아메리카 및 카리브해 지역 경제위원회' 본부와 유엔이 세운 대학원인 라틴아메리카사회과학대학FLACSO이 산티아고에 있어서, 산티아고는 진보적 사회과학자들이 모여드는 남미의 메카가 되었다. 이때 산티아고에는 오스발도 선켈, 아니발 핀토, 페르난두 엔히크 카르도주와 같은 학자들이 있었다. 훗날 허시먼의 절친한 동료이자 브라질 대통령이 되는 카르도주는 얼마 전 브라질에서 쫓겨나 망명중이었고 남미와 유럽, 미국의 고용 양상에 대한 논문을 쓰고 있었다.

당시에는 깊이 뿌리박혀 있어서 극복이 불가능해 보이는 장애들 때문에 남미가 발전을 이룰 수 없을 것이라는 우려가 커지고 있었다. 또 남미가 '1차 산품 위주의 수출과 취약한 공업 부문'이라는 종속의 굴레를 극복할 수 없을 것이고 따라서 경제적으로 막다른 골목에 처해 있다는 견해도 널리 퍼지고 있었다. 도시 빈민의 극심한 '주변화'가 이런 문제를 보여주는 증상으로 제시되곤 했다. 도시 빈민들은 노동시장의 가장자리로 계속해서 밀려나고 있었고 상향 이동의 가능성은 점점 더 줄어들고 있었다. 하지만 카르도주는 이런 이야기에 설득되지 않았다. 그는 역사적으로 다양한 경로와 열린 기회들이 있었음을 지목하면서, 확산 일로의 비관적 견해를 타파하고자 했다. 허시먼은 미국으로 돌아오는 길에 젊은 브라질 사회학자 카르도주가 보내준 초고를 읽은 뒤 이렇게 답장을 보냈다. "우리는 같은 생각을 하고 있습니다."[37]

선켈, 핀토, 카르도주 등 남미 학자들은 각자 자신의 방식으로 허시먼의 관심을 끌었다. 이들 모두 남미 경제의 종속성과 빈민의 주변화가 불가피하다고 보는 견해에 도전하고 있었다. 허시먼은 그들이 맞서고 있는 반대편의 견해를 '구조주의적 오류'라고 불렀다. 고

통에 직면했을 때 어떤 사람은 근본적으로 자신에게는 잘못된 것이 없다고 믿으면서 통증을 완화하기 위해 아스피린만 복용한다. 하지만 어떤 사람은 근본적으로 자신에게 모든 잘못이 있다고 생각해서 가벼운 치료만 하면 되는데도 극약 처방을 쓴다. 후자가 당시의 남미 상황이었다. 많은 사회과학자들이 내수 시장을 성장시키려는 기존의 산업화 모델이 끝났으며 그에 따라 그 정책을 추진했던 포퓰리스트 정치 지도자 페론[아르헨티나]과 바르가스[브라질]도 힘을 다했다고 생각했다. 남미에는 이런 식의 근본주의적 진단을 하는 경향이 강했다. 따라서 '위기'는 만성적인 것이며 모든 문제가 뿌리 깊은 근원에서 비롯한다고 여겨졌다. 이런 견해가 너무나 팽배해서 심지어 허시먼도 '구조주의자'로 여겨지고 있었다. 한번은 아르헨티나 출장 중에 만난 군부의 고위 당국자가 허시먼에게 쾌활하게 말했다. "우리가 하는 일이 바로 당신이 개진한 불균형성장론의 개념을 적용하는 것입니다. 아르헨티나에서 우리는 모든 정치적·사회적·경제적 목적을 한꺼번에 달성할 수 없습니다. 그래서 단계별로 진행하기로 했습니다. 불균형성장 과정처럼 말이지요." 허시먼은 불균형과 불균등에 대해 그가 개진한 개념을 아르헨티나의 군부가 진보를 방해하는 데 사용하고 있는 것에 너무 놀라서 얼굴이 하얗게 질렸다.[38]

이것이 우파의 상황이었다면, 남미 좌파들은 '생각 없는 구조주의적 반작용' 쪽으로 치우쳐 있었다. 이들에게 '비근본적인' 요소들은 사소한 것으로 치부되어 기각되었다. 그런 요소들을 다루는 것이 잠재적으로 가능성의 길을 점점 넓힐 수 있는 방법일 수 있다는 점은 고려되지 못했다. 진보적 지식인들이 산업화를 저개발의 만병통치라고 믿던 것에서 산업화가 만악의 근원이라고 보는 반대쪽 극단으로 옮겨간 것이 이를 잘 보여주고 있었다. 근대화된 노동자들이 일하는 자동차 공장과 철강 공장의 꿈은 미혹enchantment의 원천에서 [그러한 미혹을 깨뜨리는] 탈미혹disenchantment의 원천으로 바뀌었다. 1960년대의 정체 상태와 불거진 사회 문제들은 어조를 대대적으로 변화시켰다. 이제 '공장'은 잘못된 것, 가망없는 것의 상징이 되었다. 사회과학자들은 산업화론자들이 옛날의 지주 계급만큼이나 봉건적이고 가부장적이라고 주장했다. 산업화론자들도 시대를 막론하고 존재했던 사악한 상류 계급의 또다른 형태일 뿐이라는 것이었다.

허시먼은 이런 사고방식을 '멸망생성전도사doommonger'라고 불렀다. 우파의 멸망생성전도사들은 문제에서 벗어날 수 있는 유일한 돌파구가 자본주의로의 전환을 강제하는 것이라고 주장했고(브라질 군부처럼), 좌파의 멸망생성전도사들 역시 구조주의적 편향에 빠져서 혁명만이 돌파구라고 주장했다. 허시먼은 데자뷔를 보는 것 같았다. 허시먼은 남미 출장을 다니면서 기록한 메모에서 양 극단의 중간에 길을 내야 한다는 대의를 옹호하는 주장으로서, 또 스스로의 서사를 갖는 과정으로서 '산업화'를 되살려냈다. 이 논문 〈남미 수입대체 산업화의 정치경제〉는 남미경제사의 고전이 된다. '후기-후기' 산업화(거셴크론이 설명한 일본, 러시아, 독일 등의 '후기' 산업화와 대비해서 쓴 용어다)의 경로를 취한 남미 나라들은 '틀린' 것이 아니었고 나름의 의미 있는 특징들을 만들어냈다. 다만 애초에 너무 많은 것이 기

앨버트 허시먼

대되었기 때문에 실망을 초래할 수밖에 없었다. 후기 산업화 국가들이 중공업에 집중한 것과 달리 후기-후기 산업화 국가들은 경공업에 집중했기 때문에 산업화가 더 부드럽고 덜 교란적이었다. 그리고 일본과 독일에 존재했던, 선발 주자를 따라잡아야 한다는 '발작적인 투지'나 정부 주도의 강력한 지침도 없었다. 허시먼은 그렇다고 지금 포기한다면 그것이야말로 순진하고 자기파멸적인 생각이라고 생각했다. 마치 예언이라도 하듯, 허시먼은 수출산업을 시작하는 것이 한 가지 방법이 될 수 있을 것이라고 언급했다. '수출 주도 산업화'라는 개념은 아시아의 기적이 '모델'로 자리잡기 한참 전에 이미 허시먼이 제시한 통찰이었던 셈이다.[39]

허시먼의 분석에 자리잡고 있는 핵심은 모든 사회의 역사가 산업을 '산업혁명'과 동일시하는 단 한 가지의 설명에 부합해야 하는 것은 아님을 보이는 것이었다. 남미는 제1세계의 성공 스토리와 자신을 비교하면서 스스로를 비난하는 실패의 역사에서 더 빨리 벗어날수록 좋을 것이었다. 산업화가 할 수 있는 일은 공장 생산품을 만들어내는 것인데, 산업화가 사회질서까지 대대적으로 변화시킬 것이라고 기대하는 것은 부당하다. 따라서 그런 기대에서 빨리 벗어나야 한다. 허시먼은 이러한 생각을 칠레 사회과학자들이 산티아고에 모인 콘퍼런스에서 처음 발표했다. 허시먼은 '무엇이 잘못되었는가'에 덜 집착하는 대안적 경제사의 토대를 제시하고자 했다. 이날 카르도주 같은 칠레의 젊은 사회과학자들은 허시먼의 발표에서 큰 감명을 받았다. 훗날 카르도주는 사회학자 엔조 팔레토와 남미 사회과학의 고전 반열에 오르는 《라틴아메리카의 종속과 발전》을 집필한다. 자본주의의 역사가 흘러갈 수 있는 다양한 경로를 드러내고자 했다는 점에서 이 책은 허시먼의 영향을 상당히 많이 받은 책이었다.[40]

개발의 역사에 대해 대안적인 서사(성취된 것의 서사를 어떻게 노래할 것인가)를 생각하다 보니 '어떻게 생각하는가'가 가능성들을 형성하는 데 중요한 영향을 미친다는 데 대해서도 견해를 정리할 수 있었다. 당시 사회과학자들은 사람들의 역량을 결정짓는 외부적 제약들에 초점을 맞추는 경향이 있었다. 사회 구조상에서의 개인의 위치라든지 사회 구조를 지배하는 제도 등에 초점을 맞추는 것이었다. 이런 경향을 가장 잘 보여주는 연구로 배링턴 무어의 《독재와 민주주의의 사회적 기원》을 들 수 있다. 허시먼과 무어는 동료였고 사이도 좋았지만 허시먼은 1966년 이 책이 출간되자 고개를 절레절레 흔들었다. 모든 것을 아우르는 거대 설명과 사전에 결정된 근원 요인들(이를테면 독재, 민주주의, 자본주의 등)을 찾으려 하다 보니 역사에서 대안적이고 예기치 않은 경로들을 생각할 수 있는 가능성이 제거되어 버린 것이다. 미국 국립과학원의 저널인 《다이달로스》 편집자 댄 러스토는 특별호에 게재할 내용을 찾던 중 앨버트에게 리더십에 대한 글을 청탁했다. 허시먼은 글을 쓰기로 수락하고 이 글에서 남미 지도자들이 자기 자신의 인식 탓에 족쇄에 묶여 있는 상황을 지적하기로 했다. 칠레 사회학자 클라우디오 벨리스가 편집한 유명한 논문집 《라틴아메리카 변화의 장애들》에서 자극을 받은 허시먼은 남미의 동료들이 스스로 족쇄를 채우고 있다고 부드럽게 비판했다.

뿌리 깊은 구조적 문제 이외에도 장애물은 많았다. 한번은 산티아고에서 열린 저녁 모임에 허시먼이 참석했다. 허시먼은 최근 칠레로 돌아와 있던 벨리스의 소식이 궁금해서 그의 전화번호를 아는 사람이 있는지 물어보았다. 알고 있는 사람이 아무도 없었고, 전화번호부가 있었지만 다들 이 나라에서 전화번호부는 죽은 사람이나 나라를 떠난 사람들 목록이라고 농담하면서 찾아볼 생각을 하지 않았다. 모두가 웃었고 저녁을 즐겼다. 다음 날 허시먼은 호텔방에 있는 전화번호부를 뒤적거리다가 '벨리스'를 찾아서 전화를 걸어 보았더니 수화기 저편에서 벨리스의 목소리가 들렸다. 이 에피소드는 남미 지식인들이 모든 일이 그대로라는 생각을 과도하게 한 나머지 실제로 벌어지고 있는 변화는 (남미의 '진정한' 혁신을 물신화하면서) 남미의 진정한 혁신이 아니라 베껴온 것에 불과할 뿐이라고 경멸적으로 치부해 버리는 경향이 있음을 보여주었다. 그래서 바로 자신의 뒤뜰에서 혁신이 이루어지고 있는 것을 보지 못하는 경우가 생겼다. 이런 종류의 일은 '선진' 국가에서만 벌어지는 일이라고 생각했기 때문이다.

허시먼은 종속이론에 대한 논쟁을 익숙한 문제들(봉건적 상류층, 자본 이탈, 수출 의존)에서 떼어내 '태도'와 '정신'으로 옮겨놓음으로써 새로운 장을 열었다. 변화란 폭력적인 폭발을 통해서만 효과를 낼 수 있다는 좌파적 견해에 합의가 높아지던 1960년대에 허시먼은 다른 목소리를 내고 있었다. 그는 이미 '개혁생성전도사'에 대한 찬사에서 '슬그머니 일으키는 혁명'을 강조하는 쪽으로 옮겨갔다. 더 점진적이고, 덜 장대하며, 열심히 보지 않으면 놓치기 쉬운 독창성을 가진 변화는 당시 세를 얻어가던 '목소리 큰' 스타일을 추구하는 지식인들에 의해 주변으로 밀려나 있었다. 장애에 대한 '인식'이야말로 정작 뿌리 뽑기 어려운 장애일지도 몰랐다. 그는 논문에서 이렇게 언급했다. "변화의 **인식**을 막는 장애는 **변화 자체**를 막는 중대한 장애가 된다."[41]

패러다임과 인식에 갇힌 죄수가 된 것은 남미만이 아니었다. 북미 정책 결정자와 사회과학자들의 지배적인 사고도 너무나 명백하게 그런 편향을 드러내고 있었다. 이에 대해 스티븐슨도 점점 더 놀라고 우려하고 있었다. 이제는 세계은행 경제부의 차장이 된 스티븐슨은 '개발의 10년'이 외국의 원조가 만병통치약이냐 치명적인 독이냐의 시끄러운 논쟁이 되어 가고 있는 것을 걱정했고, 새로운 생각이 필요하다고 보았다. 《개발 프로젝트 현장》의 실망스러웠던 결과는 개의치 않은 듯 그는 허시먼에게 다시 한 번 요청했다. 이 요청을 받고 허시먼은 하버드대학의 젊은 동료 리처드 버드에게 연락했다. 허시먼은 버드를 그가 컬럼비아대학의 대학원생일 때 알게 되었는데, 최근 콜롬비아에서 현장연구를 하고 돌아온 터였다. 허시먼과 버드 모두 경제적인 자금의 이전[원조 등]이 성장에 어떤 영향을 미치는지에 관심을 가지고 있었다.

스티븐슨의 요청 덕분에 이들은 미국인들이 제3세계에 대한 '원조'를 어떻게 생각하는지 연구할 기회를 가질 수 있었다.[42] 원조에는 '너그러움'과 '분노'라는 두 가지 감정이 너무나 강하게 결부되어 있어서 마찰이 생길 수밖에 없었다. 허시먼과 버드는 세계은행에 제출한 보고서에서 프로그램 지원보다 프로젝트 대출이 더 낫다고 주장했다. 프로그램 지원은 후원자와 수혜자 사이에 마찰을 일으킬 수 있었다. 후원자가 '자신의 판단이 수혜자의 판단보다 우월하다고 생각하는' 일이 너무 자주 발생하기 때문이었다. 이는 프로젝트였다면 더 유익한 영향을 미칠 수 있었을 법한 영역에서 현지인들의 지식을 몰아내는 결과를 초래했다. 허시먼과 버드는 원조 활동에서 주는 쪽과 받는 쪽 사이에 벌어지는 관계의 문법들과 그 사이에서 생겨나는 불평등에 관심을 가져야 한다고 촉구했다.

허시먼과 리처드는 1967년 늦가을에 초고를 완성해 스티븐슨에게 보냈다. 세계은행 사람들(일부는 허시먼의 지난번 연구에 대해 아직도 불만을 가지고 있었다)은 이번에도 그들이 남미 학자들만큼이나 맹목적인 사고방식을 가지고 있다는 지적을 기꺼워하지 않았다. 아니, 분노했다. 새해 첫날 스티븐슨은 세계은행 사람들의 평을 몇 개 동봉해 허시먼에게 보냈다. "보시면 아시겠지만 그들은 거의 폭발했어요. … 하지만 나는 이 반응들이 흥미롭다고 생각하고 당신에게 유용하길 바랍니다."[43]

허시먼은 유용하지도 흥미롭지도 않다고 생각했다. 유일한 소득이라면 사회과학자들이 그들 자신을 문제의 일부로 인정하는 것을 얼마나 싫어하는지를 다시 확인한 것이었다. 허시먼은 실망했지만 실망을 이야기하지는 않았다. 세계은행 사람들이 보고서에 대해 평을 쓰고 있었을 무렵이면 허시먼은 이미 다른 개척지를 향하고 있었다.

14장

사회계약과 시장 사이의
연결고리

(1967~71)

그 위로 올라가지 않고도 바벨탑을 짓는 게 가능했다면 신은 허락했을 것이다.
—프란츠 카프카

1960년대 말, 대대적인 저항운동이 미국 주요 도시와 대학을 휩쓸었다. 멕시코시티, 프라하, 파리에서는 저항운동이 정권을 뒤흔들 정도의 전투로 발전했다. 한때 '신생국'이라는 희망적인 명칭으로 불리던 곳들에서는 쿠데타와 내전이 벌어졌다. '개발의 10년'에 선포된 약속들은 점점 더 공허해 보였다. 이런 상황에서 어떻게 개혁을 옹호할 수 있을까? 어려운 질문이었다. 통제 가능한 해법을 찾으려는 기득권에도 맞서야 하고 1930년대 이래로 본 적이 없는 열기를 가지고 돌아온 급진적 저항의 움직임에도 맞서야 하는 질문이었기 때문이다. 허시먼은 1969년 말에 남미로 출장을 다녀온 뒤 〈남미에서 어떻게 철수할 것인가, 그리고 왜 철수해야 하는가〉라는 짧은 글을 발표했다. 해외에서의 민족주의 운동과 개혁의 움직임에 미국이 참을성을 보여야 한다고 요구하는 선언문이었다. 허시먼은 이 원고를 젊은 동료 새뮤얼 볼스에게 보여 주었다. 볼스의 반응은 젊은 세대의 어조를 단적으로 드러냈다. 그는 허시먼의 논문이 자본주의에 설탕을 쳐서 조금 더 견딜 만하게 느껴지도록 만든 것에 불과하다고 말했다. 미국이 남미에서 그냥 철수해 버리면 그곳의 부르주아 계급에게 그 나라들을 그대로 넘겨 주는 격이 되어 그들이 '자신의 계급적 이해관계'를 달성하게만 만들 뿐이라는 것이었다. 좌파 학자들은 증가하고 있는 세계의 문제들을 해결하기에는 허시먼의 개혁주의가 너무 맥이 없다고 생각했다.

허시먼은 여기에 동의하지 않았지만 그래도 볼스를 아주 좋아했기 때문에 주장을 더 명료하게 다듬어 다시 설명하기로 했다. "나는 '건설적인' 어조가 당신이 생각하는 것처럼 반혁명적이라고 보지 않습니다." 혁명이냐 아니면 외세의 지배냐의 양자택일 선택지만 있는 것일까? 이것은 너무 제한적인 선택지가 아닐까? 특히 남미에서 저항세력이 직면한 어려움들(호전적인 독재자, 위축된 투자자, 그리고 그린베레[미 육군 특수부대] 등)을 보건대 이 선택지는 너무 단순해 보였다. "아마도 내가 하려는 바는 혁명을 절대적인 전제로 삼지 않는 전략이 필요로 하는 요소들이 무엇인지 짚어냄으로써 선택지를 넓히려는 노력일 것입니다. 나는 경제발전에 대해 혁명을 선결조건으로 이야기하는 사람들을 줄곧 비판해 왔습니다. W. W. 로스토건 [마르크스주의자] 폴 배런이건 간에 말입니다." 허시먼은 '앞으로 나아가게 만들' 방법들이 더 많이 필요하다고 생각했다. 그렇지 않으면 사람들은 극단들 사이의 불균등한 충돌 속에 끼여서 마비되어 버리고 말 것이었다. 허시먼은 유대인들 사이에 전해 내려오는 우화 하나로 편지를 맺었다. 어느 날 유대인들이 신세 한탄을 하러 모였다. 한참 불평을 이야기하고 난 뒤 누군가가 일어나서 이렇게 결론을 내렸다. "신이 우리를 도우실 거야!" 잠시 침묵이 흐른 뒤 다른 사람이 이렇게 투덜거렸다. "하지만 신이 우리를 도우실 때가 올 때까지는 어떻게 신이 우리를 도우시지?"[1]

〈어떻게 철수할 것인가〉는 뉴욕 주지사 넬슨 록펠러에게 논문 형태로 보낸 답신이었다. 대통령이 되려는 야망이 있어서 자신의 외교 정책에 신뢰를 얻고 싶었던 록펠러는 하버드 경제학자 허시먼에게 남미 출장에 동행해 달라고 부탁했다. 허시먼은 예의를 갖추어 이를 거절하고 거절의 이유를 〈어떻게 철수할 것인가〉에서 제시했다. 여기에서 허시먼은 신이 도우러 오실 때까지 상황을 개선할 수 있는 방도들을 제안했다. 이것은 한 경제학자가 상아탑의 안전한 영역에 앉아 푸념하는 것을 넘어서 행동하는 한 방법이었다.

처음에는 하버드가 격렬한 충돌이 벌어질 법한 장소로는 전혀 보이지 않았다. [하버드가 있는] 케임브리지의 삶은 유쾌하고 사교적이었다. 허시먼 부부는 즉시 하버드 생활에 빠져들었다. 홀든 가의 검소한 집은 경제학과 건물인 리타우어홀에서 한두 블록밖에 떨어져 있지 않았다. 갤브레이스의 집이 근처였고 허시먼 부부는 그 집에서 열리는 흥겹고 우아하며 '훌륭하고 놀라운 사람들'이 가득한 파티에 자주 초대받았다. 길 건너편에는 거셴크론이 살았다. 앨버트와 거셴크론은 서로 존중하고 예의를 갖추었으며, 때로 거셴크론은 새러를 불러내 톨스토이에 대해 이야기를 나누곤 했다. 새러와 거셴크론은 러시아어로 대화했다. 하지만 사교생활은 사적이기보다는 공식적인 경우가 훨씬 더 많았고 허시먼은 점점 스트레스를 받았다.

허시먼은 처음으로 집에 개인 서재를 마련했지만 도무지 서재에 앉아 있을 시간이 없었다. "세상에서 정말로 과장된 것이 무엇인지 보려면 이곳의 기득권 사회를 보면 될 거야." 그는 우르줄라에게 이렇게 털어놓았다. 하버드대학은 세미나, 토론모임, 콘퍼런스로 늘 바빴고, 모든 일에 위원회가 존재하는 것 같았다. 존 F. 케네디를 기념하기 위해 정책대학원이 만들어졌을 때는 현란한 행사가 열렸다. 재키[재클린] 케네디가 우아한 모습으로 나타났고 행사 뒤에 손님들은 모두 갤브레이스의 집으로 가 샴페인과 춤을 즐겼다. 허시먼은 살짝 빠져나와 집에 가고 싶었지만 새러는 허시먼이 사람들과 어울리게 하려고 애썼다. 허시먼은 "저 사람들은 이러고도 어떻게 무언가를 쓸 시간을 낼 수 있는지 나는 정말 모르겠어"라고 불평했다. 부유한 사람들과의 사교생활이 준 한 가지 장점은 어린 시절의 테니스 실력을 다시 선보일 수 있게 되었다는 점이었다. 어쩌면 이것은 은근한 복수였는지도 모른다. 허시먼이 곧 모든 동료를 이겨 버린 것을 보면.[2]

그렇다고 허시먼이 불평을 많이 한 것은 아니었다. 불평을 했다면 주로 강의에 대한 것이거나 원로 인사에 대한 의례상의 의무 때문이었다. 옥타비오 파스의 방문처럼 즐거운 경우도 있었지만(파스는 하버드대학을 자주 방문했고 허시먼과 곧 가까운 사이가 된다) 대부분의 공식 모임은 피곤했고 허시먼은 그런 모임들을 피할 만한 핑계를 대는 데 그리 능란하지 못했다. 그래도 허시먼은 하버드대학에서 몇몇 친한 친구들을 사귀게 된다. 허시먼 부부는 특히 스탠리 호프만, 잉게 호프만 부부와 친했다. 이들은 가까워지지 않을 수가 없었을 것이다. 앨버트와 스탠리는 영어로 이야기했지만 두 사람 모두 프랑스 배경을 가지고 있었고 학과 생활의 협소함을 불편해하는 것도 똑같았다. 잉게와 새러도 친해졌다. 허시먼 부부와 호프만 부부는 자주 함께 저녁을 먹고 영화를 보러 가기도 했다.[3]

하버드대학 경제학과에는 스타 학자가 많았다. 케임브리지 가에 면한 이오니아식 건물에 경제학계의 전설적인 인물들이 있었다. 가장 유명한 사람은 존 케네스 갤브레이스였고, 학과를 주도하는 사람은 거셴크론이었다. 패기만만한 바실리 레온티예프와 사이먼 쿠즈네츠도 이곳에 있었다. 쿠즈네츠는 머지않아 노벨상을 수상하게 되며(1971), 1968년 하버드대학 경제학과에 합류하게 될 케네스 애로도 노벨상을 받는다(1972). 또 마이클 로스차일드, 허버트 긴티스 같은 뛰어난 신진 학자들도 있었다. 새뮤얼 볼스도 거셴크론의 지도로 나이지리아에 대한 박사 논문을 마치고 1965년 하버드대학 교수로 채용되었다. 박사 논문은 나이지리아 관련 내용이었지만 이때는 운영연구Operation Research 분야와 수학적 모델링에 더 관심을 가지고 있었다(그리고 허시먼을 경외했다). 간단히 말하면 하버드대학 경제학과는 스타 학자들로 구성된, 매우 다양하고 빠르게 진화하고 있는 집단이었다. 하지만 한편으로는 솔기가 터져 갈등이 불거져 나오려고 하는 조짐도 있었다.[4]

허시먼도 리타우어홀[경제학과]의 스타였지만 학과 내에서의 위치는 다소 주변적이었고 점점 더 그렇게 되었다. 하버드대학에 온 지 얼마 되지 않아서 허시먼은 루시우스 N. 리타우어 정치경제학 석좌교수가 되었다. 칼 케이슨의 뒤를 잇는 영예였다(케이슨은 그 이전 해에 하버드대학을 떠나 프린스턴 고등연구소 소장으로 자리를 옮겼다). 이 발표가 난 뒤 《하버드 크림슨》 1면에는 기쁨에 넘친 허시먼의 사진이 실렸다. 사진 속의 허시먼은 '우울한 과학[경제학]'의 일원으로는 보이지 않는다.[5] 이어 《개발 프로젝트 현장》이 출간되자 허시먼의 명성은 라틴아메리카를 넘어서까지 뻗어 나갔다. 책이 빠른 속도로 출간되면서 허시먼은 외부에서 많은 관심을 받았다(이를 그가 늘 반긴 것은 아니다). 한편 학과 내에서 허시먼과 친한 동료들은 주로 젊은 교수들이었다. 젊은 교수들과 대학원생들은 급진적인 생각에 호의적인 원로학자를 늘 원하고 있었다. 리처드 버드나 마이클 로스차일드 같은 몇몇 젊은 학자들과는 나중에 공동으로 집필을 하기도 한다. 하지만 일반적으로 허시먼이 외부에서 갖는 명성은 경제학과 내부에서의 위치와 반비례했다. 그의 동료 중에 그가 교수회의에서 이야기하는 모습을 기억하는 사람은 거의 없다. 이와 대조적으로 사적인 자리에서는 최근의 관심사와 오래 숙고해 온 내용들을 끝없이 장황하게 이야기하는 수다쟁이였다.

　동료들도 공식적인 자리에서 그와 소통하는 것을 그리 흥미로워 하는 것 같지는 않았다. 한번은 허시먼이 경제학과 교수 워크숍에서 '장애들'에 대한 견해를 다이어그램까지 그려 가며 발표한 적이 있다. 젊은 교수들은 경탄하며 들었지만 원로나 중견 교수들은 난해해하거나 관심없어하면서 앉아 있었다. 정치경제학은 너무 낡은 모자 같았고 그것에 새로이 활력을 불어넣어 줄 계기는 아직 나타나지 않고 있었다. 학과에서 허시먼은 별난 사람으로 여겨졌다.[6] 그래서 허시먼은 '하이픈적'인 위치를 경제학과 밖으로 넓혔다. 공식 소속은 경제학과였고 강의도 경제학과에서 했지만, 다른 학과의 학자들과 활발히 소통했다. 호프만과 헌팅턴은 행정학과였고 셸링은 케네디스쿨이었다. 허시먼의 학생 중에도 경제학과가 아닌 학생이 많았다(대부분 정치학과였다). 허시먼이 가장 좋아한 것은 정치 발전을 주제로 한 MIT-하버드대학 공동 세미나였다. 그는 이 세미나를 헌팅턴과 함께 운영했다. 그러던 중 더 통합학제적인 제도를 공식적으로 만들자는 움직임이 학과 내에서 잠시 일었다. 레온티예프, 갤브레이스, 애로 등이 '사회경제학과'를 신설하자고 주장했고(애로가 새 학과의 커리큘럼 제안서를 작성했다) 허시먼도 동참했다. 학과장 헨리 로소브스키, 학장 데릭 보크와 여러 차례 회의를 가지며 논의했지만, 이 일은 끝내 무산되었다.[7]

하버드대학이 하지 않은 것이 하나 있었는데 그 덕분에 허시먼의 강의공포증이 조금이나마 누그러질 수 있었다. 전문 분야가 아닌 것까지 강의를 할 필요는 없었던 것이다. 학부 수업은 '라틴아메리카의 경제발전' 하나만 하면 되었고, 그 외에는 학과 필수과목인 '경제학 1'에만 가끔씩 참여하면 되었다. 물론 개발경제학 관련 세미나들은 진행해야 했다. 하나는 개발 프로젝트에 대한 것이었고 다른 하나는 1학년 세미나였는데 다음에 쓸 저서와 관련된 내용이었다. 특

수한 주제에 대한 수업도 있었다. '제국주의의 경제적·정치적 측면'
이라는 과목이었는데 '매우 어색한' 세미나였다. 여기에는 일군의
조교수들(종신교수는 허시먼뿐이었다)과 정치적 활동이 활발한 대학
원생들이 참여했다. 나이든 교수들이 되도록 피하고 싶어하는 사람
들이었다.

이때는 1970년 가을학기였고 캄보디아에서 시아누크 국왕이 물
러나고 오하이오주 켄트주립대학에서 학살 사건이 벌어진 지 얼마
되지 않은 시점이었다. 허시먼은 학생들의 과격한 말을 늘 반긴 것
은 아니었지만 이 세미나의 지도교수가 되기로 동의했다. 그는 약
간의 겸손함을 담아 수락의 이유를 다음과 같이 조심스럽게 설명했
다. "나는 이 문헌들을 독일어로 읽을 수 있는 몇 안 되는 사람이니
까." 읽을거리 목록에는 레닌, 로자 룩셈부르크, 루돌프 힐퍼딩(허시
먼은 마르세유에서 힐퍼딩을 탈출시키는 데 실패했다) 등 그가 1930년대
에 읽었던 저술들이 포함되어 있었다. 그 점을 드러내기라도 하듯,
강의계획서에는 독일어판 제목만 적혀 있었다. 하지만 허시먼은 자
신의 과거 경험에 대해서는 이야기하지 않았고 개인적인 일을 학교
의 일과 결부시키지 않았다. 그래서 학생들은 그가 엄청난 개인사를
가진 사람임을 잘 몰랐다.[8]

전문 분야만 다루면 되기는 했지만 강의는 여전히 구토를 일으킬
만큼 힘들었다. 그를 존경하는 하버드대학의 학생들에게도 허시먼
은 '끔찍하게 못 가르치는 교수'의 기억으로 남아 있다. 부족한 강의
력을 보상해 주는 것은 그의 존재 자체였다. 물론 그것만으로도 문

제는 없었다. 학생들이 그에게서 얻는 것은 대개 그의 존재 자체면 충분한 것 같았기 때문이다. 허시먼의 팬이었던 스티븐 크래스너(국제정치경제의 저명한 연구자로, 초기에 사고를 형성할 때 허시먼의 세미나에서 많은 영향을 받았다)는 허시먼이 예의바르지만 수동적인 태도를 가지고 있었으며, 학생들에게 코멘트를 잘 하지 않았다고 기억했다. 경제학 박사과정생이었던 멕시코 출신 카를로스 바스드레시도 처음에 허시먼에게 다가갔을 때 대학원생은 그에게 우선순위가 아닌 것 같다는 인상을 받았다고 회상했다. 학생들은 허시먼을 거리감 있고 유령 같은 교수로 여긴 반면 허시먼 자신은 수업 준비를 위해 엄청난 노력을 하며 희생하고 있다고 여겼다. 이 커다란 간극은 시사하는 바가 있다. 하버드대학에서의 첫 강의 전날 새러는 딸들을 데리고 2주일간 롱아일랜드에 가 있었고, 앨버트는 뉴욕 센트럴파크 웨스트의 아파트에 혼자 남아 강의 준비를 했다. "나는 요 몇 주 강의를 위해 몇 가지를 미친 듯이 새로 공부해야 했어. 이런 식의 즉흥적인 공부를 할 때마다 나는 그레첸처럼 소리를 지르고 싶어(괴테를 생각하고 있음). '아아, 저분은 어쩜 저렇게 모든 것을 다 아시는지 몰라!'"[9]

1년 뒤에 뉴욕의 같은 방에서(케임브리지로 완전히 이사하기 바로 전이었다) 허시먼은《개발 프로젝트 현장》에서 몇 가지 프티 이데가 떠올라서 그것을 더 밀어붙여 보고 싶은데 "지금 이 빌어먹을 수업 준비를 해야 한다"며 불평을 터뜨렸다.[10] 잠도 못 자고, 위장은 뒤집어지고, 수업 직전에는 설사를 하며 앨버트가 느낀 괴로움은 새러에게도 영향을 미쳤다. "언젠가 사람들이 앨버트에게 '모든 것을 알고 있고 모든 것을 믿고 있는 척하라'고 조언을 했어요." 하지만 이렇게 다 아는 척을 해야 한다는 것이 바로 스트레스를 유발한 요인이었을 것이다. "앨버트가 강의를 하고 있을 때는 집에 있는 나도 괴로웠어요. 집에서 나도 아팠죠. 실제로 경련이 일어났어요. 정말 힘들었어요."[11]

허시먼은 컬럼비아대학에서처럼 하버드대학에서도 강의의 고리를 깔끔히 잘라내고자 했다. 그는 케임브리지 홀든 가의 집으로 이사한 뒤 짐을 풀고 첫 학기 강의를 마치자마자 대안을 탐색하기 시작했다. 자신의 소질을 십분 발휘해서 그는 연구 아이디어들을 가지고 재단의 세계에 문을 두드렸다.

연구 아이디어 중 하나는 전에 칠레 사회과학자들이 모인 콘퍼런스에서 발표했던 남미의 산업화 정책에 대한 것이었다. 남미의 좌파와 우파는 거의 모든 것에 의견이 일치하지 않았지만 남미 제조업의 미래가 암울하다는 한 가지 점에서만큼은 의견이 일치했다. 남미에서 제조업은 혁명적인 힘이 충분히 없어서(좌파), 또는 자본주의의 진전을 가로막고 있어서(우파) 발전하지 못하고 있다고 여겨졌다. 물론 허시먼은 두 극단 모두 지나치게 비관적이라고 생각했다. 1967년 말 허시먼은 포드재단 프로그램 담당자인 정치학자 칼만 실버트에게 연락을 취했다. 그들은 12월 초에 뉴욕에서 만났고 허시먼이 몇 가지 제안서의 개요를 작성하기로 했다. 포드재단은 당시 칠레에 깊이 관여하고 있었고 허시먼처럼 개혁 중심의 중간적 입장을 지킬 수 있는 연구를 원했다. 실버트는 칠레의 분위기가 양극화되고 있는 상황에서 허시먼 같은 사람이 포드재단 프로젝트에 참여하면 재단에도 크게 도움이 되리라고 생각했다. 허시먼은 핀토와 선켈, 그리고 브라질 산업을 연구하고 있는 상파울루의 젊은 사회학자 페르난두 엔히크 카르도주도 합류하기를 원했다. 이 모임은 훗날 새 세대 남미 학자들의 네트워크로 발전하게 된다. 하지만 아직은 아니었다. 모임이 추진되기 시작하자 허시먼은 갑자기 겁이 나서 달아나고 싶어졌다. 그는 실버트에게 자신이 남미에 장기간 가 있지 못할 것 같다고 이야기했다. 밀린 일이 많은 데다가 "지난 10년간 경제개발과 관련해서 책을 세 권이나 썼으니 휴식기를 좀 갖고서 다음번에 뛰어들 만한 곳을 둘러보며 모색해야 할 것 같다"고 이유를 댔다.[12]

여기에서 허시먼이 일하는 패턴이 전과는 조금 달라진 것을 볼 수 있다. 10년 동안 허시먼은 중간에 쉬는 일 없이 프로젝트를 위해 연달아 내달렸다. 앞의 프로젝트에서 책에 포함되지 않고 남겨졌던 질문과 아이디어에서 다음번의 프로젝트가 출발하는 방식으로, 그의 프로젝트들은 사슬처럼 연결되어 있었다. 그는 일기에 반농담조로 이렇게 적어 놓았다.

나를 자살하지 않게 막아 주는 것은 내가 겁이 많다는 사실 외에 두 가지가 더 있다. 첫째는 창조적인 불균형 등 내가 개진했던 이론들을 나 스스로가 반박하는 결과가 되리라는 것이고, 둘째는 어느 한 시점에 내가 글로 쓸 아이디어가 적어도 하나는 늘 있다는 것이다. 내가 프티 이데들을 모두 소진한다면 그때가 정말 위험한 때일 것이다.

프로젝트들 사이에 허시먼이 휴식기를 갖길 원했을 사람들도 있었을 것이다. 특히 그의 학문적·분석적 야심이 점점 더 커지고 있었으니 말이다. 하지만 1960년대에 허시먼이 쏟아낸 사회과학 저술의 특징 중 하나는, 밖에서 보면 각각의 책이 이전 책과 단절되어 멀리 나간 것처럼 보이지만 사실은 (그의 노트가 보여주는 것처럼) 그 프로젝트들을 하나로 연결하고 있는 탯줄이 있다는 점이었다. 이를 토대로 그는 빠르게 변화하는 세계에 보조를 맞추기 위해 노력했고, 프티 이데도 그에 따라 증폭되고 있었다.

하지만 연속성을 너무 과장해선 안 된다. 1960년대에 벌어진 사건들은 개혁의 좌표를 빠르게 무너뜨리고 있었다. 빈곤과의 전쟁에서도 그랬고 경제개발에서도 그랬다. 이제까지 그의 '실용적 이상주의'는 전체주의적 입장들에 맞서는 반대편 균형추로 여겨졌다. 그런데 이제 개혁의 중심이 타들어가고 있었다. 허시먼은 긴장과 갈등이 고조되면서 자신의 전제들을 다시 점검해 보게 되었다. 사실 그가 포드재단의 프로젝트에서 발을 뺀 데는 또다른 이유가 있었다. '둘러보며 모색하는' 것을 가능하게 해 줄 다른 기회가 생긴 것이었다. 스탠퍼드대학 행동과학센터에서 허시먼에게 1년간 팰로앨토에서 지내는 거주연구원 자리를 제안해 왔다.

허시먼은 전에 스탠퍼드대학에서 〈잘못을 범할 수 있는 경제에서의 경쟁 대 독점〉이라는 제목으로 강연을 한 적이 있었다. 여기에서 허시먼은 《개발 프로젝트 현장》 연구 때 생겼지만 그 책에서 충분히 다루지 못했던 관심사를 논의했다. 그는 나이지리아 철도 사례로 이야기를 시작했다. "왜 고속도로와의 경쟁이 철도에 도움이 되지 않았는가? 아니, 왜 도리어 방해가 되었는가? 고속도로가 **있었기 때문에** 서비스가 엉망인데도 철도가 사람들에게 그럭저럭 **참을 만한 것**이 되었을까? 그래서 철도가 엉망인 것이 분명한데도 개혁을 하고자 하는 노력에 사람들이 나서지 않게 되었을까?"[13] 사실 7월에 나이지리아에서는 비아프라가 독립을 선언하자 끔찍한 내전이 일어나 대학살이 벌어졌고, 허시먼은 이 일로 몹시 괴로워하고 있었다. 불과 얼마 전에 현장에 가서 철도 프로젝트를 평가했으면서도 철도가 야만적인 분쟁에 기여하고 있었음을 자신이 알아채지 못했다는 사실은 그를 계속 따라다녔다. 허시먼은 경제학자들이 자신이 개진한 사상이 가져온 의도치 않았던 결과들을 정면으로 인정하고 고민해야 한다고 고백했다. "나나 내 이론이 통제할 수 있는 영역을 벗어난 외부요인 때문에 생긴 결과"라고 간단히 치부하고서 손 흔들고 가 버려서는 안 될 일이었다. 이날 콘퍼런스에 참석한 사람 중에 케네스 애로가 있었다(애로는 곧 하버드대학으로 옮겨오지만 이때는 스탠퍼드대학에 있었다). 애로는 '해결하기 위해 문제를 창출한다'는 개념(《경제발전 전략》에 나온 것)이 독창적이라고는 생각했지만 산업화에 대한 허시먼의 글에는 그리 큰 인상을 받지 못했었다. 그래도 이 독창적인 사상가가 현재는 어떤 생각을 하고 있는지 궁금해서 그날 콘퍼런스에 참석했는데, 훗날 그는 그곳에서 들은 내용이 "나를 한방 때린 것 같았다"고 회상했다.[14]

분명한 사실은, 개혁의 전망에 대한 허시먼의 근본적인 확신이 흔들리기 시작했다는 것이었다. 의도치 않은 결과를 재앙적인 결과가 되게 만드는 행동들을 어떻게 설명할 수 있을까? 허시먼이 경제학의 최전선에서 경계를 확장하면서도 경제학의 경계 안에서 작업을 하고 있었기 때문에, 이런 설명을 찾아 나가기가 쉽지 않았다. 이때 그가 염두에 두고 있었던 것은 경쟁이냐 독점이냐의 딜레마와 같은 기술적이고 중립적인 요인이었다. 허시먼은 1년 전에 거셴크론과 저녁을 먹으면서 이에 대해 장시간 논의한 적이 있었다. 그들은 허시먼이 오랫동안 가지고 있었던 질문 하나를 가지고 씨름했다. 형편없는 철도에 대한 대안[트럭]이 있었는데도 왜 소비자들은 모두 그쪽으로 이동해서 거대하고 문제가 많은 독점[철도]이 비효율적인 방식을 버리게 만들지 않았을까? 다음 날 아침 거셴크론은 긴 답변을 타자기로 쳐서 허시먼에게 보내왔다. 그는 미국의 학교 문제를 예로 들어서 이렇게 설명했다. "여기 매우 타당해 보이고 직관적으로도 그럴 법해 보이는 설명이 하나 있습니다. 가장 높은 소비자 잉여 consumer surplus를 가진 소비자들부터 먼저 공립학교를 버리고 사립학교로 옮겨간다는 것이 그 설명입니다." 즉 중요한 것은 소비자의 '잉여'였다. 나쁜 시스템에 그대로 머물 때 그들이 버려야 하는 것은 무엇인가? 좋은 시스템을 고수할 때 그들이 얻는 것은 무엇인가? 여기에서 허시먼과 거셴크론이 씨름하고 있던 문제는 미국에서 점점 더 중요한 단어가 되어 가던 '선택'의 문제였다.[15]

당시에 허시먼과 거셴크론의 (아직은 불분명하던) 탐험은 손실, 기회비용, 소비자 이론과 같은 경제학의 기술적 언어로 표현되었다.

하지만 나이지리아의 대학살이나 미국의 대학에서 벌어지던 저항의 격랑을 설명하기에 독점이냐 경쟁이냐라는 용어는 너무 평범해 보였다. 그래서 허시먼은 경제발전에 대한 분석을 더 넓은 관점에서 다시 모색하기 시작했다. 그러한 모색이 드러나기 시작한 자리가 스탠퍼드대학에서의 콘퍼런스였다. 그날 발표는 애로뿐 아니라 참석한 많은 사람들에게 깊은 인상을 남겼다. 스탠퍼드대학의 학과장이자 비교정치학의 거두인 게이브리얼 아먼드는 곧바로 허시먼을 거주연구원으로 초청하는 일을 추진했다. 허시먼에게 이것은 전혀 의외의 초청이었다. 뛸 듯이 기뻐했다는 말 정도로는 그가 이 초청을 받고 얼마나 기뻤는지를 다 표현하지 못할 것이다. 그는 우르줄라에게 이렇게 전했다. "정말 어마어마한 소식이 있어. 그곳에서는 다른 의무사항 없이 앉아서 생각만 하면 된다고!"[16]

이는 포드재단에 프로젝트를 취소하겠다고 알려야 한다는 의미이기도 했다. 허시먼은 실버트에게 "그해[안식년]를 '프로그램되어 있는 연구'를 전혀 하지 않고 지내는 것"이 지금으로서는 가장 중요하게 생각된다고 설명하며 양해를 구했다. 실버트는 참을성도 있고 이해심도 있는 사람이었다. 그는 포드재단이 허시먼과 다시 팀을 이루기에 적절한 시기가 올 때까지 기다리겠다고 전했다. "교수님께서 원하시지 않는 것은 하지 않으셔야지요. 말씀하신 대로 1년을 온전히 보내시는 게 좋을 것 같습니다. 스탠퍼드의 제안이 그렇게 하시기에 더없이 적절할 것 같고요…. 저희 재단의 입장은 간단합니다. 저희는 교수님의 프로젝트에 관심이 많습니다. 따라서 저희는 교수님께서 합리적이고 타당하다고 생각하시는 방식으로 관심사를 추구하시도록 돕고 싶습니다. 그 방식이 무엇이든 간에요."**17** 이 작은 서신 교환을 저술의 세계에서 흔히 있을 법한 일 중 하나로 치부하지 말아야 한다. 허시먼도 실버트도 그렇게 생각하지 않았다. 허시먼은 언젠가 때가 되면 쓸 수 있도록 접촉해 볼 만한 곳들과 잠재적인 아이디어들을 늘 쌓아 가며 비축하고 있었다. 그가 프티 이데를 모으고 사용한 방식과도 비슷하다고 볼 수 있다. 그리고 이제 허시먼은 콜롬비아를 떠나 학계에 들어온 지 10년이 되었고, 그와 굵직한 재단들과의 역학관계가 바뀌어 있었다. 이제 기회들이 앞다투어 그에게 찾아오는 위치가 된 것이다.

허시먼이 "둘러보며 모색하고" 있는 것은 무엇이었을까? 스탠퍼드대학으로 가기로 하자마자 그가 만든 파일에서 단서를 찾아볼 수 있다. "불확실하다고 느끼게 되는 어떤 영역들." 이 파일에는 소재목록 하나와《뉴욕타임스》등의 기사 스크랩이 있었다. 소재는 노동조합부터 도심 빈민가 학교와 교외 중산층지역 학교들 사이의 갈등, 블랙파워 운동, 마틴 루서 킹 주니어, 일본과 남미의 대조 등 다양했다. 그리고 '고백-나의 것'이라는 항목도 있었다. 우리로서는 아쉽게도 여기 적힌 내용들은 설명이 많이 붙어 있지 않은 단편적인 메모들이다. 다소 두서없고 강조해 놓은 곳이 많은 메모는 학문의 최전선에서 그 경계를 초월하기 위해 끊임없이 노력하는 사람의 모습을 보여준다. 또 세계에서 벌어지고 있는 사건들이 그에게 어떤 절박한 느낌을 불어넣었음을 엿볼 수 있게 해 주는 내용도 볼 수 있다. 이를테면 1968년 6월에는 훗날 '베트남의 여름'이라고 알려지게 되는 사건이 있었고, 이후에도 폭동이 이어졌다. 또한 나이지리아의 상황이 일으킨 마음 불편한 문제(나이지리아에서 트럭업자들과 [철도에] 불만이 쌓인 소비자들은 '거세게 항의할' 수밖에 없는 상황으로 내몰렸다)는 기업, 국가, 교회 등 다양한 조직과 프라하, 상파울루, 워싱턴 등 다양한 지역을 아울러 거대 조직의 권력에 대해 더 일반적인 비판을 가하는 쪽으로 발전해 가고 있었다.

가족 중에도 '거세게 항의하는' 사람들이 있었다. 카티아와 리사가 학생운동에 깊이 관여하게 되리라는 것은 예견된 일이었을 것이다. 리사가 페루 리마에서 1년을 보내고 돌아오면서 가족이 모두 모이게 되었고 리사는 위스콘신대학에서 대학원 과정을 시작할 참이었다. 하버드대학의 젊은 활동가들의 중심지이던 필립스브룩스하우스에 피터 구르비치라는 대학원생이 있었다. 그는 스탠리 호프만의 지도를 받고 있었고, 그의 가족도 허시먼 가족처럼 러시아 사회민주주의자였다가 망명한 집안이었다. 그는 반전운동에 열심이었고, 여름의 저항운동이 한창일 때 새러는 리사에게 그를 소개해 주었다. 나중에 두 사람은 부부가 된다. 리사가 페루에서 돌아왔을 때 뉴욕에 있던 카티아와 알랭도 케임브리지에 와서 학생운동 전선의 소식을 전해 주었다. 특히 알랭은 콜롬비아, 프랑스 등지에서 '혁명'이 퍼져 나가고 있는 것에 희망이 가득찬 모습이었다. "그는 완전히 확신하는 열렬한 추종자였다." 때로는 대화에 팽팽한 긴장이 흐르기도 했다. 리사, 카티아, 알랭은 확고하게 저항세력 쪽이었다. 앨버트와 새러는 아이들이 경찰을 '돼지'라고 부르는 것에 얼굴을 찌푸렸다. 알랭은 뉴욕에서 '대안 건축' 운동에 참여하고 있었다. 로어이스트 사이드에서 폐허가 된 부동산을 '미니 공원'으로 만드는 일이었다. 허버트 마르쿠제에게 영감을 받아 도심 빈민가의 아이들을 위해 폐허를 놀이공간으로 만든다는 아이디어였다. 허시먼은 이 일의 배경에 있는 혁명적인 개념에는 동의하지 않았지만 알랭의 개혁생성전 도사적 비전은 높이 샀다.

부모와 자녀 사이의 간극에 다리를 놓는 것은 쉽지 않았다. 카티아는 아이를 원했지만 새러와 앨버트는 알랭이 돈을 벌지 못하고 있어 걱정했다. 알랭이 보스턴에서 일자리를 구하자 이번에는 또다른 비극이 닥쳤다. 카티아와 알랭의 첫 아이 엘리즈가 뇌에 큰 손상을 입은 채로 태어난 것이다. 설상가상으로 그들이 살던 뉴욕 아파트에 불이 났다. 모든 것을 잃은 알랭과 카티아는 보스턴으로 와서 홀든가의 집에서 함께 살게 되었다. 엘리즈가 좀처럼 좋아지지 않아 카티아는 절망에 빠졌다. 앨버트와 새러는 슬픔에 빠진 젊은 부부를 돕기 위해 애썼다. 새러가 주로 관여했고 앨버트는 한발 물러나 있는 듯했지만 그가 결코 거리를 둔 것은 아니었다. 그저 자신의 슬픔을 드러내지 않으려고 노력했을 뿐이었다. 알랭은 앨버트에게서 먼 상실의 기억이 요동치는 것을 느낄 수 있었다. 카티아는 일상을 바쁘게 만들어 슬픔을 이기려고 아버지가 집필하는 책 중 하나에서 인덱스 정리를 맡았다. 이전에 출간된 논문들의 모음집이었다. 어느 날 저녁 카티아와 알랭은 프랑수아 트뤼포 감독의 〈도둑맞은 키스〉를

■ 1971년 앨버트가 맨해튼에서 알랭의 프로젝트 현장을 보고 있다.

보러 나갔다. 파리가 활기차 보였다. 영화관을 나오면서 그들은 프랑스로 돌아가야겠다고 생각했다. 그들이 프랑스로 가기 위해 짐을 챙기는 동안 앨버트의 논문집 《희망으로의 편향》이 출간되었다. 허시먼은 이 책을 큰딸 부부에게 헌정했다.

세대 차이 때문에 긴장이 있었다고 해서 하나의 명백한 사실을 덮어 버리면 안 된다. 기본적으로 허시먼은 저항세력과 같은 마음이었다. 그는 반전운동가인 상원의원 유진 매카시에게 환호했으며, 매카시가 자신의 정당[민주당]에 맞서서 목소리를 내고 1968년에 같은 정당의 현직 대통령[린든 존슨]과 대선 후보 지명전에서 맞붙기로 결정한 것, 그리고 대선 운동 중에 미국의 젊은이들에게 "책임 회피"를 "이탈"로 혼동해서는 안 된다고 역설한 것에도 환호했다. 매카시의 공개적인 저항을 보면서 "많은 이들이 안심하고 있다"고 허시먼은 환호했다.[18] 한편 허시먼은 파리와 프라하에서 벌어지는 일도 예의주시하고 있었다. 라탱 지구에서의 격렬한 싸움과 과격한 파업이 사회를 미처 발전시키기 전에 악화시키면 어쩌나 하는 우려가 있었다. 이에 대해 위안거리를 찾으려고 허시먼은 드골의 사임이 가능하지 않을까 하고 생각해 보았다. "내 생각에는 너무 늦은 것이긴 하지만," 그래도 드골이 사임하면 "개선을 이룬다는 것이 예전처럼 너무 근본적인 일로는 보이지 않게 될 것이므로" 긍정적인 효과가 있을 수도 있을 것이라고 생각했다. 또다른 한편으로 소련에 대해서는 폭동이 일어났으면 좋겠다고 생각했다. 허시먼은 유대인 반체제 인사들이 이스라엘 이주를 허용해 달라고 요구하는 것과 관련된 기사도 모으기 시작했다. 허시먼은 워싱턴, 파리, 모스크바 등 전반에 걸쳐 "우리냐 그들이냐"라는 이야기는 쏙 빼놓고 "옳든 그르든 국가를 옹호하는" 내부자들을 경멸했다. "경찰과 핵폭탄의 상당한 공급"은 어떤 이들에게는 좋을지 몰라도 다른 이들에게는 재앙일 수 있었다.[19]

이 모든 일에 더해, 1968년 미국 대선도 여러 모로 기운 빠지는 선거였다. 바비 케네디의 암살은 큰 충격이었고, 매카시는 스스로 자초한 상처들에 시달렸으며, 시카고 민주당 전당대회에서 저항세력과 시카고 경찰이 충돌한 사건은 절망스러웠다. 선거일이 가까워짐에 따라 허시먼은 "이곳에 우울한 분위기가 드리워지고 있는 것을 느낄 수 있었다." [허시먼은 우르줄라에게] "아무도 어떻게 투표를 해야 할지 모르고 있다"고 전했다. 허시먼이 워싱턴 시절부터 고개를 절레절레 흔들었던 캘리포니아 출신 반공주의자 리처드 닉슨이 당선된 것만이 문제가 아니었다. 선거 결과는 대학 캠퍼스 밖에서 일고 있는 극단주의를 반영하는 것이기도 했다. "처음으로 월리스 후보 같은 반동적인 대중이 기세를 타고 올라오고 있어.* 나는 이것을 전부터도 알고는 있었는데, 아직까지는 겉으로 드러나지 않아서 나는 그저 안심하고 있었지 뭐야." 우르줄라에게 보낸 편지에서 허시먼은 "너무 데자뷔같이 느껴지고 전혀 행복하지 않다"고 한탄했다. 우르줄라에게 이 심경에 대한 더이상의 설명은 물론 필요없었을 것이다.[20]

---

* 조지 월리스는 제3당 후보로 대통령에 출마했다. 영구적인 인종 분리 등을 주장했다.

하버드대학도 혼란스러웠다. 1년 전 컬럼비아대학에서 학생들이 본관을 점거했는데, 카티아와 알랭도 농성단에 있었다. 1월에 학생들의 시위는 샌프란시스코 스테이트대학, 브랜다이스대학, 스워스모어칼리지, 캘리포니아대학 버클리캠퍼스, 위스콘신대학, 뉴욕시티칼리지, 듀크대학, 럿거스대학 등으로 퍼져 나갔다. 하버드대학에서는 몇 년 전에 이미 조짐이 있었다. 1966년 가을 국무장관 로버트 맥나마라가 퀸시하우스에서 강연을 했는데, 그가 떠날 때 학생들이 자동차를 에워싸고 차를 두드리면서 시위를 벌였다. 맥나마라는 한참을 그러고 있은 뒤에야 그곳을 빠져나갈 수 있었다. 1969년 초에는 베트남전쟁을 두고 학생들이 교수진 및 학교 당국과 맞섰다. 학생들은 국제문제센터(이곳에서 새뮤얼 헌팅턴은 미국이 추진하는 제3세계 개발정책과 안보정책이 관련 있다는 것을 확연히 드러낸 바 있있다) 앞에서 구호를 외쳤다. "이봐, 국제문제센터 씨. 오늘은 쿠데타를 몇 건이나 이끌어냈지?" 1969년 4월 9일 아침에는 '민주사회를 위한 학생들Students for a Democratic Society' 소속의 급진주의자 학생 300명이 와이드너 도서관 앞에 있는 유니버시티홀로 몰려왔다. 검고 붉은 '민주사회를 위한 학생들' 배너가 2층에서부터 드리워져 있었다. 다음날 버스 세 대만큼의 케임브리지 경찰이 하버드대학 광장으로 들이닥쳤다. 400명의 무장경찰이 홀 앞에 있었고, 농성단은 최루탄을 막기 위해 젖은 옷을 날랐다. 경찰이 돌격했고 어떤 경찰은 경찰 배지를 숨기고 학생들을 마구잡이로 구타했다. 그리고 경찰들은 학생들을 기숙사까지 쫓으면서 폭력적으로 진압했다.[21]

점거 농성과 캠퍼스 한복판에서의 폭력 사태는 총장 네이선 퓨지에 대해 격렬한 분노를 불러일으켰다. 많은 교수들이 학교에 경찰이 들어와 폭력적으로 시위를 진압하도록 허용한 것은 잘못이었다고 비판했다. 학생들의 비판은 이보다 훨씬 더 어조가 강했다. 그 와중에 (많지는 않았어도) 학생 중 일부는 퓨지를 옹호했다. 교수 회의는 설전의 전투장이 되었다. 그 무렵 허시먼은 스탠퍼드대학에 있었기 때문에 마지막 폭발을 직접 겪지는 않았지만 친한 친구인 스탠리 호프만과 알렉산더 거셴크론이 서로 반대편으로 갈라섰다. 거셴크론은 급진주의 학생들을 범죄자라고 부르면서 그들이 하버드대학을 파괴하려 한다고 주장했다. 하버드대학이 얼마나 양극화되었는지를 너무나 잘 보여주는 일이 아닐 수 없었다.[22]

1968년 여름이 끝날 무렵 해리 칸은 새러와 앨버트를 한 달 동안 케이프코드에 있는 자신의 여름별장으로 초대했다. 칸은 마셜 플랜 시절의 오랜 친구로, 성공한 뉴욕의 주식 중개인이었다. 세상이 저항으로 요동치고 있을 때 앨버트는 세상에서 사라졌다. 칸이 제안한 것은 몇 주 동안 해변에서 느긋하게 보내라는 것이었지만 허시먼은 아침 산책을 하자마자 긴 여름날들을 임시로 만든 책상에서 보냈다. 허시먼은 그 책상에 앉아서 연구 아이디어들을 가지고 씨름했다. 그는 우르줄라에게 이렇게 전했다. "[내 생각은] 예견되지 못한 방향으로 가고 있어."[23]

막상 와서 보니 하버드대학에서 서부로 온 것은 프라이팬에서 불로 뛰어든 격이나 다름없었다. 이곳은 30년 전 앨버트와 새러가 있었던 베이에어리어가 아니었다. 스탠퍼드대학은 다른 많은 대학과 같이 '흑인학'을 둘러싼 갈등으로 혼란스러웠다. 1968년 4월 마틴 루서 킹 주니어가 암살된 뒤 폭력사태와 애도가 뒤를 이었고, 흑인학이라는 학계의 '운동'은 완전히 새로운 어조를 갖게 되었다.[24] 하지만 스탠퍼드대학은 인근의 버클리캠퍼스에 비하면 약과였다. 1966년 로널드 레이건이 캘리포니아 주지사가 되었고, 여러 사안에서 갈등과 충돌을 빚었다. 그는 "사회복지에 의존하는 룸펜들을 일터로 보내자"고 목소리를 높였다. 또 "공산주의자, 시위자, 성적 일탈자"들의 천국인 '엉망진창 버클리'를 "청소시켜 버리겠다"고도 공언했다. 학생들과의 마지막 결전은 학생들이 '민중의 공원'이라고 부르는 학교 앞 공터에서 벌어졌다. 레이건은 싸우지 못해 안달이라도 난 듯 고속도로 순찰대와 버클리 경찰을 보내 학생들을 쓸어버리려고 했다. 학생들은 소화전을 켜고 돌을 던지며 이에 맞섰다. 알라메다 카운티 보안관은 산탄과 최루탄을 쏘았고 시위대 수백 명이 중상을 입고 한 명이 사망했다. 레이건은 주 비상사태를 선포했고 주 방위군 수천 명을 보내 버클리캠퍼스를 점거했다. 저항하는 여학생들은 방위군의 총구에 꽃을 꽂았다. 레이건은 "꼭 피를 봐야 한다면 빨리 해치워 버리자"고 으르렁거렸다. 그러는 동안 텔레비전에서는 시장 선거를 둘러싼 소식이 전해졌다. 보수주의자 샘 요티는 흑인노예 후손인 토머스 브래들리에게 인종차별적인 공격을 퍼부으며 브래들리가 이 도시를 흑인 민족주의자들에게 넘기려 한다고 주장했다.

앨버트와 새러는 이런 일들을 지켜보면서 마음이 아팠다. 그리고 그들이 딸들의 저항적 열정을 왜 온전히 받아들일 수 없는지를 다시금 확인하게 되었다. 새러는 우르줄라에게 이것이 "불가능한 전쟁"이었으며 "역풍을 불러오게 될 것으로 보였고 정말로 그렇게 되었다"고 전했다. 그들은 "저녁 내내 버클리 의회의 공개 세션을 텔레비전으로 시청하면서 보냈다." 앨버트와 새러는 저항하는 사람들을 존경했지만 그들이 상대하는 적은 그들이 상상하는 것보다 훨씬 많은 것을 준비한 것 같았다.[25]

그러는 동안 랠프 네이더라는 유명한 저항꾼이 허시먼의 눈길을 끌었다. 그는 기업화된 미국에 저항하는 '작은 시민'의 화신으로 유명했다. 1968년 10월 《플레이보이》가 프린스턴대학 출신의 잔소리꾼 네이더의 인터뷰 기사를 게재했고, 한 달 뒤에는 《뉴욕 리뷰 오브 북스》가 네이더의 글 〈위대한 미국의 바가지〉를 게재했다. 허시먼은 둘 다 읽었다. 이 글들은, 열정적인 이상주의와 타협하지 않는 개인주의가 결합해 1950년대의 합의 중 아직 남아 있던 부분을 깨뜨리면서 조용하던 1950년대를 끝장내고 있었다. 네이더는 자신을 현대판 로빈 후드라고 칭했는데, 이는 세금을 많이 거두는 관리에 대해서*가 아니라 기업 거물에 대해서였고, 그가 대변하는 사람은 소비자, 특히 디트로이트의 '데스트랩'[자동차]을 운전하는 사람들이었다. 네이더에 따르면 그 '데스트랩'이 매년 수만 명의 목숨을 앗아

---

* 이에 대한 분노는 몇 년 뒤에 캘리포니아에서 터져 나오게 된다. 이러한 조세저항은 1978년 시민들이 조세 상한 설정을 요구한 '캘리포니아 주민발의 13'으로 이어진다.

가고 있었는데도 디트로이트의 거물들은 사람들의 불평에 귀를 막고 있었다. 그들은 한술 더 떠서 네이더를 몰아내기 위해 그의 뒤를 쫓기까지 했다. 이는 거대 기업들에 대한 대중의 회의감이 커지는 분위기를 잠재우는 데 전혀 도움이 되지 않는 대응이었다. 그래서 1966년 네이더는 유명인사가 되었고 기업에 맞서 소비자를 지키는 대변인으로 명성을 날렸다. 매사추세츠주 니덤의 조지프 소백은 그 시대의 상징이었다. 소백은 자신이 구입한 '근사한 65년형 포드'의 엉망진창 서비스에 대해 헨리 포드에게 항의 서한을 보냈다.

지난 25년간 포드의 고객이었던 사람을 대하는 방법치고 퍽이나 좋은 방법이군요. 앞으로 내가 어느 차종이든 포드는 절대 구입하지 않을 것이라고 확신하셔도 되겠습니다. 딩신이 어떤 형태의 답신을 내게 보내 설명을 하든 간에, 아니면 고객의 편지에 답하지 않는 정책을 다시 만들든 간에 말입니다![26]

1969년 초봄에 허시먼은 네이더에게 연락을 취했다. 허시먼은 자신이 사람들이 시장의 삶을 구성하는 거대 기업에 반응하는 방식에 대해 연구하고 있으며 이듬해 하버드대학 강의에서 이 주제를 다룰 예정이라고 전했다. 네이더는 기뻐하면서 즉시 답장을 보내 허시먼의 국제적인 연구에 찬사를 표하고 소백의 청원서를 포함해 자신이 가지고 있는 자료를 보내 주겠다고 했다. 그러면서 "현재의 시스템은 '이탈'을 이데올로기로 제도화해 놓고서 그것을 기업이 권력남

앨버트 허시먼

용을 할 때 발생하는 문제들을 해결하는 데 쓰고 있다"고 한탄했다. [제너럴모터스GM의] 쉐보레 고객인 허시먼은 (곧 더 고급 브랜드인 사브[사브는 1990년 GM에 인수되었지만 당시에는 스웨덴 기업이었다]로 바꾸긴 하지만) 제너럴모터스에 대한 공격에 매우 관심이 많았을 것이다. 어쨌든 네이더와의 연락은 허시먼의 연구에 매우 중요했다. 기업이 일상을 지배하고 감시하는 방식을 사람들이 어떻게 경험하는지를 매우 잘 보여준 것도 그렇지만, 소비자들이 느끼는 실망감을 건드렸다는 점에서 더욱 흥미로웠다. 허시먼은 소비주의를 미국 자본주의에 대한 시민의 반응이라는 더 큰 맥락에 놓고자 했기 때문에 소비자 행동에 관심이 많았다. 여기에 네이더의 선전포고가 자동차(악명 높았던 콜베어였다)에서 시작되었다는 점은 허시먼의 흥미를 한층 더 높여 주는 요인이었을 것이다.[27]

이제 "제너럴모터스에 좋은 것은 미국에 좋은 것이다"라는 말은 바보처럼 속고 지냈던 옛 시절을 떠올리게 하는, 비웃음을 사는 말이었다. 이것은 조직에 순응하던 '조직인' 시대의 이미지였다. 이제 조직은 질서와 안정을 뜻하는 말이 아니라 탈미혹과 협잡을 의미하는 것이 되어 가고 있었다.

한편 팰로앨토에 도착한 허시먼은 이곳의 환경을 다음과 같이 묘사했다. "행동과학센터에 거주연구원이 약 50명 있는데, 각자 방을 하나씩 배정받아. 아름다운 곳이고 전망도 굉장해. 하지만 전화나 그 밖의 통신수단은 없어." 허시먼은 이곳이 낙원 같기는 하지만 "수도원 같은 곳에서 신경쇠약을 일으키기 일보직전으로 보이는 사람

■ 1969년 스탠퍼드대학에서의 앨버트.

도 많다"고 언급했다. 하지만 집필에는 좋은 환경이었고 아름다운 가로수가 있는 길을 따라 자전거로 캠퍼스까지 달리는 즐거움도 빼놓을 수 없었다. "눈을 감고(아주 잠깐만 감는 거야) 상상하면 버스를 뒤쫓아 티어가르텐 거리를 달리는 것 같아." 티어가르텐의 추억과 더불어 리하르트 뢰벤탈이 이곳을 방문할 예정이라는 소문이 돌았다. 허시먼의 ORG 시절 선배였던 그는 현재 베를린자유대학에 있었고 이곳에 거주연구원으로 올 예정이었다. 역사의 흥미로운 우연으로, 나중에 뢰벤탈은 허시먼이 자신의 개념을 쇠락하는 정당 시스템에 적용하는 데 도움을 주게 된다. 팰로앨토에서 그들이 만났을 때 바이마르 시절 이야기를 했는지는 알 수 없다. 허시먼이 남긴 노트에는 그런 기록이 남아 있지 않다.

수도원 같은 방으로 돌아와 불룩해진 파일과 노란 노트들을 바라보다 보니 '고백-나의 것'이란 파일에 써 놓았던 생각 중 한 가지가 점점 분명해졌다. 그는 거센크론과 저녁을 먹으면서 논의할 때 사용했던 언어, 즉 경제학의 기술적인 용어를 넘어서기로 했다. "사회과학은 분절되어 있다. 분절된 학과들을 교차하면서 연결하는 것은 베블런이 말한 '훈련된 무능(문제를 이해하는 것, 아니 심지어는 인식하는 것과 관련해 후천적으로 습득된 무능)'이 아직 자리잡지 않은 사람들이 가장 잘 성취할 수 있을 터이다." 허시먼은 '사회과학의 통합'을 추구하고 있었다. 그는 협소한 학과주의를 극복하려면 "경제학, 정치학, 사회심리학, 도덕윤리학 사이의 소통"이 필요하다고 생각했다.[29] 사회과학계에서 벌어지고 있는 세분화와 전문화 추세는 사회 문제가 점점 많아지는 현대 시기에 도리어 사회과학자들에게 눈가리개를 씌우는 시대의 역설로 보였다. 그리고 이제 허시먼에게 이 역설은 문제의식으로 바뀌었다. 그는 학제를 가르고 있는 경계를 초월하고 싶었다. 이 목적의식 덕분에 그의 새 프로젝트는 대대적인 성공을 거두게 되지만 정작 소속 분야인 경제학과에서는 표류하게 된다.

학과간 분열이 표면으로 먼저 드러난 곳은 그가 속한 경제학과가 아니라 사촌 학과인 정치학과였다. 게이브리얼 아먼드가 허시먼을 스탠퍼드대학으로 부른 것은 협업 기회를 만들기 위해서였다. 하지만 그렇게 되지 못했다. 두 사람의 관계가 벌어진 것은 빠르게 변화하는 미국 사회과학계에서 허시먼이 겪은 어려움을 보여준다. 정치학자인 아먼드는 허시먼이 경제학의 도구를 정치적 측면을 드러내기 위해 사용하고 경제 문제를 정치적으로 생각하는 드문 경제학자라고 생각했다. 그런데 허시먼이 팰로앨토에 도착했을 무렵에는 원래의 주제이던 '테크놀로지'와 '선택'에 대한 질문이 매우 다른 방향으로 바뀌어 있었다. 허시먼은 스탠퍼드대학에 체류하는 것이 아먼드가 애초에 염두에 두었던 협업으로 이루어지지 못해서 너무 미안했다.

하지만 문제는 이것이 다가 아니었다. 아먼드는 구조기능주의적 분석을 하고 있었는데, 이런 분석이 만들어내곤 하는 화려한 설명 체계는 허시먼이 강조하고자 하는 패러독스, 도치, 부수효과 등에 호소력이 없었다. 사회과학에서 점점 두드러지고 있던 학문적 경향과 허시먼의 학문적 성향 사이의 격차는 점점 벌어졌다. 경제학자들은 자신의 모델에서 외생적 요인을 제거해 정밀성을 높이려고 애쓰고 있었다. 정치학자들도 마찬가지여서 이들은 정치 변화를 정치적인 범주들로만 설명하려고 했다. 허시먼은 "환원 불가능한 사회적 세계를 일반 법칙으로 나타내고자 하는 (무의식적일지는 모르지만) 고상한 열망!"[30]에 깜짝 놀랐다. 그는 보편적인 설명력을 갖기 위해 '경제적으로 가장 효율적인parsimonious' 이론을 추구하는 것이 쓸모 없다고 생각했고, 신랄하게 이야기할 때는 그런 추구가 '생각 없는' 것이라고 말하기도 했다. 자신이 가진 분석도구 안에서 통제할 수 있게 만들기 위해 과도하게 단순화한 이론을 내놓는다는 것이었다.

이러한 차이는 캘리포니아대학 버클리캠퍼스 대학원생인 아르헨티나 출신의 오스카 오즐락이 허시먼을 캘리포니아주 아실로마에서 열린 콘퍼런스에 초청했을 때 확연히 드러났다. 허시먼은 초청을 수락하고 〈이해에 방해가 되는 패러다임의 추구〉라는 제목의 강연을 준비했다. 오즐락의 지도교수이자 역시 저명한 정치학자인 데이비드 앱터는 허시먼이 참석하는지, 참석한다면 어떤 논문을 발표하는지 오즐락에게 물어보았다. 제목을 들은 앱터는 미소를 짓더니 허시먼에게 맞서 자신의 분야를 옹호하기 위해 〈이해에 도움이 되는 패러다임의 사용The Use of Paradigms as a Help to Understanding〉이라는 제목의 발표문을 준비했다.[31]

허시먼은 사회과학의 화려하고 '이론적인' 치장을 노골적으로 비판했다. 그는 '외국인 전문가 신드롬'에 빠진 전문가들의 권위를 무너뜨리려고 했던 예전 관심사로 다시 돌아갔다.

학계에서 이론가의 권위가 하늘을 찌른다. 게다가 언어의 과장된 사용은 이론화가 감각적인 즐거움과 경쟁하는 것 같은 인상마저 준다. 전에는 '관심을 보일 만하다'거나 '가치 있는 이론적 지점'이라는 식으로 표현했던 것을 이제는 '자극을 준다'거나 '흥미로운' 이론적 '통찰'이라고 말한다. 게다가 미국에서는 학문의 중요한 역할이 헤게모니를 가진 강국으로서 다양하고 다원적인 현실을 통제하고 다루기 위해 현실을 단번에 이해할 수 있는 지름길을 찾고자 하는 강박에 의해 수행된다.[32]

허시먼은 젊은 세대의 사회과학자들과 혁명가들도 "동일한 강박에 시달리고 있다"고 주장했다. 이제 혁명가들은 마르크스를 이해하지 못한 채로 마르크스를 인용하고 '사회변동의 법칙들'을 이야기하면서, 세계를 이해하는 것이 세계를 변화시키는 것보다 열등하다는 견해를 정당화하고 있다. 이는 혁명 없는 변화란 가능하지 않다고 주장하는 미국 학생들과 남미 급진주의자들에 대한 거친 비판이었다.

나아가 허시먼은 '불운한 인지양식'이 더 큰 문제라고 언급했다. '불운'하다는 표현은 그나마 예의바르게 이야기한 것이었다. 허시먼은 어느 편이냐가 문제가 아니라 [좌우파를 막론하고] '이론적 공식화를 향한 성급함'이 문제라고 지적했다. 이에 대한 근거로 허시먼은 두 권의 책을 비교했다. 하나는 존 워맥의 최근 저서로, 멕시코 혁명가 에밀리아노 사파타를 다룬 책이었고, 다른 하나는 제임스 L. 페인이 쓴 콜롬비아의 분쟁에 대한 연구서였다. 위맥은 하버드대학의 조교수였고 허시먼은 그를 매우 좋아했다. 위맥이 (객관적으로 기술하면서도) 연구 대상지인 멕시코에 대한 애정과 사파타의 대의에 대한 공감을 숨기지 않았다는 점에서였다. 이와 달리 페인은 자신의 연구 대상인 콜롬비아에 대해 "혐오와 멸시를 마구 발산했다." 구원의 투쟁에 대한 위맥의 섬세한 내러티브('플로베르적이라고 말할 수 있을 것이다')는 "콜롬비아가 자초한 지옥"에 최신 '이론'을 중립적으로 적용해 어디에나 적용 가능한 보편 모델의 효용을 강조한 페인의 책과 매우 대조적이었다. 허시먼은 페인을 잔인하다 싶을 정도로 조롱했다. "그의 모델은 틀렸을 뿐 아니라 분노를 일으키기까지 한다. 설상가상으로 진부하기도 하다. 기껏해야 그의 책은 정치인이 사악하면 그가 수행하는 정치도 당연히 사악하다는 하찮고 틀린 가설만 이야기하고 있을 뿐이다."[33]

허시먼이 이렇게 맹공을 퍼부은 경우는 매우 보기 드물다. 미국 사회과학계가 전체적으로 굉장히 파멸적인 경향을 보이는 것에 대한 그의 우려가 어느 정도였는지 짐작케 한다. 그는 페인의 책을 보고 떠오른 비판을 이렇게 적어 놓았다. "보수적이고 변화를 거부하는 사회이론가들의 모임."[34] 게다가 변수를 테스트하고, 모델의 불필요한 요소를 최대한 없애며, 보편적으로 적용 가능한 일반화를 추구하는 것 자체를 목적으로 삼는 글은 읽기가 매우 괴롭다는 문제도 있었다. 물론 허시먼이 현실의 '복잡성'(그를 비판하는 몇몇 사람들에게는 그저 '혼란'으로 보인)을 마치 그것 자체가 목적인 듯 지나치게 중시한다는 비판을 받기도 했고, 실제로 허시먼은 그런 비판에서 완전히 자유롭지는 못했다. 하지만 이런 비판은 허시먼의 인지양식이 갖는 핵심적인 특징을 놓친 비판이다. 허시먼의 인지양식은 불안정한 (그리고 양쪽으로부터의 압력으로 짓눌린) 중간 지대에 존재했다. 그는 거대하고 통합적인 사회과학이 아니라 '작은 주춧돌'을 쌓듯이 작은 단계씩 조심스럽게 지어진, 그리고 배타적 범주들에 의존하거나 현실과 이론 사이의 거리를 증폭시키지 않는 사회과학을 추구하고 있었다. 폴 발레리[20세기 초 프랑스 비평가]의 말이 이를 잘 대변해 준다(허시먼은 이 콘퍼런스의 원고를 쓸 때 발레리를 읽고 있었다). "단순한 모든 것은 틀렸고 단순하지 않은 모든 것은 유용하지 않다."[35]

허시먼은 페인에 대한 비판을 써내려가면서 자신을 위한 경구도 하나 적어 놓았다. "행동의 원칙으로서의 희망." 그가 비축해 놓은 또 하나의 프티 이데였다.

스탠퍼드대학에 체류하는 동안 허시먼이 얻은 것은 사회심리학이었다. 허시먼은 행위의 심리학적 기조에 늘 관심이 있었고, '호모 에코노미쿠스'라는 이기적 인간상이 그리 많은 것을 알려주지 못한다고 보았다. 허시먼은 《경제발전 전략》에서도 의사결정 방식을 설명할 때 사회심리학을 사용한 바 있었다. 이데올로기와 인식은 개혁 생성전도사들의 행위와 사고 양상에 큰 영향을 미치고 있었다. 또 《개발 프로젝트 현장》에서는 "특질 수용자"와 "특질 설정자"의 차이를 정교화하기도 했다. 이런 작업은 효용극대화 이론을 넘어서는 통찰을 필요로 했다. 그 때문에 허시먼과 거셴크론이 밤을 밝혀 가며 논의를 했던 것이다.

사실 허시먼이 풀고자 하는 문제가 무엇인지는 1963년에 프랑수아 페루의 초청으로 프랑스 '경제와 사회 발전 연구소'에서 했던 강연 내용에서도 찾아볼 수 있다. 그때 프랑수아 페루는 "발전의 장애물들에 대한 최근의 생각을 프랑스 청중에게 이야기해 달라"고 요청했었다. 허시먼은 논점을 도로의 부족이나 문맹률 같은 '객관적인' 제약으로부터 다른 곳으로 이동시켜야 한다고 주장하고자 했다. 장애물에 대한 '인식'이 때로는 장애물 자체보다 더 해로울 수 있었다. 장애를 너무 거대하게 '인식'하면 그 장애가 결코 변화될 수 없는 것으로 보이기 때문에 잠재적인 대안들이 억눌리고 개혁의 길이 놓이지 못하게 되는 것이다. 반면 장애물을 새로운 방식으로 인식하면 그것이 오히려 장점으로 작용할 수도 있었다. 발표문을 준비하기 위해 적어 놓은 메모에 허시먼은 '악순환'이라는 제목을 붙여 놓았다 (이 발표문은 나중에 〈개발의 장애물들: 구분법 하나와 거의 사라지고 있는 행동 하나〉라는 논문으로 출간된다).

사람들이 직관적으로 보기에는 불합리해 보이는 복잡한 방식으로 의사결정을 내리곤 한다는 사실을 보여주는 자료가 곧 허시먼의 책상에 산처럼 쌓였다. 잭 W. 브렘, 고故 아서 R. 코엔, 그리고 무엇보다도 리언 페스팅거의 연구들이었다. 페스팅거는 '인지부조화 이론'을 창시한 스탠퍼드대학의 심리학자로, 이 분야의 고전인 《예언이 틀렸을 때》(1956)[한국어판:《예언이 끝났을 때》, 이후, 2020]의 저자이기도 하다.

《예언이 틀렸을 때》는 UFO종말론 신자들이 예언자가 예언한 지구의 멸망 일시가 틀렸음이 드러난 뒤에 어떤 반응을 보일지 알아보기 위해 UFO종말론 종교집단에 잠입해 관찰연구한 내용을 담고 있다. 페스팅거의 연구팀은 인지부조화 이론을 실증적으로 검증할 수 있는 사례를 찾던 중 어느 날 신문에서 UFO종말론자에 대한 기사를 보게 되었다. 허시먼은 페스팅거의 연구팀이 우연히 읽은 신문 기사에서 사례를 찾아내 새로운 이론[인지부조화 이론]을 검증했다는 데 흥미를 느꼈다. UFO종말론자들이야말로 새로운 통찰을 창출하게 해 준 일상의 사건이라는 점에서 허시먼이 매우 좋아하는 종류의 원재료인 셈이었다. 페스팅거의 연구에서 UFO종말론 신도들은 '클래리온'이라는 외계 행성에서 지구 종말의 일시에 대한 예언을 보내왔다고 믿고서 종말을 준비했다. 그런데 예언된 날짜와 시간에 지구가 종말하지 않자 혼란에 빠졌다. 이렇게 명백하게 예언이 틀렸을 경우, 신도들은 자신의 신념을 어떻게 유지하는가? 놀랍게도 많은 이들이 불합리성이나 비이성으로 간단히 치부해 버릴 수 없는 복잡한 이유들로 신념을 고수했고, 어느 경우에는 신념이 오히려 더 강화되기도 했다. 인지부조화 이론은 사람들이 자신의 깊은 신념과 충돌해 부조화를 일으키는 정보와 접했을 때 이 부조화를 어떻게 조화시키는지를 설명할 수 있었다. 이 연구의 핵심은 '태도가 행동을 결정한다'는 통상적인, 그리고 여전히 강력한 전제를 뒤집는 것이었다. 페스팅거 연구팀의 심리학자들은 기존의 공식을 뒤집어서 [신념과 태도가 행동을 결정하는 것이 아니라] 행동이 신념과 태도의 구성요

앨버트 허시먼

소임을 보여주었다. 기존의 공식을 뒤집는 것은 허시먼이 분석의 핵심으로 즐겨 사용한 기법이기도 하다.

허시먼은 페스팅거에게 〈장애물들〉 논문을 보내면서 경제학자가 인지부조화 개념을 활용해서 쓴 논문이라며 부디 읽고 의견을 달라고 청했다. 페스팅거는 참을성이 없고 성격이 급한 사람으로 유명하지만 허시먼의 요청에 감명을 받았다. "부조화 이론과 그것의 시사점에 대해 당신이 언급한 내용은 기술적으로 꽤 정확합니다. 그리고 나는 당신이 흥미롭고 간결하게 분석을 수행했다고 생각합니다."[36]

칭찬을 받은 것은 좋았지만 아쉽게도 페스팅거는 매우 은둔적인 사람이어서 공동연구를 하자는 허시먼의 제안에는 관심을 보이지 않았다. 그 대신 페스팅거의 젊은 동료 필립 짐바르도와 함께 연구를 하게 되었다. 막 스탠퍼드대학 심리학과 교수가 된 짐바르도는 경제학과의 거물과 함께 연구하게 되어서 너무나 기뻤다. 그는 의사결정을 하기 전에 발생한 일이 의사결정 시점에 발생시키는 '선택의 착각'에 대해 연구하고 있었다. 예를 들면 사람들이 가장 힘들게 애썼던 일을 의사결정에 어떻게 결부시키는지, 또는 (수치심을 주는 의례를 통과해야 하는 식으로) 들어가기 매우 힘들었던 집단(프러터너티 등)에 자신의 정체성을 어떻게 동일시하는지 등에 관심을 가지고 있었다. 허시먼은 이런 종류의 연구를 좋아했고 짐바르도가 만든 신중한 질문들에 깊은 인상을 받았다. 얼마나 오래 충성심이 지속되는가? 부조화는 언제 참을 수 없게 되는가? 집단역학은 언제 지속되고, 언제 깨지는가? 허시먼과 짐바르도(반전운동가이고 공공 사안에 대한 토론회 조직가이기도 했다)는 점심을 먹거나 커피를 마시며 각자의 관심사에 대해, 또 의도가 어떻게 행동으로 이어지는지에 대해 많은 대화를 나눴다.

짐바르도의 대학원생인 마크 스나이더까지 세 명은 '시작 시점에서의 강렬함이 이후의 행동에 미치는 영향'을 알아보는 실험을 하나 고안했다. 어느 집단에 들어간 것이 예상보다 덜 즐겁고 덜 이득이 된다는 것을 깨달았을 때 사람들이 어떻게 행동하는지 알아보자는 것이었다. 하지만 이 연구는 진행되지 못했다. 아이러니하게도 다음 학년도에 저항의 파도가 스탠퍼드대학을 강타한 것이 한 이유였다. 이런 분위기에서 실험 대상자들을 모집해 순응성과 비순응성에 대한 연구를 한다는 것이 적합해 보이지 않았고, 결국 그 아이디어는 잊힌 부록 속에 처박히는 신세가 되있다.[37]

허시먼이 경제개발에 대해 생각하기 시작했을 때 중심 전제로 삼았던 것(불균형)이 세상의 기저에 있는 역동과 불안정성의 이유를 탐구하는 쪽으로 확장되고 있었다. 이것은 시대의 신조이기도 했다. 모든 좋은 일은 함께 온다고 믿었던 행복한 분위기는 1960년대를 거치면서 빠르게 사라지고 있었다. 진보와 계획에 대한 확신 대신 위기와 충돌에 대한 우려가 자리잡았다. 세상은 예전에 허시먼이 본능적으로 추구했던 탐구 방향, 즉 사회적 삶의 불균형적인 측면에 대한 관심을 이제서야 따라잡고 있는 것으로 보였다. 이와 동시에 허시먼은 '창조적인 불균형'과 '완전한 붕괴' 사이에는 큰 차이가 있다는 것도 깨달았다. 이후 1970년대에 폭동이 더 암울하고 재앙적인 상황으로 빠져들면서, 허시먼은 이 부분을 정교화해야 할 필요성을 더 절박하게 느끼게 된다. 어쨌든 지금으로서는 '불안정성을 향한 내재적 경향성'을 명시적으로 이야기하는 사회과학이 필요했다. 불균등 이론을 설교하거나 의도치 않았던 결과들을 포착하자고 주장하는 것만으로는 불충분했다.

허시먼은 좀더 근본적인 것, 인간 행동의 블랙박스 안에서 작동하는 더 근본적이고 더 **내재적인** 요인을 찾고자 했다. 《경제발전 전략》에서 해결하지 못했던 핵심을 이제는 해결해야 했다. 즉 변화를 설명하는 내생적 이론을 만들어야 했다. 개혁의 빛이 빠르게 사라지고 있는 시기였던 터라 이는 더욱 중요했다. 변화를 설명하는 내생적 이론이 있다면, 상황이 좋을 때나 암울할 때나 개혁을 옹호할 수 있을 터였다. 아무리 꿈쩍하지 않을 것 같아 보여도 정말로 바뀌지 않고 완전히 고정되어 있는 것이란 이 세상에 거의 존재하지 않기 때문이다.

사람이란 늘 여러 동기와 특질들을 섞고 결합하는 존재임이, 즉 내재적으로 혼합되어 있는 존재임이 허시먼에게 점점 분명해졌다. 근대론자들의 신념이 한물 간 것으로 취급받는 오늘날에는 자명한 이야기로 들리지만, 1960년대 말에는 이것이 그리 널리 받아들여지던 생각이 아니었다. 이와 비슷한 좌표를 모색하고 있는 사람들이 없지는 않았다. 예를 들면 에릭 에릭슨은 인간의 에고를 심리사회학적으로 접근하자고 주장했다. 그에 따르면 인간의 에고는 구분되는 발달 단계를 가지고 있으며, '정체성 위기'에 취약했다. 급진주의자들의 정본이라고 할 수 있는 허버트 마르쿠제의 《일차원적 인간》은 근대적 인간이 이성의 산물이라는 견해를 깨뜨렸다. 그에 따르면 인간을 이성의 산물이라고 보는 견해는 인간이 사회 및 자연과 맺는 변증법적 관계에서 인간을 제거해야만 성립하는 존재론적 소설이며, 이렇게 인간을 제거하는 것은 '기술적 합리성과 지배의 논리'에 인간을 종속시키기 위한 것이었다. 하지만 허시먼은 징병 거부부터 화염병을 던지는 것까지 온갖 행동을 정당화할 수 있는 '소외'와 '위기'라는 프레임에는 동의하지 않았다. 저항운동을 하는 학생들이 그 프레임으로 이야기하며 허시먼에게 동참을 호소할 때면 그는 늘 예의바르게 거절했다.

허시먼이 추구한 것은 인간 내면의 불안정성을 인정하면서도 인간 행동의 핵심에 대한 통찰을 줄 수 있는 이론이었다. 그는 현대사회의 삶이 갖는 다차원적인 특질들을 포착할 수 있는 방법을 찾고자 했다. 허시먼은 잘못된 것에 대해 사람들이 보일 수 있는 두 가지 표현방식에 주목했다. 하나는 잘못에 대해 목소리를 내는 것이고 다른 하나는 그 잘못된 것으로부터 나와 버리는 것이었다. 첫번째는 나이지리아 철도를 그냥 이용하는 것이고, 두번째는 트럭으로 바꾸는 것이다. 첫번째는 징집을 거부하는 것이고, 두번째는 캐나다로 이민을 가는 것이다. 첫번째는 도심 빈민가 안에서 싸우는 것이고, 두번째는 경제의 사다리를 올라 빈민가를 빠져나오는 것이다. 허시먼은 첫번째를 '발언voice', 두번째를 '이탈exit'이라고 불렀다. 허시먼이 개념화한 이 용어들은 나중에 사회과학계 전반에서 매우 강력한 은유로 발전해 가게 된다.

허시먼이 주목한 부분은, 사람들이 여러 경로를 혼합하고 협상하고 그 사이에서 **선택**하기 위해 하는 노력이 어떻게 언어로 표현되는가였다. 그러면 조직을 이끄는 사람들은 저항을 억누르는 대신 대안의 필요성을 인식할 수 있을 것이고, "이탈과 발언 모두를 건전한 상태로 유지할 필요가 있도록 조직의 디자인을 향상시킬 수 있을" 것이었다. 여기에 "회복"을 위한 희망이 있었다. 이것은 허시먼이 "현재는 무시되고 있는 반응들이 가진 숨은 잠재성"을 드러내고자 한 책의 키워드가 된다. 마르쿠제의 어조와는 분명히 대조적이었다. 독일계 비판이론가 마르쿠제가 시스템을 부술 것을 요구했다면 독일계 경제학자 허시먼은 시스템을 더 유연하게 할 것을 요구했다. 이 책은 사회에서 분명히 작동중인데도 무시되거나 숨겨져 있는 요인들에 마음을 열자는 허시먼의 개인적인 호소로 끝을 맺는다. "적어도 그것들은 작가들의 꿈을 구성하는 재료이다."[38]

인간에 대한 견해, 그리고 적응력 있는 조직에 대한 견해를 양방향의 흐름이 연결하고 있었다. 이 흐름을 포착하는 것이 허시먼이 쓰고 있는 책의 목적이었다. 이 책은 사회과학사의 시금석이 되며, 허시먼을 학계의 스타 반열에 올려놓게 된다. 허시먼은《경제발전 전략》을 저술했을 때처럼 다양한 학과에서 재료를 모아 왔다. 콜롬비아가《경제발전 전략》의 실험실이었다면 이제 허시먼은 완전히 차원이 다른 규모에서 움직이고 있었다. 지금은 세계 전체가 그의 관찰 대상이었다.

1968년 말경이면 허시먼은 1년 전에 시작된 생각을 세상에 내놓을 준비가 되어 있었다. 이때 행동과학센터에서 허시먼에게 가을학기 세미나의 마지막 강의를 맡아 달라고 요청했고, 그는 이곳에서 〈이탈, 발언, 충성심〉이라는 논문을 발표했다. "길이가 길어서 죄송하지만" 줄여 쓸 시간이 없었다며 "아직 미완성"이라고 양해를 구했다."[39] 강의실에 모인 사람들은 횡설수설하고 명료하지 않으며 거의 얌전하다시피 한 발표를 들었다. 허시먼은 여러 분야를 연결하는 것과 심리학, 경제개발론, 의사결정론 등이 결합된 것에서 어떻게 아이디어가 나오고 숨겨진 길들을 열게 되는지(그는 이것을 '작동중인 인지부조화'라고 표현했다)에 관심이 있다는 말로 시작해서 파스칼, 프랑수아 라로슈푸코, 벵자맹 콩스탕, 옥타비오 파스 등 고금의 여러 저자들을 인용했다. 완성된 원고 상태도 아니었던 데다 허시먼이 아직도 생각의 조각들을 이리저리 옮겨 보고 있는 중이었기 때문에 발표 내용을 따라가기가 쉽지 않았다. 그래도 이날의 연습 덕분에 허시먼은 최종 원고를 작성할 때 핵심에서 초점을 잃지 않을 수 있었다. 그의 초점은 '기대되는 이론이나 태도와 도무지 맞지 않아 보이는 행동들'이었다. 그는 이러한 "부조화적인" 행동들을 설명할 수 있는 이론을 제공하고 싶었다. 허시먼은 태도 변화가 사회변화의 전제조건이라고 보는 "일반적인 순차관계"를 깨뜨림으로써, 훈계를 통해 행동의 변화를 일으키려 하는 것이 갖는 한계를 지적하고자 했다.[40]

이것은 초고였고, 허시먼은 계속해서 수정하고 개념을 적용해 나갔다. 또 소비자들의 항의편지 등 랠프 네이더가 보내 준 자료, 《컨슈머리포트》최근 호, 블랙파워 운동과 그것의 학계판인 베이에어리어 대학들의 흑인학 등 새로운 뉴스들로 내용을 계속 보완했다. 흑인학은 대표적인 사례였다. 흑인학 이론가들은 전통적인 계층 상승의 패턴을 거부해야 한다고 주장했다. "그것이 사회의 가장 억압된 집단에게는 바람직하지도 않고 작동하지도 않기 때문"이라는 것이었다. 흑인사회에서 소수의 [상류층] 흑인들이 백인사회로 '이탈'하면 남아 있는 흑인사회가 "집단적인 자극"을 받게 되어서 현재의 열악한 여건을 향상시키게 되리라는 것이 기존의 설명이었지만, 사실 상류층 흑인의 이탈은 남아 있는 사람들에게 아무런 도움도 되지 못했다. 오히려 가장 유망한 사람들을 잃음으로써 흑인사회는 비판적인 목소리를 상실하게 되었다. 이는 허시먼이 본 나이지리아 철도 사례나 공립학교 사례와 "놀랍도록 비슷했다." 이것들은 모두 사람들의 이탈이 조직을 변화시키는 데는 효과가 없고, 오히려 "품질에 가장 민감한 고객의 이탈로 인해" 남아 있는 사람들의 '발언'력이 치명적으로 약화된 사례들이었다. 이런 동학을 보여주는 사례는 주위에 널려 있었다.

흥미롭게도, 여기에서 허시먼은 베를린, 트리에스테, 파리, 워싱턴 등지에서 겪었던 자신의 이탈에 대해서는 이야기하지 않았다. 그의 메모를 보아도 이 연구를 하면서 개인적인 경험을 반추해 보았다는 흔적은 보이지 않는다.[41] 그날 세미나에서의 발표가 혼란스러웠다면, 그가 아직 아이디어들을 제대로 정리하지 못해서였을 것이다. 얼마 후 이 내용은 거짓말처럼 간결한 언명의 책으로 출간된다.

그 책이 《이탈, 발언, 충성심: 기업, 조직, 국가의 쇠퇴에 대한 반응들》이다. 이 책은 나오자마자 화제를 불러일으켰다. 이해하기 쉬우면서도 여러 방향으로 폭발할 수 있는 독특한 책이었다. 세계은행이 진행한 나이지리아 철도 프로젝트가 어떻게 인종간의 갈등을 악화시키고 정치적 이탈과 분리독립을 촉발했는지, 미국 학생들의 참여민주주의 요구가 어떻게 반문화운동 진영에서 '이탈하자drop out 운동'으로 바뀌었으며 어떻게 그들이 이탈을 통해 자유를 이야기하게 되었는지를 설명했다. 또한 경제학의 주요 분야인 독점기업론도 다루었다. 시사적인 사안에 대해서도 쟁점을 짚었고, 그와 동시에 사회과학의 핵심 이론들도 언급했다. 가장 놀라운 점은, 이 많은 영역을 이렇게 짧은 책에 담아낸, 단어 사용의 경제성이었다. 허시먼은 "논문이라기에는 길지만 책이라고 하기에는 짧은" 이 책의 초고(97쪽이었다)를 여러 사람들에게 보여주고 의견을 구했다. 허시먼은 '깊이 있게 아는 분야'에서 벗어나는 것을 싫어했지만 무엇인가에 몰두했을 때는 주저하지 않았고, 지금은 자신이 무엇인가에 몰두해 있다는 것을 알고 있었다.

그는 하버드대학의 역사학자 어니스트 메이에게 이렇게 편지를 보냈다. "아직 거칠고 미완성이지만 이 상태로 보내 드리기로 했습니다. 여러 학자분들이 읽고 의견을 주시는 동안 저는 일단 다른 것을 시작했다가 학자분들의 의견과 저의 두번째 생각을 모아서 다시 한 번 작업을 한 뒤 올해 안에 완성하려고 합니다."[42] 하버드대학 동료인 케네스 애로와 하비 라이벤스타인, 컬럼비아대학의 게리 베커

(허시먼은 이전 해 여름에 케이프코드에서 베커를 만난 적이 있다), 버클리캠퍼스의 사회학자 아서 스틴치콤 등에게도 초고를 보냈다. 스틴치콤은 공식 모델에 대해 몇 가지 제안을 해 주었고, 이 부분은 나중에 책의 부록으로 실린다. 허시먼은 이들의 의견을 받아서 견해를 정교화하고 새로운 뉴스들을 반영해 맹렬히 집필했다. 무엇도 그를 방해할 수 없었다. "이것은 스스로 씌어진 책 같아. 내 쪽에서는 어떤 고민도 하지 않은 채로, 저절로 씌어진 책." 1969년 여름이 끝날 무렵 원고가 완성되었다. 짐을 싸서 혼란으로 찢긴 케임브리지로 돌아갈 준비를 할 무렵 허시먼은 팰로앨토에서 고립되어 지낼 수 있었던 덕분에 스스로의 기록을 깰 수 있었다고 누나에게 말했다. 이제 집으로 돌아가서 분열된 대학, 서로 말을 하지 않는 친구들과 고통스러운 수업을 마주할 마음의 준비를 해야 할 때였다.[43]

아홉 편의 짧지만 광범위한 에세이를 담은 이 책의 제목(이탈, 발언, 충성심)은 곧 학계에서 분석적 개념으로 가장 많이 인용되는 세 요소가 된다. 이 파노라마적인 책을 낳게 된 애초의 씨앗은 나이지리아에서 갖게 된 질문이었다. 이 내용은 책의 중간에 들어간 일곱 쪽짜리 장 〈어떻게 독점이 경쟁을 악용해 안주하게 되는가How Monopoly Can Be Comforted by Competition〉에 담겨 있다. 허시먼은 원고를 마지막으로 다듬으면서 이렇게 "방대한 규모와 야망을 가진" 책이 진화해 온 과정을 돌이켜 생각해 보았다. 그러다 보니 작은 아이디어들과 그것이 향하는 예기치 않은 방향들을 생각하라고 했던 에우제니오가 생각났다. 누나를 복잡한 심경에 빠뜨리게 될 것임을 알면서도 허시먼은 누나에게 이렇게 편지를 보냈다. "이 책을 작은 아이디어들과 그것이 어떻게 성장할 수 있는지에 대해 알려준 에우제니오에게 헌정하고 싶어."[44]

이 책은 두 개의 일반 명제를 바탕으로 하고 있었다. 하나는 지난 반세기 동안 공적 생활을 구성해 온 제도와 기관이 '쇠퇴하고 있다'는 사실이었다. 기업, 정부, 대학 등 여러 종류의 조직들 모두 마찬가지였다. '쇠퇴'는 다소 잘못된 표현이었는지도 모른다. 이 무렵 몇몇 조직은 근본적인 변화를 겪고 있었기 때문에 [변화하지 않는] 경화증을 겪고 있다고 이야기할 수는 없었다. 하지만 당시로서는 이를 파악하기 어려웠고, 1960년대 말의 병증은 [근본적인 변화를 겪고 있는 징후라기보다는] 쇠락의 징후로 보였다. 허시먼만 이렇게 생각한 것이 아니었다. 실제로 쇠락과 위기는 1960년대 '플라워 파워flower power'식 행복에 종지부를 찍으려 하고 있었다.

여기에서 두 번째 명제가 나온다. 이러한 쇠락의 상황에서, 기존에 이어져 온 충성심의 양상으로는 더이상 '소비자-시민'을 그 자리에 잡아둘 수 없었다. 제너럴모터스의 충성스러운 고객은 불만을 표출하기 시작했다. 일부는 다른 회사 자동차로 옮겨갔다. 젊은 미국인 중 점점 더 많은 사람이 징병에 반대하는 목소리를 내기 시작했다. 일부는 캐나다, 스웨덴 등 다른 나라로 떠났다. 이러한 움직임의 결과, 사람들이 보이는 반응의 스펙트럼이 점점 확장되었다. 허시먼은 사람들의 반응을 두 종류로 나누었다. 하나는 이탈, 다른 하나는 발언이었다. 이탈은 다른 기관, 다른 제품, 다른 신념으로 이동하는 것이다. 발언은 목소리를 내서 현 상태에 문제를 제기하는 것으로, 주장·저항·비판 등이 여기에 속한다. 두 반응은 두 개의 학과와 각각 관련이 있다. 정치학자들은 '사회계약'이나 '발언'과 같은 단어를 분석도구로 사용하며, 경제학자들이 말하는 수요-공급 법칙에서 시장의 작동원리가 바로 '이탈'이다.

이 책의 놀라운 점은 사람들이 보이는 가시적인 반응들을 단순하고 접근가능한 단어들로 표현하는 동시에 그들이 이탈과 발언 사이의 관계를 헤쳐 나가면서 받게 되는 분열의 느낌을 잘 포착하고 있다는 점이다. 떠날 것인가 항의할 것인가? 이 선택은 언제 할 것인가? 사람과 사회가 내리는 실제 선택이 늘 칼로 베듯 확실하게 이루어지는 것은 아니기 때문에 선택지들 사이에서 사람들이 어떻게 고민하고 씨름하고 정당화하는지를 파악해야 했다. 사람들은 완고한 이탈자도 아니고 순수한 항의자도 아니다. 사람들이 보이는 반응들은 때로는 서로를 대신하고 때로는 서로를 보완하며 때로는 서로를 잠식한다. 이 책이 집중하고 있는 것이 바로 이러한 혼합과 교환의 연금술이었고, 이를 설명하는 데 심리학이 큰 도움을 주었다. 이렇게 해서, 얼핏 보기에는 사람들이 취할 수 있는 대안들을 다룬 단순한 책으로 보이던 것이 점점 복잡한 내용으로 발전해 갔다.

허시먼은 현실을 단순한 기본 이론으로 정형화하지 않았다. 그 대신, 일상의 용어를 사용해서 가장 기본적인 충동들을 포착한 뒤 거기에서 나온 행동이 어떻게 유동적이고 혼합적이며 불완전한 현실을 창조하는지 보여주었다. 세계는 순수한 경쟁의 장, 즉 '이탈자들'

이 자유롭게 유동적으로 움직이는 장도 아니었고, 그렇다고 아무 거리낌 없이 '발언'으로 불협화음을 낼 수 있는 장도 아니었다. 허시먼은 이탈(즉 시장) 옵션도, 발언(즉 정치) 옵션도 옳다고 찬양하지 않았다. 모든 것은 계산이었다. 어쩌다가 '최적의' 혼합이 존재할 수도 있겠지만 그 혼합이 안정적인 균형점은 아니었다. 충성심[의리]조차도 안정적인 것이 아니며, 그 뒤에는 휘몰아치는 인식의 과정이 있었다. 허시먼은 아브라함이 신에 대한 충성의 표시로 아들을 제물로 바쳐야 했을 때의 고뇌를 설명한 키르케고르의 글을 매우 좋아했다. 그에 따르면, 아브라함이 '무한한 체념'을 하기 전에 사실은 매우 복잡한 여정과 그가 내린 수많은 선택들이 있었고 거기에 그의 자유가 있었다.* 허시먼은 이러한 해석이 "순수한 신앙심, 순수한 믿음의 행동과 비교해 볼 때, 가장 충성스러운 행동은 막대한 양의 합리적인 계산을 담고 있다는 점을 깨닫게 해 준다"고 보았다.[45]

이제 마지막 주장을 만들어야 했다. 그의 글은 매우 확신에 찬 것처럼 보이지만(그가 제시한 메커니즘이 단순하고 글이 읽기 쉽다는 점도 이런 인상을 주는 데 한몫 했을 것이다), 동시에 그는 더 포괄적인 사회과학 쪽으로 천천히 길을 모색해 가는 중이기도 했다. 두 가지 반응

---

* 키르케고르는 《공포와 전율》에서 아브라함의 심경에 대해 다음과 같이 이야기했다. "만약 하나님이 이삭을 요구하신다면 그는 언제든 이삭을 기꺼이 바칠 생각이었지만 하나님께서는 이삭을 요구하지 않으시리라는 것을 그는 믿었다. 그는 부조리의 힘으로 믿었다. 왜냐하면 거기에는 인간적 타산이 문제될 여지가 없었고, 그에게 요구하신 하나님이 다음 순간에 그 요구를 철회하신다면 그것이 바로 부조리이기 때문이다."

앨버트 허시먼

인 이탈과 발언, 그리고 각각과 관련된 학문인 경제학과 정치학은 상호배타적인 것이 아니라 혼합가능한 대안들이었다. 하나는 개인주의적이고 다른 하나는 집단주의적이라는 식으로 마치 양극단의 전형인 것처럼 이야기할 수 있는 것이 아니었다. 중요한 것은 이 둘의 상호작용이었다. 시민이 해결해야 할 문제는 영향력을 행사하는 동시에 존중을 표하는 것이었다. 즉 '소비자-구성원(소비자이자 구성원)'이 되어야 했다.

'하이픈'적인 입장은 학과들 사이에서도 적용되었다. 서로 다른 학과들 사이에 '소통'이 필요했다. 하지만 경제학과 정치학의 소통을 주장한 것은 더 큰 객관성을 위해 학과간의 벽을 초월하자는 중립적인 목적에서만은 아니었다. 충동과 반응이 어떻게 섞이고 어떻게 균형을 이루든 간에, 위험이 존재했다. 한 가지 위험은 사람들이 존중의 의무를 잊고서 격앙된 발언을 마구잡이로 터뜨리는 것이었다. 또 한 가지 위험은 이탈의 가능성이 너무 부풀려져서 발언의 기술이 쇠락하는 것이었다. 당시가 매우 시끄럽던 1960년대 말임을 생각하면 다소 이상한 우려로 보일지도 모른다. 당시에는 많은 이들이 발언의 과도한 분출을 걱정했지 그것의 쇠퇴를 걱정하지는 않았으니 말이다. '소비자성'이 '시민성'을 잠식하고 있다는 우려는 아직 나오기 전이었다. 하지만 허시먼은 이 위험을 포착했고 곧 이 문제를 본격적으로 다루게 된다. 어쨌든 지금 중요한 것은, 사회과학자들이 민주주의 사회의 핵심에 존재하는 이 불안정한 혼합에서 눈을 떼지 않는 것이었다.[46]

《이탈, 발언, 충성심》(1970)은 허시먼이 사회학적인 관찰을 사회과학의 방법론적인 메시지와 결합한 첫 번째 책이었다. 이는 그가 이후의 저술에서도 이 세 가지 요소로 계속 되돌아오는 이유를 설명해 준다. 이탈, 발언, 충성심의 (분절이 아니라) 상호작용에서 얻은 통찰은 1960년대의 낙관주의가 1970년대에 완전히 다른 분위기로 넘어가면서 그가 절박하게 고민한 주제들에 대해 중요한 지침이 되어 주었고, 그는 이 통찰을 계속 확장시켜 나가고자 했다.

그렇다면 우리는 이 책 자체도 남미 경제발전에 관심 있던 '초기' 허시먼과 더 넓은 지적 지평에서 탐구하는 '후기' 허시먼 사이의 하이픈이라고 생각할 수 있다. 이러한 연결들, 이러한 하이픈들은 허시먼이 경제발전과 사회변화 사이의, 사회과학의 여러 학과들 사이의, 또 사회계약과 시장(수요-공급) 사이의 연결고리들에서 생각을 밀어붙이고자 했을 때 서로의 영향을 받아 가며 계속 발전해 간 개념들이라고 생각해 볼 수 있다. 사회과학의 많은 부분이 질서(정치학)나 균형(경제학)을 이론적 전제로 삼고 있었다. 이런 경향은 정교한 모델과 이론을 만드는 데 유용하다는 장점도 있었다. 그러나 너무 정교해진 나머지 그 핵심에 놓인 전제가 질서-균형의 원칙임이 가려져 점점 더 보이지 않게 되는 문제가 생겼다. 무질서와 불균형의 사례들은 외생적인 요인에 의한 역기능이라고만 설명되었고 고유함, 예외, 비정상은 기본적인 개념 설정에서 아예 제거되었다. 허시먼은 이러한 문제설정 방식을 거꾸로 뒤집고자 했다. 불안정성, 무질서, 불균형을 중심에 놓고서 그것들의 작동이 어떻게 내생적인

이론을 구성하는 토대가 될 수 있을지 알아보고자 한 것이다.[47]

짧은 책(이 책은 120쪽밖에 되지 않는다)의 장점 중 하나는 출간이 빠르다는 점이다. 하버드대학 출판부는 콜로라도대학에서 최고의 전성기를 누리고 있던 케네스 볼딩에게 서평을 요청했다. 다소 의외의 선택이기는 했다. 볼딩이 사회과학의 학제간 분열을 극복해야 한다고 생각한 것은 허시먼과 일치했지만 그의 연구는 더 추상적이었기 때문이다. 그를 비판하는 사람들은 볼딩을 괴짜라고 말하기도 했다. 어쨌든 적어도 (허시먼이 예의바르게 인정한 바에 따르면) 광범위한 지평을 가진 사람이기는 했다. 볼딩은 한 쪽 반짜리 서평에서 한두 군데를 수정하라고 강하게 권유했다. 그는 "뛰어나고 때로는 놀랍게 명석한" 스타일에 찬사를 보냈지만 '이탈'에 대해 다른 단어를 생각해 보면 어떻겠느냐고 했다. 때로 "exit[이탈의 영어 단어]가 excite[흥분시키다]와 혼동되는 경우가 있기 때문"이라는 것이었다. 그러면서 '재진입re-entry'이라는 단어도 고려해 보라고 제안했다. 하지만 꼭 수정을 해야 한다기보다는 한번 생각해 보라는 정도의 제안이었다.[48]

한 가지 면에서는 볼딩이 옳았다. 그는 이렇게 언급했다. "어느 면에서 이 원고가 담고 있는 아이디어들은 오랫동안 존재해 온 것이다. 하지만 이 글은 아주 절묘하고 적절하게 옛 개념들을 새롭고 생기 있는 언어로 다시 표현하고 있으며, 그것들 사이의 관계를 전에 없이 선명하게 드러내고 있다."[49] 허시먼은 옛 논쟁들을 풍성한 재료로 삼았다. 허시먼의 뛰어난 점은 옛 논쟁들을 한데 모아서 '소비'와 '시민적 저항'이라는 현재적 용어를 사용해 새로이 의미를 부여한 데 있었다. 그리고 이를 기업, 국가 등의 조직이 '쇠퇴하고 있는' 당대의 현상에 대한 사회적 반응이라는 틀로 설명함으로써, 기업의 부당한 행위와 악화되기만 하는 전쟁, 그리고 (많은 젊은 학자들이 이 책을 읽고 열광한 부분인) 대학들의 고리타분한 운영방식 등으로 인해 활활 불타올랐던 '참을 수 없음'이라는 그 당시의 시대정신을 포착했다.

또한 볼딩은 허시먼이 미래에 씨름해야 할 문제도 예견했다. 이 책은 동사로 바로 쓸 수 있는 두 단어 '발언(발언하다)'과 '이탈(이탈하다)'에만 치우쳐 있었다[영어 voice와 exit는 동사와 명사로 모두 쓰인다]. 이것들이 그 시대를 대표하는 키워드였기 때문일 것이다. 이에 비해 충성심은 그리 자세하게 다루지 않았다. 충성심은 동사로 변용이 쉽지 않은 용어이다(그래서 볼딩이 '재진입'이라는 단어를 제안했던 것 같다). 사실 충성심은 아무 행동도 하지 않는 것을 의미하는 경우가 많았다. 허시먼의 책에서 충성심은 [독립된 행위라기보다는] 적극적인 행위들인 이탈과 발언 사이의 계산에 영향을 미치는 배경요인으로 취급되었다. 하지만 허시먼은 "고민은 해 보았지만 '재진입'이라는 단어로는 마음이 동하지 않는다"고 결론 내렸다. 충성심은 7장 〈충성심의 이론A Theory of Loyalty〉에서 다루고 있지만 사실 이 장은 충성심에 대해 어떤 '이론'도 이야기하고 있지 않다. 그보다 이 장은 다른 모든 것들에 대한 원칙을 이야기하고 있다. 충성심이 높으면 이탈보다는 발언을 선택하는 경향이 있다. "일반적으로 말해서 충성심은 이탈을 막고 발언을 활성화한다." 발언이나 이탈만큼의 정교성을 가지고 고찰하지는 않았어도 충성심에 중요한 위치를 부여하기는 했다. "충성심은 이탈과 발언 사이의 전투에서 핵심 개념이다."[50]

결국 허시먼은 '충성심' 부분을 더 발전시키지 않은 채 '이탈'과 '발언'의 개념만 정교화해서 원고를 수정했다. 하지만 저항과 이탈의 소리로 요란하던 당시의 사회 분위기 속에서도 기저에서는 충성심을 표방하는 목소리가 끓어오르고 있었다. 이를테면 우익의 반응이 그랬다. 남미의 독재자들부터 캘리포니아 주지사 로널드 레이건까지 각지의 우파들은 근본 가치들을 복원한다는 명목으로, 혹은 국가를 '충성스럽지 않은' 저항세력과 복지의존자들로부터 구제한다는 명목으로, 저항과 이탈의 왁자한 소리를 내는 무리들을 예전으로 돌아가게 만들겠노라 공언하고 있었다. 언제나 날카로운 관찰자였던 허시먼이 이 소리를 진지하게 포착하지 못한 것은 의외이다. 이 책은 매우 통찰력 있고 영향력도 컸지만, 충성심 부분이 느슨하게 서술된 것은 이 책의 큰 맹점이었다. 우리는 이 느슨함을 그의 인생 궤적과 연결해 볼 수 있을 것이다. 고향을 잃고 정착하지 못한 생활을 오래 한 허시먼으로서는 충성심의 중요성을 '볼' 수는 있었지만 이탈이나 발언만큼의 강도로 생생하게 포착하고 파악할 수는 없었을 것이다.

《이탈, 발언, 충성심》이 출간되자 허시먼이 이전 어느 저술에 대해서도 받아 본 적이 없는 대대적인 반응이 쏟아졌다. 곳곳에 서평이 실렸는데 대부분 굉장한 호평이었다. 또한 사회과학의 거의 모든 학과에서 서평이 나왔다. 드디어 분절된 학과들을 연결시킨 것이다!

먼저 경제학과에서는 《정치경제학 저널》에 조지프 리드 주니어가 긴 서평을 썼다. 그는 허시먼이 진행한 연구들의 다층적인 방향성과 가능성을 설명한 뒤 이 책이 새로운 정치경제학을 위한 선언문이라고 언급했다. "허시먼이 마련한 새로운 토대 위에서 앞으로 엄정하게 연구들을 이루어 나간다면 정치경제학의 범위와 적합성을 유의미하게 확장시킬 수 있을 것이다."[51] 정치학에서는《미국 정치학 리뷰》에 로저 핸슨의 서평이 실렸다. 핸슨은 '발언'에 대한 분석을 이 책이 갖는 **정치적** 측면으로서 강조했다.[52] 물론 반응이 고르지는 않았다. 학과간 분열을 연결하는 통합학제적 책이기는 했지만, 사회학과 정치학에서의 반응이 더 열광적이었고 심리학과 경제학에서의 반응은 그렇지 못했다. 아마 이 책이 심리학과 경제학의 입장에서 다른 사회과학자들에게 이야기하는 식으로 씌었기 때문에 심리학자와 경제학자가 보기에는 지나치게 단순해 보인 면이 있었을 것이다. 허시먼은 서평들을 읽고 기뻤지만, 정치학에서의 열광적인 반응에 비해 경제학에서의 반응이 밋밋한 것이 서운했다. 그는 갤브레이스에게 이렇게 푸념했다. "솔직하게 말해주세요. 언젠가 제가 경제학자 중에서도 이 책에 대해 좋은 말을 한 사람이 있다고 출판사에 전할 날이 올까요?"[53]

갤브레이스를 통해 은근슬쩍 경제학자들로부터도 좋은 평가를 끌어내 보려는 심산이었다면, 효과가 있을 수 없는 전략이었다. 대부분의 경제학자에게 갤브레이스는 이름만 유명했다. 경제학 쪽에서의 밋밋한 반응은 허시먼과 그가 속한 경제학계 사이의 간극을 보여준다. 당시에 떠오르던 공공선택경제학의 대가 고든 털록의 신랄한 서평에서 이 점을 단적으로 엿볼 수 있다. 털록이 보기에 《이탈, 발언, 충성심》은 거슬리는 것 투성이었다. 그가 보기에 여기에서 논의해야 할 지점은 '발언'과는 아무 상관이 없으며 모두 '독점의 무절제한 영향력'과 상관이 있었다.

허시먼이 이 책의 5장에서 주장한 바에 따르면 어느 정도의 경쟁은 독점행위자로부터 소비자가 이탈하도록 유도해서 분노한 소비자들이 내야 할 불만의 목소리를 분산시킨다. 이 시나리오에서 보면, 경쟁은 소비자의 요구에 잘 반응하지 않는 독점행위자에게 "가장 골치아픈 고객"을 제거해 줌으로써 독점을 "안정화시키고 강화시킨다." 여기에서 우리는 게으른 거인[독점]과 활발한 경쟁이 함께 존재하는, 혼합적이고 복잡하며 명백히 모순적인 세계를 갖게 된다. 이것이 나이지리아 철도의 수수께끼였고, 널리 알려진 비효율에도 불구하고 계속 그 상태를 고수할 수 있었던 이유이기도 했다. 미국 우체국도 그런 사례였다. 즉 허시먼은 순수한 독점의 세계나 순수한 완전경쟁의 세계라는 판타지가 아닌, 모순적인 요인들이 혼합된 현실세계 자체가 이론적인 고찰의 대상이 되어야 한다고 보았다.

하지만 털록은 허시먼의 이론화가 위험하고 느슨하다고 생각했다. 철도가 정말로 독점력을 가지고 있다면 아무리 문제가 '정치적으로' 표현된다고 해도 그러한 발언에 굴복해 문제를 개선할 리 없었다. 그보다는 독점력을 더욱 행사해 납세자들의 등골을 더 많이 빼먹는 방향으로 나아갈 가능성이 컸다. 독점사업자가 자신의 비효율이 유발하는 비용을 속수무책인 소비자나 순진한 납세자에게 전가할 수 있는 한, 철도의 형편없는 서비스에 대해 '발언'은 해결책이 될 수 없었다. 즉 '정치적' 해법은 '시장' 해법의 대안이 될 수 없었다. 털록은 다소 경멸조로 이렇게 선언했다. "155쪽 분량의 책에서 제품이나 서비스를 공급하는 기업의 효율성이 떨어질 때 소비자들이 보이는 반응을 논하고 품질 변화와 가격 변화의 차이에 대한 고찰을 담는 것은 충분히 가능했을 것이다. 불행히도 이 책은 그렇게 하지 않았다."[54]

허시먼은 이 서평을 보고 기분이 나빴다. 공공선택학회 회장 맨커 올슨은 털록의 서평이 게재된 데는 어떤 의도도 없었고 자신도 민주당 지지자라며 이를 수습하려고 노력했다. 올슨은 "고든은 고전 자유주의와 자유방임의 전통을 따르는 면에서 가장 오른쪽에 있다고 볼 수 있는 사람인데 허시먼은 그렇지 않다"며, "아마 이데올로기적인 격차가 너무 컸던 것 같다"고 언급했다. 올슨은 허시먼을 달래서 계속 관계를 어어 가야 할 이유가 있었다. "좋지 않은 서평이 나온 것으로 인해 공공선택학회와 관계를 단절하려고 하신다면 너무나 안타까운 일이 될 것입니다. 그것은 마치 계량경제학회에 바브 솔로가 회원이 아닌 것과 마찬가지이지 않겠습니까?" 물론 이것은 예의를 갖추어 허시먼을 띄워 준 말이었고 허시먼도 이를 알고 있었다. 허시먼은 "고든 털록의 서평 때문에 누구와도 관계를 단절하는 일은 없을 것"이라고 답장을 보냈다. 하지만 퉁명스럽게 덧붙였다. "하지만 정확하게 예상하셨듯이 학회 활동에는 참석하지 않아야겠다는

앨버트 허시먼

생각이 듭니다."[55]

가장 깊이 있는 이해를 담아 가장 긴 서평을 쓴 사람은 정치철학자 브라이언 배리였다. 그의 서평은 1973년 이탈리아 벨라지오 록펠러센터에서 이 책을 주제로 열린 국제 심포지엄에서 나왔다. 이 심포지엄은 국제정치학회 회장 스타인 로칸의 제안으로 열렸으며, 헤브루대학의 슈무엘 아이젠슈타트, 케임브리지대학의 잭 구디, 피렌체대학의 조반니 사르토리, 미국 경제학자 올리버 윌리엄슨, 맨커 올슨 등 전 세계에서 여러 분야의 교차점에 있는 사회과학자들이 참석했다. 벨라지오센터 소장은 "역사학자들과 옛날 방식의 정치학자들이 여기 왔다면 언짢은 곳까지는 아니어도 부적절한 곳에 와 있다는 느낌은 들었을 것"이라고 말했다.[56] 배리는《이탈, 발언, 충성심》이 완벽한 '유행 서적'이라고 말했다. 이 시기는 저명한 사회과학자들의 책이 록음악 앨범처럼 대중적인 유행 아이템이 되기 시작하던 때였다. 허시먼의 책은 단순한 핵심을 막대한 파급력이 있는 시사점과 결합하고 있었기 때문에 학술지에서 서평들이 나오기 전부터 이미 사람들의 입에 오르내리고 있었다. 배리도 놀랐듯이 이 책은 부분적으로는 현대의 대학을 구성하고 있는 여러 학과들 사이를 교차하고 있었기 때문에, 또 부분적으로는 그 시대의 신조를 종합하고 있었기 때문에 파급력을 가질 수 있었다. 이 책은 출간되자마자 모두가 입에 올리는 구절이 되었고, 다양한 적용이 시도되는 '모델'이 되었으며, 학계의 여러 논문에서 다루는 주제가 되었다. 배리는 이 책이 진지하게 다뤄지기 전에 '유행'했다가 수그러들지 않을까 우려

했다. 그러나 허시먼은 우려하지 않았다. 그는 기뻐했다.[57]

'이탈, 발언, 충성심'은 담론을 구성하는 핵심 어휘가 되었다. 1971년에 일군의 하버드대학 교수들이 헨리 키신저 대통령 국가안보보좌관에게 사임을 요구하는 서한을 작성했을 때도 이 어휘를 사용했고, 데이비드 리스먼이 여기에 서명하지 않기로 하면서 이유를 제시할 때도 이 어휘를 사용했다. 리스먼은 닉슨 행정부 사람들이 핵무기 사용을 고려하고 있기 때문에 키신저가 행정부 고위층 내부에 있으면서 자신의 이탈 가능성을 무기 삼아 견제 효과를 낼 수 있어야 한다고 주장했다.[58] 허시먼 본인도 기회를 잘 포착하는 정책 결정자들이 자신들이 일하고 있는 정부가 "진정으로 궁극적인 수준으로" 공공의 해악을 풀어놓는 것을 막으려면 "뼈가 없는 것 같은 큰 유연함"을 발휘해야 한다고 말하지 않았던가.[59] 헨리 키신저가 이런 일들을 알고 있었는지는 알 수 없다. 허시먼은 키신저에게 책을 한 권 보냈는데, 키신저는 감사를 표하기는 했지만 "캄보디아 폭격 작전 이후의 이탈 움직임에 대해 고찰하는 데 이 책이 도움이 될 수 있을 것"이라는 허시먼의 말에 대해서는 아무 언급도 하지 않았다.[60]

1969년 9월 책이 널리 화제가 되는 동안 허시먼은 케임브리지의 바쁜 생활로 돌아왔다. "[하버드대학은] 정말 믿을 수 없는 중심지야. 모든 사람이 이곳에 들르는 것 같아." 허시먼은 양면적인 감정을 이렇게 드러냈다. 그는 일주일 동안 부에노스아이레스에서 돌아와 있던 프랑수아 봉디, 릭스[리하르트] 뢰벤탈, 헨리[하인리히] 에르만과 클레어 에르만 부부와 점심을 함께 먹었고, 권좌에서 물러난 아르헨티나 대통령 아르투로 일리아와의 리셉션에 참석했으며, 존 케네스 갤브레이스의 친구이자 게오르기오스 파판드레우 전 그리스 총리(그 역시 쫓겨난 민주주의 지도자이다)의 아들이자 자문이었던 안드레아스 파판드레우를 만났다.[61]

한편 예일대학 출판부는 허시먼이 발표했던 이전 논문들을 묶어 모음집을 출판하고자 했다. 이는 허시먼이 《진보를 향한 여정》 이후 맹렬히 쏟아낸 남미와 개발에 대한 논문들을 되짚어 보면서 생각을 정리하는 계기가 되었다. 이 논문들은 이미 시의성이 있지는 않은 상태였다. 그렇다면, 이제 되돌아보는 시점에서 그 논문들을 어떻게 보아야 할까? 토머스 셸링이 물었듯이 시간이 지난 뒤 우리는 예전의 자신에 대해 어떻게 생각하게 되는가? "당신의 글쓰기 스타일에서 무언가 일관된 문제의식을 발견할 수 있나요? 옛 글에서 현재의 앨버트 허시먼을 발견할 수 있나요?"[62]

쉽지 않은 질문이었고 허시먼은 답하기 위해 노력했다. 그리고 쉽지 않은 작업이라면 가장 이상적인 환경에서 하고 싶었다. 허시먼은 록펠러재단의 거주연구원 프로그램에 지원했다. 새 논문집의 서문이자 다음 학기 강의 내용이 될 원고를 집필한다는 것이 지원 이유였다. "이제까지 내가 썼던 글은 거의 모두 정치와 경제의 연결고리를 다루고 있습니다. 그러한 연결 뒤에 있는 시스템을 파악하고자 합니다." 이렇게 해서 1970년 6월과 7월에 허시먼은 록펠러재단의 벨라지오센터에 마련된 빌라에서 논문집의 서문을 집필했다. 《이탈, 발언, 충성심》에 실리지 않고 묻혀 있던 주제들이 마음속에서 계속

용솟음쳤다. 빌라 소장 존 마셜이 유명한 방문자와 시간을 함께 보낼 것을 고대했다면 이내 실망했을 것이다. 허시먼은 빌라에 틀어박혀 글을 쓰거나 시골의 코모 호수에서 우르줄라, 새러와 함께 시간을 보낼 뿐이어서 좀체 마주칠 수가 없었기 때문이다(우르줄라는 록펠러재단의 빌라를 좋아해서 종종 찾아왔고, 마셜과 함께 하는 저녁 자리에 동참하기도 했다).⁶³

이곳에서 허시먼의 가장 유려한 에세이라 할 만한 〈정치경제학과 가능주의〉가 탄생했다. 허시먼의 아포리즘 스타일이 활짝 꽃핀 이 글은 셸링의 질문을 염두에 둔 듯 '가능주의자'로서의 앨버트 허시먼을 드러내고 있다. 허시먼의 저술 중 가장 중요한 것을 하나만 이야기하라면 이 글을 꼽을 수 있을 것이다. 허시먼의 노트를 보면 그가 혁명주의 조류와 당시 떠오르고 있던 보수주의 조류 사이에서 새로운 공간을 만들어내야 한다는 압박을 느끼고 있었음을 알 수 있다. 혁명주의자들은 거대한 구조적 변화가 없다면 변화가 불가능하다고 보고 있었고, 보수주의자들은 모든 변화가 구조적인 변화라고 보고 있었다. 이러한 상황에서 '개혁'의 공간을 열려면 개혁의 원칙을 분명히 표명할 필요가 있었다. 허시먼은 노란 노트에 "개혁가에게 진짜 비판은 그가 효과가 없다는 비판이 아니라 효과가 딱 그만큼이어서 억압받는 사람들이 그들 자신의 생각과 방식대로 승리를 달성하는 것에서 그만큼 멀어지게 만든다는 비판일 것"이라고 적었다.

개혁의 원칙에는 완전한 지식이란 언제나 불가능하며 일이 전개되는 양상은 언제나 불확실하다는 점이 포함되어야 했다. "포퍼보다 빠르게 가야 한다. 단지 역사가 예측 불가능하다는 의미로만 그치는 것이 아니다. 예측 불가능성이 없다면 변화가 있을 수 없다." 그는 사회과학자들이 자신이 만든 예언이 완벽해야 한다는 것에 너무 집착하는 것이 문제라고 생각했다. "우리는 늘 변화를 예측하려고 한다." 그런데 여기에서 '예측'은 확률적으로 '발생할 법한' 것을 알아내는 것을 의미한다. 허시먼은 '확률적으로 발생할 법한probable'이라는 단어를 '잠재적으로 가능성이 있는possible'이라는 단어로 바꿔야 한다고 생각했다. 이와 관련해, 허시먼은 전에 읽은 키르케고르를 다시 떠올렸다(허시먼은 2차대전 중 이탈리아에 주둔했을 때 키르케고르를 읽었다). 키르케고르는 '가능한 것'과 '있을 법한 것'을 구분했다. "우리는 있을 법한 것에만 관심을 두고 (미약하게라도) 가능한 것에 대해서는 관심을 두지 않고 있지 않은가?" 또 사회과학계에서 보이는 확실성과 예측력에 대한 집착과 관련해서는 "결론을 내려는 열망에 반대하라"는 플로베르의 언명을 떠올렸다. 그런 열망은 우리를 '가짜 통찰'의 세계, 잃어버린 길과 막다른 결과들의 세계로 이끌 뿐이었다.

이 글은 1970년대 초에 남미가 잘못된 근대화와 혼란의 상징이라고 보던 학자들의 관심을 그다지 끌지 못했기 때문에 《이탈, 발언, 충성심》만큼 알려지지 못했다. 하지만 이 글은 사회과학계의 다른 입장들에 맞서 가능주의를 명료하게 선포한 선언문이었다. 성공의 선결요건이나 실패 요인들의 목록을 만드는 데 치중하는 것이 학계의 지배적인 추세였지만, 허시먼은 그러한 사전 요인들은 제쳐두고 예기치 못했던 사건, 잠재적으로 가능한 경로, 의도되지 않았던 효과 등에 관심을 불러일으키고자 했다. 또 사회가 더 나아질 수 있는 방식을 고찰하기 위해 '뒤집힌 순서로 전개되는 과정'에 주목했다. 이런 면에서 허시먼은 방법론 면에서도 배링턴 무어의 《독재와 민주주의의 사회적 기원》(1966)이나 시모어 마틴 립셋의 〈민주주의의 몇 가지 사회적 선결조건들〉처럼 당시의 사회과학자들이 시도한 것과 매우 다른 접근방식을 취하고 있었다. 1959년에 출간된 립셋의 논문은 하나의 분야를 개척한 논문으로 여겨진다. 허시먼의 〈정치경제학과 가능주의〉도 남미에 대한 논문집의 서문으로 숨어 있지 않았더라면 사회과학의 기념비적 저술 중 하나로 기억될 수 있었을 것이다.[64]

이 논문집의 제목은 《희망으로의 편향: 남미와 개발에 대한 논문들》이었다. 그는 이 세계에 가능주의자라는 인물을 도입했고, 가능주의자들이 지침으로 삼을 나침반으로 "미리 투사되지 않은 미래를 가질 권리"라는 개념을 도입했다. 이는 소외를 극복한 삶을 현 상태에 대한 완전한 반대 테제로서만 상상하는 혁명주의자들에 대한 공격이자, 자신이 만든 예측 모델을 가지고 그것을 이해할 능력이 없다고 간주된 사람들 위에 군림하려고 한 주류 사회과학자들에 대한 공격이었다.

이 글은 허시먼이 숙명론자와 비관론자에 맞서 자신의 목소리를 내고자 분투하고 있었음을 보여준다. 또한 그가 《이탈, 발언, 충성심》에서 설명한 '선택'의 미시적 행동을 포함하는 정치경제학을 추구하고 있었다는 것도 엿볼 수 있다. 남미에서 개혁생성전도사에 대해 [기대와 미몽이 깨지는] 탈미혹의 분위기가 확산되면서 허시먼의 학생들과 남미의 동료들은 점점 더 급진주의 쪽으로 기울고 있었고, 그는 대안을 이야기해야 할 절박성을 느꼈다. 허시먼의 책상에는 하버드대학의 정치철학자 주디스 슈클라가 헤겔의 《정신현상학》에 대해 쓴 책의 원고가 놓여 있었다. 이것을 읽고 허시먼은 자신의 생각을 다듬기 위해 메모를 적어 나갔다.

> 나는 인간 행동의 의도하지 않은 결과들이 매우 강력할 수 있다고 믿으며, 이 지점에서 급진주의자들과 결별한다. 나는 '지배 계급'이 그 자신이 추동한 사건마저도 통제할 수 없고 그들이 추동한 사건들은 결코 그들이 들어서고 싶어하지 않았던 영역으로 이어질 것이라고 생각하며, 이 지점에서 급진주의자들과 결별한다. 나는 아주 기본적인 의미에서의 변증법을 믿는다.

계속해서 그는 이렇게 적었다.

> 나는 이러한 두 변화가 갈등, 위기, 그리고 만족을 느끼려면 종종 꼭 필요한 폭력의 '마지막 건빵' 한 조각을 통해서만 올 수 있다고 믿는다. 이 지점에서 나는 자유주의자들과 결별한다.[65]

여기에 쓰인 단어들은 매우 신중하게 선택된 것들이다. '건빵'은 톨스토이의 우화에 나오는 말이다. 한 농부가 배가 고파서 커다란 롤빵을 하나 먹었다. 여전히 배가 고파서 하나를 더 먹었다. 여전히 배가 고파 세 개째를 먹었다. 그러고도 배가 고파서 작은 건빵을 하나 먹었다. 그랬더니 만족스러웠다. 농부는 머리를 치면서 생각했다. "나는 얼마나 바보였는가? 왜 그렇게 아무 소용도 없이 커다란 롤빵을 먹었을까? 처음부터 작은 건빵 하나만 먹으면 되었을 것을!" 마지막 건빵 하나는 '큰 변화를 만드는 작은 것'을 의미한다.

허시먼은 작은 것에 관심을 기울이면 정치경제학에 변화를 가져올 수 있을 것이라고 생각했다. 하지만 그 변화를 '어떻게' 가져올 것인가? 변화는 계획될 수 없었다. 그렇다고 저절로 오는 것도 아니었다. '우리는 그것을 향해 암중모색할 수 있을 뿐'이었다. 하지만 암중모색이 정말로 '암중'이어야 한다는 의미인가? 허시먼은 꼭 그렇지는 않다고 보았다. 암중모색은 영역 사이에(예를 들면 정치학과 경제학 사이에) 숨겨진 그리고 숨기는 연결고리들에 대해 열려 있어야 한다는 의미였다. 그러려면 사회과학자는 주장을 하는 데서는 더 겸손해야 하고 놀라움들에 대해서는 더 열려 있어야 했다. 혼합된 순서들로 진행되는 역사라든지 사람들의 인식이 만들어내는 역설적인 효과 같은 놀라움들에 더 열려 있어야 하는 것이다. 그는 거대한 체계 대신 "작은 규모의 정치경제적 발전 과정"을 연구하자고 촉구했다. 이것이 바로 하나의 체계적인 구조 대신 작은 토대들을 계속해서 범주화시켜 나가던 허시먼의 노력에 기반이 된 정신이었다. 거대기획을 버리면 야망을 포기해야 할지 모르지만 대신 유연성과 현실성을 얻을 수 있을 터였다. 허시먼은 어휘를 바꾸는 것으로 그의 의제를 풀어가기 시작했다.

사회과학자들은 최적의 정책과 최적의 상태를 찾고자 한다. 일반적으로 이러한 노력은 '바람직하지만 상호충돌하는 여러 요소들을 최적으로 혼합'하고자 하는 것으로 나타난다. 즉 접촉과 단절의 정확한 조합, 중앙 계획과 분산적 주도권의 적절한 조합, 도덕적 동기와 물질적 동기의 적절한 조합, 기술과 사회정의의 적절한 조합 등을 찾으려고 하는 것이다.

하지만 허시먼은 이렇게 제안했다.

우리가 가진 시간과 노력 중 적어도 일부라도 여러 요인이 '최적으로 조합된 상태'를 알아내려고 하기보다 여러 요인이 '시계추처럼 번갈아 발생하는 것'에서 나올 수 있는 유용성을 파악하는 데 쓰여야 한다.[66]

〈정치경제학과 가능주의〉는 근본적인 문제에 대한 명료하고 열정적인 호소였다. 무질서와 불균등이 그의 개념적 체계를 형성했다면 허시먼은 이제 그것이 사회과학에서의 통합적인 접근법의 전제가 되게 할 방법을 찾고자 했다. 특히 정치에 대한 경제학적 접근을 경제의 정치적 측면에 대한 이해와 연결시키려고 했다. 허시먼은 그만의 접근법 또는 스타일을 가지고 있었다(아쉽게도 오늘날에는 '이론'이라 부르기에 미흡한 것을 '스타일'이라고 부르는 경향이 있기는 하지만). 이런 접근법은 가능성의 스펙트럼을 확장했다. 일반성보다 고유성을, 예상된 것보다 예기치 못한 것을 강조하고, 있을 법한 것을 넘어 잠재성까지 포함한 가능성을 보는 데 집중하기 때문이다. 이는 가능하다고 인식되는 것의 범위를 확장함으로써 이루어진 것이었다.

"사회과학에서 유일하고 고유한 사건이 하는 역할이 있는가?" 그는 스스로에게 물었다. 고유한 사건이 사회과학에서 유의미한 역할을 갖게 만들 수 있다면 우리는 역사에 대해 대안적인 이야기들을 할 수 있게 될 것이고 대안적인 통찰들을 만들어낼 수 있게 될 것이다. 우리는 "꼭 모든 것이 특정한 사건(그 사건이 혁명이든 개혁이든)을 초래하도록 예견되어 있었나는 듯이 글을 써야 하는가, 아니면 그 사건이 일어나게 하는 데 필요했던 각각의 요소(그것이 아주 작은 승리라고 해도)들을 하나하나 짚어내는 식으로 글을 써야 하는가?" 여기에 그가 앞으로 몇 년간 씨름하게 될 도전이 놓여 있었다. 작고 무정형인 사건들을 위해 여지를 열어두려다 보면 단일하고 일관된 이론을 만드는 것은 무용하다고까지는 할 수 없더라도 매우 어려운 일이 된다. 어떻게 하면 단일한 이론이나 하나의 중심 개념idée maîtresse을 두지 않은 상태에서 사회과학을 통합할 수 있을까? 여기에서 우리는 허시먼이 다시 한 번 자신의 의제를 만들었음을 알 수 있다. 그리고 이제 그의 의제에서는 작은 아이디어들이 큰 주제로 합쳐져 있었다.

허시먼의 1960년대 저술은 시대의 분위기에 맞게 진보의 꿈을 포착하면서 그와 동시에 유포리아를 비판하는 객관적 입장을 견지하고 있다. 가능주의자 허시먼이 희망을 품을 수 있는 새로운 방법을 추구하며 과거에 걸었던 길로 다시 돌아오게 되는 것은 남미에서 정치가 재앙적인 전환을 맞고 유럽과 북미에서 개혁이 치명타를 맞은 1970년대를 거치고 나서였다. 하지만 어두운 시기에서도 그의 탐구는 희미해지지 않았다.

15장

박해받는 남미의
동료들을 위하여
(1971~76)

부정적인 역할을 수행하는 것은 우리에게 여전히 필요하다.

하지만 긍정적인 것은 이미 넘치도록 있다.

—프란츠 카프카

허시먼은 《희망으로의 편향》이 출간되자마자 짐을 꾸렸다. 행선지는 남미였다. 이제 그는 지적인 명사의 반열에 올라 있었다. 장폴 사르트르와는 적수가 될 수 없었지만(몇 년 전에 쿠바와 브라질을 방문한 사르트르는 거의 슈퍼스타 대접을 받았다) 허시먼은 그 프랑스 철학자의 설교 좋아하는 버릇에는 관심이 없었다. 허시먼은 명성을 얻은 뒤에도 '외국인 전문가 신드롬'을 여전히 경멸했다. 그렇기는 하지만 주요 정치인, 지식인, 기자들이 앞다투어 그를 만나려고 하는 상황에서 그 역시 그런 신드롬에서 완전히 벗어날 수는 없었다. 부에노스아이레스에서는 아르헨티나 군부 지도자가 허시먼의 불균형성장론에 따라 정책을 집행하고 있다고 해서 허시먼을 경악시키기도 했다. 이런 당황스러운 일도 그가 유명해지고 영향력이 커진 대가였다. 또한 이런 사례는 때로는 중요한 통찰이 상황을 반갑지 않은 방향으로 이끌게 될 수도 있음을 상기시켜 주는 것이기도 했다.

허시먼은 멕시코시티, 상파울루, 산티아고에서 극명히 대조되는 모습들을 목격했다. 브라질은 독재 정권이 견고해지는 중이었고, 멕시코는 1968년의 대학살* 이후 일당 독재의 정당성이 약화되고 있는 중이었으며, 칠레는 사회주의자 대통령 살바도르 아옌데가 민주적으로 막 선출된 상태였다. 허시먼은 8년 전 《진보를 향한 여정》의 집필로 이어진 출장에서 아옌데를 만난 적이 있었고 그를 좋아했다. 위기와 희망이 복잡하게 서로 엮여서 직조되어 있음을 보여주는 곳을 꼽으라면 단연 남미였다.

위기와 희망은 허시먼의 메시지를 빛나게 했다. '급진적 점진주의'의 현자이자 '개혁생성전도사'의 사도인 허시먼의 강연을 듣기 위해 구름같이 사람들이 모여들었다. 칠레에서 열린 강연에서, 허시먼은 소련 같은 나라에서는 발언보다 이탈이 선호되지만 그에 비해 '저개발국'들에는 '발언의 기회'가 더 많다고 말했다. 아옌데 정권 초기 시절의 희망을 반영한 듯, 그는 사기가 충천했다. 진보의 목소리가 높아지면 "더 많은 목소리가 들릴 수 있도록 새로운 경로를 **만들어내려는 노력**"이 증가할 것이고, 그렇게 되면 개혁의 가능성이 확장되고 이탈이 발언을 쇠퇴시킬 위험도 막을 수 있을 터였다. 반면 독재 치하이던 브라질의 분위기는 사뭇 달랐다. 브라질 사람들에게는 더 적은 이탈과 더 많은 발언을 위한 정확한 균형점, 즉 '푼토 데 엔

---

* 멕시코 올림픽 개막을 열흘 앞두고 멕시코시티에서 민주화를 요구하는 학생들을 학살한 사건.

쿠엔트로punto de encuentro(만나는 지점)'를 찾는 것이 중요했다. 그래야만 고무적인 저항의 지점들이 포착되어 진보적인 사회과학자들 사이에서 변화의 열기를 높일 수 있을 것이었다.

칠레와 브라질 출장 때까지만 해도 허시먼은 사기가 올라 있었다. 그런데 멕시코는 너무나 혼란스러웠다. 멕시코에는 1968년 학생 대학살 사건의 그림자가 여전히 드리워져 있었다. 허시먼과 친한 동료인 옥타비오 파스는 소리 높여 비판의 목소리를 내고 있었다. 파업, 사회적 긴장, 그리고 '오랫동안 매우 안정적이었던 정권의 기초가 심각하게 흔들리고 있다는 전반적인 느낌'이 일고 있는 것을 보면서, 허시먼은 자신의 생각을 재점검해야 할 필요성을 느끼게 되었다. 멕시코대학(1930년대에 에스파냐 망명자가 세운 이래로 멕시코에서 학문의 중심지 역할을 하고 있었다)에서 허시먼은 이탈-발언-충성심이라는 3요소의 낙관적인 어조를 전하기가 망설여졌다. 남미는 기로에 서 있었다. 모든 문제를 일거에 해결하기 위해 소득을 재분배하는 것이 쉬운 일이라는 '환상'에 현혹되어 부자들을 공격하고 사회를 양극화시키려고 하는 충동은 "성장에 해를 끼치고 불균등을 강화"할 수 있었다. 아마 칠레에서 본 것이 허시먼의 마음에 불편함의 씨앗을 뿌렸고 그것이 멕시코에 왔을 무렵 싹트기 시작했던 것 같다. 허시먼은 "발언에는 청원부터 혁명까지 너무나 다양한 것들이 포함될 수 있다"는 말로 멕시코 강연을 마무리했다. 암울한 와중에도 멕시코에서 언어유희 거리를 하나 떠올릴 수는 있었다. "왜 무함마드와 산은 중간에서 만날 생각을 안 했을까?"[1]*

자기성찰의 계기가 된 것은 남미만이 아니었다. 1970년대 초의 경제위기는 사실 더 일반적인 사상의 위기였으며 그 사상에서 나온 제도의 위기였다. 패러다임 전체와 분석 체계가 무너지기 시작했다.[2] 미국은 리처드 닉슨이 당선된 이래로 전에 없이 혼란스러웠다. 브레튼우즈 시스템이 폐기되면서 세계경제도 휘청거렸다. 인플레이션이 막무가내로 치솟기 시작했고 경제성장은 둔화되었으며 베트남 전쟁은 격화되었다. 1970년대의 암울함은 (지금 되돌아보기에) 축제적이고 희망적이었던 1960년대의 분위기를 완전히 돌려놓았다.

1972년 여름 토머스 셸링은 허시먼에게 《계간 경제학 리뷰》 특별호에 글을 써 달라고 요청했다. 이 특별호는 스테판 린더의 《괴로운 유한계급》에 대한 논평 위주로 구성될 예정이었다. 스웨덴의 소비지상주의를 비판한 《괴로운 유한계급》은 변화된 분위기를 단적으로 보여주는 책이었다. 린더는 풍요로운 사회[선진국]들이 스스로 만든 쳇바퀴에 사로잡혀 있으며, 사람들의 선호가 공들여야 하는 구애, 시간을 들여야 하는 요리, 일부일처제 등에서 섹스, 텔레비전, 기성품 청바지 등으로 이동했다고 한탄했다. 하지만 허시먼은 린더의 우울한 견해에 의문을 제기했다. 그는 《이탈, 발언, 충성심》에서 언급한 시계추 운동의 양상대로 머지않아 "부고 기사를 그럴듯하게 만들어 줄 활동들"[명성과 평판을 쌓기 위한 직업 경력상의 활동들]에서는

---

* 무함마드가 기적을 보이기 위해 산에게 오라고 명령했지만 산이 오지 않자 "네가 안 오면 내가 가지"라고 말하고 산으로 걸어가서 마침내 산을 만나는 기적을 이루었다는 이야기가 전해진다.

수확체감이 발생할 것이고, 그에 따라 사람들은 시민적 삶과 옛 스타일의 낭만으로 돌아가게 될 것이라고 예상했다. 또 시장이 그렇듯이, 모종의 자기조절 메커니즘이 작동해 사회가 현재 빠져 있는 덫을 어느 정도 해소해 줄 수 있으리라고 보았다. 다소 추상적이기는 하지만, 허시먼이 비관적인 탈미혹disenchantment의 분위기에 저항하고자 고군분투하고 있다는 것만큼은 명확했다.[3]

그해 말 리처드 닉슨의 재선은 전반적인 사회 문제를 더 악화시켰다. 이른 봄에 허시먼은 베트남전쟁에 반대하는 '교수들의 행진'에 참여한 뒤 닉슨과의 싸움에 진짜 문제는 따로 있었다고 언급했다. "닉슨이 하는 일은 전부 속임수일 것이라고 의심하게 되기" 때문에 "닉슨의 말이나 행동은 거의 대부분 액면 그대로 받아들일 수가 없다"는 것이었다. 허시먼은 민주당 후보 조지 맥거번의 선거캠프에 참여해 미국의 대對남미 정책에 대해 개요를 작성하기도 했다. 선거 패배만으로도 충격적이었는데, 크리스마스에는 북베트남에서 '하늘을 나는 요새'[공군기 B-52의 별칭]가 열흘 동안 무자비하게 폭탄을 퍼부은 하노이 대폭격이 벌어졌다. 허시먼은 닉슨 행정부가 미군 폭격기 몇 대가 격추된 것을 구실삼아 학살을 더 대대적으로 확대하는 것을 보면서 공포에 질렸다. "에스파냐내전 이래로 정치 사건 때문에 내가 이토록 뒤흔들리고 무엇이라도 해야만 한다는 생각이 이렇게 사무치게 들었던 적이 없다." 아라곤 전선에서 부상을 당하고 살아나온 사람이 이렇게 말했다는 것은 시사하는 바가 크다.[4]

전 세계적으로 여러 사건이 허시먼의 신념을 뒤흔들고 있는 와중에 하버드에서의 생활도 점점 더 힘들어졌다. 시간이 지나도 강의 스트레스는 줄어들지 않았다. 1971-72학년도 말경 그는 완전히 지쳐서 카티아에게 "매일 새 학위논문"과 "두 개의 세미나 페이퍼가 내 책상에 떨어져 있다"고 푸념했다. 강의 직전에 위장이 뒤집히는 일도 여전했다. 스탠리 호프만은 허시먼이 "글을 쓰려고 태어났지 강의하려고 태어난 사람은 아니었다"고 회상했다.[5]

게다가 1969년의 혼란 이후 대학의 분위기가 매우 안 좋아졌다. 이전의 동료들과 친구들이 더이상 서로에게 말을 하지 않았다. 특히 경제학과 분위기가 좋지 않았다. 교수진은 신규 교수 임용에서 3년 동안 단 한 명에 대해서도 합의를 하지 못했다. 방법론에 대해서도 분열하기 시작했다. 이런 상황은 허시먼에게도 영향을 미쳤다. 어느 한쪽 편을 들었기 때문이 아니라 분열이 있다는 것 자체가 매 빠지는 일이었기 때문이다. 학생들의 요구에 대해 허시먼과 거셴크론은 점점 더 의견이 일치하지 않았다. 1972년 봄 일군의 대학원생이 마르크스주의와 신마르크스주의 이론에 대해 과목을 개설해 달라고 요청했다. 여러 조류가 혼합되는 분위기를 좋아하는 허시먼은 이를 수락했지만 곧 [카티아에게] "너무 일이 많고 신경도 많이 써야 한다"며 "그것이 어떤 유익한 결과를 가져올지 잘 모르겠다"고 푸념했다. 그는 "내가 어렵사리 얼기설기 모아놓은 허약한 통합이 부서져 버릴 것 같다"고 걱정했다.[6] 정말로 그렇게 되어서, 마르크스주의 강의 개설은 무산되고 말았다. 허시먼은 이런저런 싸움에서 한쪽 편에 서기보다 점점 더 점잖고 예의바른 침묵으로 빠져들었다. 지나치게 부풀려진 싸움에 끼어드느니 우정을 지키는 편을 택한 것이다. 헨리 로소브스키(경제학과장으로, 곧 인문사회과학부 학장이 된다)는 허시먼이 "점점 더 학과 일에서 거리를 두었다"고 회상했다.[7]

그나마 그가 대화를 자주 나눈 동료들은 젊은 교수들이었다. 방문교수였던 필립 슈미터는 자신의 일과 경력에 관심을 가져 주는 유일한 원로 교수가 허시먼이었다고 회상했다. 당시 하버드대학 경제학과에는 허버트 긴티스, 새뮤얼 볼스, 스티븐 마글린 등 쟁쟁한 젊은 마르크스주의 경제학자들이 몇 명 있었다. 꼭 그들의 견해에 동의한 것은 아니었지만, 허시먼은 그들의 지성과 창조성에 깊은 관심을 가졌다. 종신교수들과 아직 종신교수가 되지 못한 교수들 사이의 계층 분화로 더 갈라진 학과 분위기 속에서, 볼스는 허시먼이 "매우 따뜻하고" 보통 이상으로 세심히 배려해 준 사람이었다고 기억했다. 1971년 허버트 긴티스가 교수들이 모인 자리에서 난해한 논문을 하나 발표하자 많은 중견 경제학자들은 "질겁했다." 갤브레이스는 즐거워하면서 이렇게 말했다. "드디어 누구가가 나보다 더 왼쪽에 있게 됐군!" 갤브레이스보다 덜 외향적인 허시먼은 나중에 긴티스와 따로 대화를 갖고 의견을 나누며 격려했다. 한편 새뮤얼 볼스는 허시먼이 멕시코에서 돌아온 뒤 사회적 행위에 경제 불평등이 미치는 효과에 대한 초기 개념을 정리하고 공식화하는 것을 돕기도 했다.

1972년 2월 '샘'(볼스)과 '톰'(아마도 셸링)은 허시먼과 교수회관에서 점심을 함께 먹었다. 허시먼은 대화중에 영수증을 뒤집더니 그래프를 하나 그렸는데, 다른 이가 얻는 보상에서 얻는 즐거움과 자신이 얻는 보상에서 얻는 즐거움 사이의 "배열순서"에 대한 그래프라고 했다. 점심식사 후 사무실로 돌아온 허시먼은 노란 노트에 훗날 그의 가장 영향력 있는 논문이 될 생각들을 그림으로 그렸다. 이 논문의 주제는 "사람들이 불평등을 어디까지 참을 것인가"였다.[8]

허시먼이 젊은 교수들과 친하게 지낸 것은 이데올로기에 동조해서가 아니라 새로운 아이디어가 있는 사람들을 좋아했기 때문이었다. 1969년 마이클 로스차일드가 젊은 교수진으로 채용되었는데, 그는 불확실성 이론의 전문가였고 막강한 수학 실력을 갖추고 있었다. 허시먼은 불확실성 이론에 대해 더 알고 싶고 자신의 아이디어도 교환하고 싶어서 그 젊은 동료를 찾아갔다. 로스차일드는 허시먼의 아이디어가 "완전히 틀렸다"고 생각했지만 허시먼이 그만큼이나 완전히 열린 마음을 가진 사람이었다고 회상했다. 다른 중견 교수였으면 로스차일드가 꼬집듯이 지적한 코멘트에 발끈했겠지만 허시먼은 기뻐하며 논문을 함께 쓰자고 했다(로스차일드는 "허시먼의 매력에 흠뻑 빠졌다"). 로스차일드는 교수회관에서 점심을 먹으면서 간단한 수학 공식을 하나 적었다(나중에 그는 이것이 "내가 적은 것 중 가장 덜 수학적인 것"이었다고 회상했다). 매우 깊은 인상을 받은 허시먼은 그에게 이것을 글로 써서 함께 출판하자고 제안했다. 한편 허시먼은 연구조교에게 토마스 아퀴나스의 인용문을 찾아 달라고 부탁했다. 허시먼은 카티아에게 "내 이론 전체가 젊은 수리경제학자 한 명에 의해 방정식으로 만들어지고 있다"고 전하며 기뻐했다.[9]

하지만 신념과 공식의 혼합은 그렇게 잘 풀리지 않았다. 도중에

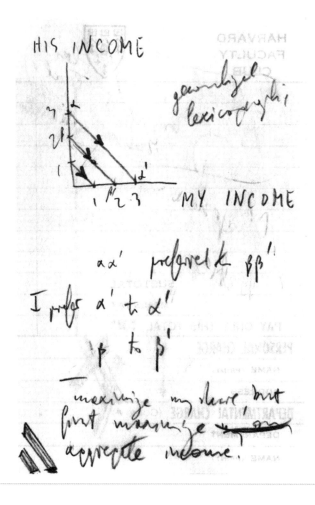

maximize my share but first maximize aggregate income.

- "배열순서"

허시먼이 심장 수술로 매사추세츠 종합병원에 입원하게 되는 바람에 원고 작업을 마친 로스차일드가 병원으로 수정본을 가져다주었다. 병실에서 원고를 보던 허시먼은 곧 기쁨이 충격으로 바뀌었다. "이 논문은 전부 증명들이잖아요!" 로스차일드는 움찔했다. 문학적 에세이스트와 정밀한 수리분석가가 서로의 차이를 극명하게 실감한 순간이었다. 하지만 이것이 인간관계를 해치게 둘 수는 없었다. 결국 논문은 허시먼의 이름으로 출판되었고 로스차일드의 수학은 부록으로 실렸다. 이 일에 대해 훗날 로스차일드는 경제학 분야는 이미 오래전부터 정교한 공식과 용어 정의에 기초를 두고 있었는데 허시먼은 그런 분야에서 논문으로 기여하는 데 어려움을 겪고 있었다고 설명했다.[10]

분열되고 상처난 경제학과의 분위기는 1972년 12월 새뮤얼 볼스의 종신교수직 임명을 거부한 결정을 놓고 더욱 심해졌다. 교수진은 둘로 나뉘었다. 대학원생은 중견 교수들이 이데올로기적 편향을 가지고 있다고 비난했다. 볼스를 지지한 허시먼은 그해 안식년이어서 학교에 없었지만, 이 일로 허시먼은 학과 일과 학과 정치에서 관심이 더 멀어졌다. 볼스의 종신교수직 투표 이후 허시먼은 하버드대학으로 돌아가는 것을 어떻게든 늦추기 위해 노력했고, 이는 "온갖 문제"를 낳았다. 학과장은 강의 부담을 줄여 주는 것으로 해결해 보려 했지만 허시먼의 반응은 통명스러웠다. 그는 카티아에게 이렇게 전했다. "이탈의 가능성을 몇 개 가지고 있는 것은 좋은 일이구나. 발언을 더 강력하게 해 주니까." 그를 달랠 수 있는 것은 별로 없었다.

허시먼은 수업 첫 주에 "너무 많은 압박과 의무사항이 있어서 원고 쓰는 일로 돌아갈 수가 없다"고 푸념했다.[11]

그러던 어느 날, 학교에서 돌아온 허시먼이 새러에게 말했다. "꿈에나 존재할 거라고 생각한 곳이 있어!" 프린스턴대학의 고등연구소였다. 스탠퍼드대학 행동과학센터와 달리 프린스턴 고등연구소는 단기적인 방문연구원 자리뿐 아니라 강의 부담 없이 연구에 전념할 수 있는 자리를 영구직으로도 제공하고 있었다. 허시먼은 교수가 아니면서도 학자가 될 수 있는 상황을 상상해 보았다. 미국보다는, 그리고 미국에서 빠르게 진전되고 있는 세분화·전문화 추세보다는 그의 [유럽] 대륙적 기원에 더 익숙한 모델이었다. 게다가 전 하버드대학 경제학과장 칼 케이슨이 고등연구소의 소장이 되어 있었다. 1971년 11월에 허시먼은 케이슨에게 이듬해 방문연구원 자리가 있을지 물어보았다. 허시먼은 몇 가지 프로젝트를 준비하고 있었고 저명한 인류학자 클리퍼드 기어츠가 최근 고등연구소로 자리를 옮겼다는 소식에도 관심이 있었다. "열대지방에 대한 나의 연구에 기어츠의 도움을 받을 수 있을 것 같습니다."

그가 생각한 프로젝트 중 하나는 제3세계에서 테크놀로지가 경제·사회·정치에 어떻게 영향을 미치는가였다. 이는 오래전부터 가지고 있던 관심사였다. "저는 제가 '미시 마르크스주의'라고 부르는 이 분야에 대해 다방면에서 생각을 아주 많이 했습니다." 당시 허시먼은 페르난도 오르티스의 《쿠바의 대위법》과 기어츠의 《농업의 내향적 정교화》를 읽고 있었는데, 둘 다 농업 테크놀로지를 중심으로 조직된 문화들을 대비시키고 있었다. 테크놀로지에 대한 허시먼의 관심은 더 개념적인 주제로 이어졌다. "테크놀로지가 수반하는 태도 변화 및 그 밖의 변화들에 관심이 있습니다. 특히 그 테크놀로지가 도입될 당시에는 그런 변화들이 가시적이지 않았던 것은 물론 의도되지도 않았던 경우에 어떻게 그런 변화들이 발생하는지에 대해서요." 유용한 위기를 보면 그것의 개념적 기원(특히 현재 혼란을 겪고 있는 개념들의 기원)을 조사하지 않고 넘어가는 법이 없는 사람으로서, 허시먼은 전술을 바꾸고 있었다. 전에 그는 몽테스키외와 제임스 스튜어트가 쓴 산업과 상업의 부상에 대한 글을 읽은 적이 있었다. 허시먼은 케이슨에게 [고등연구소에 지원한 이유를 설명하는 편지에서] 이렇게 말했다. "두 사람 모두 물질적 이득의 추구가 사람들이 권력·정복·지배의 열정에 빠지는 것을 막아 준다고 보고 있습니다. 오늘날에는 '보이지 않는 손'이 개인적인 이윤 추구를 정당화하는 쪽으로만 사용되면서 더 이전에 있었던 이러한 개념들, 그리고 (완전히 오류이기는 해도) 더 풍성한 개념들이 밀려나 버리고 말았습니다."[12]

새로운 아이디어들이 다 그렇듯이, 아직은 뒤죽박죽이었다. 하지만 곧 허시먼은 고등연구소에서(1972-73학년도에는 방문연구원으로, 1974년 가을부터는 종신연구원으로 고등연구소에 재직한다) 다양하게 뻗어가는 생각의 갈래들을 더 명료하게 탐구할 수 있게 된다. 또한 허시먼은 고등연구소를 베이스로 삼아 남미 학자들과 더욱 폭넓은 교류를 할 수 있는 기회도 갖게 되는데, 이는 남미 사회과학의 역사에

앨버트 허시먼

서 중요한 전환점이 된다.

멕시코에서의 강연은 허시먼이 그 자신이 가지고 있는 '희망으로의 편향'을 진지하게 재검토하기 시작했다는 첫 징후였다. '중도'를 걷는 것, 중간자적 입장을 취하는 것은 한때 그랬던 것만큼, 혹은 한때 그랬다고 여겨진 것만큼 쉽지 않았다. 분명한 것은, 허시먼이 정치적·학문적 입장이 부유하고 흔들리는 상황에서 정치적·학문적 입장을 분명하게 밝혀야 할 필요성을 강하게 느끼고 있었다는 점이다. 이 문제가 가장 눈에 띄게 드러난 사안을 하나 꼽으라면 '가진 자와 못 가진 자의 격차는 왜 생기는가'라는 문제일 것이다. 경제개발 프로젝트들이 휘청거리고 빈민과 소외된 사람들이 사회에 통합될 수 있을 것이라는 희망이 희미해지면서 이 문제는 뜨거운 쟁점이 되어 있었다. 개발이 일으킨 재앙의 목록은 점점 길어지고 있었고, 허시먼은 파키스탄과 나이지리아에서 그런 재앙을 직접 목격하기도 했다. 허시먼은 마르크스주의적인 배경이 있었던 만큼 계급 문제와 불평등에 늘 관심이 있었다. 여기에 더해 좌파 성향의 학자들(긴티스, 그리고 특히 볼스)과의 대화도 그에게 급진주의적 사고를 어느 정도 전염시켰을 것이다. 허시먼은 남미에서 "개혁주의"에 대해 좌파의 비판이 거세지는 것에 직면해야 했다. 1970년대 초에는 불평등이 '개발을 통해 풀어야 할 문제'가 아니라 '개발 때문에 생긴 문제'가 되어 있었고, 이는 정치적으로 폭발적인 결과들을 초래했다.

이러한 탈미혹을 가장 잘 종합한 책을 꼽으라면 새뮤얼 헌팅턴의 《정치발전론》(1968)을 들 수 있을 것이다. 이 책에서 헌팅턴은 자유

시장, 경제성장, 민주주의 확산이 상호강화적으로 전개된다는 근대화론의 낙관적 예언을 맹렬히 비판했다. 그는 열대지방에서의 빠른 [경제]발전은 정치 체제를 오히려 더 규율 불가능하게 만든다고 주장했다. 허시먼은 헌팅턴의 견해에 동의하지 않았다. 허시먼도 '모든 좋은 것들은 함께 간다'는 안이한 이론에는 회의적이었지만 그렇다고 두 손 들고 그 반대쪽 견해를 지지해야 한다는 의미라고는 보지 않았다. 그는 '개발의 10년'이 자본주의의 역사라는 더 큰 서사 중 한 단계였다고 생각했다. 자본주의의 역사에서 열광적이었던 하나의 이행 국면이었다고 말이다. 허시먼이 1973년 가을에 하버드대학 강의에서 신랄하게 이야기했듯이 "우리는 불행하게도 소득 분배의 폭발이 아니라 소득 분배에 대한 논문의 폭발에 직면해 있고, 사회질서를 변화시켜야 할 사람들은 완전한 무력함이라는 착각과 절대적 권력이라는 착각 사이에서 오락가락하고" 있었다. 강의 노트를 보면 허시먼은 마지막 네 단어("절대적 권력이라는 착각illusion of absolute power")에 동그라미를 치고 이것을 다른 단어 하나와 선을 그어 연결해 놓았는데, 그 단어는 "칠레"였다. 불평등 논쟁에서 누가 어떤 입장을 취하는가는 칠레에서 시도되었던 개혁의 정치적 운명과 매우 큰 관련이 있었다.[13]

희망을 다시 생각한다는 말은 희망을 포기한다는 말이 아니었다. 1973년 초여름 허시먼이 남미를 다시 다녀왔을 때(칠레의 사회주의 실험이 정점에 있을 때였다) 그는 중간적 위치를 지지하겠다는 결심이 더욱 단호해져 있었다. 그 위치가 함몰되고 있었다는 점이 한 가지

앨버트 허시먼

이유였다. 한쪽에는 더 급진적인 해결책을 요구하는 사람들이 있었다. 그들은 그 외에는 어떤 것도 실패할 수밖에 없다고 주장했다. 다른 한쪽에는 변화란 무용하고 자기패배적이며 위험하다고 주장하면서 머리를 절레절레 흔드는 사람들이 있었다. 허시먼은 옥타비오 파스가 남미에 "진보가 부재"하다고 한탄하면서 남미가 과거의 실수에서 배우려 하지 않는다고 절망한 것에 대해 곰곰이 숙고해 보았다. 허시먼은 이런 종류의 패배주의적 사고가 문제의 핵심이라고 생각했다. 어쩌면 일이 진행되는 양상은 훨씬 더 복잡해서 그것의 교훈은 잊혀 버리기가 너무 쉬운 게 아닐까? "**배움**의 시기, 그리고 배운 교훈을 **잊는** 시기가 번갈아 온다." 그러면 점진적인 방식으로는 아무것도 되지 않으며 완전한 혁명을 통해서만 변화가 가능하다는 생각이 강해지게 된다. 허시먼은 집필하려는 글의 잠정 제목을 "전체를 모두 바꾸는 변화를 열망하는 것은 재앙을 만드는 조리법"이라고 일기에 적어 두었다.[14]

허시먼은 좌절감의 원천을 탐구하려 애쓰고 있었다. 좌절은 희망에 수반되는 것이면서 희망을 포기하게 만드는 것이기도 했다. 이 시기의 강의, 출장, 동료들과의 대화에서 절망의 이유를 탐구한 기념비적인 논문 〈경제발전 과정에서의 소득불균형에 대한 참을성의 변화〉가 나왔다. "사회세계를 설명하는 새로운 패러다임이 오만이 아니라 겸손으로 이끄는 경우는 매우 드뭅니다. 이 글에 미덕이 있다면 바로 이 점이라고 생각합니다."[15] 허시먼은 [논문을 발표하는 자리에서] 이렇게 밝혔지만, 사실 이 글은 전혀 겸손하지 않았다. 이 글은 팽배해 가던 '탈미혹적 이론'에 대한 비판이자 시대적인 전환에 직면한 사람들의 심리를 연구한 대작이었다. 그는 열광에서 절망으로 전환한 1970년대 초반의 이 시기를 사람들이 하나의 집단적 감정에서 다른 하나의 집단적 감정으로 시계추처럼 이동한 순간이라고 보았다.

1971년 말 허시먼은 카티아에게 이렇게 전했다. "나는 새로운 주제를 연구하고 있단다. 토크빌의 유명한 구절과 약간 관련이 있는데, 내 개념에서는 다른 사람이 더 나아지기 시작하는 것을 보는 것만으로도([내 상황이] 실제로 나아지든 아니든 상관없이) 자신의 상황이 더 나빠진 것으로 느낄 수 있다는 거야. 질투는 그렇게 비열한 감정이란다. 게다가 질투는 일곱 가지 악 중에 유일하게 어떤 재미나 즐거움도 주지 않는 악이지. 예를 들면 탐욕, 욕심, 방종 등은 그래도 초기에는 어느 정도 즐거움이 있지 않니?" 열광에서 절망으로 시계추가 이동하는 것을 어떻게 설명할 수 있을까? 특히 실제로 자신의 상황이 전혀 나빠지지 않았는데도 나빠진 것처럼 느끼는 것을 어떻게 설명할 수 있을까?[16]

유명한 '터널 효과' 개념이 이 논문에 등장한다. 허시먼은 이 개념을 어떻게 사람들의 감정이 안도와 감사에서 분함과 억울함으로 변하는지를 설명하고 그 전환을 결정하는 수학적 기댓값을 제시하기 위해 도입했다. 하루는 교통 정체 때문에 보스턴 로건국제공항으로 가는 터널 입구에서 발이 묶였다. 이때 허시먼은 자신의 감정이 보이는 변덕, 그리고 다른 운전자들의 반응을 살펴보았다. 정체가 풀

앨버트 허시먼

리기 시작하자 정체된 차로에 있던 사람들은 옆 차로가 움직이는 것을 보면서 안도했다. 자신이 서 있는 차로도 곧 움직일 것이라고 기대했기 때문이다. 그런데 좀처럼 차선이 움직이지 않자 정체된 차로에 있던 사람들은 경적을 울리면서 점점 더 옆 차로를 질투했다. 안도는 질투로, 질투는 분노로 바뀌었다. 운전자들은 누군가 저 앞에서 새치기를 하고 있다고 생각했다. 조금 전 안도하고 감사한 마음을 가지고 있었기 **때문에** 질투와 분노는 더 심해졌다.

이렇게 일상에서 느끼는 감정을 관찰해 이끌어낸 통찰이 허시먼이 개진한 이론의 한 원천이었다면, 또다른 중요한 원천은 역시 문학이었다. 허시먼은 이 무렵 라로슈푸코의 글을 접하게 됐다. 라로슈푸코는 "인간의 모든 행위와 감정에 이기심이 퍼져 있음을 보이고자 체계적으로 시도한" 사람이었다. 그는 "우리가 친구의 행운을 기뻐하는 것은 우정에서가 아니라 그의 일이 잘 풀리면 나도 모종의 이득을 얻을 수 있으리라고 기대하기 때문"이라고 말한 바 있다. 허시먼의 독서 취향을 보건대, 아마 라로슈푸코의 《회고록》에서 영감을 받은 듯하다. 이 책에서 라로슈푸코가 그와 동시대인인 장 프랑수아 폴 드 공디(레츠 추기경)를 묘사한 것을 보면 존중과 적대감이 복잡하게 뒤섞여 있음을 볼 수 있다. 17세기 프랑스 귀족의 견해를 꼭 옹호한 것은 아니었지만, 허시먼은 "질투, 상대적 박탈감, 파이가 불공정하게 나눠지고 있다는 인식 등에 과도하게 지배적인 위치를 부여한 '우울한 사회과학'의 사도들(린더와 헌팅턴 등)"의 문제점을 드러내고 싶었다. 허시먼은 질투와 그 밖의 감정들 사이에서, 그

리고 낙관과 비관 사이에서 오락가락하는 움직임을 탐구하고 싶었다.[17]

보상이 곧 올 것이라거나 마땅히 와야 할 보상이 오지 않고 있다는 **인식**(허시먼은 이것을 '의미론적인 발명과 반전'이라고 불렀다)은 감정을 뒤집을 수 있었다. 터널 효과는 환희의 첫 순간, 1960년대의 '관용적인' 분위기를 나타낸다. 그리고 터널 효과가 사라지면서 1970년대에는 분위기가 분노로 바뀌었다. 《이탈, 발언, 충성심》에서 설명한 바와 마찬가지로, 우호·호의부터 경쟁과 적대까지 차등적인 대안들이 있었고 그중 어느 것이 표출되느냐는 상황에 달려 있었다. 허시먼은 이것들이 꼭 인간 본성을 암울하게 보는 우울한 자연법칙으로 설명될 필요는 없다고 보았다. 불안정성을 설명하는 데 사용되던 '기대 상승이 일으키는 혁명'이라든지, '상대적 박탈감'에서 오는 분노라든지, '제도화의 속도가 따라가지 못하는 대중동원'과 같은 문구들은 우울한 사회과학의 진부한 표현일 뿐이었다. 허시먼은, 정작 놀라운 것은 불안정성이 아니라 "굉장히 널리 퍼져 있는 안정성"이라고 생각했다. 안정의 지속은 "폭동, 쿠데타, 혁명, 내전의 발생만큼이나 설명을 필요로 하는 일"이었다. 그렇더라도, 이 시기에 남미와 관련해 사람들의 관심사는 불안정성이었고, 허시먼도 "더 많은 연구와 설명이 필요하다"고 결론을 내려야 했다.[18]

불평등을 다룬 이 논문은 허시먼의 저술 중 가장 영향력 있는 것으로 꼽힌다. 재치있는 논문 〈이해에 방해가 되는 패러다임의 추구〉와 견줄 만하다. 클리퍼드 기어츠는 〈이해에 방해가 되는 패러다임의 추구〉가 훗날 '해석적 사회과학'이라고 불리게 되는 것의 기념비적 논문이라고 찬사를 표한 바 있는데, 이번 논문에 대해서도 갈채를 보냈다. "놀랍도록 생생한 은유입니다. 하나의 이데올로기에서 또다른 이데올로기로 이어지는 천 장의 흐름도보다 훨씬 가치 있습니다. 저는 자동차가 사회심리학자의 움직이는 실험실이라고 오래전부터 생각해 왔는데 이 논문은 그 생각을 확신하게 해 주네요. 자동차는 인간 본성이 날것으로 드러나는 장이죠." 기어츠는 허시먼이 운전을 아주 좋아하며 형편없는 운전 실력에 대한 참을성이 매우 높다는 것을 잘 몰랐던 모양이다. 몇 년 뒤 퀜틴 스키너도 이 논문을 읽고서 "[허시먼] 특유의 섬세하고 역설적인 글쓰기 방식의 좋은 사례"라고 이야기했다.[19]

하지만 사람들이 희망을 버리게 만드는 요인으로 '인식'을 강조한 허시먼의 주장에 모두가 호의적인 것은 아니었다. 몇몇 좌파 학자들은 허시먼의 논문이 너무 부르주아적이고 권력 구조를 너무 많이 용인하고 있으며 자발적인 해결책에 너무 의존하고 있다고 비판하며 분노를 표했다. 허시먼이 보낸 초고를 읽은 옥타비오 파스는 그가 펴내던 잡지 《다원성》에 이 글을 게재해도 되겠냐고 곧바로 물어왔다. 《다원성》 1972년 9월호에 실린 이 글을 읽고 멕시코의 저명한 사회학자 로돌포 스타벤하겐은 격노했다. 그는 허시먼의 논문이 결국 암시하는 바는 사람들이 그저 기다리기만 하면 정당한 몫을 받게 되리라는 것이 아니냐고 지적했다.

그는 허시먼이 모든 문제가 사람들의 머릿속에 존재한다고 보고 있으며, 이 논리야말로 대중의 정서에 격변이 일어나는 것을 통제하기 위해 독재 정권이 사용하는 권력 정당화 논리라고 비판했다. 그가 보기에 제3세계에 빈곤이 만연한 것은 ['인식'의 문제이기 이전에] '현실'이며, 따라서 대중의 불만이 많은 것은 당연한 일이었다. 그는 터널 효과 논리가 사회과학자들이 실제로 존재하는 물질적 불평등에 집중하지 못하게 하는 "막다른 골목 같은 논리"라고 비난했다. 허시먼은 이에 대해 반론을 제기했다. 그는 상대적 박탈감 이론을 반박하는 것이야말로 바로 자신의 목적이며, 자신의 작업이 가난한 사람들의 심리, 특히 그들의 참을성 없음과 질투에 대해 과도하게 단순한 개념을 적용하려는 경향을 넘어서려는 것이라고 설명했다. 이어서 허시먼은 스타벤하겐이야말로 무엇이 사람들을 임계점에 도달하게 하고 언제 사람들을 폭발하게 하는지에 대해 손쉬운 이론에 묻어가고 있다고 지적했다. 허시먼은 자신의 이론이 [사람들이 실질적으로 겪는] 결핍의 문제를 간과하는 것이기는커녕 왜 불평등이 예전보다 더 중요한 문제가 되었는지를 강조하는 이론이라고 설명했다.

《다원성》에서 벌어진 지상논쟁은 진보 진영 내에서 서로 멀어지고 있던, 그리고 남미 사회과학계에서 중요한 두 가지 기조가 될, 두 경향을 보여준다. 스타벤하겐은 강한 유물론자였고 근본적인 혁명의 필요성을 강조했다. 반면 허시먼이 주장한 '급진적 개혁'이라는 의제는 사회계층과 그들의 투쟁과 관련해 주관적인 측면을 보고자 했다. 기예르모 오도넬(교조적인 마르크스주의에 회의적이었다)은 이 공방을 읽고서 좌파에 대해 한탄했다. "이것을 보고 놀랐습니다. 점점 더 강화되는 어떤 분위기를 보여주는 것 같아 걱정입니다. 상호 이해와 소통은 원래도 어려운 일이지만, 이제는 그에 더해 [상호이해와 소통을 하지 않으려는] 거의 명시적이고 독선적인 의사결정이 보입니다. 상대를 이해하지 않기로 결정하고서, 한술 더 떠 상대의 글을 학술적인 내용에는 대체로 관심이 없는 대중들 앞에서 공개적으로 '비난하는 데 사용하겠다'고 결정하는 것 말입니다. 이런 경향이 스타벤하겐 같은 거물급 학자에게서도 보인다는 점이 저는 매우 우려스러운 징후라고 생각합니다."[20]

허시먼의 '발언'은 미국에서보다는 남미에서 더 반향이 있었다. 1971년 가을 강연 투어를 한 이래로 허시먼은 이전 어느 때보다도 남미를 자주 오갔다. 그의 논문들은 거의 매번 에스파냐어와 포르투갈어로 곧바로 번역되었고, 남미에서 강연 요청도 더 많이 들어왔다. 이런 자리에서는 논문에 대해서뿐 아니라 남미에 새로운 세대 학자들의 네트워크를 구축하는 것에 대해서도 활발한 논의가 이루어졌다. 이와 관련해 곧 허시먼은 학문적 지침을 주는 원로이자 제도적 지원을 하는 중개자 역할을 하게 된다. 그 씨앗이 처음 뿌려진 것은 1971년 여름에 허시먼이 아르헨티나 정치학자 기예르모 오도넬(그는 예일대학의 대학원생 시절에 허시먼을 처음 만났다)과 브라질에 갔을 때였다. 젊고 재능 있는 사람을 보면 그냥 지나치지 않는 허시먼은 오도넬이 당시 남미의 진보 진영을 지배하고 있던 경직된 정통 마르크스주의와 급진적 민족주의를 타파하고자 노력하는 것을 보고 깊은 인상을 받았다. 또 허시먼처럼 오도넬도 정치 분석을 경제발전

연구에 연결시키려 하고 있었다.

이들의 대화는 평생의 우정과 중대한 협업으로 이어진다. 당시 허시먼과 오도넬은 포드재단의 의뢰로 브라질 분석계획센터CEBRAP에 대한 평가와 검토를 진행하러 브라질에 간 참이었다. CEBRAP는 1969년 중반에 사회학자 페르난두 엔히크 카르도주가 세운 기관으로, 군부독재의 그늘에서 민주주의를 지지할 사회경제적 연구를 하기 위해 설립되었다. 브라질 대학들에서 교수들이 탄압을 받고 쫓겨나고 있는 상황이었기 때문에, CEBRAP는 자유로운 탐구를 할 수 있는 은신처 역할을 했고 곧 반체제 지식인들의 중심지가 되었다. 하지만 이들이 가진 저항적인 입장은 '미국의 지원을 받는다'는 개념과 부합할 수 없었다. 미국의 돈을 받는 것은 악마와 맹약을 하는 것이나 마찬가지라고 여겨졌다. 특히 포드가 지원한 '문화적 자유를 위한 회의'에 CIA가 자금을 댔다는 것이 알려지면서 이런 분위기는 더 심해졌다.* 하지만 군부독재로부터 자율성을 확보하려면 자금이 필요한 것도 사실이었다. 그래서 CEBRAP 경영진은 포드재단의 창조적이고 진보적인 프로그램 담당자 피터 벨에게 별도로 도움을 청했다. 벨은 리우데자네이루에서 일하고 있었다.[21] CEBRAP 사람들에게 이는 쉬운 결정이 아니었고 이들 사이에서도 의견이 크게 갈렸다. 재단은 재단대로 걱정이 많았다. 포드재단 뉴욕본부의 고위 임

---

* CIA는 공산주의의 영향력을 차단하고 자유민주주의의 이념을 선전하기 위해 1950년에 창립된 '문화적 자유를 위한 회의'에 막대한 재정 지원을 했다.

원들은 저항적인 지식인들과 관련되는 것을 반기지 않았다.

그래서 카르도주와 벨은 CEBRAP에 대해 객관적인 평가와 검토를 진행하기로 동의했다. 저명한 남미 사회과학자(급진적인 브라질 학자들의 불만을 완화할 수 있도록)와 존경받는 북미 학자(뉴욕을 안심시킬 수 있도록)로 구성된 팀이 CEBRAP를 점검하고 평가하게 하자는 것이었다. 이 두 사람이 오도넬과 허시먼이었다. 이 전략은 효과가 있었다. 오도넬과 허시먼의 평가보고서는 추가적인 자금 지원의 물꼬를 텄고, CEBRAP는 남미의 다른 나라들에서 탄압을 받아 대학에서 제약을 받거나 쫓겨난 사회과학자들에게 모범 사례로 자리 잡았다. 이 일을 진행하면서 허시먼과 오도넬은 브라질 동료들과 격렬한, 그러나 우호적인 비판을 주고받았는데, 이는 남미 사회과학의 새로운 지도를 그리게 될 개방적이고 혼합적인 논의의 기조를 설정했다.[22]

이 브라질의 전초기지는 이와 비슷한 다른 기관들의 전조가 되었다. 독재가 확산되는 시기에 사회과학 연구를 어떻게 지탱할 수 있을 것인가를 고민하면서, 허시먼은 '학계의 기업가'로서 남미 각국을 부지런히 돌아다녔다. 또 옛날식의 '정통' 좌파 이론이 아닌 '또다른 비판 이론'들을 지원해야 한다는 생각도 가지고 있었다. 허시먼은 이 두 가지 목적을 염두에 두고서 남미 학계의 환경을 획기적으로 바꿀 네트워크의 중개자 역할에 뛰어들었다. 이 네트워크의 허브는 뉴욕의 연구재단인 사회과학연구위원회SSRC와 이곳에 속한 '라틴아메리카 연구를 위한 합동위원회'였다. 합동위원회는 쿠바혁명 이후에 남미가 갑자기 워싱턴의 주요 전략적 관심사로 부상하면서 활동을 재개하고 있었다. 브라이스 우드의 지휘 하에, 그리고 포드재단과 카네기코퍼레이션의 후한 지원금 덕에 이곳은 혁신적인 연구들을 촉진할 수 있었고, 이는 1964년 라틴아메리카학회의 설립으로 이어졌다. 미국에서 수행되던 지역학의 일반적인 분위기와 달리, 라틴아메리카학회는 남미 학자들을 포함하고 있다는 점에서 독특했다. 활동적인 학자들, 에너지 넘치는 국제 네트워크, 그리고 넉넉한 자금의 조합은 남미의 사회과학이 세대 전환을 이룰 수 있는 토대가 되었다.

1971년 우드는 '남미학의 미래'를 주제로 예일대학에서 열릴 예정인 콘퍼런스에 허시먼을 초청했다. 여기에는 젊은 학자들도 많이 참석했는데, 루이스 굿맨도 그중 한 명이었다(굿맨은 우드의 뒤를 이어 SSRC의 소장이 된다). 전도유망한 아이비리그 사회학자 굿맨에게 허시먼은 우상이나 마찬가지였다. 우드가 사교적인 사람을 원했다면 좀 아쉬웠을 것이다. 허시먼은 내향적이고 관찰자적인 사람이었다. 하지만 허시먼이 이야기할 때는 모두가 귀를 쫑긋 세웠다. 허시먼은 현재의 위기가 사회과학을 새로운 방향으로 나아가게 만드는 기회가 될 수 있다고 말했다. 이날 우드는 기회를 포착했고 즉시 허시먼을 합동위원회에 영입했다.[23]

이때는 합동위원회가 순풍을 만난 시기였다. 위원장 조지프 그런월드(칠레의 개혁 성향 경제학자들 사이에서 매우 영향력이 있었으며, 허시먼과는 《라틴아메리카의 사안들》 시절부터 친구였다)가 미국인이 아닌

학자에게도 지원 기회를 준다고 발표했기 때문이다. 이제 SSRC의 포드재단 지원금이 남미 연구자들에게 직접 제공될 수 있다는 의미였다. 이를 위해 포드재단은 합동위원회에 당시로서는 굉장한 액수인 150만 달러를 제공했다. 1973년 9월 1일에 허시먼은 그린월드의 뒤를 이어 위원장이 되었다. 그리고 열흘 뒤, 칠레군이 대통령궁을 공격하고 있다는 소식이 들려왔다.

쿠데타에 대한 소문은 몇 달 전부터 있었지만 군부가 자행할 폭력과 억압의 규모는 누구도 예상하지 못했다. 닉슨이 베트남을 무차별 폭격했을 때처럼, 이 사건은 허시먼의 심경을 한층 더 나락으로 떨어뜨렸다. 무고한 사람들이 너무 많이 죽어서이기도 했지만, 개혁에 대한 희망에 치명적인 타격을 주었기 때문이기도 했다. 허시먼은 카티아에게 이렇게 털어놓았다. "잔인하고 야만적인 억압이 자행되고 있음을 보여주는 끔찍한 뉴스들뿐 아니라 불발된 기회la chance ratée에 대해 느끼게 되는 낙담과 절망도 크구나."[24] 나중에 피노체트 정권이 시카고학파의 통화주의 이론(때로는 '정통 경제학'이라는, 몹시 오해를 불러일으키는 용어로 불리는 이론)의 영향을 받았음이 드러나자 허시먼은 거짓 확실성을 팔아먹는 약장수들을 가차없이 비판했다. 그들은 1950년대의 고고하고 해맑은 계획가들을 연상시켰다. 게다가 이번에는 훨씬 더 위험했다. 허시먼은 밀턴 프리드먼이 주창하는 호모 에코노미쿠스의 협소한 틀에 도전해야겠다는 의지가 더욱 강해졌다.

하지만 이 싸움은 좀더 나중 일이고, 당장은 사람들의 목숨이 걸려 있었다. 아옌데 대통령 본인도 대통령궁에서 숨졌고, 하버드대학 출신 경제학자로 아옌데의 자문관이었던 호르헤 아라테를 포함해 많은 학자와 학생이 실종되었다. 절망한 허시먼은 부에노스아이레스에 있는 기예르모 오도넬에게 위험에 처한 친구들의 소재를 알아봐 달라고 부탁했다. 10년 전에 허시먼은 《진보를 향한 여정》을 집필하면서 남미에서 벌어지던 개혁의 역동에 찬사를 보낸 바 있었다. 그런데 [개혁적이던] 아옌데 정권이 쿠데타로 무너진 시점에 《진보를 향한 여정》 10주년 기념판을 위해 10년 전에 그가 찬사를 보냈던 점들을 되짚어 보는 글을 써 달라는 요청을 받았다. 이 역설적인 상황에서, 허시먼의 글 중 가장 우울한 글이라고 할 만한 논문이 나왔다. 이제 칠레는 재앙을 과도하게 '인식'하는 패배주의를 보여주는 것이 아니라 '진짜 재앙'을 보여주고 있었다. 허시먼은 "이 충격적인 깨달음" 안에서도 경제·사회·국가 간 상호작용의 기제를 "처음부터 다시 생각할" 여지를 찾을 수 있기 위해 분투했다. 이렇게 "되돌아가는 여정"을 밟다 보니 "전에는 합당하게 무시할 수 있었던 부분", 즉 정책이 일으키는 "부정적인 부수효과"에 직면하게 되었다. "남미 곳곳에서 국가가 몹시도 차가운 괴물이 되어 가고 있는" 상황이었으므로, 이 현실을 조금이라도 설명하기 위해서는 [예전에 '긍정적인' 부수효과들에만 강조점을 두었던 것과 달리] '부정적인' 부수효과들을 파악해야만 했다.[25]

　요컨대, SSRC의 자금 지원, 허시먼의 참여, 칠레의 쿠데타라는 세 가지 우연이 결합해서 남미 사회과학을 중요한 전환의 길에 올려놓았고 이 진화 과정의 중심에 허시먼이 있었다. 허시먼의 다양하고 혼합적인 관심사와 젊은 학자들을 지원하고자 하는 의지를 보면서 젊은 남미 학자들은 합동위원회가 운영되는 방식에 매우 깊은 인상을 받았다. 또한 칠레의 비극은 진보적인 사회과학자들에게 의미하는 바가 너무나 컸고, 허시먼은 이 비극을 치유하는 과정에 참여하고 싶었다. "아옌데 연정 지도자들이 행한 실수가 너무 거대해서 좌파가 '죽음 동경death wish'이라는 불치병에 무의식적으로 빠져 버린 것이 아닌가 싶은 생각이 든다."[26] 허시먼은 카티아에게 이렇게 전했다. 바로 이것이 그가 치유하고자 하는 병이었다. 합동위원회에서는 칠레의 오스발도 선켈, 그리고 나중에 합류하게 되는 알레한드로 폭슬리, 페르난두 엔히크 카르도주, 기예르모 오도넬, 페루의 훌리오 코틀러 등이 상당 기간 동안 활동했다. 이들은 굿맨이 영입한 사람들이었다. 훗날 굿맨은 허시먼과 카르도주가 스타일은 달랐지만 추구하는 바는 일치하는, "특히나 뛰어난 콤비"였다고 회상했다. 한편 허시먼은 마르세유 시절의 경험을 토대로(그 경험에 대해 사람들에게 이야기하지는 않았다) 합동위원회를 이용해 구출작전을 벌였다. 허시먼과 동료들은 토마스 엘로이 마르티네스 등 은신처와 생활비가 필요한 저술가들을 위해 다양한(때로는 꼭 합법적이지만은 않은) 수완을 동원해 특별자금을 마련했다. SSRC는 마르세유의 긴급구조위원회가 마지막 시기에 했던 것처럼 자금을 세탁했다. 또한 나중에 허시먼이 프린스턴대학의 고등연구소로 소속을 옮긴 뒤에는 고등연구소의 장학금 프로그램을 박해받는 남미 사회과학자들을 구제하는 데

사용했다.[27]

허시먼이 아무 주저함 없이 이런 일에 뛰어든 것은 아니었다. 외부세계에서 벌어지고 있는 일에 참여하고자 하는 마음만큼이나 새로운 방향으로 글을 읽고 연구·집필하고 싶은 마음도 컸다. 이 두 마음은 끊임없이 경쟁했다. 1971년 11월에 허시먼은 칼 케이슨에게 이렇게 전했다. "1960년대의 정책 결정 과정을 연구하는 협업적인 연구프로젝트를 구성하고 제가 코디네이터를 맡았으면 했었는데 이 프로젝트가 진행될 가능성도, 그것을 맡고 싶었던 제 열망도 꽤 빠르게 줄어들고 있는 것 같습니다." 프로젝트가 무산될 가능성에 대해 허시먼이 그리 아쉬워한 기색은 보이지 않는다. 그러다 한 달 뒤, 포드재단이 SSRC 프로젝트에 자금 지원을 확대할 움직임을 보이자, 행동에 나서는 데 주저하는 마음이 또 고개를 들었다. "우리끼리 이야기지만, 나는 하필이면 혁명에 대한 신념을 이미 잃은 때에 혁명할 기회를 갖게 된 사람 같은 심정입니다. 동지들에게 내 몫을 다하려면, 이 '프로젝트'에 가담하는 것말고는 다른 길이 없는 사람 말이에요."

그리고 얼마 후 카티아에게 결국 "남미 프로젝트를 접기로 한" 결정을 전했다. "프로젝트를 궤도로 다시 올려놓는 데 아주 많은 어려움이 있을 것임을 말해 주는 보고와 서신들이 점점 더 많이 도착하는 것을 보고서" 그렇게 결정했다는 것이었다. 그 프로젝트는 "너무나 많은 사람들이 각자의 결정을 주장하는 상황을 다루어야 하는 악몽"이 되어 있었다. 프로젝트를 접는 게 아쉬운 유일한 점은 오도넬과 협업하는 기회를 잃는다는 것뿐이었다. "그와 함께 일할 수 없게 된 것은 정말 유감이다." 1년 뒤 카르도주가 포드재단 의뢰로 CEBRAP에 대한 평가를 한 번 더 요청했을 때도 비슷한 주저함을 느꼈다. 그래서 발을 빼려고 했지만 성공하지 못했다. 처음에는 "내가 해 본 학술적 작업 중 가장 흥미로운 것 중 하나이고 참여를 제안받아서 영광으로 생각하지만," 안식년이고 다른 분야의 문헌을 읽는 데 푹 빠져 있으며 "새로운 프로젝트에 깊이 관여하고 있기" 때문에 출장을 가기는 어렵다고 거절했다. 하지만 결국에는 수락했다. 남미 사회과학자들이 자신의 미래를 논의하는 자리에 있을 수 있다는 것은 허시먼이 쉽게 거절할 수 없는 일이었던 것이다. "거절하기에는 너무나 훌륭하고 영예로운 임무로군요."[28]

그러던 참에, 칠레의 쿠데타는 행동이냐 숙고냐, 참여냐 연구냐의 저울을 참여 쪽으로 기울였다. 1973년에 정신이 번쩍 드는 출장을 다녀온 뒤, 허시먼은 과장된 희망 아니면 무기력한 절망이라는 양자택일에서 벗어나는 것이 무엇보다 시급하다는 생각이 들었다. 칠레에서 벌어진 일은, 자유시장은 "해결책이 아니며" 사회주의 혁명은 "불가능하다"는 점을 다시금 확인시켜 주었다. 허시먼은 유의미한 변화를 만들어낼 수 있는 정책 연구를 하고 싶었다. 허시먼은 남미가 한편으로는 발전은 불가능하다는 패배주의에서, 다른 한편으로는 다른 나라의 경험에서 도출한 환상적인 '이론'을 이식해 발전을 이루어야 한다는 주장에서 모두 벗어날 수 있게 할 사회과학을 육성하고 싶었다.[29]

그러는 동안 SSRC에는 칠레와 우루과이에서 탄압받는 학자와 학생들의 지원서가 쇄도했다. 칠레에서 벌어진 비극의 그늘 속에서, 11월에 뉴욕에서 SSRC 위원회 회의가 열렸다. 허시먼은 위원회가 "남미 현지에서 수행될" 협업적이고 실질적인 내용들을 주제로 한 프로젝트를 지원해야 하며 '지역학'이 미국의 발명품이 되어 가는 경향을 막아야 한다는 제안으로 회의를 시작했다. 오도넬(위원회 멤버는 아니었다)이 남미의 '공공정책'에 관한 협업 프로젝트 개요의 초안을 작성했다. 허시먼 자신은 개인적으로 복잡하게 관계가 얽혀 있었던 터라, 컬럼비아대학의 젊은 정치학자 더글러스 차머스에게 연락을 취했다. 차머스는 전에 오도넬이 쓴 독재에 대한 논문을 읽고서 기념비적인 중요성을 갖는 글이라고 생각하고 있던 터였다. 이렇게 해서, '국가'를 연구하는 복잡한 프로젝트의 상세 제안서를 차머스가 작성하게 되었다.[30]

'국가' 같은 무정형의 주제를 통합적인 연구 의제로 만들기 위해서는 아주 많은 토론이 필요했다. 게다가 토론이 프로젝트의 초점을 명확히 하는 데 꼭 도움이 되는 것도 아니었다. 허시먼은 참가자들 각자가 자신의 의제를 실현할 수 있으면서도 전체가 일관성 있게 엮일 수 있도록 부드럽게 압력을 가했다. 이를 위해 허시먼은 부에노스아이레스에 있는 '토르콰토 디텔라 연구소'에서 후속 회의를 소집했고, 이 회의의 주관자인 기예르모 오도넬과 제네바에 있는 카네기 국제평화재단의 필립 슈미터에게 '공공정책'이라는 주제를 중심으로 프로젝트의 개요를 작성해 달라고 부탁했다. 공공정책은 허시먼이 1950년대 이래로 계속 관심을 가져온 주제였다. 오도넬-슈미터의 제안서는 이 프로젝트가 "행동중인 국가"의 관점에서 정책을 연구해야 하며, 정책 결정을 국가기관 내부에서, 또 국가와 시민사회 사이에서 만들어지고 있는 과정으로 파악해야 한다고 촉구했다.

그렇지만 이 개요도 여전히 많이 모호했다. 허시먼은 부에노스아이레스를 시작으로 산티아고, 보고타, 멕시코시티 등을 다니며 참가자들을 모으는 외교관 역할을 했다. 피노체트 군부독재 정권의 초창기 시절이던 칠레는 분위기가 살벌했지만 그 와중에도 허시먼은 젊은 경제학자이자 기독교민주당원인 알레한드로 폭슬리를 찾아냈다. 폭슬리는 연구소를 세워 그 보호 하에 진보적인 경제학자들을 모으고자 애쓰고 있었다(그는 1974년에 가톨릭대학에 '라틴아메리카연구소 CIEPLAN'를 세운다). 폭슬리는 기꺼이 합동위원회에 합류했다. "나는 폭슬리가 모은 사람들을 보고 매우 큰 인상을 받았다." 암울하고 공포스러운 정치 상황에 압도되지 않겠다고 결심한 데서도 폭슬리는 허시먼과 통하는 데가 있었다. "이들은 영민하고, 공개적으로 발언하며, 독립적으로 사고하고 성실히 연구하면서, 칠레에서 벌어지고 있는 암울한 상황에 맞서 대응하고 견디어 나가기로 결연하게 마음먹고 있었다." 한편 콜롬비아는 몇몇 중요 인물이 1960년대의 개혁주의를 되살리고자 하는 알폰소 로페스 미첼센의 새 정부에 합류한 상태였기 때문에 상황이 또 달랐다. 그래서 꼭 참여해야 할 몇 사람이 허시먼의 네트워크에 참여할 수 없게 되었다. 멕시코에서는 예전의 대학원생이었던 카를로스 바스드레시에게 연락을 취했다. 그는 멕시코 중앙은행의 떠오르는 스타였는데, 나중에 호세 루이스 레이나와 함께 멕시코 연구에 대한 취지문을 작성하게 된다.[31]

이렇게 해서, 허시먼은 커다란 다국적 협업팀을 구성했다. 이로써 중요한 논의의 장이 열리기는 했지만 현실적인 문제들이 남아 있었다. 우선, 글로벌 경제 침체로 SSRC의 주요 자금원이 얼어붙었다. 포드재단은 합동위원회에 돈이 가장 많이 필요하던 시기에 지원을 줄여야 했다. 그리고 대규모 협업에 존재하기 마련인 내부 분열도 일어났다. 어떤 갈등은 개인적인 차이에서 기인했다. 참여자들 모두가 서로 친한 것은 아니었다. 앨프리드 스테판이 모임에 흥미를 잃으면서 이 프로젝트는 예일대학의 거점을 잃게 되었다.

어떤 갈등은 학문적 스타일의 차이에서 기인했다. 카르도주와 슈미터 등은 이론지향적이었다. 카르도주는 어차피 여기 참여한 남미 학자들 대부분이 이미 버린 지 오래인 기존 모델들을 이 팀이 기계적으로 적용하려 하지 말고 대안적인 개념적 좌표를 만드는 데 집중해야 한다고 주장했다. 반면 어떤 이들(허시먼과 오도넬은 이쪽이었다)은 더 실증적인 사례 연구에 집중하고자 했다. 이들은 새로운 좌표를 만드는 것이 목적이라고 해도 그 새로운 좌표는 사례를 면밀히 관찰하는 것을 통해서만 나올 수 있다고 보았다. 허시먼은 카티아에게 보낸 편지에서 프로젝트에 "폭풍이 발생했다"고 전했다. 허시먼은 자신의 입장을 강하게 관철시키려 하기보다는 폭발의 열기가 터지도록 두는 편을 택했다. 그는 이런 긴장이 '생산성 있는 긴장'이라고 생각했다. 특히 카르도주가 개입하는 방식이 '매우 인상적'으로 보였다. 허시먼은 일기에 카르도주가 "중간 수준의 근대화"를 비판함으로써 "위험을 자초했다"고 유쾌하게 적어 놓았다. 이는 전부터 가지고 있던 또 하나의 생각으로 이어졌다. "필요한 것은 완전한 조명이 아니라 한두 개의 불빛이다."[32]

여기에 더해, 프로젝트 자체가 갖는 내재적인 문제가 위의 모든 문제들을 더 악화시켰다. 여러 학과, 여러 국가, 여러 학문적 전통을 결합한 협업 프로젝트에서 '개념적 합의'를 이루기란 너무나 어려운 일이었던 것이다. 한 참가자는 부에노스아이레스 회의가 "국가론에 대한 매우 수사적이고 현학적인 논의 때문에 망가졌으며, 이 이론들이 앞으로의 실증연구와 어떻게 연결될 수 있을지에 대한 논의는 거의 이루어지지 못했다"고 지적했다. 허시먼도 슈미터에게 SSRC가 자금 지원을 하기로 했고 그래서 "구체적인 프로젝트 제안서"를 작성해야 한다는 기쁜 소식을 전하면서도, 슈미터에 대한 우려를 직접적으로 표명했다. 허시먼은 슈미터가 '전문가'를 위한 논지에 치중하기보다 "이 분야에 더 실증적으로 기여할" 필요가 있다고 촉구했다. "당신과 기예르모가 제시한 프로젝트 개요는 너무 모호해서 큰 규모의 자금 지원을 받기에는 곤란한 면이 있습니다." 어쨌거나 슈미터는 지중해에서 벌어지기 시작한 민주화에 더 관심을 갖게 되면서 이 프로젝트에서 빠지게 된다(지중해에서 벌어진 변화는 나중에 남미 학자들이 남미 독재자들에 대한 사상을 발전시키는 데 큰 영향을 미친다). 설상가상으로 오도넬이 미시건대학 교수직을 수락할 것이냐 부에노스아이레스에 남을 것이냐를 두고 오래도록 마음을 정하지 못하면서 일이 더 꼬였다.

처음부터도 주저하는 마음이 없지 않았던 허시먼은 이 프로젝트를 지휘하는 일에 점점 관심이 없어졌다. 그의 관심은 사실 다른 곳으로 쏠리고 있었다. 어느 날 저녁 뉴욕에서 긴 회의를 마치고서 허시먼은 SSRC 사무실 밖에서 헤어지기 전에 굿맨에게 남은 저녁 시간 동안 읽어 봐 달라며 글을 하나 건넸다. 그런데 정책 결정과 군사독재에 대한 글이 아니라 17세기에 시장의 작동을 두고 당대 지식인들 사이에서 일었던 우려에 대한 글이었다. 굿맨은 합동위원회 위원장이 남미의 독재 문제와는 매우 동떨어진 것을 연구하고 있다는 데 크게 놀랐다.[33]

사실 허시먼은 말이나 글을 통해서가 아니라 행동으로 리더십을 발휘하고 싶었다. 스테판이 나가는 바람에 프로젝트에 예일대학 쪽 끈이 없어졌고, 허시먼이 프린스턴 고등연구소에 자리를 잡게 되면서 고등연구소가 이 프로젝트의 새로운 중심지가 되어 허시먼이 주관자 역할을 담당할 수 있게 되었다. 하지만 조직 운영이나 관리에는 영 소질이 없었고 "혁명에 신념을 잃은 혁명가"인 그는 이 사실을 스스로도 잘 알고 있었다. 이 프로젝트가 결실을 맺을 수 있었던 것은 다른 사람 덕분이었으니, 바로 인디애나대학의 젊은 정치학자 데이비드 콜리어였다. 콜리어는 프린스턴 고등연구소에 방문연구원으로 와 있었기 때문에 허시먼과 오다가다 만나서 자연스럽게 대화를 나눌 수 있었다. 곧 콜리어는 허시먼이 마지못해 맡았던 프로젝트 리더 자리를 대신 맡게 된다. 1975년 3월에 프로젝트 핵심 인물들이 회의를 가졌고 이 자리에 콜리어가 참석하면서 협업에 불이 댕겨졌다. 이로써 허시먼은 개인적인 집필 계획에 크게 방해를 받지 않으면서 고등연구소가 프로젝트의 기본 역할을 하도록 지원할 수 있었다.

또 그는 고등연구소의 펠로십 프로그램을 통해 프로젝트에 참가한 학자들을 지원했다. 모든 참가자가 적어도 1년간 고등연구소에 머물면서 연구했고 카르도주는 3년을 머물렀다. 때로는 고등연구소가 위험에 처한 남미 지식인들을 보호하는 역할도 했다. 브라질 경제학자 주제 세하는 그의 첫 고등연구소 프로그램이 끝난 1977년 5월에 몇 군데 회의에 참석하고 개인적인 일을 처리하기 위해 상파울루로 돌아갔다. 그런데 도착하자마자 경찰에 연행되어 심문을 받았다. 고문은 받지 않았지만 세 번을 더 경찰에 불려갔다. 경찰이 여권마저 압수하자 그는 크게 긴장했다. 아직 프린스턴에 있던 아내 모니카는 절망에 빠졌다. 허시먼은 조지프 그런월드(카터 대통령의 미주 담당 국무부 차관보 자리에서 막 사임한 상태였다)에게 전화했고, 그런월드는 남미 담당 차관보 테렌스 토드맨 등 국무부의 영향력 있는 당국자들에게 연락을 취했다(허시먼은 예전 워싱턴에서 열린 모임에서 토드맨을 만난 적이 있었다). 이런 움직임들이 효과가 있었는지는 알 수 없지만 세하는 그 이후 경찰 심문을 받지 않았고 여권도 돌려받았으며 연구팀으로 무사히 돌아왔다.[34] 세하는 자신을 보호하기 위해 뒤에서 어떤 일들이 벌어지고 있었는지 전혀 몰랐다. 마르세유 작전 때도 그랬듯이, 허시먼은 신중했다. 그가 개입하고 있다는 것이 드러나지 않아야 성공 확률을 높일 수 있었다.

고등연구소 사람들이 기억하는 허시먼은 우아한 주관자의 역할이었고 그는 이 역할을 좋아했다. 날마다의 점심 모임, 저녁 때 늉린 가의 허시먼 집에서 열리던 가족동반 모임, 복도에서 오가며 허시먼과 나누는 대화 등은 남미에서 온 방문자들을 매혹했다. 페르난두 엔히크 카르도주는 칼 케이슨에게 이렇게 전했다. "앨버트 허시먼과의 지속적인 대화를 통해, 사회적 과정에서 예견되지 않았던 변화를 일으킬 수 있는 가능성들을 열정적으로 발견해내는 것이 얼마나 중요한지 확실하게 깨달았습니다." 허시먼이 준 이러한 영향은 카르도주의 대작 《라틴아메리카의 종속과 발전》의 자기성찰적인 서문과 후기에 잘 드러나 있다. 그는 이 서문과 후기를 고등연구소에 있는 동안에 썼다. 또 그가 남미에서 발달한 종속이론이 미국에서 어떻게 "소비되고 있는지"를 비판한 글에서도 비슷한 영향을 볼 수 있다.[35]

어느 집단에서 가장 저명한 사람이 반드시 그 집단의 리더로서도 적합한 것은 아니다. 허시먼이 SSRC의 실무에 주되게 관여하지 않고 한 걸음 물러선 것, 즉 그가 코디네이터로서보다는 후원자 역할을 하게 된 것은 합당한 일이었을 것이다. 허시먼 본인이 이 점을 잘 인식하고서, 모임이 와해되지 않도록 그가 모임을 이끄는 동안에도 코디네이터로서 적임자가 될 사람을 계속 물색하고 기다리고 있었다는 점은 높이 평가할 만하다.

1975년 10월, 합동위원회는 드디어 '국가와 공공정책에 대한 연구팀'의 연구 의제를 발표했다. 초점은 '남미의 산업화된 국가들에서 권위주의가 갖는 속성'이었다. 콜리어는 논의를 기록하고, 구성원들에게 회람시키고, 이후의 계획을 세우면서, 허시먼이 갖지 못한 (그리고 굳이 익힐 생각도 없었던) 행정 역량을 훌륭히 보완했다. 이 프로젝트에서는 남미에서 민주주의가 왜 취약한가에 대한 가설들을 합동위원회의 관심사인 윤리적 고려 사항들과 결합해서 남미 권위주의 정권의 속성을 심도 있게 연구하게 될 터였다. 루이스 굿맨은 이제서야 안심하고 콜리어에게 이렇게 전했다. "몇 년 전에 처음 제안된 이래 지금까지, 이 프로젝트는 많은 학자들이 관심은 가졌지만 아무도 사람들의 열정을 끌어낼 만한 적절한 학문적 초점이나 윤리적 가치를 제시하지는 못하고 있었습니다." 또 오도넬은 콜리어가 "어렸을 때 본 서부 영화에 나오는 훌륭한 젊은이" 같다며 이렇게 말했다. "그들은 수많은 위험을 겪고서 희망이라고는 없어 보이는 순간에 결정적으로 생존할 길을 찾아 악을 모두 무찌르고 아름다운 아가씨와 결혼해 행복하게 살지요. 진심으로 축하합니다."[36]

한 가지 전환이 더 있었다. 개혁의 시대이던 1960년대에는 민선 정부가 기본이었다. 그러나 이제 상황은 극적이고 비극적으로 바뀌어 있었다. 그래서 가능성 있는 정책들을 모색해 가려 한 허시먼의 애초 관심사에서 민주주의에 대한 구조적인 제약들을 탐색하는 쪽으로 프로젝트의 주제가 자연스럽게 바뀌었다. 자본주의의 경로를 '결정determine'(당시의 키워드였다)하거나 제한하는 주요 사회적 요인들, 그리고 그 요인들과 자본주의가 결합하는 구조적인 방식에 강조점이 놓였다.

1960년대 말 오도넬은 독재가 부상하게 된 배경에 어떤 경제적 요인이 작동했는지에 대해 연구하기 시작했다. 그는 경제성장 국면에서의 위기를 해결하기 위해 군부독재가 등장한다고 보았다. 경공업에서 중공업으로, 즉 더 자본집약적인 쪽으로 산업화가 진행되어야 하는데, 이 과정이 주춤거리게 되면서 민선 정부가 통제력을 잃게 되고 독재가 들어서게 된다는 설명이었다. 산업을 고도화하는 과정이 문제에 봉착하면서 군부독재가 들어서고, 그렇게 들어선 독재 정권이 산업화 과정에 강제적으로 안정성을 부여하게 된다는 것이었다. 그는 남미 각 국가가 자본주의 발달 과정 중 어느 단계에 위치해 있는지가 그 나라가 어떤 유형의 정권을 갖게 될 것인지를 결정한다고 주장했다. 오도넬의 도발적인 논문은 두 개의 목적을 가지고 있었다. 첫째, 새로운 재조정을 일으키는 국내 요인들에 관심을 둠으로써 좌파들이 주장하던 '반제국주의' 노그마에 도전장을 내밀었다. 둘째, 남미를 '만성적인 규율 불가능성'에 시달리는 지역으로 규정하는 미국 정치경제학의 케케묵은 이야기에 도전했다. 이 분석의 많은 부분이 허시먼이 예전에 제시했던 개념, 즉 전략적으로 중요한 산업 영역이 일으키는 연관 효과들을 강화하고 심화시키는 것이 성장의 핵심이라는 개념에 의존하고 있었다.

허시먼은, 오도넬이 이 원고에서 종합적인 가설을 제시했다면 이제 구체적으로 아르헨티나 사례를 분석하는 단계에서는 구조주의적인 요소를 조금 느슨하게 하도록 조언했다. 허시먼이 보기에 이 원고는 너무 결정론적이었다. 그의 글은 일시적인 산업화의 고통을 완전한 위기와 혼동하고 있었고, 군부에 야합하는 사회과학자들이 가혹한 군부통치를 정당화할 때 사용하는 것과 동일한 논리를 전개하고 있었다. 고등연구소에서는 연구원들이 다른 연구원들에게 자신의 연구를 발표하는 것이 관례였다. 오도넬의 차례가 되었을 때 그는 권위주의 정권이 왜 출현하는지를 설명한 원래의 원고를 조금 수정해서 발표했고, 허시먼과 기어츠가 그에 대해 논평했다. 발표를 마친 뒤 오도넬이 다시 한 번 수정한 원고를 보내오자 허시먼은 다음과 같이 답신을 보냈다. "당신이 세미나에서 발표한 논문에 대해 나와 기어츠 모두 경제결정론적이라고 비판했었지요. 그런데 이번에 수정하신 글을 읽으니, 설득력이 떨어지는 경제결정론에 대한 해결책이 경제결정론적 요소를 줄이는 것이 아니라 좀더 나은 경제결정론을 더 강하게 도입하는 것이라고 생각하신 듯합니다!" 허시먼은 자본재 산업이 초기의 [경공업 중심] 산업화에 뒤이어 올 논리적으로 유일한 단계라는 듯이 말하는 것에 의구심을 제기하면서, 오도넬이 자본재 산업을 창출해야 한다는 절박한 명령으로 모든 것을 환원시키지 않는 더 세심하고 정교한 주장을 개진하도록 독려했다.

허시먼은 오도넬의 경직된 단계론적 논의가 후방 연관 효과를 지나치게 과장하고 있으며 산업 발달이 가질 수 있는 다른 선택지와 다른 문제들을 간과하고 있다고 지적했다. 또한 모델로서도 그리 유용하다고 볼 수 없었다. 예를 들면 피노체트는 이 모델로 어떻게 설명할 것인가? 칠레의 산업은 [이전의 개혁 정권인] 아옌데가 집권하기 한참 전부터도 위기였다. 그리고 '시카고 보이스'[군부독재인 피노체트 시절 칠레의 경제정책에 영향을 미친, 미국 시카고대학 경제학과 배경의 신자유주의 경제학자들]는 가격 안정성에 대해서는 그렇게나 소리 높여 떠들었지만 '산업 고도화'와 관련해서는 그런 것을 원하는 시늉조차 하지 않았다. 오도넬의 글이 허시먼의 연관 효과 개념에 크게 영향을 받았으니만큼, 허시먼은 그 개념을 수정한 자신의 논문 한 부를 동봉했다. 이 논문에서 허시먼은 '미시 마르크스주의'를 주창하면서, 사람들이 《자본론》을 더 자세히 읽을 필요가 있다고 지적했다. "산업적으로 가장 발전한 나라는 산업적 사다리를 타고 올라올 후발 주자들의 길을 먼저 갔을 뿐"이라는 마르크스의 유명한 말은, 아무리 늦게 시작하더라도 모든 자본주의 사회가 동일한 경로를 갈 것이라는 의미로 흔히 해석되고 있었다. 하지만 허시먼은 "마르크스가 작고 중요한 차이들에 매우 세심하게 주의를 기울였음을 보려면 여기에서 멈추지 말고 조금 더 읽어야 한다"고 지적했다("위 문장을 인용하는 사람 대부분은 그 다음 단락을 읽지도 않았을 것이다"). 바로 다음 단락에서 마르크스가 독일과 영국의 발전 과정이 매우 상이한 경로로 진행되었음을 설명하고 있기 때문이다.[37]

허시먼은 역사의 경로가 매우 많을 수 있으며 전진해 나갈 수 있는 가능성도 그만큼 많다고 오랫동안 주장해 왔다. 그리고 1970년대 중반에는 왜 사회과학자들이 그렇게나 대안을 생각하지 않으려고 하는지에 대해 고민하면서, 자신의 학문적 원천인 고전 이론으로 되돌아갔다. 허시먼은 고전 사상가들 역시 "가능한 경로 중 하나를 몰랐거나 실수로 무시해서" 저마다 사각지대를 가지고 있음을 알게 되었다. 예를 들면 《자본론》을 읽다 보니 헤겔의 《법철학》도 읽게 되었고 그러다 보니 마르크스가 헤겔의 '시민사회'에 대해 언급한 긴 논평도 읽게 되었는데, 이렇게 꼬리를 문 독서를 통해 허시먼은 마르크스가 헤겔을 해석할 때 놓친 부분이 있었다는 사실을 발견했다. 이미 1821년에 헤겔은 자본주의의 문제점들을 발산해낼 잠재적 배출구에 대한 논의를 담은 경제 이론을 만들었지만, 마르크스는 이 점을 보지 못했다(헤겔이 제시한 배출구는 '제국'이었다). 이를 간과하는 바람에 마르크스는 자본주의가 자신의 문제들에 대해 예기치 못했던 해결책들을 찾아 나가는 교묘한 역량을 가지고 있다는 헤겔의 통찰을 활용하지 못했다. 마르크스는 "구조적 변화에 대한 열망에 빠진 나머지, 아무리 '뒤뚱거리는 체제'라고 해도 자신의 취약점 중 적어도 가장 심각한 것들은 스스로 개선할 수 있는 능력이 있음을, 적어도 유지하며 지탱해 나갈 능력이 있음을 인정하지 못하는 수많은 '이론가들'과 동일한 오류를 범하고" 있었다.

마침 허시먼은 오도넬에게 답변을 쓰던 때 마르크스의 사각지대를 추적하고 있었다. 허시먼은 헤겔의《정신현상학》에 대한 주디스 슈클라의 책을 읽고서 전에 적어 놓았던 노트를 다시 책상에 펼쳐 놓았다. 그리고 예루살렘의 슐로모 아비네리가 최근 출간한《헤겔의 현대국가론》(1972)을 읽은 뒤 아비네리에게 헤겔의 경제사상이 제임스 스튜어트[18세기 스코틀랜드의 계몽주의 정치경제학자]와 어떤 관계가 있는지에 대해 물어봐야겠다는 생각이 들었다. 이 질문을 받은 아비네리는 허시먼에게 헤겔이 쓴《예나 시대의 실재철학》을 읽어 보라고 권했다.[38]

허시먼의 독서는 탐정의 일과 비슷해졌다. 단서를 추적하다 보니 옛 사상가들이 놓쳤던 가능성들과 간과했던 지점들이 나타났다. 그리고 그런 점들은 후대의(어느 경우에는 수세기나 더 지난 뒤의) 사회과학에 영향을 미치고 있었다. 20세기 칠레의 인플레이션을 논하면서 헤겔을 끌어다 설명한 것을 두고 그저 지적인 실험 정도로 치부하기란 쉽다. 또 허시먼이 스스로에게 푹 빠져서 상아탑으로 침잠했다고 보는 사람들도 있었다. 하지만 사회과학이 앞으로 민주화된 남미에서 유용할 수 있으려면, 좌파와 우파가 희한하게도 서로 수렴해버린 견해, 즉 급진적인 해법이나 과거와의 완전한 단절이 없으면 발전은 존재할 수 없을 것이라는 견해에서 멀어져야 했다.

오도넬은 허시먼의 논평을 보고 '역사의 교지'가 무엇을 의미하는지 바로 알아들었고, 사회과학자들도 '역사의 덫'에서 자유롭지 않다는 것 또한 충분히 이해했다. 어떤 면에서 헤겔과 마르크스의 관계[마르크스의 헤겔 해석에 사각지대가 있었다]는 허시먼 자신과 오도넬의 관계[오도넬의 허시먼 해석에 사각지대가 있었다]와도 같았다. 다른 점은 헤겔과 달리 허시먼은 젊은 학자에게 사각지대를 직접 짚어줄 수 있다는 점이었다. 이런 사각지대는 사회과학자가 새로운 패턴을 보지 못하게 만들 뿐 아니라 자신의 이론으로 분석하고자 하는 대상인 바로 그 구조적인 문제에서 벗어나지 못하게 만들기도 한다. 허시먼이 오도넬의 글에서 이러한 순환논리를 보고 아쉬워한 것도 당연했다. 오도넬도 어느 정도 동의했다. 그는 자신의 이론이 "투박하고 기계적인" 이론이었으며, "모든 사회"를 "생산 구조"로 설명하려는 것이었다고 인정했다. "제가 확신할 수 있는 것은, 교수님 연구와 제 연구 사이에 무언가 더 많은 것이 존재한다는 것입니다. 제가 교수님 글을 읽고 자극을 받을 때 어떤 생산적인 결과들이 나오는지 잘 아실 거예요. 그런 점들이 억측과 추측들을 숱하게 불러오더라도요."[39]

허시먼과 오도넬 사이의 논의는 자본주의와 민주주의의 관련성에 대한 가설을 숙고하고 검증하고 창출하기 위해 이 연구팀이 직조해낸 창조적인 긴장을 보여준다. 이것이야말로 허시먼이 원한 것이었다. 개개인의 연구가 이런 식으로 모여 남미 사회과학의 기념비적 논문집인 《라틴아메리카의 새로운 권위주의》가 데이비드 콜리어 편저로 출간되었다. 교정이 마무리되자 콜리어는 원고를 허시먼, 카르도주, 세하에게 보냈다. "지난 3년간의 경험은 학문 성장에 매우 중요한 시기였으며, 저에게는 개인적인 성장의 시기이기도 했습니다." 이 글을 쓸 때 콜리어는 인디애나대학에서 캘리포니아대학 버클리캠퍼스로 자리를 옮기려던 참이었다. "프로젝트가 여기에 도달하고 나니 앨버트가 우리의 노력에 기여해 준 중요한 지점들이 다시금 생각납니다. 특히 앨버트는 고등연구소를 남미 연구의 학문적 용광로로 만들고 지난 3년간 우리 각자와 직접적으로, 또 전화로 토론과 조언을 해 주면서 이 프로젝트에서 핵심적인 역할을 했습니다."[40]

한편 허시먼이 남미 출장을 또 계획하고 있던 시점에 아르헨티나에서는 긴 위기가 끔찍하게 최고조에 달해 있었다. 아르헨티나에서 민선 정부가 몰락하는 조짐을 보이면서 오즐락, 오도넬, 마르셀로

카바로시, 오라시오 보네오, (그리고 조금 뒤에) 엘리사베스 헬린은 CEBRAP와 비슷한 독립적인 연구자들의 모임을 부에노스아이레스에 만들려고 했다. 오도넬은 다가올 폭발을 너무나 잘 감지하고 있었다(그의 장인이 페론 정부 말기에 사회복지부 장관이었다). "우리는 모든 것이 최종적인 몰락을 향해 계속 나아가고 있는 것을 보고 있습니다." 그는 "믿을 수 없을 정도로 깊은 위기" 속에서 "단단한 기반에 영영 닿지 못하리라는 두려움이 생길 만큼 정부가 모든 이의 상황을 악화시키는 것"에 놀라지 않을 수 없다고 했다. 그리고 오도넬은 앨버트와 새러에게 감사의 인사를 하는 것으로 편지를 맺었다. 3월 말 아르헨티나 군부가 속수무책인 이사벨 페론을 무너뜨렸고, 이 사건은 권위주의에 대한 논의의 긴박성을 한층 더 극적인 양상으로 풀어놓았다.[41]

이러한 맥락에서, 허시먼은 독일에서 바이마르공화국이 극적으로 몰락하던 시기에 그에게 크게 영향을 주었던 종류의 분석으로 돌아가 일련의 날카로운 논문을 작성하게 된다. 허시먼은 위기에 대한 분석이라면 마땅히 그 위기에서 탈출할 수 있는 가능성 또한 설명해야 한다고 생각했다. 개발도상국이 갈 수 있는 길은 경제학자들이 인정하는 것보다 훨씬 더 많을 것이고, 마찬가지로 정치적 대안도 훨씬 더 많을 것이었다. 그런 조건과 우연들을 되살리려면 '개입적 변수들'에 관심을 기울여야 했다. 특히 경제 영역에서의 문제와 위기를 성공적으로 다루는 데 필요한 정책은 어떤 종류여야 하는지에 대해 지배층이 어떤 신념을 가지고 있는지 분석하는 것이 중요했다.《라틴아메리카의 새로운 권위주의》에 실린 글에서 허시먼은 신념·개념·이념의 작동을 도입함으로써 경제 문제를 정치적 결과들과 연결시킬 수 있을 것이라고 제안했다. 1976년 4월에 허시먼은 콜리어에게 보낸 편지에서 "이데올로기와 인식에 대해 내가 오래도록 가져온 관심이, 경제발전 단계와 정치 형태 사이의 관계가 사람들이 갖고 있는 이념이나 인식에 의해 **매개된다**는 생각으로 이어졌다"고 설명했다. 이를테면, "지배층이 특정한 산업화의 사이클이 효력을 다했다고 생각하는지의 여부에 따라 정치의 양상이 크게 달라진다"는 것이었다.[42] 여기에서 우리는 허시먼이 '실패강박'을 어떻게 하면 뒤집을 수 있을 것인가라는 주제로 되돌아간 것을 볼 수 있다. 이제 그 동기는 경제적인 것일 뿐 아니라 정치적이고 윤리적인 것이기도 했다.

1976년 여름에 허시먼은 콜롬비아부터 칠레까지 5개국을 돌며 메데인, 칼리, 카라카스, 브라질리아, 상파울루, 리우데자네이루, 부에노스아이레스를 방문했다. 돌아왔을 때는 명함으로 주머니와 가방이 터질 지경이었다. 아니발 핀토 같은 옛 친구도 만났고, 알레한드로 폭슬리와 후안 수루이예 같은 새 친구도 사귀었다. 출장 노트에는 허시먼 특유의 스타일과 현장에 다시 간 기쁨이 고스란히 적혀 있다. 허시먼은 평소처럼 대부분의 시간을 정책 결정자들과 이야기를 나누며 보냈다. 콜롬비아 계획위원회의 호르헤 가르시아는 자금 지원을 천연자원 채굴 산업 쪽으로 돌리려는 움직임을 비판하면서 르노와 알칼리스를 사례로 들어 정부 지원으로 이루어지는 투자의

'재앙'을 이야기했다. 베네수엘라 재무장관 엑토르 우르타도는 석유 판매로 들어오는 국고 중 일부를 떼어서 소비자를 위한 '특별 투자 펀드'로 돌리려는 정책에 대해 설명했다. 또한 그의 노트에는 기업 인들과 엔지니어들을 만난 뒤 느낀 놀라움과 감탄도 생생히 나타나 있다. 기계공학자 J. L. 벨로는 브라질 기계장비 산업 발달에 대해 열 정적으로 이야기했다. 한편 지식인들은 주로 불평을 토로했다. 콜롬 비아의 농촌을 연구하는 프란시스코 레알 부이트라고는 부르주아가 "투기꾼으로 변했다"고 한탄했고, 호세 루이스 사발라는 피노체트의 자유무역주의 도그마가 지역 산업을 쓸어버렸다고 비판했다.

허시먼은 현장 노트 곳곳에 프티 이데들을 적어 놓았다(책에는 그 중 일부만 반영되어 있다). 관찰하고, 아포리즘을 만들고, 재차 확인하 고, 후속 질문을 끌어내는 그의 습관이 여기에도 어김없이 잘 드러 나 있다. 그는 브라질에서 매우 흥미로운 패러독스를 하나 포착했 다. "빠른 경제성장은 정당성을 부여하거나 적어도 정당성을 부여한 다는 믿음을 가져온다. 1974년이면 터널 효과는 사실상 사라졌다. 아마 정치적인 면에서 진보가 없었기 때문일 것이다. 그 결과 경제 가 실제로 성장하고 있다는 신념도 사라졌다(호베르투 카발칸티가 브 라질리아 의회에서 이전 해에 실질임금이 증가했다고 말했다가 야유를 산 것을 생각해 보라. 사람들은 그 말을 믿지 않았다)." 다른 한편으로 정부 는 자신이 만들어낸 성장 신화를 스스로 믿어 버리는 자기파괴적인 습관이 있었다. "높은 성장률은 백색잡음이 다른 잡음들을 몰아내게 해서 정책 결정자들이 다양한 목소리를 듣지 못하게 고립시킨다."

앨버트 허시먼

이는 허시먼을 익숙한 주제로 되돌아가게 했다.

터널 효과에 대한 수정: 빠른 경제 성장 시기에 정책 결정자들은 모든 것이 잘되고 있다고 **믿게** 된다. 성장률을 유지하는 것에 대한 실질적인 우려와 성장률에 대한 과장된 선동 모두가 '고마워하지 않는' 대중의 비순응성에 대한 정보를 잠식해 버린다(전쟁 이후에 처칠이 그랬다). 또한 경제 논의에 집중하다 보면 정부는 사람들이 정말로 원하는 것이 경제 문제와는 상당히 다른 것일 때조차도 주된 문제가 경제 문제라고 생각하게 된다. 이런 식으로 정부는 표현의 자유를 조작하다가 그러한 조작의 희생자가 된다.[43]

허시먼은 현장 노트에서 스스로에게 계속 되뇌였다. '연결을 지을 것!' 정치와 경제 사이에, 신념과 행동 사이에.

브라질에서 유력 정치인으로 부상하던 카발칸티가 의회에서 야유를 산 일은 허시먼이 독재 치하 국가에서 찾아내려고 애쓰던 열린 가능성의 한 모습을 보여주었다. 브라질은 독재 치하에 있었지만 그래도 변화의 전망이 있었다. 사실 이러한 전망은 열심히 들여다보지 않아도 알 수 있었다. 파업이 확산되고 있었고, 정부는 파업을 방치하기도 했다가 억압하기도 했다가 하면서 오락가락하고 있었다. 그곳에서 카르도주도 위험을 감수하며 목소리를 내고 있었다.

허시먼은 브라질리아에서 과학진보회의Society for the Progress of Science 콘퍼런스에 참석했는데, 이 자리에서 카르도주는 정부를 맹렬히 비판하는 연설을 했다. 카르도주가 자리로 돌아오자 허시먼은 그쪽으로 몸을 기울이고 웃으면서 존경을 담아 이야기했다. "당신이 선동가인 줄 몰랐어요!" 그러던 중 저항하는 사람들이 체포될 것이라는 루머가 돌았고 회의장은 혼란스러워졌다. 문이 열릴 때마다 모든 사람이 고개를 돌려 군대가 들이닥치는지 살폈다. 허시먼은 카르도주에게 "참석해 본 콘퍼런스 중 가장 이상한 콘퍼런스"였다고 말했다. 그날 밤 그들은 상업 및 산업 장관 세베로 고메스와 저녁을 먹었다. 그는 독재 정권 각료 중에서는 온건한 편이었다. 고메스가 테이블에 있는 한 아무도 체포되지 않을 것이었다. 카르도주는 군대가 들이닥치는 것을 막으려고 허시먼이 디저트를 끼적거리면서 시간을 끌고 있는 것을 보았다. 결국 행사는 무사히 끝났다.

다음 날 후치 카르도주와 페르난두 엔히크 카르도주 부부는 새러와 앨버트를 데리고 브라질 벽지로 긴 여행을 떠났다. 브라질의 옛 도시 고이아스로 갈 참이었다. 이곳은 카르도주 조상들의 고향으로, 그곳 총독궁에 그의 증조할아버지 초상화가 아직도 걸려 있었다. 그들은 바로크 양식의 도시를 둘러보고 빨래판 같은 길을 따라 자라구아 근처에 있는 목가적인 목장으로 갔다. 페르난두 엔히크의 사촌 집이었다. 드디어 목적지에 도착했을 때 앨버트는 《뉴욕 리뷰 오브 북스》 최근판이 삐걱대는 낡은 탁자 위에 놓여 있는 것을 보고 깜짝 놀랐다. 그들은 그늘에 앉아서 스테이크를 먹고 프랑스문학에 대해 토론하면서 오후 시간을 보냈다. 브라질의 다양성을 보여주는 에피소드이기도 했고, 허시먼에게 남미에 대한 애정을 다시금 상기시켜 주는 것이기도 했다.[44] 상파울루에서 카르도주를, 부에노스아이레스에서 오도넬을 만난 뒤 허시먼은 카티아에게 이렇게 전했다. "나는 이 센터 사람들과 학문적으로 그리고 개인적으로 친구인 것이 기쁘구나. … 학문적인 노력과 더불어 공통의 대의가 있고, 그것에서 매우 큰 따뜻함과 우정이 생긴단다."[45]

고통의 불협화음 속에 대안이 담겨 있었다. 경제 침체와 인권 침해를 보면서 절망할 이유를 찾는 것은 쉬운 일이다. 하지만 이것은 희망을 유지하기 위한 허시먼의 학문적인 노력을 한층 강하고 단단하게 만들었다. 라틴아메리카경제위원회 위원장 거트 로젠탈이 허시먼에게 에스파냐어로 번역된 그의 논문 하나를 보내오자 허시먼은 이에 대한 답장에서 변화를 향해 스스로를 밀어붙이려면 희망을 과장할 필요가 있음을 보여주는 우화 하나를 이야기했다. 막상 가보면 아주 작은 물구덩이에 불과할지라도 신기루는 카라반이 사막에서 앞으로 나아가도록 유혹한다. "[신기루가 없다면] 지쳐 버린 카라반은 희망을 잃고서 사막의 모래 위에서 죽게 될 것입니다." 희망한 만큼의 결과가 나오지는 않을지 몰라도, 신기루는 적어도 카라반이 목적지에 도착하게 만들기는 한다.[46]

여름이 끝날 무렵 허시먼은 이데올로기 신봉자들이 신성불가침으로 여기는 주장들에 도전하겠다는 결심을 하면서 프린스턴대학으로 돌아왔다. 그런 주장 중 가장 크고 대표적인 것은 남미 자본주의의 속성상 남미에서는 시장경제가 독재 정권을 필요로 한다는 가정이었다. 좌파 이론가들은 중공업으로 산업을 '고도화'하려면 투자 환경을 확보해야 하기 때문에 독재 정권이 들어서서 말을 듣지 않는 시민을 억압한다고 분석했다. 우파의 주장도 크게 다르지 않았다. 그들에 따르면, 포퓰리스트와 급진주의자들이 국가를 통제 불능으로 몰아가고 있으므로 근대적 생활양식을 구해내려면 공공영역을 어느 정도 일소할 필요가 있었다. 허시먼은 이러한 학계의 합의, 그리고 이러한 합의를 지탱하는 순환논리적 주장에 맞서고자 했다. 여기에는 윤리적인 목적이 있었다. 그는 "남미 독재 정권의 기반을 더 다양하고 완전하게 살필 수 있다면 그것을 더 빨리 없앨 수 있을 것"이라고 확신했다.[47] 새로운 견해는 ("무한한"까지는 아니더라도) 다양한 가능성들을 짚어낼 수 있을 것이고, 경제발전에 대한 학계의 연구를 지배하고 있는 규범에 억눌리지 않은 이야기들을 만들어낼 수 있을 것이었다. '영웅과 악한을 찾아내려는 경향'에서 자유로운 이야기들을 말이다.[48]

1970년대 중반 남미에서 가장 많이 꼽히던 악한은 경제 엘리트와 군부였다. 허시먼은 이런 식의 고착된 이미지를 깨고자 했다. 그의 암묵적인 목적 하나는 경제 엘리트들을 구제불능으로 반동적이며 양심의 가책이라고는 전혀 없는 사람으로 묘사하는 내러티브에서 그들을 구제하는 것이었다. 1950년대 이래로 허시먼은 '행동하는 자'로서 기업인이 가진 미덕을 칭송해 왔다. 리더십의 중요성을 드러내고 창조적인 실행가(행동하는 사람)와 지식인(생각하는 사람)을 영웅적으로 결합하는 것은 허시먼의 작업 전반을 관통해 온 주제였다. 일찍이 허시먼은《경제발전 전략》에서 이렇게 언급한 바 있었다. "이 두 유형 사이의 양극화와 소통 부재는 정체로부터 역동적 발전으로의 전환을 시사하는 동시에 이를 더 어렵게 만든다." 그리고 20년 뒤, 남미에서 민선 정부의 막이 내리던 시기에 허시먼은 바이마르공화국의 운명을 생각하고 있었던 것 같다. 바이마르공화국에서 기업인들은 다른 방도가 없다고 느꼈기 때문에 다원적이고 민주적인 원칙들을 저버렸다.

허시먼은 절망하지 않기란 매우 어려운 상황이라는 점을 인정했다. 한때 계몽주의 사상가들은 시장의 삶과 개인의 자유를 낙관적으로 연관시키면서 (토크빌의 말을 빌리면) "자유와 산업 사이에 필연적인 관계"가 있다고 상정했다. 하지만 이제는 그 결합이 뒤집혀서 '자유와 산업'이 아니라 '고문과 산업'이 하나로 엮이고 있었으며, 좌파와 우파 모두 여기에 동의하고 있었다. 남미의 자본주의를 구하기 위해서는 독재자가 나타나서 투자 환경을 안정화하고 말을 듣지 않는 노동자들을 억압하며 "인플레이션의 피로"를 잡는 것이 **필요했다**고 말이다. 허시먼은 이러한 철의 논리를 깨고 싶었다. 허시먼이 보기에 하나의 극단에 대한 반작용이 너무 지나쳐서 이번에는 다른 쪽 극단으로 치우치고 있었다. 1960년대에는 좌파 극단주의가 '혁명'이 필요하다고 목소리를 높였다. 그러나 이제는 우파 진영에서 극단주의가 더 위협적으로 발휘되고 있었다. 정통 경제학이 산티아고에 자리를 잡고서 급진적인 시장주의적 해결책으로 모든 것을 바꾸려 들고 있었다. 시카고학파의 교수들과 시카고대학에서 학위를 받고 돌아와 칠레의 고위직을 차지하게 된 사람들은 '충격요법'을 써 가며

'신경제질서'를 이식하려고 했다.[49]

이번 출장에서 허시먼은 이런 정책이 미치는 영향을 목격했고 그것에 한탄했다. 우선, 허시먼은 그런 정책들이 필요했다고 생각하지 않았다. 시카고 보이스는 옛 모델이 손쓸 수 없는 불균등 때문에 돌이킬 수 없게 되었으며, 따라서 "자유주의적인 경제 원리"로 대체해야 한다고 주장했다. 하지만 오래도록 불균등을 주장해 온 허시먼이 보기에 이는 모델이 잘못되어서가 아니었으며, 정책들 사이에서 "기어를 변속하기가" 어려워 생긴 문제들에 대해 모델 탓을 하는 주장에 불과했다. 진짜 문제는 정책 결정자들이 가진 사고에 유연성이 부족하다는 점이었고, 이것은 사회과학자도 마찬가지였다. 권위주의 정권은 "국가가 심각한 경제적 문제를 가지고 있다는 인식이 일반화된 상태"에서 번성했다. 이것 역시 독일의 바이마르 시절이 준 교훈이었다. 그리고 권위주의 정권은 "그 문제를 해결하지 않는 채로" 그 문제의 토대 위에서 번성한다. 시카고 보이스는 모든 문제에 대해 그것을 개선하는 것이 불가능하다는 점을 과장했다. 그들이 원한 것은 [문제를 개선하는 것이 아니라] 완전히 다른 것이었기 때문이다.[50]

하지만 허시먼을 무엇보다 괴롭힌 것은 사회과학자들이 자신이 놓은 덫에 책임지지 않으려고 한다는 점이었다. 남미 출장을 계획하고 있을 때 포드재단의 회장이자 이전의 하버드대학 총장이었던 맥조지 번디가 칼 케이슨에게 연락해 "허시먼과 기어츠를 초청해 재단 동료들과 함께 재단이 관심을 두고 있는 남미 사안에 대해 대화

앨버트 허시먼

를 나누는 자리를 마련하고 싶다"고 청했다. 그 주제는 '배고프고 과밀하고 경쟁적인 세계'였다. 이 묘사는 당시 널리 퍼져 있던 분위기를 잘 대변해 준다. 이에 대해 허시먼은 자신이 "사람들(때로는 내 친한 동료들이나 친구들까지도)이 생각하는 것만큼 생각 없는 낙관주의자가 아니라는 점"을 보임으로써 재단의 견해에 반박하기로 했다.[51]

1976년 1월 27일, 포드재단 사람들과 허시먼, 기어츠, 카르도주가 나란히 모임에 참석했다. 대화는 어두운 어조로 시작되었고, 허시먼은 그에 대해 사회과학 분석을 더 넓은 역사적 맥락에 놓아야 함을 상기시키며 반박했다. 순진했던 1950년대에는 모든 좋은 일은 함께 온다는 믿음이 팽배해 있었다. 국내총생산GDP 성장이 민주주의를 가져올 것이고 정치적·경제적 자유를 누리는 사람은 마음껏 투자를 할 것이라고 말이다. "이것은 매우 단순화된 모델입니다. 그런데 이제 우리는 반대 버전의 단순화된 모델을 가지고 있습니다. 성장 둔화, 인권 침해 등 모든 나쁜 일은 한꺼번에 온다고 말입니다." 허시먼은 이러한 "우울한 진단"이 "1950년대의 모델만큼이나 해로울 것"이며 "그것이 우리를 어디로 이끌지에 대해서도 회의적"이라고 언급했다. 누구보다도 허시먼을 잘 알고 있었고 허시먼이 돈키호테처럼 끈질기게 희망을 놓지 않는 것을 놀리기도 했던 기어츠가 여기에서 끼어들어 말을 이었다. "앨버트는 늘 밝은 면을 보기를 원합니다." 또 그는 이렇게 덧붙였다. "그리고 항상 진실은 극단에 있지 않고 중간에 있다고 말하지요."[52]

허시먼이 보기에 희망과 절망의 구분, 낙관주의와 비관주의의 구분은 잘못된 구분이었다. 이것은 기운 빠지게 하는 이야기냐 기운을 북돋아 주는 이야기냐의 문제가 아니었다. 이것은 이야기가 어떻게 말해지느냐의 문제였다. 사회가 대대적인 변화의 시기를 지날 때 그 변화의 과정에는 우연과 선택이 가득하기 마련이며, 이것을 파악하려면 이성의 한계를 겸손히 인정해야 했다. 헤겔적 뿌리에서, 허시면은 오늘날 경제 상황이 "고문의 증가"와 "상관관계"를 갖게 된 것이 "경악스러운" 일인 만큼이나 "이상하고 궁금한puzzling" 일이라고 보았다. 허시면은 사회과학자들이 왜 "단 하나의 일만 벌어질 것이라고 생각하는지, 그리고 왜 다른 모든 것은 그것과 하나로 합쳐질 것이라고 생각하는지, 그리고 왜 그렇게 해서 우리가 옳은 답을 내릴 것이라고 믿는지" 묻고 싶었다. 왜 우리는 "한 번에 새로운 열쇠를 꼭 하나씩만 가져야 하는가?"[53]

복잡성의 문제는 까다로운 윤리적 문제들을 피해갈 수 없다. 경제학에서는 특히 더 그렇다. 허시면은 경제학계의 동료들이 자신의 한계와 불확실성을 받아들이는 것에 더 열린 마음을 갖기를 원했다. 그들의 주장이 적합성이 없어서가 아니었다. 오히려 그 반대였다. 경제학자들의 현실적합성은 "그들이 경제학의 중요성을 거창하게 강조하는 데서 더 편하게 느끼고" 거기에만 안주하려 하기 때문에 축소되고 있었다. 허시면은 경제학자들의 영웅적인 위치를 단 한 번도 부인하지 않았다. 다만 경제학자 중 "거품"들("미국에서 학위를 받고 돌아와 여전히 자신이 대학원에 있다고 생각하는 사람들")이 피노체트 정권의 경제정책을 만들었고, 또 다른 거품들인 "신마르크스주의자들"이 착취에 대해 소리 높여 논하고 있는 상황을 "참을 수 없었다." 양쪽의 소위 정통 이론 모두 자기들만의 확실성을 "뚫고 나오지" 못했다. 허시먼은 학자들이 자신의 한계를 받아들이면 오히려 경제를 더 잘 파악할 수 있게 될 것이라고 생각했다. "경제는 하나의 블랙박스가 아닙니다. 거기에서는 온갖 종류의 새로운 것들이 휘몰아치며 만들어지고 있습니다." 그는 심지어 칠레에서도 "모든 것이 완전히 닫혀 버리지는 않았다"며 위험에 처한 상황에서도 칠레 학자들이 라틴아메리카연구소에서 중요한 연구들을 수행하고 있는 것이 그 증거라고 말했다. 어떤 이들은 이를 두고 몽상이라고 했지만 허시먼은 이렇게 덧붙였다. "누군가가 이 사람들을 한 곳에 모을 수 있었다면 무언가 유의미한 대화도 가능하게 할 수 있을 것입니다."[54]

이 말은 허시먼이 스스로에게 하는 말 같기도 하다. 그런 대화를 가능하게 하는 중개자 역할을 스스로에게 부여한 것이다. 그는 그가 꾸린 "남미에 대한 작은 스터디 모임"과 그 모임이 독재의 어두움 속에서 빛을 찾기 위해 미로 사이로 "흥미로운 경로들"을 찾아 나간 방식에 대해 이야기했다. 그의 결론은 조심스러울 수밖에 없었다. 몇 주 뒤 허시먼은 짐을 싸서 남미로 다시 떠났다. 하지만 마음의 눈은 다른 곳, 더 오랜 과거로 향하고 있었다. 사회과학자들이 어떻게 해서 "한 번에 새로운 열쇠를 꼭 하나씩만" 가져야 한다고 생각하게 되었는지에 대한 단서를 얻기 위해.

16장

고전 경제사상의
재해석

(1972~77)

확실히, 어떤 의미에서 선이란 안락한 구석이라고는 없는 것이다.

—프란츠 카프카

허시먼의 삶은 한 독자의 삶으로도 이야기해 볼 수 있다. 어린 시절에 영향을 준 책부터 지적인 상상력의 토대를 구성한 책, 그리고 자신의 것으로 소화한 책들까지, 인생의 국면마다 그의 책장이 어떻게 성장했는지를 통해 그의 삶을 풀어 보는 것이다. 그러면 사고의 형성에서 학문적인 기여까지, 또 지식의 흡수에서 창조까지, '지성인의 전기'가 흔히 포함하는 범주들을 아우르는 커다란 궤적을 그릴 수 있다.

허시먼의 인생사를 체계적으로 정리하려는 노력이 다 그렇듯이, 이 이야기도 생각보다 훨씬 복잡하며 꼭 앞으로만 움직이는 것도 아니다. 일례로 허시먼이 어렸을 때 감명 깊게 읽은 책들은 책장 뒤켠으로 밀려나지 않았다. 젊은 허시먼이 귀퉁이를 접어놓은 책들은 계속 그의 손때가 탔다. 플레이아드판 몽테뉴의《수상록》만은 놀랍게도 거의 손상되지 않은 상태로 보관하고 있었지만,《국부론》같은 책은 책등이 갈라진 지 오래였다. 끊임없이 예전에 했던 자신의 생각을 되짚어보는 습관을 가지고 있었듯이, 허시먼은 책도 예전에 읽었던 것들을 계속 다시 읽으면서 새로운 의미를 발견했다. 1971년 상파울루에서 열린 한 콘퍼런스에서 텍사스대학의 사회학자 할리 브라우닝이 어떻게 그렇게 눈길 끄는 제목들을 생각해낼 수 있느냐고 묻자, 허시먼은 이렇게 대답했다. "저는 언제나 플로베르를 읽거든요."[1]

플로베르, 몽테뉴, 스미스, 마르크스… 그리고 마키아벨리. 허시먼이 마키아벨리를 처음 읽은 것은 스무 살 때였다(언젠가 그는 청중에게 스무 살이 "M을 읽기에 참 좋은 때"라고 말하기도 했다). 파리에 살던 시절이었고, '마키아벨리와 레오파르디를 읽는' 이탈리아 출신 반파시스트 망명자들 모임에 처음 발을 들여 놓은 때이기도 했다.[2] 트리에스테에 머물던 시절에는 에우제니오와 토론하며 M을 다시 읽었다. 버클리캠퍼스에 도착한 뒤에는 도서관에서 M의 서간집을 빌려 탐독했다(그때 그가 소유한 책은 몽테뉴의 《수상록》하나뿐이어서 마키아벨리는 도서관에서 빌려야 했다). 마키아벨리는 후원자가 되어 주기를 내심 바랐던 토스카나의 외교관이자 지인 프란체스코 베토리에게 보낸 편지에서 자신이 경제의 기술에 대해서 아는 것이 별로 없어서 그 대신 '국가에 대한 논증'을 하게 되었다고 설명했다. 허시먼이 버클리캠퍼스에서 집필한 첫 저서는 이 서간문을 읽은 데서 시작되었다고 해도 과언이 아니다. 2차대전 때 OSS에 배속되어 이탈리아 전선에 파병되었을 때도 허시먼은 마키아벨리의 《군주론》을 내내 가지고 다녔다. 권력의 신비에 대해 마키아벨리가 **무엇을** 생각했는지를 보기 위해서이기도 했지만 **어떻게** 생각했는지 보기 위해서이기도 했다. 허시먼은 마키아벨리가 (그 자신도 포함해서) 인간을 경합하는 여러 충동과 욕망이 드라마를 펼치는 무대로 묘사한 것에 주목했다.[3] 이것은 허시먼의 저술에서 마키아벨리가 베토리에게 보낸 서간문이 반복적으로 인용되는 이유 중 하나이다.

마키아벨리는 경제나 교역과 관련해서는 아는 것이 별로 없다고 편지를 쓴 지 7개월 뒤에 베토리에게 다시 편지를 보내 피렌체에서 쫓겨나 떠돌이 망명자로 살아가는 자신의 일상을 상세하고 흥미롭게 전했다. 개똥지빠귀를 잡고 나무를 하며 나머지 시간에는 "머릿속의 곰팡이를 털어 버리려고" 현지의 "벼룩같이 하찮은 자들"과 카드게임이나 주사위게임을 하며 시간을 보낸 뒤, 저녁에 집으로 돌아오면 더러운 작업복과 장화를 벗고 "궁정 예복으로" 갈아입었다. 그렇게 복식을 제대로 갖추고 "고대인들의 궁전"인 서재로 가서 정신의 양식으로 그들과 만찬을 즐겼다. "그곳에서 저는 거리낌없이 그들과 이야기하면서 그들의 행적에 궁금한 것이 있으면 질문을 합니다. 그러면 그들은 늘 친절하게 대답해 줍니다. 한 번에 몇 시간이고 계속되는 이 대화는 전혀 지루하지 않고, 그 동안 저는 모든 걱정거리를 잊고 가난도 겁나지 않으며 죽음조차 두려워하지 않게 됩니다." 마키아벨리는 고대인들과 대화를 나누면서 알게 된 내용을 바탕으로 《군주론》이라는 소책자를 썼다"고 베토리에게 설명했다. "저는 이 책에서 군주와 군주국에 대한 생각을 최대한 깊이 파고들면서 군주국은 무엇이며 어떤 유형이 있는가, 군주는 국가를 어떻게 손에 넣고 어떻게 유지하며 어떤 이유로 잃게 되는가와 같은 주제들을 논했습니다."[4]

허시먼은 이 구절을 아주 좋아했고 그 자신의 꿈의 정경으로 여겼다. 고대인들을 만날 수 있는 목가적인 장소, 제3세계 경제개발 현장에서 고된 하루를 마친 뒤 부끄러움이나 두려움 없이 고대의 철학자들과 군주란 무엇인가를 이야기할 수 있는 장소로 말이다. 마키아벨리가 성스럽게 의례화한 고대 영혼들과의 만남은 허시먼 자신의 것이기도 했다. 허시먼도 책을 통해 고대인과 대화했다. 마키아벨리의 궁정 예복 못지않은 격식과 공경의 의례를 갖추었음은 물론이다. 허시먼은 프린스턴대학에서 학식만큼이나 뛰어난 외모와 파리 제6구에서 신경써서 장만한 옷차림으로도 눈에 띄는 사람이었다. 그러한 차림은 고등연구소라는 성소에서 마키아벨리를 만나기에 적합한 예우를 갖추려는 것이었다고도 볼 수 있다.

1976년 10월에 마키아벨리는 허시먼에게 다시 한 번 영향을 미친다. 허시먼은 그해 여름 길고 슬픈 남미 출장을 다녀온 뒤 《군주론》과 《로마사 논고》를 다시 읽었다. 남미에서는 권력의 남용이 공공연하게 이루어지고 있었고 "그 피해가 막대했다."[5] 카티아에게 쓴 편지에서 허시먼은 마키아벨리를 읽으니 "내가 딜레탕트처럼 느껴진다"고 기운없이 털어놓았다. 하지만 곧 흥미가 되살아났다. 마키아벨리가 누구도 가 본 적 없는 "새로운 길을 갔다"는 사실을 발견했기 때문이었다. 허시먼도 마키아벨리처럼 "끔찍할 수도 있는 진실에 직면하기 위한 대담무쌍함을 휘저어 일으키기 위해 [그것이 비록 동요와 불안정을 일으키더라도] **위험한** 생각을 하는 경험"을 향해 나아가고 있었다. 이것은 마키아벨리의 표현이 아니라 허시먼의 표현으로, "마키아벨리가 정치에서 **정말로 어떤 일이 벌어지는지**를 드러내기 위해 근대의 거대한 가면을 최초로 벗긴 사람"이었다는 허시먼의 해석이 깔려 있다. 이 생각은 허시먼의 마키아벨리 독해에서 변하지 않는 전제였다.

하지만 허시먼의 마키아벨리 독해에는 전과 달라진 점도 있었다. 스무 살 때는 마키아벨리가 "일반 원칙regola generale을 세우고자 한 것"에 관심이 끌렸다. 그때 허시먼은 마키아벨리가 추구한 일반 원칙이 "마르크스의 운동 법칙"과 비슷하다고까지 생각했다. 그러나 반세기가 지나 장년이 된 허시먼이 마키아벨리에게서 발견한 것은 역사의 법칙이 가진 아이러니를 드러내고자 한 회의주의자의 면모였다. 마키아벨리가 "인간이 상당히 경멸받을 만한 존재일 뿐 아니라 세상 또한 상당히 엉성하게(혹은 사악하게) 조직되어 있다"고 보았다는 것이다.

《군주론》을 읽으면서 허시먼은 "성공을 하려면 두 가지 재료가 동시에 필요한데 하나밖에 갖지 못한 상황"에 대한 묘사를 계속해서 발견했다. 그래서 우리는 "왕국이 없는 왕"을 보거나 "왕국을 가졌으되 다스릴 자질이 없는 왕"을 보게 되며, 이 둘이 융합되는 경우는 거의 없다. 이것이 바로 자유의 회복(이라는 좋은 일)을 위해서는 선한 사람이 권력을 찬탈해야 하는(그리고 악하게 행동해야 하는) 이유이다. 세상이란 성공적으로 굴러가지 않게 되어 있으므로, "예외적으로 뛰어난 인간"과 "행운"이 결합해서 "적대적으로 작용하도록 설정되어 있는 것들을 극복해야 한다"는 것이었다. 이런 메모를 보면, 허시먼은 포르투나가 개혁에서 등을 돌리고 사회과학자들(혹은 허시먼 자신?)로 하여금 다른 전략을 취하도록 내몰고 있는지도 모른다는 생각을 이때 이미 하고 있었던 듯하다. 허시먼은 이렇게 설명했다. "마키아벨리가 희소한 자원에서 극대치를 달성하고자 하는 경제학자처럼 주장하는 것을 읽고 나는 매우 놀랐다. 통치자가 미덕의 귀감이 되면서 동시에 국가를 유지하는 것은 애시당초 불가능하다. 그러므로 우리는 국가의 유지라는 제약조건 하에서 도덕을 극대화할 방법을 생각해야 한다. 소비자가 예산의 제약 하에서 효용을 극대화하듯이 말이다."[6]

마키아벨리의 꿈이 허시먼에게 그렇게 매력적으로 느껴졌던 이유 중 하나는 허시먼 역시 지적인 선조들과의 대화에 점점 더 끌리고 있었기 때문이다. 허시먼은 그들에게 주위에서 벌어지고 있는 일들을 말하고 지혜를 구하고 싶었다. 지적인 선조들과의 대화는 대부분 허시먼의 머릿속에서 이루어졌지만, '가장 좋아하는 인용문' 파일에 끄적여 놓은 것들과 남아 있는 편지들에서 조금은 엿볼 수 있다. 허시먼의 일기를 보면 그가 '두 가지의 고전적인 역설'에 대해 생각하고 있었음을 알 수 있다.

1. 일이 제대로, 또는 가치 있게 돌아가려면, 그리고 삶에서 변화

가 가능하거나 삶이 번성할 수 있으려면, 상충하는 두 가지 필요사항이 충족되어야 한다. 예를 들면 국가에서는 권력과 참여가 둘 다 필요하고, 결혼에서는 유사점과 차이점이 둘 다 필요하다.

2. 세계의 국가들은 종종 직선이 아니라 원으로 배열된다. 그래서 가장 좋은 국가와 가장 나쁜 국가가 가까이 붙어 있다. 즉 가장 높은 수준의 대중참여가 이루어지는 국가와 대중세뇌가 이루어지는 경찰국가가 서로 가까이에 있고, 원에서 이 둘의 반대편에 대중동원이 없는 관료제적 엘리트주의 정권(민주 정부든 아니든 간에)이 있다. 가족에서 아버지와 딸 사이를 예로 들어 보면 친밀한 관계와 근친상간적인 관계가 서로 가까이에 있고, 원에서 이 둘의 반대편에 냉정하거나 무심한 관계가 있다.

이어서 허시먼은 "이 두 원칙이 연결되어 있는 것 같다"고 결론을 내렸다.

이때는 높아진 자유와 무자비한 권력남용이 공존하고, 번영과 끔찍한 결핍이 공존하는 시대였다. 시대가 가진 모호함과 모순 속에서 통찰을 찾기 위해 애쓰던 허시먼은 명백히 상충하는 것으로 보이는 것들이 사실은 가까운 형제일지 모른다는 생각에 도달했다. 그리고 이 생각은 근대세계가 형성된 초창기의 순간으로 그를 이끌었다. 기법은 현란하지만 과도한 단순화를 하게 되는 방법론들이 (허시먼이 보기에) 수확체감을 보이고 있으니만큼, 이제 먼 과거의 사상 중에서 미래를 위한 등불로 삼을 만한 지적 조류를 새로이 찾아낼 수도 있지 않을까? 허시먼은 이 질문을 파고들었다. W. W. 노턴 출판사 《진보를 향한 여정》의 서문을 쓰고 나서, 허시먼은 카티아에게 "내 이야기 마지막 부분에 있는 지나치게 낙관적인 단락들"에 대해 해명이 필요하다는 생각이 들었다고 언급했다. 그는, 낙관적인 결말을 맺는다는 것은 "모든 저자가 자신이 쏟은 노력의 마지막에 누릴 자격이 있는, 그리고 흔히들 뛰어들어 누리곤 하는 권리"로 이해되어야 한다고 보았다. "[그런 결말은] 훈계이기도 하지만 주술이기도 하지…. 결국 마키아벨리도 《군주론》 마지막 장에서 이탈리아의 통일이 곧 도래할 것이라고 말하지 않았니?" 허시먼은 이런 식의 자기변호를 좋아했다. "나는 나 자신을 마키아벨리급으로 격상시키는 것이 정말로 즐거웠단다. 나에게도 마키아벨리와 동일한 약점과 단점이 있다고 주장함으로써 나를 그와 동급에 놓은 거지. 약점과 단점 외에 공통점도 있을지 모른다는 희망을 가지고서 말이야."[7]

고등연구소로 오게 된 것은 허시먼에게 꿈의 실현이었을 것이다. 하지만 구불구불한 경력 탓에 학계의 일반적인 경력 사다리를 밟지 않았던 허시먼에게 고등연구소는 단지 '경력상의 또 한 단계'에 불과한 것이 아니었다. 그에게 고등연구소는 이제까지 마음속으로만 나눴던 고대인들과의 대화를 더 넓은 범위에서 나누면서 학문적인 방향성을 탐색할 수 있는 곳이었다. 고등연구소 이사회는 오랫동안 소장을 맡았던 J. 로버트 오펜하이머가 1965년에 암으로 소장직에서 물러난 후 본격적으로 연구소의 미래를 고민하기 시작했다. 1930년에 유럽 학자들의 은신처로 설립된 고등연구소는 자연과학과 수학 분야가 특히 유명했고 노벨상 수상자도 많이 배출했다. 고등연구소는 위대한 정신을 가진 뛰어난 학자들이 현실세계의 제약에서 벗어나 서로 교류하면서 더 위대하고 탁월한 아이디어들을 만들어내게 한다는 취지를 가지고 있었다. 이 취지는 '어떤 사람들은 강의를 하지 않을 때 가장 잘 가르칠 수 있다'는 점을 인정한 데서 나온 것이었다.

하지만 설립 후 30년이 지난 1960년대 중반에는 고등연구소가 현실세계와 너무 동떨어져 있다는 비판이 일고 있었다. 지식인연하는 고고한 학자들이 학부생을 가르쳐야 하는 우울한 세계에서 벗어나 애지중지 보살핌을 받는 곳인 것 같다고 비아냥거리는 사람도 있었다. 매우 현실밀착적인 성향의 학자이자 대법관인 펠릭스 프랑크푸르터는 고등연구소 창립자 에이브러햄 플렉스너에게 '학자들의 낙원'이라고 해서 꼭 그 학자들이 천사여야 한다는 의미는 아니라고 지적했다. "우리는 인간을 다루고 있습니다."[8] 그는 핵심을 짚었고 고등연구소 이사회도 이런 생각을 하고 있었다. 이사회는 현재 존재하는 역사학, 수학, 자연과학(물리학) 이외에 새로운 분과가 필요하며 고등연구소 활동이 세계의 현실적인 문제들과 더 많이 관련되려면 새 분과는 사회과학이어야 한다고 생각했다. 이런 목적을 염두에 두고, 고등연구소 이사회는 하버드대학 경제학과 학과장이자 케네디 대통령 시절 선임 외교자문관이었던 칼 케이슨을 오펜하이머의 후임으로 임명하고 연구소를 현대화하는 일에 착수했다. 이러한 변화의 움직임은 기존 분과의 종신연구원들에게 대체로 환영받지 못했다. 그들은 불평했지만 어쨌든 진행을 막지는 않았다.

고등연구소에 온 케이슨은 이전의 하버드대학 동료이자 현재 컬럼비아대학의 사회학자인 로버트 머튼, 시카고대학의 에드워드 실스 등 미국의 저명한 사회과학자들을 접촉하기 시작했다. 머튼과 실스는 시카고대학의 인류학자 클리퍼드 기어츠를 추천했다. 기어츠는 상징인류학 분야의 스타로, 문화적 '태도'라는 개념을 모호하고 과도하게 사용하는 경향을 피하려면 일상적인 의례와 상징의 사회적 의미를 파악하는 것이 중요하다고 주장하는 학자였다. 인도네시아에서 진행한 개척적인 현장연구로 유명했으며, 케이슨이 연락을 취했을 무렵에는 모로코 이슬람인들에 대한 연구서를 막 출간한 차였다. 기어츠는 케이슨의 제안을 받아들여 1970년에 고등연구소로 자리를 옮겼다. 기어츠와 케이슨은 소박한 규모의 '사회변화 연구 프로그램'을 신설했다. 대학에 존재하는 학과 체제를 복제하지 말자는 개념에서 만들어진 프로그램이었다. 이들은 고등연구소의 새 프로그램이 현대세계에서 벌어지고 있는 사건과 사안들에 대해 자체적인 지향을 갖기를 원했고, 학계에 뿌리내린 기존의 이론적·분석적 관심사는 피하고자 했다.

허시먼이 고등연구소에 온 것은 케이슨-기어츠 실험이 두 해째에 접어든 때였다. 허시먼은 1972-73학년도에 방문연구원으로 고등연구소에 체류했다. 하버드대학의 연구실은 아마르티아 센이 1년간 사용하기로 했다. 하버드대학에서 센은 앨버트의 책꽂이에 꽂혀 있는 역사책과 문학책을 탐독하는 사치를 누렸다. 처음 1년간의 고등연구소 체류는 좋지만은 않은 경험이었다. 하버드대학의 혼란을 피해서 와 보니 프린스턴은 더 심한 혼란의 와중에 있었던 것이다. 물론 좋은 점도 있었다. 허시먼은 데이비드 앱터(시카고대학의 '신생국 비교연구위원회'에서 기어츠와 함께 활동했다)나 프랑스 사회학자 피에르 부르디외 같은 방문연구원들과 평생의 친구가 되며, 특히 기어츠와 매우 친밀한 사이가 된다. 또 고등연구소에 있으면서 연구프로젝트도 상당히 진전시킬 수 있었다. 첫 방문연구 기간이 끝날 무렵 허시먼은 케이슨에게 제출한 보고서에서 고등연구원 동료들과 진행한 토론과 독서가 "내가 가지고 있던 원래의 프로젝트를 상당히 확장시켜 주었다"고 전했다. 이 말에는 약간 오해의 소지가 있다. 사실 그 원래 프로젝트는 오래전에 관심에서 밀려난 상태였기 때문이다. 문제는 어떤 사건 하나를 둘러싸고 사람들의 분노가 폭발한 것이었다. 허시먼은 케이슨에게 "분위기가 너무나 살벌해져 있는 상태"라고 언급했다.[9]

여기에서 허시먼이 말하고 있는 것은 '사회변화 연구 프로그램'의 확대를 둘러싸고 고등연구소에서 벌어졌던 대격돌을 가리킨다. 허시먼이 고등연구소에 온 지 얼마 안 되어 케이슨과 기어츠는 세번째 사회과학 종신연구원 후보자를 고등연구소 경영진에 제출했다. 캘리포니아대학 버클리캠퍼스의 저명한 사회학자 로버트 벨라였다. 벨라는 미국과 일본의 종교를 주로 연구했으며, 미국 사회의 도덕적 가치를 다룬 논문에서 [다원적인 사회에서도 사회를 결속시키는 도덕적 신념 체계가 존재하는가라는 질문에 대해 논하면서] '미국의 시민종교'라는 개념을 제시한 것으로도 유명했다. 벨라는 하버드대학에서 기어츠와 함께 공부했으며 탤컷 파슨스가 그의 지도교수였다. 벨라가 고등연구소에 왔다면 하버드대학에서 사회학·인류학·심리학을 결합해 '사회관계학과'라는 통합학제적 과목을 만들려던 시도가 고등연구소에서도 이루어질 수 있었을지 모른다. 그랬다면 대학에서 일반화된 학과별 분절 구조에서 벗어나 대안적 구조를 실험해 볼 수 있었을지도 모른다. 파슨스와 달리, 기어츠와 벨라는 그 자신의 새로운 이론적 모델을 만드는 방식으로 실증주의 전통과 해석주의 전통의 간극을 초월하고자 하지 않았다. 그들은 두 개의 거대한 전통을 하나의 모델로 통합하려던 파슨스의 야망이 점점 알 수 없이 복잡하고 수사만 화려한 모델로 귀결되는 것을 가까이에서 본 터였다. 그래도 그들은 주류 사회과학이 헛돌고 있다는 우려를 공통적으로 가지고 있었으며, 고등연구소가 그에 대한 대안을 마련하는 전초기지 역할을 해야 한다는 데도 의견이 일치했다.

그러나 '벨라 사건'은 고등연구소 사상 가장 심각한 위기로 번졌고 사회과학 분과의 전망도 불투명해졌다. 약간은 의도된 면도 있었을 것이다. 수학자들은 사회과학이 너무 엄정하지 못하다고 보았고 역사학자들은 사회과학이 너무 사변적이라고 보았다. 그리고 벨라의 임명은 그들 각자의 편견을 확인해 주는 것처럼 보였다. 수학 분과의 앙드레 베유는 벨라의 연구가 "무가치"하다고 비판했다. 철학자인 모턴 화이트는 벨라의 연구를 비판적으로 분석한 글을 써서 고등연구소 동료들에게 돌렸는데, 여기에서 그는 벨라의 연구가 "가식적이고 상상력이 없다"고 비난했다. 이렇듯 반대가 심해지고 있었는데도 이런 상황을 다루는 데 능숙하지 못했던 케이슨은 일을 그냥 진행시키기로 했다. 그래서 케이슨은 이사회에 추천장을 올렸고 이사회는 이를 승인했다. 그러자 분노한 역사학자들과 수학자들이 케이슨의 사임을 요구하고 나섰다. 존 W. 밀너는 케이슨의 사임을 요구하면서 조지 케넌이 소장이 되어야 한다고 주장하는 공개서한을 작성했다. 그러자 이사회는 현 소장[케이슨]을 지지해야 한다고 느꼈고 일부 연구원들도 이 편에 가담했다. 화가 난 베유는 애지중지 보살핌을 받는 이곳의 엘리트 학자들이 책무성accountability은 저버리고 자기 생각만 하고 있다는 편견을 더 강하게 갖게 되었다. 그는 "과학계와 학계에서 절대적으로 무능한 사람들이 늘 최종 결정을 내리는 것"이 매우 불합리하다고 불평했다.

이 무렵 벨라 임명을 둘러싼 논란은 《뉴욕타임스》《타임》《뉴스위크》 등의 언론에도 실렸다. 구내식당에는 적의가 가득했다. 베유는 기어츠에게 그와 어떤 개인적인 관계도 맺지 않겠다고 공개적으로 선언했고 기어츠는 이것을 매우 기분나쁘게 받아들였다. 그래도 케이슨은 동요하지 않고 비난을 감수했다(그는 "적을 만들지 않으려고 자신의 길에서 벗어나는 일이 결코 없는"[10] 사람이었다). 허시먼은 "고등연구소로 오면서 경제개발 문제에 직접적으로 접촉하는 일은 줄어들었지만, 경제개발에 수반되게 마련인 경직된 이데올로기적 입장과 맹렬한 열정에서는 전혀 멀어지지 않았다"고 동료들에게 농담삼아 이야기했다. 개인적으로는 카티아에게 보낸 편지에서 "이 소동이… 여기에 적기에는 너무 복잡하고 지루하지만… 모든 행사나 모임에서 대화를 지배하는 주제가 되었다"고 전했다.[11]

결국 벨라는 맏딸의 갑작스러운 사망을 이유로 종신연구원 후보에서 물러났다. 하지만 상처는 남았고, 기어츠가 이 상처에서 회복되는 데는(회복이 되기나 했다면 말이지만) 몇 년이 걸렸다. 훗날 기어츠는 당시 벨라를 비판한 사람들이 공격적인 표현을 사용했고 "유독 잔혹하게" 벨라를 대했다고 회상했다.[12] 한편 케이슨은 자신이 소장직을 그만두어야 연구소가 정상화되리라는 것을 알고 있었다. 기어츠가 짐을 싸고 있다는 소문이 돌고 있었다. 1974년 가을에 방문연구원으로 이곳에 있었던 한 학자는 훗날 케이슨과 기어츠 두 사람 모두 "상당히 멍이 들었고" "우울해하고 있었다"고 회상했다. 그러던 어느 날 케이슨은 새로 온 에스파냐 역사학자 존 엘리엇의 방으로 찾아가 이 상황에 대한 의견을 물었다. 엘리엇은 약간 불편한 듯 얼굴을 찡그리면서 케이슨이 소장직을 계속 맡아서는 안 된다고 솔직하게 이야기했다. 케이슨은 그만둘 때 두더라도 그가 실현하고자 했던 대의는 살리고 싶었다. 케이슨은 기어츠가 상처를 많이 받은 상태여서 기어츠에게 다 떠넘기고 갈 수가 없었기 때문에 기어츠를 도와 연구소의 분열을 치유할 새로운 사람을 찾아 나섰다. 이번에는 엘리엇을 포함해 각 분과에서 가교 역할을 할 사람들로 영입위원회를 구성했다.

케이슨은 옛 친구 알렉산더 거셴크론에게도 전화를 걸어 의견을 물어보았다. 거셴크론은 이런 상황을 회복시키는 데는 능하지 않았

앨버트 허시먼

지만 고등연구소의 실험이 실패한다면 사회과학계에 큰 손실이 되리라는 점은 잘 알고 있었다. 그는 케이슨에게 앨버트 허시먼이 하버드대학으로 돌아오고 싶어하지 않는다고 알려 주면서, 허시먼이라면 양쪽 모두에서 동의를 받을 수 있는 후보가 될 것이라고 말했다. 거셴크론은 추천서도 작성했다. 이 추천서에는 알고 있는 사람이 몇 안 되는 이야기가 하나 나온다. 1939년에 허시먼이 프랑스군에 자원했을 때의 이야기로, 1914년 이전에 만들어진 총을 지급받고서는 좋지 않은 징조라는 느낌이 들었으며 이 일을 계기로 "구식화라는 악마를 막기 위해 새로운 분석도구를 개발하고 도입해야겠다는 결심"을 하게 되었다는 것이었다. 거셴크론의 추천서는 이렇게 이어진다. "허시먼의 저술이 보여주는 가장 큰 특징은 사고의 독창성과 아이디어의 풍부성입니다. 이 점에서 오늘날 사회과학계에 허시먼에 필적할 사람은 거의 없을 것입니다." 이렇게 해서 거셴크론은 세 번째로 포르투나 역할을 하면서 허시먼의 인생경로에 결정적인 영향을 미쳤다. 기어츠도 허시먼을 좋아했고 저명한 경제학자를 지명하는 것이 안전한 선택이 되리라는 데 동의했다.[13]

벨라 사건으로 잔뜩 어색해진 이후인지라 허시먼의 종신연구원 임명은 모두가 공모한 듯 잡음 없이 빠르게 진행되었다. 2월 중순 케이슨은 허시먼에게 종신연구원 후보가 되는 것을 수락하겠느냐고 물었다. 6개월 전에 그 난리를 지켜보았던 허시먼으로서는 쉬운 결정이 아니었다. 하지만 강의 부담에서 벗어날 수 있는, 인생에 다시 없을 기회라는 점도 잘 알고 있었다(그는 여전히 강의를 앞두고 위경련에 시달렸다). 집필에도 더 온전히 집중할 수 있을 터였다. 또한 그는 자신이 후보가 되면 논란이 덜하리라는 것도 감으로 알고 있었던 듯하다. 그는 세계적으로 유명한 사회과학자였을 뿐 아니라 케이슨이 훗날 회상했듯이 '구舊세계' 언어를 구사할 줄 알고 구세계와 '문화적 연결고리'도 있어서 고등연구소 내의 유럽 학자들에게도 호소력이 있었다. 전에 일부 유럽 학자들은 벨라의 학문적 성과를 [무시하듯] 비판하면서 유럽의 우월성을 은근히 과시했는데, 이는 허시먼에게는 할 수 없는 일이었다. 허시먼의 임명은 만장일치로 통과되었다.

이날 회의에서 가장 먼저 발언한 사람은 엘리엇이었다. 훗날 그는 허시먼이 "단연 두드러진 사람이었다"고 회상했다. 그날 회의에서 엘리엇은 허시먼의 임명은 사회과학 분과에 도움이 될 것은 물론이고 고등연구소의 명성을 높이는 데도 기여할 수 있을 것이라고 말했다. 또한 엘리엇은 58세의 나이에도 허시먼의 연구가 더 독창적이고 더 창의적이며 더 생산적으로 발전하고 있다는 점도 언급했다. 고전학자들은 침묵을 지켰고 펠릭스 길버트와 조지 케넌 같은 현대사학자들은 열광적으로 지지했다. 허시먼 임명안은 14 대 0으로 통과되었다.[14]

며칠 뒤 허시먼은 정식으로 제안을 받았고 거의 곧바로 수락했다. 하버드대학의 학장이자 허시먼의 친구인 헨리 로소브스키도 이 문제가 결론났다는 것을 알고 있었다. 나중에 그는 허시먼이 제안을 받자마자 결정을 내렸다는 것을 모두가 알고 있었기 때문에 하버드대학에서는 "아무도 그의 방에 찾아가 그를 붙잡을 엄두를 내지 못했다"고 회상했다. 허시먼의 친구이자 경제학과 동료인 케네스 애로도 허시먼의 결정을 돌이킬 수 없다는 것을 알았다. "허시먼이 강의에 관심이 없다는 것은 솔직히 잘 알려져 있었다. … 고등연구소는 그의 이미지에 잘 맞았다."[15] 문제는 새러였다. 케임브리지에 친구가 많았던 데다 최근 공공주택 단지에 사는 가난한 푸에르토리코 여성들과 가브리엘 가르시아 마르케스의 단편소설 〈화요일의 시에스타 La siesta del martes〉를 함께 읽는 독서모임을 만들어 운영하고 있었기 때문이다. 새러는 브라질의 성인교육 개척자 파울루 프레이리의 세미나에서 영감을 받아 글을 잘 읽지 못하거나 아예 읽지 못하는 사람들에게 문학과 독서의 세계를 열어주는 혁신적인 프로젝트를 시작한 참이었다. 그런데 따분한 대학가 도시로 이사해야 한다니 새러로서는 너무나 내키지 않았다. 하지만 새러도 앨버트가 강의하는 것을 싫어하고 하버드대학에서의 일에 관심이 없으며 집필에 너무나 몰두하고 싶어한다는 것을 잘 알고 있었다. 1974년 5월 22일 허시먼은 '라틴아메리카의 경제발전' 수업의 마지막 시험 문제를 냈다.[16] 채점을 모두 마치고 나서 허시먼과 새러는 공식적인 작별파티나 배웅 없이 프린스턴으로 이사했다.

앨버트에게는 "읽고 코멘트해야 할 논문이 두 개 반이나 있고, 멍청한 상을 주기 위해 대학원생의 세미나 논문 중에 어떤 것이 제일 나은지 결정해야 하는 일" 등이 아직 남아 있는 것과 《진보를 향한 여정》부터 《개발 프로젝트 현장》까지의 기간 동안에 쓴 현장 노트를 버릴 것이냐 말 것이냐를 결정해야 했던 것말고는 이사와 관련해 별로 고민할 일이 없었다.[17] 새러에게는 케임브리지를 떠나 프린스턴으로 옮기는 과정이 앨버트보다 훨씬 힘들었지만 대체로 내색하지 않았다. 물론 앨버트가 모르지는 않았다. 앨버트는 프린스턴에 도착해서 짐을 풀고 있을 때 《뉴욕 리뷰 오브 북스》의 개인광고란에서 〈뉴저지에서 지내면서 기운빠진 사람들〉이라는 광고를 보았다. 그는 카티아에게 이렇게 전했다. "네 엄마에게 딱 필요하겠는걸? 엄마가 그곳에 갈 것 같지는 않지만."[18] 케임브리지의 친구들도 아쉬워했다. 특히 스탠리 호프만, 잉게 호프만 부부가 많이 서운해했다. 점점 더 바쁘게 돌아가고 제트족 교수들이 점점 더 많아지던 하버드대학에서(허시먼도 제트족 교수였지만), 호프만 부부는 평생지기를 잃게 된 것이었다. 나중에 호프만은 "허시먼 가족이 너무 보고 싶었다"고 회상했다.[19]

1974년 여름은 닉슨의 탄핵을 둘러싼 정치적 폭풍이 최고조에 이른 때였고, 허시먼이 프린스턴으로 이사를 한 때였으며, 무엇보다 허시먼이 40년 만에 고향 베를린을 처음으로 다시 찾은 때였다. 베를린에 다시 가 보기까지 왜 이렇게 오래 걸렸는지는 쉽게 설명하기 어렵다. 누나와 여동생은 이미 베를린에 가 본 터였고 허시먼이 옛집과 티어가르텐에서의 추억을 잊은 것 같다며 불평하기도 했다. 우르줄라를 만나러 갈 준비를 하던 5월에 허시먼은 카티아에게 이렇게 전했다. "우르줄라 고모와 베를린에 갈 것을 고대하고 있어. 두려움도 느끼면서 말이야. 이해하지?" 이때 그가 독일에서 무엇을 느꼈는지는 알 수 없다. 당시로서는 독일에서의 일들이 그에게 그리 관심을 불러일으키지 않았던 것 같다. 관심을 불러일으켰다 해도 어린 시절에 알던 물리적인 베를린의 기억은 거의 사라진 상태였고, 바이마르 시절의 추억과 가치들이 그에게는 더 큰 관심사였다. 그리고 이 관심사는 곧 그의 저술에 녹아들기 시작한다.[20]

새러와 앨버트는 뉼린 가에 있는 집을 구입했다. 고등연구소에서 걸어서 갈 수 있는 가까운 거리였다. 그들은 직접 집을 고른 뒤 책을 풀고, 로다가 그려 준 리사와 새러의 초상화와 새러가 보고타 라칸 델라리아의 작은 상점들에서 산 골동품으로 집을 장식했다. 허시먼은 "[케임브리지] 홀든 가의 집에 비하면 은근한 매력이나 아름다움은 없었지만 꽤 '살기 괜찮은' 집이었다"고 회상했다. 방문자들을 위한 공간이 있었고 뒤뜰에는 커다란 체리나무와 토끼가 있었다. 토끼는 새러와 앨버트가 뒤뜰에 앉아 무엇을 먹을 때면 어김없이 나타나곤 했다.[21] 뉼린 가는 곧 수많은 방문자가 찾는 사교생활의 중심지가 되었다. 앨버트와 새러는(특히 새러가) 고등연구소에 유럽식 사교문화의 분위기를 불러왔다. 연구소의 싸늘하던 긴장은 풀리기 시작했고 기어츠와 동료들의 관계도 누그러지기 시작했다. 수전 제임스는 잘 차려입은 신사들과 "작은 친절함들"이 가득한 지적이고 국제적인 예의와 교양의 분위기가 고등연구소 사회과학 분과 초창기의 지배적인 분위기였다고 회상했다. 앨버트는 여러 언어를 넘나들면서 손님들과 이야기를 즐겼고, 허시먼 집안이 소장한 예술작품을 보여주는 것을 좋아했다. 그는 작품에 얽힌 이야기를 언제든지 설명할 수 있었다. 하지만 사적인 이야기는 하지 않았는데, 이러한 벽을 사람

들은 분명히 느낄 수 있었다. 허시먼의 사적인 영역은 아무도 들어
갈 수 없는 곳이었다.[22]

사회과학 분과 초기에 허시먼과 기어츠는 점점 더 마음이 잘 맞
는 파트너가 되었다. 허시먼-기어츠 콤비는 플루타르코스적인 깔끔
한 대조를 보였다.* 기어츠가 역사와 관련해 비관주의자였다면 허
시먼은 '구제불능의 낙관주의자'였다. 마르세유 시절 별명이 비미
시였다는 이야기를 듣고 기어츠는 정말 딱 맞는 별명이라고 생각했
다. 또 기어츠가 장엄하고 폭발하는 유형이었다면, 허시먼은 부드럽
고 조용하며 거리를 두는 유형이었다. 로버트 단턴은 "그 둘은 처신
하는 방식이 너무나 달랐다"고 회상했다. 사회과학 분과 세미나에
오랫동안 참석했던 단턴에 따르면 기어츠는 "존경할 수 있는 사람
이 몇 안 되는 사람이었는데" 허시먼이 그 몇 안 되는 사람 중 하나
였다. 기어츠는 허시먼을 매우 존경했고 자신이 갖지 못한 면을 허
시먼이 보완해 준다고도 느끼고 있었다. 예를 들면 칸트가 말한 '실
천이성', 즉 현실세계에서의 방대한 경험이라든지, '무엇을 할 것인
가'라는 문제를 숙고해 답을 찾는 능력, 또 행동하면서 사고하는 역
량 등이 그런 점들이었다. 이는 '순수이성'[이론적 이성] 쪽으로 더 쏠
려 있는 기어츠와 대조적이었다. 이런 면에서 기어츠가 비미시라는
별명을 가지고 허시먼을 놀린 것은 존경심의 표현이었다고 볼 수 있

---

* 《플루타르코스 영웅전》의 원래 제목은 《삶의 비교Bioi Paralleloi》이다. 로마 인물과 그리스 인
물을 각각 한 명씩 짝지은 21쌍과 네 명을 비교한 경우 하나, 한 명씩 등장하는 네 명까지 총
50명이 등장한다.

다. 시간이 갈수록 두 사람은 서로를 더 좋아하게 되었고, 고등연구소가 어떤 종류의 사회과학을 지원해야 하느냐에 대해서도 둘은 완전히 의견이 일치했다.

기어츠는 1972-73학년도 강연 시리즈를 준비하면서 허시먼에게 불평등과 터널 효과를 주제로 첫 강연을 맡아 달라고 청한 적이 있었다. 허시먼은 이 강의를 하기가 "약간 겁이 났다."[23] 하지만 전혀 걱정할 필요가 없었으니, 기어츠는 그날 허시먼이 발표한 논문에 열광했다. 기어츠가 보기에 그 논문은 세상이 필요로 하는 사회과학이 무엇인지를 보여주고 있었다. 그리고 기어츠는 대학에서 벌어지고 있는 학문의 경향에 비판적이었다. 예를 들면 그는 심리학에서 '실험실 실험'이 떠오르고 있는 추세를 우려하면서, 허시먼에게 편지로 이렇게 전했다. "실험실에서 도출한 추론은 위험할 정도로 인공적이어서 대부분 현실의 삶에 적합성이 없습니다. 그래서 저는 늘 실제의 사회적 사건을 저의 실험실로 삼고자 했습니다. 그리고 이런 면에서 저의 신경을 곤두서게 하는 문제 하나를 아주 가까이에서 볼 수 있습니다. 바로 부유한 학생 급진주의자들입니다. 이들은 잘 알려진 어떤 사회이론 모델에도 맞아떨어지지 않습니다. 상대적 박탈감의 체현이라고 볼 수도 있긴 할 텐데, 저로서는 도무지 그 이유를 알 수가 없습니다. 어쩌면 이것이 주는 교훈은 그들을 고려하지 말아야 한다는 것일지도 모르겠습니다."[24]

기어츠와 허시먼이 원한 것이 무엇이었는지를 이 신랄한 비판에서 엿볼 수 있다. 편협한 학생들이 없는 현실지향적인 환경에서 새로운 연구에 대해 진지한 토론을 하는 것. 허시먼이 종신연구원이 된 첫 해에 고등연구소에 머물렀던 사회과학 분과 방문연구원들로는 데이비드 앱터, 시드니 민츠, 페르난두 엔히크 카르도주, 존 무라, 기예르모 오도넬, 아르투로 워먼 등이 있었다. 이들은 남미 개발을 연구하는 젊은 세대의 사회과학자들이었다. 또 도널드 윈치도 방문연구원이었는데, 그는 격동의 시대에 서섹스대학 학장으로 있으면서 고생을 한 뒤 이곳에 방문연구원으로 와서 마음을 추스르는 중이었다. 다음해에는 카르도주가 다시 방문했다. 그리고 데이비드 콜리어, 윌리엄 슈얼(슈얼은 고등연구소에 여러 해 동안 있었다), 빅터 터너, 올랜도 패터슨 등 젊은 세대의 미국 연구자들도 있었다. 1976-77학년도가 되면 역사학자들이 더 많아지는데, 미셸 보벨, 퀀틴 스키너(케임브리지대학 정치학과장으로 임명될 때까지 여기에 있었다), 그리고 마셜 플랜 시절부터 허시먼의 오랜 친구인 경제사학자 찰리 킨들버거 등이 있었다. 남미 학자로는 브라질 경제학자 주제 세하가 유일했는데, 그는 허시먼의 조교로 2년간 고등연구소에 있었다. 이때 고등연구소 사회과학 분과에 모였던 사람들의 명단을 보면 1970년대 전반기에 허시먼을 지배하고 있던 두 가지 주제를 알 수 있다. 하나는 개발과 발전, 다른 하나는 유럽 근현대사이다(이 명단에 여성 학자가 없다는 점도 눈에 띈다. 1977년에야 사회과학 분과에 여성인 내털리 제면 데이비스가 합류했다).[25]

남미의 권위주의와 18세기 자본주의를 연결하는 논의는 많지 않았지만 허시먼의 머릿속에서는 이 둘이 하나로 수렴되었다. 밖에서 보는 허시먼은 여러 나라를 점점 더 바삐 오가며 남미 개발을 연구하는 '남미 전문 개발경제학자'였다. 하지만 또 하나의 허시먼, 고등연구소 신관 2층 연구실에 조용히 앉아서 근대 사회과학의 초창기 문헌을 읽는 허시먼이 있었다. 두 허시먼은 사실 하나였다. 역사로 돌아가 고전을 읽는 허시먼은 남미의 경제개발과 "그것의 가장 끔찍한 정치적 결과들"을 보면서 미혹이 깨진 남미 개발경제학자 허시먼이 돌파구를 찾는 과정에서 만들어진 것이었기 때문이다. 독재자들과 "심각한 기본권 침해"가 횡행하면서, 세상은 허시먼의 낙관주의에 도전하는 현실을 계속 그의 눈앞에 들이대고 있었다.

칠레 출장에서 시카고 보이스들의 [정통 경제학적] 처방이 일으킨 악영향을 목격하고 돌아온 지 얼마 뒤, 허시먼은 MIT에서 열린 한 콘퍼런스에 참석했다. 그 자리에서 허시먼은 "많은 경제학자들이 규모와 세력이 점점 커지고 있는 경제학과의 안락한 영역에 들어앉아서 '외생적' 사건(그것이 매우 재앙적인 경우에도)과는 기꺼이 격리되려고 하는 모습"을 보고 낙담했다. 또 "경제 이론이 이렇게 끔찍한 방식으로 정치적 사건과 연결될 수 있다는 사실에 경제학자들이 그다지 충격을 받지 않는 것 같아 보이는" 데도 절망했다. 점점 더 목소리를 내면서 남미 사회과학자들에게 그들이 수행하는 분석이 갖는 정치적 함의를 생각하라고 촉구해 온 허시먼은 "우리[경제학자들]가 만들어낸 결과들, 적어도 그것들이 생겨나는 데 우리가 일조한 것으로 보이는 결과들"에 너무나 마음이 아팠다. 외부세계가 그에게 절망의 원천이 되어 가는 동안, 허시먼은 역사로 돌아가 초창기 자본주의와 민주주의 형성의 근간이 되었던 문헌들을 공부하면서 내면으로 향했다. "한동안 역사 속으로 물러나서 17~18세기 정치경제학자와 정치철학자들의 세계에 사는 것"이 그의 돌파구였다.[26]

발전과 개혁의 희망이 쇠락하면서, 역사로 퇴장해 고전으로 돌아가는 허시먼의 버릇은 이미 시작되어 있었다. 자신만만하고 확신에 차 있던 1960년대가 그 10년이 채 지나기도 전에 절망으로 방향을 틀면서 허시먼은 더 깊은 패턴을 찾아보고 싶어졌다. 정치적 삶과 경제적 삶이 막 분리되기 시작하던 근대 초창기에 사상가들이 정치와 경제를 어떻게 이해했는지, 그 시초의 실마리를 찾아보고 싶었던 것이다. 스탠퍼드대학에서 《이탈, 발언, 충성심》을 집필하던 시기에 허시먼은 머물던 집 책장에서 폴 샤믈리가 쓴 《스튜어트와 헤겔의 정치경제와 철학》을 우연히 발견하고는 굉장히 흥미가 동했다. 그의 지적 기반 중 하나로 되돌아가게 해 주어서이기도 했지만, 경제학의 세계를 처음으로 접했던 십대 시절에 읽은 고전 정치경제학으로의 문을 다시 열어 주었기 때문이기도 했다.[27] 그 시절로부터 거의 반세기가 지난 뒤, 산업혁명의 영향을 어떻게 파악할 것인가에서 시작되었던 관심사가 그 자체의 항해로 발전했다(이런 관심사를 허시먼은 고등연구소 방문연구원으로 처음 지원했을 때 케이슨에게 보낸 지원 사유에서 언급한 바 있다).

1972~76년에 허시먼이 쓴 노트를 보면 비코, 헤르더, 로앙 공작, 아리스토텔레스, 중농주의자들, 엘베시우스 등에서 발췌한 인용문이 가득하다. 물론 마키아벨리도 있었고, 존 밀러, 애덤 퍼거슨, 제임

스 스튜어트, 데이비드 흄, 애덤 스미스 등 스코틀랜드 계몽주의자들도 노트에 점점 더 많이 등장했다. 1973년 여름에는 막스 베버의 《프로테스탄트 윤리와 자본주의 정신》에 몰두했다. "그(베버)는 기본적으로 종교가 자본주의의 부상을 결정짓는 중요한 요인임을 증명하는 데 관심이 있었던 것 같다. … 나는 한 걸음 더 들어가서, 사람들은 그때 왜 새로운 원칙을 찾고자 하는 강박을 가졌던 것일까에 대해 탐구해 보고자 한다. 당시의 사람들에게는 절박하게 답을 구하고 있는 문제가 하나 있었다. 17세기에 … 대부분의 사람들이 겪던 절망적인 고통에서 어떻게 벗어날 것인가 하는 문제 말이다."

어느 프로젝트든 생각의 단초를 적은 초기 메모는 혼란스럽기 마련이고 허시먼도 이 점은 늘 마찬가지였다. 하지만 이렇게 넓게 그물을 친 상태로 시작한 적은 전에 없었다. 그리고 흥미로운 것들과 알쏭달쏭한 것들, 그리고 더 추구해 보고 싶은 야망이 계속 추가되었다. 여기에 방대한 가능성들을 가진 프티 이데가 하나 있었다. 베버는 예정설이라는 꿈이 역설적으로 "세계에 대한 탈미혹"을 불러왔음을 짚어냈다. 하지만 허시먼은 혼란스러웠다. 베버의 말이 맞다면, 높은 희망과 탈미혹 사이를 연결하고 있는 것은 무엇인가? 허시먼은 메모에 이렇게 적었다. "내 체계에서, 누군가를 번쩍 깨우치게 하는 간극은(모든 이론이 추구하는 목표가 이것일 것이다) 한편으로는 부르주아 사회와 자본주의 활동을 만들고 정당화하는 기대와 희망, 다른 한편으로는 그것이 가져오는 절망적으로 실망스러운 결과들, 즉 너무나 실망스러워서 기대와 희망의 인식을 [무의식적으로] 억압하게 만드는(프로이트의 말을 빌리면, "완전히 망각하게" 하는) 결과들 사이의 간극이다."**28**

허시먼은 자본주의가 **처음 생겨났을 때** 어떻게 이해되었는지, 초창기에 사람들이 자본주의에 기대했던 바가 무엇이었는지를 알 수 있다면, 왜 오늘날 자본주의가 크나큰 결함이 있는 체제로 보이게 되었는지도 알 수 있을 것이라고 생각했다. 이런 종류의 "이론"을 도출할 수 있다면, 즉 자본주의의 억압된 기억을 되살릴 수 있다면, 희망을 시장의 구원에만 두거나 사회주의 혁명에만 두는 극단주의의 유혹을 겪을 수 있을지도 몰랐다.

이렇게 해서, 애덤 스미스가 마련한 경제학적 토대, 그리고 "실제 그대로의 정치적 인간"을 보라고 촉구한 마키아벨리, 이 두 원천에서 출발하는 지적인 궤적이 시작되었다. 허시먼은 몽테스키외의《법의 정신》에서 읽은 구절도 '가장 좋아하는 인용문' 파일에 적어 두었다. "사람들이 다음과 같은 상황에 있을 수 있다면 매우 운이 좋은 것이다. 정념은 그들을 사악해지는 쪽으로 추동할지 모르지만 그들의 이해관계가 그들이 사악해지지 않는 쪽에 걸려 있는 상황." 너무나 적절하게도 이 구절은 그가 집필하고 있는 책에 제사題詞로 들어가게 된다. 이 구절에서 허시먼의 연구를 추동한 근본적인 역설 하나를 볼 수 있다. 마르크스주의자와 낭만주의자 모두 자본주의에는 도덕적 좌표가 없으며, 자본주의가 개인들을 비열하고 협소한 동기를 따르게 만든다고 비난한다. 하지만 이것은 자본주의가 원래 기대된 바대로 작동하는 데 대해 자본주의를 비난하는 것과 같다. 애초

자본주의에 기대된 기능은 "사악해지고자 하는 정념"을 가진 사람들이 "사악해지지 않는 쪽에 이해관계가 걸려 있게 되도록" 만드는 것이었다.

허시먼은 인간의 본성이라는 개념을 두고 전쟁이 벌어지고 있음을 발견했다. 아주 오랫동안 인간은 이성과 정념 사이에, 좀더 나중에는 정념들 사이에, 격렬하고 예측불가능한 전투가 벌어지는 무대로 여겨져 왔다.[29] 허시먼은 터널 효과에 대한 논문을 쓰면서도 인간의 감정(예를 들면 재미조차도 산출하지 않는 끔찍한 죄악인 질투)과 그것이 사회적 과정에 미치는 영향을 맛보기로 탐구한 바 있지만, 이제는 시간을 거슬러 올라가 고대인들과 대화를 나누면서 그들이 '정념'을 어떻게 이해했는지에 대해 본격적으로 숙고했다.

개발경제학자이자 인간 행동의 관찰자인 허시먼에게 이것은 매우 새로운 영역이었다. 허시먼은 여름에 읽을 책을 챙기면서 "17세기와 19세기 사회사상과 정치사상에 대해 상세히 알아야 하는 주제에 뛰어든 것이 조금 두렵다"고 털어놓았다. 하지만 6개월 뒤 두려움은 흥미로 바뀌었다. 카티아에게 그는 이렇게 전했다. "이렇게 얇은 얼음에서 스케이트를 타 본 적은 없었던 것 같아. 이 느낌이 무언가 많은 것을 말해 주는 것 같지 않아?" 다른 사람이었다면 이런 시도가 골동품 모으기 식 독서에 그쳤거나, 더 안 좋게는 고전보다 훨씬 따분한 자신의 목적을 위해 고전을 '재발견'하는 것으로 이어졌을지 모른다. 학계에는 이런 저자들이 많다. 또 많은 것을 두루 아는 '여우'형으로서(하나의 큰 것을 아는 '고슴도치'형이었다기보다),* 고대인과의 대화가 허시먼을 새로운 방향으로 이끌어 주는 요인이 되긴 했겠지만 허시먼이 고전을 탐구하는 방식만큼은 달라지지 않았다. "이것은 나에게 익숙한 종류의 긴장이다. 나는 다음에 올 것이 무엇인지 알고 싶어 죽을 지경이고, 특히 이 경우에는 내가 일이 어떻게 되어 갔으면 좋겠는지조차 알지 못한다."

물론 긴장, 압점, 갈등은 허시먼의 이론적인 무기였다. 하지만 그런 그에게조차 새로운 영역으로 들어가는 것은 내면에서 소용돌이를 일으켰다. 그것을 알아차릴 수 있는 사람은 극소수였다. 허시먼은 때때로 카티아에게 편지를 보내 심경을 털어놓았고, 새러와 긴 산책을 하면서 이야기를 나누기도 했다. 복도 맞은편 사무실에서 일하던 조교 주제 세하도 이를 알아차린 소수 중 한 명이다. 그는 허시먼이 사람들 앞에서는 자기보호적인 확신의 망토를 두르고 있지만, 연구실에서는 개념과 주장들을 고통스럽게 만들어 나가는 것을 말 그대로 두 눈으로 지켜보았다. 허시먼은 초조해하며 끊임없이 세하를 찾아가 이말 저말을 하곤 했다. 세하는 허시먼이 인플레이션에 대한 에세이 하나를 쓰는 데 몇 달이 걸렸다고 회상했다. 한번은 허시먼이 아이디어를 사람들에게 이야기하는 것이 두렵다고 털어놓기도 했는데, 미처 준비되기 전에 누군가가 그것을 "죽여 버릴까 봐" 걱정되어서였다고 했다.[30]

---

* 여우와 고슴도치는 고대 그리스 시인 아르킬로코스가 "여우는 잡다한 많은 것을 알고 있고 고슴도치는 하나의 큰 것을 알고 있다"고 말한 데서 유래해 지식인의 유형, 전략적 방법론의 유형 등을 분류할 때 은유로 많이 쓰인다.

앨버트 허시먼

얼핏 생각하면 '사상사'는 인플레이션, 농지개혁, 도로망 등을 다루는 개발경제학과 완전히 동떨어진 분야로 보인다. 하지만 허시먼에게는 이 두 우주가 연결되어 있다고 보는 것이 그리 억지스러운 생각이 아니었다. 그는 지식인들과 이데올로기들이 (실제로 사람들이 갖게 될 선택지들을 구성하는) 정책 결정자들의 생각에 어떤 영향을 미치는지를 늘 예의주시해 왔다. 그리고 마침 이때, 과거의 문헌을 지금의 현실에 유의미하게 가져올 수 있는 방식으로 사상사 분야의 지적 토대가 이동하고 있었다. 허시먼은 고등연구소로 오면서 역사학계에서 떠오르고 있던 새로운 조류를 직접적으로 접하게 되었다. 1970년대에 '케임브리지학파'라고 불리는 일군의 역사학자들이 부상했다. 이들은 고전 문헌에 대해 내용 자체의 중요성을 강조하던 과거의 연구방식과 달리, 그것들이 씌어진 시대와 장소에서 통용되었던 정치적인 어휘들을 재구성함으로써 어떤 의미들을 도출할 수 있는지에 방점을 두었다. 퀜틴 스키너, 존 던, 존 포콕 등의 젊은 역사학자들이 홉스, 로크, 마키아벨리 등을 이런 식으로 재해석하면서 개념과 이데올로기를 재결합할 수 있는 토대를 마련했다.[31]

우연히도 이들이 크게 관심을 둔 소재는 공화주의와 '시민적 휴머니즘'과 같은 운동이었는데, 이는 허시먼이 어린 시절 피부로 느끼며 자랐던 가치와도 일맥상통했다. 바로 교양[빌둥]의 윤리에 뗄 수 없이 결합되어 있는 '적극적이고 참여적인 시민'이라는 이상이었다. 이것은 허시먼의 아버지를 포함해 동화된 공화주의적 유대인들이 가지고 있었던 가치관이었고, 에우제니오가 견지하던 윤리관이기도 했다. 시민적 휴머니즘이라는 용어 자체도 독일 바이마르공화국의 역사학자 한스 바론이 만든 말이었다. 그 역시 동화된 유대인으로, 1933년에 허시먼처럼 독일을 떠나야 했다. 시민적 휴머니스트들은 (역시 1차대전 중에 생겨난 정신인) 민족주의에, 그리고 궁극적으로는 독재에 맞서 대안을 주장하면서, 자신들의 기원을 르네상스 시대 이탈리아의 공화주의자들과 좀더 나중에는 몽테스키외 같은 프랑스 계몽주의 시대 공화주의 사상가들에게서 찾았다. 여기에서 많은 조류가 파생되었는데, 퀜틴 스키너의 저술이 그중 한 흐름을 보여준다. 스키너는 1974년 존 엘리엇의 추천으로 고등연구소 역사분과에 합류했고(허시먼과 같은 시기에 고등연구소에 있었다), 그 다음 사회과학분과에도 3년 동안 있었다. 개인의 자유와 집단의 공공선이 뗄 수 없이 엮여 있다고 본 르네상스 사상의 전통을 재발견하는 것이 스키너의 연구프로젝트 중 하나였다. 스키너가 자유주의 시대가 도래하기 전에 존재했던 정치적 자유의 개념을 되살리려고 했다면, 허시먼은 자본주의 시대가 도래하기 전에 존재했던 사적 이해관계라는 개념을 되살리려 했다.

허시먼이 스키너의 영향을 받은 것이었을까? 아니면 별도로 전개되던 두 사람의 연구가 우연히 여기에서 만난 것이었을까? 허시먼이 역사학계에서 벌어지던 논쟁으로부터 직접적인 동기부여를 받은 것 같지는 않다. 허시먼이 그의 연구를 시작하기 전에 역사학 방법론에 대한 스키너와 포콕의 기념비적 논문이나 존 로크에 대한 존 던의 연구를 읽었다는 흔적은 없다. 그는 케인스와 몽테뉴를 독학했듯이 몽테스키외와 애덤 스미스도 독학했다. 1975년 포콕이 명저 《마키아벨리언 모멘트》를 출간했을 때 허시먼에게는 이것이 매우 새로운 소식이었다. 그해 봄에 허시먼과 도널드 윈치(윈치는 스키너와의 대화에서 영감을 얻어 애덤 스미스를 연구하기 시작한 터였다)는 포콕을 점심에 초대해 그의 최근 저서에 대해 이야기를 나누기로 했다. 어쩌면 포콕이 허시먼에게 크게 영향을 줄 수 있는 자리가 되었을지도 모르지만, 허시먼의 생각은 그전에 이미 형성되어 있었다. 허시먼은 그의 책에 포콕의 《마키아벨리언 모멘트》를 여러 차례 인용하기는 했지만, 더 상세히 알고 싶다면 포콕의 저서를 참고하라는 등의 중립적인 언급이 대부분이었다.

케임브리지학파가 허시먼에게 준 영향은 직접적이기보다는 간접적이었다. 허시먼처럼 관찰자적 기질이 있는 사람이 고등연구소에 있던 신진 역사학자들의 대화와 논의를 듣지 않았을 리 없다. 이들의 대화를 들으면서, 허시먼은 몽테스키외가 말한 "사악한 사람이 사악해지지 않아야 자신에게 유리해지는" 역설을 연구하려는 자신의 "새 프로젝트"가 옳은 방향을 향하고 있음을 확인할 수 있었다. 그리고 역사로 '퇴장'했다고 말하기에는, 아주 많은 활동에 참여하면서 많은 사람들을 만나고 있었다. 허시먼은 고등연구소의 정규 세미나, 날마다의 오찬, 일상적인 모임 등을 통해 학술적으로 활발하게 교류했고, 그와 함께 남미로 출장을 다니며 여러 연구소와 당국자들도 만났다. 윈치는 허시먼의 우편함에 자주 아이디어를 넣어 놓곤 했으며, 때로는 복도를 따라내려와 조용하고 거리감 있어 보이는 원로학자[허시먼]와 이야기를 나누곤 했다. 또 허시먼은 '영국 마피아'라고 불리던 학자들의 모임에도 참여했다. 역사기술학을 주제로 논의하는 비공식 모임이었는데, 이들은 기어츠의 집에 모여 토론을 했다. 역사기술학 분야에 해박하며 놀라운 에너지를 가진 스키너가 모임의 리더 역할을 했다. 스키너는 이 주제와 관련된 굵직한 프로젝트를 진행하고 있었는데, 이는 1978년 여러 권으로 된《근대 정치 사상의 토대》로 출간된다.³²

이러한 분위기는 허시먼의 삼투적 스타일에 딱 맞았다. 그는 주변의 대화에서, 또 세미나나 식사 자리에서 스키너나 윈치와 이야기를 나누면서 아이디어를 조용히 흡수하고 연구실에 돌아와 다시 읽고 글을 썼다. 윈치는 애덤 스미스의《법학 강론》에 나오는 중요한 구절들을 허시먼에게 알려 주었다. 막 첫 출간을 앞두고 있던《법학 강론》은 애덤 스미스가 시장의 작동과 공적인 권위 사이의 관계에 큰 관심을 가지고 있었음을 드러냈다. 그때까지 허시먼은 스미스가 '경제적 인간'이라는 개념을 발명하고 이 새로운 인간상을 연구하는 학과를 만들면서 경제를 정치에서 분리한 사람이라고만 생각하고 있었기 때문에, 스미스가 사실은 경제와 정치의 관계에 관심이 있었음을 보여 주는 이 책은 그에게 매우 새로운 통찰을 제공했다.³³

가장 중요한 영향을 미친 사람은 스키너였다. 허시먼이 진행하던 연구 내용에 가장 많이 관련된 사람이어서이기도 했지만 그가 허시먼만큼이나 언어유희를 좋아해서이기도 했다. 케임브리지학파의 창시자 중 한 명인 스키너로서는 허시먼의 도착점인 애덤 스미스와 경제학보다 허시먼의 출발점인 마키아벨리와 정치학에 더 관심이 있었다. 스키너는 허시먼이 뭉뚱그린 개념과 뉘앙스들을 명료화할 수 있게 도움을 주었다. 예를 들면 그는《군주론》에 나오는 '명예'와 '영광'이 르네상스 시대에는 서로 다른 종류의 이상을 표현하는 단어였다며, 이 둘을 분리해서 사용해야 한다고 조언했다. 또 국가가 인간의 정념을 억압하는 존재라고 본 학자의 사례로는 홉스보다 칼뱅이 나을 것이라고도 제안했다. 더 중요한 것으로, 스키너는 마키아벨리의 책 중 적극적인 시민이라는 이상과 상업의 관계가 [《군주론》에서보다] 더 잘 나타나 있는 책을 소개했다. 허시먼은 마키아벨리가 '현실정치에서 정말로 벌어지고 있는 일은 무엇인가'를 연구했으면서도 어떻게 해서 그와 동시에 사회적으로 바람직한 행동의 목적으로서 '명예'와 '영예'라는 개념을 견지할 수 있었는지 궁금했다. 여기에서 우리는 에우제니오 콜로르니, '정의와 자유' 운동, 그리고 반파시스트 전선에서 싸우고자 했던 수차례의 결심 등의 흔적을 볼 수 있다. 스키너는 이것이 마키아벨리의《군주론》보다는《로마사 논고》에 더 잘 나타나 있다며, 18세기 도덕주의자들에게는《로마사 논고》가 더 영향력 있는 책이었다고 알려 주었다.

스키너는 허시먼에게 보낸 편지에서《로마사 논고》에 나오는 '무장한 시민들'의 개념에 대해 설명했다. 그의 설명에 따르면, '무장한 시민들'은 "자신의 자유를 위해 싸울 준비가 되어 있는" 사람들이며, "사회에 여러 계급이 존재하도록 함으로써 각 계급이 서로를 견제해 권력이 계속해서 분리된 상태로 있게 만들어서 자신의 자유를 지키는 사람들"이었다. 여기에서 영웅은 '고도로 정치적인 시민'이며, 이들은 국가를 위해 통치에 참여할 수 있는 여유 시간과 국가를 지키기 위해 싸울 수 있는 비르투가 있는 사람들이었다. 스키너는 이러한 이미지가 "몽테스키외의 공화주의론에 큰 영향을 미쳤다"고 언급했다. 허시먼은 여기에서 루소와의 연결고리를 볼 수 있었고, 시민 정신을 논할 때 '행동주의적 사상'이 갖는 강점을 알 수 있었다(예를 들면 행동주의적 사상은 참여를 통해 문제들을 다루어 나갈 수 있는 역량 면에서의 무능함을 권하는 홉스의 사상보다 시민정신을 논하기에 훨씬 유용했다). 허시먼은 즉시《로마사 논고》를 읽기 시작했다.[34]

식사 자리, 세미나, 복도 등에서 이런 주제로 대화를 나누었지만, 고전으로 돌아가 사상사를 탐구한다고 해서 개발 문제나 남미에서 확산되고 있는 독재의 그늘과 같은 20세기 문제에서 관심이 멀어지지는 않았다. 프로젝트의 그림이 구체적으로 그려지기 시작하면서, 허시먼은 '이 프로젝트를 수행해야 하는 이유'를 스스로에게 납득시켜야 할 필요성을 느꼈다. 그는 "그래서 뭐 어쨌다고?"라는 질문을 자신에게 던져 보았다. 근대의 사상가들이 '대대적인 희망'을 가지고 자본주의를 생각했는데 자본주의가 그 희망을 가져다주는 데 '완전히 실패했다'는 것이 그래서 뭐 어쨌단 말인가? 1970년대 중반의 암울한 분위기에서는 "자본주의는 소외된 채로 탄생했으며, 이미 억압되었고 또 억압하고 있다"는 것이 전혀 독창적인 관찰이 아니었다. 많은 남미 학자들, 그리고 마르크스주의자인 학생들과 동료들이 그렇게 이야기하고 있었다.[35]

하지만 꼭 이렇게 우울한 것이어야만 할까? 개발과 개혁에 대한 희망이 무너지는 것을 보고 상심한 허시먼은 "어떤 유형의 경제관계는 어떤 유형의 정치로 이어진다"는 **개념**에 주목하고 있었다. 하지만 이것은 전혀 단순한 개념이 아니었다. 그는 "어떻게 해서 그 관계가 '결정적이게' 되는지"를 연구하고자 했고(기예르모 오도넬이 남미에서 개발과 독재의 관계를 공식화하려고 했을 때 허시먼이 조언한 것도 이것이었다), 그러면서도 발생가능한 다양한 결과들을 그의 모델에 포함시키려고 했다. 사실 그는 두 개의 조류와 싸우고 있었기 때문에 양날의 입장에 서 있었다. 이러한 논의 자체도 놀랍지만, 더 놀라운 점은 그가 믿을 수 없을 정도로 쉽고 단순한 문장들로 이런 내용을 풀어냈다는 것이다.

우선 허시먼은 정치와 경제의 관계를 고찰할 때 '정치체제가 경제가 필요로 하는 바에 복무하는 방향으로 결정된다'고 보는 협소한 접근법을 피하려고 했다. 이 접근법은 피노체트 치하 칠레에서 널리 퍼져 있었고, 유럽과 북미의 '새로운' 보수주의자[신보수주의자]들도 이런 견해를 가지고 있었다. 이 시기 신보수주의자들은 1960년대에 극단적으로 정치 참여를 추구하며 국가를 '통치불가능 상태'로 만들었던 사람들을 억눌러야 한다고 보고 있었다. 그렇다면, 어떻게 해야 적극적인 시민을 계속해서 명예와 영예를 추구할 수 있는 방식으로 적극적이게 만들 수 있을 것인가? 어떻게 해야 정치를 사회적으로 바람직한 결과들을 산출하는 방향으로 확장할 수 있을 것인가? [이것이 '정치'와 관련한 질문들이었다면] 다른 한편으로 허시먼은 자기 이해관계[이기심]를 추구하는 사람들이 "각자 사익을 추구하다 보니 결과적으로 정책 결정자에게 유의미한 제약을 부과하게 되는 방식으로" 경제가 권력을 행사할 수 있기를 바랐다. 사익 추구가 "국가의 권력남용을 규율할 수 있을 법한 제도들의 도입을 유도함으로써" 역설적으로 공공선에 기여할 수 있게 말이다. 그렇게 되면, 자기중심적으로 행동하는 개인들이 개인의 자유를 보호하는 정부를 탄생시킬 수 있을 터였다.[36]

이는 고대인들과 이야기해야 한다는 뜻이었다. 마키아벨리 등 허시먼이 머릿속에서 함께 식사를 하고 대화를 나눈 고대인들은 당대에 벌어진 일들을 명민하게 관찰하면서 영웅적이랄 것 없는 인간 행위에서 새로운 의미를 찾아낸 사람들이었다. 어쩌면 허시먼은 "고대의 학자들이 가졌던 소중한 기대를 암울한 결과와 비교한다는 점에서 그들을 부당하게 대하고 있는지도" 몰랐다. 무리한 주문을 현실이 따라가지 못하는 경우는 흔하다. 그리고 허시먼은 희망을 과도하게 부풀리고 있다는 비난을 받을 소지가 있었고 실제로 그런 비판을 받기도 했다. "하지만 변화의 가능성을 이야기하려는 아이디어는 어떤 것이든지 이런 문제를 가질 수밖에 없다!" 그는 메모에 강조해서 이렇게 적었다. "적어도 이런 아이디어들은 감히 상상해 보려는 시도라도 하지 않는가?" 계속해서 허시먼은 외치듯이 적어 내려갔다. "그리고 어쨌든 그것은 얼마나 멋진 비전인가!" 이어서 그 자신이 상상하는 비전도 적어 놓았다. "아마도 이런 사람들 덕분에, 이들의 상상을 통해서, 더 인간적인 정치체라는 목적이 **어쩌다 가끔씩이라도**

달성될 가능성이 분명 증가했을 것이다."[37]

도덕적으로 고귀한 언명이었고 어두운 1970년대의 등대였으며 몽테스키외의 수수께끼를 푸는 열쇠였다. 독창적인 생각이라기보다는 이 생각이 여전히 살아 있다고 선언하기 위해 허시먼이 재발굴한 생각이라고 보아야 할 것이다. 허시먼은 '상업과 산업의 확장은 인간이 권력과 영광의 추구로부터 관심을 돌려 사회적으로 무해하고 어쩌면 사회에 이로울 수도 있는 돈 버는 일에 신경쓰게 하기 때문에 유용하다'는 개념을 되살리고 싶었다. 허시먼은 헤겔을 인용하면서 이제 '영웅적인 이상'은 '무너졌고' 그 자리에 '실천을 통한 변화'가 들어섰다고 결론 내렸다. 그는 "인간은 그가 하는 일을 하면서 변화될 수 있다"[38]고 적어 놓았다.

이 연구는 매우 많은 노력이 들었기 때문에 허시먼이 남미 현장 연구와 개발경제학 분야에 소홀해진 것도 이상한 일은 아니었다. 그뿐 아니라, 허시먼은 '추구'와 '제약' 사이, 경제와 정치 사이, 또 이해관계와 제도 사이의 정확한 혼합을 찾다 보면 경제개발이 빠져든 재앙과 혼란 속에서 경제개발을 구해낼 수 있는 단서를 얻을 수 있을지 모른다는 기대도 가지고 있었다. 그렇다 보니, 허시먼은 자신의 분야[개발경제학]에 더 혼란을 느끼게 되었고, 특히 그 자신이 옹호했던 몇몇 원칙들이 일으킨 예기치 못한 결과 때문에 갈피를 잡기 힘들었다. 그는 카티아에게 이렇게 털어놓았다. "이 안개 자욱한 풍경에서 몇 개의 길을 볼 수 있기 전까지는 개발 분야에 대한 생각을 진전시킬 수 없을 것만 같구나. 성공적인 개발, 아니 그것까지도 안

가고 그저 성공적인 소득분배 개선만을 통해서도 [예기치 못한 결과로] 내가 인간의 정신을 파괴하는 데 기여할지 모른다는 두려움 때문이란다."[39] 이기심이 공공선과 충돌하지 않게 만들 방법을 찾으려면, 일단 지금으로서는 몇 세기를 거슬러 올라가 이기심의 근대적 의미의 토대를 찾아내는 것이 먼저였다.

그가 이렇게 해서 되살린 과거의 비전이 1977년 프린스턴대학 출판부에서 출간한 《정념과 이해관계: 자본주의가 승리하기 이전의 자본주의 옹호 주장들》이다.[40] 허시먼은 17세기와 18세기 정치경제학자들의 사상을 통해 시장에 대한 당대의 담론과 주장들을 조사하면서, 그 담론의 한편에는 이해관계[이기심]와 정념, 즉 인간의 동기에 대한 우려가 존재하고, 다른 한편에는 그 정념들을 사회적으로 유용한 쪽으로 이끄는 창조적인 언어의 힘에 대한 찬가가 존재함을 알게 되었다. 그가 《진보를 향한 여정》을 집필하면서 정책 결정자들을 "읽어냈듯이" 《정념과 이해관계》를 집필하면서 고전 사상가들을 읽어냈다고도 볼 수 있다. 고전 사상가들이 어떤 어휘와 단어 게임을 통해 자기 주위의 세계를 이해해 나갔는지 살펴본 것이다. 마키아벨리는 처음으로 근대의 가면을 벗겨 충격적인 실체[정치에서 정말로 어떤 일이 벌어지는가]를 드러냈다. 《정념과 이해관계》의 핵심에는, 마키아벨리가 너무나 충격적으로 드러냈던 바를 완화시키고 동화시키며 심지어는 마비시키기 위해 단어와 주장들이 사회에 흡수되거나 "스스로를 사회 속에 강제해내는" 역동적인 움직임이 있었다. 허시먼이 재해석한 이야기에서 주장은 또다른 주장을 낳고 촉진

앨버트 허시먼

하면서 '내생적인 과정'을 구성했다. 허시먼은 이를 통해 "자본주의 정신의 기원에 존재했던 경이로움의 감각을 되살리고자" 했다.

마키아벨리가 "사람이 진짜로 어떠한 존재인지를" 설명하고자 한 이래 200년 동안 학자들은 돈벌이를 어떻게 생각할 것인가라는 문제를 두고 씨름하면서 이기심이라는 사악함을 새롭게 사고할 방법을 찾고자 했다. 맨더빌 등 여러 학자들은 사치품 교역과 "개인적인 악덕"의 추구가 "수완 있는 관리"를 통해 "공공의 이익"에 도움이 될 수 있다고 주장했다. '정념'을 '이해관계'라는 말로 새로이 포장함으로써 개인의 충동이 덜 충격적으로 보이게 되었고 사회에 "일반적으로 받아들여질 수 있는 범위"로 흡수 가능하게 되었다. 처음에는 '이해관계'라는 말이 단순히 '정념'을 대체하는 단어로 도입되었지만 점차 이 단어는 이기적인 행위를 호의적으로 표현하는 유용한 미사여구가 되었다(허시먼은 콜레주 드 프랑스에서 열린 콘퍼런스에서 이런 내용을 발표했다).[41]

이로써 애덤 스미스가 등장할 수 있는 장이 마련되었다. 스미스는 이해관계[이기심]를 '보이지 않는 손'이라는 개념으로 한 단계 더 발전시켰다. 이 변화는 이제는 거의 공식처럼 유명해진 《국부론》의 다음 구절에서 잘 볼 수 있다. "우리가 저녁식사를 기대할 수 있는 것은 푸주한, 양조인, 제빵인의 **이타심** 때문이 아니라 그들 자신의 **이해관계**[이기심] 때문이다." 허시먼은 스미스가 선택한 단어들에 밑줄을 그었다. 사회가 호소할 수 있는 곳은 개인의 **인류애**가 아니라 **자기애**이며, **우리의 필요**가 아니라 **그들의 이득**이다. 널리 알려져 있듯이 스미스는 이기심이라는 단어에 결부되던 "불미스럽고 불쾌한 뉘앙스의 유의어"(이것은 허시먼의 표현이다)를 벗겨냈고, 이기심을 개인의 악덕이 아니라 "물물교환의 본능"(이것은 다시 스미스의 표현이다)을 통해 사회에 기여하는 명백한 선으로 자리매김했다.

애덤 스미스처럼 지적 유산을 놓고 후대 학자들 사이에서 논쟁이 많이 벌어진 사람도 없을 것이다. 경쟁하는 수많은 이론들이 저마다 애덤 스미스가 자신의 선조라고 말하고 있으니 말이다. 시장과 정치, 사적 추구와 공적 후생을 어떻게 생각할 것인가를 놓고 거대한 이데올로기적 투쟁이 벌어지게 될 판을 깐 사람으로 단 한 명을 꼽으라면 단연 스미스이다. 이런 투쟁을 예견하고서, 허시먼은 사적인 이기심의 추구를 옹호했지만 공적인 도덕적 태도를 잃지 않았던 사람으로서 스미스를 부활시킴으로써 투쟁의 양편에 다리를 놓고자 했다. 이러한 이미지의 스미스는 허시먼 자신과도 그리 다르지 않았다.

1973년 봄에 스미스의 저술들을 다시 읽으면서 허시먼은 스미스가 "자기 자신과 가장 대담하게 충돌한" 사상가라는 인상을 받았고, 이는 그가 "전에 이 문제 전체를 생각했던 범주들, 이데올로기적으로 깔끔하던 범주들을 무너뜨렸다." 그리고 이는 허시먼이 "당연히 더욱 흥미를 갖게 만들었다." 스미스를 여러 차례 읽고 숙고하면서 허시먼은 스미스가 그렇게 이해하기 혼란스러운 사상가는 아니었을 것이라고 생각하게 되었다. 단지 그가 단어들을 조금 다르게, 조금 다른 조합으로 사용하고 있었던 것은 아닐까? 이렇게 해서, 허시먼은 스미스의 화법이 가진 힘을 깨닫게 되었다. 이 언어적 측면을 발견하고 "너무 기쁜 나머지 아무말이나 하면서 들떠서 돌아다녔다."[42] 허시먼이 파악한 바에 따르면, [스미스에게서] '정념'이나 '악덕'과 같은 단어들이 '이익'과 '이해관계'와 같은 밋밋한 단어로 바뀌었는데, 이는 의도적인 것이었다. 인간의 동기들을 이런 식으로 새롭게 표현함으로써 그것들이 더 계산가능하고 예측가능하며 일관성 있는 것으로 인식되게 만든 것이다. 이는 '무절제한 귀족들의 정념 추구'라는 식의 예전 화법과는 매우 달랐다. "가치"와 "생산", "낭비"와 "나태" 같은 언어들이 사회의 병폐라고 여겨진 것들에 대한 의미를 도치시켰다.

이는 스미스가 제3권 〈어떻게 도시가 농촌을 발전시키는가〉에서 쓴 유명한 구절에 잘 드러난다. 여기에서 스미스는 개인적인 이익의 추구가 의도치 않은 채로 '공공의 후생'에 미치는 긍정적인 효과들을 강조했다. 이것이 '의도치 않았던 효과'인 이유는, 대지주도 상인("장사꾼으로서의 이해관계에 따라 한 푼이라도 더 벌 수 있는 곳이면 어디든 가서 돈을 벌고자 하는 사람들")도 딱히 공적인 봉사를 염두에 두고 행동한 것이 아니었기 때문이다. 스미스는 이렇게 언급했다. "둘 다 한 쪽의 어리석음과 다른 쪽의 근면이 점차로 가져오게 될 거대한 혁명을 예견하고 있지도 않았고, 그러한 혁명을 가져오기에 필요한 지식을 알고 있지도 않았다." 이 문장은 허시먼이 《국부론》에 표시해 놓은 구절 중 하나로, 시장의 연금술 뒤에서 작동하는 언어의 작용을 드러낸다. 또한 여기에는 정치적인 함의도 있었다. 스미스는 상인을 딱히 좋아하지 않았다(스키너와 윈치 모두 이 점을 언급한 바 있으며, 스미스가 "장사꾼의 원칙"이라는 경멸적인 어휘를 사용한 것을 보아도 알 수 있다). 스미스는 《도덕감정론》에서 이렇게 언급했다(허시먼은 여기에도 줄을 그어 놓았다).

얼마나 많은 사람들이 별 쓸모 없는 허접한 것들에 돈을 쓰면서 스스로를 망치는가? 이들 장난감 좋아하는 자들을 기쁘게 하는 것은 그 장난감들의 효용이라기보다는 그것을 촉진하는 데 적합하도록 만들어진 장치들의 뛰어남이다. 그들의 주머니에는 별로 편리하지 않은 물건들이 가득하다. 그들은 이런 것들을 더 많이 지니고 다니기 위해 다른 사람들의 옷에서는 볼 수 없었던 새로운 주머니들을 만든다.(299쪽)

이전에 '정념'이라는 단어도 그랬듯이 '이해관계'라는 단어도 곧 시들한 묘사와 감각적이지 않은 주장들 속으로 들어갔다. 하지만 바로 그 밋밋한 일상성에서 의도치 않은 공공선이 나왔다.

허시먼이 '이해관계'에 대한 스미스의 설명에서 도출한 작용-반작용의 과정은 스미스의 국가론에 대한 허시먼의 해석으로 이어졌다. 스미스는 넓은 의미에서 공화주의 정신을 따르고 있었다. 정부가 스스로를 제약하는 규칙을 통해 국민과 국민의 번영을 위해 복무해야 한다고 본 것이다. 자의적이고 임의적인 국가권력의 지배가 너무 강했던 시기에 살았던 몽테스키외는 강력한 국가권력이 끝날 수 있으리라고 상상하지 못했으므로 변화를 일으킬 온건한 엔진으로

'교환어음'을 주장했다. 이와 달리, 스미스는 그가 처했던 상황에서 좀더 좋은 정부를 그려볼 수 있었다. 그렇더라도, 스미스 역시 무작위적이고 임의적인 국가권력의 지배를 몽테스키외만큼이나 우려했다. 그래서 《국부론》의 다음 구절을 보면(허시먼은 여기에도 밑줄을 그어 놓았다) 논점이 개인의 정념에 대한 우려에서 '공적 권력의 헤픔과 남용'에 대한 우려로 이동한다. "궁정과 다양한 영지를 구성하는 사람들은 그들 스스로는 아무것도 만들지 않는다. 그들의 생활은 다른 이들의 노동으로 만들어진 것에 의해 유지된다."(2권 3장, 325쪽)

　허시먼이 골라서 적어 놓은 이러한 인용문들은 그가 쓴 글의 배경이 된 독서를 드러내 준다. 노트에서 볼 수 있듯이, 허시먼은 스미스의 키워드들을 찾아가면서 스미스의 주장이 어떻게 진화해 갔는지를 추적했을 뿐 아니라, 공화주의적인 미덕의 개념을 곧 도래할 자유주의 사상에서 주요 개념이 되는 '권리' '제한된 정부와 시민 종교' '다양하고 이질적인 이해관계를 가진 사람들의 공동체로서의 사회'와 같은 개념과 조화시키고자 애쓰면서 스미스가 느꼈을 양면적인 감정도 나타내고자 했다. 18세기 사상가들 사이에서 쓰이던 전통적인 정치론의 어휘와 이후 자유주의 시대에 사용될 어휘 사이에서 간극이 벌어지기 시작하고 있었다. 스미스의 내적인 갈등에 허시먼은 크게 흥미를 느꼈다. 그리고 자본주의를 시민적 휴머니즘과 결합하려던 도덕주의자 스미스는 배제하고 이기심의 사도인 스미스만 인정하려 하는 현대의 표백된 해석으로부터 '갈등하는 스미스'의 모습을 되살려내고자 했다. 따라서 허시먼이 재발견한 스미스는 정치적인 시사점도 가지고 있었다. 데이비드 흄도 미덕과 이기심, 권력과 공공선의 저글링을 유려하게 포착한 바 있었다. 그는 1742년에 쓴 〈의회의 독립성에 관하여Of the Independency of Parliament〉에서 다음과 같이 언급했다(이 구절도 허시먼의 '가장 좋아하는 인용문' 파일에 적혀 있다).

> 정부 체제(어떤 체제이든 간에)를 고안하고 견제와 균형의 시스템을 마련하는 데 있어서, 정치사상가들은 기본적으로 모든 사람이 정직하지 못하며 그의 행동에 개인적인 이기심 외의 다른 목적은 없다고 전제해야 함을 분명히 했다. 우리는 사람들이 가진 이러한 이기심을 활용해서 사람들을 규율해야 한다. 사람들이 바로 그들의 이기심에 의해서 무한한 욕심과 야망에도 불구하고 공공선에 협력하도록 만들어야 한다.(117쪽)

원래의 시민적 휴머니즘이 공공의 이해에 직접적으로 기여하는 시민(적극적인 시민)을 상정했다면, 이제 영국의 사상가들은 상업과 산업 덕분에 사람들이 직접적으로는 개인적인 이득을 추구하지만 그것을 통해 간접적으로 공공의 이해를 추구할 수 있게 된 상황을 상정했다. 이런 시스템이 작동하려면, 즉 이러한 언어게임이 실질적인 효력을 낼 수 있으려면 이해관계에서 추동되는 행동(사람들의 행동과 정부의 행동 모두)이 자기제약의 기제를 가지고 있어야 했다. '보이지 않는 손'은 [개입적인] 무거운 손이 아니었다. 그래서 (스키너가 허시먼에게 알려주었듯이) '다루어 나간다'는 뜻을 가진 '메들meddle'은 18세기에 '참견한다[간섭한다]'는 경멸적인 뉘앙스를 갖게 된다.[43]

전통적 공화주의가 기본적으로 대중자치의 위험성과 그에 대한 공포를 둘러싼 논쟁이었다고 본 포콕처럼, 허시먼도 고전 정치경제학이 기본적으로 시장의 삶에 결부되는 긴장과 불안정에 대한 논쟁이라고 보았다. 그리고 시장에 대한 이러한 우려는 개인의 정념을 이해관계로 변환시키는 의미론상의 전환을 가져왔다. 포콕과의 차이점은, 포콕의 연구가 공화주의라는 정치적 이상의 종말을 논하며 끝을 맺었다면, 허시먼의 서술에서 의미론상의 전환은 자본주의라는 경제적 이상이 '승리'하는 것으로 끝을 맺었다는 점이다. 그리고 절묘하고 의도되지 않은 채로 서서히 쌓여 간 언어상의 전환은 다시 새로운 '발견'의 가능성들을 창출했다. 이해관계는 몽테스키외가 '온화한 상업doux commerce'이라고 부른 과정 속에서 길들여지고 순화되고 온건해지면서 그것의 수혜자인 상업가와 자산가들이 [그들의 경제활동에] 우호적인 국가권력을 기대할 수 있게 하는 새로운 시대적 의식을 창출했다. 또 국가권력은 국가권력대로, 이기심에 기반한 사적인 개인들을 근대국가라고 하는 공공시스템의 잠재적 이해당사자로 여길 수 있게 되었다. 그런데 이것은 통치자 또한 자신의 사적 정념을 제약받는다는 전제에서만 가능했다. 이런 과정을 거쳐, 사람들은 [통치자의 입장에서] 더 '규율가능해질' 것이고, 정부는 [경제 영역에서 벌어지는] 수천수만 갈래의 거래에서 나오는 이해관계의 자율성을 존중하게 될 것이었다.

허시먼은 바로 이것이 소외와 억압이 역설적으로 긍정적인 결과를 가져오는 메커니즘이 될 수 있다고 생각했다. 특히 통치자가 신민의 자유를 짓밟을 수 있는 역량에 제약을 받을 때 말이다. 이는 그러한 역량에 대한 제약이 존재하지 않았던 칠레의 피노체트 독재를 염두에 두면서 한 생각이었다. 피노체트는 국가가 스스로를 권력을 제약하지 못하면서 아이러니하게도 개인들의 사적인 추구를 자유롭게 풀어 준다고 주장할 때 어떤 일이 발생하게 되는지를 보여주고 있었다.

허시먼이 염두에 둔 주요 공격 대상은 독재자들이었지만, 자본주의를 인간의 '진정한' 본성을 억누르는 체제라고 비난하는 사람들도 비판의 대상이었다. 허시먼이 보기에 1960년대 급진주의자들이 자기애적인 내면의 영혼을 추구하며 '소외되지 않은 인간상'을 지향한 것도 독재만큼이나 위험했다. 허시먼이 생각한 공화주의에서 '시민적 휴머니스트'가 갖는 특성 중에 집단주의적이거나 공동체주의적인 것은 거의 없었다. 허시먼의 공화주의는 개인주의와 공공선 사이에 불가피한, 그러나 창조적이며 궁극적으로는 해결 가능하고 개혁 가능한 긴장이 존재하는 것을 의미했다. 이러한 공화주의는 개혁주의자의 토대였지 집단주의적 혁명을 지향하는 사람의 토대는 아니었다.

《정념과 이해관계》에 등장하는 허시먼의 핵심 단어 중 하나가 '길항적 반작용countervail'인 데는 이유가 있다. '길항적 반작용'은 공화주의적인 견제와 균형의 개념에 부합하는 단어이다. 허시먼은 교란과 억압 둘 다를 원했고, 조화와 무질서 둘 다를 원했으며, 정념과 이해관계 둘 다를 원했다. 각각의 힘은 그 자신에 대해 저항하는 경향성을 가지고 있었다. 이것은 하이에크가 이야기한 '자기교정적' 특성과는 달랐다. 하이에크는 '괜히 휘저어서 혼란스럽게 만들지만 않는다면' 복잡한 시스템이 아르키메데스적 균형점으로 늘 회귀하게 될 것이라는 전제를 깔고 있었다. 반면 허시먼은 '반작용적인 정념들'로부터 '반작용적인 이해관계들'이 나오고, 이러한 '대치되는 힘들'로부터 견제와 제약의 원리를 도출할 수 있다고 보았다. 이러한 어휘는 허시먼의 낙관주의를 드러낼 뿐 아니라 행위와 정책을 규율하는 데 '역사의 근본 법칙'이나 '단 하나의 확실한 통찰'이 꼭 있어야만 하는 것은 아니라는 생각도 드러낸다. 희망은 복잡한 혼합, 긴장, 변증법에서 나온다. 라로슈푸코가 정념을, 그리고 거의 모든 미덕을 이기심으로 용해시킨 것에 대해 허시먼은 다음과 같이 열정적인 메모를 남겼다.

> 그러므로 희망의 메시지는 인간의 동기를 구분했던 두 개의 전통적인 범주 사이에 이해관계를 쐐기로 박아넣는(단어의 주체적인 힘과 저자의 단어 선택이 수행하는 역할을 보라—저자 주) 것을 통해 전달된다. 이해관계는 사실 각 본성의 좋은 면들만 취한 것이라고 여겨졌다. 자기애적인 정념은 이성의 제약을 통해 개선되고, 이성은 정념에 의해 방향지어지면서 둘 다 향상되는 것이다. 그 결과로 나오게 되는 인간 행동의 혼합된 형태에는 정념의 파괴성과 이성의 비

효과성 모두 존재하지 않을 수 있게 된다. 그 시절에 이해관계의 원리가 진정한 구원의 메시지로 받아들여졌다는 것은 이상한 일이 아니다![44]

17세기에 인간 조건을 숙고한 저자들이 '리베르탱libertin'*의 삶에 대해 무언가를 파악했다면, 이 현실주의를 강력한 결론으로 이끌어 낸 사람은 스미스였다. 그리고 스미스가 내린 결론으로부터 사회과학에 새로운 선이 그어졌다. 스미스가 《국부론》에서 수행한 혁명적인 작업은 이기심의 추구에 **경제적인** 정당성을 부여하는 것이었다. 그때까지만 해도 대부분의 사상가들은 이기심이 통치자의 과도함을 억제하게 될 것이라고 **정치적인** 언어로만 이야기했다. 허시먼은 이 결정적인 움직임이 정치학과 경제학을 분리하는 기반을 닦았고, 개인의 사익 추구를 더 계산가능하고 예측가능한 질서의 기초로 삼으려는 시도의 토대를 만들었다고 보았다.

허시먼은 스미스에 대한 오해를 바로잡아야 한다고 생각했다. 허시먼에 따르면 스미스가 주장한 바는 "오늘날까지도 많은 사람들이 생각하는 것과 달리 … 자유방임과도 매우 달랐고 작은 정부 원칙과도 매우 달랐다." 스미스는 정치를 '인간의 어리석음의 영역'이라고 보았다. 스미스는 '보이지 않는 손'이 알아서 매력을 발휘하도록 두

---

* 원래는 종교 규범 등에서 벗어난 자유로운 사상가를 의미했으나 18세기에는 방탕한 생활을 하는 부자를 의미하는 것으로 뜻이 달라진다.

앨버트 허시먼

는 작은 정부를 옹호한 것이 아니라 "[모종의 메커니즘을 통해] 어리석을 수 있는 역량이 어느 한계 이내로 제약되는 국가"를 옹호했다. 이것은 허시먼의 표현이다(책이 출간되었을 때 이 표현은 그리 주목받지 못했다). 그리고 허시먼은 몽테스키외적인 공화주의 정신에 기반한 이 원칙이 [정부에 대해서뿐 아니라] 시장에도 적용될 수 있다고 생각했다. 시장도 인간의 어리석음에서 자유로운 영역이 아니었다(스미스가 장사꾼을 경멸적인 어조로 언급한 것에서 볼 수 있듯이 말이다). 하지만 《정념과 이해관계》에서 이 부분은 암시만 되었을 뿐 명시적으로 설명되지는 않았다. 허시먼이 《정념과 이해관계》에서 주되게 설명한 부분은 스미스가 한때는 반의어였던 이해관계와 정념을 유의어로 만들었으며, 그럼으로써 모든 이가 자신의 개인적 이해관계를 따라갈 때 사회 전체의 발전이 이루어질 수 있다는 개념을 불러올 수 있었다는 점이었다.[45]

《정념과 이해관계》는 고전적인 공화주의자 부류의 '중간자'를 위한 주장이었다. 허시먼의 싸움은 두 개의 전선을 가지고 있었다. 그는 자아를 효용극대화 기계로 보는 사람들에게 도전하고 싶어한 한편으로, 세계가 "부당하게 얻은 돈을 사랑하는 것"을 찬미하고 소비자의 악덕을 장려하는 쪽으로 빠져든다고 한탄하며 집단주의나 공동체주의에 대한 향수를 갖는 것도 경계하고자 했다. 고전 담론이라는 프리즘을 통해 투사된 허시먼의 비전은, 예의 바르고 시민적 정신을 가진 사람들이 이기심과 공공선이 동일한 문장 안에 공존할 수 있게 되는 방식으로 각자 자신의 일을 하며 사는 것이 정상적인 삶이 될 수 있는 사회였다. 그는 현실적이면서도 희망적일 수 있는 "조화의 학문"을 수행하고 싶었다. 이것은 "더 인간적인 정치체"를 위해 제약과 자유 사이에 섬세하게 균형을 잡아야 하는 일이었으며, '통합된 자아'라는 개념을 해체해서 더 복잡하면서도 분열되지는 않은 상태로 만듦으로써 자아에 인간으로서의, 그리고 인간다운 통합성을 부여하는 일이기도 했다.

오늘날에는 '경제 행위자'가 흔히 정보처리자로 간주된다. 우리는 시장을 기계로 보는 관점에서 행위자 자체를 기계로 보는 관점으로 이동했고, 이는 경제학을 '과학'의 위치에 등극시켰다. 하지만 허시먼은 이것을 불운한 전환이라고 보았으며, 경제적 주체를 이해하는 또다른, 그러나 결국에는 사그라들고 말았던 원천을 발굴하고자 했다.

요컨대 이 책에서 허시먼은 두 개의 주장을 동시에 펼치고 있었다. 하나는 고전 사상가들의 견해를 독창적으로 되살리는 것이었다. 고전 사상가들은 정념과 이해관계를 경제적인 정신 속에 흡수할 수 있는 존재로서 '결합된 자아'를 제시할 수 있었고, 이와 동시에 이렇게 재결합된 자아의 자율성을 정치적 정념으로 가득차 짓밟고 간섭하려고 하는 국가에 맞서는 기제로서 제시할 수 있었다. 이러한 균형의 행동은 두 개의 축 사이를 가로지른다. 자아[개인]와 국가는 각각 내재적인 충동들을 가지고 있으며, 이와 동시에 자기제약적인 자아와 자기제약적인 국가 사이에는 섬세한 균형이 존재한다. 허시먼이 이 책에서 개진한 두번째 주장은 '신사적인 상업관계에 의해 지탱되는 경제적 인간'이라는 폭넓은 견해가 어떻게 해서 사라지게 되었는지에 관한 것이었다. 그 견해가 자본주의가 승리하기 이전에 자본주의를 옹호하는 주장이었고 당시로서 새롭고 독창적인 주장이었다면, 자본주의의 승리는 그 주장을 가치절하하게 될 수밖에 없게 된다. 이런 면에서 애덤 스미스는 경제사상사에서 중요한 전환점을 나타낸다. '정념'을 '이해관계'로 재포장함으로써 스미스의 화법은 정념과 이해관계 사이의 변증법이 갖는 "경쟁적 논리를 자기도 모르게 파괴했다." 구체적이고 특정한 이해관계가 전체적인 이해관계로 치환되면서, 이해관계는 갑자기 그리 매력적이지 않고 밋밋하며 기계적인 것이 되었다. 이해관계는 더이상 그 형제인 정념과 싸움을 할 수 없고 상충할 수도 없다. 이제 이해관계는 단순히 통치할 뿐이다.

허시먼은 애덤 스미스가 '보이지 않는 손'의 연금술 속에 녹여 없애 버린 인간 충동들의 경쟁, 갈등, 긴장, 그리고 비유의어적인 특질들을 되살리고자 했다. 이러한 자아 모델, 즉 복잡하면서도 결합되어 있고 그러면서도 불편한 자아 모델은 사라졌다. 그래서 허시먼은 역사로 돌아가서 원래의 열망과 우려를 되살리기 위해 정념으로 다시 돌아가야 한다고 주장했다. 말끔히 정화된 이해관계 개념이 이해관계를 인간의 영혼에서 분리하고 이해관계가 가지고 있었던 규범적인 내용을 걸러내 버렸기 때문이다. 그리고 20세기 말에 다시 한 번 벌어진 의미론적 전환에서 '이해관계'는 '현시 선호'라든지 '제약하에서의 최대화'와 같은 "중립적이고 색깔 없는 신조어"로 바뀌면서 이제 미사여구조차 아니게 되었다.[46]

얼핏 보면 단어들을 둘러싼 이러한 논쟁들은 사상사 학자들 사이의 논쟁처럼 보일지 모른다. 실제로 경제사상의 역사에서 인간이 단지 효용 추구의 동기에 의해서만 움직이는 것이 아니라는 개념을 받아들인, 아니 열렬히 품어안은 자본주의를 상상했던 초창기 순간들을 되살림으로써 이토록 강력하게 다양한 통찰을 정치와 경제, 국가와 자아[개인]의 동시적인 작동이라는 개념으로 결합한 사람은 찾기 어려울 것이다.

하지만 허시먼의 논의는 여기에서 그치지 않았다. 그의 논의는 자본주의가 완전히 승리하고 난 현대에서 벌어지던 논쟁과도 관련이 있었다. 《정념과 이해관계》는 '우울한 과학자[경제학자]'들이 호모 에코노미쿠스라는 협소한 인간상을 주장하면서 인간 본성인 '획득을 위한 욕망'이 국가의 제약에서 자유롭게 풀려나야 한다고 주장하던 시기에 출간되었다. 경제학적 인간상이 확장되기를 열망하는 사람들, 밀턴 프리드먼식으로 세계를 보면서 화폐의 강철 법칙을 믿는 사람들에게는 더 사회적이고 정치적인 새로운 인간상에 대한 허시먼의 호소가 '신고전주의' 정통 경제학(그리고 그것을 전파하는 재단과 싱크탱크들)에 대한 도전으로 보였을 것이다. 하지만 그와 동시에 열정적인 공적 참여가 경제정책에 대한 의사결정을 더 진지하게 고려해야 한다는 허시먼의 견해는 꼭 필요했던 냉각수로도 여겨졌다. 유럽과 미국의 인플레이션은 쉽게 간과할 수 있는 일이 아니었는데도 좌파들은 위험할 정도로 이를 간과하고 있었다. 경제적 불운이 촉발시킨 아옌데 정권의 정치적 실패 기억도 아직 생생했다. 정념과 이해관계 모두 서로에 대한 대위법으로서 하나의 문법 위에 놓여야 했다. 정념과 이해관계는 '공동의존적'이었다. 견제가 없을 경우, 정념의 지배는 끔찍한 유토피아로 이어질 수 있었고 이해관계의 지배는 영혼 없는 실용주의로 빠지게 될 수 있었다.

《정념과 이해관계》에는 '허시먼의 애덤 스미스'가 여러 층위로 직조되어 있다. 1970년대 중반에 스미스는 제약 없는 시장을 강하게 옹호하는 새로운 경제학의 위대한 사도로 여겨지고 있었다. 특히 《국부론》출간 200주년 기념판이 나오면서 더욱 그랬다. 시카고의 밀턴 프리드먼은 스코틀랜드의 도덕철학자 애덤 스미스를 프리드먼 자신이 믿는 바의 시조로서 마케팅했다. 1970년대에는 애덤 스미스를 매우 정치적으로 독해하는 분위기가 있었으며 그를 자본주의 법칙의 예언자로 볼 것이냐 도덕적 인간의 눈을 가진 인도주의적 사상가로 인정할 것이냐의 치열한 싸움이 있었다. 허시먼도 어느 정도는 프리드먼을 비롯한 당대의 학자들이 깔아 놓은 덫에 빠져 있었다. 스미스를 신고전주의적 사고의 대담한 새 세상을 연 사람으로 읽은 것이다. 이는 스미스가 이해관계와 정념의 존재 이유를 두고 서로 경쟁하던 이론들을 끝장냄으로써 (의도했든 아니든 간에) 이해관계가 승리할 수 있는 길을 닦았다는 식의 해석이었고, 허시먼도 어느 정도 이러한 해석을 따르고 있었다.

하지만 거기에서 멈추지 않았다. 허시먼은 그러한 방식으로 독해를 하면서도 스스로의 견해에 저항했다. 그는 스미스가 자신과 같은 이중 렌즈로 사고한 학자였으며, 정치의 렌즈로 경제를 보고 경제의 렌즈로 정치를 보았다고 생각했다. 그 결과《정념과 이해관계》에서 스미스는 두 가지 역할을 수행한다. 스미스는 새로운 '경제적 인간 상'을 예견한 사람으로 비난을 받을 수도 있지만, 그와 동시에 전환기적인(그리고 아마도 비극적인) 인물로서 표현될 수도 있다. 스미스는 여전히 도덕경제에 깊이 발을 담그고 있었다. 하지만 그와 동시에 떠오르는 자본주의 세계의 규범과 실천 양태도 알고 있었으며 이를 예견하기까지 했다. 프리드먼이 자신의 이해관계에 맞게 스미스를 독해했다면, 허시먼도 마찬가지였다. 스미스를 도덕의 조류와 역류에 관심을 가진 경제학자로, 그리고 철학자이자 동시에 정치경제학자였던 마지막 사상가로 본 것이다. 물론 허시먼이 스미스의 이러한 이미지에 자신의 숨결을 불어넣음으로써 이제는 스미스가 아니라 허시먼이 그러한 마지막 사상가가 되었지만 말이다. 아마도 허시먼은 무의식중에 자신을 이런 부류의 예언자로 생각했을 것이다. 허시먼과 스미스 모두 도덕과 시장 사이의 균형이 빠르게 달라지고 있는 시대에서 균형을 잡으려고 했다. 허시먼과 스미스 모두 개인을 복잡한 존재로 보는 견해를 유지하기 위해, 그리고 사회의 섬세한 균형점이라는 개념을 촉진하기 위해 분투했다. 스미스가 앞을 내다보며 그랬다면 허시먼은 뒤를 돌아보며 그랬다는 점이 달랐을 뿐이다.

애덤 스미스에 대한 허시먼의 서술은 스미스를 인본주의자로 해석하는 경향의 선구자격이었다고 할 수 있다. 1년 뒤 도널드 윈치가 《애덤 스미스의 정치학》에서 스미스에 대해 이런 해석을 제시했으며, 2002년에 나온 에마 로스차일드의 《경제감정론》도 그렇다. 하지만 훗날 나오게 될 이러한 재해석이 아직 존재하지 않던 때에 나온 허시먼의 주장은 여전히 방어적이고 때로는 혼란스러우며 때로는 혼란을 일으키기도 한다. 허시먼이 자본주의가 승리한 이후에 인간다운 경제학을 구성하고자 고투하고 있었기 때문일 것이다. 그리고 이 고투는 앞으로도 계속 이어진다.

자본주의의 사상사적 기원을 재해석한 허시먼의 책은 열광적인 서평을 받았다. 정치학자 앨런 라이언은 《정치 이론》에, 18세기 전문가인 역사학자 나널 코헤인은 《통합학제적 역사 저널》에 서평을 게재했다. 이어서 이탈리아, 프랑스, 독일, 남미에서도 서평이 나왔다. 《이탈, 발언, 충성심》도 이 정도로 반응이 폭발적이지는 않았다. 스탠퍼드대학의 코헤인은 허시먼에게 자신의 첫 저서 《프랑스에서의 철학과 국가》의 초고를 보내왔고 허시먼은 1977년 유럽에서 보낸 여름휴가의 상당 부분을 이 원고를 읽으며 보냈다.

코헤인은 이에 대한 나름의 답례로 "재산이 '뿌리가 있는 발톱'이 되어 인간의 이동성을 줄였다"는 데 대한 허시먼의 생각을 오랜 시간 연구한 뒤 의견을 보내왔다. "이 절은 경제학을 사회적 태도 및 정치적 가능성들과 매우 창조적으로 연결시키고 있습니다. 너무나 훌륭합니다." 코헤인은 루소의 《폴란드 정부에 대한 고찰》을 읽어보라고 권하면서, 이 책에 애국심이 사람들의 충성심을 강화하고 그들이 '공공선'의 창출에 더 많은 에너지를 쓰게 만드는 매개가 된다는 언급이 나온다고 알려주었다.

또한 코헤인은 허시먼에게 자신의 책에 들어갈 서문 재수정본을 동봉한 편지에서 애정어린 일화 하나를 전했다. 코헤인이 워싱턴에서 열린 미국정치학회 콘퍼런스에 갔을 때의 일이었다. "회의장에 온 사람들 상당수가 교수님 책에 대해 흥미롭게 이야기하고 있었습니다. 특히 포콕과 나눈 대화가 기억에 남습니다. 포콕은 교수님 책을 아주 좋아했어요. 그리고 교수님이 제가 쓴 니콜Nicole에 대한 논문을 각주에 언급해 주신 것에 대해 몇몇 동료들이 이야기해서 제가 우쭐했답니다. 이것은 사람들이 책을 아주 꼼꼼히 읽었다는 뜻이기도 하지요. 각주까지 읽고 기억하고 있었으니까요." 허시먼은 기뻐하면서, "나의 동류학자들[경제학자들]이 내 말을 완전히 무시하고 있거나《뉴리퍼블릭》에서 레카크먼이 한 것처럼 (의도한 것은 아닐지라도) 잘못 이해하고 있는 와중에", 경제학자가 아닌 동료들이 자신의 연구를 읽고 있다는 데 안도했다고 답신을 보냈다. 그리고 코헨인의 서문에 대한 상세한 의견과 루소의 구절을 알려준 것에 대한 감사를 전했다. 그는 "루소의 글이 매우 훌륭했으며 다음에 논문을 수정할 때 그 구절을 사용할 것"이라고 말했다.[47]

개발경제학자와 사상사학자, 두 명의 허시먼을 알아본 사람들이 드물게나마 있었다. 그중 한 명이 브루스 커밍스다. 워싱턴대학 조교수였던 커밍스는 한국의 권위주의와 중국의 외교정책에 대해 연구하고 있었다. 그는 허시먼의 SSRC 프로젝트 관련 논문을 읽고서 그것이 《정념과 이해관계》와 직접적으로 관련된다는 것을 알아보았다. 커밍스는 "경제에서 정치로 일반화하는, 혹은 그 둘 사이의 연결을 만드는 어려운 일"을 해 준 것에 대해 허시먼에게 찬사를 보냈다. 그리고 "경제의 탄력성[유연성]"과 관련해 마오쩌둥에게서 페론의 메아리를 느끼지 않을 수 없다고 말했다. 그는 마오쩌둥이 말한 "두 다리로 걷는 것"(중공업과 농업을 동시에 공략하는 것)의 개념이 이제는 "자신의 정치경제학이 말하는 법칙에 너무 단단히 묶여 버렸던 제임스 스튜어트 시절의 국가 관료들과 마찬가지로 경직적인 사고를 불러왔다"고 언급했다. 커밍스는 이것이 허시먼의 책에서 지식인들의 책무를 논한 부분과 일맥상통하는 것 같다며, 그 부분을 자신이 매우 좋아한다고 언급했다.

커밍스에 따르면, 좌파는 "자본주의의 혐오스러움"을 너무나 강하게 주장한 나머지 "스스로의 현실적합성을 떨어뜨리고" 현실을 "위협하는 요인"이 되는 지경에까지 이르렀으며 "혁명이 아닌 것은 어떤 것도 그들을 만족시키지 못한다는 태도를 취하고 있었다." 커밍스는 이것이 "억압을 불러오는 확실한 방법"이라고 말했다. 그는 또 새뮤얼 헌팅턴 같은 우파도 경직적인 사고를 드러내고 있는데, 우파는 적어도 "그 책임을 받아들이는 것은 더 빨랐다"고 언급했다. 커밍스는 허시먼에게 보낸 편지에서 이렇게 결론을 내렸다. "우리 모두 교수님께서 촉구하신 것을 더욱 잘 인식해야 합니다."[48]

인식은 실로 허시먼의 핵심 단어였다. 커밍스는 이 용어를 외부세계와 관련해 사용했지만 이 단어는 내적인 중요성도 가지고 있었다. 허시먼이 이 책의 집필에 몰두하고 있었을 때 카티아는 파리에서 어려운 시기를 보내고 있었다. 허시먼은 괴테를 인용해 카티아를 위로했다. "어린 시절은 우리가 쫓겨나지 않는 낙원이야." 하지만 그래서 문제이다. 나이가 들고 달라지는 것은 불가피하기 때문이다. "그래서 우리는 충격을 받고 이것이 여전히 내가 맞는지 자문하게 되지."
성장한다는 것, 즉 험하고 덜컹대는 성인 대열에 합류하기 위해 순
수함을 뒤에 남겨놓고 가는 것의 핵심은 "이 세계에서 어른들이 벌
이는 게임의 험난함"에 나서기에 우리가 준비되어 있지 않다는 점
이었고, 이는 단지 성장발달상의 도전만은 아니었다. 그는 체험으로
이것을 절감하고 있었다. 허시먼은 [카티아에게 보낸 편지에서] "가장
큰 충격은 나 또한 옆에 있는 사람만큼이나 그 험난함을 일으키는
요인이 될 수 있다는 점"이라고 언급했다.

　허시먼이 이 "야만적인 깨달음"을 얻은 순간은 1940년 여름 프랑
스군에서 전역을 한 뒤 독일에 점령당하지 않은 지역으로 도망칠 때
였다. 그는 자전거를 타고 마르세유를 향해 내달렸는데 그 자전거는
훔친 것이었다. 이 사실은 그를 계속 괴롭혔다. "전에는 내가 그런
일을 할 수 있을 것이라고 상상조차 못 해 본 일이었단다." 허시먼이
카티아에게 이야기하고 싶었던 바는, 인간은 이런 기본적인 양면성
을 버릴 수 없다는 것이었다. 우리가 세상에 대해 갖는 감수성과 세
상 안에서 살아가면서 우리에게 생겨나는 감정들, 그리고 생존을 위
해 필요한 "신성한 이기주의"(허시먼은 이 말을 하필이면 1914년 이전
의 이탈리아 외교정책 '사크로 에고이스모sacro egoismo'에서 따왔다) 사이
에는 완벽한 균형이 존재하지 않는다. 추는 때로는 한 쪽으로, 때로
는 다른 쪽으로 쏠린다. 이것에 가장 잘 대비하는 방법은 "지금과는
다른 존재양식이 분명히 다시 돌아오리라는 것을 우리 마음 저 깊은
곳에서 인식하는 것"일 터였다."[49]

이것은 《정념과 이해관계》가 의도한 바이기도 했다. 우리의 '존재 양식'을 생각하는 또다른 방식이 존재함을 사람들이 인식하게 하는 것. 이러한 인식을 논하려면 우리가 사용하는 어휘와 언명을 살펴보아야 한다. 허시먼은 책을 다음과 같이 맺었다. "나는 이 책에서 새로이 이야기된 지성사를 통해 자본주의의 비판자와 지지자 모두가 자신의 주장을 개선할 수 있다고 생각한다. 이것이야말로 역사에 대해, 특히 사상사에 대해 우리가 요구할 수 있는 최대한일 것이다. 사안에 대해 해법을 찾는 것이 아니라 논쟁의 수준을 높이는 것 말이다."(135쪽)

사실은 지나치게 겸손한 말이었다. 이 책에는 논쟁의 수준에 대한 문제보다 더 많은 것이 담겨 있었다. 이 책에서 그가 추구한 것은 '진정한' 인간 본성이나 '진정한' 인간의 정신을 자유롭게 풀어놓아 줄 질서, 이해관계의 지배 혹은 정념의 지배를 풀어놓아 줄 질서를 추구하려는 것이 아니라, 이해관계와 정념이 서로 변동하고 결합하는 경향을, 그리고 사람들이 그것들과 씨름하는 방식을 진지하게 인정하려는 것이었다. 인간은 상호경쟁하고 또 상호결합되는 충동들이 유장하게 투쟁하는 서사의 무대이다. 허시먼은 그럼으로써 인간이 이기적인 획득의 욕망과 공동체적인 미덕을 **둘 다 갖는** '근대적 인간'이 될 수 있다고 보았다. 자기이해를 추구하면서 그와 동시에 다른 이들도 고려하는 사람이 될 수 있다는 것이었다. 이것이 허시먼의 낙관적인 결론이었다.

공화주의적인 공공선의 개념이 자유주의적인 사익 추구와 꼭 분리되어야 하는 것은 아니었다. 그런데도 이러한 분리가 현대 사회이론들의 기저를 이루고 있었고, 허시먼은 이를 우려했다. '경제를 존중해야 한다'고 주장하는 현대 사상가들에 대해 논하면서, 허시먼은 자본주의 사회가 "정념을 이해관계로 대체한 사회제도들을 마치 인간 행동의 근본 원칙인 것처럼 간주하고 있으며 그 부작용으로 많은 사회가 시민적 정신을 죽이고 압제로 가는 문을 열고 있다"고 언급했다(125쪽). 하나의 측면이 다른 측면을 몰아내고 있었다. 허시먼은, 아주 기본적인 법질서를 제외하고는 국가의 개입이 최소한으로만 존재해야 한다고 요구하면서 '너 자신을 풍요롭게 하라'는 지침과 기업우호적인 환경을 만들어야 한다는 주장을 설파하는 사람들에 대해 토크빌이 예언처럼 언급했던 구절을 떠올렸다. 명시적으로 드러내지는 않았지만, 남미를 오가던 시기에 토크빌의 다음 구절을 인용하면서 허시먼은 칠레의 군부독재자 피노체트를 생각했을 것이다.

정부에 질서유지만 요구하는 국민은 본질적으로 이미 노예이다. 그 자신의 후생의 노예인 것이다. 그리고 여기에 족쇄를 채울 사람이 등장할 수 있다.(124쪽)

토크빌이 염두에 둔 것은 사적 추구를 마음껏 할 수 있기 위해 공적 안정성을 바라는 사람들이었다. 사회학적 상상력의 몇 가지 근본적인 점들은 그 이후로 전혀 달라지지 않았는지도 모른다. 하지만 우리가 허시먼에게서 읽을 수 있는 것은 이것만이 아니다. 자본주의

앨버트 허시먼

가 가진 긴장들은 탄생기나 전환기에 더 잘 볼 수 있었다. 아직 불확실했으므로 정치적 주장들의 핵심에 나란히 존재했던 내적 요인들이 드러날 수 있었기 때문이다. 몇 세기가 지나자 그러한 긴장과 압력은 자본주의의 승리에 가려져 모호해져 버렸다. 허시먼이 마키아벨리나 토크빌의 사상을 되돌아본 것은, 지금과는 다른 방식으로 자본주의를 생각하고 논했던 기억을 되살림으로써 자본주의가 나아갈 수 있는 미래를 새로이 그려 보려는 노력이었다고도 볼 수 있다.

17장

건강한 신체가 내뿜는
우아한 매력

허시먼이 소설가였다면 그의 소설에는 신체가 비중 있게 등장했을 것이다. 그는 신체에 관심이 많았다. 그 자신의 신체도 마찬가지였다. 세부사항을 잘 포착하는 그의 눈은 (움찔하는 제스처나 신중하게 놓인 손의 위치 등에서 드러나는 감정 같은 것을 그는 놓치지 않았다) 그가 사회과학에 도입하려 한 문학적 상상의 대표적인 특징이었다. 경제 분석과 정치 이론에서 이런 글을 찾아보기는 쉽지 않다. 그리고 허시먼의 신체적 자아에는 어떤 편안함과 자신감이 기저에 흐르고 있었는데, 이는 그가 쓴 문체의 우아함과 무관하지 않을 것이다.

그는 제스처에 관심이 많았다. 게르트루드 시몬이 찍은 아버지의 사진(이 책 1장에 실려 있다)은 돌아가신 아버지의 상징이었다. 그런데 이 사진에서 허시먼에게 아버지의 기억을 상기시켜 주는 부분은 카를의 우울한 눈이 아니라 그와 정반대라고 할 수 있는 강하면서도 섬세한 외과의사의 손이었다. 둘이 함께 책을 읽었을 때 카를은 이 손을 아들의 어깨에 올려놓았을까? 이 손을 보고 허시먼은 아버지가 체스 말을 움직이던 것을 떠올렸을까? 우리로서는 알 수 없다. 허시먼이 신체에 대해 가지고 있던 추억의 정확한 의미는 전기작가가 기록할 수 없는 부재의 창고에 존재해야 한다. 손의 중요성은 허시먼이 좋아했던 《마담 보바리》의 구절에서도 드러난다. 남편 샤를은 죽어가는 아내 에마에게 몸을 기울여 손을 잡는다. 에마는 빚과 불륜으로 인한 구차한 인생을 사느니 자살을 선택한다. 샤를은 흐느낀다. 하지만 에마가 마지막 순간에 듣는 것은 길거리에서 들려오는 맹인 걸인의 새된 노랫소리이다. 손이 닿았지만 느껴지지 않는다. 허시먼에게 이것은 현실주의의 이미지였고, 그가 자신의 사회과학을 풀어내는 서사의 방식에 담고자 했던 반향이었다. 독자들은 그의 서사에서 중요치 않아 보이고 거의 인식되지도 않지만 어쩐지 시선을 고정시키는 작은 부분들을 통해 전체의 의미를 느끼게 될 것이었다. 그 의미를 일일이 적어 주지 않더라도 말이다.

허시먼은 신체 중에서도 특히 심장에 관심이 많았다. 그는 분절되어 있거나 호모 에코노미쿠스 쪽으로만 쏠리도록 압력을 받고 있는 심장을 '이성적인 인간'에 대한 사회과학자들의 집착에서 구해내고 싶었다. 심장에 대한 햄릿의 대사("나에게는 정념의 노예가 되지 않는 사람이 필요하네. 자네처럼. 그런 사람이라면 내 심장의 핵심에, 내 심장의 심장에in my heart of heart 두겠네")는 그에게 심장이 단수 형태였어야 함을 보여준다. 불행하게도 '심장들 중의 심장hear of hearts'*이라는 조

앨버트 허시먼

악한 표현이 널리 쓰이게 되었지만 말이다. 호레이쇼(앞의 구절에서 햄릿과 대화를 나누고 있는 상대)와 같은 이성적인 사람에게는 정념 자체가 아니라 정념의 노예가 되는 것이 문제였다. 우리는 심장이 하나뿐이므로 그 심장은 정념과 이성 둘 다를 거두는 집이 되어야 했다. 햄릿은 이 긴장을 조화시키지 못했고 그래서 마비 상태가 되었다. 허시먼이 에우제니오 콜로르니와 나눴던 길고 오랜 대화, 그리고 햄릿이 틀렸음을 입증하기로 한 결심에서, 우리는 심장이 허시먼의 연구와 저술에 중요한 역할을 하고 있음을 짐작할 수 있다.《정념과 이해관계》의 표지는 펜치를 든 손이 박동하며 피를 흘리고 있는 심장을 죄고 있는 그림을 담고 있다. 이 그림은 1617년에 나온 것으로, 여기에 달린 "정념을 억압하라!"라는 문구는 심장이 사회과학의 심장[핵심]이었음을 시사한다.* 허시먼이 모아놓은 경구에서도 이런 점을 발견할 수 있다. 예를 들면 딸 리사가 1967년 6월(《정념과 이해관계》출간 10년 전) 바너드칼리지를 졸업할 때 주려고 모아놓은 인용문 중에 보브나르그 후작에게서 따온 다음과 같은 문구가 있다. "위대한 아이디어는 심장에서 나온다."[1]

허시먼은 아름다운 여성에게도 끌렸다. 1940년 나치가 유럽을 점령했을 때 마르세유의 여성들은 여러 나라 말에 능통한 이 젊은이와 유쾌한 대화를 나누며 절망을 떨쳐냈다. 비미시의 미소와 수완 좋은 낙관주의는 부둣가 주변 너저분한 술집들에서 사람들을 끌어당기

---

* 'in one's heart of hearts'는 '마음 깊은 곳에서'라는 의미의 관용구로도 쓰인다.

는 자석과 같았다. 돈 세탁을 하고 가짜 서류를 만드는 일에 큰 도움이 되었음은 말할 것도 없다. 함께 활동한 미국 여성들은 비미시가 가진 유혹의 기술에 놀랐다. 배리언 프라이마저도 조수[허시먼]의 유쾌함에 머리를 절레절레 흔들었을 정도이다. 허시먼이 아무 여성에게나 농담을 건넨 것은 아니었다. 피하고 싶은 칵테일파티와 오르되브르[전채요리]를 참을 수 있게 해 줄 만한 여성들이 그의 동반자(침대에서의 동반자가 아니라 교양 있는 농담을 주고받을 수 있는 동반자를 말한다. 허시먼에게 여성의 아름다움은 존재 자체로 충분한 듯했다)였다. 내가 취재하면서 만난 여성 중 상당수가 허시먼이 어느 모임에서든 가장 아름다운 여성을 빠르게 찾아냈으며 별 어려움 없이 적절한 소재를 찾아 대화를 이끌곤 했다고 회상했다. 그림, 최근 출간된 책, 상대가 진행하는 프로젝트 등 대화 소재는 무궁무진했다. 어차피 대화를 해야 하는 자리라면 미학적 유쾌함으로 그 대화를 조금 더 치장해서 나쁠 거야 없지 않겠는가?

그림 같은 여인과 동반자가 되고 싶다는 열망은 새러와 결혼하게 된 중요한 요인 중 하나였을 것이다. 둘이 워낙 책, 음악, 미술, 정치, 여행 등 공유하는 관심사가 많았다 보니, 우리는 허시먼 부부를 생각할 때 '신체'라는 공통된 매력을 간과하기 쉽다. 지식인들 사이에서는 신체적 경험이라는 주제가 다소 불편하게 다루어지기도 하고 말이다. 하지만 분명 새러는 아름다운 여인이었고 허시먼은 첫눈에 반했을 것이며 그때 그의 유혹 본능은 최고조로 발휘되었을 것이다. 사진에 남아 있는 젊은 시절의 새러는 신체의 매력과 지성의 빛을 함께 발산하고 있다. 이는 나이가 들어서도 변하지 않았다. 콜롬비아에서 사진사 에르난 디아스가 찍어 준 중년의 사진에서도 새러의 우아함이 잘 드러난다. 그로부터 인생의 절반이 더 지난 뒤에 베를린에서 크리스타 라헨마이어가 찍은 노년의 사진도 마찬가지이다. 사진에서 볼 수 있는 허시먼 부부의 놀라운 아름다움은 서로의 외모에 반해서 끌렸다고 말하는 듯하다. 전기작가가 알 수 없는 영역이기는 하지만 말이다.

이들 사이의 기저에서 작동했을 자석 같은 인력은 허시먼이 매력적이고 여성들과 농담도 잘 주고받으며 역사의 진행에서 욕망이 갖는 중요성에 대해 숙고한 사람이었으면서도 의외로 여성편력이 없었다는 점을 설명해 준다. 많은 사람이 나에게 허시먼의 외도에 대해 (당연히 있었을 것이라는 듯이) 물었다. 허시먼이 눈에 띄는 공처가는 아니었기 때문에 의심을 하려면 할 수도 있었다. 하지만 내가 찾은 기록과 증언에서 불륜의 흔적은 찾아볼 수 없었다. 앨버트의 심장은 분절되거나 억압되지 않았던 것 같다. 이 심장의 정념은 오로지 새러를 위해서만 마련되어 있었다.

자신의 신체에 대해서는 어떻게 생각했을까? 그가 남긴 편지에는 통증과 신체상의 문제가 계속 등장한다. 때로는 건강염려증 같아 보이기도 한다. 그는 1939년에 프랑스군 시절 양모 양말을 신고 행군을 하다가 생긴 물집을 바늘로 터뜨려 처리한 이야기를 자주 했다. 어렸을 때는 고초열을 앓았고 버클리에서는 폐렴도 앓았지만, 대체로 허시먼은 건강했다. 긴 산책을 하는 습관(주로 새러와 함께 산책했다), 식생활에 대한 관심, 신체활동을 수반하는 휴가 등을 설명하기에 '운동'은 너무 미국적인 단어인 듯하다. 고등연구소로 옮긴 후에는 여름이면 알프스를 등반했다. 오늘날 기준으로 보면 근육질은 아니었지만 건장하고 균형잡힌 남자다운 몸을 가지고 있었다. 스스로도 잘 알고 있었을 것이다.

허시먼은 여성들에게 농담하기를 좋아한 것만큼이나 남성다운 포즈를 취하는 것도 좋아했다. 여기에서도 우리는 카메라 앞에서 그가 무엇을 생각했을지 알 수 없다. 물구나무를 섰을 때나 팔을 반쯤(반만!) 뻗어서 보디빌더의 포즈를 취했을 때 그는 무슨 생각을 했을까? 새러는 허시먼이 젊은 시절에 운동한 것을 자랑스러워했다고 회상했다. 좋은 성적도 자존감의 원천이었지만 조정팀, 자전거여행, 산악 등반, 그리고 나중에는 군대에서의 긴 행군을 견딜 수 있었던 체력에 대해 허시먼은 겸손하지 않은 자부심을 드러내곤 했다. 구세계에서 자라면서 사교생활의 에티켓을 배운 터라 춤도 잘 추었다. 고등연구소는 매년 디너파티를 열었는데, 앨버트와 새러가 무대로 나오면 다른 사람들은 옆으로 물러나 이 우아한 커플에게 자리를 내주었다.

집집마다 즐겨 가는 가족여행지가 있을 것이다. 특히 상류층은 가장 좋아하는 휴가지가 있기 마련이다. 조부모의 집일 수도 있고 시골 별장일 수도 있다. 허시먼 가족은 여기저기 돌아다니면서 살았기 때문에 가족휴가지가 어느 한 장소로만 국한되지는 않았다. 하지만 어디에서든(보스턴이든 보고타든 바이아든) 편하게 쉴 수 있는 해변이 있어야 한다는 점만큼은 달라지지 않았다. 북해의 모래사장에서 놀았던 어린 시절의 기억에서 나온 '휴가' 개념은 햄프턴, 케이프코드, 샌타모니카에서도 계속 이어졌다. 한번은 새러가 로스앤젤레스에 가는 것이 늘 복잡한 심경이었다며 로스앤젤레스에 대해 좋아하지 않는 점들을 말하자, 앨버트가 끼어들어 이렇게 말했다. "그러게. 해변만 아니라면 말이야." 이때는 2005년 8월이었다. 이 당시 허시먼은 몸이 쇠약해져서 거의 듣지 못하고 일관성 있게 말을 하지도 못했지만, 이 말만큼은 분명히 전하려는 듯 반복해서 말했다.

가족 사진첩을 보면 허시먼이 신체와 관련해 가졌을 법한 자존감을 조금이나마 상상해 볼 수 있다. 사진첩에는 해변에서 보낸 휴가 사진들이 가득하다. 앨버트가 카메라를 잡은 경우가 많았으므로 그 자신이 나온 사진은 생각보다 많지 않다. 하지만 그가 등장한 몇 장의 사진들은 무대에 선 듯한 자세와 기백을 담고 있다. 독일어로 '할퉁Haltung[자세, 거동]'이라고 부르는 것, 즉 늘 꼿꼿하게 어떤 자세를 유지하고 있으면서 어떤 놀라움도 자신을 완전히 압도하게 두지 않는 것 말이다. 이런 면에서 보면 위엄을 웅변하는 듯한 그의 포즈가 나르시시즘으로 보이기도 한다. 여기에는 자기애amour de soi보다는 자기편애amour propre가 작동하고 있는 것 같다. 마찬가지 의미에서, 배가 나와서 놀란 기색도 없고 좁은 어깨나 가는 다리를 부끄러워한 기색도 없다. 아마 더 자기의식적인 남자였다면 수건으로 가렸을 것이다. 사실 허시먼은 놀라운 신체를 가지고 있었을 뿐 아니라 스스로도 그것을 잘 알고 있었다. 또 그것을 적절히 드러내 보이는 것을 꺼리지 않았고 신체의 역량을 보여주는 것을 즐겼다. 일례로 그는 물구나무를 아주 오랫동안 설 수 있었다. 반세기 전에 태어난 사람 치고는 놀라운 일이었다. 또 허시먼은 잘 만들어진 몸을 좋아했고, 그런 몸이 드러나도록 포즈를 취하고 사진을 찍기도 했다.

허시먼은 자신이 매력적인 사람임을 알고 있었다. 어머니 헤다를 비롯해서 아주 많은 사람이 그렇게 이야기했다. 알베르 카뮈의 두 번째 부인 프랑신은 [2차대전 중에 앨버트가 미군으로 참전해 알제에 주둔해 있었을 때] 앨버트를 보고 자신의 남편(당시 바람을 피우고 있었다)을 떠올리게 하는 외모라고 했다. 앨버트는 이것이 칭찬임을 잘 알고 있었다. 우리에게 잘 알려진 카뮈는 앙리 카르티에브레송이 1947년에 찍은 사진 속에서 깃을 세운 트렌치코트 차림에 담배를 물고 있는 모습이지만, 카뮈는 그전에도 이미 놀라울 정도로 '포토제닉'한 지성인이었다. 허시먼도 담배를 피웠지만 줄담배는 아니었고 사교적인 면이 더 강했다. 사진 속의 카뮈에게 그랬듯이, 허시먼에게도 담배는 허영의 또다른 기둥이었을지도 모른다. 헤어스타일, 앞이마의 주름, 깨끗하게 면도한 영화배우 같은 얼굴 등 실제로 카뮈와 허시먼의 외모는 닮은 면이 많았다.

허시먼은 신체에 관심이 많았던 만큼이나 신체를 덮는 것, 즉 옷차림에도 관심이 많았다. 마키아벨리가 1513년에 프란체스코 베토리에게 쓴 편지 내용 중 그는 어느 부분을 가장 좋아했을까? 생계를 위해 힘겨운 하루를 보내고 고대의 철학자들과 대화를 나눈다는 부분이었을까? 아니면 그전에 옷을 갖추어 입는 의례에 대한 부분이었을까? 우리가 알고 있는 것은, 앨버트가 옷을 대충 입는 사람이 아니었다는 것이다. 그의 세련된 차림새는 대번 눈에 띌 정도였는데, 옷을 입고 있는 그의 신체 때문이었을 수도 있고 옷 자체 때문이었을 수도 있다. 어느 쪽이든 컬럼비아대학의 대학원생들은 브룩스브라더스에서 판매하는 셔츠와 재킷이 그에게 너무나 잘 어울리는 것에 감탄했다.

1970년대 무렵에는 지나치게 격식 있고 고루해 보이는 옷차림 대신 캐주얼한 차림새로 바뀌지만, 그렇다고 덜 차려입은 것은 아니었다. 그는 파리 오데옹 거리의 옷가게에서 헐렁한 실크혼방 재킷을 구입해 입었다. 이제 넥타이는 하지 않았지만 새로운 옷차림을 한 허시먼은 더 멋져 보였다. 취재 과정에서 만난 허시먼의 지인 대부분은 그의 옷이 기억에 남는다고 했다. 옷차림만큼이나 기억에 많이 남는 특징 중 하나인 말투의 어눌함(말하다 말고 멈추는 버릇과 더듬는 듯한 말투를 많은 사람이 기억했다. 허시먼이 말더듬 장애를 가졌다고 생각한 사람도 있었다)을 상쇄하기라도 하듯이 말이다. 옷차림에 대해서라면 결코 뒤지지 않을 로버트 단턴은 앨버트가 그를 "양복으로 치고 들어왔다"며, 잘 차려입고서 프랑스 식당에서 사람들과 식사하며 대화 나누는 것을 허시먼이 아주 좋아했다고 말했다.[2]

삶에 대해 이러한 태도를 가진 사람이니만큼 나이가 들었다고 해서 젊은 시절의 몇 가지 특징을 포기하지 않았다는 것은 놀라운 일이 아닐 것이다. 어린 시절에서 성인으로 성장하면서 과거의 몇몇 특징들은 쇠퇴했지만, 70대의 허시먼에게서도 우리는 호기심에 가득차 기회를 찾는 사람의 눈과 꿈꾸는 사람의 얼굴(아주 많은 사람이 기억하는 허시먼의 특징이다)을 볼 수 있다. 또 그는 70대에도 눈 덮인 알프스 정상에 오를 수 있었다. 주름은 늘고 머리숱도 적어졌지만, 놀라운 우아함과 편안한 자존감은 계속 남아 있었다.

18장

정치와 경제를 관통하는
집합행동 이론
(1977~82)

우리가 최후의 심판을 최후의 심판이라고 부르는 것은
우리의 시간 개념 때문일 뿐이다. 사실 그것은 영구적인 군사재판이다.

—프란츠 카프카

1977년《정념과 이해관계》가 출간되고 얼마 후 앨버트와 새러는 열흘간 소련으로 여행을 떠났다. 한동안 이어지던 미-소간 데탕트 [긴장완화] 국면이 다시 뒤집히던 시기였다. 헤드릭 스미스의《러시아 사람들The Russians》이《뉴욕타임스》베스트셀러 목록에 오르긴 했지만, 미-소 관계는 인권 문제를 놓고 냉각되고 있었다. 어쨌든 이 여행은 새러가 오랜만에 모국어 실력을 발휘해 러시아 연극을 러시아어로 보는 즐거움을 앨버트와 나눌 수 있는 기회였다. 새러는 통역을 해 주겠다고 약속했다. 허시먼과 새러는 백야에 도시를 돌아다니며 옛 교회, 예르미타시 미술관, 근사한(그리고 과도하게 비싼) 식사를 즐겼다. 익숙한 책을 누군가가 읽고 있는 모습을 발견할 때면 다른 사람들 모르게 서로 옆구리를 쿡 찌르며 신기해하기도 했다. 어느 일요일, 허시먼과 새러는 자동차를 타고 도시를 벗어나 감자농장이 보이는 풍경을 지나쳐 블라디미르 인근의 숲으로 갔다. 여기저기 텃밭이 보이길래 운전기사에게 물어보니 자기도 하나 가지고 있다고 했다. 운전기사는 허시먼 부부에게 아내와 두 아들을 소개하고 텃밭을 보여주었다. "그의 텃밭은 놀라운 원예지였다."(새러가 기록한 것이다) 40×20미터 크기의 밭에 야채와 과일이 빼곡히 자라고 있었다. 딸기는 다 익어서 운전기사의 아내가 따다가 잼을 만들고 있었다. 아내는 어린이집 교사였는데, 방학을 이용해 겨울에 식구들이 먹을 잼과 판매할 잼을 만들고 있었다. "사회주의 국가의 시민이 전적으로 사적인 이익 추구에 이렇게 집중하다니 얼마나 이상한 일인가!" 허시먼은 일기에 이렇게 적었다.[1] '집단주의 속에서의 사익 추구'는 그저 지나가는 언급이 아니었다. 이것은 곧 허시먼이 집중적으로 연구하는 주제가 된다.

또한 '경제학자'도 허시먼이 집중적으로 연구하는 대상이 된다. 허시먼은 포드재단 회장 맥조지 번디에게 그가 설파해 온 신조에 대해 문제를 제기하는 편지를 꼭 써야겠다고 생각했다. 경제학을 비난하는 목소리가 점점 높아지고 있었는데, 번디는 그중에서도 가장 소리 높여 경제학을 비난하는 사람이었다. 그는 경제개발 분야에서 경제학자들이 "영향력 있는 위치"를 차지하고서 그 권력에 안주하고 있다고 생각했고, 이를 매우 마뜩잖아했다. 번디말고도 이렇게 생각하는 사람이 많아지고 있었다. 허시먼도 "경제학자들이 정책 결정에 너무 두드러지게 나서는 것"이 문제라고 본 데서는 번디와 의견이 다르지 않았다. 하지만 경제학자를 직접적으로 비난하거나 닦달하는 것은 무의미하다고 생각했다. 경제학자들은 인간 행위를 계산

앨버트 허시먼

가능하고 예측가능하게 만들려고 하면서 경제학의 범위를 협소하게 만들어 버렸다. 하지만 그 외의 사회과학은 경제학자들이 관심을 갖는 문제들을 아예 간과하고 있었다. 이런 문제를 해결하는 데 경제학자는 여전히 중요한 존재였다. 허시먼은 경제학자를 직접적으로 비난하기보다는 경제학이 가고 있는 현재의 추세에 맞서 "길항적 반작용의 역할을 할 수 있도록 다른 사회과학들을 발전시켜야 한다"고 주장했다. 그래야만 경제학적 사고가 풍성해질 수 있으리라는 것이었다.[2] 허시먼은 경제학과 교수라는 직함을 달고 있었지만 자신이 소속된 학과와 나란히 가지 못하고 어긋나고 있다는 것 또한 잘 알고 있었다.[3]

이후 몇 년 동안 '더 연결된 사회과학'을 위한 길을 닦는 것이 허시먼의 목표가 되었다. 위기라는 인식이 널리 퍼지고 지적 좌표가 붕괴되면서, 1977년부터 허시먼과 기어츠는 개발도상국에 크게 치우쳤던 사회과학 분과의 관심을 선진국으로도 돌렸다. 허시먼이 수십 년 만에 베를린에 갔던 것도 이러한 전환에 영향을 미쳤을 것이다. 알레산드로 피조르노, 클라우스 오페 같은 유럽 사회과학자들이 처음으로 고등연구소로 오기 시작했다. 오페가 오면서 허시먼은 녹슨 독일어를 다시 써 볼 수 있었다. 젊은 사회학자 오페는 할아버지를 연상시키는 허시먼의 독일어에 놀랐다. 허시먼의 독일어는 옛 시대에 고착되어 있었다. 한편 미국의 저명한 자유주의 철학자 존 롤스도 고등연구소에 새로 꾸려진 세미나 팀에 합류했다. 피조르노, 오페, 롤스, 마틴 셰프터, 허버트 긴티스, 로버트 쿠터 등이 매주 월요일 저녁 그들 중 한 명의 집에 모여 논의하는 모임이었다. 당시 유행이던 '복지국가의 위기'를 큰 주제로 놓고서, 확산되는 파업, 뉴욕의 재정 붕괴, 영국의 '불만의 겨울winters of discontent'* 등을 소재 삼아 '현대 민주주의의 규율가능성'을 논의했다. 어느 모로 보나 인상적인 모임이었다. 어느 날에는 롤스와 오페가 독일 철학자 위르겐 하버마스의 《정당성의 위기》에 대한 토론을 이끌었고(오페는 하버마스의 제자이다), 어느 날에는 허시먼과 피조르노가 맨커 올슨의 《집합행동의 논리: 공공재와 집단 이론》에 대한 토론을 이끌었다.

자본주의가 승리하기 **전에** 자본주의를 옹호했던 초창기 사상들을 이미 살펴보았고 여기에 더해 현대 복지국가의 위기를 논의하는 월요일 모임에서 추가적인 아이디어를 얻은 허시먼은, 맨커 올슨의 매우 영향력 있는(거의 예언적이기까지 했던) 1965년 저서 《집합행동의 논리: 공공재와 집단 이론》을 반박하는 작업을 시작했다. 올슨의 책은 자본주의가 승리한 **이후의** 자본주의 모델을 논한 책으로, 그가 이 책에서 개진한 주장은 성경이나 다름없는 반열에 올라 있었다. 무엇보다 올슨의 책은 제도경제학이라는 신생 분야를 발달시키는 데 기여했고, '집합행동의 문제'라든지 '무임승차'와 같은 용어를 크게 유행시켰다. 이 책에 담긴 많은 내용들이 이미 전부터도 한참 논의되고 있었지만 올슨은 그것들을 하나로 엮어서 막강한, 그리고 보기에

---

* 1978~79년 겨울, 영국에서 공공부문 파업이 널리 퍼지고 사회가 불안정하던 시기. 영국에서 16년 만에 가장 추운 겨울이기도 했다.

따라서는 우울한 이론으로 꿰어냈고, 우울한 시대이던 1970년대에 올슨의 주장은 큰 영향력을 발휘했다. 올슨의 주장에서 핵심은 현대 사회가 개인들이 에너지를 사적 재화에만 쏟도록 동기부여하고 공공재 창출에 에너지를 쏟으려는 동기는 저해하는 인센티브를 만들어낸다는 것이었다.

그는 이런 경향이 불변의 법칙이라고 보았으며, 이것을 '논리logic'라고 불렀다. 이 '논리'에 따르면 사람들이 공공선을 위한 집합행동에 참여하도록 만들려는 노력은 불가피하게 열기를 잃게 될 수밖에 없다. 사람들 사이에 다른 이들의 노력에 업혀 무임승차하려는 유인이 생기기 때문이다. 이와 달리, 사회가 사람들의 사적인 이익 추구를 지원하는 경우에는 무임승차의 유혹이 발생하지 않는다. 이런 결론은 당시 떠오르던 신보수주의 운동에 힘을 실어 주었다. '사회적 문제'를 '사적으로 해결하도록' 만드는 정책을 정당화하는 데 사용될 수 있는 논리였기 때문이다. 올슨이 무임승차가 꼭 이기심 때문에만 생긴다고 본 것은 아니었다. 정부가 제공하는 공공재에 대해 사람들이 '합리적'으로 내보이는 반응으로서 무임승차가 발생할 수도 있었다. 하지만 일부 네오콘은 무턱대고 사적인 탐욕의 미덕을 칭송했다. 어느 쪽이건, 사회문제들에 대해 지속성 있는 집합적 해법은 불가능하다는 '불가능성 정리'로 귀결되는 것은 마찬가지였고 이는 진정으로 영향력 있는 대중 행동이 왜 있을 수 없는지를 설명하는 논리였다.[4]

허시먼은 올슨의 책이 매우 불편했다. 1960년대에 허시먼이 말한

'숨기는 손'의 신비와 낙관주의는 1970년대 들어 '보이지 않는 손'의 암울하고 강철 같은 논리에 밀려났다.[5] 게다가 올슨은 《진보를 향한 여정》을 잘못 해석한 서평을 쓰기도 했다. 그 서평에서 올슨은 허시먼의 연구가 남미의 부패, 무능한 정부, 희망이 없는 상황에 대한 사례모음집 같다고 언급했다. 많은 이들이 서평을 쓸 때 허시먼의 《이탈, 발언, 충성심》과 올슨의 《집합행동의 논리》를 양 진영의 대표작으로 나란히 거론했다. 허시먼의 책은 집합행동을 일궈내는 운동을 설명하는 이론으로, 올슨의 책은 집합행동의 무용함을 설명하는 이론으로 대비되곤 했다. 《영국 정치학저널》에 실린 한 서평은, 올슨의 책에는 '발언'의 몰락에 대한 전망이 언급되어 있지만 허시먼의 책에는 이 부분이 충분히 설명되어 있지 않다고 지적했는데, 허시먼은 이 서평을 보고 화를 냈다. 허시먼은 서평들에 매우 민감했다.[6]

이들 양 진영의 대표작이 출간되고 10년이 지난 뒤, 사회과학계의 분위기는 올슨의 승리를 선언한 듯했다. 1978년 무렵에는 《이탈, 발언, 충성심》에 결정적으로 영향을 미쳤던 1968년의 정신은 성급하고 비정상적이며 기괴한 분출이었던 것으로 여겨지고 있었다. 떠오르는 신보수주의는 자신의 승리가 자연질서의 복원이라고 주장했다. 허시먼은 기어츠의 집에서 열린 저녁 모임에서 올슨의 책을 우파 이데올로기를 지탱하는 화법과 정치를 대표적으로 보여주는 "증거물 1호"로 꼽았다. 그러한 화법과 정치는 앞으로 15년간 허시먼의 핵심 연구 주제가 된다.

기어츠의 집에서 열린 모임에서 허시먼은 올슨의 주장을 조목조

목 비판했다. 먼저, 실증적인 '오류'가 있었다. 올슨은 기업가정신을 다루지 않았고 리더십을 간과했으며 "공적인 활동의 폭발"을 고려하지 않았다. 게다가 올슨의 핵심 주장은 "흄 이래로 이미 잘 알려져 있었다." 고전 문헌에 매우 해박했던 허시먼은 현대 학자들이 자처하는 '독창성'을 고전 문헌을 제시하면서 일축시키는 것을 좋아했다.

하지만 이런 점들은 정작 중요한 것이 아니었고 허시먼도 그것을 잘 알고 있었다. 올슨은 쉽게 무시해 버릴 수 없던 현상 하나를 명백히 관찰했다. 공적 문제를 사적으로 해결하고자 하는 현상이 끊길기게 벌어지고 있다는 점이었다. 허시먼도 그것을 부인하지 않았다. 허시먼은 올슨의 책에 "장점"이 있다고 인정하면서, "이익집단이 자율적이고 자발적으로 구성된다는 개념과 공공의 문제를 이익집단의 활동과 이익집단들 사이의 상호작용에 의존해서 해결할 수 있으리라는 개념을 논파한 것"이 가장 큰 장점이라고 언급했다. 또한 허시먼은 개인들이 "참여하지 않기로" 의사결정을 한다고 해도 이것이 "꼭 무관심인 것은 아니며 무임승차일 수도 있다는 것"을 드러낸 데 대해서도 올슨의 책에 찬사를 보냈다. 올슨의 주장은 한두 개의 반례를 제시하거나 또다른 이데올로기를 들어서 쉽게 기각할 수 있는 것이 아니었다. 허시먼이 올슨의 책에서 문제라고 본 부분은, 올슨이 이탈과 발언, 시장과 민주주의가 기본적으로 별개의 범주라고 전제한 것이었다. 이 전제 때문에 올슨의 이론은 허시먼이 상정한 인간상, 즉 우연과 가능성들에 영향을 받는 인간상이자 인간이 단 한 종류의 충동(그것이 매우 강력한 충동일지라도)에 따라서만 규율된다는 **논리**(허시먼이 싫어하는 단어)를 계속해서 무너뜨리는 혼합적인 인간상을 포함할 수 없었다.[7]

허시먼이 올슨에 대해 적어 놓은 메모를 보면 그답지 않게 평정심을 잃은 것 같아 보인다. "투표의 역설[어떤 투표도 사소하다면 사람들은 귀찮게 왜 투표를 하는가의 문제]은 참여가 비용이 든다고 가정할 때만 역설이다." 허시먼은 계속해서 이렇게 메모를 남겼다. "투표 행위 = 사람들이 하루 동안 주권을 행사함 = 바보들의 축제." 이 도식은 실증적으로도 틀릴 뿐 아니라 과장된 도식이었다. "어떤 활동을 위해 노력하는 것과 물건을 소유하는 것, 이 둘 중 하나로 깔끔하게 구분될 수 없는 행동들이 있지 않은가?" 허시먼은 파스칼이 먹을거리, 놀이, 기도, 정치에 대해 언급했던 바를 떠올렸다. 거기에서 "비용-편익 계산은 불가능"했다. 그런 영역에까지 비용-편익 분석을 하려고 하는 것은 과도하게 확신에 찬 경제개발 '이론'들이 일으켰던 왜곡과 악영향을 익히 보아 온 허시먼에게 데자뷔로 다가왔을 것이다. 하지만 이번의 도전이 더 어려웠다. 아마도 그 때문에 허시먼답지 않게 격앙된 반응이 나왔을 것이다. "올슨은 틀렸다!" 올슨은 사람들이 선택할 수 있는 여러 가지 반응 중에서 단 하나만 포착했다. 올슨의 "이론"은 "하나의 가능성"을 "필연성"으로 변환함으로써, 실제로는 우연히 발생한 것이거나 여러 가능성 중 하나였던 것을 마치 불가피하고 필연적으로 발생한 일인 것처럼 보이게 만드는 이론이었다.[8]

그날 기어츠의 집에서는 길고 열띤 토론이 이어졌다. 기어츠는 올슨의 주장이 불합리하다며 무임승차라는 개념 전체를 씩씩대며 비판했다. 허시먼은 기어츠가 동의하지 못하는 부분들에 대해 설명하려고 애썼다. 롤스는 물러나서 침묵을 지켰다. 긴티스는 "답"이 있어야 한다고 대담하게 주장했다.[9] 모임은 허시먼이 루소의 경구를 인용하는 것으로 마무리되었다. "인간의 비참함을 만드는 것은 '인간'과 '시민' 사이의 충돌이다. 이 둘을 하나가 되게 만들면 그를 행복하게 할 수 있다. 그를 국가에 전적으로 내어주거나 완전히 그 자신으로 내버려두어라. 그렇게 하지 않고 그의 심장을 둘로 나누려고 하면 그의 심장은 갈갈이 찢어지게 될 것이다."[10]

긴티스는 이 결론에 만족하지 못했다. 루소가 말한 불안정할지언정 통합적인 인간-시민은 올슨에 대한 "답"이 아니었다. 하지만 허시먼에게는 루소가 제시한 인간상이 1970년대의 '쇠퇴'에 대한 이데올로기적 반응들을 논할 때 중요한 정박점이 되어 주었다. 오늘날의 상황에서 어떻게 하면 심장을 나눌 것을 강요받지 않는 시민과 소비자로 구성된 사회를, 그리고 그런 사회로 구성된 세계를 상상할 수 있을까? 강조점은 분열이 아니라 결합에 놓여야 했다. 스웨덴 웁살라대학 설립 500주년 기념 콘퍼런스에 초청받은 허시먼은 경제학자들이 강조하는 경쟁의 미덕과 이탈의 중요성, 그리고 정치학자들이 강조하는 저항과 참여를 어떻게 연결할 수 있을지 연구하면서 1977년 봄을 보냈다. 허시먼은 루소를 포함한 고전 사상가들로 돌아가서 경제학과 정치학의 재결합을 모색하기 시작했다. 《인간 불평등 기원론》에서 루소는 "끼니를 두고 싸움을 벌여야 할지 모르는 상황에 직면하면 '야만인'은 싸움에 이겨서 음식을 먹거나 싸움에 져서 다른 곳으로 가거나 한다"고 언급했다. 야만인조차도 선택을 해야 한다. 핵심은, 저항하는 것과 다른 곳으로 가버리는 것, 이 두 가지가 결합되어 있음을 인정하는 데 있었다.

허시먼은 '다성多聲적'인, 즉 독자적인 여러 음이 상호작용을 하면서 어울리는 방식의 해결책이 있다고 보았다. 또한 그는 사람들과 정책 결정자들이 그것의 복잡성을 **인식하고 인정하면서** 복잡한 제도들을 만들어낼 수 있게 할 "문제해결적 정신"이 존재한다고 주장했다. 그 사례로, 허시먼은 시민들이 날마다 섬세하고 지역적인 언어적 수완을 발휘해 가면서 수많은 계약과 요구를 다루어 나가는 것을 이야기했다. 개발 프로젝트를 관찰해 본 사람이라면 누구나 알 수 있듯이(허시먼은 콜롬비아에서 자신이 경험한 바를 언급했다), 많은 경우 이러한 지역적인 규칙들은 외부인이 파악하기는 매우 어렵지만 어쨌거나 일이 진행되게 만드는 데 매우 효과적이었다. 허시먼은 이와 비슷한 연구를 하고 있던 정치학자 로버트 코헤인에게 보낸 편지에서 이를 "인식된 복잡성Understood complexity"이라는 말로 표현했다. 코헤인은 정부들이 어떻게 집단적인 개선을 위해 서로 협업을 하고 스스로를 제약하는지 보임으로써 '현실주의 이론'을 반박하는 연구를 하고 있었다. 그는 정부들이 경쟁과 갈등의 유혹에 무조건 빠져드는 것은 아니며, 정부의 행동에는 공공선을 창출하는 일과 잠식하는 일이 결합되어 있다고 주장했다. 아쉽게도 허시먼은 "인식된 복

앨버트 허시먼

잡성"이라는 개념을 더 정교화시키지 않고 그대로 내버려두었다. 왜 그랬는지는 분명하지 않다. 아마 "인식된"이라는 부분에 너무 많은 것을 의존하는 이론이 될까 봐서였을 것이다. 그런 이론에는, 사람들이 꼭 지역적인 규칙들을 '인식하고 있어야만' 문제 해결에 효과적으로 기여하게 되는가와 같은 문제제기가 발생할 수 있었다.[11]

허시먼이 '인식된 복잡성'과 언어를 강조한 것에서 우리는 기어츠의 영향을 엿볼 수 있다. 하지만 이 영향은 대개 둘 사이의 사적인 대화에서 발전했기 때문에 우리에게 남겨진 자료만으로는 기어츠가 정확히 언제부터 허시먼에게 영향을 미쳤는지 알기 어렵다. 그렇더라도 허시먼의 저술에 인류학 현장연구에서 따온 인용문들이라든지, 지역적 지식과 이례적인 사건들이 일상 속에서 사람들이 상황을 파악하고 의미를 만들어가는 데 어떻게 길잡이가 되는지를 강조한 내용 등이 많이 나오는 것을 보면, 사회과학의 분절을 극복할 수 있는 길을 찾으려는 허시먼의 노력에 기어츠가 큰 도움을 주었음을 알 수 있다. 기어츠 역시 문학에 뿌리를 두고 있었으며, '공통된 인간성'이라든지 '기본적인 본성' 등에 대해 과도하게 추상적인 질문을 던지는 방법론에 매력을 느끼지 못했다. 그는 표면 아래의 기저에서 사람들이 '정말로 어떠한 존재인지'를 보는 것보다 표면 위에서 사람들이 '정말로 어떻게 살아가는지'를 보는 데 더 관심이 있었다. 시대와 장소를 막론하고 적용될 수 있는 보편 이론과 검증가능한 가설을 만들고자 하던 1970년대의 학계 분위기에서, 이에 맞서려는 허시먼과 기어츠는 동지였다.

고등연구소의 조직 운영과 관련해 진퇴양난에 함께 빠져 있었다는 점에서도 두 사람은 동지였다. 허시먼과 기어츠가 속한 사회과학 분과는 여전히 재정이 빠듯했다. 다른 분과들에 비해 규모 자체가 작았던 데다 외부 지원금을 받는 것도 전보다 여의치가 않았다. 1978년 무렵이면 칼 케이슨이 소장을 맡았던 때보다 자금이 많이 부족한 상태였다. 새로운 소장 해리 울프는 연구소 재정을 긴축적으로 운영하고 연구원들에게 지원금을 받아 오라고 계속 닦달해야 했다. 허시먼은 부드러운 웃음과 촌철살인 유머로 긴장을 완화시키는 능력이 있었고 운영회의에서도 (직접 나서서 개입하는 일은 많지 않았지만) "늘 차분하고 신중했다." 그는 "물 위에 기름을 뿌리는 놀라운 재주가 있었다." 하지만 '사회변화 연구 프로그램'을 영구적인 분과로 승격시키기 위한 계획을 추진하는 데 필요한 행정적 수완은 갖추고 있지 못했다. 이 일은 기어츠의 기획이었고 어쩌면 그가 "꽤 열의를 가지고" 맡을 수 있었을지도 모른다. 하지만 벨라의 일을 겪고 난 뒤 기어츠는 이 일이 그리 즐겁지 않았다. 자신이 행정 일에 소질이 없다는 것을 잘 알고 있어서였을 것이다. 기어츠는 하필이면 이런 시기에 고등연구소를 떠나게 되어[1978-79년에 옥스퍼드로 안식년을 떠났다] 미안하다는 사과 편지를 허시먼에게 보냈다. "저에게 행정가 소질이 영 없다는 사실을 점점 더 확실히 알겠습니다. 저에게는 그것[행정에 소질이 없는 것]이 일종의 자기보완적인 면 같지만, 문제는 어느 멍청이도 저보다는 이 일을 잘한다는 점이겠지요." 그리고 편지 말미에 이렇게 서명을 달았다. "구제불능인 동료로부터."[12]

허시먼이라고 행정 일에 덜 구제불능인 것은 아니었다. 그는 멍하니 있는 버릇을 고치지 못했고, 사실 많은 일을 기어츠에게 떠넘기고 있었다. 그리고 해외에서 쏟아져 들어오는 요청들로 바빴다.《정념과 이해관계》가 유럽에서 출간되면서 허시먼은 혜성처럼 등장한 명사가 되었고 유럽 각국에서 초청이 쇄도했다. 그리고 행정 일에는 그도 영 소질이 없었기 때문에 이런 일은 누군가가 해 준다면 그저 고마울 따름이었다. 이를테면 1978년 여름에 연구 지원금을 따기 위한 제안서를 작성하는 일은 윌리엄 슈얼과 퀜틴 스키너가 맡았다.

이런 문제들에 더해, 울프가 노동부가 고시한 새 기준에 맞도록 고등연구소 방문연구원을 자의적으로 선정하지 말고 모집공고를 통해 공식적인 절차를 밟아 뽑으라고 하면서 문제가 더 꼬였다. 기어츠는 이 정책에 강하게 반발했고, 허시먼은 기어츠보다는 전향적으로 받아들이고자 했다. 이제까지 허시먼이 가진 재량권 덕에 관심사가 비슷한 연구자들이 많이 올 수 있었다는 점을 생각하면, 허시먼으로서도 쉬운 일은 아니었을 것이다. 허시먼이 울프가 "고등교육 학위가 있는" 사람(가령 프린스턴대학 교수의 아내)을 파트타임 직원으로 뽑는 방안을 고려중이라고 기어츠에게 전하자 기어츠는 격노했다. "프린스턴교수 남편을 둔, 실업자에다가 학벌만 높은 사람을 뽑는다고요? 누가 오든 학술적인 의사결정은 하나도 내릴 수 없을 것입니다. 적어도 우리가 여기 있는 한은 어림도 없어요." 기어츠는 케이슨이 떠난 것을 애석해했다. "그에게 어떤 단점이 있었든 간에, 칼이었다면 지금쯤 테디 케네디, 해밀턴 조던, 조지프 크라프트 등과 계약을 하고 있었을 겁니다. … 하지만 … 아 젠장." 기어츠는 참을성 없이 굴었지만, 허시먼은 이런 일에 크게 동요하지 않았다.[13]

자금도 자금이지만 인력도 문제였다. 기어츠가 안식년을 떠나면서 허시먼 혼자 남았는데 허시먼은 해외 초청에 응하느라 정신이 없었다. '행정적인 일을 처리할 사람이 부족했다'는 말로는 그때의 심각성을 다 표현할 수 없을 것이다. 스키너와 슈얼이 '사회변화 연구 프로그램' 구성을 어찌어찌 이끌고 있었지만, 1979년 봄에는 고등연구소를 떠날 예정이었다. 게다가 앨버트의 건강에 문제가 생겼다. 한쪽 눈꺼풀이 늘어지고 동공이 수축되면서 두통이 생겼다. 누군가가 호르너증후군일 수도 있다고 해서 깜짝 놀란 허시먼은 의사의 권유에 따라 요추천자 검사 등을 포함한 정밀검진을 받았다. 알고 보니 바이러스 문제여서 아연으로 치료하고 증상이 호전되기를 기다렸다. 그는 기어츠에게 편지로 이렇게 전했다. "이제 아시겠지만 당신은 우리 분과를 당신보다 더 취약한 사람 손에 남겨두고 간 거예요." 세미나들은 사실상 슈얼이 담당했다. 이 병은 남미 출장을 가로막을 만큼 심각하지는 않았다. 몇 달 뒤 허시먼은 포드재단 의뢰로 보고타에 있는 현지 연구소 하나를 평가했다. 콜롬비아에서 허시먼은 불편할 정도로 열띤 분위기를 목격했다. 콜롬비아가 아르헨티나, 우루과이 등의 전철을 밟기 시작한 것 같은 위험 징후들이 보였다.[14]

허시먼과 기어츠는 행정 일에서 부족한 재주와 열정을 인지도로 극복했다. 이들은 이 장점을 활용해 매우 독특한 학문적 모험 하나를 만들어냈다. 두 사람 모두 문학과 철학에 배경을 두고 있었던 덕분이었을 수도 있고, 두 사람 모두 다른 문화를 연구할 때 '서구의 문화'가 표준으로 간주되면 안 된다고 생각했기 때문이었을 수도 있고, 두 사람 모두 학과들이 가지고 있는 뿌리박힌 전통들에 별로 관심이 없기 때문이었을 수도 있다. 어느 경우든, 언어·의미·맥락에 대한 이들의 관심은 고등연구소의 사회과학이 주류 학계의 풍토에 맞서는 대안적 흐름을 만드는 역할에 나서야 한다는 입장으로 이어졌다. 오랫동안 철학자들이 '사회에 대한 진짜 과학'의 전망을 주장하기는 했지만, 행위자들 자신이 행위에 어떻게 사회적 의미를 부여하는지를 설명하는 것이 사회과학의 임무라고 주장한 사람은 막스 베버였다. 허시먼과 기어츠 둘 다에게 베버는 중요한 시금석이었다. 기어츠는 동기, 야망, 추억, 그리고 정념과 이해관계가 "닫힌 인과관계의 체계에서 해방되어야 한다"고 주장했다.[15] 그는 '구조가 행동을 어떻게 결정하는가'를 분석하기보다는 행동을 일으키는 조건으로서 '사람들이 어떻게 의미를 이해하고 주위 세계를 파악하며 그 세계에 대해 어떠한 주장들을 펼치는가'를 연구해야 한다고 생각했다.

허시먼과 기어츠는 현대 사회과학이 인문학이라는 유아기에서 견고한 과학이라는 성숙기를 향해 발전해 가고 있다는 식의 설명을 받아들이지 않았다. 그런 설명은 연구자가 자신의 가치판단이나 통찰과 같은 유아기적 관심사에서 벗어나 정념에 좌우되는 일 없이 이성을 온전히 활용하는 쪽으로 나아가는 것이 사회과학의 발전이라고 보고 있었다. 기어츠와 허시먼은, 이런 개념을 비판하면서 등장한 '해석학적 전환'이라는 새 조류의 일부였다(이들이 해석학적 조류를 이끈 핵심 인물이라고까지는 할 수 없더라도 말이다). 해석학적 전환은 포스트모더니즘이라고 이야기되기도 하는데 이는 잘못된 것이다(허시먼과 기어츠는 그러한 이야기를 비웃었다). 1970년대에 사회적인 병폐가 고조되면서, 옛 확신과 확실성은 힘을 잃었고 근본적인 질문을 해 볼 수 있는 공간이 열렸다. 특히 인간사회를 더 '해석적으로' 탐구하는 훈련을 한 사람들이 그런 질문을 제기했다. 이러한 전환에서 '강한 평가strong evaluation'(찰스 테일러) '중층 기술thick description'(기어츠) '해체deconstruction'(자크 데리다) '열린 인지양식open cognitive styles'(허시먼) 등이 핵심 용어가 되었다.[16]

1978년에 기어츠와 허시먼은 멜론재단과 미국 국립인문학재단에 연구지원금을 신청하면서 〈사회과학에 대한 우리의 견해〉라는 글을 작성했다. 3년 일정으로 '사회변화 과정에 대한 고등심화 연구'를 하겠다는 제안서였다. 처음에는 고등연구소 사회과학 분과의 이사인 허시먼이 이 일을 주도했다. 그런데 제안서를 작성하다 보니 '우리의 견해'가 무엇인지를 먼저 명확히 해야 할 필요가 있어 보였다. 이들은 스키너와 슈얼의 도움으로 고등연구소 사회과학 분과의 학문적 비전에 대한 글을 작성했다. 여기에서 그 글의 일부를 직접 인용해 볼 필요가 있을 것 같다. 특히 그들이 선택한 단어에 주목할 필요가 있다.

우리의 초점은 더 해석적인 것입니다. 전부터도 그래 왔듯이 우리는 주로 사회적 행동의 의미와 사회변화의 결정 요인들을 조사합니다. 그리고 학제간 연구를 확고하게 지향하며, 비교연구적이고 국제적인 요소를 반드시 포함합니다.

그들은 연구의 목적을 다음과 같이 기술했다.

우리는 이러한 접근방식의 타당성을 명시적으로 설명해야 한다는 것을 물론 잘 알고 있습니다. 특히 우리의 접근방식이 미국 주류 사회과학에 등을 돌리고 인문학의 후미진 곳을 탐구하려는 것처럼 보일 수 있으므로 더욱 분명히 해 둘 필요가 있을 것입니다.

이들은 자신이 '주류'에 대한 대안적 흐름임을 숨기지 않았다. "주류 방법론은 과도한 세분화를 일으켰고, 현재에만 집중하며, 검증되지 않은 과학주의를 가지고 있습니다. 그로 인해 발생하게 될 문제들을 상쇄할 만큼 사회경제의 당면 문제들에 대해 만족스러운 해결책을 제시하지도 못하면서 말입니다." 때로는 자꾸 되풀이하면서(글의 작성에 여러 사람이 관여했음을 보여준다), 이 글은 학계의 분위기가 "사회적 의미를 탐구하지 않고 인과관계 요인에만 집중하는 경향"에서 벗어나야 한다고 주장했다. 또 '주류' 접근법이 미국에서도 비판받기 시작했을 뿐 아니라 다른 곳에서는 이미 주류가 아니라는 점도 언급했다. "국제적인 사회과학의 관점에서 보면 후미진 곳이 될 위험이 있는 것은 미국의 주류 견해"라는 것이었다. 이는 허시먼이 미국의 '전문가들'에게 느꼈던 불편한 감정을 반영하고 있다. 요컨대

이 제안서는 사회과학 내의 불균형을 해소하고 미국의 학계를 덜 고립적이 되게 하려는 목적을 가지고 있었다.[17] 여기에서 '사회과학'을 단수 형태로 쓴 것을 눈여겨볼 필요가 있다.

〈우리의 견해〉가 설득력이 있었던 모양인지, 멜론재단이 3년간 47만 6000달러를 연방정부와 매칭기금으로 제공하기로 했다. 이 자금이 들어오면서, 소규모이던 사회과학 분과는 방문연구원 프로그램을 확대했고 세번째 종신연구원을 뽑기 위한 준비를 시작했다. 사회과학 분과를 영구분과로 승격시키는 데 기여할 수 있는 사람이어야 했다. 허시먼과 기어츠는 다방면으로 적임자를 물색했다. 늘 의견이 일치하는 것은 아니었지만 두 사람 모두 스키너가 남아 주길 바란 것에는 의견이 일치했다. 하지만 스키너는 케임브리지대학의 레지우스 석좌교수로 돌아갈 준비를 하고 있었다. 슈무엘 아이젠슈타트, 닐 스멜서, 수잰 버거, 아마르티아 센도 물망에 올랐다. 허시먼과 기어츠는 우선 1년간 같이 일을 하면서 잘 맞는지 확인해 보고 싶었다. 또 벨라 사건으로 잘 알게 되었듯이 '역사 분과의 스킬라'와 '수학 분과의 카리브디스' 사이를 수완 있게 항해할 수 있는 사람이어야 했다. 드디어 1979년에 하버드대학의 정치학자 마이클 월저가 허시먼이 임명되었을 때만큼 이견 없는 지지를 받으면서 임명되었다. 월저는 1980년 여름에 하버드대학을 떠나 프린스턴대학으로 왔다.

허시먼은 기어츠를 도와 '해석학적'인 방향으로 사회과학 분과를 이륙시키는 일에 나서는 한편, 고등연구소 내에서의 가교 역할도 했다. 그가 고등연구소로 온 이듬해에 연구소 임원들은 이사회에 제출할 일반 보고서의 공동저자로 허시먼을 선정했다. 허시먼은 "아마도 지난해에 내가 수행한 평화사절단 역할 덕분인 것 같다"고 말했다.[18] 물론 가교 역할을 한 또다른 사람들로부터 도움을 받았다. 그런 사람으로는 스키너 같은 방문연구원도 있었고, 존 엘리엇 같은 종신연구원도 있었다. 1977년 가을, 허시먼과 존 엘리엇은 멜론재단에 지원금을 신청하기 위한 '역사 분과 및 사회과학 분과 공동연구 제안서'를 작성했다. 주제는 '자아인식, 상호인식, 역사적 발전'이었다. 사람들이 세상을 어떻게 인식하는지가 그들의 행동에 영향을 미친다는 점을 강조해온 허시먼의 입장과 에스파냐제국 시절에 지식인들이 제국의 쇠락을 강박적으로 우려한 것이 제국의 정책에 어떤 영향을 미쳤는지 살펴본 엘리엇의 연구가 결합된 연구 제안서였다. 여기에서 이들은 "역사의 전개를 추동하는 요인으로서 인식과 행동 사이의 관계를 고찰하는" 3년짜리 연구를 제안했다. 여러 방면에서 이 주제가 연구되어 오긴 했지만 이런 논의들을 통합하고 공식화해서 "역사 분야와 사회과학 분야 사이에, 그리고 각 분야 내의 세부분야들 사이에 세워진 학제간 장벽을 무너뜨리는 데" 기여하겠다는 취지를 강조했다.

허시먼과 엘리엇은 이 연구의 진행과 조정을 담당할 사람으로 프린스턴대학의 역사학자 로버트 단턴을 추천했다. 그는 기어츠와도 친했고, 프린스턴대학과 고등연구소 사이에 꼭 필요한 연결고리 역할을 할 수 있을 것으로 기대되었다. 엘리엇은 기어츠의 집에서 와인과 치즈를 먹으며 논의하는 사회과학 분과 격주 모임(1979년에 시작되었다)을 보면서, 활발하고 역동적인 이곳의 젊은 학자들(아말 라 삼, 시더 스카치폴, 데이비드 캐너다인 등)의 분위기가 역사 분과의 분위 기보다 학문적으로 더 활발한 대안이라는 느낌을 받았다. 자연스럽 게 허시먼은 이 모임에서 "다국어적이고 코즈모폴리턴적인" 역할을 맡았다. 훗날 캐너다인은 허시먼이 "매우 위대한" 사람으로 보였으 며, 늘 "엄청난 매력과 예기치 않은 데서 가져온 흥미로운 통찰을 제 공하는" 사람이었다고 회상했다. 스키너도 이와 비슷한 인상을 받았 다. 허시먼은 집착적이고 고지식한 학자가 아니라 '세상 속의 지성 인'이 무엇을 의미하는지를 보여주는 모범이었다. 허시먼에게서 지 성인의 후광이 빛나는 것 같았다.[19]

고등연구소에서 지내는 시간이 길어지면서 개발경제학으로 돌아 가는 것은 점점 더 요원한 일이 되었다. 이제는 개발경제학 외의 몇 가지 학문적 전선이 허시먼의 관심을 사로잡고 있었다. 인간이 정념 으로 동기부여되면서도 '더 인간적인 정치체'를 추구하는 것과 관련 해 고대인들과 나누는 대화도 있었고, 오도넬과 카르도주와의 협업 으로 진행되는 독재에 대한 연구도 있었으며, 《이탈, 발언, 충성심》 이 출간된 뒤 이 용어에 대해 이루어지던 계속적인 논의와 국제 심 포지엄도 있었다. 대조적으로, 개발경제학은 사라지기 직전이었다. '개발의 10년'에 대해 일었던 높은 희망은 개발경제학 분야 전체의 신뢰를 뒤흔든 재앙으로 밀려났다. 1979년 4월에 카를로스 디아스 알레한드로가 프린스턴대학에서 은퇴하는 윌리엄 아서 루이스를 위 한 기념논문집에 수록될 글을 허시먼에게 청탁했다. 그런데 루이스는 허시먼이 문제라고 생각하는 많은 부분을 대표하는 사람이었다. 그는 종합 계획을 신뢰하고, 거대 규모의 해외 원조를 지지하며, 농촌경제가 후진성의 늪에 빠져 있다고 보는 견해를 설파한 대표적인 학자였다. 허시먼과 루이스는 서로의 연구를 비판하는 서평으로 지상논쟁을 벌인 적도 있었다. 두 사람이 모두 프린스턴대학에[각각 경제학과와 고등연구소에] 있게 되었을 때, 예의는 갖추되 가능하면 멀찍이 떨어져 있자는 것이 이들 사이의 암묵적인 합의였다. 물론 때로는 같이 참석하는 자리가 불가피하기도 했다. 허시먼이 프린스턴대학 경제학과에서 열린 세미나에서 연관 효과 개념을 설명했을 때 루이스는 대놓고 경멸적인 반응을 보였다. 개발경제학에 대한 학문적 관점의 차이가 개인적인, 그러나 개인적인 것으로만 머물지 않은 경쟁으로 이어졌음이 분명하다.

그해에 루이스가 노벨경제학상을 받자 많은 사람들은 허시먼이 노벨상을 탈 기회를 빼앗긴 것이라고 생각했다. 기어츠는 머리를 절레절레 흔들며 오늘은 슬픈 날이라고 말했다. 허시먼 자신은 아무 말도 하지 않았지만 새러는 그의 마음을 알고 있었을 것이다. 새러가 다른 사람들에게 말한 바에 따르면, 허시먼은 침울해했다. 허시먼은 경제학 내에서 소위 '제3세계'가 별도의 분야가 되어야 하는가에는 의구심을 가지고 있었지만, '개발' 분야가 노벨상을 탈 만한 분야인가에는 의구심을 갖지 않았다(그런 의구심을 가진 경제학자들이 꽤 있었고, 한 경제학자는 나에게 "개발은 개밥이었다"고 말하기도 했다). 어쨌거나 분명한 사실은, 개발경제학 분야에서 노벨상을 받는다면

한 명밖에 받을 수 없을 터였고, 루이스가 받았으니 허시먼의 기회는 사라진 것이었다.

허시먼은 개발경제학 분야에 대한 우아한 부고 기사라고 할 만한 글을 쓰기로 했다. 이것이 루이스의 은퇴를 기념하는 글이라는 것은 단지 타이밍이 맞은, 우연의 일치라고 볼 수 있는 면도 있었다. 허시먼은 이 글이 자신의 논문집에도 실리기를 원했다. 허시먼의 논문집은 나중에 《금지된 경계를 넘어서: 경제학에서 정치학으로, 그리고 그것을 넘어서》로 출간된다. "제가 출간을 서두르는 이유 중 하나는 아서처럼 저도 올해 65세가 되기 때문입니다. 그러니까 이 책은 제가 직접 쓴 저의 기념논문집이 되겠지요."[20] 이로써 허시먼은 한 분야의 막을 내렸다.

허시먼은 개발경제학 분야에 대해 늘 양면적인 생각을 가지고 있었다. 이 분야는 '저개발국'들이 자본주의를 작동시킬 근대적 요소들이 결여되었기 때문에[우파의 주장], 혹은 세계 자본주의의 불균등한 구조에서 피해를 보고 있기 때문에[좌파의 주장] 별도의 분석틀을 필요로 한다는 생각에서 시작되었다. 개발경제학은 일반 모델(균형성장), 운동 법칙(노동의 무한한 공급에 의한 발전), 기본적인 진리(불균등 교환) 등으로 구성되어 있었다. 하지만 허시먼은 이 모두가 현실을 오해하도록 만든다고 생각했다. 개발경제학 분야는 "혼자서 후진성이라는 용을 무찌르겠다"며 후진성에 대한 의심스러운 전제들에 기반한 정책들을 내놓았다. 후진국들이 수렁에 빠져 있고, 정체되어 있으며, 내부적으로 얽힌 문제들로 계속해서 되돌아가고 있다는 것이 그 전제였다. 그러고는 이에 대해 거대한 해결책을 찾으려고 하면서, 마셜 플랜처럼 이들 지역에서는 적합성이 떨어지는 다른 시대, 다른 지역의 사례에서 이론을 도출했다. 이렇게 많은 사람이 "역사의 가장 재앙적인 탈선" 속에 살고 있으면서도 "경제개발에 대해 그렇게나 거대한 희망을" 가진 것을 달리 어떻게 설명할 수 있겠는가? 1950년대에 개발경제학을 그토록 설득력 있게 만들었던 것들 (제3세계 문제를 해결할 능력이 있다는 과도한 확신과 거대하고 우아한 개발계획 작성의 즐거움)은 이제 무너졌다.

그리고 개발경제학자들은 그들 자신도 책임이 있는 정치적 혼란을 다루려고 하기는커녕 "그냥 그곳을 떠나 버리는 행동, 즉 프로이트가 말한 '전치displacement'의 방어기제"를 취함으로써, 그리고 자신의 실망을 자신이 연구한 대상이었던 현지인들에게 "쏟아내고" 모든 문제를 경제외적인 요인으로 설명함으로써, 자신의 책임을 덮어 버렸다. 이들은 개발게임이 일으킨 악영향에서 자신이 제시한 이론과 정책에 면죄부를 주고서 당대의 영웅이라는 역할에서 슬그머니 빠져나왔다. 제3세계 국가들이 잘 짜인 "종합 개발계획"을 따라 "태엽 감은 장난감"처럼 발전의 단계를 밟아 갈 것이라고 본 경멸적인 견해는 대단히 순진한 생각이었을 뿐 아니라 재앙을 불러오는 데 기여했다. 세미나실을 가득 채운 청중 앞에서 (노벨상 결과로 분위기가 어색한 가운데) 허시먼은 이러한 내용을 담은 〈개발경제학의 흥망〉이라는 제목의 글을 발표했다. 학술적인 논의일 뿐만 아니라 그의 마음을 담은 논의이기도 했다. 분위기는 개발경제학 분야에 대해서도

또 허시먼 개인에 대해서도 안타까움으로 무겁게 가라앉았다.[21]

개발경제학은 가라앉고 있었는지 몰라도 경제학은 그렇지 않았다. 1970년대 말에 경제학은 승승장구하고 있었다. 세계경제의 주요 국가들이 실업, 인플레이션, 에너지 부족 등 1930년대 이래로 본 적이 없는 암울한 상황에서 고전하고 있었기 때문인 면이 컸다. 많은 이들(예를 들면 포드재단의 회장 맥조지 번디)이 경제학자들의 영향력이 너무 크다고 한탄했지만 허시먼은 그 한탄에 동조하지 않았다. 허시먼도 경제학자들이 예측력 있는 답을 내놓는 데 치중하느라 질문의 범위가 협소해졌다는 점은 인정했다. 하지만 문제는 이보다 더 심각했다. 터널 효과를 두고 [마이클] 로스차일드와 오해가 생겼던 일이 잘 보여주었듯이, 경제학자들은 고도로 발달된 분석적 철갑옷을 입고 있어서(허시먼은 경제학자들이 매우 인상적인 분석도구들을 쓰는 것에는 존경을 표했다) 접근방식에 변화를 주기가 매우 어려워져 있었다. 특히 그 변화가 경제학의 외부에서 오는 압력 때문에 추동되는 것일 때는 저항이 더욱 컸다. 게다가 경제학과의 실용주의는 상대적으로 추상적인 철학적 사고에 여지를 주지 않았다. 그 결과, 라이어널 로빈스의 《경제과학의 속성과 중요성》(에우제니오 콜로르니가 2차대전 발발 직후 허시먼에게 읽으라고 권했던 책)이나, 폴 새뮤얼슨의 《경제 분석의 기초》 등 1930년대와 1940년대 실증주의 철학에 깊이 토대를 두고 있는 연구들이 여전히 경제학의 주된 시금석 역할을 하고 있었다. 그리고 후대의 경제학자들은 자신들의 철학적 토대가 완전히 다른 시대에서 온 것임을 알지 못했다.

그 토대가 틀렸다는 말이 아니었다. 허시먼도 실용적이고 실증주의적인 입장을 존중했다. 허시먼이 남미 학자들이 그들의 우아하고 시적이지만 패배주의적인 악순환 이론을 깨고 나와야 한다고 그답지 않게 강한 어조로 역설한 것도 이런 점에서였다. 경제학이 '선하냐 악하냐'의 논쟁은 무가치했다. 그리고 허시먼은 경제학 외부의 비판자들이 보는 것보다 경제학이 훨씬 더 복잡한 학문이라는 것을 잘 알고 있었으며, 경제학이 외부의 비판에 의해서만이 아니라 내부로부터도 더 다원적이고 대안적인 사고를 촉진하는 방향으로 개혁될 수 있기를 바랐다. 허시먼은 몇 년 동안 고등연구소 사회과학 분과에서 '경제학의 새로운 경향'을 주제로 논의를 진행했다. 여기에는 프린스턴대학과 펜실베이니아대학의 학자들이 참여했다. 격주로 열리던 저녁 워크숍이 특히 중요했는데, 이 워크숍의 목적은 '안정적인 선호 체계를 가지고 있는 호모 에코노미쿠스의 합리성'을 전제하는 주류 이론들을 비판적으로 평가하는 것이었다.

이 워크숍에서 얻은 통찰과 정보는 허시먼이 다른 활동에 참여하는 데도 도움이 되었다. 1970년대의 '위기'와 관련해 곳곳에서 여러 가지 프로젝트가 진행되고 있었다. 찰스 마이어는 브루킹스연구소를 통해 인플레이션을 연구하는 팀을 꾸렸고, 여기에서의 논의 결과는 논문집으로 편찬되었다. 경제협력개발기구OECD 과학정책부의 장자크 살로몽은 〈새로운 사회경제적 맥락에서의 과학과 기술〉이라는 보고서를 작성하는 데 허시먼의 자문을 구했다. 글로벌 경제 침체를 경기순환상의 문제 아니면 나쁜 정책의 결과 둘 중 하나로 보는 일반적인 견해에 반박한다는 것이 기본적인 생각이었다. 살로몽은 경제위기의 기저에 있는 구조적이고 기술적인 전환을 짚어내고자 했다. 이 프로젝트는 파리에서의 유쾌한 모임으로 이어졌고, 여기에 참여한 에마 로스차일드와 허시먼은 이후로도 오랜 우정을 나누게 된다.

남미의 장기적 전환, 위기, 고용 등과 관련한 문제를 다루었던 사람이라면 단기적인 거시경제 분석이 적합하지 않다는 문제제기를 하기가 아주 쉬웠다. 하지만 허시먼은 이런 식으로 경고의 목소리를 높이는 일부 주장에 회의적이었다. OECD 보고서 제안 중에 새로운 테크놀로지의 연구개발에 다시 관심을 기울여야 한다며 "그러지 않으면" 큰 어려움에 봉착할 것이라는 내용이 있었다. "그러지 않으면" 무엇이 어떻게 된다는 말인가? 연구개발은 물론 중요하다. 하지만 연구개발에 관심을 온전히 쏟지 않는다고 해서 세계경제가 망하는 것은 아니다. 그리고 테크놀로지에 대한 몇몇 논의는 이미 상당히 진부해져서 "그러지 않으면" 발생할지 모를 어려움들을 겪는 책임을 감당할 수 있을 만하지도 않았다. 허시먼은 위협을 강조하는 어조를 낮추라고 촉구했다. "어쩌면 여기에서 우리에게 부족한 것은 상상력인지도 모른다. 어쩌면 우리는 잠시 물러나서 폴백[고장이 발생한 상태에서도 속도나 수준을 낮추어 작동을 계속하는 시스템]이나 페일세이프[오동작을 일으켰을 때 반드시 멈추고 안전 모드로 돌아가게 되어 있는 시스템]의 입장을 가져야 할지도 모른다. 이렇게 말해 보면 어떨까? 더 많은 기술 진보는 좋은 것이다. 하지만 기술 진보를 더 많이 이루지 않는다고 해서 우리가 꼭 무언가를 잃게 되는 것은 아니다."[22]

이 모든 논의와 토론은 허시먼이 '복지국가가 깊고 개선할 수 없는 문제에 봉착했다'고 보는 좌우파 모두의 견해에 정교한 반론을 제시하도록 이끌었다. 남미에서 좌우파 모두가 남미의 산업화가 '구조적 위기'에 처했다고 보았듯이, 서구에서는 좌우파 모두가 전후 서구의 정치경제가 복지국가의 위기라는 구조적 위기에 처했다고 보고 있었다. 좌파는 자본주의가 이윤율 수준을 유지하는 것과 체제를 공정하고 합당한 상태로 유지하는 것 사이에서 균형을 잡는 것이 불가능하다고 주장했다. 우파의 진단도 다르지 않았다. 다만 처방이 달랐는데, 우파는 시장에 대한 통제를 없애서 사적인 것과 공적인 것을 모두 사적 영역이 해결하게 만들어야 한다고 주장했다. 허시먼은 로버트 코헤인의 요청으로 1979년에 미국경제학회 콘퍼런스에 패널로 참석했다. '복지 자본주의로부터의 후퇴' 세션에서 허시먼은 '비구조주의적'인 해석을 제시했다. 남미가 '구조적 불황'에 빠졌다고 주장한 이론들에 대해 허시먼이 했던 반박과 비슷했다.

허시먼은 사회과학자들이 쇠퇴를 암시하는 징후와 그것의 '근본' 원인을 따져보는 데만 치중하면서(그리고 사회과학자들만이 근본 원인을 파악할 수 있다고 주장하면서) 징후의 심각성을 과장하고 있다고 지적했다. '성장 과정에서 오는 고통'을 '시스템적 위기'와 혼동하고 있다는 것이었다. 그가 보기에 현재의 문제는 자본주의가 가진 근본적인 불합치성이나 '근본 모순'에서 나오는 것이 아니라(허시먼은 '모순 contradiction'이라는 단어가 헤겔이 사용했던 원래의 의미에서 변질되었다고 생각했다), 역사상의 전환에서 발생하는 복잡하고 알기 어려운 특성들이 드러나는 것이었다. 여기에서 우리는 1930년대에 위기의 속성과 정치의 역할을 두고 벌어졌던 논쟁의 메아리를 들을 수 있다. 당시 십대였던 허시먼은 극단적인 좌파나 우파뿐 아니라 더 많은 정치적·경제적 선택지가 있을 것이라고 생각했다. 허시먼은 "양쪽의 이데올로기 진영 모두에 진력이 나서, 나는 그저 누구와 이야기하고 있는지에 따라 나의 태도를 이리저리 바꾼다"며, "실제세계의 복잡성과 모호성을 생각할 때 어쩌면 정말로 유용한 기능은 이런 식의 반대되는 반응을 하는 와중에서 나오는 것일지도 모른다"고 언급했다. 허시먼은 좌파에게는 어느 정도 공감하는 면이 있었지만, 그렇더라도 좌파의 사고가 자기파괴적이라고 보았다. 바로 이런 실수를 그는 전에도 본 적이 있었다. 숙명주의는, 종국에는 반대쪽을 유리하게 만드는 '이데올로기적인 덫'이었다.[23]

지금 보면 이 말은 예언처럼 들린다. 좌파가 그렇게 핏대를 세우며 가했던 공격과 비판이 결국에는 학술적으로도 정치적으로도 그들이 지는 싸움으로 귀결되었으니 말이다.

1970년대 말의 위기를 지나치게 결정론적으로 설명하려는 조류와 비관주의에 맞서 저항하겠다는 허시먼의 결심은 우리를 다시 맨커 올슨에게로 돌아가게 한다. '경제학의 새로운 경향' 모임 초기에 윌리엄스칼리지 경제학자이자 프린스턴에 방문연구원으로 와 있던 마이클 맥퍼슨이 참여했다. 당시에는 몰랐지만 허시먼이 '인식된 복잡성'이라는 개념을 다시 가져다가 올슨의 '논리'에 대한 대안 이론

앨버트 허시먼

을 만드는 데 맥퍼슨이 지대한 도움을 주게 된다. 훗날 스펜서재단의 회장이 된 맥퍼슨은, 과거에 막 출간된《정념과 이해관계》를 보러 프린스턴대학 서점에 갔던 일을 회상했다. 서점에서 그 책을 넘겨 보다가 자신이 생각하고 있던 우려가 곧 프린스턴에서 동료가 될 학자의 책에 언급되어 있는 것을 보고 너무나 반가웠다고 한다. 책이 너무 비싸서(당시에는 프린스턴 같은 명문 대학에서도 젊은 교수들의 월급이 적었기 때문에 양장본 한 권을 사는 것도 굉장한 투자였다) 고민하다가 주머니를 탈탈 털어 책을 구입한 뒤 자동차를 몰고 집에 돌아오자마자 곧바로 탐독했다. 이것이 두 사람이 앞으로 오래 함께 하게 될 협업의 시작이었다.

몇 년 뒤 맥퍼슨이 방문연구원으로 고등연구소에 와서 허시먼의 옆 사무실을 쓰게 되었을 때, 누군가가 그의 연구실문을 두드렸다. 윤리와 경제에 대한 맥퍼슨의 논문을 막 읽은 허시먼이었다. 맥퍼슨은 그 논문에서 시장이 협동과 갈등 **둘 다**에 대해 흔히 생각되는 것보다 훨씬 더 많은 도덕적 제약들을 만들어낸다고 주장했다. 허시먼은 그의 논문을 높이 평가했을 뿐만 아니라 그의 논문 덕분에 내내 마음에 걸렸던 '무임승차' 개념에 도전할 은유를 하나 생각할 수 있었다. 바로 '노젓기'였다. 함께 노를 저으면 개인들은 노력을 덜 들이면서도 빠르게 나아갈 수 있을 터였다.[24]

이 은유가 떠오르자 허시먼은 예전에 적어 놓은 메모를 다시 살펴보았다. 1978년 여름 앨버트와 새러는 파리의 생루이 섬에 아파트를 임대해 머문 적이 있었다. 그들에게 파리는 여전히 마음의 고향이었고, 이제는 파리에 다시 연고도 생겨 있었다. 카티아 가족이 파리에 살고 있었고 이제는 손주도 있었다. 파리에는 친구도 많았고 앨버트의 연구가 프랑스어로 번역되어 유통되고 있었다. 또 허시먼 가족 모두 각자 파리지앵으로 살았던 젊은 시절의 추억이 있었고 이 제 그 추억을 나눌 시간도 있었다.

이 시기는 강도 높은 연구의 시기이기도 했다. 앨버트와 새러는 10년이 지난 뒤의 시점에서 보니 1968년의 정신이 얼마나 멀게 느껴지는지를 언급한 글과 논평들을 수집했다. 허시먼은 이 간극을 1968년의 정신을 기이하고 이례적인 일로 치부하지 않는 더 큰 맥락에 놓고자 했다. "올슨과 스키토프스키(1976년에 나온 그의 저서 《기쁨 없는 경제》는 허시먼이 염두에 둔 또 하나의 대척점이었다―저자 주)의 자료 가치에 대해 내가 갖는 불만은"이라고 시작하는 허시먼의 메모는 두 개의 단순한 이론을 비판하고 있다. 올슨에 대해서는 "공공생활에의 참여가 그 자체로 사람들이 바라는 것일 수 있다"고 반박했고, 소비에서 얻는 행복(또는 불쾌. 스키토프스키는 대부분의 경우에 미국인들의 구매는 '불쾌'로 이어진다고 언급했다)을 '계량화'한 스키토프스키에게는 괴테의 '슈트레벤streben(욕동)'이라는 개념으로 대적했다. 허시먼이 젊은날의 독서에서 가져온 이 개념은 '무언가 더 높은 것을 향해 분투하는 충동'을 의미한다.

또 허시먼은 여름 내내 다양한 책을 읽었다. 그는 "N. 긴츠부르그의 《어족》을 다시 읽으면 일상의 따분함에 대비되는 위험한 정치 행동의 즐거움을 느낄 수 있다"고 언급했다. 《어족》은 나탈리아 긴츠

앨버트 허시먼

부르그가 토리노의 반파시스트 유대인 가족에서 성장한 것을 기록한 회고록이다. 허시먼이 이 책에서 영감을 받은 바가 정확히 무엇이었는지는 분명하지 않다. 허시먼의 독서는 뱅자맹 콩스탕과 샤토브리앙의 《회고록》(왕좌를 공공의 이익으로 보는 개념에 대해)부터 《뉴욕타임스 매거진》에 양면광고로 실린 〈궁극의 드라이빙 머신The Ultimate Driving Machine〉 BMW 528i 광고까지 다양했다. 광고에는 운전대를 감싸잡고 목가적인 풍경을 가로질러 운전하는 남성의 사진과 함께 굵은 글씨로 다음과 같이 씌어 있었다. "사회의 요구에 맞춰야 한다는 것은 지루한 자동차를 만드는 변명이 되지 않습니다." 이 자동차는 자신이 처해 있는 상황에 저항하고 있었다. "낮아진 기대치의 시대에도, 그리고 증가하는 밋밋함의 와중에도, BMW 엔지니어들은 오히려 BMW 528i를 더 향상시켜" 왔다. 허시먼의 자동차에 대한 관심(실제로 허시먼과 새러는 유럽에서 한 해는 시트로엥, 다른 해는 사브 등 여러 자동차를 타 보기 시작한다)은 사람들이 "실망을 감추기 위해 애쓰는 방식들"을 생각하기에 안성맞춤이었다. 자동차를 소유했다는 사실이 주는 기쁨이 점점 감소하는 것을 보충하려는 필사적인 노력에서 사람들은 세차를 한다든지 광택을 낸다든지 하면서 애를 쓴다. 허시먼은 몇 년 뒤에 BMW 광고를 책에서도 언급한다.[25]

이 메모에는 동료들과의 대화도 등장한다. 그중 한 명은 아마르티아 센이다. 허시먼과 센의 가족은 1975년에 이탈리아 중부 해변 사바우디아에서 휴가를 함께 보냈다[센은 이혼 후 에바 콜로르니와 재혼해 앨버트의 조카사위가 되었다]. 앨버트는 미국에서 온 '부자 삼촌' 역할을 하면서 모두에게 아이스크림을 대접했다. 또 센과 오랜 산책을 하는 것도 잊지 않았다. 얼마 전 센은 런던정경대학 강의 내용을 토대로 기념비적인 논문 〈행위와 선호의 개념〉을 작성해 《이코노미카》에 게재한 바 있었다. 이미 《집단적 선택과 사회 후생》(1970년에 출간되었으며, 1998년 센이 노벨상을 받는 데 기여했다)으로 저명한 학자 반열에 올라 있었던 센은 인간을 이기적 인간인 호모 에코노미쿠스로만 보는 협소한 가정의 한계를 드러내는 연구에 매진하고 있었다. 그 다음에 나온 논문 〈합리적인 바보: 경제 이론의 행위적 기초에 대한 비판〉은 수학으로 기술되었던 《이코노미카》 논문을 쉽게 풀어쓴 논문이었다. 허시먼도 이것이 더 읽기 좋았다. 허시먼에게 센의 수학은 닿을 수 있는 범위가 아니었다. 앨버트는 더 상세히 알고 싶어서 센의 논의를 깊이 파고들었다. 1978년 무렵의 메모에는 이렇게 씌어 있다. "아마르티아가 말한 '메타 선호'는 실제의 선호에 문제가 발생한 경우에 나서서 모종의 역할을 한다. 즉 여기에서는 새로운 선호를 **발명할** 필요가 없다. 늘 무대 뒤에서 대기 중인 것이 있으니 말이다."

퀜틴 스키너도 메모에 반복적으로 등장한다. 예를 들면 허시먼의 메모에는 칼뱅의 견해에 대해 스키너가 다음과 같은 점을 짚어냈다고 적혀 있다. "[칼뱅은] 시민이 공적 영역에서 할 수 있는 일은 주권자에게 복종하는 것뿐이라고 생각했다. 시민은 공적인 일을 다뤄 나갈 존재로 여겨지지 않는다(공공의 후생을 위한 [시민의] 행동은 간섭하는 것으로 여겨진다)." 몇 페이지 뒤에는 이렇게 적혀 있다. "퀜틴: 억압적인 정권에서는 개인이 어느 정도 관여할 것인가가 그 개인에게 달려 있다. 반면 개방적인 사회에서는 그가 어느 정도 관여할 것인가의 관건은 그의 능력, 즉 이런저런 공직을 '맡도록' **요청받느냐** 아니냐이다."[26]

허시먼은 늘 여러 원천을 혼합적으로 사용하는 사람이었지만, 1978년 여름에는 언어(영어, 프랑스어, 독일어, 이탈리아어)와 장르(고전 문학, 소비자 선택 이론 등)를 넘나드는 혼합적 성향이 특히 강하게 폭발했다. 그가 케네스 애로에게 이것이 이제까지 중에서 가장 힘든 프로젝트라고 말한 것도 이상한 일이 아니었다. 사실 이것을 '프로젝트'(허시먼이 선택한 단어이다)라고 부른 것도 어떻게 보면 과장이었다. 프로젝트라고 하기에는 이 작업이 어디로 가게 될지가 그 자신에게도 모호했기 때문이다. 《이탈, 발언, 충성심》과 《정념과 이해관계》는 작은 아이디어에서 출발해 책으로 발전한 경우였다. 전자는 나이지리아의 독점기업에 대해 사람들이 어떤 반응을 보이는지를 관찰한 것에서, 후자는 몽테스키외가 제기한 수수께끼에서 출발했다. 하지만 지금 직면한 문제는 '공공선택'이라는 개념이 담고 있는 매우 광범위한 특징들이었다. 그는 출구를 찾지 못하고 있다는 생각에 짓눌리고 있었다. 그러던 중 프린스턴대학 경제학과에서 오스트리아 경제학자 조지프 슘페터를 기리는 '엘리엇 제인웨이 경제사 강의 시리즈'에 허시먼을 연사로 초청했다. 허시먼은 이 기회에 올슨의 이론이 함의하는 것으로 보이는 불가능성 정리에 대한 대안 이론을 제시해야겠다고 생각했다. 새롭게 자극을 받은 허시먼은 가제목을 '공적인 것 대 사적인 것'이라고 짓고 내용 구상에 들어갔다.

당시 미국의 텔레비전은 온통 테헤란 사건을 보도하고 있었다. 급진주의 학생들이 테헤란 주재 미국대사관을 점령하고 안에 있던 사람들을 인질로 잡은 사건이었다. 그해 추수감사절에 앨버트와 새러는 브라질문학 전문가 호베르투 슈바르스와 멕시코 소설가 카를로스 푸엔테스 부부를 초대해 거위 요리를 대접했다. 이들은 텔레비전에서 눈을 떼지 못했고, 선거를 앞둔 상황에서 미국 정부의 반응이 어떨지 걱정했다. 이란 군중의 모습은 "얼핏 보기에는 미국에 대한 적대감으로 가득찬 것 같았고" 그것을 보니 매우 우울해졌다. 단지 이란이 보인 적대감 때문만은 아니었다. 허시먼은 미국이 "국가적 통합"이라는 개념에 기대서 "안으로 향하려는" 분위기를 보이는 것이 우려스러웠다. "이것은 제3세계 개발에 대한 공공의 관심과 이해관계의 종말일지도 모른다. 그러므로 내 이해관계 관점에서도 이것은 한 시대의 종말을 의미하는 것 같다."[27]

이란 인질 사태, 2차 석유파동으로 주유소에 길게 늘어선 자동차 등을 보면서 허시먼은 낙관주의의 근거가 흔들리고 있는 듯해 불안했다. 12월에 허시먼은 우드로윌슨스쿨의 도즈 대강당에 가득 모인 청중 앞에서 〈사적 행복과 공적 행복: 추구와 실망〉이라는 제목으로 두 차례의 강의를 했다. 《정념과 이해관계》에서도 그랬듯이 여기에서 접속사의 선택은 매우 중요했다. 허시먼은 양자택일의 개념을 제시하지 않았다. 즉 접속사는 '또는or'이 아니었다. 허시먼은 사적 영역과 공적 영역이 배타적이지 않다고 보았다. 기분에 의해서든 취향에 의해서든 '사람들은 언제나 **선택**을 내린다'는 것이 허시먼이 주장하려는 바의 핵심이었다. 즉 허시먼이 주목하고자 한 것은 선택이라는 **활동**이었다. 《이탈, 발언, 충성심》에서 사람들이 **어떻게** 다양한 선택을 내리면서 제도를 바꾸는지 설명했다면, 이제는 그들이 **왜** 선택을 내리는지 설명해야 했다.

《이탈, 발언, 충성심》을 집필할 때도 그랬듯이, 허시먼은 일상의 행위와 반응을 관찰하면서 통찰을 이끌어냈고(이전에 터널 효과나 BMW 광고에 대해 논의한 것처럼), 복지국가의 '위기'를 주제로 진행했던 프로젝트들 및 남미 학자들과 진행한 독재국가 연구 프로젝트에서 얻은 교훈도 강의에 담았다. 강연을 들은 사람들은 몰랐겠지만 이 모든 것들이 〈사적 행복과 공적 행복〉 강연의 뼈대가 된 실증 자료였다. 허시먼은 이 프로젝트들을 [올슨의] 불가능성 정리와 무임승차 문제에 대한 반박과는 별개로 두려 했는데 이는 잘못된 판단이었던 것 같다. 이 실수로 인해 강연 내용을 토대로 출간된 책은 (많은 이들이 지적하게 되듯이) 너무 포괄적이고 현실과 거리가 있으며 억측적이어서 새 모델이 되기에는 부족한 작품이 된다.

강연 내용이 현실과 유리되어 있었다는 말은 아니다. 강연은 전혀 추상적이지 않았다. 하지만 이론적이었다. 허시먼이 마음속에서 올슨과, 그리고 더 넓게는 개인주의와 벌였던 내적 투쟁은 사회변화를 추동하는 인간 행동에 대한 내생적 모델을 만들고자 했던 오랜 목표로 이어졌다. 허시먼은 제3세계에서 개발계획가들과 싸운 지 25년이 지난 지금도 개혁에 대한 "더 깊은 설명"(즉 **이론**)은 데우스엑스

마키나에 의존하는 것이어서는 안 된다는 주장을 여전히 강하게 펴고 있었다. 기술 변화든, 전쟁이든, 수입된(아니 강요된!) 거대 계획이든, 외부 자본의 주입이든, '해외로부터의 원조'이든, 재앙이든, 발견이든 그 무엇이든 간에, 외부 요인이 사회를 한 상태에서 다른 상태로, 역사의 한 단계에서 다른 단계로 번쩍 들어 옮겨 줄 것이라고 기대하지는 말아야 했다. 허시먼이 반대하고자 한 이런 류의 '섭리적' 설명은 그 자체의 설명력도 제한적일뿐더러 가능한 대안들이 무엇인지를 짚어 주지도 못했다. 이런 이론에 의하면 혁신은 외부로부터만 추동될 수 있고, 주체적인 역할도 사회를 변화시켜 주러 온 외부 사람들(좋은 의도를 가진 외국인 전문가, 외국인 자본가 등 계몽된 소수)만 할 수 있기 때문이다.

근대화에 대해 다른 이야기가 필요한 시점이었다. 그 다른 이야기로, 허시먼은 '집합행동의 시계추 운동' 이론을 제시했다. 만족과 실망, 공적 행동과 사적 행동 사이에서 왔다갔다하는 역학을 설명하려는 것이었다. 허시먼은 '인간의 경험'이라는 영역에서 '감정의 반응'이라는 영역으로 이동했다. 교육제도에 대한 분노라든가, 큰 집을 산 것에 대한 자기책망이라든가, 그 구매에 대한 후회라든가(구매자의 후회), 유쾌하고 즐거운 드라이브를 하려 했던 운전자가 교통체증 때문에 기대와는 영 딴판으로 실망만 느끼는 '운전자의 경험' 같은 것과 관련된 영역이었다.

BMW의 광고는 이런 이론의 예시로 매우 유용했다. BMW는 흥분을 약속하면서 불만족을(그리고 청구서도) 배달했다. 모든 곳에 행복이 뿌려지고 있었지만 행복을 추구하는 사람들 뒤에는 실망의 긴 흔적이 남았다. 실망은 희망의 짝꿍이었고 희망의 필수불가결한 쌍둥이였다. 실망은 가능주의자라면 꼭 생각해야만 하는 요인이었다. 후회와 실망은 단순히 실수에서 발생하는 결과가 아니었다. 오히려 그것은 '실수를 범하지 않으려는 높은 기대'를 가지고 수행된 활동의 결과였다. 허시먼은 이 세상에서 실망을 없애기보다는 실망의 필요성에 관심을 불러일으키려고 했다. 불만족과 후회라는 요인을 포함하지 않는 이론을 추구하다가는 희망 또한 제거해 버리게 될 터였다. 유토피아주의적 사고의 문제도 바로 이것이었다. 이 때문에 허시먼은 평생에 걸쳐 극단주의를 미심쩍어했다. "실망으로 가득한 삶은 슬픈 삶이지만 실망이 없는 삶은 아예 견딜 수가 삶이다. 실망은 장엄한 전망과 야망을 누리고자 하는 성향의 자연스런 짝꿍이기 때문이다." 돈키호테가 제정신으로 돌아온 것을 세르반테스가 한탄한 데는 이유가 있었다. 그의 어리석음에서 얻을 수 있었던 쾌락이 이제 사라지게 될 것이기 때문이었다.[28]

　허시먼은 어느 것도 고정되어 있지 않다고 보았다. 행복은 결코 영원히 존재하지 않으며 행복의 분배 또한 불균등했다. 따라서 그것의 반대편 요인인 실망을 끌어낼 수밖에 없었다. 마찬가지로, 실망도 균형점이 아니었다. 사람들은 고질적인 '쾌락 추구자'이기도 하지만 고질적인 '프로젝트 메이커'이기도 했다. 우울증에 빠져 버리지 않는 한(정신분석이라는 것도 사람들이 불행에서 '이탈'하기 위해 찾는 방편의 한 사례이며, 실망의 원천이기도 하다), 사람들은 자신들이 쏟는 노력이 수확체감을 일으키는 곳에서 벗어나 반대쪽으로 움직이려는 속성이 있었다. 이러한 노력은 '사적인 추구'의 형태로 나타날 수도 있고 '공적인 참여'의 형태로 나타날 수도 있었다. 중요한 것은, 사적 추구와 공적 참여가 비슷한 동기들에 의해 추동된다는 점이었다. 올슨의 '논리'와 대비되는 표현으로서, 허시먼은 여러 충동들의 복잡한 혼합물인 자아를 무대로 펼쳐지는 '변증법'을 제시했다. 자본주의 이전의 인간은 이성과 정념이 벌이는 투쟁의 무대였고 자본주의는 이 근본적인 투쟁을 없애지 않았다. 허시먼은 복잡한 역사 때문에 《정념과 이해관계》에서는 다루지 못했던 주장으로 돌아가고 있었다. 그는 다른 종류의 서사를 만들어냄으로써, 즉 근대적 인간을 영구적으로 분열된 심장을 가진 존재로 만들어 버리는 이분법적 범주들을 사용하지 않는 정치경제학을 만들어냄으로써, '사랑스럽고' '비극적이며' 더 '복잡한' 인간 주체를 되살리고자 했다.

이렇게 해서 사회를 앞으로 끌고 가는 [결정론적] 메커니즘이 아니라 변화에 나서도록 사람들을 떠미는 요인들로 강조점을 옮긴 대안 이론이 나왔다. 이 요인들은 두 방향으로 시계추처럼 왔다갔다하는 변화를 설명할 수 있었다. 즉 허시먼은 사적인 지향과 공적인 지향을 모두 설명할 수 있는 새로운 정치경제학 모델을 제시했다. 대담한 시도였다. 그러나 지나친 시도이기도 했다.

워터게이트 사건, 아르헨티나 쿠데타, 세계 경제위기, 인권에 기반한 외교정책의 실패 등을 본 뒤였으니, 사적 활동과 공적 활동 사이를 왔다갔다하는 움직임의 동력을 '실망'으로 상정했다는 것은 이상한 일이 아닐 것이다. 허시먼은 이 '근본적인 인간 경험'[실망]을 토대 삼아 사적 영역과 공적 영역을 오가는 경향성에 대한 이론을 정교화했다. 이제 강조점은 '실망'이 수행하는 역할에 놓여 있었다. 소비자 내구재나 특정한 종류의 서비스 등 '실망을 일으키기 쉬운' 것들을 구매할 때 수확체감이 발생하는 것과 크게 다르지 않았다. 그러면 실망은 공적인 행동을 촉발할 수 있게 된다. 실망이 '사다리'를 놓아서 소비자-시민이 '사적인 삶에서 공적인 영역으로 **점차적으로** 올라갈 수 있게' 해 줄 수도 있고 심지어 때로는 실망이 '행복 추구'라는 개념이 전제하고 있는 이데올로기 자체를 잠식할 수도 있는 것이다.

여기에서 허시먼은 올슨의 집합행동 분석과 다시 한 번 정면으로 충돌한다. 이 무렵 올슨의 이론은 '치유불가능한 무임승차 문제'와 '개인이 수행하는 비용-편익 분석'을 강조하면서 시장 규제를 막무가내로 없애려는 사람들이 1순위로 인용하는 이론이 되어 있었다. 물론 허시먼은 공적인 행동이 이에 대한 해독제라는 식으로 생각하지는 않았다. 공적인 행동도 시계추가 오락가락하는 스펙트럼의 범위에 속해 있는 한 지점이었다. 즉 공적인 행동이라고 해서 소비자가 구매하는 물건[예를 들면 자동차]보다 실망을 안겨 줄 가능성이 적은 것은 결코 아니었다. 일례로, 공적인 행동은 "과도한 헌신"을 기대한다는 점에서 실망을 일으킬 수 있었다. 허시먼은 이 점을 설명할 때 사회주의가 "저녁 시간을 너무 많이 잡아먹기 때문에" 자기파괴적이라고 한 오스카 와일드의 말을 즐겨 인용했다. "선거정치가 유일한 정치"인 사회에서, 그리고 공적인 행동에 대한 보상이 적은 사회에서, 공적인 행동은 매우 빠르게 실망으로 이어질 수 있었다(물론 때로는 이것이 '체제'에 대한 더 광범위한 분노로 이어지기도 한다).[29]

소비자 이론과 아마르티아 센의 메타 선호 이론으로부터 현대 정치에 대한 역설 하나가 산출되었다. 민주주의에서 투표는 모든 시민이 공적인 의사결정의 이해당사자가 되게 만든다. 이와 동시에 투표는 시민 참여의 정도에 상한선을 긋는다. 표를 행사하는 행위로는 확신의 '강도'를 표현하지 못하기 때문이다. 그 결과 선거는 '이중적인 특성'을 갖게 된다. '과도하게 **억압적인** 국가'에 맞서서 방어하는 기능과 '과도하게 **표현적인** 시민'으로부터 방어하는 기능을 둘 다 갖는 것이다. 이는 올슨처럼 단순한 비용-편익 분석으로 설명하는 것과는 매우 다른 방식으로 투표권자의 역설을 설명하고 있었다. 두 세대가 지나기 전에 세 번의 혁명을 경험한 1848년 프랑스의 교훈이 허시먼의 핵심 사례였다. 투표권은 '혁명적 변화에 대한 해독제'였다. 기저에서 '구조적으로' 권력 분배가 이루어지고 있어서 선거 결과가 극단적이지 않게 제한되기 때문이 아니라(마르크스라면 이렇게 설명했을 것이다), 투표권이 더 직접적이고 강렬하며 '표현적인' 형태의 정치 행동, [사회를 바꾸는 데] '더 효과적이고' 이와 동시에 '더 만족스러운' 방식이라고 유혹하는 정치 행동에 낙인을 찍을 것이기 때문이었다. 허시먼은 이렇게 주장했다. "간단히 말해서, 정치적 삶의 문제는 그것이 너무 몰입적이거나 너무 밋밋해서 생긴다."[30]

이것은 불안정한 중간적 경로를 옹호하는 주장이 될 수 있었다. '불안정'한 이유는 사람들이 서로 반대되는 충동에 왔다갔다 이끌리는 일이 끊임없이 지속될 것이기 때문이었고, '중간적'인 이유는 사람들이 사적인 활동이나 공적인 활동 중 어느 한 쪽으로 완전히 쏠리지는 않을 것이기 때문이었다. 이런 방식으로 허시먼은 마치 부를 추구하는 것(개인적인 목표)이 권력을 추구하는 것(오늘날 공적 행동의 유일한 목적으로 여겨지는 것)보다 우월하다는 듯이 사적인 추구가 공적인 인간을 잠식했다고 선포하는 견해를 반박했다. 우파에게서는 승리주의로 나타났고 좌파에게서는 패배주의로 나타났지만, 기저에 있는 것은 동일한 견해였다. 이 견해가 더 나아가면 권력 추구는 승자에게만 이득이 되는 반면 부의 추구는 "모든 참가자에게 이득이 된다"는 식의 주장으로 발전할 수 있었다. 이렇게 해서 사적인 행위에 완전히 매몰되는 것이 "자기 자신뿐 아니라 사회를 위해서도 바람직하고 해방적인 경험인 것처럼 느껴지게" 된다면, 이것이야말로 "이데올로기의 궁극적인 복수"일 터였다. 이는 휘청거리는 지미 카터에 이어 정권을 잡을 것으로 보이는 공화당의 유력 후보자 로널드 레이건과 떠오르는 신보수주의자들이 찬미하는 이론이었다. 허시먼은 그래도 낙관적인 전망을 잃지 않고자 했다. 그는 "중요한 것은 열정적인 사적 시민이 이제 다양한 실망에 맞닥뜨렸다는 점"이라고 언급했다. 행복을 추구하며 오만 가지 물건을 구입해 집에 채워 넣었지만 그것들이 다양한 실망을 안겨 주고 있었고, 따라서 이제 중력이 시계추를 반대편[공적인 행동에 나서게 하는 쪽]으로 움직이게 하

리라는 기대였다.[31]

시계추 이론은 비판을 많이 받았다. 이것 또한 허시먼이 비판한 이론들만큼이나 결정론적인 이론이 아니냐는 지적이었다. 로버트 코헤인 등은 [사람들의 공적 행동을 설명할 때 '실망'과 같이] 떠미는 힘을 너무 강조하지 않도록 허시먼을 설득하고자 했다. "제가 보기에는, 많은 이들에게 공적인 삶이 갖는 매력을 교수님께서 과소평가하시는 것 같습니다." 허시먼이 스탠퍼드대학에서 이 연구 내용의 일부를 발표했을 때, 적지 않은 반박이 쏟아졌다. 어떻게 시위대 맨 앞줄에 있는 젊은이들이 그들이 누려 보지도 못한 물질적 재화에 대한 실망으로 동기부여가 될 수 있었겠는가? 코헤인은 '전적으로 내생적인 모델'을 만들려는 시도에 문제가 있는지도 모른다고 지적했다. 공적인 행동에 참여하는 것에 내재적으로 호소력 있는 동기가 없다면 어떻게 되는가? 공적인 추구가 내재적으로 탈미혹적인 속성이 있다고 보는 숙명주의자들에게 허시먼이 너무 많이 양보를 한 것은 아닌가?[32]

매우 중요한 지적이었고, 허시먼 모델의 수확체감이라는 개념에 너무 많이 의존하고 있다는 지적이 처음 나온 것도 아니었다. 우리는 허시먼이 올슨 등을 그들의 언어로 비판하기 위해 경제학적 용어로 사고하고자 얼마나 애썼는지 엿볼 수 있다. 허시먼은 사적인 추구와 공적인 열정을 상호경쟁적인 형제 관계로 한데 결부시켰다. 허시먼의 모델에서 사적인 추구와 공적인 열정은 따로 움직이는 것이 아니었고, 이념적으로 개입해서 별도로 촉진하거나 억누를 수 있는 것도 아니었다. 이 모델이 가진 '자동교정적'인 특성은 행위가 정체 상태에 빠지거나 더 나쁘게는 훨씬 더 극적인 방식으로 반대쪽으로 이동하게 되는 이유와 과정을 설명하지 못했다. 게다가 '공적인 인간의 귀환'을 예견한 허시먼의 예측은 곧 있은 선거에서 완전히 빗나갔다. 허시먼은 레이건의 승리에 충격을 받았고 1980년대에 벌어진 전환에는 더 크게 좌절했다.

시계추 이론은 허시먼이 '예측적인' 이론을 전개하고자 시도한 드문 경우 중 하나였고, 전문가 행세를 하며 섣불리 이론을 제시하지 말아야 한다는 그의 원래 지론이 옳았음을 확인시켜 주었다. 하지만 허시먼이 득의양양한 신보수주의자들만을 공격 대상으로 삼고 있는 것이 아니었다는 점은 짚고 넘어갈 필요가 있다. 그의 시선은 저명한 카산드라들에게도 향하고 있었다. 캐나다 철학자 찰스 테일러가 그중 한 명이었다. '공적 의미의 쇠퇴'를 한탄한 테일러의 저술은 생각 없는 소비주의와 현대세계의 파편화에 대한 더 일반적인 비판의 목소리를 대변하고 있었다. 또 크리스토퍼 래시도 있었다. 그의 책 《나르시시즘의 문화The Culture of Narcissism》(1979)는 이기적인 개인의 시대를 한탄하면서 크게 인기를 얻었다. 하지만 허시먼은 이런 종류의 비관주의가 올슨의 불가능성 정리와 마찬가지로 "그 자체로 빈약할 뿐만 아니라" 공적 행위를 "건설적이지 못한 '공적 특성'이 주기적으로 분출하는 것" 정도로 폄훼하는 경향을 낳는다고 보았다.

허시먼이 원한 것("내 이야기에 암시되어 있는 도덕적 주장")은 자아를 생각하지 않고 공적 활동에 나서는 천사도 아니고 효용극대화론자들이 말하는 균형점도 아닌, '불안정한 균형'이었다. 그는 '공적인 것'이 일상의 노동과 소비에 더 많이 스며들어서 "공적 행동의 특성인 '분투하는 것'과 '획득하는 것'의 혼합이 사적 영역에서 육성될 수 있게" 해야 한다고 보았다. 허시먼이 보기에는, 이런 사람이야말로 공화당 정책 결정자들이 상정하는 합리적 행위자보다 훨씬 더 "우월"했다. "행복의 **다양한 상태**를 상상할 수 있는 사람"일 것이기 때문이었다. 이렇게 해서 허시먼의 이론에서는 "더 엉망이고 어리석고 실수투성이"인 특질들이 "더 고상하고 풍성한" 특질들과 연결되었다.[33]

허시먼의 강연은 절망의 분위기에 저항할 것을 촉구하는 경종이었고, 공적 관여의 "출구"로 달려가는 시민들과 집합적인 진전을 가로막는 요인들에 맞서 소리치는 시민들을 (전자는 우파로부터, 후자는 좌파로부터) 불러내기 위한 경종이었다.

강의 내용은 책으로 출간되었다. 프린스턴대학 출판부의 샌퍼드 대처가 출간 전에 서평을 받기 위해 원고를 몇몇 학자에게 보내자 폭포와 같은 반응이 쏟아졌다. 생각해 보면 놀랄 일도 아니었다. 허시먼의 저술 중 역사학부터 인지심리학까지 이렇게 광범위한 학계와 분야를 망라한 책은 없었다. 게다가 너무나 그답게도 절제된 언어를 사용해서 이 모든 내용을 187쪽에 담아냈다. 따라서 상당 부분은 깊이가 얕을 수밖에 없었다. 원래는 제목을 '공적 행복과 사적 행복'으로 할 생각이었지만 분석의 핵심인 '움직임'을 더 잘 포착할 수 있도록《참여의 시계추 운동: 사적 이해관계와 공적 행동》으로 바꾸었다. 아마 허시먼의 작업 중 가장 야심찬 작업이었을 것이다. 허시먼은 자신이 위험을 감수하고 있다는 것을 알고 있었다. "내가 내놓는 글에 대해 이렇게 불확실하게 느껴진 적은 없었던 것 같다." 허시먼은 카티아에게 이렇게 털어놓았다. "서문에 썼듯이 이것이 사회과학 연구라기보다는 하나 혹은 여러 소설적 이야기들의 개념적 개요에 더 가깝기 때문일 것이다."[34] 실제로 이 책의 서문은 허시먼 개인의 철학과 삶의 이야기가 내용에 많이 스며들어 있음을 암시하고 있다. 그래서 "모든 소설이 그렇듯이, 자전적인 부분이 많이 가미된 '교양소설Bildungsroman'이 될 위험"이 있었다.[35]

간략하면서도 광범위하다는 것은 이 책의 굉장한 장점이자 약점이었다. 너무 많은 것을 다루려다 보니 깊이가 고르지 못하고 피상적인 면이 있었고, 아이러니하게도 이는 실망을 불러일으켰다. 몇몇 동료들은 실증근거가 너무 적다고 지적했다.

강의 이후에 퀜틴 스키너(영국 사회사상사에 드러난 인본주의의 기원에 대해 연구하고 있었다)는 1480년대에 영국에서 키케로[고대 로마의 철학자]의 도덕 이론이 번역되면서 영국 인본주의 작가들 사이에서 '인간에게 가장 좋은 삶과 따라서 인간에게 가장 고귀한 의무'에 대한 개념이 어떻게 형성되었는지를 설명한 긴 코멘트를 보내 주었다. 그때는 '공공 번영common weal'을 추구하기 위해서, 즉 전체의 후생을 추구하기 위해서' 자기애를 극복하는 것이 가장 고귀한 의무로 여겨졌다. 스키너는, 그 당시에 '번영weal'은 '부wealth'와 같은 의미였고, 당시의 '부'는 오늘날 우리가 사용하는 의미와 다르게 '후생'

을 의미했다고 설명했다. 또한 스키너는 칼뱅처럼 '사적 추구'가 인간의 의무를 이야기하기에 좋은 틀이라고 생각한 사람들도 있었다고 언급했다. 스키너에 따르면, 이런 견해는 16세기에 강력하게 힘을 얻게 되며 '자신의 일에 신경쓰고' 남의 일에 '간섭하지 않는다는 개념'(스키너와 허시먼은 '간섭meddle'이라는 단어가 점점 더 경멸적인 어조를 띠게 된 과정에 대해 오래 논의한 바 있었다)은 상인처럼 자기 이해관계가 여기에 걸려 있는 사람들에 의해 대대적으로 촉진되었다. 스키너는, 이렇게 해서 키케로식 도덕 이론이 가지고 있었던 '자기애'와 '공공 번영' 사이의 구분이 흐릿해지게 되었다고 설명했다. 스키너는 허시먼에게 이런 흥미로운 선례들을 조금 더 깊이 파고들어 보라고 권했다.[36]

허시먼의 예전 제자 주디스 텐들러는 장문의 편지를 보내 허시먼의 통찰을 사람들이 심리치료에서(더 일반적으로 서비스에서) 겪는 실망, 또 심리치료를 받고 난 뒤에 겪는 실망을 사례로 들어 더 발전시켜 볼 것을 권했다. 또《섹스의 즐거움》과《플레이보이》가 인기를 끌던 시대였으니만큼 사람들이 정상적인 성관계, 특히 결혼생활에서의 성관계를 점차 무언가 부족하고 늘 실망스러운 것으로 인식하게 되는 현상을 통해서도 사례 연구를 할 수 있을 것이라고 제안했다. 텐들러는, 허시먼의 원고는 훌륭하지만 시계추 운동의 실제 사례가 더 많이 있어야 한다고 생각했다. "좋은 개념들이 너무나 많이 제시되어 있어서 큰 잔칫상처럼 보입니다. 개념들이 잘 가라앉도록 혼합액을 잠시 가만히 놓아두기만 하면 해결될 문제는 아닌 것 같습니

앨버트 허시먼

다. 여기에 더해, 교수님의 개념이 그 개념 자체를 말로 풀어내는 경우보다 덜 힘든 방식으로 더 오래 각인되게 하려면 그것이 사례를 통해 뿌리내리게 하실 필요가 있을 것 같습니다."[37]

몬트리올에 있던 허시먼의 딸 리사도 소비자 내구재(부엌용품)와 심리치료(리사 자신의 경험)에 대해, 그리고 곧 있을 퀘벡의 선거(분리독립을 지지하는 쪽이 승리한다면 그들의 '목적의식'이 소멸되어 이 운동은 끝나 버리게 될 것이었다)에 대해 이야기하면서, 더 상세한 내용이 필요하다고 말했다. 특히 북미에 국민투표가 유행하고 있는 것을 염두에 두고서, "아버지가 말하는 '투표'라는 것은 어떤 의미인가요?"라고 묻기도 했다.[38]

분석적 뼈대에 실증 사례의 살을 더 많이 붙여야 한다는 지적은 이 프로젝트의 스타일과 범위가 매우 매력적이었음에도 불구하고 그가 자신의 주장을 매듭짓지 못했음을 시사한다. 가장 가혹한 비평은 예일대학의 정치학자 로버트 레인에게서 나왔는데, 그는 허시먼의 이전 저술들이 보여주었던 '독창성'은 높이 평가하지만(분야와 학과를 넘나들고 거대 논의들을 재설정한 것 등) 이번 원고는 "만족스럽지 못하다"고 비판했다. 레인은 허시먼이 '만족'과 '행복'의 개념을 불충분하게 다루고 있다고 지적했다. 또 최근에 심리학 분야에서 이루어진 연구들과 '기대의 상승'에 대한 수많은 논의들을 허시먼이 인용하지 않고 간과했다고도 지적했다. 허시먼은 레인이 추천한 몇몇 저술에 대해서는 고마워했다. 그는 가장자리에 도서관 대출번호를 적어 놓고 곧바로 프린스턴대학의 파이어스톤 도서관에 가서 빌려 왔다. 하지만 레인은 더 심각한 문제도 제기했다. 우선, 공적 행동과 사적 행동을 한데 묶는 것이 문제였다. 레인은 허시먼이 '코끼리와 토끼처럼' 완전히 서로 다른 두 종을 비교하고자 하는 것은 아닌지 질문했다. 또 허시먼의 주장을 정당화할 근거들이 너무 부족하다고도 언급했다.[39] 레인뿐 아니라 나중에 허시먼이 고등연구소 종신연구원으로 영입하게 되는 조앤 스콧도 비슷한 지적을 했다. 스콧은 허시먼의 '분석 단위'가 개인과 집단을 계속해서 혼란스럽게 오가고 있으며 실증 근거도 부족하다고 지적했다.[40]

더 길고 실증적으로 뒷받침된 책이 되어야 한다는 것이 사람들의 공통된 의견인 듯했다. 하지만 이 책은 그런 종류의 책이 아니었다. 이 책은 몽테뉴식 전통에 분석적 반전을 넣은 에세이였고, 그와 동시에 에세이라는 장르의 경계를 밀어붙여 확장하는 책이었다.

그렇더라도, 지적받은 문제점들은 쉽게 무시해도 될 만한 것들이 아니었고, 조언을 따르지 않기로 한 결정에는 대가가 따랐다. 캘리포니아대학 버클리캠퍼스의 조지 애컬로프는 사적 영역과 공적 영역이 서로 비교 불가능한 범주라는 레인의 지적에 동의하면서, "대체로 **개인적인** 동기들과 **개인적인** 사이클을 설명하는 데 치중하고 **거시적인** 사이클을 설명하지 않았다는 문제를 저자가 언급은 하고 있지만 적절하게 해결하지는 못했다"고 지적했다.[41] 애컬로프가 제안한 해법 중 하나는 개인의 동기가 '이데올로기'를 매개로 전염되는 메커니즘을 살펴보는 것이었다. 이를테면, 민영화privatization(사적영역화)라는 이데올로기는 공적인 행위를 사적인 추구로 대체하는 것을 가속화할 수 있었다. 클라우스 오페도 비슷한 제안을 했다. 그는 '제3의' 영역 혹은 중개자적 영역을 도입하면 공적인 것과 사적인 것 사이에서 전환이 발생하는 시점과 양상을 설명할 수 있을 것이라고 제안했다. 허시먼이 오래 생각해 온 주제였던 만큼, 에세이 형식을 유지하면서도 이런 조언은 쉽게 포함시킬 수 있었을 것이다. 실제로 허시먼은 오페의 제안에 동의하면서 "이 점을 지적한 또 하나의 매우 날카로운 비판"이라고 감사를 전하기도 했다. 하지만 조언대로 원고를 수정할 생각은 없었다. 그는 오페에게 이렇게 답했다. "지금으로서 약간 얼버무리는 식의 변명을 하자면, '내생적'인 전환이 가능하다는 것을 보이는 쪽에 집중하고 싶고 그러한 전환의 가능성을 내가 제시하는 경로가 유일한 경로임을 주장하지 않은 채로 보여주는 것만을 목적으로 삼고 싶습니다."[42]

강연에서 보인 야망(효과적인 집합행동의 가능성을 무시하는 이론들을 반박하고, 사람들에게 심장을 분열시키라고 요구하지 않는 사회과학을 구성하는 것)에 비추어 볼 때, 책의 분량과 내용 모두에서 동료들이 제기한 지적을 허시먼이 굳이 받아들이려 하지 않은 이유는 잘 설명이 되지 않는다. 우리가 알고 있는 것은, 허시먼이 유명해지면서 여러 나라를 방문할 일이 많아졌다는 사실과, 요청이 들어오면 허시먼은 반드시 해야 하는 것과 그렇지 않은 것을 구분하지 않고 모두 수락했다는 사실이다.

허시먼은 제인웨이 강연이 끝나고 기예르모 오도넬과 함께 보고타의 포드재단 콜롬비아지부의 사회과학 연구소인 페데사롤로

FEDESARROLLO를 평가했다. 또 OECD의 '과학·기술·산업위원회'에서도 자문을 맡았으며, 피렌체에 있는 유럽대학교의 1개월짜리 방문 프로그램도 수락했다. 그곳에서 허시먼은 〈국제통합 연구에 대한 새로운 접근〉이라는 주제로 기조 강연을 했다(이 주제는 허시먼에게 1940년대에 가졌던 관심사를 떠올리게 했다). 또 미국경제학회에서 〈복지국가의 위기〉 강연도 해야 했고, 버클리, 멕시코시티, MIT, 이스라엘의 바르일란대학 등에서 〈개발경제학의 흥망〉에 대한 강연도 해야 하는 등 일정이 너무나 빽빽했다. 여기에, '우드로윌슨 국제학술센터'의 남미 프로그램 학술위원장으로 워싱턴도 오가야 했고, 콜롬비아 카르타헤나의 농업기술 콘퍼런스에도 참석해야 했다. 마음만 먹으면 거절할 수도 있었을 요청들이었지만 허시먼은 그러지 않았다. 그리고 '프랭크 E. 시드먼 상'을 받게 되어 특별강연도 해야 했다. 1982년에는 저명한 파리의 사회과학고등연구원이 마르크 블로크 기념강연에서 연사를 맡아 달라고 초청했고 그는 바로 수락했다.

이 모든 일이 프린스턴대학의 강연에서 아이디어를 처음 선보이고 원고 집필을 마치기까지 1년 반 사이에 벌어진 일이었다. 허시먼처럼 돌아다니기 좋아하는 사람에게도 이런 일정은 위험했다. 잦은 출장은 원고 작성에 할애할 시간을 많이 잡아먹었을 것이다. 그는 "레인이 그의 편지 말미에서 내가 온전한 의제를 가져야 한다고 말했는데, 그 말만큼은 정말 동감했다"고 출판사에 말했다. "정말 맞는 말입니다."[43]

그래도 궁금증은 남는다. 왜 이러한 가외의 일을, 그의 표현을 빌리면 "부고 기사를 그럴듯하게 만들어 줄 뿐인" 일들을 받아들였을까? 거절을 시도한 적도 있기는 했다. 로버트 코헤인이 미국경제학회 콘퍼런스에서 복지국가에 대한 세션에 패널로 참석해 달라고 했을 때 허시먼은 다른 일이 많다고 거절했다. 하지만 강한 거절은 아니었고, 결국에는 패널로 참석했다(이때 발표한 논문은 《미국 경제학 리뷰》에 실렸는데, 이것이 경제학 저널에 실린 그의 마지막 논문이다). 《하버드 비즈니스리뷰》가 '품질의 생산탄력성'에 대한 논문을 "더 정교화해 달라고" 부탁한 것은 겨우 거절했지만, OECD 과학·기술·산업위원회에서 자문을 요청하자 허시먼은 시간이 부족하지만 보고서 작성의 '조언자' 역할만으로 한정해 줄 수 있다면 참여하겠다고 했다. 허시먼은 파리 출장과 다른 일정들 사이에서 시간을 쪼개 가며 여기에 참여했고, 계속해서 이런저런 통찰들을 '확장'하거나 '정교화'해 달라는 요구가 들어오는 통에 애초에 생각했던 것보다 일이 점점 많아졌다. 어느 정도는 그의 자만심 때문이었다고 볼 수도 있을 것이다. 그리고 신랄한 서평자들은 이 점을 놓치지 않았다.

허시먼은 레인에게 재반박하는 글을 샌퍼드 대처에게 보내면서 레인의 서평이 "적대적이고 공격적이어서 냉정한 주장을 발전시키기 어렵게 만든다"고 불평했다. 허시먼은 자신의 작업이 소비자 만족도에 대한 서베이 수준을 넘어서 "사적 영역과 공적 영역을 통한 실망의 현상학"을 발전시키고자 한 것이었음을 설명하려고 애썼다. 그리고 레인이 언급한 서베이 결과들은 오히려 글을 핵심에서 벗어나게 만든다고 반박했다. "이 원고를 통해 내가 하려는 일은 삶의 양식을 변화시키는 동기들에 대한 이론을 만드는 것입니다. 나의 '설명'은 이후 경제학자나 정치학자들의 손에서 가설로 발전할 것입니다. 나는 그들이 내 설명을 검증할 도구들을 만들어내기를 바랍니다." 이론가로서 족적을 남기고 싶은 열망을 드러내면서, 허시먼은 이것이 자신의 "전작들에 대해서도 마찬가지였다"고 말했다.[44] 이는 단순히 묵직한 작업이기만 한 것이 아니라 이전의 작업들에서는 드러나지 않았던 '이론화'에 대한 열망을 드러낸 것이었다. 이론서들이 복잡한 내용들을 담아 두꺼운 분량으로 출간되는 것이 일반적이던 시절에(예를 들면 존 롤스의 《정의론》(1971)은 560쪽이었다) 허시먼의 책은 주장을 충분한 실증 근거로 밝히지 못했으므로, 이론화의 야망에 비추어 보면 치명적인 결함이라고 볼 수 있었다.

하지만 동료들의 의견과 지적에 대한 허시먼의 반응은 건성이었다. 그리고 허시먼은 매주 쏟아지는 초청을 아마 찬사로 여겼을 것이다. 대처는 전에 그가 편집한 《정념과 이해관계》가 큰 성공을 거두었던 터라 이번에도 대박이 날 것으로 생각해서 모든 결정을 허시먼에게 맡겼다. 어쨌거나, 그렇게 하지 않았다면 주요 저자(허시먼)와의 관계가 틀어졌을지도 모를 일이다.[45]

허시먼은 최소한으로만 원고를 수정했다. 문장을 일부 손보고(하지만 사실 문장은 이미 잘 씌어 있었으므로 손보지 않아도 되었을 것이다), 고전 문헌 인용을 더 많이 추가했다. 그리고 소비자 이론을 좀 더 상세히 다루고, 정치 참여의 역사적 사례를 조금 덧붙였으며, 빠져 있던 참고문헌들도 추가했다. 또 짧게나마 이데올로기가 메타 선호를 만드는 데 수행하는 역할에 대해 언급했고, 해리 프랭크퍼트가 제시한 1차 욕망과 2차 욕망(욕망들에 대한 욕망)의 구분에 대한 내용도 추가했다. 스키너의 조언에 따라 키케로도 포함시켰다. 하지만 이 중 어느 것도 동료들이 부족하다고 지적한 '더 많은 실증 근거'에 해당하지는 않았다. 그리고 더 근본적인 문제로, 두 영역 사이를 오가는 '메커니즘'을 설명하지 못했다. 여기에서는 이것이 내생적인 이론 안에서의 내부적인 움직임이었기 때문이다. 허시먼은 114쪽에 프랑스 국립도서관에서 찾은 사진 한 장을 추가했다. 노동자가 총을 버리고 투표를 하는 사진으로, 보통선거권(남성) 도입으로 '과도한' 시민성이 길들여진 덕분에 호전적이던 파리의 저항세력이 예전 방식[호전적인 방식]의 저항을 포기하게 되었음을 보여주는 사례였다. 하지만 이것을 제외하면 역사적 사례도 별로 포함되지 않았다. 허시먼은 이 책을 "개념적인 소설"이라고 불렀다. 또 서문에서 이 책이 속성상 추정적이고 잠정적이라며, '사이클'과 같은 용어로 시계추 움직임을 설명한 것에는 문제가 있음을 인정했다. 그렇지만 글을 크게 수정하지는 않았다.

분석상의 문제점들을 해결하지 않기로 한 결정에는 비용이 따랐다. 허시먼의 책 중 이렇게 호평과 혹평이 뒤섞인 것은 없었다. 《정념과 이해관계》가 받았던 열광적인 반응과 비교해 보면 《참여의 시계추 운동》에 대한 반응은 괴로울 정도의 혹평이라고 보아야 했다. 1982년 9월 스웨덴에서 열린 콘퍼런스에서 《이탈, 발언, 충성심》과 《참여의 시계추 운동》에 대해 발표했을 때 허시먼도 이를 예견했을 것이다. 만찬에서 허시먼은 시계추의 한 쪽에서 다른 쪽으로의 '이동'은 대개 부드럽지 않고 균등하지도 않으며 장애들로 가득하다고 말했다. 이는 그가 책에서 묘사한, 중력의 힘에 의해 매끄럽게 움직이는 시계추의 움직임과는 달랐다. 이런 점을 포함한 몇몇 문제점은 이 책의 큰 한계였다.

《미국 정치학 리뷰》에 게재된 서평도 동일한 지적을 했다. 이 서평은 허시먼의 책이 많은 내용을 한데 잘 엮기는 했지만 "덜렁거리는 실을 잡아당기면 이 이론은 무너질지도 모른다"고 언급했다. 《미국 사회학저널》은 "기대대로 유려한 스타일과 새로운 아이디어들이 많이 담겨 있다"고 찬사를 보냈지만, 사적인 **소비**와 공적인 **행동** 사이에는 기본적으로 비대칭이 있다며 이 책의 주요 이론이 "허시먼답지 않게 부자연스럽다"고 결론 내렸다. 비판은 학계에서만 머물지 않았다. 로버트 하일브로너는 [학술지가 아닌] 일반지 《뉴욕 리뷰 오브 북스》에 쓴 서평에서 시계추의 움직임에 대한 증거가 빈약하고 책에 담긴 많은 주장이 "설득력이 없다"고 평했다. 다만 애덤 스미스 전통의 정치경제학적 이슈를 전면에 내세운 것이 이 책의 장점이라고는 언급했다.

욘 엘스터는 《런던 리뷰 오브 북스》에 쓴 서평에서 허시먼이 세계적으로 저명한 사회과학자이자 경제학의 최고봉에 있는 학자라고 소개하면서, 허시먼이 "성공 때문에 안일해진 것은 아닌가"라고 문제를 제기했다. 엘스터는 "이 책에는 자화자찬과 자기탐닉적인 요소가 있어서 허시먼의 전작들에서 볼 수 있었던 명료함과 엄정성을 보

이지 못하고 있다"고 지적했다. 특히 이 책이 "매우 억측적인 지식사
회학"을 다루고 있다고 비판했다. 이에 대해 퀀틴 스키너는 허시먼
을 옹호했다. 허시먼에게 쓴 편지에서 그는 이렇게 말했다. "그[엘스
터]가 허시먼 교수님의 생각을 제대로 이해하지 못한 것과 그러면서
도 자기 스스로를 올림픽 심판인 양 확신하며 말하는 자신감이 함께
드러나 있으니 정말 어색하네요."[46]

다 혹평이기만 한 것은 아니었다. 다른 영역에서는 큰 인기를 얻
었다. 루이스 코저는 《뉴리퍼블릭》에 쓴 서평에서 이 책의 출간을
계기로 미국의 위대한 "혼합형 경제학자" 허시먼을 대중에게 알리기
위한 긴 인물 기사를 게제했다. 피터 버거는 《뉴욕타임스》에서 허시
먼을 "우리 시대의 가장 저명한 경제학자 중 한 명"이라고 언급했다
(허시먼은 기뻐하며 카티아에게 편지를 보냈다. "나 《뉴욕타임스》에 나왔
어!" 서평의 내용은 허시먼이 원한 것과 좀 달랐다고 덧붙였지만 말이다).
또한 이 책은 전작들보다 빠르게 독일어와 프랑스어로 번역되었고,
좋은 평가를 받았다. 미셸 마스네는 《르피가로》에서 허시먼이 "진정
한 학자로 여겨지기에 손색이 없다"고 언급했고 《르몽드》는 이 책을
1면에 소개했다. 또 《고독한 군중The Lonely Crowd》의 저자 데이비드
리스먼은 허시먼에게 편지를 보내서 "이 책을 읽고 책에 담긴 내용
에 대해 숙고하는 것은 굉장한 경험이었다"고 전했다. 건설적인 평
가의 일환으로 비판을 한 동료들도 있었지만 글 전체의 맥락에서 보
면 호평에 약간의 비판을 덧붙인 정도였다.[47]

오류가 있는 책이었는지는 몰라도 용기 있는 책이었다. 여기에

는 동료 지식인들에 대한 정치적 주장이 담겨 있었다. 사람들이 정치에 탈미혹되어서 거리와 광장을 떠나 쇼핑몰에서 행복을 추구하게 되었는데 소비가 수확체감을 보이면 어떻게 되는가? 발언의 기술을 잃어버리면 어떻게 되는가? 그러나 공적인 삶에도 너무 많은 것을 투여해야 한다거나 지루할 수 있다는 점 등 나름의 문제가 있었다. 이런 방식의 설명은 행위자를 영웅으로도 희생자로도 그리지 않고, 불완전한 대안들을 때로는 오류를 범하기도 하면서 헤쳐 나가는 사람으로 상정하는 설명이었다. 그의 주장이 가진 정치적인 측면은 원고를 수정하고 있던 1980년 3월 버클리캠퍼스에서 열린 콘퍼런스에서 더 명시적으로 드러났다. 그는 "무엇이 내 연구를 **도덕적인** 것으로 여겨지게 만드는지" 자문해 보았다. 그날 강연에서 허시먼은 행복을 주제로 프린스턴대학에서 강의를 했을 때 학생들이 어리둥절해했던 에피소드를 이야기했다. 학생들은 인간 본성을 "경제학자들이 좋아하는 합리적 행위자"라는 용어로 설명하는 것에 더 익숙해 있었기 때문에 허시먼이 인간을 "실수하는 이상주의자, 이해관계와 정념 둘 다를 가진 자"로 묘사하자 이것을 도덕적인 주장으로 여겼다. 양자택일에 익숙해진 사람들에게 허시먼의 이야기는 혼란스럽고 뒤죽박죽으로 보였다. 하지만 허시먼이 원한 것은 인간 행위자를 "더 사랑스러운 인물로, 어느 정도 안쓰러운 인물로, 그러면서도 약간 무서운 인물로, 따라서 비극적인 인물로" 그리는 것이었다.[48]

이 인물은 때로 도움을 필요로 한다. 여기에서 건설적인 역할을 하는 것이 지식인이다. 탈미혹된 소비자에게 공적인 삶이 은신처가 될 수 있으려면 '발언의 기술'이 더 정교하게 다듬어져야 하고, 지식인이 여기에서 중요한 역할을 해야 한다. 지금 두 손을 들어 버리는 것, '공적인 인간'의 패배를 인정하는 것은 소비자 안에도 시민의 맥동이 여전히 존재한다는 희망을 버리는 것이나 마찬가지였다. 허시먼은 이것이 자기파괴적이라고 생각했다. 희망을 포기하는 발언은 자기실현적이 되기 때문이다. 여기에 지식인을 향한 윤리적 메시지가 있었다. 불명예스러운 쇠퇴의 시기에도 지식인이 '발언의 지침'으로서의 역할을 해야 한다는 것이었다. 허시먼은 지식인들이 시민들이 공적인 행동으로, 즉 시계추의 반대편으로 다시 이동할 때를 준비해야 한다고 주장했다. 공적 영역으로 이동하는 것이 보람과 보상을 주는 일이 되게 할 수 있는 능력은 사회의 변화를 상상하는 역량에 달려 있었다. 늘 실망으로 귀결되어 시민을 다시 소비자로 되돌려보내는 '완전한 변혁'으로서의 사회변화가 아닌, '또다른 방식'의 변화를 상상하는 능력 말이다. 지식인은 오류를 범하는 시민들, 불완전한 주체들인 시민들을 도와서 대안을 (불가능하게 만드는 것이 아니라) 상상하게 만들어야 했다. 하지만 소비자 선택과 정치 참여를 오락가락하는 움직임에서 이 주장을 도출해내기는 쉽지 않았다. 이것은 허시먼답지 않은 **거대** 아이디어였고, 이후 몇 년간 허시먼은 이 주제를 가지고 계속 씨름하게 된다.

그러는 동안, 허시먼 자신이 실망에 휩싸였다. 겉으로 보이는 평온함, 그에게 부족한 기술적 정밀함과 이론적 원리들을 덮고 있던 잘 다듬어진 스타일 아래로 스멀스멀 스며들던 불안함이 갑자기 뚫고 나오는 것 같았다. 허시먼은 서평을 읽으면서 비판은 건너뛰고 칭찬에만 밑줄을 그었다. 그가 쓴 편지에도 괴로워한 흔적이 보인다. 친구 리스먼에게 쓴 편지에서 그는 대부분의 서평이 공적-사적 사이클에 대한 반응이었다며 이렇게 한탄했다. "내게는 그것[공적-사적 사이클]이 잘 만들어진 옷을 지탱할 뿐인 옷걸이에 더 가깝습니다. 그들은 옷에 대해서는 아무 말도 하지 않으면서 옷걸이만 비판하고 있습니다."[49]

실망은 했지만, 그래도 허시먼은 자신이 만든 본보기대로 살았다. 실망에 직면했을 때 허시먼은 무언가 다른 데서 즐거움을 찾는 사람이었다. 전에도 많이 그랬듯이, 그는 새로운 지평으로 눈을 돌렸다.

19장

풀뿌리 현장에서 일궈낸
'손주들을 위한 사회과학'
(1979~85)

믿음이란 단두대와 같다. 그만큼 무겁고, 그만큼 가볍다.

—프란츠 카프카

1979년 여름 캘리포니아대학 버클리캠퍼스 교수 세 명이 '사회과학에서 도덕의 문제'라는 주제로 콘퍼런스를 열기로 했다. "가치중립적"인 사회과학의 순기능과 역기능을 논의하는 자리로, 위르겐 하버마스, 리처드 로티, 찰스 테일러 등 저명인사들이 참석할 예정이었다. 노마 한, 미셸 드 세르토도 초청을 받았다. 벨라는 허시먼도 초청했고, 허시먼은 이를 수락하면서 마이클 맥퍼슨도 포함시켜 달라고 했다. 경제학자가 참여하는 것이 중요하다고 생각했기 때문이다. 맥퍼슨은 이 기회를 영예롭게, 그러다 곧 두려운 마음으로 받아들였다. 일정표를 보니 그의 지정 토론자가 저명한 독일 철학자 하버마스였던 것이다.

이 콘퍼런스를 계기로 허시먼은 윤리를 직접적으로 다루는 사회과학을 만들고 싶다는 생각을 하게 되었다. '윤리에 대한' 사회과학이 아니라 '사회과학의 윤리'를 다루는 사회과학 말이다. 하지만 그날 모임의 지배적인 분위기였던 도덕주의적 기조는 피하고 싶었다. 그날 허시먼은 인간을 자기지향적인 성향과 타인지향적인 성향을 모두 갖춘 존재로 보자고, 그리고 이 두 성향이 늘 서로 다투고 있음을 인정하자고 촉구했다. 왜 어떤 종류의 자아가 더 나은지 선택해야 하는가? 허시먼이 말하는 '자아'는 《이탈, 발언, 충성심》에 나온, 그리고 《정념과 이해관계》에 나온, 또 가장 최근에는 《참여의 시계추 운동》에 나온 동일한 자아였다. 결국 허시먼의 저술 모두, 더 통합된 사회과학이 필요하다고 역설하고 있었다. 허시먼이 기어츠와 함께 추구했던 '통합된 사회과학'의 야망을 일련의 책에서 시리즈처럼 펼쳤다고도 말할 수 있을 것이다. 하지만 허시먼의 저술 중 어느 것도 하나의 일관된 사회이론을 제시하지는 않는다는 점에 주목할 필요가 있다. 그런 이론을 제시하고자 한다면 이는 '인과관계'보다는 '의미'를 연구하고자 한 고등연구소 사회과학 분과의 목적을 어그러뜨리는 일이 되었을 것이다.

"합리적 행위자"냐 "공동체적 정신"이냐의 사이에서 선택을 요구받던 시대에, 허시먼은 인간의 행복과 실망에, 그리고 행복과 실망이 실수투성이의 '선택' 과정들을 거치며 어긋나고 부딪치는 과정에 주목했다. 이 '결합되었으되 불안정한 주체'야말로 '통합된 사회과학'의 초석이었다. 하지만 하나의 일관된 이론으로 모양을 잡아내기는 쉽지 않았다.

그날 버클리캠퍼스 콘퍼런스에서, "강한 도덕적 메시지"가 퍼부어지는 와중에 "실증적"이고 가치중립적인 사회과학을 이야기하고자 한 허시먼의 노력은 거의 주목을 받지 못했다. 다양한 사회과학자들 사이에 화해가 필요하다는 주장은 아무런 반향을 일으키지 못한 것 같았다. 콘퍼런스 참가자들은 마치 "실증주의적인 사회과학"과 "실증주의"(이것은 당시 비난과 중상의 용어였다)에 대해 공격을 퍼부을 순간을 만난 듯이 미국의 주류 사회과학에 집단적으로 분노를 쏟아냈다. 허시먼은 가만히 관찰하면서 때때로 노란 노트에 생각난 것들을 기록했다. 일방적인 논의가 너무 지루해서 잠자코 있기 힘든 때도 있었다. 그래서 허시먼은 조심스럽게 그날의 아우성에 대해 몇 가지 건설적인 비판을 했다. 허시먼은 '실증주의적인' 학문을 지향한 것이 애초에 사회과학을 진지한 학문으로 여기게 해 준 요인이었음을 언급했다. 따라서 실증연구를 거부하는 것은 망각으로 가는 길이 될 터였다(콘퍼런스에 모인 사람 중, 이 당연한 추론에 생각이 미친 사람은 많지 않은 듯했다).[1]

참가자들에게는 허시먼의 발언이 아무 영향도 주지 못한 것 같았지만, 허시먼 자신에게는 이날의 콘퍼런스가 도덕주의적 연구와 분석주의적 연구 사이에서 벌어지는 무익한 논쟁을 어떻게 피할 것인가라는 문제를 생각하는 계기가 되었다. 그는 무작정 "객관적인 거리"를 두려 하지도, 그렇다고 사회과학을 도덕적 운동으로 바꾸려 하지도(그날 버클리캠퍼스 콘퍼런스 참가자 중에는 이런 사람들이 꽤 있었다) 않는 위치를 찾고 싶었다. 허시먼은 독일 사회학자 볼프 레페니스에게 이렇게 말했다. "도덕적 고려 사항을 복원하려면 그 대가로 과학적 엄정성을 포기해야만 한다고 말하는 일이 생기지 않았으면 좋겠습니다. 그렇게 말하기보다, 나는 현재 우리가 도덕적 질문을 던지지 못함으로써, 더 일반적으로 말하자면 그물을 더 넓게 펼치지 못함으로써, 중요한 통찰들을 잃어버리고 있다는 것을 보이고 싶습니다."[2]

그의 그물을 더 넓게 펼칠 기회가 왔다. 정치경제학 프랭크 E. 시드먼 상 수상자로 선정된 것이다. 멤피스대학 이사회가 수여하는 상으로, 군나르 뮈르달, 존 케네스 갤브레이스, 케네스 볼딩, 토머스 셸링 등이 이전의 수상자였다. 시상식 때 강연을 하기 위해 글을 한 편 써야 했다. 허시먼은 전에 지나쳤던 문제를 다시 가져와서 〈도덕과 사회과학: 영구적인 긴장〉이라는 논문을 작성했다. 여기에서 그는 《정념과 이해관계》에서 다루지 않고 남겨 놓았던 논의를 이어갔다. 허시먼은 학문적인 탐구 활동을 전통적인 도덕적 가르침에서 해방시키고자 했던 투쟁, 즉 배움과 설교를 분리하고자 했던 투쟁에서 사회과학의 기원을 찾고자 했다.[3] 마키아벨리는 인간이 어떠해야 하는지가 아니라 실제로 어떠한지에 기반해 정치학을 구성하려고 했고, 몽테스키외는 정치적 실천이 도덕이나 정의와 얼마나 많이 충돌하는지를 논하는 것이 무용하다고 경고했으며("이러한 종류의 담론은 모두를 동의하게는 만들지만 아무도 변화시키지는 못한다"), 애덤 스미스는 이기심을 추구하는 "머리"를 감정을 느끼는 "심장"에서 효과적으로 분리시켰다. 마르크스조차 자본주의의 움직임을 이해하는 데 "냉정한 과학"이 필요하다고 생각했다.

하지만 마르크스는 사회과학의 계보에서 더 깊은 조류를 보여주는 징후였다. 마르크스주의는 중립적이고 객관적인 법칙을 추구했지만 그만큼이나 강렬하게 "도덕적 분노"에도 쏠려 있었다. 허시먼은 "이 희한한 혼합, 풀리지 않는 이 모든 내부적 긴장이야말로, 과학에 중독되고 도덕적 가치는 거의 상실된 시대에 마르크스주의가 가질 수 있었던(그리고 지금도 가지고 있는) 막대한 호소력의 원천이었을 것"이라고 언급했다. 이 부분에 대해 대니얼 벨은 의구심을 제기했다. 그는 허시먼이 마르크스와 헤겔이 이론과 실천의 통합을 논한 방식을 놓쳤다고 생각했다. 마르크스와 헤겔은 진실이 그것의 사용과 결과를 통해 드러난다고 보는 실용적인 관점이 아니라 역사의 '엔텔레키entelechy(생명력)'로서 드러난다고 보는 관점을 취했다는 것이었다. 이러한 관점에서 보면 사회주의는 "실증적"이라는 의미에서 과학적인 것이 아니라 사물의 질서에 필연적으로 내포되어 있다는 의미에서 과학적이었다. 따라서 진정한 헤겔주의자라면 존재와 당위의 구분을 인정하지 않을 터였다. 그리 큰 문제제기는 아니었지만 허시먼은 그래도 분명히 해 두고 싶어서 이렇게 설명했다. "물론 마르크스는 자신이 이 반명제들을 풀었다고(헤겔의 표현으로는 '화해 versöhnen'시켰다고) 생각했지만, 저의 견해로는(저는 계속 이 견해를 고수할 것입니다) 마르크스는 그렇게 하지 못했고 그의 작업은 단지 과학적인 도구들을 도덕적인 욕설과 나란히 놓았을 뿐이었습니다. 그 둘을 전혀 '화해'시키지 못하고 말이지요."[4]

허시먼은 도덕적 이해와 비도덕적 분석 사이의 풀리지 않는("화해되지 않는") 마찰에 대한 주장을 정교화해 나갔다. 허시먼은 이 둘을 서로 분리되는 것이 아니고 어느 한 쪽이 다른 쪽을 누르고 승리하는 것도 아닌, "영구적인 긴장" 관계에 있는 것으로서 제시하고자 했다. 심지어 (흔히 비도덕적인 인간의 전형이라고 여겨지는) 경제학자들마저도 이제 이기적이지 않은 행동들에 주목하기 시작하고 있었다. 어떤 경제학자는 이타주의를 면밀히 관찰했고, 어떤 경제학자는 타인에 대한 신뢰가 갖는 힘에 주목했다. 물론 이제까지 경제학자들이 결혼·육아·애정처럼 일반적으로는 헌신·증오·배신·사랑과 같은 "복잡한 정념"이 지배하는 영역에 "소위 경제학적 접근법"을 적용해 온 것은 사실이다. 그들은 이렇게 도덕주의자들이 소중히 여겼던 영역으로 지적인 외유를 떠나는 데서 쾌감을 느끼는 듯했고, 허시먼은 이를 한탄했다. 경제학자들은 도덕적 규율을 통해 이해되던 영역에 비용-편익 분석을 적용해 다른 이들에게 충격을 줌으로써 쾌락(과 악명)을 얻고 있었는데, 허시먼은 이런 종류의 "분석"이 자기탐닉적이고 어리석으며 도덕주의자들을 깎아내리는 데서 오는 쾌락만 있을 뿐 사회에 대한 통찰을 드러내 주지는 않는다고 보았다.

그와 동시에, 허시먼은 "경제학자들이 이런 식으로 명성과 명예를 얻는 것이 이제는 수확체감을 보이기 시작했는지도 모른다"고 생각했다. 허시먼은 케네스 애로의 직업 규율과 윤리에 대한 연구, 로버트 솔로의 미국경제학회장 취임 강연 등 몇 가지 사례를 들며, 처음에는 미시경제학에서, 그리고 점차적으로 거시경제학에서도 "가슴의 영역"에 대한 관심이 증가하고 있음을 이야기했다. 솔로는 노동시장이 경제이론이 예측하는 대로 매끄럽게 "청산"되지 않는 이유에 대해 노동자들이 그들 사이에서 인정되는 적절한 행동규범에 신경을 쓰고 있기 때문이라고 설명했다. 허시먼은 솔로에게 보낸 편지에서 "여기[솔로의 연구]에는 단지 사회학적인 것이 아니라 **도덕적인** 기조가 있는 것 같다"고 말했다.[5] 솔로는 미국경제학회장 취임 강연에서 다음과 같은 질문을 동료 경제학자들에게 던졌다. "당신과 비슷한 직업적 역량이 있지만 자금이 부족한 학과에서 가르치고 있는 누군가가 당신의 학과장에게 당신보다 돈을 덜 받고 당신 강의를 맡겠다고 제안한다면 황당하지 않겠는가?" 이렇게 보면, 도덕적·사회적 규범은 [시장과 별개가 아니라] 시장이 기능하는 방식의 일부라고 볼 수 있었다. 애로는 허시먼의 시드먼상 수상 강의 내용을 읽고서 "너무나 나의 핵심에 와 닿아 놀랐다"며 허시먼에게 다음과 같이 전했다. "나는 늘 이 충돌을 느끼고 있었습니다. 놀라실지도 모르겠네요. 하지만 그 감정을 "냉철한" 머리를 위해 억눌렀지요. 죄책감을 느끼면서도 그랬습니다. 그런데 당신의 강연 내용은, 길게 보면 그것이 최선의 길이었다고 나에게 격려를 해 주는 것 같습니다."[6]

그래도 문제는 남아 있었다. "도덕적인 사회과학"을 어떻게 실천할 것인가? 이에 대한 허시먼의 처방은 모호했다. 명료한 진단과 모호한 처방 사이의 대조 자체가 시사하는 바가 있다. 허시먼은 이 긴장이 계속해서 풀리지 않는 바람에 이 글은 다른 어떤 글보다 쓰기가 어려웠다고 마이클 맥퍼슨에게 털어놓았다. 일단 초고에서는, 경제학자들의 문제 중 일부는 그들이 "과학자"로 키워지면서 소스타인 베블런이 말한 "훈련된 무능"을 심각하게 겪게 된 것과 관련 있을 것이라고 결론 내렸다. 훈련된 무능의 정도가 너무 심해지다 보니 "경제학 자신이 수행하는 과학(방법론과 결과 모두)의 도덕적 원천조차 스스로에게 공언하지" 못하게 되어 버렸다는 것이다. 허시먼은 그 결과로 "우리 중 꽤 많은 사람이 **무의식적인** 도덕주의자가 되었다"고 언급했다.[7]

허시먼은 자기 자신을 예로 들어 이 점을 설명했다. 이 자리에서 허시먼은 1980년대까지 기억 속에 조심스럽게 잠재되어 있던, 하지만 무의식 속에서는 그를 계속 사로잡고 있던 개인적인 이야기를 하나 했다. 그 이야기에 따르면, 《이탈, 발언, 충성심》을 집필하고 있었을 때 허시먼은 그가 관찰한 것 이외의 어떤 것도 그 책의 집필에 영향을 미치고 있지 않다고 생각했다. 그런데 독일 출판사가 독일어판 서문을 요청했을 때 1933년에 독일을 떠났던 기억이 갑자기 떠올랐다. 제3제국에서 유대인들이 겪은 고통을 생각하면서, 허시먼은 히틀러가 한창 득세하기 시작했을 때 "격정적인 젊은이들"의 반응이 도망이었음을 떠올렸다. 허시먼을 비롯한 젊은이들이 그렇게 '이탈' 하기로 결정을 내리면서, 뒤에 남겨진 유대인 "공동체"의 상황은 끔찍하게 악화되었다. 이날 강연에서 허시먼이 말하고자 한 바는, 그 책을 집필하고 있었을 때는 "마음의 기저에서 더 깊은 도덕적 감정들이 휘몰아치고 있는 줄을 인식하지 못하고 있었다"는 점이었다. 그리고 이러한 망각 덕분에 《이탈, 발언, 충성심》은 학문적으로 더 나은 결과물이 될 수 있었다. 기저의 깊은 도덕적 감정을 망각한 덕분에, 이탈과 발언 각각의 장점에 대해 더 균형잡히고, 더 일반적이며, "과학적으로 더 설득력 있는" 논지를 전개할 수 있었다는 것이다.

허시먼은 여기에서 다음과 같은 교훈을 끌어냈다. "사회과학자들이 그들의 연구에 도덕적 관심사를 도입하고자 할 때, 다소 이상하지만 효과적인 방법 하나는 무의식적으로 그렇게 하는 것이다!" 이것은 이상한 주장이었고 더 이상한 사례였다. 허시먼이 유대인 공동체에 속해 본 적이 없었다는 점만 보더라도 이 사례는 적절하지 않았다. 여기에서도 우리는 한 인물의 초년기 경험이 일으킨 감정적 변화를 추적하기가 얼마나 어려운지를 알 수 있다. 그가 가족을 남겨 두고 떠난 것에 죄책감을 느꼈다고 해도 그것은 마음 깊이 간직한 감정이었을 테니 말이다. 퀜틴 스키너는 이 부분을 읽고 "당황스러웠"다. "여기에서 교수님은 스스로에게 너무 가혹합니다." 또 이 부분은 옛 친구들에게도 과거의 기억을 불러일으켰다. 청년 사회주의자 시절 선배로 십대의 허시먼에게 레닌과 로자 룩셈부르크를 알려주었던 헨리(예전 이름은 하인리히) 에르만은 이 강연 원고를 읽고 반세기 전의 트라우마와 관련된 "죄책감"에 대해 "OA"에게 편지를 썼다. "갑자기 기억이 났어. 히르슈만 남매[OA와 우르줄라]가 떠났을 때 나는 그러지 말아야 한다고 생각했어. 우리가 참여하고 있던, 어떤 들리지 않는 속삭임을 확신하고 있었거든. 그러니까 [독일 내에서] '지하로 가는 것'이 의무라고 말이야." 하지만 그들이 파리에서 다시 만났을 무렵이면 "그 감정은 이미 증발되어 사라진" 상태였다. 노이 베긴넨 운동의 [독일 내] 지하활동이 어떤 의무를 가지고 있었건 간에, 그때쯤이면 [독일 내] 조직은 모두 와해되었기 때문이다.[8]

도덕적 연구와 분석적 연구 사이의 긴장을 해결하기 위해서는 무의식적인 도덕주의자가 되는 것이 좋다는 주장은 모호하지는 않았지만 만족스러운 결론도 아니었다. 사실 허시먼처럼 사회과학자임을 자임하는 사람의 결론치고는 매우 이상한 결론이었다. 몇몇 동료들도 이 점을 지적했다. 프린스턴대학의 정치학자 데니스 톰슨은 이렇게나 강하게 머리를 이성[과학]과, 그리고 가슴을 도덕과 연결시키는 것이 타당한지 문제를 제기했다("가장 존경할 만한 몇몇 도덕 이론들을 보면 도덕적 원칙의 근원이 되는 것이자 비도덕적인 가슴을 통제하는 것은 머리가 아닌지요? 이를테면 루소가 《제2 담론》[《인간 불평등 기원론》을 말한다]에서 이성을 비도덕적이라고 비난했을 때 의도한 것은 사람들에게 충격을 주려던 것이었는데요"). 더 중요한 것으로, 톰슨은 사회과학자들이 연구에 도덕적 측면을 무의식적으로 스며들게 해야 한다는 주장을 받아들이지 않았다. 도덕을 목청 높여 설파하는 것이 도덕적 주장을 개진하고 "다른 이들이 내 주장을 오해 없이 이해하게 만들기에" 가장 좋은 방법이 아니라는 데는 톰슨도 허시먼과 의견이 같았지만, 허시먼이 글의 마지막에서 "갑작스러운 후퇴"를 했다고 보았다. 톰슨은 물론 "기저에서 휘몰아치는 더 깊은 도덕적 감정들"과 꼭 의식적으로 융화되어야 하는 것은 아니지만, 그렇다고 사회과학이 도덕적인 원칙이나 도덕적인 시사점을 간과하면서도 여전히 도덕적일 수 있다는 말은 아니라고 지적했다.

　맥퍼슨도 의식적인 도덕화가 문제라고 보는 허시먼의 의견이 어리둥절했다. 그는 많은 경제학 연구가 사회적 후생이나 선택의 자유 같은 [도덕적] 관심사로 "가득차" 있다고 지적하면서 이렇게 반문했다. 그렇다면, 어떻게 하면 경제학을 도덕적 사고에 더 열려 있게 할 것인가라는 질문은, 어떻게 하면 경제학자들이 "그들 자신이 이미 가지고 있는 도덕적 헌신을 비판적으로 성찰하도록" 만들 것인가보다 덜 중요한 문제가 아닌가? 이 마지막 질문에 대해 허시먼은 장문의 답신을 보냈다. 정곡을 찌른 질문이었기 때문일 것이다. "당신의 논리 전개에 갈채를 보냅니다. 인사치레로 하는 말이 아니라 정말로 당신의 질문이 내게 흥미로운 탐구의 흐름을 열어 주었기 때문입니다." 또 허시먼은 톰슨도 도덕을 연구에 무의식적으로 스며들게 한다는 개념을 비판했다고 전하면서, 완성 전에 논문을 다시 꼼꼼히 수정하겠다고 약속했다.[9]

그래서 마지막 몇 쪽이 완전히 수정되었다. 이 변화는 주목할 만하다. 그는 사회과학에서 도덕적 특성이 단순히 부록처럼 덧붙는 것, "오염 처리 장치처럼 연구제안서를 살짝만 바꾸면 되는 것"이 되게 하고 싶지 않았다. 그에게 사회과학의 도덕성은 "연구의 중심"에 속하는 것이어야 했으며, 이는 "사회과학자들이 도덕적으로 살아 있고 스스로를 도덕적 우려에 깊이 영향받도록" 만들어야만 가능한 일이었다. "그렇게 된다면, 사회과학자들은 의식적으로든 무의식적으로든 도덕적으로 유의미한 연구를 생산해낼 수 있게 될" 것이었다. 이어서 허시먼은 다음과 같은 낙관적인 언급으로 글을 맺었다. 머리와 가슴을 구분하는 학문적 전통들과 그 구분이 만들어낸 효과들을 파악했으니 "그 분절을 치유"하는 데 필요한 첫 단계는 이미 수행된 것이나 마찬가지라고 말이다. 허시먼은 이제 사회과학자들이 "도덕적 고려 사항들이 억압되거나 별개의 영역으로 분리되지 않고 사회과학의 분석적인 핵심에 체계적으로 혼합되는 방식으로" 도덕적인 사회과학을 상상할 수 있게 될 것이라고 언급했다. 이 글의 마지막 부분은 초고를 읽은 동료들의 의견이 '도덕적 고려가 연구에 단지 스며들게 한다'는 개념을 초월하도록 허시먼을 얼마나 강하게 밀어붙였는지 보여준다. "도덕적 고려 사항들은 더이상 은밀히 스며들지 않아도 되고 무의식적으로 표현되지 않아도 되며 숨김없이 공개적으로 펼쳐질 수 있을 것이다. 이것은 '손주들을 위한 사회과학'을 만들고자 하는 내 꿈의 일부이다."[10]

《참여의 시계추 운동》에 대한 서평들을 보면서 허시먼이 분명하게 깨달은 것이 하나 있었다. "손주들을 위한 사회과학"이 무엇일지는 이론으로 푸는 것보다 실천으로 보여주는 것이 더 쉬우리라는 점이었다. 그래서 허시먼은 실천으로 눈을 돌려 말이 아니라 행동으로 보여주기로 했다. 1979년 9월에 미국 학술원AAAS의 '대학 및 인권위원회' 위원장을 맡고 있던 스탠리 호프만이 옛 친구 허시먼에게 연락을 해 왔다. 호프만은 미국 대학들이 심각한 인권 유린을 자행하는 나라들의 정부와 연구 계약을 맺고 있다는 불편한 사실이 드러난 것과 관련해 모임을 열 예정이었고, 여기에 허시먼을 초청하고자 했다. 학술원 차원에서 입장을 내야 할 것인가? 11월에 보스턴에서 열린 이 모임은 종합적인 지침을 만드는 문제를 놓고 교착상태에 빠졌다. 대학이 개별 교수들에게 해외 계약과 관련해 이러쿵저러쿵 이야기할 권리가 있는가를 두고 특히 첨예하게 의견이 갈렸다.

인권 문제가 심각한 남미 국가들에서 일한 경험이 있는 허시먼은 미국 학자들더러 [인권 문제가 제기된] 남미 국가 연구에서 "이탈"하라고 강요한다면 자가당착적인 결과를 낳게 될 것이라고 주장했다. 물론 그렇더라도 조정이 이루어질 필요가 있다고는 인정했다. 또 개인적인 계약과 대학이나 정부가 관여된 계약, 꼭 필요한 연구 분야와 그렇지 않은 분야 등을 구분하는 것도 중요했다. 대학들이 어떤 계약을 체결하고 있는지 보고할 프로토콜을 마련하고, 미국 학술원이 세계 각국의 인권 문제에 대한 정보를 대학들에 제공해 대학들이 이탈·발언·진입에 대한 의사결정을 더 잘 내릴 수 있게 돕는 등의 방안도 마련되어야 했다. 또한 '하지 말아야 할 것'을 줄줄이 나열하는 형식이 되어서는 안 되며 건설적인 제안과 통찰이 제시되어야 했다.

아르헨티나, 칠레, 브라질에서 독재 정권의 탄압으로 학자들이 대학에서 쫓겨나고 있던 시절에 허시먼이 포드재단과 함께 독립 연구 기관을 세워 이들에게 운신의 여지를 제공한 경험은 좋은 선례가 되었다. "이 이야기는 반드시 언급되어야 한다. 교훈적인 이야기라서가 아니라 그러한 기회를 인지하고 추구할 수 있게 만들어야 하기 때문이다." 이런 면에서 보면, 인권을 침해하는 나라의 연구소나 기관들과 함께 일하는 것이 그곳에서 발언의 기회를 유지하고 강화하는 방편이 될 수도 있었다. 나중에 허시먼은 《계간 인권》에 게재된 논문에서 다원주의적이지 않은 정권이 통치하는 국가에서 미국 대학들이 다원주의적인 학문을 지원하고자 한다면, 이상주의자와 자칭 실용주의자 모두가 내세우고 있는 '단순화된 대안'과 '양자택일의 선택지'를 피해야 한다고 주장했다.[11]

이 논의를 거치면서 허시먼은 방향성을 찾으려면 외부세계를 계속해서 관찰할 필요가 있다는 점을 다시금 상기하게 되었다. 1982년 3월에 허시먼은 록펠러재단 회장 리처드 라이먼이 초청한 토론 자리에서도 이 점을 강조했다. "제3세계 국가들에서 더 성찰적인 사회과학을 독려하고 그럼으로써 개발 과정을 더 깊이 이해하는 데" 록펠러재단이 어떻게 기여할 수 있을지 논의하는 자리였다.[12] 전에 허시먼은 〈개발경제학의 흥망〉이라는 글에서 개발 분야에 작별을 고했고 개발경제학의 '창시자들'에 대한 논문집에 쓴 글에서 이에 쐐기를 박은 바 있었다. 공개적으로 입장을 표명하는 전통에 따라 〈이탈자의 고백〉이라는 제목을 붙인 글에서, 허시먼은 '개발'이 별도의 사회과학 분야를 필요로 하는 영역이라고 보는 견해에 대해 명시적으로 문제를 제기했다.[13]

하지만 개발경제학은 허시먼이 떠나게 놓아두지 않았다. 그가 제시한 개념들은 이제 거의 유행어가 되어 여러 방향에서 그를 당기고 있었다. 기예르모 오도넬과 필립 슈미터는 워싱턴 윌슨센터의 에이브러햄 로언솔과 함께 남유럽과 남미에서의 민주주의로의 전환을 허시먼이 이야기한 "가능주의적" 접근방법으로 고찰하는 연구에 착수했다. 현재의 조건 변수들을 통해 미래를 예측하기보다 정치적 변화의 잠재적인 경로를 그려 보는 방식의 연구였다. 허시먼은 기쁘게 이 토론에 참여했다. 그런데 이곳에서 정작 허시먼의 흥미를 끈 것은 스탠퍼드대학의 대학원생 테리 칼이 허시먼의 연관 효과 개념을 석유수출국들의 운명을 설명하는 데 적용한 것이었다. 나중에 칼은 이 분야의 유명한 사람들에게 둘러싸인 채 그에게는 신이나 다름없는 사람과 직접 대면하게 되어 몹시 "무서웠다"고 회상했다. "게다가 그 신이나 다름없는 사람이 내 논문의 논평자였던 것이다!" 허시먼은 칼의 논문을 세부적으로 반박하기보다 강점을 칭찬하고서 나중에 그를 따로 불러 긴 대화를 나누면서 "몇몇 경제적 주장들을 교정해 주었다."[14]

얼마 후에는 CEBRAP가 미국의 젊은 쿠바계 역사학자 리베카 스콧과 허시먼을 상파울루에서 열린 세미나에 초청했다. 수출 국가들의 정치학을 주제로 한 세미나였다. 허시먼은 과도한 일정을 효율적으로 소화하기 위해 "연관 효과 접근법"에 대한 "몇몇 추가적인 생각"을 발표했다. 이 무렵이면 예전에 자신이 제시했던 개념들로 되돌아가는 것이 허시먼의 습관 중 하나가 되어 있었다. 누구라도 새로운 개념을 만들거나 새로운 발견을 할 여지는 한정되어 있기 마련이므로, 허시먼은 자신의 옛 주장이나 옛 개념을 재해석하는 쪽으로 점점 더 기울고 있었다. 그리고 여기에 또다른 습관 하나를 결합했다. 학계와 정책세계 사이에서 가교 역할을 하는 연구소들이 외부 평가를 의뢰할 때 평가위원으로 참여하는 것이었다. 허시먼은 브라이언 로버츠, 에델베르토 토레스 리바스와 팀을 이루어 CEBRAP를 평가했다.

이 무렵 남미의 상황은 달라지고 있었다. 남미 전역에서 독재자가 대학을 숙청하던 1970년대에 허시먼은 남미 사회과학자들의 네트워크를 형성하는 데 중요한 역할을 한 바 있었다. 그리고 1980년대 초인 지금, 정치적인 여지가 다시 열리고 있었다. 이제 당면 문제는 어떻게 사회과학을 독재에서 구할 것이냐가 아니라, 어떻게 사회과학자들이 새 정권과 객관적인 거리를 유지하면서 민주적 전환에 대한 열정을 추구할 것이냐였다.

어려운 일이기도 했지만 기회이기도 했다. 허시먼은 남미 사람들과 일할 때 느꼈던 신나는 기분을 다시 느끼기 시작했다. 《참여의 시계추 운동》이 실망스러웠던 한 이유는 그 책의 주장이 순전히 머릿속에서 나온 것이었기 때문이었다. 그 책의 내용은 허시먼이 머릿속과 종이 위에서 나눈 마키아벨리, 스미스, 올슨, 센과의 대화에 토대를 두고 있었고, 외부세계를 관찰하는 허시먼의 특징이 빠져 있었다. 일상의 행동을 관찰한 데서 나온 프티 이데가 없었던 것이다. 적지 않은 서평가들이 이 점을 지적했고, 그 지적에 허시먼은 정곡을 찔린 듯했을 것이다. 관찰자로서의 역량은 허시먼에게 훈장 같은 것이었기 때문이다. 마음만 먹었다면 그는 얼마든지 고등연구소가 제공하는 특권과 외부세계로부터 격리된 환경을 누리면서 새 책에서 구원을 얻거나 (많은 이들이 그러듯이) 저명한 학자로서의 위치를 성채 삼아 안주할 수도 있었다. 아니면 (이 또한 학계의 해로운 관행인데) 옛 생각들을 오리고 붙여서 손쉽게 새로운 글을 내놓으면서 지낼 수도 있었다. 하지만 허시먼은 그렇게 하지 않고 완전히 다른 길을 택했다. 세상을 관찰하기 위해 고등연구소를 잠시 떠나기로 한 것이다. 그는 손주들을 위한 사회과학을 만들고자 하는 열망이 시키는 대로 따르기로 했다. 내부가 아니라 외부를 바라보는 것이 주는 즐거움과 자극을 재발견함으로써 객관적인 접근과 규범적인 접근 사이의 긴장을 극복하고자 한 것이다. 허시먼은 자신의 연구경력의 기원이 된 곳으로 돌아가서 커다란 이슈들을 다시 생각하기로 했다.

기회는 미주재단의 프로젝트 현장 평가 의뢰를 통해서 왔다. 그리고 이 평가는 지출항목 점검에 치중하는 여느 보고서와는 전혀 다른 결과물을 낳게 된다. 미주재단은 1969년에 의회가 남미의 빈곤을 타파하기 위한 풀뿌리 운동을 지원하기 위해 만든 기관이다. 이곳의 의뢰로 허시먼은 현장으로 돌아갈 기회를, 그것도 가장 잘 알고 있는 남미의 현장으로 돌아갈 기회를 얻을 수 있었다. 아이러니하게도 이 기회는 그의 저서 중 가장 덜 알려진 책으로 이어진다. 잘 알려지지는 않아도 이 책은 그의 가장 효과적인 실증연구였다고 할 수 있다. 숙련된 관찰자인 허시먼은 당시 널리 퍼져 있던 개인주의자들의 견해가 얼마나 잘못되었는지를 이 책에서 현장 사례들을 통해 **보여주었다.**《참여의 시계추 운동》이 이론을 실증 근거로 뒷받침하는 데 실패했다면,《집단적으로 앞으로 나아가기: 남미의 풀뿌리 경험》(1984)은 전혀 그렇지 않았다. 그리고《참여의 시계추 운동》보다 더 설득력 있는 책이기도 했다. 그때보다 '더 분명하고 확신에 찬 허시먼'이 만들어낸 것이었기 때문이다.

바로 얼마 전에 미주재단의 연구계획 부서장으로 임명된 피터 하킴은 아옌데 시절 포드재단의 칠레 담당자로 일하면서 허시먼을 알게 되었다. 그때도 그 이후에도, 하킴은 허시먼의 너른 역량과 재능에 깊은 인상을 받았다. 그는 포드재단에서 미주재단으로 옮기자마자 새로 온 소장(역시 포드재단 출신이었다) 피터 벨에게, 그 유명한 개발경제학자에게 미주재단의 일을 의뢰해 도움을 받자고 제안했다. 단지 유명인을 부르자는 말이 아니었다. 하킴과 벨은 미주재단의 일에 사회과학을 더 많이 관여시키고 싶었다. 미주재단으로 옮긴 뒤 남미 풀뿌리 프로젝트에 대한 보고서들을 읽어 보던 하킴에게 우려스러운 점 하나가 눈에 띄었다. 재단의 취지대로 돈이 관료나 중개인이 아니라 수혜자에게로 가는 것은 맞았는데, 수혜의 내용이 분명하지 않거나 기대에 많이 못 미치는 것으로 보였다. 하킴은 무엇이 잘못되었는지 알고 싶었다. 처음에는 주디스 텐들러에게 도움을 청했다. 이제 텐들러는 개발 프로젝트에서 예기치 못했던 이득과 해악을 발견하는 것과 관련해 허시먼에 필적하는, 어느 면에서는 그를 능가하는 눈을 가지고 있었다. 그래도 하킴은 여전히 허시먼을 부르고 싶었다.

하킴은 미주재단이 무엇을 기대해야 하고 어떻게 평가해야 하는지에 대해 전반적인 시야가 부족하다고 생각했다. 미주재단은 더 크고 유명한 다른 원조기구들과 달리 허시먼이 20년 전에 세계은행에서 보았던 것과 같은 막대한 예산의 대형 프로젝트나 샴페인을 터뜨리는 착수 행사 같은 것을 하지 않았다. 그보다는 가난한 사람들이 무엇을 원하는지 직접 묻고 그들이 참여하도록 돕는 활동을 펼쳐 왔다. 그런데 미주재단의 현장 사례들은 기운 나게 해 주는 하나의 서사로 일관되게 모아지지가 않았다. 기껏해야 가난한 사람들이 더 가

난해지지 않도록 가까스로 붙들고 있는 임시방편들을 모아놓은 것 같아 보였다. 여기에 원조기구가 목표로 삼을 수 있을 만한 대안적인 이야기가 있을 수 있을까? 하킴과 벨은 1982년 초 워싱턴에서 허시먼을 만나 이에 대해 상의했다. 《참여의 시계추 운동》이 출간을 앞두고 있던 시점이었다. 허시먼은 미주재단과 이 재단이 처한 문제에 매우 흥미가 동했다.[15]

허시먼이 미주재단 일을 하기로 결정을 한 시점이 언제였는지는 중요한 점이지만 정확히 알려져 있지 않다. 호의적이지 않은 서평들을 보고 나서였을까? 서평을 보고 실망하기 전에 이미 결정을 한 것이었을까? 〈개발경제학의 흥망〉을 써서 이 분야의 종말을 선언해 놓고서 개발 현장을 한 번 더 보기로 결정한 것은 현상계에 대한 선제적인 대응이었을까, 아니면 반응적인 대응이었을까? 우리로서는 확실히 알 수 없다. 하지만 허시먼의 열정과 스타일로 미루어 보건대 그의 반응에는 시계추 운동 같은 면이 있었다고 볼 수 있을 것이다. 사변적인 "개념적 소설"을 쓴 직후이니만큼 이번에는 현실에 천착한 현장 쪽으로 그의 충동이 작용했을 것이다. 워싱턴에서 하킴을 만나고 얼마 되지 않아서 허시먼은 하킴에게 고등연구소에서 1983년 봄부터 안식년 휴가를 낼 수 있으며 그 기간 동안 미주재단 일을 하고 싶다고 청했다. 그는 자신이 미주재단이 진행하는 몇 가지 프로젝트에 대해 종합적이고 전면적인 평가를 수행하고자 하며, "틀에 박힌 평가"가 아니라 "종합적인 연구"를 하고 싶다고 밝혔다. 보수는 필요없고 자신과 새러의 출장에 필요한 실비만 부담해 달라고 했다(새러는 《개발 프로젝트 현장》 때와 비슷한 역할로 동행할 예정이었고, 이번에는 그때보다 내용에 훨씬 더 크게 영감을 주게 된다).

허시먼은 미주재단 직원인 스티브 베터와 함께 대상 프로젝트를 고른 뒤 정확한 날짜, 장소, 일정, 마감일(1983년 6월 말까지 보고서를 작성하기로 했다)이 담긴 계획표를 작성했다. 베터는 자신의 임무가 뷔페를 준비하는 것 같다고 생각했다. "교수님의 이전 저술들을 읽고서 저는 교수님이 엄청난 식욕이 있는 분일 거라고 생각했습니다. 저희가 교수님의 식욕을 만족시켜 드릴 수 있을까요?"[16] 사실 그는 걱정할 필요가 없었다. 허시먼은 굶주려 있었다. 허시먼이 짠 계획표를 본 하킴은 깜짝 놀랐다. 버스 편, 비행기 편, 현지 사람들의 일정 등이 모두 불확실한 상황인데도 계획이 너무나 야심차고 상세했기 때문이다. 현지의 재단 직원들에게 이 출장이 악몽이 되지는 않을까? 물론 이것은 기우에 지나지 않았다. 허시먼 부부는 출장 일정과 보고서 작성 일정을 모두 지켰다. 하킴의 직원들은 이 외부 평가자들(허시먼 부부)을 "너무나 좋아했다." 그들은 직원들에게 이것저것 무리하게 요구하지 않고 모든 일을 거의 알아서 했으며 현장연구에 수반되는 고생스러운 일들을 모두 받아들였다. 허시먼은 주디스 텐들러와 질문지를 작성한 뒤 1983년 1월부터 6월까지 정신없는 출장 일정을 소화했다. 아르헨티나, 도미니카공화국, 콜롬비아, 페루, 칠레, 우루과이 등 6개국에서 45개의 프로젝트를 보게 되어 있었고, 일정은 다음과 같았다.

앨비트 허시먼

도미니카공화국: 1월 30일~2월 12일

콜롬비아: 2월 13일~3월 10일

페루: 3월 11일~25일

칠레(새러 없이): 3월 26일~4월 18일

아르헨티나(새러 없이): 4월 19일~22일

우루과이(새러 합류): 4월 23일~5월 6일

브라질: 5월 7일~6월 5일

현장연구는 허시먼이 역사로 "퇴거"했다가《참여의 시계추 운동》을 통해 현대로 귀환하는 동안 오래도록 잠자고 있던 옛 허시먼을 다시 소환했다.《참여의 시계추 운동》이 고전 저술의 인용과 일화들을 길게 나열한 것에 불과하고 실증 근거가 부족하다는 비판을 받았다면, 이제 허시먼은 그의 관찰자적 안테나를 십분 발휘할 참이었다. 텐들러와 함께 고안한 질문지를 사용하기는 했지만 미리 준비한 질문 내용에 집착하느라 현장 사람들이 스스로 꺼내 놓는 이야기를 듣는 데 방해가 되지 않도록 유연성을 발휘했다. 허시먼의 놀라운 능력 중 하나는 평가자가 아니라 마치 오랜 친구처럼 대상자들로부터 세부적인 이야기를 잘 끌어낸다는 점이었다. 아르헨티나에서 허시먼 부부의 수행을 맡은 재단 직원 앤 터네스는 허시먼이 현장연구에 굉장히 재능이 많고 거기에서 즐거움을 느끼는 것 같았다고 회상했다. 터네스도 이 일을 통해 많은 것을 배웠다. "앨버트 허시먼과 함께 출장을 가는 것은 새로운 나라에서 재단 활동을 하게 된 나 같은 직원에게 특히나 많은 도움이 되는 일이었습니다. 그는 집요하면서도 수완 있고 부드러운 방식으로 사람들에게 질문을 했습니다. 사람들은 그가 진정으로 자신들의 삶에 관심이 있다는 것을 알게 되었고, 진지하고 사려깊은 대답으로 화답했습니다.”

터네스는 허시먼과 함께 미주재단이 주거 프로젝트를 지원하고 있는 부에노스아이레스 외곽의 가난한 마을 킬메스 주변을 방문했다. 이곳에서는 오스카 오즐락, 기예르모 오도넬 등이 몇 년 전에 세운 싱크탱크 ‘국가와 사회 연구센터CEDES’의 사회과학자 팀이 고안한 개척적인 프로젝트와 협업이 진행되고 있었다. 이곳의 핵심 인물은 마리아 델 카르멘 페이호였는데, 풀뿌리 학자인 그는 1971년에 급진 좌익 활동가로서 킬메스에서 현장 활동을 시작했고 1978년부터는 ‘국가와 사회 연구센터’와의 협업으로 헬린과 함께 도시빈민들이 생존할 수 있는 전략들을 만들고 있었다. 이 일로 페이호는 자신의 정치 활동의 출발점이었던 마을로 돌아오게 되었다. 그는 현지 목사들과 긴밀히 협력하면서 빈 땅을 무단점거해 판자촌을 짓고 살아가던 사람들 속으로 들어갔다. 페이호는 허시먼이 ‘아래로부터의 활동’ 현장에 들어갈 수 있도록 중개 역할을 하면서, 흔히 조직적 역량이 없다고 여겨지는 사람들이 스스로 활동을 조직해 나가는 세계를 보여주었다.

훗날 새러와 마리아는 이곳 슬럼가villa miseria에서 새러가 미국 빈민가에서 시작했던 성인 독서모임 ‘사람과 이야기’의 첫 아르헨티나 모임을 만들게 된다. 마리아는 1981년 비르헨데루한이라는 동네(동네라고 칭할 수 있다면 말이지만)에서 연구-활동가 프로그램을 만든 적이 있었다. 처음에는 민중 교회를 세우려는 목적이었는데 새러가 진행했던 '사람과 이야기'의 이야기를 듣고서 사람들이 문화에 접근할 수 있어야 한다는 중요한 목적을 여기에 포함시켰다. 이렇게 해서 1983년 4월 '사람과 이야기'가 출범했으며, 마리아와 새러는 얼마 뒤 이 실험에 대해 감동적인 책을 쓰게 된다. 이것은 허시먼이 풀뿌리 경제활동을 연구하는 데도 많은 영향을 주었다.[17]

아르헨티나는 공포와 희망이 뒤섞인 분위기였고 허시먼의 식욕을 자극하기에 딱 맞는 환경이었다. 말비나스전쟁[영국에서는 '포클랜드전쟁'으로 불린다]의 재앙 이후 군부정권이 무너지고 있었고 인권 침해 사례가 드러나고 있었다. 수만 명이 거리에 모여 철야농성과 가두시위를 벌였다. '공공적인 것'의 수도가 있다면 바로 부에노스아이레스였다. 반면 경제는 엉망이었다. 군부는 자유시장 자유주의라는 이름으로 해외 부채를 기록적인 수준으로 높여 놓았고 산업을 망가뜨렸다. 가난한 사람들은 그 어느 때보다 삶이 힘겨웠다. 킬메스의 빈민가는 쓰레기장이나 다름없는 모습이었다. 앨버트와 새러는 쓰레기가 쌓여 있는 곳을 코를 막고 지나가야 했고 길거리에서 음식을 주워 먹고 살아가는 개들을 조심해야 했다. 피부가 나무껍질처럼 다 갈라져서 분홍색의 작은 돼지처럼 보이는 개도 있었다. 또 어떤 젊은이는 등에 상처가 드러나서 파리가 들끓고 있었다. 머리 위로는 거미줄 같은 불법 전선이 드리워져 있었는데, 너무 낮게 드리워져 있어서 감전 사고의 우려도 있어 보였다. 생선장수가 비쩍

마른 말과 달구지를 몰고 진흙길을 지나가는 모습도 보았다. 독재가 빈민가에 드리운 "야만적인 억압"을 모든 곳에서 목격할 수 있었다. 분노가 바닥에서 부글거리고 있는 분위기였지만 그 분노는 조직화되어 있지 못했다. 이런 상황에서도, 이 마을에서 개발 프로젝트를 진행하고 있는 피치 목사는 묵묵히 자신의 일을 계속 해 나가고 있었다. 앨버트와 새러는 피치 목사와 오랜 시간 이야기를 나누었다.

터네스는 그 마을에서 허시먼이 보인 태도에 큰 감명을 받았다. 자료를 수집하러 온 것이지만 사실 그는 그곳 사람들에게 희망esperanza을 나르고 있었다. 앨버트와 새러는 현장 일정이 모두 끝난 뒤 엘리사베스 헬런과 함께 워크숍을 마련했다. CEDES의 호르헤 발란, 엔리케 탄디터, 오스카 오즐락에게 빈민가를 취재하면서 알게 된 내용과 더 큰 정치적 상황에 대한 이야기를 전하기 위한 자리였다. 불확실성이 가득한 상황이었지만, 허시먼은 그들(피치 목사부터 엘리사베스 헬런까지)에게 희망을 포기하지 말라고 독려했다. 터네스는 이렇게 언급했다. "허시먼에 대해 한 가지 더 말하자면, 2차대전을 겪고 지난 30년간 개발이 좌절되는 사례를 무수히 본 사람으로서, 그는 사람들이 성취한 바가 무엇인지를 예리하게 포착했고 근본적으로 낙관적인 마음을 가지고 있었습니다. 그는 일들이 진행되다 말다 하면서도 이루어져 가는 과정, 그러면서 사람들이 배워 가는 과정을 잘 알고 있었어요. 그는 은근히 기운을 북돋아 주는 강장제였습니다." 부에노스아이레스에 머물던 어느 저녁 헬런은 허시먼을 라플라타 강변의 식당으로 데리고 갔다. 허시먼은 웨이터를 계속 관찰하면서 그들의 재능과 태평함에 놀랐다. 계산서를 가지고 왔을 때 앨버트가 안경을 더듬어 찾자 웨이터는 그의 나이를 놀려댔다. 앨버트는 웨이터의 무례한 유머와 굴종하지 않는 자세가 뒤섞인 태도에 매료되어 이 놀라운 웨이터와 긴 대화를 나누었다.[18]

앨버트와 새러의 현장 노트에는 탐색하고 예측하고 탐구하는 감각이 고스란히 담겨 있다. 그들은 농민, 어민, 목사, 배달 소년, 흙바닥 학교의 선생님 등에게 들은 이야기를 꼼꼼하게 기록했다. 때로는 자신의 감정을 기록하기도 했다. "이곳의 현실 자체가 나를 압도한다. 일주일도 안 되어 완전히 빠져들게 된다. 운명은 계속해서 위협하지만 구원의 가능성도 계속해서 유혹한다."[19]

국가가 '의무'라는 개념을 모두 저버린 상황에서 가진 것 없는 사람들이 스스로의 삶을 좀더 낫게 만들기 위해 노력하는 모습을 보면서, 허시먼은 전에 생각했던 프티 이데 중 몇 가지로 다시 돌아가게 되었다. 콜롬비아 정글에 있는 마을 라쿠라에서는 공예품을 만드는 장인artisanía들이 협동조합을 만들어 판로를 개척하고 있었다. 허시먼은 많은 이들이 논밭과 베틀 사이를 오가고 농사와 공예 등 여러 활동 사이를 오가며 생계를 꾸리는 것을 목격했다. 그런데 협동조합이 생기자 가진 땅을 팔고 판매용 공예품 생산을 전업으로 하는 사람들이 생겨났다. "공예품 호황에서 돈을 벌기 위해서"였다. 그러나 이제 시장이 포화된 데다 만드는 사람이 자신이 쓸 물건을 만드는 것이 아니기 때문에 물건의 품질도 낮아지는 문제가 생겼다. 마르크스주의자라면 이 문제를 전형적인 "자본주의화"라고 묘사했을 것이다. 물론 허시먼도 이러한 유물론적 측면을 잘 인식하고 있었다. 하지만 그는 여기에 도덕적인 측면과 관련된 역설이 있다는 것도 놓치지 않았다.

> 취향이 부패한 다음에 좋은 취향을 어떻게 회복시킬 것인가의 문제는 공화국의 비르투가 부패한 다음에 비르투를 어떻게 회복시킬 것인가(마키아벨리는 이것이 얼마나 어려운지 잘 보여주었다)만큼이나 어려운 문제이다. … 아마도 미학적 태도와 쾌락은, 주 소득원으로서가 아니라 가외의 활동으로서 전통적이고 아름다운 활동을 하는 가운데 유지되도록 하는 것이 더 쉬울 것이다. … 그것이 주요 소득 수단이어서 도구적인 특성을 갖게 되는 경우보다 그 활동 자체를 위해 수행될 때, 더 많은 즐거움을 줄 수 있을 것이다.[20]

허시먼은 감동을 받고 대담해진 상태로 상파울루에서 긴 여정을 마무리했다. 그리고 CEBRAP 사무실에 자리를 잡고 노트와 평가문서들을 보면서 열정적으로 글을 썼다. 피터 하킴은 궁금함을 참지 못하고 허시먼에게 어떻게 진행되고 있느냐고 물었다. 허시먼은 손으로 쓴 것이라 읽기 어렵겠지만 초고를 보여주겠다고 했다. 아니나 다를까, 하킴은 허시먼의 손글씨를 읽을 수가 없었다(내가 허시먼 전기를 쓰고 있다고 했더니 하킴이 던진 첫 질문이 "그런데 그의 글씨를 알아볼 수 있으세요?"였다). 허시먼은 연구소 비서에게(이 즈음이면 비서는 허시먼의 글씨를 잘 알아볼 수 있었다) 부탁해 타자로 정리해서 주기로 했고, 보고서를 공식적으로 펴내기 전에 재단 직원들에게 먼저 발표하는 자리를 갖겠다고 했다.

보고서 발표회는 재단 직원들 사이에서 큰 화제가 되었다. 그들이 진행하는 프로젝트에 저명한 학자와 그의 멋진 아내가 관심을 갖고서 그것을 면밀히 관찰했다는 사실만으로도 지대한 관심을 보이던 직원들은 결과를 듣고 싶어 안달이 났다. 허시먼의 저술을 읽고 나름대로 결론을 예상해 보는 사람도 있었다. 관심과 열정으로 가득찬 직원들이 재단본부의 작은 강당에 모였다. 새러와 주디스 텐들러도 참석했다. 그 자리에서 재단 직원들은 수년에 걸쳐 자신들이 만들고 지원한 소박한 프로젝트들의 성과를 들을 수 있었다. 셸던 애니스는 이렇게 회상했다. "우리에게는 굉장한 일이었어요. 그 유명한 사람이 오는 것 말이에요."

앨버트는 경제학자들의 문제 중 하나가 "사랑을 경제적으로 효율화하려는 것"이라는 너무 뜻밖의 말을 해서 사람들을 놀라게 했다. 애니스는 "어안이 벙벙했다"고 당시를 회상했다. 웅성거림이 잦아들자 허시먼은 다음과 같이 설명했다. 개발 업무를 진행하는 사람들이 좌절하는 흔한 원인 중 하나는 프로젝트의 성공 여부를 수량화가 가능한 것 위주로 측정해야 한다는 데 있다. 그러느라 다른 점들, 예를 들면 사랑이라든가 시민적 추구 같은 것들(허시먼의 어린 시절이었다면 '빌둥'이라고 불렸을 것들)이 간과되어 버린다. 그것 자체를 목적으로 하는 자기육성과 향상, 머리와 심장을 조화시키고 자아와 사회를 조화시키기 위한 개선 등이 평가에서 누락되는 것이다. 하지만 때로 사람들은 비경제적인 이유로 경제활동을 하며 경제적인 이유로 비경제적인 행동을 한다. 즉 프로젝트의 평가는 정해진 비용-편익 모델에 꼭 맞아떨어지지 않는 활동과 동기들에 열려 있어야 한다는 것이 허시먼이 말하고자 하는 바의 핵심이었다. 허시먼 같은 저명한 경제학자가 개발을 더욱 폭넓게 보아야 할 이유를 제시하자, 직원들은 그토록 헌신적으로 일했으면서도 '데이터'가 생산성의 향상을 명확하게 보여주지 않아서 프로젝트가 실패했다고 판단해 좌절하던 데서 해방될 수 있었다. 누구보다도 피터 벨이 가장 안도했을 것이다. 그 자리에 있던 직원들은 몰랐지만 그는 재단의 존립 여부까지 걱정하고 있는 상황이었다. 하킴은 "[그런 상황에서 이 보고회가] 우리모두에게 너무나 힘이 나는 일이었다"고 회상했다.[21]

하킴과 재단 사람들은 늘 가시적이지는 않았더라도 자신들이 정말로 개발을 일구어내고 있었음을 깨달았다. 또한 실패에서도 무언가를 배우면서 앞으로 나아갈 수 있었다. 자, 여기 누가 와서 그들이 한 일이 이렇게 큰 효과가 있었다고 말해 주고 있었다. 허시먼은 이렇게 말하고 있는 것 같았다. "보세요. 이것이 당신들이 해내고 있는 일입니다." 이토록 암울한 정치 환경과 극도로 가난한 지역에서도 개혁이 효과를 낼 수 있다는 것을 드러내고 '실패 콤플렉스'를 깨뜨리고자 하면서, 허시먼은 직원들이 전에 익숙하게 접했던 것과는 매우 다른 그림을 보여주었다. 하킴은 허시먼의 설명이 불을 밝혀 주는 것 같다고 느꼈다. 프로젝트의 단점을 지적했던 그 모든 보고서들(후원자들의 고상한 야망에 비해 부족한 점들을 지적했던 그 모든 보고서들)은 사실 더 큰 지점을 놓치고 있었다. 이것은《개발 프로젝트 현장》의 핵심 메시지(부수적 효과들을 보라!)이기도 했고,《참여의 시계추 운동》의 핵심 메시지(실망이 대안을 만들도록 하라!)이기도 했다. 《참여의 시계추 운동》에 나오는 다음의 단락을 보면 그가 이 책에서 주장했던 바에 대한 '실증 근거'를 이번 남미의 빈민가와 어촌 벽지에서 매우 많이 발견했음을 알 수 있다.

어쩌면 우리는 거대한 비전의 충동에서 시작된 행동이 으레 가져오는 결과를 겪고 있는 것인지도 모른다. 애초에 너무 거대한 비전을 가졌던 탓에, 계속 타협과 양보을 해 가며, 또 반대편의 힘에 의해 변형되어 가며 이루어지는 매우 제한적인 진보는 진보로 생각조차 하지 못하고 있는 것일지도 모른다. 오늘날의 상상력은 급진적인 변화에 집착하는 경향이 있으며, 이런 경향이 '중간적인 결과들'과 '중간 단계의 성과들'을 가시화해 내지 못한다는 점에서 공적인 행동은 대개 기대에 못 미친다고 느껴지게 마련이다.(95쪽)

핵심은 '완벽하게 만들 수 있느냐'가 아니라 '더 낫게 만들 수 있느냐'이어야 했다. 허시먼이 상정한 시민, 복잡하고 뒤섞여 있으며 오류가 있고 불완전하며 실수투성이인 시민은 분명히 존재하고 있었을 뿐 아니라 **작동하고 있었다.** 사회변화를 상상해낼 수 있는 인간의 역량을 보여주는 증거가 도처에 있었다. 거대 비전에 의해 동기부여가 되었지만 (그것 자체는 실현되지 않았더라도) 매우 기본적인 작은 개선들을 산출한 사례를 곳곳에서 볼 수 있었다. 아무리 사소하더라도 성취된 것들을 놓치거나 무시하지 말아야 했다. 허시먼은 낙농 농민들과 주택 협동조합이 어떻게 사람들이 나서서 일하게 하고 원하는 것을 얻고자 '욕동streben'하게 만드는지를 계속해서 기록했다. 프로젝트가 애초에 기대한 결과치를 산출하는 데는 "실패"했을지 몰라도 그 과정에서 개발과 발전이 없었다는 말은 아니었다. "사회적 에너지"라는 개념을 동원해서, 허시먼은 작은 규모의 자금 지원이라도 사람들이 자신이 원하는 세상을 위해 공동체와 협동조합의 활동을 창출하고 방향짓고 확장하게 만드는 데 도움이 된다는 것을 보여주었다. 사람들이 자신들의 문제에 대한 해법을 찾아내고 고안해내도록 자극을 주는 데 외부의 자금 지원이 계기가 될 수 있을 경우, 이런 효과는 더 극명하게 나타났다. 해당 문제 자체는 해결하지 못한다 하더라도, 그것을 해결하려는 노력에 대담하게 착수함으로써 사람들은 기술을 배웠고 운동을 조직했으며 사회적 에너지를 만들어냈다. 이렇게 생겨난 사회적 에너지는 다른 곳에 쓰일 수 있었다.

여기에서 《경제발전 전략》으로까지 거슬러 올라가는 허시먼의 오랜 주제 하나를 더 엿볼 수 있다. 바로 '학습'이다. 허시먼은 예전부터도 지식이 사회변화 과정에서 수행하는 역할에 대해 늘 생각했다. 허시먼은 손녀와 있었던 소소한 에피소드 하나를 일기에 다음과 같이 적었다.

앨버트 허시먼

나는 라라(네 살)에게 불을 피우기 위해 신문지를 준비하는 법을 보여주었다. 그것을 배웠으니 이제부터 라라는 그것을 **정확히 똑같은** 방식으로 실행할 것이다. 너무 많은 '유용한' 것들을 인생에서 너무 일찍 배우는 것은 좋지 않을 수도 있다. 그것을 배우는 시점에 질문을 할 수 없을 것이기 때문이다. 혁신이 가능하려면 **늦은 학습**이 필수적인지도 모른다.

'사회적 에너지가 산출해내는 늦은 학습'을 일구는 일에 헌신한다는 이야기야말로 미주재단 사람들에게 필요한 이야기였고, 이 이야기는 그들이 미주재단의 임무를 창조적으로 다시 생각할 수 있게 했다. 하킴은 기뻤다. "모든 이야기가, 들으면 흥이 나는 것들이었습니다."[22]

현장 노트를 모두 정리하고 보니, 허시먼은 이것이 재단의 이야기일 뿐 아니라 평생에 걸친 자신의 연구 이야기이기도 하다는 사실을 깨달았다. 허시먼은 맨커 올슨의 논리를 반박하면서 떠올렸던 몇 가지 생각을 다시 하게 되었다. 허시먼이 이번에 현장에서 보고 들은 이야기에 특히 관심을 갖게 된 이유는 그 이야기들이 허시먼 자신의 과거를 상기시켜 주었기 때문이었다. 1984년 초에 허시먼은 재단 직원들에게 취재 내용을 1차로 발표하면서, 이 일을 하는 데는 열려 있되 "텅 비어 있지는 않은 마음"이 필요했다고 말했다. 그때 허시먼의 마음을 채우고 있었던 것은 오래전 그가 했던 생각들이었다. 그는 자신이 잊고 있었던 생각들을 다시 떠올렸음을 깨달았고, 이는 매우 안도감을 주는 경험이었다. "나는 '엉뚱한 길'로 보이거나 '말 앞에 있는 마차'처럼 순서가 뒤집힌 것으로 보이는 양상들을 계속해서 수집했습니다. 이러한 전개가 '자연스럽게' 존재할 수 있다는 것을 알면 개발과 발전의 가능성이 확장될 수 있기 때문이었습니다." 필수적인 선결조건이 무르익기를 기다릴 필요가 없다는 말은 사람들이 대규모 빈곤에 직면했을 때 반드시 속수무책이 되어야 할 필요는 없다는 의미였다. 부채 위기가 아무리 높아져도 위기 안에서나마 조금 더 나아지도록 개선할 수 있는 범위는 언제나 존재했다. 사회변화 과정에서뿐 아니라 허시먼 개인의 측면에서도 마찬가지였다. 세계적인 명성을 가진 원로학자도 여전히 자신과 자신이 가진 가능성의 범위를 재발견할 수 있었다.[23]

한편, 빈민가의 주택 소유권 확보 운동부터 협동조합 학교에 이르기까지 다양하고 제각각인 프로젝트에서 취재한 내용들을 일관성 있게 한데 모으는 일은 만만치 않았다. 늘 그랬듯이 허시먼은 거대한 가설을 세운 뒤 그것을 뒷받침하는 세부사항을 제시하는 식으로 작업하지 않았다(거대한 가설은 물론이고 작은 가설도 세우지 않았다). 모델링이나 수량적 방법론을 사용하지 않는 연구자들조차 당황하게 만들 만한 접근법이었다. 허시먼은 개인적인 관여와 집단적인 관여가 어떻게 서로 경합하면서 균형을 이루는가에 초점을 둔 상태로, 사례들 자체에서 패턴이 나타나도록 했다. 많은 프로젝트들의 공통점은 개인과 가족의 상황을 개선하려는 사적인 추구에서 추동되었지만 그 과정에서 공적인 활동들이 생겨났다는 점이었다.

앨버트 허시먼

허시먼이 특히 좋아한 사례 중에 도미니카공화국의 '트리시클로'가 있다. 삼륜자전거로 물건을 나르는 배달꾼을 일컫는 말인데, 이들은 만성적으로 빚을 갚지 못하는 상황에 처해 있었다. 이들의 생활을 개선하기 위해 지역 기업인들과 비정부기구들은 일곱 명의 트리시클로가 하나의 팀을 이루어 채무 상환에 연대책임을 갖게 했다. 이 조치의 직접적인 효과로 트리시클로들이 삼륜자전거를 '소유'하는 사례가 크게 늘었다. 그리고 더 중요한 것으로, 개별 트리시클로가 돈을 갚지 않을 경우에 대비해 채권자를 보호하기 위해 시작된 운동이 뜻밖에도 사회적이고 정치적인 효과를 내어서, 트리시클로 모임들이 연대해 세력을 일구게 되었다. 한 트리시클로 조직가는 "나는 도시 어디에라도 500명의 트리시클로를 결집시켜서 모든 것을 마비시킬 수 있어요"라고 이야기하기도 했다. 이들이 집합행동에 나서는 사안은 교통법규 문제부터 세금 문제, 경찰과의 문제까지 다양했다. 이렇게 해서, 채무 위험을 분산하기 위해 만들어진 조직이 정치적 "압력집단"으로 발전했다. 허시먼은 이런 이야기에 매료되었다. 허시먼의 노트에는 삼륜차 가격과 보험 시스템, 회계를 정확하게 작성할 경우 절약 가능한 금액 등에 대한 계산이 빼곡히 적혀 있다. 이 사례는 단지 성공적인 프로젝트 사례로만이 아니라 집단행동의 원리를 보여주는 사례로 책에 포함되었다.[24]

그가 책에 소개한 여러 사례 중 하나에서, 허시먼은 이렇게 설명했다. "그렇다면, 여기에 또다른 상황 전개가 있다. 개인적인 측면에서 자신의 처지를 개선하려던 노력이 특별한 추가적인 노력 없이도,

그리고 어떤 단절도 보이지 않으면서, 공적인 옹호 활동과 공공 사안으로의 참여로 이어지는 전개 말이다." 그리고 이 통찰은 애덤 스미스에게로 이어진다. 집합행동에 대해 어떤 '이론적' 논의도 담지 않은 이 짧은 책에 유일하게 등장하는 이론가가 스코틀랜드의 도덕철학자 애덤 스미스다. 허시먼은 집합행동이 아예 무시되거나 아니면 "미심쩍은 음모로 비난받고 있다"는 스미스의 언급을 토대로 삼아, '전적으로 사적인 행동'과 '명시적으로 공적인 목적을 가진 활동'이라는 두 극단뿐 아니라 그 사이에 수많은 중간적·중개적 활동과 혼합이 존재하는 스펙트럼을 설명하고자 했다. 이 스펙트럼에 있는 모든 활동은 애덤 스미스의 말마따나 "참가한 당사자 입장에서는 개인적인 여건을 개선하기 위한 수단으로서 의도되고 고안된 것"일 터였다.[25]

책의 제목으로 허시먼이 처음 생각한 것은 '집단으로 하기Making It in Groups'였다. 그는 이 제목이 주는 느낌을 좋아했다. 하지만 단어놀이에 능한 그도 어쩐 일인지 이 제목이 외설적인 연상을 불러일으킬 수 있다는 것을 생각하지 못했다. 마이클 맥퍼슨, 주디스 텐들러, 피터 하킴(그는 이 제목이 의회에서 논의되면 어떤 상황이 벌어질지 궁금해했다)은 제목을 바꾸도록 허시먼을 설득했다. 맥퍼슨과 허시먼은 고심 끝에 《집단적으로 앞으로 나아가기》로 제목을 바꾸었다.[26]

이 책은 굉장히 특이했다. 우선 글이 믿을 수 없을 정도로 쉽게 씌어 있었다. 아이들 책 같아 보일 정도였다. 책의 내용을 사람들이 쉽게 접할 수 있게 하고 분석 내용과 분석 대상[사람들] 사이의 간극

앨버트 허시먼

을 줄히고자, 허시먼이 일부러 그렇게 정한 것이었다. 이는 이 책이 가진 "도덕적" 특성 중 하나였다. 허시먼은 출판사(페르가몬 출판사)에 글자 크기도 크게 해 달라고 요청했다. 이것은 원고를 서평자들에게 보냈을 때 논란거리가 되었다. 최근작인《참여의 시계추 운동》이 많은 혹평을 받은 터에, 그리 좋은 반응을 가져올 법한 일은 아니었다. 이 프로젝트를 지지하고 좋아했던 퀘이커 경제학자 잭 파월슨도 허시먼이《경제발전 전략》에서부터 이어진 아이디어들을 이론적으로 심화시키지 않고 풀뿌리 사례들에 비추어 재탕만 했다고 평가했다. 그런 면이 없지 않았지만, 허시먼은 이 서평을 불쾌해했다. [카티아에게 보낸 편지에서 그는 이렇게 설명했다] "내 원고는 풀뿌리 개발 경험에 대해 종합적인 평가를 하고 있지 않으며 그렇게 하려는 시도도 하지 않았다. 이 원고는 개발 사안에 오래도록 관심을 가지고 있었던 한 목격자의 관찰보고서이며, 일부러 비학술적인 형태로 작성했고 주석과 참고문헌을 최소화했다." 그리고 다소 방어적으로 이렇게 덧붙였다. "학자는 그것이 유의미한 제안과 자극을 줄 수만 있다면 인상주의적이고 사변적인 책을 쓸 권리가 있어야 한다는 것이 내 생각이다."[27]

이 책은《개발 프로젝트 현장》과도 대조적이었다.《개발 프로젝트 현장》이 분석적인 주장 위주로 구성되어 있었다면,《집단적으로 앞으로 나아가기》는 서사적인 스토리텔링으로 구성되어 있었다. 허시먼은 "학술적인 논문"으로서가 아니라 "논증을 담은 여행기"로서 이 책을 집필했다. 이 여행기는 사람들의 구체적인 이야기에 밀착되어 있었고, 그들의 이야기는 허시먼 자신이 최근에 겪은 실망에 대해 용기를 북돋아 주는 해독제이기도 했다. 허시먼은 그가 《참여의 시계추 운동》에서 예측한 것과 달리 사람들이 실패와 쇠퇴에 직면해서도 완전히 사적인 추구로 돌아가지 않는 것을 보고 놀랐다. 앨버트와 새러는 많은 경우에 지금의 상황이 다음 국면으로 가는 "주춧돌" 역할을 함을 알게 되었다. 물론 그러한 "다음 국면"은 위로 가는 것일 수도 있고 아래로 가는 것일 수도 있다. "남미의 현 세대는 손주를 기다리고 있지 않다. 그들은 하나의 삶에서 '싸움'을 여러 번 다시 시작하기에 충분한 역량이 있다." 허시먼은 이것이 실패강박에 맞서는 탄탄한 근거가 될 것이라고 생각했다. 성공의 결핍이 성공을 향한 열망에 더 많은 동기부여를 할 수 있음을 보여주는 사례인 것이다. 또한 고립을 제거하는 것, 상호신뢰를 구축하는 것 등과 같이 잘 보이지 않고 선명하지 않은 혜택들을 놓치지 말아야 한다는 점도 알려주었다. 도미니카공화국에서 소규모 프로젝트를 이끄는 어느 진행자는 다음과 같이 말했다. "전에는 서로를 보기만 했지 서로를 알지는 못했어요. 하지만 이제는 서로를 알아요." 이제 그들은 서로를 잘 알게 되었을 뿐 아니라 "마음의 태도도 달라졌다."[28]

스토리텔링 형식으로 풀어가기로 한 결정은 수집된 자료의 속성을 반영한 것이기도 하다. 새러와 앨버트는 문서자료를 열심히 읽었지만 실제로 연구에 가장 큰 토대가 된 것은 취재 과정에서 구두로 들은 증언들이었다. 현지 사람들이 연극이나 노래로 보여준 것들도 있었다. 이를테면 콜롬비아 라칼레라의 여성들은 최근에 어느 젊은 여성이 결혼을 했는데 남편이라는 자가 막돼먹은 놈이었던 것을 노래로 들려주었다. "내가 렌틸콩으로 밥상을 차려 줬잖아. 먹기 싫으면 먹지 마." 또 산베르나르도의 남성들은 흙바닥으로 된 오두막에서 그들의 아버지들이 탐욕스런 투자자에게 땅을 빼앗긴 과정을 연극으로 보여주었다.[29]

허시먼의 다른 저술에서와 달리 이 작은 책에서는 사회의 가장 밑바닥 계층 사람들이 스스로 이야기를 하고 있었다(이 책은 1984년 학술지 《세계 개발》의 특별부록으로 출간되었다). 마지막 장에 가서야 그보다 한 계층 위인 공동체 관리자들 이야기가 나올 뿐 장관·지식인·고위관료 등은 일부러 다루지 않았으며, 30년 전에 그렇게 중요하게 여겨졌던 정책 결정자들도 다루지 않았다. 학자들을 만나 이야기를 듣기는 했다. 사실 허시먼은 출장 내내 학자들을 만났다. 페루에서는 훗날 비공식 경제를 지지하는 학자로 유명해지고 1990년대에는 영향력 있는 정책 결정자가 되는 에르난도 데 소토를 만났다. 그날 저녁에 허시먼은 이렇게 메모했다. "자수성가한 사회과학자. 흥미로움. 약간 하이에크로 기운 듯?" 리마의 말레콘 해안 공원에서는 마리오 바르가스 요사, 파트리시아 바르가스 요사 부부와 저녁을 함께 먹었다. 그 전날 밤에는 리처드 웹을 만났고, 또 그 전날 밤에는 부에노스아이레스에서 호세 마토스 마르를 만났다. 일요일에는 부에노스아이레스에서 호르헤 발란, 엘리사베스 헬린과 조각공원을 구경하고 라플라타 강가에서 점심을 먹었다. 앨버트는 초리소 파리야다, 모르시야, 그리고 소고기를 맛있게 먹었고, 헬린은 새러에게 개인적인 문제를 털어놓았다. 또 여러 연구소도 방문했다. 이런 곳들을 다니면서 사회운동과 가난한 사람들의 저항에 대해 열띤 논쟁이 벌어지고 있는 것을 보긴 했지만, 책에는 담지 않았다.

1983년인 이 시점에도 여전히 남미에 인권을 침해하는 독재 정권이 많았다는 것도 책에서 정책 결정자를 배제한 요인 중 하나였다. "국가"는 "억압하는 자"였다. 아르헨티나에서는 국가가 판자촌을 밀어버렸고, 칠레에서는 국가가 마푸체족의 땅을 팔아 버리거나 쪼개어 분배해 버려서 사람들이 이에 맞서 저항하고 있었다. 취재 내내 폭력과 분쟁도 목격했다. 아르헨티나와 칠레처럼 군부라는 명백한 폭력의 주체가 있는 곳도 있었지만, 억압과 박해는 '국가의 공포통치'라는 일반적인 이미지를 넘어서 있었다. 새러와 앨버트가 지프를 타고 콜롬비아 몬테아술의 언덕을 올라가는데 일행 중 한 명이 최근에 과부가 된 여성이 운영하는 농장을 가리키며 말했다. "이곳에는 과부가 많아요."[30] 페루에서는 아야쿠초에서 마오주의자의 저항운동을 목격하기도 했다. 그는 텅고마리아라고 불리는 고지대 정글로 들어가게 되었는데, 코카인 재배지로 개발이 되었던 곳이고 미주재단이 이곳의 농민협동조합을 지원한 바 있었다. 하지만 지주, 기존의 거주자, 토지를 소유하지 못한 신규 이주자(아야쿠초를 휩쓸었던 분쟁에서 난민이 된 사람들) 사이의 분쟁으로 망가지고 말았다. 한때는 프로젝트의 "보석"이었던 것이 이제는 자금만 축냈다는 비난을 받고 있었고 (허시먼의 기록에 따르면) 미주재단에 추가 자금을 호소하고 있었다. 초기의 성공이 실패로의 길을 낸 것이었다. 그리고 그 이후의 진행 과정으로 보건대, 코카인 재배지는 누군가에게는 황금 알이었지만 집단적 자립을 위해서나 평화를 위해서는 좋은 것이 아니었다.[31]

신문 지상을 장식하던 채무 위기, 민선 정부를 다시 세우려는 시민저항의 확산 등 격동과 혼란의 이미지가 허시먼의 여행기를 가득 채웠을 것이라고 예상하기 쉬울 것이다. 물론 이런 내용이 없지는 않았다. 남미에서 국가는 시민의 권리와 정부의 정책 사이에 간극을 초래하는 차가운 괴물이었다. 여기에 시민 조직들이 뛰어들어 자신의 에너지를 쏟아부어 "안전망을 일구면서" 그 간극을 메우고 있었다. 하지만 허시먼의 초점은 이것이 아니었다. 그가 현장 중심의 스토리텔링으로 책을 쓴 것은 이 책을 학술 논문으로 쓰지 **않겠다는** 결정에서 나온 것이었다. 이 분야와 관련된 학술적인 논쟁은 한편에서는 엘리사베스 헬린, 다른 한편에서는 에르난도 데 소토가 양극단을 대표하면서 학계에서 활발히 진행되고 있었고, 허시먼은 이들의 연구 내용을 잘 알고 있었다. 하지만 허시먼은 이 책에서 그 논의에 관여하고 싶지 않았다. 허시먼은 이 책의 독자와 이 책의 연구 대상자가 분리되지 않길 원했다. 그래서 이 책을 개발이 실제 진행되는 과정을 기록한 '여행기'의 형태가 되게 하고 싶었다. 새러도 여기에 큰 영향을 미쳤다. 새러는 집단 독서모임인 '사람과 이야기'를 조직한 경험이 있었고, 이 활동은 고급문화에서 소외되었던 사람들과 문학에 대한 이야기를 나눔으로써 문어와 구어를 연결하고 여기에서 펼쳐지는 놀라운 일들을 목격했다. 이는 책의 독자와 책이 다루고 있는 대상인 사람들을 연결시키고자 하는 허시먼의 노력에 본보기가 되었다.

그래서, 으레 포함될 법한 사람과 내용이 의도적으로 배제되었다. 먼저 장관과 지식인이 등장하지 않는다. 또 큰 사회적 맥락에 대한 이야기도 나오지 않는다. 외채 위기, 군부독재, 산업 붕괴 등은 현장 상황의 배경이 되는 맥락으로서 중요하기는 했지만 이 책에서 허시먼이 기술하고자 한 관심사는 아니었다. 복지국가 이전의 북미나 서유럽과 달리, 여기에서는 복지와 사회 진보를 이루려는 개인들의 운동이 교육받은 엘리트 계층에서 나온 것이 아니었기 때문이다. 여기에서는 그런 운동이 풀뿌리에서 나오고 있었고, 이들은 뉴스거리를 만드는 상류층이나 엘리트층의 세계에서 소외된 사람들이었다. 허시먼은 작은 뉴스들을 알게 되는 것이 즐거웠다. 우루과이에서는 미주재단 자금 지원으로 협동조합을 만들 수 있었던 낙농 농민의 이야기를 들었다. 그들은 재단 지원금으로 우유를 수거하는 트럭을 한 대 마련했다고 했다. 허시먼은 이를 즐겁게 기록했다. "이제 새 공장에서 온 트럭이 농민들의 집 앞에서 우유를 바로 수거하므로 농민들은 1년 내내 날마다 1~5시간을 아낄 수 있다!"

그렇다고, 사람들이 공동의 해결책을 행복하게 받아들여 문제가 다 풀렸다는 식의 장밋빛 서술을 한 것은 아니다. 허시먼의 글은 집합행동을 낭만적으로 옹호하는 글이 아니었다. 이를테면 칠레의 현장 노트에는 마푸체족 부모들 사이의 갈등이 잘 드러나 있다. 어떤 이들은 자녀들에게 에스파냐어로 교육하기를 원했고, 어떤 이들(아

앨버트 허시먼

버지들)은 딸의 학교 교육을 반대했다. 하지만 이런 불일치는 공동체에 결국 득이 되었다. 허시먼은 메모에 이렇게 기록했다. "많은 경우에 부모들의 싸움은 건전하다. 부모들은 때로는 자녀가 없는 사람들이다. 아이들이 학교에 가게 하자. 남녀 아이들이 모두 배우게 하자. 남자아이들도 바느질과 요리를 배우게 하자. 여자아이들도 동물 거세를 할 수 있게 하자. 여자아이들의 아버지는 그것에 반대한다. 그러다가 결국 일이 이루어진다." 많은 프로젝트에 남녀 사이의 긴장이 팽배해 있었다. 1980년대 초 자본주의가 야기한 궁핍에서 가족 사이에 잠재되어 있던 갈등이 드러났기 때문이다.[32]

많은 운동이 "성공"과는 거리가 멀었고, 정부가 사회 서비스를 아예 포기해서 이것이라도 없으면 안 되었기 때문에 간신히 유지되고 있었다. 많은 프로젝트가 일손이 부족했고 관리자에 대한 불만도 많았다. 협동조합 회원들은 "발언"할 수 있는 기회가 충분하지 못하다며 불평하기도 했고, 상급자가 된 친구와 이웃에 대해 비판하는 것을 두려워하기도 했다. 새러는 도미니카공화국에서 구두수선공과 목수들을 방문한 뒤 다음과 같이 적었다. "문제: 어떤 이는 관리자-상사이고, 어떤 이는 노동자이다. 협업을 받아들이기 어렵다."[33] 갈등이 없는 곳은 없었다. 앨버트는 협동조합에 참여하지 않은 트리시클로 운전자를 만나 보았다. 그는 "사회주의가 저녁 시간을 너무 많이 잡아먹기 때문에 실패한다"던 오스카 와일드의 말을 확인해 주었다. "그는 집단회의에 너무 많은 시간을 쓰고 싶어하지 않았고, 너무 많은 서류 작업을 해야 하는 것도 원하지 않았다." 실제로 그 트리

■ 1978년 도미니카공화국 보석 공방의 앨버트와 새러.

시클로 협회는 회비를 걷는 데 문제가 많았고 적지 않은 사람이 삼륜자전거 구입비를 연체했다. 맨커 올슨이 말한 무임승차의 증거였다.[34] 그리고 운동이 성공적인 경우에는 그 성과를 정부가 가로챌 위험도 있었다. 지역의 어머니모임이 주도해 매우 효과적으로 운영되고 있던 산티아고의 급식소는 '국민을 잘 돌보는 지도자' 이미지를 갖고 싶었던 피노체트의 아내가 합병해 버렸다. 미주재단은 이를 반기지 않았지만 그래도 급식소 프로그램을 계속 진행했는데, 결국 인수한 정부가 운영을 잘못하는 바람에 문을 닫게 되었다.[35]

협동조합이 만병통치약은 아니었고, 더 많은 것이 반드시 더 좋은 것도 아니었다. 무엇이 효과가 있고 무엇이 없는지는 하나의 척도로 이야기할 수 없었다. 이 책은 도식적인 그래프와 사회과학적인 주장 없이 서사로만 이루어져 있었고, 지지자와 비판자 모두에게 요점이 명확하지 않았다. 그리 주목받지 못한 것도 당연했다.

이 책은 개발이 만든 재앙의 목록도 부패의 목록도 아니었다. 이것은 진행중인 진보에 대한 이야기였고, 그 진보는 가난한 사람들이 스스로의 "사회적 에너지"를 끌어모아 집단적인 노력을 함으로써 이루어내고 있었다. 허시먼의 현장 노트에는 "놀라운 생존" "보고 있으면 감탄하게 된다" "지역 사람들은 여기에 부족한 것이 무엇인지 알고 있다"와 같은 말이 계속해서 나온다. 정부가 사적영역화와 [집합행동에 동원되지 않는] 개인화를 선호하는 정치적 맥락 속에서도, 이러한 작은 이야기들을 통해 "덜 개인적이고 서로를 더 보살피는" 활동들의 강력한 네트워크가 생겨났다. 허시먼은 이러한 풀뿌리 움직임들을 보면서 이렇게 결론 내렸다. "권위주의 정권은 사회의 침묵과 내향성을 필요로 하지만 이러한 풀뿌리 움직임들이야말로 그것을 막아내는 근본적인 힘이다."**36**

쉽게 쓴 책이기는 했지만 한층 더 읽기 쉽게 만들기 위해 미주재단 워싱턴 담당자 셸던 애니스는 허시먼이 취재하는 동안 사진작가를 고용해 현장 사진을 찍게 했다. 그리고 과테말라에서 활동중이던 사진작가 미첼 덴버그를 고용해 허시먼 부부가 현장 일정을 모두 마친 다음 출장지의 궤적을 따라 추가로 사진을 찍게 했다. 덴버그는 허시먼이 보았던 풀뿌리 활동들(바나나를 가득 실은 트리시클로, 페루 여성교실의 바느질 수업, 우루과이에서 소젖을 짜는 농민 등)을 사진에 담았다. 그는 허시먼이 쓴 초고를 가지고 다녔는데 훗날 "내가 보는 것은 그 원고 속 이야기가 살아 있는 모습이었다"고 회상했다. 터네스과 덴버그는 허시먼이 그의 연구 대상이었던 현지인들에게 불러일으킨 효과를 보고 깜짝 놀랐다. "분명히 그는 이곳 남미 사람들에게 매우 좋은 인상을 남겼다. 허시먼은 그들과 그들의 성취를 존중했다." 현지인들이 인터뷰 삼아 보여주었던 연극의 모습을 담은 사진도 있었다. 예를 들면 콜롬비아의 산베르나르도델비엔토에서는 땅을 잃은 농부의 아들들이 아버지가 땅을 빼앗긴 과정을 연극으로 보여주었다. 현장 사진들은 협동이 이루어지고 있고, 무언가가 진행되고 있으며, 진전되고 있고, 앞으로 나아가고 있다는 느낌을 분명히 전달하고 있었다. 이 연구가 위기, 불가능성, 후퇴에 대한 것이 아니라 **전진**에 대한 것임을, 특히 가난한 사람들의 전진에 대한 것임을 허시먼의

글과 더불어 사진들이 다시금 확인시켜 주었다.[37]

허시먼은 이 책을 통해 《참여의 시계추 운동》에서 제기했던 문제에 대한 답을 일부 찾았다. 그는 현장으로 갔고, 부유한 국가의 탈미혹된 소비자들에게서가 아니라 이 남미의 현장에서 '공적인 마음을 가진 활동적인 시민'을 발견했다. 허시먼은 그들을 발견했을 뿐 아니라 적극적으로 찾아냈다. 허시먼이 맨커 올슨에게 답했던 것 중 만족스럽지 못했던 부분과 공공경제학의 부상은 남미 출장 내내 그의 머릿속에서 떠나지 않고 있었다. 허시먼은 미주재단이 지원하는 도미니카공화국의 학교를 직접 보고서 "공적인 것과 사적인 것의 혼합"이라는 개념을 다시금 떠올렸다. "사회의 모든 수준에서, 선진국에 비해 이 두 영역 간의 혼합이 더 많이 존재한다. 상층에서는 많은 기업인이 실제로 공적인 활동을 한다. 공적인 사안과 관련해 실제로 공식적인 지위를 갖고 있으며 공적인 대의와 단체에 시간을 많이 쓴다. … 우리는 공적인 것과 사적인 것이 섞인다고 하면 추한 면을 떠올리는 데 익숙하다. 그러느라 이러한 결합이 사람들의 삶을 풍요롭게 하는 것을 보지 못하고 어떤 종류든 진보에는 이런 결합이 필요하다는 것도 보지 못한다."[38]

공적인 것은 시장 실패에 대한 해결책에 불과한 것이 아니었다. 허시먼은 그보다 훨씬 많은 것을 보았다. 그가 상정한 사랑스럽고 가엾고 비극적인 인간이 이성과 정념의 혼합인 것과 마찬가지로, 경제의 기능에도 공적인 것과 사적인 것이 혼합되어 있었다. 이제 허시먼은 《참여의 시계추 운동》에서 제시했던, 그리고 혹평을 받았던 기계적인 시계추 운동에서 멀어졌다.《집단적으로 앞으로 나아가기》는 단지 전작의 실증 사례 버전, 현장으로 "물러감"에 불과한 것이 아니었다. 이 책으로 허시먼은 내내 떨쳐지지 않던 불편한 마음을 어느 정도 해소할 수 있었다.

하지만 이 책은 자기속죄 이상의 의미를 담고 있었다. 남미에서 희망의 원천을 찾기 매우 어렵던 시기에 이 책은 희망을 이야기했다. 실패로 끝나긴 했지만 이 책은 미주재단의 존립을 위한 투쟁에서 무기가 되기도 했다. 1980년 로널드 레이건 집권 이후 연방정부를 통제하게 된 공화당은 미주재단과 같은 기구들로 눈을 돌렸다. 이런 기구들을 냉전 시대 외교정책의 의제에 활용하고자 한 것이다. 정부는 미주재단 이사회에서 이사들을 한 명씩 교체했고(네 명이 백악관이 선정한 사람이었다), 이들이 충분한 세력이 되자 이사회에서 피터 벨의 회장직 사임을 요구하도록 만들었다. 그러면서 미주재단을 평가할 위원회를 소집했다. 위원장은 노련한 외교관 시드니 와인트라우브였다. 하루는 하킴이 저녁식사를 함께 하자며 와인트라우브를 집으로 초대했다. 그리고 이렇게 덧붙였다. "앨버트 허시먼도 올 거예요." 하킴은 자신이 묵직한 정치적 카드를 쓰고 있다는 사실을 잘 알고 있었다. 그리고 이 카드는 효과가 있었다. 와인트라우브는 그날 저녁 허시먼과 함께 미주재단 일에 대해 가볍게 대화를 나누었다. 그는 매우 좋은 인상을 받았고 1983년 1월에 제출한 위원회 보고서는 미주재단에 호의적이었다.[39]

하지만 공화당은 호의적인 평가가 있다고 해서 재단을 그냥 두지 않았다. 쿠바계 우파 미국 기업인으로 레이건 시대에 이사장을 맡게 된 빅터 블랑코는 벨의 축출을 도모했다. 하킴은 강등되었다. 허시먼은 벨을 옹호하기 위해 뛰어다녔고, 재단이 이데올로기적 영역 싸움에 휘말려서는 안 된다고 주장했다. 다소 엉뚱하지만, 허시먼이 펼친 운동은 미주재단을 노벨경제학상 후보에 올리는 것이었다. 그는 《집단적으로 앞으로 나아가기》를 이 단체의 혁신적 사고와 실천을 보여주는 증거로 제출했다. 또 허시먼은 《뉴리퍼블릭》에 공화당 이념가들이 미국과 남미의 좋은 관계를 위협하고 있다고 비판하는 글을 실었다. "실천적"인 것, 즉 실질적으로 문제를 해결해 나가는 운동을 지원하고 촉진하는 것은 아래로부터의 자본주의와 다름없는데, 공화당 이념가들이 이것을 훼손하고 있다는 비판이었다. 허시먼은 이 글의 제목을 〈자초한 상처〉라고 지었다. 더구나 미주재단은 예산을 과도하게 사용하는 기구도 아니었다. 그 전해에 집행된 자금 2400만 달러는 다른 조직에 비하면 적은 금액이었고 "선의를 위해 우리[미국]가 남미에서 축적해야 할 귀중한 자본"이었다. 또한 이 자본은 빈민뿐 아니라 (허시먼이 보기에는 더 중요하게) 현지의 중산층 전문가들과 중요한 연결고리를 만들어 주는 자본이기도 했다. 현지의 교사, 건축가, 의사 등은 미국이 남미와의 연결고리를 강화하려면 반드시 필요한 사람들이었다. 허시먼은 레이건 정부가 "외부의 적을 찾을 필요도 없이 스스로 상처를 자초하는 희한한 버릇을 드러내고 있다"고 주장했다.[40]

충격을 받고 의기소침해 있던 미주재단 직원들은 《뉴리퍼블릭》

글을 보고 누군가가 자신들의 대의를 지지하고 있다는 사실에 힘이 났다. 피터 벨은 허시먼에게 이렇게 감사를 전했다. "나는 이중으로 명예롭게 느낍니다. 내가 매우 존경하는 분이 이토록 후하게 칭찬해 준 조직을 이끌었다는 것에 대해서요." 이어서 그는 "당신의 연대는 (연대라는 말은 당대의 키워드였다—저자 주) 재단의 모든 사람에게 굉장히 중요합니다"라고 언급했다. 하지만 문제는 결국 해결되지 못했다. 재단에 남아 있는 것이 오히려 상황을 악화시켜 조직에 누가 될까 봐 벨은 카네기재단으로 자리를 옮겼고, 하킴도 미주다이얼로그로 자리를 옮겼다. 하킴은 곧 미주다이얼로그 소장이 되고, 이 단체는 워싱턴의 남미 정책을 개방적이고 창조적으로 사고하게 하는 데 일조하는 주요 기관이 된다.[41]

학술지 부록으로 나온 이 작은 책은 거의 관심을 끌지 못했다. 편집자인 허시먼의 오랜 친구 폴 스트리튼은 이 책의 내용을 더 많은 사람들에게 알리기 위해 학술지에 논문 형태로 글을 하나 더 쓰면 어떻겠냐고 제안했다. '전진'을 나타내는 그래픽 이미지도 삽입할 수 있다고 했다. 하지만 《집단적으로 앞으로 나아가기》는 부상하고 있던 사회운동론 분야나 소위 비공식 영역에 대한 학계의 논의와 연결되지 않았고 개념적인 접근을 취한 것도 아니어서, 이 책과 짝을 이루는 《참여의 시계추 운동》과 일부러 함께 읽는 수고를 하지 않는다면 학술적인 글로서 좋은 호응을 얻을 수 있기는 어려울 것이었다.

허시먼이 개발경제학 분야를 떠났었던 것을 생각하면 《집단적으로 앞으로 나아가기》는 생뚱맞은 면이 있다. 허시먼 자신이 개발경제학의 몰락을 선언하지 않았던가? 이 책은 개발에 대한 새로운 주장으로서보다는 불가능주의자들을 반박할 목적으로 씌어졌다. 허시먼이 개발경제학 분야와 단절했었다고 말하기에는 다소 애매한 구석이 있다. 사실 종말을 선언한 사람치고는 개발 프로젝트에 대해 조언과 자문을 해 달라는 요청을 점점 더 많이 받고 있었다. '라틴아메리카 및 카리브해 지역 경제위원회 사무총장' 엔리케 이글레시아스는 허시먼에게 유엔 본부에서 '개발의 미래'를 주제로 열릴 워크숍에 참여해 달라고 요청했다. 이 워크숍에서 허시먼은 전에 한 말을 뒤집듯이 이렇게 말했다. "나는 개발경제학이 죽음에 처할 정도로 병들었다고 말한 적도, 그렇게 의미한 적도 없다. 단지 개발경제학 분야가 후진성이라는 용을 무찌르는 일을 개발경제학 혼자만으로는 할 수 없다고 말했을 뿐이다." 허시먼은 경제학자들이 늘 '희소한 자원' 운운하면서도 "그들 자신의 용맹이 가진 한계는 알지 못하는 것"이 문제라고 생각했다. 또 그는 최근의 경험에서 얻은 몇 가지 "교훈"들을 이야기했다. 그러고는 워크숍에서 진행되는 논의 과정을 지켜보았다. 신이 난 듯한 메모로 판단하건대 개발 분야가 되살아나는 것 같다는 인상을 받은 것 같다.[42]

개발경제학 분야에서 거리를 두기는 했지만 허시먼은 여전히 관련 콘퍼런스에 초청을 받았다. 록펠러재단은 1985년 여름에 허시먼과 기어츠를 벨라지오센터에서 열린 워크숍에 초청했다. 제3세계에서 '개발과 관련한 근본 사안들'에 대한 사회과학 연구를 촉진하기 위한 행사였다. 하지만 이 두 "저명인사"는, 의도는 좋았을지 몰라도 으레 그렇듯이 연장자가 선심 쓰듯 후배들에게 조언을 하는 분위기의 이 행사가 그리 마음에 들지 않았을 법하다. 그들은 행사에 참여한 젊은 학자들의 연구에 대해 코멘트를 해야 했는데, 재단 직원의 기록에 따르면 "나도 거의 기대하지 않았던 열정을 가지고 젊은 학자들이 계속해서 질문을 했기 때문에" 매우 지치고 말았다. 젊은 학자들 입장에서는 저명한 석학으로부터 조언을 받으면서 "학계의 거물들"과 일주일 내내 함께 지내는 기회를 갖게 되어 굉장히 기뻤을 것이다.[43]

포드도 문을 두드렸다. 이는 허시먼에게 끝맺지 못한 일들에 대한 후회를 불러일으켰다. 특히 미주재단이 성취의 정점에 있었을 때 함께 보냈던 날들과 그 정점에서 외부 요인 때문에 급전직하하는 것을 목격한 데 대한 아쉬움을 떨쳐 버릴 수 없었다. 포드재단은 허시먼이 인도의 델리 경제대학원을 방문할 수 있도록 주선했다. 그곳의 셰크하르 샤는 허시먼이 개발 사안을 연구하는 인도 연구소 '개발도상국센터' 사람들에게 남미의 경험에 대해 이야기해 주기를 원했다. 허시먼은 흔쾌히 응했지만 "그들의 말을 **듣는 데도** 그만큼 시간을 쓰고 싶다"고 덧붙였다. 허시먼은 클래리지 호텔에 체크인을 한 뒤 인도와 인도네시아의 경제사를 주제로 한 콘퍼런스에 참석했다. 이어 포드재단 직원들의 안내를 받아 인도의 저명한 사회과학자들과 함께 델리의 명소들을 구경했다.

허시먼은 원로학자로서의 역할을 즐겼다. 하지만 아마다바드에서 우연히 '여성 자영업자 모임'을 본 것이 흥미를 더 끌었다. 그리

앨버트 허시먼

고 여러 감정이 밀려왔다. 미주재단을 놓고 벌어진 알력과 피터 벨이 결국 쫓겨난 것을 생각하니 몹시 괴로웠다. 허시먼은 프린스턴으로 돌아온 뒤 피터 하킴에게 헌정하는 글을 썼다. 아마도 미주재단을 지키기 위해 더 뛰었어야 했다는 후회가 들었던 것 같다. 이 글에서 허시먼은 "아, 그때 이렇게 말했어야 했는데" 하고 뒤늦게 후회하는 심정이라고 털어놓았다. 그는 미주재단의 프로젝트들을 "하나의 단계에서 또다른 단계로" 이어지는 하나의 내러티브로 기술했어야 했다고 아쉬워했다. "투쟁에서 발전으로" 그리고 "발전에서 투쟁으로". 아마다바드의 직조공예자와 폐지수거인들을 보니 풀뿌리 발전이란 "개발과 투쟁 사이의 통합이자 그 둘 사이의 갈등"이라는 것을 다시금 확인할 수 있었다. 이것은 결코 단순하지 않고 복잡한 과정이었으며, "누구도 피터 하킴보다 이것을 잘 이해할 수는 없었을 것"이었다.[44]

《집단적으로 앞으로 나아가기》는 오랜 독재를 딛고 일어서고 있는 남미에서 벌어진 '아래로부터의 움직임'이었다. 이 책은 정부가 등을 돌린 상황에서도 문제를 해결하고 삶을 개선시키는 일반 시민들의 행동을 보여주었고 일상을 살아가는 사람들에 대한 희망의 메시지를 담고 있었다. 그러면서 허시먼은 브라질에서는 포드재단의 의뢰로 CEBRAP의 평가에 참여하고, 아르헨티나 부에노스아이레스에서는 CEDES의 엘리사베스 헬린과 함께 일하고, 칠레 산티아고에서는 알레한드로 폭슬리와 함께 일하면서, 독재가 만연한 대륙에서 사회과학 연구를 재건하기 위해서도 적극적으로 노력했다.

실제로, 허시먼의 잦은 방문은 칠레에서 시카고 보이스가 피노체트 정부 시기에 미친 영향력에 대해 반작용의 역할을 했다. 폭슬리의 동료인 파트리시오 멜러는 "언제라도 우리가 그에게 도움을 받을 수 있었다는 점에서 허시먼은 매우 특별했다"고 언급했다. 남미의 학자들은 고립되고 억압받았지만(이를테면 경찰이 그들의 전화를 도청했다) 세미나룸에서는 공개적이고 솔직한 논의를 통해 대안, 생존, 두려움을 이야기할 수 있었다. 허시먼은 이 어려움이 지나갈 것이라고 말했다. 자신의 과거 이야기를 자세히 하지는 않았지만, 허시먼의 이야기 이면에 그의 경험이 자리하고 있음을 사람들은 느낄 수 있었다. 허시먼이 〈도덕과 사회과학〉 논문을 발표했을 때 칠레 라틴아메리카연구소 세미나룸을 가득 채운 청중은 더듬거리고 뚝뚝 끊기는 말투 속에서도(이제 대중 강연에서 허시먼의 말투는 점점 더 그렇게 되고 있었다) 허시먼이 인권에 대한 그들의 헌신이 성장에 대한 그들의 우려와 분리될 필요가 없다고 확신하고 있음을 알 수 있었다. 멜러는 자신이 편집하는 저널에 이 논문을 번역해 실어도 되겠느냐고 물었다.[45]

어둠 속에서 빛을 비출 수만 있다면 왜 안 되겠는가? 허시먼이 제시한 긴장관계는 미국 학계의 독자들이 보기에는 다소 추상적이었을 것이다. 하지만 그 이외의 지역들, 사회과학이 다른 분야와 덜 분절되어 있는 곳에서는 세상을 분석하는 동시에 세상 안에 존재한다는 이중적 상황이 피할 수 없는 조건이었다. 여러 대륙과 여러 투쟁을 겪으면서 허시먼의 삶에 들어와 있던 '세상 속에 존재함'의 의미가 젊은 세대 학자들 앞에서 열변으로 쏟아져 나왔다. 이 긴장에 이름을 붙이는 것은 그것의 존재를 인정하는 출발점이었다. 그것의 존재를 인정함으로써, 사회과학자들은 그 긴장을 꼭 해소하고 초월하고 극복해야 한다는 강박을 갖지 않을 수 있을 것이다. 정작 중요하고 소중한 것을 잃지 않으면서 말이다. 사회과학자의 딜레마는 작아져 못 입게 된 옷처럼 내다버릴 수 있는 것이 아니었다. 거짓 확실성 속에서 은신처를 찾으려고 하기보다는, 딜레마를 인정하고 받아들이는 것이 나을 터였다.

20장

좌우 극단주의에 맞선
마지막 외침
(1985~91)

이 세상을 위해 꾸역꾸역 열심히 일하는 모습이라니 얼마나 우스운가.

―프란츠 카프카

1984-85학년도는 허시먼이 고등 연구소 '정규'연구원으로서 마지막 해였다. 4월이면 70세가 되는 허시먼은 공식적인 자리에서는 은퇴하게 되어 있었다. 퀜틴 스키너는 "의무 없는 권리! 정말 완벽한 학자의 삶이죠"라고 농담하며 축하를 건넸다. 하지만 프린스턴의 이 작은 공화국에서 권리와 의무의 비율이 권리 쪽으로 기우는 일이란 거의 없었다. 은퇴를 앞두고 있는 허시먼은 국제적인 명사였다. 허시먼처럼 세계 각지에서 존경받은 사회과학자는 실로 찾아보기 어렵다. 부에노스아이레스부터 부다페스트까지 수많은 나라의 장관, 여러 재단의 회장, 다양한 사회단체의 지도자들이 그에게 지혜를 구했다. 하지만 허시먼은 조언을 남발하는 명사 노릇은 하고 싶지 않았다. 그는 확실성을 설교하는 것을 전보다 더 싫어했고 자신의 확신을 퍼뜨리고 돌아다니는 사람들을 경멸했다. 대표적인 사람이 밀턴 프리드먼이었다. 시카고대학 경제학

자인 프리드먼은 실로 감탄스러울 만큼 확신에 가득차서 신보수주의를 설파하는 명사 노릇을 하고 있었다. 그에 맞서는 해독제로서, 허시먼은 확신은 더 적게, 관용은 더 많이 가지고서 더 나은, 그리고 앞으로 전진하게 해 주는 논의를 펴자고 촉구했다. 냉전이 최고조로 치닫는 가운데, 자칭 세계 민주주의의 중심이라는 나라[미국]에서 벌어지고 있는 공적 담론의 수준은 허시먼이 보기에 매우 우려스러운 지경이었다.[1]

은퇴한 뒤에도 고등연구소 연구실은 계속 사용할 수 있었다. 또 허시먼은 고등연구소 세미나에 자주 참석했고, 출장과 연구를 위한 지원금도 계속 받을 수 있었다. 그에게 지도를 받고 싶어하는 학생도 저보다 많아졌다. 학위논문 작성을 앞두고 있던 프린스턴대학의 박사과정생 앤서니 막스는 용기를 내어 허시먼을 찾아와 개인수업을 부탁했다. 허시먼의 저작은 모두 구해서 읽었을 정도로 허시먼 팬이던 막스는 허시먼이 개인수업을 해 주겠다고 수락하자 천국에 온 것 같다고 생각했다. "허시먼은 학계의 신이었어요." 주로 막스가 이야기를 했고 허시먼은 젊은이다운 자만에 때로 미소를 지으며 그의 이야기를 귀담아 들었다.

훗날 막스는 애머스트칼리지의 총장이 되는데, 허시먼과 조지프 스티글리츠(애머스트칼리지 졸업생이며 노벨상을 받은 경제학자이다)에게 명예박사 학위를 수여한 것이 가장 행복한 순간이었다고 말했다. 학위수여식 마지막에 허시먼과 스티글리츠가 골프카트에 오르자 막스의 아들이 뒷자리에 올라탔다. 막스는 스티글리츠가 자신의 신과 자신의 아들을 태운 카트를 몰고 가는 것을 보고 너무나 자랑스러웠다고 한다. 한편 아르헨티나 사회학자 엘리사베스 헬린은 칠레 정부로부터 몇몇 공동체 프로젝트에 대한 평가 의뢰를 받고 고민에 빠졌다. 아직 피노체트가 집권하고 있던 시기여서 여러 윤리적 문제들이 얽혀 있었기 때문이다. 다른 이의 의제에 이용당하지 않으면서(즉 군부정권이 이 프로젝트들을 종료시킬 명분을 제공하는 데 악용되지 않으면서) 프로젝트를 비판적으로 평가할 수 있는 방법은 무엇인가? 헬린은 허시먼에게 조언을 구했다. 허시먼도 명쾌한 답을 줄 수는 없었다. 하지만 허시먼은 헬린이 그 일을 할 수 있도록 자신감을 북돋아 주었다. "앨버트는 내 눈을 띄워 주고 내가 할 수 있다는 느낌을 갖게 해 주었습니다."[2]

허시먼이 은퇴하면서, 그가 만든 사회과학 분과를 앞으로 어떻게 운영할 것인지도 문제였다. [사회과학 분과 종신연구원이던] 허시먼, 기어츠 그리고 1980년에 합류한 마이클 월저는 고등연구소를 '해석학적 사회과학'의 중심지로 만든 바 있었다. 경제학과 인접 학문과의 연결이 끊어진 시기이기는 했지만 허시먼은 경제학자들과 여타 사회과학자들이 서로 대화해야 한다는 확신을 여전히 가지고 있었다. 문제는, '어떤 종류의 경제학인가'였다. 은퇴하기 얼마 전에 허시먼은 "합리적인 경제적 인간"을 경제학자들이(그리고 다른 사회과학자들도) 상정하는 경직된 개념에서 벗어나게 하기 위해 고등연구소 사회과학 분과에서 "더 넓은 경제학을 위하여"라는 주제로 1년짜리 프로그램을 만들자고 제안했다. 이것을 시작으로 3년 주기의 해석학적 사회과학 프로그램을 가동해서, 경제학자들이 계속해서 참여하는 상태로 새로운 방향의 사회과학 연구를 진행하자는 것이었다. 기획안을 보면, "연결을 만들고" "대화를 촉진"해야 한다는 점이 매우 강조되어 있다. '합리적 기대 이론'과 '통화주의'가 승리하고 경제학이 스스로가 규정한 개념에 묶여 점점 더 경직되어 가던 시대에, 대안적인 경제학을 만든다는 것은 (그 대안에 열광한 사람들이 없는 것은 아니었지만) 풍차를 공격하겠다고 뛰어드는 것과 비슷했다. 이번에도 허시먼은 희미하게만 보이는 가능성들을 찾아 내 현실로 가져오려는 '돈키호테적 실용주의자'의 면모를 보였다.

허시먼에게 경제학자들을 사회과학 분과에 어떻게 참여시킬 것인가의 문제는 조직 운영상의 문제일 뿐 아니라 학문적인 문제였고, 이와 더불어 개인적인 문제이기도 했다. 기어츠, 월저, 허시먼 세 사람은 고등연구소 사회과학 분과에서 함께 활동하며 오늘날 학자들의 삶에서는 보기 드문 동지적 관계를 이루고 있었다. 고등연구소에서 열린 앨버트의 은퇴 기념 만찬에서 기어츠는 "작별연설을 하기가 영 쉽지 않다"며 사회과학 분과가 특별한 이유는 단지 세 명이 각자 충실히 관여했기 때문만이 아니라 세 명 모두가 사회과학 분과의 모든 일에 늘 함께 관여했기 때문이라고 말했다. 규모가 점점 더 커지는 대학들과 달리, 고등연구소 사회과학 분과는 배타적으로 역할 분담을 해서 일을 나누거나 위임하지 않았다. "우리는 지적이고 학구적인 친구들의 모임입니다. 고대 그리스에 존재했었다는 모임 말입니다. 사람들은 그런 모임을 동경하지만 오늘날의 학계에서는 찾아

보기가 어렵지요. 나에게는 앨버트보다 더 친밀하고 존경하는 지적인 친구도, 또 개인적으로나 학문적으로 나에게 더 많은 영향을 미친 사람도 없습니다. [고대] 그리스인들이었다면 이런 관계를 '사랑'이라고 불렀을 테지요. 이제 그리스에서 너무 멀리 떨어져 와 버린 우리에게는 그런 것이 거의 허용되지 않지만요."[3]

은퇴한 지 10년이 지나서도 여전히 허시먼은 고등연구소에 정치경제학 담당 연구위원을 두어야 하며, 그 자리는 개발도상국에, 그리고 **다양한 형태의** 자본주의에 관심이 있고 여타의 사회과학 및 윤리학, 철학과 대화를 나눌 수 있는 경제학자가 맡아야 한다고 주장했다. 모두 속으로는 이것이 무리한 요구임을 알고 있었다. 허시먼이 생각하는 경제학은 경제학계가 생각하는 경제학과 달랐다. 허시먼의 비전은 감탄스러울 정도로 광범위한 만큼이나 독특한 방식으로 실현불가능해 보이기도 했다. 무엇보다, '앨버트 O. 허시먼'이 또 나오지는 않을 터였다. 그는 중부 유럽이라는 장소와 더이상 존재하지 않는 지적 순간의 산물이었다. 하지만 대안을 이야기하는 사람이 허시먼 혼자만은 아니었다는 사실은 짚어 둘 필요가 있다. 이를테면 맥아더재단의 회장 아델 시먼스도 "경제 이론이 사회와 경제의 발전에 장애가 되는 데 쓰이는 일이 많아 우려된다"며 프린스턴에 찾아와 허시먼과 이야기를 나누곤 했다.[4]

그렇다고 새로운 경제학의 경로를 잡기 위해 경제학계의 '외부'로 눈을 돌리지는 않을 것이었다. 고등연구소 경영진은 허시먼과 기어츠가 했던 방식으로 학과간 경계를 자유롭게 가로지르는 논의 분위기를 다시 만들 수는 없으리라는 것은 알고 있었지만, 여전히 경제학을 높이 평가했다. 고등연구소는 '앨버트 O. 허시먼 경제학 연구위원' 자리를 새로 만들기로 하고, 자금을 모집할 위원회를 구성했다. 이 기금으로 고등연구소에 경제학 분야 연구원 자리를 종신직으로 보장해 허시먼의 후임자가 올 수 있게 하고 매년 세 명의 방문 연구원을 초청하려는 것이었다. 세계은행 총재이자 고등연구소 이사이던 제임슨 울펀슨이 모금을 주도했고 몇몇 유럽 은행과 미국의 저명인사들이 지갑을 열었다. 놀랍게도 친구와 동료들도 141명이나 참여했다. 이렇게 해서 사회과학 분과는 저명한 게임이론가인 에릭 매스킨(매커니즘 디자인 연구로 가장 유명하다)을 '앨버트 O. 허시먼 경제학 연구위원'으로 임명했다. 그는 2000년에 프린스턴대학 고등연구소로 오고 7년 뒤에 노벨상을 받는다. 매스킨의 임명은 사회과학 분과에서 경제학의 자리를 확고히 구축했다. 허시먼식의 경제학하고는 종류가 다른 경제학이 되리라는 점 또한 분명했지만 말이다. 한편, 젊은 에스파냐 경제학자 하비에르 산티소도 파리정치대학에 남미 정치경제학을 연구하는 '앨버트 허시먼 연구위원' 자리를 신설하고자 했는데, 이는 성사되지 못했다.

은퇴는 사라짐을 의미하지 않았다. 현자가 점점 줄어드는 시대에 귀한 현자로서, 허시먼이 해야 할 역할은 오히려 더 많아졌다. 허시먼은 시카고대학 역사사회학자 시더 스카치폴이 주관한 '국가와 사회 구조: 현재의 이론들이 연구에 주는 시사점' 콘퍼런스에 참가했다. 여기에서 발표된 논문들은 유명한 논문집 《다시 국가의 역할에 주목하며》로 출간된다. 1982년 초에 뉴욕주 마운튼키스코에서 SSRC 후원으로 열린 이 콘퍼런스는 공공 권력의 속성을 설명한 기존의 이론들을 넘어서기 위한 자리였다. 스카치폴, 피터 에번스, 디트리히 루시마이어 등 참가자들은 국가의 경제적·사회적 요인들로부터 국가가 갖는 '상대적 자율성'에 대한 논문들을 발표했고, 허시먼은 핵심을 꿰뚫는 논평을 했다.

허시먼은 국가의 자율성이라는 주제는 [경제결정론을 주장한] 마르크스주의의 타당성을 시험하는 주제일 뿐 아니라 개혁이나 혁명이냐의 문제와도 관련이 깊기 때문에 "끝없이 매혹적인" 주제라고 보았다. 하지만 "자율적인 국가"에는 너무나 많은 유형이 있어서 이론적으로 설명할 수 있는 틀이 잘 발달되어 있지 않았다. 역사에서 볼 수 있는 사례들은 매우 큰 다양성을 보여주고 있었다. 뉴딜 같은 경우는 국가의 자율성이 좋은 쪽으로 발휘된 사례이지만, 정치적 자율성이 역사상 "가장 좋지 않은 시절"을 초래한 경우도 많았다. 이 대목에서 허시먼은 개인적인 경험이 녹아드는 것을 군이 피하지 않으면서(이 무렵 그는 학술적인 논의에 자신의 경험에서 얻은 통찰을 점점 더 많이 혼합하고 있었다), 나치 국가가 후자의 "가장 명백한 사례"일 것이라고 언급했다. 국가가 갖는 충동에 대해서도 모종의 제약이 필요하지 않을까? 허시먼은 노학자에게 기대되는 역할을 기꺼이 수행하면서 '원로'학자로서 조심스럽게 논평을 했다.[5]

허시먼이 과거의 경험을 되살리는 과정은 그 이전부터 시작되었지만 1980년대에 한층 더 심화되었다. 누이들과 베를린에 가 본 것,

클라우스 오페와 자비네 오페가 고등연구소에 온 것, 허시먼의 연구가 독일어로 번역된 것 등은 유럽과 자신의 기원에 대한 관심에 다시 불을 지폈다. 어느 면에서 유럽과 그의 기원에 대한 생각은 그의 마음에 늘 존재했다.

1975년 12월에 브뤼셀의 여성 지도자로 이름을 떨치던 우르줄라가 갑자기 뇌출혈로 실어증이 오면서 의사소통 능력을 상실했다. 이와 함께 불굴의 에너지도 사라졌다. 이제 우르줄라는 예전의 우루줄라가 아니었다. 앨버트는 담담하게 받아들이는 것처럼 보였지만 이면에서는 엄청난 고통을 느끼고 있었다. "누나가 병에 걸린 것이 내게는 나 자신의 젊은 시절이 죽는 것처럼 느껴진다." 그는 일기에 이렇게 적었다. "나의 자아들이 쇠약해져 하나씩 사라지면서 나는 점점 더 빈약해진다. 아마도 사람은 이런 식으로 죽는 것 같다. 삶의 시기들을 하나씩 비활성 상태(소크라테스의 죽음)로 만들면서 말이다. 한때 가까웠던 사람들이 이제는 과거 속에 응결된 삶의 조각들이 된다." 이 상실은 허시먼에게 많은 기억을 되살려냈을 것이다. 아마도 ['국가와 사회 구조'] 콘퍼런스에서 "가장 좋지 않은 시절"을 언급한 것은 단지 학문적인 내용만 뜻한 것은 아니었을 것 같다.

또 1977년에 허시먼 부부는 소련을 방문했다. 새러는 앨버트를 데리고 연극을 보러 갔다. 모스크바 타캉카 극장으로 가는 길에 짙은 구름이 머리 위로 몰려왔다. 연극은 표도르 아브라모프의 작품 〈트로이 목마〉의 아방가르드풍 번안극이었다. 강제적인 농업집단화, 극심한 기아, 국가의 공포정치 등으로 망가져 버린 가족을 그린

앨버트 허시먼

작품이었다. 관객이 빼곡히 극장을 채웠다. 앨버트 옆에는 한 노인이 훈장이 달린 스탈린 시절 군복을 입고 앉아 있었다. 앨버트는 마음이 불편했다. 연극이 끝나고 앨버트과 새러는 호텔로 돌아왔다. 그런데 한밤중에 허시먼이 자다 말고 비명을 지르며 벌떡 일어나더니 비몽사몽한 상태로 사보타주에 대해 이야기하기 시작했다. 낮에 보았던 연극의 통렬한 비판을 "비판의 무기였던 마르크스주의가 무기를 든 비판으로 변질된 것"과 연결하면서, 허시먼의 잠꼬대에서 먼 옛날 바이마르공화국의 운명을 놓고 격렬한 논쟁을 벌이던 시절에 사용했던 어휘들이 튀어나왔다. 새러는 방금 들린 소리는 폭풍우였을 뿐이라고 허시먼을 달랬다. 횡설수설 더듬거리는 허시먼의 이야기에서 새러는 그의 항변을 들을 수 있었다. "끔찍해. 그렇지 않아?"[6]

그때까지 허시먼은 놀라울 만큼 성공적으로 과거의 경험이 그의 학문에 미친 영향이 겉으로 드러나지 않게 했다. 하지만 허시먼이 원로의 '현자'가 되면서 젊은 시절의 학문적 자아들이 재발견되고 되살아났다. 1975년에 일군의 젊은 미국 정치학자들이 학술지《국제 조직》특별판에서 국제 정치경제학의 새로운 경향을 다루기로 했다. 로버트 코헤인의 독려를 받아 이를 이끈 제임스 카포라소는 "해외 경제 정책을 국가가 벌이는 대외 경제활동의 체계적인 구조와 연결한" 개척자적인 책이라며 허시먼의 첫 저서《국가권력과 교역구조》를 인용했다. 1978년에 나온 이 특별판의 발간은 국제경제 분야의 역사에서 매우 중요한 순간이었다. 카포라소는 이제까지 잘 알려지지 않았지만 사실상 이 분야를 창시한 사람인 허시먼에게 원고를 하나 써 달라고 했다. 허시먼은 원고 청탁에도, 그리고 그의 위치에 대한 평가에도 고마워하면서 청탁을 기꺼이 수락했다. 원고를 쓰기 위해 의견을 주고받으면서, 허시먼은《국가권력과 교역 구조》에서 다루지 않고 남겨두었던 문제들을 해결해야겠다는 생각이 들었다. 그때까지도 '딱히 분야가 없는 책'에 관심을 갖는 출판사는 별로 없었다. 허시먼이《국제 조직》에 기고한 글은 '분야가 없는 책'을 썼을 때의 외로움이 묻어난다. 허시먼은 그 책을 집필했던 당시에 자신이 글로벌 권력과 국가주권의 쇠퇴에 대해 "매우 순진한" 견해를 가지고 있었다고 인정했다.

하지만 1970년대 중반이 되면서 세계가 달라졌고 정치학도 달라졌다. 허시먼의 하버드대학 제자였던 스티븐 크래스너는《국가권력과 교역 구조》가 중요한 분기점으로서 재평가되어야 한다는 생각으로 이 책의 가치를 재조명하는 일에 나섰고, 허시먼의 책에서 제목을 따온 논문 〈국가권력과 국제무역의 구조State Power and the Structure of International Trade〉를 펴내기도 했다. 이 논문은 국제무역 분야의 지평을 연 기념비적인 논문으로 평가받는다. 캘리포니아대학 출판부가 국제 정치경제 분야의 저술을 시리즈로 편찬하기로 하고 크래스너에게 편집자가 되어 달라고 요청하자, 크래스너는 이를 기회로《국가권력과 교역 구조》를 재출간하기로 했다. 크래스너가《국제 조직》특별판에 기고한 논문은 재출간된《국가권력과 교역 구조》에 그가 쓴 서문이었다. 적지 않은 서평가들이 [허시먼의 책이 처음 나온]

35년 전보다 오늘날 이 책의 현실적합성이 더 높아졌으며 국제경제라는 새로운 분야에서 기준점 역할을 하기에 손색이 없는 책이라고 인정했다. 가격이 3달러에서 16.6달러가 된 것은 안타까운 일이지만 말이다.[7]

이것이 허시먼의 첫 번째 '회고적 연구'였다. 이후에 허시먼은 '회고적 연구'에 대한 요청을 점점 더 많이 받게 된다. 이렇게나 많은 분야에서 이렇게나 많은 기고와 강연 요청이 있었다는 것만 보아도 허시먼이 형성한 영역이 얼마나 폭넓었는지 알 수 있다. 많은 경우, '회고하는 대大학자'라는 장르는 알려지지 않았던 개인사의 에피소드를 가미해서 아전인수식으로 재구성한 이야기들을 내놓는 것으로 귀결되곤 하지만, 허시먼은 이런 종류의 문학적인 유혹에 절대로 빠지지 않았다(약간의 나르시시즘이 있기는 했다. 허시먼도 그것을 알고 있었고 그에 대해 부끄러워하지 않았다). 허시먼의 목표는 지금 되돌아보니 지나치게 기계적이고 단순해 보이는 그의 예전 공식들을 더 정교화하고, 필요하다면 해체하는 것이었다. 그러나 이러한 활동의 기저에서 더 먼 과거의 기억들이 그의 연구에 영향을 미치고 있었다.

과거에 제시했던 개념과 주장들을 되짚어보면서 허시먼이 원래의 통찰을 대거 수정한 경우는 드물다. 그보다, 이런 작업은 그가 조심스럽게 숨겨 왔던 개인적인 경험들을 공식적으로 발표된 학술 연구 내용과 연결시키려는 노력이었다고 보는 것이 더 정확할 것이다.

북미와 유럽에서 복지정책에 대한 공격이 심해지는 것에 대해 우려가 높아지면서, 포드재단의 프랭클린 토머스는 허시먼에게 '복지

국가의 미래'라는 주제로 진행될 프로젝트에 운영위원으로 참여해 달라고 요청했다. 예전에 허시먼은 《디센트》에 기고한 유명한 글에서 복지국가 비관론자들이 "성장 과정에서의 마찰"에 불과한 것을 "종국적인 위기"의 징후로 착각한다고 비판한 바 있었다. 그는 "구조주의적인"(그리고 비관적인) 설명을 "비근본주의적인" 진단으로 바꾸고자 노력한다면 더 많은 선택지를 볼 수 있을 것이라고 생각했다. 이는 허시먼이 오랫동안 씨름해 온 주제였다. 왜 당면한 문제들을 '고칠 수 있는 것'으로 여기지 않는가? "복지 룸펜"에 대한 레이건의 공격은 "50~60년 전의 싸움"을 연상시켰다. 허시먼은 50~60년 전의 보수주의자들과 지금의 보수주의자들이 무엇을 공격 무기로 휘두르고 있는지에 대해 생각해 보게 되었다.[8]

이제 70대가 된 허시먼은 찬사를 받았던 과거의 언명을 꺼내와 재치있게 뒤집는 것을 즐기는 '걸어다니는 기억보관소'였다. 1988년에 허시먼은 옛 동료 케네스 갤브레이스를 기리는 글에 갤브레이스가 1960년대에 쓴 〈어떻게 케인스는 미국에 왔는가How Keynes Came to America〉를 패러디해 〈어떻게 케인스는 미국으로부터 퍼져나갔는가How Keynes was spread from America〉라는 제목을 달았다. 이 글에서 허시먼은 마셜 플랜 당시에 케인스주의가 어떻게 미국에서 주류가 되었는지, 그리고 이것이 어떻게 '경제 사절'들에 의해 이데올로기적으로 해외에 수출되었는지에 대해 그가 목격한 것들을 설명했다. 갤브레이스는 허시먼에게 편지를 보내 자신에 대한 찬사가 담긴 이 글에 고마움을 표하고, 전후에 독일과 일본 경제정책을 담당하는 국무부 경제정책 자문위원으로 일하던 시절을 회상하면서 "합동참모회의를 통해 이 문제들을 다루는 데서 내 영향력은 아예 없었거나 거의 없었다"고 언급했다.[9]

위의 갤브레이스 경우처럼 허시먼이 다른 학자의 과거 저술을 언급한 적도 있지만, 과거와 연결하는 일은 점점 더 허시먼 자신의 과거 연구를 되짚는 작업이 되었다. 허시먼이 과거 연구에 대한 회고적인 성찰을 대중에게 선보이는 주요 계기는 명예박사 학위수여식이었다. 허시먼은 트로피 모으듯 명예 학위를 모았다. 새러가 보기에 이럴 때 허시먼은 꼭 어린애 같았고 새러는 이런 행사가 지루하기만 했다. 그래도 새러는 허시먼이 가운을 입고 심각하게 사진을 찍은 뒤 짧은 연설(해당 학교와의 관련성과 이곳에서 명예 학위를 받아서 얼마나 영예로운지 등)을 하는 것을 도왔다. 첫 명예박사 학위는 1978년 럿거스대학에서 받았는데, 이때 카르도주도 함께 명예박사 학위를 받았다. 앨버트는 드디어 존중받을 만한 박사(!)가 된 듯해 기뻤다. 그 다음에는 8년 뒤 남캘리포니아대학에서 명예박사 학위를 받았고, 그 뒤로 애머스트칼리지, 하버드대학, 파리대학, 뉴스쿨대학, 피렌체대학, 트리어대학, 베를린자유대학, 부에노스아이레스대학, 캄피나스대학, 상파울루대학 등에서 줄줄이 명예박사 학위를 받았다.[10]

명예박사 학위뿐 아니라 상도 많이 받았다. 학자의 상이 군인의 훈장이었다면 허시먼의 군복은 소련 장군의 군복만큼 화려했을 것이다. 미국 학술원은 허시먼을 사회과학의 '현자'라고 칭하면서 그가 매우 드문(어쩌면 '멸종' 위기의) 지식인 유형임을 암시했다. 1983년 텔컷 파슨스 상 시상식에서는 숨겨져 있던 허시먼의 마르세유 이야기가 처음으로 공개되었다. 이날 사회를 맡은 대니얼 벨이 허시먼의 과거 중 잘 알려져 있지 않았던 이야기를 사람들에게 소개했다. 1945년에 벨은 《코먼 센스》라는 잡지의 편집자였는데 이 잡지 편집장이 배리언 프라이였다. 시상식에서 벨이 '노이 베긴넨' 운동, '정의와 자유' 운동, 비밀 지령을 담은 치약 튜브, 마르세유에서 함께 일했던 젊은 동료 비미시 등을 언급한 것을 보면 프라이가 벨에게 굉장히 많은 이야기를 했음이 틀림없다. 벨은 이렇게 말했다. "레르몬토프의 소설[《우리 시대의 영웅》을 일컬음]에 나오는 등장인물 페초린 같은 악한의 의미가 아닌 문자 그대로의 의미에서, 나는 앨버트를 묘사할 때 '우리 시대의 영웅'이라는 말을 쓰고 싶습니다. 앨버트는 악덕을 거의 행하지 않았습니다. 그리고 그는 영웅이었습니다. 배리언 프라이는 앨버트와 다른 이들의 도움을 받아서, 하지만 무엇보다도 앨버트의 언어 능력과 기민함과 지식의 도움으로, 유럽 문화계의 수많은 명사들을 구출했습니다."

1980년대 무렵이면 허시먼의 과거 중 마르세유 시절은 조심스럽게 베일을 벗고 있었지만, 허시먼이 이날 자신의 과거가 알려지게 된 것을 어떻게 생각했는지는 알 수 없다. 그리고 에스파냐내전과 같은 더 아픈 기억은 여전히 꽁꽁 숨겨져 있었다.[11]

뭐니뭐니해도 학계에서 최고의 위치에 올랐음을 보여주는 것은 제자, 동료, 친구들이 만들어 주는 기념논문집이다. 대개 그 사람의

■ 1978년 럿거스대학에서 명예박사 학위를 수여받은 앨버트와 페르난두 엔히크 카르도주.

가장 훌륭한 연구, 다시금 분석하고 기념할 가치가 있는 연구에 대해 논하는 논문들이 실린다. 허시먼은 이런 논문집이 네 권이나 있다. 그가 강의를 힘들어했고 학과간의 구분을 싫어했으며 '허시먼 학파' 같은 것도 만들고 싶어하지 않았던 것을 생각하면 놀라운 일이다. 하지만 이 논문집들은 모호한 의미의 '영향력'과 혼동되어서는 안 된다(허시먼은 자신을 그런 식의 '영향력'과 결부시키려 하지 않았다). 그보다, 허시먼은 이런 계기를 은퇴가 지적인 활동의 종말을 의미하는 것이 아님을 확인하는 기회로 삼았다. 그런 자리에서 기념강연을 할 때면 허시먼은 자신의 연구에 대한 비판과 회고로 이야기를 시작했다.

이런 종류의 첫 강연은 1984년 기예르모 오도넬, 알레한드로 폭슬리, 마이클 맥퍼슨이 노트르담대학에서 연 콘퍼런스에서였다. 독재에서 벗어나고 있는 남미 국가들의 민주주의와 경제발전이 콘퍼런스의 주제였고, 여기에서 발표된 내용들은 다양한 국가를 다룬 책으로 출간되었다. 개발경제학 분야에서 전에는 생소했던 학문 분야도 포함되어 있었다. 예를 들면, 청년기의 발언과 이탈에 대한 캐럴 길리건의 심리학 논문이 여기에 게재되었다. 허시먼은 기고된 모든 논문의 초안을 하나하나 읽고 의견을 보내 주었다. 캐럴 길리건은 무려 4쪽에 걸친 의견을 받았다. 허시먼이 이렇게 의견을 보내 준 덕분에, 자칫 산만해질 수도 있었을 논문집이 (숨겨져 있는 허시먼의 목소리를 바탕으로) 일관성을 갖추게 되었다.[12]

1988년 11월에는 고등연구소가 미주개발은행의 자금 지원으로

'허시먼의 연구와 남미의 개발'이라는 주제 하에 성대한 콘퍼런스를 열었다. 그 다음해에는 부에노스아이레스대학의 명예 학위 수여식 일환으로 토르콰토 디텔라 연구소에서 (미주개발은행, 포드재단, 미국 대사관의 도움으로) 나흘 동안 '허시먼의 연구와 새로운 남미 개발 전략' 콘퍼런스가 열렸다. 나는(당시 박사 학위를 거의 끝내 가고 있었다) 이 행사장에서 전설적인 인물 허시먼을 처음으로 직접 보았다. 그곳의 분위기는 허시먼 주위에 형성되어 있던 아우라를 담고 있었다. 수십 명의 수상자와 수백 명의 청중이 기대에 차서 강연장을 가득 채웠다. 허시먼이 움직이자 거의 수행단이라 할 만큼 많은 사람들이 따라다녔다. 외부에서 벌어지고 있던 사건들로 분위기가 흐려지기도 했다. 아르헨티나가 극심한 위기, 군사적 불안, 하이퍼인플레이션, 복잡한 민주주의로의 전환을 겪고 있던 시기였기 때문이다. 다른 것은 몰라도 많은 학자들이 라울 알폰신 대통령(1983~89년)의 개혁 정부와 관련된 학자 상당수가 허시먼주의자라는 것을 알고 있었고, 알폰신 정부 말기의 혼란 때문에 허시먼의 비정통주의적 경제학의 타당성에 비판이 제기되고 있었다. 앨버트는 부에노스아이레스에 도착해 플로리다 가의 플라자호텔에 체크인을 했다. 방에 들어가 보니 행사를 주관한 토르콰토 디텔라 연구소에서 남겨 놓은 메시지가 있었다. "희망 없는 나라에 오신 것을 환영합니다." 저런. 메모를 쓴 이는 허시먼이 가장 좋아하는 글귀가 레닌의 "희망 없는 상황이란 없다"라는 것을 몰랐던 모양이다.[13]

수상 연설과 기념연설 요청이 쇄도하는 가운데 주제 면에서 몇 가지 특징이 생겨났다. 우선, 허시먼은 연설 기회를 과거를 회고적으로 성찰한 내용을 풀어 놓는 기회로 삼았다. 1987년 가을 토리노 대학에서 명예박사 학위를 받았을 때는 자신과 이탈리아 사이의 "가족적이고 개인적이며 지적이고 감정적인 연결고리"에 대해 언급했다. 허시먼은 "자서전이란 아이디어가 동났음을 허용하는 궁극적인 허가증"(이 말은 이미 널리 쓰이는 말이었다)이라고 생각하기 때문에 자신은 자서전을 싫어한다고 했다. 그는 이 말을 여러 차례 이야기한 바 있는데, 말하고 싶었으나 억눌러야 했던 기억들이 있음을 암시하는 듯하다. 이 자리에서 허시먼은 자서전을 싫어한다는 자신의 규칙에 예외를 하나 허용했다. "자서전이 사상을 **되살려내는** 목적으로 쓰인다면 괜찮을 것"이라고 말이다. 이날 그가 밀하고 싶어한 자서전적 이야기는 에우제니오 콜로르니에 대한 기억과 햄릿이 틀렸다는 것을 증명하고자 했던 열망이었다. 남미 국가들이 시민적 통치를 다시 구축하기 위해 투쟁하는 동안, 그는 더 이른 시기로 돌아가 콜로르니의 삶이 공적인 참여와 학문적인 개방성의 결합을 보여주는 좋은 사례임을 발견했고, 이것이야말로 "민주 정치의 이상적인 미시적 기반"이라고 생각했다.[14] 자아에 함몰되지만 않는다면 '되돌아보는 것'은 하나의 연구방법론이 될 수 있었다.

네 권 중 마지막 기념논문집은 MIT에서 나왔는데, 허시먼은 여기에서 '자신의 옛 개념에 스스로 문제제기하는 것'을 주제로 글을 썼다. 허시먼의 저술을 본 대부분의 사람들은 허시먼이 이론을 구성하는 것보다는 규칙(자신이 만든 규칙도 포함해서)에서 어긋나는 변칙들을 포착해내는 데 더 관심이 있다고 생각했다. 하지만 허시먼이 자신의 개념을 계속해서 회의하고 성찰한 것이 예전의 통찰을 새로운 복잡성에 맞도록 수정하고 변화시키려는 노력이었음을 아는 사람은 별로 없었다. 허시먼은 '이론화'란 그 자신이 가진 역사적인 한계들을 설명할 수 있어야 한다는 것을 보이고자 했다. 그는 이런 수행을 "자기전복"이라고 불렀다. 전에도 프티 이데와 인용문들을 가지고 늘 숙고했지만, 저명인사가 되고서는 고대인들과의 대화가 줄어들고 자기 자신과의 대화가 많아졌다(고대인들이 뒷전으로 물러났다는 이야기는 아니다. 그의 마지막 대작《반동의 화법》(1991)은 고대의 반동주의자들과 벌인 논쟁이다).

두번째 특징은 명백하게 그의 목소리가 세계화되었다는 점이다. 그러면서 허시먼은 유럽의 뿌리로도 돌아가게 되었고, 이는 잊고 있었던 개인적인 기억들을 되살려냈다. 유럽으로의 귀환이 시작된 곳은 프랑스였다.《정념과 이해관계》가 프랑스어로 번역되면서 그는 완전히 새로운 대중을 만나게 되었다. 이 대중은 유럽에서의 삶이 허시먼에게 미친 영향을 전혀 알지 못하는 사람들이었다. 프랑스 독자들에게 이 책은 "그들[프랑스]의" 계몽주의를 더 넓은 유럽의 사조에 위치시킨 책이었다. 프랑스인이 아닌 사람들에게야 그리 놀랄 일이 아니었겠지만 프랑스인들, 그중에서도 지성사라는 좁은 영역에 덜 익숙했던 사람들에게는 이 책이 눈을 번쩍 뜨게 해 주는 경험이었다.

이런 맥락에서, 1982년 봄에 프랑스혁명의 저명한 역사학자이자

■ 1982년 소르본대학에서 열린 마르크 블로크 기념강연.

권위 있는 '사회과학 고등교육원' 원장 프랑수아 퓌레가 허시먼을 마르크 블로크 기념강연에 연사로 초청했다. 이 자리는 허시먼의 프랑스 데뷔 무대이기도 했다. 소르본대학 대강당으로 가기 전에 허시먼은 퓌레, 피에르 노라, 뤼세트 발렌시, 자크 쥘리아르, 페르난두 엔히크 카르도주, 후치 카르도주 등과 함께 점심을 먹었다. 파리의 지식인들이 소르본대학 대강당을 가득 채운 가운데, 퓌레의 소개에 이어 허시먼이 연단에 올랐다. 필리프 드 샹파뉴가 그린 장엄한 리슐리외의 초상화 옆에서 허시먼은 발표문을 읽었다. 그는 이 순간을 위해 태어난 듯했다. 젊은 시절 파리에서 보낸 날들을 시작으로 프랑스 계몽주의가 가지고 있었던 인간의 완벽성에 대한 신념, '의도치 않은 결과'가 수행하는 역할에 대한 스코틀랜드 계몽주의의 통찰, 19세기 초 독일의 자본주의 비판 등 다양한 지적 조류에 대해 이야기했다. 허시먼 자신의 지적 계보를 추적하고 있었다고도 볼 수 있었다. 고전 문헌을 한참 인용하던 허시먼은 칠판을 새로운 면으로 뒤집고서 도표를 하나 그렸다.

사회에 대한 여러 견해와 주제들을 표로 나타낸 것이었다. 허시먼은 이렇게 다양하고 불일치하는 여러 "주제들"이 그들 사이에 서로 인식되거나 소통되지 않은 채로 생겨나고 발달해 가면서, 시장에 대해 서로 경쟁적이되 구속하지 않는 견해들을 후대에 남겨 주었다고 말했다. "여러 사조들 간의 긴밀한 지적 연결은 오랜 세월 동안 사실상 서로를 거의 인식하지 못한 채로 이루어집니다. 자신의 견해를 너무 확신하다 보면 이렇게 가까운 동족을 인식하지 못하게 되지요." 허시먼은 표에 그린 사상들이 서로 어떻게 관련되는지를 덧붙여 적어 가면서 설명했다. 이런 식으로 경제사상에 대해 "민주적으로" 접근하면, 어느 한 사상이 "확실한 무언가"를 "독자적으로 발달시켰다"고는 주장할 수 없게 된다. 하지만 시장을 해석하는 다양하고도 서로 경합하는 견해들을 이렇게 한데 모아놓고 보니, 이러한 소통이 이루어질 수 있는 전망이 20세기를 거치면서 점점 줄어들었다는 안타까운 사실을 인정할 수밖에 없었다. 사실 이러한 소통은 그가 한 것 같은 "역사의 재상연"을 통해서만 되살릴 수 있는 일이었다. 그래도 낙관주의자인 허시먼은, 역사에 대해 이렇게 접근하는 것이 하나의 선례가 될 수 있을 것이라고 말했다.[16]

소르본대학에서 허시먼의 프랑스어는 예전의 유창함을 다소 잃은 상태였다. 어휘는 분명했지만 평생 동안 옮겨다니면서 여러 언어를 구사하느라 발음이 불분명해져 있었다. 어쨌든 이날 강연에서 프랑스 경제사상사학자 아니 코는 매우 큰 감명을 받았다. 리아 라인의 아들 마르탱 안들러가 코를 허시먼과 만날 수 있게 해 주었고 허시먼은 코의 논문 심사위원이 된다. 한참 뒤에 코가 소르본대학 교수가 되어 진행한 박사 과정 경제사상사 세미나는 비공식적으로 '허시먼 세미나'로 불렸다.

기어츠는 허시먼이 명예 학위를 받고 싶어 조바심 내는 것이 스스로의 가치를 떨어뜨리는 것 같다며 마음에 들어 하지 않았다(물론 기어츠도 허시먼 못지않게 많은 명예 학위를 받았다). 어느 정도는 맞는 말이었고 허시먼도 이를 모르지 않았다. 하지만 허시먼은 '유머로 자기 자신과 거리를 유지하는' 허시먼 특유의 전략을 취했다. 그는 일기에 다음과 같이 적었다.

내가 처음 학계에 들어왔을 때 다들 말하기를, 명예 학위가 많아지는 것은 앞으로 삶이 성공적이지 못할 것이라는 나쁜 징조라고 했다. 그런데 온갖 명예 학위를 받고서도 내가 아직 살아 있는 것을 보니, 아마 내세에서의 삶이 성공적이지 못할 징조인가 보다.

허시먼이 명예 학위와 상을 받는 데 집착한 것을 두고, 많은 이들이 노벨상을 받지 못한 데 대한 반대급부적 태도라고 여겼다. 허시먼 자신도 하버드대학 명예박사 학위가 '차점자에게 주는 위로' 같았다고 말한 바 있다. 그런데 왜 허시먼은 노벨상을 받지 못했을까? 10년 동안 허시먼 전기를 쓰면서 나는 이 질문에 자주 맞닥뜨렸다. 1997년 9월에 《르몽드》가 언급했듯이, 허시먼은 "단도직입적으로 말해서, 오래전에 노벨경제학상을 받았어야 마땅"했다.[17] 허시먼은 다른 이들(과 기관)을 노벨상 후보로 추천하기도 했다. 미주재단을 노벨상 후보로 추천하기 위해 백방으로 노력한 것이 그 사례다.

《타임스 리터러리 서플리먼트》에 실린 한 서평(《금지된 경계를 넘어서》에 대한 서평이었다)은 허시먼이 아서 루이스, 군나르 뮈르달, 라울 프레비시 같은 개발경제학의 다른 창시자들과 같은 반열에 충분히 오를 만큼 독창적인 사고를 했고 그를 따르는 사람도 많았지만, 다른 사람들과 달리 학파나 제자들을 거느리지 않고 않다고 언급했다("개발경제학에는 '허시먼 학파'라고 칭할 만한 것이 존재하지 않는다"). 또한 "방법론"이 부족해서 학계에서는 영향력이 제한적이었다고 언급했다. 현상들이 연결될 수 있는 다양한 방식을 포착하기는 했지만 "그가 강조한 연결들은 직접적이거나 분명한 것이 아니었다"는 것이다. 이 서평에 따르면, "허시먼의 접근은 구불구불하고, 가장 결정적인 연결도 간접적인 연결인 경우가 많으며, 학문적인 진전은 긴 우회로와 엉뚱한 곁길을 오랫동안 거친 뒤에야 생겨났다." 이 서평은《진보를 향한 여정》표지 그림인 파울 클레의 〈큰길과 작은 길 Highways and Byways〉이 허시먼식 사상을 표현하는 적절한 이미지라고 언급했다.[18]

이 서평을 보고 허시먼은 속이 상했다. 1982년 3월 CEBRAP에서 강연을 했을 무렵, 허시먼은 독자들이 그의 글에서 분절적이고 간접적인 연결들만 포착하는 것에 낙담하고 있었다.[19] 또다른 서평가인 알렉스 인켈스는《경제문헌 저널》에서 허시먼이 경제관계를 사회정치적 시스템과 연결하는 것은 누구보다도 잘하지만 "일반적인 경제분석"에는 부족함이 느껴진다고 언급했다. 물론 허시먼은 일반적인 경제학에 맞출 생각을 한 번도 한 적이 없었다고 답하고 싶었을 것이다.[20]

1980년대 말에 허시먼의 노벨상 수상 가능성에 대해 소문이 많이 나돌았다. 매년 가을에는 예측 게임이 벌어지곤 했다. 1989년 피터 파셀은 익명으로 경제학자들에게 전화 설문조사를 한 뒤 그 결과를《뉴욕타임스》에 공개했다. 우선, 많은 이들이 노벨상 수상에는 예측할 수 없는 면이 많다는 점을 먼저 밝혔다. 이를 전제로 한 뒤, 파셀은 명백한 후보군으로 게리 베커(1992년 수상), 로버트 루카스(1995년 수상), 조지프 스티글리츠(2001년 수상), 로널드 코즈(1991년 수상) 등을 언급했다. 지금 돌아보면 이 목록의 정확성이 새삼 놀랍다. 또한 파셀은 극적인 요소를 더하기 위해 '다크호스 후보군'도 언급했다. 이것이 "가장 흥미로운" 관전 포인트가 될 터였는데, "논쟁을 불러일으킬" 것이었기 때문이었다. 그리고 다크호스 후보군 목록의 맨 위에 허시먼이 있었다. "허시먼은 경제학을 사회학, 인류학, 철학과 깊이 연결지어 설명한다." 그 밖에 로버트 포겔, 맨커 올슨, 로버트 먼델, 마틴 와이츠먼 등이 다크호스 후보군에 포함되어 있었다. 다크호스 후보 중 두 명이 나중에 노벨상을 받게 되는데, 다크호스가 1등을 하는 일이 실제로 생길 수 있다는 것을 보여준다.[21]

허시먼의 팬들(나중에 노벨상을 받는 사람도 있다) 중에는 허시먼이 노벨상을 받지 못한 것을 도무지 이해하지 못하는 사람도 많았다. 토머스 셸링은 평생에 걸친 허시먼의 연구 궤적이 하나의 이론이나 해법보다는 독창적인 경제학적 사고를 산출하려는 것이었다며, 이 때문에 허시먼이 더더욱 노벨상 후보로 추천되어야 한다고 말했다.[22] 허시먼이 노벨상을 받지 못한 이유로 흔히 거론되는 것은 허시먼의 작업이 수학적이지 않다는 점이었다. 아마르티아 센(허시먼의 조카사위이자 역시 노벨상 수상자)은 전에는 경제학자들이 개념상의 혁신을 더 중요시하고 수학은 여러 분석도구 중 하나로만 삼을 뿐이었지만 점점 더 많은 경제학자가 수학자로서 경제학을 시작하게 되면서 "앨버트가 가지지 못한 몇 안 되는 기술[수학]"의 중요성이 너무 커졌다고 언급했다. 그는 허시먼이 매우 비범하고 심오한 경제사상가라고 생각했기 때문에 이런 추세를 몹시 아쉬워했다. 게다가 하이에크, 뮈르달, 그리고 더 최근에는 허시먼의 옛 친구 셸링도 그리 수학적이지 않았지만 노벨상을 받지 않았는가? 그러므로 수학적인 면이 부족하다는 것만이 노벨상을 받는 데 장애가 되었다고는 볼 수 없다.[23]

허시먼이 '경제학'에 기여한 바가 불명확하다는 점을 이유로 꼽는 사람들도 있다. 실제로 경제학에의 기여도야말로 노벨경제학상의 수상 기준이다. 그런데 허시먼은 연구 영역이 점점 넓어지면서 경제학계 내부에서만 이야기하는 것에는 흥미를 잃고 있었다. 하버드대학 경제학과를 떠나 고등연구소로 간 것도 경제학계의 토대를 벗어나는 길을 택한 셈이었다.

허시먼은 학과의 세분화·전문화 추세에 저항해야 하고 하나의 학과에서만 사용되는 용어로 분석하는 것을 넘어서야 한다고 주장했다. 하지만 세분화된 연구를 하는 학자들이 보기에 허시먼이 추구하는 길은 학문을 진전시키는 길로 보이지 않았다. 그러다 보니, 허시먼의 연구는 경제학계에 그리 영향을 주지 못했다. 경제학은 실증적으로 검증·추적·정교화가 가능한 한 정밀함을 갖추어야 한다는 규범이 지배하는 학문이 되어 있었기 때문이다. 에릭 매스킨이 언젠가 나에게 이야기했듯이, 경제학자들은 기존에 존재하는 모델을 가지고 작업하는 것이 더 쉽다는 것을 알게 되었다. 기존 모델에서 모호

앨버트 허시먼

함과 특이성을 제거하고 정확성을 높이는 방식을 추구하는 것이 더 유리하다는 것이었다. 이와 달리, 허시먼식의 통찰은 경제학계에서 직업적 인정과 보상의 기준이 되는 '검증가능한 주장'을 만드는 데 그리 잘 부합하지 않았다. 경제학자들의 기준으로 보면 허시먼의 통찰은 너무 모호하고 복잡했다. 역설적이게도, 허시먼의 저술 중 예외적으로 공식화가 가능한 주장을 담은 것으로 인정되고 있는《이탈, 발언, 충성심》은 정작 허시먼을 경제학과에서 멀어지게 만든 책이었다. 최근 들어 행동경제학에 관심이 높아지고 있는 만큼, 앞으로는 허시먼 같은 선구자에게 관심을 갖는 경제학자들이 생길 수도 있을 것이다.[24]

경제학계 전체에 대해서야 그렇다 쳐도, 적어도 개발경제학에 미친 그의 공헌은 인정할 수 있지 않았을까? 이를테면,《경제발전 전략》은 이 분야에서 가장 중요한 책으로 꼽기에 손색이 없지 않은가? 문제는, 개발경제학 분야 자체가 경제학 내에서 높이 평가받지 못했다는 데 있었다. 1979년 윌리엄 아서 루이스와 시어도어 슐츠가 노벨상을 받은 것이 개발경제학 분야가 받을 수 있는 인정의 전부였다. 폴 크루그먼에 따르면 개발경제학은 "학문으로서의 막다른 골목"에 서 있었다. 허시먼도 이 의견에는 동의했을 것이다. 하지만 다른 이유에서였을 것이다.

허시먼은 개발을 주제로 한 연구를 멈춘 적이 없었지만 '제3세계'가 독자적인 하위분야로 존재하는 것이 타당한지에 대해서는 의구심을 가지고 있었다. '제3세계'라는 별도 분야를 두게 되면 경제학자들이 식민지적 견해에 고착될 수 있다는 점을 우려했기 때문이다. 제3세계가 외부의 충격 없이는 돌파구를 찾지 못할 것이라고 본 1950~60년대의 거대 계획가들과 '균형성장론자'들에 대해 허시먼이 느꼈던 불편함이 이런 우려를 단적으로 보여준다. 그리고 로젠스타인로단이 아옌데가 무능해서 쿠데타를 초래했고 본인의 죽음을 자초했다고 주장한 것은 허시먼의 의구심을 더욱 증폭시켰다.[25] 내생성장론과 함께 개발경제학이 새로운 분석기법으로 무장하고 다시 부상했지만, 주장의 핵심은 동일했다. 1991년 가을에 캘리포니아 대학 버클리캠퍼스 경제학자들은 '내생성장'에 대한 국제 심포지엄을 개최하고 허시먼을 기조연설자로 초청했다. 허시먼은 몇 명 남지 않은 개발경제학 창시자 중 한 명이었다. 콘퍼런스를 보면서 허시먼은 떠오르는 바를 메모했다. 성장이 산업화를 의미하느냐(76세가 된 허시먼은 이 질문에 '아니오'라고 적어 놓았다), '시장 실패'와 '외부성'이 현재의 문제를 설명해 주느냐와 같은 문제를 놓고 젊은 세대가 벌이는 논쟁은 마치 데자뷔를 보는 것 같았다. 어느 경제학자가 "그것에 대해 나는 모델이 없다"고 말하자, 허시먼은 "포인트가 아님"이라고 적었다.[26]

사회과학을 향해 이야기하는 경제학자로서 허시먼이 경제학 분야를 초월해 큰 영향력을 갖게 만든 바로 그 점이 경제학계 내에서는 영향력을 잃게 만들었다. 그는 경제학계가 나아가는 방향(그것이 옳든 그르든 간에)과 갈라졌다. 아마도 이 때문에 허시먼이 노벨상 수상자로 선정되지 못했을 것이다. 허시먼 자신은 겉으로 실망을 드러내지 않았지만 다른 사람들은 안타까워했다. 센은 이렇게 말했다. "노벨상을 받지 못해서 그가 슬퍼했는지는 알 수 없지만 나는 확실히 슬펐다. 지금도 나는 그가 늦게라도 인정받기를 기대한다."[27] 센은 노벨위원회가 기존의 범주에 쉽게 들어맞지 않는 사람들을 평가하는 데 어려움이 있다는 것을 잘 알고 있었다. 가장 대표적인 예가 호르헤 루이스 보르헤스일 것이다. 아르헨티나의 단편소설가이자 수필가인 보르헤스가 노벨문학상을 받지 못한 이유를 세상은 늘 궁금해했다. 그리고 보르헤스처럼 허시먼도 상을 받은 사람들보다 더 오래 독자들 사이에서 살아남았다.

노벨상을 받지 못한 것을 제외하면 허시먼은 가히 세계 최고의 명사라 할 만한 사회과학자였다. 그리고 곧 베를린에서도 그렇게 되었다. 허시먼은 우르줄라, 에바와 함께 베를린에 간 적이 있었다. 누이들은 티어가르텐이나 옛 집터 등 추억의 장소로 그를 데리고 갔다. 앨버트는 내키지 않았지만 마지못해 따라갔다. 안 그러면 누이들이 추억과 향수를 함께 나누지 않는다고 불평하기 것이기 때문이었다. 허시먼은 자신의 과거에 대해서는 대체로 입을 굳게 닫았다. 클라우스 오페나 볼프 레페니스와는 영어로 말했고, 이는 현재를 과거에서 분리하는 데 도움이 되었다. 우르줄라와는 프랑스어와 이탈리아어로 편지를 주고받았다(가끔 어린아이들 말 같은 독일어 단어들이 포함되긴 했다). 유럽이 허시먼을 매혹했다면, 그것은 이탈리아와 프랑스 이야기이지 독일은 아니었다. 독일은 너무나 많은 혼란스러운 감정을 불러일으켰고, 앨버트가 그런 감정들을 다루는 방식은 '거리두기'였다.

그런데 1980년대 들어 흥미와 호기심이 회피와 거리두기를 압도하기 시작했다. 허시먼이 독일을 다시 방문할 수 있는 계기를 마련해 준 사람은 1977-78학년도에 1년간 고등연구소에 와 있던 클라우스 오페와 자비네 오페, 그리고 3년간 와 있다가 종신연구원이 되는 것을 포기하고 베를린에서 고등연구소의 사촌격인 연구소를 설립하고자 한 볼프 레페니스였다. 사실 독일 사회과학계에서 보자면 허시먼은 '우리의 학자'가 아니었다. 허시먼의 저술 중 독일어로 번역된 것은 시리즈로 묶여 출간된 《이탈, 발언, 충성심》뿐이었는데, 이 시리즈에서 더 유명한 책은 하이에크의 책이었고 시리즈의 저자 소개란에 허시먼은 미국인이며 보수주의자라고 설명되어 있었다. 그래서 좌파 성향의 젊은 세대 독일 사회과학자들은 허시먼의 책을 읽지 않았다. 클라우스 오페도 프린스턴 고등연구소에 막 도착했을 때는 허시먼을 잘 몰랐다. 오히려 허시먼이 오페를 더 잘 알고 있었다. 허시먼은 오페가 남미와 관련해 협업을 할 수 있을 만한 중요한 신진학자라고 생각했고, 아마 기어츠도 그 점을 염두에 두고 오페를 고등연구소에 초청했을 것이다. 한편 그때 독일에서는 준테러 활동을 펴는 급진 좌파 조직 '적군파' 때문에 정부가 대학의 자율성을 억누르려 하는 움직임이 있었다. 오페는 과학부 장관이 요구하는 충성심 서약에 서명하기를 거부했고 체포된 적군파 단원들을 독방에서 고문하는 것에 반대했다. 허시먼은 이런 일에 관심을 보였지만, 오페로서는 실망스럽게도, 이에 대해 공개적으로 입장을 밝히지는 않았다.

모든 자본주의 사회에서 인간이 처하게 되는 딜레마에 대해 허시먼이 숙고했던 것들이 베를린으로, 의구심과 회의로 가장 많이 점철되었을 장소인 베를린으로 모이는 것은 시간문제였을 것이다. 1980년에 앨버트와 새러는 오페를 만나기 위해 베를린에 갔다. 처음으로 누이들 없이 고향을 찾은 허시먼은 도시를 더 자유롭게 다녀 볼 수 있었다. 클라우스가 앨버트와 새러를 자동차로 여기저기 데려다 주었다. 허시먼은 조수석에 앉아서 클라우스가 듣기에는 할아버지를 연상시키는 옛 독일어로 어린아이처럼 이야기하며 밖을 내다보았다. 훗날 오페는 "언어적 고고학" 같았다고 회상했다. 허시먼의 독일어는 시간 속에 고정되어 있었다. 그래도 허시먼의 독일어는 유창했다. 또 오페는 언어가 달라질 때 허시먼의 성격도 달라진다는 것을 알아차렸다. 영어로 이야기할 때와 달리(영어 목소리는 매우 과묵하고 더듬거린다) 독일어로 이야기할 때는 유창하고 열정적이며 말이 많았다(오페 이외에도 언어에 따라 변하는 허시먼을 포착한 사람들이 몇몇 있었다).

클라우스 오페와 자비네 오페는 1980년대 중반에 대형 출판사인 주르캄프 출판사를 통해 허시먼의 주요 저작들을 독일어로 출간하기로 했다. 그리고 1988년 빌레펠트대학에서 《정념과 이해관계》독일어판 페이퍼백 출간에 맞추어 허시먼의 저술에 대해 논의하는 저자 초청 콜로퀴엄을 개최했다. 이전에 존 롤스 콜로퀴엄과 위르겐 하버마스 콜로퀴엄을 개최한 바 있었고, 허시먼이 그 다음이었다.

앞서의 컬로퀴엄과 다른 점은 독일계 이민자가 돌아와 강연을 한다는 점이었다. 오페와 빌레펠트대학은 독일 사회과학계의 기라성 같은 명사들을 모두 초청했다. 또 저명한 미국인, 프랑스인, 영국인 학자들도 초청했다. 하지만 허시먼의 관심사는 이런 것이 아니었다. 그 무렵 허시먼은 다시 팔을 걷어붙이고 책 집필 작업을 시작한 상태였다. 명사 대접을 받는 것, 다른 사람들이 자신의 책을 어떻게 적용했는지 이야기를 듣는 것은 여전히 기뻤지만, 허시먼은 토론에서 한 발 뒤로 물러나 있었다. 그의 마음은 프티 이데들로 가득했다. 청중의 질문은 알 듯 말 듯한 미소 속으로 사라져 버렸다. 이날 참석한 많은 이들이 "정신이 딴나라에 간 듯이 멍하니 앉아 있는" 허시먼의 모습을 지금도 기억하고 있다.[28]

허시먼은 볼프 레페니스 덕분에 고향을 자주 방문할 수 있게 되었다. 고등연구소에서 은퇴를 했으므로 시간도 더 자유롭게 쓸 수 있었다. 허시먼은 베를린 학술원 회원이나 마찬가지였다. 베를린 학술원은 1981년에 고등연구소를 모델 삼아 만들어졌고, 1986년에는 볼프가 제2대 회장이 되어 연구소 확장 및 미국 학자들과의 연계를 담당하고 있었다. 그는 새러와 앨버트를 여러 차례 초청해 허시먼을 독일 사회과학계에 더 많이 알렸고 허시먼과 베를린 사이에 다시 유대가 이루어지게 하는 데 기여했다.

1980년대가 끝날 무렵, 반세기 동안의 거리두기가 끝나려 하고 있었다. 허시먼은 독일을 다시 방문하면서 과거의 베일을 벗기 시작했다. 1988년 베를린자유대학(1948년 동독의 베를린 훔볼트대학에 맞서는 서독의 대학으로 세워졌다)은 개교 40주년 기념행사에서 허시먼에게 명예박사 학위를 수여했다. 명예박사 학위를 숱하게 받았지만 이번이 가장 감동적이었다. 허시먼에게는 너무나 큰 의미를 갖는 일이었다. 드디어 베를린에서 학위를 갖게 된 것이다! 늘 그랬듯이 허시먼은 과거를 회고하는 것으로 기념강연을 시작했다. 아버지와 나누었던 대화, 아버지에게 '벨트안샤웅'이 없다는 사실을 알게 된 것 등을 이야기한 뒤, 바이마르 시절에 민주주의가 가졌던 허약성을 살짝 암시하면서 훔볼트와 롤스의 이야기로 자연스럽게 넘어갔다. 그리고 강하지만 교조적이지 않은 견해야말로 한 사회가 가진 민주적 특성의 척도라고 말했다. 여전히 1933년의 경직된 사상들을 몰아내려고 애쓰면서, 가능주의자 허시먼은 "민주사회의 미시적 토대"를 탐색해야 한다고 주장했다. 테오도어 아도르노가 이야기한 '권위주의적 성격의 인간형'이 아니라 '민주주의적 성격의 인간형'을 만들어야 한다는 것이었다.[29]

샬레주이제 레스토랑에서 열린 오찬에서 허시먼은 첫 여자친구인 잉게의 옆자리에 앉았다. 성공한 조각가가 된 잉게는 집안의 공산주의적 전통에 걸맞게 동베를린에 살고 있었다. 허시먼의 다른 쪽 옆에는 알프레드 블루멘펠트가 앉아 있었다. 그는 1932년 3월에 앨버트와 함께 프랑스 김나지움을 졸업했고, 유대인 계보가 드러날까 봐 나치 시기를 마음 졸이면서 보냈다. 오찬이 끝나고 잉게는 새러와 앨버트를 호텔까지 데려다 주었다. 호텔에서 잉게는 최근 작품들을 보여주고 동베를린 생활에 대한 이야기도 들려주었다. 잉게는 공산주의의 이상에 대한 미혹이 깨진 것을 숨기지 않았다. 그리고 몇 시간 뒤 잉게는 지하철을 타러 갔다. 이때 언어유희거리가 생각난 허시먼은 일기장에 이렇게 적었다.

공산주의: 수단을 정당화하는 죽은 목적dead end.*

다음 날《데어 타게스슈피겔》은 허시먼에 대한 긴 인물 기사와 인터뷰 기사를 싣고 옛 베를린 사람이 고향에 돌아왔다고 소개했다. 며칠 뒤 볼프 레페니스와 아내 아네테는 앨버트를 여러 명사에게 소개시켜 주고 위르겐 쿠친스키와도 만나게 해 주었다. 위르겐은 허시먼의 아버지 카를이 목숨을 구해 준 르네 쿠친스키의 아들이었다. 그들은 어느 추운 날 베를린 학술원에서 점심을 함께 먹었다. 84세인 위르겐은 몸은 쇠약했지만 정신은 명료했다. 그가 "드릴 게 있어요"라고 말했다. 게르트루드 시몬이 찍은 카를의 사진이었다. 놀라서 멍해진 허시먼에게 쿠친스키는 55년 전에 있었던 카를의 영웅적인 행동을 이야기해 주었다. 또 허시먼이 미국으로 돌아가기 위해 짐을 챙기고 있을 때는 고등학교 교사인 헨리 헴펠에게서 전화가 왔다. 프랑스 김나지움 1932년 졸업생들에 대해 책을 쓰고 있는데 생존자들과 인터뷰를 하고 싶다는 것이었다.

베를린에서의 이 일주일이 허시먼의 마음에 '동요를 일으켰다'고

* dead end는 '막다른 길'이라는 의미로 쓰이지만 문자 그대로는 '죽은 목적'이라는 뜻이 된다.

만 표현한다면 너무 부족한 표현일 것이다. 이때 일어난 마음의 동요는 허시먼 특유의 침착함과 맹렬히 싸움을 벌였을 것이다. 허시먼은 베를린자유대학 행사에서 느낀 감정에 대해 클라우스 오페에게 이렇게 털어놓았다. "[하지만] 나에게는 30~40년간 보지 못한 옛 친구들을 만난 것이 가장 감동적인 경험이었습니다." 그리고 이렇게 덧붙였다. "그에 대해 무언가 쓸 시간을 내야 할 것 같습니다."[30]

그래서 그는 무언가를 썼다.

동베를린과 서베를린을 갈라놓았던 장벽이 무너지면서 허시먼은 1933년 초에 시작된 것이 이제 끝나 가고 있음을 목격할 수 있었다. 1989년에 짧게 독일에 머문 것과 1990년 10월부터 1991년 1월까지 4개월 동안 독일에 머문 것이 그에게 무엇을 남겼는지는 알 수 없다. 동베를린을 탈출한 사람들로부터 들은 이야기와 구체제에 맞서 대대적인 시위가 벌어졌을 때 라이프치히와 드레스덴에 갔던 것을 기록한 노트가 분실되었기 때문이다. 그때 진행되던 거대한 일들을 그가 "알고 있었다"고만 말한다면 그런 일들이 그에게 의미한 바를 과소평가하는 셈이 될 것이다. 프티 이데 일기장에 휘갈겨 써 놓은 메모들에서 그가 겪은 마음의 요동을 읽을 수 있다. 베를린 장벽이 무너지고 1년 뒤, 허시먼은 베를린자유대학에서 오페를 만났다. 두 개의 독일은 과거의 적대감에서 벗어나 통일의 과제를 다루기 위해 서둘러 화합을 이야기하고 있었다. 하지만 허시먼은 과거의 차이들을 매장해 버리는 식의 대화가 학문을 위협하게 될까 봐 우려했던 것 같다. "장벽이 무너진 이후에 드러나고 있는 화합의 열망은 학문적·지적 투쟁을 거쳐 나온 것이 아니다. '이전의 적대적 주장들이 아무 이유 없이 존재했던 것은 아님을 분명히 하자'라고 말할 수 있는 분위기가 아닌 것이다." 허시먼이 과거를 다루는 '공식적인 방식'을 마음에 들어 하지 않았다는 점은 그가 자신의 과거를 다룬 방식을 반영한다고 볼 수 있다.

한편, 독일의 통일은 허시먼의 마음을 다시 독일에 연결시켰다. 허시먼답게 그는 이것을 언어에 대한 에피소드로 표현했다. 그의 일기에는 학술원 도서관에서 길을 잃었던 이야기가 나온다. 길을 잃고 헤매다가 사서 한 명을 만나 "제가 길을 잃은 것 같아요"라고 물어보았다고 한다. 그리고 허시먼은 일기에 이렇게 설명했다. "여기에 쓰인 단어 verlaufen은 동시 laufen(뛰다, 기다의 의미)의 의미가 ver라는 접두어에 의해 '길을 잃다'라는 새로운 의미를 갖게 된 독일어식 단어 구성을 대표적으로 보여준다. 이 단어를 지난 50년간 쓰지 않고 있었는데 갑자기 생각이 났다. 이 단어를 되찾은 것이 나는 매우 기뻤다. 옛 친구를 전혀 나이도 먹지 않고 변하지도 않은 상태로 다시 만난 것 같은 느낌이었다." 그는 여전히 독일어로 언어유희를 즐길 수 있었다.

11월경, 외부인이자 내부인으로서 독일의 통일을 목격한 허시먼은 이탈과 발언 모델을 적용해서 "개념사에 대한 논문"을 작성하는 작업에 들어갔다. 어지러운 노트 내용들은 동독인들의 다양하고 수완 있는 탈출 방법, 도스토옙스키, 통화 연합 등을 담고 있다. 그는 정당의 골수 충성파들보다 정당 내부에서 당 노선에 대항하며 운동

앨버트 허시먼

을 펼치는 개혁적 공산주의자들에게 관심이 끌렸다. 정당 노선의 존재 자체에 자신의 위치가 달려 있는데도 '진정한 마르크스-레닌주의'의 이름으로 정당에 맞서 투쟁하는 사람들을 어떻게 설명할 수 있을까? 발언과 이탈의 공식 전체가 예기치 못한 흥미로운 방식으로 뒤섞였다. 허시먼은 문을 쾅 닫고 나갈 때처럼 '시끄러운 이탈'에 발언의 측면이 있다는 것은 늘 알고 있었다. 하지만 독일에서 본 것과 같은 '조용한 이탈' 또한 "바로 그 조용함과 소통불가능성을 통해 강력한 메시지를 전달하고 있었다. 목소리를 내는 사람과는 논쟁을 할 수 있지만 말이 없는 도망자들과는 논쟁이 불가능하다."[31]

허시먼의 마지막 연구 현장이 베를린이라는 것은 너무나 적절해 보인다. 반세기에 걸친 습관대로 허시먼은 가능한 한 많은 사람을 만나 이야기를 들었고 노트에 이름, 인용문, 첫 인상 등을 가득 적었다. 그는 여러 면에서 분명 뛰어난 사람이었지만, '체계적인' 사상사 학자는 아니었다. 그리고 그는 자신이 묘사하는 행위자들을 통상적인 개념사 서술 방식으로 책에 담지는 않을 것이었다. 허시먼이 '개념사'라고 했을 때 그 의미는 그 자신이 가지고 있던 개념들이 어떻게 변화했는지를 뜻하는 것이었다. 하지만 독자들에게는 드러나지 않았더라도 이 개념들 뒤에는 허시먼 개인의 깊은 역사가 자리하고 있었다. 한두 달 뒤에 그는 이렇게 적었다.

반세기 동안 독일에서 멀리 떨어져 있으면서, 나는 내가 전에 형성했던 개념들이 독일에 다시 들어가 볼 수 있는 귀중한 지점을 제공한다는 것을 깨달았다. 이러한 열쇠를 가지고 나는 최근의, 그리고 아마도 좀더 먼 독일의 역사를 열어 볼 수 있을 것이다. 그 과정에서, 역사의 귀중한 실험장과 접할 때 열쇠 자체 또한 얼마나 많이 재구성되어야 하는지도 생각할 수 있을 것이다.[32]

자아와 역사, 개념과 맥락이 이렇게 만난 것은《프랑크푸르터 알게마이네 차이퉁》과 베를린의《데어 타게스슈피겔》에 실린 독일 통일에 대한 허시먼의 논평과 인터뷰 내용들에서 주된 주제가 되었다. 기억이 폭풍처럼 되살아났다. 1991년 봄에 둘째사위 피터 구르비치가 앨버트와 새러를 안내해 몇몇 장소를 둘러보았다. 포츠담광장을 걸어서 지나가면서, 앨버트는 바이마르 시절 키페와 신문 판매대기 있던 곳들을 알아볼 수 있었다. 그뤼네발트 역에 도착해 보니 베를린의 유대인들이 수용소행 기차를 탄 곳에 지어진 기념관이 있었다. 거대한 콘크리트 블록에 사람들의 실루엣이 새겨져 있었고, 그들이 걸어간 죽음의 길이 악명높은 17번 승강장으로 이어져 있었다. 삼촌도 이 길을 걸었을까? 훗날 피터 구르비치는 앨버트가 아무 말도 하지 않았지만 그의 얼굴은 "나는 살아남았다. 나는 돌아왔다. 네가 졌다"라고 말하는 듯이 저항하고 있었다고 회상했다.[33]

허시먼의 관심은 남미와 베를린 두 지역으로 나란히 쏠리고 있었다. 두 지역 모두 각각의 구불구불한 경로로, 또 어느 면에서는 수렴하기도 하는 경로로 전환의 길을 밟고 있었고, 과거가 남긴 것들을 다뤄 나가야 하는 과제를 안고 있었다. 남미를 오가면서 허시먼은 커다란 질문을 하나 갖게 되었다. 브라질과 아르헨티나에 새로이 들어선 민선 정부가 막대한 채무, 인플레이션, 성장 정체, 인권 침해 등의 문제를 정부가 전복되는 일 없이 모두 해결할 수 있을까? 이것이 1985년 12월에 열린 CEBRAP 콘퍼런스의 주제였다. '민주적 전환의 딜레마'라는 제목('약속'이 아니라 '딜레마'인 데 주목할 것)으로 열린 콘퍼런스에 아르헨티나와 브라질의 저명한 학자들이 참석했다. 전에 《새로운 권위주의》 프로젝트를 함께했던 사람들도 있었다.

이 자리에서 허시먼은 비관주의의 희생양이 되지 말아야 한다고 강조했다. 인플레이션을 조금 줄이고, 그러다가 민주적 제도들을 조금 통합하고, 그러다가 다시 성장에 신경을 쓰고, 그러다가 다시 다른 문제를 해결하고, 이런 식으로 실현가능한 것들을 향해 움직여 나가면서, 또 필요하다면 "돌풍 속으로 배를 몰기도 하면서" 여러 문제들 사이를 오가야 한다는 것이었다. "나는 계속되는 불리한 상황들에 **직면해서, 그리고 그러한 상황들에도 불구하고** 어떻게 하면 민주주의가 살아남을 수 있고 더 강해질 수 있을지를 연구하는 것이 훨씬 더 건설적이라고 생각합니다." 이번에도 그는 [비관적인 분위기 속에서] 희망을 이야기하는 '추세 역행자' 역할을 했다. 허시먼은 자리를 정리하는 발언을 부탁받고서 성공에 필요한 전제조건들이 마련되어 있는지의 여부에 너무 집착하지 말자고 다시 한 번 강조했다. 새 정부는 정당성이 있는 만큼 과거의 족쇄에서 어느 정도 자율성을 가질 수 있을 것이고, 따라서 창조적인 정책을 만들 수 있는 여지가 있을 터였다. 프린스턴으로 돌아온 허시먼은 브라질에서 갖게 된 생각을《뉴욕 리뷰 오브 북스》의 로버트 실버스에게 보냈다. 남미에서 민주주의 회복의 드라마가 펼쳐지고 있는 중이었던 터라(중미와 인도차이나의 대학살, 동유럽의 불황 등과 대조적인 상황이었다), 실버스는 4월 10일자에 이 글을 곧바로 싣기로 했다.[34]

아르헨티나와 브라질에서 가능주의를 한층 더 강조하고 아직 피노체트 군부통치하에 있는 칠레 사람들에게 희망을 북돋아 주면서 남미 출장을 마치고 나니, 남미의 동료들 및 정치인들과 다시 한 번 논의를 하고 싶어졌다. 개혁생성전도사로 개혁 찬가를 부른 지 20년 뒤인 이제 남미는 다시 한 번 전환을 하고 있었다. 1985년 6월에 알폰신 정부는 대담한 반인플레이션 정책인 '아우스트랄 계획'을 내놓았다. 1년 뒤에는 브라질 정부도 '크루자두 계획'을 내놓았다. 허시먼이 관심을 갖지 않을 수 없는 일이었다. 그는 일주일 뒤에 상파울루로 다시 가서 CEBRAP 사람들과 이야기를 나누면서 크루자두 시행 초기 상황을 관찰했다. 허시먼은 트리아논 호텔에서 포르투갈어로 강의를 구상했다. 그는 아직 초기 단계인 정책이 자기실현적인 비관주의에 끌려가지 않게 해야 한다고 강조했다.

브라질에서 돌아온 뒤 허시먼은 라틴아메리카학회LASA에서 수여하는 칼만 실버트 상 수상자로 선정되었다는 소식을 들었다. 수상에 대해 감사의 표시로 학회원들에게 강연을 해야 했다. 허시먼은 여러 곳에서 발생하고 있는 다양한 변화와 논의들을 한데 엮어내기 위해 애썼다. 베네수엘라에서는 인플레이션에 대한 콘퍼런스가 있었다. 라틴아메리카 및 카리브해 지역 경제위원회의 오랜 친구인 아니발 핀토가 준비한 콘퍼런스로 브라질, 아르헨티나, 칠레에 대한 활발한 토론이 펼쳐졌다. 또 멕시코대학 총장에서 막 물러난 빅토르 우르키디가 허시먼을 일주일간 초청해 이런저런 모임을 주선해 주겠다고 했다. 포드재단은 7주간 남미의 상황을 진단하는 조사를 하는 데 5500달러의 출장비를 지원했다. 조사 결과를 멕시코, 리우데자네이루, 부에노스아이레스, 산티아고의 직원들에게 공유해 주는 조건이었다. 이 출장에서 허시먼은 멕시코의 카를로스 살리나스 데 고르타리(당시에는 기획예산부 장관이었고 곧 대통령이 된다), 하이메 세라 푸체(멕시코대학 경제센터 소장으로, 곧 재무장관이 된다), 국립대학의 파블로 곤살레스 카사노바 등을 만났고, 아르투로 와르만과 저녁식사를 함께 했으며, 5월 13일에는 포드재단 본부에서 열린 기념행사에 참석했다. 프린스턴으로 돌아왔을 때는 허시먼의 가방이 흥미가 가득 담긴 책, 메모, 상세한 일기 등으로 꽉 차 있었다.

가만, '흥미'라고? 남미의 분위기는 우려와 회의가 아니었나? 하지만 많은 이들을 우려하게 한 것들이 허시먼에게는 희망을 주었다. 허시먼은 현재의 상황이 채무 위기의 끔찍한 부담에 징징대고만 있지 말고 국제통화기금이 처방한 극약 이외의 대안들을 적극적으로 탐색하도록, 그리고 오랜 세월 동안 '정통 경제 해법'의 실패를 겪은 뒤 드디어 더 실용적인 실험들에 나서도록 정책 결정자들을 압박하고 있는 것을 목격했다. 이것이 어쩌면 "남미에서의 이데올로기의 종언"이지 않을까?[35] 1980년 무렵까지만 해도 구조주의와 '실패강박'의 무거운 손이 모든 영역에서 실천과 인식을 지배하고 있었다.

하지만 산업의 붕괴가 낳은 자기실현적인 유산들, 낭비된 석유 자원, 인플레이션, 채무 위기 등이 한바탕 휩쓸고 지나간 뒤, 이제 폐허에서 가능성들을 찾을 수 있는 기회가 열리고 있었다. 전후 유럽의 재건에서도 볼 수 있었던, 허시먼이 너무나 좋아하는 유형의 경제적 구원이었다.

부제가 '되돌아본 일곱 가지 실천Seven Exercises in Retrospection'인 데서도 알 수 있듯이, 이 글은 남미 사회과학계를 지배했던 기존의 인식과 허시먼의 옛 적수인 로돌포 스타벤하겐에 대한 반박이었다. 스타벤하겐은 1960년대에 〈오류가 있는 일곱 가지 테제Seven Erroneous Theses〉라는 글을 써서 유명해진 바 있었다. 민주주의가 되살아나던 시기, 그리고 해결 불가능한 '근본 문제들'을 가지고 씨름하는 대신 비정통경제학적 요법으로 인플레이션을 잡고 채무 위기를 해결하려던 시기에, 허시먼의 라틴아메리카학회 연설은 실용주의자적인 대담함과 실질적인 혁신, 그리고 정통 견해에 순응하지 않으려는 태도를 드러낸다. 허시먼은 오늘날의 현상이 1950년대에 그가 목격했던 정책과 이데올로기로부터 놀라운 전환을 이룬 것이라고 생각했다.[36]

한 바퀴를 완전히 돌아온 허시먼은 그 모든 나날 동안 그가 맞서 싸워 온 용이 드디어 무찔러졌음을 확신했다. '되돌아봄'은 허시먼에게 자기구원이기도 했다. 허시먼은 남미에서 독재 정권들이 혼란스러운 방식으로 무너진 것과 그들이 남겨 놓은 금융경제상의 폐허를 보면서 위기란 기회이기도 하다는 것을 다시금 떠올리게 되었다. 이때 스티븐 홈스가 허시먼에게 독일 법학자 카를 슈미트에 대해 쓴 논문의 초고를 보내왔다. 나치 법학자인 슈미트 이야기를 보고 허시 먼이 섬찟했을지도 모른다. 실제로 허시먼도 홈스와 마찬가지로 슈 미트를 '비판적인' 학자로 재평가하는 분위기에 문제가 있다고 생각 했다. 하지만 다른 한편으로 허시먼은 슈미트가 이야기한 '예외 상 황'이라는 개념이 위기를 논할 때 매우 유용한 통찰을 준다고 생각 했다. 허시먼은 홈스에게 보낸 서신에서 이렇게 말했다. "희한하게 도 내 생각과 슈미트의 생각에 수렴하는 부분이 있는 것 같습니다. 나는 마르크스주의와 비마르크스주의(베버주의) 사회과학자들이 모 두 갖고 있는 '운동 법칙에 대한 집착'에서 벗어나는 길로서, 슈미트 가 예외적인 상황들과 '결단'을 통해 그 상황들을 포착할 수 있는 역 량에 관심을 둔 것이 옳다고 생각합니다. 나 역시 오랫동안 무기력 을 일으키는 악순환과 경제발전, 민주주의의 '선결조건' 등에 대한 집착에서 벗어날 수 있게 자극을 줄 예외적인 상황들을 이야기해 왔 기 때문입니다. … 물론 예외 상황에 대해 내가 거는 희망은 슈미트 가 걸었던 희망과 다르지만요."[37]

붕괴된 나치즘에 대한 기억이 허시먼에게서 '승리한 생존자'로서 의 모습을 불러냈다면, 남미의 친구들이 새로운 민주 체제를 떠받치 는 사상가가 되는 것을 보는 것은 너무나 행복한 일이었다. 1990년 3월에 칠레가 드디어 역사의 새로운 장을 열었다. 피노체트 군부정 권이 무너지고 파트리시오 아일윈 정권이 들어서면서 기독교민주 당, 사회당 등의 연정이 구성된 것이다. 베를린 장벽이 무너지고 얼 마 되지 않아서 칠레에 있는 라틴아메리카사회과학대학의 노르베르

■ 1990년 칠레 산티아고에서 열린 파트리시오 아일윈 대통령의 취임식에서 앨버트와 피터 벨.

트 레히너는 '스승' 허시먼에게 서신을 보내서 아일윈의 취임에 맞춰 학문의 자유를 위해 노력한 외국 동료들을 기리는 행사에 참석해 달라고 부탁했다. 칠레 라틴아메리카연구소의 알레한드로 폭슬리도 비슷한 초청을 해 왔다. 허시먼은 거절할 수 없었다. 그는 어떤 심정이었을까? 아옌데와 나누었던 친근한 대화를 생각했을까? 아니발 핀토 등 젊은 급진주의자들과 1960년대 말 라틴아메리카사회과학대학에서 나누었던 대화를 생각했을까? 1973년 이후 칠레에 남은 사람들에게 드리웠던 공포를 생각했을까? 아일윈이 앨버트에게 취임식에 참석해 달라고 청해 와서 허시먼은 칠레로 갔다. 대통령 취임선서가 있던 날 앨버트는 피터 벨과 팔에 팔을 걸고 한때 폐허가 되었던 대통령궁에서 열린 행진에 참여했다. 허시먼에게 칠레는 정치적으로도 개인적으로도 의미심장한 분기점이었다.

1994년 브라질 선거에서 오랜 동료였던 페르난두 엔히크 카르도주가 대통령으로 당선되고 고등연구소에서 그의 '조교'였던 주제 세하가 카르도주의 내각에 합류한 것처럼 순수하게 기쁜 일도 있었다. 허시먼은 카르도주가 상원의원에서 외무장관으로, 이어 재무장관으로 부상하는 것을 지켜보았던 사람으로서 카르도주 팀이 드디어 인플레이션을 잠재우는 것에 자랑스러움을 느꼈다. 카르도주의 구원적인 말("이번에 우리나라는 제대로 할 것입니다. 성공할 것입니다este pais vai dar certo")을 들었을 때는 눈물이 나려 했다. 카르도주가 "브라질은 더이상 저개발국이 아니다. 브라질은 부정의한 나라다"라고 했을 때, 허시먼은 "악순환" "제약조건" "고칠 수 없는 덫" 등을 이야기하는 전문가들과 싸웠던 자신의 오랜 투쟁이 드디어 끝난 것처럼 느껴졌다. 페르난두 엔히크는 앨버트에게 1월 1일 브라질리아에서 열릴 취임식에 참석해 자신의 옆자리에 앉아 달라고 부탁했다. 행사 전에 페르난두 엔히크는 아내 후치 카르도주, 새러, 앨버트, 알레한드로 폭슬리(이때는 칠레의 재무장관이었다), 파리에서 온 논문 지도교수 알랭 투렌과 비공식 오찬을 가졌다. 오랜 친구이자 동료인 이들은 격의 없이 오찬을 즐겼다. 식사가 끝나고 누군가 웨이터에게 카메라를 주면서 사진을 찍어 달라고 부탁했고, 브라질리아의 햇빛이 유리에 비치는 가운데 모두 냅킨을 내려놓고 포즈를 취했다.[38]

남미에서 벌어지고 있던 '이데올로기의 종언'과 미국의 상황을 대조해 보니 정말로 '바뀌지 않는' 것이 하나 있는 듯했다. 미국과 남미가 동일한 주파수에 놓이는 일이 없다는 점 말이다. 허시먼은 불가능주의를 경직적으로 설파하는 사람들을 오래도록 비판해 왔다. 1960년대 초에는 그 비판의 대상이 남미였다. 그때 허시먼은 실용적 개혁주의를 지향하는 미국과 '근본적인 해법'을 추구하는 남미를 비교하면서 남미가 "위상에서 벗어났다out of phase"고 지적했다. 그리고 20년이 지난 뒤 허시먼은 '위상에서 벗어난' 상황을 다시 목격하게 되었는데, 이번에는 위치가 반대였다. 남미는 "이데올로기가 추동한 경제 정책의 거대한 실패"에서 교훈을 얻어 실험적인 정신을 받아들인 반면, 미국은 모든 교훈을 외면하고 온갖 근본주의적 조류와 자극적인 이데올로기가 만연해 있었다. 남미는 개방적이고 유연하며 중도적이고 자신에 대해 비판적이었다. 하지만 레이건 시기 미

앨버트 허시먼

국의 정치인들과 국제기구들은 전혀 그렇지 않았다.

허시먼은 이러한 상황에 분노했다. 《뉴욕 리뷰 오브 북스》에 게재한 글에서 허시먼은 이러한 북미의 퇴락을 지적했다. "북미는 얼마 전까지만 해도 실용주의를 자랑스러워했는데 이제 이데올로기로 돌아섰고, 남미는 전에 '확실성'과 '결정적 해법'을 추구했지만 이제 그에 대해 회의적인 태도를 받아들였다." 그는 "북미의 개종자들이 이제 또다른 교리를 강요하려 들면서 남미 상황을 악화시키고 있다"며 레이건 정부의 '공포 조성자'들과 국제통화기금의 통화주의적 극약 처방자들에게 일침을 날렸다. 허시먼은 카르도주의 취임식에 참석하고 돌아오면서 이렇게 자문했다. "민주적 자유와 사회정의의 횃불이 이제 북미에서 남미로 넘어간 것일까?"**39**

유럽과 남미의 이러한 상황을 바탕으로, 허시먼은 미국의 공공 담론에 대한 연구를 시작했다. 로널드 레이건과 마거릿 대처의 승리는 복지, 규제, 그리고 시민의 삶을 위해 정부가 수행해야 하는 역할 등에 대해 전면전이 선포된 것이나 다름없었다. 1988년의 악의적인 선거운동에서 공화당 부통령 후보 조지 H. W. 부시는 수세에 몰려 있던 경쟁 후보 마이클 듀카키스를 '리버럴(진보)'이라고 비난했다. 그는 듀카키스가 '미국시민자유연맹ACLU[인권단체]의 골수 회원'이라며, 마치 미국시민자유연맹이 공산당과 동의어이기라도 하듯 맹비난을 퍼부었다. 우파의 선거 전략은 정치 담론을 한층 더 바닥으로 끌어내렸다. 컬럼비아대학 역사학자 프리츠 슈테른은 이런 상황을 우려하면서 "오늘날의 정치 화법"에 위협당하고 있는 "진보 자유주의적 가치와 전통"을 지키기 위한 캠페인을 시작했다. 슈테른은 허시먼에게 《뉴욕타임스》에 게재할 대형 광고에 동참해 달라고 부탁했다. 대니얼 벨, 조지 소로스, 케네스 애로, 존 호프 프랭클린, 도나 샐레일라, 펠릭스 로하틴, 윌리엄 스타이런 등이 서명했다. 우울한 선거가 끝나고 몇 주 뒤, 허시먼은 슈테른과 함께 파크애비뉴에 있는 보드룸클럽에서 분노한 사람들의 모임을 주선했다. 진보적인 자선사업가 대니얼 로즈가 마련한 모임이었다. 그해 겨울, 미국에서 공공 담론의 격이 심각하게 퇴락하는 것에 분노한 허시먼은 반대자들의 말에서 무엇이 문제인지를 정리하는 작업을 시작했다.

그런데 뉴욕주의 민주당 상원의원 대니얼 패트릭 모이니핸은 광고에 실린 글에 대해 허시먼에게 장문의 편지를 따로 보내왔다. "친애하는 앨버트 교수님. 초대받지는 않았지만 가족 같은 심정으로, 하지만 [좌절과 분노보다] 교수님의 희망을 격려하고자 이 글을 씁니다." 그는 보수주의자들이 보기보다 강력하지 않으며, 담론 저하의 악순환은 청원에 서명한 사람들이 주장한 것만큼 새로운 일이 아니라고 주장했다. 상원의원 모이니핸은 경제학자 허시먼에게 반대 진영의 득세가 [진보 진영에] '의도치 않은 혜택'을 가져다줄 수도 있다는 원래의 신념을 고수하라고 독려했다. 어쩌면 보수주의의 부상이 진보 진영들로 하여금 "그에 맞설 강력한 개념을 만들게 하는 자극제가 될 수도 있을 것"이라면서 말이다. 그는 진보 진영이 도덕적 우월감에 도취되어 자신의 원칙과 정책을 되짚어보는 데는 게을렀다고 지적하면서(이렇게 볼 근거도 분명 있었다) 이렇게 결론 내렸다. "지금까지 내가 신문에서 본 모든 것은 이길 수 있는 대선에서 진 사람들이 모여서 미국 국민을 비난하는 이야기뿐이었습니다." 이렇게 해서, 허시먼은 우파 도그마가 떠오르는 것에 대해서뿐 아니라 좌파가 자기들끼리만 만족한 상태로 후퇴하고 있는 것에 대해서도 위험성을 인식할 수 있었다. 유럽과 남미에서 본 것과는 너무 대조적이었다.[40]

정신이 번쩍 들 만큼 놀라운 일이었다. 아마도 모이니핸의 편지를 보고 더 대담해진 허시먼은 무언가를 해야겠다고 생각했다. 담론에 대한 허시먼의 우려가 새로운 것은 아니었다. 하지만 새로운 전기를 맞이한 것 또한 분명했다. 1985년 여름에 허시먼은 조제프 드 메스트르의 《프랑스에 대한 고찰》을 읽으면서, 메스트르가 프랑스혁명이 스스로를 집어삼킴으로써 결국 프랑스를 더 좋게 만들었다며 이를 '섭리'의 작용이라고 칭송한 것에 표시해 두었다. 허시먼은 스코틀랜드 계몽주의와 '의도치 않은 결과'들, 마르크스와 낭만주의 등의 익숙한 주제들로 되돌아왔다. 또 '섭리론' 등 새로운 주제에 대한 책도 읽었다. 허시먼은 [전면적 변혁이 아니라 점진적인] 개혁의 가치를 주장했던 수십 년 전의 출발선으로 되돌아온 것 같다고 느꼈다. "어느 면에서, '진보를 향한 여정'의 짝이 될 '반동(혹은 재앙)을 향한 여정'을 따라온 것 같다." 개혁의 장애물과 어려움을 연구한 뒤, 이제 허시먼은 개혁의 변증법적 반명제와 정면으로 마주치게 되었다. 개혁이 왜 그렇게 망가지는지를 파악하려면 "개혁을 향한 운동이 왜 그에 대한 거부감과 강렬한 적대감을 이끌어내는지 파악해야" 했다.

"왜 개혁에서 수확체감이 발생하는지, 왜 그것들이 (예를 들면 전체주의 같은 쪽으로) 일탈하기 쉬운지"에 대해 더 연구할 필요가 있었다. 이듬해 여름, 허시먼의 개념들은 '반동'이라는 키워드 중심으로 구체화되고 있었다. 그는 에드먼드 버크를 다시 읽었다.[41]

1988년, 이제 글을 쓸 시간이었다.

이 글은 허시먼이 "반동적"이라고 이름 붙인 이념가들에 대한 분석으로 시작한다. 반동적 이념가들은 개혁을 위한 노력이 오히려 개혁을 망가뜨리고 더 나쁘게는 사회를 역행시키는 역효과를 낸다고 주장한다. 어떤 이들은 그러한 역효과가 불가피하다고까지 이야기한다. '의도치 않았던 효과'를 말하고 있지 않은가! 그들에 따르면 개혁은 상황을 더 나쁘게 만드는 위험 요인이다. 허시먼은 이런 주장을 '위험 명제'라고 불렀다. 이것이 이번 작업에서 그가 만든 용어 중 첫번째였다. 허시먼은 미국에서 현재 벌어지고 있는 반동적 담론의 기원으로 [영국의] 에드먼드 버크와 [프랑스의] 조제프 드 메스트르에 초점을 맞추었다. 그리고 자유지상주의자 찰스 머리에 대한 논의로 끝을 맺었다. 머리의 책《미국 사회정책의 후퇴, 1950~80년》은 복지 수급자들이 부당하게 수혜를 받으므로 복지국가 정책을 없애야 한다고 맹렬히 주장하는 사람들에게 성경이나 다름없는 책이었다. 머리의 논지에서 잘 드러나는 이런 주장은, 국가 정책으로 개혁이 추진되면 그 이전에 있었던 모든 진보의 성과를 훼손할 위험이 있다고 말하고 있었다. 즉 개혁 정책들이 오히려 사회의 진보를 위험에 빠뜨린다는 설명이었다. 허시먼은 이러한 주장의 기원을 분석

앨비트 히시먼

하고자 했다.

몇몇 옛 친구들이 글을 읽고 의견을 보내 주었다. 오페는, 보수주의자들이 정치를 말할 때는 좋은 의도에서 나쁜 결과가 나온다고 주장하면서 경제를 말할 때는 나쁜 의도에서 좋은 결과가 나온다고 주장한다는 점을 지적했다. "그들은 의도와 결과의 불일치를 찬양함과 동시에 비난합니다." 허시먼은 여기에 밑줄을 그어 놓았다. 스키너는 당연하게도 영국 사례들을 전했다. "더 나은 시민적 자유를 위한 노력이 불가피하게 (교수님이 말씀하신) '역효과'를 일으킬 것이라는 주장을 길게 편 사례를 하나 꼽으라면 단연 홉스의 《리바이어던》일 것입니다." 그는 《리바이어던》 2권 〈주권자에 대하여〉를 보면 의도된 개혁이 **불가피하게** 가져올 부정적 결과에 대한 홉스의 논의를 볼 수 있을 것이라고 알려주었다. 또 포르투나 개념도 이 맥락으로 해석해 볼 수 있었다. 포르투나는 역효과들을 불러일으켜서 어디 나를 한번 패배시켜 보라고 자신을 유혹하는 용감한 자들에게 보상을 하지 않는가? 이것이 바로 운명의 수레바퀴가 암시하는 바가 아닌가? 야망 있는 자는 [운명의 신에게] 감히 맞선 것에 대해 보상을 받지 않는가?[42]

허시먼은 마무리한 원고를 제임스 팰로스에게 보냈고 1989년 5월 《애틀랜틱 먼슬리》에 〈반동의 화법〉이라는 긴 글이 실렸다. 이 글에서 허시먼은 자칭 '신보수주의자'들이 개혁을 주장하는 사람들과 **직접적으로** 논쟁하기를 꺼린다는 사실을 지적했다. 직접 논쟁하는 대신 그들은 말장난을 벌인다. 이것은 초창기 자본주의가 부상할 때

나왔던 주장들을 검토한 《정념과 이해관계》에서 다룬 주제이기도 하다. 200년 뒤, 남미 국가들에서는 전근대의 제약이 깨지고 공산주의 국가들에서는 이념의 도그마가 무너지면서 자본주의가 승리했다. 하지만 자본주의의 사도들은 사회를 조금 덜 야만적으로 만들려는 사람들의 목소리에 과거 어느 때보다도 귀를 꽉 닫고 있었다.[43]

구공산권 국가에서 시장경제로의 이행을 추진하던 사람들에게 이 논문은 커다란 반향을 불러일으켰다. '폴란드 과학아카데미'는 허시먼에게 바르샤바에서 '위험 명제'에 대한 강연을 해 달라고 부탁했다. 헝가리에서는 야노시 코르나이와 이스트반 레브가 허시먼을 초청하기 위해 나섰다. 하지만 휘청거리던 카를 마르크스 경제대학* 학장은 반대편 제국에 이데올로기적으로 한 발을 걸쳐 두고 싶어한 나머지 허시먼에게 명예 학위를 수여하지 않기로 결정했다. 레브는 당황하고 부끄러워하면서 허시먼에게 이렇게 한탄했다. "교수님이 밀턴 프리드먼이었다면 당장 성사되었을 거예요." 카를 마르크스 경제대학 대신 '헝가리 과학아카데미'가 허시먼을 초청했다. 또한 레브는 헝가리 자유민주연합[정당]의 야노시 키시와 같은 반대쪽 지식인들과도 대화할 수 있는 자리를 마련했다.[44]

논의를 더 진전시켜 보라고 독려하는 동료들의 편지가 쇄도했다. 맥퍼슨은 허시먼의 논문에 대해, 특히 머리를 비판한 부분에 대해

---

* 공산 정권 붕괴 후 부다페스트 경제대학으로 이름이 바뀌었다가 2004년부터 부다페스트 코르비누스대학으로 불린다.

찬사를 보낸 뒤 "글이 더 길었으면 좋았겠다는 것이 유일한 불만"이라고 말했다.[45] 그의 불만은 곧 해소될 터였다. 이전까지 허시먼의 책들은 그가 적어 놓았던 프티 이데들을 다듬어서 작성되었다. 즉 공급이 주도한 집필이었다. 이와 달리 마지막 책 《반동의 화법: 역효과론, 무용론, 위험론》(1991)은 개혁이란 자기파괴적일 수밖에 없다고 말하는 주장들을 논파하려는 필요성, 즉 수요가 주도한 집필이었다고 볼 수 있다. 이 목적이야말로 이 책이 담고 있는 핵심적인 야망이었다.

또한 이 책은 찬사를 보낸 영어권 학자들이 미처 주목하지 못한 주제도 담고 있었다. 책의 많은 부분이 미국과 영국에서 신보수주의가 부상하는 것에 직접적으로 영향을 받아 씌었고 독자들의 관심을 가장 많이 끈 것도 이 부분이었지만, 허시먼은 독일과 남미를 보면서 '복지국가의 실패'에 대한 주장들을 다루는 데서만 그치지 말고 '민주주의에서의 담론의 역할'이라는 더 큰 문제를 다루어야겠다고 생각했다. 주장의 질만 위태로워진 것이 아니라 시민적 삶에 대한 공화주의적 가치들도 위태로워지고 있었다. 모든 도그마와 모든 '기본 법칙'('자본주의는 필연적으로 내재적 모순에 의해 위기에 빠지게 된다' '개발도상국의 발전에는 불가피하게 외부적 개입이 필요하다' '후기 산업사회의 위기는 해결이 불가능하다' 그리고 이제는 '모든 개혁은 무용하다'는 주장까지, 확실성의 철갑을 두른 경직된 주장은 20세기 내내 늘어만 가고 있었다)은 수십 년 동안 허시먼의 공격 대상이었다. 이런 주장들은 그 속성상 사람들이 대안으로 떠올릴 수 있을 법한 것들의 범위를 제약한다. 그리고 경험으로부터 배울 수 있는 것들의 범위를 제약한다는 말은 선택지를 막아 버리게 됨을 의미한다. 그뿐 아니라, 자신에게는 오류나 불확실성이 있을 수 없다고 확신하는 주장들은 다른 목소리를 내는 담론들을 차단함으로써 민주주의의 활력을 잠식한다. 이렇게 해서, 이 책을 구성하는 선율들이 하나의 화음으로 연결되었다. "시민집단들 사이(진보 진영과 보수 진영 사이, 급진 진영과 반동 진영 사이 등)에서 소통이 체계적으로 제거되는 현상"에 대한 우려가 이 책을 관통하는 주제가 되었다.

> 그 결과로 나타나는 집단들 사이의 분절이, 사회학자들이 흔히 지적해 왔던 '대중사회에서 원자화된 개인들의 고립'이라는 문제보다 더 위험해 보인다.[46]

허시먼은 경직된 확실성과 그 확실성에서 나오는 '노예 상태'를 느슨하게 하면 소통을 회복시킬 수 있을 것이라고 생각했다. 맹목적인 네오콘들도 우려스러웠지만 진보 쪽 주장도 마찬가지였다. '반동 reaction'이라는 단어는 흔히 우파만을 의미하는 것으로 여겨지지만, 허시먼이 염두에 둔 것은 좌우파를 막론하고 논리적으로 불가능하다는 이유를 제시하며 '개혁'이라는 개념에 부정적으로 '반작용react'하는 모든 입장이었다. 그래서 허시먼은 이 책의 6장에서 진보주의자들이 펼치는 비타협적이고 경직적인 주장들도 비판했다. 이를 통해 허시먼은 '주장의 형태'가 가질 수 있는 스펙트럼을 양극단이 온통 다 모두 잠식해 버리지 않도록 '개혁'의 공간을 열고자 했다. 종류를 불문하고, 비타협적인 주장은 귀머거리들끼리의 대화만 일으키기 때문에 '개혁'이 애초부터 실패할 수밖에 없게 만든다. 허시먼이 보기에, 자신에게도 오류가 있을 수 있음을 인정하는 집단들이 열린 대화를 유지할 수 있는 역량이야말로 한 사회의 민주적 수준을 나타내는 척도이자 그 사회가 시민을 위한 미래(그 미래의 양상이 예정되어 있는 것은 아니지만)를 일궈 나갈 수 있는 역량을 얼마나 갖추고 있는지를 보여주는 척도였다.

허시먼은 하버드대학 출판부에 책 제목을 《반동의 화법》 대신 '비타협의 화법'으로 정하면 어떻겠느냐고 제안했다. 하지만 미국인들이 '비타협intransigence'이라는 단어를 알지도 못할 것이고 발음도 제대로 하지 못할 것이라며 다들 반대했다. 그래서 영문판은 원래 제목대로 출간되었다. 하지만 '민주적 담론'이 더 뜨거운 주제였던 나라에서는 제목이 바뀌었다. 이탈리아, 브라질, 멕시코 등에서 출판된 책 제목에는 '반동' 대신 '비타협'이 들어갔고, 역사적인 서사를 선호하는 프랑스에서는 《두 세기간의 반동의 화법Deux siècles de rhétorique réactionnaire》이라는 제목으로 출판되었다.[47]

책장이 넘어갈수록, 책의 내용은 알아차릴 수 없게 강력한 방식으로 범위가 점차 확장된다. 허시먼은 그답게 시간을 거슬러 올라가 근대 초기에 개진되었던 주장들을 검토했다. 허시먼은 우르줄라에게 이렇게 전했다. "새로운 프로젝트를 하고 있어. 반동적 사고의 구조에 대한 논문이야(책이 될 수도 있고). 레이건 정부를 보면서 아이디어를 얻었지만 프랑스혁명에 대한 반동으로까지 거슬러 올라갈 거야. 오랜만에 독일 책을 많이 읽고 있어. 노발리스, 슐레겔, 그리고 실러도. 〈벨의 노래〉가 완전히 반혁명적인 시라는 거 알고 있었어?(마지막 부분을 봐.) 내 독일어와 독일어에 대한 감각이 아직 그대로인 것을 느낄 수 있어서 너무 기뻐."[48]

역사 속에서 반혁명 담론들을 발굴하면서, 허시먼은 새로운 용어들을 만들었다. '역효과 명제'는 프랑스혁명기에 주로 개진되었던 논리로, 변화를 일구려는 목적에서 수행되는 모든 노력은 그것이 개선하고자 했던 바로 그 상황을 오히려 더 악화시키게 된다는 주장을 일컫는다. 예를 들면 귀스타브 르봉은 "모든 것에는 역습이 따른다"며 보통선거권이 대중의 비이성을 증폭시켜 국가질서와 세계질서를 파괴하게 될 것이라고 보았다. 선거권이 생기면 대중의 요구가 높아지고, 그러면 공공 지출이 늘게 되며, 그러면 증가하는 의무들 때문에 정부가 부풀대로 부풀고, 그러면 한때 그토록 소중했던 민주 체제가 관료계급이 지배하는 체제로 귀결되고 만다는 것이었다. 오늘날 '공공선택 이론'의 전조인 듯한 주장이다. 이 책을 읽다 보면, 허시먼이 이 새로운 프로젝트에 평생에 걸쳐 그가 싸워 왔던 모든 것을 쏟아붓고 있음을 알게 된다. 이를테면, 구원의 약속에 대한 과장된 주장은 실패의 불가피성에 대한 과장된 주장으로 이어진다는 경고를 여기에서 볼 수 있는데, 이는 20년 전에 허시먼이 이미 경고한 바 있었다. 그 사이에 달라진 점이라면, 실패의 불가피성을 설파하는 사람들이 이제는 과장된 희망이 먼저 주장되기를 기다릴 필요조차 없게 되었다는 것이다. 그저 누군가가 최저임금 제도나 사회안전망이 사회 문제를 해결할 수 있을 것이라는 정도의 이야기만 해도 간단히 내용을 뒤틀어 마치 이것이 모든 공공 사안을 해결할 수 있는 만병통치약을 이야기하기라도 한 것인 양 호들갑을 떨면서 그에 대해 맹공격을 퍼부을 수 있게 된 것이다.

그렇다면, 역효과 명제는 구체적으로 어떤 방식으로 해악을 일으키는 것일까? 이후 두 세기 동안 역효과 명제는 '위험 명제'와 '무용 명제'라는 두 개의 명제를 더 낳았다. 위험 명제는 허시먼이 《애틀랜틱 먼슬리》에서 지적한 바와 같이 개혁이 과도한 비용을 유발하고 이전에 있었던 모든 혁신을 위험에 빠뜨리게 된다는 주장이다. 무용 명제는 변화를 위한 모든 노력은 무용하며 아무리 바꿔도 결국 제자리plus ça change plus cést la même chose라고 말하는 주장이다. 이것은 혁명이 발생한 후에 혁명에 냉소를 보내는 논리이기도 하다. 프랑스혁명, 러시아혁명, 중국혁명, 쿠바혁명 모두 이러한 냉소적인 주장이 뒤이어 일었다. 밀턴 프리드먼은 《타임》에 기고한 글에서 최저임금제가 노동자들을 일자리에서 몰아내게 될 것이라고 주장했고, 고든 털록은 제목 자체가 모든 것을 다 말해 줘서 "상상력에 아무런 여지를 남겨 주지 않는" 《부자를 위한 복지》라는 책을 썼다(밀턴 프리드먼과 로즈 프리드먼은 책의 제목(《선택의 자유Free to Choose》)에서 적어도 '선택'의 여지가 있다고 말하는 제스처는 취했다).

허시먼은 무용 명제가 원시적, 혹은 '저속한' 버전의 마르크스주의와 비슷한 점이 있다고 보았다(1932~33년 독일에서의 경험을 느낄 수 있는 구절이다). 그들은 국가란 자본가 계급을 위해 복무하기 마련이라며 국가가 노동자 계급이나 일반 대중을 위해 펴는 정책은 모두 위선이라고 경멸했다. 이 맹목적인 좌파들은 민중을 위한 국가의 정책이 혹여 성공하게 되면 "혁명"의 길만이 유일한 해법이라고 설파하는 그들 주장의 확실성에 힘이 빠지게 될까 봐 우려했다. 그리고 반세기 뒤, 맹목적인 우파들은 이제 "스스로 균형을 찾아가도록 가만히 내버려두어야 하는 시스템을 쓸데없이 교란시킨다"며 개혁을 주장하는 사람들을 멍청하거나 순진하다고 조롱하고 있었다. 시장에 간섭하면 더 많이 가진 사람들을 덜 가진 사람들보다 우대하게 되는 결과가 필연적으로 나타나게 된다는 것이었다.

역사가 허시먼의 뒤통수를 친 것 같았다. 1950년대와 1960년대에 허시먼은 사회과학자들에게 집합행동의 의도치 않은 결과들이 긍정적인 부수효과를 낼 수 있다는 점을 보라고, 또 거대 계획과 화려한 도표에서 내려와 땅에서 실제로 벌어지고 있는 일들을 보라고 촉구했다. 그런데 바로 그 부수효과가 사악한 방향으로 반전을 했다. 이제 반동주의자들이 '의도치 않은 결과의 힘'이라는 개념을 자기 편할 대로 활용해서, 변화를 일구고자 하는 모든 노력에 **반대하는** 도그마로 만들어 버렸다. 이제 허시먼은 부수효과의 힘, 특히 긍정적인 결과들을 압도하는 부정적인 부수효과의 힘을 과장하는 주장들을 경계해야 하는 입장이 되었다. 극단주의자들이 '의도치 않은 결과의 힘'을 비타협적이고 경직적인 주장의 논리로 돌변시켜 버렸기 때문이다.

앨버트 허시먼

《반동의 화법》은 제1차 걸프전쟁 때 출간되었다. 미국 정부는 미군을 파병해 쿠웨이트에서 이라크를 몰아낸 뒤 허세스럽게 이를 기념했다. 모두가 미국 석학 프랜시스 후쿠야마가 말한 역사의 종언과 이데올로기의 쇠퇴를 이야기하고 있었다. 허시먼의 전투적인 기백은 이런 분위기에 가락이 잘 맞지 않았다. 보수주의자들과 도무지 대화가 되지 않아 속이 터졌던 지점들을 잘 짚어낸 것을 반긴 독자들도 많이 있기는 했다. 예를 들면 소설가 자메이카 킨케이드는 이 책을 읽고서 (마침 처음으로 장만한 팩스도 사용해 볼 겸) 다음과 같은 짧은 메모를 허시먼에게 팩스로 보냈다. "서문을 읽으니 숨이 멎을 것 같았어요. 선생님께서 저의 책을 읽어 주실 날을 상상해 봅니다."[49]

하지만 이 책을 그다지 인상적으로 여기지 않은 사람도 많았다. 베를린에서 돌아온 허시먼은 호의적이지 않거나 적대적인 서평이 한가득인 것을 발견했다. 《크리티컬 리뷰》나 《공공의 이익》에 혹평이 실린 것은 그럴 만도 했다. 그리고 이 서평들은, 적어도 허시먼의 학식이 깊이 있고 명료하다는 점은 인정하고 있었다. 이 서평들이 허시먼의 책을 진지하게 다루지 않았다고는 말할 수 없었다. 허시먼이 더 열린 마음으로 소통하는 사회를 만들기 위해 우파와 대화하는 것을 목적으로 삼았다면, 적어도 이 두 개의 영향력 있는 저널에 대해서는 성공했다고 볼 수 있었다. 하지만 영국 기자 피터 젠킨스가 《뉴욕타임스》에 쓴 서평은 그렇지 못했다. 젠킨스는 《반동의 화법》이 여전히 정치 이데올로기가 횡행하던 시대에 머물고 있다고 혹평하면서, "옛 명칭은 이제 더이상 의미가 없다"고 자신만만하게 선언했다. 또 허시먼이 반동주의자들을 너무 '가볍게' 밀쳐 버렸다고 보았다. 그는, 어쨌든 프랑스혁명은 공포정치로 이어지지 않았느냐고 반문하면서, (마치 허시먼이 이것을 모르기라도 한다는 듯이) 마르크스의 업적이 무엇인지도 살펴보아야 할 것이라고 언급했다. "20세기의 마지막 10년은 거대한 변화를 위한 프로젝트를 조롱한 사람들이 옳았음을 입증한 시기였다."[50]

좋지 않은 서평에 대범하지 못한 허시먼은 《뉴욕 리뷰 오브 북스》의 실버스에게 한탄을 했다. "무언가 조직적인 공격이 일어나고 있는 것 같아요." 이는 자기연민에서 나온 말이었을 것이고, 《뉴리퍼블릭》과 《아메리칸 프로스펙트》에 매우 진지하고 호의적인 서평이 게재된 것을 보면 실제로 그런 공격이 있지는 않았을 것이다. 그렇더라도 허시먼은 실버스를 통해서 좋은 서평이 더 나오기를 바랐다. 그런데 실버스가 서평가 두 명에게 책을 보냈지만 "둘 다 실망스러웠다"고 알려와서 허시먼은 크게 놀랐고 지나치게 자기방어적이 되었다. 그 뒤의 강연들에서 허시먼이 보인 자기방어적 태도는 그가 추구하려고 한 바[소통을 촉진하는 것]에 비추어 보면 의아하다. 이렇게 논쟁적인 책이라면 강한 반작용을 불러일으키는 것이 정상이지 않은가.[51]

반면 해외에서의 반응은 전혀 달랐다. 이는 '실용주의적이고 개방적인 미국'과 '고집 세고 절대주의적인 유럽 및 남미'라는 오랜 대조가 뒤집혔음을 보여주었다. 페르난두 엔히크 카르도주는 《에스투도스》《CEBRAP》 그리고 아르헨티나 사회주의 잡지 《라 시우다드 푸투라》에 실린 긴 서평에서 이 책이 비판적인 진보사상의 모범이라고 언급했다. 멕시코의 《넥서스》도 우파가 개진하는 무용 명제를 깨부순 것을 높이 평가하는 서평을 실었다. 독일의 《디 차이트》에는 1992년 10월 2일에 민주적 삶에서 개방적인 논쟁이 얼마나 중요한지를 언급한 오토 칼슈이어의 긴 서평이 게재되었다.

하지만 허시먼이 가장 찬사를 받은 곳은 프랑스였다. 프랑스에서 허시먼은 유명인사가 되었고 강연 요청도 쇄도했다. 국가계획위원회(1946년에 장 모네가 설립했다)는 반동주의자들과 개혁의 전망에 대해 강연해 달라고 허시먼을 초청했고, 허시먼이 이 강의를 준비하는 동안, 프랑스 매체 《대안경제학》은 1992년 6월호에서 편집자 드니 클레르가 쓴 앨버트 허시먼 인물 기사와 장 바티스트 드 푸코가 진행한 허시먼 인터뷰 기사가 실렸다. 〈중산층의 거대한 공포〉라는 기사와 함께 게재되었는데, 로드니 킹을 구타한 로스앤젤레스 경찰관이 사면된 뒤 일어난 폭동으로 망가져 버린 로스앤젤레스의 쇼핑몰 사진이 실려 있었다. 국가계획위원회 강연차 프랑스를 방문했을 때는 저명인사들이 패널로 참석해 허시먼을 맞이했고 〈진보 화법과 개혁가〉라는 주제로 진행된 허시먼의 강연을 경청했다.[52] 《르몽드》의 서평(철학자 다니엘 안들러가 썼는데 알고 보니 리아 라인의 아들이었다), 《르 누벨 옵세르바퇴르》의 서평, 《렉스프레스》의 서평도 허시먼을 진정한 학자라고 칭송했다.

유럽 입장에서 보면 이 책은 미국의 네오콘이 유럽에 대해 쏟아내던 비난을 미국에 사는 유럽인이 설명한 책이었다. 하지만 유럽에서도 혹평이 없었던 것은 아니다. 소르본대학의 저명한 사회학자 레몽 부동의 서평이 그랬다. 피에르 노라는 영향력 있는 고급 잡지《르 데바》에 실을 서평을 부동에게 부탁했다. 그나마 존중을 표하며 비판한 미국 보수들의 서평과 달리 부동은 직설적으로 혹평을 가했다. 게다가 그가 책을 심각하게 오독하는 바람에 문제는 더 심각해졌다. 부동은 긴 서평의 마지막에서 허시먼이 "수사학[화법]이라는 새로운 과학"에 대해서는 아는 것이 없다고 언급했다. 그저 옛 스타일, 비과학적인 스타일에 의존하고 있다는 것이었다. 이 혹평은 이데올로기적인 것이라기보다는 개인적인 감정과 더 관련 있어 보인다. 부러움 (허시먼이 너무 많은 관심을 받고 있었다)이었거나, 분노(부동도 의도치 않은 결과라든지 '역효과' 등에 대한 글을 쓴 적이 있는데 그것을 허시먼이 적절히 언급해 주지 않았다)였거나. 피에르 노라는 공정을 기하기 위해, 그리고 아마도 부동의 서평에 문제가 있다고 생각해서, 앨버트에게 반박글을 게재하겠느냐고 물었다.《반동의 화법》에 드러난 허시먼의 글은 때로는 냉소적이고 때로는 유쾌한 방식으로 직설적이다. 하지만 부동의 서평에 대한 반박글에서는 그답지 않게 신랄하게 짜증을 드러냈다. "레몽 부동이 내 책에 대해 제기한 반대의 의견은 너무 많고 너무 흩어져 있어서, 속담에 나오는 알몸 위의 모기처럼 어디에서부터 시작해야 할지 모르겠다."[53]

물론 그는 어디에서 시작해야 할지 모르지 않았다. 허시먼은 맹공격을 가했다. 이러한 그의 반응은《반동의 화법》의 인기(개인적으로 매우 뿌듯해했다)가 그 책에서 제기한 문제를 변화시키는 데는 거의 영향을 미치지 못한 것, 특히 미국 보수들의 태도를 변화시키는 데 아무런 영향을 미치지 못한 것(이것은 뿌듯하지 않았다)을 보면서 좌절했기 때문인 면도 있었을 것이다. 아마도 허시먼은 비타협이 일단 자리를 잡으면, 그것도 영향력 있는 자리를 잡으면, 그가 하는 종류의 비판에는 귀를 닫게 마련이라고 생각하며 위안 삼았을 것이다.

동의하기 힘든 논리와 동의하기 힘든 정치인의 결합에 허시먼이 맞닥뜨린 것이 이번이 처음은 아니었다. 《반동의 화법》은 외침이었다. 예전의 허시먼이었다면 발언보다는 이탈을 선택했을 것이다. 하지만 한 세기라는 세월이 그에게 영향을 미쳤다. 현장으로 떠나거나 역사 속으로 들어가 고전을 연구하기에는 나이가 너무 많았다. 그러한 도전에는 이제 다른 이들이 나서고 있었다. 책의 마지막은 유독 어조가 차분하다. 허시먼은 모호하기는 하나 공개적으로 다음과 같이 예언적인 언급을 했다. "전통적인 적대와 비타협 담론으로부터 '민주주의에 더 친화적인' 종류의 소통으로 가는 길은 길고 힘든 길일 것이다."(170쪽) 정치가 반대자들을 죽이기 위한 주장들로 점철된 시대에, 자신이 오류에 빠질 수 있음을 받아들이는 사람들, 잘못될 수 있는 가능성을 인정하는 사람들에게 행운이 찾아오기를 기대하기란 어려운 일이었다. 하지만 이러한 우울함이 허시먼에게 오랫동안 머물지는 않았다. 허시먼은 재앙을 예언하는 인물을 늘 미심쩍어하지 않았던가. 그는 일기에 다음과 같이 적었다.

예언 — [그 내용은] 언제나 재앙

예언자 = 카산드라

또는, 예언자 = 행동을 촉발시킴

　우울한 버전?

사례: 맬서스

　허시먼은 '우울한 과학gloomy science'의 사도로 (아마도 부당하게) 알려진 현대판 맬서스가 되고 싶지 않았다. 핵심은 몰락을 예언하지 않는 것에 있었다. 이때쯤이면 곡해에 맞서는 오랜 싸움으로 단련되어 노련해진 허시먼은 당장 눈앞의 싸움에 뛰어들 정도로 순진하지 않았다. 중요한 것은 논쟁을 하는 또다른 방법을 상상하는 것이었다.

마르크 샤갈의 키스
(1995~2012)

1995년 4월 7일, 고등연구소 소장 필립 그리피스는 허시먼의 친구와 동료들을 초청해 그의 80세 생일을 축하하는 자리를 마련했다. 주인공인 저명한 학자의 명성에 걸맞게 생일파티에서는 세미나와 토론이 이루어졌다. 아마르티아 센이 개발과 빈곤에 대한 세미나를 주관했고, 후치 카르도주, 마이클 맥퍼슨, 폴 로머, 토머스 로빈슨, 에마 로스차일드, 주제 세하, 제임스 울펀슨 등이 토론자로 참여해 논평을 했다. 전 세계에서 78명이 참석했고, 페르난도 엔히크 카르도주와 볼프 레페니스 등 사정상 참석하지 못한 사람들은 편지를 보내왔다. 이어진 만찬에서 양고기, 그라탕 도피누아, 깍지콩 요리 등과 함께 모두 건배를 했고 마지막으로 앨버트가 인사말을 했다. "놀랍고 친절하고 위트 있는 말씀들을 다 하셔서 내가 할 말이 남아 있지 않네요?" 허시먼은 미소를 지으며 이렇게 말했다. "이런 이야기가 생각납니다. 어떤 사람이 칭찬을 많이 듣고서는 칭찬한 친구들을 원망했다고 합니다. '제발, 내 겸손함을 잊지 말라고!' 오늘 나온 여러 논의들을 내가 반박한다면 그야말로 '자기전복'이 되겠습니다만, 그러면 지루하겠지요? 좌우간 분명한 사실 하나는 내가 꽤 나이가 들었다는 것을 인정해야만 한다는 것입니다."[1]

이제 삶의 막바지에 이르러 매년 죽음을 향해 다가가고 있는 사람의 전기를 어떻게 마무리해야 할까? 허마이오니 리가 이야기했듯이, 이것은 한 인물의 인생사를 다룰 때 종종 겪게 되는 어려움이다. 여기저기서 나풀거리는 끈들을 한데 묶으려 하다가는 그의 인생 여정을 실제로는 그가 가 본 적 없는 '본질'로 환원해 버리게 되기 때문이다. 우리는 버지니아 울프나 호레이쇼 넬슨 제독처럼 유명한 죽음, 아니 그들이 남긴 극적인 유언으로 신화화되어 유명해진 죽음에 매혹을 느낀다. 우리는 한 인생의 의미를 그의 죽음의 순간에서 찾으려 한다.[2]

허시먼의 전기작가인 나는 적어도 한 가지 점에서는 운이 좋다. 허시먼 본인이 이 딜레마를 잘 알고 있었던 것이다. 이에 대해 일기장에 글도 남겼다. 주로는 죽음의 역설적인 면들을 숙고한 글이었다. 이를테면 1960년대 말에 그는 "더 오래 살수록 인생이 짧다는 사실이 더 분명해진다"라고 적었다. 한두 해 뒤에는 이렇게 적기도 했다. "죽음을 정복하기 ― 어떻게? 웃으면서 죽는 것이다. 오르가슴 동안 웃는 것을 연습하라. 미소와 웃음이 성관계의 필요불가결한 서론과 결론이 되게 하라. 여인을 웃게 하라. 그래서 여인이 활짝 열게 하라. 웃어서 입을 열면 나머지도 따라온다. 하지만 왜 결말도 웃어야 하는가? 우리는 서로에 대해 웃는 것인가, 아니면 우리가 바로 지금 너무나 동물적으로 진지했기tierisch ernst 때문에 웃는 것인가?" 아마 우르줄라의 병이 허시먼에게 죽음을 생각하게 하는 계기가 되었을 것이다. 그의 노트에는 우르줄라의 병에 대한 이야기가 많이 나온다. 1986년 5월 우르줄라의 남편 알티에로 스피넬리가 세상을 떠났을 때 앨버트가 쓴 글을 보면 그는 훗날 자신의 전기작가가 처하게 될 문제를 거의 정확하게 내다보고 있다.

부음 기사를 쓰는 사람들은 삶의 의미를 규정하기 좋게 고결하고 일관된 사명을 가지고 살아간 알티에로 같은 사람을 좋아한다. 하지만 우리가 왜 인생을 부음 기사를 쓰는 사람들이 편하도록 살아야 하는가?

한 사람의 인생을 결론적으로 요약하는 데 죽음을 사용하는 습관, 그럼으로써 대상 인물의 업적에 한마디로 중요성을 부여해 결론을 내리는 습관은 전기작가가 너무나 빠지기 쉬운 유혹이어서 이제는 흔한 서술법이 되었다. 전기작가는 이야기의 끝을 맺는 것을 피할 수 없고 대상 인물은 죽음을 피할 수 없다. 그래서 전기작가는 전자를 해결하기 위해 후자에 의존한다. 허시먼은 이 사실도 알고 있었다. 사실 허시먼의 삶이야말로 어려서부터 수많은 사람들의 죽음을 경험한 삶이 아니던가? 아버지 카를, 마르크 라인, 에우제니오 콜로르니, 가스실에서 목숨을 잃은 친척들, 에스파냐 전선에서 숨진 전우들 등 죽은 자들의 영혼은 그가 세상을 보는 방식과 글을 쓰는 방식에 내내 따라다녔다. 허시먼은 삶의 마지막을 잘 알고 있었다. 그 자신의 마지막에 대해서 모르는 것이라면 시간과 장소뿐이었다. 허시먼에게 너무나 잘 어울리게도, 그에게 삶의 마지막이 시작된 장소는 알프스였다. 그리고 시간은 친구, 동료들과 80번째 생일파티를 한 이듬해 여름이었다. 1972년부터 앨버트와 새러는 카티아와 알랭을 되도록 자주 방문했고, 매년 몇 주씩 알프스의 퓌생뱅상에서 지냈다. 이곳에서 보내는 여름휴가의 핵심은 정확히 시간에 맞추어 규칙적으로 산행을 하는 것이었다. 앨버트는 어린 시절의 열정을 이렇게 되살리는 여름휴가를 매년 고대했고 프랑스에서 손주들도 동참하게 되면서부터는 더욱 그랬다.

앨버트가 만든 산행 규칙을 가족들은 농담삼아 '독일 규칙'이라고 불렀다. 정확히 6시에 일어나서 아침을 먹고 산행로에 7시에 도착한 뒤 50분 걷고 10분 쉬고를 반복해 정상에 도착하면 휴식을 취하면서 점심을 먹는 것이었다. 때때로 합류하는 미국인 손님들에게는 이 규칙을 강요하기가 쉽지 않았다. 그들은 먹을 것을 다 먹고 힘들면 아무 때라도 쉬면서 등산하는 것을 더 좋아했다. 하지만 앨버트에게는 이것은 단지 '규칙적인 생활'을 한다는 의미이기만 한 것이 아니라 그가 소중히 여기는 추억이기도 했다. 그리고 정상에서 보는 장엄한 경치는 정말로 깊은 영감을 주었다.

장엄한 광경에서 얻은 시각적인 영감과 신체적인 튼튼함은 산행

■ 1982년 알프스의 퓌생뱅상 근처에서의 산행.

을 하지 않는 시간에 더 중요했다. 그는 하루는 종일 걷고 다음 날 하루는 걷지 않고 집필에 몰두하는 식으로 지냈다. 한번은 앨버트와 새러가 스위스 베른 근처에서 휴가중이던 호프만 부부[스탠리와 잉게]를 방문했다. 그런데 스탠리와 잉게는 정작 허시먼 부부를 볼 수 있는 시간이 많지 않아서 당황했다. 허시먼 부부는 정확히 7시 30분이면 문을 열고 나가서 하루종일 등산을 한 뒤 저녁때가 되어서야 돌아왔기 때문이다. 그래도 저녁에는 와인을 마시며 함께 이야기를 나눌 수 있었다. 하지만 다음 날에는 앨버트가 책상에 파묻혀 몇 시간이고 노란 노트에 글을 쓰며 시간을 보내는 바람에 여전히 얼굴을 볼 수가 없었다. '휴가를 함께 보내자'고 했을 때 생각한 것과는 전혀 달랐지만 스탠리는 그의 직업윤리에 깊은 인상을 받지 않을 수 없었고, 당황하기는 했지만 크게 놀라지는 않았다.[3]

새러와 앨버트의 여름휴가는 딸들과 손주들을 만나는 가족행사가 되었다. 이제 손주들과 함께 자신이 어린 시절에 보았던 풍경을 담고 있는 산들에 둘러싸여서, 허시먼에게는 '여름 집필'의 습관이 생겼다. 그가 말년에 쓴 책들은 이곳에서 집필된 것이 많다. 《반동의 화법》도 이렇게 격일로 집필하고 조지 엘리엇의 《미들마치》를 읽으면서 쓴 책이었다.[4]

다시 말해서, 허시먼은 건강한 사람이었다. 1994년에 앨버트와 새러가 베를린을 방문했을 때 볼프 레페니스는 사진작가 크리스타 라헨마이어를 섭외해 이들 부부의 사진을 찍어 달라고 했다. 앨버트는 조금 긴장했지만 사진작가와 새러가 대화를 하면서 긴장을 풀어주었고, 노년의 평온함과 우아함을 담은 부부의 사진이 나왔다.

때때로 건강 문제가 있긴 했다. 특히 고혈압과 빈맥으로 토론토와 보스턴에서 병원 신세를 졌다. 오른쪽 눈도 문제가 있었고 나중에는 아연 결핍으로 미각이 일시적으로 둔해지기도 했다. 1988년 초에는 새러가 앨버트의 등에서 무언가를 발견했다. 처음에는 양성 종양인 줄 알았는데 나중에 악성인 것 같다고 해서 2월에 펜실베이니아 대학 병원에서 종양 제거 수술을 받은 뒤 7주 동안 매주 다섯 차례씩 힘겨운 방사능 치료를 받았다. 이것만으로도 걱정스러운데 앨버트는 6월에 파리에서 하기로 되어 있던 강연에 가지 못할까 봐 안절부절못했다. 하지만 치료가 모두 끝나자 한숨을 돌릴 수 있었다. 마이클 맥퍼슨에게 허시먼은 이렇게 전했다. "엄청나게 충격이었어요. 하지만 지금은 괜찮아졌고 지옥에서 무사히 살아 돌아온 것 같은 기분이에요."[5] 하지만 1991년에는 베를린에서 협심증 때문에 혈관성형술을 받았고 그 다음해에는 전립선암 때문에 방사능 치료를 또 받아야 했다.

이렇듯 가슴 철렁한 일들이 있기는 했지만 그의 활동이 위축되지는 않았다. 그래도 허시먼은 조금의 여유를 갖기로 했다. 1996년 6월 빈 인간과학연구소의 파토카 기념강연을 마치고 사치를 조금 부려 보기로 한 것이다. 그는 알프스산맥에 있는 마을 폰트레지나의 우아한 호텔을 예약한 뒤 카티아, 알랭, 새러를 불렀다. 이번에는 평소보다 느긋한 휴가가 될 예정이었다. 정상에 올라갈 때는 케이블카를 타고 내려올 때만 걸어서 내려올 참이었다. 전에 없던 사치가 아닌가! 하지만 이번만큼은 사치를 부리지 말고 하던 대로 했더라면 좋았을 것이다. 7월 11일, 케이블카로 정상에 올라갔다가 걸어서 내려오는 길에 허시먼이 넘어져서 바위에 머리를 부딪혔고 얼굴을 크게 다쳤다. 알랭이 앨버트를 데리고 내려오는 데 3시간이나 걸렸다. 앨버트는 피를 계속 흘리면서도 알랭이 괜찮은지 계속 물었다. 의사는 피를 닦고 붕대를 감았지만 피부의 문제만이 아닌 것이 분명했다. 앨버트는 분명한 발음으로 말을 하지 못했고, 몸의 균형을 잘 잡지 못해 걸음걸이가 이상해졌다. 서둘러 미국으로 돌아와 병원에 갔더니 뇌혈종이라고 했다. 앨버트는 이제 말을 하는 데 더 큰 어려움을 겪고 있었다.

허시먼은 정신의 통제력이 쇠하고 있다는 사실을 깨달았다. 경제 성장과 민주화에 대해 허시먼과 뒤늦게나마 열띤 서신을 주고받기 시작한 하버드대학의 경제학자 벤저민 프리드먼이 허시먼에게 논문 초고와 질의 목록을 보내왔다. 평소 같았으면 긴 답장을 썼겠지만 "지금으로서는 당신이 제기한 문제들에 대해 코멘트를 하는 것이 불가능하다"는 답장을 보낼 수밖에 없었다. 볼프 레페니스는 베를린 학술원에서 앨버트의 연구에 대한 글로벌 콜로퀴엄을 열 예정이었다. 허시먼은 이제 베를린 방문을 꺼리지 않았지만 8월 중순 무렵에는 낙상 후유증 때문에 움직일 형편이 못 되었다. 그는 슬픈 마음으로 이렇게 전했다. "우울하네요. 내년에 학술원에 갈 수 있을지 모르겠습니다. 내가 딱히 유용하거나 생산적인 회원인 것 같지 않습니다."[6] 콜롬비아 국립대학의 오를란도 팔스 보르다는 카르타헤나에서 열릴 콘퍼런스에 허시먼을 초청했다. 허시먼이 남미 개발사업에 대해 수행했던 연구에 대한 토론에 참여해 달라는 것이었다. 오랫동안 콜롬비아에 가지 못했던 터라 허시먼이 매우 반겼을 만한 초청이었지만, 역시 이렇게 답할 수밖에 없었다. "사고 후유증이 꽤 심각해서요. 많이 나아지기는 했지만 고대했던 콘퍼런스에 가는 것은 생각할 수 없게 되었습니다." 걱정이 된 팔스 보르다는 빠른 쾌유를 기원하는 팩스를 곧바로 보내왔다.[7]

돌아다니지 못하게 되면서 우울증이 심해졌다. 병원에서 프로작과 졸로프트를 처방받았지만 계속 진행되는 쇠약을 붙잡는 데는 소용이 없었다. 점점 약해지는 청력과 말하는 능력, 고문과도 같은 집필의 어려움, 그렇게도 섬세했던 그의 의사소통에서 가장 특징적이던 표현력의 저하. 이제 그는 글을 읽는 대신 많은 시간을 잠을 자면서 보냈다. 연구소까지 걸어서 가는 것도 훨씬 많은 시간이 걸리는 일이 되었는데, 이는 그를 더 지치게 했다.

알프스에서의 낙상 사고로 허시먼의 긴 저술 생활이 끝나 버렸다. 구어든 문어든 단어들은 평생에 걸쳐 그를 매혹했지만 이제 그의 말은 점점 더 알아듣기 어려워지고 있었다. 단어가 미끄러져 나간다는 것이야말로 '허시먼의 끝'을 여실히 보여주는 게 아닐 수 없었다. 쇄도하는 기고와 연설 초청을 거절하는 것은 예상하다시피 쉽지 않은 일이었다. 조지 소로스는 5월의 어느 주말에 뉴욕 카토나에 있는 그의 별장에서 몇몇 지인들과 '자본주의의 위협'에 대해 토론하는 자리를 마련하고 허시먼을 초청했다. 거절할 수 없어서 참석하기는 했는데, 이제 허시먼은 현명하고 박식한 학자였던 '옛 허시먼'의 그림자일 뿐이었다. 그가 시도한 마지막 저술은 1999년 말 소로스의 '오픈 소사이어티 연구소Open Society Institute'의 청탁을 받아서 쓴 글로, '의도치 않은 결과들'의 역설에 대한 단상과 인용문들을 모은 짧은 글이었다.[8]

1997년 9월에는 토인비상 재단이 '사회과학의 건전성'에 기여한 공로로 허시먼을 그해의 수상자로 선정했다. 허시먼은 이제 레몽 아롱, 장폴 사르트르, E. H. 카와 같은 반열에 오르게 되었다. 허시먼은 이를 기쁘게 받아들였고 연설을 준비했다. 토인비와 거셴크론의 연구를 비판하는 내용으로 구성할 생각이었다. 하지만 허시먼은 곧 이 작업이 그기 할 수 있는 범위를 넘어서는 일이라는 것을 깨달았다. 토인비의 책과 몇 권의 다른 책을 다시 읽은 뒤에 허시먼은 재단에 이렇게 회신을 보냈다. "현재로서는 저술에 필요한 에너지와 열정을 끌어내는 것이 불가능하다는 것을 깨달았습니다. 용서를 구합니다." 그리고 허시먼이 토인비를 늘 별로 좋아하지 않았다는 것을 생각하면 아마 이 작업은 그에게 그리 흥미롭지도 않았을 것이다.[9] 시상식에서는 주디스 텐들러, 존 코츠워스(하버드대학의 '데이비드 록펠러 라틴아메리카 연구센터David Rockefeller Center for Latin American Studies' 소장), 찰스 마이어가 짧은 연설을 하는 것으로 결정되었다. 마이어는 연설에서 앨버트 가족이 보낸 삶의 풍성함과 새러에 대해 경의를 표하면서, 그 덕분에 허시먼이 결코 '혼자'인 적이 없었고 문학과 철학, 심리학을 연결하는 탐구를 수행할 수 있었을 것이라고 말했다.

몇몇 출판사가 허시먼의 후기 논문들을 모음집으로 출판하기 위해 움직였다. 허시먼은 '자기전복'의 수행으로서 몽테뉴식의 자기성찰을 담은 글들을 모아 책을 내기로 했고, 책 제목도 '자기전복'으로 짓고자 했다. 개인적인 회고를 담은 글들과 삶에서 경험한 놀라운 반전들을 언급한 수상 연설문 등이 이 책에 실렸다. 하지만 단순한 개인사의 회고뿐 아니라 더 큰 주제도 담겨 있었다. 그는 이 주제를 매우 적절하게도 독일 드레스덴에서 열린 '베르게도르프 라운드테이블' 제100회 세션에서 발표했다. 이 발표문이 그가 쓴 마지막 저술이다. 세션의 주제는 '자유주의 사회에 공동체정신(공통감각 Gemeinsinn)은 어느 정도 필요한가?'였다.

허시먼은 파홈이라는 러시아 농부에 대한 톨스토이의 우화로 논의를 시작했다. 파홈은 해지기 전까지 걸은 만큼의 땅을 주겠다는 제안을 받고 땅을 갖기 위해 무리하게 멀리 나갔다가 지쳐서 죽고 만다. 결국 파홈은 자기 한 몸 묻힐 만큼의 아주 작은 땅만을 차지하게 되었다. 허시먼은 이 이야기를 "이것이 우리가 열정을 축적하는 것의 희생양이 될 때 마지막으로 갖게 될 땅일 것"이라는 경고로 해석했다. 허시먼은 '욕심'을 비난하려는 것이 아니었다. 그보다는 독일인들이 공동체정신을 과도하게 요구하는 것을 경계하려는 것이었다. 공동체정신을 과도하게 요구하면 '갈등'을 짓눌러 버리게 되기 때문이다. 갈등은 혼란을 일으키기는 하지만 사회에 반드시 필요한 것이다. 사람들은 서로 의견이 충돌하고, 투쟁하고, 협상하고, 흥정하고, 실험해야 한다. 요컨대 갈등이야말로 진정한 "접착제이자 용해제"이다. 그는 이렇게 말했다. "사회가 직면하게 되는 새로운 문제들에 대해 진보를 이루기 위해 정작 필요한 것은 정치 영역에서의 기업가정신, 상상력, 이곳에서의 관용과 저곳에서의 불관용, 여러 종류의 비르투와 포르투나입니다. 나는 이 모든 것을 공동체를 위한다는 호소로 한데 뭉쳐 버리는 것이 갖는 장점은 하나도 알지 못하고 그것의 위험성은 아주 잘 알고 있습니다."

마키아벨리['비르투와 포르투나']를 인용한 것은 우연이 아니었다. 마키아벨리에게 정치란 중층적인 행동을 필요로 하는 일이었다. 여기에는 이탈, 발언, 충성심이 모두 포함된다. 그러한 정치는 여러 가지 상반되는 것들이 공존하고 그것들 각자가 자신의 불확실성을 인정할 의지가 있을 때 가장 번성하며, 경직된 비타협성 앞에서는 시들어 버린다. 허시먼의 정치경제학은 이론적인 모델로 깔끔하게 구성하기가 어렵다. 균형점을 도출하기 위한 해결책이나 메커니즘이 아니기 때문이다. 그날 허시먼은 독일의 청중에게 '정치 이전의 공동체적 감수성'은 핵심을 놓치고 있는 개념이라고 경고했다. 충성심이란 정치**로부터**, 그것의 혼란과 가능성들로부터 나오는 것이기 때문이다. 허시먼의 유명한 3요소인 이탈, 발언, 충성심 중에서 [전에는 설명이 미진했던] 세번째 부분이 드디어 풀리고 있었다.[10]

이 글이 수록된 책은 '스스로에게 문제제기하는 것'이 어떻게 작동하는지를 잘 보여준다. 새로운 의미를 발견하는 것이 이전의 주장들을 전복하는 데서 나올 수 있음을 볼 수 있는 것이다. 또한 다른 이들에게서는 접하기 어려운 '깊은 학식에 기반한 겸손함'과 '자기긍정'의 목소리도 들을 수 있다. 이 책《자기전복의 경향》(1995)은 곧바로 여러 언어로 번역되었다. 페르난두 엔히크 카르도주는 대통령직을 수행하면서 시간을 내어 포르투갈어판에 서문을 썼다. 허시먼의 숨겨진 지적 역량과 야망을 마키아벨리에 빗대면서, 특히 거대 이론들을 재설정하고 뒤집기 위해 "작은 질문들을 야금야금 조금씩 다뤄보는 것"이 그와 비슷하다고 설명했다. 하지만 그는 허시먼이 프티 이데를 "야금야금 다뤄보는 것"을 그의 분석이 오락가락한 것이라고 본다면 잘못이라고 말했다. 겸손의 목적은 주장의 장점을 더욱 드높이는 것이다.

[책이 나온 뒤] 허시먼과 프린스턴대학의 철학자 해리 프랭크퍼트는 스스로의 사고를 되짚어보는 '자기비판'의 중요성에 대해 서신으로 의견을 나누기 시작했다. 프랭크퍼트는 자기전복과 자기부정 사이에는 중요한 차이가 있다고 했다. 그는 자기부정을 버트런드 러셀이나 힐러리 퍼트넘과 연관지으면서, 허시먼의 작업은 이와는 달랐다고 말했다. "교수님의 작업이 결코 완성될 수 없는 이유는, 과거의 개념들을 되짚어보려는 경향이 그 개념들을 확장할 수 있는 방법을 찾기 위한 것이기 때문입니다. 시시포스처럼 이전의 작업이 통째로 무無로 돌아가 완전히 처음부터 다시 시작해야 하기 때문인 것과는 다르지요." 또《르몽드》는 프랑스어판 출간을 맞아 허시먼에 대한 긴 기사를 싣고 그를 20세기의 위대한 지성인 중 한 명이라고 칭했다.[11]

허시먼의 마지막 책은 오스트리아 빈에서 공공과 민간의 접점에 대해 강연한 강연문이 포함된 얇은 책이다. 책의 마지막에는 1993년 카르미네 돈젤리, 마르타 페트루세비치, 클라우디아 러스코니와 나눈 긴 인터뷰가 실렸다. 이들은 《반동의 화법》의 영향력이 정점에 있던 시기에 이탈리아, 독일, 에스파냐, 프랑스에서 그 책을 번역 출간한 사람들이었다. 허시먼은 제목이 어떻게 정해질지 불안해했다. 그는 1981년 논문집의 제목이기도 했던 '금지된 경계를 넘어서trespassing'라는 주제를 암시하는 제목이길 바랐지만 최종 제목은 《경계를 넘다Crossing Boundaries》로 정해졌다. 존 북스 출판사의 편집자 라모나 나다프가 "여전히 나는 '금지된 경계를 넘는다'는 개념과 그 개념이 허시먼의 사상에서 수행한 핵심 역할에 대해 누의하는 것이 중요하고 생각한다"고 주장하기는 했지만 말이다. 허시먼은 결정된 제목을 받아들이려고 노력했다. 그리고 1997년 말이면 허시먼은 서문의 마지막 단락을 쓰는 일에만도 온 힘을 기울여야 하는 상태였다.[12]

이렇게 해서 각기 위와 아래로 향하던 역사의 곡선 두 개가 1990년대에 교차했다. 20세기가 저물어 가면서 20세기에 대한 허시먼의 통찰과 회고는 세상의 관심을 점점 더 많이 받고 있었다. 하지만 그러한 통찰과 회고를 끌어낼 수 있는 허시먼의 힘은 세월과 함께 점점 사그라들고 있었다.

냉전이 끝나면서 역사를 복원하고 재발굴하려는 열풍이 불었지만, 배리언 프라이의 이야기와 마르세유 구출작전이 세상에 알려지기까지는 훨씬 많은 시간이 지나야 했다. 프라이의 이야기가 드러나지 않았으니 그와 함께 일한 허시먼의 이야기도 당연히 알려지지 못했다. 이제 허시먼은 전처럼 완강히 당시 자신이 했던 일에 대해 입을 다물고 있지는 않았다. 그보다, 마르세유 구출작전은 홀로코스트라는 거대한 비극의 그늘에 가려 드러나지 못하고 있었다. 1982년에 로런스 자르빅은 논란의 여지가 있는 다큐멘터리 〈누가 죽고 누가 살아야 하는가〉를 내놓았다. 당시 미국 및 여러 나라 정부가 나치의 박해를 피해 탈출하는 유대인 난민들을 받지 않으려고 했음을 폭로하는 내용이었다. 이 다큐멘터리에 긴급구조위원회의 일이 잠시 언급되었고, 흑백 화면으로 허시먼이 다큐멘터리 감독에게 이야기하는 내용도 담겼다. 프린스턴에 있는 허시먼의 집에서 촬영된 것이었다. 다큐멘터리는 연합국의 부끄러운 정책들을 나열한 뒤 갑자기 유대인을 구하기 위해 더 할 수 있었던 일은 없었는지에 대한 논의로 넘어간다. 이런 맥락에서는, 구출 사례는 사소한 부록에 불과할 수밖에 없게 된다.

실제로 허시먼이 등장한 부분(그가 1940년 상황을 회상하는 내용)은 긴급구조위원회의 노력을 폄훼하는 이야기 위주로 구성되어 있다. "이 이야기의 비극적인 측면 하나는 [구출작전에서] 많은 성취가 있었고, 그 때문에 우리 모두 우리가 성취한 것을 그저 자랑스러워했다는 점입니다." 이 장면에서 허시먼은 질문자의 눈을 쳐다본다. "모두 자랑스러움에 심취한 나머지 [구출되지 못한] 다른 이들을 잊었습니다. 이 사건을 돌아보건대 아마도 이것[많은 이들을 구하지 못한 것]이 소수의 사람들을 구하느라 치른 대가였을 것입니다." 허시먼은

'의도치 않은 결과들'을 좋아했지만, 그의 말에서 드러난 자기비판적인 반전(혹은 정부 등이 취했던 소극적 입장을 폭로하고자 한 감독의 의도에 따라 자기비판적 반전으로 보이게 된 허시먼의 말)은 그 자신이 겪은 위험에 대한 구체적인 이야기를 공포와 모략이라는 더 큰 이야기에 섞어 버렸다.[13]

1991년 '미국 홀로코스트기념위원회'가 프라이를 사후에나마 공식적으로 인정하고 나서야 이 이야기가 세상에 알려지기 시작했다. 그 무렵이면 홀로코스트를 기억하기 위한 사업들은 [미진했던 행동을] 비난하기 위한 사료 발굴이었던 데서 생존자들의 구출에 기여한 사람들을 기리기 위한 사업 쪽으로 중심이 이동해 있었다. 1996년 예루살렘의 야드바셈 홀로코스트박물관은 프라이를 연합국 시민 중 '고결한 행동을 한 위인' 목록에 포함시켰는데, 이곳에 이름을 올린 첫 미국인이었다. 배리언 프라이가 쓴 《요구하면 무조건 넘겨라》는 1997년에 재출간되었는데, 비미시가 한 말이 이 책의 제사로 담겨 있다. 또 그해에 테리 웬 대미시는 다큐멘터리 〈마르세유-뉴욕: 함정에 빠진 국가, 마르세유의 탈출 경로〉를 제작했다. 여기에 허시먼은 프라이, 비미시, 그리고 화자로 등장한다. 이 영화를 계기로 메리 제인 골드와 비미시가 재회하기도 했다. 허시먼이 공개석상에서 연설하는 것은 수줍어했는지 몰라도 연기를 즐겼음은 분명하다.

1999년 마르세유에서 프라이의 활동을 기리기 위한 협회가 구성되었다. 프랑스의 다큐멘터리 제작자 피에르 소바주도 샹봉-재단이라고 불리는 조직을 만드는 데 관여하기 시작했다. 하지만 구출작전

■ 대미시의 영화에서 비미시를 연기하는 허시먼. (1997)

에서 허시먼이 했던 역할은 잘 알려져 있지 않았다. 상봉재단의 배리언 프라이 연구소는 허시먼을 영예로운 인물 명단에 넣지 않았고, 알 수 없는 이유로 계속해서 허시먼을 배제했다. 홀로코스트에서 유대인들을 구출하는 데 도움을 준 사람들을 기리는 파리의 기념판에도 그의 이름은 알 수 없는 이유로 빠져 있다. 허시먼의 숨겨진, 그리고 숨기는 손이 드러난 것은 2001년 셰일라 아이젠버그의 《우리의 영웅: 배리언 프라이 이야기》가 출간되었을 때였다. 널리 호평을 받은 이 책은 허시먼의 기억이 소실되기 전에 진행했던 인터뷰를 바탕으로 하고 있다. 1997년 12월 유대인박물관은 프라이의 활동을 기리는 전시를 열었고 여기에 비미시의 역할을 알리는 코너도 마련되었다. 이때 열린 콘퍼런스에서 허시먼은 마르세유 팀의 유일한 생존자로서 자신이 했던 일을 처음으로 공개적으로 회상하는 자리에 서게 되었다. 하지만 안타깝게도 그의 기억은 희미해지고 있었다.[14]

다른 기념행사들도 있었다. 1997년 6월에 하버드대학의 역사학자 찰스 마이어는 조지 C. 마셜이 '마셜 플랜'의 구상을 밝힌 연설[1947년 하버드대학 졸업식 연설]을 한 지 50주년을 맞아 기념행사를 개최했다. 연구자들뿐 아니라 마셜 플랜을 실제로 담당했던 사람들 중 아직 생존해 있는 사람들도 참석했다. 찰리 킨들버거, 링컨 고든, 토머스 셸링 등 허시먼의 친구들도 있었다. 매들린 올브라이트 국무장관의 연설 등 공식 일정을 조정하는 역할은 스탠리 호프만이 맡았다. 그 무렵 허시먼은 자신과의 싸움으로 고전하고 있었다. 마이어는 허시먼에게 당시 연준 지원으로서 본 유럽 재건 활동에 대해 회

앨버트 허시먼

고하는 글을 써 달라고 요청했지만 허시먼은 그럴 수 있는 상태가 아니었다. 하지만 옛 친구들과 함께 그 자리에 있고 싶었던 허시먼은 함께 일했던 로베르 마르졸랭과 리처드 비셀에 대해 짧은 글을 썼다. 여러 모로 성대한 행사였다. 허시먼은 행사 내내 꾸벅꾸벅 졸았지만 그래도 모임에 함께해서 기뻤다.

그러던 차에 비극이 닥쳤다. 1998년 7월, 샌디에이고에서 활동하며 여성 학대와 근친상간에 대한 연구로 저명한 심리학자 반열에 올라 있던 둘째딸 리사가 뇌에 악성 종양 진단을 받았다. 방사선 치료를 받았지만 1년도 못 되어 세상을 떠나고 말았다. 이제껏 사랑하는 이들의 죽음을 많이 겪은 허시먼이었지만 리사의 죽음이 준 충격만큼은 버틸 수 없었다.

정신이 점점 흐릿해지는 와중에, 허시먼은 자신이 겪었던 옛 상실, 그의 삶에서 잊고 있었던 곳으로 돌아갔다. 리사의 죽음이 아버지 카를의 죽음을 떠올리게 한 것이다. 아버지 카를도 53세에 암으로 숨지면서 리사의 아이들과 비슷한 나이대의 아이들을 남기고 떠났다(리사의 둘째아들 닉은 17세로 카를이 숨졌을 때 앨버트의 나이와 같았으며, 큰아들 알렉스는 21세였다).

1998년 여름에 허시먼은 리사에게 편지를 몇 통 썼는데, 그중 하나에는 자신의 아버지(리사의 할아버지) 카를이 뇌종양 수술에 얼마나 굉장한 실력이 있었는지에 대한 이야기가 나온다. 딸 리사가 암치료를 받는 동안 딸의 병에 대해 아무것도 할 수 없었던 아버지 앨버트는 몇몇 저명한 미국의 외과의사들에게 연락을 취했다. 그런데

리사의 병 상태에 대해서가 아니라 아버지 카를이 외과 의료계에 남긴 업적에 대해 묻기 위해서였다. 그러다 보니 앨버트는 누나 우르줄라가 회고록에 왜곡해서 적어 놓은 아버지에 대한 기록도 바로잡고 싶어졌다. 우르줄라의 회고록은 카를의 업적에 대한 이야기는 언급하지 않고 '[아버지의] 경력상 실망스러운 점'에만 초점을 맞추고 있었다(앨버트는 우르줄라가 회고록 내용을 수정하도록 설득해 보았지만 소용이 없었다). 리사에게 쓴 편지에서 앨버트는 이렇게 말했다. "나는 아주 잘 기억하고 있단다. 네 할아버지가 뇌 수술 분야에서 이룩한 업적이 할아버지에게 아주 중요한 의미를 가지고 있었어."[15] 또 다른 편지에서는 카를이 쿠진스키를 진료실에 숨겨 주었던 이야기를 했다. 앨버드는 "아버지[카를]가 자신의 삶이 다하기 직전에도 반나치 활동을 했던 것"을 다시 한 번 분명히 해 둘 필요가 있었다. 리사의 죽음이 가까워 오자(리사가 숨진 다음일 수도 있다) 앨버트는 리사의 두 아들 알렉스와 닉에게 편지를 써서 자신도 그들만 한 나이에 부모 중 한 명을 잃었다는 것과 자신이 아버지에 대한 추억을 잊지 않기 위해 어떻게 노력하고 있는지를 전해 주었다.

허시먼이 고전하던 신체적인 어려움은 오랜 개인적 어려움들과 단단하게 얽혀 버렸다. 리사가 세상을 떠나고 난 뒤 허시먼이 느낀 슬픔의 근원이 무엇이었는지를 명료히 구분하는 것은 불가능했다. 허시먼은 아버지 카를의 장례식에서는 덤덤했지만 딸 리사의 죽음 앞에서는 극심한 충격을 받았다. 놀란 새러와 카티아는 마비가 되다시피 한 남편과 아버지를 위로하기 위해 애썼다. 이 당시 허시먼이 한 유일한 말을 기억하고 있는 사람은 사위 피터 구르비치(리사의 남편)이다. 허시먼은 이렇게 말했다. "나에게 일어난 일 중 가장 끔찍한 일이야."[16] 그 이후 허시먼은 계속해서 더 쇠약해졌다.

나는 이 전기를 쓰기 위해 2000년과 2001년에 허시먼을 만났다. 고등연구소에 있는 그의 연구실에서 대화를 나누었는데, 그는 한 시간 정도가 지나면 계속해서 정신을 차리고 있는 것을 매우 힘들어했다. 나는 중간중간 인터뷰를 계속 진행해도 괜찮겠느냐고 물어보아야 했다. 허시먼의 일부는 너무나 계속하고 싶어했지만 또다른 일부가 따라주질 않았다. 인터뷰를 마치고 나면 나는 그의 팔을 부축해 건물에서 나와 자동차로 그를 집에까지 데려다주거나 책상 의자에서 잠이 든 그의 손에서 펜을 살며시 내려놓고 그가 계속 잘 수 있게 해 주었다.

더이상 글을 쓰지 못하고 읽는 것도 쉽지 않게 된 허시먼은(그가 삶의 막바지에서 읽은 책 중 하나는 페르난두 엔히크 카르도주의 회고록이다. 허시먼은 자랑스러움과 존경심을 가지고 그 책을 보관했다) 그림을 그렸다. 단어에 대한 통제력은 잃었지만 그림 그리는 것이 손에 익숙해지도록 노력했다. 카티아는 큰아들 그레구아르가 프랑스에서 결혼을 하게 되자 아버지에게 신혼부부에게 선물로 그림을 하나 그려달라고 했다. 허시먼은 영감을 얻기 위해 도서관에 가서 샤갈의 책을 빌려 왔다. 샤갈이 그가 마르세유에서 탈출시켜 준 사람 중 한 명임을 기억한 것이었을까? 아마도 그랬을 것 같지만 확실히는 알 수 없다. 그렇든 아니든, 그가 고른 그림은 난민을 구출하는 영웅적 행동보다는 사람이 갖고 있는 '열정'을 드러내는 그림이었다. 이 경우에 그 열정은 아내에 대한 열정, 그리고 함께할 평생의 삶에 대한 꿈이었다. 허시먼이 고른 그림은 샤갈과 사랑하는 아내 벨라가 고향 비텝스크에서 보낸 행복한 시간[샤갈은 고향 친구 벨라 로젠펠트와 결혼했다]을 그린 〈생일〉이었다. 이 그림이 태어난(그려진) 1915년은 베를린에서 허시먼이 태어난 해이기도 하다. 그림 속에서 사랑스러운 부부는 구름처럼 공중에 떠서 샤갈의 꿈의 장소에서 입을 맞추고 있다.[17]

후기

돌풍 속으로 배를 몰다

허시먼의 삶이 기억의 영역으로 들어가기에 충분할 만큼의 시간이 흘렀다. 이제 허시먼의 연구와 사상은 그 자체의 삶을 살아간다. 아마도 이것을 예상해서였는지(자신의 개념이 영원히 살기를 꿈꾸는 게 지식인의 직업병 중 하나라는 것을 허시먼은 잘 알고 있었다), 허시먼은 그가 개진한 개념을 다른 사람들이 어떻게 사용하는지(또는 어떻게 잘못 사용하는지)에 매우 관심을 보였다. 자신의 개념이 너무나 훌륭하게 적용된 것을 보면 기쁨을 감추지 못했다. 예를 들면, 그는 아르카디오 디아스 키뇨네스가 쿠바혁명 이후 쿠바인들이 뗏목과 난민 배에 운명을 걸고 고국을 탈출한 상황을 "이탈, 발언, 충성심"의 3요소를 통해 설명한 것에 기뻐했다. 허영에서라기보다는 어떤 개념이 원래의 목적을 훨씬 넘어서 현상에 대한 이해를 돕는 데 사용될 수 있음을 보여준 데 대한 감사함에서였다. 어떤 이들에게는 허시먼의 개념이 지적인 영감뿐 아니라 용기를 주기도 했다. 2006년에 제프리 색스는 《경제발전 전략》 출간 50주년을 맞아 멕시코시티에서 앨버트 허시먼을 기리는 연설을 하면서, 세계의 최극빈자들을 위한 연구를 하는 동안 회의주의자들에게 둘러싸인 개혁가처럼 느껴져 "세상에 나 혼자뿐이라는" 막막함이 많이 들었지만 《반동의 화법》을 수없이 읽으면서 그런 생각을 떨칠 수 있었다고 말했다.

이듬해에 뉴욕의 사회과학연구위원회SSRC는 하버드 경제학자 대니 로드릭에게 제1회 앨버트 O. 허시먼 상을 수여했다. SSRC 소장 크레이그 칼훈은 서로 다른 학과, 국경, 이론, 청중들을 넘나들며 연구하는 사회과학자들에게 수여하는 상이라는 점에서 이 상이 바로 허시먼이 가장 정확하게 모범을 보인 방식의 사회과학을 기리는 상이라고 생각했다. "앨버트 O. 허시먼 상"은, 그리고 크건 작건 그를 기리는 많은 일들은, 앞으로 그가 실제로 존재하지 않더라도 계속 살아 있으리라는 것을 의미한다. 허시먼은 수많은 방식으로 계속 살아갈 것이다.

앨버트 허시먼의 20세기 여정은 (그 자신의 표현을 빌리면) 돌풍 속으로 계속해서 배를 몰아가는 뱃사람의 여정이었다. 그가 싸우고 발언하고 글을 쓰며 지키고 옹호하고자 했던 것은 인간이 더 나아질 수 있는 존재라는 생각이었다. 인간은 "대담한 겸손함"이라는 혼합적 성향으로 무장을 하고서, 불확실한 상태에서도 행동할 수 있고 현실에 감을 잃지 않으면서도 대안들을 받아들일 수 있다. 하지만 허시먼이 살았던 20세기의 상당 기간 동안 이런 생각은 이단이었다. 좌우파를 막론하고, 어떤 사람들은 혁명에 준하는 급진적인 변화를

앨버트 허시먼

일거에 이루지 못한다면 영속적인 비참함 아니면 전혀 가슴 뛰지 않는 지루함만 갖게 되리라고 주장했다. 또 어떤 사람들은 다양한 목적을 가진 복잡한 모델을 수완 있게 운영할 전문가 없이 변화가 시도되면 질서를 무너뜨려서 상황을 더 악화시키게 될 뿐이라는 비관적인 주장을 폈다. 이러한 강력한 역풍들에 맞서서, 허시먼은 그때그때 이런저런 전략들을 오가며 길을 헤쳐 나갔다.

허시먼의 글을 본 많은 이들에게 그가 무엇에 맞서고 있는지를 알아내기는 어렵지 않았지만 허시먼 자신의 경로가 무엇인지를 알아내기는 어려웠다. 그래서 허시먼은 자신의 이론이나 모델이 없다는 비판을 받곤 했다. 기껏해야 자신의 스타일만 있을 뿐이라는 것이었다. 스타일. 물론 허시먼에게는 스타일이 있었다. 그를 비판하는 사람들도 글의 유려함과 통찰력 있는 은유, 기억에 남는 경구 등에 대해서는 감탄과 찬사를 감추지 못했다. 하지만 세상을(혹은 세상의 일부를) 파악하는 데 도움을 줄 이론이나 모델은 정립되어 있었는가? 오늘날의 사회과학 좌표로 보자면 허시먼의 업적은 그렇지 못한 것으로 보았다.

1992년 가을에 비시와프리야 사냘과 도널드 A. 쇤 등 몇몇 MIT 교수들이 1년간 허시먼의 글들을 읽으며 경제개발의 경험에 대해 논의하는 세미나를 가졌다. 허시먼의 옛 제자 주디스 텐들러와 옛 친구 에마 로스차일드, 그리고 사회학자 마이클 피오르, 찰스 세이블, 경제학자 폴 크루그먼, 로버트 피치오토 등이 참석했다. 허시먼도 한 번 참석했고, 나중에 책으로 묶여 나오게 될 원고들에 대해 상세한 의견을 보내기도 했다. 이 책《개발 경험을 다시 생각하다: 앨버트 허시먼의 세계가 촉발한 논문들》(1994)은 한 사람의 연구가 지적인 장을 어떻게 진전시키는지를 묻고 있다. 간단한 질문이 아니었고, 각자가 이에 대해 제시한 답은 전혀 일치한다고 볼 수 없었다. 한번은 세미나 후 캄보디아 식당으로 저녁을 먹으러 간 자리에서 크루그먼이 경제 이론 분야에 허시먼이 영향을 미쳤다고 볼 수 있는지에 의문을 제기했다. 아마르티아 센이 이에 반박했고, 호의적이지만 진지하고 열띤 논쟁이 이어졌다(물론 결론은 나지 않았다). 허시먼은 사회과학의 이론들에 어떻게 영향을 미쳤는가? 물론 많은 것이 각자가 규정하는 개념에 달려 있을 터이므로 이 논쟁은 필연적으로 결론 없이 계속될 것이다.

지식인들이 지식을 과장된 형태로 추구하려는 경향에 대해 비판한 사람은 허시먼 이전에도 있었다. 가령 귀스타브 플로베르는 화려하기만 하고 설명력은 거의 없는 모델들을 좋아하는 지식인들의 습성을 한탄하면서, 이들이 "결론을 내리고자 하는 열망"에 빠져 다른 가능성들을 놓치고 있다고 지적했다. 1933년의 세대, 그리고 그 해에 망가져 버린 것들의 세대인 허시먼은 거창한 선언이나 확실성을 말하는 화려한 주장들에 대해 거의 반사적으로 미심쩍어하는 태도를 가지고 있었다. 하지만 이를 두고 그가 야망이 부족했다고 말한다면 잘못일 것이다. 그의 야망이 점점 더 세분화·전문화되는 학계와 잘 맞아떨어지지 않았을 뿐이다. 그가 추구한 것은 "예측력 있는 이론"이 아니라 "경제와 사회를 생각하는 방식"이었다. 이는, 우리가 꾸역꾸역 살아내야 하는 일상과 알 수 없는 면 투성이인 우리의 존재 조건에서 벗어나 "인간 행동에 대한 보편법칙이 지배하는 신성한 영역"으로 들어갈 수는 없다는 것을, 그리고 이것이 바로 세상 속에서 살아간다는 것의 의미임을 인정하는 데서 출발해야 했다.

지식인은 그 자신의 산물이기도 하지만 그가 속한 세계의 산물이기도 하다. 또한 지식인이 풀어내는 개념들도 마찬가지다. 그것들이 생겨난 맥락에 의해 제약을 받기도 하고 해방이 되기도 한다. 이런 이유에서, 실제 삶의 경험, 그리고 역사 속에서 자신이 발 딛고 있는 시간과 장소에 대한 이해는 허시먼에게 너무나 중요한 사고의 원천이었다. 그에게 큰 영감을 준 몽테뉴에게도 그랬듯이 말이다. 몽테뉴가 남긴 마지막 에세이의 제목은 〈경험에 대하여〉이다. 몽테뉴가 말했듯이, 삶은 "그 자체를 향한 목적"이다. 유럽의 파시즘에 대해 투쟁한 활동가로서, 미국의 군인으로서, 마셜 플랜에 깊이 관여한 인물로서, 콜롬비아에 대한 개발 투자의 자문위원으로서, 세계적인 재단과 개발은행의 컨설턴트로서, 실제 생활에서 허시먼이 했던 경험들은 곁길이 아니었다. 그 경험들은 더 큰 통찰을 끌어내기 위해 세상을 관찰하려는, 그리고 그러한 통찰로부터 검증되고 수정되고 재구성되고 또 어느 경우에는 폐기되기도 할 개념들을 발명해내려는 노력의 필수불가결한 일부였다. "숙고하는 삶"과 "행동하는 삶" 사이를 끊임없이 오가는 시계추 운동이었다고도 볼 수 있다. 그리고 둘 사이를 시계추처럼 끊임없이 오가야 했던 이유는 그 둘이 상호의존적이기 때문이었다.

이 모든 것의 기저를 관통하는 생각이 있었다. 허시먼은 사회의 가능성들을 추동해내는 엔진은 인간의 행동과 선택이며, 미래에 대한 모든 역사는 "인간에 대한 또다른 인간의 관찰"로 시작된다고 생각했다(이것은 충분히 거대 이론이라 할 만하지 않은가?). 허시먼이 보기에 그곳에서부터 흘러나오는 모든 범주는 유연하고 적응성 있어야 하며, 본래 목적보다 훨씬 중요한 영향을 미치곤 하는 '의도치 않은 결과들'과 '부수효과들'이 만들어내는 교묘한 꾀의 작동(헤겔의 표현을 빌리면 '교지')에 열려 있어야 했다. 이것이 '통합된 사회과학'이라는 대담한 비전을 구성한 개인적이고 도덕적인 재료였다. 실로 야심차고 대담한 비전이다. 그가 병치시킨 핵심 개념들만 보아도 그이 야망이 얼마나 서대했는지 알 수 있다. 개인과 집단, 민간과 공공, 시장과 정치, 부와 미덕, 균형과 불균형, 선택과 제약, 단순성과 복잡성. 이러한 풍성한 대조는 단지 재미를 위한 것이 아니었다(물론 언어유희의 가능성이 있을 경우 허시먼은 그것을 놓치지 않았다). 상반되는 개념들의 병치는 한 쪽이 다른 쪽을 반드시 필요로 한다는 점을 보여주기 위한 것이었다. 이런 면에서 볼 때, 돌풍 속으로 배를 몰고 가는 기술은 반대쪽의 힘으로부터 속도를 얻어서 그것을 나에게 유리하게 활용하는 기술이라고도 볼 수 있다.

전기라는 장르의 역할이 대상 인물의 '패턴'을 드러내 주는 것이라면, 허시먼의 여정은 '정해진 목적이 없는 여정'이라고 볼 수 있을 것이다. 그는 분명 이상주의자였지만 어떤 유토피아도 상정하지 않은 이상주의자였다. 삶이라는 여정 자체가 우리가 누구인지, 또 우

앨버트 허시먼

리가 어떤 사람이 되고자 하는지를 변화시키기에 충분할 만큼 많은 교훈을 알려줄 수 있다고 보았기 때문이다. 추상적인 목적지를 상정하고 그곳으로 가는 경로에 집착하다 보면 삶의 여정에서 발견할 수 있는 가장 풍성한 가능성들을 제거하게 될 터였다. 오디세우스의 여정은 고향 이타카로 돌아가는 것이 목적이었다. 이와 달리 허시먼의 여정은 목적지가 없었다. 가족, 고향, 전통으로부터 떨어져 나온 그는 자신의 기원을 소중히 여겼으되 기원으로 돌아가고자 하는 열망에 사로잡히지는 않았다. 그리고 전 지구적인 삶의 여정을 걸으며 세계 속에 존재하는 사람이 되었다. 물론 그의 삶에는 사랑하는 사람들의 죽음처럼 헤아릴 수 없이 끔찍하고 괴로운 상실이 있었고, 허시먼은 그 상처가 벌어져 나오지 않도록 막기 위해 고통스럽게 애써야 했다. 하지만 친척과 친구들에게 가해진 그 폭력으로부터 더 인간적인 미래를 향한 희망 또한 빚어낼 수 있었다.

그러나 허시먼은 쇠약해진 몸과 정신 때문에 곧 '세상 속에서'의 활동을 멈추어야 했다. 노년의 허시먼은 휠체어에 앉아 나무들이 겨울의 죽음을 딛고 생명을 다시 소생시키는 것을 물끄러미 바라보며 시간을 보내곤 했다. 그러던 2011년 겨울, 점점 더 쇠약해지는 남편 곁을 편안히 지켜 주던 새러가 암 진단을 받았다. 이미 온몸으로 많이 퍼진 상태였다. 새러는 허시먼의 삶이 다할 때까지 그의 곁에 끝까지 남기 위해 애썼지만 암의 진행을 멈출 수 없었다. 1월의 어느 날 밤, 프랑스에서 엄마를 보러 와 있던 큰딸 카티아는 병실 침대로 올라가 생명이 다해 가는 엄마를 꼭 안았다. 새러의 영혼이 고통받는 신체를 빠져나가는 동안 카티아는 조용히 노래를 불렀다. 다음 날 아침 카티아는 늘린 가의 집으로 와서 아빠에게 엄마의 죽음을 전했다. 앨버트는 머리를 번쩍 치켜들고 잠시 몸을 덜덜 떨더니 곧 의자 속으로 다시 파묻혔다. 프랑스의 큰사위 알랭, 둘째사위 피터 구르비치, 그리고 손주들 모두 새러의 장례식에 맞추어 도착했다. 식구들은 앨버트를 프린스턴 외곽의 그린우드하우스 요양원으로 옮겨 돌보기로 했다.

나는 방금 그린우드하우스에 있는 앨버트의 방에 다녀왔다. 태어난 날로부터 거의 한 세기가 지난 오늘, 앨버트는 이제 '삶 이후의 삶'을 살고 있다. 그는 의사소통을 하지 못하며, 그가 무엇을 보고 무엇을 듣는지도 불분명하다. 하지만 그가 '느낄 수 있다'는 점만큼은 분명해 보였다. 그는 내가 누구인지 알아보지는 못했지만 두 눈을 감은 채 내 손을 놀랍도록 세게 잡고서 자신의 이마 쪽으로 가져갔다. 나는 그의 이마를 살짝 어루만지면서 말했다.

"고마워요, 앨버트."

앨버트 허시먼

앨버트 O. 허시먼 연보

1915년 4월 7일 독일 베를린의 중상류층 유대인 가정에서 출생.

1931년 사회주의 노동자 청년단SAJ 가입, 반나치 활동 참가.

1932년 프란최지셔스 김나지움 졸업. 베를린대학 법학부 입학.

1933년 아버지 카를 사망. 나치당 집권 후 파리로 도피. 파리경영대학HEC 입학.

1935년 런던정경대학LSE에서 수학.

1936년 에스파냐내전 참전. 누나 우르줄라가 사는 이탈리아 트리에스테로 이주해 매형(에우제니오 콜로르니)의 저항운동에 가담하는 한편 트리에스테대학 통계연구소에서 연구 활동.

1938년 트리에스테대학에서 라우레아 학위(나중에 박사 학위가 됨) 취득. 이탈리아의 유대인 탄압이 심해지면서 파리로 다시 이주.

1939년   독일의 프랑스 침공. 프랑스군 입대.

1940년   '알베르 에르망'이라는 가짜 신분으로 마르세유에서 유대인들의 유럽 탈출 지원.

1941년   유럽을 탈출해 미국으로 이주. 캘리포니아대학 버클리 캠퍼스에서 연구. 새러 샤피로와 결혼.

1943년   미군 입대. 전략사무국oss 배속.

1944년   북아프리카 및 이탈리아에서 통역병으로 복무(~1945). 첫딸 카티아 출생.

1945년   《국가권력과 교역 구조》 출간.

1946년   미군에서 전역. 둘째딸 리사 출생. 연방준비제도이사회 근무.

1947년   경제협조처로 파견되어 마셜 플랜 입안에 필요한 연구 활동 수행(~1951).

1952년   세계은행 프로젝트의 일환으로 콜롬비아 경제개발과 관련한 국가계획위원회 자문관으로 근무(~1954). 콜롬비아 보고타로 이주.

1954년   보고타에서 민간 경제 컨설턴트로 활동.

1956년   예일대학 방문교수(~1958). 어머니 헤트비히 사망.

1958년   랜드코퍼레이션 방문연구원. 컬럼비아대학 교수(~1964).《경제발전 전략》 출간.

1960년   보고타에서 현장연구(~1962)

1961년   《라틴아메리카의 사안들》 출간.

1963년 《진보를 향한 여정》 출간.

1964년 하버드대학 교수(~1974).

1967년 《개발 프로젝트 현장》 출간.

1968년 스탠퍼드대학 방문 거주연구원(~1969).

1970년 《이탈, 발언, 충성심》 출간.

1971년 《희망으로의 편향》 출간.

1972년 프린스턴대학 고등연구소 방문연구원(~1973).

1973년 사회과학연구위원회SSRC 산하 라틴아메리카 연구를 위한 합동위원회 위원장.

1974년 프린스턴대학 고등연구소 종신연구원(~1985).

1977년 《정념과 이해관계》 출간.

1978년 럿거스대학 명예박사.

1980년 프랭크 E. 시드먼 상 수상.

1981년 《금지된 경계를 넘어서》 출간.

1982년 《참여의 시계추 운동》 출간.

1983년 탤컷 파슨스 상 수상.

1984년 《집단적으로 앞으로 나아가기》 출간.

1986년 남캘리포니아대학 명예박사. 칼만 실버트 상 수상.

1987년 토리노대학 명예박사.

1988년 베를린자유대학 명예박사.

1989년 부에노스아이레스대학 명예박사.(이 밖에도 애머스트칼리지, 하버드대학, 파리대학, 뉴스쿨대학, 피렌체대학, 트리어대

학, 캄피나스대학, 상파울루대학 등에서 명예박사)

1991년 《반동의 화법》출간.

1995년 《자기전복의 경향》출간.

1996년 산행 중 사고로 뇌혈종 발병(이후 언어능력 감퇴).

1997년 토인비상 수상.

1998년 딸 리사 사망.

2007년 앨버트 O. 허시먼 상 제정(제1회 수상자: 대니 로드릭).

2012년 아내 새러 사망. 12월 10일 타계.

미주

미주에 사용된 약어

- AOH: 앨버트 O. 허시먼
- AOHP: 앨버트 O. 허시먼 문서, 프린스턴대학 실리 머드 원고도서관Seeley G. Mudd Manuscript Library 소장
- CH: 카를 히르슈만
- EC: 에우제니오 콜로르니
- EH: 에바 히르슈만
- HH: 헤트비히 히르슈만
- KS: 카티아 살로몽
- KSPP: 카티아 살로몽 개인 문서
- OH: 오스카 히르슈만
- PP: 사적인 문서, 카티아 살로몽 소장
- RAC: 록펠러재단 아카이브, 록펠러 아카이브센터Rockefeller Archive Center 소장
- RFD: 연준 국제부 해외개발 리뷰
- SH: 새러 허시먼
- SSRC: 사회과학연구위원회 아카이브, 록펠러 아카이브센터 소장.
- UH: 우르줄라 히르슈만
- WBGA: 세계은행 아카이브

모든 인터뷰는 별도의 언급이 없으면 저자 애덜먼이 진행한 것이다. [인터뷰나 문헌 중 영어가 아닌 내용의 경우 영어로의] 번역은 모두 저자 애덜먼이 했다. 인터뷰 기록은 애덜먼이 소장하고 있으며 허시먼의 일기는 카티아 살로몽이 소장하고 있다.

들어가는 글

1. Edward Said, "Reflections on Exile," in *Reflections on Exile and Other Essays* (Cambridge MA: Harvard University Press, 2000), pp. 173~186.
2. Lepenies' speech at Freien Universitat, 3 Dec. 1988, box 1, folder 13, AOHP.
3. Eva Montefiore, interview, 16 Oct. 2006.
4. AOH to UH, June 1932, PP.
5. "Conversation with Clifford Geertz and Albert Hirschman on 'The Hungry, Crowded, Competitive World,'" IAS, 27 Jan. 1976, box 10, folder 3, AOHP.
6. AOH to Augusto Monterroso, 21 Sept. 1971, PP.
7. AOH to Daniel Bell, 15 Sept. 1993, box 76, folder 1, AOHP.
8. AOH to SH, 1 Mar. 1944, PP.
9. Quentin Skinner to AOH, 6 Oct. 1981, box 11, folder 8, AOHP.
10. Louis Menand, "Lives of Others," *New Yorker*, 6 Aug. 2007, p. 74.
11. Hermione Lee, Virginia Woolf's Nose: Essays on Biography(Princeton: Princeton University Press, 2005), p. 4.

1장

1. CH to HH, June 1916, PP; 다음을 참고하라. AOH, interview, 3 Nov. 2007.
2. Peter Gay, *My German Question: Growing up in Nazi Germany* (New Haven: Yale University Press, 1998), p. 13.
3. EH to author, 22 Dec. 2007, in author's possession.
4. Eric Weitz, *Weimar Germany: Promise and Tragedy* (Princeton: Princeton University Press, 2007).
5. 다음 책에 너무나 잘 묘사돼 있다. Alexandra Richie, *Faust's Metropolis: A History of Berlin* (New York: Carrol and Graf, 1998).

앨버트 허시먼

6. Deborah Hertz, *How Jews Became German: The History of Conversion and Assimilation in Berlin* (New Haven: Yale University Press, 2007).

7. CH to HH, 12 June 1930, PP.

8. Hannah Arendt, "Privileged Jews," *Jewish Social Studies 8:3 −30 (Jan. 1946)*, p. 6; Gershom Scholem, *From Berlin to Jerusalem: Memoirs of My Youth* (New York: Schocken Books, 1980), pp. 25~27.

9. Christopher Clark, *Iron Kingdom: The Rise and Downfall of Prussia, 1600~1947* (Cambridge MA: Harvard University Press, 2006), p. 424.

10. AOH, interview, 3 Nov. 2007; EH, interview, 29 Nov. 2006; AOH, interview by Pierre−Emmanuel Dauzat, n.d., box 15, folder 4, AOHP, p. 1 (이후 Dauzat interview로 표기); AOH, interview by Henri Jacob Hempel, Princeton April 1984 and Berlin, June 1991, PP, p. 5 (이후, Hempel interview로 표기).

11. AOH to KS, 25 Oct. 1982 and 18 May 1983, KSPP.

12. Hempel interview, p. 7.

13. EH, interview, 29 Nov. 2006.

14. UH, *Noi senzapatria* (Milan: Il Mulino, 1993), pp. 79~80.

15. CH to HH, 26 June 1930, PP.

16. EH, interview, 12 Dec. 2007; Weitz, *Weimar Germany*, p. 55.

17. Hempel interview, p. 4; SH, interview, 11 Oct. 2005.

18. Hempel interview, p. 3.

19. UH, Noi senzapatria, p. 81.

20. EH to AOH, Oct. 1936, PP.

21. AOH, interview, 6 May 2002; SH, interview, 11 Oct. 2005.

22. AOH and SH, interview, 11 Oct. 2005.

23. Fritz Stern, *Five Germanys I Have Known* (New York: Farrar, Strauss, Giroux, 2006), p. 21.

24. AOH, "Four Reencounters," in *A Propensity to Self−Subversion* (Cambridge, MA: Harvard University Press, 1995), p. 105.

25. EH, interview, 29 Nov. 2007; UH, *Noi senzapatria*, PP. 67~69.

26. AOH, interview, 6 May 2002; AOH to Joseph Bogen, n.d., PP.

27. Hempel interview, p. 2.

28. EH, interview, 12 Nov. 2007.

29. CH to HH, 17 June 1930 and 18 June 1930, PP.

30. CH to HH, 18 June 1930, PP.

31. AOH, interview, 6 May 2002.

32. CH to AOH, 14 July 1925, PP.

33. AOH, "My Father and Weltanschauung circa 1928," in *Propensity*, p. 111.

34. Hempel interview, p. 6.

35. EH to AOH, October 1936, PP.

36. Dauzat interview, p. 5; Hempel interview, p. 1.

37. CH to HH, 5 June 1930, PP.

38. AOH to parents, 1 Jan. 1930, PP.

39. AOH to UH, 27 June 1931, PP; AOH, "Four Reencounters," in Propensity, p. 106; SH, interview, 8 Aug. 2005.

40. EH to AOH, Oct. 1936, PP; AOH to EH, 1 Jan. 1929, PP.

41. AOH, interview, 6 May 2002; Hempel interview, p. 27~28; UH, *Noi senzapatria*, pp. 81~83.

42. AOH to UH, 27 June 1931, PP.

43. Hempel interview, p. 3.

44. Ibid., pp. 2~3.

45. Christopher Kobrak, *National Cultures and International Competition: The Experience of Schering AG, 1851~1950* (Cambridge: Cambridge University Press, 2002), pp. 96~97.

46. AOH to parents, 14 July 1931, PP.

47. AOH to parents, 24 July 1931, PP.

48. AOH, interview, 6 May 2002.

49. CH to HH, 26 June 1930, PP; UH, *Noi senzapatria*, p. 37.

50. EH, interview, 29 Nov. 2007; Hempel interview, p. 6.

51. EH, interview, 3 Nov. 2007; Konrad Katzenellenbogen, interview, 3 Jan. 2008.

52. UH, *Noi senzapatria*, pp. 73~74.

53. Ibid., p. 52.

2장

1. Box 76, folder 18, AOHP.

2. Hempel interview, p. 12.

3. Dauzat interview, p. 18.

4. AOH, *Der Geist, die Welt der Sittlichkeit und die Vernunft in Hegels "Phanomenologie des Geistes"—Interpretation eines Abschnittes aus der Phanomenologie*, PP; Hempel interview, pp. 11~13; AOH, "On Hegel, Imperialism, and Structural Stagnation," *Essays in Trespassing: Economics to Politics and Beyond* (New York: Cambridge University Press, 1981), pp. 167~175.

5. Dauzat interview, p. 7; AOH, interview, 6 July 2002.

6. Eric Weitz, *Weimar Germany: Promise and Tragedy* (Princeton: Princeton University Press, 2007), pp. 254~256.

7. AOH to parents, 20 June 1930, PP.

8. Hempel interview, p. 16

9. Dauzat interview, p. 5.

10. Hempel interview, p. 6.

11. AOH, "Four Reencounters," in *Propensity*, p. 109.

12. SH, interview, 11 Oct. 2007.

13. AOH, interview, 6 July 2002.

14. Hempel interview, 9.

15. Donna Harsch, *German Social Democracy and the Rise of Nazism* (Chapel Hill: University of North Carolina Press, 1993); William David Jones, *The Lost Debate: German Socialist Intellectuals and Totalitarianism* (Chicago: University of Illinois Press, 1999), p. 61.

16. Hempel interview, p. 10; Dauzat interview, p. 12. 또한 우르줄라는 노동자 계급 거주지 알렉산더플라츠에서 마일스라는 가명을 쓰는 신비한 인물과 강렬하고 열띤 논쟁을 했다고 회상했다. 우르줄라는 나중에 마일스가 [발

터] 뢰벤하임이라는 것을 알게 된다; 레닌의 인용은 다음에서 따온 것이다. "The International Situation and the Fundamental Tasks of the Communist International," *Report to the Second Congress of the Communist International*, 19 July 1920; 허시먼은 자신의 저술에서 이 대목을 (때로는 약간 변형해서) 즐겨 인용했다.

17. AOH, *Crossing Boundaries*, pp. 51~52; KS to author, 16 Dec. 2003, in author's possession.

18. AOH, *Crossing Boundaries*, p. 51.

19. Weitz, *Weimar Germany*, pp. 111~113.

20. KS to author, 16 Dec. 2003.

21. CH to HH, 17 June 1930, PP.

22. Hempel interview, p. 3; EH, interview, 14 Nov. 2007; Ursula Hirschmann, *Noi senzapatria* (Milan: Il Mulino, 1993), p. 75.

23. Hempel interview, p. 33.

24. Berlin Universitat transcript, 22 Feb. 1933, PP.

25. Fritz Stern, *Five Germanys I Have Known* (New York: Farrar, Strauss, Giroux, 2006), p. 105.

26. UH, *Noi senzapatria*, p. 98.

27. Ibid., p. 100.

28. Dauzat interview, p. 35.

29. AOH, interview, 20 May 2002.

30. SH, interview, 11 Oct. 2007; AOH, *Crossing Boundaries*, p. 54.

31. Jürgen Kuczynksi, *Ein treuer Rebell. Memoiren, 1994~1997* (Berlin: Aufbau-Verlag, 1998), pp. 244~245.

32. AOH, "Four Reencounters," in *Propensity*, p. 103.

33. EH, interview, 12 and 14 Nov. 2007.

34. EH, interview, 14 Nov. 2007.

35. AOH, interview, 15 May 2002.

36. Transcript from Hirschman interview, Exile Film Project Records, VC-59/8, Manuscripts and Archives, Yale University Library, New Haven, CT., p. 2.

37. AOH to HH, 28 Mar. 1934.

38. AOH to HH, 8 Sept. 1933.

3장

1. SH and AOH, interview, 25 July 2005.

2. AOH, "Four Reencounters," in *Propensity*, pp. 95~96.

3. UH, *Noi senzapatria* (Milan: Il Mulino, 1993), p. 109.

4. Sabine Offe, email message to author, 26 Aug. 2011, in author's possession; UH, *Noi senzapatria*, pp. 109 and 117; Hempel interview, p. 19.

5. AOH, "Four Reencounters," in *Propensity*, p. 106.

6. Eugen Weber, *The Hollow Years: France in the 1930s* (New York: W. W. Norton, 1994), pp. 34~36.

7. AOH, interview, 2 Oct. 2003; *Crossing Boundaries*, p. 57; "My Father and Weltanschaaung, circa 1928," in *Propensity*, pp. 113~114.

8. Marc Nouschi, *Histoire et pouvoire d'une Grande École.: HEC* (Paris: R. Laffont, 1988), pp. 30~31.

9. "HEC" notes, n.d., PP.

10. AOH to HH, 21 Mar. 1935, PP.

11. Hempel interview, pp. 18~19; AOH to HH, 9 Apr. 1934 and 24 Apr. 1935, PP.

12. Undated letter from R. Arasse, Entr'aide universitaire international, PP.

13. AOH to HH, 3 May 1935; EH, interviews, 12 and 14 Nov. 2007; AOH, interview, 20 May 2002.

14. AOH to HH, 24 Apr. 1935, PP.

15. Ibid.

16. Ibid.; SH, interview, 16 July 2009.

17. Elisabeth Young-Bruehl, *Hannah Arendt: For Love of the World* (New Haven: Yale University Press, 1982), p. 118.

18. AOH to Gregoire Salomon, 15 Feb. 1989, PP.

19. Hempel interview, p. 18.

20. Transcript from Hirschman interview, Exile Film Project Records, VC-59/8,

Manuscripts and Archives, Yale University Library, New Haven, CT., p. 3.

21. SH, interview, 23 Sept. 2007.

22. Hempel interview, pp. 21~22; Claudie Weill, "Le Bund russe a Paris, 1898~ 1940," *Archives juives* 2001/2, no. 34, pp. 30~42.

23. AOH, interviews, 21 Apr. 2002 and 2 Oct. 2003; UH, *Noi senzapatri*, pp. 117~ 120.

24. Hempel interview, p. 21.

25. Dauzat interview, p. 13.

26. Miles [Walter Löwenheim], *Socialism's New Beginning: A Manifesto from Underground Germany* (New York: League for Industrial Democracy, 1934), pp. 48, 90, 96; Lewis Edinger, *German Exile Politics: The Social Democratic Executive Committee in the Nazi Era* (Berkeley: University of California Press, 1956), pp. 83~90.

27. Dauzat interview, p. 26.

28. AOH to HH, 9 Apr. 1934, PP; Crossing Boundaries, p. 58.

29. UH, *Noi senzapatria*, pp. 113~116.

30. AOH, *Crossing Boundaries*, p. 60; ibid., pp. 123~125.

31. UH to Eugenio Colorni, 3 June 1935, PP.

32. EH, interview, 29 Nov. 2007.

33. AOH and SH interview, 11 Oct. 2005.

34. AOH to UH, 27 Mar. 1957, PP.

35. AOH to UH, n.d. [early 1970s], PP.

36. Appendix to Erich Auerbach, *Mimesis: The Representation of Reality in Western Literature* (Princeton: Princeton University Press, 2003), p. 573.

37. AOH, *Crossing Boundaries*, p. 58.

38. Weber, *Hollow Years*, p. 89.

39. Stanislao Pugliese, *Carlo Rosselli: Socialist Heretic and Antifascist Exile* (Cambridge, MA: Harvard University Press, 1999), pp. 122~123.

40. UH, *Noi senzapatria*, p. 136.

41. AOH to UH, n.d. [early 1970s], PP.

42. Hempel interview, p. 26; SH, interview, 1 Aug. 2005.

43. SH, interview, 1 Aug. 2005; Hempel interview, p. 26.

44. A.O. Hirschman, interview by Franco Ferraresi, *Corriere della Sera*, 22 Oct. 1993.

45. AOH, "Doubt and Antifascist Action in Italy, 1936~1938," in *Propensity*, pp. 118~119; SH, interview, 16 Aug. 2005.

46. Carlo Rosselli, *Liberal Socialism*, Ed. Nadia Urbinatti (Princeton: Princeton University Press, 1994).

4장

1. AOH, interview, 21 Apr. 2002.

2. AOH, *Crossing Boundaries*, p. 59.

3. Lionel Robbins, *An Essay on the Nature and Significance of Economic Science* (London: Macmillan, 1932), p. 15.

4. Transcript from Hirschman interview, Exile Film Project Records, VC-59/8, Manuscripts and Archives, Yale University Library, New Haven, CT., p. 7.

5. Eugen Weber, *The Hollow Years: France in the 1930s* (New York: W. W. Norton, 1994), p. 46.

6. Hempel interview, p. 18.

7. AOH, interview, 21 Apr. 2002; AOH, *Crossing Boundaries*, p. 59.

8. Dauzat interview, p. 20.

9. "The Calendar of the London School of Economics and Political Science for the Forty-First Session, 1935~36." (London, 1935), pp. 108~109.

10. AOH, interview, 21 Apr. 2002; letter of recommendation from P. Barrett Whale, reader in economics at the University of London, 27 May 1936, PP.

11. Dauzat interview, p. 22.

12. Hempel interview, p. 23.

13. Ibid.

14. Stanislao Pugliese, *Carlo Rosselli: Socialist Heretic and Antifascist*

Exile (Cambridge, MA: Harvard University Press, 1999), pp. 202~203.

15. Eugenio Colorni, *La malattia della metafisica: Scritti filosofici e autobiografici* (Torino: Einaudi, 2009), p. 41.

16. Dauzat interview, p. 42.

17. Ibid., p. 22.

18. George Orwell, *Homage to Catalonia* (New York: Harcourt Inc., 1980), pp. 9~11.

19. Confidential File on Albert O Hirschman, FOIPA No. 1030518-000, Federal Bureau of Investigation, U.S. Department of Justice, Washington, DC.

20. AOH, interview, 20 May 2001.

21. Pugliese, *Carlo Rosselli*, pp. 205~206.

22. SH, interview, 16 Mar. 2006.

23. AOH, *Crossing Boundaries*, pp. 61~63.

24. AOH, interview, 20 May 2001.

25. Appendix to Sergio Bertelli, *Il gruppo: La formaziones del gruppo dirigente del PCIU, 1936~1948* (Milano: Rizzoli Editore, 1980), p. 78.

26. Hempel interview, p. 24; AOH to Ferdinando Briamonte, 25 Oct. 1978, PP.

27. UH to HH, 3 Dec. 1936, PP.

28. UH, *Noi senzapatria* (Milan: Il Mulino, 1993), pp. 147, 155.

29. Eugenio Colorni, *Scritti* (Florence: La Nuova Italia, 1975), pp. 337~38; 둘째딸 리사와 피터 구르비치 부부의 첫아이 출산을 맞아 앨버트와 새러가 번역한 것이다. January 1, 1978, PP.

30. O.A. Hirschmann, "Le Fecondita della Donna Italiana Secondo L'Età e il Numero dei Figli Avuti," AOHP.

31. O.A. Hirschmann, "Nota su due recent tavole di nuzialita della popolazione italiana," *Giornale degli Economisti* (January 1938), pp. 3~10.

32. "Io, detective dell'economia fascista," *Corriere della Sera*, 13 Nov. 1987, p. 3.

33. O.A. Hirschmann, "Les finances et l'économie italiennes: Situation actualle et perspectives," Société d'Etudes et d'Informations Economiques, 1 juin 1938; ibid.

34. AOH, interview, 20 May 2001; O. A. Hirschmann, "Il Franco Poincaré e la sua svalutazione," box 77, folder 1, AOHP.

35. AOH, interview by Franco Ferraresi, *Corriere della Sera*, 22 Oct. 1993.

36. SH, interview, 23 Aug. 2007.

37. AOH, interview, 29 July 2002; SH, interview, 1 Aug. 2005.

38. Michel de Montaigne, *The Complete Essays* (New York: Penguin, 1987), pp. 1132~1133.

39. AOH to UH, 23 Mar. 1966, PP.

40. Lawrence D. Kritzman, *The Fabulous Imagination: On Montaigne's Essays* (New York: Columbia University Press, 2009); Charles Rosen, "The Genius of Montaigne," *New York Review of Books*, 14 Feb. 2009; SH to author, 5 Sept. 2007.

41. AOH to Ferdinando Briamonte, 25 Oct. 1978, PP; Hempel interview, p. 25.

42. AOH, "Doubt and Antifascist Action in Italy, 1936~1938," in *Propensity*, pp. 118~119; AOH, Torino Talk, Oct. 1987, box 2, folder 3, AOHP.

43. EH, interview, 16 Oct. 2006.

44. AOH, interview, 20 May 2001.

45. EC to AOH, 3 Sept. 1938, PP; AOH, interview, 20 May 2001.

46. *New York Times*, 19 Sept. 1938.

47. Transcript from Hirschman interview, Exile Film Project Records, VC-59/8, Manuscripts and Archives, Yale University Library, New Haven, CT.

5장

1. Edward Said, *Representations of the Intellectual* (New York: Vintage, 1994), pp. 48~52.

2. Eugen Weber, *The Hollow Years: France in the 1930s* (New York: W. W. Norton, 1994), pp. 102~103.

3. Vicki Caron, *Uneasy Asylum: France and the Jewish Refugee Crisis, 1933~1942* (Stanford: Stanford University Press, 1999), pp. 163~181; Timothy P. Maga, "Closing the Door: The French Government and

Refugee Policy, 1933~1939," *French Historical Studies*, 12:3 (Spring 1982), p. 140.

4. AOH to HH, 23 May 1940, PP; EH, interview, 16 Oct. 2006.

5. EC to AOH, January 1939.

6. Hempel interview, p. 30.

7. AOH to Max Ascoli, 4 dic 1938, Ascoli Papers, Boston University.

8. AOH to Max Ascoli, 30 dic 1938, Ascoli Papers, Boston University.

9. OH to Max Ascoli, 25 May 1939, Ascoli Papers, Boston University.

10. AOH to UH, 21 Feb. 1940, PP.

11. Hempel interview, p. 30.

12. Ibid.

13. O.A. Hirschmann, *L'Activité economique*, 16~31 Janvier 1939, p. 354.

14. Transcript from Hirschman interview, Exile Film Project Records, VC-59/8, Manuscripts and Archives, Yale University Library, New Haven, CT.

15. AOH, interview, 15 Apr. 2002.

16. AOH to Ascoli, 4 dic 1938, Ascoli Papers, Boston University; O.A. Hirschmann, "Étude statistique sur la tendance du commerce extérieur vers l'équilibre et le bilatéralisme," 1939, box 77, folder 2, AOHP.

17. O.A. Hirschmann, "Memoire sur le control des changes en Italie," 1939, p. 82, box 56, folder 3, AOHP.

18. Ibid., pp. 66, 83.

19. AOH, interview, 28 May 2002.

20. Ibid.; Caron, *Uneasy Asylum*, pp. 163~181; Maga, "Closing the Door," p. 140.

21. AOH to HH, 18 Sept. 1939, PP.

22. AOH, interview, 28 May 2002.

23. AOH to UH, 14 Mar. 1940, PP.

24. Marc Bloch, *Strange Defeat: A Statement of Evidence Written in 1940* (New York: W.W. Norton, 1968), p. 8.

25. AOH to HH, 11 June 1940, PP.

26. AOH to HH, 23 May 1940, PP.

27. Hannah Diamond, *Fleeing Hitler: France, 1940* (Oxford: Oxford University Press, 2007), p. 83.

28. Michael R. Marrus and Robert O. Paxton, *Vichy France and the Jews* (Stanford: Stanford University Press, 1981).

29. AOH, "Four Reencounters," in *Propensity*, p. 97; Dauzat interview, p. 33.

30. AOH, interview, 28 May 2002.

31. AOH, "L'atmosphère à Merseille en 1940," Colloque Varian Fry, Mars 1999, PP; Andy Marino, *A Quiet American: The Secret War of Varian Fry* (New York: St Martin's, 1999), pp. 120~121.

32. Transcript from Hirschman interview, Exile Film Project Records, VC-59/8, Manuscripts and Archives, Yale University Library, New Haven, CT.

33. Mary Jayne Gold, *Crossroads Marseilles, 1940* (Garden City: Doubleday, 1980), p. 155.

34. Varian Fry, *Surrender on Demand* (Boulder, CO: Johnson Books, 1997), orig. pub. 1945, pp. 24~25.

35. Donald Carroll, "Escape from Vichy," *American Heritage* (June/July 1983), p. 88.

36. Lisa Fittko, *Escape through the Pyrenees* (Evanston, IL: Northwestern University Press, 1991), pp. 101, 117.

37. Transcript from Hirschman interview, Exile Film Project Records, VC-59/8, Manuscripts and Archives, Yale University Library, New Haven, CT.

38. Gold, *Crossroads*, p. 160.

39. Ibid., p. 158.

40. Fry, *Surrender*, pp. 46~47.

41. Gold, *Crossroads*, pp. 160~161.

42. Ibid., pp. 209~211.

43. Fry, *Surrender*, p. 89; Gold, *Crossroads,* p. 228.

44. Transcript from Hirschman interview, Exile Film Project Records, VHS-5/2, Manuscripts and Archives, Yale University Library, New Haven, CT; Fry, *Surrender*, p. 150.

45. Sheila Isenberg, *A Hero of Our Own: The Story of Varian Fry* (New York: Random House, 2001), pp. 152~153.

46. OH to Max Ascoli, 25 Sept. 1940, Ascoli Papers, Boston University.

47. Max Ascoli to OH, 27 Sept. 1940, Ascoli Papers, Boston University.

48. Max Ascoli to OH, 4 Oct. 1940, Ascoli Papers, Boston University.

49. OH to Max Ascoli, 2 Oct. 1940, Ascoli Papers, Boston University; Alexander Stevenson, interview, 17 Oct. 2003; Diaries, Alexander Makinsky, 1 Nov. 1940, RG 12.1, RAC.

50. Fry, Surrender, p. 151.

51. AOH Interview, 15 Apr. 2002.

52. Diaries, Alexander Makinsky, 1940~42, 26 Dec. 1940, RG 12-1, RAC.

53. Cited in www.varianfry.org/fittko_en.htm

54. AOH to HH, 8 Feb. 1941, PP.

55. AOH to HH, 13 Feb. 1941, PP.

6장

1. Andy Marino, *A Quiet American: The Secret War of Varian Fry* (New York: St Martin's, 1999), p. 257.

2. "Fellowship Card, Otto Albert Hirschmann," Series US-HSS, RAC.

3. AOH, interview, 15 Apr. and 11 June 2002.

4. AOH to UH, 23 Mar. 1941, PP.

5. AOH and SH interview, 11 Oct. 2005; Transcript from Hirschman interview, Exile Film Project Records, VC-60/1-2, Manuscripts and Archives, Yale University Library, New Haven, CT.

6. Ezra Suleiman to SH, n.d., box 20, folder 5, AOHP.

7. "Fellowship Card, Otto Albert Hirschmann," Series US-HSS, RAC.

8. AOH to UH, 21 July 1941, PP.

9. UH to AOH, 3 July 1941, PP.

10. AOH and SH interview, 11 Oct. 2005.

11. Transcript from Hirschman interview, Exile Film Project Records, VC-60/4, Manuscripts and Archives, Yale University Library, New Haven, CT.

12. AOH to UH, 21 July 1941, PP.

13. AOH to SH, 21 May 1941, PP.

14. SH, interview, 14 Apr. 2006.

15. AOH to SH, May 1941, PP; AOH and SH, interview, 19 Apr. 2005.

16. AOH to UH, 3 Nov. 1941, PP.

17. AOH to UH, 2 Sept. and 5 Oct. 1941.

18. AOH to UH, 21 July 1941, PP; AOH and SH interview, 11 Oct. 2005.

19. AOH to SH, May 1941, PP.

20. AOH to UH, 21 July 1941, PP.

21. AOH, interview, 11 Mar. 2002.

22. Transcript from Hirschman interview, Exile Film Project Records, VC-60/5-6, Manuscripts and Archives, Yale University Library, New Haven, CT.

23. J. B. Condliffe, *The Reconstruction of World Trade: A Survey of International Economic Relations* (New York: W.W. Norton, 1940).

24. AOH, interview, 11 June 2002; AOH to UH, 21 July and 9 Aug. 1941, PP; AOH, "On Measures of Dispersion for a Finite Distribution," *Journal of the American Statistical Association* (September 1943); AOH, "The Commodity Structure of World Trade," *Quarterly Journal of Economics* (August 1943).

25. Alexander Gerschenkron, *Bread and Democracy in Germany* (Ithaca: Cornell University Press, 1989).

26. AOH, interview, 11 June 2002; Sandy Stevenson interview, 17 Oct. 2003; Nicholas Davidoff, *The Fly Swatter: Portrait of an Exceptional Character* (New York: Vintage, 2002), pp. 121~125.

27. "Fellowship Card, Otto Albert Hirschmann," Series US-HSS, RAC.

28. AOH, interview, 11 June 2002.

29. Ibid.

30. SH, interview, 25 July 2005.

31. AOH Interview, 11 June 2002; AOH, *National Power and the Structure of Foreign Trade* (Berkeley, CA: University of California Press, 1980 ed.), p. 3.

32. Philip Buck, *Annals of the American Academy*, March 1946, p. 222; Henry Oliver, *Southern Economic Journal* (Jan. 1946), p. 304; Michael Florinski, *Political Science Quarterly* 61, p. 272.

33. AOH, "Beyond Asymmetry: Critical Notes on Myself as a Young Man and Some Other Old Friends," *International Organization* 32:1 (February 1978), pp. 45~50, republished in *Essays in Trespassing*, pp. 27~34.

34. AOH, "The Paternity of an Index," *American Economic Review* 54:5 (September 1964), p.762.

7장

1. Fellowship Card, Otto Albert Hirschmann," Series US-HSS, RAC.

2. Ibid.

3. AOH to Adjutant General of the United States Army, 13 Feb. 1942, PP.

4. Fellowship Card, Otto Albert Hirschmann," Series US-HSS, RAC.

5. Ibid.

6. AOH, interview, 24 June 2002; Barry M. Katz, *Foreign Intelligence: Research and Analysis in the Office of Strategic Services, 1942~1945* (Cambridge MA: Harvard University Press), pp. 8~10.

7. AOH and SH interview, 11 Oct. 2005.

8. Ibid.

9. AOH to SH, 15 Feb. 1944.

10. Max Corvo, *The OSS in Italy, 1942~1945* (New York: Praeger, 1990), pp. 90~99; George C. Chalou, *The Secret War: The Office of Strategic Services in World War II*(Washington: National Archives and Records Administration, 1992), pp. 184~185.

11. AOH to SH, 18 Mar. 1944; Brown Notebook, n.d., PP.

12. Katz, *Foreign Intelligence*, pp. 23~24.

13. AOH to SH, 30 Mar. 1944, PP.

14. AOH to SH, 23 Apr. 1944, PP.

15. AOH to SH, 30 Mar. 1944, PP.

16. AOH to SH, 1 June 1944, PP.

17. AOH to SH, 11 May 1944, PP.

18. AOH to SH, 28 Feb. 1944, PP.

19. Eugenio Corloni, "Ventone Manifesto," in *Documents on the History*

of European Integration, ed. Walter Lipgens (Berlin: Walter de Gruyter, 1985), vol. 1, p. 473.

20. John Pinder, "Spinelli and the Ventotene Manifesto," *The Federalist Debate* 14:3 (November 2001), pp. 12~14.

21. AOH to SH, 14 May 1944, PP.

22. Eugenio Colorni, "Character of the European Federation," in *Documents on the History of European Integration*, ed. Walter Lipgens (Berlin: Walter de Gruyter, 1985), vol. 1, p. 507; Klaus Voigt, "Ideas of the Italian Resistance on the Postwar Order in Europe," in ibid., pp. 463~465, quotation on p. 466.

23. Frank Rosengarten, *The Italian Anti-Fascist Press (1919~1945)* (Cleveland: Case Western University Press, 1968), p. 100.

24. AOH to SH, 22 and 25 June 1944, PP.

25. Hempel, p. 29; Brown Notebook, entry 23 June (n.yr.), PP.

26. Brown Notebook, n.d.; AOH to UH, 30 Apr. 1945 and 27 Aug. 1969, PP.

27. AOH to SH, 27 June 1944, PP.

28. AOH to SH, 10 July 1944, PP.

29. AOH to SH, 25 July 1944, PP.

30. AOH to SH, 9 Aug. 1944, PP.

31. AOH to SH, 12 Sept. 1944, PP.

32. AOH to SH, 5 Oct. 1944 and 22 May, 1944, PP.

33. AOH to SH, 14 Jan. 1945, PP.

34. AOH to SH, 21 Oct. 1944, PP.

35. AOH to SH, 30 Nov. 1944, PP.

36. AOH to SH, 15 Mar. 1945, PP.

37. AOH to SH, 7 Oct. 1945, PP.

38. AOH to SH, 21 and 26 Dec. 1944, PP.

39. AOH to SH, 12 Jan. 1945, PP.

40. Saba poem quoted in AOH, *Exit, Voice, and Loyalty*, p. 113, fn 10.

41. AOH, interview, 24 June 2002; SH to author, "Group in Siena," letter, n.d., in author's possession.

42. AOH to SH, 10 Feb. 1945, PP.

43. AOH to SH, 12 Apr. 1945, PP.

44. AOH to SH, 10 Feb. 1945, PP.

45. AOH to SH, 25 Feb. 1945, PP.

46. AOH to SH, 30 Sept. 1945, PP.

47. F.A. Hayek, *The Road to Serfdom* (Chicago: University of Chicago Press, 1994), p. 223.

48. Manlio Cancogni, "Historic Eulogy to the Black Market in Italy during the Twentieth Century" [in Italian], trans. AOH, box 69, folder 14, AOHP.

49. AOH to SH, 23 July, 1945, PP.

50. AOH to SH, 27 Mar. 1945, PP.

51. AOH to SH, 10 Mar. 1944, PP.

52. AOH to SH, 10 June and 9 Aug. 1944, PP.

53. AOH to SH, 13 Oct. 1944, PP.

54. AOH to SH, 19 Oct. 1944, PP.

55. AOH to SH, 15 Aug. 1945, PP

56. AOH to SH, 4 Feb. 1945, PP.

57. AOH to SH, 15 and 19 Aug. 1945, PP.

58. AOH to SH, 21 Apr. 1945, PP.

59. AOH to SH, 28 Nov. 1945, PP.

60. AOH to SH, 5 May 1945; AOH to UH, 29 May 1945, PP.

61. AOH to SH, 12 Dec. 1945, PP.

62. AOH to UH, 27 May 1945, PP.

63. AOH to SH, 22 June and 12 Dec. 1945, PP.

64. See the superb Kerstin von Lingen, *Kesselring's Last Battle: War Crimes Trials and Cold War Politics, 1945~1960* (Lawrence, University of Kansas Press, 2009).

65. AOH to SH, 7 Oct. 1945, PP.

66. AOH to SH, 10 Oct. 1945, PP.

67. AOH to SH, 14 Oct. 1945, PP; Richard Raiber, *Anatomy of Perjury: Field Marshal Albert Kesselring, Via Rasella, and the Ginny Mission* (Newark DE: University of Delaware Press, 2008), chap. 5.

68. Virginia Lee Warren, "Dostler Sentenced to Die for Shooting of OSS Men," *New York Times*, 13 Oct. 1945, p. 1.

69. SH, interview, 14 Apr. 2006.

70. AOH to SH, 26 Oct. and 2 Nov. 1945, PP.

71. AOH to SH, 11 Dec. 1945, PP.

72. Ibid.

73. AOH to SH, n.d., PP.

8장

1. AOH to UH, 13 Jan. 1946, PP.

2. AOH to UH, 2 Feb. 1946, PP.

3. AOH to UH, 13 Jan. 1946, PP.

4. AOH to UH, 24 Apr. 1946, PP.

5. SH, interviews, 15 Sept. and 16 Aug. 2005.

6. AOH and SH interview, 11 Oct. 2005.

7. AOH to UH, 13 Oct. 1946, PP.

8. Ibid.

9. US National Archives, declassified FBI file, in author's possession.

10. AOH to UH, 14 June 1946, PP.

11. AOH, interview, 31 June 2002; AOH to UH, n.d. [fall 1946], PP.

12. "M. Schuman's Devaluation Paradox," RFD, 31 Dec. 1946, pp. 6~8.

13. AOH to UH, 22 Dec. 1946, PP.

14. "Higher interest rates and the credit shortage in France," RFD, 28 Jan. 1947, pp. 10~13; "Exchange Control in Italy," RFD, 11 Mar. 1947.

15. AOH, interview, 31 June 2002.

16. AOH to UH, 21 Apr. 1947, PP.

17. AOH, "France and Italy: Patterns of Reconstruction," *Federal Reserve Bulletin* 33:4 (April 1947), pp. 353~366.

18. AOH, "Public Finance, Money Markets, and Inflation in France," RFD, 29 July 1947.

19. Greg Behrman, *The Most Noble Adventure: The Marshall Plan and How*

Americans Helped Rebuild Europe (New York: Free Press, 2007), p. 43.

20. "Trade Structure of the Marshall Plan Countries," RFD, 12 Aug. 1947, pp. 7~
    12; "Trade and Credit Arrangements Between the 'Marshall Plan Countries,' "
    RFD, 26 Aug. 1947, pp. 8~11.

21. "Italian Exchange Rate Policy," RFD, 16 Dec. 1947; AOH, "Inflation and
    Deflation in Italy," *American Economic Review* 38:4 (September 1948), pp.
    598~606; "French Exports and the Franc," RFD, 23 Sept. 1947.

22. Richard Bissell, *Reflections of a Cold Warrior: From Yalta to the Bay of Pigs*
    (New Haven: Yale University Press, 1996), p. 38; AOH to UH, 24 Nov. 1947.

23. AOH, interview, 11 Mar. 2002.

24. AOH to Altiero Spinelli, 1 Aug. 1948, PP.

25. SH, interview, 16 Aug. 2005.

26. AOH to Altiero Spinelli, 1 Aug. 1948, PP.

27. "The OEEC 'Interim Report on the European Recovery Program'—A
    Summary," RFD, 8 Feb. 1949.

28. Bissell, *Reflections*, p. 54.

29. AOH to UH, 21 Dec. 1947, PP.

30. "Some Recent Developments in French Finance and Credit Policy," RFD, 19
    Oct. 1948; "Credit Controls in the Postwar Economy of France," RFD, 8 Mar.
    1949; AOH, "Postwar Credit Controls in France," *Federal Reserve Bulletin*
    (April 1949), pp. 1~13.

31. "Economic and Financial Conditions in Italy," RFD, 14 Dec. 1948.

32. "Inflation and Balance of Payments Deficit," RFD, 24 Aug. 1948; 이런 생각에
    서 허시먼은 통화가치 절하와 국제수지 사이의 다중적 인과관계를 설명할 수 있는
    수학 모델을 만들게 됐다. "Devaluation and the Trade Balance: A Note," *The
    Review of Economics and Statistics* 31:1 (February 1949), pp. 50~53; Charles P.
    Kindleberger to AOH, box 65, folder 7, AOHP.

33. AOH, "Disinflation, Discrimination, and the Dollar Shortage," *American
    Economic Review* 38:5 (December 1948), pp. 886~892.

34. "International Aspects of a Recession," RFD, 7 June 1949; "The US Recession
    and the Dollar Position of the OEEC Countries," RFD, 27 Sept. 1949.

앨버트 허시먼

35. Alan S. Milward, *The Reconstruction of Postwar Europe*, 1945~1951 (Berkeley: University of California Press, 1984), p. 278.

36. "The New Intra-European Payments Scheme," RFD, 19 July 1949.

37. AOH to UH, 22 Sept. 1947, PP.

38. Bissell, Reflections, p. 66; AOH, "Proposal for a European Monetary Authority," 2 Nov. 1949, Program Secretary, ECA, box 65, folder 7, AOHP; AOH, "Proposal for the Establishment of a European Monetary Authority," marked "Secret", box 65, folder 7, AOHP.

39. "European Payments Union—A Possible Basis for Agreement," RFD, 28 Feb. 1950; "Multilateralism and European Integration," RFD, 25 Apr. 1950.

40. Bissell, *Reflections*, p. 57.

41. AOH, "Approaches to Multilateralism and European Integration," Department of State, Foreign Service Institute, Washington DC, 1950, box 65, folder 9, AOHP.

42. Behrman, *Most Noble Adventure*, pp. 290~327.

43. AOH to UH, 17 Aug. 1949, PP.

44. SH, interview, 8 Aug. 2005; AOH to UH, 24 Feb. 1946, PP.

45. AOH, interview, 31 June 2002.

46. KS, interview, 11 May 2007.

47. SH, interview, 8 Aug. 2005.

48. Ibid.

49. David M. Oshinsky, *A Conspiracy So Immense: The World of Joe McCarthy* (New York: Oxford University press, 2005).

50. AOH to UH, 2 Feb. 1948; AOH to UH, n.d. [summer 1948], PP.

51. AOH, "Criteria, Timing, and Revision of US Economic Aid to Western Europe," 15 June 1951, box 66, folder 1, AOHP.

52. "The Problem of the Belgian Surplus in the EPU," RFD, 25 Sept. 1951.

53. AOH to UH, 20 Jan. 1951, PP.

54. AOH to Tommy Tomlinson, 13 July, 1951, box 65, folder 7, AOHP.

55. AOH to UH, n.d. [early 1951], PP.

56. AOH to HH, 10 Apr. 1951, PP.

57. AOH to UH, 22 Dec. 1951, PP; AOH, interview, 11 Mar. 2002.

58. Sandy Stevenson, interview, 17 Oct. 2003.

59. AOH, interview, 11 Mar. 2002.

60. SH, interview, 16 Aug. 2005.

61. Robert Triffin to AOH, 19 May 1952 and Howard Ellis to AOH, 12 May 1952, box 39, folder 1, AOHP.

62. Brown Notebook, n.d., PP.

9장

1. Confidential File on Albert O Hirschman, FOIPA No. 1030518-000, Federal Bureau of Investigation, U.S. Department of Justice, Washington, DC. 별도의 언급이 없으면 모든 인용의 출처는 이 문서이다.

2. "Fellowship Card, Otto Albert Hirschmann," Series US-HSS, RAC.

3. AOH to UH, 13 Jan. 1946, PP.

4. Dauzat interview, p. 49.

10장

1. Richard Bird, interview, 5 Aug. 2009.

2. Cited in Michele Alacevich, *The Political Economy of the World Bank: The Early Years* (Stanford: SUP, 2009), p. 13; Amy L.S. Staples, *The Birth of Development: How the World Bank, Food and Agriculture Organization, and the World Health Organization Changed the World, 1945-1965* (Kent, OH: Kent State University Press, 2006), pp. 24~30; Mary S. Morgan, "'On a Mission' with Mutable Mobiles," Working Paper on the Nature of Evidence, London School of Economics, August 2008, pp. 5~6.

3. Edward Mason and Robert E. Asher, *The World Bank Since Bretton Woods* (Washington: Brookings Institution, 1973), pp. 161~163.

4. 커리에 대해서는 다음을 참고하라. Roger J. Sandilands, *The Life and Political Economy of Lauchlin Currie* (Durham NC: Duke University Press, 1990); Federal Bureau of Investigation, Investigative Report 101-3616, US National Archives.

5. *The Basis of a Development Program for Colombia*, Report of a Mission Headed by Lauchlin Currie (Washington DC: IBRD, 1950).

6. Eugene R. Black to President Ospina Perez, 27 July 1950, Currie Mission Files, WBGA. 사실은 불평과 비판이 제기됐었다. 세계은행의 한 임원은 이 조사단이 명백한 복잡성들을 누락했다고 문제를 제기했다. 무엇보다, 내전의 영향이 빠져 있었는데, 내전의 영향은 조사단에 제시한 거대 계획이 전제하고 있는 인물들에 대한 신뢰를, 나아가서는 개발계획 전체를 뒤흔들 수도 있는 요인이었다. 기술적인 문제점들도 제기됐다. 가령, 민간 영역과 콜롬비아의 투자자들이 간과돼 있었다. 정말로 민간 영역이 무기력하고 자금이 없었을까? 무역수지 추정치에 대한 의구심도 있었다. 허시먼이 연준에서 일할 때 유럽의 달러 갭과 관련해 반대 의견을 내게 했던 것과 동일한 우려였다. 커리 자신은 세계은행 부총재에게 보낸 비공개 편지에서 콜롬비아에서 벌어지고 있는 시민 저항과 소요가 좋은 정부란 무엇이어야 하는가에 대해 독특한 질문들을 제기한다고 언급했는데, 이 나라의 상당 부분에서 정부가 존재하지 않는 것이나 마찬가지라는 사실은 언급하지 않았다. 하지만 조사단장이 보고서를 매우 서둘러 출간하고자 열의에 넘쳤던 것을 생각할 때 의구심과 대안적 설명의 가능성 등을 공식적으로 제기할 여지는 많지 않았을 것이다. 콜롬비아 사람들이 보고서에 내용을 추가하고자 했을 때 커리는 거부했다. 어떤 조사도 완전할 수는 없으므로 이런 상황에서 "한정된 시간 안에 최선을 다할 수밖에 없다"는 것이었다. Lauchlin Currie to Juan de Dios Ceballos, 14 Feb. 1950 and Currie to Robert Garner, 5 Sept. 1950, Currie Mission Files, WBGA.

7. *Development Program for Colombia*, pp. 356 and 593.

8. AOH to Emilio Toro, 11 Apr. 1952, box 39, folder,1, AOHP; Alacevich, *Political Economy*, p. 53.

9. AOH to Burke Knapp, 18 Sept. 1952, box 39, folder 1, AOHP.

10. Sandilands, *Lauchlin Currie*, p. 175; Alacevich, *Political Economy*, p. 56.

11. AOH, "The Effects of Industrialization on the Markets of Industrial Countries," in *The Progress of Underdeveloped Areas*, ed. Bert Hoselitz (Chicago: University of Chicago Press, 1952), pp. 270~283; AOH, interview, 11 Mar. 2002.

12. Alexander Gerschenkron, "Economic Backwardness in Historical Perspective," in ibid.

13. SH to Helen Jaszi, Saturday, 1952, PP.

14. SH to Helen Jaszi, 11 Aug. 1952, PP.

15. AOH, "Lisa's Questions," p. 6, PP.

16. Howard Ellis to AOH, 12 May 1952, box 39, folder 1, AOHP.

17. Alacevich, *Political Economy*, p. 85.

18. Informe Anual del Consejo Nacional, p. 37; Roger Sandilands to Osvaldo Feinstein, 9 Mar. 2003, in author's possession.

19. Jacques Torfs, *The Basis of a Development Program for Colombia*, Appendix A, National Accounts (Washington DC: IBRD, n.d.); "Informe Annual del Consejo Nacional de Planificación" (1953), p. 6, Banco de la Republica Archives; AOH, interview, 24 Mar. 2002; Burke Knapp to AOH, 7 Nov. 1952, box 39, folder 1, AOHP; AOH to Burke Knapp, 1 May 1954, box 39, folder 1, AOHP; "Conversation with Clifford Geertz and Albert Hirschman," IAS, 27 Jan. 1976, box 10, folder 3, AOHP; AOH, "A Dissenter's Confession: The Strategy of Economic Development Revisited," in *Rival Views of the Market and Other Recent Essays* (New York: Viking, 1986), pp. 90~91.

20. AOH to Howard Ellis, 18 Apr. 1953, box 39, folder 1, AOHP.

21. AOH to Burke Knapp, 20 Nov. 1952, box 39, folder 1, AOHP.

22. Research Project, "Case Studies of Instances of Successful Economic Development in Colombia," 8 Mar. 1954, box 36, folder 4, AOHP.

23. AOH to Knapp, 16 Sept. 1953, box 39, folder 1, AOHP.

24. AOH, interview, 11 Mar. 2002.

25. Memo, 15 May 1954, box 39, folder 3, AOHP.

26. Burke Knapp to AOH, 10 May 1954, box 39, folder 1, AOHP; SH to Helen Jaszi, 14 Apr. 1954, PP; SH, interview, 8 Aug. 2005.

27. AOH to George Jaszi, n.d., PP.

28. AOH to UH, 2 Sept. 1953 and SH to Helen Jaszi, 4 Feb. 1954, PP.

29. SH to Helen Jaszi, 5 July 1954, PP.

30. "The Market for Pulp and Paper in Colombia," 15 June 1956, box 37, folder 2, AOHP.

31. "Colombia: Highlights of a Developing Economy"; "Present and Prospective

Fiscal Position of the Empresas Municipales de Cali," box 36, folder 6, AOHP.

32. Dauzat interview, p. 17; SH to Helen Jaszi, 12 Jan. 1956, PP.

33. AOH to George Jaszi, n.d., PP; 4 Feb. 1956 Entry by Montague Yudelman, folder 282, box 43, series 200, RG 2, RAC.

34. "Nicaragua Notes," Sunday, 28 Mar., box 36, folder 4, AOHP; SH to Helen Jaszi, 15 May 1955, PP.

35. SH to Helen Jaszi, Saturday, 1952, PP.

36. KS to author, 5 Oct. 2008, in author's possession.

37. Dauzat interview, p. 12.

38. Lore Friedman, interview, 6 July 2004; SH to Helen Jaszi, 3 Sept. 1953, PP.

39. SH, interview, 3 Mar. 2004.

40. Lore Friedman, interview, 6 July 2004.

41. SH, interview, 8 Aug. 2005.

42. HH to AOH, 17 Sept. 1956, PP.

43. AOH to George Jaszi, n.d., 1954, PP.

44. Nils Gilman, *Mandarins of the Future: Modernization Theory in Cold War America* (Baltimore: Johns Hopkins University Press, 2003), pp. 161~165.

45. "Economics and Investment Planning," in *Investment Criteria and Economic Growth* mimeo (Cambridge, MA: Center for International Studies, M.I.T., 1954); published by Asia Publishing House, New York, 1961, p. 41.

46. "Economic Policy in Underdeveloped Countries," *Economic Development and Cultural Change* 5:4 (July 1957), pp. 362~370.

47. SH to Helen Jaszi, 14 Feb. 1956, PP.

11장

1. SH to Helen Jaszi, 9 Nov. 1952, PP; KS to author, 21 Aug. 2007, in author's possession.

2. AOH, interview, 6 July 2002, Lloyd Reynolds to AOH, 13 July 1956, and Tom Schelling to AOH, 6 Aug. 1956, Filename: Yale 1956~58, box 83, AOHP.

3. AOH to Lloyd Reynolds, 7 Jan. 1981, box 11, folder 8, AOHP.

4. Nils Gilman, *Mandarins of the Future: Modernization Theory in Cold War America* (Baltimore: Johns Hopkins University Press, 2003), pp. 190~197.

5. AOH, interview, 6 July 2002; Thomas Schelling, interview, 2 Oct. 2008.

6. Norman S. Buchanan to AOH, 28 Mar. 1957, folder 5196, box 607, series 200, RG 1.2, RAC; AOH to UH, 7 Apr. 1957.

7. "Some Suggestions for Social Science and Economic Research in Latin America," May 1958, folder 120, box 15, series 300, RG 1.2, RAC; "Albert O. Hirschman Diary, Brazil and Colombia, Aug. 12~Sept 12, 1957," folder 336, box 46, series 300, RG 6 (1957), RAC.

8. Alexandre Kafka, "The Theoretical Interpretation of Latin American Economic Development," in *Economic development for Latin America*, ed. Howard Ellis (New York: Macmillan, 1961), p. 1; AOH, interview 15 July 2002.

9. Albert O Hirschman Diary, Brazil and Colombia, folder 336, box 46, series 300, RG 6 (1957), RAC.

10. AOH to UH, 12 Jan. 1957, PP.

11. SH, interview, 16 Aug. 2005.

12. AOH to UH, 12 Jan. 1957, PP; 《경제발전 전략》의 몇 가지 기본적 원칙들은 다음을 참고하라. "Investment Policies and 'Dualism' in Underdeveloped Countries," *American Economic Review* 47:5 (September 1957), pp. 550~570.

13. AOH to UH, 27 Jan. 1958, PP.

14. "Outline of a Proposed Study, 1957~1958," 1 Apr. 1957, folder 5196, box 607, series 200, RG 1.2, RAC.

15. Strategy Notes, file 1, box 80, folder, 16, AOHP; Burke, *Letter to the Sheriffs of Bristol, in The Works of the Right Honourable Edmund Burke* (London: Henry G. Bohn), vol. 2, p. 29.

16. Strategy Notes, file 2, box 80, folder 16, AOHP.

17. Ibid.

18. Ibid.

19. Ibid.

20. Ibid.

21. Quotes from "For Lisa, 6 June 1967," PP.

22. AOH to UH, 19 Oct. 1957, PP.

23. AOH, "Three Basic Ideas from My Book to Be Developed," box 8, folder 13, AOHP.

24. AOH, "The Economics of Development Planning," Institute on ICA Development Programming, 15 May 1959, Strategy Notes, file 2, box 80, folder 16, AOHP. 이 글은 1961년 페이퍼백판에 서문으로 실린다.

25. AOH to UH, 23 Aug. 1958, PP.

26. AOH to J. R. Hicks, 12 Aug. 1959, *Strategy* Fan Mail, box 80, folder 14, AOHP.

27. Roy Harrod to AOH, 8 June 1963, *Strategy* Fan Mail, box 80, folder 14, AOHP.

28. Hollis B. Chenery, *American Economic Review* 49:5 (December 1959), pp. 1063~1065.

29. AOH to Coos Polak, 20 Aug. 1959, *Strategy* Fan Mail, box 80, folder 14, AOHP; AOH to Hollis Chenery, 8 Aug. 1959, *Strategy* Corresp., box 80, folder 12, AOHP.

30. Amartya Sen, *Economic Journal* 70 (September 1960), p. 590~594; Amartya Sen, interview, 3 June 2010.

31. C.P. Kindleberger, *Yale Review* 48 (Spring 1959), pp. 440~442.32. AOH to Paul Streeten, 5 May 1958, *Strategy* Corresp., box 80, folder 12, AOHP.

12장

1. AOH to UH, 19 Oct. 1957, PP.

2. Kathryn Sikkink, *deas and Institutions: Developmentalism in Brazil and Argentina* (Ithaca: Cornell University Press, 1991); Peter Hall, ed.,

The Political Power of Economic Ideas: Keynesianism across Nations (Princeton: Princeton University Press, 1989).

3. AOH, "Some Suggestions for Social Science and Economic Research in Latin America," May 1958, folder 120, box 15, series 300, RG 1.2, RAC.

4. AOH to Leland C. De Vinney, 20 June 1958, folder 5196, box 607, series 200, RG 1.2, RAC.

5. AOH, "Some Suggestions for Social Science and Economic Research on Latin America," folder 120, box 15, series 300, RG 1.2, RAC; AOH to De Vinney, 23 July 1958, folder 5196, box 607, series 200, RG 1.2, RAC. 이와 관련해 메리 모건과 나눈 대화에 많은 빚을 졌다. "현장"에 대해 더 상세한 내용은 다음을 참고하라. Henrika Kuklick and Robert E. Kohler, introduction to *Science in the Field, Osiris*, vol. 11 (1986), pp. 1~10.

6. Alex Abella, *Soldiers of Reason: The RAND Corporation and the Rise of the American Empire* (New York: Harcourt, 2008), p. 49; Saul Friedman, "The RAND Corporation and Our Policy Makers," *Atlantic* (September 1963), 63; Joseph Kraft, "RAND: Arsenal for Ideas," *Harper's Magazine (July 1960), 74;* Bruce L. R. Smith, *The Rand Corporation: Case Study of a Nonprofit Advisory Corporation* (Cambridge, Mass.: Harvard University Press, 1966), 125~126.

7. G. Marine, " 'Think Factory' De Luxe – The Air Force's Project RAND," Nation 188 (1959), pp. 131~135.

8. Friedman, "The RAND Corporation," 63; Kraft, "RAND: Arsenal for Ideas," 74.

9. Charles Lindblom, memo to Hirschman, n.d., p. 8, box 68, folder 15, AOHP.

10. AOH and SH, interview, 1 Aug. 2005; "Economic Development, Research and Development, and Policy Making: Some Converging Views," in *Bias for Hope: Essays on Development and Latin America* (New Haven: Yale University Press, 1971), pp. 63~84.

11. Charles Lindblom, memo to Hirschman, n.d., box 68, folder 15, AOHP.

12. AOH, interview, 15 July 2002.

13. "Soviet Bloc–Latin American Economic Relations and United States Policy," Project RAND Research Memorandum, 28 Sept. 1959, box 80, folder 8, AOHP.

14. AOH to Altiero Spinelli, 31 Mar. 1962, PP.

15. AOH, "Second Thoughts on the Alliance for Progress," *The Reporter*, 25 May 1961, reprinted in *Bias for Hope*, pp. 175~182.

16. AOH, interview, 15 July 2002.

17. AOH to UH, 14 June 1958 and 23 Aug. 1958, PP.

18. AOH, interview, 29 July 2002.

19. Economics 1 Lecture on Economic Development, June 1968, box 71, folder 3, AOHP.

20. Colin Bradford, interview, 7 Aug. 2009.

21. Richard Bird, interview 5 Aug. 2009; Peter Kenen, interview 10 Mar. 2010; Judith Tendler, interview, 2 Aug. 2009.

22. Robert Picciotto to AOH, 7 Oct. 1985, AOH to Robert Picciotto, 14 Oct. 1985, box 59, folder 2, AOHP.

23. Dauzat interview.

24. "Staff Report, Annual Meeting of the Board, 1959," Century Fund Archives, New York.

25. Notes on "Draft Memorandum by AOH," Century Fund Archives.

26. AOH, interview, 22 July 2002.

27. AOH, "Memorandum on Twentieth Century Fund Study on Latin America," 24 Nov. 1959, box 69, folder 8, AOHP.

28. AOH, "Ideologies of Development in Latin America," in AOH (ed.), *Latin American Issues* (New York: Twentieth Century Fund, 1961), esp. p. 36.

29. *1960 Annual Report* (NY: Twentieth Century Fund, 1960), pp. 31~32.

30. "Some Notes by the Author," box 69, folder 3, AOHP.

31. Enrique Peñalosa to AOH, 29 Oct. 1962, box 68, folder 13, AOHP.

32. AOH and SH, interview, 1 Aug. 2005.

33. *1962 Annual Report* (NY: Twentieth Century Fund, 1962), p. 35.

34. Ibid.

35. Enrique Peñalosa to AOH, 3 Dec. 1962, box 68, folder 13, AOHP.

36. AOH, interview, 22 July 2002; Celso Furtado to AOH, 29 Jan. 1962, box 68, folder 13, AOHP.

37. Lincoln Gordon to AOH, 29 Jan. 1962, box 69, folder 1, AOHP.

38. "Fals Borda," n.d.; Carlos Lleras Restrepo, box 40, folder 7, AOHP.

39. "Albert O. Hirschman Diary, Brazil and Colombia, Aug. 12～Sept 12, 1957," folder 336, box 46, series 300, RG 6 (1957), RAC.

40. Fals-Borda, *El Hombre y La Tierra en Boyacá: Bases Socio-Históricas para una Reforma* Agraria (Bogotá: Documentos Cololmbianos, 1957); SH, email to author, 12 Sept. 2007.

41. "Brazil," box 39, folder 12, AOHP.

42. Clotario Blest, Eduardo Frei, Salvador Allende, interviews by AOH, box 40, folder 3, AOHP.

43. AOH, "Some Notes by the Author on Journeys Towards Progress," p. 4, box 69, folder 3, AOHP.

44. Lincoln Gordon to AOH, 3 Sept. 1963, box 68, folder 9, AOHP.

45. AOH, interview, 29 July 2002; AOH, "Obstacles to Development," box 10, folder 16, AOHP; "Obstacles to Development: A Classification and a Quasi-Vanishing Act," *Economic Development and Cultural Change* 13:2 (July 1965), pp. 385～393.

13장

1. F. Champion Ward to AOH, 6 Dec. 1963, General Correspondence, 1963, C-1453, Ford Foundation Archives, New York.

2. AOH to UH, 15 Mar. 1964, PP; Andrew W. Cordier to AOH, 23 Mar. 1964, PP.

3. AOH to UH, 20 June 1964, PP.

4. AOH to J. Burke Knapp, 14 Mar. 1963, Projects Evaluation—Professor Albert O. Hirschman—Vol. 1, Series No. 4225: Operations Policy Files, Projects and Studies—General 1946～68, WBGA–Hirschman Vol. 1; 다음도 참고하라. Michele Alacevich, "Albert O. Hirschman and Project Evaluation at the World Bank," unpublished ms. in author's possession.

5. Alexander Stevenson, interview, 17 Oct. 2003; Robert E. Asher to Robert D. Calkins, memorandum, 18 Apr. 1964, WBGA–Hirschman Vol. 1.

6. Alexander Stevenson to Escott Reid, office memorandum, 3 Mar. 1964, WBGA –Hirschman Vol. 1.

7. Robert F. Skillings to Syed S. Husain, 26 Feb. 1964, WBGA –Hirschman Vol. 1.

8. AOH to UH, 20 June 1964.

9. Francine R. Frankel, *India's Political Economy, 1947~1977: The Gradual Revolution* (Princeton: Princeton University Press, 1978), pp. 201~216.

10. "India DVC," DPO file, box 57, folder 2, AOHP.

11. AOH to UH, 10 July 1965, PP.

12. AOH, "Nigeria Notes," DPO file, box 57, folder 2, AOHP.

13. AOH, "Ideas–Miscellaneous," DPO file, box 57, folder 2, AOHP.

14. AOH, INDIA–DVC, p. 1, DPO file, box 57, folder 2, AOHP.

15. Ibid., p. 4.

16. AOH to UH, 4 Feb. 1965, PP.

17. AOH, "Ideas–Miscellaneous, DPO file, box 57, folder 2, AOHP.

18. AOH, "Uganda Notes," DPO file, box 57, folder 2, AOHP.

19. "AOH, "A Study of Selected World Bank Projects —Some Interim Observations," August 1965, WBGA –Hirschman Vol. 1.

20. Hans Adler, "Comments on Professor Hirschman," 22 Sept. 1965; Mario Piccagli to H.B. Ripman, 22 Sept. 1965, WBGA –Hirschman Vol. 1.

21. AOH to Kenneth Bohr, 18 Oct. 1965, WBGA –Hirschman Vol. 1.

22. AOH to UH, 29 Sept. 1966, PP.

23. AOH, "Thailand Notes," DPO file, box 57, folder 2, AOHP.

24. Ibid.; AOH to Walter Salant, 7 Feb. 1967, box 57, folder 1, AOHP.

25. AOH, review of W. A. Lewis, *Political Sciences Quarterly 82:1 (March 1967);* "Out of Phase," *Encounter* (September 1965), pp. 21~23.

26. Sandy Stevenson to AOH, 29 Dec. 1967, box 10, folder 4, AOHP.

27. Herman G. van der Tak to AOH, 20 Dec. 1966, box 57, folder 1, AOHP. Kenneth A. Bohr to AOH, 14 July 1966, AOH to Herman G. van der Tak, 27 Dec. 1966, Raihan Sharif, "Draft Check List of Points for Examining Project Design and Economic Evaluation of Projects," 17 July 1967, WBGA –Hirschman Vol. 2.

28. AOH to Tom Schelling, 27 July 1966, box 57, folder 15, AOHP.

29. Walter Salant to AOH, 1 June 1966, WBGA –Hirschman Vol. 2; Nathan Rosenberg to AOH, 19 Jan. 1967 and AOH to Walter Salant, 7 Feb. 1967, box 57, folder 1, AOHP.

30. Irving Kristol to AOH, 26 July 1966 and Goran Ohlin to OH, 13 Aug. 1966, box 57, folder 2, AOHP; Andrew Kamarck to AOH, 28 Oct. 1966, WBGA – Hirschman Vol. 2.

31. AOH to Hans Singer, 9 Dec. 1968, box 57, folder 14, AOHP.

32. Edward S. Mason and Robert E. Asher, *The World Bank since Bretton Woods* (Washington: Brookings Institution, 1973), p. 250.

33. AOH, interview, 4 Aug. 2002.

34. AOH to Theodore Moran, 2 Jan. 1973, box 68, folder 9, AOHP.

35. AOH to UH, 3 July 1966; Alain Salomon, interview, 13 Apr. 2010.

36. AOH to UH, 2 July and 3 Sept. 1967, PP.

37. Fernando Henrique Cardoso, interview, 6 July 2012.

38. AOH, "A Dissenter's Confession: The Strategy of Economic Development Revisted," in *Rival Views*, p. 104.

39. AOH, "The Political Economy of Import-Substituting Industrialization in Latin America," *Quarterly Journal of Economics* 82 (February 1968), pp. 2~32, reprinted in Bias for Hope, pp. 85~123; '펀더멘털' 대 '비펀더멘털' 논쟁의 상세한 내용은 다음을 참고하라. AOH, "The Welfare State in Trouble," in *Rival Views*, pp. 163~168; Fernando Henrique Cardoso, interview, 6 July 2012.

40. Ibid.

41. "Underdevelopment, Obstacles to the Perception of Change, and Leadership," *Daedalus* 97:3 (Summer 1968), pp. 925~937.

42. Richard Bird, interview, 5 Aug. 2009.

43. AOH, "Foreign Aid: A Critique and a Proposal," *Princeton Essays in International Finance*, 69 (July 1969), reprinted in Bias for Hope, pp. 197~224; Sandy Stevenson to AOH, 29 Dec. 1967, box 10, folder 4, AOHP.

14장

1. AOH to Sam Bowles, 21 Jan. 1970, box 67, folder 1, AOHP.

2. AOH to UH, n.d. and 2 July 1967, PP.

3. Stanley Hoffmann, interview, 7 Nov. 2009.

4. Sam Bowles, interview, 7 Oct. 2008.

5. "Hirschman Receives Littauer Chair," *Harvard Crimson*, 31 Mar. 1967.

6. Richard Bird, interview, 5 Aug. 2009.

7. "Faculty Radicals," *Harvard Crimson*, 18 Nov. 1974.

8. Peter Gourevitch, interview, 21 July 2011.

9. AOH to UH, 14 Sept. 1965, PP.

10. AOH to UH, 2 Sept. 1966, PP.

11. SH, interview, 25 July 2005.

12. Parmar Inderjeet, *Foundations of the American Century: The Ford, Carnegie, and Rockefeller Foundations in the Rise of American Power* (New York: Columbia University Press, 2012), pp. 200~208; AOH to Kalman Silvert, 3 Dec. 1967, General Correspondence, GEN-72, Ford Foundation Archives.

13. "Competition vs Monopoly," November 1967, box 60, folder 5, AOHP.

14. Kenneth Arrow, interview, 6 Aug. 2009.

15. Alexander Gerschenkron to AOH, 9 Nov. 1966, box 60, folder 6, AOHP.

16. AOH to UH, 9 Dec. 1967, PP.

17. Kalman Silvert to AOH, 15 Jan. 1968, General Correspondence, GEN-72, Ford Foundation Archives.

18. AOH, *Exit, Voice, and Loyalty: Responses to Decline in Firms, Organizations, and States* (Cambridge MA: Harvard University Press, 1970), p. 105.

19. AOH to UH, 10 July and 8 Sept. 1968, PP; *Exit, Voice, and Loyalty*, p. 101.

20. AOH to UH, 20 Oct. 1968, PP.

21. David C. Atkinson, *In Theory and in Practice: Harvard's Center for International Affairs* (Cambridge MA: Center for International Affairs, 2007), p. 137.

22. Roger Rosenblatt, *Coming Apart: A Memoir of the Harvard Wars of 1969* (New York: Little Brown, 1997).

23. AOH to UH, 8 Sept. 1968, PP.

24. SH to UH, 21 Feb. 1969, PP.

25. SH to UH, 9 June 1969, PP.

26. 다음에 인용됨. *Exit, Voice, and Loyalty*, p. 27, fn. 7.

27. Ralph Nader to AOH, 7 Apr. 1969, box 60, folder 12, AOHP.

28. AOH to UH, 8 Sept. 1968, PP.

29. AOH, "Why EVS?" n.d., box 60, folder 2, AOHP.

30. AOH, "Introduction: Political Economics and Possibilism," *Bias for Hope*, p. 27.

31. Oscar Oszlak, interview, 4 June 2011.

32. AOH, "The Search for Paradigms as a Hindrance to Understanding," *World Politics* 22:3 (March 1970), pp. 329~343, reprinted in *Bias for Hope*, pp. 342~360, 인용 부분은 p. 342에 나온다.

33. Notes on Payne and Womack, box 54, folder 9, AOHP; AOH, "Search for Paradigms."

34. Notes on Payne and Womack, box 54, folder 9, AOHP.

35. AOH to UH, 20 June 1964, PP.

36. Leon Festinger to AOH, 10 Apr. 1964, box 10, folder 16, AOHP; AOH, "Obstacles to Development: A Classification and a Quasi-Vanishing Act," *Economic Development and Cultural Change* 13 (July 1965), pp. 385~393, reprinted in Bias for Hope, pp. 312~327.

37. Philip Zimbardo to AOH, 17 Feb. 1971, box 10, folder 9, AOHP; Philip Zimbardo, interview, 11 Aug. 2009.

38. Exit, Voice, and Loyalty, p. 126.

39. AOH, "Center Seminar," December 1968, box 60, folder 5, AOHP.

40. Stanford talk, January 1968, box 71, folder 3, AOHP.

41. *Exit, Voice, and Loyalty*, pp. 109~110.

42. AOH to Ernest May, 11 Dec. 1968, box 11, folder 13, AOHP.

43. AOH to UH, 22 July and 27 Aug. 1969, PP.

44. AOH to UH, 27 Aug. 1969, PP.

45. *Exit, Voice, and Loyalty*, pp. 78~79.

46. AOH, "Exit, Voice and Loyalty: Further Reflections and a Survey of Recent Contributions," *Social Science Information* 13 (1974), pp. 7~26, reprinted in Essays in Trespassing, pp. 213~235.

47. AOH, "Exit and Voice: An Expanding Sphere of Influence," in *Rival Views*, pp. 76~77.

48. Kenneth Boulding to Max Hall, 15 May 1969, box 11, folder 8, AOHP.

49. Ibid.

50. *Exit, Voice, and Loyalty*, pp. 76~79.

51. Joseph Reid Jr., review of *Exit, Voice, and Loyalty*, *Journal of Political Economy* (July~August 1973), pp. 1042~1045.

52. Roger Hansen, *American Political Science Review* 67 (September 1973), pp. 1110~1111.

53. AOH to Ken Galbraith, 1 Oct. 1971, box 58, folder 24, AOHP.

54. Gordon Tullock, review of *Exit, Voice, and Loyalty*, *Journal of Finance* 25:5 (December 1970), pp. 1194~1195.

55. Mancur Olson to AOH, 20 Feb. 1973, and AOH to Olson, 5 Mar. 1973, box 11, folder 8, AOHP.

56. William Olson to Ralph Richardson, 17 June 1973, A 78, box R1369, series 120, RG 2, RAC.

57. Brian Barry, "Review Article: Exit, Voice, and Loyalty," *British Journal of Political Science* 4:1 (January 1974), pp. 79~107.

58. David Riesman to Herbert Kelman and Everett Mendelsohn, 24 Mar. 1971, box 11, folder 8, AOHP.

59. *Exit, Voice, and Loyalty*, p. 103.

60. Henry Kissinger to AOH, 13 May 1970, box 58, folder 24, AOHP.

61. AOH to UH, n.d., PP.

62. Richard Bird, interview, 5 Aug. 2009; Tom Schelling to AOH, 6 Oct. 1970, box 9, folder 13, AOHP.

63. John Marshall Note, 15 July 1970, folder 528, box 91, series 900, RG 3.2, RAC.

64. AOH, "Bias notes," box 54, folder 9, AOHP; AOH, "Defense of Possibilism," in *Rival Views*, p. 171; Seymour Martin Lipset, "Some Social Requisites of

Democracy: Economic Development and Political Legitimacy," *American Political Science Review* 53:1 (March 1959), pp. 69~105.

65. AOH, "Bias notes," box 54, folder 9, AOHP.

66. Ibid.

67. AOH, "Political Economics and Possibilism," in *Bias for Hope*, pp. 1~37.

15장

1. Colegio de Mexico 1971 file, box 24, folder 10, AOHP; Notebook Argentina 1971, box 24, folder 10, AOHP; AOH to Katia Solomon, 17 Dec. 1971, KSPP.

2. Daniel Rodgers, *The Age of Fracture* (Cambridge MA; Harvard University Press, 2011), p. 49.

3. Schelling to Hirschman, 18 July 1972, box 11, folder 7, AOHP.

4. AOH to KS, 20 May 1970 and 31 Dec. 1972, KSPP.

5. AOH to KS, 20 May 1972, KSPP; Stanley Hoffmann, interview, 7 Nov. 2009.

6. AOH to KS, 10 May 1972, KSPP.

7. Tom Schelling, interview, 2 Oct. 2008; Henry Rosovsky, interview, 9 Oct. 2008.

8. Herb Gintis, interview, 6 Aug. 2009; AOH, "Notes on Changing Tolerance" and "Lexicographic Ordering," box 54, folder 17, AOHP.

9. Michael Rothschild, interview, 21 Sept. 2009; AOH to KS, 1 Dec. 1971, KSPP.

10. Michael Rothschild, interview, 21 Sept. 2009.

11. AOH to KS, 24 Feb. 1973 and 28 Sept. 1973, KSPP.

12. AOH to Carl Kaysen, 3 Nov. 1971, box 10, folder 9, AOHP.

13. Income Distribution Speech, Oct. 1973, box 71, folder 3, AOHP.

14. AOH to Charles Lindblom, 27 Jan. 1975, box 11, folder 4, AOHP.

15. AOH, "The Changing Tolerance for Income Inequality in the Course of Economic Development," IAS, October 1972, box 71, folder 3, AOHP.

16. AOH to KS, 1 Dec. 1971, KSPP.

17. AOH, "Some Political and Economic Responses to Income Inequality," manuscript, February 1974 talk at Harvard, box 71, folder 3, AOHP.

18. Ibid.

19. AOH, "The Changing Tolerance for Income Inequality"; IAS, October 1972, box 71, folder 3, AOHP; Clifford Geertz to AOH, 8 Nov. 1973, box 54, folder 16, AOHP; Quentin Skinner to AOH, 6 Oct. 1981, box 11, folder 8, AOHP.

20. *Plural*, December 1972, box 54, folder 18, AOHP; Guillermo O'Donnell to AOH, 27 Feb. 1973, Box 58, folder 24, AOHP.

21. Fernando Henrique Cardoso, *The Accidental President of Brazil: A Memoir* (New York: Public Affairs, 2006), pp.112~113.

22. Fernando Henrique Cardoso, interview, 6 July 2012.

23. Louis Goodman, interview, 3 Oct. 2008.

24. AOH to KS, 28 Sept. 1973, KSPP.

25. AOH to Guillermo O'Donnell, 26 Sept. 1973, box 9, folder 17, AOHP; AOH, "Policymaking and Policy Analysis in Latin America —A Return Journey," 1974, in *Essays in Trespassing*, pp. 142~166.

26. AOH to KS, n.d. [May 1974], KSPP.

27. Louis Goodman, interview, 3 Oct. 2008.

28. AOH to Carl Kaysen, 19 Nov. and 17 Dec. 1971, box 10, folder 9, AOHP; AOH to KS, 5 Mar. 1972, KSPP; AOH to Fernando Henrique Cardoso, 13 Feb. 1973, box 9, folder 16, AOHP; AOH to KS, 24 Feb. 1973, KSPP.

29. Charles Lindblom to AOH, 27 Jan. 1975 (1973년 출장에 대한 언급임), box 11, folder 4, AOHP.

30. Douglas Chalmers to Fernando Henrique Cardoso and Julio Cotler, JCLAS (Joint Committee on Latin American Studies) Memorandum, 8 Mar. 1974, SSRC, RG Acc 1, box 102, folder 550, and Acc 2, box 290, folder 3515, RAC.

31. Guillermo O'Donnell and Philippe Schmitter, "Work Plan for the Study of Public Policy in Latin America," August 1974; AOH, JCLAS, 19 Sept. 1974, RG Acc 1, box 102, folder 552, RAC.

32. AOH to KS, 26 Sept. 1975, KSPP; loose notes, n.d., box 8, folder 20, AOHP; Fernando Henrique Cardoso, interview, 6 July 2012.

33. David Collier to AOH, 7 Oct. 1974, box 9, folder 17, AOHP; AOH to Philippe Schmitter, 15 Oct. 1974, box 9, folder 17, AOHP; Philippe Schmitter, interview, 5 July 2012; Louis Goodman, interview, 30 Oct. 2008.

34. AOH to Harry Woolf and Clifford Geertz, 6 June 1977, box 11, folder 8, AOHP.

35. Fernando Henrique Cardoso to Carl Kaysen, 27 Apr. 1976, Members Report, Box 8, 1975~76, The Shelby White and Leon Levy Archive Center, Institute for Advanced Study, Princeton, New Jersey.

36. Louis Goodman to David Collier, 21 Oct. 1975, SSRC, RG Acc 1, box 102, folder 552, RAC; O'Donnell to Collier, 3 Nov. 1975, SSRC, RG Acc 2, box 290, folder 3515, RAC.

37. AOH to Guillermo O'Donnell, 27 Oct. 1975, box 8, folder 19, AOHP. 허시먼의 인용은 다음에서 따온 것이다. "A Generalized Linkage Approach to Development, with Special Reference to Staples," in Essays in Trespassing, pp. 59~97.

38. Shlomo Avineri to AOH, 30 Apr. 1973, box 11, folder 2, AOHP. 미시 마르크스주의에 대해서는 그가 쓴 다음 글을 참고하라. "On Hegel, Imperialism, and Structural Stagnation," 1976, in Essays in Trespassing, pp. 167~176.

39. "Reflexiones sobre las tendencias generals del cambio en el Estado Burocrático-autoritario" 이 논문은 1975년 8월에 CEDES의 첫 보고서로 출간됐다; AOH to Guillermo O'Donnell, 14 Oct. 1975; Guillermo O'Donnell to AOH, 7 Nov. 1975, box 8, folder 19, AOHP.

40. Working Group on the State and Public Policy, Progress Report on Phase I and Proposal for Phase II, February 1978, SSRC, RG Acc 1, box 102, folder 552, RAC; David Collier to AOH, Fernando Henrique Cardoso, and Jose Serra, 21 Jan. 1978, box 8, folder 19, AOHP.

41. Guillermo O'Donnell to AOH, 3 Nov. 1975, box 58, folder 24, AOHP.

42. AOH to David Collier, 26 Apr. 1976, box 8, folder 19, AOHP.

43. AOH, "Notes on LA Trip," box 9, folder 7, AOHP.

44. Cardoso, *Accidental President*, pp. 125~127; Fernando Henrique Cardoso, interview, 6 July 2012.

45. AOH to KS, 6 Dec. 1976, KSPP.

46. AOH to Gert Rosenthal, 16 Mar. 1977, box 9, folder 1, AOHP.

47. AOH, "The Turn to Authoritarianism in Latin America and the Search for its Economic Determinants," 1979, in *Essays in Trespassing*, p. 135.

48. AOH, "A Generalized Linkage Approach to Development, with Special Reference to Staples," 1977, in *Essays in Trespassing*, pp. 59~96.

49. Juan Gabriel Valdes, *Pinochet's Economists: The Chicago School in Chile* (New York: Cambridge University Press, 1995).

50. AOH, *Strategy*, p. 24; "The Turn to Authoritarianism," pp. 98~135.

51. AOH to McGeorge Bundy, 5 Feb. 1976, box 10, folder 3, AOHP.

52. "Conversation with Clifford Geertz and Albert Hirschman on 'The Hungry, Crowded, Competitive World,'" IAS, 27 Jan. 1976, box 10, folder 3, AOHP.

53. Ibid.

54. Ibid.

16장

1. Elizabeth Jelin, interview, 4 June 2011.

2. AOH, "Talk on Prince and Machiavelli," IAS, October 1976, box 69, folder 12, AOHP.

3. AOH to Katia Solomon, 13 Oct. 1975, KSPP.

4. 상세한 내용은 다음을 참고하라. John M. Najemy, *Between Friends: Discourses of Power and Desire in the Machiavelli – Vettori Letters of 1513~1515* (Princeton: Princeton University Press, 1994) for more detail.

5. AOH to KS, 26 Sept. 1976, KSPP.

6. AOH, "Talk on Prince and Machiavelli," IAS, October 1976, box 69, folder 12, AOHP.

7. AOH to Katia Hirschman, 25 Mar. 1973, KSPP.

8. Flexner quoted in Clifford Geertz, *After the Fact: Two Countries, Four Decades, One Anthropologist* (Cambridge MA: Harvard University Press, 1995), p. 122.

9. Report to Carl Kaysen, n.d., box 10, folder 9, AOHP.

10. Sir John Elliott, interview, 2 Apr. 2010.

11. Israel Shenker, "Foes at the Institute Dig in for a Fight," *New York Times*, 4 Mar. 1973; "Economic Development Lectures," Woodrow Wilson School, March 1973, box 71, folder 3, AOHP; AOH to KS, 25 Mar. 1973, KSPP.

12. Geertz, *After the Fact*, p. 125.

13. Alexander Gerschenkron to John W. Milnor, 10 Dec. 1973, Albert O. Hirschman File, The Shelby White and Leon Levy Archive Center, Institute for Advanced Study, Princeton, New Jersey.

14. Carl Kaysen, interview, 25 Aug. 2009; Albert O. Hirschman File, The Shelby White and Leon Levy Archive Center, Institute for Advanced Study, Princeton, New Jersey.

15. Kenneth Arrow, interview, 7 Sept. 2009.

16. "Economic Development in Latin America," 1974, Box 9, folder 9, AOHP.

17. AOH to KS, 6 Aug. 1974, KSPP.

18. AOH to KS, 26 Sept. 1974, KSPP.

19. Stanley Hoffmann, interview, 7 Nov. 2009.

20. AOH to KS, 18 May 1974, KSPP.

21. AOH to KS, 18 Sept. 1974, KSPP.

22. Donald Winch, interview, 1 Apr. 2010; Susan James, interview, 19 May 2010; Joan W Scott, interview, 2 Apr. 2011.

23. AOH to KS, 27 Sept. 1972, KSPP.

24. Robert Darnton, interview, 12 Apr. 2010; Clifford Geertz to AOH, 8 Nov. 1973, box 54, folder16, AOHP.

25. "Member Lists," Box 4, folder 7, AOHP.

26. AOH, "Eighteenth-Century Hopes and Twentieth-Century Realities," MIT

lecture, 1977, box 8, folder 17, AOHP. 이 강연의 원고는 다음 책에 수록된 그의 논문 중 첫 글이다. The New Authoritarianism in Latin America, ed. David Collier (Princeton, NJ: Princeton University Press, 1979).

27. AOH, interview, 9 Sept. 2002.

28. AOH, "Notebook Argentina 1971," box 24, folder 10, AOHP.

29. AOH, "Introductory Note," Essays in *Trespassing*, p. 288.

30. AOH to KS, 25 June 1972 and before Thanksgiving 1972, KSPP; Jose Serra, interview, 31 Oct. 2011.

31. Robert Darnton, "Intellectual and Cultural History," in *The Past Before Us*, ed. Michael Kamen (Ithaca: Cornell University Press, 1980), pp. 339~340.

32. Donald Winch, interview 1 Apr. 2010; Joan W. Scott, interview, 2 Apr. 2011.

33. Donald Winch to AOH, 30 Apr. 1975, box 71, folder 1, AOHP; Donald Winch, interview, 1 Apr. 2010.

34. Quentin Skinner to AOH, n.d. [1975년 봄으로 추정], box 71, folder 1, AOHP.

35. AOH, "Reasons for Undertaking this Project," n.d. [1975년으로 추정], box 71, folder 7, AOHP.

36. Ibid.

37. Ibid.

38. Ibid.

39. AOH to KS, 13 Apr. 1973, KSPP.

40. AOH, *The Passions and the Interests: Political Arguments for Capitalism before Its Triumph* (Princeton: Princeton University Press, 1977).

41. "The Concept of Interest: From Euphemism to Tautology," in *Rival Views*, p. 36.

42. AOH to KS, 13 Apr. 1973, KSPP.

43. AOH, "The Concept of Interest," p. 41, n 5.

44. AOH, *Passion and the Interests*, pp. 43~44.

45. Ibid., pp. 104, 111.

46. AOH, "The Concept of Interest," p. 51.

47. Nannerl Keohane to AOH, 12 Sept. 1977 and AOH to Nannerl Keohane 10 Oct. 1977, box 11, folder 8, AOHP.

48. Bruce Cummings to AOH, 13 June 1977, box 11, folder 8, AOHP.

49. AOH to KS, 3 Feb. 1974, KSPP.

17장

1. AOH, "Favorite Quotes," box 5, folder 8, AOHP.
2. Robert Darnton, interview, 12 Apr. 2010.

18장

1. "Trip to Russia —June, 18~28 Diary," box 9, folder 2, AOHP.
2. AOH to McGeorge Bundy, 5 Feb. 1976, box 10, folder 3, AOHP.
3. Alejandro Foxley to AOH, 9 Aug. 1976, box 9, folder 3, AOHP.
4. 사적 재화는 배타성(내가 소유하면 다른 이가 그것을 소유하는 데서 배제된다)과 경합성(내 효용은 다른 이의 효용에 영향을 미친다)의 특징을 가진다. 공공재는 배타성과 경합성을 갖지 않는다.
5. AOH, "The Concept of Interest," in *Rival Views*, p. 48.
6. Brian Barry, review article of *Exit, Voice, and Loyalty* in *British Journal of Political Science* 4:1 (February 1974), pp. 79~104. 이에 대한 허시먼의 견해는 *Shifting Involvements*, p. 78.
7. AOH, "Olson and Collective Action," December 1977, box 86, folder 2, AOHP.
8. Ibid.
9. Herbert Gintis, interview, 6 Aug. 2009.
10. AOH, "Olson and Collective Action," December 1977, box 86, folder 2, AOHP.
11. AOH, "Exit, Voice, and the State," 1977, in *Essays in Trespassing*, pp. 246~265; Robert Keohane to AOH, 24 Oct. 1977, box 4, folder 5, AOHP.
12. Clifford Geertz to AOH, 28 Sept. 1978, box 4, folder 5, AOHP; Sir John Elliott, interview, 2 Apr. 2010.
13. Clifford Geertz to AOH, 3 Nov. 1978, box 4, folder 5, AOHP.
14. AOH to Clifford Geertz, 27 Apr. 1979, box 4, folder 5, AOHP.
15. Clifford Geertz, *After the Fact: Two Countries, Four Decades, One*

Anthropologist (Cambridge MA: Harvard University Press, 1995), p. 127.

16. Paul Rabinow and William M. Sullivan, "The Interpretive Turn: A Second Look," in *Interpretive Social Science: A Second Look, ed. Rabinow and Sullivan* (Berkeley and Los Angeles: University of California Press, 1987), pp. 1~31.

17. AOH, "Our View of Social Science," box 4, folder 12, AOHP.

18. AOH to KS, 26 Sept. 1975, KSPP.

19. AOH, "Self-Perception, Mutual Perception, and Historical Development," 13 Oct. 1977, box 77, folder 5, AOHP; Sir John Elliott, interview, 2 Apr. 2010; David Cannadine, interview, 25 May 2010.

20. AOH to Mark Gersovitz, 22 Feb. 1980, box 76, folder 5, AOHP.

21. AOH, "The Rise and Decline of Development Economics," 1981, *Essays in Trespassing*, pp. 1~24; David Cannadine, interview, 25 May 2010.

22. "Professor A Hirschman's Comments on the Final Draft of Science and Technology in the New Socio-Economic Context," box 8, folder 12, AOHP.

23. AOH, "Welfare State in Trouble: Systemic Crisis or Growing Pains?" manuscript, box 7, folder 7, AOHP, and final publication in *American Economic Review* 70:2 (May 1980), p. 113~116.

24. Michael McPherson, interview, 4 Aug. 2009.

25. AOH, "Private and Public Happiness: Pursuits and Disappointments," The Eliot Janeway Lectures on Historical Economics in Honor of Joseph Schumpeter, Princeton University, December 1979, box 72, folder 11, AOHP.

26. AOH, "Public vs Private" (summer 1978), box 80, folder 3, AOHP; Amartya Sen, interview, 7 Apr. 2010.

27. AOH to KS, 25 Nov. 1979, KSPP.

28. 세르반테스의 인용은 다음에서 따온 것이다. *Shifting Involvements: Private Interest and Public Action* (Princeton: Princeton University Press, 1982), pp. 23~24.

29. AOH, "Private and Public Happiness," Janeway Lectures, December 1979,

box 72, folder 11, AOHP.

30. Ibid.

31. Ibid.

32. Robert Keohane to AOH, 11 Apr. 1979, box 77, folder 8, AOHP.

33. AOH, "Private and Public Happiness," Janeway Lectures, December 1979, box 72, folder 11, AOHP.

34. AOH to KS, 19 Aug. 1981, KSPP.

35. AOH, *Shifting Involvements*, p. xvi.

36. Quentin Skinner to AOH, 17 Dec. 1979, box 80, folder 3, AOHP.

37. Judith Tendler to AOH, 9 July 1979, box 77, folder 8, AOHP.

38. Lisa Hirschman to AOH, February 1979, box 77, folder 8, AOHP.

39. Robert Lane to Sandford Thatcher, 6 May 1981, box 78, folder 5, AOHP.

40. Joan Scottto AOH, 22 Feb. 1979, box 77, folder 8, AOHP.

41. George Akerlof review, 4 June 1981, box 78, folder 5, AOHP.

42. AOH to Claus Offe, 19 Dec. 1979, box 77, folder 8, AOHP.

43. AOH to Sanford Thatcher, 27 May 1981, box 78, folder 5, AOHP.

44. Ibid.

45. George Akerlof to AOH, 14 May 1981, box 78, folder 5, AOHP.

46. AOH, "Comment," Smygehus Sweden, 20~23 Sept. 1982, box 7, folder 18, AOHP; Steven Maser, *American Political Science Review*, vol. 78 (1984), p. 590; Jan Smith, *American Journal of Sociology* 89 (July 1983), p. 228; Robert Heilbroner, "The Way of All Flesh," *New York Review of Books*, 24 June 1982, pp. 44~46; Jon Elster, "Trespasser," *London Review of Books*, 16 Sept~6 Oct. 1982; Quentin Skinner to AOH, 2 Feb. 1983, box 5, folder 7, AOHP.

47. Lewis Coser, "America's Eclectic Economist," *New Republic*, 19 and 26 July 1982, pp. 40~42; Peter L. Berger, "History as a Disappointment Machine, *New York Times Book Review*, 18 April 1982, p. 9; AOH to KS, 19 Apr. 1982, KSPP; Michel Massenet, "Les deceptions de la democratie," *Le Figaro*, 6 Jan. 1983, p. 17; David Riesman to AOH 2 May 1982, box 77, folder 10, AOHP.

48. AOH, "Remarks at Berkeley Conference, March 1980," box 8, folder 6, AOHP.

49. AOH to David Riesman, 12 Dec. 1983, box 77, folder 8, AOHP.

19장

1. "Remarks at Berkeley Conference, March 1980," box 8, folder 6, AOHP; Michael McPherson, interview, 4 Aug. 2009.

2. AOH to Wolf Lepenies, 18 Aug. 1980, box 8, folder 6, AOHP.

3. Published later in *Essays in Trespassing*, pp. 294~306.

4. Daniel Bell to AOH, 14 Dec. 1980 and AOH to DB, 8 Jan. 1981, box 1, folder 8, AOHP.

5. AOH to Robert Solow, 2 Jan. 1980, box 1, folder 8, AOHP.

6. Kenneth Arrow to AOH, 12 Jan. 1981, box 1, folder 8, AOHP.

7. AOH, "Morality and the Social Sciences," n.d., box 8, folder 6, AOHP.

8. Quentin Skinner to AOH, n.d. and Henry Ehrmann to AOH, 20 Dec. 1980, box 8, folder 6, AOHP.

9. Dennis Thompson to AOH, n.d. and AOH to Michael McPherson, 31 July 1980, box 8, folder 6, AOHP.

10. AOH, "Morality and the Social Sciences: A Durable Tension," in *Essays in Trespassing*, p. 306.

11. AOH, "University Activities Abroad and Human Rights Violations: Exit, Voice, or Business as Usual," *Human Rights Quarterly* 6 (February 1984).

12. Richard Lyman to AOH, 18 Mar. 1982, box 7, folder 19, AOHP.

13. AOH, "A Dissenter's Confession," in *Pioneers in Development*, ed. Gerald M. Meier and Dudley Seers (Washington, DC: World Bank/Oxford University Press, 1984), pp. 87~111.

14. Terry Karl, interview, 5 July 2012.

15. Peter Hakim, interview, 26 May 2010.

16. Steve Vetter to AOH, 3 Jan. 1982, box 38, folder 1, AOHP.

17. Maria del Carmen Feijoó and Sarah Hirschman, *Gente y Cuentos: educacion popular y literatura* (Buenos Aires: CEDES, 1984); Maria del Carmen Feijoó,

interview, 6 Aug. 2012.

18. Memorandum, Anne B. Ternes to Robert Mashek, 2 June 1983, box 37, folder 8, AOHP; Unidentified Citadel Notebook, n.d., box 24, folder 10, AOHP; Elizabeth Jelin, interview, 1 June 2011.

19. AOH Note Book, R.D., Col., Peru, Chile, box 24, folder 10, p. 55, AOHP.

20. AOH Note Book DR, Col., Peru, Chile, box 24, folder 10, pp. 77~78, AOHP.

21. Peter Hakim, interview, 26 May 2010; Sheldon Annis, interview, 29 May 2012; Peter Bell, interview, 26 July 2011.

22. Peter Hakim, interview, 26 May 2010.

23. IAS Talk, January 1984, box 66, folder 9, AOHP.

24. AOH Note Book, R.D., Col., Peru, Chile, box 24, folder 10, pp. 8~9, AOHP.

25. AOH, *Getting Ahead Collectively: Grassroots Experiences in Latin America* (New York: Pergamon Press, 1984), p. 101.

26. Michael McPherson, interview, 4 Aug. 2009.

27. AOH to Paul Streeten, 6 Oct. 1983 and AOH, "Reply to Readers," box 24, folder 10, AOHP.

28. Dominican Republic Notebook I, box 24, folder 10, p. 107, AOHP.

29. AOH Note Book, R.D., Col., Peru, Chile, p. 7 and Colombia Notebook II, box 24, folder 10, pp. 256, 312, AOHP.

30. Colombia II Notebook, box 24, folder 10, p. 152, AOHP.

31. Latin America 1983 Trip file, undated note on IAF stationery, box 7, folder 11, AOHP.

32. AOH Note Book, R.D., Col., Peru, Chile, box 24, folder 10, pp. 8~9, AOHP.

33. SH, Dominican Republic Notebook I, box 24, folder 10, p. 107, AOHP.

34. SH, Dominican Republic Notebook I, box 24, folder 10, pp. 76, 91, AOHP.

35. From Latin America 1983 Trip file, IAF letterhead n.d., box 7, folder 11, AOHP.

36. AOH, Getting Ahead Collectively, p. 94.

37. Mitchell Denburg, interview, 25 May 2012.

38. AOH Note Book R.D., Col., Peru, Chile, box 24, folder 10, p. 33, AOHP.

39. Peter Hakim, interview, 26 May 2010.

40. AOH, "Self-Inflicted Wound," New Republic 190:1/2 (January 1984), p. 9.

41. Peter Bell to AOH, 1 Jan. 1984, box 66, folder 12, AOHP.

42. "Brown University, Oct., 1984" notes for UN, box 66, folder 7, AOHP.

43. William Klausner, "Reflections on Bellagio Conference," 20 Sept. 1985, RF, Unprocessed (A 96), box R2931, series 120, RG 2, RAC.

44. "For Peter Hakim," January 1985, and Louis Emmerij to AOH, 11 Aug. 1986, box 66, folder 7, AOHP.

45. Patricio Meller, interview, 4 June, 2011.

20장

1. Quentin Skinner to AOH, 22 Dec. 1984, box 7, folder 11, AOHP.

2. Antony Marx, interview, 5 Aug. 2009; Elizabeth Jelin, interview, 1 June 2011.

3. Cliff Geertz, "AOH Talk," PP.

4. Adele Simmons to AOH, 18 Jan. 1996, box 20, folder 5, AOHP.

5. AOH, "States and Social Structures," February 1982, box 8, folder 10, AOHP.

6. "Trip to Russia," box 9, folder 2, p. 24, AOHP.

7. Stephen Krasner, interview, 16 Dec. 2009; James Caporaso, "Guidelines for Writing the Papers," 19 May 1975, and AOH to Caporaso, 16 Dec. 1975, box 9, folder 14, AOHP; Benjamin J. Cohen, *International Political Economy: An Intellectual History* (Princeton: Princeton University Press, 2008).

8. AOH, "The Welfare State in Trouble," *Dissent* (Winter 1981), reprinted in *Rival Views*, pp. 163~170; "Reflections on The Rhetoric of Reaction," paper presented to the Society for Philosophy and Public Affairs, New York, 12 Nov. 1991, box 75, folder 2, AOHP.

9. John Kenneth Galbraith to AOH, 28 Dec. 1988, box 66, folder 17, AOHP; AOH, "How Keynes Was Spread from America," *Challenge*, November~December 1988, and an expanded version "How the Keynesian Revolution Was Exported from the United States, and Other Comments," in *The Political Power of Economic Ideas: Keynesianism across Nations*, ed. Peter Hall (Princeton: Princeton University press, 1989), pp. 347~360.

10. 허시먼은 상과 메달을 수없이 많이 수상했다. 일부만 소개하면 다음과 같다. The

American Economic Association, Distinguished Fellow in 1984. The American Philosophical Society gave him the Thomas Jefferson Medal. The University of Michigan, Tanner Lectures; the Academy of Sciences at the University of Budapes, lecture. Argentina, Orden de May al Merito; Brazil, Ordem do Cruzeiro do Sul (대통령 페르난두 엔히케 카르도주가 직접 수여했다); and Colombia Orden de San Carlos; University of Köln, The Fritz-Thyssen Prize.

11. Daniel Bell, Speech to American Academy of Arts and Sciences for the Talcott Parsons Prize, 14 Mar. 1984, box 2, folder 22, AOHP; AOH, "Against Parsimony: Three Easy Ways of Complicating Some Categories of Economic Discourse," in *Rival Views*, pp. 142~162.

12. Alejandro Foxley, Michael S. McPherson, Guillermo O'Donnell, eds., *Development, Democracy, and the Art of Trespassing: Essays in Honor of Albert O. Hirschman* (Notre Dame, IN: University of Notre Dame Press, 1986).

13. Torcuato di Tella to AOH, 26 Oct. 1989, box 55, folder 56, AOHP; Simon Teitel, ed., *Towards a New Development Strategy for Latin America: Pathways from Hirschman's Thought* (Washington, DC: IDB, 1992); Lloyd Rodwin and Donald A. Schön, eds., *Rethinking the Development Experience: Essays Provoked by the Work of Albert O. Hirschman* (Washington, DC and Cambridge, MA: The Brookings Institution and Lincoln Institute of Land Policy, 1994).

14. AOH, Torino Talk, October 1987, box, folder 3, AOHP.

15. "A Propensity to Self-Subversion" 다음에 처음 수록됐다. Rodwin and Schön, *Rethinking*, 이어 다음에도 수록됐다. *A Propensity to Self-Subversion*.

16. AOH, "Rival Views of the Market," in *Rival Views*, pp. 105~141.

17. Philippe Simonnot, "Les mots et les choses," *Le Monde*, 12 Sept. 1997, p. 12.

18. Keith Griffin, "An Economist Abroad," *Times Literary Supplement*, 19 Feb. 1982, pp. 9~10.

19. AOH, "Linkage Approach to Development, Some Further reflections," March 1982, Sao Paulo Conference), box 7, folder 23, AOHP.

20. Alex Inkeles, *Journal of Economic Literature* 21 (March 1983), pp. 79~80.

21. Peter Passell, "The Morning Line on the Next Nobel," *New York Times*, 18

Oct. 1989, p. D2.

22. Thomas Schelling, interview, 2 Oct. 2008.

23. Amartya Sen, interview, 21 Apr. 2006; Kenneth Arrow, interview, 7 Sept. 2009.

24. Eric Maskin, interview, 29 Nov. 2011.

25. "Salvador Allende died not because he was a socialist, but because he was an incompetent," from "Why Allende Failed," *Challenge*, vol. 17 (May~June 1974), pp. 1~14.

26. AOH, "Endogenous Growth Workshop Notes," October 1991, box 6, folder 1, AOHP.

27. Amartya Sen, interview, 21 Apr. 2006.

28. Sabine Offe, interview, 17 Aug. 2011; Claus Offe, interview, 24 Oct. 2009; AOH to Claus Offe, 24 June 1987, box 6, folder 1, AOHP.

29. Berlin Festvortrag, 21 Nov. 1988, box 54, folder 7, AOHP.

30. AOH to Claus Offe, 12 Dec. 1988, box 1, folder 13, AOHP; AOH, "Four Reencounters," in *Propensity*, pp. 101~105.

31. AOH, "Exit, Voice, and the Fate of the German Democratic Republic," in *Propensity*, pp. 9~44.

32. AOH, "Report on Academic Activities," June 1991, box 5, folder 13, AOHP.

33. Peter Gourevitch, interview, 21 July 2011.

34. AOH, "Closing Comments," box 5, folder 17, AOHP; "On Democracy in Latin America," *New York Review of Books* 10 Apr. 1986, pp. 23~26.

35. AOH, "LA Diary," box 5, folder 19, AOHP.

36. AOH, "The Political Economy of Latin American Development: Seven Essays in Retrospection," *Latin American Research Review* 22:3 (1987), pp. 7~36.

37. AOH to Stephen Holmes, 29 Mar. 1988, box 54, folder 5, AOHP.

38. Alejandro Foxley, interview, 4 June 2011.

39. AOH, "Out of Phase Again," *New York Review of Books* 18 Dec. 1986; "Social Democracy Moves South," manuscript, box 5, folder 19, AOHP.

40. Daniel Patrick Moynihan to AOH, 25 Jan. 1989, box 6, folder 5, AOHP.

41. AOH, Notes —Summer, 1985; Notes —Summer 1986, box 56, folder 10, AOHP.

42. Claus Offe to AOH, 14 Jan. 1988; Michael McPherson to AOH, 6 Feb. 1988; Quentin Skinner to AOH, 3 Jan. 1988 and 7 Mar. 1988; AOH to Skinner, 25 Mar. 1988, box 75, folder 4, AOHP.

43. AOH, "Reactionary Rhetoric," *Atlantic Monthly* (May 1989), pp. 63~70.

44. Istvan Rev to AOH, 25 Apr. 1991, box 75, folder 4, AOHP.

45. McPherson to AOH, 6 Feb. 1988, box 75, folder 4, AOHP.

46. AOH, *The Rhetoric of Reaction: Perversity, Futility, Jeopardy* (Cambridge MA: Harvard University Press, 1991), pp. ix~xi.

47. AOH, "Harvard Lecture" n.d. [1991년으로 추정], box 75, folder 4, AOHP.

48. AOH to UH, 12 Apr. 1987.

49. Jamaica Kincaid to AOH, 18 Oct. 1991, box 75, folder 3, AOHP.

50. Peter Jenkins, "Conservatives' Progress," *New York Times Book Review*, 5 Dec. 1991, p. 3.

51. AO to Robert Silvers, 17 Sept. 1991, box 75, folder 3, AOHP.

52. Peter Gourevitch to AOH, 10 Oct. 1992, box 75, folder 2, AOHP.

53. 다음을 참고하라. *Le Debat*, 69 (March~April 1992), pp. 92~109.

맺는 글

1. AOH, "Talk," 7 Apr. 1995, Box 1, folder 1, AOHP.

2. Hermione Lee, "How to End it All," *Virginia Wolf's Nose: Essays on Biography* (Princeton: Princeton University Press, 2005), p. 95.

3. Stanley Hoffmann, interview, 7 Nov. 2009.

4. SH, interview 18 Feb. 2006.

5. AOH to Michael McPherson, 14 Mar. 1988, box 75, folder 14, AOHP.

6. AOH to Benjamin Friedman, 9 Aug. 1996 and AOH to Wolf Lepenies, 16 Aug. 1996, box 5, folder 10, AOHP.

7. AOH to Orlando Fals-Borda, 22 Oct. 1996, box 20, folder 8, AOHP.

8. AOH, "The Paradoxes of Unintended Consequences," 23 Nov. 1999, box 80, folder 10, AOHP.

9. AOH to Bruce Mazlish, n.d, box 2, folder 24, AOHP.

10. AOH, "Social Conflicts as Pillars of Democratic Market Societies," *Political*

Theory, vol. 22 (May 1994), pp. 203~218, reprinted in *Propensity*, pp. 231~248.

11. Harry Frankfurt to AOH, 25 Mar. 1993, box 72, folder 12, AOHP; "L'Oeuvre revisitée," *Le Monde*, 28 Apr. 1995.

12. Ramona Nadaff to AOH, 19 Dec. 1997, box 56, folder 6, AOHP.

13. *Who Shall Live and Who Shall Die*, directed by Laurence Jarvik, 1982.

14. "Fry Story," 2 Dec. 1997, box 3, folder 8, AOHP.

15. AOH to Lisa Hirschman, 13 July 1998, PP.

16. Peter Gourevitch, interview, 12 Feb. 2011.

17. AOH to KS, 14 Mar. 2003, box 3, folder 4, AOHP.

참고문헌

앨버트 허시먼 저작 목록

저시

National Power and the Structure of Foreign Trade (Berkeley and Los Angeles: University of California Press, 1945; reprinted 1969; paperback edition with new introduction, 1980); 에스파냐어로 번역.

The Strategy of Economic Development (New Haven, CT: Yale University Press, 1958; reprinted 1978 by W. W. Norton; in 1988 by Westview Press); 프랑스어, 독일어, 이탈리아어, 에스파냐어, 포르투갈어, 스웨덴어, 일본어, 인도네시아어, 벵골어, 한국어로 번역.

Journeys toward Progress: Studies of Economic Policy-Making in Latin America (New York: Twentieth Century Fund, 1963; reprinted 1973 by W. W. Norton with a new preface); 에스파냐어, 포르투갈어로 번역.

Development Projects Observed (Washington, DC: Brookings Institution, 1967); reedited, with a new preface by the author, by the Brookings Institution, 1995; 에스파냐어, 포르투갈어, 이탈리아어, 일본어로 번역.

Exit, Voice, and Loyalty: Responses to Decline in Firms, Organizations, and States (Cambridge, MA: Harvard University Press, 1970); 에스파냐어, 포

르투갈어, 프랑스어, 독일어, 이탈리어어, 스웨덴어, 일본어, 헝가리어로 번역.

A Bias for Hope: Essays on Development and Latin America (New Haven, CT: Yale University Press, 1971; reprinted 1985 by Westview Press); 에스파냐어로 번역.

The Passions and the Interests: Political Arguments for Capitalism before Its Triumph (Princeton, NJ: Princeton University Press, 1977); 에스파냐어, 포르투갈어, 프랑스어, 독일어, 이탈리아어, 일본어로 번역. Twentieth Anniversary Edition, 1997, by Princeton University Press, with a foreword by Amartya Sen and a second preface by the author.

Essays in Trespassing: Economics to Politics and Beyond (New York: Cambridge University Press, 1981); 에스파냐어로 번역.

Shifting Involvements: Private Interest and Public Action (Princeton, NJ: Princeton University Press, 1982); 프랑스어, 이탈리아어, 독일어, 에스파냐어, 포르투갈어, 일본어로 번역.

Getting Ahead Collectively: Grassroots Experiences in Latin America (New York: Pergamon Press, 1984); 에스파냐어, 포르투갈어로 번역.

Rival Views of Market Society and Other Recent Essays (New York: Viking/Penguin, 1986; paperback edition, with new preface, Harvard University Press, 1992); 에스파냐어, 포르투갈어로 번역.

The Rhetoric of Reaction: Perversity, Futility, Jeopardy (Cambridge, MA: Belknap Press of Harvard University Press, 1991); 프랑스어, 에스파냐어, 이탈리아어, 독일어, 포르투갈어, 일본어로 번역.

A Propensity to Self-Subversion (Cambridge, MA: Harvard University Press, 1995); 프랑스어, 에스파냐어, 이탈리아어, 포르투갈어, 독일어, 일본어로 번역.

Crossing Boundaries: Selected Writings and an Interview (New York: Zone Books, 1998).

편서

Latin American Issues: Essays and Comments (New York: Twentieth Century Fund, 1961); 에스파냐어, 포르투갈어, 이탈리아어로 번역.

비영어 저서

Ascesa e declino dell'economia dello sviluppo (Torino: Rosenberg· and Sellier, 1983); a collection of essays edited and with an introduction by Andrea Ginzburg.

L'économie comme science morale et politique (Paris: Gallimard/Le Seuil, 1984); a collection of essays, with an introduction by François Furet; Italian translation with introduction by Luca Meldolesi; 포르투갈어로 번역.

Vers une economie politique élargie (Paris: Editions de Minuit, 1986); lectures given at the College de France in 1985.

Potenza nazionale e commercio estero: Gli anni trenta. l'Italia e la ricostruzione (Bologna: Il Mulino, 1987); translation of parts of National Power and the Structure of Foreign Trade and of articles on the Italian economy written in the 1930~40s, edited and with an introduction by Pier Francesco Asso and Marcello de Cecco.

Come complicare l'economia (Bologna: Il Mulino, 1989); selected articles and book chapters for series "I grandi economisti contemporanei," edited and with an introduction by Luca Meldolesi.

Entwicklung, Markt und Moral: Abweichende Betrachtungen (Munich: Carl Hanser, 1989); selected essays from 1969 to 1988.

Come far passare le riforme (Bologna: Il Mulino, 1990); selected articles and book chapters edited and with an introduction by Luca Meldolesi.

논문

- BH: *A Bias for Hope: Essays on Development and Latin America* 수록.
- T: *Essays in Trespassing: Economics to Politics and Beyond* 수록.
- RV: *Rival Views of Market Society and Other Recent Essays* 수록.
- P: *A Propensity to Self-Subversion* 수록.
- CB: *Crossing Boundaries: Selected Writings and an Interview* 수록.

"Nota su due recenti tavole di nuzialità della popolazione italiana," *Giornale delli Economisti*, January 1938.

"The Commodity Structure of World Trade," *Quarterly Journal of Economics*, August 1943.

"On Measures of Dispersion for a Finite Distribution," *Journal of the American Statistical Association*, September 1943.

"Inflation and Deflation in Italy," *American Economic Review*, September 1948.

"Disinflation, Discrimination, and the Dollar Shortage," *American Economic Review*, December 1948.

"Devaluation and the Trade Balance: A Note," *Review of Economics and Statistics*, February 1949.

"Postwar Credit Controls in France" (with Robert V. Roosa), *Federal Reserve Bulletin*, April 1949.

"Movement toward Balance in International Transactions of the United States" (with Lewis N. Dembitz), *Federal Reserve Bulletin*, April 1949.

"International Aspects of a Recession," *American Economic Review*, December 1949.

"The European Payments Union —Negotiations and Issues," *Review of Economics and Statistics*, February 1951.

"Types of Convertibility," *Review of Economics and Statistics*, February 1951.

"Industrial Nations and Industrialization of Under-Developed Countries," *Economia Internazionale*, August 1951.

"Effects of Industrialization on the Market of Industrial Countries," in *Progress of Underdeveloped Areas*, ed. Bert F. Hoselitz, (University of Chicago Press, 1952).

"Guia para el análisis y la confección de recomendaciónes sobre la situacion monetaria," *Economia Colombiana*, October 1954.

"Economics and Investment Planning: Reflections Based on Experience in Colombia," in *Investment Criteria and Economic Growth* mimeo (Cambridge, MA: Center for International Studies, M.I.T., 1954); published by Asia Publishing House, New York, 1961. BH.

"Colombia: Highlights of a Developing Economy" (with George Kalmanoff), booklet (Bogota: Banco de la República Press, 1955).

"Demanda de energía electrica para la C.V.C." (with George Kalmanoff), *Economía Colombiana*, June 1956.

"Economic Policy in Underdeveloped Countries,"*Economic Development and Cultural Change*, July 1957. BH.

"Investment Policies and 'Dualism' in Underdeveloped Countries,"*American Economic Review*, September 1957.

"Investment Criteria and Capital Intensity Once Again" (with Gerald Sirkin), *Quarterly Journal of Economics*, August 1958.

"Primary Products and Substitutes: Should Technological Progress Be Policed?" *Kyklos*, August 1959. BH.

"The Strategy of Economic Development,"*Farm Policy Forum*, vol. 12, 1959~60.

"Invitation to Theorizing about the Dollar Glut," *Review of Economics and Statistics*, February 1960.

"Exchange Controls and Economic Development: Comments," in *Economic Development for Latin America*, ed. H. S. Ellis (New York: St. Martin's Press, 1961).

"Second Thoughts on the 'Alliance for Progress,'" *The Reporter*, May 25, 1961. BH.

"Ideologies of Economic Development in Latin America," in *Latin American Issues: Essays and Comments*, ed. A.O. Hirschman (New York: Twentieth Century Fund, 1961). BH.

"Abrazo vs. Co-existence: Comments on Ypsilon's Paper," in *Latin American Issues — Essays and Comments*, ed. A.O. Hirschman (New York: Twentieth Century Fund, 1961). BH.

"Analyzing Economic Growth: A Comment," in *Development of the Emerging Countries*, ed. Robert E. Asher et al. (Washington, DC: Brookings Institution, 1962). BH.

"Economic Development, Research and Development, Policy-Making: Some Converging Views" (with Charles E. Lindblom), *Behavioral Science*, April 1962. BH.

"Models of Reformmongering,"*Quarterly Journal of Economics*, May 1963.

"The Stability of Neutralism: A Geometrical Note,"*American Economic Review*,

March 1964. BH.

"Obstacles to Development: A Classification and a Quasi-Vanishing Act," *Economic Development and Cultural Change*, July 1965. BH.

"Out of Phase," *Encounter*, September 1965 (special issue on Latin America).

"The Principle of the Hiding Hand," *The Public Interest*, Winter 1967.

"The Political Economy of Import-Substituting Industrialization in Latin America," Quarterly Journal of Economics, February 1968. BH.

"Foreign Aid: A Critique and Proposal" (with Richard M. Bird), *Princeton Essays in International Finance*, July 1968. BH.

"Underdevelopment, Obstacles to the Perception of Change, and Leadership," *Daedalus*, Summer 1968. BH.

"Industrial Development in the Brazilian Northeast and the Tax Credit Scheme of Article 34/18," *The Journal of Development Studies*, October 1968. BH.

"How to Divest in Latin America, and Why," *Princeton Essays in International Finance*, November 1969. BH.

"The Search for Paradigms as a Hindrance to Understanding," *World Politics*, March 1970; also in *Interpretive Social Science: A Reader*, ed. P. Rabinow and W. M. Sullivan (Berkeley: University of California Press, 1979). BH.

"Ideology or Nessus Shirt?" in *Comparison of Economic Systems: Theoretical and Methodological Approaches*, ed. Alexander Eckstein (Berkeley: University of California Press, 1971). BH.

"The Changing Tolerance for Income Inequality in the Course of Economic Development" (with a mathematical appendix by Michael Rothschild), *Quarterly Journal of Economics*, November 1973. T.

"An Alternative Explanation of Contemporary Harriedness," *Quarterly Journal of Economics*, November 1973. T.

"Exit, Voice, and Loyalty: Further Reflections and a Survey of Recent Contributions," *Social Science Information*, February 1974. T.

"Policy Making and Policy Analysis in Latin America —A Return Journey," *Policy Sciences*, December 1975. T.

"On Hegel, Imperialism, and Structural Stagnation," *Journal of Development*

Economics, March 1976. T.

"Exit, Voice, and Loyalty—Comments," *American Economic Review. Papers and Proceedings*, May 1976. T.

"A Generalized Linkage Approach to Development, with Special Reference to Staples," *Economic Development and Cultural Change*, vol. 25 supplement, 1977 (Essays in honor of Bert F. Hoselitz). T.

"Beyond Asymmetry: Critical Notes on Myself as a Young Man and on Some Other Old Friends," *International Organization*, Winter 1978. T.

"Exit, Voice, and the State," *World Politics*, October 1978. T.

"The Turn to Authoritarianism in Latin America and the Search for Its Economic Determinants," in *The New Authoritarianism in Latin America*, ed. David Collier (Princeton, NJ: Princeton University Press, 1979). T.

"The Welfare State in Trouble: Systemic Crisis or Growing Pains?" *American Economic Review. Papers and Proceedings*, May 1980. Reprinted with slight changes in *Dissent*, Winter 1981. RV.

"The Rise and Decline of Development Economics," in *The Theory and Experience of Economic Development: Essays in Honor of Sir W. Arthur Lewis*, ed. Mark Gersovitz et. al. (London: Allen and Unwin, 1982). T.

"Morality and the Social Sciences: A Durable Tension," acceptance paper, The Frank E. Seidman Distinguished Award in Political Economy, P. K. Seidman Foundation, Memphis, TN, October 1980; also in *Social Science as Moral Inquiry*, ed. Norma Haan et al. (New York: Columbia University Press, 1983). T.

"Rival Interpretations of Market Society: Civilizing, Destructive, or Feeble?" *Journal of Economic Literature*, December 1982. RV.

"The Principle of Conservation and Mutation of Social Energy," *Grassroots Development* (Journal of the Inter-American Foundation) vol. 7, no. 2, 1983.

"University Activities Abroad and Human Rights Violations: Exit, Voice, or Business as Usual?" *Human Rights Quarterly*, February 1984.

"A Dissenter's Confession: Revisiting the Strategy of Economic Development," in *Pioneers in Development*, ed. Gerald M. Meier and Dudley Seers (Oxford: Oxford University Press, 1984). RV.

"Inflation: Reflections on the Latin American Experience," in *The Politics of Inflation and Economic Stagnation*, ed. L. N. Lindberg and C. S. Maier (Washington, DC: Brookings Institution, 1985). T.

"Against Parsimony: Three Easy Ways of Complicating Some Categories of Economic Discourse," *American Economic Review*, May 1984; expanded versions in the *Bulletin of the American Academy of Arts and Sciences*, May 1984, and in *Economics and Philosophy*, vol. 1, 1985. BH.

"Grassroots Change in Latin America," *Challenge*, September/October 1984.

"In difesa del possibilismo" (In Defense of Possibilism), in *I limiti della democrazia*, ed. R. Scartezzini (Naples: Liguori 1985). RV.

"On Democracy in Latin America," *New York Review of Books*, April 10, 1986. RV.

"Out of Phase Again," New York Review of Books, December 18, 1986.

"The Political Economy of Latin American Development: Seven Exercises in Retrospection," *Latin American Research Review* vol. 22, no. 3, 1987. P.

"How the Keynesian Revolution Was Exported from America," *Challenge*, November/December 1988, and in *Unconventional Wisdom: Essays in Honor of John Kenneth Galbraith*, ed. Samuel Bowles et. al. (Boston: Houghton Mifflin, 1989).

"How the Keynesian Revolution Was Exported from the United States, and Other Comments," in *The Political Power of Economic Ideas: Keynesianism across Nations*, ed. Peter A. Hall (Princeton, NJ: Princeton University Press, 1989). P.

"Having Opinions—One of the Elements of Well-Being?" *American Economic Review*, May 1989. P.

"Opinionated Opinions and Democracy," *Dissent*, Summer 1989.

"Reactionary Rhetoric," *The Atlantic*, May 1989.

"Two Hundred Years of Reactionary Rhetoric: The Case of the Perverse Effect," *Tanner Lectures in Human Values*, vol. 10 (Salt Lake City: University of Utah Press, 1989).

"The Case against 'One Thing at a Time,' " *World Development*, August 1990. P.

"Good News Is Not Bad News," *New York Review of Books*, October 11, 1990.

Also published in Spanish as "Es un Desastre para el Tercer Mundo el Fin de la Guerra Fria?" *Pensamiento Iberoaroericano* no. 18, 1990. P.

"L'argument intransigeant comme idée reçue. En guise de réponse a Raymond Boudon," *Le Débat*, March~April 1992. A reply to Raymond Boudon's critique of *The Rhetoric of Reaction* that appears in the same issue of *Le Débat* under the title "La rhétorique est-elle réactionnaire?"

"Industrialization and Its Manifold Discontents: West, East, and South," *World Development*, September 1992 (Original German version in *Geschichte und Gesellschaft*, Spring 1992). P.

"Exit, Voice, and the Fate of the German Democratic Republic: An Essay in Conceptual History," *World Politics*, January 1993. P.

"La rhetorique progressiste et le reformateur," *Commentaire*, Summer 1993.

"The Rhetoric of Reaction —Two Years Later," *Government and Opposition*, Summer 1993. P.

"The On-And-Off Connection between Political and Economic Progress," *American Economic Review*, May 1994. P.

"Social Conflicts as Pillars of Democratic Market Society," *Political Theory*, May 1994. P.

"A Hidden Ambition," preface to new edition of *Development Projects Observed* (Washington, DC: Brookings Institution, 1994). P.

"A Propensity to Self-Subversion," in *Rethinking the Development Experience: Essays Provoked by the Work of Albert O. Hirschman*, ed. Lloyd Rodwin and Donald A. Schon (Washington, DC: Brookings, 1994). P.

"Social Democracy Moves South," (on the election of President Fernando Henrique Cardoso in Brazil), *Dissent*, Spring 1995.

"Melding the Public and Private Spheres: Taking Commensality Seriously," *Critical Review*, Fall 1996. CB.

"Fifty Years after the Marshall Plan: Two Posthumous Memoirs and Some Personal Recollections," *French Politics and Society*, Summer 1997. CB.

더 읽을 문헌

앨버트 허시먼 관련서

Alejandro Foxley, Michael S. McPherson, Guillermo O'Donnell, eds., *Development, Democracy, and the Art of Trespassing: Essays in Honor of Albert O. Hirschman* (Notre Dame, IN: University of Notre Dame Press, 1986).

Ludovic Frobert and Cyrille Ferraton, *L'enquête inachevee: Introduction à l'économie politique d'Albert O. Hirschman* (Paris: Presses Universitaires, 2003).

Luca Meldolesi, *Discovering the Possible: The Surprising World of Albert O. Hirschman* (Notre Dame, IN: University of Notre Dame Press, 1995).

Lloyd Rodwin and Donald A. Schon, eds., *Rethinking the Development Experience: Essays Provoked by the Work of Albert O. Hirschman* (Washington, DC: Brookings Institution, 1994).

Simon Teitel, ed., *Towards a New Development Strategy for Latin America: Pathways from Hirschman's Thought* (Washington, DC: Inter-American Development Bank, 1992).

여러 대륙을 다니며 수많은 저술을 남긴 사람의 전기를 쓰다 보면 방대한 문헌에 접하게 된다. 여기에서는 내가 참고한 문헌을 모두 나열하기보다 주요 문헌을 선별해 [주제별로] 제시하고자 한다.

독일

Michael Brenner and Derek J. Penslar, eds. *In Search of Jewish Community: Jewish Identities in Germany and Austria, 1918~1933* (Bloomington: University of Indiana Press, 1998).

Michael Brenner, *The Renaissance of Jewish Culture in Weimar Germany* (New Haven, CT: Yale University Press, 1996).

Christopher Clark, *Iron Kingdom: The Rise and Downfall of Prussia* (Cambridge, MA: Harvard University Press, 2006).

Donna Harsch, *German Social Democracy and the Rise of Nazism* (Chapel Hill: University of North Carolina Press, 1993).

William David Jones, *The Lost Debate: German Socialist Intellectuals and Totalitarianism* (Urbana: University of Illinois Press, 1999).

Pamela E. Swett, *Neighbors and Enemies: The Culture of Radicalism in Berlin, 1929~1933* (New York: Cambridge University Press, 2004).

Eric Weitz, *Weimar Germany: Promise and Tragedy* (Princeton, NJ: Princeton University Press, 2007).

전간기戰間期 유럽

R. J. B. Bosworth, *Mussolini's Italy: Life under the Fascist Dictatorship, 1915~1945* (New York: Penguin, 2006).

Hanna Diamond, *Fleeing Hitler: France, 1940* (New York: Oxford University Press, 2007).

Lisa Fittko, *Escape through the Pyrences* (Evanston, IL: Northwestern University Press, 1991).

Sheila Isenberg, *A Hero of Our Own: The Story of Varian Fry* (New York: Random House, 2001).

Julian Jackson, *The Fall of France: The Nazi Invasion of 1940* (New York: Oxford University Press, 2003).

Rosemary Sullivan, *Villa Air-Bel: World War II, Escape, and a House in Marseille* (New York: Harper Collins, 2006).

Eugen Weber, *The Hollow Years: France in the 1930s* (New York: W. W. Norton, 1994).

사회과학 사상사

David C. Atkinson, *In Theory and in Practice: Harvard's Center for International Affairs* (Cambridge, MA: Weatherhead Center for International Affairs, 2007).

Volker R. Berghahn, *America and the Intellectual Cold Wars in Europe* (Princeton, NJ: Princeton University Press, 2001).

Lewis A. Coser, *Refugee Scholars in America: Their Impact and Their Experiences* (New Haven, CT: Yale University Press, 1984).

Martin Jay, *Permanent Exiles: Essays on the Intellectual Migration from Germany to America* (New York: Columbia University Press, 1986).

Gerardo Munck and Richard Snyder, eds. *Passion, Craft, and Method in Comparative Politics* (Baltimore: Johns Hopkins University Press, 2007).

Sylvia Nasar, *Grand Pursuit: The Story of Economic Genius* (New York: Simon and Schuster, 2011).

Richard Parker, *John Kenneth Galbraith: His Life, His Politics, His Economics* (New York: Farrar, Straus, and Giroux, 2005).

전쟁과 재건

Greg Behrman, *The Most Noble Adventure: The Marshall Plan and How America Helped Rebuild Europe* (New York: Free Press, 2007).

Francois Duchene, *Jean Monnet: The First Statesman of Interdependence* (New York: W. W. Norton, 1994).

Barry M. Katz, *Foreign Intelligence: Research and Analysis in the Office of Strategic Services, 1942~1945* (Cambridge, MA: Harvard University Press, 1989).

Joseph E. Persico, *Roosevelt's Secret War: FDR and World War II Espionage* (New York: Random House, 2002).

경제사상, 라틴아메리카, 정치경제

Michele Alacevich, *The Political Economy of the World Bank: The Early Years* (Stanford, CA: Stanford University Press, 2009).

Edgar J. Dosman, *The Life and Times of Raul Prebisch, 1901~1986* (Montreal: McGill-Queens University Press, 2008).

David Ekbladh, *The Great American Mission: Modernization and the Construction of an American World Order* (Princeton, NJ: Princeton University Press, 2010).

Nils Gilman, *Mandarins of the Future: Modernization Theory in Cold War*

America (Baltimore: Johns Hopkins University Press, 2003).

Michael E. Latham, *Modernization as Ideology: American Social Science and "Nation Building" in the Kennedy Era* (Chapel Hill: University of North Carolina Press, 2000).

Inderjeet Parmar, *Foundations of the American Century: The Ford, Carnegie, and Rockefeller Foundations in the Rise of American Power* (New York: Columbia University Press, 2012).

Robert L. Tignor, *W. Arthur Lewis and the Birth of Development Economics* (Princeton, NJ: Princeton University Press, 2006).

찾아보기

앨버트 허시먼

시계추 228, 272, 394, 799, 808, 820, 974~81, 984, 991~92, 995, 1017, 1044, 1147
시냐크, 폴Paul Signac 96
시먼스, 아델Adele Simmons 1059
시몬, 게르트루드Gertrude Simon 87, 160, 927, 1088
시몬스, A.A. Simons 87
시민권 62, 65~66, 82, 277, 294, 394~6, 491
시민적 휴머니즘civic humanism 891~92, 905~6
시알로야, 토티Toti Scialoja 418
시에나 415~17, 428, 432
시온주의 190
《시지프의 신화Le Mythe de Sisyphe》 408
시카고 324, 345, 755
시카고대학 378, 396, 535~36, 585, 604, 843, 855, 872~73, 915, 1055, 1060
시카고학파 829, 843, 855~56, 885, 1050
시테 인테르나시오날 위니베르시테Cité Internationale Universitaire 177
신보수주의 897, 943~44, 979, 981, 1056, 1066, 1105~7
신조어 379, 913
신즉물주의Neue Sachlichkeit 125, 127, 148
실러Johann Christoph Friedrich von Schiller 61, 151, 1110
실버스, 로버트Robert Silvers 1094, 1114
실버트, 칼만Kalman Silvert 744~45, 749~50
실스, 에드워드Edward Shils 872
실증주의 218, 874, 962~63, 1001
실패강박fracasomania 849, 1034, 1095
싱어, 한스Hans Singer 718

ㅇ
아도르노, 테오도어Theodor Adorno 359, 1087
아들러, 막스Max Adler 92, 124

아라스, R.R. Arasse 132
아라테, 호르헤Jorge Arrate 830
아렌트, 한나Hannah Arendt 28~29, 64, 190~91, 204, 315
아롱, 레몽Raymond Aron 1130
아르헨티나 187, 291, 536, 595, 630, 635, 660, 723~25, 765, 805, 825, 842, 847~48, 952, 976, 1011, 1018~21, 1036, 1049, 1057, 1071, 1083, 1093~95, 1114
아리스토텔레스 718~19, 886
아먼드, 게이브리얼Gabriel Almond 749, 764
《아메리칸 프로스펙트American Prospect》 1114
《아반티!Avanti!》 411, 414
아브라모비츠, 모지스Moses Abramovitz 542
아브라모비치, 라파엘Rafael Abramovitch → 라인, 라파엘
아브라모프, 표도르Fyodor Abramov 1062
아비네리, 슐로모Shlomo Avineri 845
아비시니아 → 에티오피아
아스카소 부대 245, 248~50
아스카소, 프란시스코Francisco Ascaso 245
아스콜리, 막스Max Ascoli 292~93, 299, 330, 637
아시아의 기적 727
아옌데, 살바도르Salvador Allende 668, 806, 830~31, 843, 914, 1015, 1082, 1099
아우어바흐, 에리히Erich Auerbach 158, 210~13
아이젠버그, 셰일라Sheila Isenberg 1138
아이젠슈타트, 슈무엘Shmuel Eisenstadt 791, 956
아이젠하워, 드와이트 D.Dwight D. Einsenhower 575~76
아일윈, 파트리시오Patricio Aylwin 1097~99
아제마, 뱅상Vincent Azéma 318
아퀴나스, 토마스Thomas Aquinas 812
《악령》 599

앨버트 허시먼